국가공인자격시험

신용
관리사

한권으로 끝내기

끝까지 책임진다! 시대에듀!
QR코드를 통해 도서 출간 이후 발견된 오류나 개정법령, 변경된 시험 정보, 최신기출문제, 도서 업데이트 자료 등이 있는지 확인해 보세요!
시대에듀 합격 스마트 앱을 통해서도 알려 드리고 있으니 구글 플레이나 앱 스토어에서 다운받아 사용하세요.
또한, 파본 도서인 경우에는 구입하신 곳에서 교환해 드립니다.

편집진행 노윤재 · 최은서 | **표지디자인** 김지수 | **본문디자인** 장성복 · 조성아

2026 시대에듀 신용관리사 한권으로 끝내기

Always with you

사람의 인연은 길에서 우연하게 만나거나 함께 살아가는 것만을 의미하지는 않습니다.
책을 펴내는 출판사와 그 책을 읽는 독자의 만남도 소중한 인연입니다.
시대에듀는 항상 독자의 마음을 헤아리기 위해 노력하고 있습니다. 늘 독자와 함께하겠습니다.

자격증·공무원·금융/보험·면허증·언어/외국어·검정고시/독학사·기업체/취업
이 시대의 모든 합격! 시대에듀에서 합격하세요!
www.youtube.com ➜ 시대에듀 ➜ 구독

머리말 PREFACE

국가공인 신용관리사 자격시험은 2003년 민간자격증에서 출발하여 2006년 국가공인 자격증으로 격상되었습니다. 신용정보협회가 채권추심 및 채권관리의 전문화와 선진화를 위하여 주관하는 자격시험으로, 합격한 수험생은 신용관리 분야의 전문가로 활동할 수 있습니다.

신용관리사는 금융권이나 신용정보업계 등에서 신용관리업무를 전담합니다. 이를 위해 채권추심업무 및 신용조사업무, 채권회수업무 등 실무 능력을 겸비해야 할 뿐만 아니라 관련 법령, 고객관리 및 민원예방, 금융·경제상식 전반에 대한 지식을 두루 갖추어야 합니다.

이에 시대에듀는 신용관리사 자격시험 대비를 위한 단권화 도서를 출간하게 되었습니다. 최신 기출경향을 반영한 엄선된 핵심이론과 적중예상문제를 통해 수험생들의 효율적인 학습에 길잡이가 되고자 합니다.

본서의 특징

1. 방대한 분량의 기본서 내용을 기출경향을 분석하여 자주 출제되는 핵심이론 중심으로 체계적으로 정리해 단권화하였습니다.
2. OX 마무리 문제와 파트별 적중예상문제를 통해 앞서 익힌 이론을 복습하고 내용을 점검할 수 있습니다.
3. 신용관리사 시험에 출제되는 방대한 분량의 법령을 충실히 반영하였습니다.
4. 고객관리 및 민원예방에서 출제되는 최신 금융 및 경제상식을 수록하여 시험에 도움이 될 수 있도록 하였습니다.
5. 2025년도 신용관리사 기출문제를 부록에 수록하여 실전 대비는 물론 시험의 출제경향까지 파악할 수 있습니다.

본서와 함께 신용관리사 자격시험을 준비하는 모든 수험생의 도전이 합격으로 이어지기를 진심으로 기원합니다.

편저자 씀

시험안내

INFORMATION

🍃 국가공인 신용관리사란?

'국가공인 신용관리사'는 신용정보협회가 주관하고 신용정보사 임직원 및 기타 금융기관과 기업체의 채권관리자를 대상으로 시행하는 자격제도로서, 부실채권을 사전에 예방하고 부실채권 발생 시 신속하고 효율적으로 대처할 수 있는 채권추심 능력을 갖춘 채권관리 전문가입니다. 또한 신용조회, 신용조사, 채권추심 및 신용평가업에 대한 기본 실무 능력과 전문 지식을 겸비하며, 윤리성과 서비스 정신을 갖춘 신용관리의 전문가입니다.

🍃 학점인정

❶ 「학점인정 등에 관한 법률」에 따라 국가공인 신용관리사 자격시험이 국가평생교육진흥원으로부터 2008년 2월 28일 학점인정(14학점) 대상으로 선정됨

❷ 학점은행제
   ㉠ 「학점인정 등에 관한 법률」에 의거하여 학교에서뿐만 아니라 학교 밖에서 이루어지는 다양한 형태의 학습 및 자격을 학점으로 인정받고, 학점이 누적되어 일정 기준을 충족하면 학위 취득이 가능한 제도를 말함
   ㉡ 학사학위는 전공 및 교양학점을 포함하여 140학점 이상, 전문학사는 전공 및 교양학점을 포함하여 80학점 이상(3년제는 120학점 이상)의 학점인정 등 법령에서 정한 학위요건을 모두 충족할 경우 학위를 취득할 수 있음

❸ 국가공인 민간자격 학점인정기준

대분류	중분류	직무번호	학 점	학 사		전문학사	
				전공필수	전공선택	전공필수	전공선택
2. 금융, 보험	금융	01	14	경영학, 법학	–	경영학	–

🍃 시험일정 및 장소

원서접수	시험일	합격자 발표	시험지역
2025.06.02.~2025.06.30.	2025.08.10.	2025.09.10.	서울, 부산, 대구, 대전, 광주

※ 시험장소는 수험표를 통하여 개별 확인

🍃 접수방법

신용정보협회 홈페이지(www.cica.or.kr)에 접속하여 온라인 접수

❖ 다음 사항은 시행처인 신용정보협회에 게시된 '2025년도 국가공인 신용관리사 자격시험 시행 공고'를 바탕으로 작성되었습니다. 시험 전 최신 공고사항을 반드시 확인하시기 바랍니다.

시험과목 및 시간

시험과목	시험내용	시험시간 및 방식
채권일반	채권에 대한 이해	• 10:00~11:40(100분) • 객관식 5지 선다형 • 과목당 25문항
채권관리방법	채권회수 관련 법률에 대한 이해	
신용관리실무	채권추심 실무 및 신용정보법에 대한 이해	
고객관리 및 민원예방	• 고객관리 및 민원예방에 대한 이해 • 금융 및 경제상식에 대한 이해	

응시자격

제한 없음

합격기준

매 과목 40점(100점 만점) 이상으로 전 과목 평균 60점 이상인 자

응시수수료

❶ 총비용 및 세부내역별 비용
  ㉠ 총비용 : 55,000원
  ㉡ 세부내역별 비용 : 응시료 50,000원, 자격증 발급비 5,000원
❷ 환불규정
  ㉠ 응시료 : 원서접수 기간에는 전액 환불(100%), 접수 마감 다음 날부터 시험 시행일 10일 전까지 부분 환불(50%). 단, 온라인 결제 수수료는 본인 부담
  ㉡ 자격증 발급비 : 자격증 제작 및 발송 이전 취소 시 100% 환불 가능, 이후 취소 시 환불 불가

수험자 유의사항

❶ 수험자 지참물 : 수험표, 신분증, 컴퓨터용 사인펜
❷ 시험시간 30분 전 입실 완료
❸ 시험장소 주차 불가/대중교통 이용
❹ 장애인 수험자는 원서접수 시 장애유형에 따라 편의제공을 신청할 수 있으며, 접수 마감일까지 증빙서류를 협회에 제출
❺ 기타사항은 신용정보협회 홈페이지 또는 전화(02-3775-2761)로 문의

최신 기출문제 분석 ANALYSIS

과목별 세부영역에 따른 출제빈도 분석

과목별 세부영역	2022년 채권일반	채권관리방법	신용관리실무	고객관리 및 민원예방	2023년 채권일반	채권관리방법	신용관리실무	고객관리 및 민원예방	2024년 채권일반	채권관리방법	신용관리실무	고객관리 및 민원예방	2025년 채권일반	채권관리방법	신용관리실무	고객관리 및 민원예방	세부영역별 합계
1. 총 설	11	–	–	–	7	–	–	–	9	–	–	–	8	–	–	–	35★
2. 채권일반	6	–	–	–	8	–	–	–	9	–	–	–	10	–	–	–	33★
3. 금융채권	2	–	–	–	4	–	–	–	1	–	–	–	2	–	–	–	9
4. 어 음	2	–	–	–	3	–	–	–	2	–	–	–	2	–	–	–	9
5. 채권의 획보	4	–	–	–	3	–	–	–	4	–	–	–	3	–	–	–	14
6. 채권의 보전 및 관리	–	8	–	–	–	3	–	–	–	2	–	–	–	2	–	–	15
7. 임의회수	–	8	–	–	–	7	–	–	–	9	–	–	–	7	–	–	31★
8. 채권보전	–	4	–	–	–	3	–	–	–	2	–	–	–	3	–	–	12
9. 소송실무	–	3	–	–	–	3	–	–	–	4	–	–	–	4	–	–	14
10. 민사집행	–	2	–	–	–	9	–	–	–	8	–	–	–	9	–	–	28
11. 신용정보 총설	–	–	2	–	–	–	7	–	–	–	8	–	–	–	11	–	28
12. 신용정보 관리	–	–	10	–	–	–	5	–	–	–	5	–	–	–	4	–	24
13. 채권상담 · 행불관리	–	–	3	–	–	–	4	–	–	–	3	–	–	–	2	–	12
14. 채무자 신용회복지원 관련 제도	–	–	3	–	–	–	5	–	–	–	1	–	–	–	3	–	12
15. 신용관리 관련 법규 및 제도	–	–	7	–	–	–	4	–	–	–	8	–	–	–	5	–	24
16. 고객관리 및 민원예방	–	–	–	21	–	–	–	19	–	–	–	20	–	–	–	19	79★
17. 금융 · 경제상식	–	–	–	4	–	–	–	6	–	–	–	5	–	–	–	6	21

※ 위 분류는 절대적인 기준에 의한 것이 아니므로 관점에 따라 일부 문항은 다른 영역에 속할 수 있습니다.
※ ★ : 빈출 영역

합격수기

REVIEW

eoruut＊＊＊

안녕하세요. 저는 경제학을 전공하고 현재 금융기관에 취직하기 위해 관련 자격증 취득을 준비 중인 취업준비생입니다. 저는 대학 재학 시절 은행에서 인턴으로 근무한 적이 있는데요. 그때 친하게 지냈던 몇 선배님들께 은행 업무에 대한 이야기를 들으며 자연스레 고객 신용관리 및 상담에 관심을 갖게 되었습니다.

시험을 준비하며 처음 6개월 정도는 책을 정독하면서 이론을 공부하였습니다. 제4과목은 일반적인 상담이론과 상식이 대부분이라서 가벼운 마음으로 학습할 수 있었습니다. 특히 상식은 책 뿐만 아니라 뉴스나 신문을 보며 익혔습니다. 경제 분야를 중심으로요. 모르는 용어가 나오면 책을 찾아보기도 하고 인터넷 검색을 하면서 따로 스크랩한 것을 들고 다니며 외웠습니다. 나머지 과목은 법령과 관련된 부분이 많아 책을 분철하여 들고 다니며 수시로 읽었고, 문제는 거의 풀지 않았습니다. 각 챕터 학습을 마칠 때마다 OX 문제 정도만 풀었습니다. 이때 헷갈리거나 틀린 문제는 따로 표시해 두고 나중에 다시 푸는 과정을 반복했습니다.

이후 4개월 정도는 문제 위주로 공부하였습니다. 이때는 문제를 많이 풀고 틀린 문제나 어려웠던 문제의 관련 이론을 다시 공부했습니다. 별도의 요약집을 만들기도 했습니다. 마지막 2개월은 기출문제를 중심으로 공부했는데, 실제 시험은 이 기출문제에서 많이 출제됩니다. 문제를 약간 변형하여 응용하는 방식으로 매해 비슷한 문제가 출제되는 듯합니다. 따라서 이론학습이 어느 정도 마무리되면, 기출문제를 중심으로 공부하는 것도 좋은 방법이 될 것입니다.

zmcvb＊＊＊

신용관리사 자격시험에 합격하고 이렇게 합격수기를 남기니 꿈만 같습니다. 저는 대학에서 상담학을 전공했고 졸업 후에도 몇 년간 상담 관련 업무를 했습니다. 그러던 중 이직을 위해 신용관리사 자격시험에 응시하게 되었습니다.

저는 기본서에 수록된 이론 중 '기출'이 표시된 이론을 중심으로 공부했습니다. 해당 이론을 공부하고 그와 관련된 다른 이론을 찾아 공부하다 보니 처음엔 책이 너무 두꺼워 부담스러웠는데, 점차 익숙해졌습니다. 또, 이론학습과 문제풀이를 병행했습니다. 이러한 방식으로 학습하니 자연스레 복습도 되고 이론이 어떻게 문제로 출제될지 예상할 수 있게 되어 좋았습니다. 이외에 틀린 문제는 따로 표시하고 정리하여 오답노트를 만들어 시험 직전에는 이 오답노트만 보았습니다.

문제 바로 아래의 해설과 함께 관련 이론을 참고해 학습하는 방법도 추천합니다. 또, 신용관리사 자격시험에는 이전에 나왔던 문제가 비슷하게 출제되니 이 부분을 참고하세요. 제 수기가 시험을 준비하시는 수험생 여러분께 조금이나마 도움이 되었으면 좋겠습니다.

이 책의 구성과 특징

STRUCTURES

기초부터 탄탄히! 핵심이론

시험의 최신 기출경향을 분석하여 자주 출제되는 핵심이론과 법령 및 판례를 이해하기 쉽게 체계적으로 정리하였습니다. '기출' 표시를 통해 각 이론의 중요도를 파악하고 효율적으로 공부할 수 있습니다.

챕터별 핵심요약! OX 마무리 문제

CHAPTER 02 OX 마무리 — PART 2 채권일반

01 채권의 목적의 요건으로는 급부의 내용이 적법·가능·확정·사회적 타당성이 있을 것을 요하며 급부가 금전으로 산정할 수 없는 것도 가능하다(민법 제373조).

02 특정물채권의 변제 장소는 채권성립 당시 그 물건이 있었던 장소이다(민법 제467조 제1항).

03 채권의 목적을 종류로만 지정한 경우에 법률행위의 성질이나 당사자의 의사에 의하여 품질을 정할 수 없는 때에는 채무자는 중등품질의 물건으로 이행하여야 한다(민법 제375조 제1항).

04 채권자는 손해를 입증할 필요 없다(민법 제397조 제2항 전단).

01 채권의 목적의 요건에는 금전적 가치성도 포함한다. O X

02 특정물채권…

03 채권의 목적…품질을 정할…

04 금전채무의…명할 필요가…

06 채무이행의 확정기한이 있는 경우에는 그 기한이 도래한 다음 날부터 이행지체의 책임을 지고, 기한의 정함이 없는 경우에는 그 이행의 청구를 받은 날로부터 이행지체의 책임을 진다. O X

07 이행불능의 판단기준에 관하여 통설 및 판례는 사회의 일반적 거래관념이라고 본다. O X

08 채무자가 이행하여야 할 채무가 법률행위를 목적으로 한 때에는 채무자의 의사표시에 갈음할 재판을 청구할 수 있다. O X

09 손해배상 방법에 관하여 원칙적으로 원상회복주의를 취하고 그것이 불가능한 경우에 한하여 금전배상주의를 취한다. O X

06 이행기에 따른 책임은 이행기를 경과한 시점인 그 다음 날부터 발생하므로, 기한의 정함이 없는 경우에도 그 다음 날부터 책임을 진다.

07 채무의 이행이 불능이라는 것은 단순히 절대적·물리적으로 불능인 경우가 아니라 사회생활에 있어서의 경험법칙 또는 거래상의 관념에 비추어 볼 때 채권자가 채무자의 이행의 실현을 기대할 수 없는 경우를 말한다(대판 2003.1.24, 2000다22850).

08 의사표시를 해야 할 채무에 대한 강제이행의 방법은 채권자가 채무자의 의사표시에 갈음할 재판을 법원에 청구하는 것이다(민법 제389조 제2항 참조).

09 민법은 손해배상의 방법에 관해 원칙적으로 금전배상주의를 취하고(민법 제394조), 당사자 사이에 다른 약정이 있거나 법률에 다른 규정이 있으면 원상회복 기타 방법에 의하도록 하고 있다.

정답 06 × 07 ○ 08 ○ 09 ×

각 챕터별로 중요한 이론 및 기출지문을 뽑아 OX 문제로 구성하였습니다. 간단하지만 실제유형지문으로 만들어진 OX 문제는 중요이론이 문제에서 어떻게 나타나는지 확인할 수 있도록 돕습니다. 앞에서 배운 이론을 복습하면서 부족한 부분을 점검해 보세요.

이 책의 구성과 특징

STRUCTURES

실제유형! 적중예상문제

파트마다 학습이 끝나면 해당 파트에서 실제 출제되었던 문제를 풀 수 있도록 구성하였습니다. 적중예상문제를 통해 전체적인 학습 진행도를 체크하고, 기출유형을 파악할 수 있습니다.

시험의 길잡이! 최신기출문제

2025년도 신용관리사 기출문제를 부록으로 수록하였습니다. 최신 문제를 통해 2026년도 시험 문제의 방향을 예측하고, 자신의 학습 상태를 점검해 보세요. 시대시험출제연구회만의 해설로 모르는 문제도 충분히 해결할 수 있습니다.

이 책의 차례

제1과목　채권일반

PART 1 총 설	4
PART 2 채권일반	60
PART 3 금융채권	152
PART 4 어 음	190
PART 5 채권의 확보	226

제2과목　채권관리방법

PART 1 채권의 보전 및 관리	266
PART 2 임의회수	282
PART 3 채권보전	338
PART 4 소송실무	384
PART 5 민사집행	456

제3과목　신용관리실무

PART 1 신용정보 총설	564
PART 2 신용정보 관리	632
PART 3 채권상담·행불관리	666
PART 4 채무자 신용회복지원 관련 제도	704
PART 5 신용관리 관련 법규 및 제도	740

제4과목　고객관리 및 민원예방

PART 1 고객관리 및 민원예방	772
PART 2 금융·경제상식	868

부록　최신기출문제

2025년도 신용관리사 기출문제	939

제1과목

채권일반

PART 1 총 설

PART 2 채권일반

PART 3 금융채권

PART 4 어 음

PART 5 채권의 확보

행운이란 100%의 노력 뒤에 남는 것이다.

- 랭스턴 콜먼 -

자격증 • 공무원 • 금융/보험 • 면허증 • 언어/외국어 • 검정고시/독학사 • 기업체/취업
이 시대의 모든 합격! 시대에듀에서 합격하세요!
www.youtube.com → 시대에듀 → 구독

PART 1
총설

CHAPTER 01 권 리

CHAPTER 02 권리의 객체

CHAPTER 03 권리의 변동

CHAPTER 04 소멸시효

CHAPTER 01 권리

PART 1 총설

01 법률관계와 권리·의무

1 법률관계

인간의 생활관계 중에서 법에 의하여 규율되는 관계를 법률관계라고 한다. 그런데 오늘날 인간의 생활관계 대부분이 법에 의하여 규율되므로, 법률관계가 매우 중요한 의미를 가진다. 법률관계는 그것이 법적으로 규율된다는 점에서 뒤에 나오는 호의관계와 구별된다.

2 권리와 의무

(1) 권 리

① 개 념
권리란 일정한 구체적 이익을 누릴 수 있도록 법에 의하여 권리주체에게 주어진 힘을 말한다.

② 구별개념
㉠ 권 한
권한이란 다른 사람을 위하여 그에게 일정한 법률효과를 발생케 하는 행위를 할 수 있는 법률상의 지위나 자격을 말한다(예 대리권).

㉡ 권 능
권능이란 권리의 내용을 이루는 개개의 법률상의 힘을 말한다. 가령 소유권이라는 권리의 내용인 사용·수익권능과 처분권능이 그 예이다.

㉢ 권 원
권원이란 일정한 법률상 또는 사실상의 행위를 하는 것을 정당화하는 법률상의 원인을 말한다. 가령 타인의 권원에 의하여 부동산에 부속된 물건에 대하여 부합이 인정되지 않는데(민법 제256조 단서), 여기서 권원은 지상권이나 임차권과 같이 다른 사람의 부동산에 자기의 물건을 부속시켜 그 부동산을 이용할 수 있게 하는 법률상의 원인을 의미한다.

㉣ 반사적 이익
반사적 이익이란 법이 일정한 사람에게 일정한 행위를 명하거나 금지함에 따라 다른 사람이 반사적으로 누리는 이익을 말한다. 가령 불법원인급여에 해당하는 경우에 급여자는 급여의 반환청구를 할 수 없는데(민법 제746조), 그 결과 수익자가 그 급여의 소유권을 취득하는 것은 반사적 이익에 불과하다.

(2) 의무

① 개념

일정한 행위를 하여야 할 또는 하지 않아야 할 법률상의 구속을 의무라고 한다. 의무는 그 내용에 따라 어떤 행위를 하여야 할 작위의무와 하지 않아야 할 부작위의무로 나뉘며, 부작위의무는 경업을 하지 않아야 할 단순부작위의무와 타인의 일정한 행위를 감수하고 방해하지 않아야 할 수인의무로 나뉜다.

② 권리와의 관계

보통 의무는 권리의 반면으로 권리에 대응한다. 그러나 언제나 권리와 의무가 상응하는 것은 아니다. 즉, 의무만 있고 권리는 없는 경우가 있는가 하면, 권리만 있고 의무는 없는 경우도 있다.

③ 구별개념으로서 책무

책무란 그것을 준수하지 않으면 그 부담자에게 법에 의한 일정한 불이익이 발생하지만, 상대방이 그것을 강제하거나 그 위반에 대하여 손해배상을 청구할 수 없는 것을 말한다.

(3) 호의관계

호의관계란 법적으로 구속받으려는 의사 없이 행하여진 생활관계를 말한다. 호의관계의 각 당사자는 상대방에게 약속한 것을 실현하여야 할 법적 의무가 없다. 따라서 계약위반책임을 지지 않는다. 다만, A가 호의로 B를 차에 동승시켜 목적지로 가다가 교통사고를 일으켜 B가 부상을 입은 경우에, B는 A에 대하여 불법행위에 기한 손해배상청구권을 갖는다. 왜냐하면 이러한 경우에도 사회생활상 일반적으로 요구되는 주의의무는 존재하기 때문이다.

02 권리의 종류 ☑기출

1 민법상의 권리

법이 공법과 사법으로 구분되는 것처럼 권리도 공권과 사권으로 구분되며, 민법상의 권리는 당연히 사권이므로 사권을 다시 내용에 따른 분류, 작용에 따른 분류, 기타에 따른 분류로 나누어 볼 수 있다.

2 내용에 따른 분류

(1) 재산권

① 재산권은 그 내용인 이익이 경제적 가치를 가지며, 일반적으로 거래의 목적이 될 수 있다.

② 재산권에 속하는 권리로 소유권·전세권·저당권 등과 같은 물권, 매도인의 대금청구권과 같은 채권, 특허권·실용신안권·저작권·상표권과 같은 지식재산권 등이 있다.

(2) 비재산권

① 비재산권이란 그 내용을 이루는 이익이 경제적 가치를 가지고 있지 않은 권리를 말한다. 비재산권 중 가령 상속권이나 부양청구권은 경제적 가치를 가지지만, 이러한 가치가 권리자의 인격이나 가족관계와 불가분적으로 관련되어 있다는 점에서 재산권과 그 성질을 달리한다.
② 비재산권에 속하는 권리로 생명·신체·자유·명예 등과 같이 인격과 분리할 수 없는 이익, 즉 인격적 이익을 내용으로 하는 권리인 인격권(예 생명권, 정조권, 신체권, 성명권)과 부부·친자 등 가족공동체로서의 지위에 기한 권리인 가족권이 있다.

3 작용에 따른 분류

(1) 지배권

① 개 념

지배권이란 권리의 객체를 직접 지배할 수 있는 권리를 말한다. 여기서 직접 지배한다는 것은 권리의 내용인 이익을 실현하기 위하여 권리자 외에 타인의 행위나 동의를 요하지 않는다는 의미이며, 이 점에서 청구권과 구별된다. 대표적인 지배권은 물권이지만, 그 밖에 준물권, 지식재산권, 친권, 인격권 등도 이에 속한다.

② 효 력

지배권의 효력은 대내적으로 객체에 대한 직접적 지배력으로 나타나는 반면, 대외적으로는 제삼자가 권리자의 지배를 침해해서는 안 된다는 배타적 효력으로 나타난다. 이로부터 가령 물권에서는 방해의 제거 또는 예방을 청구할 수 있는 물권적 청구권이 발생하며, 권리의 공시 및 그 전제로서 물권법정주의가 요청된다. 그리고 청구권에서와 달리 다른 사람의 지배권을 침해하면 원칙적으로 불법행위(민법 제750조)가 성립한다.

(2) 청구권

① 개 념

청구권이란 특정인이 다른 특정인에 대하여 일정한 행위를 할 것을 청구할 수 있는 권리를 말한다. 전형적인 청구권은 채권이고, 그 밖에 소유물반환청구권(민법 제213조), 상속회복청구권(민법 제999조) 등도 이에 속한다.

② 효 력

청구권은 그 권리의 내용을 실현하기 위하여 특정한 사람의 이행을 필요로 한다. 그 결과 청구권에서는 이행확보수단으로서 담보 그리고 채무불이행의 성립여부 및 그 효과가 중요한 문제로 대두된다.

(3) 형성권 ☑ 기출

① 개 념

형성권이란 권리자의 일방적인 의사표시에 의하여 법률관계의 변동을 일어나게 하는 권리를 말한다.

② 종 류

형성권으로는 권리자의 의사표시만으로 법률관계의 변동이 일어나는 것[취소권(민법 제140조 이하), 추인권(민법 제143조 이하), 상계권(민법 제492조), 계약의 해지·해제권(민법 제543조 이하), 예약완결권(민법 제564조), 약혼해제권(민법 제805조), 상속포기권(민법 제1041조)]과 법원의 판결에 의하여 비로소 법률관계의 변동이 일어나는 것[채권자취소권(민법 제406조), 재판상 이혼권(민법 제840조), 재판상 파양권(민법 제905조)]의 두 유형이 있다.

(4) 항변권

① 개 념

항변권이란 청구권의 행사에 대하여 급부하기를 거절할 수 있는 권리를 말한다. 그런데 이는 타인의 청구권 자체를 소멸시킬 수 있는 권리가 아니라, 그 작용을 일시적 또는 영구적으로 저지할 수 있는 권리이다.

② 종 류

항변권으로는 청구권의 작용을 일시적으로 저지할 수 있을 뿐인 연기적 항변권[보증인의 최고·검색항변권(민법 제437조), 동시이행의 항변권(민법 제536조)]과 그것을 영구히 저지할 수 있는 영구적 항변권[상속인의 한정승인의 항변권(민법 제1028조)]이 있다.

4 기타에 따른 분류

(1) 절대권·상대권

절대권은 특정의 상대방이 없고 누구에 대해서도 주장할 수 있는 권리인 반면, 상대권은 특정인에 대해서만 주장할 수 있는 권리이다.

(2) 일신전속권·비전속권

① 일신전속권은 민법상 두 가지 의미로 사용된다. 즉, 권리가 고도로 인격적이기 때문에 타인에게 이전되어서는 의미가 없는 귀속상의 일신전속권과 권리자 자신이 직접 행사하지 않으면 의미가 없기 때문에 타인이 권리자를 대리하여 또는 대위하여 행사할 수 없는 행사상의 일신전속권의 두 가지가 있다. 이 두 종류의 일신전속권은 대개 일치하지만, 반드시 일치하는 것은 아니다. 가령 위자료청구권은 행사상의 일신전속권에 속하지만, 상속될 수 있다. 즉, 상속에 관하여 귀속상의 일신전속권이 아니다.

② 비전속권은 양도성과 상속성이 있는 권리로, 대부분의 재산권이 이에 속한다.

(3) 주된 권리·종된 권리

다른 권리에 의존하는 권리를 종된 권리라 하고, 그 다른 권리를 주된 권리라고 한다. 가령 원본채권은 주된 권리이고, 이자채권은 원본채권에 종된 권리이다. 그런데 종된 권리는 주된 권리에 의존하고 그와 법률적 운명을 같이하기 때문에, 가령 주된 권리가 시효로 소멸하면 종된 권리도 소멸한다.

(4) 기대권

권리가 발생하기 위한 요건 중 일부만을 갖추어 장래 남은 요건이 갖추어지면 권리를 취득할 수 있는 상태에 대하여 법이 보호해 주는 것을 기대권이라고 한다. 조건부권리, 기한부권리 등이 그 전형적인 예이며, 동산의 소유권유보부 매매에서 매수인이 대금을 완불하기 전에 가지는 지위도 기대권이라고 할 수 있다.

[권리의 분류]

내용에 따른 분류		작용에 따른 분류		기타에 따른 분류	
재산권	• 소유권, 전세권, 저당권 등의 물권 • 매도인의 대금청구권 등의 채권 • 특허권, 실용신안권, 저작권, 상표권 등의 지식재산권	지배권	물권, 준물권, 지식재산권, 친권, 인격권 등	절대권과 상대권	• 절대권 : 물권 • 상대권 : 채권
		청구권	채권, 소유물반환청구권, 상속회복청구권 등	일신전속권과 비전속권	• 일신전속권 : 부양청구권 등 • 비전속권 : 대부분의 재산권
비재산권	상속권, 부양청구권, 인격권, 가족권	형성권	취소권, 추인권, 상계권, 계약의 해지·해제권, 예약완결권, 약혼해제권, 상속포기권, 채권자취소권, 재판상 이혼권, 재판상 파양권 등	주된 권리와 종된 권리	• 주된 권리 : 원본채권, 피담보채권 • 종된 권리 : 이자채권, 저당권, 질권, 유치권, 보증인에 대한 권리
		항변권	보증인의 최고·검색항변권, 동시이행의 항변권, 상속인의 한정승인의 항변권 등	기대권	조건부권리, 기한부권리

03 권리의 경합과 법조경합

1 권리경합(중첩)

권리 자체가 여러 개 발생하지만, 그중 하나를 행사하면 다른 권리가 소멸되는 경우(불법행위에 기한 손해배상청구권과 채무불이행에 기한 손해배상청구권)

2 법조경합

두 개 이상의 법률조문이 존재하지만 하나의 권리규정이 다른 권리규정을 원래부터 배제하여 하나의 권리만 발생하는 경우(국가배상법과 민법 제750조의 불법행위규정, 하자담보책임 규정과 착오에 따른 취소 규정 → 국가배상법과 하자담보책임 규정에 따른 권리만 발생)

04 권리행사의 순위

1 물권과 물권의 충돌 ☑기출
① 제한물권은 소유권에 언제나 우선한다.
② 서로 종류를 달리하는 제한물권 상호 간에는 법률의 규정에 의하여 순위가 정하여진다.
③ 같은 종류의 물권 상호 간에 있어서는 먼저 성립한 권리가 후에 성립한 권리에 우선한다(순위의 원칙).

2 채권과 채권의 충돌 ☑기출
① 채권자평등의 원칙에 따라 모든 채권은 평등하다. 채권 상호 간에 있어서는 먼저 채권을 행사한 자가 우선한다(선행의 원칙).
② 파산재단에 속하는 재산에 대하여 일반의 우선권이 있는 파산채권은 다른 채권에 우선한다(채무자 회생 및 파산에 관한 법률 제441조).
③ 등기된 부동산임차권은 다른 채권에 우선한다(민법 제621조 참조).
④ 일정액의 소액보증금은 다른 채권에 우선한다(주택임대차보호법 제8조 참조).
⑤ 대항요건과 확정일자를 갖춘 주택임대차는 다른 채권에 우선한다(주택임대차보호법 제3조의2 참조).

3 물권과 채권의 충돌 ☑기출
① 물권은 채권에 우선한다.
② 등기된 부동산임차권은 물권과 동일한 효력이 있다(민법 제621조 참조).
③ 대항요건과 확정일자를 갖춘 주택임대차는 물권과 동일한 효력이 있다(주택임대차보호법 제3조의2 참조).

[권리행사의 순위]

물권 상호 간	채권 상호 간	물권과 채권 상호 간
• 제한물권은 소유권에 언제나 우선한다. • 서로 종류를 달리하는 제한물권 상호 간에는 법률의 규정에 의하여 순위가 정해진다. • 같은 종류의 물권 상호 간에 있어서는 먼저 성립한 권리가 후에 성립한 권리에 우선한다.	채권자평등의 원칙에 따라 모든 채권은 평등하다. 채권 상호 간에 있어서는 먼저 채권을 행사한 자가 우선한다.	• 물권은 채권에 우선한다. • 등기된 부동산임차권은 물권과 동일한 효력이 있다. • 대항요건과 확정일자를 갖춘 주택임대차는 물권과 동일한 효력이 있다.

05 권리의 행사와 의무의 이행

1 권리 행사의 한계로서의 신의칙

(1) 개 관

민법 제2조는 법률관계의 당사자 각자가 권리를 행사하거나 의무를 이행함에 있어서 신의와 성실에 따라 행동하여야 한다는 원칙을 규정하고 있다.

(2) 신의칙의 기능

① 보충기능

신의칙은 법적 특별결합관계에 있는 당사자들의 권리와 의무의 내용을 보다 구체적으로 정할 수 있게 한다. 즉, 주된 급부의무의 구체화를 통하여 급부의무의 태양을 결정할 뿐만 아니라 계약의 보충적 해석을 통하여 개개의 채권관계의 특성에 따른 부수의무를 성립시킨다.

② 한정기능

신의칙은 모든 권리 또는 법적 지위에 내재된 한계를 이루기도 한다. 즉, 개개의 사안에 법규범을 형식적으로 적용함으로써 발생할 수 있는 부작용을 피하고 그 사안의 특수성을 정당하게 평가함으로써 그 엄격성을 완화하는 기능을 담당한다. 이러한 기능에 기하여 권리남용을 포함하는 부당한 권리행사의 항변이라는 사례군이 형성되었다.

③ 수정기능

신의칙은 형식적인 법적 지위의 수정을 가능하게 한다.

④ 수권기능

신의칙은 이른바 법관에 의한 법 형성을 가능하게 한다. 조리의 한 내용으로 언급되는 신의성실이 바로 이에 해당한다. 이 기능과 관련하여 주의할 것은, 이 기능이 법관에 대한 일반적 수권을 의미하는 것이 아니라는 점이다.

(3) 적용범위

신의성실의 원칙은 모든 법 영역에 적용되어야 하는 원칙이다. 그래서 민법 제2조는 신의성실의 원칙을 일반적 법원칙으로 선언하고 있고, 그 결과 신의칙은 채권관계뿐만 아니라 물권관계나 가족관계에도 적용된다.

(4) 신의칙의 파생원칙 ☑ 기출

① 사정변경의 원칙

법률행위 성립의 기초가 된 사정이 당사자가 예견할 수 없었던 사정으로 인해 현저히 변경되고, 그리하여 당초의 내용대로 그 효과를 강제하는 것이 당사자 일방에게 가혹하게 된 경우, 그 내용을 변경된 사정에 맞게 수정하거나 또는 그 법률행위를 해소시킬 수 있다는 원칙을 말한다.

② 권리남용금지의 원칙
　㉠ 의 의
　　계약 또는 법률이 보호하는 이익을 실현하고자 권리를 행사하는 것이 아니라 권리를 그 목적에 반하게 이용하는 경우에 그 권리행사는 신의성실의 원칙에 반하며, 따라서 부당하다는 원칙을 권리남용이라 한다.
　㉡ 요 건
　　권리행사의 목적이 오직 상대방에게 손해를 주는 데 그칠 뿐 권리를 행사하는 자에게 아무런 이익이 없어야 한다. 권리가 인정되는 사회적 목적에 맞지 않을 것이라는 객관적 요건을 갖추면 주관적 의사는 추정된다(대판 2003.11.27., 2003다40422).
　㉢ 효 과
　　권리행사가 권리남용에 해당하면 그 권리행사는 위법한 것이 되며 권리행사로서의 효과가 주어지지 아니한다. 다만, 권리남용에 해당하더라도 그 권리의 행사가 제한되는 것이지 권리자체가 소멸하는 것은 아니다.

③ 선행행위에 모순되는 행위의 금지
　㉠ 의 의
　　어떠한 사람의 행태가 그의 선행하는 행태와는 모순되는 것이어서 그러한 후행행위에 대하여 원래대로의 효력을 인정하게 되면 그 선행행태로 인하여 야기된 다른 사람의 신뢰를 부당하게 침해하게 되는 경우에 그 후행행위의 효력이 제한되는 법원칙을 말한다.
　㉡ 요 건
　　ⓐ 선행행위가 존재하고, ⓑ 상대방의 보호가치 있는 신뢰가 형성되고, ⓒ 선행행위에 반하는 행위를 함으로써 신의칙에 위반되어야 한다.
　㉢ 효 과
　　선행행위에 반하는 행위는 금지된다.
　㉣ 특수문제(실효의 원칙)
　　권리자가 그의 권리를 행사할 수 있었음에도 장기간 이를 행사하지 아니하여, 상대방이 권리자가 더 이상 권리를 행사하지 않으리라고 신뢰하고 그에 따라 행동하였는데, 그 뒤 권리자가 권리의 행사를 주장하는 것은 신의성실의 원칙에 반한다는 이유로 허용되지 않는다는 법원칙을 말한다.

2 의무의 이행

의무의 이행이란 의무자가 그가 부담하는 급부의무의 내용을 실현하는 것을 말한다. 이러한 의무의 이행은 신의에 좇아 성실히 하여야 한다(민법 제2조 제1항). 의무의 이행이 신의칙에 위반하는 때에는, 그것은 제대로 된 의무의 이행이 되지 못한다. 따라서 의무불이행으로서 채무불이행 기타의 위법행위를 구성하게 된다. 어떤 경우에 의무의 이행이 신의칙에 위반하는 것인지는 각종 의무에 따라 개별적으로 판단하는 수밖에 없다.

CHAPTER 01

PART 1 총설

OX 마무리

01 대리권이라 함은 어떤 자가 타인을 위하여 일정한 법률행위를 하고 그 법률효과를 그 타인에게 직접 귀속하게 할 수 있는 법적인 지위 또는 자격을 말하는 것이므로 권한이지 권리가 아니다.

02 호의관계는 법적으로 구속받으려는 의사 없이 행하여지는 생활관계를 말하기는 하나, 이러한 경우에도 일반적으로 요구되는 주의의무는 존재하기 때문에 이 경우에도 주의의무를 위반한 경우 불법행위에 기한 손해배상책임을 질 수 있다.

03 부양청구권은 권리의 내용에 따른 분류에 따르면 비재산권에 속한다.

04 사원권은 권리의 내용에 따른 분류에 따르면 재산권에 속한다.

05 채권자취소권은 권리의 작용에 따른 분류에 따르면 형성권에 속한다.

01 대리권은 권리의 일종이다. O X

02 호의관계는 법적으로 구속받으려는 의사 없이 행하여진 생활관계를 말하므로 불법행위에 기한 손해배상책임이 발생할 여지가 없다. O X

03 부양청구권은 권리의 내용에 따른 분류에 따르면 재산권에 속한다. O X

04 사원권은 권리의 내용에 따른 분류에 따르면 비재산권에 속한다. O X

05 채권자취소권은 권리의 작용에 따른 분류에 따르면 청구권에 속한다. O X

01 × 02 × 03 × 04 × 05 × 정답

06 추인권은 권리의 작용에 따른 분류에 따르면 형성권에 속한다. O X

> **06** 추인권은 권리의 작용에 따른 분류에 따르면 형성권에 속한다.

07 동시이행항변권은 항변권 중 영구적 항변권에 속한다. O X

> **07** 동시이행항변권은 연기적 항변권에 해당한다.

08 원본채권은 주된 권리에 해당한다. O X

> **08** 원본채권은 주된 권리에 해당하며 종된 권리에는 이자채권, 저당권, 질권, 유치권 등이 해당한다.

09 공무원의 불법행위에 관한 손해배상책임과 관련하여 이는 법조경합에 해당하므로 민법 제756조보다 국가배상법 제2조가 적용된다. O X

> **09** 민법 제756조와 국가배상법 제2조는 권리의 경합 중 법조관계에 해당하므로 국가배상법 제2조만이 적용된다.

10 신의성실의 원칙은 법관에게 일반적 수권을 수여하는 기능을 한다. O X

> **10** 신의칙은 이른바 법관에 의한 법형성을 가능하게 한다. 다만, 주의할 것은 이 기능이 법관에 대한 일반적 수권을 의미하는 것이 아니라는 점이다.

11 신의성실의 원칙은 민법 전반에 다 적용되는 원칙이다. O X

> **11** 신의성실의 원칙은 모든 법영역에 적용되어야 하는 원칙이다. 그래서 민법 제2조는 신의성실의 원칙을 일반적 법원칙으로 선언하고 있고, 그 결과 신의칙은 채권관계뿐만 아니라 물권관계나 가족관계에도 적용된다.

정답 06 O 07 × 08 O 09 O 10 × 11 O

CHAPTER 02 권리의 객체

PART 1 총설

1 총 설

(1) 의 의
권리는 일정한 이익을 누릴 수 있도록 법에 의하여 주어진 힘인 바, 그러한 힘의 대상을 권리의 객체라고 한다.

(2) 요 건
① 특 정
  물권의 직접적, 배타적 지배성 때문에 물건은 반드시 특정되어야 한다.
② 독 립
  원칙적으로 하나의 물권의 객체는 하나의 독립한 물건이어야 하고 물건의 일부나 구성부분은 물권의 객체가 될 수 없다. 그러나 예외도 있다. 지상권과 전세권은 부동산의 특정한 일부에 관하여도 설정할 수 있다.

(3) 물 건
민법에서 물건이란 '유체물 및 전기 기타 관리할 수 있는 자연력'을 말한다(민법 제98조).

2 동산과 부동산

(1) 의 의
민법에서는 '토지 및 그 정착물'을 부동산이라고 하고, 그 밖의 물건을 동산이라고 한다(민법 제99조).

(2) 부동산 ☑기출
토지 및 그 정착물은 부동산이다(민법 제99조 제1항).
① 토 지
  토지란 일정한 범위의 지표면을 말한다.
② 토지의 정착물
  ㉠ 건 물
    토지의 정착물 중 가장 중요한 건물은 토지로부터 독립한 별개의 부동산으로, 건물등기부에 의하여 공시된다(부동산등기법 제14조 및 제15조 참조).

    ⓒ 입목에 관한 법률에 따라 등기된 입목

        수목은 토지와 분리되면 동산으로 되지만, 입목에 관한 법률에 의하여 입목등기를 한 경우에 수목은 토지와 별개의 독립한 부동산으로 다루어진다(입목에 관한 법률 제3조 참조).

    ⓒ 명인방법을 갖춘 수목이나 그 집단 또는 미분리 과실

        입목에 관한 법률에 의한 입목등기를 하지 않은 수목이더라도 명인방법을 갖추면 토지와 독립된 부동산으로서 거래의 객체로 된다(대결 1998.10.28., 98마1817). 명인방법은 수목이나 그 집단 또는 미분리과실의 현재 소유자가 누구라는 것을 제삼자가 명백하게 인식할 수 있도록(예 표찰을 붙이는 것)하는 방법을 말한다.

    ⓔ 농작물

        토지에서 경작·재배되는 농작물은 토지의 일부이지만, 소유권은 언제나 경작자에게 속한다(대판 1979.8.28., 79다784).

3 주물과 종물 ☑기출

(1) 의 의
물건의 소유자가 그 물건의 상용에 공하기 위하여 자기 소유인 다른 물건을 이에 부속하게 한 때에는 그 부속물은 종물이다. 종물은 주물의 처분에 따른다(민법 제100조).

(2) 종물의 요건
① 그 물건의 상용에 공하기 위하여

   상용에 공한다는 것은 사회관념상 계속하여 주물 자체의 경제적 효용을 높이는 관계에 있다는 것을 말한다.

② 자기 소유인

   주물과 종물은 모두 동일한 소유자에 속하여야 한다. 만일 다른 소유자에게 속하는 물건 사이에서 주물·종물 관계를 인정하게 되면 주물이 처분으로 인해 제삼자의 권리가 침해될 염려가 있기 때문이다.

③ 다른 물건

   종물은 주물로부터 독립된 별개의 물건이어야 한다. 따라서 주물에 부합된 물건은 개념상 종물이 될 수 없다.

④ 부 속

   장소적으로 밀접한 관계에 있어야 한다.

(3) 종물의 효과
① 종물은 주물의 처분에 따른다(민법 제100조 제2항).

   종물은 주물과 법률적 운명을 같이한다. 따라서 주물에 관하여 담보권이 설정되거나 주물이 임대된 경우에 종물에도 영향을 미친다. 그리고 가령 주물인 부동산에 대하여 처분의 등기가 있으면, 종물에 대해서도 그 처분의 효력이 생긴다. 다만 이는 임의규정이므로 약정에 따라 다르게 정할 수 있다.

② 종물이론의 확장

주물과 종물에 관한 민법 제100조는 물건 상호 간의 관계에 관한 것이지만, 권리 상호 간의 관계에도 유추 적용된다. 가령 주된 권리인 건물소유권과 그에 종된 권리인 토지임차권은 법률적 운명을 같이한다.

종물이 되는 것	종물이 될 수 없는 것
주유소의 주유기, 연탄창고와 공동변소, 백화점 건물의 지하에 설치된 전화교환설비, 횟집의 수족관	호텔에 설치된 텔레비전, 전화기, 호텔 세탁실에 시설된 세탁기, 탈수기 등, 정화조

4 원물과 과실

(1) 의 의

물건으로부터 생기는 경제적 수익을 과실이라고 하고, 과실을 생기게 하는 물건을 원물이라고 한다. 민법은 물건의 과실만을 인정하고, 권리의 과실(예 특허권의 사용료)을 인정하지 않는다. 민법은 과실을 천연과실과 법정과실로 나누는데, 이는 과실이 발생할 때까지 그 수익권자에 변동이 생긴 경우에 대비하기 위한 것이다.

(2) 천연과실

① 의 의

물건의 용법에 의하여 수취하는 산출물을 천연과실이라고 한다(민법 제101조 제1항). 여기서 물건의 용법에 의한다는 것은 원물의 경제적 용도에 따른다는 의미이고, 산출물은 천연적·유기적으로 생산되는 것(예 과실의 열매, 가축의 새끼)뿐만 아니라 인공적·무기적으로 수취되는 것(예 토사나 석재)도 포함한다. 미분리과실은 독립한 물건이 아니므로 일반적으로 독립한 물권의 객체가 되지 못하지만, 명인방법을 갖추면 독립한 소유권의 객체가 된다.

② 귀 속

천연과실은 원물로부터 분리되는 때의 수취권자에게 속한다(민법 제102조 제1항). 이 규정은 임의규정이다. 그리고 분리는 자연적이든 인위적이든 가리지 않는다. 과실수취권자는 원칙적으로 소유자(민법 제211조)이지만, 예외적으로 선의의 점유자(민법 제201조), 지상권자(민법 제279조), 전세권자(민법 제303조), 목적물을 매도하지 않은 매도인(민법 제587조), 임차인(민법 제618조) 등이 있다.

(3) 법정과실

① 의 의

법정과실이란 물건의 사용대가로 받는 금전 기타의 물건을 말한다(민법 제101조 제2항). 가령 임료, 지료, 이자 등이 법정과실이다.

② 귀 속

법정과실은 수취할 권리의 존속기간일수의 비율로 취득한다(민법 제102조 제2항). 이 규정 역시 임의규정이다.

CHAPTER 02 OX 마무리

PART 1 총설

01 토지와 그 정착물은 부동산인데, 토지의 정착물 중 건물을 제외한 것은 토지와는 별개의 독립한 물건이 될 수 없다. O X

02 건축 중의 건물이 어느 정도에 이르렀을 때에 독립부동산으로 볼 것인가는 획일적으로 결정할 수 없고 건물의 기능과 효용에 비추어 판단하여야 하는데 적어도 기둥, 지붕, 주벽은 있어야 한다. O X

03 종물은 주물의 처분에 따르는바, 여기서의 주물과 종물은 모두 동일한 소유자에게 속함을 전제로 한다. O X

04 건물의 일부도 소유권의 객체가 될 수 있다. O X

05 토지와 건물은 독립된 부동산이 아니다. O X

06 지연이자는 법정과실이다. O X

---

01 수목은 토지의 정착물로서, 토지에 부합하여 그와 일체를 이루는 것이므로 토지와 별개의 물건으로 인정되지 않지만, 입목에 관한 법률에 의하여 등기된 수목의 집단이나 명인방법을 통하여 독립한 물건이 될 수 있다.

02 독립된 부동산으로서의 건물이라고 함은 최소한의 기둥과 지붕 그리고 주벽이 이루어지면 법률상 건물이라고 할 수 있다(대판 1996.6.14., 94다53006).

03 주물과 종물은 동일한 소유자에게 속하여야 한다(민법 제100조 참조).

04 민법 제215조 및 집합건물의 소유 및 관리에 관한 법률이 인정하고 있는 바이다.

05 토지와 건물은 서로 독립한 부동산이다.

06 물건의 사용대가로 받는 금전 기타의 물건을 법정과실이라 하는데 지연이자는 본질상 물건의 사용대가가 아니고 손해배상의 일종이다.

정답 01 × 02 ○ 03 ○ 04 ○ 05 × 06 ×

CHAPTER 03 권리의 변동

PART 1 총설

01 권리변동 총설

1 법률관계의 변동과 그 원인

(1) 법률요건과 법률효과

법 규정의 특성상 일정한 원인이 있어야 그 결과로 법률관계의 변동이 일어난다. 즉, 법률관계의 변동이 일어나려면 일정한 전제조건이 갖추어져야 한다. 이러한 전제조건을 법률요건이라고 하며, 일정한 법률요건이 갖추어짐에 따라 발생하는 법률관계의 변동, 즉 권리·의무의 발생·변경·소멸이 법률효과이다.

(2) 권리변동의 모습

① 권리의 발생 ☑ 기출

권리의 발생으로 종전에 없던 권리가 새로 생기는 원시취득과 타인이 가지고 있던 기존의 권리가 승계되어 다른 사람에게 권리가 생기는 승계취득이 있다.

㉠ 원시취득

건물의 신축, 취득시효(민법 제245조 이하), 선의취득(민법 제249조), 무주물 귀속(민법 제252조), 유실물습득(민법 제253조), 매장물발견(민법 제254조), 첨부(민법 제256조) 등이 이에 속한다.

㉡ 승계취득

승계취득은 매매나 상속 등에 의하여 전주가 가지고 있던 권리가 그대로 승계되는 이전적 승계와 소유자로부터 지상권이나 저당권을 설정받는 경우에서와 같이 전주의 권리내용의 일부만을 승계하는 설정적 승계로 나누어진다. 이전적 승계는 다시 개별적 취득원인에 의하여 개개의 권리를 취득하는 특정승계(예 매매에 의한 소유권취득)와 전주가 가지던 다수의 권리들을 포괄적으로 취득하는 포괄승계(예 상속, 회사의 합병)로 나누어진다.

② 권리의 변경

권리의 변경이란 권리의 동일성을 유지하면서 권리의 주체, 내용 또는 작용이 변경되는 것을 말한다. 이 중 주체의 변경은 이전적 승계에 해당하며, 내용의 변경의 예로 저당권의 피담보채권 이율의 변경, 소유권의 객체에 제한물권의 설정 등을, 작용의 변경의 예로 저당권의 순위변경이나 대항요건의 취득 등을 들 수 있다.

③ 권리의 소멸

권리의 소멸로 기존의 권리가 완전히 없어지는 절대적 소멸(예 권리의 포기, 목적물 멸실에 따른 소유권의 소멸)과 권리가 타인에게 이전되어 종래의 주체가 권리를 잃는 상대적 소멸(예 매매에 의한 소유권상실)이 있다.

02 법률행위

제1관 | 총 설

1 법률행위와 의사표시

법률행위는 의사표시를 불가결의 요소로 하는 법률요건을 말한다.

(1) 법률요건

법률행위는 행위자가 원한 바의 법률효과를 발생시키는 법률요건으로, 권리주체가 자기의 의사에 따라 법률관계를 형성할 수 있는 수단, 즉 사적자치의 법적 실현수단이다. 그런데 법률효과의 발생을 원하고 그 의사에 따른 법률효과를 발생케 하는 법률사실이 의사표시이므로, 법률행위는 의사표시를 그 불가결의 요소로 한다.

(2) 의사표시와의 관계

법률행위가 1개의 의사표시만으로 구성되는 경우도 있지만, 보통 여러 개의 의사표시로 구성되며, 의사표시 외에 가령 등기와 같은 공시방법 및 농지자격취득증명과 같은 관청의 협력을 요소로 할 수도 있다.

2 법률행위의 유효요건 ☑ 기출

(1) 서 설

법률행위는 본래의 효과, 즉 당사자가 원한 바의 효과를 완전하게 발생시키기 위하여 일정한 요건이 갖추어져야 한다. 이러한 요건은 성립요건과 효력발생요건으로 나누어지는데, 전자는 법률행위의 존재가 인정되기 위한 최소한의 외형적 요건으로, 이를 결하면 법률행위가 존재하지 않는다. 반면 후자는 법률행위의 존재를 전제로 하여 그 '효력'을 발생시키기 위한 요건으로, 이를 결하면 당사자가 원한 바가 이루어지지 않는다는 점에서 전자와 구별된다.

(2) 성립요건

모든 법률행위에 공통적으로 요구되는 일반적 성립요건으로 법률행위의 주체로서 당사자, 법률행위의 내용으로서 목적 및 법률행위의 불가결한 요소로서 의사표시가 있어야 한다. 그 밖에 개개의 법률행위에 관하여 요구되는 특별성립요건이 있다[예 유언의 방식(민법 제1065조 이하)].

(3) 유효요건

① 모든 법률행위에 공통적으로 요구되는 일반적 효력발생요건으로 위의 일반적 성립요건에 다시 일정한 제한이 가하여진다.
  ㉠ 당사자에게 각종의 능력, 즉 권리능력, 의사능력 및 행위능력이 있어야 한다. 이 중 권리능력이나 의사능력을 결하면 그 행위는 무효이고, 행위능력을 결하면 이를 취소할 수 있다.
  ㉡ 법률행위의 목적이 확정되어 있거나 확정 가능하여야 하고, 그 실현이 가능하여야 하며, 목적이 법에 위반되지 않아야 할 뿐만 아니라 선량한 풍속 기타 사회질서에 위반되어서도 안 된다.
  ㉢ 의사표시에 관하여 의사와 표시가 일치하여야 하고, 의사형성과정에 하자가 있어서는 안 된다.
② 그 밖에 개개의 법률행위에 관하여 법률의 규정 또는 당사자의 특약에 의하여 요구되는 특별효력요건도 있다[예 법정대리인의 동의(민법 제5조), 대리권의 존재(민법 제114조), 조건의 성취 또는 기한의 도래(민법 제147조), 유언에서 유언자의 사망(민법 제1073조)].

3 법률행위의 종류

(1) 계약, 합동행위, 단독행위

법률행위는 여러 기준에 의하여 분류되지만, 그중 의사표시의 수 및 방향에 따른 계약, 합동행위, 단독행위의 분류가 가장 기본적인 것이다.

① 계 약 ☑기출
  ㉠ 개 념
    계약이란 복수의 당사자가 서로 상대방에 대하여 내용적으로 일치하는 의사표시를 함으로써 성립하는 법률행위를 말한다. 가령 A가 B의 가게에서 시계를 사는 경우에, 보통 먼저 A가 진열대에서 마음에 드는 시계를 골라 이를 계산대에 제시하는데 법적으로 이 행위는 A가 시계의 소유권을 취득하기를 원하면서 그 대가로 대금을 지급하겠다는 의사의 표시이다(시계매매계약의 청약). 이러한 A의 의사표시에 대하여 B는 시계 값을 받고 시계를 교부하는데 이 행위는 A로부터 시계 값을 받는 대신 시계의 소유권을 이전하여 주겠다는 의사의 표시이다(A의 청약에 대한 승낙). A와 B의 의무는 매매계약이라는 법률요건의 법률효과이다.
  ㉡ 종 류
    법률행위의 종개념으로서 계약에는 매매나 임대차와 같이 채권관계의 발생, 변경, 소멸을 내용으로 하는 채권계약 외에 저당권 설정과 같은 물권법상의 계약, 채권양도와 같은 준물권계약, 나아가 혼인이나 입양과 같은 가족법상의 계약도 포함된다.

② 합동행위
  ㉠ 개 념
    합동행위란 같은 방향의 여러 의사표시가 합치함으로써 성립하는 법률행위를 말한다.
  ㉡ 종 류
    가령 사단법인 설립행위는 사단법인의 설립이라는 동일한 목적을 향한 여러 설립자들의 의사표시의 결합으로 이루어지는 합동행위이다.

③ 단독행위 ☑기출
  ㉠ 개념
  단독행위란 행위자의 의사표시만으로 성립하는 법률행위를 말한다. 단독행위로 유언, 취소, 해제, 동의, 추인 등과 같이 형성권의 행사로서 행하여지는 의사표시 외에 채무면제나 소유권 포기 등도 있다.
  ㉡ 종류
  단독행위는 상대방의 수령을 요하는 경우(예 동의, 채무면제, 상계, 추인, 취소, 해제, 해지 등)와 그렇지 않은 경우(예 권리의 포기, 유언, 재단법인 설립행위)로 나뉜다.

(2) 그 밖의 분류

① 의무부담행위와 처분행위
  ㉠ 의무부담행위
  의무부담행위란 당사자에게 일정한 급부의무를 발생시키는 법률행위를 말하는데, 채권행위가 그 전형적인 예이다. 의무부담행위는 당사자에게 일정한 청구권과 그에 상응하는 의무를 발생시킬 뿐이므로, 처분행위에서와 달리 이행의 문제가 남고, 따라서 의무부담행위에만 의하여 직접 현존하는 권리의 변동이 일어나지 않는다.
  ㉡ 처분행위
  처분행위란 현존하는 권리의 변동을 직접 일으키는 법률행위를 말한다. 물권의 변동을 일으키는 물권행위가 대표적인 예이지만, 물권 외의 권리의 변동을 일으키는 이른바 준물권행위(예 채권양도나 채무면제)도 있다. 처분행위는 이행이라는 문제를 남기지 않고, 그에 의하여 직접 현존하는 권리의 변동이 일어난다.

② 출연행위와 비출연행위
  ㉠ 개념
  자기의 재산을 감소시키고 타인의 재산을 증가하게 하는 효과를 발생시키는 행위를 출연행위라고 하고, 그렇지 않은 행위를 비출연행위라고 한다.
  ㉡ 유상행위와 무상행위
  자기의 출연에 대하여 상대방으로부터도 그에 대응하는 출연을 받을 것을 목적으로 하는 행위가 유상행위이고, 그렇지 않은 것이 무상행위이다. 즉, 유상행위에서 상대방의 출연에 대하여 행위자의 출연이 이루어지는데, 양 출연의 가치가 객관적으로 같아야 하는 것은 아니다.

③ 유인행위와 무인행위
  모든 출연행위에는 그 출연을 정당화하는 일정한 법률상의 원인이 존재한다. 그 원인이 출연의 조건 또는 내용으로 되어 있는 것이 유인행위이고, 그렇지 않은 것이 무인행위이다.

④ 요식행위와 불요식행위

의사표시가 일정한 방식에 따라 행하여져야 하는 법률행위를 요식행위라고 하고, 그렇지 않은 행위를 불요식행위라고 한다. 계약자유의 한 내용으로 방식의 자유가 인정되므로, 일반적으로 법률행위의 방식은 자유이다. 즉, 불요식을 원칙으로 한다. 그러나 당사자의 신중한 의사결정을 위하여, 거래의 안정과 신속을 위하여 또는 법률관계의 명확화를 위하여 일정한 방식이 요구되기도 한다. 요식행위와 불요식행위는 원칙적으로 그 효력에서 차이가 없다. 다만 서면에 의하지 않은 증여의 경우에, 각 당사자가 증여계약을 해제할 수 있으므로 그 효력이 약하다.

⑤ 사인행위와 생전행위

행위자의 사망으로 그 효력이 발생하는 법률행위가 사인행위이고(예 유언, 사인증여), 사인행위 아닌 보통의 행위를 생전행위라고 한다. 사인행위는 그 존재 및 내용을 확실하게 함으로써 그 효력이 발생하는 행위자의 사후에 있을 수 있는 분쟁에 대비할 필요가 있기 때문에 원칙적으로 엄격한 방식을 요한다.

⑥ 주된 행위와 종된 행위

법률행위가 유효하게 성립하기 위하여 다른 법률행위의 존재를 전제로 하는 행위를 종된 행위라고 하고, 그 전제가 되는 행위를 주된 행위라고 한다. 가령 저당권 설정계약은 금전소비대차계약에 종된 계약이다. 종된 행위는 주된 행위와 법률적 운명을 같이하는 것이 원칙이다.

법률행위의 종류 ☑ 기출
- 계약, 합동행위, 단독행위
  - 계 약
    두 개의 대립되는 의사표시의 합치에 의해 성립하는 법률행위이다.
  - 합동행위
    두 개 이상의 서로 방향을 같이하는 의사표시의 합치로 이루어진다(예 사단법인 설립행위).
  - 단독행위
    하나의 의사표시만으로 성립하는 법률행위로서, 상대방 있는 단독행위(예 동의, 채무면제, 상계, 추인, 취소, 해제)와 상대방 없는 단독행위(예 유언, 재단법인의 설립행위, 권리의 포기)가 있다.
- 요식행위, 불요식행위
  요식행위에서는 그 방식을 갖춘 때에 법률행위가 성립하는 점에서 불요식행위와 구별된다(예 법인의 설립행위, 혼인, 인지 등).
- 채권행위, 물권행위, 준물권행위
  - 채권행위
    채권, 채무를 발생시키는 법률행위이다. 채권행위에서는 채무자가 일정한 급부를 이행하여야 할 의무를 지는 점에서, 이를 의무부담행위라고도 한다.
  - 물권행위
    직접 물권의 변동을 가져오는 법률행위로서 이행의 문제를 남기지 않는 점에서 그 특색이 있다. 이를 처분행위라고 하는데, 처분행위가 유효하기 위해서는 처분자에게 처분의 권한이 있어야 하고, 그렇지 않은 경우에는 그 처분행위는 무효이다.
  - 준물권행위
    물권 이외의 권리의 변동을 가져오는 법률행위로서, 채권양도, 채무면제 등이 있다.

제2관 | 법률행위의 목적

1 총 설

법률행위의 목적이란 법률행위를 하는 자가 그 행위에 의하여 발생시키려고 하는 법률효과를 말한다. 그런데 법률행위의 목적은 의사표시의 목적, 즉 효과의사의 내용에 의하여 결정된다. 법률행위가 유효하기 위하여 목적이 확정성, 가능성, 적법성 및 사회적 타당성의 요건을 갖추어야 한다.

2 목적의 확정성

법률행위가 유효하기 위하여 무엇보다도 먼저 법의 조력을 받기 위한 전제로, 법률행위 성립 당시 법률행위의 목적이 확정되어 있거나 적어도 확정 가능한 것이어야 한다. 해석을 통하여 목적의 확정성이 없는 것으로 드러난 법률행위는 무효이다.

3 목적의 가능성

(1) 서 설

법률행위가 유효하기 위하여 목적의 실현이 가능하여야 한다. 따라서 목적이 불능인 법률행위는 효력이 없다. 목적의 불능은 물리적 불능(예 매매목적물의 멸실)이나 법률적 불능(예 매매목적물의 압류)뿐만 아니라 사회관념상의 불능(예 매매의 목적인 반지가 바다에 빠진 경우)도 포함한다. 그러나 심리적 불능 또는 경제적 불능은 이에 해당하지 않는다.

(2) 불능의 종류

불능은 여러 기준에 의하여 분류된다. 즉, 불능사유의 발생시점에 따라 원시적 불능과 후발적 불능으로, 불능의 범위에 따라 전부불능과 일부불능으로, 불능의 종국성에 따라 종국적 불능과 일시적 불능으로 나누어진다. 법률행위 성립 당시 이미 그 목적이 불능인 경우가 원시적 불능이고, 법률행위가 성립한 후에 그 목적이 불능으로 된 경우가 후발적 불능이다. 그런데 원시적 불능의 경우에 원칙적으로 법률행위가 무효이지만, 계약체결상의 과실책임이 문제될 수 있고, 특히 원시적 일부불능의 경우에 가령 매도인은 담보책임을 질 수도 있다. 반면 후발적 불능은 주로 채권관계에서 문제되는데, 채무자에게 책임 있는 사유로 인한 경우에 이행불능으로서 손해배상(민법 제390조), 계약해제(민법 제546조) 등이, 채무자에게 책임 없는 사유로 인한 경우에 대상청구권과 위험부담이 문제된다.

4 목적의 적법성

(1) 서 설

법률행위가 유효하기 위하여 그 목적이 적법하여야 한다. 즉, 강행규정에 위반되는 법률행위는 무효이다. 결국 강행규정은 사적자치의 한계를 이룬다. 강행규정 위반의 경우에는 추인이 있더라도 유효로 될 수 없다.

(2) 강행규정

① 개 념

강행규정은 법령 중의 선량한 풍속 기타 사회질서에 관계있는 규정을 말하며(민법 제105조 참조), 당사자의 의사에 의하여 그 적용을 배제할 수 없다. 반면 법령 중의 선량한 풍속 기타 사회질서에 관계없는 규정을 임의규정이라고 하는데, 당사자의 의사에 의하여 그 적용이 배제될 수 있다.

② 강행규정 판단의 기준 및 예

민법 중 물권법과 가족법의 규정들은 대부분 강행규정인 반면, 채권법의 규정은 대체로 임의규정이다. 그런데 어떤 규정이 강행규정인가 아니면 임의규정인가는, 그에 관한 명문규정이 없으면 당해 규정의 취지와 성질, 사회경제적 영향 등을 고려하여 판단하여야 한다.

5 목적의 사회적 타당성 ☑기출

(1) 서 설

법률행위가 강행규정을 위반하지 않더라도 '선량한 풍속 기타 사회질서'에 반하면 무효이다(민법 제103조). 목적의 사회적 타당성은 앞에서 본 강행규정과 더불어 사적자치의 한계를 이루며, 양자 공히 선량한 풍속 기타 사회질서와 관련되지만, 강행규정은 개개의 특정행위의 효력을 부인하는 반면, 목적의 사회적 타당성은 일반적·포괄적인 법의 근본이념에 의한 통제라는 점에서 차이가 있다.

(2) 선량한 풍속 기타 사회질서의 의의

① 개 념

선량한 풍속이란 사회의 건전한 도덕관념을 말하는바, 뭐든 공정하게 사고하는 자의 도덕관념을 기준으로 판단되어야 하고, 법관의 개인적 도덕관념을 기준으로 하여서는 안 된다. 반면 사회질서란 사회의 평화와 질서를 유지하기 위하여 국민이 지켜야 할 공공적인 질서를 말한다.

② 사회질서 위반의 요건

어느 법률행위가 사회질서에 반하는지 여부는 원칙적으로 법률행위 당시를 기준으로 판단한다. 판례는 매매계약체결 당시에 정당한 대가를 지급하고 목적물을 매수하는 계약을 체결하였다면, 비록 그 후 목적물이 범죄행위로 취득된 것을 알게 되었다고 하더라도, 계약의 이행을 구하는 것 자체가 선량한 풍속 기타 사회질서에 위반하는 것으로 볼 만한 특별한 사정이 없는 한, 민법 제103조에 반하는 행위라고 단정할 수 없다고 판시하였다(대판 2001.11.9., 2001다44987).

(3) 유형화

① 법률행위의 목적인 권리의무의 내용 자체가 선량한 풍속 기타 사회질서에 위반되는 경우(예 내 콩팥을 A에게 900만 원에 매도하는 계약, 매음행위를 하기로 하는 계약)

② 법률행위의 목적인 권리의무의 내용 자체는 반사회질서적인 것이 아니라고 하더라도 다른 사정이 부가되어 무효가 되는 경우

㉠ 법률적으로 강제됨으로써 무효가 되는 경우(예 어떠한 일이 있어도 이혼하지 않는다는 합의)

ⓒ 금전적 대가가 결부된 경우(예 부첩관계를 청산하는 대가로 일정한 돈을 지급하기로 한 합의, 어떠한 사실을 알고 있는 사람에게 소송에서 사실대로 증언하여 줄 것을 조건으로 어떠한 급부를 할 것을 약정하였는데 그 급부의 내용이 통상적으로 용인될 수 있는 수준을 넘어선 경우)
　　ⓔ 반사회질서적인 조건이 붙은 경우[예 부첩관계의 종료를 해제조건으로 하는 증여계약(대판 1966.6.21., 66다530)]

　③ 동기의 불법
　　㉠ 문제점
　　　법률행위 자체는 선량한 풍속 기타 사회질서에 반하지 않으나, 그 동기가 선량한 풍속 기타 사회질서에 반하는 경우에도 그 법률행위를 민법 제103조에 의하여 무효로 할 것인지 문제된다(예 갑이 도박자금으로 사용할 목적으로 을로부터 금 1억 원을 차용한 경우).
　　㉡ 판 례
　　　민법 제103조에 의하여 무효로 되는 반사회질서행위는 법률행위의 목적인 권리의무내용이 선량한 풍속 기타 사회질서에 위반되는 경우뿐만 아니라, 그 내용 자체는 반사회질서적인 것이 아니라고 하여도 법률적으로 이를 강제하거나 그 법률행위에 반사회질서적인 조건 또는 금전적인 대가가 결부됨으로써 반사회질서적 성질을 띠게 되는 경우 및 표시되거나 상대방에게 알려진 법률행위의 동기가 반사회질서적인 경우를 포함한다(대판 2001.2.9., 99다38613).

　④ 이중양도의 경우
　　이중양도가 반사회적인 것으로 평가되기 위하여 우선 제1양도행위가 가령 계약이라면 계약금의 배액상환에 의한 제1양도행위의 해소가 불가능하게 된 상태에 이르러야 한다. 이중양도가 사회질서에 반하여 무효로 되기 위하여 보통 제2양수인이 양도인의 배임행위에 적극 가담하여야 한다. 여기서 적극 가담이란 목적물이 다른 사람에게 양도된 사실을 제2양수인이 안다는 것만으로 부족하고, 양도사실을 알면서 제2양도행위를 요청하거나 유도하여 계약에 이르게 하는 정도가 되어야 한다(대판 2002.9.6., 2000다41820).

(4) 사회질서 위반행위의 효과
　사회질서에 반하는 사항을 내용으로 하는 법률행위는 무효이다(민법 제103조). 즉, 당사자가 그 법률행위에 의하여 발생시키려고 한 법률효과의 발생이 부정된다. 법률행위가 사회질서에 반하여 무효인 경우에 추인의 법리가 적용될 수 없다(대판 1973.5.22., 72다2249).

(5) 불공정한 법률행위
　① 의 의
　　상대방의 궁박, 경솔 또는 무경험을 이용하여 자기의 급부에 비하여 현저하게 균형을 잃은 반대급부를 하게 함으로써 부당한 재산적 이익을 얻는 행위를 불공정한 법률행위라고 한다(민법 제104조).
　② 민법 제103조와의 관계
　　판례는 원래 민법 제103조나 제104조는 다 같이 구 민법 제90조의 공공의 질서 또는 선량한 풍속에 반하는 사항을 목적으로 하는 법률행위의 범주에 속하는 것으로서 전자가 행위의 객관적인 성질을 기준으로 하여 그것이 반사회질서적인지 여부를 판단할 것임에 반하여 후자는 행위자의 주관적인 사항을 참작하여 그 행위가 현저하게 공정을 잃은 것인지 여부를 판단할 것이라는 차이가 있음에 지나지 않는다고 판시하였다(대판 1965.11.23., 65사28).

③ 적용범위

불공정한 법률행위란 자기의 급부에 비하여 현저하게 균형을 잃은 반대급부를 하게 함으로써 부당한 재산적 이익을 얻는 행위를 말하므로, 증여와 같이 대가적 의미의 출연이 없는 무상행위에는 제104조의 적용이 없다고 할 것이다(대판 2000.2.11., 99다56833).

④ 요 건

㉠ 객관적 요건

궁박, 경솔, 무경험 중 어느 하나만 갖추어도 충분하다. 경솔과 무경험은 대리인을 기준으로, 궁박은 본인을 기준으로 각각 판단한다.

㉡ 주관적 요건

명문의 규정은 없지만 통설과 판례는 주관적 요건을 요구한다. 대법원도 민법 제104조는 약자적 지위에 있는 자의 궁박, 경솔 또는 무경험을 이용한 폭리행위를 규제하려는 데에 그 목적이 있으므로, 피해 당사자가 궁박, 경솔 또는 무경험의 상태에 있었다고 하더라도 그 상대방 당사자에게 그와 같은 피해 당사자 측의 사정을 알면서 이를 이용하려는 의사, 즉 폭리행위의 악의가 없었다면 불공정한 법률행위는 성립하지 않는다고 보고 있다(대판 1997.3.25., 96다47951).

⑤ 효 과

민법 제104조에 해당되면 법률행위는 절대적 무효가 되며, 선의의 제삼자도 보호받을 수 없고 추인할 수도 없다.

구 분	요 건	효 과
선량한 풍속 기타 사회질서 위반	행위 당시를 기준으로 선량한 풍속 기타 사회질서에 위반한 사항을 내용으로 하는 법률행위는 무효로 한다. 예 • 콩팥을 A에게 900만 원에 매도하는 계약 • 매음행위를 하기로 하는 계약 • 어떠한 일이 있어도 이혼하지 않는다는 합의 • 부첩관계를 청산하는 대가로 일정한 돈을 지급하기로 한 합의 • 어떠한 사실을 알고 있는 사람에게 소송에서 사실대로 증언하여 줄 것을 조건으로 어떠한 급부를 할 것을 약정하였는데 그 급부의 내용이 통상적으로 용인될 수 있는 수준을 넘어선 경우 • 부첩관계의 종료를 해제조건으로 하는 증여계약(대판 1966.6.21., 66다530)	법률행위는 무효가 되며 선의의 제삼자도 보호받을 수 없고 추인 또한 할 수 없다.
불공정한 법률행위	• 객관적 요건 - 현저한 공정성 상실 + 당사자의 궁박, 경솔, 무경험 - 궁박, 경솔, 무경험 중 하나의 사유만 있으면 족함 • 주관적 요건 불공정성에 대한 인식 및 상대방의 궁박, 경솔, 무경험을 알면서 이를 이용, 편승하려는 의사가 필요함	

03 의사표시

제1관 | 의사표시의 개념 ☑기출

의사표시란 계약의 청약과 승낙처럼 일정한 법률효과를 발생시키려는 의사를 외부로 표시하는 것으로, 법률행위의 본질적 구성부분이다.

제2관 | 흠 있는 의사표시

1 총 설

법률행위가 유효하기 위하여 의사표시에서 의사와 표시가 일치하여야 하고, 의사형성과정에 하자가 있어서는 안 된다. 따라서 의사와 표시가 일치하지 않거나 의사형성과정에 하자가 있으면, 법률행위가 효력을 발생할 수 없다.

2 진의 아닌 의사표시 ☑기출

(1) 의 의

의사표시는 표의자가 진의 아님을 알고 한 것이라도 그 효력이 있다. 그러나 상대방이 표의자의 진의 아님을 알았거나 이를 알 수 있었을 경우에는 무효로 한다.

(2) 요 건

① 의사표시의 존재

진의 아닌 의사표시로 되기 위하여 우선 일정한 효과의사를 추단할 만한 행위가 있어야 한다. 가령 배우가 무대 위에서 한 대사에서와 같이 당사자가 법률효과의 발생을 원하지 않음이 명백한 경우에는 의사표시 자체가 존재하지 않는다.

② 진의와 표시의 불일치

비진의의사표시에 있어서의 진의란 특정한 내용의 의사표시를 하고자 하는 표의자의 생각을 말하는 것이지 표의자가 진정으로 마음속에서 바라는 사항을 뜻하는 것은 아니라고 할 것이므로, 비록 재산을 강제로 뺏긴다는 것이 표의자의 본심으로 잠재되어 있었다 하여도 표의자가 강박에 의하여서나마 증여를 하기로 하고 그에 따른 증여의 의사표시를 한 이상 증여의 내심의 효과의사가 결여된 것이라고 할 수는 없다(대판 2002.12.27., 2000다47361).

③ 표의자가 그러한 사실을 알고 있을 것

이러한 점이 뒤에서 살펴볼 착오와 구별된다.

(3) 효 과

① 원 칙

진의 아닌 의사표시를 한 표의자를 보호할 필요가 없으므로 원칙적으로 유효하다.

② 예 외

상대방이 표의자의 진의 아님을 알았거나 알 수 있었을 경우에는 무효이다(민법 제107조 제1항 단서).

3 통정한 허위의 의사표시 ☑기출

(1) 의 의

예를 들어 강제집행을 면하기 위하여 친구와 짜고 자기 소유의 부동산에 대한 소유권을 그 친구에게 넘긴 경우에서와 같이 상대방과 통정하여 하는, 자기의 진의와 다른 의사표시를 말한다.

(2) 요 건

① 의사표시의 존재

진의 아닌 의사표시에서와 마찬가지로 허위표시에서도 의사표시가 존재하여야 한다.

② 진의와 표시의 불일치

통정허위표시의 진의와 표시의 불일치는 비진의의사표시와 마찬가지로 진의란 특정한 내용의 의사표시를 하고자 하는 표의자의 생각을 말하는 것이지 표의자가 진정으로 마음속에서 바라는 사항을 뜻하는 것은 아니라고 할 것이다.

③ 표의자가 위 불일치를 알고 있을 것

진의와 다른 표시를 하는 데 대하여 표의자가 알고 있어야 한다.

④ 상대방과의 통정이 있을 것

상대방과의 통정이 있어야 하는바 여기서 통정이란 상대방과의 합의를 의미하고, 상대방이 단순히 이를 인식하고 있는 것만으로는 부족하다.

(3) 효 과

① 당사자 사이에서의 효력

허위표시를 한 표의자뿐만 아니라 처음부터 그 의사표시가 진의 아님을 알고 통정한 상대방 역시 보호가치가 없으므로 원칙으로 돌아가 진의와 일치하지 않은 표시에 따른 효과가 발생하지 않는다. 즉, 법률행위는 무효가 된다.

② 제삼자에 대한 효력

선의의 제삼자에게 대항하지 못한다(민법 제108조 제2항).

4 착오로 인한 의사표시

(1) 의 의
표의자가 의사와 표시가 불일치함을 알지 못하고 의사표시를 하는 경우 표의자에게 중과실이 없는 한 이를 취소할 수 있다(민법 제109조).

(2) 요 건
① 착 오
의사표시의 내용과 내심의 의사가 일치하지 않는 것을 표의자가 모르는 것을 말한다(대판 1985.4.23., 84다카890).

② 법률행위 내용의 착오
법률행위 내용에 관한 착오가 있어야 하며 법률행위의 동기의 착오가 있는 경우에는 법률행위의 내용에 관한 착오가 아니더라도 그 동기를 당해 의사표시의 내용으로 삼을 것을 상대방에게 표시하고 의사표시의 해석상 법률행위의 내용으로 되어 있다고 인정되면 착오를 이유로 취소할 수 있다(대판 2000.5.12., 2000다12259).

③ 중요부분의 착오
표의자가 그러한 착오가 없었더라면 그 의사표시를 하지 않으리라고 생각될 정도로 중요한 것이어야 하고(주관적 표준), 보통 일반인도 표의자의 입장에 섰더라면 그러한 의사표시를 하지 않았으리라고 생각될 정도로 중요한 것이어야 한다(객관적 표준).

④ 표의자에게 중과실이 없을 것
표의자의 직업, 행위의 종류, 목적 등에 비추어 보통 요구되는 주의를 현저하게 결여한 것을 말한다.

(3) 효 과
① 원 칙
착오를 이유로 의사표시가 적법하게 취소되면, 그 의사표시를 요소로 하는 법률행위가 처음부터 무효인 것으로 간주된다(민법 제141조).

② 예 외
민법 제109조 제2항은 "전항의 의사표시의 취소는 선의의 제삼자에게 대항하지 못한다"고 하여 착오 취소에서 거래의 안전을 꾀하고 있다.

5 사기 혹은 강박에 의한 의사표시 ☑ 기출

(1) 의 의
사기나 강박이란 남을 속이거나 위협하여 그로 하여금 의사표시를 하게 하는 것을 말한다. 이와 같이 불법한 수단에 기하여 행하여진 의사표시는 표의자의 자기결정에 기한 것으로 볼 수 없으므로, 의사표시를 한 자가 이를 취소할 수 있다(민법 제110조 제1항).

(2) 요 건

① 사기, 강박의 고의

표의자를 기망하여 착오에 빠지게 하거나 강박에 의하여 의사표시를 하게 하려는 고의가 있어야 한다.

② 사기, 강박행위

사기 또는 강박행위가 있어야 한다.

③ 인과관계의 존재

사기 혹은 강박과 의사표시 사이에 인과관계가 존재하여야 한다.

④ 사기, 강박행위의 위법성

강박의 수단이 위법하거나 강박행위에 의하여 추구하는 목적이 위법하면 강박행위의 위법성이 인정된다.

(3) 효 과

① 상대방의 사기, 강박의 경우

의사표시의 상대방이 사기 또는 강박을 한 경우에 표의자는 그 의사표시를 취소할 수 있다(민법 제110조 제1항).

② 제삼자의 사기, 강박의 경우

제삼자의 사기, 강박에 의하여 의사표시를 한 경우 상대방이 그러한 사실을 알았거나 알 수 있었을 경우에, 표의자는 자기의 의사표시를 취소할 수 있다(민법 제110조 제2항).

③ 취소의 효과

㉠ 사기, 강박에 의한 의사표시가 취소되면 그 의사표시를 요소로 하는 법률행위가 소급적으로 무효로 된다(민법 제141조).

㉡ 사기나 강박에 의한 의사표시의 취소는 선의의 제삼자에게 대항하지 못한다(민법 제110조 제3항).

[흠 있는 의사표시의 구분]

구 분	요 건	효 과
진의 아닌 의사표시	• 의사표시의 존재 • 진의와 표시의 불일치 • 표의자가 그러한 사실을 알고 있을 것	• 의사표시가 취소되면 그 의사표시를 요소로 하는 법률행위가 소급적으로 무효로 된다(민법 제141조). • 의사표시의 취소는 선의의 제삼자에게 대항하지 못한다. • 제삼자의 사기, 강박에 의하여 의사표시를 한 경우 상대방이 그러한 사실을 알았거나 알 수 있었을 경우에, 표의자는 자기의 의사표시를 취소할 수 있다(민법 제110조 제2항).
통정한 허위의 의사표시	• 의사표시의 존재 • 진의와 표시의 불일치 • 표의자가 위 불일치를 알고 있을 것 • 상대방과의 통정이 있을 것	
착오로 인한 의사표시	• 착오 • 법률행위 내용의 착오 • 중요부분의 착오 • 표의자에게 중과실이 없을 것	
사기, 강박에 의한 의사표시	• 사기, 강박의 고의 • 사기, 강박행위 • 인과관계의 존재 • 사기, 강박행위의 위법성	

CHAPTER 03 OX 마무리

PART 1 총설

01 상속은 원시취득에 해당한다. O X

02 법률행위 내용의 일반적 효력요건은 대리권의 존재, 가능성, 적법성이다. O X

03 유언은 요식행위이자 상대방 있는 단독행위이다. O X

04 법률행위가 유효하려면 목적은 확정성, 가능성, 적법성 및 사회적 타당성의 요건을 갖추어야 한다. O X

05 강행규정은 민법의 사적자치의 원칙상 당사자의 의사에 의하여 배제 가능하다. O X

---

01 원시취득은 건물의 신축, 취득시효(민법 제245조 이하), 선의취득(민법 제249조), 무주물 귀속(민법 제252조), 유실물습득(민법 제253조), 매장물발견(민법 제254조), 첨부(민법 제256조) 등이 이에 속하며, 상속은 매매 등과 같이 승계취득에 해당한다.

02 법률행위 내용의 일반적 효력요건은 확정성, 가능성, 적법성, 사회적 타당성이다. 대리권의 존재는 특별효력요건의 일종이다.

03 단독행위는 하나의 의사표시만으로 성립하는 법률행위로서, 상대방 있는 단독행위(예 동의, 채무면제, 상계, 추인, 취소, 해제)와 상대방 없는 단독행위(예 유언, 재단법인의 설립행위, 권리의 포기)가 있다.

04 법률행위가 유효하려면 그 목적은 강행규정에 위반되지 않고 적법하여야 한다.

05 강행규정은 법령 중의 선량한 풍속 기타 사회질서에 관계있는 규정을 말하며(민법 제105조 참조), 당사자의 의사에 의하여 그 적용을 배제할 수 없다.

정답 01 × 02 × 03 × 04 ○ 05 ×

06 매매계약체결 당시에 정당한 대가를 지급하고 목적물을 매수하는 계약이 체결된 후에 목적물이 범죄행위로 취득된 것을 알게 되었다면 민법 제103조에 반하는 행위에 해당한다. O X

06 매매계약체결 당시에 정당한 대가를 지급하고 목적물을 매수하는 계약을 체결하였다면, 비록 그 후 목적물이 범죄행위로 취득된 것을 알게 되었다고 하더라도, 계약의 이행을 구하는 것 자체가 선량한 풍속 기타 사회질서에 위반하는 것으로 볼 만한 특별한 사정이 없는 한, 민법 제103조에 반하는 행위라고 단정할 수 없다고 판시하였다 (대판 2001.11.9., 2001다44987).

07 반사회질서적인 조건이 붙은 경우에는(예 부첩관계의 종료를 해제조건으로 하는 증여계약) 그 조건만이 무효가 된다. O X

07 반사회적인 조건이 붙어 있으면 그 조건만이 무효인 것이 아니라 계약 자체가 무효가 된다(대판 1966.6.21., 66다530).

08 법률행위의 동기가 불법인 경우 언제나 제103조 위반으로 무효가 된다. O X

08 민법 제103조에 의하여 무효로 되는 반사회질서 행위는 법률행위의 목적인 권리의무내용이 선량한 풍속 기타 사회질서에 위반되는 경우뿐만 아니라, 그 내용 자체는 반사회질서적인 것이 아니라고 하여도 법률적으로 이를 강제하거나 법률행위에 반사회질서적인 조건 또는 금전적인 대가가 결부됨으로써 반사회질서적 성질을 띠게 되는 경우 및 표시되거나 상대방에게 알려진 법률행위의 동기가 반사회질서적인 경우를 포함한다(대판 2001.2.9., 99다38613).

06 X   07 X   08 X   정답

09 이중양도가 사회질서에 반하여 무효로 되기 위하여 보통 제2양수인이 양도인의 배임행위에 적극 가담하여야 한다. ○|X

09 이중양도가 사회질서에 반하여 무효로 되기 위하여 보통 제2양수인이 양도인의 배임행위에 적극 가담하여야 한다. 여기서 적극 가담이란 목적물이 다른 사람에게 양도된 사실을 제2양수인이 안다는 것만으로 부족하고, 양도사실을 알면서 제2양도행위를 요청하거나 유도하여 계약에 이르게 하는 정도가 되어야 한다(대판 2002.9.6., 2000다41820).

10 반사회적 법률행위는 당사자가 무효인 줄 알고 추인하면 새로운 법률행위로서 유효하게 된다. ○|X

10 무효임을 알고 추인한 경우 그때부터 새로운 법률행위로 보게 되는데(민법 제139조), 이 경우 새로운 법률행위는 유효함을 전제로 하므로, 무효인 반사회적 법률행위는 추인에 의하여 유효로 될 수 없다.

11 증여와 같이 대가적 의미의 출연이 없는 무상행위에는 제104조의 적용이 없다. ○|X

11 불공정한 법률행위란 자기의 급부에 비하여 현저하게 균형을 잃은 반대급부를 하게 함으로써 부당한 재산적 이익을 얻는 행위를 말하므로, 증여와 같이 대가적 의미의 출연이 없는 무상행위에는 제104조의 적용이 없다고 할 것이다(대판 2000.2.11., 99다56833).

12 불공정한 법률행위에서 궁박, 경솔, 무경험의 요건을 모두 갖추어야 한다. ○|X

12 궁박, 경솔, 무경험 중 어느 하나만 갖추어도 충분하다. 경솔과 무경험은 대리인을 기준으로, 궁박은 본인을 기준으로 각각 판단한다.

정답 09 ○ 10 × 11 ○ 12 ×

13 민법 제104조는 약자적 지위에 있는 자의 궁박, 경솔 또는 무경험을 이용한 폭리행위를 규제하려는 데에 그 목적이 있으므로, 피해 당사자가 궁박, 경솔 또는 무경험의 상태에 있었다고 하더라도 그 상대방 당사자에게 그와 같은 피해 당사자 측의 사정을 알면서 이를 이용하려는 의사, 즉 폭리행위의 악의가 없었다면 불공정한 법률행위는 성립하지 않는다고 하고 있다(대판 1997.3.25., 96다47951).

13 불공정한 법률행위에서 당사자가 궁박, 경솔 또는 무경험의 상태에 있었다면 폭리행위의 악의가 없더라도 불공정한 법률행위는 성립한다. O X

14 민법 제103조 및 제104조에 해당되면 법률행위는 절대적 무효가 되며, 선의의 제삼자도 보호받을 수 없고 추인할 수도 없다.

14 선량한 풍속 기타 사회질서의 위반이나 불공정한 법률행위를 토대로 법률관계를 맺은 선의의 제삼자는 보호된다. O X

15 의사표시는 표의자가 진의 아님을 알고 한 것이라도 그 효력이 있다. 그러나 상대방이 표의자의 진의 아님을 알았거나 이를 알 수 있었을 경우에는 무효로 한다(민법 제107조 제1항).

15 내심적 효과의사와 표시상의 효과의사가 다른 비진의 표시는 상대방이 표의자의 진의 아님을 안 경우에 한하여 무효이다. O X

16 사기나 강박에 의한 의사표시는 취소할 수 있다(민법 제110조 제1항).

16 상대방 없는 의사표시에 관해 사기, 강박이 행해진 경우에는 언제든지 그 의사표시를 취소할 수 있다. O X

정답 13 X 14 X 15 X 16 O

CHAPTER 04 소멸시효

PART 1 총설

1 의 의

소멸시효제도는 권리자가 그의 권리를 행사할 수 있음에도 불구하고 일정한 기간 동안 그 권리를 행사하지 않는 상태, 즉 권리 불행사의 상태가 계속된 경우에 법적 안정성을 위하여 그 권리를 소멸시켜 버리는 제도를 말한다.

2 구별개념으로서의 제척기간 ☑기출

(1) 의 의
법률이 규정하는 권리의 존속기간 또는 법률상 권리를 행사할 수 있는 기간을 말한다.

(2) 소멸시효와 차이점

① 소급효

소멸시효는 그 기산일에 소급하여 효력이 생기지만(민법 제167조), 제척기간은 그렇지 않다.

② 중 단

소멸시효는 중단될 수 있지만, 제척기간은 그렇지 않다.

③ 정 지

소멸시효는 정지될 수 있는데, 제척기간은 그렇지 않다.

④ 포 기

시효이익은 완성 후 포기할 수 있지만(민법 제184조 제1항의 반대해석), 제척기간은 그렇지 않다.

⑤ 직권조사사항

소멸시효는 상대방의 항변사항이지만, 제척기간은 법원의 직권조사사항이다. 제소기간인 제척기간은 소송요건이기 때문에 법원의 직권조사사항임이 당연하고, 제소기간 아닌 제척기간도 법원의 직권조사사항이다.

[소멸시효와 제척기간의 비교]

구 분	소멸시효	제척기간
소급효	인정	부정
중단	인정	부정
정지	인정	부정
포기	시효완성 후에만 가능	부정
소송상	변론주의 사항	직권으로 참작
기간의 단축	인정	부정
구별	법조문에서 소멸시효는 '소멸시효가 완성한다. 시효로 인하여 소멸한다'고 표현한 데 비해, 제척기간은 행사(제기)하여야 한다고 표현하고, 이를 가지고 원칙적으로 양자를 구별한다.	

3 요건

(1) 소멸시효의 대상이 되는 권리

① 채권
  모든 채권은 원칙적으로 소멸시효의 대상이 된다.

② 소유권
  소유권 및 소유권에 기한 물권적 청구권은 소멸시효에 걸리지 않는다.

③ 그 밖의 재산권
  제한물권은 소멸시효의 대상이 된다.

(2) 권리의 불행사

① 법률상 장애기간 동안은 소멸시효가 진행하지 않는다. 법률상의 장애사유란 예컨대 기간의 미도래나 조건불성취 등이 있는 경우를 말한다(대판 2005.4.28., 2005다3113).

② 기산점(권리를 행사할 수 있는 때, 민법 제166조 제1항)

  ㉠ 기한을 정한 채권
    확정기한부 채권은 확정기한이 도래한 때, 불확정기한부 채권은 그 기한이 객관적으로 도래한 때가 기산점이 된다.

  ㉡ 기한을 정하지 아니한 채권
    그 채권이 성립한 때로부터 시효가 기산한다.

  ㉢ 정지조건부 권리
    조건이 성취된 때

  ㉣ 선택채권
    선택채권은 선택권을 행사할 수 있을 때 시효가 기산한다.

  ㉤ 채무불이행으로 인한 손해배상청구권
    손해배상청구권이 발생할 때로부터 기산한다.

ⓑ 불법행위로 인한 손해배상청구권
- ⓐ 민법 제766조 제1항 : 손해 및 가해자를 안 날
- ⓑ 민법 제766조 제2항 : 불법행위를 한 날

ⓢ 부당이득반환청구권
부당이득을 한 날부터 시효가 기산한다.

(3) 시효기간의 도과 ☑기출

① 채권의 소멸시효기간

㉠ 일반채권

- ⓐ 10년(민법 제162조 제1항)
  채권은 10년간 행사하지 아니하면 소멸시효가 완성한다.
- ⓑ 5년(상법 제64조)
  당사자 일방에 대하여만 상행위에 해당하는 행위로 인한 채권에도 적용되고, 상인이 영업을 위하여 하는 보조적 상행위도 포함한다.
- ⓒ 3년(민법 제766조 제1항)
  불법행위로 인한 손해배상의 청구권은 피해자나 그 법정대리인이 그 손해 및 가해자를 안 날로부터 3년간 이를 행사하지 아니하면 시효로 인하여 소멸한다.

㉡ 3년의 단기소멸시효(민법 제163조)

다음의 채권은 3년간 행사하지 아니하면 소멸시효가 완성한다.

- ⓐ 이자, 부양료, 급료, 사용료 기타 1년 이내의 기간으로 정한 금전 또는 물건의 지급을 목적으로 한 채권
- ⓑ 의사, 조산사, 간호사 및 약사의 치료, 근로 및 조제에 관한 채권
- ⓒ 도급받은 자, 기사 기타 공사의 설계 또는 감독에 종사하는 자의 공사에 관한 채권
- ⓓ 변호사, 변리사, 공증인, 공인회계사 및 법무사에 대한 직무상 보관한 서류의 반환을 청구하는 채권
- ⓔ 변호사, 변리사, 공증인, 공인회계사 및 법무사의 직무에 관한 채권
- ⓕ 생산자 및 상인이 판매한 생산물 및 상품의 대가
- ⓖ 수공업자 및 제조자의 업무에 관한 채권

㉢ 1년의 단기소멸시효(민법 제164조)

다음의 채권은 1년간 행사하지 아니하면 소멸시효가 완성한다.

- ⓐ 여관, 음식점, 대석, 오락장의 숙박료, 음식료, 대석료, 입장료, 소비물의 대가 및 체당금의 채권
- ⓑ 의복, 침구, 장구 기타 동산의 사용료의 채권
- ⓒ 노역인, 연예인의 임금 및 그에 공급한 물건의 대금채권
- ⓓ 학생 및 수업자의 교육, 의식 및 유숙에 관한 교주, 숙주, 교사의 채권

② 판결 등에 의해 확정된 채권의 소멸시효

판결에 의하여 확정된 채권은 단기의 소멸시효에 해당한 것이라도 그 소멸시효는 10년으로 한다(민법 제165조 제1항).

③ 채권 및 소유권 이외의 재산권의 소멸시효

채권 및 소유권 이외의 재산권은 20년간 행사하지 아니하면 소멸시효가 완성한다(민법 제162조 제2항).

④ 소멸시효 기간에 관한 합의

소멸시효는 법률행위에 의하여 이를 배제, 연장 또는 가중할 수 없으나 이를 단축 또는 경감할 수 있다(민법 제184조 제2항).

[소멸시효 기간 정리] ☑ 기출

기 간	대 상
20년	채권 및 소유권 이외의 재산권(지상권, 전세권 등)
10년	일반채권, 판결 등에 의해 확정된 채권
5년	상사채권, 공법상 채권
3년	• 이자, 부양료, 급료, 사용료 기타 1년 이내의 기간으로 정한 금전 또는 물건의 지급을 목적으로 한 채권 • 의사, 조산사, 간호사 및 약사의 치료, 근로 및 조제에 관한 채권 • 도급받은 자, 기사 기타 공사의 설계 또는 감독에 종사하는 자의 공사에 관한 채권 • 변호사, 변리사, 공증인, 공인회계사 및 법무사에 대한 직무상 보관한 서류의 반환을 청구하는 채권 • 변호사, 변리사, 공증인, 공인회계사 및 법무사의 직무에 관한 채권 • 생산자 및 상인이 판매한 생산물 및 상품의 대가 • 수공업자 및 제조자의 업무에 관한 채권
1년	• 여관, 음식점, 대석, 오락장의 숙박료, 음식료, 대석료, 입장료, 소비물의 대가 및 체당금의 채권 • 의복, 침구, 장구 기타 동산의 사용료의 채권 • 노역인, 연예인의 임금 및 그에 공급한 물건의 대금채권 • 학생 및 수업자의 교육, 의식 및 유숙에 관한 교주, 숙주, 교사의 채권
기 타	불법행위로 인한 손해배상청구권(3년, 10년)

4 소멸시효의 중단

(1) 의 의

① 개 념

법률이 정하는 일정한 사유가 있는 경우 그때까지 진행한 시효기간을 소멸하게 하고 그때부터 다시 소멸시효의 기간을 진행하게 하는 제도이다. 이는 일단 진행된 시효기간을 그대로 유효하게 인정하는 소멸시효의 정지와 구별된다.

② 근 거

원래 시효는 법률이 권리 위에 잠자는 자의 보호를 거부하고 사회생활상 영속되는 사실상태를 존중하여 여기에 일정한 법적 효과를 부여하는 제도이므로, 어떤 사실상의 상태가 계속 중 그 사실상의 상태와 상용할 수 없는 사정이 발생한 때에는 더 이상 그 사실 상태를 존중할 이유가 없게 된다는 점을 고려하여, 이미 진행한 시효기간의 효력을 아예 상실케 하려는 데에 곧 시효중단을 인정하는 취지가 있다(대판 1979.7.10., 79다569).

(2) 중단사유 ☑기출
① 청 구
  ㉠ 재판상 청구(민법 제170조)
  재판상 청구가 소멸시효 중단의 사유가 된 이유는 권리자가 권리를 재판상으로 주장함으로써 소멸시효의 기초인 사실상태를 깨뜨리기 때문이다. 따라서 원고가 소를 제기한 데 대하여 피고로서 응소하여 그 소송에서 적극적으로 권리를 주장하고 그것이 받아들여진 경우에도 재판상 청구에 해당한다(대판 전합 1993.12.21., 92다47861).
  ㉡ 파산절차참가(민법 제171조)
  파산절차참가는 채권자가 이를 취소하거나 그 청구가 각하된 때에는 시효중단의 효력이 없다.
  ㉢ 지급명령(민법 제172조)
  지급명령은 채권자가 법정기간 내에 가집행신청을 하지 아니함으로 인하여 그 효력을 잃은 때에는 시효중단의 효력이 없다.
  ㉣ 화해를 위한 소환, 임의출석(민법 제173조)
  화해를 위한 소환은 상대방이 출석하지 아니하거나 화해가 성립되지 아니한 때에는 1월 내에 소를 제기하지 아니하면 시효중단의 효력이 없다. 임의출석의 경우에 화해가 성립되지 아니한 때에도 그러하다.
  ㉤ 최고(민법 제174조)
  최고는 6월 내에 재판상의 청구, 파산절차참가, 화해를 위한 소환, 임의출석, 압류 또는 가압류, 가처분을 하지 아니하면 시효중단의 효력이 없다.
② 압류, 가압류 또는 가처분(민법 제175조)
  압류, 가압류 및 가처분은 권리자의 청구에 의하여 또는 법률의 규정에 따르지 아니함으로 인하여 취소된 때에는 시효중단의 효력이 없다.
③ 승인(민법 제177조)
  시효중단의 효력 있는 승인에는 상대방의 권리에 관한 처분의 능력이나 권한 있음을 요하지 아니한다. 승인이란 시효의 이익을 받을 자가 시효에 의하여 권리를 잃게 될 자에 대하여 그 권리의 존재를 인식하고 있다는 것을 표시하는 행위를 말한다.

(3) 중단의 효과
시효의 중단은 당사자 및 그 승계인 간에만 효력이 있다(민법 제169조). 시효가 중단된 때에는 중단까지에 경과한 시효기간은 이를 산입하지 아니하고 중단사유가 종료한 때로부터 새로이 진행한다. 재판상의 청구로 인하여 중단한 시효는 재판이 확정된 때로부터 새로이 진행한다(민법 제178조).

5 소멸시효의 정지

(1) 의 의

소멸시효의 정지란 시효가 거의 완성될 무렵에 권리자가 시효를 중단시키는 행위를 할 수 없거나 그 행위를 하는 것이 대단히 곤란한 경우에, 그 사정이 소멸한 후 일정 기간이 경과하는 시점까지 시효의 완성을 유예하는 것을 말한다. 시효의 정지는 정지사유가 소멸된 후 일정한 유예기간이 경과하면 시효가 완성한다는 점에서, 이미 경과한 기간이 소멸하는 중단과는 다르다.

(2) 정지사유

① 제한능력자를 위한 정지(민법 제179조)

소멸시효의 기간만료 전 6개월 내에 제한능력자에게 법정대리인이 없는 경우에, 그가 능력자가 되거나 법정대리인이 취임한 때부터 6개월 내에는 시효가 완성되지 않는다.

② 혼인관계의 종료에 의한 정지(민법 제180조 제2항)

부부 중 한쪽이 다른 쪽에 대하여 가지는 권리는 혼인관계가 종료된 때부터 6개월 내에는 소멸시효가 완성되지 아니한다.

③ 상속재산에 관한 정지(민법 제181조)

상속재산에 속한 권리나 상속재산에 대한 권리는 상속인의 확정, 관리인의 선임 또는 파산선고가 있는 때로부터 6월 내에는 그 소멸시효가 완성되지 않는다.

④ 천재 기타 사변에 의한 정지(민법 제182조)

천재 기타 사변으로 인하여 소멸시효를 중단할 수 없을 때에는 그 사유가 종료한 때로부터 1월 내에는 시효가 완성되지 않는다.

[소멸시효 중단과 정지사유]

중단사유	정지사유
• 재판상 청구(민법 제170조) • 파산절차참가(민법 제171조) • 지급명령(민법 제172조) • 화해를 위한 소환, 임의출석(민법 제173조) • 최고(민법 제174조) • 압류, 가압류 또는 가처분(민법 제175조) • 승인(민법 제177조)	• 제한능력자를 위한 정지(민법 제179조) • 혼인관계의 종료에 의한 정지(민법 제180조 제2항) • 상속재산에 관한 정지(민법 제181조) • 천재 기타 사변에 의한 정지(민법 제182조)

6 소멸시효 완성의 효과

(1) 시적 범위
소멸시효는 그 기산일에 소급하여 효력이 생긴다(민법 제167조). 그러나 시효로 소멸하는 채권이 그 소멸시효가 완성되기 전에 상계할 수 있었던 것이면 그 채권자는 상계할 수 있다(민법 제495조).

(2) 물적 범위
주된 권리의 소멸시효가 완성한 때에는 종속된 권리에 그 효력이 미친다(민법 제183조). 따라서 종된 권리도 소급적으로 소멸한다.

(3) 소멸시효 이익의 포기

① 시효완성 전의 포기

소멸시효의 이익은 소멸시효가 완성하기 전에는 미리 포기하지 못한다(민법 제184조 제1항). 권리자가 의무자의 궁박을 이용하여 약자인 의무자로 하여금 포기를 강제하는 것을 막기 위한 것이다. 다만 시효완성 전에 시효이익을 포기하는 의사표시는 의무자가 권리를 승인하는 것으로 보아 소멸시효의 중단사유로서 인정할 수는 있다(민법 제177조).

② 시효완성 후의 포기

민법 제184조 제1항의 반대해석상 소멸시효의 이익을 포기할 수 있다. 판례도 채무자가 소멸시효의 완성 후에 채무의 승인을 한 경우에는 채무자가 소멸시효의 완성을 알았던 것으로 사실상 추정하면서 채무자가 소멸시효 이익을 포기한 것으로 보아 시효완성 후의 포기를 인정하고 있다(대판 1967.2.7., 66다2173).

CHAPTER 04

PART 1 총설

OX 마무리

01 소멸시효는 직권조사사항이며 소급효가 있다. O|X

01 소멸시효는 소급효가 있으나 소송에서 주장하여야 한다.

02 소유권의 소멸시효는 20년이다. O|X

02 소유권은 소멸시효의 대상이 되는 권리에 해당하지 아니한다.

03 소멸시효가 진행하지 않는 '권리를 행사할 수 없는 경우'라 함은 그 권리행사에 법률상의 장애사유, 예컨대 기간의 미도래나 조건불성취 등이 있는 경우를 말한다. O|X

03 법률상 장애기간 동안은 소멸시효가 진행하지 않는다. 법률상의 장애사유란, 예컨대 기간의 미도래나 조건불성취 등이 있는 경우를 말한다(대판 2005. 4.28., 2005다3113).

04 당사자 일방에 대하여만 상행위에 해당하는 행위로 인한 채권은 10년의 소멸시효가 적용된다. O|X

04 5년이다. 당사자 일방에 대하여만 상행위에 해당하는 행위로 인한 채권에도 적용되고, 상인이 영업을 위하여 하는 보조적 상행위도 포함한다(상법 제64조).

05 변호사의 직무에 관한 채권은 3년의 단기소멸시효가 적용된다. O|X

05 민법 제163조

01 × 02 × 03 ○ 04 × 05 ○ **정답**

06 여관의 숙박료는 3년의 단기소멸시효가 적용된다. O X

06 1년의 단기소멸시효가 적용된다(민법 제164조).

07 불법행위로 인한 손해배상청구권의 소멸시효는 불법행위가 있은 날로부터 3년간 이를 행사하지 아니하면 시효로 인하여 소멸한다. O X

07 불법행위로 인한 손해배상청구권은 피해자나 그 법정대리인이 그 손해 및 가해자를 안 날로부터 3년간 이를 행사하지 아니하면 시효로 인하여 소멸한다(민법 제766조 제1항). 또한 불법행위를 한 날로부터 10년이 경과한 때에도 소멸한다(동조 제2항).

08 지급명령의 경우에는 소멸시효가 중단된다. O X

08 9번 해설 참조

09 파산절차참가는 소멸시효의 정지사유에 해당한다. O X

09
중단사유	• 재판상 청구(민법 제170조) • 파산절차참가(민법 제171조) • 지급명령(민법 제172조) • 화해를 위한 소환, 임의출석(민법 제173조) • 최고(민법 제174조) • 압류, 가압류 또는 가처분(민법 제175조) • 승인(민법 제177조)
정지사유	• 제한능력자를 위한 정지(민법 제179조) • 혼인관계의 종료에 의한 정지(민법 제180조 제2항) • 상속재산에 관한 정지(민법 제181조) • 천재 기타 사변에 의한 정지(민법 제182조)

정답 06 × 07 × 08 ○ 09 ×

PART 01 적중예상문제

CHAPTER 01 권리

01 권리는 그 작용에 의한 분류로서 분류할 수 있다. 다음 중 형성권에 속하는 권리는?

① 상계권
② 물 권
③ 채 권
④ 친 권
⑤ 임차권

해설
형성권이란 권리자의 일방적인 의사표시에 의하여 법률관계의 변동을 일어나게 하는 권리를 말한다. 형성권으로는 권리자의 의사표시만으로 법률관계의 변동이 일어나는 것[취소권(민법 제140조 이하), 추인권(민법 제143조 이하), 상계권(민법 제492조), 계약의 해지·해제권(민법 제543조 이하), 예약완결권(민법 제564조), 약혼해제권(민법 제805조), 상속포기권(민법 제1041조)]과 법원의 판결에 의하여 비로소 법률관계의 변동이 일어나는 것(채권자취소권, 재판상 이혼권, 재판상 파양권)의 두 유형이 있다.

02 다음 중 재판상으로 권리를 행사하여야 하는 것은?

① 계약해제권
② 매매의 일방예약완결권
③ 채권자취소권
④ 매매대금 증액청구권
⑤ 지료증감청구권

해설
형성권 중 재판상 행사하여야 하는 것은 채권자취소권(민법 제406조), 재판상 이혼권(민법 제840조), 친생부인권(민법 제846조), 입양 취소권(민법 제884조), 재판상 파양권(민법 제905조) 등이 있다.

03 다음 중 권리라고 할 수 없는 것은?

① 부당이득반환청구권
② 법인 이사의 대표권
③ 유치권
④ 항변권
⑤ 물품대금청구권

해설

권리란 일정한 구체적 이익을 누릴 수 있도록 법에 의하여 권리주체에게 주어진 힘을 말한다. 법인 이사의 대표권은 타인을 위해 그에 대하여 일정한 법률효과를 발생하게 하는 행위를 할 수 있는 법률상의 지위나 자격을 의미하는 '권한'이다.

04 다음 중 권리의 성질이 다른 것은?

① 추인권
② 취소권
③ 상계권
④ 해제권
⑤ 항변권

해설

[권리의 분류]

내용에 따른 분류		작용에 따른 분류		기타에 따른 분류	
재산권	• 소유권, 전세권, 저당권 등의 물권 • 매도인의 대금청구권 등의 채권 • 특허권, 실용신안권, 저작권, 상표권 등의 지식재산권	지배권	물권, 준물권, 지식재산권, 친권, 인격권 등	절대권과 상대권	• 절대권 : 물권 • 상대권 : 채권
		청구권	채권, 소유물반환청구권, 상속회복청구권 등	일신전속권과 비전속권	• 일신전속권 : 부양청구권 등 • 비전속권 : 대부분의 재산권
비재산권	상속권, 부양청구권, 인격권, 가족권	형성권	취소권, 추인권, 상계권, 계약의 해지·해제권, 예약완결권, 약혼해제권, 상속포기권, 채권자취소권, 재판상 이혼권, 재판상 파양권 등	주된 권리와 종된 권리	• 주된 권리 : 원본채권, 피담보채권 • 종된 권리 : 이자채권, 저당권, 질권, 유치권, 보증인에 대한 권리
		항변권	보증인의 최고·검색항변권, 동시이행의 항변권, 상속인의 한정승인의 항변권 등	기대권	조건부권리, 기한부권리

05 사권의 분류 중 분류의 기준이 다른 하나는?

① 인격권
② 소유권
③ 전세권
④ 저당권
⑤ 특허권

해설
4번 해설 참고

06 종된 권리란 다른 권리에 대하여 종속관계에 서는 권리를 말한다. 다음 중 종된 권리는 어느 것인가?

① 소유권
② 점유권
③ 지상권
④ 임차권
⑤ 질 권

해설
종된 권리란 다른 권리에 대하여 종속관계에 서는 권리를 말하며 주된 권리의 존재를 전제로 하여 발생한다. 저당권, 질권, 유치권, 이자채권, 보증인에 대한 권리 등이 이에 해당한다.

07 다음은 권리의 충돌과 경합에 관한 설명이다. 가장 옳지 않은 것은?

① 채권은 동일한 채무자에게 수 개의 채권이 성립할 수 있다.
② 같은 종류의 물권 상호 간에는 "먼저 성립한 권리가 후에 성립한 권리에 우선한다"는 원칙이 적용된다.
③ 소유권과 제한물권 사이에서는 제한물권이 소유권에 우선한다.
④ 물권과 채권과의 관계에서는 일반적으로 채권이 우선한다.
⑤ 주택의 인도와 주민등록을 마친 임차권은 일정 범위 내에서 물권적 효력을 인정받는다.

해설

[권리행사의 순위]

물권 상호 간	채권 상호 간	물권과 채권 상호 간
• 제한물권은 소유권에 언제나 우선한다. • 서로 종류를 달리하는 제한물권 상호 간에는 법률의 규정에 의하여 순위가 정해진다. • 같은 종류의 물권 상호 간에 있어서는 먼저 성립한 권리가 후에 성립한 권리에 우선한다.	채권자평등의 원칙에 따라 모든 채권은 평등하다. 채권 상호 간에 있어서는 먼저 채권을 행사한 자가 우선한다.	• 물권은 채권에 우선한다. • 등기된 부동산임차권은 물권과 동일한 효력이 있다. • 대항요건과 확정일자를 갖춘 주택임대차는 물권과 동일한 효력이 있다.

정답 05 ① 06 ⑤ 07 ④

08
권리의 충돌(동일한 객체에 대하여 수 개의 권리가 존재하는 경우)에 관한 다음의 설명 중 틀린 것은?

① 동일한 목적물에 대하여 물권과 채권이 병존하는 경우에는 그 성립시기를 불문하고 채권이 물권에 우선함이 원칙이다.
② 동일한 목적물 위에 성립한 물권 상호 간에는 먼저 성립한 물권이 후에 성립한 물권에 우선함이 원칙이다.
③ 동일 채무자에 대한 수 개의 채권은 그 발생원인·발생시기·채권액을 불문하고 평등하게 다루어짐이 원칙이다.
④ 제한물권은 소유권에 언제나 우선한다.
⑤ 동일한 목적물 위에 성질·범위·순위가 같은 물권은 병존하지 못함이 원칙이다.

해설
7번 해설 참고

09
다음 중 '사정변경의 원칙'과 가장 관계가 깊은 것은?

① 채권자평등의 원칙
② 재산권존중의 원칙
③ 과실책임의 원칙
④ 계약자유의 원칙
⑤ 신의성실의 원칙

해설
사정변경의 원칙이란 법률행위 성립의 기초가 된 사정이 당사자가 예견할 수 없었던 사정으로 인해 현저히 변경되고, 그리하여 당초의 내용대로 그 효과를 강제하는 것이 당사자 일방에게 가혹하게 된 경우, 그 내용을 변경된 사정에 맞게 수정하거나 또는 그 법률행위를 해소시킬 수 있다는 원칙을 말한다. 이는 신의칙의 파생원칙 중 하나에 해당한다.

10
권리의 남용과 관계가 없는 것은?

① 부의 자에 대한 친권의 행사로 인한 상해
② 해제권자의 아무런 이익도 없는 해제권 행사
③ 라디오 소유자의 라디오에 의한 인접인의 안면방해
④ 전세권자의 부동산 용도에 좇은 사용으로 인한 손해의 발생
⑤ 인지의 물을 고갈시킬 목적으로 자기의 토지에는 물이 풍부함에도 불구하고 원천을 인지의 수맥에 파는 행위

해설
전세권자는 당연히 물건을 용도에 따라 사용 수익할 권리가 있으므로 이는 권리남용과 관련이 없다.

CHAPTER 02　권리의 객체

01　우리 민법상의 물건의 정의에 관한 기술 중 옳은 것은?

① 유체물만 물건이다.
② 유체물만이 물건이고, 전기는 물건이 아니다.
③ 유체물 및 전기 기타 관리할 수 있는 자연력이 물건이다.
④ 유체물 및 전기만이 물건이고, 관리할 수 있는 자연력은 물건이 아니다.
⑤ 유체물 및 관리할 수 있는 자연력만이 물건이고, 전기는 물건이 아니다.

해설
민법에서 물건이라 함은 유체물 및 전기 기타 관리할 수 있는 자연력을 말한다.

02　다음은 동산에 관한 설명이다. 가장 적절하지 않은 것은?

① 동산은 점유를 공시방법으로 한다.
② 동산에 대하여는 점유의 공신력이 인정되지 않아 원칙적으로 선의취득이 인정되지 않는다.
③ 지상권은 부동산 위에만 성립한다.
④ 무주물이 동산인 경우에는 선점의 대상이 되지만, 부동산인 경우에는 국유가 된다.
⑤ 지역권은 부동산 위에만 성립한다.

해설
동산을 양수한 자가 선의이며 과실 없이 그 동산을 점유한 경우에는 양도인이 정당한 소유자가 아닌 때에도 즉시 그 동산의 소유권을 취득한다(민법 제249조).

03　부동산에 관한 다음의 기술 중 옳은 것은?

① 토지의 일부를 분할절차 없이 양도할 수 없다.
② 가식(假植) 중인 수목은 부동산에 속한다.
③ 토지와 그 지상의 건물은 독립된 부동산이 아니다.
④ 건물의 일부도 소유권의 객체가 될 수 없다.
⑤ 미분리의 과실은 수목의 일부로서 언제나 부동산으로 취급된다.

해설
① 토지는 분할절차를 선행해야 양도할 수 있으므로 분할절차 없이는 양도할 수 없다.
② 가식 중인 수목은 부동산에 속하지 아니한다.
③ 토지와 지상의 건물은 독립된 부동산에 해당한다.
④ 건물의 일부도 소유권의 객체가 될 수 있다.
⑤ 미분리 과실은 독립된 물건이 아니므로 일반적으로 독립한 물권의 객체가 되지 못하지만, 명인방법을 갖추면 독립한 소유권의 객체가 된다.

04 종물에 관한 다음 설명 중 가장 적절하지 않은 것은?

① 당사자의 특약으로 종물만을 따로 처분할 수 없다.
② 종물은 주물의 상용(常用)에 이바지하는 것이어야 한다.
③ 부동산 상호 간에도 주물과 종물의 관계가 인정될 수 있다.
④ 주물과 종물은 모두 '동일한 소유자'에 속하는 것이어야 한다.
⑤ 종물은 주물의 일부이거나 구성부분이 아니라 주물과 독립된 물건이어야 한다.

해설

민법 제100조는 강행규정이 아니다. 따라서 당사자는 특약으로 주물을 처분할 때에 종물을 제외할 수 있고, 종물만을 따로 처분할 수 있다.

05 종물과 관련된 다음 설명 중 옳은 것은?

① 주물의 소유자나 이용자의 상용에 공여되고 있는 이상 주물 그 자체의 효용과는 직접 관계없는 물건이라도 종물에 해당한다.
② 종물은 주물의 구성부분을 말한다.
③ 기존건물의 종물이라고 볼 수 없는 독립물건이라도 종물로 보면서 기존건물과 함께 경매를 진행하여 경락까지 된 이상 그 경락인은 위 독립건물에 대한 소유권을 취득한다.
④ 건물에 대한 저당권의 효력은 그 건물의 소유를 목적으로 하는 지상권에도 미치므로 그 건물의 경락인은 특별한 사정이 없는 한 그 건물소유를 위한 지상권도 등기 없이 당연히 취득한다.
⑤ 종물은 주물의 처분에 따르는 것으로서, 당사자의 특약에 의하여서도 그 법률적 운명을 달리 할 수 없다.

해설

④ 저당권의 효력이 저당부동산에 부합된 물건과 종물에 미친다는 민법 제358조 본문을 유추하여 보면 건물에 대한 저당권의 효력은 그 건물에 대한 종된 권리인 건물의 소유를 목적으로 하는 지상권에도 미치게 되므로, 건물에 대한 저당권이 실행되어 경락인이 그 건물의 소유권을 취득하였다면 경락 후 건물소유를 위한 지상권도 민법 제187조의 규정에 따라 등기 없이 당연히 취득한다(대판 1996.4.26., 95다52864).
① 종물이기 위하여는 주물의 상용에 이바지되어야 하는 관계가 있어야 하는바 여기에서 주물의 상용에 이바지한다 함은 주물 그 자체의 경제적 효용을 다하게 하는 작용을 하는 것을 말하는 것으로서 주물의 소유자나 이용자의 상용에 공여되고 있더라도 주물 그 자체의 효용과는 직접 관계없는 물건은 종물이 아니다(대판 1985.3.26., 84다카269).
② 종물은 ⊙ 주물의 경제적 효용을 높이는 기능을 하여야 하고, ⓒ 주물로부터 독립된 별개의 물건이어야 하며, ⓒ 주물과 동일한 소유자에 속할 것을 요건으로 한다.
③ 경매법원이 기존건물의 종물이라거나 부합된 부속건물이라고 볼 수 없는 건물에 대하여, 경매신청된 기존건물의 부합물이나 종물로 보고서 경매를 같이 진행하여 경락허가를 하였다 하더라도 그 독립된 건물에 대한 경락은 당연무효이고, 따라서 그 경락인은 위 독립된 건물에 대한 소유권을 취득할 수 없다(대판 1988.2.23., 87다카600).
⑤ 민법 제100조 제2항은 임의규정이다.

06 다음 중 천연과실의 수취권이 있는 자는?

① 악의의 점유자
② 수치인
③ 매수인
④ 지상권자
⑤ 전세권설정자

해설
과실의 수취권자로서 지상권자 외에 소유자, 선의의 점유자, 전세권자, 매도인(민법 제587조) 등을 들 수 있다.

07 다음 중 법정과실에 속하지 않는 것은?

① 이 자
② 지 료
③ 차 임
④ 지연이자
⑤ 부동산임대료

해설
물건의 사용대가로 받는 금전 기타의 물건을 법정과실이라 하는데, 지연이자는 본질상 물건의 사용대가가 아니고 손해배상의 일종이다.

08 다음은 천연과실과 법정과실에 관한 기술이다. 틀린 것은?

① 물건의 용법에 의하여 수취하는 산출물은 천연과실이다.
② 천연과실에서 산출물은 과수의 열매, 가축의 새끼 등과 같이 자연적으로 생성되는 물건에 한한다.
③ 천연과실은 그 원물로부터 분리하는 때에 이를 수취할 권리자에게 속한다.
④ 물건의 사용대가로 받는 금전 기타 물건은 법정과실이다.
⑤ 법정과실은 수취할 권리의 존속기간 일수의 비율로 취득한다.

해설
물건의 용법에 의하여 수취하는 산출물을 천연과실이라고 한다(민법 제101조 제1항). 여기서 '물건의 용법에 의한다'는 것은 원물의 경제적 용도에 따른다는 의미이고, 산출물은 천연적·유기적으로 생산되는 것(예 과수의 열매, 가축의 새끼)뿐만 아니라 인공적·무기적으로 수취되는 것(예 토사나 석재)도 포함한다.

CHAPTER 03 　권리의 변동

01 다음 중 권리의 원시취득인 것은?

① 건물의 신축
② 채권의 양도
③ 재산의 상속
④ 토지의 매수
⑤ 강제경매로 인한 취득

해설
건물의 신축, 취득시효(민법 제245조 이하), 선의취득(민법 제249조), 무주물 귀속(민법 제252조), 유실물습득(민법 제253조), 매장물발견(민법 제254조), 첨부(민법 제256조) 등이 원시취득에 속한다.

02 다음 중 원칙적으로 법률행위가 무효가 되는 경우를 모두 고른 것은?

> ㄱ. 법률행위의 내용의 중요부분에 착오가 있는 경우
> ㄴ. 상대방과 통정한 허위의 의사표시를 한 경우
> ㄷ. 타인의 사기나 강박에 의하여 의사표시를 한 경우
> ㄹ. 진의 아닌 의사표시(非眞意表示)로서 상대방이 알았거나 알 수 있었던 경우

① ㄱ, ㄴ
② ㄴ, ㄹ
③ ㄷ, ㄹ
④ ㄱ, ㄷ
⑤ ㄴ, ㄷ

해설
ㄱ·ㄷ. 무효가 아닌 취소에 해당한다.

정답　01 ①　02 ②

03 다음은 법률행위 중 '계약'과 관련된 설명이다. 가장 적절한 것은?

① 두 개의 대립되는 의사표시의 합치에 의하여 성립하는 법률행위이다.
② 사단법인 설립행위는 계약이다.
③ 매매와 같은 계약에서는 청약의 의사표시만으로 법률행위가 성립한다.
④ 계약의 방식은 요식행위를 원칙으로 한다.
⑤ 채무면제는 계약이다.

해설
② 사단법인 설립행위는 두 개 이상의 의사표시가 합치하여 성립하는 법률행위이다.
③ 행위자의 의사표시만으로 성립하는 법률행위는 단독행위이다.
④ 현행 민법은 계약자유의 원칙을 인정하므로 법률행위의 방식은 자유이며, 불요식이 원칙이다.
⑤ 채무면제는 행위자의 의사표시만으로 성립하는 법률행위인 단독행위에 해당한다. 단독행위는 상대방의 수령을 요하는 경우(동의, 채무면제, 상계, 추인, 취소, 해제, 해지 등)와 그렇지 않은 경우(권리의 포기, 유언, 재단법인 설립행위)로 나뉜다.

04 조건부 법률행위에 관한 다음 설명 중 가장 적절하지 않은 것은?

① 정지조건 있는 법률행위는 조건이 성취한 때로부터 그 효력이 생긴다.
② 해제조건 있는 법률행위는 조건이 성취한 때로부터 그 효력을 잃는다.
③ 상계의 의사표시에는 조건을 붙이지 못한다.
④ 유증의 의사표시에는 조건을 붙이지 못한다.
⑤ 당사자가 조건성취의 효력을 그 성취 전에 소급하게 할 의사를 표시한 때에는 그 의사에 의한다.

해설
유증에는 조건이나 기한 및 부담을 붙일 수 있다(민법 제1073조 제2항, 민법 제1089조 제2항, 민법 제1088조 및 민법 제1111조).

05 다음 중 연결이 잘못된 것은?

① 불요식행위 – 유언
② 상대방 있는 단독행위 – 상계
③ 준물권행위 – 무체재산권의 양도
④ 합동행위 – 사단법인의 설립행위
⑤ 상대방 없는 단독행위 – 재단법인의 설립행위

해설
일반적으로 법률행위의 방식은 자유이나, 법률관계를 명확하게 하기 위하여 또는 당사자로 하여금 신중하게 행위를 하게 하기 위하여 일정한 방식을 요구하는 수가 있는데 법인의 설립행위, 유언 등이 이에 해당한다.

06 법률행위의 대리에 관한 다음 설명 중 가장 적절하지 않은 것은?

① 대리인이 그 권한 내에서 본인을 위한 것임을 표시한 의사표시는 직접 대리인에게 대하여 효력이 생긴다.
② 의사표시의 효력이 의사의 흠결, 사기, 강박 또는 어느 사정을 알았거나 과실로 알지 못한 것으로 인하여 영향을 받을 경우에 그 사실의 유무는 대리인을 표준하여 결정한다.
③ 대리인은 행위능력자임을 요하지 아니한다.
④ 대리인이 수인인 때에는 각자가 본인을 대리한다. 그러나 법률 또는 수권행위에 다른 정한 바가 있는 때에는 그러하지 아니하다.
⑤ 대리권의 소멸은 선의의 제삼자에게 대항하지 못한다. 그러나 제삼자가 과실로 인하여 그 사실을 알지 못한 때에는 그러하지 아니하다.

해설
대리인이 그 권한 내에서 본인을 위한 것임을 표시한 의사표시는 직접 본인에게 대하여 효력이 생긴다(민법 제114조 제1항).

07 다음 중 의사표시의 무효 또는 취소를 선의의 제삼자에게 대항할 수 있는 경우는?

① 진의 아닌 의사표시의 무효
② 통정허위표시의 무효
③ 착오로 인한 의사표시의 취소
④ 사기에 의한 의사표시의 취소
⑤ 선량한 풍속 기타 사회질서의 위반

해설

진의 아닌 의사표시, 통정한 허위의 의사표시, 착오로 인한 의사표시, 사기, 강박에 의한 의사표시의 무효 또는 취소는 선의의 제삼자에게 대항하지 못하지만, 선량한 풍속 기타 사회질서를 위반한 행위는 절대적 무효가 되며, 선의의 제삼자도 보호받을 수 없고 추인 또한 할 수 없다.

[흠 있는 의사표시의 구분]

구 분	요 건	효 과
진의 아닌 의사표시	• 의사표시의 존재 • 진의와 표시의 불일치 • 표의자가 그러한 사실을 알고 있을 것	• 의사표시가 취소되면 그 의사표시를 요소로 하는 법률행위가 소급적으로 무효로 된다(민법 제141조). • 의사표시의 취소는 선의의 제삼자에게 대항하지 못한다. • 제삼자의 사기, 강박에 의하여 의사표시를 한 경우 상대방이 그러한 사실을 알았거나 알 수 있었을 경우에, 표의자는 자기의 의사표시를 취소할 수 있다(민법 제110조 제2항).
통정한 허위의 의사표시	• 의사표시의 존재 • 진의와 표시의 불일치 • 표의자가 위 불일치를 알고 있을 것 • 상대방과의 통정이 있을 것	
착오로 인한 의사표시	• 착 오 • 법률행위 내용의 착오 • 중요부분의 착오 • 표의자에게 중과실이 없을 것	
사기, 강박에 의한 의사표시	• 사기, 강박의 고의 • 사기, 강박행위 • 인과관계의 존재 • 사기, 강박행위의 위법성	

08 선의의 제삼자에게 대항할 수 없는 경우를 모두 표시한 것은?

㉠ 의사무능력으로 인한 무효
㉡ 제한능력으로 인한 취소
㉢ 원시적 불능으로 인한 무효
㉣ 허위표시의 무효
㉤ 비진의의사표시가 무효인 경우
㉥ 사기나 강박으로 인한 취소

① ㉠, ㉥
② ㉡, ㉢
③ ㉣, ㉥
④ ㉢, ㉣, ㉤
⑤ ㉣, ㉤, ㉥

해설

7번 해설 참조

09 반사회질서의 법률행위(민법 제103조)에 관련한 판례의 태도로서 다음 중 옳지 않은 것은?

① 첩계약은 무효이나 첩의 생존을 위한 생활비 등에 관한 약정은 유효하다.
② 간호사의 채용 시에 근무기간 중 혼인하지 아니할 것을 약정하는 것은 무효이다.
③ 부동산을 이중으로 매매하는 것은 원칙적으로 무효이다.
④ 자기 부모를 상대로 불법행위에 기한 손해배상청구를 하는 것은 허용되지 않는다.
⑤ 영업상의 자유를 무기한으로 제한하는 것은 무효이다.

해설
부동산 이중매매는 채권계약이므로 양립가능하나, 다만 판례는 제2매수인이 매도인의 배임행위에 적극 가담한 경우에 한해 제103조 위반으로 보고 있다.

CHAPTER 04 소멸시효

01 다음 중 제척기간에 해당하는 것은?

① 채권자취소권의 행사기간
② 도급받은 자의 공사에 관한 채권의 행사기간
③ 물품대금채권의 행사기간
④ 대부업자의 대여금채권의 행사기간
⑤ 구상금청구권의 행사기간

해설
제척기간이란 어떤 권리에 대해 법률이 예정하는 존속기간을 말하며, 주로 형성권에 적용된다.

정답 09 ③ / 01 ①

02 소멸시효와 제척기간에 대한 다음 설명 중 가장 옳지 않은 것은?

① 소멸시효나 제척기간에는 다 같이 중단이 인정된다.
② 형성권의 존속기간은 제척기간이다.
③ 제척기간의 이익은 당사자가 주장하지 않더라도 법원이 당연히 고려하여야 한다.
④ 제척기간에 의한 권리소멸의 효과는 소급하지 않는다.
⑤ 소멸시효에 관하여는 시효이익의 포기가 있으나, 제척기간에는 없다.

해설

[소멸시효와 제척기간의 비교]

구 분	소멸시효	제척기간
소급효	인 정	부 정
중 단	인 정	부 정
정 지	인 정	부 정
포 기	시효완성 후에만 가능	부 정
소송상	변론주의 사항	직권으로 참작
기간의 단축	인 정	부 정
구 별	법조문에서 소멸시효는 '소멸시효가 완성한다. 시효로 인하여 소멸한다'고 표현한 데 비해, 제척기간은 행사(제기)하여야 한다고 표현하고, 이를 가지고 원칙적으로 양자를 구별한다.	

03 다음 중 3년간 행사하지 아니하면 소멸시효가 완성되는 권리는?

① 여관의 숙박료 채권
② 의복 기타 동산의 사용료의 채권
③ 판결에 의하여 확정된 채권
④ 소유권
⑤ 수공업자의 업무에 관한 채권

해설

⑤ 수공업자의 업무에 관한 채권은 3년간 행사하지 아니하면 소멸시효가 완성한다(민법 제163조 제7호).
① 여관의 숙박료 채권은 1년간 행사하지 아니하면 소멸시효가 완성한다(민법 제164조 제1호).
② 의복 기타 동산의 사용료의 채권은 1년간 행사하지 아니하면 소멸시효가 완성한다(민법 제164조 제2호).
③ 판결에 의하여 확정된 채권은 단기의 소멸시효에 해당한 것이라도 그 소멸시효는 10년으로 한다(민법 제165조 제1항).
④ 소멸시효에 걸리는 권리는 채권과 소유권 이외의 재산권이다(민법 제162조).

04

다음 중 상사채권의 소멸시효에 관한 설명으로 틀린 것은?

① 상법의 적용을 받는 채권의 소멸시효는 원칙적으로 5년이다.
② 다른 법령에서 단기의 소멸시효기간을 정하고 있을 때는 그 규정에 따른다.
③ 이자채권은 5년의 소멸시효에 걸린다.
④ 어음대출의 경우, 어음만기일로부터 3년이 지나면 소멸시효에 걸리나 대여금채권은 행사할 수 있다.
⑤ 할인어음대출에서 금융기관이 어음발행인(보증인 포함)에 대해 갖는 채권은 어음금채권의 소멸시효인 3년의 소멸시효가 적용된다.

해설

③ 이자채권에 대한 소멸시효는 3년이다. 민법은 정기급 이자채권을 3년의 단기소멸시효에 해당하는 채권으로 규정하고 있기 때문이다.
① · ② 원칙적으로 상법의 적용을 받는 채권의 소멸시효는 5년이다. 상사채권이라 하더라도 다른 법령에서 이보다 단기의 소멸시효기간을 정하고 있을 때는 그 규정에 따른다.
④ 어음대출을 단순한 어음채권으로만 볼 때에는 어음만기일로부터 3년의 소멸시효에 걸린다. 그러나 어음대출의 법적 성질은 소비대차약정에 의한 대여금채권과 어음채권이 병존하는바, 채권자는 선택적으로 채권을 행사할 수 있게 된다. 이때 각각의 채권은 독립적으로 소멸시효가 진행된다. 따라서 대여금채권은 5년의 소멸시효에 걸리고 채무자인 어음발행인에 대한 어음금채권은 3년의 소멸시효에 걸리는바, 어음채권이 소멸시효에 걸려 소멸하더라도 대여금채권을 행사할 수 있게 된다. 결론적으로 어음대출이라 하더라도 소멸시효는 5년이며, 다만 시효기산일로부터 3년이 경과하게 되면 어음금청구권을 행사하는 방법으로 채권을 행사할 수 없게 되는 문제만 남게 된다.
⑤ 할인어음대출에서 금융기관이 어음발행인에 대해 갖는 채권은 어음금채권의 소멸시효인 3년의 소멸시효가 적용된다.

05

다음에 기술한 내용은 무엇에 관한 설명인가?

- 효과가 발생되면 경과한 기간은 무효가 되며, 소멸시효는 다시 요건을 갖춘 때부터 새롭게 진행한다.
- 청구, 압류, 가압류, 가처분, 승인 등을 사유로 효력이 생긴다.

① 소멸시효의 중단
② 무권대리의 무효
③ 소멸시효의 완성
④ 제척기간
⑤ 강제집행

해설

소멸시효의 중단
법률이 정하는 일정한 사유가 있는 경우 그때까지 진행한 시효기간을 소멸하게 하고 그때부터 다시 소멸시효의 기간을 진행하게 하는 제도이다. 이는 일단 진행된 시효기간을 그대로 유효하게 인정하는 소멸시효의 정지와 구별된다.

06 다음은 소멸시효의 중단사유와 관련한 내용이다. 가장 적절하지 않은 것은?

① 시효가 중단된 때에는 원칙적으로 중단까지 경과한 기간은 이를 산입하지 아니하고 중단사유가 종료한 때로부터 새로이 진행한다.
② 단순한 채무이행의 독촉, 즉 최고(催告)는 최고 후 6개월 내에 재판상의 청구, 압류, 가압류 등의 후속조치가 없으면 시효중단의 효력이 없다.
③ 채권자가 파산절차에 참가하여 채권을 신고한 때에는 시효중단의 효력이 있다.
④ 강제집행절차에서 채권자가 배당요구를 하는 것만으로는 시효가 중단되지 않는다.
⑤ 만기연장 합의는 채무승인으로서 소멸시효 중단의 효력이 있다.

해설
채권자가 배당요구를 하면 배당받을 권리가 발생하고, 배당이의의 소를 제기할 권리가 생긴다. 이러한 집행력 있는 정보에 의한 배당요구는 시효중단의 효력이 있다.

07 소멸시효의 중단에 관한 설명 중 맞는 것은?

① 주채무자에 대한 시효중단은 보증인에 대하여도 그 효력이 있다.
② 유치권의 행사도 중단사유가 된다.
③ 소의 각하가 있어도 재판상 청구로서 시효중단의 효력은 있다.
④ 승인은 상대방의 권리에 관한 처분의 능력이나 권한이 있어야 한다.
⑤ 최고를 한 후 6월 내에 다시 최고를 하여도 역시 시효중단의 효력이 있다.

해설
② 유치권·질권·저당권 등의 담보물권의 행사는 중단사유가 되지 않는다.
③ 소의 각하나 기각은 소멸시효를 중단시키지 못한다.
④ 처분능력이나 권한이 있음을 요하지 않는다.
⑤ 최고를 계속하여도 결정적인 중단의 효력은 생기지 않는다.

08 소멸시효 이익의 포기에 관한 다음의 설명 중 틀린 것은?

① 소멸시효의 이익은 시효기간이 완성되기 전에 미리 포기하지 못한다.
② 소멸시효기간을 단축하거나 시효요건을 경감하는 특약은 유효하다.
③ 소멸시효가 완성한 후에 하는 시효이익의 표기는 유효하다.
④ 소멸시효의 이익을 포기함에는 처분능력과 처분권한이 있어야 한다.
⑤ 소멸시효의 이익을 포기할 수 있는 사람이 여러 사람인 경우 한 사람의 포기는 다른 사람에게 영향을 준다.

해설
소멸시효 이익의 포기는 상대적이므로 수인 중 한 사람의 포기는 다른 사람에게 영향을 미치지 않는다. 예컨대, 주채무자가 시효의 이익을 포기하더라도 보증인에게는 영향을 미치지 않으며, 연대채무자 중의 한 사람이 이를 포기할지라도 다른 연대채무자에게는 영향을 미치지 않는다.

PART 2
채권일반

CHAPTER 01 총 설
CHAPTER 02 채권의 목적
CHAPTER 03 채무불이행
CHAPTER 04 채무불이행에 대한 구제
CHAPTER 05 채권의 발생
CHAPTER 06 계약 총칙
CHAPTER 07 상행위로 인한 금전채권

CHAPTER 01 총설

PART 2 채권일반

01 채권법의 의의

1 의의
채권법은 채권관계를 규율하는 사법의 일부를 말한다. 채권관계란 그에 기하여 특정한 사람(채권자)이 다른 특정한 사람(채무자)에 대하여 일정한 행위(급부)를 청구할 수 있는 권리를 가지게 되는 법률관계를 말한다.

2 채권관계, 채권과 청구권의 관계 : 채권관계 > 채권 > 청구권 ☑기출

3 채권과 물권의 구별 : 가장 본질적 차이는 물권적 청구권의 유무(배타성 유무)에 있다.

구 분	채 권	물 권
권리의 대상	특정인의 행위(대인권)	특정된 물건(대물권)
권리의 작용, 효력	청구권(사람에 대한 행위청구권)	지배권(물건에 대한 지배)
의무자의 범위	상대적(이설 있음)	절대적
배타성	× (채권자 평등의 원칙)	○ (채권에 대한 우선적 효력)
양도성(처분성)	원칙적으로 인정되나 제한 가능	당연히 인정(원칙적으로 제한 불가)
불가침성	인정함이 다수설	당연히 인정

4 채권법과 물권법 비교

구 분	채권법	물권법
지배원리	신의칙의 지배	권리남용원리의 지배
법규의 성격	임의규정성	강행규정성
사적자치의 적용범위	광범하게 적용	협소하게 적용

02 채권자 평등 ☑기출

채권자 평등이란 채권은 배타성이 없으므로 양립할 수 없는 둘 이상의 채권이 병존하는 것도 가능하며 이때 2개 이상의 채권은 모두 평등하게 다루어지는 것을 말한다. 이는 채무자의 총재산이 총채권자의 채권을 변제하기에 충분할 때에는 별로 의미가 없지만, 채무자가 파산하였거나 채무자의 재산에 강제집행을 하여 수인의 채권자에게 배당하는 공동집행을 하는 경우와 같이 채무자의 총재산이 총채권액에 미달하는 경우에는 이 원칙의 효과가 현저하다. 그와 같은 경우에 각 채권자는 이 원칙에 따라서 채권액의 비율에 의하여 변제받게 된다.

채권에는 배타성과 공시방법이 없으므로 채권의 성립원인·시기 등에 따라 채권의 우열을 인정하면, 다른 채권자에게 예측할 수 없는 손해를 끼칠 염려가 있다는 것이 이 원칙을 인정한 이유이다. 그러나 이 원칙에는 광범위한 예외가 인정되어 있다.

① 저당권·질권 등 약정담보물권이 설정된 채권이나 법률이 특히 다른 채권보다 우선권을 규정한 채권(고용인의 급료·운송임채권 등)은 이 원칙의 예외이며, 채무자의 일반재산이나 특정재산에서 다른 채권자보다 우선적인 변제를 받는다.

② 유치권 및 기타 법정담보물권이 성립하는 경우에는 법률상 당연히 일반채권에 우선한다. 조세채권도 우선권이 인정된 채권의 하나이다(국세기본법 제35조 내지 제37조).

CHAPTER 01

PART 2 채권일반

OX 마무리

01 채권은 주로 계약에 의하여 생길 뿐만 아니라 사무관리, 불법행위, 부당이득 등 기타의 법률관계에 의해서도 생긴다. O X

02 채권과 물권의 구별의 가장 본질적 차이는 물권적 청구권의 유무 즉, 배타성의 유무이다.

02 채권과 물권의 구별에 있어서 가장 본질적인 차이는 배타성이다. O X

03 채권은 청구권이며 상대권이다.

03 채권은 청구권이며 절대권이다. O X

04 채권은 채권자 평등의 원칙이 적용된다. 성립의 순서에 따라 배타적·독점적 지위를 갖는 것은 물권이다.

04 채권은 그 성립의 순서에 따라 배타적·독점적 지위를 갖는다. O X

05 고의 또는 과실로 인한 위법행위로 타인에게 손해를 가한 자는 그 손해를 배상할 책임이 있으며 (민법 제750조), 이는 물권이나 채권을 불문한다.

05 물권의 침해는 불법행위가 성립하고 채권의 침해는 성립하지 아니한다. O X

01 O 02 O 03 × 04 × 05 ×   **정답**

CHAPTER 02 채권의 목적

PART 2 채권일반

01 서설

1 채권의 목적
채권자가 채무자에게 청구할 수 있는 행위(급부)

2 채권의 목적의 요건
(1) **유효요건** : 급부의 내용이 적법 · 가능 · 확정 · 사회적 타당성이 있을 것

(2) **급부의 금전적 가치** : 금전으로 산정할 수 없는 것도 가능(민법 제373조)

3 급부의 종류

4 채권의 종류
채권은 그 목적에 따라 특정물채권, 종류채권, 금전채권, 이자채권, 선택채권, 임의채권으로 구분할 수 있음

02 특정물채권

1 의 의
특정물의 인도를 목적으로 하는 채권(민법 제374조)

2 발생유형
(1) **처음부터 특정물 인도가 목적인 경우**

(2) **종류채권이나 선택채권에서 목적물이 특정된 때**

3 선관주의의무
(1) **선량한 관리자의 주의** : 거래상 일반적으로 평균인에게 요구되는 주의

(2) **존속기간** : 특정물 채무자가 물건을 인도할 때까지(주의 : 이행기가 아님)

(3) **위반의 효과** : 손해배상책임(민법 제390조)

(4) **입증책임** : 채무자가 주의의무를 다했음을 입증하여야 함

4 현상인도의무
이행기의 현상대로 인도해야 함(민법 제462조)

5 변제장소
채권성립 당시 그 물건이 있었던 장소(민법 제467조 제1항)

6 과실의 인도 여부
이행기 이후의 과실은 채권자에게 인도해야 함(예외 : 민법 제587조)

7 물건의 위험
선관주의의무를 다했음에도 불구하고 손해가 발생한 경우 위험은 채권자가 부담

03 종류채권

1 의의
일정한 종류에 속하는 물건의 일정량의 인도를 목적으로 하는 채권(예 일반미 10가마, 소주 5병)

2 제한종류채권
(1) 특정창고 속에 있는 무연탄 10톤 등과 같이 종류채권에 일정한 제한을 가하는 것

(2) 특정창고에 있는 백미의 일부는 제한종류채권이다(대판 1956.3.31., 4288민상232).

3 목적물의 품질의 확정
'법률행위의 성질이나 당사자의 의사 및 관습 → 중등의 품질'의 순서

4 종류채권의 특정
(1) 채무자가 이행에 필요한 행위를 완료한 때
  ① 지참채무 : 채권자의 주소에서 현실 제공한 때
  ② 추심채무 : 구두의 제공으로써 수령 최고 시
  ③ 송부채무의 경우
    ㉠ 제3지(地)가 본래의 이행장소인 때 : 현실 제공 시
    ㉡ 채무자의 호의로 제3지(地)에 송부하는 경우 : 발송 시

(2) 채권자의 동의를 얻어 이행할 물건을 지정한 때(민법 제375조 제2항)

(3) 당사자 간의 계약으로 목적물을 선정한 때

(4) 제삼자에게 지정권을 준 경우 제삼자의 지정 시
  ※ 지정권자가 지정권을 행사하지 않는 경우 → 상대방에게 지정권이 이전되는 것이 아니라 채무자의 변제제공이라는 원칙에 의하여 특정된다.

(5) **강제집행에 의한 특정** : 집행관의 압류 시

5 특정의 효과

(1) 종류채권의 특정물 채권화 : 물건의 위험도 채권자에게로 이전

채권자는 본래의 급부에 대하여 강제집행을 하고도 그 목적을 달성하지 못할 때에 한하여 비로소 그 배상액의 지불에 대한 강제집행을 할 수 있고, 채무자 역시 이러한 경우에 한하여 배상액을 지불할 수 있다(대판 1958.5.29., 4291민상15).

(2) 위험부담(대가위험) : 특정 후에도 채무자에게 있음

(3) 변경권 : 특정은 종류채권의 이행수단에 불과하므로 특정 후에도 채무자는 변경권을 가짐

(4) 목적물의 소유권 귀속 : 목적물의 소유권은 특정으로 인하여 이전되지 않음

04 금전채권

1 의 의

금전의 급부를 목적으로 하는 채권을 금전채권이라 한다(일종의 종류채권).

2 금전채권의 특칙 ☑ 기출

(1) 채무불이행책임상의 특칙

① 이행불능이라는 상태가 생기지 않음

채권의 가압류는 제삼채무자에 대하여 채무자에게 지급하는 것을 금지하는 데 그칠 뿐 채무 그 자체를 면하게 하는 것이 아니고, 가압류가 있다 하여도 그 채권의 이행기가 도래한 때에는 제삼채무자는 그 지체책임을 면할 수 없다고 보아야 할 것이다.

이러한 경우 가압류에도 불구하고 제삼채무자가 채무자에게 변제를 한 때에는 나중에 채권자에게 이중으로 변제하여야 할 위험을 부담하게 되므로 제삼채무자로서는 민법 제487조의 규정에 의하여 공탁을 함으로써 이중변제의 위험에서 벗어나고 이행지체의 책임도 면할 수 있다고 보아야 할 것이다. 왜냐하면 민법상의 변제공탁은 채무를 변제할 의사와 능력이 있는 채무자로 하여금 채권자의 사정으로 채무관계에서 벗어나지 못하는 경우를 대비할 수 있도록 마련된 제도로서 제487조 소정의 변제공탁의 요건인 "채권자가 변제를 받을 수 없는 때"의 변제라 함은 채무자로 하여금 종국적으로 채무를 면하게 하는 효과를 가져다 주는 변제를 의미하는 것이므로 채권이 가압류된 경우와 같이 형식적으로는 채권자가 변제를 받을 수 있다고 하더라도 채무자에게 여전히 이중변제의 위험부담이 남는 경우에는 마찬가지로 "채권자가 변제를 받을 수 없는 때"에 해당한다고 보아야 할 것이기 때문이다. 그리고 제삼채무자가 이와 같이 채권의 가압류를 이유로 변제공탁을 한 때에는 그 가압류의 효력은 채무자의 공탁금출급청구권에 대하여 존속한다고 할 것이므로 그로 인하여 가압류 채권자에게 어떤 불이익이 있다고도 할 수 없다.

이러한 법리는 부당이득반환채권이 가압류된 후에 제삼채무자가 악의로 되어 그 받은 이익에 덧붙여 반환하여야 할 이자지급책임을 면하기 위한 경우에도 마찬가지라 할 것이고, 또 채권자의 소재가 불명한 경우에도 채무자로서는 변제공탁을 하지 않는 한 그 이행지체의 책임 내지 부당이득에 대한 이자의 배상책임을 면할 수 없음은 물론이다(대판 전합 1994.12.13., 93다951).

② 채권자는 손해를 입증할 필요 없음(민법 제397조 제2항 전단)
③ 채무자는 과실 없음을 항변하지 못함(무과실 책임)(민법 제397조 제2항 후단)
④ **지연손해금은 이율로서 정해짐**
   ㉠ 손해배상예정액이나 위약금약정·실손해배상의 약정이 있으면 이에 따르고, 약정이율이 있는 경우에는 '약정이율'에 의하고, 약정이율이 없는 경우에는 '법정이율'에 의한다. 법정이율은 연 5푼이다.
   ㉡ 채권자는 실제손해액이 법정손해액보다 크다는 것을 증명하여 초과분을 청구할 수 없으며, 채무자는 실제손해액이 적다는 것을 증명하여 감액을 항변할 수 없다.

> **+ Plus one**
> 〈예외〉
> 민법 제685조(수임인의 금전소비의 책임) 소비한 날 이후의 이자 + 그 외의 손해배상
> 민법 제705조(금전출자지체의 책임) 연체이자 + 손해배상
> 민법 제958조(이자의 부가와 금전소비에 대한 책임) 소비한 날부터의 이자 + 그 외의 손해배상

(2) 금전채권의 종류

① 금액채권
   ㉠ 일정 금액의 금전의 인도를 목적으로 하는 채권(일반적 의미의 금전채권)
   ㉡ 특약이 없는 한 채무자는 각종 통화로 변제 가능
② 금종채권
   ㉠ 일정한 종류에 속하는 통화의 일정량의 급부를 목적으로 하는 채권
   ㉡ 변제하기로 한 특정 통화가 변제기에 강제통용력을 잃으면 다른 통화로 변제(민법 제376조)
③ 특정금전채권
   ㉠ 특정의 금전을 특정물로써 인도하는 것을 목적으로 하는 채권(진열목적의 특정화폐급부)
   ㉡ 금전채권으로서의 특질이 전혀 없고 특정물채권임

④ 외화채권
　㉠ 외국의 금전 내지 통화를 급부의 목적으로 하는 채권
　㉡ 외국금액채권 : 채무자의 선택에 따라 그 나라의 각종 통화로 변제 가능(민법 제377조 제1항). 또한 지급할 때(현실로 지급할 때 : 판례) 이행지의 환금시가에 의하여 우리나라 통화로 변제 가능(민법 제378조)(일종의 임의채권)

　채권액이 외국통화로 지정된 금전채권인 외화채권을 채무자가 우리나라 통화로 변제함에 있어서는 민법 제378조가 그 환산시기에 관하여 외화채권에 관한 같은 법 제376조, 제377조 제2항의 "변제기"라는 표현과는 다르게 "지급할 때"라고 규정한 취지에서 새겨 볼 때, 그 환산시기는 이행기가 아니라 현실로 이행하는 때, 즉 현실이행시의 외국환시세에 의하여 환산한 우리나라 통화로 변제하여야 한다고 풀이함이 상당하므로, 채권자가 위와 같은 외화채권을 대용급부의 권리를 행사하여 우리나라 통화로 환산하여 청구하는 경우에도 법원이 채무자에게 그 이행을 명함에 있어서는 채무자가 현실로 이행할 때에 가장 가까운 사실심 변론종결 당시의 외국환 시세를 우리나라 통화로 환산하는 기준시로 삼아야 한다(대판 전합 1991.3.12., 90다2147).

　㉢ 외국금종채권 : 채권의 목적이 어느 나라 특정 통화로 지급할 것인 경우 변제기에 그 통화가 강제통용력을 잃으면 그 나라의 다른 통화로 변제해야 함(민법 제377조 제2항)

05　이자채권　☑ 기출

1 이 자

(1) 이자의 의의
① 원본채권의 존재를 전제 : 종신정기금, 건설이자는 이자가 아님
② 금전 기타 대체물의 사용대가 : 부대체물 사용대가인 지료, 차임은 이자가 아님
③ 일정한 이율에 의한 산정 : 이율에 의하지 않는 사례는 이자가 아님
④ 이자도 금전 기타의 대체물이어야 함
⑤ 이자는 원본사용의 대가로 법정과실의 일종 : 원본소각금, 월부상환금, 주식배당금, 지연배상금은 이자가 아님

(2) 이 율
① **약정이율** : 당사자의 특약에 의한 이율
② **법정이율** : 다른 법률의 규정, 당사자의 약정이 없으면 민사는 5푼, 상사는 6푼

(3) 약정이자와 법정이자

① 약정이자 : 약정이율에 의하나 약정이율이 없으면 법정이율에 의함
② 법정이자 : 다른 법률의 규정이 없는 때에 비로소 법정이율에 의함

2 이자채권

(1) 기본적 이자채권

① 의의 : 일정한 기간이 경과할 때마다 일정한 이율에 따라 계산되는 이자의 지급청구권
② 성립상 부종성 : 원본채권이 무효이거나 소멸하면 이자채권도 무효이거나 소멸됨
③ 처분·양도 시의 수반성 : 원본채권이 양도되면 이자채권도 양도됨

(2) 지분적 이자채권

① 의의 : 변제기에 도달한 각 기의 이자지급을 내용으로 하는 채권
② 원본채권에 부종성을 갖는 경우
   ㉠ 원본채권의 담보는 지분적 이자채권도 담보
   ㉡ 변제에 있어서 원본채권에 우선(민법 제479조)
③ 원본채권에 독립성을 갖는 경우
   ㉠ 원본채권이 변제, 시효로 소멸하여도 지분적 이자채권은 소멸하지 않음
   ㉡ 판례 : 원본채권의 양도에도 당연히는 수반하지 않음

   이자채권은 원본채권에 대하여 종속성을 갖고 있으나 이미 변제기에 도달한 이자채권은 원본채권과 분리하여 양도할 수 있고 원본채권과 별도로 변제할 수 있으며 시효로 인하여 소멸되기도 하는 등 어느 정도 독립성을 갖게 되는 것이므로, 원본채권이 양도된 경우 이미 변제기에 도달한 이자채권은 원본채권의 양도 당시 그 이자채권도 양도한다는 의사표시가 없는 한 당연히 양도되지는 않는다(대판 1989.3.28., 88다카12803).

   ㉢ 원본과는 따로 변제, 양도, 소멸시효에 걸림

   이자채권이라고 하여 모두 3년의 단기소멸시효에 걸리는 것이 아니고 1년 이내의 기간으로 정하여 지급하기로 한 이자채권에 한하여 3년의 단기시효에 걸린다(대판 1996.9.20., 96다25302).

06 선택채권 ☑기출

1 의 의
채권의 목적이 수 개의 급부 중 선택에 의하여 확정되는 채권

2 발생원인

(1) 당사자의 약정

(2) 법률의 규정
① 무권대리인의 책임(민법 제135조)
② 유익비 상환청구권(민법 제203조 제2항)

3 (제한)종류채권과의 구별

구 분	선택채권	(제한)종류채권
급부의 개성	각 급부의 개성 중요시	각 급부의 개성 무시
이행불능에 의한 특정	이행불능 시 잔존급부에 특정	이행불능에 의한 특정이 없음
소급효 여부	선택에 소급효 인정	특정의 소급효 부인

4 선택채권의 특정

(1) 선택에 의한 특정
① 선택권 : 형성권(조건이나 기한을 붙일 수 없음)
② 선택권자 : 법률의 규정 → 당사자의 약정 → 채무자(민법 제380조)
③ 선택권의 이전
　㉠ 당사자 일방이 선택권을 가지는 경우(민법 제381조)
　　ⓐ 선택권 행사의 기간이 있는 경우 : 기간 경과 → 최고 후 → 상대방에게 이전
　　ⓑ 선택권 행사의 기간이 없는 경우 : 채권기한 도래 후 → 최고 후 → 상대방에게 이전
　㉡ 제삼자가 선택권을 가지는 경우(민법 제384조)
　　ⓐ 제삼자가 선택불능일 때 : 채무자에게 이전
　　ⓑ 선택을 할 수 있는데도 선택하지 않는 경우 : 채권자·채무자의 최고 후 → 채무자에게 이전

④ 선택권의 행사와 철회제한
   ㉠ 당사자 일방이 선택권을 가지는 경우(민법 제382조)
       ⓐ 선택권 행사 : 상대방에 대한 의사표시
       ⓑ 철회제한 : 상대방의 동의 없이 철회 불가
   ㉡ 제삼자가 선택권을 가지는 경우(민법 제383조)
       ⓐ 선택권 행사 : 채권자 및 채무자에 대한 의사표시
       ⓑ 철회제한 : 채권자와 채무자의 동의 없이 철회 불가
⑤ 선택의 효과
   ㉠ 단순채권화 : 특정물채권이 되는 것은 아님
   ㉡ 소급효 : 선택은 채권 발생 시에 소급하여 효력 발생(민법 제386조)

(2) 급부불능에 의한 특정
① 원시적 불능의 경우 : 잔존급부에 특정(민법 제385조 제1항)
② 후발적 불능의 경우
   ㉠ 선택권자의 과실 또는 쌍방 무과실의 경우 : 잔존급부에 특정(민법 제385조 제1항)
   ㉡ 선택권 없는 자의 과실로 인한 경우 : 특정은 생기지 않으며 선택권자는 불능으로 된 급부를 선택할 수도 있음(민법 제385조 제2항)
③ 급부불능에 의한 특정에는 소급효 없음

07 임의채권

1 의 의

채권의 목적은 하나의 급부에 특정되어 있으나 채권자 또는 채무자가 다른 급부로써 본래의 급부에 갈음할 수 있는 대용권을 가지고 있는 채권(민법상 규정은 없음)

2 성 질

① 본래의 급부가 채무자의 귀책사유 없이 소멸한 때에는 채권은 소멸함
② 대용권을 가지는 자가 대용청구의 의사표시를 한 때에는 채무의 내용이 대용급부로 변경됨
③ 외화채무(민법 제378조)는 임의채권의 대표적인 예임

CHAPTER 02 OX 마무리

PART 2 채권일반

01 채권의 목적의 요건으로는 급부의 내용이 적법·가능·확정·사회적 타당성이 있을 것을 요하며 급부가 금전으로 산정할 수 없는 것도 가능하다(민법 제373조).

01 채권의 목적의 요건에는 금전적 가치성도 포함한다. O X

02 특정물채권의 변제 장소는 채권성립 당시 그 물건이 있었던 장소이다(민법 제467조 제1항).

02 특정물채권의 변제 장소는 채권성립 당시 그 물건이 있었던 장소이다. O X

03 채권의 목적을 종류로만 지정한 경우에 법률행위의 성질이나 당사자의 의사에 의하여 품질을 정할 수 없는 때에는 채무자는 중등품질의 물건으로 이행하여야 한다(민법 제375조 제1항).

03 채권의 목적을 종류로만 지정한 경우에 법률행위의 성질에 의하여 품질을 정할 수 있는 때에도 채무자는 중등품질의 물건으로 한다. O X

04 채권자는 손해를 입증할 필요 없다(민법 제397조 제2항 전단).

04 금전채무의 불이행, 즉 이행지체에 있어서도 채권자는 그 손해를 증명할 필요가 있다. O X

01 × 02 O 03 × 04 × **정답**

05 특정물의 인도가 채권의 목적인 때에는 채무자는 그 물건을 인도하기까지 선량한 관리자의 주의로 보존하여야 한다. O X

05 선관주의의무
- 선량한 관리자의 주의 : 거래상 일반적으로 평균인에게 요구되는 주의
- 존속기간 : 특정물 채무자가 물건을 인도할 때까지(주의 : 이행기가 아님)
- 위반의 효과 : 손해배상책임(민법 제390조)
- 입증책임 : 채무자가 주의의무를 다했음을 입증하여야 함

06 금전채권에는 이행불능이라는 상태가 생기지 않는다. O X

06 금전채권에는 이행불능이라는 문제가 생기지 않는다.

07 법률의 규정이나 당사자의 약정이 없으면 선택권은 채무자에게 있다. O X

07 채권의 목적이 수 개의 행위 중에서 선택에 좇아 확정될 경우에 다른 법률의 규정이나 당사자의 약정이 없으면 선택권은 채무자에게 있다(민법 제380조).

08 선택의 효력은 채권 발생 시에 소급한다. O X

08 선택의 효력은 그 채권이 발생한 때에 소급한다(민법 제386조).

09 선택의 의사표시에는 조건이나 기한을 붙일 수 있다. O X

09 선택은 일방적 의사표시이므로 원칙적으로 조건이나 기한을 붙이지 못한다.

정답 05 O 06 O 07 O 08 O 09 ×

CHAPTER PART 2 채권일반

03 채무불이행

01 채무불이행 총설 ☑기출

1 채무불이행 ☑기출

(1) 이행지체
　① 이행의 강제
　② 전보배상의 청구
　③ 계약해제와 손해배상의 청구

(2) 이행불능
　① 전보배상의 청구
　② 계약해제와 손해배상의 청구

(3) 불완전이행
　① 급부자체 : 담보책임
　② 적극적 채권 침해 : 채무불이행책임

02 이행지체

1 이행지체의 요건

(1) 이행기의 도래(민법 제387조)
① 확정기한부 채무 : 기한 도래 시(예외 : 지시채권, 무기명채권의 경우 증서를 제시하여 이행청구한 때부터)
② 불확정기한부 채무 : 기한 도래를 안 때
③ 기한 없는 채무 : 이행의 청구(최고)를 받은 때, 최고에 의한 지체는 그 최고가 도달한 다음 날로부터 생긴다(판례). [예외 : 반환시기의 약정이 없는 소비대차(민법 제603조), 불법행위에 의한 손해배상채무]
④ 기한의 이익을 상실한 채무(민법 제388조) : 기한 없는 채무와 동일 → 이행의 청구(최고)를 받은 때
　㉠ 기한의 이익의 상실 : 채무의 이행에 기한이 있는 경우에, 채무자는 그 기한이 도래할 때까지 이행을 하지 않아도 된다. 즉, 기한의 존재는 원칙적으로 채무자의 이익을 위한 것이다(민법 제153조). 그런데 계약 또는 법률이 채무자에게 기한의 이익을 부여하는 것은 채무자를 신용하여 그에게 이행의 유예를 주기 위한 것이다. 그러므로 채무자의 신용을 소멸케 하는 사유가 발생하면 채무자는 기한의 이익을 상실한다. 즉, 그는 기한의 이익을 주장하지 못한다(민법 제388조). 따라서 채권자는 기한의 도래를 기다리지 않고 즉시 채무의 이행을 청구할 수 있으며, 그럼에도 불구하고 채무의 이행이 없으면 이행지체가 된다.
　㉡ 기한의 이익 상실의 사유
　　ⓐ 채무자가 담보를 손상, 감소 또는 멸실하게 한 때(민법 제388조 제1호)
　　ⓑ 채무자가 담보제공의 의무를 이행하지 아니한 때(민법 제388조 제2호)
　　ⓒ 채무자가 파산선고를 받은 때
⑤ 판례 : 이행기 전에 채무자가 그 이행을 거절하는 경우(이른바 이행거절)

(2) 채무의 이행이 가능할 것 : 이행지체 중 이행불능은 이행불능으로 본다(통설).

(3) 채무자에게 귀책사유가 있을 것 ☑기출
① 채무자의 고의·과실 : 과실책임주의(민법 제390조)
② 법정대리인·이행보조자의 고의·과실(민법 제391조)
　㉠ 법정대리인 : 파산관재인, 가사대리권을 갖는 부부, 유언집행자 등도 포함
　㉡ 이행보조자
　　ⓐ 협의의 이행보조자 : 채무자가 그의 손·발같이 사용하는 자
　　　임차인은 임대차의 종료 시까지 선량한 관리자의 주의로서 임차목적물을 보관할 의무를 부담하는 것이고, 이 의무를 이행함에 있어서 임차인의 피용자에게 과실이 있는 경우에는 임차인에게도 과실이 있는 것으로 볼 것이다(대판 1966.9.20., 66다758·759).
　　ⓑ 이행대행자 : 독립하여 채무의 전부나 일부를 채무자에 갈음하여 이행하는 자
　㉢ 법정대리인, 이행보조자의 고의, 과실에 대한 면책약관은 유효함

(4) 이행지체가 위법할 것 : 유치권, 동시이행항변권이 있는 자는 책임이 없음

> **동시이행 채무의 이행지체 요건**
> [1] 쌍무계약에서 쌍방의 채무가 동시이행관계에 있는 경우 일방의 채무의 이행기가 도래하더라도 상대방 채무의 이행제공이 있을 때까지는 그 채무를 이행하지 않아도 이행지체의 책임을 지지 않는 것이고, 이와 같은 효과는 이행지체의 책임이 없다고 주장하는 자가 반드시 동시이행의 항변권을 행사하여야만 발생하는 것은 아니다.
> [2] 매수인이 선이행의무 있는 중도금을 지급하지 않았다 하더라도 계약이 해제되지 않은 상태에서 잔대금 지급기일이 도래하여 그때까지 중도금과 잔대금이 지급되지 아니하고 잔대금과 동시이행관계에 있는 매도인의 소유권이전등기 소요서류가 제공된 바 없이 그 기일이 도과하였다면, 특별한 사정이 없는 한 매수인의 중도금 및 잔대금의 지급과 매도인의 소유권이전등기 소요서류의 제공은 동시이행관계에 있다 할 것이어서 그때부터는 매수인은 중도금을 지급하지 아니한 데 대한 이행지체의 책임을 지지 아니한다(대판 1998.3.13., 97다54604 · 54611).

2 이행지체의 효과

(1) 이행의 강제(민법 제389조)

(2) 지연배상(민법 제392조)

(3) 전보배상(민법 제395조)
　채권자가 상당한 기간을 정하여 최고하여 기간 내 이행이 없거나 지체 후의 이행이 채권자에게 이익이 없을 때에는 채권자는 수령을 거절하고 이행에 갈음한 손해배상을 청구할 수 있다.

(4) 책임의 가중(민법 제392조)
　① 지체 중에 생긴 과실 없는 사유에 의한 손해도 채무자의 책임이다.
　② 채무자가 이행기에 이행하여도 손해를 면할 수 없는 경우에는 책임을 면하나 그 입증책임은 채무자에게 있다. 판례도 채무자가 이행지체에 있는 동안 불가항력 기타 사유로 인하여 이행불능이 된 경우에, 채무자는 이행지체에 있지 않았더라도 필연적으로 손해가 발생하였을 것이라는 사실을 입증하지 않는 한 손해배상책임을 면할 수 없다고 본다(대판 1959.10.15., 4291민상803).

(5) 계약해제권(민법 제544조 · 제545조)

3 이행지체의 종료사유

(1) 채권의 소멸

(2) 지체 후의 이행불능

(3) 이행의 제공

(4) 채권자의 지체면제

03 이행불능 ☑기출

1 이행불능의 요건

(1) **후발적 불능** : 채권이 성립한 후에 이행불능되었을 것

(2) **불능이 채무자에게 책임 있는 사유로 인한 것일 것**

> **부동산 이중매매와 이행불능**
> 매도인이 부동산을 타인에게 매각하여 그에게 소유권이전등기를 하여 줄 의무가 있음에도 불구하고 이를 다시 양도하여 소유권이전등기까지 경유한 경우에는 특별한 사정이 없는 한 매도인이 타인에게 부담하고 있는 소유권이전등기의무는 이행불능상태에 있다(대판 1983.3.22., 80다1416).

(3) **이행불능이 위법한 것일 것**

2 이행불능의 효과

(1) **전보배상(민법 제395조)**

(2) **계약해제권(민법 제546조)** : 해제권 행사와 손해배상청구권은 병존 가능함

(3) **대상청구권** : 이행불능이 발생한 것과 동일한 원인으로 채무자가 채무의 목적물의 대상이 되는 이익을 취득하는 경우 채권자가 그 이익의 인도를 청구할 수 있는 권리(명문규정은 없으나 통설, 판례가 인정)

04 불완전이행

❶ 의 의
채무자가 외견상 이행행위를 하였으나 이것이 채무의 내용에 좇은 완전한 이행이 되지 못하고 채권자에게 손해를 입히는 경우를 말한다.

❷ 불완전이행의 요건

(1) 이행행위가 있었을 것

(2) 이행이 불완전할 것
　① 불완전한 급부의 유형
　　㉠ 급부된 목적물 내지 급부된 행위의 내용에 흠이 있는 경우
　　㉡ 이행의 방법이 불완전한 경우
　　㉢ 급부할 때 필요한 주의를 게을리한 경우
　② 전부의 이행이 있었으나 그 이행이 불완전한 경우
　　㉠ 특정물 인도채무 : 채무자는 이행기의 현상대로 인도하면 되므로(민법 제462조), 불완전이행의 문제는 생기지 않고 하자담보책임으로 해결한다(민법 제580조).
　　㉡ 불특정물 인도채무 : 불특정물 매매에 관하여도 이 경우 하자담보책임이 문제되고 불완전이행은 문제되지 않는다.

(3) 이행기의 전후를 불문함

(4) 채무자의 귀책사유

(5) 위법성

❸ 불완전이행의 효과

(1) 완전이행이 가능한 경우
　① 완전이행 청구권 : 새로운 목적물로 이행 청구
　② 추완청구권
　③ 손해배상청구권
　④ 계약해제권

(2) 완전이행이 불가능한 경우
　① 손해배상청구권
　② 계약해제권 : 신의칙상 상당한 기간 내에 행사

CHAPTER PART 2 채권일반

04 채무불이행에 대한 구제

01 강제이행(현실적 이행의 강제) ☑ 기출

1 직접강제(민법 제389조 제1항)

(1) 의 의

행정법상 또는 민사집행법상, 의무불이행자에 대하여 국가기관이 의무자의 신체 또는 재산에 직접 실력을 가하여 의무이행이 있었던 것과 같은 상태를 실현하는 강제집행

(2) 허용범위 : 주는 채무(금전채무, 유체물인도채무 등)

(3) 다른 강제집행방법과의 관계 : 직접강제가 허용되는 채무에는 대체집행이나 간접강제는 허용되지 않음

2 대체집행하는 채무 중 대체적 작위채무에 허용됨(가옥철거채무, 사죄광고게재채무 등)

3 간접강제

(1) 의 의

채무자가 스스로 채무를 이행하지 않을 경우 행하는 강제집행방법 중 하나이다. 법원은 채권자의 신청에 의하여 상당한 기일을 정하고 그 기간 내에 채무자가 채무를 이행하지 않을 때에는 그 지연기간에 따른 일정한 배상을 명하거나 즉시 손해의 배상을 명하겠다는 등 채무자에 대하여 불이익을 예고하거나 부과함으로써 채무이행을 간접적으로 강제하는 것이다.

(2) 근거 : 민사집행법 제261조

(3) 허용범위 : 부대체적 작위채무(재산목록작성채무, 감정을 할 채무)

(4) 간접강제도 허용되지 않는 경우 : 손해배상청구만 가능
① 채무자 외에 제삼자의 협력을 요하는 채무
② 채무자의 자유의사에 반하는 경우(음악가의 연주채무)
③ 채무자의 인격존중에 반하는 채무(부부간 동거의무)

4 대용판결(법률행위를 목적으로 하는 채무의 강제이행)(민법 제389조 제2항)

의사표시뿐만 아니라 준법률행위(의사의 통지, 관념의 통지)에도 적용

5 부작위채무의 강제이행(민법 제389조 제3항)

> [1] 인격권은 그 성질상 일단 침해된 후의 구제수단(금전배상이나 명예회복 처분 등)만으로는 그 피해의 완전한 회복이 어렵고 손해전보의 실효성을 기대하기 어려우므로, 인격권 침해에 대하여는 사전(예방적) 구제수단으로 침해행위 정지 · 방지 등의 금지청구권도 인정된다는 이유로 광고중지 청구를 인정한 원심판결을 수긍한 사례
> [2] 그런데 부작위채무는 부대체적 채무로서 그에 대한 강제집행은 간접강제만 가능한 것이고 통상적으로는 판결절차(협의의 소송절차)에서 먼저 채무명의가 성립한 후에 채권자의 별도의 신청에 의하여 채무자에 대한 필요적 심문(민사소송법 제694조)을 거쳐 민사소송법 제693조에 따라 채무불이행 시에 일정한 배상을 하도록 명하는 간접강제결정을 할 수 있는 것이라고 할 것이다.
> 그러나 부작위채무에 관하여 언제나 위와 같이 먼저 채무명의가 성립하여야만 그 다음 단계에서 비로소 간접강제결정을 할 수 있다고 한다면, 채무명의의 성립과 집행단계 사이의 시간적 간격이 있는 동안에 채무자가 부작위채무를 위반할 경우 손해배상이나 위반 결과의 제거 등 사후적 구제수단만으로는 채권자에게 충분한 손해전보가 되지 아니하여 실질적으로는 집행제도의 공백을 초래할 우려가 있는 것이므로, 부작위채무를 명하는 판결의 실효성 있는 집행을 보장하기 위해서는 부작위채무에 관한 소송절차의 변론종결 당시에서 보아 채무명의가 성립하더라도 채무자가 이를 단기간 내에 위반할 개연성이 있고, 또한 그 판결절차에서 민사소송법 제693조에 의하여 명할 적정한 배상액을 산정할 수 있는 경우에는 위의 부작위채무에 관한 판결절차에서도 위 법조에 의하여 장차 채무자가 그 채무를 불이행할 경우에 일정한 배상을 할 것을 명할 수 있다고 함이 상당하다. 이렇게 하더라도 판결절차는 필요적으로 변론을 거치므로 민사소송법 제694조에 의한 심문을 거치지 아니하여도 채무자에게 불이익이 없으며, 이 판결의 배상명령 부분에 대하여 상소할 수도 있으므로 별도로 같은 법 제693조 제2항에 의한 즉시항고가 인정되지 아니한다고 하여 채무자에게 아무런 불이익도 없는 것이다(대판 1996.4.12., 93다40614).

6 강제이행의 순서

직접강제 → 대체집행 → 간접강제의 순

7 강제이행의 청구와 손해배상의 청구(민법 제389조 제4항)

양립 가능

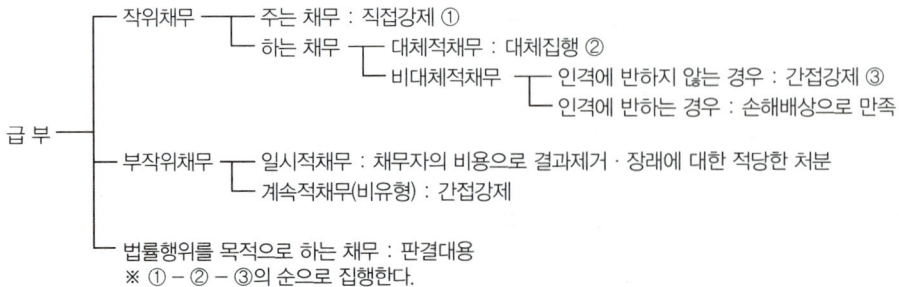

02 손해배상 ☑기출

1 서설

(1) 손해의 의의
가해원인이 없었더라면 존재하였을 이익과 현재이익 상태와의 차이(다수설)

(2) 손해배상의 방법 : 금전배상주의의 원칙

(3) 손해배상청구권의 성질
① 본래의 채권과 동일성을 가짐 : 시효는 본래 채권의 성질에 의하여 정하여짐. 기간은 원래 채권을 행사할 수 있는 때로부터 진행한다고 보아야 한다(판례는 반대).

> **손해배상청구권의 소멸시효 기산점**
> 채무불이행으로 인한 손해배상청구권의 소멸시효는 채무불이행시로부터 진행한다(대판 1995.6.30., 94다54269).

② 본래 채권의 담보는 손해배상청구권에도 미침
③ 본래 채권이 양도되면 손해배상청구권도 양도
④ 손해배상청구권의 경합

(4) 청구권경합의 문제
① 채무자의 귀책사유로 이행불능이 된 경우 채권자는 채무불이행에 의한 손해배상청구권과 불법행위에 의한 손해배상청구권은 병존하고, 채권자는 양 청구권을 선택적으로 행사할 수 있다.
② 면책약관의 효력
일반운송계약상의 면책약관이나 상법상의 면책조항은 운송계약상의 채무불이행책임에만 적용되지 당사자의 명시적·묵시적 합의가 없는 한 불법행위책임에는 영향을 미치지 않는다(대판 1980.11.11., 80다1812).

2 손해배상의 범위

(1) 민법 제393조
① 통상손해(민법 제393조 제1항) : 사회일반관념에 따라 발생하는 손해
② 특별손해(민법 제393조 제2항)
  ㉠ 당사자 사이에 있어서의 개별적·구체적 손해
  ㉡ 채무자가 그 사정을 알았거나 알 수 있었을 때에 배상
  ㉢ 알았거나 알 수 있었음을 결정하는 시기 : 이행기(채권의 성립시가 아님)
    민법 제393조 제2항 소정의 특별사정으로 인한 손해배상에 있어서 채무자가 그 사정을 알았거나 알 수 있었는지의 여부를 가리는 시기는 계약체결당시가 아니라 채무의 이행기까지를 기준으로 판단하여야 한다(대판 1985.9.10., 84다카1532).

(2) 손해배상액 산정시기

① **이행불능 : 이행불능으로 된 당시의 시가기준**

매도인의 매매목적물에 관한 소유권이전등기 의무가 이행불능이 됨으로 말미암아 매수인이 입는 손해액은 원칙적으로 그 이행불능이 될 당시의 목적물의 시가 상당액이고, 그 이후 목적물의 가격이 등귀하였다 하여도 그로 인한 손해는 특별한 사정으로 인한 것이어서 매도인이 이행불능 당시 그와 같은 특수한 사정을 알았거나 알 수 있었을 때에 한하여 그 등귀한 가격에 의한 손해배상을 청구할 수 있다 함은 대법원의 확립된 판례이고, 이러한 법리는 이전할 토지가 환지 예정이나 환지확정 후의 특정 토지라고 하여도 다를 바가 없으며, 그 배상금의 지급이 지체되고 있다고 하여도 그 배상금에 대한 법정이자 상당의 지연손해금을 청구하는 외에 사실심 변론종결 시의 시가에 의한 손해배상을 청구할 수 있게 되는 것은 아니다(대판 1996.6.14., 94다61359).

② **이행지체 : 사실심 변론종결 시 또는 채권자의 최고시로부터 상당기간 경과 후의 시가** 이행지체에 의한 전보배상 청구에 있어서는 다른 특별한 사정이 없는 한, 채권자는 채무자에게 상당한 기간을 정하여 그 본래의 의무 이행을 최고하고 그 이행이 없는 경우에 그 본래 의무의 이행에 대신하는 전보배상을 청구할 수 있고, 그 전보배상에 있어서의 손해액 산정의 표준 시기는 원칙적으로 최고하였던 '상당한 기간'이 경과한 당시의 시가에 의하여야 한다(대판 1997.12.26., 97다24542).

(3) 관련문제

① **과실상계(민법 제396조)**

㉠ 채권자의 과실이 인정되면 반드시 참작해야 함

법원은 불법행위로 인하여 배상할 손해의 범위를 정함에 있어서 상대방의 과실상계 항변이 없더라도 피해자의 과실을 참작하여야 한다(대판 1987.11.10., 87다카473).

㉡ 어느 정도 참작하느냐는 법원의 재량

불법행위에 있어서의 피해자의 과실참작의 가부와 그 비율을 정하는 일은 법원의 자유재량에 속한다(대판 1972.12.26., 72다1037).

㉢ 피용자나 이행보조자의 과실도 포함

> [1] 민법 제763조, 제396조에 의하여 불법행위로 인한 손해배상의 책임 및 그 금액을 정함에 있어 피해자의 과실을 참작하도록 한 취지는 불법행위로 인하여 발생한 손해를 가해자와 피해자 사이에 공평하게 분담시키고자 함에 있다고 할 것이므로 피해자의 과실에는 피해자 본인의 과실뿐 아니라 그와 신분상, 사회생활상 일체를 이루고 있다고 볼 수 있는 관계가 있는 자의 과실도 피해자 측의 과실로서 참작되어야 하는 것이다.
> [2] 피해자가 남편이 운전하는 오토바이 뒷좌석에 타고 가다가 제삼자가 운전하는 승용차와 충돌하여 상해를 입고 제삼자에 대하여 손해배상을 청구하는 경우 손해배상액을 산정함에 있어 다른 특별한 사정이 없는 한 남편의 과실을 피해자 측의 과실로서 참작할 수 있다.
> [3] 위 [2]항의 교통사고에 관한 피해자와 가해자 사이의 합의에 대하여 당사자의 의사는 오토바이를 운전한 남편의 과실도 참작하여 사고와 관련한 일체의 손해배상문제를 일거에 종결하고자 함에 있었다고 본 사례(대판 1993.5.25., 92다54753).

㉣ 불법행위로 인한 손해배상청구에도 준용됨(민법 제763조)

② 금전채무불이행의 특칙(민법 제397조)

> [1] 채무불이행으로 인한 손해배상 예정액의 청구와 채무불이행으로 인한 손해배상액의 청구는 그 청구원인을 달리하는 별개의 청구이므로 손해배상 예정액의 청구 가운데 채무불이행으로 인한 손해배상액의 청구가 포함되어 있다고 볼 수 없고, 채무불이행으로 인한 손해배상액의 청구에 있어서 손해의 발생 사실과 그 손해를 금전적으로 평가한 배상액에 관하여는 손해배상을 구하는 채권자가 주장·입증하여야 하는 것이므로, 채권자가 손해배상책임의 발생 원인 사실에 관하여는 주장·입증을 하였더라도 손해의 발생 사실에 관한 주장·입증을 하지 아니하였다면 변론주의의 원칙상 법원은 당사자가 주장하지 아니한 손해의 발생 사실을 기초로 하여 손해액을 산정할 수는 없다.
> [2] 금전채무 불이행에 관한 특칙을 규정한 민법 제397조는 그 이행지체가 있으면 지연이자 부분만큼의 손해가 있는 것으로 의제하려는 데에 그 취지가 있는 것이므로 지연이자를 청구하는 채권자는 그만큼의 손해가 있었다는 것을 증명할 필요가 없는 것이나, 그렇다고 하더라도 채권자가 금전채무의 불이행을 원인으로 손해배상을 구할 때에 지연이자 상당의 손해가 발생하였다는 취지의 주장은 하여야 하는 것이지 주장조차 하지 아니하여 그 손해를 청구하고 있다고 볼 수 없는 경우까지 지연이자 부분만큼의 손해를 인용해 줄 수는 없는 것이다(대판 2000.2.11., 99다49644).

3 손해배상액의 예정 ☑ 기출

(1) 의 의

채무불이행 시에 채무자가 지급해야 할 손해배상액을 당사자 사이의 계약으로 미리 정하여 두는 것(민법 제398조 제1항)

(2) 효 과 ☑ 기출
① 예상배상액의 청구 : 채권자는 채무불이행사실만 증명하면 예상배상액 청구 가능
② 법원의 감액 : 부당히 예정액이 과다한 경우 법원이 감액 가능(민법 제398조 제2항), 그러나 부당히 과소한 경우 법원이 이를 증액할 수는 없음
③ 판례는 배상액 예정이 있으면 과실상계는 적용 안 함
④ 이행청구 및 계약해제권에는 영향 없음(민법 제398조 제3항)
⑤ 위약금은 손해배상액 예정으로 추정되므로(민법 제398조 제4항) 위약벌의 목적으로 약정된 경우에는 배상액 예정의 규정이 적용되지 않으므로 법원이 감액하지 못함
⑥ 판례는 계약금도 해약금의 성질과 손해배상액의 예정 또는 위약금의 성질을 갖는다고 봄

4 손해배상자의 대위

(1) 의 의

채권자가 그 채권의 목적인 물건 또는 권리의 가액전부를 손해배상으로 받은 때에는 채무자는 그 물건 또는 권리에 관하여 당연히 채권자를 대위하는 것을 말한다(민법 제399조).

(2) 요 건
① 물건 또는 권리의 인도를 목적으로 하는 채권에 관하여 전보배상의 전부를 받았을 것을 요한다.
② 일부의 배상이 있는데 지나지 않으면, 일부대위가 생기지도 않는다.

(3) 효 과

채권의 목적인 물건 또는 권리가 법률상 당연히 채권자로부터 배상자에게 이전한다.

CHAPTER 03~04 OX 마무리

PART 2 채권일반

---

01 채무이행의 기한이 없는 경우에는 채무자는 이행청구를 받은 때로부터 지체책임이 있다. O X

01 채무이행의 기한이 없는 경우에는 채무자는 이행청구를 받은 때로부터 지체책임이 있다(민법 제387조 제2항).

02 채무이행의 확정한 기한이 있는 경우에는 채무자는 기한이 도래한 때로부터 지체책임이 있다. O X

02 채무이행의 확정한 기한이 있는 경우에는 채무자는 기한이 도래한 때로부터 지체책임이 있다(민법 제387조 제1항).

03 채무이행의 불확정한 기한이 있는 경우에는 채무자는 기한이 도래함을 안 때로부터 지체책임이 있다. O X

03 채무이행의 불확정한 기한이 있는 경우에는 채무자는 기한이 도래함을 안 때로부터 지체책임이 있다(민법 제387조 제1항).

04 반환시기의 약정이 없는 소비대차의 경우 대주가 상당한 기간을 정하여 반환을 최고한 후 그 기간을 경과하여야 지체책임이 발생한다. O X

04 반환시기의 약정이 없는 때에는 대주는 상당한 기간을 정하여 반환을 최고하여야 한다. 그러나 차주는 언제든지 반환할 수 있다(민법 제603조 제2항).

05 지시채권은 증서에 변제기한이 있는 경우에는 그 기한이 도래한 때로부터 지체책임이 있다. O X

05 증서에 변제기한이 있는 경우에도 그 기한이 도래한 후에 소지인이 증서를 제시하여 이행을 청구한 때로부터 채무자는 지체책임이 있다(민법 제517조).

정답 01 O 02 O 03 O 04 O 05 ✕

06 채무이행의 확정기한이 있는 경우에는 그 기한이 도래한 다음 날부터 이행지체의 책임을 지고, 기한의 정함이 없는 경우에는 그 이행의 청구를 받은 날로부터 이행지체의 책임을 진다. O X

06 이행기에 따른 책임은 이행기를 경과한 시점인 그 다음 날부터 발생하므로, 기한의 정함이 없는 경우에도 그 다음 날부터 책임을 진다.

07 이행불능의 판단기준에 관하여 통설 및 판례는 사회의 일반적 거래관념이라고 본다. O X

07 채무의 이행이 불능이라는 것은 단순히 절대적·물리적으로 불능인 경우가 아니라, 사회생활에 있어서의 경험법칙 또는 거래상의 관념에 비추어 볼 때 채권자가 채무자의 이행의 실현을 기대할 수 없는 경우를 말한다(대판 2003.1.24., 2000다22850).

08 채무자가 이행하여야 할 채무가 법률행위를 목적으로 한 때에는 채무자의 의사표시에 갈음할 재판을 청구할 수 있다. O X

08 의사표시를 해야 할 채무에 대한 강제이행의 방법은 채권자가 채무자의 의사표시에 갈음할 재판을 법원에 청구하는 것이다(민법 제389조 제2항 참조).

09 손해배상 방법에 관하여 원칙적으로 원상회복주의를 취하고 그것이 불가능한 경우에 한하여 금전배상주의를 취한다. O X

09 민법은 손해배상의 방법에 관해 원칙적으로 금전배상주의를 취하고(민법 제394조), 당사자 사이에 다른 약정이 있거나 법률에 다른 규정이 있으면 원상회복 기타 방법에 의하도록 하고 있다.

정답 06 × 07 ○ 08 ○ 09 ×

10 매도인의 매매목적물에 관한 소유권이전등기 의무가 이행불능이 됨으로 말미암아 매수인이 입는 손해액은 원칙적으로 그 이행불능이 될 당시의 목적물의 시가 상당액이고, 그 이후 목적물의 가격이 등귀하였다 하여도 그로 인한 손해는 특별한 사정으로 인한 것이어서 매도인이 이행불능 당시 그와 같은 특수한 사정을 알았거나 알 수 있었을 때에 한하여 그 등귀한 가격에 의한 손해배상을 청구할 수 있다는 것이 확립된 판례이다(대판 1996.6.14., 94다61359).

11 위약금의 약정은 손해배상액의 예정으로 추정한다(민법 제398조 제4항).

12 손해배상액의 예정은 이행의 청구나 계약의 해제에 영향을 미치지 아니한다(민법 제398조 제3항).

13 채무의 성립 후에 이행이 불능으로 되었을 것은 이행불능의 요건이다.

14 기한의 이익은 이를 포기할 수 있다. 그러나 상대방의 이익을 해하지 못한다(민법 제153조 제2항).

---

10 이행불능으로 인한 손해배상액의 산정시기는 이행불능 시를 기준으로 함이 판례의 입장이다. O X

11 위약금의 약정은 손해배상액의 예정으로 본다. O X

12 손해배상액의 예정은 이행의 청구나 계약의 해제에 영향을 미치지 아니한다. O X

13 채무의 성립 후에 이행이 불능으로 되었을 것이 이행지체의 요건 중의 하나이다. O X

14 채무자가 기한의 이익을 포기하는 것은 법률상 허용되지 아니한다. O X

정답: 10 O 11 × 12 O 13 × 14 ×

15 채무자는 변제기가 도래하기 전까지는 특별한 약정이 없는 한 약정 만기까지 대출을 상환하지 않을 법률상의 이익을 갖는다. O X

15 기한은 채무자의 이익을 위한 것으로 추정한다(민법 제153조 제1항).

16 직접강제는 국가기관이 유형적 실력을 행사하여 채무자의 의사에 불구하고 채권의 내용을 실현하는 방법으로서 부대체적 작위채무(채무자만이 이행할 수 있는 일신전속적 채무)의 경우에 인정된다. O X

16 직접강제는 물건의 인도나 금전의 지급과 같은 '주는 채무'의 경우에 인정된다. 채무자 자신의 행위에 의해서만 목적을 달성할 수 있는 부대체적 행위채무에는 간접강제가 인정된다.

17 강제이행은 손해배상의 청구에 영향을 미치지 아니한다. O X

17 강제이행의 청구와 손해배상의 청구(민법 제389조 제4항)는 양립 가능하다.

18 간접강제는 손해배상의 지급을 명하고, 벌금을 과하거나 또는 채무자를 구금하는 등의 수단을 써서 채무자를 심리적으로 압박하여 채권을 실현시키는 방법이다. O X

18 간접강제란 채무자가 스스로 채무를 이행하지 않을 경우의 강제집행방법 중의 하나이다. 법원은 채권자의 신청에 의하여 상당한 기일을 정하고 그 기간 내에 채무자가 채무를 이행하지 않을 때에는 그 지연기간에 따른 일정한 배상을 명하거나 즉시 손해의 배상을 명하겠다는 등 채무자에 대하여 불이익을 예고하거나 부과함으로써 채무이행을 간접적으로 강제하는 것이다.

정답 15 O 16 X 17 O 18 O

CHAPTER 05 채권의 발생

PART 2 채권일반

01 법률행위에 의한 채권의 발생

1 계약에 의한 발생

채권의 발생원인으로 법이 특별히 규정하는 것은 계약·사무관리·부당이득·불법행위의 네 가지이지만, 이 중에서 당사자의 의사에 따른 법률효과를 발생시키는 계약이 사적자치의 원칙이 지배하는 민법에서 가장 중요한 채권발생원인이다.

2 단독행위에 의한 발생

유증에 의하여 채권이 발생하기도 한다. 즉, 단독행위인 유증에 의하여 수증자는 유증의무자에게 유증된 재산적 이익을 청구할 수 있는 권리를 취득한다.

02 법률의 규정에 의한 발생 ☑기출

1 불법행위 ☑기출

불법행위란 타인에게 상해를 입히거나 남의 물건을 훼손하는 행위와 같이 고의 또는 과실로 인하여 위법하게 타인에게 손해를 가하는 행위를 말한다. 그런데 불법행위에 의하여 가해자는 피해자에게 손해배상책임을 부담하게 된다(민법 제750조 이하).

구 분	불법행위책임	채무불이행책임
과실의 입증 책임	피해자(채권자)가 가해자의 고의·과실 입증	채무자(가해자)가 자기에게 귀책사유 없음을 입증
시 효	3년, 10년	10년
상 계	고의 가해자는 상계금지	규정 없음
연대책임	공동불법행위 인정	–

2 부당이득

어떤 사람이 법률상 원인 없이 타인이 손해를 보는 대신 재산적 이익을 얻은 경우에, 그 이익을 제741조 이하의 규정에 따라 손실자에게 반환하여야 한다. 가령 A 소유의 젖소가 B 소유의 목초지에서 풀을 뜯어 먹었다면, A는 사료비를 절약한 반면, B는 그로 말미암아 재산적 손해를 입게 된다. 이러한 경우의 재산이동이 법률상의 원인 없이 일어난 것이라면, B는 A에게 A의 소가 B의 목초를 뜯어 먹었기 때문에 A가 얻은 이득의 반환을 청구할 수 있다.

3 사무관리

어떤 사람이 타인으로부터의 위임 또는 권한이 없음에도 그 타인을 위하여 타인의 사무를 처리하여 준 경우에 사무관리라는 법정채권관계가 성립하며, 이로부터 양 당사자에게 의무가 발생한다(민법 제374조 이하). 즉, 사무관리자는 타인에 대하여 사무처리에 든 비용의 상환청구권을 가지는 반면, 여러 가지 의무를 부담한다. 가령 자동차운전자가 중상자의 부탁을 받고 그를 병원에 실어다 준 경우에 위임(민법 제680조)이 존재하지만, 의식 없는 중상자를 병원에 실어다 준 경우에는 사무관리가 성립한다. 전자의 경우에 운전자가 위임계약에 기하여 자신의 비용을 청구할 수 있는 반면, 후자의 경우에는 사무관리에 기하여 위 비용의 상환을 청구할 수 있다.

CHAPTER 05

PART 2 채권일반

OX 마무리

01 민법은 법률의 규정에 의한 채권성립의 원인으로 사무관리, 부당이득, 불법행위를 규정하고 있다. O X

02 불법행위에 대한 고의·과실의 입증책임은 피해자인 원고가 부담한다.

02 불법행위에 의한 손해배상을 청구하기 위해서는 가해자가 자신의 고의나 과실이 없음을 입증하여야 한다. O X

03 불법행위에 의한 손해배상청구권은 피해자나 그 법정대리인이 그 손해 및 가해자를 안 날로부터 3년 동안 이를 행하지 아니하면 시효로 소멸하며, 또한 불법행위를 한 날로부터 10년이 지나면 소멸한다.

03 불법행위로 인한 손해배상청구권은 피해자나 그 법정대리인이 그 손해 및 가해자를 안 날로부터 5년간 행사하지 않으면 시효로 소멸한다. O X

01 O 02 × 03 × 정답

CHAPTER

PART 2 채권일반

06 계약 총칙

01 서설

1 계약의 의의
2인 이상의 당사자가 서로 대립하는 의사표시의 합치에 의하여 성립하는 법률행위

2 계약의 종류

(1) 쌍무계약과 편무계약
　① 쌍무계약 : 대가적 의미를 가지는 채무를 부담하는 계약(매매, 교환)
　② 편무계약 : 서로 대가적 의미를 갖지 않는 계약(증여, 사용대차, 위임, 임치)
　③ 구별실익
　　㉠ 동시이행의 항변권
　　㉡ 위험부담

(2) 유상계약과 무상계약
　① 유상계약 : 서로 대가적 의미 있는 재산상 출연을 하는 계약(쌍무계약의 전부, 현상광고)
　② 무상계약 : 증여, 사용대차
　③ 구별실익 : 매매에 관한 규정의 준용 여부

(3) 낙성계약과 요물계약
　① 낙성계약 : 당사자의 의사표시 합치만으로 성립하는 계약
　② 요물계약 : 물건의 인도 기타 급부를 하여야 성립하는 계약(현상광고, 대물변제, 해약금계약, 임대보증계약)

(4) 일시적 계약과 계속적 계약
　① 구별실익 : 계약의 소멸(해지, 해제)
　② 계속적 계약의 특징
　　㉠ 기본채권, 지분채권
　　㉡ 해지권
　　㉢ 당사자 상호 간 신뢰성이 중요
　　㉣ 사정변경의 원칙

02 계약의 성립

1 계약 성립의 요건으로서의 합의

(1) 계약내용의 합치

(2) 객관적 합치와 주관적 합치
   ① 객관적 합치 : 의사표시의 객관적인 내용의 일치
   ② 주관적 합치 : 상대방의 의사표시와의 결합의사

(3) 불합의와 착오
   ① 불합의 : 의사표시의 내용에 있어서의 불합치
   ② 숨은 불합의와 착오

구 분	숨은 불합의	착 오
의 의	두 개의 의사표시 사이에 틈이 생겨 어긋나는 경우	하나의 의사표시의 성립과정에 있어서 의사와 표시의 불일치
차이점	아무리 경미한 것이라도 계약은 불성립	중요 부분에 관한 것일 때에 한하여 취소 가능

2 청약과 승낙에 의한 계약의 성립

(1) 청 약
   ① 의의 : 계약을 체결하려는 구속력 있는 의사표시(법률사실)
   ② 청약의 효력
      ㉠ 효력발생 : 도달에 의하여 발생(민법 제111조 제1항)
      ㉡ 청약의 구속력
         ⓐ 승낙기간을 정한 경우 : 기간 중에는 철회하지 못하고 그 기간이 경과하면 효력 상실(민법 제528조 제1항)
         ⓑ 승낙기간을 정하지 않은 경우 : 상당한 기간 내에 승낙의 통지를 받지 못하면 효력이 소멸하므로 철회의 문제는 생기지 않음(민법 제529조)
      ㉢ 청약의 실질적 효력(승낙적격)
         ⓐ 승낙기간을 정한 경우
            • 승낙기간 내 도달(민법 제528조 제1항)
            • 승낙기간 내 도달할 수 있는 승낙의 연착(민법 제528조 제2항, 제3항)
            • 승낙기간 경과 후에 도달한 승낙(민법 제530조) : 새로운 청약
         ⓑ 승낙기간을 정하지 않은 경우(민법 제529조)
         ⓒ 변경을 가한 승낙(민법 제534조) : 새로운 청약으로 봄

(2) 승낙

① 묵시적 의사표시에 의한 승낙 가능
② 불특정 다수인에 대한 승낙은 불가능, 그러나 불특정 다수인에 대한 청약은 가능
③ 격지자 간의 계약성립시기 : 발신주의 원리(민법 제531조)가 적용된다.

3 청약 또는 승낙의 의제에 의한 성립

(1) 교차청약에 의한 계약성립(민법 제533조)

(2) 의사실현에 의한 계약성립(민법 제532조)

03 계약의 효력

1 쌍무계약의 일반적 효력 ☑ 기출

(1) 성립상의 견련관계
쌍무계약의 일방의 채무가 무효·취소된 경우 타방의 채무도 성립하지 않는 관계(계약체결상의 과실 문제)

(2) 이행상의 견련관계
쌍무계약의 각 채무는 일방의 채무가 이행될 때까지는 타방의 채무도 이행하지 않아도 좋다는 관계(동시이행항변권의 문제)

(3) 존속상 견련관계
쌍무계약의 각 채무가 완전히 이행되기 전에 하나의 채무가 채무자의 책임 없는 사유로 이행불능이 된 때에 그와 대가 관계에 있는 타방의 채무도 원칙적으로 소멸하는 관계(위험부담의 문제)

2 동시이행의 항변권 ☑기출

(1) 성립요건
① 대가적 의미 있는 채권의 존재
본래의 채무의 내용이 바뀌어 손해배상채무가 되더라도 채무의 동일성은 있으므로 채권은 소멸하지 않는다.

> **양 당사자의 채무가 동시이행의 관계인지의 여부**
> [1] 건물매매계약은 쌍무계약으로서 매수인의 잔대금지급의무와 매도인의 소유권이전등기의무는 서로 동시이행관계에 있다 할 것이고 특별한 사정이 없는 한 이러한 법리는 매매목적물이 미등기건물이라고 하여 달라지는 것은 아니다(대판 1981.7.7., 80다2388).
> [2] 부동산의 매매에 있어서 특단의 사정이 없는 한 매수인의 잔대금지급의무와 매도인의 소유권이전등기절차이행의무는 상호 동시이행관계에 있으나 그 명도의 의무는 특단의 사정이 없는 한 동시이행관계에 있다 할 수 없으므로 매수인의 약속불이행을 이유로 계약을 해제하기 위한 이행최고에 있어서 매도인은 쌍무계약상 동시이행관계에 있는 위 소유권이전등기절차이행의무를 제공하여야 하나 동시이행관계에 있지 아니한 위 명도이행의무까지 제공할 필요는 없다(대판 1976.4.27., 76다297).

> **목적물인도의무와 대금지급의무의 견련관계**
> 부동산 매매에 있어서 당사자 사이에 다른 특약이 있는 등 특별한 사정이 없다면 매매 부동산의 인도 및 명도의무도 그 잔대금지급의무와 동시이행의 관계에 있는 것이므로 매도인이 그 명도의무의 이행을 제공하고 또 이를 상대방에게 통지한 후 그 이행을 수령할 것을 최고한 사실의 인정도 없이 피고의 잔대금지급 채무불이행만을 이유로 매도인의 매매계약해제를 인정하였음은 잘못이다(대판 1980.7.8., 80다725).

> **명도의무와 잔대금지급의무가 동시이행관계에 서는 사례**
> [1] 매수인이 매매의 목적이 된 부동산을 명도받기 전에 잔대금을 먼저 지급하기로 약정한 매매의 경우에, 매수인이 잔대금지급채무를 이행하지 아니하였다고 하더라도 매매계약이 해제되지 아니한 상태에서 부동산의 명도기일이 지날 때까지 부동산이 명도되지 아니하였다면, 그때부터는 매수인의 잔대금지급채무와 매도인의 부동산명도의무는 동시이행의 관계에 있게 된다(대판 1991.8.13., 91다13144).
> [2] 근저당권설정등기 있는 부동산의 매매계약에 있어서는 매도인의 소유권이전등기 의무와 아울러 근저당권설정등기의 말소의무도 매수인의 대금지급의무와 동시이행관계에 있는바 근저당권설정등기의 말소의무에 관한 이행제공은 그 근저당채무가 변제되었다는 것만으로는 부족하고 근저당권설정등기의 말소에 필요한 서류까지도 준비함이 필요하다(대판 1979.11.13., 79다1562).
> [3] 근저당권설정등기가 되어 있는 부동산을 매매하는 경우 매수인이 근저당권의 피담보채무를 인수하여 그 채무금 상당을 매매잔대금에서 공제하기로 하는 특약을 하는 등 특별한 사정이 없는 한 매도인의 근저당권말소 및 소유권이전등기의무와 매수인의 잔대금지급의무는 동시이행의 관계에 있는 것이다(대판 1991.11.26., 91다23103).

② 상대방의 채무가 변제기에 있을 것
    ㉠ 원칙 : 일방이 선이행의무를 지는 때에는 선이행의무자는 항변권을 가지지 않는다(민법 제536조 제1항 단서).
    ㉡ 예외 : 일방이 선이행의무를 지는 경우라도 상대방의 이행이 현저하게 곤란한 사정이 있는 경우에는 상대방의 변제기가 도래하지 않아도 됨(불안의 항변권)
③ 상대방이 자기의 채무의 이행 또는 그 제공을 하지 않고서 이행을 청구하였을 것
④ 수령지체와 동시이행항변권 : 한 번 수령지체에 빠진 자라도 상대방이 자기 채무의 이행을 다시 하지 않으면 동시이행항변권 보유(다수설, 판례)

수령지체에 빠진 당사자의 동시이행항변권의 소멸 여부
쌍무계약의 당사자 일방이 먼저 한 번 현실의 제공을 하고 상대방을 수령지체에 빠지게 하였다 하더라도 그 이행의 제공이 계속되지 않은 경우에는 과거에 한 번 이행의 제공이 있었다는 사실만으로 상대방이 가진 동시이행의 항변권이 소멸한다고 할 수 없다(대판 1966.9.20., 66다1174).

동시이행의 항변권의 임의규정성
쌍방계약에 있어서는 당사자 간에 동시이행관계를 배제하기로 약정하는 등 특별한 사정이 없는 한 당사자 쌍방의 각 채무는 동시이행관계에 있다(대판 1968.3.21., 67다2444).

(2) 효 과

① 연기적 항변권 : 일시적 이행거절
② 소송상 효과 : 상환급부판결
③ 이행지체책임의 면제(동시이행항변권이 존재한다는 사실만으로도)

이행지체책임의 면제
쌍무계약에서 쌍방의 채무가 동시이행관계에 있는 경우 일방의 채무의 이행기가 도래하더라도 상대방 채무의 이행제공이 있을 때까지는 그 채무를 이행하지 않아도 이행지체의 책임을 지지 않는 것이고, 이와 같은 효과는 이행지체의 책임이 없다고 주장하는 자가 반드시 동시이행의 항변권을 행사하여야만 발생하는 것은 아니다(대판 1998.3.13., 97다54604 · 54611).

④ 동시이행의 항변권이 붙은 채권을 자동채권으로 상계하지 못함

3 동시이행항변권의 인정례

(1) 명문규정으로 인정
① 계약해제로 인한 원상회복의무(민법 제549조)
② 매도인의 담보책임(민법 제583조)
③ 수급인의 하자보수의무(민법 제667조)
④ 종신정기금계약의 원본상환청구(민법 제727조 제1항)

(2) 해석상 인정
① 변제와 영수증의 교부
② 채무의 변제와 그 채무이행확보를 위해 교부한 어음·수표의 반환

> 채무자가 어음의 반환이 없음을 이유로 원인채무의 변제를 거절할 수 있는 것은 채무자로 하여금 무조건적인 원인채무의 이행으로 인한 이중지급의 위험을 면하게 하려는 데에 그 목적이 있는 것이지, 기존의 원인채권에 터 잡은 이행청구권과 상대방의 어음 반환청구권이 민법 제536조에 정하는 쌍무계약상의 채권채무관계나 그와 유사한 대가관계가 있어서 그러는 것은 아니므로, 원인채무 이행의무와 어음 반환의무가 동시이행의 관계에 있다 하더라도 이는 어음의 반환과 상환으로 하지 아니하면 지급을 할 필요가 없으므로 이를 거절할 수 있다는 것을 의미하는 것에 지나지 아니하는 것이며, 따라서 채무자가 어음의 반환이 없음을 이유로 원인채무의 변제를 거절할 수 있는 권능을 가진다고 하여 채권자가 어음의 반환을 제공하지 아니하면 채무자에게 적법한 이행의 최고를 할 수 없다고 할 수는 없고, 채무자는 원인채무의 이행기를 도과하면 원칙적으로 이행지체의 책임을 진다(대판 1999.7.9., 98다47542).

③ 임차물과 보증금반환의무
④ 계약이 무효·취소된 경우 반환의무

동시이행의 항변권이 해석상 인정되는 경우

[1] 동시이행의 항변권은 공평의 관념과 신의칙에 입각하여 각 당사자가 부담하는 채무가 서로 대가적 의미를 가지고 관련되어 있을 때 그 이행에 있어서 견련관계를 인정하여, 어느 한 쪽이 채무를 이행하거나 이행의 제공을 하지 아니한 채 다른 쪽에게 채무의 이행을 청구해 올 경우에 다른 쪽에게 그 이행을 거절할 수 있도록 하는 제도인바, 이러한 제도의 취지에 비춰볼 때 서로의 채무가 쌍무계약상의 고유의 대가관계가 없다 해도 구체적인 계약관계의 약정내용에 따라 대가적 의미가 있어서 그 이행상의 견련관계가 인정될 사정이 있다면, 두 채무 사이에 동시이행의 항변권을 인정할 수 있다는 이유를 들어 A의 항변권 행사는 정당하다(대판 1992.8.18., 91다30927).

[2] 부동산의 매매계약 시 그 부동산의 양도로 인하여 매도인이 부담할 양도소득세를 매수인이 부담하기로 하는 특약을 하였다 하여도 매수인이 양도소득세를 부담하기 위한 이행제공의 형태, 방법, 시기 등이 매도인의 소유권이전등기의무와 견련관계에 있다고 인정되는 경우에 한하여 매도인의 소유권이전등기의무와 매수인의 양도소득세액 제공의무는 서로 동시이행의 관계에 있다고 봄이 상당하다(대판 1995.3.10., 94다27977).

[3] 계약 해제로 인하여 계약 당사자가 원상회복의무를 부담함에 있어서 당사자 일방이 목적물을 이용한 경우에는 그 사용에 의한 이익을 상대방에게 반환하여야 하는 것이므로, 양도인은 양수인이 양도 목적물을 인도받은 후 사용하였다 하더라도 양도계약의 해제로 인하여 양수인에게 그 사용에 의한 이익의 반환을 구함은 별론으로 하고, 양도 목적물 등이 양수인에 의하여 사용됨으로 인하여 감가 내지 소모가 되는 요인이 발생하였다 하여도 그것을 훼손으로 볼 수 없는 한 그 감가비 상당은 원상회복의무로서 반환할 성질의 것은 아니다.

[4] 동시이행의 관계에 있는 쌍방의 채무 중 어느 한 채무가 이행불능이 됨으로 인하여 발생한 손해배상채무도 여전히 다른 채무와 동시이행의 관계에 있다(대판 2000.2.25., 97다30066).

4 위험부담

(1) 의 의
쌍무계약상의 일방의 채무가 채무자의 책임 없는 사유로 소멸한 경우의 타방채무의 존속 여부의 문제

(2) 입법주의와 우리 민법의 태도
① 채무자 위험부담주의(우리 민법) : 타방채무 소멸
② 채권자 위험부담주의 : 타방채무는 존속
③ 소유자 위험부담주의 : 모든 위험을 소유자가 부담

(3) 채무자 위험부담의 원칙(민법 제537조)

(4) 채권자 귀책사유로 인한 이행불능(민법 제538조)
① 채권자 위험부담(민법 제538조 제1항 전단)
② 수령지체 중 쌍방의 책임 없는 사유로 이행 불능(민법 제538조 제1항 후단)
③ 채무자의 부당이득 반환의무(민법 제538조 제2항)

5 제삼자를 위한 계약 ☑기출

(1) 제삼자를 위한 계약관계

> **제삼자를 위한 계약에 해당하는지의 여부**
> 어떤 계약이 제삼자를 위한 계약에 해당하는지 여부는 …(중략)… 계약 체결의 목적, 계약에 있어서의 당사자의 행위의 성질, 계약으로 인하여 당사자 사이 또는 당사자와 제삼자 사이에 생기는 이해득실, 거래 관행, 제삼자를 위한 계약 제도가 갖는 사회적 기능 등 제반 사정을 종합하여 계약 당사자의 합리적 의사를 해석함으로써 판별할 수 있다(대판 1996.1.26., 94다54481).

(2) 요 건
① 계약의 성립요건
  ㉠ 요약자 · 낙약자 사이에 계약이 유효하게 성립할 것 : 당사자 간의 계약이 무효 · 취소 또는 해제되어 이로써 선의의 제삼자에게 대항할 수 없는 경우에도(민법 제107조 제2항, 민법 제108조 제2항, 민법 제110조 제2항) 수익자는 선의의 제삼자로서 보호받지 못한다(민법 제542조).
  ㉡ 계약의 내용이 제삼자에게 직접 권리를 취득케 할 것
  ㉢ 제삼자가 취득하는 권리는 물권 · 채권을 불문
  ㉣ 제삼자는 계약 당시 현존할 필요 없고 다만 특정될 필요는 있음
② 제삼자 권리취득의 요건 : 수익의 의사표시

③ 계약의 원인관계
  ㉠ 보상관계(요약자와 낙약자 사이의 관계) : 제삼자를 위한 계약의 내용이 되며 보상관계의 하자는 계약의 효력에 영향을 미침
  ㉡ 대가관계(요약자와 제삼자와 관계) : 계약의 효력에 영향 없음. 다만 대가관계를 결한 경우 제삼자는 요약자에 대하여 부당이득반환의무를 짐

(3) 효 과 ☑ 기출

① 제삼자의 지위
  ㉠ 권리확정 전의 지위 : 수익의 의사표시(형성권)를 할 권리를 가지며 이는 10년의 제척기간에 걸리고, 상속은 물론 채권자대위권의 목적이 됨

  > **수익의 의사표시의 시기**
  > 제삼자를 위한 계약에 있어서 제삼자인 원고가 수익의 의사를 기재한 소장 내지 준비서면을 진술하고 이 서면들이 채무자인 피고에게 송달되면 이때에 수익의 의사표시가 있는 것으로 볼 수 있다(대판 1972.8.29., 72다1208).

  ㉡ 권리확정 후의 지위 : 계약당사자의 변경 금지(민법 제541조)
  ㉢ 계약에 대한 제삼자의 지위 : 계약당사자가 아니므로 취소권·해제권 행사 불가

② 요약자의 지위
  ㉠ 낙약자에 대하여 제삼자에 대한 채무이행을 청구할 수 있고, 채무불이행 시에 제삼자에게 손해배상할 것을 청구 가능
  ㉡ 요약자는 계약으로부터 생기는 취소권, 해제권, 해지권 취득

  > **요약자의 지위**
  > 제삼자를 위한 유상쌍무계약의 경우 요약자는 낙약자의 채무불이행을 이유로 제삼자의 동의 없이 계약을 해제할 수 있다(대판 1970.2.24., 69다1410·1411).

③ 낙약자의 지위
  ㉠ 제삼자에 대한 최고권(민법 제540조) : 확답 × → 거절 간주
  ㉡ 기본계약에서 생긴 항변으로 제삼자에 대항 가능(민법 제542조)

04 계약의 해제와 해지

1 계약의 해제 ☑ 기출

(1) 해제권의 발생과 범위
　① 약정해제권의 발생 : 이행의 최고 없이 즉시 해제 가능(해약금, 환매계약)
　② 법정해제권의 발생 : 채무불이행으로 발생
　③ 해제할 수 있는 계약의 범위 : 편무계약에도 해제권이 인정되나 물권계약, 준물권계약에는 법정해제가 인정 안 됨

(2) 법정해제권의 발생
　① 이행지체로 인한 해제권의 발생
　　㉠ 최고 후 해제 가능(민법 제544조)
　　㉡ 정기행위와 해제(민법 제545조) : 최고 없이 해제 가능

> **과다최고의 효력**
> 채권자가 본래 급부하여야 할 수량보다 과다하게 청구하였다 하여도 급부할 수량과의 차이가 비교적 적고 채권자가 급부의 수량을 잘못 알고 과다한 최고를 한 것으로서 과다하게 최고한 진의가 본래 급부하여야 할 수량을 청구한 것이라면 그 최고는 본래 급부하여야 할 수량의 범위 내에서 유효하다 할 것이나, 채권자의 이행최고가 본래 이행하여야 할 채무액을 초과하는 금액의 이행을 요구하는 내용일 때에는, 그 과다한 정도가 현저하고 채권자가 청구한 금액을 제공하지 않으면 그것을 수령하지 않을 것이라는 의사가 분명한 경우에는 그 최고는 부적법하고, 이러한 최고에 터 잡은 계약해제는 그 효력이 없다(대판 1995.9.5., 95다19898).

　② 이행불능으로 인한 해제권의 발생(민법 제546조) : 최고 없이 해제

> **일부의 이행지체와 계약해제**
> 건축도급계약에서 채무자가 이행기에 건물을 미완성한 경우 수급인의 채무불이행을 이유로 도급인이 계약을 해제할 때, 계약해제로 인한 원상회복이 중대한 사회경제적 손실을 초래하고, 완성된 부분이 도급인에게 이익이 되므로 미완성 부분에 대하여만 계약해제의 효력이 미친다(대판 1986.9.9., 85다카1751).

　③ 불완전이행으로 인한 해제권의 발생
　　㉠ 완전이행이 가능한 경우 : 최고 후 해제 가능
　　㉡ 완전이행이 불가능한 경우 : 최고 없이 해제
　④ 채권자 지체로 인한 해제권의 발생 : 상당 기간을 정하여 수령을 최고하고 해제(다수설)

⑤ 사정변경으로 인한 해제권 발생

> **사정변경으로 인한 해제권 발생여부**
> 매매계약을 맺은 때와 그 잔대금을 지급할 때와의 사이에 장구한 시일이 지나서 그동안에 화폐가치의 변동이 극심하였던 탓으로 매수인이 애초에 계약할 당시의 금액표시대로 잔대금을 제공한다면 그동안에 앙등한 매매 목적물의 가격에 비하여 그것이 현저하게 균형을 잃은 이행이 되는 경우라 할지라도 민법상 매도인으로 하여금 사정변경의 원리를 내세워서 그 매매계약을 해제할 수 있는 권리는 생기지 않는다(대판 1963.9.12., 63다452).

(3) 해제권의 행사 ☑ 기출
① 행사방법
  ㉠ 상대방에 대한 의사표시(철회 불가)
  ㉡ 원칙적으로 조건과 기한을 붙이지 못함(형성권)
② 해제권의 불가분성(민법 제547조)
  ㉠ 당사자가 수인이면 전원으로부터 전원에게 해야 함
  ㉡ 한 사람에게 해제권이 소멸하면 다른 자에게도 소멸
  ㉢ 임의규정

> **해제권의 불가분성**
> [1] 해제가 일부의 상대방에 대하여만 송달이 되고 나머지 상대방에 대하여는 송달불능이 되었다면, 상대방 전원에 대하여 해제의 효력이 발생하지 아니한다(대판 1968.7.24., 68다696).
> [2] 신탁계약에서 수탁자가 수인공동으로 된 경우 및 상속에 의하여 수탁자의 지위가 공동상속된 경우에는 위 원칙이 적용되지 않고 일부의 수탁자에 대하여 신탁해지의 의사표시를 하면 그 일부의 자에 대하여 신탁해지의 효과가 발생한다고 한다(대판 1992.6.9., 92다9579).

(4) 해제의 효과
① 효과

> [1] 계약이 해제되면 그 계약의 이행으로 변동이 생겼던 물권은 당연히 그 계약이 없었던 원상태로 복귀한다고 봄이 타당하다(대판 1977.5.24., 75다1394).
> [2] 부동산 매매계약이 합의해제되면 매수인에게 이전되었던 소유권은 당연히 매도인에게 복귀하는 것이므로 합의해제에 따른 매도인의 원상회복 청구권은 소유권에 기한 물권적 청구권이라 할 것이고 따라서 이는 소멸시효의 대상이 아니다(대판 1982.7.27., 80다2968).

② 해제와 제삼자
  ㉠ 해제의 소급효 제한(민법 제548조 제1항 단서)
  ㉡ 제삼자의 범위
    ⓐ 원칙 : 해제의 의사표시가 있기 전에 해제된 계약관계로부터 새로운 권리를 취득한 자
    ⓑ 해제의 의사표시가 있은 후 해제에 기한 말소등기가 있기 전에 이해관계를 갖게 된 선의의 제삼자도 포함(판례)

③ 원상회복의무
- ㉠ 부당이득에 관한 민법 제741조의 특별규정
- ㉡ 원물반환이 원칙
- ㉢ 원물반환불능 시 해제당시 가액 반환
- ㉣ 목적물의 이용은 사용이익 반환
- ㉤ 원상회복의 범위 : 받은 급부 전부의 반환
- ㉥ 계약해제로 인한 원상회복에 대해서도 보증인은 보증의무 부담(다수설)

④ 손해배상의무
- ㉠ 성질 : 이행이익의 배상(통설, 판례)
- ㉡ 손해배상의 범위(민법 제393조) : 해제 시의 가격이 기준
- ㉢ 해제의 효과와 동시이행(민법 제549조)

(5) 해제권의 소멸
① 상대방의 최고에 의한 소멸(민법 제552조)
② 해제권자에 의한 목적물의 훼손, 가공·개조로 인한 소멸(민법 제553조)
③ 형성권이므로 10년의 제척기간으로 소멸

2 계약의 해지 ☑ 기출

(1) 해지의 의의
계속적 채권관계에 있어서 계약관계의 효력을 장래에 향하여 소멸시키는 당사자의 일방적 의사표시

(2) 해지권의 발생
① 약정해지권의 발생 : 임대차(민법 제636조)
② 법정해지권의 발생
- ㉠ 계속적 채권관계(임대차, 소비대차, 사용대차, 고용, 위임, 임치, 조합)에 있어서 채무불이행
- ㉡ 민법상 해제권 발생사유는 해지권 발생사유가 되는 것은 아님(다수설)

(3) 해지의 효과 ☑ 기출
① 해지의 비소급효(민법 제550조)
② 해지기간 : 일정한 경우는 해지기간이 경과하여야 해지효과 발생
③ 손해배상의 청구

05 표현대리와 무권대리

1 표현대리 ☑ 기출

(1) 민법 제125조의 표현대리(대리권수여의 표시에 의한 표현대리)
  ① 요 건
    ㉠ 본인의 제삼자에 대한 대리권수여의 표시
      ⓐ 표 시
        (ⅰ) 관념의 통지설(통설) : 수권이 있었음을 상대방에 통지
        (ⅱ) 의사표시설(이영준) : 상대방에 대한 외부적 수권행위
      ⓑ 표시의 상대방 : 특정, 불특정(신문광고)을 불문
    ㉡ 표시된 대리권의 범위 내일 것 : 범위를 초과하면 제126조(권한을 넘은 표현대리)를 적용
  ② 효 과
    ㉠ 본인의 책임 발생
    ㉡ 상대방은 표현대리를 주장할 수 있으나 본인은 표현대리를 주장 못 함

(2) 민법 제126조의 표현대리(권한을 넘은 표현대리) ☑ 기출
  ① 요 건
    ㉠ 기본대리권의 존재

> 기본적인 어떠한 대리권도 없는 자에 대하여 대리권한의 유월 또는 소멸 후의 표현대리관계는 성립할 여지가 없는 것인바, 피고가 소외 갑의 원고와의 상거래에 대한 재정보증서와 그에 필요한 인감증명서 및 납세증명서를 위 갑의 언니인 소외 을에게 우송하였음에 지나지 아니한 것이라면 위 을이 자기가 갑이라고 참칭하고 원고와 상거래를 함에 있어 위 재정보증서 등을 사용하였다는 사실만으로서는 위 을이 피고로부터 표현대리를 인정할 기본적 대리권을 수여받은 것이라고 볼 수 없다(대판 1984.10.10., 84다카780).

    ㉡ 기본대리권을 넘는 대리행위가 있을 것
    ㉢ 제삼자가 대리권이 있다고 믿고 그 믿음에 정당한 이유가 있을 것
  ② 제126조의 적용범위 : 임의·법정대리에 모두 적용
  ③ 효과 : 본인의 책임 발생

(3) 민법 제129조의 표현대리(대리권소멸 후의 표현대리)
  ① 요 건
    ㉠ 대리권이 대리행위 당시에는 소멸하였을 것
    ㉡ 상대방의 선의, 무과실
  ② 효과 : 본인의 책임 발생

2 협의의 무권대리

(1) 계약의 무권대리
① 본인에 대한 효과 : 본인의 추인권 발생
    ㉠ 추인의 상대방 : 추인 또는 거절의 의사표시는 상대방에 대하여 하지 아니하면 그 상대방에 대항하지 못한다. 그러나 상대방이 그 사실을 안 때에는 그러하지 아니하다(민법 제132조).
    ㉡ 추인의 효과(민법 제133조)
        ⓐ 계약 시에 소급하여 효과 발생
        ⓑ 다른 의사표시나 제삼자의 권리는 해하지 못함
    ㉢ 본인의 추인거절권 : 본인이 추인을 거절하면 본인에게 효력이 생길 수 없는 것으로 확정됨
② 상대방에 대한 효과 : 최고권(민법 제131조), 철회권(민법 제134조)
③ 무권대리인의 책임
    ㉠ 책임발생의 요건
        ⓐ 대리인이 대리권을 증명할 수 없을 것(민법 제135조 제1항)
        ⓑ 상대방의 선의, 무과실(민법 제135조 제2항)
        ⓒ 본인의 추인을 얻지 못하고 표현대리와 같은 사정이 없을 것(민법 제135조 제1항)
        ⓓ 상대방이 철회권을 행사하고 있지 않을 것(민법 제135조 제1항)
        ⓔ 무권대리인이 제한능력자가 아닐 것(민법 제135조 제2항)
    ㉡ 책임의 내용
        ⓐ 책임의 성질 : 법정의 무과실 책임
        ⓑ 이행 또는 손해배상의 책임(상대방의 선택채권)
④ 본인과 무권대리인과의 관계
    ㉠ 본인 추인 시 : 사무관리
    ㉡ 본인 추인거절 시 : 아무런 법률관계도 성립 안 함

> **무권대리의 추인**
> 무권대리에 의한 공정증서 작성 촉탁행위에 대한 추인의 의사표시는 공증인에 대하여 하여야 하는 것이므로 채무자가 무권대리인에 의하여 공정증서가 작성된 것을 알고도 채권자에게 이의를 제기하지 않고 있었다는 소극적 태도만으로는 위와 같은 무권대리행위를 추인한 것으로 볼 수 없다(대판 1983.2.8., 81다카621).

(2) 단독행위의 무권대리
① 상대방 없는 단독행위 : 언제나 절대 무효
② 상대방 있는 단독행위
    ㉠ 능동대리 : 상대방이 대리인이라 칭하는 자의 대리권 없는 행위에 동의하거나 대리권을 다투지 않은 경우에 계약의 무권대리와 동일(민법 제136조 전단)
    ㉡ 수동대리 : 무권대리인이 동의한 경우에 한하여 계약의 무권대리와 마찬가지의 효과가 생김(민법 제136조 후단)

CHAPTER 06 OX 마무리

PART 2 채권일반

01 계약이 성립하려면 당사자의 서로 대립하는 수 개의 의사표시의 합치, 즉 합의가 반드시 있어야 한다.

01 계약을 구성하는 의사표시인 청약과 승낙이 불일치하면 일방당사자가 계약을 취소할 수 있다. O X

02 사무관리는 법률규정에 의한 채권의 발생 사유이다.

02 사무관리는 민법에 규정된 전형계약 중 하나이다. O X

03 격지자 간의 계약은 승낙의 통지를 발송한 때에 성립한다(민법 제531조).

03 격지자 간의 계약은 승낙의 통지가 도달한 때에 성립한다. O X

04 승낙자가 청약에 대하여 조건을 붙이거나 변경을 가하여 승낙한 때에는 그 청약의 거절과 동시에 새로 청약한 것으로 본다(민법 제534조).

04 승낙자가 청약에 대하여 조건을 붙이거나 변경을 가하여 승낙한 때에는 그 청약의 거절과 동시에 새로 청약한 것으로 본다. O X

05 당사자 간에 동일한 내용의 청약이 상호교차된 경우에는 양 청약이 상대방에게 도달한 때에 계약이 성립한다(민법 제533조).

05 당사자 간에 동일한 내용의 청약이 상호교차된 경우에는 양 청약이 상대방에게 도달한 때에 계약이 성립한다. O X

01 × 02 × 03 × 04 O 05 O 정답

06 약관의 내용이 법령에 의하여 정하여진 것과 동일하더라도 약관 작성자는 상대방에게 명시·설명의무가 있다고 보아야 한다. O X

06 보험자에게 약관의 명시·설명의무가 인정되는 것은 어디까지나 보험계약자가 알지 못하는 가운데 약관에 정하여진 중요한 사항이 계약 내용으로 되어 보험계약자가 예측하지 못한 불이익을 받게 되는 것을 피하고자 하는 데 그 근거가 있다고 할 것이므로, 보험약관에 정하여진 사항이라고 하더라도 거래상 일반적이고 공통된 것이어서 보험계약자가 별도의 설명 없이도 충분히 예상할 수 있었던 사항이거나 이미 법령에 정하여진 것을 되풀이하거나 부연하는 정도에 불과한 사항이라면 그러한 사항에 대하여서까지 보험자에게 명시·설명의무가 인정된다고 할 수 없다(대판 2000.7.4., 98다62909).

07 약관의 조항이 신의성실의 원칙에 반하여 현저히 공정성을 잃은 경우에는 무효이다. O X

08 당사자 일방 또는 쌍방이 수인인 경우에 계약의 해제는 전원으로부터 또는 전원에 대하여 하여야 한다. O X

08 당사자의 일방 또는 쌍방이 수인인 경우에는 계약의 해지나 해제는 그 전원으로부터 또는 전원에 대하여 하여야 한다(민법 제547조 제1항).

09 취소는 계약과 관련하여 인정된 특유한 제도인 데 대하여 해제는 계약에 한하지 않고 모든 법률행위와 관련하여 인정된다. O X

09 해제는 계약의 특유한 제도인 데 대하여 취소는 계약에 한하지 않고 모든 법률행위에 관하여 인정된다.

정답   06 ×   07 ○   08 ○   09 ×

10 이행불능의 효과로서 해제권이 발생한다.

10 채무자에게 책임 있는 사유에 의한 이행불능이 있으면 채권자에게 법정해제권이 발생한다. O X

11 계약의 해지 또는 해제는 손해배상의 청구에 영향을 미치지 아니한다(민법 제551조).

11 채권자의 적법한 해제권 행사로 인하여 원상회복의무를 부담한 채무자는 이를 모두 이행한 경우에는 별도의 손해배상책임을 부담하지 않는다. O X

12 계약의 당사자는 요약자와 낙약자이며 수익자는 당사자가 아니다.

12 수익자는 계약의 당사자가 아니다. O X

13 제삼자가 수익의 의사표시를 한 때에는 계약당사자는 이를 변경하거나 소멸시키지 못한다(민법 제541조).

13 제삼자가 적법하게 수익의 의사표시를 한 때에도 계약당사자는 제삼자의 권리를 소멸시킬 수 있다. O X

14 제삼자의 권리는 그 제삼자가 채무자에 대하여 계약의 이익을 받을 의사를 표시한 때에 생긴다(민법 제539조 제2항).

14 제삼자의 권리는 그 제삼자가 채무자에 대하여 계약의 이익을 받을 의사를 표시한 때에 생긴다. O X

정답 10 O 11 X 12 O 13 X 14 O

15 대리인의 권한은 법률규정에 의하여 정하여진다. O X

15 법정대리인은 그 권한이 법률규정에 의하여 정해지나 임의대리의 대리권 범위는 당사자 사이의 수권행위에 의하여 정해진다.

16 대리인에게 그 권한이 있다고 믿을 만한 정당한 이유가 있는가의 여부는 대리행위 당시를 기준으로 결정하여야 하고 그 이후의 사정은 고려할 것이 아니다. O X

16 권한을 넘은 표현대리에 있어서 대리인에 그 권한이 있다고 믿을 만한 정당한 이유가 있는가의 여부는 대리행위(매매계약) 당시를 기준으로 하여 판정하여야 한다(대판 1981.8.20., 80다3247).

17 무권대리행위의 추인은 원칙적으로 소급효가 있다. O X

17 추인은 다른 의사표시가 없는 때에는 계약 시에 소급하여 그 효력이 생긴다. 그러나 제삼자의 권리를 해하지 못한다(민법 제133조).

18 무권대리행위의 추인은 반드시 상대방에 대하여 하여야 한다. O X

18 무권대리행위에 있어서 추인의 의사표시는 무권대리인이나 상대방에 대해 할 수 있다.

정답 15 × 16 ○ 17 ○ 18 ×

CHAPTER 07 상행위로 인한 금전채권

PART 2 채권일반

01 상행위법의 의의와 특성

1 상행위법의 체계

상행위법은 상행위를 규율하는 법, 즉 기업이 영리목적을 실현하기 위하여 행하는 모든 거래활동을 규율하는 법으로서, 상법전의 제2편 상행위에 해당하는 규정들을 말한다. 이러한 상행위법은 크게 총론과 각론으로 나누어지고 있다. 총론은 다시 제1장 통칙, 제2장 매매, 제3장 상호계산, 제4장 익명조합, 제4장의2 합자조합으로 구성되어 있고, 각론은 제5장 대리상, 제6장 중개업, 제7장 위탁매매업, 제8장 운송주선업, 제9장 운송업, 제10장 공중접객업, 제11장 창고업, 제12장 금융리스업, 제13장 가맹업, 제14장 채권매입업으로 구성되어 있다.

2 상행위법의 특성

사인 상호 간의 거래에 비하여 집단성·반복성 등을 가지므로 상행위법은 민법에 대한 특성으로서 유상성·신속성 및 정형성을 가지고 있다. 또한 상행위법은 기업활동법이므로 기업조직법보다는 임의법규성 및 국제성이 있다. 이러한 이유로 민법에 대한 특별법의 성격을 가지고 있으며 상법에 특별규정이 있는 경우 민법보다 상법이 우선 적용된다.

3 상행위법의 적용

(1) 적용범위

상행위법은 당사자의 쌍방에게 상행위가 되는 쌍방적 상행위뿐만 아니라 당사자 중 일방에게만 상행위가 되는 일방적 상행위의 경우에도 당사자 전원에 대하여 상행위법이 적용된다(상법 제3조).

(2) 쌍방적 상행위

다만 상행위에 관한 규정 중에서 법정이자청구권(상법 제55조), 상사유치권(상법 제58조), 상사매매규정(상법 제67조 내지 제71조)은 반드시 쌍방적 상행위에 대해서만 적용된다.

(3) 공법인의 상행위

공법인의 상행위에 대해서도 특별법령에 특별규정을 두고 있지 않은 경우에는 상법이 적용된다(상법 제2조).

02 상행위의 의의와 종류

1 상행위의 의의

상행위란 상인이 영업으로써 또는 영업을 위하여 하는 행위를 말한다. 이러한 상행위를 정하는 방식에는 행위의 객관적 성질에 의하여 상행위를 정하는 객관주의, 상인의 개념을 정하고 그 상인의 영업상의 행위를 상행위로 정하는 주관주의, 위 양 입법주의를 병용하는 절충주의가 있다. 우리 상법의 태도에 대해서는 주관주의적 절충주의로 보는 견해와 주관주의의 입법이라고 보는 견해가 있다.

2 상행위의 종류

> **상법 제46조(기본적 상행위)**
> 영업으로 하는 다음의 행위를 상행위라 한다. 그러나 오로지 임금을 받을 목적으로 물건을 제조하거나 노무에 종사하는 자의 행위는 그러하지 아니하다.
> 1. 동산, 부동산, 유가증권 기타의 재산의 매매
> 2. 동산, 부동산, 유가증권 기타의 재산의 임대차
> 3. 제조, 가공 또는 수선에 관한 행위
> 4. 전기, 전파, 가스 또는 물의 공급에 관한 행위
> 5. 작업 또는 노무의 도급의 인수
> 6. 출판, 인쇄 또는 촬영에 관한 행위
> 7. 광고, 통신 또는 정보에 관한 행위
> 8. 수신·여신·환 기타의 금융거래
> 9. 공중(公衆)이 이용하는 시설에 의한 거래
> 10. 상행위의 대리의 인수
> 11. 중개에 관한 행위
> 12. 위탁매매 기타의 주선에 관한 행위
> 13. 운송의 인수
> 14. 임치의 인수
> 15. 신탁의 인수
> 16. 상호부금 기타 이와 유사한 행위
> 17. 보험
> 18. 광물 또는 토석의 채취에 관한 행위
> 19. 기계, 시설, 그 밖의 재산의 금융리스에 관한 행위
> 20. 상호·상표 등의 사용허락에 의한 영업에 관한 행위
> 21. 영업상 채권의 매입·회수 등에 관한 행위
> 22. 신용카드, 전자화폐 등을 이용한 지급결제 업무의 인수

(1) 기본적 상행위

상법 제46조에서 정한 행위를 기본적 상행위라 한다. 이러한 상행위를 하는 자는 당연상인이지만, 오로지 임금을 받을 목적으로 물건을 제조하거나 노무에 종사하는 자의 행위는 기본적 상행위에 포함되지 않는다(상법 제46조 단서). 상법 제46조에 규정된 기본적 상행위 중 몇 가지만 검토를 하기로 한다.

① 동산, 부동산, 유가증권 기타의 재산의 매매
  ㉠ 매매란 매도행위뿐만 아니라 매수행위를 포함한다. 그러므로 단순히 매수나 매도만을 하는 것은 매매라고 할 수 없다. 그리하여 이득의 의사 없이 무상 또는 원시 취득한 물건을 매각하는 행위는 제외된다.
  ㉡ 매매가 아니라고 본 경우 : 당사자의 일방이 상대방의 주문에 따라 자기소유의 재료를 사용하여 만든 물건을 공급할 것을 약정하고 이에 대하여 상대방이 대가를 지급하기로 약정하는 이른바 제작물공급계약은 그 제작의 측면에서는 도급의 성질이 있고 공급의 측면에서는 매매의 성질이 있어 이러한 계약은 대체로 매매와 도급의 성질을 함께 가지고 있는 것으로서 그 적용 법률은 계약에 의하여 제작 공급하여야 할 물건이 대체물인 경우에는 매매로 보아서 매매에 관한 규정이 적용된다고 할 것이나 물건이 특정 주문자의 수요를 만족시키기 위한 부대체물인 경우에는 당해 물건의 공급과 함께 그 제작이 계약의 주목적이 되어 도급의 성질을 강하게 띠고 있다 할 것이므로 이 경우에는 매매에 관한 규정이 당연히 적용된다고 할 수 없다(대판 1987.7.21., 86다카2446).
② 중개에 관한 행위 : 타인 간의 법률행위의 중개를 인수하는 행위로 중개인(상법 제93조), 중개대리상(상법 제87조), 민사중개인의 행위가 있다.
③ 위탁매매 기타의 주선에 관한 행위 : 자기의 명의로써 타인의 계산으로 법률행위를 하는 것을 인수하는 행위를 말한다. 위탁매매인(상법 제101조), 운송주선인(상법 제114조), 준위탁매매인(상법 제113조) 등을 들 수 있다.
④ 광물 또는 토석의 채취에 관한 행위 : 광물 등의 채취에 관한 행위가 아니라 채취한 것을 판매하는 행위를 말한다.

(2) 준(準)상행위(상법 제66조)

본장의 규정은 제5조의 규정에 의한 상인의 행위에 준용한다(상법 제66조). 준상행위란 의제상인(설비상인 또는 민사회사)이 영업으로 하는 상행위를 말한다. 예컨대 설비상인의 요건을 갖춘 농장주가 생산한 농산물을 판매하는 행위 등이 이에 해당한다. 준상행위도 설비상인이 영업으로 하여야 상행위가 되기 때문에 영업적 상행위이다.

(3) 보조적 상행위(상법 제47조)

① 상인이 영업을 위하여 하는 행위는 상행위로 본다.
② 상인의 행위는 영업을 위하여 하는 것으로 추정한다.
  ㉠ 의의 : 기본적 상행위와 준상행위는 상인이 영업으로 하는 행위를 말하며, 보조적 상행위는 기본적 상행위 또는 준상행위의 수행을 위한 직접적 또는 간접적인 필요에서 하는 행위이다.
  ㉡ 범위 : 보조적 상행위는 영업을 위하여 하는 행위인데, 영업을 위하여 하는 행위인지 여부는 행위의 객관적 성질에 의하여 판단한다. 따라서 예컨대 영업자금의 차입, 상업사용인의 고용, 사무소의 구입 또는 임차 등이 이에 해당한다.

ⓒ 추정 : 개인상인의 경우 상인의 행위를 영업을 위하여 하는 것으로 추정한다(상법 제47조 제2항). 그러므로 상인의 영업에 관한 행위가 아님을 주장하려면 이를 부정하는 측에서 반증을 들어 입증하여야 한다.

> **보조적 상행위(상법 제47조)**
> [1] Y가 A산업사라는 상호로 사업자등록을 하고 단추, 버클 등의 제조 및 판매를 주로 하는 사업을 개시한 이래 X로부터 금원을 차용할 당시에도 이를 계속하고 있던 상인으로서, X로부터 금원을 차용하면서 X에게 위 상호 및 그 업종과 사무실 및 공장의 소재지가 인쇄된 명함을 교부해 주었고, 또한 약속어음의 Y의 배서부분에 기명날인을 함에 있어 Y의 표시를 'A산업사 대표 Y'라고 기재하여 주었다면, Y의 위 금전차용행위는 특별한 사정이 없는 한 상인인 Y가 그의 영업을 위하여 한 것으로 추정된다고 보아야 한다(대판 1993.10.26., 92다55008).
> [2] 대한석탄공사는 상사회사는 아니라 하여도 광물채취에 관한 행위를 영업으로 하는 상인의 성질을 띤 법인이라 할 것이며, 위 공사가 피용자들과 체결한 근로계약은 그의 영업을 위한 보조적 상행위이므로 그 보조적 상행위에 따른 퇴직금채무는 상사채무이다(대판 1976.6.22., 76다28).

03 특 칙

1 서 설

상거래는 민법상의 거래와는 달리 영리의 추구를 본질로 하면서 일반적으로 불특정 다수인을 상대로 계속적·반복적으로 이루어지는 특징(유상성·신속성·정형성·임의규정성)이 있다. 따라서 상행위법은 민법의 일반규정을 보충하거나 변경하여 상행위에 부합하는 특칙을 두고 있다.

2 민법총칙에 대한 특칙 ☑ 기출

(1) 대리(代理)

> • 상법 제48조(대리의 방식)
> 상행위의 대리인이 본인을 위한 것임을 표시하지 아니하여도 그 행위는 본인에 대하여 효력이 있다. 그러나 상대방이 본인을 위한 것임을 알지 못한 때에는 대리인에 대하여도 이행의 청구를 할 수 있다.
> • 상법 제49조(위임)
> 상행위의 위임을 받은 자는 위임의 본지에 반하지 아니한 범위 내에서 위임을 받지 아니한 행위를 할 수 있다.
> • 상법 제50조(대리권의 존속)
> 상인이 그 영업에 관하여 수여한 대리권은 본인의 사망으로 인하여 소멸하지 아니한다.

① 대리방식(비현명주의)
상행위를 대리함에 있어 대리인은 본인과 대리인 그리고 대리관계를 표시하여야 한다. 그런데 상행위의 대리에 있어서 본인을 위한 것임을 표시하지 않은 경우에 상법은 ㉠ 상대방이 본인을 위하여 대리인으로서 한 것임을 안 경우에는 본인만이 책임을 지며, ㉡ 상대방이 본인을 위하여 대리인으로서 한 것임을 알지 못했거나 또는 알 수 있었을 경우에는(알지 못한 데 대한 과실유무를 불문한다는 의미의 표현임) 본인 및 대리인이 책임을 지는 것으로 규정하고 있다(상법 제48조). 그러나 문언성을 중시하는 어음(수표)행위에 있어서는 반드시 대리관계를 현명하여야 한다.

상행위 대리의 경우 대리관계를 현명하지 않는 경우
[1] 복덕방의 중개행위는 상행위라 할 것이므로 그의 피용자가 제삼자와 체결한 중개에 관한 계약은 '본인을 위한 것임을 표시하지 않은 경우에도' 본인에게 그 효력이 있다(대판 1964.10.20., 64다408).
[2] 회사에 지입된 차량은 대외적으로 그 소유권이나 운행관리권이 그 회사에 귀속되는 것이어서 지입차량을 지입차주가 직접 운행·관리하는 경우에도 지입차주는 운송사업자인 지입회사로부터 지입차량에 관한 운행관리권을 위임받아 운행관리상 통상업무에 속하는 행위를 대리하는 것이라고 할 것인바, 지입차주가 지입차량의 운행에 필요한 유류를 구입하는 등 지입차량의 운행관리상 통상업무에 속하는 행위를 하였다면, 그 유류공급거래를 함에 있어 지입차주에게 운송사업자를 대리하는 의사가 없었고 상대방인 유류공급업자도 위 운송사업자와 거래를 하려는 의사가 아니었다고 볼 수 있는 특별한 사정이 있어서 그 유류대금을 유류를 직접 공급받은 지입차주만이 부담하기로 하는 특약이 있었던 거래로 보아야 하는 경우를 제외하고는 지입차주의 위 거래행위는 위 운송사업자를 대리한 것이라고 보아야 할 것이다(대판 1987.9.8., 87다카1026).

② **대리권의 존속**: 민법상의 대리관계는 본인과 대리인과의 신뢰관계를 기초로 하고 있으므로 그 대리권은 본인의 사망에 의하여 소멸한다(민법 제127조 제1호). 이에 대하여 상법상의 상행위의 위임에 의한 대리권은 본인의 사망에 의하여 소멸하지 않고(상법 제50조) 상속인을 위한 대리인이 된다.
③ **상행위의 수임인의 권한**: 상행위의 위임을 받은 자는 위임의 본지에 반하지 아니한 범위 내에서 위임을 받지 아니한 행위를 할 수 있다(상법 제49조).

(2) 상사시효 ☑ 기출

> **상법 제64조(상사시효)**
> 상행위로 인한 채권은 본법에 다른 규정이 없는 때에는 5년간 행사하지 아니하면 소멸시효가 완성한다. 그러나 다른 법령에 이보다 단기의 시효의 규정이 있는 때에는 그 규정에 의한다.

① 상행위 일반 ☑ 기출

㉠ 민법상 채권의 소멸시효는 일반적으로 10년이지만(민법 제162조 제1항), 상행위로 인한 채권(상사채권)의 소멸시효기간은 원칙적으로 5년이다. 상인은 다수인을 상대로 집단적·반복적으로 거래관계를 맺으므로 법률관계를 신속히 종결시킬 필요가 있기 때문에 민사채권에 비하여 단기의 상사소멸시효를 둔 것이다.

㉡ 여기서 상행위로 인한 채권이란 상행위를 직접 원인으로 하여 발생한 채권뿐만 아니라, 그와 동일성이 있는 채권을 포함한다. 그러므로 상사채무(은행에 대한 대출금채무)의 이행지체로 인한 지연손해금, 상사채무의 불이행에 대한 손해배상청구권(대판 1997.8.26., 97다9260), 상행위인 계약의 해제로 인한 원상회복청구권도 포함된다. 또한 상행위에는 상법 제46조 각 호에 해당하는 기본적 상행위뿐만 아니라, 상인이 영업을 위하여 하는 보조적 상행위도 포함된다(대판 2005.5.27., 2005다7863).

> **상행위로 인한 채권의 범위**
> [1] 상행위인 계약의 해제로 인한 원상회복청구권도 상법 제64조의 상사시효의 대상이 된다(대판 1993.9.14., 93다21569).
> [2] 은행이 그 영업행위로서 한 대출금에 대한 변제기 이후의 지연손해금은 민법 제163조 제1호 소정의 단기소멸시효 대상인 이자채권도 아니고, 불법행위로 인한 손해배상 채권에 관한 민법 제766조 제1항 소정의 단기소멸시효의 대상도 아니고, 상행위로 인한 채권에 관하여 적용될 5년간의 소멸시효를 규정한 상법 제64조가 적용되어야 한다(대판 1979.11.13., 79다1453).
> [3] 가. 경개나 준소비대차는 모두 기존채무를 소멸케 하고 신채무를 성립시키는 계약인 점에 있어서는 동일하지만 경개에 있어서는 기존채무와 신채무와의 사이에 동일성이 없는 반면, 준소비대차에 있어서는 원칙적으로 동일성이 인정된다는 점에 차이가 있는 바, 기존채권 채무의 당사자가 그 목적물을 소비대차의 목적으로 할 것을 약정한 경우 그 약정을 경개로 볼 것인가 또는 준소비대차로 볼 것인가는 일차적으로 당사자의 의사에 의하여 결정되고 만약 당사자의 의사가 명백하지 않을 때에는 의사해석의 문제이나 특별한 사정이 없는 한 동일성을 상실함으로써 채권자가 담보를 잃고 채무자가 항변권을 잃게 되는 것과 같이 스스로 불이익을 초래하는 의사를 표시하였다고는 볼 수 없으므로 일반적으로 준소비대차로 보아야 한다.
> 나. 갑과 을이 골재채취업을 동업하다가 을이 탈퇴하고 갑이 을에게 지급할 정산금을 소비대차의 목적으로 하기로 약정한 경우 갑은 골재채취를 영업으로 하는 자이어서 상인이고, 이 준소비대차계약은 상인인 갑이 그 영업을 위하여 한 상행위로 추정함이 상당하므로(이 점은 위 약정을 경개라고 하더라도 마찬가지이다), 이에 의하여 새로이 발생한 채권은 상사채권으로서 5년의 상사시효의 적용을 받는다(대판 1989.6.27., 89다카2957).
> [4] 축산업협동조합이 양계업을 영위하는 조합원에게 사료를 판매한 행위가 조합원의 구매사업의 하나에 해당한다고 하더라도 상인인 조합원이 영업을 위하여 하는 사료의 구매에 해당하므로, 그 상거래행위는 상행위라고 보아야 할 것이고 따라서 그 외상대금채권은 상사채권이다(대판 1993.3.9., 92다44329).

② **별도의 단기소멸시효** : 소멸시효기간에 관하여 상법에 다른 규정이 있는 경우에는 그에 의하여 소멸시효기간이 정해지는데(상법 제64조 본문 참조), 기업의 특수성이나 채무의 특수성에 의하여 일반상사채무의 소멸시효기간(5년)보다 단기의 소멸시효기간을 두고 있는 경우가 있다. 즉, ㉠ 6월의 단기소멸시효기간에 해당하는 것으로서 공중접객업자의 채무(상법 제154조 제1항) 등이 있고, ㉡ 1년의 단기소멸시효에 해당하는 것에는 운송주선인의 채무(상법 제121조 제1항)·운송주선인의 채권(상법 제122조)·육상운송인의 채무(상법 제147조, 제121조 제1항)·육상운송인의 채권(상법 제147조, 제122조)·창고업자의 채무(상법 제166조 제1항)·창고업자의 채권(상법 제167조) 등이 있다.

> **위탁매매인에 대한 이득상환청구권이나 이행담보책임 이행청구권의 소멸시효**
> [1] 3년의 단기소멸시효가 적용되는 민법 제163조 제6호 소정의 '상인이 판매한 상품의 대가'란 상품의 매매로 인한 대금 그 자체의 채권만을 말하는 것으로서 상품의 공급 자체와 등가성 있는 청구권에 한한다.
> [2] 위탁자의 위탁상품 공급으로 인한 위탁매매인에 대한 이득상환청구권이나 이행담보책임 이행청구권은 위탁자의 위탁매매인에 대한 상품 공급과 서로 대가관계에 있지 아니하여 등가성이 없으므로 민법 제163조 제6호 소정의 '상인이 판매한 상품의 대가'에 해당하지 아니하여 3년의 단기소멸시효의 대상이 아니고, 한편 위탁매매는 상법상 전형적인 상행위이며 위탁매매인은 당연한 상인이고 위탁자도 통상 상인일 것이므로 위탁자는 위탁매매인에 대한 매매위탁으로 인한 위의 채권은 다른 특별한 사정이 없는 한 통상 상행위로 인하여 발생한 채권이어서 상법 제64조 소정의 5년의 상사소멸시효대상이 된다(대판 1996.1.23., 95다39854).

3 물권편에 대한 특칙

(1) 상사유치권

① **일반상사유치권** ☑ 기출

㉠ 상인 간의 상행위로 인한 채권이 변제기에 있는 경우에는 ㉡ 채권자가 변제를 받을 때까지 그 채무자에 대한 상행위로 인하여(점유취득원인이 상행위) 그가 점유하고 있는 ㉢ 채무자소유의 물건 또는 유가증권을 유치할 수 있다(상법 제58조). ㉣ 당사자 간에 배제특약이 없어야 한다. 민사유치권과 달리 견련관계를 요하지 않고, 상사유치권의 성립요건을 완화하여 인정한 것은 영업활동에 있어서 신용을 보호하여 상사채권의 물적 담보를 강화하기 위한 것이다.

② **특별상사유치권**

상법은 제58조의 일반적인 상사유치권 외에 몇 가지 업종에 대해 특수한 상사유치권을 인정하고 있다. 즉, ㉠ 대리상(상법 제91조)·위탁매매인(상법 제111조), ㉡ 운송주선인(상법 제120조)·운송인(상법 제147조)·해상운송인(상법 제807조 제2항)에 대해 각 종류별 영업에서 발생하는 채권을 피담보채권으로 하는 유치권을 인정하고 있다.

(2) 유질계약의 허용 ☑ 기출

민법 제339조의 규정은 상행위로 인하여 생긴 채권을 담보하기 위하여 설정한 질권에는 적용하지 아니한다(상법 제59조). 상거래의 당사자는 서로 대등한 자이므로 채무자를 특별히 보호할 필요가 없다는 취지에서 허용하고 있다.

4 채권편에 대한 특칙

(1) 계약의 성립
① 대화자 간의 계약의 성립시기

대화자 간의 계약의 성립시기에 관하여 민법상으로는 도달주의의 일반원칙(민법 제111조 제1항)에 따라 승낙의 의사표시가 도달한 때에 계약이 성립하는 것으로 해석한다. 이에 대하여 상법은 특칙으로서 '대화자 간의 계약의 청약은 상대방이 즉시 승낙하지 아니한 때에는 그 효력을 잃는다(상법 제51조)'고 하여 청약과 동시에 하는 승낙에 의하여 계약이 성립함을 규정하고 있다.

② 격지자 간의 청약의 구속력(상법 제52조 삭제)

㉠ 과거 격지자 간 계약의 청약에서 승낙기간이 없는 경우에는 상법 제52조에 따라 발신주의가 적용되고, 승낙기간이 있는 경우에는 민법 제528조에 따라 도달주의가 적용되는 문제가 있었다.

㉡ 이러한 문제를 해결하고자 2010년 5월 14일 상법 제52조를 삭제하여 격지자 간의 청약에 승낙기간이 있는 경우와 없는 경우 모두 민법상 도달주의가 적용되도록 하여 청약의 효력발생 시기를 동일하게 하였다.

(2) 청약수령자의 낙부통지의무 및 물건보관의무
① 낙부통지의무 : 상인이 상시 거래관계에 있는 자로부터 그 영업부류에 속한 계약의 청약을 받은 때에는 지체 없이 낙부의 통지를 발송하여야 한다. 이를 해태한 때에는 승낙한 것으로 본다(상법 제53조).

> **낙부통지의무의 인정 여부**
> 청약이 상시거래관계에 있는 자 사이에 그 영업부류에 속한 계약에 관하여 이루어진 것이어서 상법 제53조가 적용될 수 있는 경우가 아니라면, 청약의 상대방에게 청약을 받아들일 것인지 여부에 관하여 회답할 의무가 있는 것은 아니므로, 청약자가 미리 정한 기간 내에 이의를 하지 아니하면 승낙한 것으로 간주한다는 뜻을 청약 시 표시하였다고 하더라도 이는 상대방을 구속하지 아니하고 그 기간은 경우에 따라 단지 승낙기간을 정하는 의미를 가질 수 있을 뿐이다(대판 1999.1.29., 98다48903).

② 물건보관의무 ☑ 기출

㉠ 상인이 그 영업부류에 속한 계약의 청약을 받은 경우에 견품 기타의 물건을 받은 때에는 그 청약을 거절할 때에도 청약자의 비용으로 그 물건을 보관하여야 한다. 그러나 그 물건의 가액이 보관의 비용을 상환하기에 부족하거나 보관으로 인하여 손해를 받을 염려가 있는 때에는 그러하지 아니하다(상법 제60조).

㉡ 청약을 받은 자는 상인이며 청약자는 상인일 필요는 없다.

ⓒ 물건의 보관비용은 청약자의 비용으로 하나 물건가액이 보관비용보다 적거나 또는 보관으로 인한 손해받을 염려가 있는 경우 물건보관의무가 없다(상법 제60조).

> **물건보관인의 장소의 사용이익 상당의 손해배상청구를 부인한 판례**
> 상법 제60조는 상거래에 있어 청약을 받은 상인에게 일정한 범위 내에서 청약과 동시에 송부받은 견품 등 물건에 관하여 그 청약을 거절하는 경우라도 이를 반송할 때까지 보관의무를 지움과 아울러 그 보관에 따르는 비용의 상환을 구할 수 있음을 정한 규정으로서 그 송부받은 물건의 현상이나 가치를 반송할 때까지 계속 유지, 보존하는 데 드는 보관비용의 상환에 관한 규정일 뿐 그 물건이 보관된 장소의 사용이익 상당의 손해의 배상에 관한 규정은 아니다(대판 1996.7.12., 95다41161).

(3) 상사법정이율 ☑기출

민사채권의 법정이율은 연 5푼이나 상행위로 인한 채무의 법정이율은 연 6푼이다(상법 제54조). 여기에서의 상행위란 보조적 상행위도 포함한다. 판례는 대한석탄공사가 석탄채취에 관한 영업을 위하여 체결한 근로계약은 보조적 상행위로 볼 것이므로 임금채무에 관하여는 상사법정이율인 연 6푼의 비율에 의한 지연손해금을 지급하여야 한다고 판시하고 있다(대판 1977.4.12., 76다1124).

> **상사법정이율**
> [1] X가 상행위를 목적으로 하는 주식회사이고 Y 또한 염장미역을 수집·가공하여 수출하는 상인으로서 다만 그 물품에 대한 수출대행만을 X회사에 의뢰하고 X회사가 그 전도자금 등으로 금원을 선급한 경우, X와 Y 간의 위 거래관계는 상행위라 할 것이고 따라서 X회사의 Y에 대한 채권은 상행위로 인하여 생긴 채권이므로, 위 X의 주장과 같이 약정이자에 관하여 이를 인정하지 않는다 하더라도 위 채권에 대하여는 민사법정이율에 의할 것이 아니라 상법 소정의 연 6푼의 비율에 의한 이자의 지급을 명하여야 한다(대판 1986.9.9., 84다464).
> [2] 상법 제54조의 상사법정이율은 상행위로 인한 채무나 이와 동일성을 가진 채무에 관하여 적용되는 것이고 상행위가 아닌 불법행위로 인한 손해배상채무에는 적용되지 아니한다(대판 1985.5.28., 84다카966).

(4) 채무의 연대성 ☑기출

① **연대채무**: 민법에서는 채무자가 수인인 경우에는 분할채무가 원칙이나, 상법에서는 수인이 그 1인 또는 전원에게 상행위가 되는 행위로 인하여 채무를 부담한 때에는 연대하여 변제할 책임이 있다(상법 제57조 제1항). 상거래상의 채무의 이행을 확실하게 하여 거래의 안전을 보호하기 위한 것이다.

> **상법 제57조 제1항(연대채무의 특칙)**
> [1] Y, A 및 C는 '보광쇼핑센타'라는 상가건물의 건축 및 그 점포분양 등 사업 등을 공동으로 경영하기로 합의하고 Y가 그 동업의 대표자로 선정되어 X에게 상가건물 내의 점포를 분양매도하고 X로부터 그 대금의 일부를 수령하였으나 그 후 분양계약을 합의해제하면서 위 동업조합이 원상회복채무를 부담하는 경우에는 위 원상회복채무(수령한 대금 일부의 반환채무)는 위 동업조합의 채무로서 그 조합원 전원을 위하여 상행위가 되는 행위로 인하여 부담하게 된 경우에 해당하므로 Y는 그 개인적 책임에 기하여 다른 조합원과 연대하여 이를 변제할 책임이 있다(대판 1991.11.22., 91다30705).
> [2] 피고들이 양말제조업을 공동으로 경영하며 원고로부터 계속적으로 원사구입을 하여 왔을 경우에 현재까지 지급하지 못한 외상대금이 남아 있다면 이는 피고들의 기본적 상행위로 인하여 부담하게 된 것이므로 피고들은 연대하여 원고에 대하여 이 채무를 변제할 책임이 있는 것이다(대판 1966.11.29., 66다1741).

② 보증채무
　㉠ 상법에서는 보증인이 있는 경우에 그 보증이 상행위이거나(은행이 지급보증을 하는 경우) 주채무가 상행위로 인한 것인 때(상인이 영업자금을 차용하는 경우)에는, 보증인이 연대보증을 한다는 의사표시를 하지 않은 경우에도 그 보증은 연대보증이 된다(상법 제57조 제2항 참조). 상거래상의 채무의 이행을 확실하게 하여 거래의 안전을 보호하기 위한 것이다.
　㉡ 그러나 판례는 구 상법 제511조 제2항에 보증이 상행위라 함은 보증이 보증인에 있어서 상행위인 경우뿐 아니라 채권자에 있어서 상행위성을 가진 경우를 포함한다고 보고 있다(대판 1959.8.27., 4291민상407).
　㉢ 상법상 보증채무는 주채무자와 보증인 간 또는 보증인 상호 간 연대관계가 성립되어 보충성이 배제되어 '최고 및 검색의 항변권이 없으며 보증인 상호 간에도 분별의 이익'이 없다.

> **채권자에게만 상행위가 되는 보증의 연대성**
> 보증이 상행위라 함은 보증이 보증인에 있어서 상행위인 경우뿐만 아니라 채권자에 있어서 상행위성을 가진 경우를 포함한다(대판 1959.8.27., 4291민상407).

> **연대보증의 특칙**
> 회사가 금원을 차용함에 있어 동 회사의 상무가 차용증에 갈음하는 회사명의의 수표에 배서한 경우에는 상무는 원인채무인 차용금에 대하여 보증을 하였다고 할 것이고, 이 보증채무는 주채무가 상행위로 인한 것인 만큼 연대보증채무이다(대판 1975.3.11., 75다123).

> **보증인 간의 구상권**
> [1] 수인의 보증인이 각자 채무자와 연대하여 채무를 부담하는 경우에 있어서는 보증인 상호 간에 연대의 특약이 없는 경우에도 채권자에 대하여 분별의 이익이 없는 것이므로 각자 채무전액 또는 각자가 약정한 보증한도액 전액을 변제할 책임이 있는 것이라 하겠으나 보증인 상호 간의 내부관계에 있어서는 일정한 부담부분이 있고 일정한 분할액에 한정하여 보증인의 지위에 놓이게 된다.
> [2] 위의 경우 연대보증인 중의 한 사람이 채무를 변제하고 다른 연대보증인에게 구상권을 행사하려면 자기의 부담부분을 초과하여 변제를 하여 공동의 면책을 얻은 경우라야 가능한 것이므로 다른 보증인 중 이미 자기의 부담부분을 변제한 사람에 대해서는 구상을 할 수 없다(대판 1988.10.25., 86다카1729).

③ **강행규정성 여부** : 그러나 위 규정들이 강제규정은 아니다. 그러므로 당사자들은 위 규정과 다른 약정을 할 수 있다.

(5) 법정이자청구권(상법 제55조)
① 상인이 그 영업에 관하여 금전을 대여한 경우에는 법정이자를 청구할 수 있다(상법 제55조 제1항). 이는 상인의 영리성을 보장하기 위하여 인정된 것이다.
② 상인이 그 영업범위 내에서 타인을 위하여 금전을 체당(替當)하였을 때에는 체당한 날 이후의 법정이자를 청구할 수 있다(상법 제55조 제2항). 체당하는 행위 그 자체는 상인이 타인을 위하여 하는 행위이므로 이에 대하여 상인은 다시 보수청구권이 있다(상법 제61조).

(6) 보수청구권

민법상 수임인과 수치인에 대하여는 특별한 약정이 없으면 보수청구권이 인정되지 않으나, 상법은 상인이 그 영업범위 내에서 타인을 위하여 행위를 한 때에는 이에 대하여 상당한 보수를 청구할 수 있다고 규정하여(상법 제61조), 특약이 없는 경우에도 상인의 보수청구권을 인정하고 있다.

> **상인의 보수청구권**
> [1] X(복덕방업)는 상법 제46조 제11호와 같은 법 제4조에 의하여 상인임이 명백하고, 상인인 X가 그 영업범위 내에서 타인을 위하여 행위를 한 이상 X는 특별한 약정이 없다 하여도 상법 제61조에 의하여 Y에게 대하여 상당한 보수를 청구할 수 있다(대판 1968.7.24., 68다955).
> [2] 부동산매매에 있어서 매수인 측 소개인이 소개료는 매수인으로부터 받기로 하여 그 액을 약정하지 아니한 경우에는 법원은 제반사정을 참작하여 그 소개료 액을 정할 수 있고 그 액수를 정함에 있어서는 반드시 감정에 의하여서만 정할 수 있는 것이 아니다(대판 1976.6.8., 76다766).
> [3] 부동산소개업자라도 부동산매매중개에 있어서 계약당사자의 일방인 피고의 이익을 위하여 행위한 사실이 인정되지 않는 이상 그 당사자에 대하여는 보수청구권이 없다(대판 1977.11.22., 77다1889).

(7) 무상수치인의 주의의무

상인이 그 영업범위 내에서 물건의 임치를 받은 경우에는 보수를 받지 아니하는 때에도 선량한 관리자의 주의를 하여야 한다(상법 제62조). 상법에 있어서는 민법상의 무상수치인의 주의의무보다 그 주의의무를 가중하고 있다(민법 제695조 참조).

> **임치를 받은 상인의 책임**
> [1] 갑이 을과의 임치계약에 의하여 건고추를 창고업자인 병 소유의 냉동창고 중 을이 임차한 부분에 운반, 적치하고 그 입고 시에 병은 갑이 제시한 서류만을 근거로 하여 그 서류에 기재된 입고량에 따른 인수증을 갑에게 발행하였다면 갑과 을 간의 위 임치계약은 위 창고부분의 소유자이자 임대인인 병이 가동하는 냉동시설의 가동에 의하여 그 계약목적을 달성하려는 것이 당연 전제되어 있다고 보이는 데다 창고업자인 병이 그 영업범위 내에서 위 건고추의 입고와 보관에 관여한 점 등에 비추어, 병은 위 물품인수증을 갑에게 발행함으로써 갑에 대한 관계에서는 적어도 위 건고추에 대한 무상수치인의 지위에서 선량한 관리자로서 주의의무를 진다(대판 1994.4.26., 93다62539·62546).
> [2] 수치인이 적법하게 임치계약을 해지하고 임치인에게 임치물의 회수를 최고하였음에도 불구하고 임치인의 수령지체로 반환하지 못하고 있는 사이에 임치물이 멸실 또는 훼손된 경우에는 수치인에게 고의 또는 중대한 과실이 없는 한 채무불이행으로 인한 손해배상책임이 없다(대판 1983.11.8., 83다카1476).

(8) 채무의 이행장소(상법 제56조) ☑ 기출

① 상행위로 인한 채무의 이행은 그 채무의 성질 또는 당사자의 의사표시로 변제장소를 정하지 않은 때에는 특정물의 인도는 채권성립 당시에 그 물건이 있었던 장소에서 하여야 한다(민법 제467조 제1항). 특정물 이외의 영업에 관한 채무는 채권자의 현 영업소에서 이행하여야 한다(지참채무원칙, 민법 제467조 제2항 참조).

② 다만, 채권자의 지점에서의 거래로 인한 채무이행의 장소가 그 행위의 성질 또는 당사자의 의사표시에 의하여 특정되지 아니한 경우 특정물 인도 외의 채무이행은 그 지점을 이행장소로 본다(상법 제56조).

[민법의 법률행위에 대한 상행위의 특칙]

	상행위의 특칙			민 법	상 법
민법총칙편의 특칙	대 리	방 식		현명주의(민법 제115조)	비현명주의(상법 제48조)
		본인의 사망과 대리권		소멸(민법 제127조)	상인이 그 영업에 관하여 수여한 대리권은 존속(상법 제50조)
	위 임			민법 제680조	상법 제49조
	소멸시효기간			10년(민법 제162조 제1항)	원칙적으로 5년(상법 제64조)
물권편의 특칙	상사유치권(효과의 차이는 없으며 요건상의 차이)			민법 제320조 이하	상인 간 쌍방적 상행위에 적용 (상법 제58조)
	상사질권(유질계약)			금지(민법 제339조)	허용(상법 제59조)
채권총칙편의 특칙	법정이율			연 5푼(민법 제379조)	연 6푼(상법 제54조)
	수인의 채무자			분할채무(민법 제408조)	연대채무(상법 제57조 제1항)
	보 증			단순보증(민법 제437조)	보증이 상행위거나 주채무가 상행위인 경우에는 연대보증(상법 제57조 제2항)
	상사채무의 이행			민법 제467조, 제516조	상법 제56조, 제63조
채권각칙편의 특칙	상사계약	성립시기	대화자	-	즉시 승낙(상법 제51조)
			격지자 승낙기간을 정한 경우	-	-
			격지자 승낙기간을 정하지 않은 경우	-	-
		청약을 받은 자의 의무		-	낙부통지의무(상법 제53조), 물건보관의무(상법 제60조)
	상사매매 (1) 당사자 쌍방이 모두 상인 (2) 쌍방에게 상행위	매도인의 공탁권 매도인의 경매권		-	법원의 허가 불요
		확정기매매의 해제		해제권만 발생 (민법 제543조 이하)	해제의제(상법 제68조)
		매수인의 검사 · 통지의무		담보책임 (민법 제574조, 제580조 내지 582조)	지체 없이 검사하고 즉시 통지해야 함. 즉시 발견할 수 없는 하자도 6월 내 검사 통지 않으면 권리 소멸(상법 제69조)
		매수인의 보관 · 공탁 · 경매의무		-	경매 시 법원의 허가 필요
	소비대차의 이자			무이자가 원칙 (민법 제598조, 제600조, 제601조)	이자가 원칙(상법 제55조 제1항)
	보수청구권			약정이 있는 경우에만 (민법 제686조)	당연히 인정(상법 제61조)
	체당금의 이자			부정(민법 제739조)	인정(상법 제55조 제2항)
	상사임치(무상임치)			자기재산과 동일한 주의 (민법 제695조)	선량한 관리자의 주의(상법 제62조)

CHAPTER 07 OX 마무리

PART 2 채권일반

01 상행위법은 당사자의 쌍방에게 상행위가 되는 쌍방적 상행위뿐만 아니라 당사자 중 일방에게만 상행위가 되는 일방적 상행위의 경우에도 당사자 전원에 대하여 상행위법이 적용된다(상법 제3조).

01 상행위로 인하여 생긴 채권을 상사채권이라 하며, 이때 상인 간의 거래는 물론, 어느 일방이 상인이어도 상사채권이 된다. O X

02 민법에서는 채무자가 수인인 경우에는 분할채무가 원칙이나, 상법에서는 수인이 그 1인 또는 전원에게 상행위가 되는 행위로 인하여 채무를 부담한 때에는 연대하여 변제할 책임이 있다(상법 제57조 제1항). 상거래상의 채무의 이행을 확실하게 하여 거래의 안전을 보호하기 위한 것이다.

02 수인의 상인이 상행위로 인하여 하나의 채무를 부담하는 경우에 각 개별채무자는 분별의 이익을 주장, 각자 균등한 비율로 보증채무를 부담한다. O X

03 민사법정이자율은 5%(민법 제379조)이나 상사법정이율은 6%(상법 제54조)이다.

03 상사법정이율은 6%, 민사법정이자율은 5%이다. O X

정답 01 O 02 × 03 O

04 상행위로 인한 채권의 소멸시효기간은 원칙적으로 10년이다. O X

04 민법상 채권의 소멸시효는 일반적으로 10년이지만(민법 제162조 제1항), 상행위로 인한 채권(상사채권)의 소멸시효기간은 원칙적으로 5년이다(상법 제64조).

05 상법에서는 상인 간의 유치권 이른바 상사유치권을 인정하고 있다. O X

05 ① 상인 간의 상행위로 인한 채권이 변제기에 있는 경우에는 ② 채권자가 변제를 받을 때까지 그 채무자에 대한 상행위로 인하여(점유취득원인이 상행위) 그가 점유하고 있는 ③ 채무자소유의 물건 또는 유가증권을 유치할 수 있다(상법 제58조).

06 상행위채무는 원칙적으로 추심채무이다. O X

06 상사채권의 이행은 원칙적으로 지참채무이다.

07 상행위채무는 그 이행시기가 법령 또는 관습에 의하여 영업시간이 정해져 있는 때에는 그 시간 내에 하여야 한다. O X

07 법령 또는 관습에 의하여 영업시간이 정하여져 있는 때에는 채무의 이행 또는 이행의 청구는 그 시간 내에 하여야 한다(상법 제63조).

정답 04 × 05 ○ 06 × 07 ○

PART 02 적중예상문제

CHAPTER 01 총설

01 채권의 의의에 관한 다음 기술 중 타당하지 않은 것은?

① 채권은 특정인에 대한 행위를 목적으로 하는 대인권이다.
② 채권은 물권과 더불어 재산권이다.
③ 채권은 주로 계약에 의하여 생길 뿐만 아니라 사무관리, 불법행위, 부당이득 등 기타의 법률관계에 의해서도 생긴다.
④ 채권은 배타성이 없으므로 채권자 평등의 원칙이 적용된다.
⑤ 채권은 물건에 대한 지배를 그 내용으로 한다.

해설

[채권과 물권의 구별]

구 분	채 권	물 권
권리의 대상	특정인의 행위(대인권)	특정된 물건(대물권)
권리의 작용, 효력	청구권(사람에 대한 행위청구권)	지배권(물건에 대한 지배)
의무자의 범위	상대적(이설 있음)	절대적
배타성	× (채권자 평등의 원칙)	○ (채권에 대한 우선적 효력)
양도성(처분성)	원칙적으로 인정되나 제한 가능	당연히 인정(원칙적으로 제한 불가)
불가침성	인정함이 다수설	당연히 인정

01 ⑤ 정답

02 채권법의 특질에 관한 다음 설명 중 틀린 것은?

① 물권이 물건에 대한 권리인 데 비해, 채권은 사람에 대한 권리로 구성되어 있다.
② 물권에는 배타성이 있으나 채권에는 원칙적으로 배타성이 없다.
③ 물권법이나 가족법이 지방적 색채나 민족적 특색을 갖는 데 비해, 채권법은 국제적 보편적인 성질을 갖는다.
④ 채권은 절대권이나 물권은 상대권이다.
⑤ 물권법은 대부분 강행법규의 성질을 가지나, 채권법의 규정은 원칙적으로 임의법규로서의 성질을 갖는다.

해설
④ 채권은 채무자인 특정인에 대한 급부를 청구할 수 있는 권리라는 점에서 상대권 또는 대인권이라고도 한다.
① 채권은 채무자의 행위를 목적으로 하며, 채무자인 특정인에 대한 권리이다.
② 채권에는 배타성이 없고, 같은 내용을 가진 채권이 동시에 둘 이상 병존할 수 있으며, 이들 사이에는 우열의 차이가 없다.
③ 물권법이나 가족법이 지방적 색채나 민족적 특색을 갖는 반면, 채권법은 거래법으로써 국제적 보편적 성질을 갖는다.
⑤ 채권관계는 두 당사자 사이의 관계이고 따라서 당사자의 의사에 맡기더라도 제삼자의 이익을 해할 위험이 적기 때문에 채권법의 규정은 임의법규로서의 성질을 가진다.

03 다음은 채권의 본질에 관한 설명이다. 틀린 것은?

① 채권은 청구권이며 상대권이다.
② 채권은 채권자와 채무자 사이의 법률관계에서, 채권자는 채무자에 대해서만 급부를 요구할 수 있게 될 뿐이다.
③ 채권은 특정 채무자의 행위를 요구할 수 있으나, 그 이행이 없을 때에는 그 청구 내용을 강제적으로 실현할 수는 없다.
④ 채권은 그 성립의 순서에 따라 배타적 지위를 가지지 못하므로 채권자 평등의 원칙이 적용된다.
⑤ 채권은 당사자 사이의 계약에 따라 발생하기도 하지만, 계약에 의하지 않더라도 특정행위가 있을 때에는 법률상 당연히 발생하기도 한다.

해설
채권은 특정 채무자의 행위를 요구할 수 있으며, 그 이행이 없을 때에는 그 청구 내용을 강제적으로 실현할 수도 있다.

정답 02 ④ 03 ③

04. 채권의 법률적 성질에 관한 다음 설명 중 틀린 것은?

① 채권은 원칙적으로 당사자 사이에서만 주장할 수 있는 권리이다.
② 채권은 상대권으로 제삼자에 대한 관계에서 불가침성이 없다.
③ 채권은 원칙적으로 양도할 수 있다.
④ 동일한 내용의 급부를 목적으로 한 채권도 둘 이상 성립할 수 있다.
⑤ 채권은 그 성립의 순서에 따라 배타적 지위를 가지지 못하므로 채권자 평등의 원칙이 적용된다.

해설
② 상대권인 채권에서도 그 내용에 따라서는 제삼자에 의해 그 목적의 실현이 방해되는 때가 있으며 이를 '제삼자에 의한 채권침해'라 한다. 채권도 제삼자에 의해 침해될 수 있다는 것과 이 경우 불법행위(민법 제750조)가 성립할 수 있다는 점에 대해서는 학설은 일치하고 있다.
③ 채권은 재산권으로서 원칙적으로 양도성을 가진다. 그런데 채권은 상대권으로서 특정의 채무자에 대한 관계를 전제로 하므로, 그 대인관계에 변화를 가져오는 채권의 경우에는 그 양도가 제한되는 수가 있다(민법 제629조 제1항 등).

05. 채권에 관한 다음 설명 중 가장 적절한 것은?

① 물권은 절대권이고 채권은 상대권이다.
② 채권에는 배타성이 있으나 물권에는 배타성이 없다.
③ 물권은 임의법규성이 강하나 채권은 강행법규성이 강하다.
④ 채권은 당사자 사이의 계약에 의해서만 성립한다.
⑤ 금전으로 가액을 산정할 수 없는 것은 채권의 목적으로 할 수 없다.

해설
② 채권에는 배타성이 없으나 물권에는 배타성이 있다.
③ 물권법은 물권법정주의에 따라 강행법규성을 가지고, 채권법은 당사자 간의 채권과 채무와 관련되어 있어 임의법규성을 가진다.
④ 채권은 단독행위 혹은 계약에 의해서 성립한다.
⑤ 금전으로 가액을 산정할 수 없는 것이라도 채권의 목적으로 할 수 있다(민법 제373조).

06. 다음 중 채권관계의 발생원인의 원칙적 모습이 아닌 것은?

① 부당이득 ② 사무관리
③ 계 약 ④ 불법행위
⑤ 혼 동

해설
채권·채무가 발생하는 원인으로는 크게 두 가지가 있다. 하나는 당사자의 합의, 즉 계약에 의해 발생하는 것이고, 다른 하나는 법률에서 일정한 경우에 채권·채무의 발생을 정하는 것이다. 혼동은 채권관계의 소멸사유이다.

07 채권자 평등 원칙의 적용 여부에 관한 다음 설명 중 타당한 것은?

① 최종 3개월분의 임금채권과 다른 일반채권 사이에도 채권자 평등의 원칙이 적용된다.
② 주택임대차에 있어서 소액임차인의 보증금 전부에 관하여 채권자 평등의 원칙이 적용된다.
③ 우선변제권이 있는 채권에는 채권자 평등의 원칙이 적용되지 아니한다.
④ 채권자 중 한 사람이 채권자대위권을 행사한 경우에는 채권자 평등의 원칙이 배제된다.
⑤ 추심명령에 의해 채권을 추심한 채권자와 다른 일반채권자 사이에는 채권자 평등의 원칙이 적용되지 않는다.

[해설]
우선변제권이 인정되는 채권에는 채권자 평등의 원칙이 적용되지 않는다.

CHAPTER 02 채권의 목적

01 채권의 목적인 급부의 요건으로 다음 중 적당하지 않은 것은?

① 적법하여야 한다.
② 실현 가능하여야 한다.
③ 확정할 수 있어야 한다.
④ 금전으로 가액을 산정할 수 있어야 한다.
⑤ 사회적 타당성이 있어야 한다.

[해설]
금전으로 가액을 산정할 수 없는 것이라도 채권의 목적으로 할 수 있다(민법 제373조).

02 채권에 관한 다음 설명 중 옳지 않은 것은?

① 금전채권에 관하여는 이행불능이란 상태는 있을 수 없고, 이행지체만이 생길 뿐이다.
② 금전채무의 불이행에 있어서는 채권자는 그 손해를 증명할 필요가 없다.
③ 금전으로 가액을 산정할 수 없는 것이라도 채권의 목적으로 할 수 있다.
④ 특약이 없으면 채무불이행으로 인한 손해배상액은 법정이율에 의한다.
⑤ 금전채무의 채무자도 자신의 과실이 없는 경우에는 이행지체 책임을 면한다.

[해설]
금전채권의 채무자는 과실 없음을 항변하지 못한다(민법 제397조 제2항). 즉, 무과실 책임을 진다. 따라서 채무자는 그에게 책임 없는 사유로 금전채무의 이행을 지체한 경우에도 책임이 있으며, 손해를 배상하여야 한다.

03 금전채권에 관한 다음 설명 중 가장 적절하지 않은 것은?

① 채권액이 외국통화로 지정된 금전채권인 외화채권을 채권자가 우리나라 통화로 환산하여 청구하는 경우의 환산기준시기는 현실적으로 이행할 때가 아니고 원래의 계약에서 정하여진 이행기라는 것이 판례이다.
② 일반적으로 금전채권은 이행불능이 생기지 않는다.
③ 채무이행의 확정한 기한이 있는 경우에는 채무자는 기한이 도래한 때부터 지체책임이 있다.
④ 채무이행의 불확정 기한이 있는 경우에는 채무자는 기한이 도래함을 안 때로부터 지체책임이 있다.
⑤ 채무불이행이나 불법행위를 이유로 하는 손해배상청구권은 원칙적으로 금전채권이다.

해설

채권액이 외국통화로 지정된 금전채권인 외화채권을 채무자가 우리나라 통화로 변제함에 있어서는 민법 제378조가 그 환산시기에 관하여 외화채권에 관한 같은 법 제376조, 제377조 제2항의 "변제기"라는 표현과는 다르게 "지급할 때"라고 규정한 취지에서 새겨 볼 때 그 환산시기는 이행기가 아니라 현실로 이행하는 때, 즉 현실이행시의 외국환시세에 의하여 환산한 우리나라 통화로 변제하여야 한다고 풀이함이 상당하므로 채권자가 위와 같은 외화채권을 대용급부의 권리를 행사하여 우리나라 통화로 환산하여 청구하는 경우에도 법원이 채무자에게 그 이행을 명함에 있어서는 채무자가 현실로 이행할 때에 가장 가까운 사실심 변론종결 당시의 외국환시세를 우리나라 통화로 환산하는 기준시로 삼아야 한다(대판 전합 1991.3.12., 90다2147).

04 금전채무불이행에 의한 손해배상에 관하여 다음 설명 중 옳지 않은 것은?

① 금전채무에 대하여는 이행불능이 있을 수 없으므로, 이행지체에 의한 손해만이 인정될 뿐이다.
② 금전채무불이행의 손해배상액은 법정이율에 의하되, 법령제한을 초과하지 않는 약정이율이 있으면 그 이율에 의한다.
③ 민법 소정의 이율은 연 5푼이고, 상법 소정의 이율은 연 6푼이다.
④ 채권자는 이행지체로 인한 손해의 증명을 할 필요 없이 지연손해금을 청구할 수 있다.
⑤ 채무자는 과실 없음을 항변하여 손해배상채무를 면할 수 있다.

해설

채무자는 과실 없음을 항변하지 못한다(민법 제397조 제2항). 즉, 무과실 책임을 진다.

> **금전채권의 특칙**
> - 이행불능이 없다. 지연배상만 가능하다.
> - 채무불이행 시 무과실 책임을 부담한다.
> - 현실적인 손해의 입증이 불필요하다. 현실적인 손해가 없어도 손해배상청구가 가능하다.
> - 금전채무의 불이행으로 인한 손해배상액은 달리 특별한 사정이 없는 한 민법 소정의 법정이율인 연 5푼의 비율에 의한 금원(상사채권인 경우는 연 6푼)이라 할 것이고, 다만 그와 다른 이자율의 약정이 있거나 지연손해금율의 약정이 있는 경우에 한하여 그 별도의 약정에 따른 손해배상액을 인정할 수 있다.
> - 손해배상은 법정이자가 원칙이고, 그보다 높은 이자 약정이 있다면 그 약정이율에 따라 지연배상금을 정할 수 있다는 것이 판례이다.

05 이자제한법에 관한 다음 설명 중 틀린 것은?

① 금전대차에 관한 계약상의 최고이자율은 연 25퍼센트를 초과하지 아니하는 범위 안에서 대통령령으로 정하고, 이 최고한도를 초과하는 부분은 무효로 한다.
② 대차원금이 10만 원 미만인 대차의 이자에 관하여는 이자의 최고한도를 적용하지 않는다.
③ 선이자를 사전공제한 경우에는 그 공제액이 채무자가 실제 수령한 금액을 원본으로 하여 최고이자율에 따라 계산한 금액을 초과하는 때에는 그 초과부분은 원본에 충당한 것으로 본다.
④ 채무자가 최고이자율을 초과하는 이자를 임의로 지급한 경우에는 초과 지급된 이자 상당금액은 원본에 충당되지만, 원본이 소멸한 때에는 그 반환을 청구하지 못한다.
⑤ 다른 법률에 의하여 인가·허가·등록을 마친 금융업 및 대부업에는 이 법을 적용하지 아니한다.

해설
④ 채무자가 최고이자율을 초과하는 이자를 임의로 지급한 경우에는 초과 지급된 이자 상당금액은 원본에 충당되고, 원본이 소멸한 때에는 그 반환을 청구할 수 있다(이자제한법 제2조 제4항).
① 동법 제2조 제1항, 제3항
② 동법 제2조 제5항
③ 동법 제3조
⑤ 동법 제7조

> **기타 주요사항**
> - 간주이자 : 예금, 할인금, 수수료, 공제금, 체당금, 그 밖의 명칭에 불구하고 금전의 대차와 관련하여 채권자가 받은 것은 이를 이자로 본다(동법 제4조 제1항).
> - 복리약정제한 : 이자에 대하여 다시 이자를 지급하기로 하는 복리약정은 최고이자율을 초과하는 부분에 해당하는 금액에 대하여는 무효로 한다(동법 제5조).
> - 배상액의 감액 : 법원은 당사자가 금전을 목적으로 한 채무의 불이행에 관하여 예정한 배상액을 부당하다고 인정한 때에는 상당한 액까지 이를 감액할 수 있다(동법 제6조).

06 이자에 관한 다음 설명 중 적절하지 않은 것은?

① 이자는 금전 기타의 대체물의 사용대가로서 원본액과 사용기간에 비례하여 지급되는 금전 기타의 대체물이다.
② 대출금 연체이자의 법적 성질은 전형적인 이자에 해당한다.
③ 이자채무는 이자약정 또는 법률의 규정으로부터 발생하는 채무이다.
④ 표면금리가 동일한 예금일지라도 이자계산 방법(단리, 복리 등)이나 이자에 대한 세금의 부과 여부에 따라 실효금리가 달라질 수 있다.
⑤ 이자 있는 소비대차는 차주가 목적물의 인도를 받은 때로부터 이자를 계산하여야 한다.

해설
대출금 연체이자는 이자와 동일시되는 일이 많으나, 그 법률상의 성질은 손해배상이지 이자가 아님을 주의하여야 한다.

07 선택채권에 관한 다음 설명 중 가장 틀린 것은?

① 선택의 의사표시는 당사자의 동의가 있어야 철회할 수 있다.
② 선택의 효력은 채권 발생 시로 소급한다.
③ 특약이 없는 한 선택권은 채권자에게 있는 것으로 추정된다.
④ 제삼자도 선택권을 가지는 경우가 있다.
⑤ 선택의 의사표시에는 조건이나 기한을 붙일 수 없다.

해설
③ 채권의 목적이 수 개의 행위 중에서 선택에 좇아 확정될 경우에 다른 법률의 규정이나 당사자의 약정이 없으면 선택권은 채무자에게 있다(민법 제380조).
⑤ 선택은 수 개의 급부 중에서 하나의 급부를 선정하는 선택권자의 일방적 의사표시로서, 일종의 형성권이다. 따라서 조건이나 기한을 붙일 수 없다.

08 이자채권에 관한 다음 설명 중 가장 적절하지 않은 것은?

① 기본적 이자채권은 그 발생·소멸·처분에서 원본채권과 운명을 같이한다.
② 원본채권이 양도되면 이미 변제기에 도달한 지분적 이자채권은 당연히 함께 양도된다.
③ 이자는 금전 기타 대체물의 사용대가라는 점에서 부대체물인 토지·기계·건물 등의 사용대가인 지료·차임 등은 이자가 아니다.
④ 1년 이내의 정기로 지급하기로 한 지분적 이자채권은 3년간 행사하지 아니하면 소멸시효가 완성한다.
⑤ 이자는 이율에 의해 산정되고 여기에는 법률의 규정에 의해 정해지는 법정이율과 당사자의 약정에 의해 정해지는 약정이율이 있다.

해설
이자채권은 원본채권에 대하여 종속성을 갖고 있으나 이미 변제기에 도달한 이자채권은 원본채권과 분리하여 양도할 수 있고 원본채권과 별도로 변제할 수 있으며 시효로 인하여 소멸되기도 하는 등 어느 정도 독립성을 갖게 되는 것이므로, 원본채권이 양도된 경우 이미 변제기에 도달한 이자채권은 원본채권의 양도 당시 그 이자채권도 양도한다는 의사표시가 없는 한 당연히 양도되지는 않는다(대판 1989.3.28., 88다카12803).

09 선택채권에 관한 설명 중 틀린 것은?

① 하나의 특정된 급부가 본래의 채권의 목적이고 그것에 갈음하는 급부는 보충적인 지위에 있는 것으로 선택채권이 아니다.
② 선택채권에 있어서 선택권은 채권자와 채무자는 가질 수 있으나 제삼자는 가질 수 없다.
③ 선택에 의하여 선택채권은 반드시 특정물채권이 되는 것은 아니다.
④ 수 개의 급부 가운데서 채권이 성립할 당시부터 원시적으로 불능한 것이 있는 때에는 채권은 잔존하는 급부에 관하여 존재한다.
⑤ 채권자나 채무자가 선택하는 경우에는 그 선택은 상대방에 대한 의사표시로 한다.

해설
제삼자가 선택하는 경우에는 그 선택은 채무자 및 채권자에 대한 의사표시로 한다(민법 제383조 제1항). 즉, 제삼자도 선택권을 가질 수 있다.

CHAPTER 03~04 채무불이행·채무불이행에 대한 구제

01 채무불이행에 관한 설명 중 틀린 것은?

① 채무불이행의 요건 중 주관적 요건은 채무자에게 고의나 과실의 귀책사유가 있어야 한다는 것이다.
② 채무불이행의 요건 중 객관적 요건은 채무불이행이 위법한 것이어야 한다는 것이다.
③ 채무불이행책임을 지는 데 고의와 과실은 손해배상범위에서 차이가 있다.
④ 채무자의 법정대리인이 채무자를 위하여 이행하는 경우 법정대리인의 과실은 채무자의 고의나 과실로 본다.
⑤ 채무자가 채무의 이행을 위하여 사용하는 자(이행보조자)의 채무불이행이 있는 경우 채무자의 고의나 과실로 본다.

해설
채무불이행책임을 지는 데 있어서 고의와 과실은 동일하다.

정답 09 ② / 01 ③

02 다음 중 이행지체의 요건이 아닌 것은?

① 이행하지 않은 것이 위법할 것
② 이행기에 채무의 이행이 가능할 것
③ 채권의 성립 후에 이행이 불능으로 되었을 것
④ 이행이 늦은 것에 대하여 채무자에게 귀책사유가 있을 것
⑤ 이행기에 이행되지 않았다는 사실에 대해서는 채권자가 입증해야 한다.

해설
이행지체가 성립하기 위해서는 ㉠ 이행기가 도과할 것, ㉡ 채무의 이행이 가능할 것, ㉢ 채무자에게 귀책사유가 있을 것, ㉣ 이행하지 않은 것이 위법할 것이 필요하다. ③은 이행불능의 요건이다.

03 이행지체에 관한 다음의 설명 중 가장 부당한 것은?

① 채무이행의 확정기한이 있는 경우에 채무자는 기한이 도래한 때부터 지체책임이 있다.
② 채무이행의 불확정한 기한이 있는 경우에는 채무자는 기한이 도래함을 안 때로부터 지체책임이 있다.
③ 채무이행의 기한이 없는 경우에는 채무자는 이행청구를 받은 때로부터 지체책임이 있다.
④ 불법행위에 기한 손해배상채무의 이행기는 불법행위 발생시이다.
⑤ 기한의 정함이 없는 소비대차의 경우는 대주가 반환을 최고한 때로부터 지체책임이 있다.

해설
반환시기의 약정이 없는 때에는 대주는 상당한 기간을 정하여 반환을 최고하여야 한다(민법 제603조 제2항). 따라서 그 상당기간이 경과한 때부터 이행지체가 된다.

04 이행지체에 관한 다음 설명 중 가장 적절하지 않은 것은?

① 반환시기의 약정이 없는 소비대차는 대주가 반환을 최고한 때로부터 상당한 기간이 경과한 때부터 지체책임이 있다.
② 이행지체의 손해배상은 지연배상이 원칙이나 예외적으로 전보배상을 청구할 수 있는 경우도 있다.
③ 채무자는 자기에게 과실이 없는 경우에도 그 이행지체 중에 생긴 손해를 배상하여야 한다. 그러나 채무자가 이행기에 이행하여도 손해를 면할 수 없는 경우에는 그러하지 아니하다.
④ 쌍무계약의 동시이행관계에 있는 채무는 상대방의 이행의 제공과 관계없이 기한이 도래하면 이행지체가 된다.
⑤ 이행지체가 발생하면 채권자는 계약을 해제할 수 있다.

> **해설**
>
> 쌍무계약에서 쌍방의 채무가 동시이행관계에 있는 경우 일방의 채무의 이행기가 도래하더라도 상대방 채무의 이행제공이 있을 때까지는 그 채무를 이행하지 않아도 이행지체의 책임을 지지 않는 것이며, 이와 같은 효과는 이행지체의 책임이 없다고 주장하는 자가 반드시 동시이행의 항변권을 행사하여야만 발생하는 것은 아니므로, 동시이행관계에 있는 쌍무계약상 자기채무의 이행을 제공하는 경우 그 채무를 이행함에 있어 상대방의 행위를 필요로 할 때에는 언제든지 현실로 이행을 할 수 있는 준비를 완료하고 그 뜻을 상대방에게 통지하여 그 수령을 최고하여야만 상대방으로 하여금 이행지체에 빠지게 할 수 있는 것이다(대판 2001.7.10., 2001다3764).

05 이행지체에 관한 설명으로 옳은 것은?

① 채무자가 이행지체에 대한 책임을 지기 위해서는 반드시 채권자의 최고가 있어야 한다.
② 단순부작위의무에 대해서도 이행지체에 대한 책임이 성립한다.
③ 변제기가 지난 후의 이행이 채권자에게 아무런 이익도 되지 못하는 경우 채권자는 수령을 거절하고 전보배상을 청구할 수도 있다.
④ 채무자의 고의·과실을 불문하고 이행이 늦어지면 채무자는 책임을 부담한다는 것이 민법의 태도이다.
⑤ 불법행위에 기인한 손해배상채무에 있어서는 채무자는 최고를 받은 때로부터 지체책임을 진다.

> **해설**
>
> 채무자가 채무의 이행을 지체한 경우에 채권자가 상당한 기간을 정하여 이행을 최고하여도 그 기간 내에 이행하지 아니하거나 지체 후의 이행이 채권자에게 이익이 없는 때에는 채권자는 수령을 거절하고 이행에 갈음한 손해배상을 청구할 수 있다(민법 제395조).

06 채무자가 기한의 이익을 상실할 사유가 아닌 것은?

① 담보의 손상
② 채무자의 파산
③ 채무자의 무자력
④ 담보제공의무의 불이행
⑤ 담보의 멸실

해설

기한의 이익 상실 사유
- 채무자가 담보를 손상, 감소 또는 멸실하게 한 때(민법 제388조 제1호)
- 채무자가 담보제공의 의무를 이행하지 아니한 때(민법 제388조 제2호)
- 채무자가 파산선고를 받은 때

07 이행지체의 효과가 아닌 것은?

① 이행강제
② 전보배상
③ 위험부담의 전환
④ 지연배상
⑤ 계약의 해제

해설

③ 위험부담의 전환은 종류채권의 특정에서 문제되는 것이지 이행지체의 효과와는 관계가 없다.
①·②·④·⑤ 이행지체의 효과로서 타당한 설명이다. 그 외에 책임이 가중된다. 즉, 채무자는 이행지체 중에 자신의 과실 없이 생긴 급부불능에 대해서도 손해를 배상하여야 한다(민법 제392조 본문). 그러나 채무자가 이행기에 이행하여도, 다시 말해 급부가 채권자의 수중에 놓여진 때에도 마찬가지의 결과가 발생할 경우에는 그 급부불능에 따른 손해배상책임을 부담하지 않는다(민법 제392조 단서).

08 이행불능에 관한 다음 설명 중 맞지 않는 것은?

① 이행불능의 판단기준에 관하여 통설 및 판례는 사회의 일반적 거래관념이라고 본다.
② 이행불능을 이유로 채권자가 계약을 해제하기 위해서는 그 불능이 채무자의 귀책사유에 기한 것이어야 한다.
③ 일시적 이행지체의 경우 반드시 이행불능이라고 보지는 않는다.
④ 쌍무계약의 당사자 일방의 채무가 쌍방의 귀책사유 없이 이행불능이 된 경우에는 채권자가 그 위험을 부담한다.
⑤ 이행불능의 경우에 계약을 해제하기 위하여는 상당한 기간을 정하여 이행을 최고하지 않아도 무방하다.

해설

채무자가 위험을 부담한다(민법 제537조). 위험부담은 대가위험부담을 의미한다. 즉, 채무자가 자신의 급부의무를 면하는 대신(채권자가 급부위험부담) 채권자에 대한 반대급부청구권도 상실하게 된다(채무자가 대가위험부담).

09 이행불능에 관한 다음 설명 중 옳지 않은 것은?

① 임대인이 임차물의 소유권을 상실한 경우 그 이유만으로 임대차계약상 임대인이 임차인에게 목적물을 사용·수익케 할 의무가 이행불능이 되었다고 할 수는 없다.
② 동시이행의 관계에 있는 쌍방의 채무 중 어느 일방의 채무가 이행불능이 됨으로 인하여 발생한 손해배상채무도 여전히 타방의 채무와 동시이행의 관계에 있다.
③ 쌍무계약 당사자의 급부가 이행불능이 된 경우, 특별한 사정이 없는 한 당사자 일방이 상대방에 대하여 대상청구권을 행사할 수 없다.
④ 임차건물이 화재로 손실되어 임차인의 임차물 반환채무가 이행불능이 된 경우, 화재원인이 불명인 때에도, 임차인이 그 이행불능으로 인한 손해배상책임을 면하려면 임차건물의 보존에 관하여 선량한 관리자의 주의의무를 다하였음을 입증하여야 한다.
⑤ 매도인의 소유권이전등기의무가 이행불능이 되어 매수인이 매매계약을 해제하기 위해서는, 잔대금 지급의무가 소유권이전등기의무와 동시이행관계에 있더라도, 매수인이 이행 또는 이행의 제공을 할 필요는 없다.

해설
민법상 이행불능의 효과로서 채권자의 전보배상청구권과 계약해제권 외에 별도로 대상청구권을 규정하고 있지는 않으나 해석상 대상청구권을 부정할 이유는 없다(대판 1996.12.10., 94다43825).

10 채권의 효력에 관한 민법규정 내용의 설명 중 옳지 않은 것은?

① 채무자가 임의로 채무를 이행하지 아니한 때에는 그 채무의 성질이 강제이행을 하지 못할 것이 아닌 한 채권자는 그 강제이행을 법원에 청구할 수 있다.
② 채무자가 이행하여야 할 채무가 채무자의 일신에 전속하지 아니한 작위를 목적으로 한 때에는 채무자의 비용으로 제삼자에게 이를 하게 할 것을 법원에 청구할 수 있다.
③ 채무자가 이행하여야 할 채무가 부작위를 목적으로 한 경우에 채무자가 이에 위반한 때에는 채무자의 비용으로 그 위반한 것을 제거하고 장래에 대한 적당한 처분을 법원에 청구할 수 있다.
④ 채무자가 이행하여야 할 채무가 법률행위를 목적으로 한 때에는 채무자의 의사표시에 갈음할 재판을 청구할 수 있다.
⑤ 채무자가 임의로 채무를 이행하지 아니한 때에 채권자는 강제이행을 법원에 청구할 수 있을 뿐만 아니라 손해배상을 청구할 수도 있으나, 채권자가 채무자의 의사표시에 갈음할 재판을 청구한 경우에는 이와 별도로 손해배상의 청구를 할 수는 없다.

해설
⑤ 강제이행은 손해배상의 청구에 영향을 미치지 아니한다(민법 제389조 제4항).
① 민법 제389조 제1항
② 민법 제389조 제2항(대체집행)
③ 민법 제389조 제3항
④ 민법 제389조 제2항

정답 09 ③ 10 ⑤

11. 대체집행의 대상으로서 가장 적합한 채무는?

① 금전채무
② 건물의 철거
③ 유아의 인도
④ 부대체적 작위의무
⑤ 물건의 인도채무

해설
채무의 내용이 채무자의 일신에 전속하지 아니한 작위를 목적으로 하는 것, 즉 하는 채무로서 채무자 이외의 자가 하더라도 무방한 대체적 작위채무의 경우(예 가옥철거채무, 사죄광고게재채무 등)에는 대체집행에 의한다(민법 제389조 제2항 후단).

12. 채무불이행에 의한 손해배상청구권에 관한 다음 설명 중 가장 적절하지 않은 것은?

① 통상의 손해는 채무자가 그 사정을 알았는지 여부를 불문한다.
② 채무불이행에 의한 손해배상청구권은 본래의 채권의 확장 또는 내용의 변경이므로 본래의 채권과 동일성을 가진다.
③ 손해의 발생이나 확대에 관하여 채권자에게 과실이 있었더라도 그러한 사정은 원칙적으로 손해배상 범위의 산정에 고려되지 않는다.
④ 손해배상청구권의 시효기간은 본래의 채권의 성질에 따라 정하여진다.
⑤ 손해배상액을 예정한 때에는 실제의 손해가 이보다 크더라도 채권자는 예정된 손해배상액만을 청구할 수 있다.

해설
채무불이행에 관하여 채권자에게 과실이 있는 때에는 법원은 손해배상의 책임 및 그 금액을 정함에 이를 참작하여야 한다(민법 제396조).

정답 11 ② 12 ③

13. 우리 민법상 채무불이행으로 인한 손해배상에 관한 다음 설명 중 틀린 것은?

① 손해배상의 범위에 관하여 상당인과관계설을 취한 것으로 해석함이 통설이고 판례의 입장이다.
② 임대차목적물인 건물이 훼손된 경우 그 수리가 가능하다면 그 수리비가 통상의 손해이다.
③ 재산권 침해로 인한 정신적 손해는 특별손해이다.
④ 이행불능으로 인한 손해배상액의 산정시기는 이행불능시를 기준으로 함이 현재 판례의 입장이다.
⑤ 손해배상의 방법에 관하여 원칙적으로 원상회복주의를 취하고 그것이 불가능한 경우에 한하여 금전배상주의를 취한다.

해설
⑤ 민법은 손해배상의 방법에 관해 원칙적으로 금전배상주의를 취하고(민법 제394조), 당사자 사이에 다른 약정이 있거나 법률에 다른 규정이 있으면 원상회복 기타 방법에 의하도록 하고 있다.
① 민법 제393조 제1항은 상당인과관계의 원칙을 정한 것으로, 제2항을 절충설의 입장에서 고찰의 대상으로 삼는 사정의 범위를 규정한 것으로 해석하는 것이 통설·판례의 입장이다.
② 임대차목적물인 건물이 훼손된 경우에 그 수리가 불가능하다면 훼손 당시의 건물의 교환가치가 통상의 손해일 것이고, 수리가 가능한 경우에는 그 수리비가 통상의 손해일 것이나 그것이 건물의 교환가치를 넘는 경우에는 형평의 원칙상 그 손해액은 그 건물의 교환가치 범위 내로 제한되어야 한다(대판 1994.10.14., 94다3964).

14. 채무불이행에 관한 다음 설명 중 틀린 것은?

① 채무불이행에 관해 채무자에게 고의나 과실의 귀책사유가 있어야 채무불이행이 인정된다.
② 채무불이행이 인정되기 위한 객관적 요건은 채무불이행이 위법하여야 한다는 것이다.
③ 채무불이행에 관하여 채권자에게 과실이 있는 때에는 법원은 손해배상의 책임 및 그 금액을 정함에 있어 이를 참작한다.
④ 채무불이행의 유형은 이행지체와 이행불능의 두 유형으로 구분하는 것이 통설 및 판례의 입장이다.
⑤ 채무불이행에 대하여 채권자는 원칙적으로 그 강제이행을 법원에 청구할 수 있고 손해배상을 청구할 수 있다.

해설
채무불이행의 유형 중 불완전이행의 유형을 인정하는 견해가 있다.

15. 손해배상의 범위에 관한 다음 설명 중 가장 적절하지 않은 것은?

① 손해의 발생이나 확대에 관하여 채권자에게 과실이 있었더라도 손해배상 범위의 산정에 원칙적으로 고려되지 않는다.
② 통상의 손해는 채무자가 그 사정을 알았는지 여부를 불문한다.
③ 특별한 사정으로 생긴 손해는 채무자가 알았거나 알 수 있었을 때에 한하여 배상책임이 있다.
④ 원칙적으로 통상의 손해를 그 범위로 한다.
⑤ 당사자는 채무불이행에 관한 손해배상액을 예정할 수 있다.

해설
① 채권자에게 과실이 있는 때에는 법원은 손해배상의 책임 및 그 금액을 정함에 이를 참작하여야 한다(민법 제396조).
② 민법 제392조
③ 민법 제393조 제2항
④ 민법 제393조 제1항
⑤ 민법 제398조 제1항

CHAPTER 05 채권의 발생

01. 법률규정에 의한 채권의 발생과 성립에 관한 다음 설명 중 가장 적절한 것은?

① 경매절차에서 배당을 받아야 할 자가 배당을 받지 못하고 배당을 받지 못할 자가 배당을 받은 경우에는 배당을 받지 못한 우선채권자는 배당을 받은 자에 대하여 불법행위로 인한 손해배상청구권을 행사할 수 있다.
② 불법행위로 인한 손해배상청구권은 피해자나 그 법정대리인이 그 손해 및 가해자를 안 날로부터 2년간 행사하지 않으면 시효로 소멸한다.
③ 「민법」은 법률의 규정에 의한 채권성립의 원인으로 사무관리, 부당이득, 불법행위를 규정하고 있다.
④ 행인이 지나가던 중 길가에서 갑자기 쓰러진 사람을 위하여 병원까지 택시를 타고 응급실로 후송하고 택시비와 응급실 접수비를 지급하였다면, 이 경우 부당이득에 의한 채권이 발생한다.
⑤ 불법행위에 의한 손해배상을 청구하기 위해서는 가해자가 자신의 고의나 과실이 없음을 입증하여야 한다.

해설
③ 채권의 발생원인으로 법이 규정하는 것은 사무관리(민법 제734조)·부당이득(민법 제741조)·불법행위(민법 제750조)이다.
① 경매절차에서 배당을 받아야 할 자가 배당을 받지 못하고 배당을 받지 못할 자가 배당을 받은 경우에는 배당을 받지 못한 우선채권자는 배당을 받은 자에 대하여 부당이득으로 인한 부당이득반환청구를 할 수 있다.
② 불법행위로 인한 손해배상청구권은 피해자나 그 법정대리인이 그 손해 및 가해자를 안 날로부터 3년간 이를 행사하지 않으면 시효로 소멸한다(민법 제766조 제1항).
④ 의식 없는 중상자를 병원에 실어다 준 경우에는 사무관리가 성립한다.
⑤ 불법행위에 의한 손해배상을 청구하기 위해서는 피해자가 가해자의 고의나 과실을 입증하여야 한다.

02 부당이득에 관한 다음의 설명 중 옳지 않은 것은?

① 소멸시효가 완성된 채무를 변제한 자는 그 반환을 청구하지 못한다.
② 불법원인급여를 한 자는 부당이득반환청구권은 행사하지 못하더라도 물권적 청구권은 행사할 수 있다.
③ 채무 없음을 알고 이를 변제한 때에는 그 반환을 청구하지 못한다.
④ 장래의 부당이득도 미리 그 반환을 청구할 수 있다.
⑤ 악의의 수익자는 손해배상책임까지 부담한다.

해설
② 민법 제746조가 채권으로서의 부당이득반환청구권을 부정하는 형식으로 규정되어 있기는 하지만, 이것은 불법한 행위를 한 자가 스스로 그 행위를 주장하여 그 복구를 구할 수 없다는 이상을 표현한 것이기 때문에, '그 청구원인 내지 형식을 불문하고 실질적으로 반환청구의 결과를 가져오는 모든 것은 본조의 적용을 받는 것'으로 보았다. 그 결과 급여한 물건의 소유권은 수익자에게 귀속되는 것으로 본다(대판 전합 1979.11.13., 79다483).
① 도의관념에 적합한 비채변제(민법 제744조)
③ 민법 제742조
④ 부당이득은 현재의 부당이득뿐만 아니라, 장래의 부당이득도 그 이행기에 지급을 기대할 수 없어 미리 청구할 필요가 있으면 미리 청구할 수 있다(대판 전합 1975.4.22., 74다1184).
⑤ 악의의 수익자는 그 받은 이익에 이자를 붙여 반환하고 손해가 있으면 이를 배상하여야 한다(민법 제748조 제2항).

03 불법행위의 성립요건이 아닌 것은?

① 책임능력
② 고의 또는 과실
③ 위법성
④ 권리의 침해
⑤ 손해의 발생

해설
①·②·③·⑤ 불법행위의 일반적 성립요건은 고의 또는 과실로 인한 위법행위로 타인에게 손해를 가해야 하며, 이로 인하여 손해가 발생하여야 한다(민법 제750조). 한편 민법 제753조와 제754조는 미성년자와 심신상실자의 불법행위책임을 면제시켜 주고 있으므로, 가해자에게는 책임능력이 요구된다.

정답 02 ② 03 ④

CHAPTER 06 계약 총칙

01 다음 중 유상계약이 아닌 것은?

① 사용대차계약
② 임대차계약
③ 교환계약
④ 화해계약
⑤ 조합계약

해설
민법의 전형계약 중 매매·교환·임대차·고용·도급·현상광고·조합·화해는 유상계약이고, 증여·사용대차는 무상계약이다. 소비대차·위임·임치·종신정기금은 당사자 사이의 약정에 의하여 유·무상 모두가 가능하다.

02 청약에 대하여 상대방이 조건을 붙여서 승낙한 경우에 옳은 것은?

① 청약을 거절한 것으로 본다.
② 청약을 거절하고 새로 청약한 것으로 본다.
③ 청약을 승낙하고 다른 청약을 한 것으로 본다.
④ 교차청약을 한 것으로 본다.
⑤ 아무런 효과도 발생하지 않는다.

해설
승낙자가 청약에 대하여 조건을 붙이거나 변경을 가하여 승낙한 때에는 그 청약의 거절과 동시에 새로 청약한 것으로 본다(민법 제534조).

03 민법에 규정된 전형계약에 속하지 않는 것은?

① 증 여
② 현상광고
③ 소비대차
④ 사용대차
⑤ 부당이득

해설
민법에 의한 전형계약은 증여, 매매, 교환, 소비대차, 사용대차, 임대차, 고용, 도급, 여행계약, 현상광고, 위임, 임치, 조합, 종신정기금, 화해이다.

01 ① 02 ② 03 ⑤

04 매매계약에 대한 다음 설명 중 옳지 않은 것은?

① 계약금 지급에 관하여 명시하지 아니한 매매계약은 성립하지 않는다.
② 계약금 계약은 계약금이 현실적으로 교부되어야 성립하는 요물계약이다.
③ 매매계약에 관한 비용은 당사자 쌍방이 균분하여 부담한다.
④ 부동산 매매계약에서 계약금을 지급하고 중도금을 지급하였다면 매수인은 계약금을 포기하는 것만으로 계약을 해제할 수 없다.
⑤ 특별한 약정이나 관습이 없으면 매도인의 재산권이전의무와 매수인의 대금지급의무는 동시에 이행하여야 한다.

해설
매매는 보통 당사자 일방이 재산권을 상대방에게 이전할 것을 약정하고 상대방이 그 대금을 지급할 것을 약정함으로써 그 효력이 생기지만 계약금 지급에 관하여 명시하지 아니하여도 매매계약은 성립한다.

05 계약금에 관한 설명 중 옳지 않은 것은?

① 계약금 계약은 요물계약이다.
② 계약금 계약은 종된 계약이므로 주된 계약과 동시에 성립하여야 한다.
③ 매매계약에 있어서의 계약금은 해약금으로 추정된다.
④ 해제할 수 있는 기간은 당사자의 일방이 이행에 착수할 때까지이다.
⑤ 해약금에 의한 해제의 효력은 채권 관계를 소급적으로 소멸케 하며, 손해배상의 청구나 원상회복의 문제는 생기지 않는다.

해설
계약금 계약은 요물계약, 종된 계약이지만 시기에 제한이 없다.

06 계약의 청약에 관한 설명으로 옳은 것은?

① 청약자가 청약을 발송한 후 사망한 경우에 청약은 그 효력을 잃는다.
② 청약의 구속력은 승낙기간의 경과 후 청약자가 청약의 철회를 한 때에 소멸한다.
③ 청약의 상대방은 청약을 받아들일 것인지 여부에 대한 확답을 할 의무가 있다.
④ 자동판매기가 설치되어 있더라도 작동하는 동안만 청약이 된다.
⑤ 계약의 청약은 특정인에 대하여 행하여져야 한다.

해설

④ 자동판매기의 설치는 불특정 다수인을 상대로 한 청약이라고 해석할 수 있는데 작동이 되지 않는 경우에는 청약으로서의 효력이 인정될 수 없다.
① 청약자가 그 통지를 발송한 후 사망하거나 제한능력자가 되어도 청약의 효력에는 영향이 없다(민법 제111조 제2항).
② 승낙의 기간을 정한 계약의 청약은 청약자가 그 기간 내에 승낙의 통지를 받지 못한 때에는 그 효력을 잃는다(민법 제528조 제1항).
③ 청약의 상대방은 청약을 받은 사실로부터 법률상 아무런 의무를 부담하지 않는다. 승낙여부는 그의 자유이며, 청약에 대해 회답할 의무도 없다. 청약자가 청약을 하면서 청약에 대한 회답이 없으면 승낙한 것으로 간주하겠다고 한 경우에도, 그 회답이 없다고 하여 승낙으로 되지 않는다.
⑤ 청약은 특정인이 특정인에 대해 하는 것이 보통이다. 그러나 청약자가 누구인지 그 청약의 의사표시 속에 명시적으로 표시되어야 하는 것은 아니며, 또 불특정 다수인에 대한 청약도 유효하다.

07 임대차계약에 관한 다음 설명 중 가장 적절하지 않은 것은?

① 임대차계약은 낙성계약으로 차임을 지급하여야 하는 유상·쌍무계약이다.
② 주택임차인은 주택임대차보호법에 따라 임차권 등기를 하지 않아도 임차인이 주택의 인도와 주민등록을 마친 때에는 그 당일부터 즉시 제삼자에 대하여 대항력을 취득한다.
③ 주택임대차기간에 대하여 기간의 정함이 없거나 2년 미만으로 정한 경우에는 그 기간을 2년으로 본다. 주택임대차기간을 2년 미만으로 정한 경우 임차인은 그 기간이 유효함을 주장할 수 있다.
④ 상가건물의 임대차에 있어서 기간의 정함이 없거나 기간을 1년 미만으로 정한 때에는 그 임대차기간을 1년으로 본다. 상가건물의 임대차기간을 1년 미만으로 정한 경우 임차인은 그 기간이 유효함을 주장할 수 있다.
⑤ 임차인이 임차물의 보존에 관한 필요비를 지출한 때에는 임대인에 대하여 그 상환을 청구할 수 있다.

해설

임대차는 그 등기(登記)가 없는 경우에도 임차인(賃借人)이 주택의 인도(引渡)와 주민등록을 마친 때에는 그다음 날부터 제삼자에 대하여 효력이 생긴다. 이 경우 전입신고를 한 때에 주민등록이 된 것으로 본다(주택임대차보호법 제3조 제1항).

08 약관에 관한 다음 설명 중 가장 적절하지 않은 것은?

① 사업자는 계약체결에 있어서 고객에게 약관의 내용을 계약의 종류에 따라 일반적으로 예상되는 방법으로 명시하고 고객이 요구할 때에는 당해 약관의 사본을 고객에게 교부하여 이를 알 수 있도록 하여야 한다.
② 약관의 내용이 애매한 경우 작성자인 사업자에게 불리하게 해석해야 하고 약관의 해석은 사회평균인을 기준으로 객관적으로 하여야 한다.
③ 약관에서 정하고 있는 사항을 사업자와 고객이 약관의 내용과 다르게 합의한 경우에는 약관에서 정한 사항이 우선한다.
④ 판례와 통설에 따르면 약관의 법적 구속력의 근거는 약관을 계약에 편입하기로 한 당사자의 합의에 있다고 본다.
⑤ 고객에 대하여 부당하게 과중한 지연손해금 등의 손해배상의무를 부담시키는 조항은 무효이다.

해설
약관에서 정하고 있는 사항에 관하여 사업자와 고객이 약관의 내용과 다르게 합의한 사항이 있을 때에는 그 합의 사항은 약관보다 우선한다(약관의 규제에 관한 법률 제4조).

09 계약에 대한 다음 설명 중 옳지 않은 것은?

① 당사자 일방이 계약을 해제한 때에는 각 당사자는 그 상대방에 대하여 원상회복의 의무가 있다. 그러나 제삼자의 권리를 해하지 못한다.
② 계약의 해지 또는 해제는 손해배상의 청구에 영향을 미치지 아니한다.
③ 계약 또는 법률의 규정에 의하여 당사자의 일방이나 쌍방이 해지 또는 해제의 권리가 있는 때에는 그 해지 또는 해제는 상대방에 대한 의사표시로 한다.
④ 당사자 일방이 계약을 해지한 때에는 계약은 소급하여 그 효력을 잃는다.
⑤ 당사자의 일방 또는 쌍방이 수인인 경우에는 계약의 해제는 그 전원으로부터 또는 전원에 대하여 하여야 한다.

해설
당사자 일방이 계약을 해지한 때에는 계약은 장래에 대하여 그 효력을 잃는다(민법 제550조).

정답 08 ③ 09 ④

10 계약의 해제권에 관한 설명으로 옳지 않은 것은?

① 해제권은 계약에 의하여 또는 법률의 규정에 의하여 발생하나, 이를 행사하느냐 않느냐는 해제권자의 자유이다.
② 해제권의 행사는 상대방에 대한 의사표시로 한다.
③ 해제의 의사표시는 상대방에게 표시한 때에 효력이 발생한다.
④ 해제의 의사표시에는 조건 또는 기한을 붙일 수 없다.
⑤ 해제의 의사표시는 철회하지 못한다.

해설
해제의 의사표시는 상대방에게 도달한 때 효력이 발생한다.

11 계약의 해제에 관한 다음 설명 중 가장 옳지 않은 것은?

① 해제의 의사표시는 철회하지 못함이 원칙이다.
② 계약의 성질에 의하여 일정한 기간 내에 이행하지 아니하면 계약의 목적을 달성할 수 없을 경우에 채무자가 그 시기에 이행하지 아니한 때에는 최고를 하지 아니하고 해제할 수 있다.
③ 당사자 일방 또는 쌍방이 수인인 경우에 계약의 해제는 전원으로부터 또는 전원에 대하여 하여야 한다.
④ 최고를 하더라도 채무자의 불이행의사가 명백한 경우에는 최고를 하지 아니하고 계약을 해제할 수 있다.
⑤ 채무자가 미리 이행하지 아니할 의사를 표시한 경우라도 상대방은 상당한 기간을 정하여 이행을 최고하고 나서 해제하여야 함이 원칙이다.

해설
당사자 일방이 그 채무를 이행하지 아니하는 때에는 상대방은 상당한 기간을 정하여 그 이행을 최고하고 그 기간 내에 이행하지 아니한 때에는 계약을 해제할 수 있다. 그러나 채무자가 미리 이행하지 아니할 의사를 표시한 경우에는 최고를 요하지 아니한다(민법 제544조).

12 취소와 해제의 이동에 관한 다음 기술 중 옳지 않은 것은?

① 양자는 권리자의 일방적 의사표시에 의하여 법률행위의 효력을 소급적으로 소멸시킨다.
② 양자는 법률행위 일반에 관하여 인정되는 제도이다.
③ 양자는 모두 형성권이다.
④ 취소권의 발생 원인은 법정되어 있는 데 대하여, 해제권은 당사자의 약정 또는 법률의 규정에 의해 발생한다.
⑤ 취소의 효과는 이미 급부가 되어 있을 때에는 부당이득반환의무를 발생시키는 데 대하여, 해제의 경우는 원상회복의무와 손해배상청구권을 발생시킨다.

해설
해제는 계약에만 인정되는 제도이며, 취소는 모든 법률행위에 인정되는 제도이다.

13 다음 중 동시이행관계에 있지 아니한 경우는?

① 부동산매매에 있어서 잔금대금지급과 소유권이전등기
② 저당채무의 변제와 저당권 설정등기의 말소
③ 부동산 임대차 종료 시 임차보증금의 반환과 목적물의 반환
④ 부동산 매매계약의 해제 시 수령한 대금의 반환과 매수인 명의로 된 소유권이전등기의 말소
⑤ 금전채권의 변제와 영수증의 교부

해설
당사자 일방이 상대방보다 먼저 이행하여야 할 의무를 지는 때에는 동시이행항변권을 갖지 못한다. 저당권은 우선변제력이 있으므로, 저당채무자는 저당권에 의해 담보되는 채권을 변제하고 난 후에 근저당등기의 말소등기를 청구할 수 있다.

14 계약의 해제와 해지에 관한 다음 설명 중 가장 적절한 것은?

① 해제의 의사표시에는 원칙적으로 조건 또는 기한을 붙일 수 있다.
② 당사자의 일방 또는 쌍방이 수인인 경우에는 계약의 해제나 해지는 그 전원으로부터 또는 전원에 대하여 하여야 한다.
③ 당사자 일방이 계약을 해지한 때에는 계약은 소급하여 그 효력을 잃는다.
④ 해제권은 법률의 규정에 의하여 발생하는 것으로서 계약으로 일정한 사유가 발생하면 해제권이 발생하도록 정할 수는 없다.
⑤ 계약이 적법하게 해제되어 금전을 반환하여야 하는 경우에는 그 해제 시부터 이자를 가산하여야 한다.

해설
② 민법 제547조 제1항
① 해제의 의사표시에는 원칙적으로 조건 또는 기한을 붙일 수 없다.
③ 당사자 일방이 계약을 해지한 때에는 계약은 장래에 대하여 그 효력을 읽는다(민법 제550조).
④ 해제권은 발생 원인에 따라 계약 당사자의 약정에 의해 발생하는 약정해제권과 법률의 규정에 의해 발생하는 법정해제권으로 나눌 수 있다. 약정해제권은 당사자 간의 특약 사유를 위반할 경우에 해제하기로 미리 약정하는 것으로, 특약 사유를 위반하는 경우에 별도의 최고 없이 바로 계약은 소멸한다.
⑤ 계약이 적법하게 해제되어 금전을 반환하여야 하는 경우에는 그 받은 날로부터 이자를 가하여야 한다(민법 제548조 2항 참조).

15 제삼자를 위한 계약에 대한 다음 설명 중 옳은 것은? (다툼이 있는 경우에는 판례에 따름)

① 계약의 당사자는 요약자와 수익자이다.
② 낙약자(채무자)가 채무를 이행하지 아니한 경우 수익자는 계약을 해제할 수 있다.
③ 제삼자가 수익의 의사표시 전에는 계약당사자는 이를 변경 또는 소멸시키지 못한다.
④ 낙약자는 요약자와의 계약에 기한 항변으로 제삼자에게 대항할 수 있다.
⑤ 낙약자의 귀책사유에 의하여 채무가 불이행된 경우에 제삼자는 낙약자에 대하여 손해배상을 청구할 수 없다.

해설
① 계약의 당사자는 요약자와 낙약자이다.
② 수익자는 계약당사자가 아니므로 취소권·해제권의 행사가 불가하다.
③ 제삼자의 권리가 생긴 후에는 당사자는 이를 변경 또는 소멸시키지 못한다(민법 제541조).
⑤ 낙약자의 채무불이행 시 제삼자는 낙약자에 대하여 손해배상을 청구할 수 있다.

16. 제삼자를 위한 계약에 관한 다음 설명 중 가장 적절하지 않은 것은?

① 수익자는 계약의 당사자가 아니므로 수익의 의사표시를 한 경우라도 계약당사자는 이를 변경하거나 소멸시킬 수 있다.
② 낙약자의 귀책사유에 의하여 채무가 불이행된 경우에 제삼자는 낙약자에 대하여 손해배상을 청구할 수 있다.
③ 제삼자는 낙약자에 대하여 계약의 이익을 받을 의사를 표시함으로써 낙약자에 대하여 직접 권리를 취득한다.
④ 낙약자는 요약자와의 계약에 기한 항변으로 제삼자에게 대항할 수 있다.
⑤ 이 계약의 당사자는 낙약자와 요약자이다.

해설
계약에 의하여 당사자 일방이 제삼자에게 이행할 것을 약정한 때에는 그 제삼자는 채무자에게 직접 그 이행을 청구할 수 있다(민법 제539조 제1항). 민법 제539조의 규정에 의하여 제삼자의 권리가 생긴 후에는 당사자는 이를 변경 또는 소멸시키지 못한다(민법 제541조).

17. 다음 중 소급효(遡及效)가 없는 것은? (다툼이 있는 경우는 판례에 의함)

① 소멸시효의 완성
② 취득시효의 완성
③ 무권대리 행위에 대한 추인
④ 당사자가 그 무효임을 알고 한 무효행위의 추인
⑤ 계약의 해제

해설
① 민법 제167조
② 민법 제247조
③ 민법 제133조
⑤ 민법 제548조 제1항 단서

정답 16 ① 17 ④

18. 대리행위에 대한 다음 설명 중 옳지 않은 것은?

① 대리란 대리인이 그 권한 내에서 본인을 위한 것임을 표시한 의사표시가 직접 본인에게 효력이 생기게 하는 제도이다.
② 법정대리인은 그 권한이 법률규정 등에 의하여 정해진다.
③ 대리권 없는 자가 타인의 대리인으로 한 계약은 본인이 이를 추인하지 아니하면 본인에 대하여 효력이 없다.
④ 본인이 대리인에게 대리권을 수여하였으나 대리인이 권한 밖의 법률행위를 한 때에는 제삼자(대리인과 거래한 상대방)가 그 권한이 있다고 믿을 만한 정당한 사유가 있는 경우에 한하여 본인이 그 법률행위에 대하여 책임을 진다.
⑤ 상법도 민법처럼 현명주의를 원칙으로 채택하고 있으므로 상행위의 대리인이 대리행위를 함에 있어 본인을 위한 것임을 표시하지 아니하면 원칙적으로 본인에게 효력이 없다.

해설
상행위의 대리인이 본인을 위한 것임을 표시하지 아니하여도 그 행위는 본인에 대하여 효력이 있다(상법 제48조).

CHAPTER 07 상행위로 인한 금전채권

01. 다음 중 민법에 대한 특칙으로서 상법에서 규정한 것이 아닌 것은?

① 법정이율
② 대리방식
③ 유질계약
④ 무상수치인의 주의의무
⑤ 기간계산의 방법

해설
⑤ 상법에 특칙이 없어 민법의 규정이 적용된다.
① 민법의 연 5푼과 달리 상사법정이율은 연 6푼이다(상법 제54조).
② 민법과 달리 현명하지 않아도 본인에게 효력이 나타난다(상법 제48조).
③ 유질계약이 허용된다(상법 제59조).
④ 선관주의의무가 인정된다(상법 제62조).

02 다음 중 영업으로 하는 행위로서 상법이 기본적 상행위로 정하고 있는 것이 아닌 것은?

① 수신·여신·환 기타의 금융거래
② 기계·시설, 그 밖의 재산의 금융리스에 관한 행위
③ 임금을 받을 목적으로 물건을 제조하는 행위
④ 광물 또는 토석의 채취에 관한 행위
⑤ 상호·상표 등의 사용허락에 의한 영업에 관한 행위

해설

③ 오로지 임금을 받을 목적으로 물건을 제조하거나 노무에 종사한 자의 행위는 기본적 상행위가 되지 않는다(상법 제46조 단서).
①·②·④·⑤ 상법 제46조

03 상행위의 특칙에 대한 다음 설명 중 옳지 않은 것은?

① 상법상 상인이 그 영업범위 내에서 물건을 임치받은 경우 그 임치가 유상인 경우에는 수치인은 선량한 관리자의 주의로 임치물을 보관하여야 하지만 임치가 무상인 경우에는 임치물을 자기 재산과 동일한 주의로 보관하면 된다.
② 상인이 그 영업범위 내에서 타인을 위하여 행위를 한 때에는 이에 대하여 상당한 보수를 청구할 수 있다.
③ 상법상으로는 보증이 상행위이거나 주채무가 상행위로 인하여 생긴 때에는 주채무자와 보증인은 연대하여 변제할 책임이 있다.
④ 다른 약정이 없는 한 민법의 법정이율은 연 5%이지만 상행위로 인하여 발생한 채무의 법정이율은 연 6%이다.
⑤ 상법에 의하면 수인이 그 1인 또는 전원에 대하여 상행위가 되는 행위로 인하여 채무를 부담한 때에는 연대하여 변제할 책임이 있다.

해설

상인이 그 영업범위 내에서 물건의 임치를 받은 경우에는 보수를 받지 아니하는 때에도 선량한 관리자의 주의를 하여야 한다(상법 제62조).

04 다음 중 민법에 대한 상법의 특칙으로서 틀린 것은?

① 상행위의 대리인이 본인을 위한 것임을 표시하지 않아도 그 행위는 본인에 대하여 효력이 있다. 그러나 상대방이 본인을 위한 것임을 알지 못한 때에는 대리인에 대하여도 이행의 청구를 할 수 있다.
② 상행위로 인한 채권은 상법에 다른 규정이 없는 때에는 5년간 행사하지 않으면 소멸시효가 완성한다. 그러나 다른 법령에 이보다 단기의 시효의 규정이 있는 때에는 그 규정에 의한다.
③ 격지자 간의 계약의 청약은 승낙기간이 없으면 상대방이 상당한 기간 내에 승낙 통지를 발송하지 않은 때에는 그 효력을 잃는다.
④ 수인이 그 1인 또는 전원에게 상행위가 되는 행위로 인하여 채무를 부담한 때에는 연대하여 변제할 책임이 있다. 보증인이 있는 경우에 그 보증이 상행위이거나 주채무가 상행위로 인한 것인 때에는 주채무자와 보증인은 연대하여 변제할 책임이 있다.
⑤ 상인이 그 영업행위 범위 내에서 물건의 임치를 받은 경우에 보수를 받지 않은 때에도 선량한 관리자의 주의로 보관하여야 한다.

해설
③ 격지자 간의 청약에 승낙기간이 있는 경우와 없는 경우 모두 민법상 도달주의가 적용된다.
① 상법 제48조, ② 상법 제64조, ④ 상법 제57조, ⑤ 상법 제62조

05 상인 및 상행위에 관한 다음 설명 중 가장 적절하지 않은 것은?

① 수인(數人)이 그 1인 또는 전원에게 상행위가 되는 행위로 인하여 채무를 부담한 때에는 연대하여 변제할 책임이 있다.
② 보증인이 있는 경우에 그 보증이 상행위이거나 주채무가 상행위로 인한 것인 때에는 주채무자와 보증인은 연대하여 변제할 책임이 있다.
③ 오로지 임금을 받을 목적으로 물건을 제조하거나 노무에 종사하는 자의 행위는 기본적 상행위에 포함된다.
④ 점포 기타 유사한 설비에 의하여 상인적 방법으로 영업을 하는 자는 상행위를 하지 아니하더라도 상인으로 본다.
⑤ 일반적인 채권의 시효는 10년인 반면 상행위로 인한 채권의 소멸시효기간은 원칙적으로 5년이다.

해설
오로지 임금을 받을 목적으로 물건을 제조하거나 노무에 종사하는 자의 행위는 기본적 상행위에 포함되지 않는다(상법 제46조).

06 다음 중 상사유치권에 대한 설명으로서 틀린 것은?

① 피담보채권은 채무자 소유의 물건 또는 유가증권에 관하여 생긴 채권으로서 변제기에 있어야 한다.
② 상사유치권은 당사자 간의 특약으로 이를 배제할 수 있다.
③ 유치권이 성립한 다음에 채무자가 목적물을 제삼자에게 양도하더라도 유치권은 존속한다.
④ 채권자와 채무자 쌍방이 상인이어야 성립한다.
⑤ 채권자는 채권의 변제를 받을 때까지 목적물을 유치할 수 있고, 목적물을 경매할 수도 있다.

해설
상사유치권의 발생요건으로 채권은 점유하는 목적물과의 견련성을 요구하지 않으므로 채무자 소유의 물건을 점유하여야 하나 채권은 그 점유한 목적물에서 발생하여야 하는 것은 아니다. 즉, 민법상의 유치권과 같은 채권과 목적물 사이의 견련성을 요구하지 않는다.

07 상행위에 대한 다음 설명으로 틀린 것은?

① 상행위인 계약의 해제로 인한 원상회복청구권도 상법 제64조의 상사시효의 대상이 된다.
② 위탁자의 매매위탁으로 인한 위탁매매인에 대한 이득상환청구권은 민법 제163조 제6호 소정의 "상인이 판매한 상품의 대가"로 발생한 채권이어서 3년의 소멸시효대상이 된다.
③ 상인이 상시 거래관계에 있는 자로부터 그 영업부류에 속한 계약의 청약을 받은 때에는 지체 없이 낙부의 통지를 발송하여야 한다. 이를 해태한 때에는 승낙한 것으로 본다.
④ 각 당사자는 언제든지 상호계산을 해지할 수 있다.
⑤ 익명조합원의 파산은 조합계약의 종료사유에 해당한다.

해설
② 위탁자의 위탁상품 공급으로 인한 위탁매매인에 대한 이득상환청구권이나 이행담보책임 이행청구권은 위탁자의 위탁매매인에 대한 상품 공급과 서로 대가관계에 있지 아니하여 등가성이 없으므로 5년의 시효에 걸린다(대판 1996.1.23., 95다39854).
① 대판 1993.9.14., 93다21569
③ 상법 제53조
④ 상법 제77조
⑤ 상법 제84조

정답 06 ① 07 ②

08 상사채권에 관한 다음 설명 중 적절하지 않은 것은?

① 상사유치권은 채권자와 채무자가 모두 상인인 경우에 인정된다.
② 어음·수표행위는 엄격한 요식행위이므로 그 대리행위는 본인을 위한 것임을 표시하여야 한다.
③ 「상법」상 상인이 그 영업범위 내에서 물건을 임치받은 경우 임치물을 자기재산과 동일한 주의로 보관하면 된다.
④ 「민법」상 유치권과 달리 상사유치권은 원칙적으로 피담보채권과 유치물 사이의 견련성을 요구하지 않는다.
⑤ 상행위로 인한 채권의 소멸시효기간은 원칙적으로 5년이지만, 민사채권의 소멸시효기간은 10년이다.

해설

상인이 그 영업범위 내에서 물건의 임치를 받은 경우에는 보수를 받지 아니하는 때에도 선량한 관리자의 주의를 하여야 한다(상법 제62조).

PART 3
금융채권

CHAPTER 01 금융채권

CHAPTER 02 기타채권

CHAPTER 03 이자계산

CHAPTER 01 금융채권

PART 3 금융채권

1 금융채권의 분류 ☑ 기출

(1) 담보유무에 의한 분류
① 담보대출 : 부동산 및 동산 등의 담보를 취득하고 신용을 제공하는 대출을 말하며 담보권의 확보를 위해 근저당권을 설정하게 된다.
② 보증서대출 : 타 은행이 발행한 지급보증서나 신용보증기금 또는 기술신용보증기금이 발행한 보증서를 담보로 취득하는 대출을 말한다.
③ 신용대출 : 담보의 취득 없이 차주에게 신용을 제공하는 대출을 말한다.

(2) 거래방식에 의한 분류
① 개별거래대출 : 일정한 대출금을 약정기한까지 사용할 수 있는 일반적인 대출로서 중도에 전액 또는 일부 상환이 가능하나 상환 후에는 동일한 약정에 기한 추가대출은 할 수 없다.
② 한도거래대출 : 대출금한도와 거래기간을 미리 정하여 두고 그 범위 안에서 차주가 필요한 금액을 인출하거나 상환이 가능한 대출 방식이다.

(3) 거래상대방에 의한 분류
① 기업자금대출 : 기업을 대상으로 하는 대출이다.
② 가계자금대출 : 사업자등록증이 있는 개인사업자에게 제공되는 대출을 말한다.
③ 공공 및 기타자금대출 : 영리를 목적으로 하지 않는 비영리 단체에 제공되는 대출로서 중앙정부, 지방자치단체, 의료재단, 학교법인 등에 대한 대출을 말한다.

(4) 자금용도에 의한 분류
① 운전자금대출 : 영업활동에 필요한 운전자금에 충당할 목적의 대출로 주로 1년 이내의 단기대출로 이루어진다.
② 시설자금대출 : 기업의 공장이나 기계장치 등의 설치에 지원하는 대출로 주로 3년에서 10년의 장기대출로 이루어진다.
③ 가계자금대출 : 개인에 대한 대출을 말한다.

(5) 약정형식에 의한 분류
① 증서대출 : 차주가 금전소비대차약정서를 대주에게 작성하여 주고 금전을 대여하는 대출이다.
② 어음대출 : 은행이 대출금의 기일에 대출채권의 지급확보를 위하여 차주를 발행인으로 하는 약속어음을 징수하고 취급하는 대출을 말한다.

(6) 사무처리방식에 의한 분류

① **일시상환대출** : 대출금을 약정기일에 일시에 상환받는 대출을 말한다.
② **분할상환대출** : 연간 수회에 걸쳐 대출금을 정기적으로 분할하여 상환하는 조건의 대출방식으로 1년 이상의 장기성 대출의 경우에 운용되는 형식이다.

[금융채권의 분류]

담보유무에 의한 분류	담보대출	자금용도에 의한 분류	운전자금대출
	보증서대출		시설자금대출
	신용대출		가계자금대출
거래방식에 의한 분류	개별거래대출	약정형식에 의한 분류	증서대출
	한도거래대출		어음대출
거래상대방에 의한 분류	기업자금대출	사무처리방식에 의한 분류	일시상환대출
	가계자금대출		분할상환대출
	공공 및 기타자금대출		

2 증서대출 ☑기출

(1) 증서대출의 의의

증서대출이란 대출신청자와 금융기관이 민법상의 금전소비대차약정을 체결하는 형식의 대출을 말한다. 금융기관과 개인 간의 대출약정은 거의 모두 증서대출의 형식으로 이루어진다. 이는 어음대출과 대비되는 개념으로서 어음대출은 채무자가 어음법상의 어음채무를 부담하나, 증서대출은 민법상의 금전소비대차약정에 의한 채무를 부담하게 된다.

(2) 증서대출의 법률적 성질 ☑기출

① **금전소비대차계약** : 증서대출은 민법상의 소비대차계약으로서, 이는 당사자의 일방이 금전 기타 대체물의 소유권을 상대방에게 이전할 것을 약정하고 상대방은 이행기에 동종·동량·동질의 물건을 반환할 것을 약정함으로써 성립하는 계약이다(민법 제598조). 채무자가 금융기관에 제출하는 약정서는 전형적인 민법상의 소비대차계약인바, 그 소비대차의 목적물이 금전이므로 이를 금전소비대차계약이라고 한다.
② **낙성계약** : 소비대차계약은 당사자의 합의만으로 성립하게 되는데, 이를 낙성계약이라 한다. 즉, 계약의 측면에서 보면 채무자의 대출금 신청과 금융기관의 승인으로 성립한다. 채무자가 채권증서에 서명·날인하여 금융기관에 제출하는 것은 하나의 증거확보의 수단에 지나지 않으며, 채무자에게 대출금을 지급하는 것은 계약의 이행행위에 불과하다.
③ **유상계약 등**
  ㉠ 유상계약 : 금융기관은 채무자로부터 대출금의 사용대가인 이자를 지급받는다는 측면에서 유상계약이다.
  ㉡ 불요식계약 : 금전소비대차는 불요식계약이다.
  ㉢ 쌍무계약 : 대출계약이 성립되면 대주인 금융기관은 금전의 지급의무를 지고 차주는 금전을 지급받은 후 계약의 내용에 따른 이자와 만기상환의무를 지게 된다.

(3) 채권증서의 분실 ☑기출

① **문서의 증거력** : 채권증서는 사문서 중 처분문서로서 증명하고자 하는 법률적 행위가 그 문서 자체에 의하여 이루어진 경우의 문서를 말한다. 사문서는 거증자 측이 그 성립의 진정을 증명하여야 하지만 그 문서의 서명이나 날인이 진정한 것임이 증명되면 진정한 문서로서 추정을 받는다.

② **청구권의 행사** : 채권증서를 분실하였다 하더라도 채권의 소멸을 초래하는 것은 아니므로 채무자에게 청구권을 행사하는 데 아무런 문제가 없다. 다만, 재판상 청구 시에는 계약의 성립에 관한 입증이 필요한데 대출금이 지급 처리된 전표 또는 증인신청 등으로 입증하고 있다.

3 어음대출 ☑기출

어음대출이란 금융기관이 원인채권의 확보를 위해 채무자로부터 차용증서를 받는 대신 또는 차용증서와 함께 채무자가 발행한 어음을 수령하고 대출금을 교부하는 형태의 대출을 말한다.

(1) 병존적 채무부담

어음대출의 경우 채무자는 금전차용에 대한 금전소비대차 채무와 동시에 어음상 채무를 지게 된다. 이는 어음교부행위에 대한 원인관계에 따른 책임으로서 그 법률적 해석은 다음과 같다.

① **지급에 갈음하여** : 금전소비대차채권의 변제에 갈음하여 어음을 교부하는 것으로 이 경우 원인채권은 소멸하고 어음채권만 존속하게 된다. 이 경우 채권자는 어음채권만을 행사하게 된다.

② **지급을 위하여** : 어음의 교부가 추심기능을 수행하는 경우로서 현금 대신 어음을 교부하여 기일에 결제할 것을 약정하고 그 추심대금으로 변제에 충당한다. 이 경우 채권자는 금전소비대차채권과 어음채권을 병존적으로 보유하며 채무자에게 어음채권을 먼저 행사한 후 원인채권인 금전소비대차채권을 행사할 수 있다.

③ **지급의 담보를 위하여** : 어음의 교부가 채권에 대한 담보로서의 기능을 하는 경우로서 금전소비대차채권과 어음채권이 병존하나 채권자는 어음채권과 원인채권을 선택하여 행사할 수 있다.

④ 어음대출의 경우 판례는 그 차용금채무의 지급의 담보 내지 확보를 위하여 이루어진 것이라고 해석하고 있다. 즉, 그 원인관계로서 소비대차계약이 있고 이 계약상의 채무 이행을 확실히 하기 위하여 또는 그 채무를 담보하기 위하여 어음이 수수되는 것이 원칙이다.

구 분	지급을 갈음하여	지급을 위하여	지급의 담보를 위하여
원인채무	소 멸	존 속	-
행사순서	어음상의 권리만 행사	어음상의 권리 먼저 행사	선택하여 행사

(2) 어음대출 채권의 행사

① 금융기관의 채무자에 대한 채권의 행사에 있어서 대출채권과 어음채권은 별개의 채권이나 어느 한쪽이 변제로 소멸하면 다른 채무 역시 소멸하게 된다. 어음채권을 행사하기 위해서는 증권소지인이 의무자에 대하여 그 증권을 제시하고 그 증권과 상환하여 채무의 이행을 받아야 하므로 어음을 채무자에게 직접 제시·교부하여야 한다. 어음채권을 행사하는 것은 대출채권의 행사와 비교하여 업무상 번잡하여 실무상 특별한 경우라 볼 수 있다. 또한 어음채권의 행사 후에는 그 소멸시효가 3년인 반면 대여금채권의

소멸시효는 5년이고 어음채권의 지연배상이율은 상사채권의 이행지체에 따른 이율인 6%에 불과한 반면, 대여금채권은 변제일로부터 이행 시까지 약정된 연체이자율을 가산하여 청구할 수 있다. 그러므로 어음채권을 행사하는 경우 지연배상이자율 6%를 초과하는 연체이자를 다시 청구하게 되는 권리행사의 이중성의 문제가 생길 수 있다.

② 그럼에도 불구하고 소송 실무상 대여금청구보다는 어음청구를 하게 되는 경우가 종종 있는데 ㉠ 원인채권이 수 개인 경우 대출 약정 시 채무자로부터 교부받은 백지어음에 위임받은 백지보충권으로 총 채권액을 합산하여 어음금액을 기재 후 청구하면 수 개의 채권을 일일이 청구하지 않아도 된다. ㉡ 부동산 담보대출의 경우 경매 후 경매배당금이 배당요구채권에 미치지 못하여 원금일부만 회수하고 잔존채권이 있다면 소송제기 시 경매배당 후 잔존원금과 이자를 합산하여 어음액면을 기재한 후 어음청구소송을 제기하면 채권자의 이자청구액의 소명이 한결 수월해진다.

③ 백지어음은 통상 금액과 지급기일을 백지로 하여 채무자로부터 수령함과 동시에 동 어음에 대한 백지보충권 위임장을 수령한다. 이를 소송을 통해 행사하는 경우 변론종결 전까지 어음요건을 모두 보충하여야 하는데 통상 어음금액은 소송제기 시까지의 원리금을 합산하여 기재하고 지급기일은 소송을 제기한 날로 기재한다.

④ 또한 어음채권의 행사 시에는 발행인에 대한 현실적인 지급제시가 있어야 함이 원칙이나 재판상 청구 시에는 소장의 송달 또는 지급명령의 송달이 있으면 어음의 제시와 동일한 효력이 있다고 보므로 현실적인 지급제시는 불필요하다.

(3) 어음대출의 보증

① 보증인의 입보와 의무부담

어음채무의 보증 방법과 각각의 보증에 따른 보증인으로서 의무부담의 법률적 권원을 살펴보면, ㉠ 어음면에 보증인이라는 문언 기재 후 서명·날인하는 방법이 있는데 이 경우 어음법상의 보증인으로서의 의무를 부담하고, ㉡ 보증인을 어음발행인으로 기재한 후 차주인 어음발행인과 공동발행하는 방식의 경우 어음의 문언증권성에 따라 주채무와 어음채무에 관해 합동책임을 지며, ㉢ 보증인이 어음에 배서하는 방식으로 하는 경우 어음법상 배서인으로서 소구의무를 지게 된다.

(4) 할인어음 ☑기출

① 할인어음의 의의 : 할인어음이란 소지인이 제삼자가 발행한 약속어음 또는 제삼자가 인수한 환어음을 만기 전에 현금화하기 위해 금융기관 등에 어음을 배서양도하고, 어음금액에서 양도일 이후 만기일까지의 이자 그 밖의 수수료를 차감한 금액을 수령하는 것을 말한다. 할인어음은 상업어음을 할인하는 할인어음의 형태로 이루어지거나 외환거래에서 은행이 수출상으로부터 선하증권이 담보조로 첨부된 화환어음을 매입하는 형태로 이루어진다.

② 할인어음의 법적 성질

㉠ 약속어음을 할인하는 경우 : 어음할인이란 어음소지인이 어음에 기재된 지급기일 이전에 돈을 융통받고자 할 때 금융기관이 그 기일까지의 이자 등을 어음금에서 공제한 돈을 지급하고 그 어음을 매입하는 것으로, 즉 어음의 매매를 전제로 하는 민법상 매매계약으로 볼 수 있다.

ⓒ 화환어음을 할인하는 경우 : 화환어음의 할인이란 은행이 수출자로부터 화환어음을 매입하면서, 일정한 경우 수출자가 은행에 대하여 환매 채무를 지고 수출자는 은행의 관련 규정이 정하는 바에 따라 환매 채무를 변제하여야 한다는 내용의 수출거래 약정을 한 경우, 은행은 화환어음 매입의 법적 성질이 어음의 매매라는 것과, 그 화환어음의 지급과 관련하여 일정한 사유가 발생한 경우에는 환매규정에 의하여 은행의 권리를 구제받을 수 있다는 것을 약정하였다고 보아야 할 것이므로, 은행이 화환어음의 매입에 의하여 어음법상의 소구권이나 위 환매 채권을 갖는 외에 별도의 대출금채권을 갖는 것은 아니므로 그 법적 성질은 민법상 매매계약이나 엄밀히 말하면 운송증권에 의하여 담보되어진 어음의 매매이므로 담보부 환매특약이 있는 어음의 매매라는 점에서 여신거래상의 약속어음의 매매와 구별된다.

ⓒ 할인의뢰인의 하자담보책임 : 할인어음의 법적 성질이 매매인 이상, 매도인인 할인의뢰인은 민법상 매도인으로서의 하자담보책임을 진다. 즉, 할인 취득한 어음이 위조된 것인 경우 명의를 위조당한 본인은 어음상의 책임을 부담하지 않게 되지만, 할인의뢰인은 매도인으로서의 하자담보책임을 부담하게 된다.

4 당좌대출

(1) 당좌대출의 의의

당좌대출이란 당좌거래처가 당좌예금의 잔액을 초과하여 어음·수표를 발행함으로써 그 결제자금이 부족할 경우에 은행이 일정한 한도까지 이를 대체 지급하여 결제하는 대출을 말한다.

(2) 당좌대출채권의 성질

당좌대출약정에 의해 은행이 지급제시된 어음·수표를 결제함으로써 당좌거래처에 대하여 갖게 되는 채권은 위임사무에 따른 '비용상환청구권'임이 분명하나, 각각의 어음·수표 지급행위는 그 대출금액이 확정되어 있지 아니하고, 대출한도액의 범위 내에서 수시로 증감·소멸하는 특징상 이를 각각 독립된 개별채권으로 파악할 수는 없다. 표준여신거래약정서에는 '본인이 발행한 어음·수표를 지급함으로써 은행에 대한 구상채무를 지게 된 때에는, 이를 대출금 채무로 삼아 이 약정에 따라 갚기로 합니다.'라고 규정하고 있다. 따라서 이를 준소비대차채권이라고 볼 수 있으며 이에 대한 소송 역시 비용상환청구소송이 아닌 대여금청구소송을 해야 한다.

(3) 은행의 권리

당좌거래처의 신용상태에 현저한 변동이 발생하는 등 은행이 장래에 예측하지 못한 현저한 사정변경이 발생한 경우에는 은행에게 당좌대출한도의 강제감액권, 당좌대출의 일시정지권, 당좌대출계약의 강제해지권이 인정된다.

은행이 위와 같은 권리를 행사하기 위해서는 ① 당초의 당좌거래 약정 시 이들 권리에 대한 약정이 유보되어 있어야 하고, ② 객관적이고 합리적인 이유가 있는 때에 한하며 ③ 사전통지 등에 의해 거래처가 이에 대한 대비책을 강구할 시간적 여유를 주는 것이 요구된다.

만일 은행이 일방적으로 위와 같은 권리를 행사하여 거래처가 손해를 입게 된다면 이는 신뢰위반에 해당하고 은행은 손해배상책임을 지게 된다.

(4) 당좌대출의 기한

당좌대출의 기한은 표준여신거래약정서에 기간만료일을 정하도록 하고 있다. 단, 약정서에는 1회전기간을 정하도록 하고 있어 이 기간의 만료시점에 대출채무를 일시 상환하여야 한다. 따라서 1회전기간 만료일이 당좌대출의 기한이라 볼 수 있다.

5 지급보증 ☑기출

(1) 지급보증의 의의

은행이 거래처와 보증위탁계약을 체결하고 이에 터 잡아 은행이 채권자와 보증계약을 체결함으로써 성립하고, 은행이 발행한 지급 보증서를 피보증인인 거래처가 채권자에게 전달하는 방식으로 이루어지며, 은행은 거래처가 주채무를 이행하지 못할 경우 그 보증채무의 이행의무를 지게 된다.

(2) 지급보증의 유형

은행은 거래처의 의뢰에 따라 지급보증서의 발급·어음보증·어음인수 기타의 채무보증의 방법으로 지급보증한다. 어음보증은 금융기관이 어음채무를 보증하기 위하여 보증의 뜻을 표시하고 어음상에 기명날인하는 것으로, 지급보증서에 의한 보증이 계약인 데 반하여 어음보증은 금융기관의 단독행위라 볼 수 있다. 어음인수는 거래처가 발행한 환어음면에 금융기관이 어음금 채무를 부담하겠다는 확정적인 의사표시를 하는 것을 말한다.

(3) 지급보증의 성질 ☑기출

① **금융기관과 보증의뢰인과의 관계** : 금융기관은 거래처의 부탁에 따라 그 거래처가 제삼자에 대하여 부담하는 채무를 담보하기 위하여 지급보증서를 발급하게 되므로 보증의뢰인은 보증을 위탁하는 보증 위임자의 지위에 있고, 금융기관은 타인의 사무를 위임받아 처리하는 수임인이 된다. 만일 지급보증의뢰인이 주채무를 이행하지 않는 경우 금융기관은 보증인으로서 보증 채무를 이행하여야 하고, 보증의뢰인에게 가지는 구상청구권의 법적 성질은 수임인의 비용상환청구권에 해당한다. 이때의 구상은 사후구상이 원칙이지만 민법 제442조 제1항의 경우 또는 은행여신거래기본약관 제7조의 이익상실사유가 발생한 경우 사전구상을 할 수도 있다.

② **금융기관과 보증처와의 관계** : 보증계약은 채권자와 보증인 간에 체결하는 것이 원칙이나 지급보증은 계약당사자가 아닌 제삼자인 채권자로 하여금 직접 계약당사자 일방인 금융기관에 대하여 채권을 취득하게 하고 있는바, 금융기관과 보증처와의 보증계약은 제삼자를 위한 계약의 형식을 취하게 된다. 이러한 제삼자를 위한 계약에 있어서 수익자가 수익의 의사표시를 하여 권리가 발생한 이후에는 계약당사자는 이를 변경 또는 소멸시키지 못한다. 따라서 보증처가 보증서를 수령한 이후에는 보증의뢰인과 금융기관의 합의만으로는 그 보증계약을 해제하거나 일방적으로 내용을 변경할 수 없다.

CHAPTER 01

PART 3 금융채권

OX 마무리

01 보증서대출에 대한 설명이다. 담보의 취득 없이 차주에게 신용을 제공하는 대출을 신용대출이라 한다.

01 타 은행이 발행한 지급보증서나 신용보증기금 또는 기술신용보증기금이 발행한 보증서를 담보로 취득하는 대출을 신용대출이라 한다. O X

02 한도거래대출에 대한 설명이다. 개별거래대출이란 일정한 대출금을 약정기한까지 사용할 수 있는 일반적인 대출을 말한다.

02 금융채권을 거래방식에 의해 분류하면 개별거래대출과 한도거래대출로 분류되며 대출금한도와 거래기간을 미리 정하여 두고 그 범위 안에서 차주가 필요한 금액을 인출하거나 상환이 가능한 대출 방식을 개별거래대출이라 한다. O X

03 주로 1년 이내의 단기대출로 이루어지고, 기업의 공장이나 기계장치 등의 설치에 지원하는 시설자금대출의 경우 주로 3년에서 10년의 장기대출로 이루어진다.

03 영업활동에 필요한 운전자금에 충당할 목적의 대출은 주로 3년에서 10년의 장기대출로 이루어진다. O X

04 통상 가계자금대출이나 1년 이상의 장기성 대출로서 차주가 금전소비대차약정서를 대주에게 작성하여 주고 금전을 대여하는 대출을 증서대출이라 한다. O X

05 • 일시상환대출 : 대출금을 약정기일에 일시에 상환받는 대출을 말한다.
• 분할상환대출 : 연간 수회에 걸쳐 대출금을 정기적으로 분할하여 상환하는 조건의 대출 방식으로 1년 이상의 장기성 대출의 경우에 운용되는 형식이다.

05 금융채권을 사무처리방식에 의하여 분류하면 만기상환대출과 분할상환대출로 분류되며 만기상환대출이란 대출금을 약정기일에 일시에 상환받는 대출을 말한다. 1년 이상의 장기성 대출의 경우에 운용되는 형식이다. O X

01 X 02 X 03 X 04 O 05 X **정답**

06 증서대출은 금전소비대차계약, 요물계약, 쌍무계약, 유상계약, 요식계약이다. O X

06 당사자 합의만으로 성립하는 낙성계약이며, 일정한 형식을 필요로 하지 않는 불요식계약이다.

07 소비대차계약은 당사자의 일방이 금전 기타 대체물의 소유권을 상대방에게 이전할 것을 약정하고 상대방은 이행기에 동종·동량·동질의 물건을 반환할 것을 약정함으로써 성립하는 계약이다. O X

08 금전소비대차계약과 사용대차는 상대방에게 무상으로 사용수익하게 한다는 점에서 공통적 특징을 지닌다. O X

08 소비대차는 사용수익의 대가를 지급하는 유상계약이며, 사용대차는 일방이 상대방에게 무상으로 사용수익하게 하는 무상계약이다.

09 소비대차계약에서 금융기관이 서면증서를 받는 것은 증거확보수단으로서 계약의 성립요건이 된다. O X

09 채무자가 채권서류에 서명날인하거나 또는 증서를 작성하여 제출하는 행위는 계약의 성립요건은 아니다. 채무자로부터 서면에 의한 증서를 받는 것은 하나의 증거확보수단에 지나지 않기 때문이다.

10 금융기관이 채무자에게 대출금을 지급하는 것은 소비대차계약의 성립요건이다. O X

10 당사자의 합의만으로 성립하는 것이고 채무자에게 대출금을 지급하는 것은 계약의 이행행위일 뿐이다.

11 금전소비대차계약이 성립되면 차주는 월정 이자지급의무와 만기상환의무를 지게 되고, 금융기관은 약정일에 목적물인 금전의 지급의무를 지게 된다. O X

정답 06 × 07 ○ 08 × 09 × 10 × 11 ○

12 증서대출계약은 쌍무계약으로서 대주(금융기관)는 약정일에 계약의 목적물인 금전의 지급의무를 지게 되고, 차주는 자금을 지급받은 후에는 계약의 내용에 따라 월정 이자의 지급의무와 만기상환의무를 지게 된다.

13 채권증서는 사문서 중 처분문서에 해당한다.

14 사문서는 거증자 측이 그 성립의 진정을 증명하여야 하지만 그 문서의 서명이나 날인이 진정한 것임이 증명되면 진정한 문서로서 추정을 받는다.

15 문서작성명의인의 인영이 동인의 인장임이 인정되면 그 날인이 동인의 의사에 기인한 것이라 사실상 추정되어 결국 그 문서의 진정 성립이 추정된다.

16 채권증서를 분실하였다 하더라도 채권의 소멸을 초래하는 것은 아니므로 채무자에게 청구권을 행사하는 데 아무런 문제가 없다. 다만, 재판상 청구 시에는 계약의 성립에 관한 입증이 필요한데 대출금이 지급 처리된 전표 또는 증인신청 등으로 입증하고 있다.

---

12 증서대출계약은 계약을 통해 대출금 지급의 의무가 발생케 된다는 특성상 편무계약이다. O X

13 채권증서는 사문서 중 보고문서로서 증명하고자 하는 법률적 행위가 그 문서 자체에 의하여 이루어진 경우의 문서를 말한다. O X

14 금전소비대차약정서가 진정하게 성립한 것인지 여부에 관한 입증책임은 원칙적으로 채무자 측에 있다. O X

15 사문서의 진정에 대해서도 문서상 본인 또는 대리인의 서명이나 날인이 진정한 것임을 증명한 때에는 진정한 문서로 추정을 받는다. O X

16 채권증서가 분실되는 경우에는 채권의 소멸을 초래하므로 채무자에게 청구권을 행사할 수 없다. O X

12 × 13 × 14 × 15 ○ 16 × **정답**

17 채권의 재판상 청구 시에는 계약의 성립에 관한 입증이 필요한데 채권증서 분실 시에는 전표, 기타 증인 등으로 입증하여야 하며 채권서류 분실을 채무자에게 고지하면 채무자는 이를 사유로 채권자의 권리를 부인할 수 있다. O X

17 채권자가 채권서류 분실을 채무자에게 고지하더라도 채무자는 이를 사유로 채권자의 권리를 부인할 수 없다.

18 어음대출은 소비대차계약으로서, 차주가 발행한 차용증서를 받고 대출금을 교부하는 것이다. O X

18 어음대출이란 채무자로부터 차용증서를 받는 대신 또는 차용증서와 함께 채무자가 발행한 어음을 수령하고 대출금을 교부하는 형태의 대출을 말한다.

19 어음대출의 경우에는 어음상의 채무만을 질 뿐 금전소비대차채무를 지는 것은 아니다. O X

19 어음대출의 경우 채무자는 금전차용에 대한 금전소비대차채무와 동시에 어음상 채무를 지게 된다.

20 어음 교부 시 "지급에 갈음한다." 함은 금전소비대차채권의 변제에 갈음하여 어음을 교부하는 것으로 이 경우 원인채권과 어음채권은 병존하여 존속하게 된다. O X

20 원인채권은 소멸하고 어음채권만 존속하게 된다.

21 어음 교부 시 "지급을 위한다." 함은 원인채권은 소멸하고 어음채권만 존속하게 되며, 채권자는 어음채권만을 행사하게 된다는 것이다. O X

21 이 경우 채권자는 금전소비대차채권과 어음채권을 병존적으로 보유하며 채무자에게 어음채권을 먼저 행사한 후 원인채권인 금전소비대차채권을 행사할 수 있다.

22 어음 교부 시 "지급의 담보를 위한다." 함은 금전소비대차채권과 어음채권이 병존하나 채권자는 어음채권과 원인채권을 선택하여 행사할 수 있다는 것이다. O X

정답 17 × 18 × 19 × 20 × 21 × 22 ○

23 판례는 그 차용금채무의 지급의 담보 내지 확보를 위하여 이루어진 것이라고 해석하고 있다. 즉, 그 원인관계로서 소비대차계약이 있고 이 계약상의 채무 이행을 확실히 하기 위하여 또는 그 채무를 담보하기 위하여 어음이 수수되는 것이 원칙이다.

23 어음대출 시 어음의 교부는 대출금채권을 담보하기 위한 것으로 본다. O X

24 채권의 행사에 있어 대출채권과 어음채권은 별개이므로, 한쪽의 변제로 다른 한쪽의 채무는 소멸치 않고 존속하게 된다. O X

24 금융기관의 채무자에 대한 채권의 행사에 있어서 대출채권과 어음채권은 별개의 채권이나 어느 한쪽이 변제로 소멸하면 다른 채무 역시 소멸하게 된다.

25 어음대출에 있어서 통상 금융기관은 어음상 권리와 원인채권 가운데 어느 것을 행사하여도 무방하다. O X

26 어음채권의 행사 후에는 그 소멸시효가 3년인 반면 대여금채권의 소멸시효는 5년이다.

26 대여금채권의 소멸시효는 10년인 데 비하여 어음채권의 시효는 5년이다. O X

27 어음채권의 지연배상이율은 상사채권의 이행지체에 따른 이율인 6%에 불과한 반면, 대여금채권은 변제일로부터 이행 시까지 약정된 연체이자율을 가산하여 청구할 수 있다. 즉, 어음채권은 약정된 연체이자율이 없다.

27 대여금채권의 지연배상이율은 6%에 불과한 반면, 어음채권은 이행 시까지 약정된 연체이자율을 가산하여 청구할 수 있다. O X

23 O 24 X 25 O 26 X 27 X

28 어음대출의 경우 채무자가 채무를 이행하지 않는 경우 금융기관은 금전소비대출채권을 행사하는 것보다 어음채권을 행사하는 것이 유리하다. O X

28 어음채권을 행사하려면 소멸시효가 짧고 업무상의 번잡성과 권리행사의 이중성(지연배상이자율 6%를 초과하는 연체이자를 다시 청구) 때문에 사실상 대여금청구소송의 형식을 취하는 것이 일반적이나 소송 실무상 대여금청구보다는 어음청구가 유리한 때가 있어 어음청구소송을 종종 보게 된다(원인채권이 수 개의 채권으로 복잡하여 대출 건별로 일일이 청구하는 것보다는 총 채권을 일괄하여 백지어음의 보충권을 행사하는 경우가 대표적이다).

29 백지어음의 보충은 보충권이 시효로 소멸되기까지는 지급기일 이후에도 행사할 수 있고, 어음의 주채무자인 발행인에 대하여 어음청구소송을 제기한 경우에는 소제기 시까지 보충권을 행사하여야 한다. O X

29 소송을 통해 행사하는 경우 변론종결 시까지 어음요건을 모두 보충하여야 하는데 통상 어음금액은 소송제기 시까지의 원리금을 합산하여 기재하고 지급기일은 소송을 제기한 날로 기재한다.

30 어음채무의 보증은 보증인을 어음발행인으로 기재한 후 보증인 명의의 어음을 별도로 발행하게 하는 방법으로도 할 수 있다. O X

30 보증인을 어음발행인으로 기재한 후 차주인 어음발행인과 공동발행한다.

31 보증인을 어음발행인과 공동발행하는 방법으로 입보하는 경우 보증인은 어음법상의 보증인으로서의 의무를 부담한다. O X

31 어음의 문언증권성에 따라 주채무와 어음채무에 관해 합동책임을 지게 된다. 어음 면에 보증인이라는 문언 기재 후 서명날인 하는 방법으로 입보 시 어음법상의 보증인으로서의 의무를 부담하게 된다.

정답 28 O 29 × 30 × 31 ×

32 할인어음이란 어음소지인이 어음에 기재된 지급기일 이전에 돈을 융통받고자 할 때 금융기관이 그 기일까지의 이자 등을 어음금에서 공제한 돈을 지급하고 그 어음을 매입하는 것을 말한다. O X

32 판례에 따른 견해이다.

33 할인어음은 할인의뢰인에게 금전을 대여하면서 그 담보로서 어음을 취득하는 것으로 소비대차에 해당한다. O X

33 판례에 의하면 할인어음은 할인의뢰인에게 이자 등을 어음금에서 공제한 돈을 지급하고 그 어음을 매입하는 것으로 그 법적 성질은 민법상 매매계약이다.

34 할인어음의 매도인인 할인의뢰인은 민법상 매도인으로서의 하자담보책임을 진다. O X

34 할인어음의 법적 성질이 매매이므로 만일 할인취득한 어음이 위조된 것인 경우 명의를 위조당한 본인은 어음상의 책임을 부담하지 않게 되지만, 할인의뢰인은 매도인으로서의 하자담보책임을 부담하게 된다.

35 당좌대출채권의 법적 성질은 은행의 위임사무에 따른 '비용상환청구권'이다. O X

35 당좌대출채권은 법 이론상으로는 비용상환청구권이나 여신거래약정서상으로는 준소비대차채권이라고 볼 수 있다.

36 은행은 당좌대출한도의 강제감액권, 당좌대출의 일시정지권, 당좌대출계약의 강제해지권이 인정되는데, 은행의 현저한 사정변경으로 인하여 위와 같은 권리를 행사하여 거래처가 손해를 입게 되더라도 손해배상책임을 지지는 않는다. O X

36 은행이 이와 같은 권리를 행사하기 위해서는, ⊙ 당초의 당좌거래 약정 시 이들 권리에 대한 약정이 유보되어 있어야 하고, ⓒ 객관적이고 합리적인 이유가 있는 때에 한하며 ⓒ 사전통지 등에 의해 거래처가 이에 대한 대비책을 강구할 시간적 여유를 주는 것이 요구되며 이에 위반한 경우 이는 신뢰위반에 해당하고 은행은 손해배상책임을 지게 된다.

32 O 33 X 34 O 35 X 36 X **정답**

37 지급보증한 은행은 거래처가 주채무를 이행하지 못할 경우 현재에 발생한 보증채무만의 이행의무를 지게 된다. O X

37 장래에 발생할 채무의 보증도 가능하다.

38 금융기관이 보증채무를 변제함으로써 채권이 상대적으로 소멸한 결과, 보증의뢰인은 금융기관에 구상채무를 지게 된다. O X

39 금융기관은 변제 이전에 보증의뢰인에게 사전구상권행사를 할 수 없다. O X

39 민법 제442조 제1항의 경우 또는 은행여신거래기본약관상의 이익상실 사유가 발생한 경우 사전구상을 할 수도 있다.

40 지급보증은 채권자와 보증인 간에 체결한다. O X

40 보증의뢰인의 위탁에 따라 금융기관이 보증처를 위하여 보증서를 발급하고 보증처는 직접 금융기관에 대하여 채권을 취득하는 것으로 채권자는 보증계약에 개입하지 않는다.

41 금융기관과 보증처와의 보증계약은 제삼자를 위한 계약으로서 수익자의 권리에 대하여 계약당사자는 이를 자유로이 변경 또는 소멸이 가능하다. O X

41 수익자가 수익의 의사표시를 하여 권리가 발생한 이후에는 계약당사자는 이를 변경 또는 소멸시키지 못한다.

정답 37 × 38 ○ 39 × 40 × 41 ×

CHAPTER 02 기타채권

PART 3 금융채권

1 신용카드채권

(1) 신용카드 계약의 발생
신용카드 계약은 카드사용자와 가맹점 간의 관계에서 발생한 대금지급의무를 신용카드회사가 대신 지급하기로 하고, 그 지급액을 결제일에 카드사용자가 신용카드회사에 지급하기로 하는 3면관계로 발생한다.

(2) 신용카드채권 ☑기출
① **신용구매** : 카드회사는 카드회원에게 신용을 공여하고 그 신용공여에 터 잡아 가맹점에서 물품 등을 구입하고 그 대금을 신용카드로 결제할 수 있다. 가맹점이 발행한 매출전표를 신용카드회사가 매입함으로써 대금을 지급하고, 카드회원이 결제일에 이를 변제함으로써 거래가 종료하게 된다. 만일 결제일에 전액 결제하지 못하게 되면 카드연체채권이 발생하는데 이것이 카드채권이다.
② **할부구매** : 카드회원이 할부구매 방식으로 거래하게 되면 카드회사는 할부수수료를 청구하는데 이 경우 할부거래에 관한 법률의 적용을 받게 된다. 카드회원이 할부구매를 하면 매월 정해진 일자에 할부원금과 할부수수료를 합산하여 결제해야 한다. 결제일에 변제하지 못하면 연체채권이 된다.
③ **현금서비스** : 현금서비스는 카드회사와 카드회원 간의 금전소비대차계약이다. 카드회원이 자금을 인출하여 사용 후 결제일에 수수료와 함께 변제하여야 한다. 결제일에 변제하지 못하면 연체채권이 된다.
④ **카드론** : 카드론이란 대출의 일종으로서 보통의 대출금과 같이 일정 기간 후 만기일에 변제하는 형식이며 상환은 매월 원리금을 변제하거나 만기에 원금을 상환한다. 정해진 상환일에 상환하지 못하면 연체채권이 된다.

(3) 신용카드채권에 관한 형법상 죄책 ☑기출

① 사기죄 : 형법 제347조의 사기죄란 사람을 기망하여 재물의 교부를 받거나 재산상의 이익을 취하는 것을 말한다.

　㉠ 발급 당시부터 결제의사나 능력이 없는 경우(자기명의) : 신용카드를 사용하고 신용카드회사에 그 이용대금을 정상적으로 변제할 의사나 능력 없이 자기명의의 신용카드를 발급받은 후 이를 사용하는 경우 형법상 사기죄의 죄책을 지게 된다. 현금인출 또는 물품구입한 경우 판례는 카드사용으로 인한 대금결제의 의사와 능력이 없으면서도 있는 것처럼 가장하여 카드회사를 기망하고, 카드회사는 이에 착오를 일으켜 일정 한도 내에서 카드사용을 허용해 줌으로써 피고인은 기망당한 카드회사의 신용공여라는 하자 있는 의사표시에 편승하여 현금자동지급기를 통한 현금대출도 받고, 가맹점을 통하여 물품구입대금 대출도 받아 카드발급회사로 하여금 같은 액수 상당의 피해를 입게 함으로써, 그것이 자동지급기에 의한 인출 행위이든 가맹점을 통한 물품구입 행위이든 불문하고 모두가 피해자인 카드회사의 기망당한 의사표시에 따른 카드 발급에 터 잡아 이루어지는 사기죄를 구성하는 것으로 본다.

　㉡ 정상취득 후 결제의사나 능력이 없게 된 경우 : 정상적으로 카드를 발급받아 사용하여 오던 자가 무자력으로 변제 의사나 능력이 없는 상태이면서도 카드 사용을 감행하고 연체를 빚은 경우 과연 그 죄책을 물을 수 있을 것인지 문제되나, 판례는 이에 대하여 카드회원이 일시적인 자금궁색 등의 이유로 그 채무를 일시적으로 이행하지 못하게 되는 상황이 아니라 이미 과다한 부채의 누적 등으로 신용카드사용으로 인한 대출금 채무를 변제할 의사나 능력이 없는 상황에 처하였음에도 불구하고 신용카드를 사용하였다면 사기죄에 있어서 기망행위 내지 편취의 범의가 인정되어 사기죄에 해당한다고 하였다.

　㉢ 명의모용 발급의 경우 : 신용카드를 부정한 방법으로 발급받아 사용하게 되면 사기죄가 성립하는바, 우선 타인의 명의를 모용하여 신용카드를 발급받은 경우 사문서인 신용카드발급 신청서의 위조죄 및 동행사죄가 성립하고, 이와는 별도로 신용카드 발급회사에 대한 사기죄가 성립하게 된다. 이러한 방법으로 취득한 카드를 사용하여 현금자동지급기에서 현금대출을 받는 행위는 절도죄에 해당하고, ARS 전화서비스나 인터넷 등을 통하여 신용대출을 받는 방법으로 재산상 이익을 취득하는 행위는 컴퓨터 등 사용사기죄에 해당한다. 또한 가맹점에서 물품을 구입하고 물품대금을 카드로 결제한 경우 사기죄가 성립하며 이때에 피모용자 명의로 매출전표를 작성하고 제시하는 행위는 사문서위조죄 및 동행사죄를 구성한다.

　㉣ 여신전문금융업법 위반 여부 : 신용카드대금을 결제할 의사나 능력 없이 자신의 신용카드를 발급받아 사용하거나, 정상적으로 발급받은 자신의 신용카드를 사용하던 자가 후에 무자력으로 변제 의사나 능력이 없게 된 경우 여신전문금융업법상의 신용카드부정사용죄는 성립하지 않는다. 다만 가맹점이 위·변조된 신용카드로 다량의 물품을 구입한 것처럼 위장하여 물품의 판매 또는 용역의 제공 없이 신용카드에 의한 거래를 한 것처럼 가장하여 매출전표를 작성한 때에는 여신전문금융업법 제70조상의 신용카드부정사용죄가 성립하게 된다.

② **절도죄** : 신용카드는 절도죄나 사기죄 등 재물죄의 객체인 재물에 해당하므로 타인의 신용카드를 절취한 경우 그 신용카드 자체에 대한 절도죄를 구성한다. 또한 도난·분실된 카드를 사용하여 현금자동지급기에서 현금서비스로 현금을 취득하는 행위는 현금자동지급기 관리자의 의사에 반하여 그의 지배를 배제하고 그 현금을 자기의 지배하에 옮겨 놓는 것으로서 절도죄를 구성하고, 이는 강취한 신용카드의 경우에도 같다.

③ **횡령죄** : 여신전문금융업법은 신용카드회원이 신용카드를 양도하거나 질권설정을 하여서는 아니 된다고 규정하고 있으므로 타인에게 양도 또는 질권설정하거나 반환을 거부하는 행위는 형법상 횡령죄가 성립한다.

2 리 스 ☑기출

(1) 리스계약의 성질

리스는 임대차계약으로서 소유권의 이전 없이 사용권만을 가지며 만기에 물건을 반환하는 것을 말한다. 여기에 금융조건이 부가되면 금융의 소비대차성격을 가지게 되는데 이를 금융리스라 한다. 금융리스는 민법상의 임대차계약 방식을 취하고 있으나 그 경제적 목적은 리스회사로부터 리스이용자에게 금융적 편의를 제공하고 여신기능을 수행하는 것으로 금융적 성격이 강하고 계약내용도 금융적 성격을 가지고 있다.

(2) 리스의 분류

① **금융리스** : 리스이용자가 일반적으로 특정한 기계 설비 등의 구입을 위한 자금조달이 불가능한 경우 리스회사가 그 물건의 구입자금을 융통하여 주는 대신에 이 물건을 직접 구입한 후 리스이용자에게 그 물건을 임대하여 이용하게 하며 리스이용자가 금융비용 및 계약비용과 함께 일정 기간 동안 분할하여 리스회사에게 지급하게 하는 계약으로서 설비의 유지·관리에 대한 책임이 임차인에게 있으며 금융의 융통을 목적으로 하는 것을 말한다.

② **운용리스** : 금융리스 외의 모든 리스를 가리키며, 자동차·정수기 등의 렌탈로서 설비의 유지·관리에 대한 책임이 임대인에게 있으며 서비스제공을 목적으로 한다.

(3) 사후관리

① **채무자의 채무불이행과 리스자산에 대한 가압류** : 리스물건의 소유권은 임대인인 리스회사에게 유보되어 있다. 그것이 금융리스라 할지라도 같은바, 채무자인 임차인의 채무불이행이 있더라도 채권자인 리스회사의 소유인 리스자산을 압류 또는 가압류의 목적물로 할 수는 없다.

② **금융리스계약과 리스이용자의 파산 또는 채무자회생절차** : 파산절차에 있어서 파산관재인은 리스물건이 회사의 재건에 필요할 경우 리스계약의 이행을 하고 불필요하다면 리스계약을 해지할 수 있다. 리스계약의 이행을 선택할 경우 장래의 리스료 채권은 파산재단채권이 되며 파산채권에 우선하여 변제받을 수 있다. 정리절차에 있어서도 리스료 채권은 공익채권이 되고 정리절차에 의하지 아니하고 정리담보권에 대하여 우선변제권이 있다. 다만 문제가 되는 것은 파산개시결정·정리절차개시결정까지의 연체리스료를 재단채권 또는 공익채권으로 볼 수 있을 것인가인데, 리스이용자의 리스료 지급의무와 리스회사의 리스이용자에 대한 리스물건을 직접 점유하여 사용·수익시킬 의무는 불가분적으로 파악하여야 하고 파산개시결정·정리절차개시결정까지의 연체리스료를 재단채권 또는 공익채권으로 한다 하여도 파산관재인의 이익을 고려한다면 불공평한 결과가 발생한다고 볼 것은 아니다. 리스계약을 해지한 경우에는 원상회복으로서 리스회사는 리스물건의 반환과 계약의 해지로 발생한 손해에 관하여 관재인을 상대로 손해배상을 청구할 수 있고 이때의 손해배상채권은 파산채권 또는 회생채권으로 분류된다.

3 할부금융

(1) 할부계약

할부계약이란 계약의 명칭·형식이 어떠하든 재화나 용역(일정한 시설을 이용하거나 용역을 제공받을 수 있는 권리를 포함)에 관한 다음의 계약을 말한다.

① **직접할부계약** : 소비자가 사업자에게 재화의 대금이나 용역의 대가를 2개월 이상의 기간에 걸쳐 3회 이상 나누어 지급하고, 재화 등의 대금을 완납하기 전에 재화의 공급이나 용역의 제공을 받기로 하는 계약

② **간접할부계약** : 소비자가 신용제공자에게 재화 등의 대금을 2개월 이상의 기간에 걸쳐 3회 이상 나누어 지급하고, 재화 등의 대금을 완납하기 전에 사업자로부터 재화 등의 공급을 받기로 하는 계약

(2) 선불식 할부계약

선불식 할부계약이란 계약의 명칭·형식이 어떠하든 소비자가 사업자로부터 다음의 어느 하나에 해당하는 재화 등의 대금을 2개월 이상의 기간에 걸쳐 2회 이상 나누어 지급함과 동시에 또는 지급한 후에 재화 등의 공급을 받기로 하는 계약을 말한다.

① 장례 또는 혼례를 위한 용역(제공시기가 확정된 경우는 제외) 및 이에 부수한 재화

② 위 ①에 준하는 소비자피해가 발생하는 재화 등으로서 소비자의 피해를 방지하기 위하여 대통령령으로 정하는 재화 등

CHAPTER 02 OX 마무리

PART 3 금융채권

01 신용카드 계약은 카드회사와 카드사용자, 가맹점 간의 3면관계로 발생한다.

01 신용카드 계약은 카드회사와 카드사용자의 쌍면계약으로 발생한다. O X

02 현금서비스는 금전소비대차계약이며, 일종의 한도거래대출이다. O X

03 현금서비스는 일종의 단기성 대출에 해당하나, 카드론은 단기성 대출이 아니다.

03 카드론은 보통 익월 결제일에 변제하는 단기성 대출이다. O X

04 카드론은 신용카드 이용실적에 따른 개별적, 선별적 대출한도가 설정되며, 회원이 자금필요 시 수시로 자금을 융통할 수 있다. O X

05 신용카드회사에 그 이용대금을 정상적으로 변제할 의사나 능력 없이 자기명의의 신용카드를 발급받은 후 이를 사용하는 경우 형법상 사기죄의 죄책을 지게 된다. O X

01 × 02 ○ 03 × 04 ○ 05 ○ **정답**

06 자기명의 신용카드 발급행위가 사기죄에 해당하는 경우 현금자동지급기에 의한 현금인출행위는 사기죄와는 별도로 절도죄에 해당한다. O X

06 자동지급기에 의한 인출행위이든 가맹점을 통한 물품구입행위이든 모두 피해자인 카드회사의 기망당한 의사표시에 따른 카드 발급에 터 잡아 이루어지는 것으로 포괄하여 사기죄를 구성하는 것이지 이를 별도의 절도죄로 처벌하는 것은 아니다.

07 정상적으로 카드를 발급받아 사용하여 오던 자가 후에 채무를 변제할 의사 없이 신용카드를 사용하였다면 사기죄가 성립하지 않는다. O X

07 이미 과다한 부채의 누적 등으로 신용카드 사용으로 인한 대출금 채무를 변제할 의사나 능력이 없는 상황에 처하였음에도 불구하고 신용카드를 사용하였다면 사기죄에 있어서 기망행위 내지 편취의 범의가 인정되어 사기죄에 해당한다.

08 타인의 명의를 모용하여 신용카드를 발급받은 경우 사기죄가 성립한다. O X

09 타인의 명의를 모용하여 신용카드를 발급받아 사기죄가 성립하는 경우 현급자동지급기에서 현금대출을 받는 행위는 포괄하여 사기죄를 구성하는 것이지 별도의 절도죄를 구성하는 것은 아니다. O X

09 타인의 명의를 모용하여 발급받은 신용카드를 사용하여 현급자동지급기에서 현금대출을 받는 행위는 카드회사에 의해 미리 포괄적으로 허용된 행위가 아니라. 별도의 절도죄를 구성한다.

10 타인의 명의를 모용하여 신용카드를 발급받은 경우 사문서인 신용카드발급 신청서의 위조죄 및 동행사죄가 성립한다. O X

정답 06 × 07 × 08 O 09 × 10 O

11 변제능력이 없음에도 자기명의의 신용카드를 발급받은 경우 여신전문금융업법상의 신용카드부정사용죄는 성립하지 않는다. O|X

12 신용카드는 양도·양수하거나 질권을 설정할 수 없다(여신전문금융업법 제15조).

12 타인의 신용카드를 보관하는 자는 이를 양도하거나 질권 설정의 목적물로 제공할 수 없음이 원칙이다. 다만, 본인의 카드는 타인에게 양도 또는 질권 설정이 가능하다. O|X

13 운용리스는 임대차계약으로서 복사기 렌탈, 자동차 렌탈 등을 말한다.

13 운용리스의 법적 성질은 민법상 소비대차계약이다. O|X

14 금융리스는 임대차계약으로서의 운용리스에 금융조건이 부가되어 금융의 소비대차성격을 가지게 되는데, 거액의 자금조달을 목적으로 한다.

14 운용리스는 주로 거액의 자금조달을 목적으로 한다. O|X

15 금융리스는 임차인에게, 운용리스는 임대인에게 설비의 유지관리 책임이 있다. O|X

16 리스물건의 소유권은 임대인인 리스회사에게 유보되어 있으므로 리스자산을 (가)압류의 목적물로 할 수 없다.

16 금융리스의 경우 채권자는 채무자의 채무불이행 시 리스자산을 압류(또는 가압류)의 목적물로 할 수 있다. O|X

정답 11 O 12 X 13 X 14 X 15 O 16 X

17 파산절차 또는 회사정리절차에 있어 파산관재인(또는 관리인)이 리스계약의 이행을 선택하였을 때, 이때의 장래발생 리스료 채권은 회사정리절차에서는 우선변제권이 인정되나 파산절차에서는 우선변제권이 인정되지 않는다. O X

17 파산절차에 있어서는 재단채권이 되고 회사정리절차에 있어서는 공익채권이 되어 모두 우선변제를 받을 수 있다.

18 소비자가 신용제공자에게 재화 등의 대금을 2개월 이상의 기간에 걸쳐 3회 이상 나누어 지급하고, 재화 등의 대금을 완납하기 전에 사업자로부터 재화 등의 공급을 받기로 하는 계약을 직접할부계약이라 한다. O X

18 간접할부계약에 관한 설명이다.

19 할부거래에 있어서 매도인은 매수인의 할부지급 금액에 따라 할부금융사로부터 그 대금을 분할하여 대금을 지급받는다. O X

19 할부거래가 발생하면 할부금융사는 매도인에게 물품 전체에 해당하는 대금을 선 지급 후 매수인의 분할상환을 통해 대금 변제를 받는다.

정답 17 × 18 × 19 ×

CHAPTER 03 이자계산

PART 3 금융채권

1 이율(금리)의 종류

(1) 이자의 의의

이자란 경제적 측면에서 자금 사용자의 자금 대여금의 대가라 할 수 있고, 그 법률적 의미는 금전 기타의 대체물의 사용의 대가로서 원본액과 사용기간에 비례하여 지급되는 금전 기타의 대체물을 의미한다. 이는 채무자의 채무불이행으로 인한 채권자의 손해를 배상하는 지연배상금인 연체이자와는 구별된다. 이자는 대출원금에 약정이자율과 기간을 곱하여 계산한다.

(2) 법정이율과 약정이율

① **법정이율** : 당사자의 약정이율이 없는 경우 민법상의 법정이율인 연 5% 또는 상행위로 인한 상법상의 법정이율 6%의 적용을 받게 된다. 여신거래약정이 적용되지 않는 채무자에 대한 지연배상금의 산정 이외에 은행의 여신거래에 있어서 이러한 법정이율이 적용되는 경우는 거의 없다고 볼 수 있다.

② **약정이율** : 은행의 여신거래에 있어서 약정이자율과 지연손해금 산정이율은 각각 별도로 약정하고 있다. 은행여신거래기본약관은 '이자의 율과 계산방법, 지급의 시기, 방법'에 관하여 채무자는 법령이 허용하는 한도 내에서 은행이 정하는 바에 따르며 지연배상금의 율도 은행이 정한 바에 따르고 있다.

(3) 고정금리와 변동금리

① **고정금리대출** : 원칙적으로 은행이 그 율을 변경할 수 없는 대출을 고정금리대출이라 한다. 그러나 판례는 사정변경의 원칙을 인정하여 고정금리 방식으로 금리를 결정하기로 합의하였다고 하여, 금융기관에게 금리변경권을 부여하는 약관의 적용이 당연히 배제되는 것은 아니라고 하였다.

② **변동금리대출** : 은행이 그 율을 수시로 변경할 수 있는 대출을 변동금리대출이라 한다. 단, 은행 측의 객관적인 사정변경 내지 채무자의 신용등급 변경 등의 사유가 있는 등의 경우에 한하여 합리적인 범위 내에서 변동이 가능하다. 또한 그 변동은 변경 기준일부터 1개월간 모든 영업점 및 은행이 정한 전자매체 등에 이를 게시하여야 하며, 어느 채무자에 대한 개별적 변경이 있는 경우에는 각각 그 통지가 이루어져야 한다.

(4) 기타 금리의 종류

① **단리와 복리** : 원금에 대한 이자만을 계산하는 것을 단리라 하며 원금과 이자에 대한 이자를 함께 계산하는 것을 복리라 한다.

② **명목금리와 실질금리** : 명목금리는 물가상승률에 따른 구매력의 변화를 감안하지 아니한 금리이며 실질금리는 명목금리에서 물가상승률을 뺀 금리이다.

③ **표면금리와 실효금리** : 겉으로 드러난 금리를 표면금리, 실제로 지급받거나 부담하게 되는 금리를 실효금리라 한다.

④ **수익률과 할인율** : 수익률이란 예컨대, 10만 원짜리 채권을 매입 1년 후에 이자 1만 원을 합산하여 11만 원을 받게 되면 수익률은 10%가 된다. 할인율이란 예컨대, 10만 원짜리 채권을 할인된 가격인 9만 원에 매입하고 1년 후에 10만 원을 받는다면 할인율은 10%가 된다.

2 이자계산방법 ☑기출

이자를 계산하기 위해서는 원금, 이율, 기간, 이 세 가지가 확정되어야 한다.

(1) 월이자계산

① 일할 계산법

원금×이자율×일수 ÷ 365일 = 이자금액

원 금	이자율	일 수	이 자
1,000,000	12	30	9,863

② 월할 계산법

원금×이자율×월수 ÷ 12개월 = 이자금액

원 금	이자율	월 수	이 자
1,000,000	12	1개월	10,000

(2) 장기이자계산

① 원금상환이 없었던 때 : 연체 일수로 일할 계산

원금×이자율×일수 ÷ 12개월 = 이자금액

② 원금상환이 있었던 때

㉠ 한편 넣기 : 상환한 날의 이자를 포함하지 않는 방식

㉡ 양편 넣기 : 상환한 날의 이자를 포함시키는 방식

(3) 할부금이자 계산

① **분할상환대출금의 상환방식** : 매월 일정액의 원금을 상환하는 방식으로 원금잔액에 따라 매월 지급이자도 감소하게 된다. 원리금균등상환방식으로 상환 원금과 이자를 합산하여 매월 일정액을 상환하는 방식의 거래이다.

② **원리금균등상환방식에 의한 계산** : 실무적으로 원리금 균등액을 확정하는 것은 엑셀 PMT함수를 이용하여 구한다. 예를 들어 원금 1천만 원을 연리 12%의 이율로 12개월로 약정하여 차입한 경우의 이자는 다음과 같다.

구 분	만기일시상환	원리금균등분할상환	원금균등분할상환	거치 후 분할상환
총 이자금액	1,200,000원	661,853원	650,000원	0원

[원리금균등상환]

회 차	상환원리금	상환원금	월대출이자금액	대출잔액
1	888,488	788,488	100,000	9,211,512
2	888,488	796,373	92,115	8,415,139
3	888,488	804,337	84,151	7,610,802
4	888,488	812,380	76,108	6,798,422
5	888,488	820,504	67,984	5,977,918
6	888,488	828,709	59,779	5,149,209
7	888,488	836,996	51,492	4,312,213
8	888,488	845,366	43,122	3,466,847
9	888,488	853,820	34,668	2,613,027
10	888,488	862,358	26,130	1,750,669
11	888,488	870,981	17,507	879,688
12	888,488	879,688	8,797	0

3 연체이자 ☑ 기출

(1) 연체이자 일반

통상적으로 연체이자라고 할 때에는 정상이자와 지연배상금의 합을 말하지만 연체이자의 법적 성격은 지연배상금이라 볼 수 있다. 따라서 약정이율이 10%이고 연체이율이 15%인 경우 지연배상금은 5%가 된다. 일정 기간 동안에는 지연배상금을 부과하고 일정 기간 후에는 기한의 이익을 상실시켜 원금 전액에 대한 약정이자에 지연이자를 더한 연체이자를 부과하는바, 은행여신거래기본약관에 의하면 기업대출은 14일까지는 이자에 대해 연체이자를 징수하고 그 이후에 대해서는 원금에 대하여 연체이자가 부과되며, 가계대출은 30일까지는 이자에 대해 연체이자를 징수하고 그 이후에 대해서는 원금에 대하여 연체이자를 부과한다.

(2) 연체이자 계산 시 한편 넣기

금융기관들은 오랫동안 양편 넣기로 계산해 왔으나 지금은 대부분의 은행이 한편 넣기 계산방식을 도입하여 이자계산을 하고 있다.

(3) 할부금융거래에 있어서 연체이자

할부금융거래에 있어서 지연배상금의 부과방식
① 잔액할부원리금 전부에 대하여 지연배상금을 부과
② 잔액할부원금에 대하여만 지연배상금을 부과
③ 미납할부원리금에 대해서만 지연배상금을 부과
④ 미납할부원금에 대해서만 지연배상금을 부과

(4) 이자율 또는 연체이자 약정이 없는 때의 연체이자

상법상의 상사법정이율 6%를 적용하여 변제기일로부터 상환하는 날까지의 지연배상금을 계산한다.

4 적수계산

대출원금이 일정하지 않을 때에는 이자 계산이 상당히 번잡하다. 예컨대 매일매일 대출 잔액이 달라져서 월 대출 잔액이 일정하지 않은 때에는 월할 계산방식은 할 수 없고 일할 계산방식의 이자계산은 가능은 하지만 매우 번잡하다. 적수 계산법은 매월 일정액을 적립해 가는 적금 형식의 이자계산방법으로 다음과 같이 계산한다.

$$\text{대출원금의 누적적수} \times \text{연이율} \div 365\text{일}$$

CHAPTER 03 OX 마무리

PART 3 금융채권

01 이자제한법 제2조(이자의 최고한도)
① 금전대차에 관한 계약상의 최고이자율은 연 25퍼센트를 초과하지 아니하는 범위 안에서 대통령령으로 정한다.
② ①에 따른 최고이자율은 약정한 때의 이자율을 말한다.

02 경제적 측면에서 자금 사용자의 자금 대여금의 대가라 할 수 있고, 그 법률적 의미는 금전의 사용의 대가로서의 법정과실이라 할 수 있다.

04 판례는 사정변경의 원칙을 인정하여 금융기관에게 금리변경권을 부여하는 약관의 적용이 당연히 배제되는 것은 아니라고 하였다.

01 1997년 외환위기 이후 이자제한법이 폐지되었으므로 약정에 있어 이자율 제한은 없다. O X

02 금전채권에 있어서의 이자의 법률적 의미는 법정과실이다. O X

03 이자계산의 3요소는 원금, 이자율, 기간이다. O X

04 고정금리대출의 경우 은행은 그 율을 변경할 수 없다. O X

01 X 02 O 03 O 04 X **정답**

05 통상적인 이자납입방법은 기업대출은 선취방식이며, 개인에 대한 대출은 후취방식으로 정해지고, 선취대출은 14일, 후취대출은 30일이다. O X

05 기업대출은 14일까지는 이자에 대해 연체이자를 징수하고 그 이후에 대해서는 원금에 대하여 연체이자가 부과되며, 가계대출은 30일까지는 이자에 대해 연체이자를 징수하고 그 이후에 대해서는 원금에 대하여 연체이자를 부과한다.

06 한편 넣기는 대출금을 수령한 날과 상환한 날을 이자계산일수에 산입하고 이자를 계산하는 것을 말한다. O X

06 한편 넣기는 상환을 한 날의 이자를 포함하지 않는 방식이며 수령한 날은 관계가 없다.

07 할부금융거래에 있어서 지연배상금의 부과 시에 잔액할부원리금 전부에 대하여 지연배상금을 부과하는 것보다 미납할부원금에 대해서만 지연배상금을 부과하는 것이 소비자에게 가장 유리하다. O X

08 연체이자의 법률적 성격은 정상이자와 지연배상금의 합을 말한다. O X

08 통상 연체이자라고 할 때에는 정상이자와 지연배상금의 합을 말하나, 연체이자의 법률적 성격은 지연배상금이다.

09 이자연체 시 채무자는 곧바로 기한의 이익을 상실한다. O X

09 은행여신거래기본약관에는 이자 등을 지급하여야 할 때로부터 계속하여 14일간 지체한 때에 기한의 이익을 상실한다고 규정하고 있다.

10 약정이 없는 때의 연체이자는 민법상의 법정이율인 5%를 적용하여 변제기일로부터 상환하는 날까지의 지연배상금을 계산한다. O X

10 상법상의 상사법정이율 6%를 적용한다.

정답 05 O 06 × 07 O 08 × 09 × 10 ×

PART 03 적중예상문제

01 다음 중 일정한 대출금을 약정기한까지 사용할 수 있는 대출로서 중도에 전액 또는 일부 상환이 가능하나 상환 후에는 동일한 약정에 기한 추가대출은 할 수 없는 대출은 어느 것인가?

① 보증서대출
② 개별거래대출
③ 한도거래대출
④ 일시상환대출
⑤ 분할상환대출

해설
① 보증서대출 : 타 은행이 발행한 지급보증서나 신용보증기금 또는 기술신용보증기금이 발행한 보증서를 담보로 취득하는 대출을 말한다.
③ 한도거래대출 : 대출금한도와 거래기간을 미리 정하여 두고 그 범위 안에서 차주가 필요한 금액을 인출하거나 상환이 가능한 대출 방식이다.
④ 일시상환대출 : 대출금을 약정기일에 일시에 상환받는 대출을 말한다.
⑤ 분할상환대출 : 연간 수회에 걸쳐 대출금을 정기적으로 분할하여 상환하는 조건의 대출방식으로 1년 이상의 장기성 대출의 경우에 운용되는 형식이다.

02 금융채권에 관한 다음 설명 중 가장 적절하지 않은 것은?

① 대출금 지급 한도를 미리 정해 놓고 채무자가 필요에 따라 약정한 한도 범위 내에서 대출금을 인출하는 것을 한도대출이라 한다.
② 자금융통 기능이 강한 금융리스인 경우에도 리스물건의 소유권은 여전히 리스회사에 있다.
③ 기업의 공장이나 기계장치 등과 같이 생산시설을 설치할 때 필요한 자금에 충당할 목적으로 취급된 대출은 시설자금대출이다.
④ 법인이 아닌 개인사업자에게 제공되는 영업활동에 필요한 운영자금의 대출은 가계자금대출로 분류되지 않고 기업자금대출로 분류된다.
⑤ 신용보증기금이 발행한 보증서를 담보로 취득한 후 취급하는 대출은 신용대출이다.

해설
보증서대출
타 은행이 발행한 지급보증서나 신용보증기금 또는 기술신용보증기금이 발행한 보증서를 담보로 취득하는 대출을 말한다.

03 다음 설명 중 옳지 않은 것은?

① 운전자금대출이란 영업활동에 필요한 운전자금에 충당할 목적의 대출로 주로 3년에서 10년의 장기대출로 이루어진다.
② 한도거래대출이란 대출금한도와 거래기간을 미리 정하여 두고 그 범위 안에서 차주는 필요한 금액을 인출하거나 상환이 가능한 대출 방식이다.
③ 보증서대출이란 타 은행이 발행한 지급보증서나 신용보증기금 또는 기술신용보증기금이 발행한 보증서를 담보로 취득하는 대출을 말한다.
④ 일시상환대출이란 대출금을 약정기일에 일시에 상환받는 대출을 말한다.
⑤ 증서대출이란 차주가 금전소비대차약정서를 대주에게 작성하여 주고 금전을 대여하는 대출이다.

해설
운전자금대출은 주로 1년 이내의 단기대출로 이루어진다.

04 증서대출에 관한 다음 설명 중 가장 적절하지 않은 것은?

① 증서대출에 있어서 증거의 확보라는 측면에서 채무자로부터 채권서류를 작성하게 하여 이를 제출받는데, 채권서류가 분실 또는 멸실되어도 채권의 소멸을 초래하는 것은 아니다.
② 증서대출계약의 법적 성질은 금전소비대차계약이다.
③ 사문서의 경우 문서상 본인 또는 대리인의 서명이나 날인이 진정한 것임을 증명한 때에는 진정한 문서로 추정을 받는다.
④ 증서대출은 반드시 물건의 인도나 급부를 제공함으로써 계약이 성립하는 「민법」상의 요물계약의 성질을 갖는다.
⑤ 계약이 합의되면 금융기관은 약정일에 계약의 목적물인 금전의 지급의무를 지게 되고 채무자는 자금을 지급받은 후에는 계약내용에 따라 이자의 지급의무와 만기상환의무를 지게 되는 쌍무계약이다.

해설
증서대출은 당사자 일방이 금전 기타 대체물의 소유권을 상대방에게 이전할 것을 약정하고 상대방은 그와 같은 종류, 품질 및 수량으로 반환할 것을 약정함으로써 성립하는 민법상의 소비대차계약의 성질을 갖는다.

05 다음의 설명 중 타당하지 않은 것은?

① 증서대출이란 민법상의 금전소비대차약정을 체결하는 형식의 대출을 말한다.
② 증서대출은 약정형식에 의하여 분류된 대출의 한 종류이다.
③ 증서대출의 경우 금융기관은 채무자로부터 대출금의 사용대가인 이자를 지급받는다는 측면에서 유상계약이다.
④ 채권증서는 사문서 중 처분문서로서 증명하고자 하는 법률적 행위가 그 문서 자체에 의하여 이루어진 경우의 문서를 말한다.
⑤ 채권자가 채권증서를 분실한 경우 채권의 소멸을 초래하게 되므로 채무자에게 청구권을 행사할 수 없다.

해설
채권증서를 분실하였다 하더라도 채권의 소멸을 초래하는 것은 아니므로 채무자에게 청구권을 행사하는 데 아무런 문제가 없다.

06 다음 중 증서대출에 관한 설명으로 옳지 않은 것은?

① 금전소비대차계약이다.
② 요식계약이다.
③ 유상계약이다.
④ 불요식계약이다.
⑤ 쌍무계약이다.

해설
당사자 간의 승낙으로써 계약이 성립하는 낙성·불요식계약이다.

07 다음 어음대출의 어음상 채무에 대한 법률적 해석에 관한 설명으로 가장 타당한 것은?

① 지급에 갈음하여
② 지급을 위하여
③ 지급의 담보를 위하여
④ 원인채권은 소멸하고 어음채권만 존속하게 된다.
⑤ 어음채권을 먼저 행사한 후 원인채권을 행사할 수 있다.

해설
어음대출의 경우 판례는 그 차용금채무의 지급의 담보 내지 확보를 위하여 이루어진 것이라고 해석하고 있다. 즉, 원인관계로서 소비대차계약이 있고 이 계약상의 채무 이행을 확실히 하기 위하여 또는 그 채무를 담보하기 위하여 어음이 수수되는 것이 원칙이다.

08

다음의 설명 중 타당하지 않은 것은?

① 기존채무의 지급을 위하여 어음이 수수된 경우에는 어음채무가 병존하며 이 경우 채권자는 원인관계상의 채권을 먼저 행사하여야 한다.
② 기존채무의 지급을 담보하기 위하여 어음이 수수된 경우에는 기존채무와 어음채무가 병존하며 이 경우 채권자는 양 채권을 선택적으로 행사할 수 있다.
③ 기존채무의 지급에 갈음하여 어음이 수수된 경우에는 기존채무는 소멸하고 어음채무만이 남게 된다.
④ 판례는 당사자의 의사가 확실하지 않은 상태로 당좌수표나 약속어음이 수수된 경우에는 기존채무의 지급을 위하여 또는 지급을 담보하기 위하여 수수된 것으로 추정하고 있다.
⑤ 판례는 자기앞수표나 은행의 지급보증이 있는 수표가 수수된 경우에는 기존채무의 지급에 갈음하여 수수된 것으로 보고 있다.

해설
어음상의 권리를 먼저 행사하여야 한다.

09

할부거래에 관한 법률상의 할부거래에 대한 다음 설명 중 옳지 않은 것은?

① 부동산은 할부거래의 목적물이 될 수 없다.
② 목적물의 대금을 2월 이상의 기간에 걸쳐 3회 이상 분할 지급하여야 한다.
③ 매수인이 대금의 완납 전에 동산의 인도 또는 용역의 제공을 받아야 한다.
④ 매수인이 상행위를 목적으로 할부계약을 체결하는 경우에도 할부거래에 관한 법률을 적용한다.
⑤ 할부거래의 목적물 중에서 성질상 할부거래에 관한 법률을 적용하는 것이 적당하지 아니한 것으로서 대통령령으로 정하는 재화 등의 거래에 대하여는 적용되지 않는다.

해설
적용제외(할부거래에 관한 법률 제3조)
이 법은 다음의 거래에는 적용하지 아니한다.
- 사업자가 상행위를 위하여 재화 등의 공급을 받는 거래. 다만, 사업자가 사실상 소비자와 같은 지위에서 다른 소비자와 같은 거래조건으로 거래하는 경우는 적용한다.
- 성질상 이 법을 적용하는 것이 적합하지 아니한 것으로서 대통령령으로 정하는 아래 재화 등의 거래
  - 농산물·수산물·축산물·임산물·광산물로서 「통계법」에 따라 작성한 한국표준산업분류표상의 제조업에 의하여 생산되지 아니한 것
  - 「약사법」에 따른 의약품
  - 「보험업법」에 따른 보험
  - 「자본시장과 금융투자업에 관한 법률」에 따른 증권 및 어음
  - 부동산

10. 다음의 할인어음에 관한 설명 중 틀린 것은?

① 어음할인이란 어음소지인이 지급기일 이전에 돈을 융통받고자 할 때 금융기관이 그 기일까지의 이자 등을 어음금에서 공제한 돈을 지급하고 그 어음을 매입하는 것을 말한다.
② 어음의 매매를 전제로 하는 민법상 매매계약으로 볼 수 있다.
③ 할인의뢰인은 민법상 매도인으로서의 하자담보책임을 진다.
④ 할인 취득한 어음이 위조된 것인 경우 명의를 위조당한 본인은 어음상의 책임을 부담하지 않는다.
⑤ 할인 취득한 어음이 위조된 것인 경우에는 할인의뢰인은 매도인으로서의 하자담보책임을 부담하지 않는다.

해설
위조된 경우에도 할인의뢰인은 매도인으로서의 하자담보책임을 부담하게 된다.

11. 다음 당좌대출에 관한 설명으로 가장 올바르지 않은 것은?

① 당좌대출이란 당좌거래처가 당좌예금의 잔액을 초과하여 어음·수표를 발행함으로써 그 결제자금이 부족할 경우에 은행이 일정한 한도까지 이를 대체지급하여 결제하는 대출을 말한다.
② 당좌대출채권의 성질은 여신거래약정서상 '비용상환청구권'이라고 볼 수 있다.
③ 당좌거래처의 신용상태에 현저한 사정변경이 발생한 경우 은행은 당좌대출한도의 강제감액, 당좌대출의 일시정지, 당좌대출계약의 강제해지가 가능하다.
④ 당좌대출의 기한은 표준 여신거래약정서에 기간만료일을 정하도록 하고 있다.
⑤ 당좌대출의 약정서에는 1회전기간을 정하도록 하고 있는데 1회전기간 만료일이 당좌대출의 기한이라 볼 수 있다.

해설
당좌대출채권은 법 이론상으로는 비용상환청구권이나 여신거래약정서상으로는 준소비대차채권이라고 볼 수 있다.

12. 다음의 지급보증에 관한 설명으로 틀린 것은?

① 금융기관이 보증 채무를 변제함으로써 채권이 상대적으로 소멸한 결과, 보증의뢰인은 금융기관에 구상채무를 지게 된다.
② 금융기관과 보증처와의 보증계약은 제삼자를 위한 계약의 형식을 취하게 된다.
③ 보증처가 보증서를 수령한 이후에는 보증의뢰인과 금융기관의 합의만으로는 그 보증계약을 해제하거나 일방적으로 내용을 변경할 수 없다.
④ 금융기관은 변제 이전에 보증의뢰인에게 사전구상을 할 수도 있다.
⑤ 지급보증은 채권자와 보증인 간에 체결한다.

해설
보증의뢰인의 위탁에 따라 금융기관이 보증처를 위하여 보증서를 발급하고 보증처는 직접 금융기관에 대하여 채권을 취득하는 것으로 채권자는 보증계약에 개입하지 않는다.

13. 다음 신용카드채권에 관한 설명 중 틀린 것은?

① 현금서비스는 금전소비대차계약이며, 일종의 한도거래대출이다.
② 신용카드계약은 카드회사와 카드사용자, 가맹점 간의 3면관계로 발생한다.
③ 현금서비스는 보통 익월 결제일에 변제하는 단기성 대출이다.
④ 카드론은 신용카드 이용실적에 따른 개별적, 선별적 대출한도가 설정되며, 회원이 자금필요시 수시로 자금을 융통할 수 있다.
⑤ 카드회원이 할부구매 방식으로 거래하게 되면 카드회사는 할부수수료를 청구하는데 이 경우 할부거래에 관한 법률의 적용을 받는 것은 아니다.

해설
할부거래에 관한 법률의 적용을 받게 된다.

14. 다음은 신용카드채권에 관한 형법상 죄책에 관한 설명이다. 옳지 않은 것은?

① 신용카드회사에 그 이용대금을 정상적으로 변제할 의사나 능력 없이 자기명의의 신용카드를 발급받은 후 이를 사용하는 경우 형법상 사기죄의 죄책을 지게 된다.
② 자기명의 신용카드 발급행위가 사기죄에 해당하는 경우 현금자동지급기에 의한 현금인출행위는 포괄하여 사기죄를 구성하게 된다.
③ 정상적으로 카드를 발급받아 사용하여 오던 자가 후에 연체를 빚은 경우에도 사기죄가 성립할 수 있다.
④ 타인의 명의를 모용하여 신용카드를 발급받은 경우 사기죄가 성립한다.
⑤ 타인의 명의를 모용하여 신용카드를 발급받아 현금자동지급기에서 현금대출을 받는 행위는 포괄하여 사기죄를 구성하게 된다.

해설
사기죄와는 별도로 절도죄를 구성한다.

15. 다음의 리스에 관한 설명으로 옳지 아니한 것은?

① 리스에는 금융리스와 운용리스가 있다.
② 금융리스란 임대차계약으로서의 성질에 금융조건이 부가되어 금융의 소비대차 성격을 가지게 되는 것을 말한다.
③ 운용리스란 자동차 · 정수기 등의 렌탈로서 서비스제공을 목적으로 한다.
④ 금융리스와 운용리스는 임차인에게 설비의 유지 · 관리 책임이 있다.
⑤ 리스물건의 소유권은 임대인인 리스회사에게 유보되어 있어 채무자의 채무불이행이 있더라도 채권자인 리스회사는 리스자산을 압류 또는 가압류의 목적물로 할 수는 없다.

해설
금융리스는 임차인에게, 운용리스는 임대인에게 설비의 유지 · 관리 책임이 있다.

16 다음 설명 중 가장 적절하지 않은 것은?

① 현금서비스는 일반적으로 익월 결제일에 변제해야 하는 단기 대출이다.
② 지급보증의뢰인이 주채무를 이행하지 않는 경우 금융기관은 보증채무를 이행하여야 하며 금융기관이 보증채무를 이행한 경우에 보증의뢰인에게 구상권을 가진다.
③ 금융리스는 임대인에게, 운용리스는 임차인에게 설비의 유지·관리 책임이 있다.
④ 일반적으로 보증계약은 채권자와 보증인 간에 체결하는 것이 원칙이다. 그러나 지급보증의 경우에는 보증의뢰인의 위탁에 따라 금융기관이 보증처 앞으로 보증서를 발급하고 채권자인 보증처는 보증계약에 전혀 개입하지 아니한다.
⑤ 신용카드 대금을 '지불할 의사와 능력'이 없으면서 신용카드를 발급받아 사용한 후 변제하지 아니하면 사기죄가 되기도 한다.

해설
리스의 분류
- 금융리스 : 리스이용자가 일반적으로 특정한 기계·설비 등의 구입을 위한 자금조달이 불가능한 경우 리스회사가 그 물건의 구입자금을 융통하여 주는 대신에 이 물건을 직접 구입한 후 리스이용자에게 그 물건을 임대하여 이용하게 하며 리스이용자가 금융비용 및 계약비용과 함께 일정 기간 동안 분할하여 리스회사에게 지급하게 하는 계약이다. 설비의 유지·관리에 대한 책임이 임차인에게 있으며 금융의 융통을 목적으로 하는 것을 말한다.
- 운용리스 : 금융리스 외의 모든 리스를 가리키며, 자동차·정수기 등의 렌탈로서 설비의 유지·관리에 대한 책임이 임대인에게 있으며 서비스제공을 목적으로 한다.

17 다음 중 할부계약에 관한 설명으로 옳지 않은 것은?

① 할부계약이란 계약의 명칭·형식이 어떠하든 재화나 용역에 관한 계약을 말한다.
② 소비자가 사업자에게 재화의 대금이나 용역의 대가를 2개월 이상의 기간에 걸쳐 3회 이상 나누어 지급하고, 재화 등의 대금을 완납하기 전에 재화의 공급이나 용역의 제공을 받기로 하는 계약을 간접할부계약이라고 한다.
③ 소비자가 신용제공자에게 재화 등의 대금을 2개월 이상의 기간에 걸쳐 3회 이상 나누어 지급하고, 재화 등의 대금을 완납하기 전에 사업자로부터 재화 등의 공급을 받기로 하는 계약도 할부계약에 해당한다.
④ 선불식 할부계약이란 계약의 명칭·형식이 어떠하든 소비자가 사업자로부터 재화 등의 대금을 2개월 이상의 기간에 걸쳐 2회 이상 나누어 지급함과 동시에 또는 지급한 후에 재화 등의 공급을 받기로 하는 계약을 말한다.
⑤ 위 ④에 해당하는 재화란 장례 또는 혼례를 위한 용역(제공시기가 확정된 경우는 제외) 및 이에 부수한 재화 등을 말한다.

해설
② 직접할부계약에 속한다. ③이 간접할부계약에 관한 설명에 해당한다.

18 이자에 관한 다음 설명 중 가장 적절하지 않은 것은?

① 이자 있는 소비대차는 차주가 목적물의 인도를 받은 다음 날부터 이자를 계산하여야 한다.
② 이자는 자금사용자가 자금대여자에게 지불하는 대가이며, 법률적 의미로는 금전채권에 있어서의 이자를 법정과실이라고 한다.
③ 연체이자의 법률적 성격은 지연배상금이다.
④ 이자채무는 이자약정 또는 법률의 규정으로부터 발생하는 채무이다.
⑤ 이자는 금전 기타의 대체물의 사용대가로서 원본액과 사용기간에 비례하여 지급되는 금전 기타의 대체물이다.

해설
이자 있는 소비대차는 차주가 목적물의 인도를 받은 때로부터 이자를 계산하여야 한다(민법 제600조).

19 다음의 이자채권에 관한 설명 중 옳지 않은 것은?

① 소송촉진 등에 관한 특례법상 적용되는 지연이율은 연 12%이다.
② 상인 간의 금전소비대차에서는 이자에 관한 약정이 없는 경우에는 이자청구를 할 수 없다.
③ 이자계산의 3요소는 원금, 기간, 이자율이다.
④ 명목금리는 물가상승률에 따른 구매력의 변화를 감안하지 아니한 금리이며 실질금리는 명목금리에서 물가상승률을 뺀 금리이다.
⑤ 표면금리가 동일한 예금일지라도 복리, 단리 등의 이자계산방법이나 이자에 대한 세금의 부과 여부 등에 따라 실효금리는 달라질 수 있다.

해설
이자에 관한 약정이 없어도 대주는 연 6%의 이자청구가 가능하다.

20 다음 금리의 종류에 관한 설명으로 옳지 않은 것은?

① 변동금리대출이란 은행이 그 율을 수시로 변경할 수 있는 대출을 말한다.
② 고정금리대출이란 원칙적으로 은행이 그 율을 변경할 수 없는 대출을 말한다.
③ 원금에 대한 이자만을 계산하는 것을 단리라 한다.
④ 원금과 이자에 대한 이자를 함께 계산하는 것을 복리라 한다.
⑤ 겉으로 드러난 금리를 명목금리, 실제로 지급받거나 부담하게 되는 금리를 실질금리라 한다.

해설
명목금리는 물가상승률에 따른 구매력의 변화를 감안하지 아니한 금리이며 실질금리는 명목금리에서 물가상승률을 뺀 금리이다. 또한 겉으로 드러난 금리를 표면금리, 실제로 지급받거나 부담하게 되는 금리를 실효금리라 한다.

정답 18 ① 19 ② 20 ⑤

21

다음의 이자계산에 대한 설명 중 옳지 않은 것은?

① 이자를 계산하기 위해서는 원금, 이율, 기간 이 세 가지가 확정되어야 한다.
② 적수계산법은 '대출원금의 누적적수×연이율÷365일'이다.
③ 양편 넣기는 상환을 한 날의 이자를 이자계산일수에 산입하지 아니하고 이자를 계산하는 것을 말한다.
④ 이자계산 시에 일할 계산법은 '원금×이자율×일수÷365일'이다.
⑤ 이자계산 시에 월할 계산법은 '원금×이자율×월수÷12개월'이다.

해설
양편 넣기는 상환을 한 날의 이자를 이자계산일수에 산입하고 이자를 계산하는 것을 말한다.

22

다음 중 은행여신거래기본약관에서 정한 기한의 이익 상실의 효과에 대한 설명으로 옳지 않은 것은?

① 은행의 변제청구가 가능해지고 채무자는 거절할 수 없다.
② 은행은 채무자의 예금 등과의 상계나 담보제공된 예금 등에 대한 대리환급변제충당조치를 할 수 있다.
③ 원금에 대한 연체이자율이 적용된다.
④ 기한의 이익상실일 익일부터 소멸시효기간이 진행된다.
⑤ 연대보증인에 대하여는 채무자에 대한 기한의 이익 상실의 효과에 대하여 적용이 없다.

해설
연대보증인에 대하여도 동일한 효과가 발생한다.

PART 4
어음

CHAPTER 01　어음의 유통

CHAPTER 02　어음행위

CHAPTER 03　어음의 지급과 부도

CHAPTER **01** PART 4 어음

어음의 유통

1 어음의 개념 및 기능

(1) 어음의 종류
① 환어음 : 환어음이란 어음의 발행인이 제삼자에게 일정한 어음금액을 일정일(지급기일 · 만기)에 어음상의 권리자에게 지급할 것을 무조건으로 위탁하는 유가증권을 말한다.
② 약속어음 : 약속어음이란 어음발행인이 만기에 일정한 금액을 수취인 또는 그 지시인에 지급할 것을 무조건적으로 약속하는 지급약속증권이다. 대부분의 상거래에서 사용되고 있는 어음은 약속어음으로 통상 어음이라 하면 약속어음을 지칭한다.

[환어음과 약속어음의 구별]

구 분	환어음	약속어음
기본당사자	발행인 · 수취인 · 지급인	발행인 · 수취인
주채무자	지급인이 인수 시 발행인과 같은 주채무 부담	발행인(언제나 주채무자)
인수제도	○	×
복 본	○ (발행인이 발행)	×
소구의무자	발행인 · 배서인	배서인

(2) 어음의 경제적 기능
① 신용수단으로서의 기능 : 어음은 유가증권의 일종으로서 그 대표적인 기능은 신용수단으로서의 기능이다. 환어음은 신용기능 · 지급기능 · 송금기능 · 추심기능을 수행하며, 약속어음은 신용기능 · 지급기능 · 추심기능을 주된 특징으로 한다. 약속어음의 발행인은 지급기일을 정하여 어음을 발행하게 되는데, 어음 만기까지 자금지급을 유보하여 당장의 자금소요를 피할 수 있으므로 발행인의 신용수단으로서의 기능을 수행한다고 볼 수 있다.
② 지급수단으로서의 기능 : 약속어음의 수취인은 지급기일에 거래은행을 통해 교환 결제받거나 직접 지급제시하여 어음금을 지급받게 되는데, 이러한 기능을 어음의 지급수단으로서의 기능이라 한다.
③ 담보수단으로서의 기능 : 금전소비대차에 있어서 차주가 대주에게 어음을 발행하여 교부하기도 하는데 이는 채권담보를 위하여 담보수단으로서의 기능을 수행한다.
④ 추심수단으로서의 기능 : 매수인이 매도인에게 약속어음을 발행한 경우 매도인이 그 어음을 자기의 거래은행으로부터 할인받기도 하는데 이는 외상으로 판매한 상품의 대금에 대한 추심수단으로서의 기능이라 할 수 있다.

(3) 그 밖의 어음

① **진성어음, 융통어음** : 진성어음이란 상거래가 원인이 되어 발행되는 어음을 말하며, 융통어음이란 원인관계 없이 단지 자금융통의 목적으로 발행되는 어음을 말한다.

② **대부어음, 담보어음, 할인어음** : 대부어음이란 금융기관으로부터 대출을 받음에 있어 대출증서의 일부로서 채무자가 작성하여 금융기관에 제출하는 어음을 말한다. 담보어음이란 자금을 차용함에 있어 차주가 대주에게 채무의 지급을 담보하기 위하여 어음을 발행하는 것을 말한다. 할인어음이란 만기 미도래 어음의 소지인이 어음을 타인에 매각하여 어음금액에서 할인료를 공제한 금액을 지급받고 어음을 양도하는 거래관계에서 양도의 목적물인 어음을 말한다.

③ **표지어음** : 표지어음이란 금융기관이 기업이 발행한 어음을 할인해 사들인 뒤 이를 바탕으로 새로이 별도의 자체 어음을 발행해 일반투자자에게 파는 어음으로 어음의 유동성의 확대를 위한 것이다.

④ **CP** : CP란 자금융통을 목적으로 기업이 발행한 어음으로 Commercial Paper를 중개하는 종금사 창구를 통하여만 유통되는 어음을 말한다.

2 어음의 유통과 결제경로

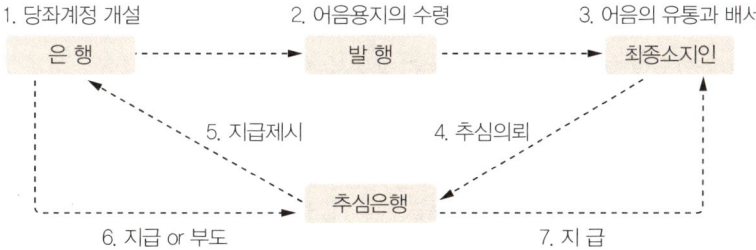

[어음의 유통과 결제경로]

(1) 당좌계정 개설

① **당좌계정 개설 신청** : 당좌계정 개설은 당좌예금을 기본으로 하여 은행이 예금주가 발행한 수표 또는 지급사무를 일정한 요건에 따라 처리하기로 하는 계약이다. 당좌계정을 개설하기 위해서는 신청인에게 결격사유가 없어야 하는데, 제한능력자, 어음교환업무규약상 거래정지처분 후 2년 미만 경과자, 법인격 없는 단체나 조합, 주민등록지 비거주자가 여기에 해당한다.

② **당좌계정 개설 보증금** : 당좌계정 약정이 이루어지면 개설인은 일정액의 거래보증금과 당좌계정 개설을 위한 초입금을 거래은행 당좌예금계좌에 예치하게 된다. 거래보증금은 거래은행 지점의 별단예금계정에 예치하는데 이는 당좌거래처가 은행에 대하여 장차 부담하게 될 수도 있는 장래의 불확정 채무의 이행을 담보하는 것이다.

(2) 어음용지의 수령

당좌계정이 개설되면 거래처는 은행으로부터 어음·수표 용지를 수령하는데, 이 용지에 법정기재사항을 어음요건에 맞게 기재하고 서명·날인을 함으로써 어음을 발행한다.

(3) 어음의 유통과 배서

① **어음의 유통** : 어음의 유통이란 어음상의 권리의 양도를 말한다.
② **채권의 양도방법**
　㉠ 지명채권 : 지명채권이란 채권자가 특정되어 있는 채권을 말한다. 지명채권의 양도는 채무자의 승낙이 필요하며 제삼자에 대한 대항요건으로서 확정일자를 필요로 한다(민법 제450조). 그러나 채권의 성질상 또는 법률에 의하여 양도를 제한하는 채권은 양도할 수 없다.
　㉡ 지시채권 : 지시채권이란 채무자가 특정인(증권의 소지인) 또는 그가 지시하는 자에게 채무를 변제하여야 하는 증권적 채권을 말한다. 지시채권의 양도는 그 증서에 배서하여 그 증서를 양수인에게 양도하는 방법으로 한다.
③ **어음의 배서** : 어음은 법률상 지시증권으로서 어음의 유통은 배서의 방법으로 이루어진다. 양도배서와 함께 기명날인 또는 서명하여 어음을 양도함으로써 배서인의 어음상의 모든 권리가 피배서인에게 이전된다.

(4) 추 심

어음상의 권리자가 그 권리를 행사하려면 반드시 증권을 제시할 필요가 있는데 어음소지인의 이러한 상환요구절차를 추심이라고 한다. 어음소지인은 통상적으로 자기 거래은행의 통장에 입금하는 방법으로 추심을 의뢰하고, 거래은행은 일단 어음소지인의 통장에 예금으로 기록한다. 익일 어음발행인이 어음금을 정상적으로 지급한 것이 확인되면 그때 비로소 현금으로 찾을 수 있게 된다.

[어음의 지급제시기간]

일람출급어음	발행일로부터 1년
확정일출급 · 일람 후 정기출급 · 발행일자 후 정기출급	지급을 할 날 또는 이에 이은 2거래일 내

어음의 지급제시기간 경과 후 지급제시하면 어음소유자는 전 배서인에 대하여 소구권을 잃어버리나, 약속어음의 주채무는 지급기일로부터 3년의 소멸시효가 완성되기까지는 어음금의 지급채무를 부담한다.

01 OX 마무리

PART 4 어음

01 지시증권은 증권면에 기재된 자 또는 배서에 의하여 그 증권을 양도받은 자가 권리를 행사할 수 있다. O X

01 기명식 증권과 지시식 증권 모두 지시증권이며, 기명식 증권과 기명증권은 다르다. 기명증권(배서금지어음)은 배서에 의한 양도가 인정되지 않고 지명채권의 양도방식에 따라서만 양도된다.

02 환어음과 약속어음의 발행인은 소구의무를 부담하지 않는다. O X

02 환어음의 발행인은 소구의무를 부담한다.

03 약속어음의 기본당사자는 발행인과 수취인이며, 환어음의 기본당사자는 발행인과 수취인, 지급인이다. O X

04 약속어음의 발행인은 무조건적이고 절대적이며, 일차적인 동시에 최종적인 어음상의 채무자이다. O X

04 약속어음의 발행인은 언제나 주채무를 부담한다.

05 발행인의 신용을 담보로 자금을 융통하기 위하여 발행하는 어음을 융통어음이라 하는데, 이는 어음이 채권담보를 위하여 담보수단으로서의 기능을 수행하는 것이다. O X

05 어음이 금융수단으로 이용되어 신용수단으로서의 기능을 수행한다.

정답 01 O 02 × 03 O 04 O 05 ×

06 진성어음이란 타인으로 하여금 어음에 의하여 제삼자로부터 금융을 얻게 할 목적으로 수수되는 어음을 말한다. O X

06 융통어음이다. 진성어음이란 상거래가 원인이 되어 발행한 어음을 말한다.

07 어음의 발행인이 할인을 의뢰하면서 어음을 교부한 경우 융통어음이라 할 수 있다. O X

07 판례에 의하면 이는 원인관계없이 교부된 어음에 불과할 뿐이고, 악의의 항변에 의한 대항을 인정하지 아니하는 이른바 융통어음이라 할 수 없다.

08 대부어음이란 자금을 차용함에 있어 차주가 대주에게 채무의 지급을 담보하기 위하여 어음을 발행하는 것을 말한다. O X

08 담보어음이다. 대부어음이란 금융기관으로부터 대출을 받음에 있어 대출증서의 일부로서 채무자가 작성하여 금융기관에 제출하는 어음을 말한다.

09 할인어음이란 만기 미도래 어음의 소지인이 어음을 발행인을 포함한 타인에 매각하여 어음금액에서 할인료를 공제한 금액을 지급받고 어음을 양도하는 거래관계에서 양도의 목적물인 어음을 말한다. O X

09 발행인을 제외하고 매각할 수 있다.

10 표지어음이란 금융기관이 기업이 발행한 어음을 할인해 사들인 뒤 이를 바탕으로 새로이 별도의 자체 어음을 발행해 일반투자자에게 파는 어음을 말한다. O X

11 어음의 지급제시기간 경과 후 지급제시하면 어음소유자는 주채무자에 대하여 소구권을 잃어버린다. O X

11 약속어음의 주채무 지급기일로부터 3년의 소멸시효가 완성되기까지는 어음금의 지급채무를 부담한다.

06 X 07 X 08 X 09 X 10 O 11 X   **정답**

CHAPTER 02 어음행위

PART 4 어음

1 어음의 법적 성질 ☑기출

(1) 완전유가증권성
증권과 권리와의 결합 정도가 강하여 권리의 발생·행사·이전 등 모든 경우에 증권의 점유가 필요한 것(어음·수표)을 완전유가증권이라고 한다.

(2) 요식증권성
유가증권은 법률에 의하여 각각의 기재사항이 법정되어 있는데 이를 요식증권성이라고 한다. 이러한 법정 기재사항이 흠결되면 법이 특히 그 구제수단을 두고 있는 경우를 제외하고는 증권 자체를 무효로 한다.

(3) 문언증권성
선의취득자의 보호와 관련하여 동 증권의 선의취득자는 원칙적으로 동 증권에 기재된 바에 의하여 증권상의 권리를 취득하게 되는데, 이를 유가증권의 문언증권성이라고 한다.

(4) 무인증권성
증권상의 권리의 발생이 그 원인관계와 관계없는 증권을 무인증권이라고 하며 어음·수표가 이에 해당한다. 무인증권의 경우에는 원인관계의 부존재·무효·취소 등이 증권상 행위에 원칙적으로 영향을 미치지 않는다. 이러한 무인성은 어음수수의 직접당사자 사이에서 원인관계가 해제되는 등 원인관계가 실효된 경우 원인관계상의 항변을 주장할 수 있다. 그러나 제삼자에 대한 법률관계에 있어서는 제삼자에게 해의가 없는 한 어음채무자는 제삼자에게 원인관계상의 항변을 주장할 수 없다.

(5) 지시증권성
특정인 또는 그 특정인이 지정하는 자에게 권리의 행사를 인정하는 유가증권이다. 수취인을 기재한 어음이나 수표 또는 화물상환증이 여기에 해당한다. 지시증권은 '배서금지'라는 문구의 기재만 없으면 증권상의 권리를 양도하는 데 증권상 채무자의 승낙이나 채무자에 대한 통지를 요하지 않는다.

(6) 기 타
① **제시증권성** : 어음, 수표는 변제의 기한이 있는 경우에도 그 기한이 도래한 후에 소지인이 증권을 제시하여 이행을 청구한 때로부터 채무자는 지체의 책임을 진다.
② **상환증권성** : 유가증권의 권리자가 그의 권리를 행사하려면 증권을 채무자의 변제와 상환하여야 한다.
③ **설권증권성** : 증권의 작성에 의하여 비로소 권리가 창설되는 증권을 설권증권이라 하며, 어음·수표 등이 이에 속한다.

2 어음행위

(1) 발 행 ☑ 기출

① 발행의 의의

어음행위의 종류는 약속어음에 있어서는 발행·배서·보증, 환어음에 있어서는 발행·인수·배서·보증이 있고, 이 중에 어음의 발행을 기본적 어음행위라고 하고, 기타의 행위를 부속적 어음행위라고 한다. 어음의 발행이라 함은 어음이라는 증권을 작성하여 이를 수취인에게 교부하는 행위를 말한다. 어음의 작성은 어음의 필요적 기재사항을 기재하고 발행인이 서명날인함으로써 작성하고 이렇게 작성된 어음을 수취인에게 교부함으로써 어음상의 권리가 발생한다. 어음요건의 일부 또는 전부가 흠결된 어음을 백지어음이라고 한다. 백지어음은 후일에 그 요건이 모두 보충되었을 때 비로소 완전한 어음으로서 권리를 행사할 수 있다. 어음요건이 흠결된 어음의 경우 발행인의 기명날인 또는 서명도 존재하지 않고 보충권도 존재하지 않는 경우 이는 백지어음이 아니라 무효인 어음이 된다.

② 발행의 효력

약속어음의 발행인은 조건 없이 일정한 금액을 지급할 것을 약속하여야 하므로(어음법 제75조 제2호) 발행인이 만기에 어음소지인에게 어음금의 지급의무를 부담하는 지급약속의 의사표시이다. 이러한 발행인의 어음금 지급의무는 제1차적이고 무조건적인 의무이며, 절대적이고도, 최종적인 의무이다.

③ 어음의 요건

모든 어음관계의 기초가 되는 어음을 기본어음이라고 한다. 이 기본어음의 내용은 발행행위의 내용이며 동시에 그 위에 하는 배서·보증 등 모든 부속적 어음행위의 내용도 된다. 기본어음에 반드시 기재하여야만 되는 사항을 어음요건이라고 한다. 이러한 어음요건은 그중 하나라도 기재하지 않으면 법에 의하여 구제되는 경우 외에는 원칙적으로 어음으로서의 효력이 발생하지도 않는다.

> **어음법 제75조(어음의 요건)**
> 약속어음에는 다음 각 호의 사항을 적어야 한다.
> 1. 증권의 본문 중에 그 증권을 작성할 때 사용하는 국어로 약속어음임을 표시하는 글자
> 2. 조건 없이 일정한 금액을 지급할 것을 약속하는 뜻
> 3. 만 기
> 4. 지급지
> 5. 지급받을 자 또는 지급받을 자를 지시할 자의 명칭
> 6. 발행일과 발행지
> 7. 발행인의 기명날인 또는 서명

```
                        약속어음 ―― ㉠

(수취인) 甲귀하 ――― ㉤

                  금 삼백만원정(₩ 3,000,000원) ―――― ㉡


          위 금액을 귀하 또는 지시하는 자에게 지급하겠습니다. ―― ㉢


            (거절증서작성불요)
지급기일 2015. 7. 30.   ―― ㉣        발행일 2015. 1. 30.      ―― ㉥
지급지 서울특별시      ―― ㉤        발행지   ――――――――  ㉥
지급장소 국민은행 잠실지점           발행인 삼국지 주식회사    ―― ㉦
                                   대표이사 유비(인)
```

㉠ 약속어음문구 : 증권의 본문 중에 국어로 약속어음이라는 문자를 기재하여야 한다. 이는 타 증권과의 구별을 위하여 필요하다.

㉡ 어음금액의 지급약속 : 약속어음에는 일정한 금액을 지급할 뜻의 무조건의 약속을 기재하여야 한다(어음법 제75조 제2호). 약속어음의 발행에 있어서 지급약속문구는 의사표시의 내용으로서 어음의 본문이라고 할 수 있다. 이 기재는 단순하여야 한다. 그러므로 이자를 지급해야 할 채권인 경우 만기까지 기간이자를 계산하여 원금에 더한 금액을 확정적으로 기재하여야 한다. 조건을 기재하거나 이자를 기재하면 이는 무익적 기재사항으로서 그것을 기재하지 않은 것으로 본다. 어음의 금액을 글자와 숫자로 적은 경우에 그 금액에 차이가 있으면 글자로 적은 금액을 어음금액으로 하며, 어음의 금액을 글자 또는 숫자로 중복하여 적은 경우에 그 금액에 차이가 있으면 최소금액을 어음금액으로 한다(어음법 제6조).

㉢ 만기 : 만기란 어음금액이 지급될 날로서 어음에 기재된 날을 말한다. 이것을 만기일 또는 지급기일이라고 한다. 만기의 종류에는 네 가지만이 인정되며 이와 다른 만기 또는 분할 출급의 환어음은 무효로 한다(어음법 제33조).

[만기 기재례]

일람출급	일람 후 정기출급	발행일자 후 정기출급	확정일출급	미기재
지급제시 즉시지급	일람 후(제시 후) 7일에 지급함	발행일로부터 3개월 후에 지급함	2004.5.29.에 지급함	일람출급으로 봄
지급제시한 날을 만기로 한다. 이러한 어음의 지급제시는 발행일로부터 1년 내에 지급을 위하여 제시하여야 한다.	일람을 위한 제시기간은 발행일자로부터 1년간이며 발행인은 이 기간을 단축 또는 연장할 수 있고 배서인은 이 기간을 단축만을 할 수 있다.	―	지급할 일의 대응일이 없는 경우 그달의 말일을 만기로 한다.	만기가 적혀 있지 아니한 경우 일람출급의 어음으로 본다.

② 지급지 : 지급지라 함은 어음금액이 만기에 지급될 일정한 지역을 말한다. 지급지를 어음요건으로 한 것은 지급을 위한 제시와 소구권의 보전절차를 밟아야 되는 지역을 표시하기 위한 것이다. 지급지의 기재가 없는 경우에 지급인의 명칭에 부기한 지(地)를 지급지로 본다(어음법 제2조 제2호). 약속어음의 경우 다른 표시가 없으면 발행지를 지급지로 본다는 점이 환어음과 구별된다(어음법 제76조 제2호).

㉻ 수취인 : 수취인이란 어음을 지급받을 자 또는 지급받을 자를 지시할 자로 기재된 자를 말한다(어음법 제1조 제6호 참조). 발행인이 지급을 받을 자의 명칭을 기재한 어음을 기명식 어음이라 하고, 지급을 받을 자를 지시한 자의 명칭을 기재한 어음을 지시식 어음이라고 한다. 지시문구가 없이 수취인만 기재되었더라도 (기명식) 배서로써 양도할 수 있다(어음법 제11조 제1항 참조). 어음에는 수취인을 반드시 기재하여야 하며 무기명식이나 수취인 이외에 증권소지인도 권리를 행사할 수 있는 선택무기명식은 인정되지 않는다.

㉺ 발행지와 발행일 : 어음이 발행된 곳으로서 어음면에 기재된 지역을 발행지라고 한다. 발행지는 사실상 어음이 발행된 곳과 일치하지 않아도 된다. 발행지의 기재가 없는 때에는 발행인의 명칭에 부기한 지(地)를 발행지로 본다(어음법 제2조 제3호). 어음에 발행지의 기재가 없고 발행인의 명칭에 부기한 지도 없는 때에는 어음은 무효한 것으로서 지급청구는 물론이고 소구권의 행사도 불가능하다. 그러나 어음면의 기재 자체로 보아 국내어음으로 인정되는 경우에 있어서는 그 어음면상 발행지의 기재가 없는 경우라고 할지라도 이를 무효의 어음으로 볼 수는 없다(대판 전합 1998.4.23., 95다36466). 발행일이라 함은 어음이 발행된 날로써 어음상에 기재된 일자를 의미하며, 사실상 어음이 발행된 일자를 의미하는 것이 아니다. 그러므로 선일자어음(예 실제발행일 5.1., 어음면상 발행일 5.5.)이나 후일자어음도 유효하다. 다만 발행일이 만기보다 후일자인 경우에는 무효인 어음이 된다.

㉾ 발행인의 기명날인 또는 서명 : 발행인의 기명날인 또는 서명은 반드시 어음 자체에 하여야 하고 부전(보전·보충지)이나 등본에 기재하여서는 안 된다.

④ 백지어음
㉠ 백지어음의 요건 : 백지어음은 어음요건의 전부 또는 일부가 불비한 것으로서 적어도 1개 이상의 어음행위자의 기명날인 또는 서명이 있어야 하며, 어음요건이 불비된 부분에 대하여 타인에게 그 보충권을 수여하는 의사가 있어야 한다. 보충권의 부존재의 입증은 어음상 채무자가 부담한다.

㉡ 백지어음의 양도 : 백지어음은 배서 또는 단순한 교부에 의해 양도될 수도 있다. 또한 유통의 보호를 위한 선의취득, 인적항변의 절단, 공시최고에 의한 실효절차도 인정된다.

㉢ 백지어음의 지급제시 : 백지어음은 미완성의 어음이므로 보충을 하기 전에는 어음상의 권리를 행사할 수 없다. 그러므로 백지어음의 지급제시는 무효이며 어음채무자는 이행지체가 되지 않는다.

㉣ 보충권의 행사시기 : 만기가 기재되어 있고 만기 이외의 사항이 백지인 백지어음의 경우 주채무자에 대한 관계에 있어서 어음채권은 만기로부터 3년의 시효로 소멸하므로 이 기간 내에 보충하여야 하며, 상환의무자에 대해서는 지급거절증서의 작성기간 내에 보충하여야 한다. 만기가 백지인 경우 판례는 만기를 백지로 한 약속어음을 발행한 경우, 그 보충권의 소멸시효기간은 백지보충권을 행사할 수 있는 때로부터 3년으로 보아야 한다고 판시하였다.

ⓜ 보충권의 남용 : 백지어음을 교부받은 자가 수취인란을 당초의 약정에 반하여 부당 또는 불법하게 보충한 경우에도 그 발행인은 보충 후의 선의의 피배서인에 대하여는 그 보충의 부당 또는 불법을 가지고 대항할 수 없다(대판 1966.4.6., 66다276). 어음금액이 백지인 백지어음의 어음금액란을 보충한 경우에 있어서 원고가 보충권의 내용에 관하여 어음의 기명날인자인 피고에게 직접 조회하지 않았다면 취득자인 원고에게 중대한 과실이 있다고 보아야 할 것이다(대판 1978.3.14., 77다2020).

(2) 배 서 ☑기출

① **어음의 양도** : 어음은 소지인 자신의 채권을 변제하기 위하여 제삼자에게 양도하거나, 채권담보의 목적으로 양도할 수 있다. 어음양도의 방법에는 일반적인 권리의 양도방법과 어음의 특유한 양도방법이 있다. 어음의 특유한 양도방법으로서 배서 또는 교부에 의하여 양도된다.

② **배서양도** : 배서는 어음의 후면에 배서인이 어음금액을 피배서인에 대하여 지급할 것을 의뢰하는 뜻의 기재를 하여 피배서인에게 교부하는 방법에 의한다.

③ **배서양도 이외의 방법에 의한 권리이전** : 어음은 배서양도 이외에 상속회사의 합병과 같은 권리의무의 포괄승계, 전부명령, 지명채권양도의 방법에 의하여 이전되기도 한다.

④ **배서금지어음** : 발행인은 어음의 배서성을 박탈할 수 있는데 배서금지어음이 여기에 속한다. 즉, 어음에 '배서금지' 또는 '지시금지' 등의 기재를 하면 어음은 단순한 기명증권이 되어 그 양도는 지명채권양도의 방법에 의하여야 하고 이 경우 지명채권양도의 효력만이 있다(어음법 제11조 제2항). 따라서 어음상의 권리는 이전되나 인적항변이 절단되지 않는다. 또한 배서의 연속에 의해서 인정되는 자격수여적 효력이 없으며 그 결과 선의취득과 선의지급이 인정되지 않는다. 또한 발행 후 소지인에 이르기까지 중간양도인들이 배서를 하지 않았으므로 양도인은 담보책임을 부담하지 않는다.

⑤ **배서의 방식** : 배서의 필요적 기재사항에는 배서문언·피배서인·배서인의 기명날인 또는 서명이 있다. 배서문언은 배서인의 배서의사표시로서 지급인에 대한 지급위탁의 문구로 기재되며, 피배서인은 어음상의 권리를 배서에 의하여 양수하는 자로서, 배서는 피배서인을 지명하지 않고 하거나 배서인의 기명날인 또는 서명만으로도 할 수 있다. 피배서인의 기재 유무에 따라 기명식 배서와 백지식 배서로 구분된다. 특히 배서문언 및 피배서인의 기재가 없고 배서인의 기명날인 또는 서명만이 있는 경우를 약식배서라 하는데 이러한 약식배서를 어음의 표면에 할 경우 어음보증·인수 등과 혼동될 우려가 있으므로 반드시 어음의 이면이나 보전에 기재하여야 한다.

⑥ **배서의 효력**

㉠ 권리 이전적 효력 : 배서에 의하여 어음상의 모든 권리는 피배서인에게 이전되는데(어음법 제14조 제1항), 이를 배서의 권리 이전적 효력이라고 한다.

㉡ 자격 수여적 효력 : 배서가 연속된 어음의 소지인은 진정한 권리자임을 증명하지 않고도 어음상의 권리를 행사할 수 있는 형식적 자격이 인정되는데(어음법 제16조 제1항, 수표법 제19조), 이러한 효력이 발생하기 위해서는 배서가 그 방식에 있어서 유효하고 배서의 연속이 있어야 한다.

㉢ 담보적 효력 : 배서인은 배서를 함으로써 피배서인 및 그 후자 전원에 대하여 지급담보책임을 지게 되는데(어음법 제15조 제1항), 이러한 배서의 효력을 담보적 효력이라고 한다.

⑦ 특수배서
　㉠ 배서금지배서 : 배서금지배서란 배서인이 자기의 배서 이후에 새로 하는 배서를 금지하는 뜻의 기재를 한 배서를 말한다(어음법 제15조 제2항). 이 경우는 발행인이 배서를 금지한 때와 달리 이러한 배서의 피배서인은 또다시 배서를 할 수 있다. 그러나 배서금지배서를 한 배서인은 자기의 피배서인에게만 담보책임을 지고 그 후의 피배서인에 대하여는 담보책임을 지지 않는다.
　㉡ 무담보배서 : 배서의 담보적 효력은 본질적인 효력이라고 할 수는 없기 때문에 배서인은 어음상의 책임을 지지 않는다는 기재를 함으로써 담보책임을 면할 수 있는데, 이러한 기재를 한 배서를 무담보배서라고 한다. 이 경우에는 자기의 직접의 피배서인을 비롯하여 그 후자 전원에 대하여 담보책임을 지지 않는다.

[배서금지배서 · 무담보배서와 배서금지어음]

구 분	양도방법	양도의 효력
배서금지배서	배 서	담보책임은 자기의 피배서인에게만 짐
무담보배서	전부 또는 일부 무담보배서 가능	피배서인 포함, 누구에게도 담보책임 지지 않음
배서금지어음	배서로 양도 × (지명채권 양도) 단, 추심위임 · 입질배서는 가능	지명채권 양도의 효력만 있음(담보적 효력 ×)

　㉢ 환배서 : 환배서란 어음상의 권리를 배서에 의하여 양도한 자가 다시 그 어음상의 권리를 취득하는 배서를 말한다. 어음채무자에 대한 환배서는 유효하다. 그러므로 어음채무자가 어음을 취득하는 경우에도 어음상 권리가 소멸하는 것은 아니고 환배서의 피배서인은 또 어음을 배서양도할 수 있다. 발행인이 환배서를 받은 경우에는 자기에 대하여 지급을 청구한다는 것은 무의미하다. 그러므로 어음상 권리를 누구에게도 행사하지 못한다. 그러나 배서인이 환배서를 받은 경우에는 어음을 보유함으로써 발행인에 대한 어음상의 권리를 취득하게 될 뿐만 아니라 지급이 거절되는 경우에는 종전의 배서의 전자에 대하여 상환청구권을 행사할 수 있다. 어음채무자가 아닌 어음관계자(지급인, 지급담당자 · 무담보배서인)에 대한 배서는 환배서가 아니라 고유한 배서를 한 경우의 법률관계와 같다(어음법 제11조 제3항 제2호에서 어음을 인수하지 않은 지급인을 함께 규정하고 있으나 이는 환배서가 아니다).

ⓔ 기한 후 배서 : 지급거절증서 작성 후의 배서 또는 지급거절증서 작성기간 경과 후의 배서를 말한다(어음법 제20조). 이러한 배서에 대하여는 지명채권 양도의 효력만이 인정된다.

[일람출급어음의 경우]

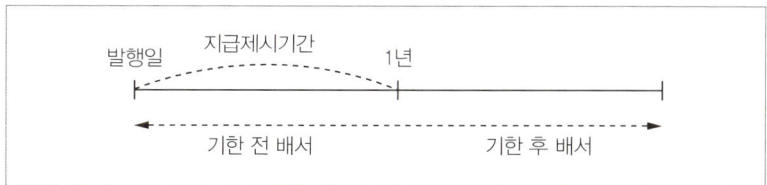

[일람 후 정기출급 · 발행일자 후 정기출급 · 확정일출급 어음의 경우]

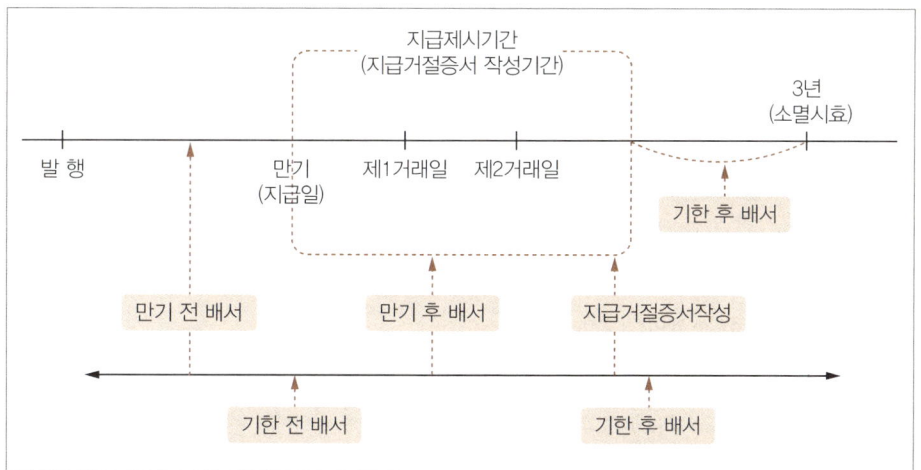

ⓐ 기한 후 배서의 판단 : 배서일자의 기재가 없으면 기한 전 배서로 추정된다(어음법 제20조 제2항 참조). 어음상에 기재된 배서일자가 실제로 배서를 한 날과 다른 경우에는 실제로 배서 또는 교부한 날을 기준으로 기한 후 배서인지 여부가 결정된다. 백지어음상에 한 어음행위의 성립시기는 그 행위시를 기준으로 하므로 백지어음상의 배서보충시가 아니라 배서의 성립시를 기준으로 판단한다.

배서일자의 기재 X	어음상 배서일자 ≠ 실제 배서를 한 날	백지어음상의 어음행위 성립시기
기한 전 배서로 추정	실제로 배서 또는 교부한 날을 기준으로 결정	배서의 성립시를 기준으로 판단

ⓑ 기한 후 배서의 효력 : 기한 후 배서에는 지명채권 양도의 효력만이 있다(어음법 제20조 제1항). 기한 후 배서의 경우에도 배서의 본질적 효력인 권리 이전적 효력이 있다. 그러나 기한 후 배서에는 지명채권 양도의 효력밖에 없기 때문에 피배서인은 배서인이 갖는 권리만을 갖게 되며 어음채무자는 배서가 있기 전 존재하는 배서인에 대한 항변으로 피배서인에게 대항할 수 있다. 따라서 항변의 절단이 인정되지 않고 담보적 효력도 발생하지 않는다. 다만 자격 수여적 효력이 인정되나 선의취득은 인정되지 않는다.

㉰ 추심위임배서 : 추심위임배서란 피배서인에게 어음상의 권리를 행사할 수 있는 권한(대리권)을 줄 목적으로 추심위임문언을 기재한 배서를 말한다(어음법 제18조 및 제77조 제1항). 이러한 배서를 공연한 추심위임배서라고 하는 데 대하여, 추심위임문언의 기재를 하지 않고 추심위임의 목적으로 한 배서를 숨은 추심위임배서라고 한다. 배서의 방식은 추심위임배서를 할 때에는 배서 중에 '회수하기 위하여', '추심하기 위하여', '대리를 위하여' 등 단순한 위임의 표시를 하여야 한다. 배서금지어음의 경우에도 추심위임배서를 할 수 있다. 추심위임배서에는 권리 이전적 효력이나 담보적 효력은 없고 피배서인이 배서인을 대리하여 권리를 행사할 수 있는 자격 수여적 효력이 있다. 즉, 권리의 추정력과 선의지급이 인정된다. 다만 선의취득의 요건인 독립한 경제적 이익이 없으므로 선의취득은 인정되지 않는다. 소지인은 대리를 위한 배서만을 할 수 있다(어음법 제18조 제1항).

㉱ 입질배서 : 입질배서란 어음상의 권리에 질권을 설정할 목적으로 어음에 '담보하기 위하여', '입질하기 위하여' 등 질권의 설정에 관한 문언을 부기한 배서를 말한다(어음법 제19조 및 제77조 제1항). 피배서인인 어음소지인은 어음상의 권리에 질권만을 취득하고 권리 이전적 효력이 없다. 입질배서의 피배서인은 질권자로서 형식적 자격이 인정되어 어음금의 지급을 받을 수 있고, 어음채무자의 조사의무도 경감되며(어음법 제40조 제3항 및 제77조 제1항), 선의취득에 관한 규정이 적용된다(어음법 제16조 및 제77조 제1항). 피배서인은 어음금을 추심하여 우선변제를 받을 것을 기대하므로 지급이 거절되면 배서인이 상환의무를 진다.

[추심위임배서와 입질배서와의 구별]

추심위임배서	대리권만 수여	인적 항변 절단 ×, 선의취득 ×	피배서인은 어음으로부터 생기는 모든 권리 행사
입질배서	질권 설정	인적 항변 절단 ○, 선의취득 ○	
숨은 추심위임배서	제삼자에 대하여는 양도배서, 당사자에 대하여는 인적 항변 사유		

(3) 보증 ☑기출

① **어음보증의 의의** : 어음보증이란 제삼자가 어음의 발행인, 배서인 등의 어음채무를 보증하기 위하여 보증의 뜻을 표시하고 어음상에 기명날인하는 것을 말하며 누구나 할 수 있다. 피보증인이 될 수 있는 자는 어음채무자이며, 어음채무자가 아닌 자를 위한 보증은 무효이다.

[민법상 보증과 구별]

구 분	민법상 보증	어음보증
피보증인	특정되어야 함	특정되지 않은 경우 발행인을 위한 보증으로 봄
주채무와의 관계	주채무가 무효·취소된 때는 불성립	주채무가 방식의 하자 이외의 사유로 무효인 경우에도 어음독립의 원칙상 유효하게 성립
보증인의 항변권	보충성이 있으므로 최고·검색의 항변권을 가짐	피보증인과 동일한 책임을 지므로 민법상 보증인과 같은 항변권 없음
공동보증인의 책임	분별의 이익 있어 각 보증인이 균등한 비율로 채무부담	수인의 어음보증인의 합동책임

② **보 증**
　㉠ 어음보증의 방식 : 보증은 어음, 그 등본 또는 보전에 보증 또는 이와 동일한 의의가 있는 문언을 기재하고 보증인이 기명날인 또는 서명하여야 하는데, 이를 정식보증이라 한다. 어음의 표면에 지급인 또는 발행인 이외의 자의 단순한 기명날인 또는 서명이 있는 경우도 보증으로 보는데, 이를 약식보증이라 한다. 어음의 보증은 어음의 일부에 대하여도 할 수 있고 조건부 보증의 경우 그 조건부 보증문언대로 보증인의 책임이 발생한다.
　㉡ 어음보증의 효력
　　ⓐ 어음보증의 종속성 : 어음보증인은 피보증인과 같은 책임을 진다(어음법 제32조 제1항). 따라서 그 책임은 피보증인이 발행인인가 배서인인가에 따라 결정되며, 피보증채무가 부존재하거나 소멸한 때에는 어음보증 채무도 부존재하거나 소멸하게 되고, 피보증인에 대한 어음상 권리가 이전하면 어음보증인에 대한 어음상의 권리도 원칙적으로 이전한다.
　　ⓑ 어음보증의 독립성 : 어음보증은 담보된 채무가 그 방식에 흠이 있는 경우 외에는 어떠한 사유로 무효가 되더라도 그 효력을 가진다(어음법 제32조 제2항). 이는 어음행위 독립의 원칙이 적용되기 때문이다.

③ **어음보증인의 구상권** : 어음보증인이 보증채무를 이행하면 피보증인 및 피보증인의 채무자인 전자에 대하여 어음상의 권리를 취득한다(어음법 제32조 제3항).

CHAPTER 02 OX 마무리

PART 4 어음

01 문언성은 어음행위의 내용은 어음상의 기재에 의해서만 인정되고 어음 외의 실질관계의 영향을 받지 않는다는 것을 말하며 수정될 수 없다.

02 발행지의 기재가 없는 환어음은 발행인의 명칭에 부기한 지를 발행지로 본다. 또한 발행지의 기재가 없어도 국내어음은 무효가 아니다.

03 만기의 종류에는 확정일출급, 발행일자 후 정기출급, 일람출급, 일람 후 정기출급 네 가지만이 인정되며 만기가 기재되지 않은 경우 일람출급으로 본다.

04 판례에 의하면 백지어음상에 한 배서는 백지보충시가 아니라 그 배서의 성립시에 의하여 기한 후 배서인지 여부가 결정된다.

01 어음은 문언증권이며, 어음행위의 내용은 원칙적으로 어음상의 기재에 의하여 정해지나, 실질관계와 다른 경우 합리적으로 수정될 수 있다. O X

02 어음의 발행지가 없는 경우 어음은 무효가 된다. O X

03 어음의 만기는 언제나 확정일로 기재하여야 한다. O X

04 백지어음에 만기 전에 배서를 하였더라도 만기 후에 백지가 보충되었다면 기한 후 배서로 본다. O X

05 지급기일을 공란으로 하여 발행한 백지어음은 특별한 사정이 없는 한 백지어음으로 추정된다. O X

정답 01 X 02 X 03 X 04 X 05 O

06 만기 이외의 요건이 백지인 경우 주채무자에 대한 관계에서 보충권은 3년의 시효로 소멸한다. O X

06 주채무자에 대한 관계에서의 어음채권은 만기로부터 3년의 시효로 소멸하므로 보충권은 이 시효기간 내에 행사되어야 한다.

07 만기가 백지인 백지어음의 보충권의 소멸시효기간은 발행일로부터 3년이다. O X

07 백지보충권을 행사할 수 있는 때로부터 3년으로 보아야 한다.

08 배서는 피배서인을 지명하지 아니하고 할 수 없다. O X

08 배서는 피배서인을 지명하지 아니하고 할 수 있으며, 배서인의 기명날인 또는 서명만으로도 가능하다.

09 배서인은 다시 하는 배서를 금지할 수 있다. 이 경우에 그 배서인은 자신의 피배서인에 대해서도 담보책임을 지지 않는다. O X

09 이 경우에 그 배서인은 어음의 그 후의 피배서인에 대하여 담보책임을 지지 않는다.

10 배서금지배서의 경우 그 어음은 지명채권양도의 방식에 따라서만 그리고 그 효력으로써만 양도할 수 있다. O X

10 배서금지배서는 배서성을 박탈하는 것이 아니다.

정답 06 O   07 ×   08 ×   09 ×   10 ×

11	발행인의 지시금지어음은 지명채권양도의 방식에 따라서만 그리고 그 효력으로써만 양도할 수 있다. O X

11 발행인이 '지시금지' 문언을 기재하여 발행하면 배서금지어음이 되는데 이는 유가증권이지만 지명채권양도의 방식에 따라서만 그리고 그 효력으로써만 양도할 수 있다. 즉, 배서에 의한 양도와 배서에 의한 효력이 인정되지 않는다.

12	이미 어음상의 채무자로 되어 있는 자를 다시 피배서인으로 하는 환배서도 허용된다. O X

12 환배서란 어음상의 권리를 배서에 의하여 양도한 자가 다시 그 어음상의 권리를 취득하는 배서를 말한다.

13	환배서를 받은 피배서인은 어음상의 권리를 타인에게 양도할 수 없다. O X

13 어음채무자에 대한 환배서는 유효하다. 그러므로 어음채무자가 어음을 취득하는 경우에도 어음상 권리가 소멸하는 것은 아니고 환배서의 피배서인은 또 어음을 배서양도할 수 있다.

14	민법상의 보증은 주채무의 성립을 전제로 존재하나 어음상의 보증은 주채무의 성립 유무에 관계없이 유효하게 성립된다. O X

14 부종성의 완화

15	어음보증에는 누구를 위하여 한 것임을 표시하여야 하는데 표시가 없는 때에는 지급인을 위하여 보증한 것으로 본다. O X

15 발행인을 위한 것으로 본다.

정답 11 O 12 O 13 X 14 O 15 X

16 어음보증인은 최고 검색의 항변권을 갖는다. O X

16 피보증인과 동일한 책임을 지므로 민법상 보증인과 같은 항변권이 없다. 즉, 어음보증인은 보충성이 인정되지 아니한다.

17 보증은 담보된 채무가 그 방식에 하자가 있는 경우 외에는 어떠한 사유로 인하여 무효가 된 때에도 그 효력이 있다. O X

17 어음행위 독립의 원칙

18 조건부 어음보증은 무효이다. O X

18 판례에 의하면 그 조건부 보증문언대로 보증인의 책임이 발생한다.

19 어음보증은 반드시 어음금액 전부에 대하여 하여야 하고 금액의 일부에 대한 보증은 할 수 없다. O X

19 그 금액의 전부 또는 일부에 대한 담보를 할 수 있다.

정답 16 × 17 ○ 18 × 19 ×

CHAPTER **03** PART 4 어음

어음의 지급과 부도

1 어음의 지급

(1) 지급제시

① **의의** : 어음의 소지인이 어음을 발행인 또는 지급담당자에게 제시하여 지급을 청구하는 행위를 지급제시라고 한다. 어음채무는 추심채무이므로 지급제시가 없는 한 발행인은 만기가 도래하였더라도 지급을 하지 않아도 되며 또 이행지체의 책임을 지지 않게 된다(어음법 제38조, 민법 제517조).

② **지급제시의 기간** : 어음의 지급제시를 할 수 있는 기간을 지급제시기간이라 한다.
   ㉠ 약속어음 발행인(주채무자)이나 환어음의 인수인에 대하여는 만기의 날로부터 3년간이다(어음법 제70조 제1항).
   ㉡ 확정일출급, 발행일자 후 정기출급 또는 일람 후 정기출급의 환어음 소지인은 지급을 할 날 또는 그 날 이후의 2거래일 내이다(어음법 제38조 제1항).
   ㉢ 일람출급 어음의 경우 발행일자로부터 1년 내이다(어음법 제34조 제1항).

③ **지급제시의 장소 및 방법**
   ㉠ 지급제시의 장소 : 지급장소의 기재가 있는 경우 지급장소가 지급지 내에 있는 경우 그 지급장소에서 지급제시를 하고 지급지 외로 기재된 경우(지급장소의 기재는 효력이 없으므로) 또는 지급장소의 기재가 없는 경우 지급지 내의 지급인의 영업소나 주소에서 지급제시를 하여야 한다.
   ㉡ 지급제시의 방법 : 지급을 위한 제시를 위해서는 완전한 어음 자체를 현실적으로 피제시자에게 제시하여야 한다. 그러므로 어음의 등본이나 보충 전의 백지어음의 제시는 그 효력이 없다. 어음을 상실한 경우에는 제권판결을 받지 않는 한 지체의 효력이 발생하는 적법한 제시를 할 수 없다.

④ **지급인의 조사와 지급**
   ㉠ 의의 : 만기에 지급하는 지급인은 사기 또는 중대한 과실이 없으면 그 책임을 면한다. 이 경우 지급인은 배서의 연속이 제대로 되어 있는지를 조사할 의무가 있으나 배서인의 기명날인 또는 서명을 조사할 의무는 없다(어음법 제40조 제3항).
   ㉡ 조사의무의 내용 : 발행인은 지급을 함에 있어서 소지인의 형식적 자격에 대해서만 조사하면 된다. 즉, 어음요건의 구비, 배서의 연속, 자기의 기명날인 또는 서명 등 형식적으로 용이하게 알 수 있는 사항에 대해서만 조사의무를 진다. 그러므로 어음소지인의 실질적 자격에 대한 조사의무는 없다.

ⓒ 사기 또는 중과실 : 발행인이 면책되기 위해서는 사기 또는 중과실이 없어야 한다. 이 경우에 '사기'라 함은 선의취득의 경우(어음법 제16조)의 악의와 달리, 단순히 제시자가 무권리자라는 것을 안 것만으로는 불충분하고 더 나아가 무권리자라는 것을 용이하게 확실히 입증할 수 있는 수단이 있는데도(소송상의 입증) 어음금을 지급한 경우를 말한다. '중대한 과실'이란 입증할 수 있는 증거가 있다는 것을 중대한 과실에 의하여 알지 못한 경우와, 증거를 가지고 있었으나 중대한 과실에 의하여 어음금을 지급한 경우를 말한다.

2 어음의 부도

(1) 부도의 의의

부도란 당해 어음이 지급되지 않은 상태를 의미하고, 부도어음이란 만기에 적법한 지급제시를 하였음에도 불구하고 지급이 거절된 어음을 말한다. 어음교환규약에서의 부도란 지급자금이 부족하여 지급거절되는 일반적인 부도보다 넓은 의미로서 어음교환소를 경유하여 지급제시된 어음·수표가 어음요건의 불비, 어음의 위·변조, 지급제시기일 미도래 또는 경과 등의 이유로 지급은행에 의하여 지급거절되는 것을 의미한다.

(2) 부도사유

어음교환업무규약 및 어음교환업무시행세칙의 부도사유

① **예금부족 또는 지급자금부족으로 인한 부도** : 어음발행인의 당좌거래계좌의 예금 잔액이 부족하거나 당좌대출한도거래가 약정된 경우 당좌대출한도를 모두 소진하여도 이를 결제하지 못한 경우에는 예금부족 또는 지급자금부족으로 인한 부도통지 사유가 된다.

[전부지급자금이 부족한 경우 일부 지급 허용 여부]

1장의 어음이 지급제시된 경우	어음교환소의 규약은 일부 지급 불허
여러 장의 어음이 지급제시된 경우	지급은행의 선택에 따라 지급자금이 허용하는 범위 내에서 지급

② **무거래** : 어음발행인이 지급은행과 당좌거래계정이 없음에도 불구하고 어음이 지급제시되어 어음을 결제할 수 없는 경우의 부도사유를 말하는데, 당좌거래가 계속되었으나 거래 정지처분 또는 기타의 사유에 의해 당좌거래가 폐쇄된 경우가 대부분이라 할 수 있다. 그 예로 어음발행인이 예금부족이 예상되어 임의로 약정을 해지하는 경우가 있는데 이때 교환제시된 어음의 부도사유는 무거래로 부도통지되며 또한 거래정지처분의 불이익도 면할 수 없다 할 것이다.

③ **형식불비** : 어음요건을 흠결하면 그 어음은 원칙적으로 무효로서 이 경우 발행인이 지급하지 않음은 물론 지급위탁 대리인인 은행 역시 지급하지 않고 부도반환한다.

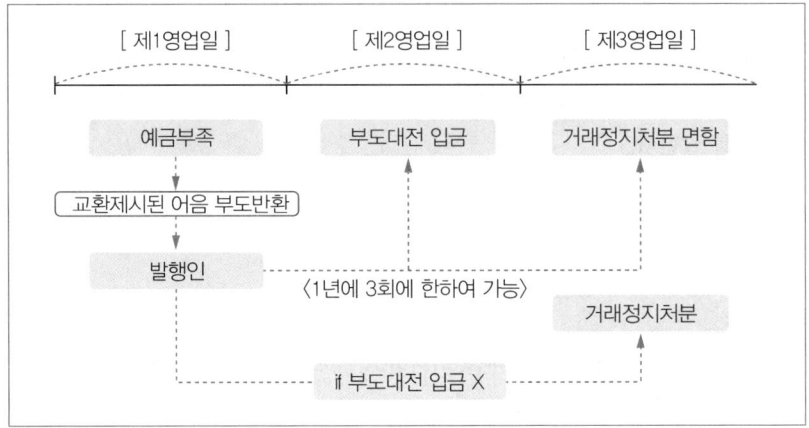

④ **안내서 미착** : 국고 수표의 부도사유이다.
⑤ **사고신고서 접수** : 어음의 분실, 도난, 피사취, 계약불이행의 경우 어음발행인은 지급위탁사무 처리자인 은행에 사고신고서를 접수하여 사전에 지급위탁의 취소를 할 수 있다. 정상적으로 어음을 발행 인수하였으나 후일 상대방이 계약상의 의무를 이행하지 않는 경우 계약불이행이 되고, 처음부터 기망을 당하여 계약을 체결하거나 어음을 발행한 경우는 사취가 된다.

[사고신고 절차]

⑥ **위조 · 변조** : 위조란 권한 없이 어음발행인으로서 어음에 서명 또는 기명날인하는 것을 말하고, 변조란 권한 없이 서명 또는 기명날인 이외의 행위를 하는 것을 말한다. 어음이 변조된 경우 변조 전의 어음에 기명날인한 자는 변조 전 문언에 따라 책임을 지고 변조 후에 기명날인한 자는 변조된 문언에 따라 책임을 지는 것이나, 어음금액이 변조된 경우 교환제도의 특성상 일부 입금 후 나머지만 반환처리할 수는 없고 제시된 금액을 전부 지급하거나 부도처리하여야 한다.
⑦ **제시기간 경과 또는 미도래** : 어음의 지급제시기간인 만기일 또는 그로부터 2영업일까지의 기간 전 또는 후에 제시된 어음은 부도반환된다.
⑧ **인감서명 상이** : 발행인이 당좌거래약정 시 은행에 신고하지 아니한 인감을 사용하여 어음을 발행한 경우 그 어음이 지급제시되면 인감서명이 상이한 이유로 부도반환한다.

⑨ **지급지 상이** : 교환제시된 어음상의 지급지와 지급장소가 지급은행의 영업점이 아닌 경우에 적용되는 부도사유이다.
⑩ **법적으로 가해진 지급제한** : 법원의 명령에 의하여 지급을 거절하는 경우 법적으로 가해진 지급제한으로 부도반환한다. 법원의 명령은 가압류, 압류, 가처분, 전부명령, 화의절차, 파산절차의 신청으로 법원의 보전처분이 있는 경우, 제권판결이 있는 경우이다. 다만, 당좌예금에 대하여 가압류 명령이 송달된 상태에서 동시에 예금부족 사유가 존재하게 되면 그때의 부도사유는 예금부족이 된다.
⑪ **가계수표 발행한도 초과** : 수표의 경우에만 해당한다.

[어음의 부도사유]

예금부족 또는 지급자금부족으로 인한 부도	당좌거래계좌의 예금 잔액이 부족하거나 당좌대출한도거래가 약정된 경우 당좌대출한도를 모두 소진한 경우
무거래	당좌거래가 계속되었으나 거래 정지처분 또는 약정해지, 사망 등에 의해 당좌거래가 폐쇄된 경우
형식불비	어음요건이 흠결되어 무효인 경우
안내서 미착	국고 수표의 경우
사고신고서 접수	어음의 분실, 도난, 피사취, 계약불이행의 경우, 발행인이 지급위탁의 취소를 한 경우
위조 · 변조	• 위조 : 권한 없이 어음에 서명 또는 기명날인하는 것 • 변조 : 권한 없이 어음에 서명 또는 기명날인 이외의 행위를 하는 것
제시기간 경과 또는 미도래	만기일 또는 그로부터 2영업일까지의 기간 전 또는 후에 어음이 제시된 경우
인감서명 상이	당좌거래약정 시 은행에 신고하지 아니한 인감을 사용하여 어음을 발행한 경우
지급지 상이	어음상의 지급지와 지급장소가 지급은행의 영업점이 아닌 경우
법적으로 가해진 지급제한	가압류, 압류, 가처분, 전부명령, 화의절차, 파산절차, 제권판결이 있는 경우

(3) 부도사유의 경합

정형화된 두 가지 이상의 부도사유에 해당하는 경우 부도통지한다.

경합하는 부도사유		부도통지 사유
예금부족 · 무거래	기타의 사유	예금부족 · 무거래
무거래	제시기간경과 · 미도래	무거래
사고신고접수	예금부족	예금부족(사고신고담보금의 예치가 없는 한)

(4) 부도발생에 대한 발행인의 제재

① **소구권의 제한** : 지급제시기간 내에 지급제시가 없어 부도가 되면 어음소지인은 전 배서인에 대하여 소구권을 상실한다.
② **거래정지처분** : 예금부족 무거래 등의 사유로 부도반환되고 일정 시점까지 부도대전이 지급되지 아니하면 발행인은 거래정지처분을 당하게 된다. 이 경우 당좌거래가 즉시 해지되며, 은행은 미사용 수표장과 어음장을 회수한다.
③ **금융제재** : 당좌거래처에 대하여 신규여신 취급중단, 당좌예금 개설금지 및 기당좌예금거래의 해지, 신용카드발급금지, 기존여신에 대한 채권회수, 연대보증인 자격불인정의 금융제재가 따른다.

CHAPTER 03

PART 4 어음

OX 마무리

01 일람 후 정기출급의 어음은 발행일자로부터 1년 내에 인수를 위하여 이를 제시하여야 한다. O X

02 만기일이 2025년 10월 18일(토요일)인 약속어음을 소지하고 있는 자는 2025년 10월 18일, 19일, 20일 중에 지급제시하여야 한다. O X

03 약속어음의 소지인이 지급제시기간 내에 어음을 제시하지 못하면 배서인에 대한 어음상의 권리를 행사할 수 없다. O X

04 만기에 지급하는 어음의 지급인은 사기 또는 중대한 과실이 없으면 그 책임을 면한다. O X

05 지급장소가 지급지 외의 장소로 기재된 경우에도 유효하므로 당해 지급장소에서 지급제시하여야 한다. O X

---

02 확정일출급, 발행일자 후 정기출급, 일람 후 정기출급의 환어음의 소지인은 지급을 할 날 또는 이에 이은 2거래일 내에 지급을 위한 제시를 하여야 한다. 만기일이 10월 18일, 즉 확정일출급어음인 경우이므로 2거래일까지 지급제시하여야 한다. 사례의 경우 토요일 휴무로 만기일 자체가 월요일이 되고 2거래일은 수요일이 된다.

04 이 경우 지급인은 배서의 연속의 정부를 조사할 의무는 있으나, 배서의 기명날인 또는 서명을 조사할 의무는 없다.

05 지급장소가 지급지 외의 장소로 기재된 경우에는 지급장소는 무효이므로 지급지 내의 지급인의 영업소나 주소에서 지급제시를 하여야 한다.

---

01 O 02 × 03 O 04 O 05 × **정답**

06 지급자금부족으로 어음이 최종 부도처리되면 그 발행인은 거래정지처분을 받게 된다. O X

06 부도대전이 입금되지 않는 한 거래정지처분을 면할 수 없다.

07 어음발행인이 지급은행과 당좌거래계정이 없음에도 불구하고 어음이 지급제시된 경우에는 무거래로 인한 부도이므로 거래정지처분은 없다. O X

07 거래정지처분의 불이익도 면할 수 없다. 예컨대 어음발행인이 예금부족이 예상되어 임의로 약정을 해지하는 경우도 있다.

08 백지를 보충하지 않고 지급제시된 어음은 형식불비로 부도반환한다. O X

08 어음요건을 흠결하면 그 어음은 원칙적으로 무효로서 이 경우 발행인이 지급하지 않음은 물론 지급위탁 대리인인 은행 역시 지급하지 않고 부도반환한다.

09 권한 없이 만기를 변경하는 것은 위조에 해당한다. O X

09 변조에 해당한다. 변조란 권한 없이 어음에 서명 또는 기명날인 이외의 행위를 하는 것을 말한다.

10 갑이 권한 없이 을의 기명날인으로 어음에 배서하는 것은 변조에 해당한다. O X

10 위조에 해당한다. 위조란 권한 없이 어음에 서명 또는 기명날인하는 것을 말한다.

11 어음발행인이 사고신고 시에는 담보금을 예치하도록 하고 있는바, 만일 담보금의 예치가 없다면 사고신고서 접수로 부도반환하고, 발행인에 대한 거래정지처분은 없다. O X

11 예금부족으로 부도통지하여야 하고, 부도대전이 입금되지 아니하면 거래정지처분을 받게 된다.

정답 06 ○ 07 × 08 ○ 09 × 10 × 11 ×

12 어음발행인이 사고신고서를 접수하여 사전에 지급위탁을 취소 요청할 수 있는 경우는 어음의 분실, 도난, 피사취이며 계약불이행의 사유로는 사고신고를 할 수 없다. O X

12 정상적으로 어음을 발행 인수하였으나 후일 상대방이 계약상의 의무를 이행하지 아니하여 계약불이행이 되는 사유로 사고신고한 때에도 부도반환한다.

13 법률상 어음부도는 그 발행인의 도산을 의미한다. O X

13 발행인의 도산으로 부도 처리되는 경우도 있지만, 형식불비/제시기일 미도래 등의 대부분의 부도사유는 발행인의 도산과 직접적인 관련이 없다.

14 사고신고서 접수로 인한 부도사유가 예금부족으로 인한 부도사유와 경합하는 때에는 사고신고접수를 이유로 부도통지되므로 어음발행인에게 거래정지처분이 있는 것은 아니다. O X

14 예금부족으로 부도통지되며 당연히 거래정지처분 사유에 해당한다.

12 × 13 × 14 ×

PART 04 적중예상문제

01 어음에 관한 다음 설명 중 가장 적절하지 않은 것은?

① 만기의 종류는 일람출급, 일람 후 정기출급, 발행일자 후 정기출급, 확정일출급이 있다.
② 어음교환소에서 한 환어음의 제시는 지급을 받기 위한 제시로서의 효력이 있다.
③ 확정일출급, 발행일자 후 정기출급 또는 일람 후 정기출급의 환어음 소지인은 지급을 할 날 또는 그날 이후의 3거래일 내에 지급을 받기 위한 제시를 하여야 한다.
④ 백지를 보충하지 않고 지급제시된 어음은 형식불비로 부도 반환된다.
⑤ 어음발행인이 지급은행과 당좌거래계정이 없음에도 어음이 지급제시되어 어음을 결제할 수 없는 경우는 부도사유가 된다.

> **해설**
> 확정일출급, 발행일자 후 정기출급 또는 일람 후 정기출급의 환어음 소지인은 지급을 할 날 또는 그날 이후의 2거래일 내에 지급을 받기 위한 제시를 하여야 한다(어음법 제38조 제1항).

02 다음 중 어음법상 환어음에만 있는 어음행위는?

① 보 증
② 배 서
③ 지급보증
④ 발 행
⑤ 인 수

> **해설**
> 어음에는 환어음과 약속어음이 있다. 두 어음의 가장 큰 차이점은 약속어음은 인수제도가 없으나 환어음은 인수제도가 있다는 것이다.

정답 01 ③ 02 ⑤

03 다음의 유가증권의 속성 중 지시증권성에 해당하는 설명은?

① 유가증권의 기재사항과 그 장식이 법정되어 있다.
② 증권상의 권리 내용이 증권의 문언만에 의하여 정하여진다.
③ 증권상의 권리를 행사하기 위하여 증권의 제시를 요한다.
④ 배서에 의하여 간편하게 양도할 수 있다.
⑤ 증권과 맞바꾸지 않으면 변제를 할 필요가 없다.

해설
① 요식증권성, ② 문언증권성, ③ 제시증권성, ⑤ 상환증권성

04 다음 중 어음법상 언제나 주채무자가 되는 자는?

① 환어음의 발행인
② 환어음의 지급인
③ 환어음의 배서인
④ 약속어음의 발행인
⑤ 약속어음의 배서인

해설
약속어음의 주채무자는 언제나 발행인이다. 환어음의 경우 지급인이 인수 시 발행인과 같은 주채무 부담이다.

05 다음 중 어음행위의 성립요건에 관한 설명으로 틀린 것은?

① 어음행위자의 기명날인에서 기명은 반드시 그 본명과 일치하여야 하는 것은 아니다.
② 기명과 함께 무인 또는 지장의 어음행위가 있는 경우에도 유효한 기명날인으로 본다.
③ 기명의 명의와 날인의 명의가 불일치한 경우에도 유효한 기명날인이 된다.
④ 대표조합원이 대표자격을 밝히고 조합원 전원을 대리하여 서명하였을 경우에도 유효하다.
⑤ 어음행위가 행위자의 의사결정권이 완전히 박탈된 상태에서 이루어졌다면 무효가 된다.

해설
약속어음의 서명에 갈음하는 기명날인을 함에는 날인은 인장을 압날하여야 하고 무인으로 한 진출행위는 무효이다.

06 어음의 기재사항에 관한 다음의 설명 중 맞는 것은?

① 어음의 발행일은 실제 발행한 날과 일치하여야 한다.
② 국내어음에는 반드시 기명날인을 하여야 하고 서명이나 무인을 한 경우에는 효력이 없다.
③ 어음에 만기의 기재가 없어도 그 효력은 유효하다.
④ 국내어음에서 어음금액은 반드시 국내통화로 표시하여야 한다.
⑤ 일람출금의 환어음에 이자의 약정을 기재하여도 그 기재에 따른 효력은 생기지 아니한다.

해설
① 일치하지 않아도 된다.
② 서명만으로도 가능하다.
④ 지급지의 통화가 아닌 통화로 지급한다는 내용이 기재된 환어음은 만기일의 가격에 따라 지급지의 통화로 지급할 수 있다.
⑤ 이자의 약정기재 시 그 효력이 있다. 다만 이율도 함께 기재하여야 한다.

07 약속어음 발행에 대한 다음 설명 중 옳지 않은 것은?

① 약속어음의 만기를 기재하지 않으면 어음은 무효가 된다.
② 어음에는 발행일을 기재하여야 하며 발행일 자체를 기재하지 아니하면 그 어음은 무효이다.
③ 약속어음에는 '지급을 받을 자' 또는 '지급을 받을 자를 지시할 자'의 명칭을 기재하여야 한다.
④ 모든 어음에는 발행인의 기명날인 또는 서명이 있어야 한다.
⑤ 지급지의 기재가 없는 때에는 발행지를 지급지로 보며 발행지가 없는 때에는 발행인의 명칭에 부기한 지(地)를 지급지로 본다.

해설
만기의 종류에는 네 가지만이 인정되며 만기기재가 없으면 어음법의 구제규정에 의하여 일람출급의 어음으로 본다.

08 백지어음에 관한 설명 중 판례의 견해가 아닌 것은?

① 백지어음에 만기 전에 배서를 하였더라도 만기 후에 백지가 보충된 때에는 기한 후 배서로 본다.
② 백지어음에 있어서 보충권을 줄 의사로 발행한 것이 아니라는 점에 관하여 발행인에게 입증책임이 있다.
③ 백지어음의 보충권은 사실심변론종결시까지만 행사하면 된다.
④ 백지를 보충하지 아니하고 지급제시하였다면 원칙적으로 소구권을 상실한다.
⑤ 지급기일을 공란으로 하여 발행된 약속어음은 특별한 사정이 없는 한 백지어음으로 추정된다.

해설
백지어음상에 한 배서는 배서의 성립시기에 의하여 기한 후 배서인지 여부가 결정된다.

09 백지어음에 관한 설명 중 가장 적절하지 않은 것은? (통설·판례에 의함)

① 과실로 어음요건을 흠결하여 작성된 이른바 불완전어음과는 구별된다.
② 백지어음 행위자의 기명날인 또는 서명은 백지로 할 수 없다.
③ 만기가 공란인 어음은 백지어음으로 추정된다.
④ 백지어음 부당보충의 경우 소지인이 악의인 경우에 한하여 그 위반으로써 소지인에게 대항할 수 있다.
⑤ 백지인 상태에서 한 어음의 지급제시는 그 효력이 없다.

해설
소지인이 악의 또는 중대한 과실인 경우에 한한다.

10 백지어음의 보충권에 관한 다음의 설명 중 틀린 것은?

① 만기가 백지인 경우에는 보충권이 시효로 인하여 소멸하기 전까지 보충권을 행사하면 된다.
② 백지어음의 보충권을 수여한 후 그 보충권의 철회는 어음을 회수하지 않으면 철회의 효력이 없다.
③ 만기 이외의 사항이 백지인 경우에는 주채무자에 대한 관계에서는 만기로부터 3년 내에 보충하여야 하며 소구권보전을 위해서는 지급제시기간 내에 보충하여야 한다.
④ 백지어음도 선의취득이 인정된다.
⑤ 국내어음의 발행지가 백지로 된 경우 판례에 의하면 발행지를 보충하지 아니하고 지급제시한 때에는 소구권을 행사할 수 없다.

해설
이 경우에도 적법하게 지급제시된 것으로 소구권 행사가 가능하다.

11 약속어음의 배서에 관한 설명 중 틀린 것은?

① 배서는 무조건으로 하여야 한다.
② 배서에 조건을 붙인 경우에는 당해 배서를 무효로 한다.
③ 배서금지어음은 지명채권양도의 방법으로 양도할 수 있다.
④ 배서인이 자기의 전자에 대하여 양도하더라도 어음상의 권리는 혼동으로 소멸하지 아니한다.
⑤ 지시식으로 발행하지 아니한 경우에도 배서에 의하여 양도할 수 있다.

해설
배서에 붙인 조건은 기재하지 아니한 것으로 본다.

12 다음 배서의 효력에 관한 설명으로 틀린 것은?

① 배서는 어음으로부터 생기는 모든 권리를 이전한다.
② 배서의 효력에는 권리 이전적 효력, 담보적 효력, 자격 수여적 효력이 있다.
③ 기한 후 배서에도 담보적 효력이 있다.
④ 배서인은 반대의 문언이 없으면 인수와 지급을 담보한다.
⑤ 말소한 배서는 배서의 연속에 관하여는 기재가 없는 것으로 본다.

해설
기한 후 배서에는 항변의 절단이 인정되지 않고 담보적 효력도 발생하지 않는다.

13 어음의 배서에 관한 다음 설명 중 가장 적절하지 않은 것은?

① 발행인의 배서금지는 배서성이 박탈됨에 반하여 배서인의 배서금지는 배서성을 박탈하는 효과는 없고 단지 피배서인 이외의 자에 대하여만 담보책임을 지지 않는다.
② 지명채권양도방법에 의한 어음의 권리이전은 인적항변의 절단이나 선의취득이 인정되지 아니한다.
③ 배서금지어음은 배서성을 박탈당했기 때문에 기일에 어음금을 지급받기 위해서 지급제시가 필요 없다.
④ 기한 후 배서도 배서의 효력인 권리 이전적 효력과 자격 수여적 효력이 있다.
⑤ 환배서도 일반의 배서와 같이 배서로서의 효력이 있으며, 환배서를 받은 피배서인은 어음상의 권리를 타인에게 양도할 수 있다.

해설
배서금지어음은 지명채권의 양도방식으로만 양도되고 그 효력이 있을 뿐 지급제시가 필요하다. 어음채무는 추심채무이므로 지급제시가 없는 한 발행인은 만기가 도래하였으므로 지급을 하지 않아도 되며, 이행지체의 책임을 지지 않게 된다(어음법 제38조 및 민법 제517조 참조).

14 다음의 무담보배서에 관한 설명 중 가장 옳지 않은 것은?

① 환어음의 무담보배서의 경우에는 배서인은 인수 및 지급담보책임을 부담하지 아니한다.
② 수표의 무담보배서의 경우에는 배서인은 지급담보책임을 부담하지 아니한다.
③ 무담보배서에는 권리 이전적 효력이나 인적 항변의 절단의 효력은 있다.
④ 무담보배서가 있는 어음은 선의취득될 수 없다.
⑤ 무담보배서인은 자기의 직접의 피배서인에 대하여도 담보책임을 부담하지 않는다.

해설
선의취득의 효력이 인정된다.

15. 기한 후 배서에 관한 설명 중 법조문과 판례에 비추어 가장 타당한 것은?

① 만기 후에 이루어진 배서를 기한 후 배서라 한다.
② 기한 후 배서에서는 선의취득이 인정되지 않는다.
③ 기한 후 배서인도 어음상의 소구의무를 부담한다.
④ 배서일자의 기재가 만기 전으로 되어 있는 경우에는 실제 교부일이 만기 후라도 기한 후 배서라고 할 수 없다.
⑤ 기한 후 배서는 지명채권양도의 방법으로만 할 수 있다.

해설
① 만기 후이지만 거절증서작성기간 경과 전에 한 배서는 만기 전의 배서와 동일한 효력이 있다.
③ 기한 후 배서에는 담보적 효력이 없고 지명채권양도의 효력밖에 없으므로 그 배서인은 소구의무를 부담하지 아니한다.
④ 기한 후 배서인가의 판단은 어음에 기재된 일자에 의하지 아니하고 실제로 어음을 배서하여 교부한 날을 기준으로 한다.
⑤ 기한 후 배서는 배서의 방법으로 할 수 있으나 지명채권양도의 효력이 있을 뿐이다.

16. 특수배서에 관한 설명으로 틀린 것은?

① 공연한 추심위임배서의 경우 어음의 채무자는 배서인에게 대항할 수 있는 항변만으로써 소지인에게 대항할 수 있다.
② 배서금지배서를 한 배서인은 어음의 그 후의 피배서인에 대하여 담보의 책임을 지지 않는다.
③ 입질배서에는 인적항변절단의 효력이 있다.
④ 환배서의 피배서인은 다시 어음에 배서할 수 있다.
⑤ 만기 후의 배서에는 지명채권양도의 효력만이 있다.

해설
만기 후의 배서는 만기 전의 배서와 동일한 효력이 있다.

17. 다음 중 지급거절증서가 작성된 후에 이루어진 양도배서의 효력에 관한 내용으로 틀린 것은?

① 지급거절증서 작성기간 경과 후의 양도배서와 동일한 효력이 발생한다.
② 배서의 담보적 효력은 발생하지 아니한다.
③ 어음상의 권리는 배서인으로부터 피배서인에게 이전한다.
④ 피배서인은 어음상의 권리를 행사할 수 있는 자격을 취득한다.
⑤ 어음채무자는 배서인에 대항할 수 있었던 인적 항변 사유로 피배서인에게 대항하지 못한다.

해설
어음채무자는 배서인에게 대항할 수 있는 사유로 피배서인에게 대항할 수 있다.

18. 다음 중 권리 이전적 효력이 인정되지 않는 배서로만 이루어진 것은?

① 백지식 배서, 무담보배서
② 공연한 입질배서, 공연한 추심위임배서
③ 숨은 입질배서, 배서금지배서
④ 숨은 추심위임배서, 환배서
⑤ 기한 후 배서, 무담보배서

해설
권리 이전적 효력이 인정되지 않는 배서 : 공연한 입질배서, 공연한 추심위임배서

19. 어음의 지급제시에 대한 설명으로 옳지 않은 것은?

① 어음교환소에서의 어음의 제시는 지급을 위한 제시의 효력이 있다.
② 만기 전에도 환어음의 지급인은 지급할 수 있고 어음소지인은 그 지급을 받을 의무가 있다.
③ 일람 후 정기출급의 어음은 발행일자로부터 1년 내에 인수를 위하여 이를 제시하여야 한다.
④ 약속어음의 소지인이 지급제시기간 내에 어음을 제시하지 못하면 배서인에 대한 어음상의 권리를 행사할 수 없다.
⑤ 만기에 지급하는 어음 ②의 지급인은 사기 또는 중대한 과실이 없으면 그 책임을 면한다.

해설
만기 전에 지급하는 지급인은 자기의 위험부담으로 하는 것으로 하며 어음의 소지인은 그 만기 전에는 지급을 받을 의무가 없다.

20. 어음의 지급에 관한 다음의 설명 중 틀린 것은?

① 만기에 지급하는 어음의 지급인은 배서의 연속의 정부를 조사할 의무는 있으나, 배서의 기명날인 또는 서명을 조사할 의무는 없다.
② 지급장소가 지급지 외의 장소로 기재된 경우에는 지급장소는 무효이므로 지급지 내의 지급인의 영업소나 주소에서 지급제시를 하여야 한다.
③ 확정일출급의 어음의 소지인은 지급을 할 날 또는 이에 이은 2거래일 내에 지급을 위한 제시를 하여야 한다.
④ 어음소지인은 일부지급을 거절하지 못한다.
⑤ 만기일이 2025년 8월 17일(일요일)인 약속어음을 소지하고 있는 자는 2025년 8월 17일, 18일, 19일 중에 지급제시하여야 한다.

해설
확정일출급, 발행일자 후 정기출급, 일람 후 정기출급의 환어음의 소지인은 지급을 할 날 또는 이에 이은 2거래일 내에 지급을 위한 제시를 하여야 한다. 만기일이 8월 17일, 즉 확정일출급 어음인 경우이므로 2거래일까지 지급제시하여야 한다. 사례의 경우 일요일 휴무로 만기일 자체가 월요일이 되고 2거래일은 수요일이 된다.

21 2025년 11월 10일(월요일)이 만기로 기재된 환어음상 권리의 행사에 관한 설명 중 틀린 것은?

① 환어음의 단순한 점유자는 인수제시는 가능하나 지급제시는 할 수 없다.
② 환어음의 소지인이 2025년 11월 12일까지 유효한 지급제시를 하지 않았다면 소구의무자에 대한 어음상의 권리는 상실하나 주채무자인 인수인에 대한 어음상 권리는 만기로부터 3년 내에는 만기에 지급제시와 상관없이 행사할 수 있다.
③ 소지인에게 보충시킬 목적으로 수취인란을 비워 두고 발행된 환어음의 소지인이 2025년 11월 12일까지 수취인란을 보충하지 않은 채 수차례 지급제시를 했을 뿐이라면 소구권을 상실한다.
④ 지급장소가 별도로 어음에 기재되어 있는 경우 환어음의 소지인이 2025년 11월 12일에 그 지급장소 이외의 장소에서 한 지급제시는 유효하다.
⑤ 지급장소가 지급지 외의 장소로 기재된 경우 당해 지급장소는 무효이므로 2025년 11월 12일에 유효하게 지급제시를 하기 위해서는 지급지 내의 지급인의 주소지 또는 영업소에서 하여야 한다.

해설
지급장소가 별도로 어음에 기재되어 있는 경우 지급제시는 지급장소에서 하여야 유효하다.

22 어음의 부도사유에 대한 설명으로 틀린 것은?

① 예금부족 또는 지급자금부족으로 인한 부도 – 당좌거래계좌의 예금잔액이 부족하거나 당좌대출한도거래가 약정된 경우 당좌대출한도를 모두 소진한 경우
② 무거래 – 당좌거래가 계속되었으나 거래정지처분 또는 약정해지, 사망 등에 의해 당좌거래가 폐쇄된 경우
③ 사고신고서 접수 – 어음의 분실, 도난, 피사취, 계약불이행의 경우 발행인이 지급위탁의 취소를 한 경우
④ 법적으로 가해진 지급제한 – 가압류, 압류, 가처분, 전부명령, 화의절차, 파산절차, 제권판결이 있는 경우
⑤ 위조 – 어음에 서명 또는 기명날인 이외의 행위를 하는 것

해설
- 위조 : 권한 없이 어음에 서명 또는 기명날인하는 것
- 변조 : 권한 없이 어음에 서명 또는 기명날인 이외의 행위를 하는 것

23 다음 어음의 부도에 관한 설명으로 가장 옳지 않은 것은?

① 지급자금부족으로 어음이 최종 부도처리되면 그 발행인은 부도대전이 입금되지 않는 한 거래정지처분을 받게 된다.
② 백지를 보충하지 않고 지급제시된 어음은 형식불비로 부도반환한다.
③ 어음발행인이 지급은행과 당좌거래계정이 없음에도 불구하고 어음이 지급제시된 경우에는 무거래로 인한 부도이므로 거래정지처분은 없다.
④ 권한 없이 만기를 변경하는 것은 변조에 해당한다.
⑤ 갑이 권한 없이 을의 기명날인으로 어음에 배서하는 것은 위조에 해당한다.

해설
거래정지처분의 불이익도 면할 수 없다. 예컨대 어음발행인이 예금부족이 예상되어 임의로 약정을 해지하는 경우도 있다.

24 다음의 설명 중 옳지 않은 것은?

① 어음요건을 흠결하면 그 어음은 원칙적으로 무효로서 이 경우 발행인이 지급하지 않음은 물론 지급위탁 대리인인 은행 역시 지급하지 않고 부도반환한다.
② 발행인의 도산으로 부도처리되는 경우도 있지만, 형식불비/제시기일 미도래 등의 대부분의 부도사유는 발행인의 도산과 직접적인 관련이 없다.
③ 어음발행인이 사고신고 시에는 담보금을 예치하도록 하고 있는바, 만일 담보금의 예치가 없다면 예금부족으로 부도통지하여야 하고, 부도대전이 입금되지 아니하면 거래정지처분을 받게 된다.
④ 어음발행인이 사고신고서를 접수하여 사전에 지급위탁을 취소 요청할 수 있는 경우는 어음의 분실, 도난, 피사취이며 계약불이행을 사유로는 사고신고를 할 수 없다.
⑤ 사고신고서 접수로 인한 부도사유가 예금부족으로 인한 부도사유와 경합하는 때에는 예금부족으로 부도통지되며 당연히 거래정지처분 사유에 해당한다.

해설
계약불이행의 경우에도 어음발행인은 지급위탁·사무 처리자인 은행에 사고신고서를 접수하여 사전에 지급위탁의 취소를 할 수 있다.

25 다음 설명에 부합하는 어음의 성질은?

> A가 매매대금의 지급을 위하여 B에게 약속어음을 발행하고 그 어음이 C에게 배서양도된 경우에 A, B 간의 원인관계가 해제된 경우라도 일단 성립된 어음상의 권리에는 영향이 없다.

① 지시증권성
② 무인증권성
③ 상환증권성
④ 문언증권성
⑤ 면책증권성

해설

무인증권성
증권상의 권리의 발생이 그 원인관계와 관계없는 증권을 무인증권이라고 하며 어음·수표가 이에 해당한다. 무인증권의 경우에는 원인관계의 부존재·무효·취소 등이 증권상 행위에 원칙적으로 영향을 미치지 않는다. 이러한 무인성은 어음수수의 직접당사자 사이에서 원인관계가 해제되는 등 원인관계가 실효된 경우 원인관계상의 항변을 주장할 수 있다. 그러나 제삼자에 대한 법률관계에 있어서는 제삼자에게 해의가 없는 한 어음채무자는 제삼자에게 원인관계상의 항변을 주장할 수 없다.

26 다음 중 어음보증의 법률적 성질로서 가장 적절하지 않은 것은?

① 어음보증은 어음금액의 일부에 대하여도 할 수 있다.
② 어음보증인은 최고 및 검색의 항변권이 인정되지 아니한다.
③ 어음보증은 주채무가 무효일 경우에 당연히 무효이다.
④ 어음보증은 반드시 엄격한 요식성을 가진다.
⑤ 어음보증인은 불특정 어음소지인에게 채무를 이행하여야 한다.

해설

주채무가 방식의 하자 이외의 사유로 무효인 경우에도 어음 독립의 원칙상 유효하게 성립한다.

PART 5
채권의 확보

CHAPTER 01 보 증

CHAPTER 02 담보물권

CHAPTER 01 보증

PART 5 채권의 확보

☑ 기출

1 의 의

주된 채무자가 그의 채무를 이행하지 않을 경우에 이를 이행해야 할 채무로써 채권자와 보증인 사이의 보증계약에 의하여 성립하는 것이다.

2 법률적 성질

(1) 주채무와는 별개의 독립한 채무

(2) 주채무의 존재를 전제로 함(부종성)

(3) 주채무가 이전하면 따라서 이전(수반성)

(4) 주채무자가 이행하지 않는 경우에만 이행책임이 있음(보충성)

3 성립에 관한 요건 및 방식

(1) 주채무에 관한 요건
   ① 주채무가 있을 것
   ② 주채무는 대체적 급부를 내용으로 할 것
   ③ 주채무는 장래채무, 조건부채무라도 무방

(2) 보증인에 관한 요건
   ① 원칙 : 제한 없음
   ② 채무자가 보증인을 세울 의무가 있는 경우(민법 제431조 제1항) : 행위능력 및 변제자력이 있는 자

(3) 보증의 방식
   ① 보증은 그 의사가 보증인의 기명날인 또는 서명이 있는 서면으로 표시되어야 효력이 발생한다. 다만, 보증의 의사가 전자적 형태로 표시된 경우에는 효력이 없다(민법 제428조의2 제1항).
   ② 보증채무를 보증인에게 불리하게 변경하는 경우에도 ①과 같다(민법 제428조의2 제2항).
   ③ 보증인이 보증채무를 이행한 경우에는 그 한도에서 ①과 ②에 따른 방식의 하자를 이유로 보증의 무효를 주장할 수 없다(민법 제428조의2 제3항).

4 보증채무의 내용

(1) 보증채무의 급부의 내용 : 주채무와 동일

(2) 보증채무의 범위
① 주채무의 이자, 위약금, 손해배상 기타 종속채무 포함(민법 제429조 제1항)
② 주채무에 관한 계약의 해지·해제의 경우 원상회복의무 및 손해배상의무도 포함
③ 보증채무는 주채무의 범위보다 클 수 없고 큰 경우는 주채무 한도로 감축(민법 제430조)
④ 주채무의 내용에 변동이 생기면 보증채무의 내용도 따라 변함. 단 '보증채무성립 후에', '주채무자와 채권자와의 계약으로', '주채무가 확장, 가중된 경우'에는 그것은 보증채무에 영향을 미치지 않음

(3) 보증채무에 관해서만 위약금, 손해배상액을 예정할 수 있음(민법 제429조 제2항)

5 보증채무의 대외적 효력

(1) 채권자의 권리
주채무와 보증채무의 이행기가 모두 도래한 경우 동시나 순차로 전부나 일부의 이행청구 가능

(2) 보증인의 권리
① 부종성에 기한 권리
  ㉠ 주채무자의 항변권 원용(민법 제433조) : 주채무가 시효로 소멸한 때에는 보증인도 그 시효소멸을 원용할 수 있으며, 주채무자가 시효의 이익을 포기하더라도 보증인에게는 그 효력이 없다(대판 1991.1.29., 89다카1114).
  ㉡ 주채무자의 상계권 원용(민법 제434조)
  ㉢ 주채무자의 취소권, 해제(해지)권 존재 시 이행거절권(민법 제435조)
② **보충성에 기한 권리** : 최고·검색의 항변권(민법 제437조)

6 보증인의 최고·검색의 항변권 ☑기출

(1) 의 의
채권자가 보증인에게 채무의 이행을 청구한 때 보증인이 주채무자의 변제자력과 집행용이를 증명하여 주채무자에게 먼저 청구할 것(최고의 항변권)과 그 재산에 관하여 먼저 집행할 것(검색의 항변권)을 항변할 수 있는 권리(민법 제437조 참조)

(2) 행사효과
① 채권자의 재청구 불가
② **면책(민법 제438조)** : 채권자의 해태로 인한 손실은 보증인은 책임을 안 짐
③ 채권자는 상계로 보증인에게 대항 불가

(3) 최고 · 검색의 항변권을 가지지 않는 경우
    ① 보증인이 연대보증인인 때(민법 제437조 단서)
    ② 주채무자가 파산선고를 받은 때
    ③ 주채무자의 행방을 알 수 없을 때
    ④ 보증인이 항변권을 포기한 때

7 주채무자 또는 보증인에 관하여 생긴 사유의 효력 ☑기출

(1) 주채무자에 관하여 생긴 사유의 효력
    ① 주채무의 소멸에 관한 사유는 보증인에도 효력 있음(절대적 효력)
    ② 주채무의 책임이 한정되는 경우(상속의 한정승인, 강제화의에 의한 일부면제) : 보증채무에는 영향이 없고 보증인은 전 채무를 이행할 책임을 짐

(2) 보증인에 관하여 생긴 사유의 효력 : 주채무에 영향 없음(상대적 효력)

8 보증채무의 대내적 효력(구상관계) ☑기출

(1) 수탁보증인의 구상권
    ① 면책행위에 대한 구상권(민법 제443조)
    ② 사전구상권 인정(민법 제442조)
    ③ 사전구상에 대한 채무자의 보호(민법 제441조 제1항)
    ④ 구상권의 범위 : 연대채무와 동일(민법 제441조 제2항 → 민법 제425조 제2항)
    ⑤ 구상권의 제한
        ㉠ 보증인이 사전통지나 사후통지를 게을리한 경우(민법 제445조)
        ㉡ 주채무자가 수탁보증인에 대한 면책통지를 게을리한 경우(민법 제446조)

(2) 부탁 없는 보증인의 구상권
    ① 주채무자의 의사에 반하지 않는 경우 : 변제 당시 받은 이익의 한도(민법 제444조 제1항)
    ② 주채무자의 의사에 반한 경우 : 현존이익의 한도(민법 제444조 제2항)
    ③ 사전구상권 없음
    ④ 주채무자는 보증인에게 통지의무 없음(민법 제446조 참조)

(3) 주채무자가 수인 있는 경우의 구상관계(민법 제447조) : 부담부분에 한하여 구상권 있음

9 연대보증 ☑기출

(1) 의 의
주채무자와 연대하여 채무를 부담하는 보증채무

(2) 성 질
① 보충성 × → 최고, 검색의 항변권 ×
② 분별의 이익 × → 부담부분 ×
③ 부종성 ○

10 공동보증 ☑기출

(1) 의 의
동일한 주채무에 대하여 수인이 보증채무를 부담하는 것

(2) 채권자와 공동보증인의 관계
① 분별의 이익의 원칙(민법 제439조) : 균등한 비율로 분할된 액만 보증
② 분별의 이익을 갖지 않는 경우
　㉠ 주채무가 불가분인 때
　㉡ 보증연대
　㉢ 연대보증

(3) 공동보증인 사이의 구상관계
① 분별의 이익을 가지는 경우(민법 제448조 제1항) : 부탁 없는 보증인의 구상권과 동일
② 분별의 이익이 없는 경우(민법 제448조 제2항) : 연대채무의 구상권을 준용

11 계속적 보증(근보증)

(1) 의 의
계속적 계약으로부터 발생되는 불특정채무에 대하여 행하여지는 보증

(2) 내 용
보증은 불확정한 다수의 채무에 대해서도 할 수 있다. 이 경우 보증하는 채무의 최고액을 서면으로 특정하여야 한다(민법 제428조의3 제1항).

(3) 효 력
채무액을 서면으로 특정하지 아니한 보증계약은 효력이 없다(민법 제428조의3 제2항).

PART 5 채권의 확보

CHAPTER 01 OX 마무리

01 보증채무의 내용은 원칙적으로 주채무와 같아야 하며(동일성), 주채무의 존재를 전제로 한다(부종성).

01 보증채무는 주채무와 동일성을 가지고 주채무에 부종성을 가진다. O X

02 보증인은 최고 및 검색의 항변권을 주장할 수 있다(보충성).

02 보증채무는 보충성을 가지므로 최고·검색의 항변권을 가진다. O X

03 연대보증에는 분별의 이익이 없으므로 부담부분도 없다.

03 수인의 연대보증인은 채권자에게 이행하여야 하는 보증채무에 관하여 분별의 이익을 가진다. O X

04 보증채무의 무효 또는 면책은 주채무에 대한 청구권에는 영향을 미치지 않는다.

04 채권자가 보증채무의 일부를 면제하는 경우, 주채무도 그만큼 소멸하게 된다. O X

05 보증인이 있는 경우에 그 보증이 상행위이거나 주채무가 상행위로 인한 것인 때에는 주채무자와 보증인은 연대하여 변제할 책임이 있다(상법 제57조 제2항).

05 주채무가 상행위로 인해 성립한 때에 그 보증채무는 연대보증채무가 된다. O X

01 O 02 O 03 × 04 × 05 O   정답

06 보증인은 보증채무의 변제 이전에는 주채무자의 재산을 가압류하는 등의 사전구상권 행사를 할 수 없다. O X

06 보증인은 보증채무변제 이전에도 장래 구상권행사를 대비하여 주채무자의 재산을 가압류하는 등의 사전구상권을 행사할 수 있다(민법 제442조).

07 보증인이 수인인 경우에는 자신의 부담부분을 넘어 주채무자에게 변제한 경우 다른 보증인에 대해 구상권을 행사할 수 있다. O X

07 수인의 보증인이 있는 경우에 어느 보증인이 자기의 부담부분을 넘은 변제를 한 때에는 다른 연대채무자의 부담부분에 대하여 구상권을 행사할 수 있다(민법 제448조 참조).

08 보증인이 채무를 일부 변제한 경우에는 채권자와 함께 균등한 비율로 채권자의 권리를 행사할 수 있다. O X

08 변제한 가액에 비례하여 채권자와 함께 권리를 행사할 수 있다(민법 제483조 제1항).

09 주채무자의 의사에 반하여 보증인이 된 자가 변제 등을 한 때에는 주채무자는 현존이익의 한도에서 배상하여야 한다. O X

09 주채무자의 의사에 반한 경우에는 현존이익의 한도에서 배상할 책임이 있다(민법 제444조 제2항).

10 주채무자에 대한 시효중단의 효력은 연대보증인에게 미친다. O X

10 주채무자에 대한 시효의 중단은 보증인에 대하여 그 효력이 있다(민법 제440조).

11 연대보증인은 최고의 항변권은 있으나 검색의 항변권은 없다. O X

11 연대보증인은 보충성이 없으므로 최고 및 검색의 항변권이 인정되지 않는다.

정답 06 × 07 ○ 08 × 09 ○ 10 ○ 11 ×

12 연대보증에는 분별의 이익이 없으므로 부담부분도 없다.

12 1,000만 원의 주채무에 대해 2인이 연대보증한 경우, 각 연대보증인은 채권자에 대하여 500만 원씩 채무를 부담한다. O X

13 주채무가 무효이면 보증채무도 무효가 되나 보증채무가 무효라고 해서 주채무가 무효가 되진 않는다.

13 부종성의 성질상 보증채무가 무효이거나 소멸 시 주채무도 무효가 된다. O X

12 × 13 ×

CHAPTER 02 담보물권

PART 5 채권의 확보

01 담보물권 개관

1 인적 담보와 물적 담보제도

(1) **인적 담보** : 연대채무, 보증채무

(2) **물적 담보** : 유치권, 질권, 저당권

2 물적 담보제도

(1) **제한물권의 법리에 따르는 것**
   ① 법정담보물권 : 유치권, 법정질권, 법정저당권, 상법상 우선특권
   ② 약정담보물권 : 질권, 저당권

(2) **소유권 이전의 법리에 따르는 것** : 양도담보, 환매, 재매매의 예약, 대물변제 예약, 소유권 유보부 매매

3 담보물권의 성질 ☑기출

(1) **부종성** : 피담보채권의 존재를 전제로 해서만 담보물권이 종속하고 피담보채권이 소멸하면 담보물권도 소멸하는 성질(예외 : 근저당).

(2) **수반성** : 피담보채권의 이전에 따라 담보물권도 이전하는 성질

(3) **불가분성** : 담보물권이 피담보채권의 전부가 변제될 때까지 목적물의 전부 위에 효력을 미치는 성질(예외 : 공동저당)

(4) **물상대위성** : 담보물권의 목적물이 멸실, 훼손, 공용징수로 인하여 소멸한 경우 그로 인한 가치변형물(금전 기타 물건)이 목적물 소유자에게 귀속되는 경우 담보물권이 이 가치변형물에 존속하는 현상(민법 제342조)(교환가치의 취득을 목적으로 하지 않는 유치권에는 그 적용이 없음)

4 담보물권의 효력

(1) 우선변제적 효력(질권, 저당권)
채무의 변제를 받지 못한 경우 담보권자가 목적물을 환가해서 다른 채권자보다 먼저 변제받는 효력

(2) 유치적 효력(질권, 유치권의 경우)
목적물을 채권자의 수중에 유치함으로써 채무자에게 변제를 촉구하는 효력

(3) 수익적 효력(전세권의 경우)
채권자가 목적물로부터의 수익으로 변제에 충당하는 효력

(4) 추급적 효력(질권, 저당권)
담보물이 누구에게 돌아가든 그 소재하는 곳에 추급하여 담보물권을 행사할 수 있는 효력

[질권과 저당권 비교]

구 분	질 권	저당권
유치적 효력	있 음	없 음
사용·수익권 박탈 여부	박 탈	박탈하지 않음
공시방법	인 도	등 기
목적물	동 산	부동산
금융수단으로서의 의의	서민금융	생산(투자)금융
피담보채권의 범위	제한이 없음	제 한

02 유치권 ☑기출

1 의 의

타인의 물건이나 유가증권에 관하여 생긴 채권에 관하여 그 채무를 변제받을 때까지 그 물건 또는 유가증권을 유치할 수 있는 권리(민법 제320조)

2 유치권의 법률적 성질

(1) 점유를 잃으면 유치권 소멸(추급효 없음)

(2) 부동산 유치권에도 등기 불요, 유가증권도 배서가 요건 아님

(3) 물상대위성은 인정되지 않음

3 성립요건

(1) **목적물** : 동산, 부동산, 유가증권(채무자의 소유물일 필요 없음)

(2) **채권과 목적물 사이의 견련관계(목적물과 점유와의 견련관계는 불요)**
    ① 채권이 목적물 자체로부터 발생한 경우
        ㉠ 목적물에 지출한 비용의 상환청구권
        ㉡ 목적물로부터 받은 손해배상청구권
        ㉢ 목적물의 수선비
        ㉣ 채권이 목적물 자체를 목적으로 하는 경우(임차권)에는 유치권 발생의 요건이 아님
    ② 채권이 목적물의 반환청구권과 동일한 법률관계 또는 사실관계로부터 발생한 경우
        ㉠ 동일한 법률관계 : 매매대금채권
        ㉡ 동일한 사실관계 : 우연히 물건을 바꾸어 간 경우

(3) **채권이 변제기에 있을 것** : 다른 담보물권에 있어서는 실행요건일 뿐 성립요건이 아님

(4) **점유가 불법행위로 인한 것이 아닐 것**

(5) **당사자 사이에 유치권 발생을 배제하는 특약이 없을 것**

4 유치권의 효력

(1) **유치권자의 권리**
    ① 목적물의 유치
    ② 경매권과 예외적 우선변제권
        ㉠ 경매권(민법 제322조 제1항) : 경락대금으로 우선변제는 불가
        ㉡ 예외적 우선변제권 : 원칙적으로 우선변제권이 없으나, 예외적으로 ⓐ 간이변제 충당(민법 제322조 제2항), ⓑ 과실수취 후 변제충당권(민법 제323조), ⓒ 채무자 파산의 경우의 별제권(채무자 회생 및 파산에 관한 법률 제411조)을 가짐으로써 우선변제권이 있는 것과 다르지 않음
    ③ 과실수취권(민법 제323조)
    ④ 유치물사용권(민법 제324조 제2항 단서) : 유치물의 보존에 필요한 사용은 채무자의 승낙 없이도 가능
    ⑤ 비용상환청구권(민법 제325조)

(2) **유치권자의 의무**
    ① 선관주의의무(민법 제324조 제1항)
    ② 채무자(소유자) 승낙 없는 유치물의 처분(사용, 대여, 담보제공)금지(민법 제324조 제2항 본문)
    ③ 의무위반의 효과 : 채무자의 유치권 소멸청구(민법 제324조 제3항)

5 유치권의 소멸

(1) 일반적 소멸사유
① 물권의 일반적 소멸사유 : 목적물의 멸실, 토지수용, 혼동, 포기 등
② 담보물권에 공통된 소멸사유 : 피담보채권의 소멸

(2) 특유한 소멸사유
① 채무자의 소멸청구(민법 제324조 제3항) : 형성권(유치권자가 그의 의무를 위반한 경우)
② 타 담보의 제공에 의한 소멸청구(민법 제327조) : 형성권 아님 → 유치권의 승낙 또는 이에 갈음할 판결이 있어야만 유치권 소멸
③ 점유의 상실(민법 제328조)

03 질권 ☑기출

1 서 설

(1) 의 의
채권의 담보로 채무자 또는 제삼자의 동산, 재산권을 점유하고 변제하지 않을 때에는 질물로써 우선변제받을 수 있는 권리(민법 제329조 및 제345조)

(2) 법률적 성질
① 목적물을 점유한다는 점에서 저당권과 구별
② 목적물의 교환가치로부터 우선변제권을 가짐
③ 약정담보물권으로서 담보물권의 통유성(타물권, 부종성, 수반성, 불가분성, 물상대위성)을 가짐

2 동산질권

(1) 동산질권의 성립
① 동산질권 설정계약
　㉠ 계약당사자
　　ⓐ 질권자 : 피담보채권의 채권자에 한함
　　ⓑ 질권설정자 : 채무자 및 제삼자(물상보증인)

② 목적동산의 인도
　㉠ 질권계약의 요물성 : 요물계약이라는 설(이영준)도 있으나 성립요건주의의 적용일 뿐 요물계약은 아니라고 봄이 다수설임(민법 제330조)
　㉡ 설정자에 의한 대리점유의 금지(민법 제332조)
③ 동산질권의 목적물(민법 제331조) : 양도할 수 있는 물건에 한함
④ 동산질권을 설정할 수 있는 피담보채권 : 제한 없음

(2) 법정질권
① 인정되는 경우
　㉠ 임차지의 부속물, 과실 등에 대한 법정질권(민법 제648조)
　㉡ 임차건물 등의 부속물에 대한 법정질권(민법 제650조)
② 요건 : 동산, 과실을 압류해야 인정됨

(3) 동산질권의 효력
① 효력이 미치는 범위
　㉠ 목적물의 범위
　　ⓐ 민법규정은 없으나 종물과 과실(천연, 법정)에 미침
　　ⓑ 물상대위에 따라 질물의 멸실, 훼손, 공용징수로 인하여 질권설정자가 받을 금전 기타 물건에도 미친다. 단, 질권설정자가 금전 기타의 물건을 지급 또는 인도받기 전에 압류하여야 한다(민법 제342조).
　　ⓒ 공공용지의 취득 및 손실보상에 관한 특례법에 의해 협의취득한 것은 공용징수가 아니라 사법상 매매계약과 같은 성질에 불과(대판 1981.5.26., 80다2109) → 따라서 물상대위의 객체가 아님
　㉡ 피담보채권의 범위(민법 제334조)
　　ⓐ 원본, 이자, 위약금, 질권실행 비용, 질물보존 비용, 손해배상청구권이 포함
　　ⓑ 다른 채권자를 해할 염려가 없으므로 질권이 저당권보다 범위가 넓음
② 유치적 효력(민법 제335조 본문)
③ 우선변제적 효력(민법 제329조)
　㉠ 행사방법
　　ⓐ 원칙 : 경매권(민법 제338조 제1항)
　　ⓑ 예외 : 간이변제충당권(민법 제338조 제2항)
　　ⓒ 질권자가 질물을 실행하지 않고 채무자의 일반재산에 대해 집행한 경우 다수설은 민법 제340조 제1항은 일반채권자보호규정이므로 일반채권자만이 이의를 제기할 수 있다고 한다.
　㉡ 유질계약의 금지(민법 제339조)
　　ⓐ 위반의 효과 : 강행규정이므로 무효
　　ⓑ 금지의 예외 : 상행위, 전당포영업자, 변제기 이후의 유질계약

(4) 동산질권의 전질권

① 의의 : 질권자가 유치하고 있던 질물을 자신의 제삼자에 대한 채무를 위하여 다시 질권을 설정하는 것

② 책임전질 : 설정자의 승낙 없이 질권자 자신의 책임으로 전질하는 경우(민법 제336조)

　㉠ 성질 : 채권 · 질권공동입질설(다수설) → 전질은 원질권의 범위 내
　㉡ 성립요건
　　ⓐ 원질권자와 전질권자 사이의 물권적 합의와 질물 인도
　　ⓑ 전질권은 원질권의 범위 내일 것
　　ⓒ 권리질권의 설정요건을 갖출 것(피담보채권의 입질을 포함하므로)
　㉢ 효 과
　　ⓐ 불가항력에 의한 손해의 배상책임(민법 제336조 후단)
　　ⓑ 질권자는 질권을 소멸케 하는 처분행위 못 함
　　ⓒ 전질권자는 자기채권의 변제 시까지 질물유치
　　ⓓ 채무자가 전질의 통지를 받거나 승낙하면 전질권자의 동의 없이 질권자에게 채무를 변제하여도 전질권자에게 대항 불가(민법 제337조 제2항)
　　ⓔ 원질권이 소멸하면 전질권도 소멸
　　ⓕ 전질권을 실행하려면 원질권의 피담보채권도 변제기에 달해야 함

③ 승낙전질 : 설정자의 승낙을 얻어 전질하는 경우(민법 제337조)

　㉠ 성질 : 질물재입질설
　㉡ 성립요건
　　ⓐ 질물 소유자의 승낙
　　ⓑ 원질권의 범위에 의한 제한이 없음
　㉢ 효 과
　　ⓐ 질권자의 책임가중 배제
　　ⓑ 원질권의 소멸은 전질권에는 아무런 영향이 없음

(5) 동산질권의 침해에 대한 구제

점유보호 청구권과 질권 자체에 기한 물권적 청구권에 의한 보호

(6) 동산질권의 소멸 ☑기출

① 물권 일반의 소멸원인과 담보물권에 공통한 소멸원인으로 소멸
② 질권에 특유한 소멸원인
　㉠ 질권자가 목적물을 반환한 경우
　㉡ 질권자의 의무위반 시 설정자의 소멸청구에 의한 소멸

(7) 동산질권자의 의무

① 목적물의 보관의무(민법 제343조 및 제324조)
② 질물반환의무 : 채권의 변제와 동시이행의 관계에 있는 것이 아니라 채권의 완제가 있는 후에 발생한다.

3 권리질권

(1) 의의 : 재산권을 목적으로 하는 질권(민법 제345조)

(2) 권리질권의 목적 : 채권, 주주권, 무체재산권, 저당권

(3) 권리질권의 목적이 될 수 없는 것
① 부동산 사용, 수익권 : 지상권, 전세권, 임차권
② 성질상 제한 : 점유권, 소유권, 지역권, 광업권, 어업권
③ 양도할 수 있는 재산권이 아닌 것 : 인격권, 상속권, 연금청구권, 부양청구권, 상호계산에 개입된 채권, 부작위 채권

(4) 채권질권
① 설정방법 : 권리의 양도에 관한 방법(민법 제346조)
  ㉠ 지명채권 : 질권설정의 합의 + 채권증서의 교부(이때 증서의 교부는 점유개정에 의해서도 가능하고 증서를 반환해도 질권은 소멸하지 않는다). 지명채권에 대하여 담보제공(질권설정)을 승인한 채권자는 그 채권의 양도에 대하여도 승인의 의사가 있다고 하는 것이 타당하다.
  ㉡ 지시채권 : 배서 + 교부(민법 제350조)
  ㉢ 무기명채권 : 교부(민법 제351조)
  ㉣ 저당권부채권 : 저당권등기에 질권의 부기등기(민법 제348조)
② 효력
  ㉠ 피담보채권의 범위 : 동산질권과 동일(민법 제355조)
  ㉡ 유치적 효력
    ⓐ 채권질권자는 채권증서를 점유하고 피담보채권의 전부의 변제를 받을 때까지 이를 유치할 수 있다. 그리고 이를 설정자에게 반환하여도 질권이 당연히 소멸하지 않고 이를 상실하여도 질권 자체에 기해 반환을 청구할 수 있다.
    ⓑ 질권설정자의 권리처분제한(민법 제352조)
  ㉢ 우선변제적 효력
    ⓐ 채권의 직접청구(민법 제353조) : 그러나 그 효과는 채권의 채권자에게 귀속하는 것이지 당연히 질권자의 채권에 충당되지는 않는다.
    ⓑ 실행방법 : 민사집행법이 정한 집행방법에 의한 실행(민법 제354조)

(5) 무체재산권 위의 질권
특허권, 실용신안권, 의장권, 상표권의 입질 : 등록하여야 효력 발생

(6) 주식 위의 질권
① 무기명주식 : 교부
② 기명주식
  ㉠ 약식질 : 질권설정의 합의 + 교부(주권의 점유계속이 대항요건)
  ㉡ 등록질 : 주주명부, 주권에의 기재

04 저당권 ☑기출

1 서 설

(1) 의 의
채무자 또는 제삼자가 제공한 부동산 기타 목적물을 점유하지 않으면서 채무의 변제가 없는 경우에 그 목적물로부터 우선변제 받을 수 있는 담보물권(민법 제356조 참조)

(2) 근대 저당권의 특질
① **특정의 원칙** : 현존, 특정의 목적물 위에 성립
② **공시의 원칙** : 등기, 등록에 의해 공시되어야 함
③ **순위확정의 원칙** : 등기의 선후에 따라 순위가 정해지고 선순위 저당권이 소멸해도 순위가 상승하지 않음
④ **독립의 원칙** : 저당권은 공시되지 않은 채권의 하자에 의하여 영향받지 않음
⑤ **유통성의 확보** : 금융시장에서 신속, 안전하게 유통할 수 있는 능력, 저당권의 증권화

(3) 우리나라의 저당제도
근대 저당권의 특질 중 특정의 원칙, 공시의 원칙, 순위확정 대신 순위승진의 원칙을 채택(근대 저당제도와는 거리가 큼)

2 저당권의 성립

(1) 저당권 설정계약의 당사자
① **저당권자** : 피담보채권의 채권자에 한함
② **설정자** : 채무자와 제삼자(물상보증인)도 가능(처분권한이 있어야 함)

> **제삼자 명의의 저당권 등기**
> 채권과 그를 담보하는 저당권은 담보물권의 부수성에 의하여 원칙적으로 그 주체를 달리할 수 없으나, 채권담보를 위하여 저당권을 설정하는 경우 제삼자 명의로 저당권등기를 하는 데 대하여 채권자와 채무자 및 제삼자 사이에 합의가 있었고, 나아가 제삼자에게 그 채권이 실질적으로 귀속되었다고 볼 수 있는 특별한 사정이 있는 경우에는 제삼자 명의의 저당권등기도 유효하다(대판 1995.9.26., 94다33583).

(2) 저당권의 설정등기
① 등기는 저당권의 효력 발생요건(존속요건은 아님 : 판례)
  ※ 불법 말소된 경우 말소된 권리자는 권리를 잃지 않고 말소된 등기의 회복등기를 할 수 있다. 불법 말소된 근저당설정등기에 대한 〈회복등기절차〉의 이행을 구하는 소송은 그 등기말소 당시의 소유자를 상대로 해야지 현재의 소유자를 등기의무자로 삼아 청구할 수 없다(대판 1969.3.18., 68다1617).

② 무효등기유용 : 등기부상 이해관계 있는 제삼자가 없는 한 유효(판례)

> **불법 말소된 등기의 추정력**
> 등기는 물권의 효력발생요건이고 효력존속요건이 아니므로 물권에 관한 등기가 원인 없이 말소된 경우에 그 물권의 효력에는 아무런 영향을 미치지 아니하며 그 등기명의인은 적법한 권리자로 추정된다(대판 1982.9.14., 81다카923).

> **무효등기의 유용**
> 실질관계의 소멸로 무효로 된 등기의 유용은 그 등기를 유용하기로 하는 합의가 이루어지기 전에 등기상 이해관계가 있는 제삼자가 생기지 않은 경우에 한하여 허용된다(대판 1989.10.27., 87다카425).

(3) 저당권의 객체
① 부동산(민법 제356조), 지상권, 전세권(민법 제371조 제1항)
② 입목법상 입목, 공장재단, 광업재단
③ 자동차, 항공기, 선박, 중기
④ 광업권, 어업권

(4) 저당권을 설정할 수 있는 채권(피담보채권)
① 금전채권에 한하지 않고 실행시기에 금전채권으로 변할 수 있으면 가능
② 채권의 일부, 수 개의 채권에 대한 저당권 설정도 가능
③ 장래 특정채권, 장래의 불특정채권을 담보하는 근저당도 가능(민법 제357조)

3 저당권의 효력

(1) 저당권의 효력이 미치는 범위
① 피담보채권의 범위(민법 제360조) ☑ 기출
  ㉠ 원 본
  ㉡ 이자 : 등기 요함(부동산등기법 제75조 제1항)
  ㉢ 위약금 : 등기를 해야만 저당권에 의해 담보됨
  ㉣ 지연배상(1년분에 한함)
  ㉤ 저당권 실행비용 : 등기 불요

  저당권의 피담보채무의 범위에 관하여 민법 제360조가 지연배상에 대하여는 원본의 이행기일을 경과한 후의 1년분에 한하여 저당권을 행사할 수 있다고 규정하고 있는 것은 저당권자의 제삼자에 대한 관계에서의 제한이며 채무자나 저당권설정자가 저당권자에 대하여 대항할 수 있는 것이 아니다(대판 1992.5.12., 90다8855).

② 목적물의 범위
  ㉠ 부합물, 종물
    ⓐ 원칙 : 저당부동산에 부합된 물건과 종물에 미침(민법 제358조)

ⓑ 예 외
- 설정행위에서 다른 약정을 한 경우(민법 제358조 단서)
- 분리된 경우 : 공시의 작용이 미치는 한도에서만 미침(다수설)

ⓒ 과실(천연과실, 법정과실 포함)(민법 제359조)
  ⓐ 원칙 : 원칙적으로는 미치지 않음
  ⓑ 예외 : 저당부동산에 대한 압류 후에는 미침(주의 : 과실에 대한 압류가 아님)

ⓒ 저당토지 위의 건물에 대한 일괄경매권(민법 제365조) : 건물로부터의 환가는 금지

ⓓ 물상대위(민법 제370조 및 제342조)
  ⓐ 목적부동산으로부터 부합물이나 종물이 분리된 경우 : 공시의 원칙설(다수설) – 분리된 동산은 목적부동산과 결합하여 공시의 작용이 미치는 한도에서만 저당권의 효력이 미친다. 단, 저당권자는 저당권의 물권적 효력에 기하여 그 반출을 금지할 수 있다.
  ⓑ 물상대위의 객체는 대표물에 대한 목적물소유자의 청구권이므로 물상대위권을 행사하려면 저당권자가 이 청구권을 지급 또는 인도 전에 압류하여야 한다.

저당권의 목적물의 범위

[1] 구분건물의 전유부분만에 관하여 설정된 저당권의 효력은 대지사용권의 분리처분이 가능하도록 규약으로 정하는 등의 특별한 사정이 없는 한 그 전유부분의 소유자가 사후에라도 대지사용권을 취득함으로써 전유부분과 대지권이 동일 소유자의 소유에 속하게 되었다면, 그 대지사용권에까지 미치고 여기의 대지사용권에는 지상권 등 용익권 이외의 대지소유권도 포함된다(대판 1995.8.22., 94다12722).

[2] 저당권은 법률에 특별한 규정이 있거나 설정행위에 다른 약정이 있는 경우를 제외하고 그 저당부동산에 부합된 물건과 종물 이외에까지 그 효력이 미치는 것은 아니므로 사회적 관점이나 경제적 관점에 비추어 보아 저당건물과는 별개의 독립된 건물을 저당건물의 부합물이나 종물로 보아 경매법원에서 저당건물과 같이 경매를 진행하고 경락허가를 하였다고 하여 위 건물의 소유권에 변동이 초래될 수는 없다(대판 1974.2.12., 73다298).

[3] 건물의 소유를 목적으로 하여 토지를 임차한 사람이 그 토지 위에 소유하는 건물에 저당권을 설정한 때에는 민법 제358조 본문에 따라서 저당권의 효력이 건물뿐만 아니라 건물의 소유를 목적으로 한 토지의 임차권에도 미친다고 보아야 할 것이므로, 건물에 대한 저당권이 실행되어 경락인이 건물의 소유권을 취득한 때에는 특별한 사정이 없는 한 건물의 소유를 목적으로 한 토지의 임차권도 건물의 소유권과 함께 경락인에게 이전된다.
이 경우에도 민법 제629조가 적용되기 때문에 토지의 임대인에 대한 관계에서는 그의 동의가 없는 한 경락인은 그 임차권의 취득을 대항할 수 없다고 할 것인바, 민법 제622조 제1항은 건물의 소유를 목적으로 한 토지임대차는 이를 등기하지 아니한 경우에도 임차인이 그 지상건물을 등기한 때에는 토지에 관하여 권리를 취득한 제삼자에 대하여 임대차의 효력을 주장할 수 있음을 규정한 취지임에 불과할 뿐, 건물의 소유권과 함께 건물의 소유를 목적으로 한 토지의 임차권을 취득한 사람이 토지의 임대인에 대한 관계에서 그의 동의가 없어도 임차권의 취득을 대항할 수 있는 것까지 규정한 것이라고는 볼 수 없다.
임차인의 변경이 당사자의 개인적인 신뢰를 기초로 하는 계속적 법률관계인 임대차를 더 이상 지속시키기 어려울 정도로 당사자 간의 신뢰관계를 파괴하는 임대인에 대한 배신행위가 아니라고 인정되는 특별한 사정이 있는 때에는 임대인은 자신의 동의 없이 임차권이 이전되었다는 것만을 이유로 민법 제629조 제2항에 따라서 임대차계약을 해지할 수 없고, 그와 같은 특별한 사정이 있는 때에 한하여 경락인은 임대인의 동의가 없더라도 임차권의 이전을 임대인에게 대항할 수 있다고 봄이 상당한바, 위와 같은 특별한 사정이 있는 점은 경락인이 주장·입증하여야 한다(대판 1993.4.13., 92다24950).

저당부동산의 종물인지의 판단기준
[1] 호텔의 각 방실에 시설된 텔레비전, 전화기, 호텔세탁실에 시설된 세탁기, 탈수기, 드라이클리닝기, 호텔주방에 냉장고, 제빙기, 호텔방송실에 시설된 브이티알(비디오), 앰프 등은 적어도 호텔의 경영자나 이용자의 상용에 공여됨은 별론으로 하고, 주물인 부동산 자체의 경제적 효용에 직접 이바지하지 아니함은 경험칙상 명백하므로 위 부동산에 대한 종물이라고 할 수는 없다(대판 1985.3.26., 84다카269).
[2] 주물의 소유자나 이용자의 상용에 공여되고 있더라도 주물 그 자체의 효용과는 직접 관계없는 물건은 종물이 아니며, 또한 경매목적물과 동일지번상에 건립되어 있다는 것만으로 그의 종물이거나 부속건물이라 할 수 없고, 가옥대장 등 공부상에 경매목적건물의 부속건물이라 기재되어 있다 하여 그것을 곧 그 건물에 부합되었다거나 종물로서 저당권의 효력이 미칠 건물이었다고 단정할 수 없다(대판 1994.6.10., 94다11606).
[3] 경매법원이 기존건물의 종물이라거나 부합된 부속건물이라고 볼 수 없는 건물에 대하여 경매신청된 기존건물의 부합물이나 종물로 보고서 경매를 같이 진행하여 경락허가를 하였다 하더라도 그 독립된 건물에 대한 경락은 당연무효이고, 따라서 그 경락인은 위 독립된 건물에 대한 소유권을 취득할 수 없다(대판 1988.2.23., 87다카600).

일괄경매권의 성립 여부
민법 제365조는 저당권설정자가 저당권을 설정한 후 저당목적물인 토지상에 건물을 축조함으로써 저당권의 실행이 곤란하여지거나 저당목적물의 담보가치의 하락을 방지하고자 함에 그 규정취지가 있다고 할 것이므로, 저당권설정 당시에 건물의 존재가 예측되고 또한 당시 사회경제적 관점에서 그 가치의 유지를 도모할 정도로 건물의 축조가 진행되어 있는 경우에는 위 규정은 적용되지 아니한다(대판 1987.4.28., 86다카2856).

(2) 우선변제적 효력 ☑ 기출
① 저당권자가 변제받는 모습
  ㉠ 저당권의 실행에 의한 변제
  ㉡ 일반 채권자로서 일반재산으로부터의 변제(민법 제370조 → 민법 제340조)
② 저당권자의 우선적 지위
  ㉠ 일반 채권자에 대하여는 언제나 우선(예외 : 주택임대차보호법 제8조)
  ㉡ 전세권자와 최우선순위의 저당권과의 등기의 선후에 의함
  ㉢ 수 개의 저당권 간에는 등기의 선후에 의함
  ㉣ 저당목적물에 부과된 국세는 저당권에 우선함

(3) 저당권의 실행
① 경매에 의한 실행
② 경매에 의하지 않은 실행

(4) 저당권과 용익물권
① 저당권 설정 전에 존재한 용익물권 : 저당권의 실행으로 용익물권은 소멸 안 함
② 저당권 설정 후의 용익물권 : 저당권의 실행으로 용익물권도 소멸
③ 수 개의 저당권과 용익물권의 우선순위 : 선순위의 저당권과 용익물권과의 선후로 결정

(5) 법정지상권(민법 제366조)

① 성립요건
- ㉠ 저당권 설정 당시부터 토지 위에 건물이 존재하고 있어야 한다.
- ㉡ 저당권을 설정할 때에 토지와 건물이 동일한 소유자에게 속하고 있어야 한다.
- ㉢ 토지와 건물의 어느 한쪽이나 양자 위에 저당권이 설정되어야 한다.
- ㉣ 경매로 소유자가 달라져야 한다.
- ㉤ 제366조는 강행규정이다.

② 성립시기와 등기
- ㉠ 성립시기 : 토지 또는 그 지상건물의 경매로 그 소유권이 경락인에게 이전하는 때이다.
- ㉡ 법정지상권은 제366조의 규정에 의하여 성립하는 것으로 등기를 요하지 않는다(민법 제187조).

③ 내용
- ㉠ 건물소유자에게 그의 건물소유를 위한 지상권이 법률상 당연히 인정된다.
- ㉡ 법정지상권의 범위는 건물로서 이용하는 데 필요한 한도에서는 대지 이외의 부분에도 미친다.
- ㉢ 지료는 당사자의 협의로 또는 법원이 정하게 된다(민법 제366조 단서).

(6) 제삼취득자의 지위

① 경매인이 될 수 있는 권리(민법 제363조 제2항) : 저당물의 소유권을 취득한 제삼자도 경매인이 될 수 있다.
② 제삼취득자의 변제권(민법 제364조) : 저당권자에게 그 부동산으로 담보된 채권을 변제하고 저당권의 소멸을 청구할 수 있다.
③ 제삼취득자의 비용상환청구권(민법 제367조) : 저당물의 경매대가에서 우선상환을 받을 수 있다.

(7) 저당권의 침해에 대한 보호

① 침해의 특수성 : 목적물의 가치감소가 있어도 피담보채권액을 넘으면 침해는 불성립한다.
② 보호수단
- ㉠ 물권적 청구권 : 방해배제나 방해예방은 가능하나 반환청구권은 불가
- ㉡ 손해배상청구권(민법 제750조) : 저당권의 실행 이전이라도 불법행위 후 곧 손해배상청구 가능
- ㉢ 담보물의 보충청구권(민법 제362조) : 저당권 설정자의 귀책사유로 인한 것만 가능
- ㉣ 기한의 이익상실(민법 제388조 제1호) : 담보물의 손상, 감소, 멸실 시 → 즉시 변제 청구 가능

> **저당권자의 저당목적물에 대한 방해배제청구권의 내용**
> 저당권자는 물권에 기하여 그 침해가 있는 때에는 그 제거나 예방을 청구할 수 있다고 할 것인바, 공장저당권의 목적 동산이 저당권자의 동의를 얻지 아니하고 설치된 공장으로부터 반출된 경우에는 저당권자는 점유권이 없기 때문에 설정자로부터 일탈한 저당목적물을 저당권자 자신에게 반환할 것을 청구할 수는 없지만, 저당목적물이 제삼자에게 선의취득되지 아니하는 한 원래의 설치 장소에 원상회복할 것을 청구함은 저당권의 성질에 반하지 아니함은 물론 저당권자가 가지는 방해배제권의 당연한 행사에 해당한다(대판 1996.3.22., 95다55184).

4 저당권의 처분 및 소멸

(1) 저당권의 처분
양도, 질권설정 등이 가능하나 피담보채권과 분리하여 양도, 담보제공하지 못함(민법 제361조)

(2) 저당권의 소멸
① 물권 일반 소멸원인과 담보물권 공통의 소멸사유로 소멸
② 피담보채권의 소멸시효(민법 제369조)와 지상권, 전세권을 목적으로 한 경우는 지상권, 전세권의 소멸로 저당권도 소멸함

5 특수한 저당권

(1) 공동저당(민법 제368조)
① 의의 : 동일한 채권의 담보로 수 개의 부동산 위에 설정된 저당권
② 성질 : 각 부동산마다 1개의 저당권 성립
③ 실행방법
  ㉠ 동시배당(수 개의 부동산에서 동시에 배당받는 경우) : 각 부동산의 경매대가에 비례하여 배당받음(민법 제368조 제1항)
  ㉡ 이시배당(선순위 저당권자가 일부 부동산에서 채권 전부를 변제받는 경우)
    ⓐ 후순위 저당권자의 권리 : 선순위 저당권자가 다른 부동산에서 변제받을 수 있는 금액의 한도에서 저당권 행사 가능(민법 제368조 제2항)
    ⓑ 후순위 저당권자와 물상보증인의 관계 : 민법 제368조 제2항에 의한 후순위 저당권자의 권리와 물상보증인의 권리의 우선관계에 대해 판례는 물상보증인을 우선시

> **후순위 저당권자와 물상보증인의 관계**
> [1] 공동저당의 목적인 채무자 소유의 부동산과 물상보증인 소유의 부동산 중 채무자 소유의 부동산에 대하여 먼저 경매가 이루어져 그 경매대금의 교부에 의하여 1번 공동저당권자가 변제를 받더라도, 채무자 소유의 부동산에 대한 후순위 저당권자는 민법 제368조 제2항 후단에 의하여 1번 공동저당권자를 대립하여 물상보증인 소유의 부동산에 대하여 저당권을 행사할 수 없다(대결 1995.6.13., 95마500).
> [2] 공동저당의 목적인 채무자 소유의 부동산과 물상보증인 소유의 부동산에 각각 채권자를 달리하는 후순위 저당권이 설정되어 있는 경우, 물상보증인 소유의 부동산에 대하여 먼저 경매가 이루어져 그 경매대금의 교부에 의하여 1번 저당권자가 변제를 받은 때에는 물상보증인은 채무자에 대하여 구상권을 취득함과 동시에, 민법 제481조, 제482조의 규정에 의한 변제자대위에 의하여 채무자 소유의 부동산에 대한 1번 저당권을 취득하고, 이러한 경우 물상보증인 소유의 부동산에 대한 후순위 저당권자는 물상보증인에게 이전한 1번 저당권으로부터 우선하여 변제를 받을 수 있으며, 물상보증인이 수인인 경우에도 마찬가지라 할 것이므로(이 경우 물상보증인들 사이의 변제자대위의 관계는 민법 제482조 제2항 제4호, 제3호에 의하여 규율될 것이다), 자기 소유의 부동산이 먼저 경매되어 1번 저당권자에게 대위변제를 한 물상보증인은 1번 저당권을 대위취득하고, 그 물상보증인 소유의 부동산의 후순위 저당권자는 1번 저당권에 대하여 물상대위를 할 수 있다(대판 1994.5.10., 93다25417).

[3] 채권자가 물상보증인 소유 토지와 공동담보로 주채무자 소유 토지에 1번 근저당권을 취득한 후 이와 별도로 주채무자 소유 토지에 2번 근저당권을 취득한 사안에서, 먼저 주채무자의 토지에 대하여 피담보채무의 불이행을 이유로 근저당권이 실행되어 경매대금에서 1번 근저당권의 피담보채권액을 넘는 금액이 배당된 경우에는, 변제자 대위의 법리에 비추어 볼 때 민법 제368조 제2항은 적용되지 않으므로 후순위(2번) 저당권자인 채권자는 물상보증인 소유 토지에 대하여 자신의 1번 근저당권을 대위 행사할 수 없고, 따라서 물상보증인의 근저당권설정등기는 그 피담보채무의 소멸로 인하여 말소되어야 한다(대판 1996.3.8., 95다36596).

(2) 근저당(민법 제357조) ☑ 기출

① 의의 : 계속적 거래관계로부터 발생하는 불특정 다수의 채권을 장래의 결산기에 일정한 한도액(최고액)까지 담보하는 저당권

> **특정채권의 담보를 위한 근저당권에 대해서도 일반 저당권이 아닌 근저당권으로서의 효력을 인정할 수 있는지**
> 근저당권설정계약서상 주채무자가 은행에 대한 현재 또는 장래의 모든 채무를 공동담보하기 위하여 계쟁부동산에 근저당권을 설정하는 것으로 부동문자로 인쇄되어 있으나 이는 예문에 불과하고 피담보채무가 특정채무로 한정된다고 본 사례(대판 1992.11.27., 92다40785)

② 근저당의 설정
  ㉠ 설정계약 : 채권최고액과 기본계약은 정해져야 하고 존속기간(결산기)은 자유
  ㉡ 등기사항 : 등기부 등본에 기입되어야 할 필요사항
    ⓐ 근저당권 설정계약이라는 뜻
    ⓑ 채권최고액(이자는 최고액에 산입되므로 따로 등기할 수 없음)
    ⓒ 채무자의 성명 또는 명칭과 주소 또는 사무소 소재지
    ⓓ 공동 담보의 표시(공동으로 담보자가 있을 경우)

③ 근저당권의 효력
  ㉠ 피담보채권의 범위 : 일반 저당권과 같으나 지연배상은 1년분에 한하지 않고 전부 담보하고, 근저당권 실행비용은 제외됨
  ㉡ 근저당권의 처분 : 피담보채권이 양도되면 근저당권도 양도됨
  ㉢ 근저당권의 확정 : 피담보채권이 확정되면 근저당권은 보통 저당권으로 변하여 보통 저당권의 실행절차에 의하여 실행됨

담보채권액의 확정시기

[1] 근저당권자가 피담보채무의 불이행을 이유로 경매신청을 한 경우에는 경매신청시에 근저당권의 피담보채권액이 확정되고, 그 이후부터 근저당권은 부종성을 가지게 되어 보통의 저당권과 같은 취급을 받게 된다(대판 1998.10.27., 97다26104 · 26111).

[2] 당해 근저당권자는 저당부동산에 대하여 경매신청을 하지 아니하였는데 다른 채권자가 저당부동산에 대하여 경매신청을 한 경우 민사소송법 제608조 제2항, 제728조의 규정에 따라 경매신청을 하지 아니한 근저당권자의 근저당권도 경락으로 인하여 소멸하므로, 다른 채권자가 경매를 신청하여 경매절차가 개시된 때로부터 경락으로 인하여 당해 근저당권이 소멸하게 되기까지의 어느 시점에서인가는 당해 근저당권의 피담보채권도 확정된다고 하지 아니할 수 없는데, 그중 어느 시기에 당해 근저당권의 피담보채권이 확정되는가 하는 점에 관하여 우리 민법은 아무런 규정을 두고 있지 아니한바, 부동산 경매절차에서 경매신청기입등기 이전에 등기되어 있는 근저당권은 경락으로 인하여 소멸되는 대신에 그 근저당권자는 민사소송법 제605조가 정하는 배당요구를 하지 아니하더라도 당연히 그 순위에 따라 배당을 받을 수 있고, 이러한 까닭으로 선순위 근저당권이 설정되어 있는 부동산에 대하여 근저당권을 취득하는 거래를 하려는 사람들은 선순위 근저당권의 채권최고액만큼의 담보가치는 이미 선순위 근저당권자에 의하여 파악되어 있는 것으로 인정하고 거래를 하는 것이 보통이므로, 담보권 실행을 위한 경매절차가 개시되었음을 선순위 근저당권자가 안 때 이후의 어떤 시점에 선순위 근저당권의 피담보채무액이 증가하더라도 그와 같이 증가한 피담보채무액이 선순위 근저당권의 채권최고액 한도 안에 있다면 경매를 신청한 후순위 근저당권자가 예측하지 못한 손해를 입게 된다고 볼 수 없는 반면, 선순위 근저당권자는 자신이 경매신청을 하지 아니하였으면서도 경락으로 인하여 근저당권을 상실하게 되는 처지에 있으므로 거래의 안전을 해치지 아니하는 한도 안에서 선순위 근저당권자가 파악한 담보가치를 최대한 활용할 수 있도록 함이 타당하다는 관점에서 보면, 후순위 근저당권자가 경매를 신청한 경우 선순위 근저당권의 피담보채권은 그 근저당권이 소멸하는 시기, 즉 경락인이 경락대금을 완납한 때에 확정된다고 보아야 한다(대판 1999.9.21., 99다26085).

CHAPTER 02 OX 마무리

PART 5 채권의 확보

01 유치권은 타인의 물건 또는 유가증권을 점유한 자가 그 물건이나 유가증권에 관하여 생긴 채권이 변제기에 있는 경우에는 변제를 받을 때까지 그 물건 또는 유가증권을 유치할 수 있는 권리를 말한다(민법 제320조 제1항). 유치권자는 채권의 변제를 받기 위하여 유치물을 경매할 수 있다(민법 제322조 제1항).

02 유치권은 일정한 경우 당연히 성립하는 법정담보물권이다.

03 장래의 채권을 위한 담보로서 저당권의 부종성을 완화하여 인정된 담보제도가 근저당권이다.

04 담보물권의 수반성에 관한 설명이다.

---

01 유치권자는 우선변제권은 없지만, 경매신청권에 의하여 우선변제권이 인정되는 결과가 된다. O X

02 유치권은 법정담보물권이다. O X

03 장래의 채권을 담보하기 위하여는 담보물권의 설정이 인정되지 않는다. O X

04 피담보채권이 양도되면 담보물권도 따라서 양도된다. O X

05 담보물권의 물상대위성이란 담보목적물의 가치적 변형물에 대해 담보물권의 효력이 미치는 것을 말한다. O X

01 O 02 O 03 × 04 O 05 O **정답**

06 저당부동산의 소유자가 그 부동산을 제삼자에게 매각한 경우에 저당권의 효력은 그 매각대금에 미친다. O X

06 담보물권의 효력이 담보목적물에 계속 미치는 경우에는 물상대위가 성립하지 아니한다.

07 피담보채무가 변제된 경우에는 저당권 말소등기를 함으로써 저당권이 소멸한다. O X

07 저당권의 부종성에 따라 피담보채권이 소멸하면 저당권은 당연히 소멸한다.

08 채무자 이외의 제삼자가 제공한 부동산 위에도 저당권이 성립할 수 있다. O X

08 물상보증인에 관한 설명이다.

09 저당권은 원본, 이자, 위약금, 채무불이행으로 인한 손해배상 및 저당권의 실행비용을 담보한다. O X

09 민법 제360조

10 피담보채권이 확정되지 않으면 근저당권을 실행할 수 없다. O X

10 근저당권은 장래의 증감 변동하는 채권을 담보할 목적으로 설정된다. 그러나 그 성질상 피담보채권의 범위의 확정과 채권의 확정기를 필요로 한다.

정답 06 × 07 × 08 ○ 09 ○ 10 ○

11 근저당으로써 담보할 채권의 최고액은 반드시 등기해야 한다(부동산등기법 제75조 제2항).

12 근저당권의 피담보채권액은 기본관계가 종료할 때까지 불확정적이다.

13 제삼채무자, 기타 제삼자에 대항할 수 없지만, 채무자에 대한 질권을 실행할 수 없는 것은 아니다.

---

11 근저당으로써 담보할 채권의 최고액은 이를 그 설정 계약 당사자 간에 약정해 둘 필요가 있으나 반드시 등기해야 하는 것은 아니다. O X

12 근저당권의 피담보채권액은 채권자와 채무자 간의 기본관계가 종료할 때까지 불확정적이다. O X

13 지명채권의 질권에 있어 채권양도의 승낙이나 통지의 확정일자가 없으면 채무자에 대한 질권을 실행할 수 없다. O X

정답 11 × 12 O 13 ×

PART 05 적중예상문제

CHAPTER 01 보증

01 보증채무에 관한 다음 설명 중 가장 적절하지 않은 것은?

① 보증인은 자신의 보증채무를 변제함으로써 채권자의 승낙이 없어도 채권자를 대위한다.
② 보증채무를 이행한 보증인은 주채무자에 대하여 구상권을 갖는다.
③ 주채무자에 대한 시효의 중단은 보증인에 대하여도 그 효력이 있다.
④ 장래의 채무나 조건부채무에 대한 보증은 불가능하다.
⑤ 보증채무에만 담보물권을 설정하는 것도 가능하다.

> **해설**
> 보증은 주채무의 존재를 전제로 하며 주채무는 장래채무, 조건부채무라도 무방하다.

02 다음은 보증과 관련된 설명이다. 틀린 것은?

① 보증은 인적담보의 일종이다.
② 보증은 채권자와 보증인과의 사이에 맺어지는 보증계약에 의하여 성립한다.
③ 채권자는 주채무자에 대한 집행권원만 확보하면 보증인에 대한 집행권원 없이도 보증인의 재산을 압류할 수 있다.
④ 보증채무는 주채무와 동일성을 가지고 주채무에 부종성을 가진다.
⑤ 보증채무는 보충성을 가지므로 최고·검색의 항변권을 가진다.

> **해설**
> 채권자는 주채무자에 대한 집행권한만 가지고 보증인의 재산을 압류할 수 없다.

정답 01 ④ 02 ③

03 다음은 보증인의 권리에 관한 설명이다. 틀린 것은?

① 보증인이 주채무를 이행하면 채권자는 채무자에게 더 이상 채무를 물을 수 없지만 채무자는 보증인에게 구상채무를 부담한다.
② 주채무자에 대한 시효의 중단은 보증인에 대하여 그 효력이 없다.
③ 주채무자로부터 부탁받은 보증인은 보증채무의 변제 이전에도 장래 구상권 행사를 대비하는 사전구상권을 행사할 수 있다.
④ 주채무자의 의사에 반하여 보증인이 된 자가 변제 등을 한 때에는 주채무자는 현존이익의 한도에서 배상하여야 한다.
⑤ 보증인은 주채무의 변제로 채권자를 대위하게 된다. 그러나 보증인은 구상권이 없어도 대위권은 가지게 된다.

해설
주채무자에 대한 시효의 중단은 보증인에 대하여도 그 효력이 있다. 보증이 없는 주채무를 방지하기 위함이다.

04 연대보증과 보통의 보증에 관한 다음 설명 중 가장 적절한 것은?

① 주채무자에 대한 시효중단의 효력은 연대보증인에게 미치지 않는다.
② 주채무를 발생시킨 계약이 무효이거나 취소되면 연대보증채무도 성립하지 않는다.
③ 연대보증인은 최고의 항변권은 있으나 검색의 항변권은 없다.
④ 보통의 보증에는 부종성이 인정되나 연대보증에는 인정되지 않는다.
⑤ 보통의 보증에는 분별의 이익이 없으나 연대보증에는 분별의 이익이 있다.

해설
① 주채무자에 대한 시효의 중단은 보증인에 대하여 그 효력이 있다(민법 제440조).
③ 연대보증은 보증인이 주채무자와 연대함으로써 채권자가 주채무자에게 먼저 이행을 청구하지 않고 보증인에게 이행을 청구하더라도 보증인에게 최고·검색의 항변권이 인정되지 않는다(민법 제437조).
④ 보증채무는 주채무에 대한 부종성 또는 수반성이 있어서 주채무자에 대한 채권이 이전되면 당사자 사이에 별도의 특약이 없는 한 보증인에 대한 채권도 함께 이전하고, 이 경우 채권양도의 대항요건도 주채권의 이전에 관하여 구비하면 족하고, 별도로 보증채권에 관하여 대항요건을 갖출 필요는 없다(대판 2002.9.10., 2002다21509).
⑤ 수인의 보증인이 있는 경우에는 그 사이에 분별의 이익이 있는 것이 원칙이지만, 그 수인이 연대보증인일 때에는 각자가 별개의 법률행위로 보증인이 되었으므로 보증인 상호 간에 연대의 특약(보증연대)이 없었더라도 채권자에 대하여는 분별의 이익을 갖지 못하고 각자의 채무 전액을 변제하여야 하고, 다만 보증인들 상호 간의 내부관계에 있어서는 일정한 부담부분이 있고 그 부담부분의 비율에 관하여는 특약이 없는 한 각자 평등한 비율로 부담한다(대판 1993.5.27., 93다4656).

05 동산질권에 관한 다음 설명 중 가장 적절하지 않은 것은?

① 동산질권자는 채권의 담보로 채무자 또는 제삼자가 제공한 동산을 점유하고 그 동산에 대하여 다른 채권자보다 자기채권의 우선변제를 받을 권리가 있다.
② 질권자는 그 권리의 범위 내에서 자기의 책임으로 질물을 전질할 수 있다. 이 경우 전질을 하지 아니하였으면 면할 수 있는 불가항력으로 인한 손해에 대하여도 책임을 부담하지 아니한다.
③ 질권의 설정은 질권자에게 목적물을 인도함으로써 그 효력이 생긴다.
④ 수 개의 채권을 담보하기 위하여 동일한 동산에 수 개의 질권을 설정한 때에는 그 순위는 설정의 선후에 의한다.
⑤ 질권은 원본, 이자, 위약금, 질권실행의 비용, 질물보존의 비용 및 채무불이행 또는 질물의 하자로 인한 손해배상의 채권을 담보한다. 그러나 다른 약정이 있는 때에는 그 약정에 의한다.

해설
② 질권자는 그 권리의 범위 내에서 자기의 책임으로 질물을 전질할 수 있다. 이 경우에는 전질을 하지 아니하였으면 면할 수 있는 불가항력으로 인한 손해에 대하여도 책임을 부담한다(민법 제336조).
① 민법 제329조
③ 민법 제330조
④ 민법 제333조
⑤ 민법 제334조

06 보증인의 구상권에 관한 다음 설명 중 옳지 않은 것은?

① 주채무자의 부탁을 받고 보증인이 된 자는 일정한 경우에는 변제 이전에도 구상권을 행사할 수 없다.
② 2인의 연대보증인 가운데 한 사람이 전액 변제한 경우 다른 연대보증인에 대해 구상권을 행사할 수 있다.
③ 주채무자의 부탁 없이 보증인이 된 자가 전액 변제한 경우에는 주채무자가 이익을 받은 한도 내에서 구상권을 행사할 수 있다.
④ 전액 변제한 보증인은 구상권의 범위 내에서 종래 채권자가 가지고 있었던 채권 및 담보권을 행사할 수 있다.
⑤ 일부 변제한 보증인은 변제한 가액에 비례하여 채권자와 함께 권리를 행사할 수 있다.

해설
수탁보증인은 사전구상권을 행사할 수 있다.

정답 05 ② 06 ①

07 연대보증에 관한 다음 설명 중 옳지 않은 것은?

① 상행위로 성립한 채무를 보증하는 경우에는 특약이 없더라도 연대보증이 성립한다.
② 주채무를 발생시킨 계약이 무효이거나 취소되면 연대보증채무도 성립하지 않는다.
③ 주채무가 전액 변제되면 연대보증채무도 소멸한다.
④ 채권자가 주채무자에게 청구하지 않고 먼저 연대보증인에게 청구하면 연대보증인은 이에 대항할 수 있다.
⑤ 1,000만 원의 주채무에 대해 2인이 연대보증한 경우, 각 연대보증인은 채권자에 대하여 1,000만 원씩 채무를 부담한다.

해설
보충성이 없으므로 연대보증인은 이에 대항할 수 없다.

08 연대보증인에 대한 설명으로 옳지 않은 것은?

① 최고 및 검색의 항변권이 없다.
② 수인의 연대보증인이 있는 경우 분별의 이익을 가진다.
③ 주채무자에 관하여 생긴 사유는 그 효력이 연대보증인에게 미친다.
④ 주채무자와 연대하여 채무를 부담한다.
⑤ 상행위의 경우 특별한 사정이 없는 한 연대보증이다.

해설
분별의 이익이란 공동보증에 있어서 각 보증인이 원칙적으로 균등한 비율로 분할된 주채무의 액수에 관하여만 보증의 의무를 부담하는 것을 말한다(민법 제439조 및 제408조). 연대보증인이 수인이 있는 경우와 보증연대의 경우는 모두 보증인 사이에 분별의 이익이 없다.

09 다음은 보증채무의 성질에 관한 설명이다. 틀린 것은?

① 보증채무의 내용은 원칙적으로 주채무의 내용과 같다. - 동일성
② 주채무가 무효이거나 소멸 시 보증채무도 무효가 된다. - 부종성
③ 보증채무는 주채무와 동시에 동일한 계약을 통해서 성립한다. - 독립성
④ 주채무자의 이행이 우선하고 그의 이행이 없는 때에 보증인이 이행하여야 한다. - 보충성
⑤ 보증인은 채권자의 이행청구 시에 주채무자에게 변제자력이 있는 사실과 그 집행이 용이함을 증명하여 먼저 주채무자에게 청구할 것과 그의 재산에 대하여 집행할 것을 항변할 수 있다.
　- 보충성

해설
독립성이란 주채무와 보증채무는 다른 계약에 의해 성립하는 것을 말한다.

CHAPTER 02　담보물권

01 다음 기술 중 동산에 성립할 수 있는 물권은?

① 저당권
② 지상권
③ 지역권
④ 전세권
⑤ 질 권

해설
⑤ 질권은 동산 및 그 밖의 재산권에 성립한다.
①·②·③·④ 저당권, 지상권, 지역권 및 전세권은 부동산 위에 성립한다.

02 담보물권의 통유성이 아닌 것은?

① 부종성
② 수반성
③ 불가분성
④ 물상대위성
⑤ 우선변제권

해설
담보물권의 공통성질(통유성)
부종성, 수반성, 불가분성, 물상대위성

03 다음 중 '담보물권은 피담보채권이 소멸하면 따라서 소멸한다.'는 특성에 해당하는 올바른 용어는?

① 가치권성
② 부종성
③ 수반성
④ 물상대위성
⑤ 불가분성

해설
부종성은 피담보채권의 존재를 전제로 해서만 담보물권이 종속하고 피담보채권이 소멸하면 담보물권도 소멸하는 성질(예외 : 근저당)이다.

정답 01 ⑤　02 ⑤　03 ②

04 다음의 담보물권 중 물상대위성을 가지지 아니하는 것은?

① 저당권
② 동산질권
③ 유치권
④ 근저당권
⑤ 채권질권

해설
교환가치의 취득을 목적으로 하지 않는 유치권에는 물상대위성이 적용되지 않는다.

05 담보물권의 공통된 소멸사유는?

① 파 산
② 피담보채권의 소멸
③ 상당한 다른 담보의 제공
④ 목적물의 점유상실
⑤ 회 생

해설
피담보채권이 소멸하면 담보물권도 당연히 소멸한다.

06 피담보채권을 위하여 부동산등기부에 저당권설정등기가 되어 있는 경우, 그 피담보채권이 변제되면 저당권 말소등기를 하지 않아도 그 저당권이 소멸되는 담보물권의 성질은?

① 물상대위성
② 무인성
③ 부종성
④ 불가분성
⑤ 보충성

해설
③ 부종성 : 피담보채권의 존재를 전제로 해서만 담보물권이 종속하고 피담보채권이 소멸하면 담보물권도 소멸하는 성질이다.
① 물상대위성 : 담보물권은 목적물이 가지는 교환가치를 지배하므로 목적물이 멸실·훼손된 경우 그에 갈음하는 교환가치가 존재하면 그것에 효력이 미치게 되는 성질이다.
② 무인성 : 물권행위가 유효하면 그 자체로서 효력을 발생하고, 물권행위의 원인인 채권행위가 불성립, 무효, 취소, 해제 등에 의하여 실효된 경우에도 물권행위는 아무런 영향을 받지 않는 성질이다.
④ 불가분성 : 담보물권자가 피담보채권의 전부를 변제받을 때까지 목적물의 전부에 대하여 그 권리를 행사할 수 있는 성질이다.
⑤ 보충성 : 채무는 주채무자가 먼저 이행하고 보증인은 주채무자가 이행하지 아니한 채무를 이행할 의무를 가지는 성질이다.

07 유치권과 동시이행의 항변권의 이동에 관한 설명으로서 옳지 않은 것은?

① 유치권은 독립의 물권이며, 동시이행의 항변권은 쌍무계약에서 발생하는 채무에 따르는 단순한 권능이다.
② 유치권뿐만 아니라 동시이행의 항변권에도 경매권이 인정된다.
③ 양자는 공평의 원리에 입각하여 채무의 이행을 확보하려고 하는 점에서는 동일하다.
④ 유치권은 상당한 담보를 제공하고 소멸시킬 수 있으나, 동시이행의 항변권은 그러하지 아니하다.
⑤ 유치권에 의하여 거절되는 것은 물건의 인도이나, 동시이행의 항변권에 의하여 거절할 수 있는 급부는 제한이 없다.

해설
유치권자는 채권의 변제를 받기 위하여 유치물을 경매할 수 있으나, 동시이행의 항변권에는 경매권이 인정되지 않는다.

08 유치권에 관한 다음 설명 중 가장 적절하지 않은 것은?

① 유치권자는 채권의 변제를 받기 위하여 유치물을 유치할 수는 있어도 경매를 신청할 수는 없다.
② 유치권은 일정한 경우에 당연히 성립하는 법정담보물권이다.
③ 유치권은 그 점유가 불법행위로 인한 경우에는 발생하지 않는다.
④ 유치권자는 채권 전부의 변제를 받을 때까지 유치물 전부에 대하여 그 권리를 행사할 수 있다.
⑤ 유치권자가 유치물에 관하여 필요비를 지출한 때에는 소유자에게 그 상환을 청구할 수 있다.

해설
유치권자는 채권의 변제를 받기 위하여 유치물을 경매할 수 있다(민법 제322조 제1항).

09 유치권에 관한 다음 설명 중 가장 부당한 것은?

① 유치권자는 채권의 변제를 받기 위하여 유치물을 경매할 수도 있다.
② 부동산도 유치권의 대상이 될 수 있다.
③ 임차인이 임차물에 대하여 유익비를 지출하여 상환청구권이 생기면 이를 근거로 유치권을 주장할 수 있다.
④ 유치권으로 보호받을 수 있는 채권은 변제기에 있어야 한다.
⑤ 유치권과 동시이행의 항변권은 계약의 상대방에 대하여서만 행사할 수 있다는 점에서 공통되는 점이 있다.

해설
유치권은 물권이기 때문에 누구에 대해서나 주장할 수 있지만, 동시이행의 항변권은 채권관계의 당사자 사이에서만 주장할 수 있다.

정답 07 ② 08 ① 09 ⑤

10 저당권에 관한 설명 중 옳지 않은 것은?

① 목적토지 위의 건물에는 저당권의 효력이 미치지 않는다.
② 지연이자에 대하여는 원본의 이행기 도과 후 1년분에 한하여 저당권의 효력이 미친다.
③ 저당권은 저당권의 목적으로 등기된 종물에만 미친다.
④ 저당권을 피담보채권과 분리하여 양도할 수 없다.
⑤ 전세권도 저당권의 목적이 될 수 있다.

해설
등기 여부와 상관없이 종물은 저당권의 목적이 된다.

11 저당권에 관한 다음 설명 중 옳은 것은?

① 근저당에 있어서 채권이 확정되지 않아도 저당권을 실행할 수 있다.
② 부동산 감정비용에 관하여는 저당권의 효력이 미치지 않는다.
③ 담보부동산의 보존비용은 피담보채권의 범위에 포함된다.
④ 저당권의 효력이 미치는 이자의 범위는 만기가 된 후의 2년분에 한한다.
⑤ 특정물의 인도청구권을 담보하는 저당권 설정계약도 가능하다.

해설
⑤ 저당권의 피담보채권은 금전채권에 한하지 않는다.
① 근저당권은 그 성질상 피담보채권의 범위의 확정과 채권의 확정기를 필요로 한다.
② 부동산 감정비용, 경매비용등록세 등과 같은 저당권 실행비용은 등기 없이도 당연히 저당권에 의하여 담보된다.
③ 점유를 수반하지 않는 저당권은 저당물 보존비용이 피담보채권에 포함되지 않는다.
④ 지연이자에 대하여는 만기가 된 후의 1년분에 한한다(민법 제360조 참조).

12 근저당권에 관한 다음 설명 중 가장 적절하지 않은 것은?

① 실제 채무액이 근저당채권 최고액을 초과하는 경우 채무자 겸 근저당권설정자는 채권의 최고액만을 변제하면 근저당권설정등기의 말소청구를 할 수 있다.
② 근저당권이 성립하기 위해서는 당사자 사이에 설정계약이 필요한 것은 보통의 저당권과 같지만 근저당권을 등기함에 있어서는 근저당권임과 채권최고액을 반드시 명시해야만 한다.
③ 근저당권은 계속적 거래관계에서 생기는 여러 가지 채권을 장래의 결산기에 일정 한도액까지 담보하려는 것이다.
④ 피담보채권의 범위를 정하는 것은 담보권설정계약에 의하여 결정된다.
⑤ 피담보채권이 일시적으로 존재하지 않는 경우에도 근저당권은 소멸되지 않는다.

해설
근저당권은 원본, 이자, 위약금, 채무불이행으로 인한 손해배상 및 근저당권의 실행비용을 담보하는 것이며, 이것이 근저당채권최고액을 초과하는 경우에 근저당권자로서는 그 채무자 겸 근저당권설정자와의 관계에서는 그 채무 일부인 채권의 최고액과 지연손해금 및 집행비용만을 받고 근저당권을 말소시켜야 할 이유는 없을 뿐 아니라, 채무금 전액에 미달하는 금액의 변제가 있는 경우에 이로써 우선 채권최고액 범위의 채권에 변제충당한 것으로 보아야 한다는 이유도 없으니 채권 전액의 변제가 있을 때까지 근저당의 효력은 잔존채무에 여전히 미친다(대판 1981.11.10., 80다2712).

13 근저당에 대한 다음 설명 중 옳지 않은 것은?

① 근저당권은 계속적인 채권채무관계로부터 발생하는 장래의 증감변동하는 불특정의 채권을 장래의 결산기에 일정한 한도액까지 담보하기 위해 설정하는 저당권이다.
② 근저당권이 성립하기 위해서는 당사자 사이에 설정계약이 필요한 것은 보통의 저당권과 같지만 근저당권을 등기함에 있어서는 근저당권임과 채권최고액을 반드시 명시해야만 한다.
③ 실제 채무액이 근저당채권 최고액을 초과하는 경우 채무자 겸 근저당권설정자는 채권의 최고액만을 변제하면 근저당권설정등기의 말소청구를 할 수 있다.
④ 피담보채권의 범위를 정하는 것은 담보권설정계약에 의하여 결정된다.
⑤ 한정근저당권은 피담보채권의 범위를 한정열거방식으로 정한다.

해설
결산기에 확정된 채권액이 최고액을 초과하는 경우에는 저당권설정자인 채무자가 최고액, 지연손해금 및 집행비용을 변제하였더라도 이는 일부변제에 불과하여 근저당권의 말소를 청구할 수 없다.

정답 12 ① 13 ③

14. 다음은 담보물권의 공통적 성질에 관한 설명이다. 맞는 것은?

① 담보물권은 피담보채권에 부종성을 가지므로 담보권이 약정되어 있으면, 피담보채권이 변제되거나 원인무효 등으로 소멸하여도 담보물권은 소멸하지 않는다.
② 담보물권은 피담보채권의 발생, 소멸, 이전에 의하여 발생, 소멸, 이전한다. 이를 수반성이라 한다.
③ 피담보채권의 일부를 변제한 경우에는 부종성에 따라 담보권의 일부도 소멸한다.
④ 담보물권은 피담보채권이 전부 소멸하기까지는 그 효력이 목적물 전부에 미치는 성질이 있다.
⑤ 주택에 설정된 저당권은 주택이 매매되어 그 소유권이 제삼자에게 이전되면 원래의 피담보채권을 담보하지 않는다.

해설
④ 담보물권의 불가분성에 대한 설명이다.
① 부종성을 가짐으로써 피담보채권이 변제되거나 원인무효 등으로 소멸하면 담보물권도 소멸한다.
② 수반성이란 피담보채권의 이전에 따라 담보물권도 이전하는 성질을 말한다.
③ 담보물권은 불가분성의 성질을 가지므로, 담보물권자가 피담보채권의 전부를 변제받을 때까지 목적물의 전부에 대하여 그 권리를 행사할 수 있다.
⑤ 제삼자에게 이전되어도 원래의 피담보채권을 담보한다.

15. 가등기담보에 관한 다음 설명 중 가장 적절하지 않은 것은?

① 담보가등기를 마친 부동산에 대하여 강제경매 등이 행하여진 경우에 담보가등기권리는 그 부동산이 매각되어도 소멸하지 않는다.
② 가등기담보권은 가등기담보계약과 가등기를 함으로써 성립된다.
③ 가등기담보란 차주(채무자)가 차용물에 갈음하여 자기 또는 제삼자의 재산권을 대주(채권자)에게 이전할 것을 예약하고, 장차 채무의 이행이 없을 때 이전하기로 예약된 재산권을 채권자가 취득하거나 경매를 실행하여 채권의 우선변제를 확보하기 위하여 이루어지는 담보수단을 말한다.
④ 피담보채권의 변제기가 도래하였음에도 채무자가 채무를 이행하지 않는 경우에 가등기담보권자가 목적부동산의 경매를 청구할 수 있다.
⑤ 가등기담보권자가 경매를 신청하는 경우에 가등기담보권을 저당권으로 본다.

해설
담보가등기를 마친 부동산에 대하여 강제경매 등이 개시된 경우에는 그 담보가등기권리를 저당권으로 보며(가등기담보 등에 관한 법률 제13조), 매각부동산 위의 모든 저당권은 매각으로 소멸된다(민사집행법 제91조 제2항).

16. 저당권에 관한 설명 중 맞는 것은?

① 저당권자는 채무자의 일반재산에 강제집행을 할 수 없다.
② 우리 민법에서는 순위확정의 원칙이 잘 지켜지고 있다.
③ 소유자저당권이 인정되고 있다.
④ 장래의 채권에도 저당권이 성립할 수 있다.
⑤ 법정 담보물권이다.

해설
④ 저당권에는 계속적인 거래관계로부터 생기는 불특정 다수의 채무를 장래의 결산기에 있어 일정한 한도까지 담보하기 위해 현재에 설정하는 근저당이 인정되고 있다.
① 저당권자가 저당 목적물로부터 완전히 변제받지 못한 경우에는 저당권자는 채무 명의를 얻어 채무자의 일반재산에 강제집행을 할 수 있다.
②·③ 독일에서는 순위확정의 원칙을 지키기 위해 소유자저당제도와 소유자토지채무제도가 인정되고 있으나, 우리나라는 이들을 인정하지 않는다.
⑤ 약정 담보물권이다.

17. 다음 중 민법이 인정하는 저당권의 객체가 아닌 것은?

① 지상권
② 임차권
③ 전세권
④ 건 물
⑤ 토 지

해설
민법이 인정하는 저당권의 객체는 ④·⑤ 부동산과, ① 지상권, ③ 전세권이다. 임차권에 대하여는 민법상 저당권의 객체로 하지 아니한다.

18. 근저당에 관한 다음 설명 중 틀린 것은?

① 당사자의 합의로 존속기간을 연장할 수 없다.
② 근저당권자는 채권최고액을 초과한 채권에 대하여는 우선변제를 받을 권리가 없다.
③ 피담보채권이 확정되지 않으면 근저당권을 실행할 수 없다.
④ 피담보채권이 확정되기 전에는 이미 발생한 개별 채권이 변제로 소멸하여도 근저당권은 소멸하지 않는다.
⑤ 근저당권은 계속적 거래관계에서 생기는 여러 가지 채권을 장래의 결산기에 일정 한도액까지 담보한다.

해설
당사자의 합의로 존속기간을 연장할 수 있지만 이로써 이미 성립한 후순위 저당권자에게는 대항할 수 없다.

정답 16 ④ 17 ② 18 ①

19 저당권에 관한 다음 설명 중 틀린 것은?

① 저당권이 성립하려면 원칙적으로 그 설정등기를 하여야 한다.
② 부동산 이외에 공장재단, 선박, 항공기, 자동차 등도 저당권의 대상이 될 수 있다.
③ 채무자 이외의 제삼자가 제공한 부동산 위에도 저당권이 성립할 수 있다.
④ 저당권은 원본, 이자, 위약금, 채무불이행으로 인한 손해배상 및 저당권의 실행비용을 담보한다.
⑤ 피담보채무가 변제된 경우에는 저당권 말소등기를 함으로써 저당권이 소멸된다.

해설
저당권의 부종성에 따라 피담보채권이 소멸하면 저당권은 당연히 소멸한다.

20 근저당권에 관한 다음 설명 중 틀린 것은?

① 근저당권은 피담보채권이 확정되기 이전이라면 채무의 범위나 채무자를 변경할 수 있다.
② 근저당권자가 피담보채무의 불이행을 이유로 경매신청을 한 경우에는 경매신청 시에 근저당권의 피담보채권액이 확정되고, 그 이후부터 근저당권은 부종성을 갖게 되어 보통의 저당권과 같은 취급을 받게 된다.
③ 결산기에 확정된 채권액이 최고액을 초과하는 경우에는 저당권설정자인 채무자가 최고액, 지연손해금 및 집행비용을 변제하였더라도 이는 일부변제에 불과하여 근저당권의 말소를 청구할 수 없다.
④ 근저당권 설정등기에는 저당권이라는 취지와 채권의 최고액을 명시하여야 한다.
⑤ 근저당으로 담보되는 채권최고액에는 이자 및 근저당의 실행비용이 포함된다.

해설
채권최고액에는 실행비용은 포함되지 않는다.

21 저당권의 우선적 효력에 관한 다음 설명 중 잘못된 것은?

① 주택임차인의 소액보증금반환채권은 저당권자의 채권보다 우선한다.
② 저당권의 설정일로부터 1년 이내에 납부기한이 도래하는 국세는 그 저당권에 우선한다.
③ 근로자의 최종 3개월분의 임금채권은 저당권에 우선한다.
④ 같은 부동산에 여러 개의 저당권이 설정되어 있는 경우에는 각 저당권의 설정순위에 따라 우선변제의 순위를 정한다.
⑤ 저당권자가 저당권의 실행으로 피담보채권의 만족을 얻을 수 없으면 채무자의 다른 재산에 대하여도 강제집행을 할 수 있다.

해설
② 저당물의 소유자가 체납하고 있는 국세는 그 법정기일 전에 설정된 저당권에 우선해서 징수하지 못한다.
① 임차인은 보증금 중 일정액을 다른 담보물권자보다 우선하여 변제받을 권리가 있다(주택임대차보호법 제8조 제1항).

제2과목

채권관리방법

PART 1 채권의 보전 및 관리
PART 2 임의회수
PART 3 채권보전
PART 4 소송실무
PART 5 민사집행

작은 기회로부터 종종 위대한 업적이 시작된다.

– 데모스테네스 –

자격증·공무원·금융/보험·면허증·언어/외국어·검정고시/독학사·기업체/취업
이 시대의 모든 합격! 시대에듀에서 합격하세요!
www.youtube.com → 시대에듀 → 구독

PART 1
채권의 보전 및 관리

CHAPTER 01   총 설

CHAPTER 02   채권회수의 제방법

CHAPTER 01 총설

PART 1 채권의 보전 및 관리

1 채권관리 일반

(1) 의 의
채권이라 함은 특정인에 대하여 일정한 행위를 요구할 수 있는 권리를 말하며, 채권관리라 함은 이러한 채권 및 그 담보의 보전 및 회수에 관한 제반업무를 말한다.

(2) 채권의 발생과 소멸
채권관계는 그 발생원인(주로 계약), 채권의 효력보장(이행청구권 등), 채권의 이전(채권양도, 채무인수), 다수당사자의 채권관계(연대채무, 보증채무), 채권의 소멸(변제, 상계 등)의 문제로 나누어 살펴볼 수 있다.

2 사전적 채권관리와 사후적 채권관리

(1) 사전적 채권관리의 필요성
채권관리의 착수시점은 원칙적으로 이행기일이 도래한 때부터라고 해야 한다. 이행기일이 지나야 채권자에게 비로소 청구권을 행사할 수 있는 권능이 생기기 때문이다. 그러나 사후적 채권관리만으로 채권의 만족을 유효적절하게 담보할 수 없다. 따라서 채권관리를 보다 철저하게 하기 위해서는 채권에 설정된 담보권의 원인무효사유 등을 사전예방하는 등 채권을 보다 안전하고 확실하게 하는 예방적 조치가 필요하다.

(2) 사후적 채권관리 ☑ 기출
① 채무불이행

채무의 내용실현이 불가능하거나, 지체되거나 또는 불완전하게 되는 경우를 통칭하여 채무불이행이라 한다. 다만, 금전채권은 다른 채권과는 달리 다음과 같은 특징이 있다.
㉠ 이행불능의 상태는 관념할 수 없다.
㉡ 채무자의 귀책사유가 언제나 인정되며 채무자는 자신에게 과실 없음을 항변하지 못한다.
㉢ 채권자는 손해에 대한 증명 없이도 손해배상의 청구가 가능하다.

② 기한의 이익과 상실
㉠ 기한의 이익이라 함은 기한이 도래하고 있지 않는 동안 당사자가 받는 이익을 말한다. 가령 대출금채권에서 기한의 이익이란 채무자는 만기 시까지 변제할 의무 없음을 말한다. 민법은 원칙적으로 기한의 이익은 채무자에게 있는 것으로 추정한다(민법 제153조 제1항).

ⓒ 기한이익의 상실이라 함은 채무자에게 기한의 이익이 주어지는 것은 채무자에 의하여 성실한 이행이 행해질 것을 신뢰하기 때문인바 채무자에 관하여 어음교환소의 거래정지처분이 있는 때와 같이 이러한 신뢰관계가 파괴된 경우 채무자는 기한의 이익을 상실한다.

③ 사후관리업무의 착수

앞서 살핀 바와 같이 약정한 이행기가 지났거나 기한의 이익을 상실한 때(즉, 이행의 지체 시) 사후관리업무에 착수한다. 이는 구체적으로 담보가 있는 경우 이를 실행하거나 채무자의 책임재산을 압류하는 등 강제집행절차를 개시함을 말한다.

3 채권관리의 구체적 절차

(1) 채무자의 자발이행을 촉구

변제기일이 도래하였음에도 채무자의 변제가 없는 경우 직접 채무자를 만나 채무의 자발적 이행을 촉구하고 이는 채무자의 경제적인 상태와 변제의사를 파악하는 절차와 병행된다.

(2) 관리기구로의 신속한 채권이관

채권이 연체되거나 채무자가 도산하는 등의 사유발생 시 당해 채권의 회수를 위한 각종의 대책을 수립하고 실천함에 있어서 고도의 전문지식이 요구되는바 연체채권으로서 법적조치를 요하거나 사고화된 채권은 신속히 채권관리기구로 이관하여 채권의 보전 및 회수에 지장이 없도록 조치하여야 한다.

(3) 채권회수계획의 수립

채권회수의 전제로서 구체적인 회수계획을 수립하여야 한다. 이러한 채권회수계획에는 채권의 현황, 회수자원 및 방법, 회수절차의 착수시기 등 제반사항을 정확하고 구체적으로 기재하여야 한다.

(4) 소멸시효의 중단조치

① 소멸시효기간

현행 민법과 상법은 채권의 종류에 따라 10년, 5년, 3년, 1년의 소멸시효기간을 법정해 놓은바 권리의 행사 없이 법정의 기간(민법 제162조 내지 제165조, 상법 제64조)을 도과하면 채권은 소멸시효가 완성되어 소멸되고 만다.

② 소멸시효 중단사유

민법이 규정하고 있는 소멸시효의 중단사유로는 재판상 청구, 압류, 가압류, 가처분, 승인이 있는바(민법 제168조) 이 중에서 채무자로부터 채무승인서를 받는 것이 가장 간단하고 확실한 방법이라 하겠다.

(5) 재산 및 신용상태의 수시조사

채무자의 신용 및 재정 상태는 사후에 변동이 발생할 수 있는 유동적인 상태라 할 것이므로 주채무자는 물론 보증인의 신용 및 재정 상태를 수시로 조사하여 파악하고 있어야 한다.

(6) 신속한 채권보전조치

(5)에서 살핀 바와 같이 채무자의 신용상태가 급격히 악화되는 등의 징후가 발견되면 적절한 채권의 보전조치를 취해야 한다. 이러한 채권의 보전수단으로서는 여러 가지가 있겠으나 사전적인 채권보전조치로서 가압류, 가처분이 실무상 가장 많이 행하여지고 있다. 사후의 채권보전조치로서 채권자취소권(민법 제406조)의 행사를 들 수 있는바 이는 채무자가 재산을 도피하는 등 채권자를 해하는 사해행위를 한 경우에 채권자가 그 법률행위를 취소하고 채무자의 일탈된 재산을 원상으로 회복하는 것을 내용으로 하는 권리를 말한다. 이는 소송으로만 행사할 수 있고 채권자 측에서 채무자의 사해의사를 입증해야 한다.

(7) 기한이익 상실사유 발생 시 즉시 기한 전 청구

채무자가 담보를 손상, 감소, 멸실, 담보제공의 의무를 이행하지 않는 등 기한이익 상실사유 발생 시(민법 제388조) 변제기 전이라도 즉시이행을 청구하는 등 적극적인 조치를 취하여야 한다.

(8) 독촉방법 등에 관한 기술

채권자는 먼저 채무자로 하여금 지불의사를 발동시켜 임의로 변제하도록 하는 수단 내지 방법을 취할 필요가 있다. 즉, 법적절차를 통한 강제회수 조치는 독촉 등의 방법을 다한 뒤에 보충적으로 행함이 타당하다 하겠다. 채무이행을 촉구하는 방법으로는 독촉이 가장 일반적인 방법이라 할 것이나 특별한 경우에는 채무자의 심리에 압박을 가하는 방법도 이용된다.

(9) 실효성 있는 소송의 제기

실익 없는 무용한 소송은 시간과 비용만이 소요되는 불필요한 절차이다. 따라서 소송의 제기 전에는 승소 및 집행의 가능성, 소송수행에 소요되는 비용과 채권액 등 모든 사정을 고려하여야 한다. 승소가능성과 관련하여 주장책임과 입증책임이 그 핵심이라 하겠다.

4 채권관리 시의 유의사항

(1) 기한 및 기일의 준수

채권실현을 위하여 선결적으로 기한 및 기일의 준수가 이루어져야 한다. 변론기일, 상소기간, 시효기간 등의 준수는 이를 어길 시 치유할 수 없는 결과가 발생하는바 채권관리의 조치는 법정의 기한 및 기일 내에 완료하여야 한다. 특히 가압류나 가처분 등은 신속성과 밀행성이 요구되는바 서둘러 조치하여야 소기의 목적을 달성할 수 있다.

(2) 구체적 상황을 고려한 합리적 판단

채권관리의 내용은 사안마다 그 양태가 다르고 채무자의 제반사정 또한 유동적인바 앞서 살핀 여러 조치에 앞서 당해 조치를 통하여 달성되는 이익과 소요되는 비용 등 손실을 비교하여 합리적으로 판단하여야 한다.

(3) 사후관리조치

채권관리는 곧 회사의 자산관리라 할 것이므로 사후관리조치 또한 병행되어야 한다. 특히 기록의 보존은 후임자에게 업무를 분명하게 인계하고 사후 책임의 한계와 소재를 밝히는 데 없어서는 안 될 조치이다.

CHAPTER 01 OX 마무리

PART 1 채권의 보전 및 관리

01 다수설은 채무불이행의 양태를 이행지체와 이행불능으로 나눈다. O X

> **01** 채무불이행의 양태는 이행지체와 이행불능 그리고 불완전이행 3가지로 나누어진다. 다만, 금전채무의 경우에는 이행불능이 있을 수 없다.

02 민법상 기한의 이익은 채권자가 가진다. O X

> **02** 민법은 당사자의 특약이나 법률행위의 성질상 반대의 취지가 기재되어 있지 아니하는 한 기한의 이익은 채무자의 이익을 위한 것으로 추정한다(민법 제153조 제1항).

03 채권관리 기술상 소멸시효의 중단방법으로 소송을 제기하는 것이 가장 간이하고 효과적인 방법이다. O X

> **03** 소송의 제기도 시효중단의 방법이기는 하나 실무상 채무자로부터 채무승인서를 받는 것이 가장 안전하고 간이한 방법이다.

04 현행법상 채권의 소멸시효기간은 모두 10년이다. O X

> **04** 민법은 채권의 종류에 따라 1년, 3년, 10년의 소멸시효를 규정하고 있고(민법 제162조 내지 제165조) 상법상 상사채권은 소멸시효기간이 5년이다(상법 제64조).

정답 01 × 02 × 03 × 04 ×

CHAPTER 02 채권회수의 제방법

PART 1 채권의 보전 및 관리

1 채권회수 일반

(1) 서 설
채권관리의 궁극적 목적은 채권의 실현을 통한 이익의 창출에 있다. 이는 부실채권의 방지와 동일한 맥락이라 하겠다. 이하에서는 채권회수의 제방법을 임의회수와 강제회수로 대별하여 살펴보기로 한다.

(2) 임의회수와 강제회수 ☑기출
임의회수와 강제회수의 구별기준은 별도의 법적절차를 밟아야 하는지로 분류된다. 즉, 변제와 상계는 별도의 법적절차가 필요하지 아니하므로 임의회수의 대표적인 방법이라 하겠다. 이에 반하여 민사집행법에 정해진 절차에 따라 행해지는 담보권의 실행이나 강제집행은 강제회수 수단이라 할 수 있다.

(3) 특별한 강제회수 절차
강제집행은 채무자의 개개의 재산에 대하여 집행이 개별적으로 실시되는 것이며 일반집행은 채무자의 전재산에 대하여 포괄적으로 실시되는 집행이다. 전자는 민사집행법이 채택하고 있는 방법이며 후자는 파산, 도산절차에서 행해진다. 도산절차는 도산한 채무자의 전체재산에 대하여 법원의 관여하에 종합적인 도산계획이 수립, 확정되고 그에 따라 채권을 신고한 채권자들에게 평등하게 재산을 배분해 주게 된다.

2 임의회수 일반

(1) 채무자 등의 협력을 요하는 채권회수 ☑기출
① **채권양도(민법 제449조)** ☑기출
채권양도란 종래의 채권자가 채무자에 대한 채권을 동일성을 유지한 채 새로운 채권자에게 이전하는 계약을 말한다. 모든 채권은 원칙적으로 양도성을 가지며 채무자가 제삼자에 대해 가지는 대여금채권, 임차보증금 등을 채무자로부터 채권자가 담보를 위하여 양도받는 수가 있다. 채무자로부터 채권을 양수받을 때에는 제삼채무자의 동의를 얻거나 채무자 명의로 제삼채무자에게 양도통지를 하여야 후일 대항이 가능하다(민법 제450조).

② **채무인수(민법 제453조 이하)** ☑기출
채무자의 변제능력이 부족한 경우 변제자력이 충분한 제삼자로 하여금 채무를 인수토록 하는 것을 말한다. 이러한 채무인수에는 면책적 채무인수와 병존적 채무인수가 있다. 면책적 채무인수는 신채무자가 구채무자 대신 들어서고 구채무자는 채무를 면하게 되는 형태의 채무인수를 말하고, 병존적 채무인수란 구채무자가 채무로부터 해방됨이 없이 신채무자가 구채무자와 나란히 채무자로서 등장하는 형태의 채무인수를 말한다.

③ 담보의 추가

담보에는 물적담보와 인적담보가 있는바 물적담보에는 (근)저당권, 질권 등의 설정이 대표적이고 인적담보에는 보증계약이 대표적이다. 이러한 담보권의 설정은 반드시 채권의 발생과 동시에 이루어질 필요는 없으므로 사후에 채무자가 채무를 불이행하는 상태에서도 가능하다. 다만, 보증인의 입보는 이미 채무를 불이행한 상태에서는 성립요건을 충족하지 못하므로 불가능하고 이때에는 보증인과 채권자 사이에 별도의 약정금 지급계약을 체결한 것과 같이 취급될 것이다.

④ 임의변제, 대물변제 ☑ 기출

소유권유보부매매(이른바 할부)에 있어 대금완납 전에 채무자가 도산한 경우 채권자는 채무자가 보관하고 있는 상품을 반환하여 줄 것을 요구하여야 하며 채무자가 이에 동의하면 즉시 그 상품을 회수할 수 있다. 다만 주의할 점은 채무자의 동의 없음에도 채권자가 이를 임의로 회수하면 이는 형법상 절도죄를 구성하게 된다는 것이다(대판 2001.10.26., 2001도4546).

⑤ 약속어음공정증서 또는 집행증서의 작성(민사집행법 제56조 제4호)

공증인, 법무법인 또는 합동법률사무소가 일정한 금액의 지급이나 대체물 또는 유가증권의 일정한 수량의 급부를 목적으로 하는 청구에 관하여 작성한 공정증서로서 채무자가 강제집행을 승낙한 취지가 적혀 있는 증서와 어음·수표에 부착하여 강제집행을 인낙한 취지를 적어 작성한 증서는 집행권원이 되는데 이를 집행증서라 한다. 이러한 집행증서는 그 자체로서 집행력을 가지는바 채무자가 변제기일에 변제하지 않을 시에는 지급명령이나 소송을 제기할 필요 없이 곧바로 채무자의 재산에 대하여 강제집행에 착수할 수 있다.

⑥ 제소전화해

제소전화해라 함은 일반 민사분쟁이 소송으로 발전하는 것을 미연에 방지하기 위하여 소제기 전에 지방법원 단독판사 앞에서 화해신청을 하여 해결하는 절차를 말한다. 공정증서로는 금전채권, 대체물채권에 국한하여 집행권원화할 수 있는 데 반하여 화해조서는 토지, 건물 등의 인도나 소유권이전등기까지 포함하여 조서에 등재할 수 있는 장점이 있다. 제소전화해조서 역시 집행증서와 같이 즉시 집행할 수 있는 집행권원이다.

(2) 채권자의 일방적인 채권회수

① 선일자·당좌수표의 지급제시

선일자수표는 실제의 발행일보다 뒤의 날을 발행일로 기재한 수표를 말하고, 당좌수표란 은행 이외의 자가 은행과 당좌대월계약을 체결하고 은행에 있는 지급자금의 범위 내에서 은행을 지급인으로 하여 발행한 수표이다. 현행 수표법 제28조는 선일자수표의 유효를 전제로 하여 발행일자 전의 제시도 유효한 제시로서 지급인은 이를 지급하도록 하여 수표의 일람출급성을 관철하고 있다. 이때에 지급인이 지급을 하면 지급인은 그 경제적 효과를 발행인에게 돌릴 수 있고 지급인이 지급을 거절하면 소지인은 전자에 대하여 소구할 수 있다(수표법 제39조).

② 기한미도래 어음·수표의 지급제시
  ㉠ 어음의 만기 미도래 시에는 원칙적으로 지급제시를 하여도 지급인은 지급의무를 부담하지 아니하나 예외적으로 발행인의 파산이나 지급정지 기타 그 자력을 불확실하게 하는 사유로 말미암아 만기에 지급거절이 될 것이 예상되는 경우에는 만기 전의 소구도 가능하다.
  ㉡ 국내에서 발행되고 국내에서 지급되는 국내수표의 경우에는 지급제시기간이 발행일로부터 10일 내이므로 수표발행 후 언제든지 10일 이내에 지급제시를 하여 수표금을 청구할 수 있고, 지급제시기간의 경과 후에는 소지인의 지급위탁취소가 없는 한 지급인은 지급할 수 있다(수표법 제32조 제2항).

③ 상 계
  ㉠ 상계란 채권자와 채무자가 서로 동종의 채권액을 가지고 있는 경우에 그 채권, 채무를 대등액에서 소멸시키는 당사자 일방의 의사표시를 말한다(민법 제492조).
  ㉡ 상계는 상계하는 채권자가 강제집행에 의하지 않고 일방적 의사표시에 의하여 그의 채권을 실현하는 사적 집행으로서의 성격을 지니고 있으며 나아가 채무자가 대출금 등의 반환채무를 이행하지 아니하는 경우에 채권자가 대등액에서 상계시킴으로써 우선변제를 받게 되어 사실상 담보적 기능도 수행한다.

④ 신용회복 지원제도에 의한 채권회수
  개인 금융채무 불이행자에 대한 신용회복을 지원하는 제도를 이용하여 채권을 회수하는 임의정리절차가 있다. 이러한 절차로는 개별금융회사의 신용회복 프로그램, 신용회복위원회의 개인워크아웃, 희망모아의 배드뱅크 프로그램을 들 수 있다.

3 강제회수절차 일반

(1) 채권자의 일방적인 법적절차실행
법적절차라 함은 채권자가 법원이라는 공권력의 주체를 통하여 채무자로부터 강제로 채권을 회수하기 위한 모든 절차를 통칭하는 말이다. 이러한 법적절차는 시간적 순서에 따라 채무자책임재산의 보전, 재판 등을 통한 집행권원의 취득, 강제집행의 3단계로 구분된다.

(2) 강제회수의 방법 일반 ☑ 기출
① 보전절차
  보전절차라 함은 강제집행의 실효성 확보를 위하여 채무자의 책임재산의 일탈을 방지하기 위한 목적으로 일시적으로 현상을 동결하거나 임시적 법률관계를 형성하게 하는 예비적 절차를 말한다. 이러한 보전절차에는 가압류와 가처분이 있다.
  가압류는 금전채권이나 금전으로 환산할 수 있는 채권의 집행을 목적으로 하는 보전절차이다. 이에 반하여 가처분은 다툼의 대상(계쟁물)에 대한 청구권 보전을 위하여 그 현상변경을 금지하는 보전절차라는 점에서 구분된다.

[가압류와 가처분의 비교]

공통점	차이점
• 사전적인 보전처분이다. • 잠정적인 효력만을 가진다. • 결정의 형식으로 재판한다. • 서면으로 신청해야 한다.	• 가압류는 금전채권을 피보전권리로 한다. • 가처분은 다툼 있는 대상 또는 임시지위를 정하기 위해서도 가능하다.

② 소송절차

집행권원을 얻기 위하여 소송을 제기하거나 지급명령을 신청하거나 형사사건과 연루 시에는 배상명령을 신청하여야 한다(집행증서 등을 이미 확보하고 있는 경우라면 당해절차는 불필요하다).

③ 집행절차

㉠ 임의경매(민사집행법 제264조 내지 제275조)

근저당권, 질권 등의 담보권 실행을 위한 경매절차를 말한다. 이는 집행권원이 필요하지 않다는 점에서 강제경매와 구분된다.

㉡ 강제경매

강제경매는 채무자소유의 부동산 등을 압류, 현금화하여 그 매각대금으로 채권자의 금전채권에 만족을 주기 위한 경매절차를 말한다. 이는 집행권원을 통한 경매절차이다.

㉢ 타 채권자의 강제집행절차에 참가

압류의 경합, 배당요구가 이에 해당한다.

④ 그 밖의 절차

부정수표단속법위반죄, 강제집행면탈죄(형법 제327조), 공무상비밀표시무효죄(형법 제140조) 등 형사문제화되었을 때에는 수사기관에 고소 또는 고발

(3) 법적절차의 대상

① 대상채권

㉠ 고의로 상환을 거부하거나 지연시키는 채권 등

상환능력이 있음에도 고의로 상환을 거부하거나 지연시키고 있는 경우나 채권의 소멸시효를 중단할 필요가 있는 경우, 채무자의 신용상태가 급격하게 악화되고 있는 경우 등이 이에 해당한다.

㉡ 일정 기간 이상 연체된 채권

이 경우에는 즉시 법적절차에 착수하여야 한다.

② 법적절차 유보가능채권

㉠ 담보 등을 확보하여 회수가 확실시되는 채권

㉡ 법적절차의 실익 없는 소액채권

㉢ 회수가 확실하다고 판단되는 소액채권

㉣ 상환약속에 의하여 변제 중에 있는 채권

㉤ 채무자의 소재, 재산탐지에 어려움이 있어 집행을 기대할 수 없는 경우

(4) 법적절차진행을 위한 사전조치

① 법적절차 대상자의 선정

② 채무자 등에 대한 사전통지(최고)

다만 채무자가 재산을 처분하거나 은닉할 우려가 있는 경우에는 당해 절차를 생략할 수 있다.

③ 보전처분을 위한 사전조사

보전처분에 앞서 처분대상 재산의 종류 및 범위, 소재지 및 타 채권과의 경합여부, 현금화 및 배당 시 채권충당가능금액 등 보전처분의 실효성 확보책과 관련한 제반사항을 사전에 조사하여야 한다.

④ 집행권원 취득을 위한 사전조사

채무자의 주소지와 송달할 장소, 재산상태 등을 조사한다.

⑤ 강제집행 전의 사전조사

강제집행할 채무자의 재산종류, 담보권의 설정여부, 시가, 타 채권과의 경합여부 및 이해관계인의 유무, 채권충당가능금액 및 실효성 유무 등을 조사한다.

(5) 법적절차 개시의 승인 및 실행

① 승 인

법적절차의 개시 전에는 전결권자의 승인을 얻어야 한다. 또한 법적절차를 포기하거나 보류하고자 할 때에는 보류신청서를 작성하여 전결권자의 승인을 얻어야 한다. 이와 같은 경우 보류사유 및 보류기간을 명시하여 관리업무가 단절되는 것을 미연에 방지하여야 한다.

② 승인받아야 할 법적절차

㉠ (상)소의 제기 및 취하, 지급명령의 신청 및 취하, 응소 및 그 포기, 반소의 제기, 소송참가 및 탈퇴, 청구의 포기·인낙, (재판상) 화해

㉡ 가압류, 가처분의 신청 및 취하, 이와 관련한 담보의 공탁 및 회수

㉢ 담보권의 실행 및 보류

㉣ 제삼자의 강제집행 등에 대한 이의, 기타 법률에 의하여 별도의 위임이 요구되는 사항

③ 법적절차의 위임 및 수임사무의 처리

㉠ 법적절차는 개인인 경우 본인이, 법인인 경우에는 대표이사가 직접 실행함을 원칙으로 한다. 다만 예외적으로 법적절차의 수행에 적합한 능력을 소유한 직원에게 이를 위임할 수도 있다.

㉡ 직원에게 법적절차의 일부 또는 전부를 위임할 경우에는 법원에 그 뜻을 기재한 문서를 제출하고 법원으로부터 소송대리 허가를 받아야 한다.

㉢ 반소의 제기, 소의 취하, 화해, 청구의 포기·인낙 또는 탈퇴, 상소의 제기, 상소의 취하, 대리인의 선임(민사소송법 제90조 제2항), 집행신청의 취하, 추심신고, 비용계산서의 제출 등은 별도의 수권을 받아 진행하도록 한다.

4 채무자 회생 및 파산에 관한 법률에 의한 채권회수

이는 채권자의 능동적인 신청 등에 의해 개시되는 절차가 아니고 주로 채무자의 신청에 의해 개시되는 절차이다. 또한 이는 개별집행이 아닌 일반집행의 성격을 가지고 있으며 이와 같은 특징에 의하여 채권자로서의 채권회수에 관련된 권리행사가 제한되기도 한다.

[임의회수와 강제회수의 내용 및 방법]

구 분	내 용	방 법
임의회수	채무자 및 제삼자의 협력에 의한 채권회수	• 채권양도(매출채권, 임차보증금) • 채무인수 • 신규담보 및 보증인 추가징구 • 제소전화해 • 약속어음공정증서 또는 집행증서 작성
	채권자가 일방적으로 할 수 있는 조치	• 선일자·당좌수표의 지급제시 • 기한미도래 어음, 수표의 지급제시 • 상계
강제회수	채권자가 일방적으로 할 수 있는 법적조치	• 가압류 및 가처분 • 임의경매(근저당권, 질권 등 물적담보가 있을 때) • 강제경매(집행권원이 있을 때) • 지급명령, 중재, 배상명령 등의 신청 • 다른 채권자의 강제집행절차에 참가(배당요구 등) • 부정수표단속법위반죄로 고소·고발 • 강제집행면탈죄(형법 제327조) • 공무상비밀표시무효죄(형법 제140조) • 권리행사방해죄(형법 제323조) • 기타 사기, 공갈죄(형법 제347조 및 제350조) 등 형사사건과 연계될 때에는 수사기관에 고소·고발
	채무자 회생 및 파산에 관한 법률에 의한 절차	• 회생절차 • 파산절차 • 개인회생절차
	사적 정리	채무자 도산 시 채권자들의 합의에 의한 충당 및 회수

[임의회수와 강제회수의 장단점] ☑ 기출

구 분	장 점	단 점
임의회수	• 집행비용이 절감된다. • 원만한 해결을 통한 기업이미지 제고와 채무자와의 신뢰관계가 지속된다. • 채무자와의 합의에 따라 회수를 최대한으로 할 수 있다. • 채권의 만족까지 이르는 시간이 짧다.	• 채권회수의 시기를 놓쳐 사후 집행불능을 초래할 수도 있다. • 채무자의 재산은닉 및 도피행위를 용이하게 해주는 빌미가 될 수도 있다. • 오판의 위험이 있다.
강제회수	• 오판의 위험이 적다. • 채권의 보전이 용이하다. • 각종의 보전처분을 통하여 책임재산의 은닉 및 도피를 막을 수 있다. • 인력과 노력의 소모가 적다.	• 소송비용, 집행비용 등 제반비용이 많이 소요된다. • 채권의 만족까지 많은 시간이 소요된다. • 타 채권자의 배당참가 등으로 인하여 독점적 만족을 보장할 수 없다.

CHAPTER 02 OX 마무리

PART 1 채권의 보전 및 관리

01 변제와 상계는 별도의 법적절차를 밟을 필요가 없는바 대표적인 임의회수 수단으로 분류된다.

02 담보권실행이나 강제집행이 채무자의 개개의 재산에 대하여 행해지는 개별집행이라 한다면 도산절차는 채무자의 전 재산에 대하여 행해지는 포괄집행이라 할 것이다.

03 이는 채권자가 일방적으로 할 수 있는 채권회수조치이고 별도의 법적절차가 요구되지 아니한다는 점에서 임의회수의 방법에 해당한다.

04 채권의 양도 시에는 제삼채무자의 동의 또는 통지가 필요하고 채무인수의 경우에도 채무자가 교체되거나 추가된다는 점에서 그러하다.

05 채무자의 소유가 분명하지 않더라도 채무자가 점유하고 있다면 그 부동산에 대하여 가압류의 조치를 취해야 한다.

---

01 변제와 상계는 강제적인 채권회수 수단이다. O X

02 도산절차는 채무자의 전 재산에 대하여 집행되는 포괄집행이다. O X

03 선일자 당좌수표의 지급제시, 어음이나 수표의 지급제시는 임의회수 중 채무자의 협력을 필요로 하는 채권회수방법이다. O X

04 채권양도와 채무인수는 채무자 및 제삼자의 협력에 의한 채권회수방법이다. O X

05 채권자는 채무자의 소유가 분명하지 않다면 채무자가 점유하는 부동산 등이라도 가압류를 해서는 아니 된다. O X

정답 01 × 02 ○ 03 × 04 ○ 05 ×

PART 01 적중예상문제

01 기한의 이익과 관련된 다음 설명 중 가장 적절하지 않은 것은?

① 대출금 채권에서 기한의 이익이란 채무자가 대출약정의 만기까지 대출금을 변제하지 않아도 된다는 것을 의미한다.
② 기한의 이익 상실에 관한 민법규정은 강행규정이 아니다.
③ 「은행여신거래기본약관」에 따르면 채무불이행자명부 등재신청이 있는 때에는 은행으로부터의 독촉·통지 등이 없어도 채무자는 당연히 은행에 대한 모든 채무의 기한의 이익을 상실한다.
④ 기한은 채권자의 이익을 위한 것으로 추정한다.
⑤ 기한의 이익은 이를 포기할 수 있다. 그러나 상대방의 이익을 해하지 못한다.

> **해설**
> 기한은 채무자의 이익을 위한 것으로 추정한다(민법 제153조 제1항).

02 다음 중 채권관리의 방법으로 적절하지 아니한 것은?

① 채권의 회수계획을 구체적으로 수립한다.
② 연체된 대출채권인 외상판매대금채권 등으로 법적 조치를 요하는 때에는 신속히 관리기구로 이관한다.
③ 채무자의 신용상태를 수시로 파악한다.
④ 채무자가 재산을 도피하는 등의 상황을 인지한 경우에 채권의 보전조치는 최후에 강구한다.
⑤ 채무의 변제기일이 도래하였음에도 채무자가 채무를 변제하지 않을 때에는 직접 채무자를 만나 채무의 자발적 이행을 촉구하는 것이 바람직하다.

> **해설**
> 채권의 보전조치는 후일 행해질 강제집행 또는 채무자의 재산일탈을 방지하는 데에 그 목적이 있으므로 실효성의 확보를 위하여 보전조치는 사전에 착수하는 것이 바람직하다.

정답 01 ④ 02 ④

03

다음 채권회수방법 중에서 채무자 및 제삼자의 협력을 요하는 것은?

① 가압류
② 가처분
③ 선일자당좌수표의 지급제시
④ 병존적 채무인수
⑤ 상 계

해설
채권회수방법 중 채무자 및 제삼자의 협력을 요하는 것으로는 채권양도, 채무인수, 담보의 추가, 임의변제, 대물변제, 약속어음공정증서 또는 집행증서의 작성, 제소전화해가 있다.

04

다음 중 채권의 강제회수 방법에 해당하는 경우를 모두 고른 것은?

ㄱ. 변 제	ㄴ. 강제경매
ㄷ. 대물변제	ㄹ. 가압류
ㅁ. 채무인수	

① ㄱ, ㄴ
② ㄴ, ㄹ
③ ㄷ, ㄹ
④ ㄹ, ㅁ
⑤ ㄱ, ㅁ

해설
채권회수의 종류
- 임의회수 : 대물변제, 변제, 변제공탁, 상계, 상속으로 인한 채무의 이전, 채권양도, 채무인수 등
- 강제회수 : 가압류, 가처분, 강제경매, 임의경매 등

05

다음은 채권자가 채권회수와 관련하여 일방적인 법적절차 실행방법을 열거한 것이다. 이에 해당하지 아니한 것은?

① 가처분
② 가압류
③ 면책적 채무인수
④ 강제경매
⑤ 지급명령

해설
면책적 채무인수는 채권자의 동의가 있어야 하므로 일방적인 법적절차의 실행방법이라 할 수 없다. 이에 반하여 ①·②·④·⑤는 채권자 등의 일방적인 신청으로 절차가 개시되는바 그 양태를 달리한다.

06 채무자 회생 및 파산에 관한 법률에서 정한 파산절차에 관한 설명으로 옳지 아니한 것은?

① 법원은 이해관계인의 신청이나 직권으로 파산선고 전이라도 파산자의 파산재단으로 될 재산에 보전처분을 할 수 있다.
② 파산은 선고를 한 때부터 그 효력이 생긴다.
③ 파산선고에 의하여 파산을 선고받은 채무자는 파산재단을 구성하는 재산에 관한 관리처분권을 잃는다.
④ 파산채권은 파산절차에 의하지 아니하고 개별적인 권리행사를 할 수 없다.
⑤ 파산재단 소속 재산상에 담보가 설정된 근저당권자는 파산절차에 의하지 아니하고 임의경매를 신청할 수 없다.

해설
채권자의 담보권 실행은 파산선고 전후를 불문하고 제한받지 아니한다. 파산절차에서 담보권은 별제권이 됨은 화의절차와 맥을 같이한다. 별제권은 파산절차와는 관계없이 행사할 수 있으므로 파산절차에 부수하는 보전처분에 의해서도 이를 정지할 수 없다.

07 다음 설명 중 ( )에 공통적으로 들어갈 내용으로 가장 적절한 것은?

> ( )이 있는 때에는 제600조의 규정에 의하여 중지한 회생절차 및 파산절차와 개인회생채권에 기한 강제집행·가압류 또는 가처분은 그 효력을 잃는다. 다만, 변제계획 또는 ( )에서 다르게 정한 때에는 그러하지 아니하다(「채무자 회생 및 파산에 관한 법률」 제615조 제3항).

① 개인회생신청
② 변제계획인가결정
③ 개인회생결정
④ 금지명령결정
⑤ 개인회생채권확정

해설
①·③·⑤ 채무자 회생 및 파산에 관한 법률 제4편 참조
④ 채무자 회생 및 파산에 관한 법률 제45조 참조

08

다음은 채권회수에 있어 임의회수와 강제회수의 장단점을 설명한 것이다. 옳지 아니한 것은?

① 임의회수는 원만한 해결로 기업이미지의 실추방지 및 거래처와의 지속적인 거래가 가능하다는 장점이 있다.
② 임의회수는 경영상태의 회복을 기대하는 거래처의 기원을 현실로 착각할 수 있는 단점이 있다.
③ 임의회수는 채무자의 책임재산의 분산과 도피를 막을 수 있다는 장점이 있다.
④ 강제회수는 채권의 보전이 용이하다는 장점이 있으나 많은 경비가 소요된다는 단점이 있다.
⑤ 강제회수는 타 채권자의 배당참가로 배당여력의 감소를 배제할 수 없다는 단점이 있다.

해설
③은 강제회수의 장점이다. 가압류나 가처분절차를 상기해 본다면 쉽게 이해할 수 있을 것이다.

09

채무자의 단독행위로서 채권소멸의 원인이 되는 것은?

① 포 기
② 대물변제
③ 면 제
④ 상 계
⑤ 혼 동

해설
상계란 채권자와 채무자가 서로 동종의 채권액을 가지고 있는 경우에 그 채권, 채무를 대등액에서 소멸시키는 당사자 일방의 의사표시(단독행위)를 말한다(민법 제492조).

PART 2
임의회수

CHAPTER 01　변제 일반

CHAPTER 02　변제 이외의 채권의 소멸사유

CHAPTER PART 2 임의회수

01 변제 일반

1 변제 ☑기출

(1) 변제의 의의
변제란 채무자가 의무지고 있는(민법 제460조의 채무내용에 좇은) 급부를 실현하는 것을 말하며 이행이라고도 한다.

(2) 급부의 목적물
① 금전채무
  ㉠ 금전채무의 경우 강제통용력 있는 통화로 지급하여야 하며, 특히 특정한 종류의 통화로 지급하겠다고 약정하였을 경우에도 그 통화가 변제기에 이르러 강제통용력을 잃은 때에는 다른 통화로 변제해야 한다(민법 제376조).
  ㉡ 외국금액 채권의 경우에 채무자는 그가 선택한 당해 외국의 각종 통화로 지급할 수 있으며(민법 제377조 제1항), 또한 지급할 때의 이행지의 환금시가에 따라 환산한 우리나라의 통화로 지급할 수 있다(민법 제378조).
  ㉢ 이와 관련하여 종래 판례는 외화채권의 환산시기를 민법 제378조의 법문과 달리 지급하기로 하였던 시기, 즉 이행기로 보았으나 그 후 입장을 바꾸어 실제로 이행할 때의 시기, 즉 이행시로 보고 있다(대판 전합 1991.3.12., 90다2147).
② 물건의 인도를 목적으로 하는 채무
  ㉠ 특정물 인도채무의 경우
    특정물채무에서 채무자는 이행기의 현상대로 그 물건을 인도하여야 한다(민법 제462조).
  ㉡ 불특정물 인도채무의 경우
    ⓐ 타인의 물건의 인도
      채무의 변제로 타인의 물건을 인도한 채무자는 유효한 변제를 다시 하지 않으면 그 물건의 반환을 청구할 수 없다(민법 제463조). 만일 채권자가 변제로 받은 물건을 선의로 소비하거나 타인에게 양도하였다면 그 변제는 유효하며 따라서 채권은 소멸한다(민법 제465조 제1항).
    ⓑ 양도 무능력자의 인도
      양도능력 없는 소유자가 채무의 변제로 물건을 인도한 경우에 그 변제가 취소되더라도 유효한 변제를 다시 하지 아니하면 그 물건의 반환을 청구할 수 없다(민법 제464조). 다만 채권자가 수령한 물건을 선의로 소비하거나 양도하였다면 그 변제는 유효하게 된다.

(3) 변제의 시기, 비용, 장소

① 변제의 시기

  ㉠ 변제의 시기란 채무자가 채무를 변제해야 할 시기, 즉 이행기 또는 변제기를 말한다. 변제의 시기는 당사자의 약정과 채무의 성질에 의해 결정된다. 이에 의하여 결정되어 있지 않으면 채권자는 즉시 급부를 청구할 수 있으며 채무자도 즉시 급부할 수 있다. 즉, 이 경우에는 채권의 성립시기가 이행기가 된다.

  ㉡ 계약으로 변제기를 정할 때에는 흔히 확정기한을 정하는 것이 일반적이나 불확정기한으로 할 수도 있고 혹은 기한을 정하지 않는 경우도 있다(민법 제387조 참조). 불확정기한의 경우 채무자가 기한이 도래함을 안 때부터, 기한의 정함이 없는 경우에는 이행의 청구를 받은 때가 각각의 이행기가 된다.

② 변제의 비용

  변제비용은 다른 의사표시가 없으면 채무자의 부담으로 한다. 그러나 채권자의 주소이전 기타의 행위로 변제비용이 증가된 때에는 그 증가액은 채권자의 부담으로 한다(민법 제473조).

③ 변제의 장소

  ㉠ 지참채무의 원칙

  변제의 장소는 당사자의 의사표시 또는 채무의 성질에 의하여 정하여지나(민법 제467조 제1항), 금전채무 등에 있어서 민법은 법률에 특별한 규정이 있는 경우를 제외하고는 지참채무를 원칙으로 한다(민법 제467조 제2항). 따라서 지참채무의 원칙상 채권자의 현주소 또는 현영업소에서 이행해야 한다.

  ㉡ 특정물의 인도

  특정물의 인도를 목적으로 하는 채무는 채권이 성립하였을 당시에 그 물건이 있던 장소에서 변제하여야 한다.

  ㉢ 특정물의 인도 이외의 채무

  특정물의 인도 이외의 급부를 목적으로 하는 채무는 채권자의 현주소에서 변제하여야 한다. 그리고 영업에 관한 채무의 변제는 채권자의 현영업소에서 하여야 한다.

(4) 변제자

① 채무자 자신의 이행

  채무자 자신이 직접 급부를 하여야 하는지 여부는 채무의 성질이나 당사자의 의사 또는 법률의 규정에 의하여 결정된다.

② 제삼자에 의한 이행 ☑ 기출

  ㉠ 원 칙

  변제에 있어 중요한 것은 급부실현의 결과라 할 것이므로 통상 누구에 의해서 이행되는가의 여부는 채권자에게 중요한 것이 아니다. 따라서 원칙적으로 제삼자도 변제를 할 수 있다(민법 제469조 제1항).

  ㉡ 예 외

  다음의 경우에는 예외적으로 제삼자의 변제가 허용되지 아니한다.

   ⓐ 채무의 성질에 의한 제한(민법 제469조 제1항 단서). 배우의 연기 등과 같이 일신전속적 급부가 이에 해당한다.

ⓑ 채권자와 채무자가 특약으로 제삼자에 의한 변제를 금지한 경우

ⓒ 이해관계 없는 제삼자가 변제하는 것이 채무자의 의사에 반하는 경우(민법 제469조 제2항). 다만 법률상 이해관계 있는 제삼자(연대채무자, 보증인, 물상보증인, 담보부동산의 제삼취득자)는 채무자의 의사에 반해서도 변제할 수 있다.

(5) 변제의 상대방(변제수령자) ☑기출

① 채권자

변제자는 원칙적으로 채권자에게 급부하여야 한다. 다만 예외적으로 채권이 압류 또는 가압류된 경우(민사집행법 제227조 및 제296조 제3항), 채권이 질권의 목적이 된 경우(민법 제352조 이하), 채권자가 파산신청을 한 경우(채무자 회생 및 파산에 관한 법률 제294조)에는 채권자에게 급부수령권이 없다.

② 제삼자에 대한 급부

㉠ 채권자 아닌 자에게 변제한 경우에 그 변제는 원칙적으로 무효이다.

㉡ 예 외

법은 선량한 변제자를 보호하기 위하여 다음의 경우에는 예외적으로 채무는 제삼자에 대한 급부에 의해서도 소멸한다고 규정하고 있다.

ⓐ 채권의 준점유자에 대한 변제(민법 제470조)

채권의 준점유자라 함은 거래관행상 타인으로 하여금 채권자라고 믿게 할 만한 외관을 갖춘 자를 말하고 이러한 외관을 가진 자를 진실한 수령권자로 적극적으로 오신하였고 그 믿음에 과실이 없는 때에는 유효한 변제로 취급되어 채무를 면한다. 판례는 예금증서 기타의 채권증서와 인장을 소지한 자(대판 2001.6.12., 2000다70989), 진정한 상속인의 외관을 가진 표현상속인에 대한 변제(대판 1995.1.24., 93다32200)에 대하여 채권준점유자에 대한 변제로서 유효하다고 판시한 바 있다.

ⓑ 증권적 채권의 소지인에 대한 변제

어음·수표 등 증권적 채권의 소지인에 대한 변제는 변제자가 악의 또는 중대한 과실이 없는 한 언제나 보호된다(민법 제518조 및 제524조). 이는 채권이 고도의 유통성을 가지고 있음을 고려하여 한층 더 강력하게 채무자를 보호하기 위함이다.

ⓒ 권한 없는 자에 대한 변제

변제의 수령권한이 없는 자에 대한 변제는 위와 같은 일정한 경우를 제외하고는 무효이나, 채권자가 그러한 무효의 변제를 통하여 사실상 이익을 얻은 때에는 그 한도에서 변제는 유효하고 따라서 채권도 소멸한다.

(6) 변제의 제공 ☑기출

① 의 의

급부를 채무자가 단독으로 실현할 수 있는 경우도 있지만 보통은 채권자의 협력을 요한다. 따라서 법은 채무자가 급부의 실현에 필요한 준비를 다하고 채권자의 협력을 구하는 것을 변제의 제공이라 하고 그 방법에 관하여 규정하고 있으며 채무의 내용에 좇은 변제의 제공이 있었음에도 불구하고 채권자의 비협력으로 인하여 급부가 실현되지 아니하는 경우에 일정한 효과를 부여하고 있다.

② 변제제공의 방법(민법 제460조)
  ㉠ 현실제공
    변제는 채무의 내용에 좇은 현실제공으로 이를 하여야 함이 원칙이다. 현실제공이란 채무자로서 하여야 할 행위를 완료하여 채권자의 협력만 있으면 곧 급부결과를 실현할 수 있는 상태를 만드는 것을 말한다. 어느 경우가 채무의 내용에 좇은 현실제공인지는 구체적인 채무의 내용에 따라 결정된다.
    ⓐ 금전채무
      금전채무에 있어서 일부의 제공이나 어음의 교부는 채무의 내용에 좇은 것이 아니므로 채권자는 그 수령을 거절할 수 있다. 다만 우편환, 자기앞수표, 은행의 지급보증부수표 등 거래상 금전과 동일시할 수 있는 경우에는 채무의 내용에 좇은 현실의 제공이 된다.
    ⓑ 금전 이외의 물건을 목적으로 하는 채무
      일정한 기일 또는 일정한 기간 내에 채권자가 일정한 장소에 와서 수령하는 채무에 있어서는 그 기일 또는 기간 중 그 장소에 목적물을 보관하여 언제든지 채권자에게 인도할 수 있도록 해두는 것이 현실의 제공이 된다.
  ㉡ 구두제공
    다음의 경우에는 예외적으로 현실의 제공이 아닌 구두제공으로 족하다. 그 방법은 채권자에게 변제준비의 완료를 통지하고 그 수령을 최고하는 방식으로 한다(민법 제460조 단서).
    ⓐ 채권자가 미리 변제받기를 거부하는 경우
    ⓑ 채무의 이행에 채권자의 선행행위를 필요로 하는 경우
      예컨대 채권자가 미리 공급하는 재료에 가공하여야 할 채무(채권자가 제공하는 석재로 불상을 제작해야 하는 경우), 추심채무가 이에 해당한다.
  ㉢ 구두의 제공도 필요 없는 경우
    ⓐ 회귀적 분할채무에서 채권자지체가 있는 경우
      예컨대 매월 지급해야 할 임대료채무에서 채무자가 1회분의 이행을 제공하였음에도 채권자가 이를 수령하지 아니하고 있는 경우 2회분에 대해서는 구두의 제공조차 필요 없다.
    ⓑ 채권자의 수령거절의사가 명백한 경우
      민법 제460조 단서의 경우와 달리 채권자의 수령거절의사가 명백하여 장래에도 수령의 가능성이 전혀 없다고 보여지는 경우에는 구두의 제공조차도 필요 없다고 하는 것이 판례의 태도이다(대판 1976.11.9., 76다2218).
③ 변제제공의 효과
  ㉠ 채무자는 채무불이행의 책임을 면하게 된다(민법 제461조).
    따라서 채무불이행의 성립을 전제로 하는 지연이자, 손해배상 등의 청구도 당하지 아니한다.
  ㉡ 채권자는 채권자지체책임을 지게 된다(민법 제400조).
    따라서 채무자의 목적물 등의 보관의무가 감경되고 이자지급의무의 면제, 증가된 비용의 채권자 부담의 효과가 발생한다.

ⓒ 채무자는 변제공탁하여 채무를 면할 수 있다(민법 제487조).
변제의 제공이 있다 하여 채무 자체가 소멸하는 것은 아니므로 이 경우 채무자는 변제공탁을 통하여 채무 자체를 면할 수 있다.
ⓔ 동시이행항변권의 상실(민법 제536조)
다만 이 경우 동시이행항변권을 상실시키기 위해서는 1회의 제공으로는 안 되고, 변제의 제공이 계속되어야 한다(대판 1995.3.14., 94다26646).

(7) 변제의 충당 ☑ 기출
① 의의
㉠ 변제의 충당이라 함은 채무자가 동일한 채권자에 대하여 같은 종류를 목적으로 하는 수 개의 채무를 지는 경우, 변제의 제공이 그 채무 전부를 소멸하게 하지 못하는 때에는 그중 어느 채무의 변제에 충당할 것인가를 정할 필요가 있는데 이것이 바로 변제충당의 제도이다.
㉡ 변제의 충당에 관한 민법의 규정은 1개의 채무에 수 개의 급여(예 임대차에 있어 수개월분의 차임)를 요할 경우에 변제자가 그 채무 전부를 소멸하게 하지 못하는 급여를 한 때에도 준용된다.
㉢ 일부변제는 채무의 내용에 좇은 변제가 아니므로 원칙적으로 채권자가 그 수령을 거절할 수 있으나 이를 이의 없이 수령한 경우 비로소 변제의 충당에 관한 민법의 규정이 적용된다.
② 변제충당의 순서와 방법
㉠ 합의충당
ⓐ 합의충당의 자유
변제충당에 관한 민법의 규정(민법 제476조 내지 제479조)은 임의규정이므로 변제자와 변제수령자가 합의하여 충당방법을 정할 수 있다. 특히 이 경우에는 민법 제479조의 비용, 이자, 원본의 순서에 의한 충당의 규정도 달리 정할 수 있다.
ⓑ 합의충당의 제한
다만 담보권의 실행 등에 관한 경매에 있어서 배당금이 수 개의 피담보채권의 전부를 소멸시키기에 부족한 경우에는 합의에 의한 변제충당은 허용될 수 없고, 법정변제충당의 방법에 의하여야 한다(대판 1996.5.10., 95다55504).
㉡ 비용 – 이자 – 원본의 순서에 의한 변제충당
ⓐ 당사자 간에 변제충당에 관한 합의가 없는 경우에는 비용 – 이자 – 원본의 순서로 변제에 충당하여야 한다(민법 제479조 제1항).
ⓑ 비용 상호 간, 이자 상호 간 그리고 원본 상호 간에 있어서는 법정변제충당의 방법에 의한다(민법 제479조 제2항).
㉢ 지정충당
ⓐ 지정권자(민법 제476조)
1차적인 지정권자는 변제자이고 2차적인 지정권자는 변제수령자이다. 그러나 변제수령자의 지정충당에 대하여 변제자가 즉시 이의를 제기하면 그 충당은 효력을 잃는다. 이때에는 법정충당에 의하여야 한다.

ⓑ 지정충당의 제한

지정권의 행사로써 비용 – 이자 – 원본의 순서를 바꿀 수는 없다(민법 제479조 제1항). 채무가 수개인 경우에는 총비용 – 총이자 – 총원본의 순서로 충당하여야 한다.

ㄹ) 법정충당(민법 제477조)

ⓐ 보충규정

변제충당에 관해 당사자 사이에 합의가 없거나 당사자가 변제에 충당할 채무를 지정하지 아니한 때에 비로소 법정충당에 의한다.

ⓑ 충당의 순서
- 채무 중에 이행기가 도래한 것과 도래하지 않은 것이 있으면 이행기가 도래한 채무의 변제에 충당한다(민법 제477조 제1호).
- 채무 전부의 이행기가 도래하였거나 또는 도래하지 아니한 경우에는 채무자에게 변제이익이 많은 채무의 변제에 충당한다(민법 제477조 제2호).
- 채무자에 대해 변제이익이 같으면 이행기가 먼저 도래한 채무나 또는 먼저 도래할 채무의 변제에 충당한다(민법 제477조 제3호).
- 이상의 기준에 의하여 변제충당의 순서가 정하여지지 않으면 각 채무는 그 채무액에 비례하여 충당된다(민법 제477조 제4호).

ⓒ 변제이익에 대한 판단

위와 관련하여 변제이익에 관하여 구체적으로 살펴보기로 한다.
- 무이자채무보다는 이자부채무가, 저이율보다는 고이율의 채무가 변제이익이 더 많다.
- 변제자가 주채무자인 경우에 보증인 있는 채무와 보증인 없는 채무 사이에 있어서 변제이익은 동일하다 함이 판례의 견해이다.
- 다만 변제자가 타인에 대하여 부담하는 보증채무는 변제자 자신의 채무보다 변제이익이 적다 함이 판례의 견해이다.

(8) 변제자대위(대위변제)

① 의 의

㉠ 구상권이라 함은 타인에 갈음하여 채무를 변제한 사람이 그 타인에 대하여 가지는 상환청구권을 말한다. 민법상 이러한 구상권이 발생하는 경우로는 첫째, 제삼자가 채무자의 부탁을 받아 변제한 때, 둘째, 불가분채무자, 연대채무자, 보증인이 변제한 때, 셋째, 물상보증인이 변제한 때로 크게 분류할 수 있다.

㉡ 민법은 위와 같은 자가 채무자에 대해 가지는 구상권의 확보를 위하여 종전의 채권자가 채무자에 대해 가졌던 채권 및 그 담보에 관한 권리를 행사할 수 있는 것으로 정하는데 이를 변제자대위라 한다.

㉢ 한편 변제자대위는 위 첫 번째의 경우와 같이 변제할 이익 없는 자가 채무자의 부탁을 받아 대위하는 경우의 임의대위와 위 두 번째, 세 번째의 경우와 같이 변제할 정당한 이익 있는 자가 변제한 경우 당연히 대위하게 되는 법정대위로 분류된다.

② 변제자대위의 발생 요건
   ㉠ 변제 기타 출재로 채무자의 채무를 면하게 할 것
      변제자가 변제, 대물변제, 공탁 등 자기의 출재로 채무자의 채무를 면하게 하여야 하는바 채권자에게 채무의 면제를 받은 경우에는 출재가 없으므로 변제자대위를 할 수 없다.
   ㉡ 변제자가 채무자에 대하여 구상권을 가질 것
      변제자대위는 변제자의 채무자에 대한 구상권의 확보를 위한 것이므로 채무자에 대하여 구상권을 가지지 못하는 경우, 예컨대 증여로서 변제한 때에는 변제자대위는 성립하지 아니한다. 채무자에 대하여 구상권을 가지는 자에 대해서는 앞서 살펴본 바이다.
   ㉢ 제삼자가 변제할 정당한 이익이 있거나, 채권자의 승낙이 있을 것
      ⓐ 법정대위(민법 제481조)
         불가분채무자, 연대채무자, 보증인, 물상보증인, 담보물의 제삼취득자는 채권자로부터 집행을 받게 되는 점에서 변제할 정당한 이익 있는 자에 해당한다. 이상의 자들은 후술하는 임의대위와는 달리 채권자의 승낙 및 제삼자에 대한 대항요건을 갖추지 않고서도 법률상 당연히 채권자를 대위한다.
      ⓑ 임의대위(민법 제480조)
         변제자가 변제할 정당한 이익이 없는 경우에는 채권자의 의사를 고려하여 채권자의 승낙이 있는 경우에 한하여 채권자를 대위할 수 있는 것으로 하고 이를 법정대위와 구별하여 임의대위라고 한다. 나아가 임의대위에서는 법정대위와 달리 채무자는 누가 자신의 채무를 대신 변제하여 채권자의 권리를 대위할지 또 그 경우 채권자의 승낙을 얻었는지를 알 수 없으므로 민법은 채무자를 보호하기 위하여 변제자가 대위를 하는 때에는 채권자가 채무자에게 대위를 통지하거나 채무자가 이를 승낙해야 한다고 규정하고 있다(민법 제450조 내지 제452조 및 민법 제480조).

법정대위	임의대위
• 변제할 정당한 이익 있는 자가 변제한 때 • 법률상 당연히 대위하므로 채권자의 승낙 또는 통지 불요	• 변제할 정당한 이익 없는 자가 채권자의 승낙을 얻어 변제한 때 • 변제자대위의 행사를 위해서 채권자의 승낙 또는 통지 필요

③ 변제자대위의 효과
   변제자대위의 효과는 ㉠ 대위자와 채무자, ㉡ 대위자와 채권자, ㉢ 법정대위자 상호 간으로 나누어 살펴보기로 한다.
   ㉠ 대위자와 채무자(민법 제482조)
      ⓐ 채권자의 채권 및 담보에 관한 권리는 대위자에게 당연히 이전한다.
      ⓑ 변제자는 채무자에 대하여 가지는 구상권의 범위 내에서 채권자의 권리를 대위한다.
      ⓒ 변제자는 채무자에 대하여 자기 고유의 구상권과 구상권의 범위에서 대위에 의한 채권자의 권리를 아울러 가지는바 어느 권리를 행사하든 자유이며 어느 하나의 권리를 행사하여 만족을 얻은 때에는 다른 권리는 소멸한다.

ⓒ 대위자와 채권자
    ⓐ 일부대위의 경우(민법 제483조 제1항)
        - 채권의 일부에 대하여 대위변제가 있는 때에는 대위자는 그 변제한 가액에 비례하여 채권자와 함께 그 권리를 행사한다. 다만 변제자가 단독으로 담보권을 행사할 수 있는 것이 아니라 채권자가 담보권을 행사하는 경우에 한하여 변제자가 함께 권리를 행사할 수 있고 또 그때에도 변제에 관해서는 채권자가 우선한다.
        - 계약의 해제, 해지는 계약당사자의 지위에 수반되는 것이므로 채권자만이 행사할 수 있고 대위의 대상이 되지 아니한다.
        - 채권증서, 담보물(민법 제484조 제2항)
        채권의 일부에 대한 대위변제가 있는 때에는 채권자는 채권증서에 그 대위를 기입해야 하고 자기가 점유한 담보물의 보존에 관하여 대위자의 감독을 받아야 한다. 그 밖에 담보물이 부동산인 때에는 대위의 부기등기에 협력해야 하고, 또 임의대위의 경우에는 대위의 통지를 할 의무를 진다.
    ⓑ 전부대위의 경우(민법 제484조 제1항)
    채권 전부의 대위변제를 받은 채권자는 그 채권에 관한 증서 및 점유하고 있는 담보물을 대위자에게 교부하여야 한다. 그 밖에 담보물이 부동산인 경우에는 대위의 부기등기에 협력해야 하고, 임의대위의 경우에는 통지의무를 부담한다.
ⓒ 법정대위자 상호 간(민법 제482조)
    ⓐ 보증인과 제삼취득자
    보증인은 미리 전세권이나 저당권등기에 그 대위의 부기등기를 하지 아니하면 전세물이나 저당물에 권리를 취득한 제삼자에 대하여 채권자를 대위하지 못한다(동조 제2항 제1호). 제삼취득자에게 불측의 손해를 줄 염려가 있기 때문이다. 보증인은 제삼취득자에 대하여 대위할 수 있지만 반대로 제삼취득자는 보증인에 대하여 대위할 수 없다. 제삼취득자는 담보권의 존재를 알고 이를 취득한 자이므로 보호할 필요가 없기 때문이다.
    ⓑ 제삼취득자 상호 간
    제삼취득자 중의 1인은 각 부동산의 가액에 비례하여 다른 제삼취득자에 대하여 채권자를 대위한다(동조 제2항 제3호).
    ⓒ 물상보증인 상호 간
    자기의 재산을 담보로 제공한 자가 수인인 경우에는 위 제삼취득자 상호 간의 경우와 동일하다(동조 제2항 제4호).
    ⓓ 물상보증인과 보증인
    물상보증인과 보증인 간에는 그 인원수에 비례하여 채권자를 대위하고, 물상보증인이 수인인 때에는 보증인의 부담부분을 제외하고 잔액에 대하여 각 재산의 가액에 비례하여 대위한다(동조 제2항 제5호).
    ⓔ 연대채무자 상호 간 및 보증인 상호 간
    이에 관해서는 각각 특별한 규정에 의해 규율된다(민법 제447조 및 제448조).

OX 마무리

PART 2 임의회수

01 급부행위가 있으면 채무의 변제가 있는 것으로 볼 수 있다. O X

02 금전채권의 경우에 특정한 외국 통화로 지급할 것을 약정할 수 있으며 다만 지급할 때 있어서의 이행지의 환금시가에 따라 우리나라 통화로 지급할 수 있다. O X

03 채무의 내용이 특정물의 인도일 때에는 채무자는 이행기까지 자기 재산과 동일한 관리자의 주의로써 보존하여야 한다. O X

04 변제비용은 다른 의사표시가 없으면 채권자의 부담으로 한다. O X

---

01 급부 또는 이행을 통하여 채무가 소멸되는 관점에서 변제를 정의하고 있는 바 급부행위가 있다 하더라도 채권자가 이를 수령하지 않는다면 채권자지체는 성립하더라도 변제가 있는 것으로 볼 수는 없다.

02 민법 제377조 및 제378조

03 채무의 내용이 특정물의 인도일 때에는 채무자는 인도 시까지 선량한 관리자의 주의로써 보존하여야 한다.

04 변제비용은 다른 의사표시가 없으면 채무자의 부담으로 한다.

정답 01 × 02 ○ 03 × 04 ×

05 특정물의 인도를 목적으로 하는 채무는 채권이 성립하였을 당시에 그 물건이 있던 장소에서 변제하여야 한다. O X

05 민법 제467조 제1항

06 이해관계 있는 제삼자는 채무자의 의사에 반하여 변제하지 못한다. O X

06 이해관계 없는 제삼자는 채무자의 의사에 반하여 변제하지 못한다(민법 제469조 제2항).

07 변제수령권 없는 영수증의 소지인에 대하여 선의·무과실로 변제한 때에는 그 변제는 유효하며 이때 영수증은 진정한 영수증에 한정되는 것은 아니다. O X

07 영수증의 소지인에 대한 변제가 유효하기 위해서는 채권자는 선의·무과실이어야 하고(민법 제471조), 이때의 영수증은 반드시 진정한 것이어야 한다.

08 변제의 제공에 있어 민법은 구두제공을 원칙으로 한다. O X

08 변제의 제공에 있어 민법은 현실의 제공을 원칙으로 한다(민법 제460조).

09 채권자가 미리 수령을 거절하는 경우에는 구두의 제공으로 족하고 번복할 가능성조차 없는 경우에는 구두의 제공조차 필요 없다. O X

09 대판 1995.4.28., 94다16083

10 변제의 제공으로 채무자는 채무를 면하게 된다. O X

10 변제의 제공이 있더라도 급부의 결과가 달성된 것은 아니므로 채무는 그대로 존속하고 이 경우 채무자의 채무를 면하게 하는 제도가 공탁이다.

정답 05 O 06 × 07 × 08 × 09 O 10 ×

11 변제자, 즉 채무자가 가장 큰 이해관계를 가지는바 채무자가 1차적인 지정권자이다(민법 제476조).	11 채권자는 변제자의 변제 제공 시 변제에 충당할 급부를 지정할 수 있다. O X
12 민법 제479조 제1항	12 지정충당의 경우 비용, 이자, 원본의 순서대로 충당한다. O X
13 다수인의 이해관계인이 존재하는 경매절차에 있어 가장 공평타당한 방법은 법정변제충당이기 때문이다(대판 1996.5.10., 95다55504).	13 담보권 실행을 위한 경매에 있어서는 법정충당만이 허용된다. O X
14 변제자가 자신의 출재로 채무자를 위한 면책행위를 하여야 하는바 면제의 경우에는 출재가 없으므로 구상권이 발생하지 아니한다.	14 연대채무자 1인이 채권자로부터 채무를 면제받은 경우 다른 연대채무자에 대하여 구상권을 행사할 수 있다. O X
15 불가분채무자, 연대채무자, 보증인은 변제할 정당한 이익이 있는 자이다. 따라서 당연히 채권자를 법정대위한다(민법 제481조).	15 불가분채무자, 연대채무자, 보증인은 변제로 인하여 당연히 채권자를 대위한다. O X
16 채권의 일부를 변제한 때에는 변제한 가액에 비례하여 채권자와 함께 그 권리를 행사할 수 있다(민법 제483조 제1항). 즉, 일부 대위도 허용된다.	16 채권의 일부에 대하여 변제가 있는 때에는 변제자는 채권자를 대위할 수 없다. O X

11 × 12 ○ 13 ○ 14 × 15 ○ 16 ×

17 제삼취득자는 보증인에 대하여 채권자를 대위할 수 있다. O X

17 보증인은 제삼취득자에 대하여 대위할 수 있으나 제삼취득자는 보증인에 대하여 대위할 수 없다(민법 제482조). 제삼취득자는 원래 담보의 부담을 각오하고 부동산을 취득한 자이기 때문이다.

18 자기의 재산을 타인의 채무의 담보로 제공한 자가 수인인 때에는 보증인의 부담부분을 제외하고 그 잔액에 대하여 각 재산의 가액에 비례하여 대위한다. O X

19 채권의 일부에 대한 대위변제가 있는 경우 채권자는 그 채권에 관한 증서를 대위자에게 교부하여야 한다. O X

19 채권의 일부에 대한 대위변제가 있는 때에는 채권자는 채권증서에 그 대위를 기입하고 대위자의 감독을 받을 뿐이다. 즉, 채권에 관한 증서를 교부해야 하는 경우는 채권의 전부에 대하여 변제를 받은 때이다(민법 제484조).

정답 17 × 18 ○ 19 ×

CHAPTER 02 변제 이외의 채권의 소멸사유

PART 2 임의회수

1 대물변제

(1) 의의 및 성질, 변제와의 차이점

① 의 의

대물변제라 함은 채무자가 부담하는 본래의 급부에 갈음하여 다른 급부를 현실적으로 행함으로써 채권을 소멸시키는 계약을 말한다. 가령 채무자가 채권자와의 합의하에 본래의 급부인 50만 원의 지급 대신 카메라 한 대의 소유권을 현실적으로 채권자에게 이전해 주는 것이다.

② 성 질

판례는 대물변제를 채권자의 승낙을 필요로 하는 계약이며, 다른 급부에 의하여 채무를 소멸시킨다는 점에서 유상계약이고, 채권자와의 합의 외에 원래의 급부에 갈음하는 다른 급부를 현실적으로 하여야 하므로 요물계약이라고 한다(대판 1995.9.15., 95다13371).

③ 차이점

변제를 준법률행위로 파악한다면 대물변제는 계약이라는 점에서 변제와 구별되나 채권을 소멸시키는 효과는 동일하다.

(2) 요 건

① 채권의 존재

대물변제는 채권의 목적인 급부에 갈음하여 다른 급부를 함으로써 채권을 소멸시키는 계약이므로, 본래의 급부를 목적으로 하는 채권이 존재하지 않거나 무효이거나 취소된 경우에는 대물변제의 효과가 발생하지 아니한다.

② 본래의 급부와 다른 급부를 할 것

본래의 급부와 다른 급부 간의 종류에는 제한이 없다. 동산 또는 부동산의 급부뿐 아니라 채권양도도 대물변제로 될 수 있다.

③ 다른 급부가 변제에 갈음하여 행하여졌을 것

㉠ 변제에 갈음하여 급부가 있는지 여부

다른 급부가 변제에 갈음하여 행하여진 경우에만 대물변제가 성립하며 변제를 위하여 행하여진 경우에는 대물변제로 되지 아니한다. 당사자들이 변제에 갈음하는 급부를 원했는지, 변제를 위한 급부를 행했는지 불분명한 때에는 변제를 위하여 급부된 것으로 보아야 할 것이다.

ⓒ 기존채무와 관련하여 어음·수표가 교부된 경우

이와 관련하여 판례는 어음의 교부가 있는 경우 당사자 사이에 합의가 있었다는 등의 특단의 사정이 없는 한 이는 기존채무는 여전히 존속하고 단지 그 지급을 위하여 또는 담보를 위하여 지급된 것으로 추정한다(대판 1996.11.8., 95다25060). 다만 은행이 발행한 자기앞수표가 교부된 경우에는 지급에 갈음하는 것으로 보아야 할 것이다.

④ 당사자 사이에 합의 내지 계약이 있을 것

민법 제466조는 '채무자가 채권자의 승낙을 얻어'라고 규정하고 있는바 이는 채권자와 변제자 사이에 합의 내지 계약이 있어야 한다는 것을 말한다.

(3) 효 과

① 채권의 소멸

대물변제는 변제와 동일한 효과를 가진다. 즉, 대물변제에 의하여 채권은 소멸한다.

② 담보책임의 문제

대물변제는 유상계약이므로 대물변제로 급부한 것에 하자가 있으면 담보책임에 관한 규정이 준용된다. 따라서 대물변제계약에 의하여 지급받은 카메라가 도품인 경우에는 채권자는 대물변제계약을 해제하고 손해배상을 청구할 수 있다(민법 제570조, 선의취득은 별론).

2 변제공탁 ☑기출

(1) 변제공탁의 의의 및 기능

① 의 의

변제공탁이란 금전 기타 재산의 급부를 목적으로 하는 채무를 부담하는 자가 채권자 측에 존재하는 일정한 사유(채권자의 수령거절, 수령불능)로 인하여 변제를 할 수 없거나 채무자의 과실 없이 채권자가 누구인지 알 수 없어 변제를 할 수 없는 사정이 있는 경우에 채무의 목적물을 공탁함으로써 채무를 면할 수 있도록 하는 제도이다. 변제공탁의 요건과 방법 및 효과는 민법에서 정하고(민법 제487조 이하), 구체적인 절차는 공탁법에서 정하고 있다.

② 기 능

변제공탁으로 채무에 대한 이자나 지연손해의 발생을 방지하고 그 채무에 질권, 저당권 등 담보물권이 설정되어 있는 때에는 이를 소멸하게 한다. 즉, 공탁을 함으로써 채무자는 채무를 면한다는 점에서 채무자를 구제하는 기능을 한다.

(2) 변제공탁의 요건 ☑기출

① 변제공탁의 목적인 채무는 현존하는 확정채무일 것

㉠ 변제공탁의 목적인 채무는 현존하는 확정채무이어야 하므로 장래의 불확정채무는 변제공탁할 수 없고 기한이 도래하거나 정지조건이 성취된 때에 변제공탁할 수 있다.

ⓒ 공법상의 채무

　　　　변제공탁의 목적인 채무는 어떤 원인에 의하여 발생하였는지 묻지 아니하므로 공법상의 채무도 변제공탁할 수 있다.

　　ⓓ 가집행선고부판결에 의한 가집행금원의 지급채무

　　　　가집행선고부판결에 의한 가집행금원의 지급채무도 변제공탁을 할 수 있는지가 문제되나 판례는 채무가 소멸하는 변제공탁과는 달리 강제집행을 면하기 위한 특수한 성질의 변제공탁으로서 이를 허용할 수 있다고 한다(대판 1994.11.11., 94다22446).

② 공탁원인이 존재할 것

　공탁원인으로 다음의 두 가지가 있는바(민법 제487조) 이 중 어느 하나가 존재하면 공탁할 수 있다.

　ⓐ 채권자의 수령거절

　　수령거절이란 변제자가 채무의 본지에 따른 변제의 제공을 했음에도 불구하고 채권자가 수령을 거절하는 경우를 말한다. 채무의 본지에 따른 변제의 제공이라 함은 원칙적으로 약정기일에, 약정장소에서, 채무의 전부에 대하여 현실로 제공한 것을 말한다(이와 관련하여 일부제공, 조건부 공탁이 문제된다).

　ⓑ 채권자의 수령불능

　　변제자가 채무의 이행을 하려고 해도 채권자 측의 사유로 채권자가 수령할 수 없는 경우를 말한다. 이는 사실상 수령불능의 경우와 법률상 수령불능의 경우로 나누어 볼 수 있다.

　　　ⓐ 사실상 수령불능의 예

　　　　채권자 부재, 교통두절 등으로 채권자가 이행장소에 오지 못하는 경우, 채권자의 주소불명 등이 있다. 다만 이러한 사유는 객관적인 사정에 따라 개별적으로 판단하여야 하고 채권자의 주소를 알지 못하는 등의 사유에 채무자의 과실이 있다면 수령불능에 해당하지 아니한다.

　　　ⓑ 법률상 수령불능의 예

　　　　채권자가 무능력자로서 법정대리인이 없는 경우, 금전채권에 대한 가압류집행이 있음으로써 이중지급의 위험이 있는 경우 등이 있다.

　ⓒ 변제자가 과실 없이 채권자를 알 수 없는 경우

　　가령 채권의 양도에 관하여 양수인과 양도인 간 다툼이 있는 경우, 채권자 사망 시 상속을 둘러싸고 다툼이 있는 경우처럼 채무자가 선량한 관리자의 주의를 다했음에도 진정한 채권자가 누구인지 알 수 없는 경우를 말한다. 그런데 변제공탁으로서의 채권자 불확지는 채권자 또는 변제수령권자가 존재하고 있으나 그가 누구인지 알 수 없는 상대적 불확지를 말함이 원칙이다(예외적으로 토지수용에 있어서는 절대적 불확지 공탁을 인정).

③ 공탁적법성을 갖출 것

　ⓐ 공탁의 당사자

　　공탁은 변제에 갈음하여 행하는 제삼자를 위한 임치계약이므로 공탁계약의 당사자는 공탁자와 공탁소이다. 채권자는 공탁의 당사자가 아니며 제삼자를 위한 계약의 수익자일 뿐이다. 다만 채권자의 수익의 의사표시는 필요치 아니하다.

ⓛ 공탁자

공탁을 하는 자는 변제자이다. 따라서 채무자에 한하지 않고 제삼자도 할 수 있다.

ⓒ 공탁소

공탁하여야 할 장소는 채무이행지의 공탁소이다(민법 제488조 제1항). 공탁소는 각 지방법원 또는 지방법원의 지원에 둔다. 공탁소는 단순히 공탁사무를 집행할 뿐이고 실제로 공탁물을 보관하는 것은 공탁물보관자가 이를 행한다. 공탁물보관자는 법령의 규정에 의하여 대법원장이 지정하는 은행 또는 창고업자이다(공탁법 제3조 참조).

ⓔ 공탁의 목적물

공탁의 목적물은 변제의 목적물이다. 변제의 목적물이 공탁에 적당하지 아니하거나 멸실 또는 훼손될 염려가 있거나 공탁에 과다한 비용을 요하는 경우에는 변제자는 법원의 허가를 얻어 그 물건을 경매하거나 시가로 방매하여 그 대금을 공탁할 수 있다(민법 제490조).

ⓜ 공탁의 내용

ⓐ 일부공탁

일부의 제공은 채무 본지에 따른 이행의 제공이 아니므로 특별한 사정이 없는 한 무효이다(대판 1984.9.11., 84다카781). 그러나 채무의 총액에 비하여 근소한 부족이 있는 경우에는 신의칙상 그 공탁은 유효하다고 보아야 한다(대판 1998.10.13., 98다17046).

ⓑ 조건부공탁

채무자가 채권자에 대하여 동시이행의 항변권을 가지고 있는 경우를 제외하고는 본래의 채권에 부착하고 있지 않은 조건을 붙여 한 공탁은 그 조건뿐 아니라 공탁 전부가 무효로 된다(대판 2002.12.6., 2001다2846).

(3) 변제공탁의 효과

① 채무의 소멸(민법 제487조)

공탁의 기본적 효과로 채무자는 채무를 면한다. 즉, 변제공탁이 적법하다면 채권자가 공탁물출급청구를 하였는지에 관계없이 당해 공탁을 한 때에 변제의 효력이 발생하며 채무는 소멸한다. 다만 공탁자가 이미 행한 공탁을 철회하고 공탁물을 회수함으로써 채무가 부활할 수도 있는바 채무 소멸의 효과가 확정적인 것은 아니다(민법 제489조 제1항).

② 채권자의 공탁물출급청구권

㉠ 공탁에 의하여 채권자는 공탁소에 대하여 공탁물출급청구권을 취득하게 되며, 이 청구권을 행사하여 공탁물을 수령할 수 있다.

㉡ 채무자가 채권자에 대하여 동시이행의 항변권을 가지고 있는 경우에, 채권자가 먼저 그 의무를 이행하지 않으면 공탁물을 수령할 수 없다.

(4) 공탁물의 회수

① 민법상의 회수

공탁자는 원칙적으로 공탁물을 회수할 수 있다. 다만 채권자가 공탁을 승인한 경우, 공탁이 유효하다는 판결이 확정된 경우, 채권자가 공탁소에 대하여 공탁물을 받기를 통고한 경우 및 공탁으로 인하여 질권 또는 저당권이 소멸된 경우에는 공탁물을 회수할 수 없다(민법 제489조 제2항). 그리고 공탁물을 회수한 경우 소멸했던 채무가 부활한다.

② 공탁법상의 회수

착오로 공탁한 경우 또는 공탁의 원인이 소멸한 경우에는 공탁자가 공탁물을 회수할 수 있다(공탁법 제9조 제2항). 이 회수의 효과도 민법상 회수와 동일하다.

유효한 조건부 공탁	무효인 조건부 공탁
• 채무의 이행확보를 위하여 약속어음이 발행된 경우 위 약속어음의 반환을 조건으로 한 변제공탁 • 전세권설정자가 전세권 말소를 조건으로 전세금을 변제공탁한 경우 • 토지의 매수인이 소유권이전등기를 조건으로 하여 매매대금을 변제공탁한 경우	• 저당채무액을 변제공탁함에 있어 근저당권말소서류의 교부를 반대조건으로 한 경우 • 임차보증금을 변제공탁하면서 건물인도확인서의 교부를 반대조건으로 한 경우

3 상 계

(1) 의의 및 기능

① 의 의

상계란 채권자와 채무자가 서로 동종의 채권·채무를 가지고 있는 경우에 그 채권·채무를 대등액에서 소멸시키는 당사자 일방의 의사표시를 말한다(민법 제492조 제1항).

② 기 능

㉠ 채권결제의 간이화

상계는 변제의 대용으로서 채권결제의 간이화를 실현하는 역할을 한다. 즉, 상계를 통하여 당사자들은 대등액의 범위 내에서 급부를 주고받는 번거로움을 피할 수 있게 된다.

㉡ 사적 집행(담보적 기능)

상계는 사적 집행으로서의 성격을 가지고 있다. 즉, 채권자는 공적인 강제집행에 의하지 아니하고 일방적 의사표시에 의해 채권을 실현하는 수단이 된다. 나아가 상계는 가령 채권자인 은행이 채무자에게 대출을 함에 있어서 채무자의 예금채권이 있다면 채무자가 대출금반환채무를 이행하지 아니하는 경우 대출금반환채권과 예금채권을 상계함으로써 우선변제를 받게 되어 담보적 기능도 수행한다.

(2) 요 건 ☑기출

① 쌍방의 채권이 상계적상에 있을 것

다음의 요건이 갖추어져 채권이 상계될 수 있는 상태를 상계적상(相計適狀)이라 한다.

㉠ 두 채권의 대립

당사자들은 서로 상대방에 대하여 채권을 가지고 있어야 한다. 즉, 각 당사자는 상대방에 대한 채권자이자 동시에 상대방의 채무자이어야 한다. 여기서 상계하는 측의 채권을 자동채권이라 하고 상계를 당하는 측의 채권을 수동채권이라 한다.

㉡ 두 채권의 동종성

자동채권과 수동채권은 같은 종류의 채권이어야 한다. 다만 두 채권의 채권액까지 같을 필요는 없다. 대등액에 관하여 상계의 효과가 발생하기 때문이다.

㉢ 두 채권의 유효성

ⓐ 두 채권은 유효한 것이어야 한다. 가령 어느 채권이 사회질서 위반(민법 제103조)으로 무효인 경우에는 상계가 불가능하다. 특히 자동채권은 강제이행이 가능한 것이어야 하며 상대방이 항변권을 가지고 있지 않아야 한다. 따라서 자동채권의 채무자가 동시이행의 항변권을 가진다면, 자동채권의 채권자는 상계할 수 없다. 상대방의 항변권을 부당히 박탈하기 때문이다(다만 수동채권에 항변권이 부착된 경우는 가능하다. 항변권의 포기로 보기 때문이다).

ⓑ 다만 소멸시효가 완성된 채권이 그 완성 전에 상계할 수 있었던 경우라면 채권자가 이것을 자동채권으로 하여 상계할 수 있다(민법 제495조).

㉣ 자동채권의 이행기 도래

자동채권은 이행기에 있어야 한다. 이행기 도래 전에 상계를 허용한다면 상대방에게 이행기 전에 이행을 강요하는 결과가 되기 때문이다. 그러나 채무자는 이행기 전에도 이행할 수 있으므로 수동채권은 변제기에 있을 필요가 없다.

㉤ 채권의 성질이 상계를 허용할 것

서로 실제로 이행을 하지 않으면 채권의 목적을 달성할 수 없는 경우 상계가 불가능하다. 따라서 부작위채무 또는 노무급부의무와 같은 '하는 채무'의 경우는 상계할 수 없다.

㉥ 상계가 금지되어 있지 않을 것

ⓐ 당사자의 약정에 의한 금지

채권자와 채무자는 상계의 금지를 약정할 수 있다. 당사자 사이에 상계금지의 특약이 있는 경우 상계가 허용되지 아니한다. 다만 상계금지의 특약은 선의의 제삼자에게는 대항하지 못한다(민법 제492조).

ⓑ 법률의 규정에 의한 금지
- 고의의 불법행위로 인한 수동채권
  고의로 불법행위를 범한 자는 상계제도를 이용하지 못하고 현실적으로 손해배상의무를 이행하여야 한다. 당사자의 사적 보복을 방지하기 위함이다. 다만 판례는 (중)과실에 의한 손해배상채권을 수동채권으로 하는 상계는 허용된다고 한다.
- 압류금지의 수동채권
  부양청구권 등 압류금지채권을 수동채권으로 하는 상계는 허용되지 않는다(민법 제497조). 이러한 채권에 대한 압류금지의 취지는 채권자와 그의 가족의 최소한의 생존을 보장하기 위함이다. 어떠한 채권이 압류금지채권으로 되느냐에 대해서는 민사집행법, 기타 법률(근로기준법, 공무원연금법 등)에 규정되어 있다.

ⓒ 지급금지의 수동채권
지급금지명령(압류, 가압류)을 받은 제삼채무자는 지급금지명령이 있은 후에 그의 채권자에 대하여 취득한 채권을 가지고 지급금지 당한 그의 채권과 상계하더라도 이 상계를 가지고 지급금지명령을 신청한 채권자에 대항하지 못한다(민법 제498조).

ⓓ 질권이 설정된 채권
채권에 질권이 설정된 경우에 채권질권의 설정자는 입질채권을 자동채권으로 하여 상계할 수 없다.

② 상계의 의사표시 있을 것
상계에는 당사자의 상계의 의사표시가 필요하다. 상계의 의사표시는 상대방에 대한 일방적 의사표시에 의해 행해지는 단독행위이다. 상계의 의사표시에는 조건이나 기한을 붙이지 못한다. 이는 상대방의 지위를 불안하게 하기 때문이다.

(3) 효과 ☑기출

① 채권의 소멸
상계에 의하여 수동채권과 자동채권은 대등액에 관하여 소멸한다(민법 제493조 제2항). 자동채권이 여러 개의 수동채권을 모두 소멸시키기에 부족하다면, 변제충당에 관한 규정을 준용한다.

② 상계의 소급효(민법 제493조) ☑기출
자동채권과 수동채권은 상계의 의사표시를 한 때가 아니라 상계할 수 있었던 때에 소급하여 효력을 발생한다. 따라서 상계적상일 이후부터는 이자가 발생하지 않으며 또한 그때부터 이행지체는 소멸하게 된다.

상계가 가능한 경우	상계가 불가능한 경우
• 동시이행항변권이 붙은 수동채권 • 중과실의 불법행위에 기한 수동채권 • 이행기 미도래의 수동채권 • 자동·수동 양 채권이 동시이행관계에 있는 경우	• 동시이행항변권이 붙은 자동채권 • 고의의 불법행위에 기한 수동채권 • 이행기 미도래의 자동채권

4 채권양도 ☑기출

(1) 의 의
채권양도라 함은 종래의 채권자가 채무자에 대한 채권을 동일성을 유지한 채 새로운 채권자에게 이전하는 종래의 채권자와 새로운 채권자 사이의 계약을 말한다(민법 제449조).

(2) 채권관리방법으로서의 채권양도
채무자가 거래선(제삼채무자)에 대해 가지는 각종 채권을 채권자가 양도받아 회수하는 방법을 말한다. 즉, 채무자의 제삼채무자에 대한 상품 판매대금, 보증금 등 기타채권을 양수받아 공증하여 집행하거나 응하지 않을 경우 가압류 등 법적조치를 취하여 회수하는 관리방법이다.

(3) 법적 성질
① 처분행위
채권양도는 채권양도계약의 체결과 동시에 채권이 이전되기 때문에 처분행위의 성격을 갖는다(이른바 준물권계약의 성질).

② 채권의 동일성 유지
채권양도가 유효하면 채권은 동일성을 유지한 채 양수인에게 이전되는바 종래 그 채권에 부종하고 있었던 보증, 이자, 각종의 항변 등은 그대로 존속한다.

(4) 실제적인 예
① 추심을 위한 채권양도
추심의 목적을 달성하기 위하여 편의상 양도의 형식을 취할 뿐이다. 즉, 양수인은 추심할 수 있는 권한만을 취득하고 양수인이 추심 완료할 때까지는 보통의 채권자와 같이 그 채권의 추심, 채무면제, 화해 등을 할 수 있다.

② 신탁적 추심양도
대외적으로는 채권이 양수인에게 이전하지만 대내적으로는 추심권한만이 부여된 경우를 말한다. 진정한 의미의 추심을 위한 채권양도와는 달리 양도인은 대외적으로 채권의 추심, 채무의 면제 등의 행위를 할 수 없다.

③ 채권의 양도담보
담보목적을 위하여 채권에 양도된 경우를 말한다. 이 경우에도 보통의 채권양도 요건을 갖추어야 하고 대외적으로 채권자는 양수인이 된다.

(5) 각종 채권의 양도
① 지명채권의 양도 ☑기출
㉠ 지명채권의 양도성
ⓐ 지명채권이라 함은 채권자가 특정되어 있고 그 채권의 성립, 존속, 행사, 양도를 위해서 증서의 작성 교부를 필요로 하지 않는 채권을 말하고 지명채권은 원칙적으로 양도성을 가진다. 다만 당사자 사이에 양도금지 특약이 있는 경우, 법률의 규정에 의해 양도할 수 없는 것으로 정한 경우에는 양도할 수 없다(민법 제449조).

ⓑ 채권의 성질에 의한 제한

계약의 취지·목적 등에 비추어 특정인에게 행해지지 않으면 아무런 의미가 없거나 급부가 그 수령자 또는 특정 개인과 강한 결합관계를 갖고 있는 경우 채권의 양도는 금지된다. 예를 들어 조합원지위와 분리한 조합지분채권의 양도, 종신정기금채권의 양도는 금지된다.

나아가 임대차, 사용대차 등과 같이 당사자의 신뢰관계를 바탕으로 하여 성립된 채권은 채무자에 통지하는 것만으로는 부족하고 채무자의 승낙이 있어야 양도가 가능하다(민법 제610조 제2항, 제629조 제1항 및 제657조 제1항).

ⓒ 당사자의 특약에 의한 제한

당사자의 특약으로 양도성을 제한할 수 있으나 그 특약을 가지고 선의의 제삼자에게 대항하지 못한다. 또한 압류, 전부명령을 방해할 수는 없다.

ⓓ 법률에 의한 제한

법률이 특별히 양도를 금하는 채권으로는 민법상 부양청구권(민법 제979조), 사용자에 대한 보상청구권(근로기준법 제86조), 각종의 연금급여수급권(국민연금법 제58조 등) 등이 있다.

ⓛ 대항요건

ⓐ 지명채권의 양도는 양도인과 양수인 간의 계약만으로 효력이 발생하나 채무자의 이중변제 등의 위험이 있을 수 있는바 이러한 채무자와 제삼자 보호를 위하여 민법 제450조는 대항요건에 관하여 규정하고 있다.

ⓑ 채무자에 대한 대항요건

채무자에 대한 통지 또는 승낙이 필요하다. 이는 채무자의 이중변제 위험을 방지하기 위함이다. 통지나 승낙 어느 하나만 있으면 족하다. 대항요건을 갖춘 경우 양수인에게 변제해야 한다. 통지는 채권양도의 사실을 알리는 것으로 양도인이 채무자에 대하여 하여야 한다. 채무자의 승낙은 양도인 또는 양수인에게 택일적으로 할 수 있다. 채무자가 이의를 보류하지 않고 채권양도를 승낙한 경우에는 양도인에 대하여 주장할 수 있는 사유가 있다 하더라도 채무자는 그 사유로 양수인에게 대항할 수 없다(민법 제451조 제1항). 다만 통지만이 있었던 경우 채무자는 통지 전에 양도인에 대하여 가지는 모든 사유를 양수인에게 주장할 수 있다. 따라서 통지 전에 변제로 채권이 소멸하였다면 양수인은 채권을 취득하지 못한 것이 된다. 나아가 채권양도가 있은 후 아직 통지나 승낙이 없는 동안은 양수인은 채무자에 대하여 채권양도의 효력을 주장할 수 없는바 채무자는 양수인에 대하여 변제를 거절할 수 있음은 물론이고 양수인은 채무자에 대하여 시효의 중단, 담보권의 실행 등의 행위 등을 하지 못한다.

ⓒ 채무자 이외의 제삼자에 대한 대항요건

지명채권양도사실을 통지하거나 이를 채무자로부터 승낙받은 때 양도인은 증서로 일자를 확정해야 한다. 이 확정일자 있는 증서가 없으면 양수인은 채무자 외의 제삼자에게 대항하지 못한다(민법 제450조 제2항). 이중양도가 있는 경우 제1양수인과 제2양수인에게 모두 확정일자부 통지가 이루어졌을 때에는 그 우열은 확정일자가 우선하는가를 기준으로 할 것은 아니라 채무자에 대한 도달시기에 따라 결정해야 한다(대판 전합 1994.4.26., 93다24223).

② 증권적 채권의 양도
　㉠ 증권적 채권의 의의
　　채권의 성립, 존속, 행사, 양도 등이 그 채권의 존재를 표창하는 증권과 운명을 같이하는 채권으로 현행 민법은 지시채권, 무기명채권, 지명소지인출급채권에 관한 규정을 두고 있다(민법 제508조 이하).
　㉡ 지시채권의 양도
　　ⓐ 의 의
　　　특정인 또는 그가 지시한 자에게 변제해야 하는 증권적 채권을 말한다. 어음, 수표, 화물상환증 등이 대표적이다.
　　ⓑ 양도의 방식 ☑기출
　　　지시채권은 그 증서에 배서하여 양수인에게 교부하는 방식으로 양도한다(민법 제508조). 배서와 교부는 양도행위의 성립요건이다. 배서는 증권의 뒷면에 채권양도의 뜻을 기재하여 서명 또는 기명날인하는 것을 말하며 이에 따라 증서에 화체된 권리는 피배서인에게 이전하고 피배서인이 증서를 점유하고 있을 때에 그는 적법한 소지인으로 추정을 받는다.
　　ⓒ 증권소지인의 보호
　　　채권과 함께 증서의 배서와 교부를 받은 자는 설령 무권대리인 또는 처분권한 없는 자로부터 증서를 취득했다 할지라도 고의나 중과실이 없는 한 증서상의 권리를 취득하게 된다(민법 제514조). 또한 채무자는 증서소지인 이전의 채권자에게 가지고 있던 인적항변으로 선의 소지인에게 대항하지 못한다.
　　ⓓ 채무자의 보호
　　　원래 채무자는 채권의 준점유자에게 과실 없이 변제했을 경우 그 변제의 유효를 주장할 수 있으나 증권적 채권의 경우에는 이 효력이 더욱 강화되어 채권증서의 소지인에게 변제했을 경우에는 과실이 있다 하더라도 고의, 중과실만 없으면 변제의 유효를 주장할 수 있다. 또한 채무자에게는 변제 시 배서의 연속 여부를 조사할 의무는 있지만, 배서인의 서명 또는 날인의 진위나 소지인의 진위를 조사할 의무는 없다(민법 제518조).
　　ⓔ 지시채권에 대한 채무자의 변제
　　　채무자는 증서와 교환해서만 변제할 의무가 있으며(민법 제519조), 변제하는 때에는 소지인에 대하여 증서에 영수를 증명하는 기재를 청구할 수 있다(민법 제520조 제1항). 따라서 변제기한이 도래한 후라도 소지인이 증서를 제시하여 이행청구하지 않는 이상 지체책임을 지지 아니한다(민법 제517조 참조).
　　ⓕ 증서의 멸실 또는 상실
　　　이 경우에는 공시최고의 절차에 따라 제권판결을 통하여 증서를 무효로 할 수 있다(민법 제521조).
　㉢ 무기명채권과 지명소지인출급식채권의 양도
　　ⓐ 무기명채권
　　　무기명채권은 특정의 채권자의 이름이 기재되어 있지 않고 그 증권의 정당한 소지인에게 변제하여야 하는 채권을 말한다(무기명수표, 상품권 등). 무기명채권의 양도에는 배서가 필요 없으며 단순히 양수인에게 교부함으로써 양도의 효력이 생긴다(민법 제523조).

ⓑ 지명소지인출급식채권의 양도

지명소지인출급식채권은 증서에 특정한 채권자를 지명하는 한편 그 증서의 소지인에 대해서도 변제할 수 있다는 뜻을 기재한 증권적 채권을 말한다. 무기명채권과 마찬가지로 증서의 교부만으로 효력이 생긴다(민법 제525조).

(6) 채권양도 시의 관리방법

① 채권자가 채무자에게 양도통지를 하는 것보다 채권자와 양수인, 채무자가 3면계약을 체결한다든가 또는 채무자의 승낙을 받는 것이 좋다. 이러한 승낙이나 3면계약은 제삼자와의 관계를 고려하여 확정일자 있는 증서로 하여야 한다.
② 당해 채권양도가 이중양도는 아닌지, 양도금지특약이 있는지 등을 확인하고 채무자가 양도인에 대하여 상계할 수 있는 채권을 가지고 있는지 여부를 확인해야 한다.
③ 채권전액을 회수하지 못하는 경우를 대비하여 변제충당의 합의를 해놓는 것이 바람직하다.
④ 양수인과 양도인은 양도대상 채권을 현실로 추심 완료하여 변제에 충당하기까지 원인채권은 소멸하지 않음을 명시하는 것이 바람직하다.

5 채무인수 ☑기출

(1) 의 의

채무인수라 함은 어떤 채무가 그 동일성을 유지한 채 인수인에게 이전하는 계약을 말한다(민법 제453조 내지 제459조). 채무의 동일성이 유지된다는 점에서 경개(민법 제501조 및 제502조)와 구별된다.

(2) 요 건

① 채무가 유효하게 성립·존속하여야 할 것
   조건부·기한부 채무 및 장래의 채무도 인수의 대상이 된다.
② 인수할 수 있는 채무일 것
   ㉠ 원 칙
      민법은 제삼자가 원칙적으로 채무를 인수할 수 있는 것으로 규정하고 있다.
   ㉡ 예 외
      다만 채무의 성질 또는 당사자의 합의로 인수를 제한할 수 있다. 전자에 해당하는 예로는 부대체적인 작위채무(유명화가가 그림을 그리는 채무 등) 또는 당사자 사이에 신뢰관계를 기초로 성립된 채무(수임인의 의무, 임치인의 보관의무 등)가 있다.
③ 채무인수계약의 당사자
   민법은 채무인수의 유형으로 채권자와 제삼자 사이의 계약(민법 제453조)과 채무자와 제삼자 사이의 계약(민법 제454조 내지 제457조)만을 규정하고 있으나 채권자, 채무자, 제삼자의 3면계약에 의해서도 가능함은 물론이다.

⊙ 채권자와 제삼자

제삼자는 채권자와의 계약으로 채무를 인수하여 채무자의 채무를 면하게 할 수 있다. 채무인수로 채무자는 채무를 면하는 이익을 얻으므로 채무자의 동의는 필요 없다. 다만 이해관계가 없는 제삼자는 채무자의 의사에 반하여 채무를 인수하지 못한다(민법 제453조 제2항). 따라서 이해관계 있는 제삼자인 보증인, 물상보증인 등은 채무자에 의사에 반해서도 채무인수가 가능하다.

ⓒ 채무자와 제삼자

ⓐ 제삼자가 채무자와의 계약으로 채무를 인수한 경우에는 채권자의 승낙에 따라 그 효력이 생긴다(민법 제454조 제1항).
ⓑ 제삼자나 채무자는 상당한 기간을 정하여 승낙여부의 확답을 채권자에게 최고할 수 있고 그 기간 내에 채권자가 확답을 발하지 아니한 때에는 거절한 것으로 본다.

(3) 채무인수의 효과

① 채무자와 채권자 사이

채무인수로 인해 채무는 동일성을 유지하면서 채무자로부터 인수인에게 이전한다.

② 채권자와 인수인 사이

⊙ 채무인수에 의하여 채권자는 인수인에게 채권을 행사할 수 있다.
ⓒ 동일성을 유지한다는 점에서 주채무뿐만 아니라 그에 종속되는 채무(이자채무, 위약금채무)도 같이 이전된다.
ⓒ 채무인수가 있으면 인수인의 입장에서 채무를 승인한 것이 되므로 인수 당시 그 채권의 소멸시효는 중단된다.
ⓔ 인수인은 전채무자가 채권자에 대하여 가지는 대항사유를 주장할 수 있다. 다만 전채무자의 채무에 대한 보증이나 제삼자가 제공한 담보는 보증인이나 제삼자가 동의하지 않는 한 채무인수로 인하여 소멸함이 원칙이다.

③ 채무자와 인수인 사이

채무자와 인수인 사이에 인수계약을 맺은 경우에는 인수인은 채무자에 대하여 그의 채무를 면책시킬 의무를 부담한다.

(4) 채무인수와 유사한 제도

① 병존적 채무인수 ☑ 기출

병존적 채무인수는 기존의 채무관계는 그대로 유지하면서 제삼자가 채무자로 들어와 종래의 채무자와 더불어 동일한 내용의 채무를 부담하는 것으로 중첩적 채무인수라고도 한다. 판례는 채무인수가 병존적인지 면책적인지 불분명한 경우 원칙적으로 이를 병존적 채무인수로 보아야 한다는 입장이다(대판 1989.9.12., 88다카13806).

② 이행인수

이행인수는 채무자와 인수인 사이의 계약으로 인수인이 채무자의 채무를 이행할 의무를 지는 것을 말한다. 채무인수에서처럼 인수인이 채무자가 되어 채권자에 대해 직접 채무를 부담하는 것과 차이가 있다. 즉, 채권자는 인수인에 대해 직접 이행을 청구하지 못한다.

③ 계약인수

예컨대 매매계약에서 매도인 또는 매수인의 지위처럼 계약당사자의 지위의 승계를 목적으로 하는 계약을 가리켜 계약인수라고 한다. 이는 계약관계에서 발생하는 일체의 지위를 이전하는 점에서 채권만의 양도나 채무만의 인수와는 다르다.

구 분	면책적 채무인수	병존적 채무인수	이행인수
채무이전여부	채무의 귀속주체가 변경된다 (채무자 교체).	채무의 귀속주체가 변경되지 않고 추가된다.	채무의 귀속주체에 변경이 없다.
채권자의 승낙	필요하다.	필요 없다.	필요 없다.
효 과	기존채무자는 채무를 면한다.	기존채무자의 지위에는 변동이 없다.	채무자와 인수인 간의 내부적인 계약에 불과하다.

(5) 채무인수 시의 관리기법 ☑기출

① 면책적 채무인수는 인수자의 신용상태가 채무자의 신용상태보다 양호하지 못할 때에는 채권회수가 위협받을 수 있음을 유의해야 한다.
② 면책적 채무인수 시 기존 채무자를 위한 담보나 보증은 원칙적으로 소멸하고 예외적으로 보증인이나 물상보증인이 존속에 동의한 때에는 그대로 존속하나 저당권부채권 등은 저당권등기에 변경의 등기를 하여야 한다.
③ 병존적 채무인수는 채무자의 승낙이 없더라도 채권자와 인수인 간의 계약으로 성립할 수 있고 동의 유무와는 상관없이 보증인 및 물상보증인의 지위에도 영향이 없다. 따라서 채권관리실무에서는 특단의 사정이 없는 한 반드시 병존적 채무인수를 하도록 하여야 한다.

6 상속으로 인한 채무의 이전 ☑기출

(1) 서 설

① 상속과 채권회수

상속이란 피상속인이 사망한 때로부터 상속인이 피상속인의 재산에 관한 포괄적 권리의무를 승계하는 것을 말한다(민법 제997조 및 제1005조). 따라서 상속인은 피상속인의 적극재산뿐 아니라 소극재산(채무)도 상속하게 되는 것이 원칙이므로 채권회수 담당자는 피상속인인 채무자의 재산을 상속받은 상속인에 대하여 급부의 이행청구권을 행사하여 채권을 회수하여야 한다.

② 상속개시의 시기

상속은 사망으로 인하여 개시된다(민법 제997조). 즉, 사망이라는 사실을 원인으로 하여 당연히 상속인에게 피상속인의 권리의무가 포괄적으로 승계된다.

③ 상속의 순위
　㉠ 상속인 범위의 변천과정

구 분	상속인의 범위
구 민법	재산상속에 있어서 동일가적 내의 직계비속, 배우자, 직계존속, 호주
민법 제정 당시	동일가적 내의 유무와 상관없이 직계비속, 배우자, 직계존속, 형제자매, 8촌 이내의 방계혈족
1990년 개정 민법	동일가적 내의 유무와 상관없이 직계비속, 배우자, 직계존속, 형제자매, 4촌 이내의 방계혈족

　㉡ 구체적 고찰
　　ⓐ 피상속인의 직계비속
　　　직계비속이 여러 명인 경우에는 피상속인과 가장 가까운 촌수에 해당하는 직계비속이 상속인이 되며 촌수가 같으면 그 직계비속이 동일순위로 상속인이 된다. 직계비속이면 친생자이건 양자이건, 혼인 중의 자이건, 혼인 외의 자이건 불문한다.
　　ⓑ 피상속인의 직계존속
　　　이 경우도 직계존속이 여러 명인 경우 촌수가 같으면 동순위이고 촌수를 달리하면 가장 가까운 친족이 상속인이 된다. 또한 부계와 모계를 불문한다.
　　ⓒ 피상속인의 형제자매(동복, 이복을 불문한다)
　　ⓓ 피상속인의 4촌 이내의 방계혈족
　　ⓔ 상속인이 없을 때에는 일정한 절차를 거쳐 피상속인과 특별한 연고가 있는 자에게 분여하고 그들에게 분여되지 아니하거나 분여하고 남은 것이 있다면 국고에 귀속된다.
　　ⓕ 배우자의 상속권
　　　배우자는 그 직계비속과 동순위로 공동상속인이 되고 직계비속이 없는 경우에는 피상속인의 직계존속과 공동상속인이 되며 피상속인에게 직계비속, 직계존속도 없는 경우에는 단독상속인이 된다. 또한 배우자가 직계(존)비속과 공동상속인이 되는 경우에는 그 상속분의 5할을 가산한다. 다만 사실혼의 배우자는 상속권이 없다.
　㉢ 사례연구
　　ⓐ 갑이 교통사고로 사망하였고 유족으로는 아버지 '을', 처 '병', 자식 '정'과 '무'가 있으며 상속재산이 7,000만 원인 경우 '을'은 상속권이 없고 '병', '정', '무'가 각각 3,000만 원, 2,000만 원, 2,000만 원을 상속받게 된다.

순위	상속인	민법조항
제1순위	피상속인의 직계비속과 배우자	• 제1000조 제1항, 제2항 • 제1003조
제2순위	피상속인의 직계존속과 배우자	
제3순위	피상속인의 형제자매	제1000조 제1항, 제2항
제4순위	피상속인의 4촌 이내의 방계혈족	

　　ⓑ 동일한 사례에서 유족으로 아버지 '을'과 처 '병'만이 있는 경우에는 '병'이 4,200만 원, '을'이 2,800만 원을 각각 공동상속하게 된다.

④ 대습상속

대습상속은 상속인이 될 직계비속 또는 형제자매가 상속 개시 전에 사망하거나 상속결격자가 된 경우에 그 직계비속이나 배우자가 있는 때에는 그 직계비속이나 배우자가 사망하거나 상속결격자에 갈음하여 상속인이 되는 제도이다(민법 제1001조 및 제1003조 제2항). 이때 직계비속을 대습상속인이라 한다.

⑤ 기여분과 유류분 제도

㉠ 기여분

기여분 제도는 공동상속인 가운데 상당한 기간 동거, 간호 그 밖의 방법으로 피상속인을 특별히 부양하거나 피상속인의 재산의 유지 또는 증가에 특별히 기여하는 자가 있을 때에는 상속분의 산정 시 이를 고려하는 제도를 말한다. 구체적인 가액 등은 공동상속인들의 협의 또는 가정법원의 심판으로 정한다.

㉡ 유류분 제도

상속이 개시되면 일정한 범위의 상속인이 피상속인의 재산에 일정한 비율을 확보할 수 있는 지위를 가지는데 이를 유류분권이라 한다(민법 제1115조). 민법상 유류분은 직계비속과 배우자는 법정상속분의 2분의 1이고 직계존속은 법정상속분의 3분의 1이다(민법 제1112조).

⑥ 상속의 승인과 포기

상속의 승인을 강제할 경우 소극재산의 상속은 오히려 상속인에 중대한 불이익을 초래할 수도 있으므로 민법은 상속의 승인과 포기 제도를 두어 상속인에게 선택권을 부여하고 있다.

㉠ 단순승인

단순승인이란 피상속인의 권리의무를 무제한 무조건적으로 승계하는 것을 말한다(민법 제1025조). 단순승인은 상속인의 일방적인 의사표시로 가능하다. 다만 상속인의 의사와 관계없이 다음의 경우에는 상속인이 단순승인을 한 것으로 본다(민법 제1026조).

ⓐ 상속재산의 처분행위를 한 때

ⓑ 상속의 개시가 있는 것을 안 날로부터 3개월 이내에 한정승인 또는 포기하지 아니한 때

당해 조항은 헌법재판소로부터 헌법불합치 결정을 받아(헌재결 1998.8.27., 96헌가22) 후속조치로 민법을 개정하여 제1019조 제3항을 다음과 같이 신설하였다. 즉, 상속인은 상속채무가 상속재산을 초과하는 사실을 중대한 과실 없이 상속개시일로부터 3월의 기간 내에 알지 못하고 단순승인을 한 경우에는 그 사실을 안 날로부터 3월 내에 한정승인을 할 수 있다.

ⓒ 상속인이 한정승인 또는 포기를 한 후에 상속재산을 은닉하거나 부정소비하거나 고의로 재산목록에 기입하지 아니한 때

㉡ 한정승인

한정승인이란 상속으로 인하여 취득할 재산의 한도 내에서 피상속인의 채무와 유증을 변제한다는 조건으로 상속을 승인하는 것을 말한다(민법 제1028조). 상속개시 있음을 안 날로부터 3월 내에 상속재산의 목록을 첨부하여 가정법원에 한정승인의 신고를 하여야 한다(민법 제1030조 제1항).

[상속의 승인]

단순승인	한정승인
• 상속받은 적극재산이 채무보다 적을 때, 상속인이 상속재산 이외에 자기의 고유재산으로써 채무를 변제해야 한다. • 상속개시시부터 자기의 고유재산과 상속재산이 혼연일체가 되어, 피상속인에 대한 재산상의 권리 · 의무는 혼동으로 소멸한다.	• 상속받은 적극재산이 채무보다 적을 때, 상속재산의 범위에서만 채무를 변제하면 되고 초과액에 대해서는 변제책임을 지지 않는다. • 한정승인자의 상속재산은 자기고유재산과 구분되므로 한정승인자가 피상속인에 대하여 갖는 재산상의 권리 · 의무는 소멸하지 아니한다.

ⓒ 상속의 포기

ⓐ 상속의 포기란 상속재산의 모든 권리, 의무의 승계를 부인하고 처음부터 상속인이 아니었던 효력을 발생하는 단독의 의사표시를 말한다. 상속의 포기는 상속개시가 있는 것을 안 날로부터 3월 이내에 가정법원에 포기의 신고를 하여야 한다(민법 제1041조).

ⓑ 공동상속의 경우 단독으로 포기하면 상속의 포기는 소급효가 발생되어 포기한 상속분은 다른 상속인에게 각 상속분의 비율로 귀속된다(민법 제1043조).

ⓒ 상속의 포기제도는 자기의 상속재산보다 채무가 더 많은 경우 피상속인의 채무를 상속하여 변제하여야 할 책임을 일체 면할 목적으로 이용된다.

(2) 상속재산에 대한 채권회수

① 상속재산에 대한 채권회수 절차

㉠ 상속사실 조사

채무자의 사망 사실을 알게 되면 즉시 주민등록등본, 기본증명서(구 호적등본, 제적등본) 등을 징구하여 공부상 사망사실을 확인하여야 한다. 사망사실이 확인된 경우 상속인들을 추적하여 단순상속, 한정승인, 상속포기 등의 사실을 조사하여야 한다.

㉡ 상속인들에 대한 신용 및 재산조사

상속인들이 상속을 포기하였으면 가정법원의 상속포기결정문사본을 송부하여 줄 것을 요청하고 동 사본을 확인한다. 한정승인의 경우에는 채권신고기간에 채권신고를 하여 배당에 참가토록 한다(민법 제1032조 및 제1034조). 단순상속의 경우에는 상속인의 고유재산에 대하여도 보전처분이 가능하므로 상속인의 재산조사를 병행하여 집행 가능한 재산에 대하여 보전처분을 하여야 한다.

② 채무승인 상속자에 대한 채권회수

㉠ 채무상속신고서(또는 채무승인서) 징구

(공동)상속인명의의 채무상속신고서 또는 채무승인서를 청구한다.

㉡ 상속인이 상속개시 이전에 부담하는 다른 채무로 인하여 채권자의 채권행사에 손해가 예상되는 경우에는 가정법원에 상속재산의 분리신청을 하여 상속인의 채권자에 우선하여 채권을 행사할 수 있도록 하여야 한다.

ⓒ 상속재산의 분리
　ⓐ 의 의
　　상속재산의 분리제도란 상속 개시 후에 상속채권자나 유증받은 자 또는 상속인의 채권자의 청구에 의하여 상속재산과 상속인의 고유재산을 분리시키는 가정법원의 처분을 말한다(민법 제1045조 제1항). 상속에 의하여 상속인과 피상속인의 재산이 혼합되어 상속재산이 채무초과 상태가 되는 경우 상속인의 채권자는 불이익을 입게 되며 상속인의 고유재산을 믿고 거래한 제삼자 등을 보호하기 위한 제도이다.
　ⓑ 재산분리의 청구기간
　　재산의 분리는 상속이 개시된 날로부터 3월 이내에 청구해야 한다. 그러나 상속인이 상속의 승인이나 포기를 하지 않은 동안은 3개월의 기간이 경과한 후에도 재산의 분리를 청구할 수 있다(민법 제1045조 제2항).
　ⓒ 재산분리의 효과
　　재산분리의 청구기간과 공고기간 만료 후에는 상속인은 상속재산으로써 재산의 분리를 청구하였거나 또는 그 기간 내에 신고한 상속채권자, 유증받은 자와 상속인이 알고 있는 상속채권자, 유증받은 자에 대하여 각 채권액 또는 수증액의 비율로 변제하여야 한다. 그러나 질권, 저당권 등의 우선변제권 있는 채권자에 대해서는 상속재산으로써 우선변제하여야 한다(민법 제1051조 제2항). 민법 제1051조의 규정에 의한 상속채권자, 유증받은 자는 상속재산으로부터 전액의 변제를 받을 수 없는 경우에 한하여 상속인의 고유재산으로부터 변제를 받을 수 있다(민법 제1052조 제1항). 상속인의 채권자는 상속인의 고유재산으로부터 우선변제를 받는다(민법 제1052조 제2항).

(3) 한정승인 상속자에 대한 채권회수

① 한정승인자의 공고 및 최고
　한정승인자는 한정승인을 한 날로부터 5일 내에 일반상속채권자와 유증받은 자에 대하여 한정승인의 사실과 일정한 기간 내에 그 채권 또는 수증을 신고할 것을 2월 이상의 기간을 정해 공고하여야 한다(민법 제1032조 제1항).

② 채권신고
　채권회수 담당자는 한정승인자가 공고한 채권신고 기간 내에 채권내역을 신고하여야 한다. 신고기간 내에 신고하지 아니한 상속채권자 및 유증받은 자로서 한정승인자가 알지 못하는 자는 상속재산의 잔여가 있는 경우에 한하여 변제를 받을 수 있다(민법 제1039조).

③ 배당 및 회수
　한정승인자는 채권자에 대한 최고기간 만료 후에 상속재산으로서 그 기간 내에 신고한 채권자 등에게 각 채권액의 비율로 변제하도록 되어 있는바(민법 제1034조 제1항), 채권회수 담당자는 그 배당 등 진행내용을 파악하여 채권회수에 차질이 없도록 조치하여야 한다.

④ 매각 등
　상속재산의 경매채권자에 대한 변제를 위하여 상속재산의 전부나 일부를 매각할 필요가 있는 때에는 민사집행법에 의하여 경매하여야 한다(민법 제1037조).

(4) 상속인이 수인인 경우 채권회수

① 상속재산관리인 선임 신청

채권회수 담당자는 상속재산관리인이 선임되어 있지 아니한 경우에 이해관계인으로서 가정법원에 공동상속인 중에서 1인을 상속재산관리인으로 선임하여 줄 것을 청구할 수 있다(민법 제1040조 제1항).

② 상속재산관리인의 권리의무

상속재산관리인은 공동상속인을 대표하여 상속재산의 관리와 채무의 변제에 관한 모든 행위를 할 권리의무가 있다(민법 제1040조 제2항).

③ 상속재산목록 제출의무 및 보고의무

채권회수 담당자는 상속재산관리인에게 상속재산의 목록을 제출할 것을 청구할 수 있고 당해 청구가 있는 경우 관리인은 목록을 제출하고 그 현황을 보고하여야 한다.

(5) 상속인부존재의 경우 채권회수

① 상속인의 존재여부가 불분명할 때에는 법원은 피상속인의 친족 기타 이해관계인 또는 검사의 청구에 의하여 상속재산관리인을 선임하고 이를 지체 없이 공고하여야 한다(민법 제1053조 제1항).

② 상속재산의 관리인은 상속채권자나 유증받은 자의 청구가 있는 때에는 언제든지 상속재산의 목록을 제시하고 그 상황을 보고하여야 한다(민법 제1054조).

(6) 상속인에 대한 금융거래조회제도

① 금융감독원은 조회를 원하는 모든 상속인에 대하여 금융거래 조회서비스를 제공하고 있다. 이를 이용하면 직접 조회하는 데 따르는 시간적·경제적 어려움을 덜 수 있다.

② 조회대상은 피상속인 명의의 예금, 대출 등 일체의 금융계좌의 보유 유무만을 조회할 수 있고 상세거래내역 등은 상속인이 해당 금융기관에 별도로 조회를 신청하여야 한다.

CHAPTER 02 OX 마무리

PART 2 임의회수

01 대물변제란 채무자가 본래 부담하고 있는 본래의 급부에 갈음하여 다른 급부를 현실적으로 함으로써 채권을 소멸시키는 채권자와 변제자 사이의 계약이다.

02 대물변제는 계약이므로 당사자 간에 자유로이 대용급부를 정할 수 있다.

03 변제를 위하여 어음을 교부한 경우는 변제에 갈음하여 교부한 것이라 할 수 없어 대물변제의 효과는 발생하지 아니한다.

04 채권이 가압류되었다 하더라도 이행기가 도래하면 채무자는 이행지체 책임을 부담하는바 이를 면하기 위해서는 공탁을 하여야 한다.

05 공탁을 하는 자는 변제자이고, 변제자는 채무자에 한정되지 아니한다.

---

01 대물변제는 채무자의 단독행위이다. O X

02 대물변제에 있어서 대물급부의 가액은 본래의 급부와 동일한 가치가 있어야 한다. O X

03 변제를 위하여 어음을 교부한 경우 이는 대물변제로서 기존의 채무는 소멸한다. O X

04 채권이 가압류되면 채무자는 이행지체 책임을 면한다. O X

05 공탁을 할 수 있는 자는 채무자에 한한다. O X

01 × 02 × 03 × 04 × 05 × **정답**

06 금융기관이 그 예금의 지급시는 물론 예금계약 성립시의 사정까지 모두 고려하여 선량한 관리자로서의 주의의무를 다하여도 어느 쪽이 진정한 예금주인지에 관하여 사실상 혹은 법률상 의문이 제기될 여지가 충분히 있다고 인정되는 때에는 채무자인 금융기관으로서는 채권자 불확지를 원인으로 하여 변제공탁을 할 수 있다고 보아야 할 것이다. O X

06 대판 2004.11.11., 2004다37737

07 채무일부에 대한 공탁도 원칙적으로 유효하다. O X

07 일부의 제공이 특히 유효한 제공이 되지 않는 한, 공탁원인 자체가 성립하고 있지 않기 때문에 그 공탁은 무효가 된다(대판 1984.9.11., 84다카781).

08 본래의 채권에 부착되지 아니한 조건을 붙여 공탁한 경우 그 조건만이 무효가 된다. O X

08 본래의 채권에 부착되지 아니한 조건을 붙여 공탁한 경우 그 조건뿐 아니라 공탁 자체가 무효가 된다(대판 2002.12.6., 2001다2846).

09 공탁으로 질권 또는 저당권이 소멸한 때라 하더라도 공탁물의 회수가 가능하다. O X

09 공탁물의 회수가 불가능하다(민법 제489조 제2항 참조).

10 공탁의 효력은 채권자에게 공탁의 통지가 있거나 수익의 의사표시가 있는 때에 발생한다. O X

10 공탁의 효력은 채권자에게 공탁의 통지가 있거나 수익의 의사표시가 있는 때에 발생하는 것이 아니라 공탁물 수령 시 발생한다.

정답 06 O 07 × 08 × 09 × 10 ×

| 11 | 상계하는 자가 상대방에 대하여 가지고 있는 채권을 자동채권이라 하고, 상계를 당하는 자가 상계하는 자에 대하여 가지는 채권을 수동채권이라 한다. | 11 | 상계하는 자가 상대방에 대하여 가지고 있는 채권을 수동채권이라 한다. O X |

| 12 | 원칙적으로 양 채권이 변제기에 있어야 하나 수동채권은 변제기 전이라 하더라도 기한의 이익을 포기하고 상계가 가능하다. | 12 | 상계를 하기 위해서는 양 채권이 반드시 변제기에 있어야 한다. O X |

| 13 | 민법 제496조. 보복적 불법행위의 유발 가능성 때문이다. | 13 | 고의의 불법행위로 인한 채권을 수동채권으로서는 상계할 수 없다. O X |

| 14 | 민법 제498조 | 14 | 지급을 금지하는 명령을 받은 제삼채무자는 명령 후에 취득한 채권으로 상계하여 이를 채권자에게 대항하지 못한다. O X |

| 15 | 자동채권이 시효에 의해 소멸한 경우라 하더라도 당사자의 신뢰보호를 위해 완성 전에 상계할 수 있었던 채권이라면 상계가 가능하다(민법 제495조). | 15 | 자동채권이 시효에 의해 소멸한 경우 상계할 수 없다. O X |

| 16 | 민법 제493조 제1항. 상대방 지위의 불안정을 가져오기 때문이다. | 16 | 상계의 의사표시에는 조건을 붙일 수 없다. O X |

11 × 12 × 13 ○ 14 ○ 15 × 16 ○

17 채권이 양도되면 기존에 있던 보증 및 담보는 소멸한다. O X

17 채권양도가 유효하면 채권은 동일성을 유지하면서 이전되는바 기존의 보증과 담보는 그대로 존속한다.

18 임대차, 사용대차에 기하여 성립된 채권은 언제나 양도가 제한된다. O X

18 이 경우에도 채무자의 승낙이 있는 경우에는 양도가 가능하다.

19 당사자 사이에 채권양도 금지 특약이 있는 경우라 하더라도 선의의 제삼자에게 대항할 수 없다. O X

19 민법 제449조 제2항

20 지명채권의 양도 시 채무자에 대한 통지는 양도의 효력발생요건이다. O X

20 지명채권의 양도 시 채무자에 대한 통지는 양도의 대항요건에 불과하다.

21 양도인이 제1양수인에게는 확정일자 있는 통지를 하고 제2양수인에게는 단순통지를 한 경우 제2양수인에게 먼저 통지하였다면 제2양수인이 우선한다. O X

21 양도인이 제1양수인에게는 확정일자 있는 통지를 하고 제2양수인에게는 단순통지를 한 경우 확정일자 있는 통지가 언제나 우선하게 된다.

22 지시채권의 양도는 교부에 의한다. O X

22 지시채권의 양도는 배서와 교부에 의한다(민법 제508조).

23 증권적 채권의 경우 증권의 소지자에게 고의 중과실 없이 변제한 경우 당해 변제는 유효하다. O X

23 증권적 채권의 경우 고도의 유통성을 가지므로 채무자를 더욱더 강하게 보호한다.

정답 17 × 18 × 19 ○ 20 × 21 × 22 × 23 ○

24 무기명채권의 양도는 교부에 의한다. O X

24 무기명채권의 양도는 배서가 필요 없으며 증서의 교부만으로 효력이 생긴다(민법 제523조).

25 채무인수에 의하여 기존의 채무는 동일성을 상실한다. O X

25 채무인수에 의하여 채무는 동일성을 유지한다. 채무의 동일성을 유지한다는 점에서 경개와 구분된다.

26 채무인수는 채무자, 인수인 사이의 계약으로도 할 수 있으나 채권자의 승낙이 있어야 효력이 생긴다. O X

26 면책적 채무인수에 있어서 채권자의 승낙은 효력발생요건이다(민법 제454조 제1항).

27 채무인수가 면책적인지 병존적인지 불분명한 경우 면책적 채무인수로 해석한다. O X

27 채무인수가 면책적인지 병존적인지 불분명한 경우 면책적 채무인수는 제삼자가 제공한 담보가 소멸되는 등 채권자에게 불리하므로 원칙적으로 채권자보호를 위해 병존적으로 해석한다(대판 1989.9.12., 88다카13806).

28 이행인수계약의 당사자는 채권자와 채무자이다. O X

28 이행인수계약의 당사자는 채무자와 인수인이다. 내부적 약정에 불과하기 때문이다.

24 O 25 X 26 O 27 X 28 X

29 병존적 채무인수는 채무자의 의사에 반하여 할 수 없으나, 면책적 채무인수는 이해관계 없는 제삼자가 채무자의 의사에 반하여도 가능하다. O X

29 그 반대이다. 즉, 병존적 채무인수는 채무자의 의사에 반하여 할 수 있으나, 면책적 채무인수는 채무자의 의사에 반하여 할 수 없다.

30 상속인은 상속이 개시된 날로부터 피상속인의 재산에 관한 포괄적 권리의무를 승계한다. O X

30 민법 제1005조, 즉 상속에 의해 권리만을 취득하는 것이 아니다.

31 민법에서는 상속의 순위를 임의로 변경할 수 없게 법정되어 있다. O X

31 민법 제1000조, 이는 당사자가 임의로 변경할 수 없다.

32 상속인의 범위는 배우자와 직계존속, 직계비속뿐이다. O X

32 상속인의 범위는 배우자와 직계존속, 직계비속 외에 형제자매, 4촌 이내의 방계혈족까지이다.

33 사적자치의 원칙상 피상속인은 상속인에게 무제한 재산을 증여 또는 유증할 수 있다. O X

33 민법 제1112조의 유류분 제도의 원칙상 무제한 허용될 수는 없다.

34 한정승인이 있는 경우 피상속인의 채권자는 상속인에게 채무전액의 이행청구를 할 수는 없다. O X

34 한정승인이 있는 경우 책임이 제한될 뿐이므로 채권자는 전액의 이행청구를 할 수 있다. 다만 상속인은 상속재산의 한도 내에서 책임을 질 뿐이다.

정답 29 × 30 ○ 31 ○ 32 × 33 × 34 ×

35 상속의 포기는 가정법원에 신고하여야 효력이 발생한다.

36 민법 제1053조 제1항

35 상속의 포기는 상속인의 포기의사만으로 효력이 발생한다. O X

36 재산상속인의 존재가 불분명한 경우 법원은 피상속인의 친족 기타 이해관계인 또는 검사의 청구에 의하여 상속재산관리인을 선임하고 이를 공고하여야 한다. O X

35 ✕ 36 ○

PART 02 적중예상문제

01 변제의 제공에 관한 설명으로 옳지 않은 것은?

① 변제의 제공방법은 현실의 제공과 구두의 제공이 있다.
② 변제의 제공이 채무내용에 부합하지 아니한 경우에 채권자는 이를 거절할 수 있다.
③ 채권자가 변제받기를 미리 거절하는 경우에는 변제준비의 완료를 통지하고 그 수령을 최고하면 된다.
④ 변제의 제공으로 채무자는 채권자에 대한 채무불이행책임을 면하고 채무는 소멸하게 된다.
⑤ 쌍무계약에 있어서 변제의 제공이 계속되면 상대방은 동시이행항변권을 잃는다.

해설
변제의 제공이란 채권자의 수령을 요하는 채무 등과 같이 채권자의 협력을 필요로 하는 채무에 있어서 채무자가 급부의 실현에 필요한 모든 준비를 다해서 채권자의 협력을 요구하는 것을 말한다. 채무의 본지에 부합하는 변제의 제공이 있으면 채무자는 채무불이행책임을 면하고, 채권자는 채권자지체책임을 지게 되며, 쌍무계약에 있어서 상대방은 동시이행항변권을 상실하는 등의 일정한 효과가 발생한다. 즉, 변제의 제공은 성실한 채무자를 보호하기 위한 제도이지 급부의 종국적인 만족을 가져다 주는 사유가 되지 아니한다. 따라서 변제의 제공이 있었다는 사정만으로 채무가 소멸하지는 아니한다. 이 경우 채무자는 변제공탁 등을 통하여 채무로부터 벗어날 수 있는 것이다.

02 변제의 제공에 관한 다음 설명 중 틀린 것은?

① 채무자가 미리 이행거절의 의사표시를 한 경우 구두의 제공으로 족하나 이 경우의 이행거절은 명시적이어야 하고 묵시적 거절의 경우에는 반드시 현실의 제공을 하여야 한다.
② 금전채무의 일부제공은 채권자의 승낙이 없는 한 원칙적으로 부적법하다.
③ 금전채무의 경우 은행발행의 자기앞수표는 현실의 제공으로 볼 수 있다.
④ 쌍무계약상의 채무자는 상대방이 이행제공을 할 때까지 자기의 이행을 거절할 수 있다.
⑤ 채무의 이행에 채권자의 협력을 요하는 경우에는 구두의 제공을 할 수 있다.

해설
①·⑤ 변제의 제공방법은 원칙적으로 현실의 제공으로 하여야 하나 채권자가 미리 변제받기를 거절하거나 채무의 이행에 채권자의 협력을 필요로 하는 경우에는 구두의 제공으로 족하다. 구두의 제공은 묵시적으로도 가능한바 채권자가 이유 없이 수령기일을 연기하거나 계약의 해제를 요구하는 때에는 채권자가 묵시적으로 미리 수령을 거절한 것으로 해석한다.
④ 민법 제536조 제1항

정답 01 ④ 02 ①

03 변제에 관한 다음 설명 중 가장 적절하지 않은 것은?

① 변제비용은 다른 의사표시가 없으면 채권자의 부담으로 하지만, 채무자의 주소이전 등으로 변제비용이 증가한 때에는 그 증가액은 채무자의 부담으로 한다.
② 특정물의 인도를 목적으로 하는 채무의 이행은 원칙적으로 채권 성립 당시 그 물건이 있던 장소에서 하여야 한다.
③ 특정물 인도채무 이외의 채무의 이행은 원칙적으로 채권자의 현주소에서 하여야 한다.
④ 변제받을 권한이 없는 자(채권의 준점유자와 영수증 소지자를 제외한다)에 대한 변제는 채권자가 이익을 받은 한도에서 효력이 있다.
⑤ 연대채무자, 보증인, 담보부동산의 제삼취득자는 채무자의 의사에 반하여서도 변제할 수 있다.

해설
변제비용은 다른 의사표시가 없으면 채무자의 부담으로 한다. 그러나 채권자의 주소이전 기타의 행위로 인하여 변제비용이 증가된 때에는 그 증가액은 채권자의 부담으로 한다(민법 제473조).

04 원칙적으로 유효하게 변제를 수령할 권한이 없는 자는?

① 채권자대위권자
② 채권질권자
③ 채권자의 대리인
④ 파산관재인
⑤ 해당 채권을 가압류 당한 채권자

해설
변제자는 원칙적으로 채권자에게 급부하여야 한다. 다만 예외적으로 채권이 압류 또는 가압류된 경우, 채권이 질권의 목적이 된 경우, 채권자가 파산신청을 한 경우에는 채권자에게 급부수령권이 없다.

05 민법상 변제에 관한 설명 중 옳은 것은?

① 금전채무는 원칙적으로 추심채무이다.
② 변제비용은 채권자가 부담하는 것이 원칙이다.
③ 담보부동산의 제삼취득자는 채무자의 의사에 반해서 변제할 수 있는 자이다.
④ 채무의 성질상 제삼자의 변제가 제한되는 경우는 없다.
⑤ 금전채무의 경우에도 이행불능이 발생할 수 있다.

해설
③ 법률상 이해관계 있는 제삼자는 채무자의 의사에 반해서도 변제할 수 있다. 이러한 자로는 연대채무자, 물상보증인, 담보부동산의 제삼취득자 등이 있다.
① 금전채무 등에 있어서 우리 민법은 법률에 특별규정이 있는 경우를 제외하고는 지참채무를 원칙으로 한다.
② 변제비용은 다른 의사표시가 없으면 채무자의 부담으로 한다.
④ 변제에 있어 중요한 것은 급부실현의 결과라 할 것이므로 통상 누구에 의해서 이행되는가의 여부는 채권자에게 중요한 것이 아니다. 따라서 원칙적으로 제삼자도 변제를 할 수 있다(민법 제469조 제1항).
⑤ 금전채무의 경우에는 이행불능이 있을 수 없다.

06 채권의 소멸사유로서 변제에 관한 설명 중 옳지 아니한 것은?

① 채권의 준점유자에 대한 변제는 변제자가 선의이기만 하면 과실이 있더라도 그 효력이 있다.
② 특정물의 인도가 채권의 목적인 때에는 채무자는 이행기의 현상대로 그 물건을 인도하여야 한다.
③ 특정물의 인도는 채권의 성립 당시에 그 물건이 있던 장소에서 하여야 한다.
④ 영수증을 소지한 자에 대한 변제는 그 소지자가 변제를 받을 권한이 없는 경우에도 변제자가 선의·무과실인 경우에 변제로서 효력이 있다.
⑤ 이해관계 없는 제삼자는 채무자의 의사에 반하여 변제하지 못한다.

해설
채권의 준점유자에 대한 변제는 변제자가 선의이며 과실 없는 때에 한하여 효력이 있다.

07 채무자가 1개 또는 수 개의 채무의 비용 및 이자를 지급할 경우에 변제자가 그 전부를 소멸하게 하지 못한 급여를 한 때에 다른 의사표시가 없는 경우, 변제충당의 순서로서 맞는 것은?

① 이자 → 원본 → 비용
② 비용 → 이자 → 원본
③ 원본 → 비용 → 이자
④ 비용 → 원본 → 이자
⑤ 이자 → 비용 → 원본

해설
채무자가 1개 또는 수 개의 채무의 비용 및 이자를 지급한 경우에 변제자가 그 전부를 소멸하게 하지 못한 급여를 한 때에는 비용, 이자, 원본의 순서로 변제에 충당하여야 한다(민법 제479조 제1항).

08 변제에 관한 다음 설명 중 가장 적절하지 않은 것은?

① 변제의 제공은 그때로부터 채무불이행의 책임을 면하게 한다.
② 영수증을 소지한 자에 대한 변제는 그 소지자가 변제를 받을 권한이 없는 경우에도 효력이 있다. 그러나 변제자가 그 권한 없음을 알았거나 알 수 있었을 경우에는 그러하지 아니하다.
③ 변제충당의 순서에 관하여 당사자 간 그 합의가 없는 경우에는 법정변제충당 순서인 비용, 원본, 이자의 순으로 충당된다.
④ 금전채무 등에 있어서 우리 민법은 법률에 특별규정이 있는 경우를 제외하고는 지참채무를 원칙으로 한다.
⑤ 채무 중 이행기가 도래한 것과 도래하지 않은 것이 있는 때는 이행기 도래의 채무의 변제에 먼저 충당된다.

해설
채무자가 1개 또는 수 개의 채무의 비용 및 이자를 지급할 경우에 변제자가 그 전부를 소멸하게 하지 못한 급여를 한 때에는 비용, 이자, 원본의 순서로 변제에 충당하여야 한다(민법 제479조 제1항).

09 변제충당에 관한 설명 중 옳지 않은 것은?

① 채무자가 동일한 채권자에 대하여 같은 종류를 목적으로 한 수 개의 채무를 부담하는 경우에 변제의 제공이 그 채무 전부를 소멸하게 하지 못하는 때에는 변제자는 그 당시 어느 채무를 지정하여 그 변제에 충당할 수 있다.
② 변제자가 그 채무를 지정하지 아니할 때에는 변제받는 자는 그 당시 어느 채무를 지정하여 변제에 충당할 수 있다.
③ 당사자가 변제할 채무를 지정하지 아니한 때에는 채무 중에 이행기가 도래한 것과 도래하지 아니한 것이 있으면 이행기가 도래한 채무의 변제에 충당한다.
④ 채무 전부의 이행기가 도래하였거나 도래하지 아니한 때에는 채무자에게 변제이익이 많은 채무의 변제에 충당한다.
⑤ 변제자가 주채무자인 경우 보증인이 있는 채무와 보증인이 없는 채무 사이에는 원칙적으로 전자가 후자에 비하여 변제이익이 더 많다고 봄이 판례이다.

해설
판례는 변제자가 주채무자인 경우에 보증인이 있는 채무와 보증인이 없는 채무 사이에는 양자의 변제이익이 같다고 보고 있다.

10 변제충당에 관한 설명 중 옳지 못한 것은?

① 당사자 사이에 특별한 합의가 없는 한 비용, 이자, 원본의 순서로 충당한다.
② 당사자가 변제에 충당할 채무를 지정하지 아니한 때에는 채무 중에 이행기가 도래한 것과 도래하지 아니한 것이 있으면 이행기가 도래한 채무의 변제에 충당한다.
③ 변제자는 비용, 이자, 원본의 순서와 다르게 일방적으로 충당의 순서를 지정할 수 있다.
④ 당사자가 변제에 충당할 채무를 지정하지 않고 제반조건이 동일한 경우에 그 채무액에 비례하여 각 채무의 변제에 충당한다.
⑤ 변제로서 제공한 급부가 모든 채무의 만족을 줄 수 없는 경우 변제충당이 문제된다.

해설
지정충당 및 법정충당의 경우에는 비용, 이자, 원본의 순서로 변제에 충당하여야 한다(민법 제479조).

11. 법정변제충당의 순위에 관한 설명으로 틀린 것은?

① 이행기가 도래하지 않은 채무보다 이행기가 도래한 채무가 우선하여 변제에 충당된다.
② 이율이 높은 채무는 이행기가 도래하지 않은 경우에도 이행기가 도래한 채무에 우선하여 변제에 충당된다.
③ 채무의 전부의 이행기가 도래한 경우에 변제할 이익이 많은 채무부터 변제에 충당한다.
④ 채무 전부의 이행기가 도래하지 않았고 변제의 이익도 동일한 경우에는 이행기가 먼저 도래할 채무의 변제에 충당된다.
⑤ 이행기와 변제이익이 모두 동일한 경우에는 채무액에 비례하여 각 채무의 변제에 충당된다.

해설
법정변제충당은 채무 중에 이행기가 도래한 것과 도래하지 않은 것이 있으면 이행기가 도래한 채무의 변제에 먼저 충당되고 채무 전부의 이행기가 도래하였거나 모두 도래하지 아니한 경우에 채무자에게 변제이익이 많은 채무의 변제에 충당된다.

12. 다음 중 당연히 대위변제를 할 수 있는 자가 아닌 것은?

① 보증인
② 연대채무자
③ 분할채무자
④ 담보물의 제삼취득자
⑤ 불가분채무자

해설
변제할 정당한 이익을 가지는 자는 변제에 의해 당연히 채권자를 대위한다. 이때 이익이란 법률상 이익으로써 변제하지 아니하면 집행을 받게 될 지위에 있는 자를 말한다. 이러한 자로는 불가분채무자, 연대채무자, 보증인, 물상보증인, 제삼취득자 등이 있다.

13. 채권을 대위변제한 자에게 부여되는 법률상의 권리로서 그 변제자가 다른 채무자에 대하여 상환을 요구할 수 있는 권리는?

① 대위권
② 형성권
③ 구상권
④ 청구권
⑤ 항변권

해설
채권자를 대위한 자는 자기의 권리에 의하여 구상할 수 있는 범위 내에서 채권 및 그 담보의 권리를 행사할 수 있는바, 변제자가 대위변제의 이익을 받는 경우에도 채무자에 대하여 가지는 구상권의 행사에 영향을 받지 아니한다.

정답 11 ② 12 ③ 13 ③

14 변제자 대위에 관한 설명 중 옳지 아니한 것은?

① 변제에 정당한 이익 있는 자는 변제로 당연히 채권자를 대위한다.
② 보증인과 제삼취득자 사이의 관계에 관하여 민법에 명문의 규정은 없으나 제삼취득자가 보증인에 대하여 채권자를 대위할 수 있다고 보는 것이 판례이다.
③ 제삼자의 공탁으로 채무자의 채무를 면하게 한 때에도 변제자 대위의 법리로서 해결된다.
④ 물상보증인이 수인인 경우에 각 부동산의 가액에 비례하여 다른 제삼취득자에게 채권자를 대위한다.
⑤ 물상보증인과 보증인 사이에서는 인원수에 비례하여 채권자를 대위한다.

해설
보증인은 제삼취득자에 대해 채권자를 대위하지만 반대로 제삼취득자는 보증인에 대해 채권자를 대위하지 못한다(민법 제482조 제2항).

15 갑의 을에 대한 1,200만 원의 채무에 대해 A, B가 보증인이 되고 C는 800만 원의 부동산을, D는 400만 원의 부동산을 담보로 제공하였다. A가 전액을 대위변제한 경우 B, C, D에 대하여 대위할 수 있는 한도는?

① B에 대하여 400만 원, C에 대하여 200만 원, D에 대하여 200만 원
② B에 대하여 600만 원, C에 대하여 400만 원, D에 대하여 200만 원
③ B에 대하여 600만 원, C에 대하여 300만 원, D에 대하여 300만 원
④ B에 대하여 300만 원, C에 대하여 300만 원, D에 대하여 300만 원
⑤ B에 대하여 300만 원, C에 대하여 400만 원, D에 대하여 200만 원

해설
물상보증인(C, D)과 보증인(A, B) 간의 부담비율은 민법 제482조 제2항 제5호에 따라 물상보증인들 600만 원/보증인들 600만 원씩 부담하게 되고, 보증인 간에는 분할채무에 관한 규정이 준용되고(따라서 보증인들은 각 300만 원씩 부담) 물상보증인들 간에는 각 재산의 가액에 비례하여 대위하는바 C가 400만 원, D가 200만 원을 부담한다.

16 다음 중 대물변제의 성립요건이 아닌 것은?

① 기존의 채권이 존재할 것
② 본래의 급부와는 다른 급부를 할 것
③ 대물급부는 반드시 현실로 할 것
④ 대물급부는 본래의 급부와 같은 가치가 있을 것
⑤ 채권자의 승낙이 있을 것

해설
대물변제에 있어서 본래의 급부와 대물급부의 가치가 같아야 하는 것은 아니다.

17 대물변제에 관한 다음 설명 중 가장 적절하지 않은 것은?

① 대물변제에서 급부는 현실적으로 행하여질 필요는 없다.
② 대물변제는 요물계약이다.
③ 본래의 급부와 대물급부가 반드시 가치가 같아야 할 필요는 없다.
④ 대물변제는 변제와 같은 효력이 있다.
⑤ 대물변제로 급부된 목적물에 하자가 있는 경우에는 매도인의 담보책임에 관한 「민법」 규정이 준용되어 채권자는 계약해제 또는 손해배상을 청구할 수 있다.

해설

대물변제
채무자가 부담하는 본래의 급부에 갈음하여 다른 급부를 현실적으로 행함으로써 채권을 소멸시키는 계약을 말한다. 가령 채무자가 채권자와의 합의하에 본래의 급부인 50만 원의 지급 대신 카메라 한 대의 소유권을 현실적으로 채권자에게 이전해 주는 것이다.

18 변제공탁에 관한 다음 설명 중 가장 적절한 것은?

① 본래의 채권에 부착하고 있지 않은 조건을 붙여서 한 공탁은 그 조건뿐만 아니라 공탁 전부가 무효가 된다.
② 채권자에 대한 공탁통지나 채권자의 수익의 의사표시가 있는 때에 공탁의 효력이 발생하여 채무는 소멸한다.
③ 착오로 공탁한 변제자가 공탁물을 회수하였을 경우에도 채무는 소멸한다.
④ 공탁을 하는 자는 채무자에 한한다.
⑤ 공탁하여야 할 장소는 채무자 주소지를 관할하는 공탁소이다.

해설
② 변제공탁은 공탁공무원의 수탁처분과 공탁물보관자의 공탁물 수령으로 그 효력이 발생하여 채무소멸의 효과를 가져온다(대결 1972.5.15., 72마401).
③ 공탁자는 착오로 공탁한 경우 그 사실을 증명하여 공탁물을 회수할 수 있고(공탁법 제9조 제2항 제2호), 공탁물이 회수되면 공탁하지 않은 것으로 본다(민법 제489조 제1항 참조).
④ 공탁을 하는 자는 변제자이므로 채무자 이외의 제삼자도 공탁이 가능하다.
⑤ 공탁은 채무이행지의 공탁소에 하여야 한다(민법 제488조 제1항).

19 다음 중 공탁의 원인이 될 수 없는 것은?

① 과실로 상속인을 알 수 없게 된 경우
② 제한능력자인 채권자에게 법정대리인이 없는 경우
③ 지시채권 또는 무기명채권의 현재의 채권자가 불명인 채권의 경우
④ 정당한 변제에 대하여 채권자가 수령을 거절하는 경우
⑤ 채권의 양도인과 양수인 사이에 채권양도의 유효성에 대하여 다툼이 있는 경우

해설
변제자가 과실 없이 채권자를 알 수 없는 경우에만 공탁을 할 수 있다(민법 제487조).

20 공탁에 관한 설명 중 틀린 것은?

① 공탁으로 이자의 발생이 정지된다.
② 공탁으로 인하여 채무는 소멸한다.
③ 공탁을 할 장소는 채무이행지의 공탁소이다.
④ 채권자가 공탁을 승인한 때에도 공탁자는 공탁물을 회수할 수 있다.
⑤ 변제공탁이 적법한 경우에는 공탁물보관자의 공탁물 수령으로 공탁의 효력이 발생한다.

해설
채권자가 공탁을 승인하거나, 공탁소에 대하여 공탁물을 받기를 통고하거나, 공탁유효의 판결이 확정되기까지는 변제자는 공탁물을 회수할 수 있다(민법 제489조 제1항).

21 공탁에 관한 설명 중 옳지 아니한 것은?

① 공탁하여야 할 장소는 채무자 주소지의 공탁소이다.
② 채권자가 공탁소에 대하여 공탁물 받기를 통고한 경우에는 공탁자는 공탁물을 회수할 수 없다.
③ 공탁으로 인하여 채무는 소멸한다.
④ 공탁의 경우에는 제삼자를 위한 계약과는 달리 채권자의 수익의 의사표시가 필요하지 않다.
⑤ 채무자가 채권자의 의무이행과 동시에 변제할 경우에는 채권자는 그 의무이행을 하지 아니하면 공탁물을 수령하지 못한다.

해설
공탁은 채무이행지의 공탁소에 하여야 한다(민법 제488조 제1항). 따라서 지참채무인 경우에는 채권자의 주소지 공탁소에 공탁하여야 하고, 추심채무인 경우에는 채권자의 주소지 공탁소에 공탁하여야 한다.

22 공탁에 관한 다음 설명 중 옳지 아니한 것은?

① 변제자가 과실 없이 채권자를 알 수 없을 때에는 채권자를 위하여 변제의 목적물을 공탁하여 그 채무를 면할 수 있다.
② 공탁은 채무이행지의 공탁소에 하여야 한다.
③ 질권 또는 저당권이 공탁으로 인하여 소멸한 때에는 공탁물을 회수할 수 없다.
④ 변제공탁이 적법한 경우에는 채권자가 공탁물출급청구를 하였는지의 여부와는 관계없이 그 공탁을 한 때에 변제의 효력이 생긴다.
⑤ 공탁물 수령 시 채무자에 대한 이의 유보 표시는 반드시 명시적으로 하여야 한다.

해설
채무의 액수에 관하여 다툼이 있는 경우에 채무자가 채무 전액의 변제임을 밝히고 공탁을 하였는데, 채권자가 그 공탁금을 수령하면서 공탁공무원이나 채무자에게 채권의 일부로 수령한다는 등 이의 유보 의사를 표시한 적이 없다면, 채권자는 그 공탁 취지에 따라 이를 수령하였다고 보아야 하지만, 공탁금 수령 시 채무자에 대한 이의 유보 의사표시는 반드시 명시적으로 하여야 하는 것은 아니다(대판 1997.11.11., 97다37784).

23 변제공탁에 관한 다음 설명 중 옳은 것은?

① 공탁을 하는 자는 채무자에 한한다.
② 공탁하여야 할 장소는 채무자 주소지를 관할하는 공탁소이다.
③ 공탁의 목적물은 반드시 변제의 목적물이어야 한다.
④ 채권자에 대한 공탁통지나 채권자의 수익의 의사표시가 있는 때에 공탁의 효력이 발생한다.
⑤ 본래의 채권에 부착하고 있지 않은 조건을 붙여서 한 공탁은 그 조건뿐 아니라 공탁 전부가 무효로 된다.

해설
① 공탁을 하는 자는 변제자인바 반드시 채무자에 한하지 아니한다.
② 공탁을 하여야 하는 장소는 채무이행지의 공탁소이다(민법 제488조 제1항).
③ 변제의 목적물이 공탁에 적당하지 아니하거나 멸실, 훼손될 염려가 있는 때에는 변제자는 법원의 허가를 얻어 그 물건을 경매하거나 시가로 방매하여 그 대금을 공탁할 수 있다(예 생선 500마리를 급부해야 하는 경우 등).
④ 공탁공무원의 수탁처분과 공탁물보관자의 공탁물 수령으로 공탁의 효력이 발생한다.

24 다음 중 모든 공탁물의 공통적인 회수원인으로 옳지 않은 것은?

① 공탁을 해야 할 아무런 이유가 없음에도 불구하고 공탁한 경우
② 공탁관이 지정한 공탁물 납입기한 내에 공탁물을 납입하지 못하였기 때문에 공탁이 실효된 후에 공탁물을 납입한 경우
③ 공탁물을 수령할 자를 잘못 지정한 경우
④ 공탁 후에 공탁을 지속시킬 원인이 소멸한 경우
⑤ 공탁으로 저당권이 소멸한 경우

해설
질권 또는 저당권이 공탁으로 인하여 소멸한 때에는 적용하지 아니한다(민법 제489조 제2항).

25 채무자의 단독행위로 되는 채권의 소멸원인은?

① 상 계
② 대물변제
③ 혼 동
④ 공 탁
⑤ 경 개

해설
대물변제, 경개는 계약이고 공탁의 경우도 다수견해는 제삼자를 위한 계약으로 보고 있다. 혼동은 사건이다.

26 다음 중 상계적상에 관한 설명 중 틀린 것은?

① 쌍방의 채무가 유효하게 존속할 것
② 쌍방의 채무가 동종의 채무일 것
③ 쌍방의 채무가 이행기에 도래할 것
④ 소멸시효가 완성된 채권이 그 완성 전에 상계할 수 있었던 것이면 그 채권자는 상계할 수 있다.
⑤ 채권의 성질상 상계가 금지되는 경우가 아닐 것

해설
자동채권은 반드시 이행기가 도래해야 하지만 수동채권은 채무자가 기한의 이익을 포기하고 상계할 수 있으므로 반드시 이행기가 도래해야 하는 것은 아니다.

27 민법의 규정에 비추어 상계에 대한 설명으로 틀린 것은?

① 소멸시효가 완성된 채권이 그 완성 전에 상계할 수 있었던 것이면 그 채권자는 상계할 수 있다.
② 상계의 의사표시는 각 채무가 상계할 수 있는 때에 대등액에 관하여 소멸한 것으로 본다.
③ 상계는 상대방에 대한 의사표시로 하며 조건과 기한을 붙일 수 있다.
④ 채권이 압류하지 못할 것인 때에는 그 채무자는 상계로 채권자에게 대항하지 못한다.
⑤ 상계는 상대방에 대한 의사표시로 한다.

해설
상계는 상대방에 대한 의사표시로 하며 상계는 단독행위이므로 그 의사표시에는 조건과 기한을 붙일 수 없다(민법 제493조 제1항).

28 상계에 관한 다음 설명 중 가장 적절하지 않은 것은?

① 상계에는 소급효가 없다.
② 상계의 의사표시에는 조건 또는 기한을 붙이지 못한다.
③ 상계에 의하여 당사자 쌍방의 채권은 그 대등액에 관하여 소멸한다.
④ 각 채무의 이행지가 다른 경우의 상계도 허용된다.
⑤ 상계는 상대방에 대한 의사표시로 한다.

해설
「민법」은 상계가 당사자 일방의 의사표시에 의해 작동하도록 하되, 그 효과는 상계적상시로 소급하여 발생한다고 하여 상계에 소급효를 인정한다.

29

상계에 관한 다음의 설명 중 잘못된 것은?

① 지급을 금지하는 명령을 받은 제삼채무자는 그 후에 취득한 채권에 의한 상계로 그 명령을 신청한 채권자에게 대항하지 못한다.
② 조합의 채무자는 그 채무와 조합원에 대한 상계로 대항하지 못한다.
③ 채권이 압류하지 못할 것인 때에는 그 채무자는 상계로 채권자에게 대항하지 못한다.
④ 소멸시효가 완성된 채권은 그 완성 전에 상계할 수 있었던 것이라도 그 채권자는 상계할 수 없다.
⑤ 상계는 상대방에 대한 의사표시로 하며, 조건 또는 기한을 붙이지 못한다.

해설
소멸시효가 완성된 채권이 그 완성 전에 상계할 수 있었던 것이면 그 채권자는 상계할 수 있다.

30

다음 중 양도를 할 수 없는 권리는?

① 물품대금 청구권
② 공사대금 청구권
③ 대여금 청구권
④ 카드대금 청구권
⑤ 부양 청구권

해설
부양을 받을 권리는 이를 처분하지 못한다(민법 제979조).

31

지명채권의 양도에 있어서 채무자 이외의 제삼자에 대한 대항요건은?

① 확정일자 있는 증서에 의한 통지나 승낙
② 통 지
③ 최 고
④ 배서 및 교부
⑤ 단순한 승낙

해설
지명채권양도의 대항요건(민법 제450조 제1항 및 제2항)
- 지명채권의 양도는 양도인이 채무자에게 통지하거나 채무자가 승낙하지 아니하면 채무자 기타 제삼자에게 대항하지 못한다.
- 전항의 통지나 승낙은 확정일자 있는 증서에 의하지 아니하면 채무자 이외의 제삼자에게 대항하지 못한다.

정답 29 ④ 30 ⑤ 31 ①

32. 다음 설명 중 옳지 않은 것은?

① 지명채권을 양도할 때에는 채무자에게 통지하거나 채무자로부터 승낙을 받지 아니하면 그 채권양도 사실을 채무자에게 주장하지 못한다.
② 지명채권양도는 원칙적으로 양수인이 채무자에게 통지하여야 한다.
③ 지시채권은 그 증서에 배서하여 양수인에게 교부하는 방식으로 양도한다.
④ 지명채권양도의 통지나 승낙은 확정일자 있는 증서에 의하지 아니하면 채무자 이외의 제삼자에게 대항하지 못한다.
⑤ 무기명채권의 양도에는 배서가 필요 없으며 단순히 양수인에게 그 증서를 교부함으로써 양도의 효력이 생긴다.

해설
지명채권의 양도는 양도인이 채무자에게 통지하거나 채무자가 승낙하지 아니하면 채무자 기타 제삼자에게 대항하지 못한다(민법 제450조 제1항).

33. 지시채권의 양도 방식으로 옳은 것은?

① 의사표시만으로 한다.
② 배서만으로 한다.
③ 교부만으로 한다.
④ 의사표시와 배서가 있어야 한다.
⑤ 배서와 교부가 있어야 한다.

해설
지시채권은 그 증서에 배서하여 양수인에게 교부하는 방식으로 양도할 수 있다(민법 제508조).

34. 채권양도에 관한 다음 설명 중 가장 적절하지 않은 것은?

① 양도인이 양도통지만을 한 때에는 채무자는 그 통지를 받은 때까지 양도인에 대하여 생긴 사유로써 양수인에게 대항할 수 없다.
② 지명채권양도의 통지나 승낙은 확정일자 있는 증서에 의하지 아니하면 채무자 이외의 제삼자에게 대항하지 못한다.
③ 지명채권양도는 원칙적으로 양도인이 채무자에게 통지하여야 한다.
④ 채권양도행위에 대한 채무자의 승낙은 양도인 또는 양수인의 어느 쪽에 대하여도 할 수 있다.
⑤ 지명채권을 양도할 때에는 채무자에게 통지하거나 채무자로부터 승낙을 받지 아니하면 그 채권양도 사실을 채무자에게 주장하지 못한다.

해설
양도인이 양도통지만을 한 때에는 채무자는 그 통지를 받은 때까지 양도인에 대하여 생긴 사유로써 양수인에게 대항할 수 있다(민법 제451조 제2항).

35

채무인수(면책적 채무인수)에 관한 다음 설명 중 가장 적절하지 않은 것은?

① 채무인수인은 전(前)채무자의 항변할 수 있는 사유로 채권자에게 대항할 수 없다.
② 이해관계 없는 제삼자는 채무자의 의사에 반하여 채무를 인수하지 못한다.
③ 제삼자는 채권자와의 계약으로 채무를 인수하여 채무자의 채무를 면하게 할 수 있다. 그러나 채무의 성질이 인수를 허용하지 아니하는 때에는 그러하지 아니하다.
④ 제삼자가 채무자와의 계약으로 채무를 인수한 경우에는 채권자의 승낙에 의하여 그 효력이 생긴다.
⑤ 전채무자의 채무에 대한 보증이나 제삼자가 제공한 담보는 채무인수로 인하여 소멸한다. 그러나 보증인이나 제삼자가 채무인수에 동의한 경우에는 그러하지 아니하다.

해설
채무인수인은 전(前)채무자의 항변할 수 있는 사유로 채권자에게 대항할 수 있다(민법 제458조).

36

채무인수에 관한 다음 설명 중 가장 적절하지 않은 것은?

① 채무인수에 의해 채무는 동일성을 유지하면서 전채무자로부터 인수인에게로 이전한다.
② 전채무자의 채무에 대한 보증이나 제삼자가 제공한 담보는 채무인수로 인해 소멸한다.
③ 채무자와 인수인 간에 채무인수계약이 체결된 경우 그 효력은 채권자의 승낙이 있는 때에 발생한다.
④ 전채무자의 채무가 인수인에게 이전할 때 그 채무에 종속된 이자채무, 위약금채무 등 종속된 채무는 소멸한다.
⑤ 채무인수에 의하여 전채무자가 채권자에 대해 가졌던 모든 항변권은 그대로 인수인에게 이전한다.

해설
채무인수란 어떠한 채무가 동일성을 유지하면서 제삼자인 인수인에게 이전하는 것으로, 전채무자의 채무가 인수인에게 이전할 때 그 채무에 종속된 채무인 이자채무, 위약금채무 등도 함께 이전된다.

정답 35 ① 36 ④

37 채무인수에 관한 설명으로 가장 옳은 것은?

① 이해관계 없는 제삼자는 채무자의 의사에 반하더라도 채권자의 승낙이 있으면 채무를 인수할 수 있다.
② 제삼자가 채무자와의 계약으로 채무를 인수한 경우에는 채권자의 승낙에 의하여 그 효력이 생기고 이 경우 채권자의 승낙 또는 거절의 상대방은 채무자에 한한다.
③ 제삼자는 채무자의 승낙이 없으면 채권자와의 계약으로 채무를 인수하여 채무자의 채무를 면하게 할 수 없다.
④ 채무인수인은 전채무자의 항변할 수 있는 사유로 채권자에게 대항할 수 있다.
⑤ 전채무자의 채무에 대한 보증이나 제삼자가 제공한 담보는 채무인수를 하더라도 소멸하지 아니한다.

해설
① 이해관계 없는 제삼자는 채무자의 의사에 반하여 채무를 인수하지 못한다(민법 제453조 제2항).
② 채권자의 거절 또는 승낙의 의사표시는 채무자 또는 인수인의 어느 쪽에 하여도 무방하다(민법 제454조 제2항).
③ 채무인수는 채권자와 제삼자의 계약이다(민법 제453조 제1항). 다만 이해관계 없는 제삼자는 채무자의 의사에 반하여 채무를 인수하지 못할 뿐이다.
⑤ 민법 제459조 참조

38 민법상 채무인수에 대한 설명으로 옳지 못한 것은?

① 제삼자가 채무자와의 계약으로 채무를 인수한 경우에는 채권자의 승낙으로 효력이 생긴다.
② 제삼자가 채무자와의 계약으로 채무를 인수한 경우에 제삼자나 채무자는 상당한 기간을 정하여 승낙여부를 채권자에게 최고할 수 있으며 채권자가 그 기간 내에 확답을 하지 아니한 때에는 승낙한 것으로 본다.
③ 제삼자와 채무자 간의 계약에 의한 채무인수는 채권자의 승낙이 있을 때까지 당사자는 이를 철회하거나 변경할 수 있다.
④ 제삼자가 채무자와의 계약으로 채무를 인수한 경우에 채권자의 채무인수에 대한 승낙은 다른 의사표시가 없으면 채무를 인수할 때에 소급하여 그 효력이 생긴다.
⑤ 채무인수인은 전채무자의 항변할 수 있는 사유로 채권자에게 대항할 수 있다.

해설
제삼자가 채무자와의 계약으로 채무를 인수한 경우에 제삼자나 채무자는 상당한 기간을 정하여 승낙여부를 채권자에게 최고할 수 있으며 채권자가 그 기간 내에 확답을 발송하지 아니한 때에는 거절한 것으로 본다(민법 제455조).

39 채무인수에 관한 설명 중 틀린 것은?

① 당사자 간 채무인수금지 특약은 유효하나 선의의 제삼자에게 대항하지 못한다.
② 이해관계 없는 제삼자는 채무자의 의사에 반하여 채무를 인수하지 못한다.
③ 채무자와 인수인 간에 채무인수 계약이 체결된 경우 그 효력은 채권자의 승낙이 있는 때에 한한다.
④ 전채무자의 채무가 인수인에게 이전할 때 그 채무에 종속된 이자채무 등 종속된 채무는 소멸한다.
⑤ 전채무자의 채무에 대한 보증이나 담보는 채무인수로 인하여 소멸한다.

해설
채무인수에 의하여 그 채무에 종속된 채무도 함께 인수인에게 이전한다.

40 상속에 관한 다음 설명 중 가장 적절하지 않은 것은?

① 상속은 사망으로 인하여 개시된다.
② 甲이 사망하고 甲의 자녀와 부모가 없다면 甲의 조부모가 있다 해도 甲의 아내가 단독으로 상속을 받게 된다.
③ 상속은 피상속인의 주소지에서 개시한다.
④ 상속에 관한 비용은 상속재산 중에서 지급한다.
⑤ 동순위의 상속인이 수인인 때에는 그 상속분은 균분으로 한다.

해설
② 피상속인(甲)의 아내는 민법 제1000조 제1항 제1호와 제2호의 규정에 의한 상속인(甲의 조부모)이 있는 경우에는 그 상속인과 동순위로 공동상속인이 되고 그 상속인이 없는 때에는 단독상속인이 된다(민법 제1003조).
① 민법 제997조
③ 민법 제998조
④ 민법 제998조의2
⑤ 민법 제1009조 제1항

41 상속개시의 장소는 다음 중 어디인가?

① 피상속인의 사망지
② 피상속인의 본적지
③ 상속인의 주소지
④ 주된 상속재산의 소재지
⑤ 피상속인의 주소지

해설
상속은 피상속인의 주소지에서 개시한다(민법 제998조).

정답 39 ④ 40 ② 41 ⑤

42
A가 사망한 때에 유족으로 처 B, 자 C, 부 D가 있었다. A의 상속인이 될 수 있는 자는?

① B, C, D
② B, C
③ B, D
④ C, D
⑤ C

해설
배우자는 직계비속, 직계존속과 공동상속하고 형제자매와 방계혈족과는 단독상속하게 된다. 상속의 순위는 민법 제1000조에 의한다. 따라서 사안의 경우 상속인은 B와 C가 된다.

43
직계비속 또는 배우자가 없는 미망인의 유산은 누구에게 상속되는가?

① 미망인의 형제자매
② 미망인의 시부모
③ 미망인의 친정부모
④ 미망인의 시형제 자매
⑤ 국고로 귀속된다.

해설
42번 해설 참조

44
갑 은행에 1,000만 원의 신용대출채무를 남기고 사망한 A에게는 모친 B, 아내 C, 미성년자인 딸 D, 그리고 친동생 E가 있다. 각 상속인과 그 채무상속금액은? (단, 상속포기나 한정승인이 없음을 전제로 함)

① C는 600만 원을, D는 400만 원을 각각 상속한다.
② C는 500만 원을, B와 D는 250만 원씩 각각 상속한다.
③ B와 C가 각각 500만 원씩 상속한다.
④ C와 D가 각각 500만 원씩 상속한다.
⑤ B, C, D, E는 각각 250만 원씩 상속한다.

해설
배우자의 상속분은 직계비속과 공동으로 상속하는 때에는 직계비속의 상속분에 5할(50%)을 가산하고, 직계존속과 공동으로 상속하는 때에는 직계존속의 상속분에 5할(50%)을 가산한다(민법 제1009조 제2항).

정답 42 ② 43 ③ 44 ①

45

현행 민법상 상속인 범위에 포함되지 아니하는 자는?

① 피상속인의 직계비속
② 피상속인의 직계존속
③ 피상속인의 형제자매
④ 피상속인의 8촌 이내의 방계혈족
⑤ 혼인신고를 마친 법률상의 배우자

해설

피상속인의 4촌 이내의 방계혈족(민법 제1000조 제4호)

46

상속의 승인 및 포기에 관한 다음 설명 중 가장 적절하지 않은 것은?

① 상속의 포기는 상속개시된 때에 소급하여 그 효력이 있다.
② 상속인이 수인인 경우에 어느 상속인이 상속을 포기한 때에는 그 상속분은 다른 상속인의 상속분의 비율로 그 상속인에게 귀속된다.
③ 포기는 상속개시를 안 날로부터 3월 내에 하여야 한다.
④ 상속인이 한정승인을 한 때에는 피상속인에 대한 상속인의 재산상 권리의무는 소멸한다.
⑤ 상속인이 수인인 때에는 각 상속인은 그 상속분에 응하여 취득할 재산의 한도에서 그 상속분에 의한 피상속인의 채무와 유증을 변제할 것을 조건으로 상속을 승인할 수 있다.

해설

한정승인자의 상속재산은 자기고유재산과 구분되므로 한정승인자가 피상속인에 대하여 갖는 재산상의 권리의무는 소멸하지 아니한다(민법 제1031조).

정답 45 ④ 46 ④

47 다음 중 한정승인에 관한 내용으로 타당한 것은?

① 공동상속인이 한정승인을 함에는 모든 공동상속인의 동의를 요한다.
② 한정승인을 함에는 일정 기간 내에 가정법원에 구두로 신고하면 된다.
③ 재산상속인이 한정승인을 한 때에는 피상속인의 권리의무를 제한 없이 승계한다.
④ 한정승인도 상속을 조건부로 하는 그 효과에 대한 선언이므로 피상속인에 대한 권리의무는 소멸한다.
⑤ 한정승인을 한 후에 상속재산을 은닉하면 단순승인을 한 경우와 같은 효과가 발생한다.

해설

⑤ 법정단순승인(민법 제1026조)
① 한정승인의 의사표시는 각 상속인 또는 대리인이 가정법원에 서면에 의하여 신고하면 되고 다른 상속인의 동의를 요하지 아니한다.
② 상속인이 한정승인을 함에는 3개월 내에 상속재산의 목록을 첨부하여 법원에 한정승인 신고를 해야 한다.
③ 한정승인이란 상속으로 인하여 취득할 재산의 한도 내에서 피상속인의 채무와 유증을 승인하는 것을 말한다.
④ 한정승인은 고유재산과 상속재산을 분리하는 제도로서 이로써 피상속인에 대한 권리와 의무는 소멸하지 아니한다.

48 다음 중 상속인이 단순승인의 의사표시를 하지 않았음에도 단순승인으로 의제하는 경우가 아닌 것은?

① 상속인이 상속재산을 처분한 때
② 상속인이 한정승인이나 포기를 하지 아니한 때
③ 상속인이 한정승인 또는 포기를 한 후에 상속재산을 은닉하거나 부정소비한 때
④ 상속인이 한정승인 또는 포기를 한 후에 고의로 상속재산을 재산목록에 기입하지 않은 경우
⑤ 상속인이 고의로 피상속인을 살해한 때

해설

⑤ 상속인이 고의로 피상속인을 살해한 때는 상속인의 결격사유이다(민법 제1004조 제1호).
법정단순승인(민법 제1026조)
다음의 사유가 있는 경우에는 상속인이 단순승인을 한 것으로 본다.
- 상속인이 상속재산에 대한 처분행위를 한 때(①)
- 상속인이 기간 내에 한정승인 또는 포기를 하지 아니한 때(②)
- 상속인이 한정승인 또는 포기를 한 후에 상속재산을 은닉하거나 부정소비하거나 고의로 재산목록에 기입하지 아니한 때 (③·④)

PART 3
채권보전

CHAPTER 01 총 설

CHAPTER 02 집행보전 절차

CHAPTER 01 총설

PART 3 채권보전

1 서 설

(1) 채권보전 조치의 의의
① 채무자의 책임재산에 대한 강제집행을 하기 위한 집행권원의 취득을 위해서는 상당한 기간이 소요되는 바 위 기간 중 채무자가 강제집행을 면할 목적으로 책임재산을 은닉, 훼손하는 등으로 집행을 불가능하게 하거나 현저히 곤란하게 하는 경우가 있으므로 이에 대비하기 위한 조치이다.
② 이러한 집행의 실효성 확보를 위하여 법원의 재판에 의하여 채무자 등의 책임재산을 현 상태로 보전하는 절차를 보전절차라 하며 이에는 민사집행법상 가압류와 가처분제도가 있고 민법상 채권의 대외적 효력에 기하여 인정되는 채권자대위권(민법 제404조)과 채권자취소권(민법 제406조)이 있다.

(2) 채권의 보전조치를 위한 사전 준비사항
① 회수가능액의 산정
  ㉠ 담보물, 보증인이 있는 경우에는 담보물의 경매 등을 통하여 회수할 수 있는 금액을 산정한다.
  ㉡ 해당 거래처에 대한 미지급금, 미지급어음채권이 있는 경우 지급불능액과 상계 가능한지 여부를 검토하여 회수가능금액을 산정한다.
  ㉢ 법적조치 등을 통하여 회수할 수 있는 금액을 파악해 본다.
② 채권증빙자료의 확보
  거래의 중단이 예상되는 경우에는 수시로 장부 등을 정리하여 거래처로부터 거래확인 및 잔고확인을 받아 두어야 한다. 이에 응하지 아니할 경우에는 최고서 등을 배달증명으로 발송한다.

2 채무자 책임재산의 보전

(1) 책임재산
① 의 의
  강제집행의 대상물로써 어느 청구의 실현용으로 제공되는 물건 또는 권리를 그 청구에 대한 책임재산이라 한다.
② 범 위
  ㉠ 금전적 가치가 있는 이상 무엇이든지 강제집행에 제공 가능한바 원칙적으로 책임재산은 채무자에 귀속하는 총재산이라 할 것이다. 다만 채무자의 일신전속권(신분권, 취소권, 해제권), 법률상 특히 압류가 금지 또는 제한되는 재산은 책임재산에 속하지 아니한다.

ⓒ 책임재산은 집행개시 당시에 채무자에 속하는 재산에 한한다. 따라서 집행개시 전에는 채무자가 소유하고 있었으나 집행개시 당시에는 제삼자에게 귀속된 재산은 집행의 대상이 되지 아니한다(사해행위로써 민법 제406조 채권자취소권의 행사여부는 별론). 채무자가 장래 취득할 재산은 이미 그 기초되는 법률요건이 존재하고 기대권으로서 인정될 수 있는 것이면 집행의 목적이 될 수 있다.

(2) 책임재산의 한정(유한책임)

① 물적유한책임

어느 채권에 있어서 특정 재산 또는 특정 한도 내에서만 변제책임을 지는 경우를 말한다(물상보증인, 제삼취득자).

② 재단을 한도로 하는 책임

채무자가 그 고유재산과는 별도의 독립한 재단으로 변제의 책임을 지는 경우를 말한다(상속인이 한정승인을 한 때).

3 채권자대위권

(1) 의의 및 성질

① 의 의

채권자대위권은 채권자가 자기의 채권을 보전하기 위하여 채권자의 이름으로 채무자의 제삼채무자에 대한 권리를 행사하는 것을 말한다(민법 제404조).

② 성 질

채권자대위권은 채권의 보전을 위해 법률이 채권자에게 부여한 권리로서 채권의 효력으로 인정되는 것이다. 즉, 대위권은 채권자가 자기의 이름으로 채무자의 권리를 행사하는 점에서 대리권은 아니며 일종의 법정재산관리권이라 할 수 있다.

(2) 요 건 ☑기출

① 채권자가 자기의 채권을 보전할 필요가 있을 것

㉠ 채권의 존재

채권자대위권은 채권자가 자기의 채권을 보전하기 위하여 인정되는 것이므로 채권자가 채무자에 대하여 채권을 가지고 있을 것이 요구된다. 채권의 종류는 묻지 아니하며 청구권을 포함한다. 또한 채무자의 제삼채무자에 대한 권리보다 먼저 성립되어 있을 필요도 없다.

㉡ 보전의 필요성이 있을 것

채권자의 채무자에 대한 채권이 금전채권이거나 금전채권은 아니더라도 그 불이행으로 인해 손해배상채권으로 변한 때에는 채무자가 무자력인 때 한하여 채권자대위권을 행사할 수 있으나 예외적으로 채무자의 제삼자에 대한 채권이 채무자에 대한 특정의 채권을 보전할 수 있는 경우 등기청구권 등은 채무자의 무자력을 요건으로 하지 아니한다.

② 채권에 관한 이행기의 도래

채권자는 이행기 전에는 채권을 행사할 수 없기 때문에 채권자대위권도 행사할 수 없다(민법 제404조 제2항). 다만 예외적으로 법원의 허가를 얻거나 보존행위(미등기부동산에 대한 보존등기의 신청 등)인 경우에는 이행기 전이라도 법원의 허가 없이 행사가 가능하다.

③ 채권자대위권의 객체 ☑ 기출

㉠ 채권자대위권의 목적으로 되는 권리

채무자의 책임재산보전과 관련 있는 재산권은 그 종류를 묻지 아니하고 채권자대위권의 목적으로 할 수 있는바 채권적 청구권에 한하지 아니하며 등기청구권, 형성권(상계, 해제, 해지권 등), 물권적 청구권까지 포함된다.

㉡ 채권자대위권의 목적으로 되지 아니하는 권리(채무자의 일신전속권)

채무자에 의해서만 행사할 수 있는 권리인 일신전속권은 채권자대위권의 객체가 되지 못한다. 그 예로는 이혼청구권, 상속의 승인과 포기와 같은 신분법상의 권리와 법률에서 압류금지 채권으로 정한 급여의 2분의 1에 해당하는 채권 등이 이에 해당한다.

채권자대위권행사가 가능한 권리	채권자대위권행사가 불가능한 권리
• 물권적 청구권 • 채권자대위권 • 채권자취소권 • 제삼자를 위한 계약에서 제삼자의 수익의 의사 • 공유물 분할청구권 • 손해배상청구권	• 혼인취소권 • 인격권의 침해로 인한 위자료청구권(원칙상) • 이혼 시의 재산분할 청구권(심판에 의해 내용이 구체적으로 형성된 경우 가능) • 피후견인 또는 후견감독인이 갖는 취소권

(3) 채권자대위권의 행사

① 행사의 방법

채권자는 채무자의 권리를 채무자의 이름으로 대위 행사하는 것이 아니라 자기의 이름으로 대위 행사한다. 꼭 재판상 행사할 필요도 없으며 금전 기타 물건의 급부를 목적으로 하는 경우와 같이 변제의 수령을 요하는 경우에는 채권자는 채무자에게 인도할 것을 청구할 수 있음은 물론이고, 직접 자기에게 인도할 것을 청구할 수도 있다.

② 행사의 범위

채권자는 원칙적으로 자기 채권의 보전 범위에서만 채무자의 권리를 대위 행사할 수 있으나 채무자의 권리가 불가분인 경우에는 자기 채권액을 넘어서도 채무자의 권리를 대위행사할 수 있다.

③ 행사의 통지

채권자가 보전행위 이외의 대위권을 행사하는 경우에는 채무자에게 통지하여야 한다. 재판상 대위하는 경우에는 대위신청을 허가한 법원이 직권으로 고지하여야 한다. 이 고지를 받은 채무자는 그 권리의 처분을 할 수 없다.

④ 제삼자의 항변

대위권행사의 통지나 법원의 고지가 있기 전에는 제삼채무자가 채무자에 대하여 발생한 사유를 가지고 채권자에게 대항할 수 있다. 그러나 대위권행사의 통지나 법원의 고지가 있은 후에는 채무자가 자신의 권리에 대한 처분권을 상실하게 되므로 제삼채무자는 채무자가 권리를 소멸시키는 행위를 하더라도 채권자에게 대항할 수 없다(민법 제405조 제2항).

(4) 채권자대위권행사의 효과

① 채권자대위권은 채무자의 권리를 행사하는 것이므로 대위행사의 효과는 채권자가 아니라 채무자에게 귀속하고 총채권자를 위하여 공동담보가 된다.
② 채권자대위권은 일종의 법정위임관계라 할 수 있는바 대위를 위하여 채권자가 비용을 지출한 때에는 그 비용의 상환청구권을 가지게 된다.
③ 채권자가 채권자대위권을 소송상 행사한 경우 채무자가 어떠한 사유에 기하든 당해 대위소송이 제기된 사실을 알았을 때에 그 판결의 효력은 채무자에게 미친다(대판 전합 1975.5.13., 74다1664).

4 채권자취소권 ☑ 기출

(1) 의의 및 성질

① 의 의

채무자가 채권자를 해하는 행위, 즉 그 법률행위의 결과 무자력이 되어 채권의 만족을 줄 수 없는 경우에 채권자가 그 취소 및 원상회복을 법원에 청구할 수 있는 권리를 말한다(민법 제406조).

② 성 질

채권자취소권은 반드시 소송상 행사되어야 하지만, 그것은 권리행사의 방법에 지나지 않는 것이고 채권의 공동담보의 보전을 위하여 법률이 채권자에게 부여한 실체법상의 권리이다.

(2) 요 건

① 취소채권자의 채권

㉠ 성립의 시기

취소채권자의 채권은 사해행위 이전에 성립, 존재하고 있어야 한다. 사해행위 이전에 성립하지 않았던 채권은 사해행위에 의해 침해된다는 일이 발생하지 않기 때문이다. 다만 장래의 채권이라도 사해행위 당시에 그 기초되는 법률관계가 발생되어 있고, 가까운 장래에 채권이 발생할 고도의 개연성이 있으며, 실제로 그 개연성이 현실화되어 채권이 성립하면 장래의 채권도 채권자취소권의 피보전채권이 된다(대판 1995.11.28., 95다27905).

㉡ 채권의 종류

채권자취소권의 행사에 따르는 취소와 원상회복은 모든 채권자의 이익을 위하여 효력이 있으므로(민법 제407조) 취소채권자의 채권은 그 자만이 만족을 얻을 수 있는 것은 안 되고 금전채권이어야 한다. 금전채권이라면 계약에 기한 것이든 법률의 규정에 의한 것이든 불문한다.

② **사해행위**

채무자가 채권자를 해함을 알고 재산권을 목적으로 한 법률행위를 말한다.

㉠ 채무자의 법률행위

취소의 대상이 되는 것은 채무자가 한 법률행위이다. 따라서 채무자 아닌 자의 행위는 채권자취소권의 대상이 되지 아니한다. 보증인은 보증 채무자이기 때문에 그가 사해행위를 한 경우에는 채권자취소권의 대상이 된다. 채무자의 법률행위는 유효하게 성립될 것을 요건으로 하지 아니하는바 무효인 통정허위표시도 채권자취소의 대상이 된다(대판 1963.11.28., 63다493).

㉡ 재산권을 목적으로 한 법률행위

채무자의 법률행위는 재산권을 목적으로 한 것이어야 한다. 채권자취소권은 채무자의 일반재산을 목적으로 하는 것이므로 위 법률행위는 직접 채무자의 일반재산을 구성하는 권리에 관한 것이어야 한다(매매, 증여, 담보권의 설정 등). 따라서 신분법상의 권리(혼인, 이혼 등) 압류가 금지되는 채권처럼 채무자의 책임재산을 이루지 못하는 것은 그 대상이 되지 못한다.

㉢ 채권자를 해하는 법률행위

채권자를 해한다는 것은 채무자의 법률행위로 인해 그의 일반재산이 감소하여 채권의 공동담보에 부족이 생기고 채권자에게 완전한 변제를 할 수 없게 되는 것을 말한다.

③ **사해의사**

채권자취소권을 행사하려면 채무자 및 수익자(또는 전득자) 모두에게 사해의 의사가 있어야 한다.

㉠ 채무자의 악의

채무자가 사해행위 당시에 그 행위에 의하여 채권자를 해하게 됨을 알고 있어야 한다(민법 제406조 제1항 본문). 이 사해의 의사는 적극적인 의욕이 아니라 소극적인 인식으로 족하다. 즉, 특정의 채권자를 해하게 된다는 것을 인식할 필요는 없으며 공동담보에 부족이 생긴다는 것에 관하여 인식하면 족하다.

㉡ 수익자 또는 전득자의 악의

사해행위로 인하여 이익을 받은 자(수익자)나 그로부터 전득한 자가 그 행위 또는 전득 당시에 그로 인해 채권자를 해하게 됨을 알고 있어야 한다(민법 제406조 제1항 단서). 수익자나 전득자 모두에게 사해의사가 있어야 하는 것은 아니고 그중의 어느 1인에게 있으면 충분하다. 그 입증책임에 관하여 판례는 채권자취소권의 행사에 있어 채무자의 사해의사가 증명된 이상 수익자의 악의는 일응 추정을 받으며 이에 대한 반증의 입증책임은 수익자에게 있다고 했다(대판 1969.1.28., 68다2022). 이를 도표로 유형화하면 아래와 같다.

구 분	채무자, 수익자, 전득자의 악의여부	취소가부
채무자로부터 수익자에게 이전된 경우	채무자가 선의인 경우	취소불가
	채무자 악의, 수익자 선의	취소불가
	채무자 악의, 수익자 악의	취소가능
채무자로부터 수익자, 전득자로 순차 이전된 경우	채무자 선의인 경우	취소불가
	채무자 악의, 수익자 악의, 전득자 선의	취소불가
	채무자 악의, 수익자 악의, 전득자 악의	취소가능
	채무자 악의, 수익자 선의, 전득자 악의	취소불가

(3) 채권자취소권의 행사

① 방 법

채권자취소권은 채권자가 자기의 이름으로 재판상 행사해야 한다. 채권자취소의 소는 채권자가 취소원인을 안 날로부터 1년, 법률행위 있은 날로부터 5년 내에 제기하여야 한다(민법 제406조 제2항). 채권자는 사해행위취소의 소와 원상회복의 청구를 동시에 할 수도 있으며 또는 사해행위취소만을 먼저 청구한 다음 원상회복을 나중에 청구할 수도 있다. 이 경우 사해행위취소가 민법 제406조 제2항의 제척기간 내에 이뤄졌다면 원상회복의 청구는 그 기간이 지난 뒤에도 가능하다.

② 행사의 상대방

취소소송에서 원고는 채권자이고 피고는 수익자 또는 전득자이며 채무자는 피고로 삼을 수 없다(대판 1991.8.13., 91다13717).

③ 행사의 범위

㉠ 취소의 범위

취소의 범위는 취소권을 행사하는 채권자의 채권액을 표준으로 한다. 즉, 사해행위 이후 판결이 있을 때까지 사이에 발생한 채권액은 이를 가산하지 아니한다. 따라서 사해행위의 목적물이 가분이면 취소채권자의 채권액의 범위에서 일부취소를 하여야 한다. 다만 다른 채권자가 배당요구할 것이 명백하거나 목적물이 불가분인 경우에는 그의 채권액을 넘어서도 취소를 구할 수 있다.

㉡ 반환청구의 목적물

사해행위를 취소하고 목적물 자체의 반환을 청구하는 것이 원칙이나 경우에 따라서는 목적물의 평가액의 반환을 구할 수도 있다. 판례는 근저당권설정계약의 일부만이 사해행위에 해당하는 경우 그 원상회복은 근저당권설정등기의 채권최고액을 감축하는 근저당권변경등기절차의 이행을 명하는 방법에 의하여야 한다고 한다(대판 2006.12.7., 2006다43620).

㉢ 처분금지가처분의 병행

채무자의 사해행위로 물건에 대한 권리가 이전된 경우 채권자는 사해행위 취소소송의 실효성을 담보하기 위하여 당해소송의 제기와 병행하여 현재의 소유자가 목적물을 제삼자에게 이전하는 것을 금지하기 위하여 처분금지가처분을 신청한다.

④ 채권자취소권행사의 효과
  ㉠ 사해행위 취소판결의 효력은 소송의 당사자인 채권자와 그 상대방인 수익자 또는 전득자의 상대적인 관계에서만 미칠 뿐 그 소송에 참가하지 아니한 채무자 또는 채무자와 수익자 사이의 법률관계에서는 미치지 아니한다.
  ㉡ 채권자취소권행사의 효과는 모든 채권자의 이익을 위하여 효력이 있는바 수익자 또는 전득자로부터 반환받은 재산 또는 재산에 갈음하는 손해배상은 채무자의 일반재산으로서 회복되고 총채권자를 위하여 공동담보가 되는 것이며 취소채권자가 그로부터 우선변제를 받는 권리를 취득하지는 아니한다(상계권을 행사하는 것은 별론).

⑤ 사해행위가 문제되는 구체적 사례
  ㉠ 상속재산의 협의분할
    이미 채무초과 상태에 있는 채무자가 상속재산의 분할협의를 하면서 상속재산에 관한 권리를 포기한 경우 사해행위취소권행사의 대상이 될 수도 있다.
  ㉡ 이혼에 기한 재산분할
    상당성을 벗어날 정도로 과다, 과소한 경우 이 또한 사해행위취소의 대상이 될 수 있다.
  ㉢ 변제, 대물변제
    채무자가 수인인 경우 어느 채권자에 대한 변제나 정당한 가격에 기한 대물변제는 사해행위가 되지 아니하나 채권액 이상의 물건을 일부 채권자에게 대물변제하는 것은 사해행위가 된다.
  ㉣ 인적담보의 부담
    채무자가 연대보증채무, 연대채무를 부담한 때에는 이는 소극재산의 증가이므로 취소의 대상이 된다.
  ㉤ 물적담보의 제공
    채무초과 상태에 있는 채무자가 그의 부동산을 채권자 중 어느 한 사람에게 채권담보로 제공하는 행위는 다른 채권자에 대한 관계에서 사해행위가 된다.
  ㉥ 재산의 매각
    그 매각이 일부채권자에 대한 정당한 변제에 충당하기 위하여 상당한 가격으로 이루어졌다는 특별한 사정이 없는 한 재산을 매각하여 소비하기 쉬운 금전으로 바꾸는 행위는 원칙적으로 사해행위에 해당한다.
  ㉦ 주택임차권의 설정
    주택임대차보호법 제8조의 소액보증금 최우선변제권은 일종의 법정담보권이라 할 것인바 채무자소유의 유일한 주택에 대하여 위 법조 소정의 임차권을 설정해 준 행위는 사해행위가 된다.

CHAPTER 01 OX 마무리

PART 3 채권보전

01 채무자의 소유물이면 언제나 이는 책임재산에 속한다. O X

01 채무자 소유의 재산이라도 인격신분에 관계된 것, 불융통물, 법률상 압류금지물은 채무자의 책임재산에 속하지 아니한다.

02 집행의 대상물은 채권의 성립 당시 채무자에 속하는 재산이다. O X

02 집행의 대상물은 집행개시 당시 채무자에 속하는 재산이다.

03 상속인이 한정승인한 경우, 파산관재인, 유언집행자 등은 책임이 제한되는 자이다. O X

03 문제에서 열거한 자들은 채무자의 고유재산과 분리된 특정의 재산의 한도 내에서만 책임을 지는 자들이다.

04 채권자대위권의 행사로 채권자에게 채무자의 권리가 귀속된다. O X

04 채권자대위권은 채권자가 채권을 보전하기 위하여 그의 채무자에 속하는 권리를 대신 행사할 수 있을 뿐이다(민법 제404조).

05 대위행사하려는 채권이 금전채권인 경우 채무자가 무자력인 경우인 때 채권보전의 필요성이 긍정된다. O X

05 대판 1969.7.29., 69다835

정답 01 × 02 × 03 ○ 04 × 05 ○

06 채권자는 그 채권의 기한이 도래하기 전에는 법원의 허가 없이 대위권을 행사하지 못한다(민법 제404조 제2항).

06 채권자는 채권의 기한이 도래하기 전에도 그 채권에 대한 대위권은 미리 행사할 수 있다. O X

07 이는 채무자의 일신에 전속한 권리이므로 대위행사할 수 없다.

07 혼인취소권, 상속회복청구권, 구체화되기 전의 위자료청구권 등은 채권자대위권의 객체가 될 수 없다. O X

08 부동산등기법상의 등기청구권 등 공법상의 권리도 대위행사가 가능하다.

08 공법상의 권리는 채권자대위권의 객체가 될 수 없다. O X

09 채권자대위권은 재판상, 재판 외에서의 행사가 모두 가능하다.

09 채권자대위권은 소송상으로만 행사해야 한다. O X

10 대판 전합 1975.5.13., 74다1664

10 채무자가 채권자대위권에 의한 소송이 제기된 사실을 알았을 경우에는 그 판결의 효력은 채무자에게 미친다. O X

11 채권자취소권은 총채권자를 위해 효력이 있으므로 피보전채권은 금전채권에 한정된다.

11 채권자취소권의 피보전채권은 금전채권이 아니어도 무방하다. O X

06 × 07 ○ 08 × 09 × 10 ○ 11 ×

12 무효인 채무자의 법률행위는 취소할 수 없다. O X

12 무효인 가장매매의 경우에도 채권자취소권에 의해 취소 가능하다(대판 1998.2.27., 97다50985).

13 채무자 아닌 자의 사해행위는 채권자취소권의 대상이 되지 아니하지만 보증인이 사해행위를 한 경우에는 채권자취소권의 대상이 된다. O X

13 대판 1963.11.28., 63다493

14 채권자취소소송에 있어서 채무자의 악의에 대한 입증책임은 채권자에게 있다. O X

14 대판 1997.5.23., 95다51908

15 채권자취소소송에 있어서 전득자 또는 수익자의 악의도 채권자가 입증해야 한다. O X

15 수익자 또는 전득자 자신에게 선의라는 사실을 입증할 책임이 있다(대판 1997.5.23., 95다51908).

16 채권자취소권의 행사는 재판상 또는 재판 외에서 행사할 수 있다. O X

16 채권자취소권은 반드시 재판상 행사해야 한다.

17 채권자취소소송은 채권자가 취소원인을 안 날로부터 1년, 법률행위 있은 날로부터 5년 내에 행사해야 한다. O X

17 민법 제406조 제2항

정답 12 × 13 ○ 14 ○ 15 × 16 × 17 ○

18 해당 기간은 제척기간이며 출소기간인바 중지, 중단은 인정되지 아니한다.

18 17번에서 설명한 기간은 소멸시효기간이다. O X

19 이를 상대적 취소의 효력이라 하며 따라서 채무자는 피고로 되지 아니한다 (대판 2004.8.30., 2004다21923).

19 채권자취소소송의 효과로 사해행위는 무효가 되지만 채무자와는 상관없이 채권자와 수익자 사이에서만 상대적으로 무효가 될 뿐이다. O X

20 채권자취소권은 총채권자를 위하여 효력이 있으므로 이를 행사한 채권자라 하여 우선권이 생기는 것이 아니다.

20 채권자취소권을 행사한 채권자는 다른 채권자보다 변제에 있어 우선권을 가진다. O X

21 채권자취소소송은 채권자 각자가 자신의 고유한 권리를 행사하는 것이므로 후소는 중복소송이 되지 아니한다. 이 점이 채권자대위소송과 구분된다.

21 채권자취소소송이 중복하여 제기된 경우 후소는 중복소송으로 부적법하게 된다. O X

18 X 19 O 20 X 21 X

CHAPTER 02

PART 3 채권보전

집행보전 절차

1 보전처분 일반

(1) 보전처분의 의의와 필요성

① 의 의

보전처분은 권리 또는 법률관계에 관한 쟁송이 있을 것을 전제로 하여 이에 대한 판결의 집행을 용이하게 하거나 확정판결이 있을 때까지 손해가 발생하는 것을 방지할 목적으로 일시적으로 현상을 동결하거나 임시적 법률관계를 형성하게 하는 처분을 말한다. 이러한 보전처분은 좁은 의미로서는 민사집행법 제4편에 규정된 가압류와 가처분만을 말한다.

② 필요성

우리 법제는 원칙적으로 자력구제를 허용하지 아니하므로 권리자가 그 권리를 실행하기 위해서는 민사소송절차를 거쳐서 집행권원을 얻고 다시 강제집행 절차를 밟아 권리의 종국적인 실현을 얻을 수밖에 없으나 이는 많은 시간이 소요되므로 그 사이에 채무자의 재산상태가 변하거나 계쟁물이 멸실, 훼손, 처분되는 등 사실상, 법률상 변경이 생기게 되면, 채권자는 소송에서 승소하고도 만족을 얻지 못할 수가 있다. 이러한 결과를 방지하기 위해서 확정판결을 받기 전에 미리 채무자의 일반재산이나 계쟁물의 현상을 동결시켜 두거나 임시로 잠정적인 법률관계를 형성시켜 두는 조치를 취함으로써 집행을 용이하게 하고 손해를 예방하기 위한 수단이 필요한바 이러한 수단으로 강구된 것이 보전처분이다.

(2) 보전처분의 특질 ☑ 기출

보전처분절차는 확정판결의 집행보전이라는 목적의 특수성으로 인하여 일반 민사소송절차와는 달리 다음과 같은 특질을 갖는다.

① 잠정성

보전처분은 다툼 있는 권리 또는 법률관계의 존부를 확정적으로 판단하는 것이 아니며 권리의 종국적 실현을 가져오는 것도 아니다. 이 점에서 권리보전을 위한 제도이기는 하지만 권리의 종국적 실현을 목적으로 하는 실체법상의 채권자대위권, 채권자취소권과 구별된다.

② 긴급성(신속성)

보전처분은 민사소송절차를 거치기 위한 시일의 경과에서 오는 피해를 방지하기 위한 목적에서 행해지므로 이러한 요청에 부응하기 위하여 증거도 소명으로 족하고 집행문의 부여 없이도 곧바로 집행할 수 있으며 채무자에게 보전처분을 송달하기 전에도 집행할 수 있다.

③ 부수성

보전처분은 장래에 있을 확정판결의 집행을 보전하기 위한 것이므로 당연히 확정판결을 얻기 위한 민사소송절차가 현재 또는 장래에 계속될 것을 전제로 하고 있다. 따라서 본안소송에 의하여 얻을 수 있는 권리의 범위를 초과할 수 없고 제소명령을 어기고 본안소송을 제기하지 아니하면 보전처분이 취소될 수 있다.

④ 밀행성

보전처분은 채무자의 재산상태나 계쟁물에 관하여 사실상, 법률상 변경이 생기는 것을 막으려는 데 그 목적이 있으므로 이를 미리 상대방에게 알리게 하면 그 효과를 얻을 수 없어 원칙적으로 상대방이 알 수 없는 상태에서 비밀리에 심리, 발령한다.

⑤ 자유재량성

보전절차에 있어서는 긴급성, 밀행성과 재판의 적정이라는 서로 상충되는 두 개의 요구를 개개의 사건에서 조화시킬 목적으로 심리방법에 관하여 법원에 많은 재량을 주고 있다. 따라서 변론을 거칠 것인지 여부, 서면심리에 의할 것인지 여부, 소명만으로 발령할 것인가의 여부 등은 법원의 자유재량에 속한다.

2 보전처분의 종류

(1) 가압류 ☑ 기출

① 의 의

가압류는 금전채권이나 금전으로 환산할 수 있는 채권의 집행을 보전할 목적으로 미리 채무자의 재산을 동결시켜 채무자로부터 그 재산에 관한 처분권을 잠정적으로 빼앗는 집행보전이다(민사집행법 제276조).

② 종 류

실무상으로는 집행의 대상이 되는 재산의 종류에 따라 부동산 가압류, 자동차 등에 대한 가압류, 채권 가압류, 유체동산 가압류 등으로 구분하고 있다.

(2) 가처분

민사집행법 제4편의 가처분(협의의 가처분)은 금전채권 이외의 권리 또는 법률관계에 관한 확정판결의 강제집행을 보전하기 위한 집행보전제도로서 다음의 두 가지로 구분한다.

① 계쟁물에 관한 가처분(민사집행법 제300조 제1항)

채권자가 금전 이외의 물건이나 권리를 대상으로 하는 청구권을 가지고 있을 때, 그 집행 시까지 계쟁물(다툼의 대상)이 멸실, 훼손, 처분되는 등 사실상 법률상 변경이 생기는 것을 막기 위하여 현상을 동결시키는 보전처분이다.

② 임시지위를 정하기 위한 가처분(동조 제2항)

당사자 사이에 현재 다툼이 있는 권리 또는 법률관계가 존재하고 그에 대한 확정판결이 있기까지 현상의 진행을 그대로 방치한다면 권리자가 현저한 손해를 입거나 급박한 위험에 처하게 되는 등 소송의 목적을 달성하기 어려운 경우에 그로 인한 위험을 방지하기 위하여 잠정적으로 권리 또는 법률관계에 관하여 임시의 지위를 주어 그와 같은 손해를 피하거나 위험을 막을 수 있도록 하는 보전처분이다.

3 보전처분 신청에 대한 재판

(1) 신청을 배척하는 재판

보전처분의 신청이 요건흠결로 부적법하거나 피보전권리 또는 보전의 필요성이 없는 등으로 그 이유가 없는 때에는 그 신청을 배척하는 재판을 한다. 판례는 보전처분에는 실체적 확정력이 존재하지 아니하는바 각하와 기각을 엄격히 구별할 필요가 없다는 입장이나 실무상 요건흠결의 경우 각하, 신청이 이유가 없는 경우에는 기각의 주문을 내고 있다.

(2) 보전처분을 명하는 재판

① 재판의 고지

보전처분신청에 대한 재판은 일반적인 결정의 고지 방법에 의하여 상당한 방법으로 고지하면 되나(민사소송법 제221조) 실무상 재판서의 송달방식에 의한다. 담보를 제공하게 하는 재판, 가압류신청을 기각하거나 각하하는 재판과 가압류신청을 기각하거나 각하하는 결정에 대한 즉시항고를 기각하거나 각하하는 재판은 채무자에게 고지할 필요가 없다(민사집행법 제281조 제3항). 보전처분의 집행은 그 재판을 채무자에게 송달하기 전이라도 할 수 있으므로 집행의 착수 후에 채무자에게 송달하는 것이 실무례이다.

② 효력의 발생시기

보전처분의 효력은 그 재판이 고지된 때에 발생함이 원칙이다. 보전처분이 채무자에게 송달되기 전에 집행을 하게 되면 채무자는 그 집행에 의하여 보전처분의 내용을 알게 되는 것이므로 그때에 효력이 생긴다고 본다. 단, 집행력만은 채권자에게 고지되면 채무자에게 고지되기 전이라도 즉시 생긴다(민사집행법 제292조 제3항).

③ 보전처분의 효력 일반

㉠ 기속력

기속력이란 일정한 재판이 있으면 법원 스스로도 이를 취소, 철회할 수 없는 자기구속력을 말한다. 그러나 보전처분에 관한 재판은 즉시항고 또는 이의신청에 의하여 그 재판을 한 법원이 스스로 취소, 변경할 수 있는바 기속력이 제한된다 하겠다.

㉡ 집행력

보전처분은 채권자에게 고지되면 즉시 집행력이 발생하며 집행문의 부여도 필요 없다.

㉢ 효력의 잠정성

이는 보전처분의 특성에서 살펴본 바이다.

4 보전처분의 집행 ☑기출

(1) 강제집행규정의 준용
가압류의 집행에 관하여는 특별한 규정이 있는 경우를 제외하고는 강제집행에 관한 규정을 준용한다(민사집행법 제291조). 가처분의 경우에도 같다(동법 제301조). 그러므로 특별한 사정이 없는 한 강제집행에 관한 규정이 모두 준용된다고 보아도 무방하다(다만 청구에 관한 이의의 소, 집행문부여에 대한 이의의 소는 준용되지 아니한다).

(2) 집행기관
집행기관은 강제집행의 경우와 같은바 유체동산의 가압류, 동산·부동산인도의 가처분 등은 집행관이 이를 집행하고 부동산, 선박, 항공기 등의 가압류와 처분금지가처분 등은 집행법원이 집행기관이 된다.

5 가압류 절차의 구체적 검토 ☑기출

(1) 가압류의 요건
① 피보전권리(민사집행법 제276조)
  ㉠ 금전채권이나 금전으로 환산할 수 있는 채권일 것 : 금전채권이면 기한부이든, 조건부이든, 장래의 청구권이든 관계없다.
  ㉡ 청구권이 성립하여 있을 것 : 피보전권리가 있어야 하며 부존재하는 경우는 그 권리에 대한 가압류는 무효로 된다. 피보전권리는 판결절차에서 이행의 소로써 심리할 금전채권 등이다. 피보전권리와 본안소송의 소송물이 서로 일치해야 하는 것은 아니지만 청구기초의 동일성은 유지되어야 한다.
  ㉢ 강제집행에 적합한 권리일 것 : 피보전권리는 강제집행할 수 있는 청구권이 아니면 안 된다. 따라서 자연채무, 부집행특약이 있는 채권, 신분법상의 권리, 체납처분에 의하여 징수될 조세채권(민사집행법상의 강제집행이 인정되지 아니하므로) 등은 피보전적격이 없다.
② 보전의 필요성 있을 것
  ㉠ 가압류의 이유이기도 하다. 가압류를 하지 아니하면 판결이 집행불능, 집행곤란에 이를 경우이어야 한다(민사집행법 제277조).
  ㉡ 일반적으로 국내에 충분한 재산을 보유하고 있는 경우, 채권자가 피보전권리에 대하여 충분한 물적 담보를 보유하고 있는 경우, 즉시 강제집행을 할 수 있는 경우에는 보전의 필요성이 없다.
  ㉢ 기한 미도래채무의 경우 가압류가 불가능한 것은 아니지만 변제기가 아직 많이 남아있다면 특단의 사정이 없는 한 보전의 필요성이 희박하다.
  ㉣ 가압류를 함으로써 채무자가 입는 불이익과 보전하고자 하는 채권액에 심한 불균형이 있는 경우에도 가압류는 배척된다. 실무상 200만 원 이하의 부동산 가압류 및 300만 원 이하의 급여채권 가압류를 기각하는 사례가 많다.

(2) 가압류의 신청

① 관할

가압류는 가압류할 물건이 있는 곳을 관할하는 지방법원이나 본안의 관할법원에 전속한다(민사집행법 제278조). 보전소송의 관할 중 토지관할(재판적)은 전속관할이다(민사집행법 제21조). 따라서 합의관할(민사소송법 제29조)이나 변론관할(민사소송법 제30조)에 관한 규정은 적용될 여지가 없다.

② 신청

㉠ 채권자는 청구채권의 표시, 그 청구채권이 일정한 금액이 아닌 때에는 금전으로 환산한 금액 및 가압류의 이유가 될 사실의 표시를 기재하여 서면으로 신청한다(민사집행법 제279조 제1항).

㉡ 채권자는 청구채권과 가압류의 이유를 소명하여야 하고(민사집행법 제279조 제2항) 소명자료는 신청과 동시에 제출하는 것이 바람직하다.

㉢ 중복신청은 금지되는바 동일채무자에 대한 동일내용의 신청은 허용될 수 없다. 피보전권리가 동일하면 가압류의 이유가 별개라 하여도 동일한 가압류의 신청이다.

㉣ 가압류의 신청에 의하여 실체법상 시효중단의 효력이 발생한다.

(3) 가압류의 신청비용

① 가압류 신청서에는 10,000원(지급보증위탁문서의 제출을 동시에 신청하는 경우에도 10,000원)의 수입인지 및 송달료(당사자 수×3회분)를 납부하여야 한다.

② 등록면허세 납부 및 수입증지 첨부

㉠ 부동산, 자동차 등에 대해 가압류를 신청하려는 자는 등록면허세 및 지방교육세를 납부해야 한다. 또한, 부동산 가압류의 신청수수료는 매 부동산마다 3,000원이다.

㉡ 납부해야 할 등록면허세 및 지방교육세는 다음의 구분에 따라 산정된다.

구 분	등록면허세율 또는 등록면허세	지방교육세
부동산 등기	채권금액의 1천분의 2	납부해야 할 지방교육세는 납부할 등록면허세를 과세표준으로 100분의 20을 곱한 금액이다. 다만, 자동차 등록에 의한 지방교육세는 제외된다.
선박(소형선박 포함) 등기 또는 등록	1건당 15,000원	
자동차 등록	1건당 15,000원	
건설기계 등록	1건당 10,000원	

(4) 가압류의 심리

가압류신청에 대한 재판은 변론 없이도 할 수 있다(민사집행법 제280조 제1항). 따라서 가압류의 신청에 대하여 법원이 행할 심리 방식으로는 서면심리, 심문을 거치는 심리, 변론심리의 세 가지가 있을 수 있다.

① 서면심리

채권자가 제출한 신청서나 소명자료 등 서면만에 의하여 재판을 행한다. 절차의 신속을 도모하고 채무자의 집행방해를 방지하기 위함이다.

② 변론심리

법원은 가압류 신청에 대한 재판에서 구술변론을 열 수도 있다. 변론을 경유할 것인가는 전적으로 법원의 재량에 달려 있다. 다만 원칙상 변론을 거쳐야 하는 경우는 다음과 같다.
㉠ 보전처분에 대한 이의의 재판(민사집행법 제286조 및 제301조)
㉡ 사정변경 또는 담보제공을 이유로 하는 보전처분의 재판(민사집행법 제288조 제1항 및 제301조)
㉢ 특별사정에 의한 가처분취소의 재판(민사집행법 제307조)

(5) 가압류의 재판

① 증명 아닌 소명

가압류재판에 있어서는 신청을 이유 있게 할 사실 등에 대해서는 소명으로 족하다. 소명이라 함은 법관에게 확신까지는 이르지 아니하더라도 틀림없을 것 같다는 일응의 추측을 할 수 있는 상태 또는 이러한 심증상태에 이르도록 하기 위한 당사자의 노력을 말한다.

② 각하·기각의 재판

가압류 신청에 대하여 소송요건의 흠결이 있을 때에는 신청을 각하하고 가압류의 요건이 제대로 소명되지 아니한 경우에는 신청을 기각한다. 각하, 기각, 담보제공결정은 채무자에게 고지할 필요는 없다.

③ 가압류명령

신청이 적법하고 신청이 이유 있는 경우 가압류명령을 발령한다. 여기에는 피보전권리 및 청구금액, 채무자의 재산을 가압류한다는 선언, 담보부일 때에는 담보액, 종류 및 방법 그리고 가압류해방금액을 적어야 한다(민사집행법 제282조).

④ 채권자의 담보제공

가압류요건에 대하여 소명이 없어도 가압류로 인해 발생할 수 있는 채무자의 손해에 대한 담보제공이 있는 때에는 신청을 인용할 수 있으며 반대로 소명한 때에도 담보제공을 하게 할 수 있다(민사집행법 제280조). 담보의 제공은 현금공탁 또는 지급위탁계약서 등의 제출로도 가능하며 법원의 재량이다. 법원은 보증서제출에 의한 담보제공을 폭넓게 허가하고 있으나, 유체동산, 예금채권 또는 봉급채권에 대한 가압류에 있어서는 사안에 따라 공탁금의 전부 또는 일부에 대하여 현금공탁을 명하는 경우도 있다.

⑤ 채무자의 가압류해방금액

가압류명령에는 가압류의 집행을 정지시키거나 집행한 가압류를 취소시키기 위하여 채무자가 공탁할 금액을 적어야 한다(민사집행법 제282조). 이를 해방금 또는 해방공탁금이라고 한다.

[가압류결정문]

서울중앙지방법원
52단독
결정

사건 2019카단1000 부동산(유체동산) 가압류
채권자 홍길동
채무자 주식회사 삼성

주문

채무자 소유의 유체동산(별지목록 기재 부동산)을 가압류한다.
채무자는 다음 청구금액을 공탁하고 집행정지 또는 그 취소를 신청할 수 있다.

청구채권의 내용

손해배상청구권

청구금액

금 44,000,000원

이유

이 사건 부동산(유체동산) 가압류 신청은 이유 있으므로 담보로 공탁보증보험증권(서울보증보험주식회사 증권번호 제1230호)을 제출받고 주문과 같이 결정한다.

2019. 6. 10.
판사 ○○○

(6) 가압류의 집행절차

① 가압류의 집행방법

㉠ 부동산에 대한 집행

부동산에 대한 가압류의 집행은 법원사무관 등이 등기공무원에게 촉탁하여 가압류명령을 부동산등기부에 기입하는 방법에 의한다(민사집행법 제293조).

㉡ 유체동산에 대한 집행

유체동산에 대한 가압류집행은 압류와 동일한 원칙에 의하는바 목적물소재지 관할법원의 집행관에게 가압류명령정본을 첨부하여 위임한다. 위임을 받은 집행관은 현장에 임하여 가압류명령정본에 의하여 유체동산을 가압류한다. 유체동산을 가압류한 경우에는 집행조사를 발급받아 보관하여야 하며 금전을 가압류한 경우에는 이를 공탁하여야 한다.

ⓒ 금전채권에 대한 집행

가압류의 대상이 되는 채권의 채무자, 즉 제삼채무자에게 채무자에 대한 지급을 금하는 명령이 기재된 가압류재판의 정본을 송달함으로써 집행한다.

ⓓ 선박에 대한 집행

등기할 수 있는 선박에 대해서는 가압류등기를 하는 방법이나 집행관에게 선박국적증서 등을 선장으로부터 받아 집행법원에 제출하도록 명하는 방법으로 한다. 이들 방법은 함께 사용할 수 있으나(민사집행법 제295조 제1항), 상법에 의하여 항해의 준비를 완료한 선박과 그 속구는 압류 또는 가압류하지 못한다. 다만 항해를 준비하기 위하여 생긴 채무에 대하여는 압류 또는 가압류할 수 있다(상법 제744조 제1항).

ⓔ 자동차, 건설기계 및 항공기에 대한 집행

자동차, 건설기계, 항공기에 대한 집행은 부동산에 대한 강제집행절차에 준하되 필요한 경우에는 채권자의 신청에 의하여 법원은 처분 및 보존에 필요한 명령을 할 수 있다.

② 가압류집행의 효력

㉠ 처분금지의 효력 ☑기출

가압류가 집행되면 채무자는 목적물을 처분해서는 아니 되는 처분금지효가 생긴다. 이에 위반하는 채무자의 양도, 저당권의 설정 등 처분행위는 당사자 간에는 유효하지만 적어도 가압류채권자에 대한 관계에서는 상대적으로 무효가 된다. 또한 채권자평등주의 원칙하에서 가압류채권자에게 어떠한 우선권이 부여되는 것은 아니므로 다른 채권자가 강제집행을 실시하거나 이중으로 가압류하는 데에 어떠한 영향을 줄 수도 없다.

㉡ 사용·수익에 대한 영향

가압류명령의 집행은 채무자에 대하여 처분의 제한을 가하는 데에 그치지 않고 그 목적을 이루기 위한 범위 내에서는 가압류 물건의 사용, 관리, 수익까지도 제한하는 효력을 갖는 것이 원칙이나 부동산이 가압류된 경우에는 채무자가 목적물의 이용 및 관리의 권리를 갖는다(민사집행법 제291조 및 제83조 제2항).

③ 가압류·압류가 금지되는 물건 및 채권

㉠ 민사집행법 제195조에 의해 금지되는 것

ⓐ 채무자 및 그와 같이 사는 친족의 생활에 필요한 의복·침구·가구·부엌기구, 그 밖의 생활필수품

ⓑ 채무자 등의 생활에 필요한 2월간의 식료품·연료 및 조명재료

ⓒ 채무자 등의 생활에 필요한 1월간의 생계비로서 대통령령이 정하는 액수의 금전

ⓓ 농업을 하는 사람에게 없어서는 안 될 농기구·비료·가축·사료·종자 등

ⓔ 어업을 하는 사람에게 없어서는 안 될 고기잡이 도구·어망·미끼·새끼고기 등

ⓕ 전문직 종사자·기술자·노무자 등에게 없어서는 안 될 제복·도구 등

ⓖ 채무자 또는 그 친족이 받은 훈장·포장·기장·명예증표 등

⋮

ⓒ 민사집행법 제246조에 의해 금지되는 채권
　　　ⓐ 법령에 규정된 부양료 및 유족부조료
　　　ⓑ 채무자가 구호사업이나 제삼자의 도움으로 계속 받는 수입
　　　ⓒ 병사의 급료
　　　ⓓ 급료·연금·봉급·상여금·퇴직연금, 그 밖에 이와 비슷한 성질을 가진 급여채권의 2분의 1에 해당하는 금액. 다만, 그 금액이 국민기초생활보장법에 의한 최저생계비를 고려하여 대통령령이 정하는 금액에 미치지 못하는 경우 또는 표준적인 가구의 생계비를 고려하여 대통령령이 정하는 금액을 초과하는 경우에는 각각 당해 대통령령이 정하는 금액으로 함
　　　ⓔ 퇴직금 등의 급여채권의 2분의 1에 해당하는 금액
　　　ⓕ 주택임대차보호법에 따라 우선변제를 받을 수 있는 금액
　　　ⓖ 생명, 상해, 질병, 사고 등을 원인으로 채무자가 지급받는 보장성보험의 보험금
　　　ⓗ 생계비계좌에 예치된 예금
　　　ⓘ 채무자의 1월간 생계유지에 필요한 예금
　　ⓒ 특별법에 의하여 금지되는 것
　　　ⓐ 국가유공자의 대부재산
　　　ⓑ 의료기재
　　　ⓒ 근로기준법상 근로자의 재해보상금 등

(7) 채무자의 이의와 제소명령 신청 ☑기출

① 채무자의 이의신청

채무자는 가압류결정 및 집행에 대하여 결정법원에 이의를 신청할 수 있다. 채무자의 이의가 요건불비를 이유로 각하되지 아니하면 법원은 당사자 쌍방이 참여할 수 있는 변론 또는 심문기일을 열어서 심리하여 가압류 결정의 인용·취소 여부를 결정한다.

② 본안의 제소명령

채무자는 가압류에 대한 이의신청을 하면서 가압류법원이 채권자에게 제소명령을 하여 줄 것을 청구할 수 있다. 제소명령이란 법원이 채권자에게 본안소송을 제기할 것을 명령하는 것을 말한다. 채권자가 이를 이행하지 아니한 때에는 법원은 가압류를 취소하여야 한다(민사집행법 제287조 제3항).

(8) 가압류 목적물의 처분과 형사처벌

① 가압류물건에 대하여 보관명령을 받은 자가 집행관이 봉한 봉인 등의 표시를 제거하고 처분했다면 형법상 공무상비밀표시무효죄에 의하여 처벌된다.

② 또한 압류물을 채권자나 집행관 몰래 원래의 장소로부터 상당한 거리에 있는 다른 장소로 이동시킨 경우에는 설사 그것이 강제집행면탈의 목적이 아니라 하더라도 객관적으로 집행을 현저히 곤란하게 한 것으로 되어 형사처벌을 받게 된다(형법 제140조).

(9) 가압류 신청실무 ☑ 기출

① 가압류 신청 시의 구비서류

가압류의 종류	구비서류	공통
부동산 가압류	• 원인증서(대출약정서 등) • 부동산등기부등본 • 채무자명의로 등기 가능한 서류(미등기부동산) • 기타 증빙서류	• 법인등기부등본 • 인감증명서 • 자격증명서(법정대리인, 대표자) • 위임장(대리인인 경우)
유체동산 가압류	• 원인증서 • 기타 증빙서류	
채권 가압류	• 원인증서 • 제삼채무자가 법인인 경우 법인등기부등본 • 기타 증빙서류	
자동차 등 가압류	• 원인증서 • 가압류하고자 하는 대상의 등본(자동차등록원부 등) • 기타 증빙서류	

② 부동산 가압류의 신청실무

㉠ 준비단계

해당 부동산의 등기부등본을 열람하여 권리분석을 통해 가압류할 가치가 있는지에 대해 살펴본다.

㉡ 신청서의 기재사항

> • 당사자의 성명·주소·연락처
> • 목적물의 표시 – 부동산 가압류와 채권 가압류의 경우 목적물을 기재하나 유체동산 가압류의 경우 목적물을 기재하지 않는다. 다툼에 대한 가처분은 가처분신청서에 그 목적물을 명확하게 표시하여야 한다.
> • 신청의 취지
> • 신청의 이유 – 피보전권리와 보전의 필요성
> • 소명방법
> • 작성일자
> • 신청인의 표시와 기명날인
> • 법원의 표시

ⓐ 문서의 표제 및 당사자의 표시, 청구채권의 표시는 위 예시와 같이 기재한다.

ⓑ 가압류할 부동산의 표시는 신청 서류의 작성을 간결하게 하기 위하여 "별지목록기재와 같음"으로 기재한다(별지의 사용여부는 자유). 다만 별지의 사용여부를 불문하고 반드시 가압류할 부동산을 특정하여 표시해야 한다.

ⓒ 신청의 취지는 기재례와 같이 정형화되어 있다.

ⓓ 신청의 이유 : 신청의 이유는 간단, 명료하게 육하원칙에 의해 작성한다. 보통 당사자와의 관계, 채권의 발생원인, 채무불이행, 가압류의 필요성 등을 기재하고 신청이유 말미에는 담보의 제공을 지급보증위탁계약 체결문서로 대체할 것을 명시한다.

③ 유체동산 가압류의 신청실무
  ㉠ 유체동산 가압류의 특징
    ⓐ 유체동산 가압류신청을 할 때에는 다른 재산과는 달리 가압류할 목적물을 구체적으로 표시하지 않아도 상관없다. 즉, 집행의 목적이 될 유체동산이 특정되는 것은 가압류명령 후 채권자의 신청에 의하여 현실로 집행절차가 실시되는 때이므로 미리 특정하지 않아도 된다.
    ⓑ 유체동산에 대한 가압류집행절차는 압류와 동일한 원칙에 의하므로 채권자가 집행관에게 집행을 위임하여 집행관이 동산압류의 방식에 의하여 집행한다. 유가증권으로서 배서가 금지되지 아니한 것은 유체동산으로 보는바 어음수표 등의 지시채권, 상품권 등 무기명채권증권이 이에 해당한다.
    ⓒ 유체동산의 가압류집행이 본압류와 다른 것은 현금화할 수 없다는 점인 바 따라서 배당절차도 없다. 유체동산을 가압류집행하였을 때에는 가압류집행조서를 작성한다.
  ㉡ 유체동산 가압류신청서의 작성
    앞서 살핀 부동산 가압류 집행신청서와 유사하기에 이와 다른 점만을 기술하기로 한다.
    ⓐ 가압류할 대상의 표시
      유체동산의 경우에는 가압류할 대상의 표시는 신청서상에 기재하지 아니한다.
    ⓑ 신청의 취지

> **신청취지**
> 채권자는 채무자에 대한 위 청구채권의 집행을 보전하기 위하여 위 채권액에 이르기까지 채무자 소유의 유체동산을 가압류한다.
> 라는 재판을 구합니다.

> **신청취지**
> 1. 채권자가 채무자에 대하여 가지는 위 청구채권의 집행을 보전하기 위하여 별지 목록기재의 채권을 가압류한다.
> 2. 제삼채무자는 채무자에 대하여 위 가압류된 채권을 지급하여서는 아니 된다.
> 라는 재판을 구합니다.

  ㉢ 가압류 결정과 결정문 수령
    유체동산 가압류는 가압류결정이 난 후에 신청인이 14일 내에 가압류집행을 집행관 사무소에 위탁하여야 하므로 결정 후 2~3일 이내에 결정문을 법원에 가서 직접 수령하는 것이 좋다.
  ㉣ 유체동산 가압류 집행위임절차
    ⓐ 집행위임에 필요한 준비물
      가압류결정등본, 유체동산 가압류집행신청서, 신청인의 도장과 신분증, 대리인의 경우 위임장 등
    ⓑ 집행신청기간
      가압류결정의 고지일로부터 14일 내에 해야 한다.
    ⓒ 신청하는 곳
      가압류할 유체동산이 있는 곳을 관할하는 지방법원 집행관 사무실에 신청한다.

④ 채권 가압류의 신청실무
  ㉠ 금전채권 가압류신청서의 작성방법
    ⓐ 신청취지

> **신청취지**
> 1. 채권자가 채무자에 대하여 가지는 위 청구채권의 집행을 보전하기 위하여 별지 목록기재의 채권을 가압류한다.
> 2. 제삼채무자는 채무자에 대하여 위 가압류된 채권을 지급하여서는 아니 된다.
> 라는 재판을 구합니다.

본압류의 경우에는 채무자에게 채권의 처분과 영수를 금하는 명령을 하지만 가압류의 경우에는 이러한 명령을 하지 아니한다.

  ㉡ 가압류할 채권의 표시방법
  가압류할 채권의 표시방법은 금전채권의 종류에 따라 정형화되어 있는바 별도의 항에서 설명한다.
    ⓐ 매매대금

> 금 200,000,000원
> (채무자가 제삼채무자에게 2019.11.13. 매도한 다음 물건에 대한 금원의 매매대금채권)

    ⓑ 대여금

> 금 200,000,000원
> (채무자가 제삼채무자에 대하여 2019.11.13. 대여한 금원의 반환채권)

    ⓒ 급 료

> 금 200,000,000원
> (채무자가 제삼채무자로부터 매월 수령하는 급료(본봉 및 제 수당) 및 매년 6월과 12월에 수령하는 기말수당 중 제세공과금을 뺀 잔액의 1/2씩 위 청구금액에 이를 때까지의 금액 및 위 청구금액에 달하지 아니한 사이에 퇴직한 때에는 퇴직금 중 제세공과금을 뺀 잔액의 1/2씩 위 청구금액에 이를 때까지의 금액)

    ⓓ 임대차 보증금

> 금 200,000,000원
> (채무자가 제삼채무자로부터 2019.11.13. 서울 ○○구 ○○동 아파트 ○동 ○호를 임차함에 있어 제삼채무자에게 지급한 임대차 보증금 200,000,000원의 반환채권)

ⓔ 공사대금

> 금 200,000,000원
> (채무자와 제삼자 사이의 2019.11.13. 자 택지조성공사 도급계약에 따른 채무자의 금 200,000,000원의 공사대금채권)

⑤ 자동차 가압류의 신청실무

㉠ 자동차, 건설기계 등은 동산에 속하나 등록이 의무화되어 있는바 부동산에 관한 가압류 집행규정에 준하여 집행된다.

㉡ 강제집행절차의 사전준비(자동차의 소재 확인)

자동차 가압류의 경우에는 자동차등록원부에 가압류등록을 함으로써 그 집행이 완료되지만 이후 집행권원을 얻어 본 압류의 이전 및 경매를 신청하게 되면 경매개시결정일로부터 2월 이내에 집행관이 채무자 등으로부터 자동차를 현실적으로 인도받아야만 매각절차를 진행할 수 있다. 따라서 가압류 이후에는 그대로 방치할 것이 아니라 본압류의 이전 및 경매를 위해 집행관이 언제라도 자동차를 인도받을 수 있도록 자동차의 소재지를 정확히 파악해 놓을 필요가 있다.

㉢ 가압류신청서의 작성

문서의 명칭, 당사자의 표시 등은 부동산 가압류의 신청서에 준하여 작성하되 이하에서는 가압류할 자동차의 표시와 신청취지에 대해서만 보기로 한다.

ⓐ 가압류할 자동차의 표시

자동차의 표시를 통하여 그 대상을 특정하여야 하는바 간결하게 신청서를 작성하기 위하여 별지를 작성한다. 별지에는 자동차등록원부의 내용을 참조하여 다음과 같이 기재한다.

> 목 록
> 1. 채권자가 채무자에 대하여 가지는 위 청구채권의 집행을 보전하기 위하여 별지 목록기재의 채권을 가압류한다.
> 2. 제삼채무자는 채무자에 대하여 위 가압류된 채권을 지급하여서는 아니 된다.
> 라는 재판을 구합니다.
> 자동차등록번호 : 서울 52가 ○○○○
> 형식승인번호 : 1 – 0233 – 018 – ○○○○
> 차명 : 그랜져
> 차대번호 : KAWERT2ZSD1IT308898
> 연식 : 2005년 ○○월
> 원동기형식 : ○○○○
> 최초등록일 : 2005년 ○○월 ○○일
> 최초접수번호 : 39338 – 20005 – 112354
> 최종소유자 : 김 ○○
> 사용본거지 : 서울특별시 ○○구 ○○동 ○○아파트 ○○동 ○○호
> – 이 상 –

실무상 6통의 자동차목록을 신청 시에 같이 제출하는데 이는 법원의 편의를 위한 것으로 가압류결정정본작성과 자동차등록원부소관청에 송부할 때 쓰기 위함이다.

ⓑ 신청취지

> **신청취지**
> 채권자가 채무자에 대하여 가지고 있는 위 청구채권의 집행보전을 위하여 채무자 소유의 별지 목록기재 자동차를 가압류한다.
> 라는 재판을 구합니다.

ⓒ 등록세의 납부

가압류의 집행방법이 자동차 등록원부에 가압류 등록을 하는 것이기 때문에 등록세를 미리 납부하여야 한다.

ⓓ 가압류집행과 확인

자동차 가압류의 경우는 가압류의 대상인 자동차의 등록원부에 가압류등록을 함으로써 집행하는바 이를 열람하여 가압류등록 여부를 확인한다.

6 가처분 절차의 구체적 검토

(1) 가처분의 요건

① 계쟁물에 관한 가처분

㉠ 피보전권리는 특정물에 관한 이행청구권일 것

계쟁물에 관한 가처분의 피보전권리는 금전 이외의 특정의 급여청구권이다. 계쟁물은 유체물에 한하지 아니하며 채권 그 밖의 청구권, 지식재산권이라도 상관없다. 채권자나 집행관이 특정할 수 있다면 대체물(쌀 1톤)이라도 그에 대한 가처분이 가능하다. 본안소송은 주로 금전지급 이외의 이행의 소가 된다.

㉡ 청구권이 성립되어 있을 것

조건부나 기한부·장래의 청구권이라도 상관없다. 다만 그 내용이나 주체를 특정할 수 있을 정도의 요건은 갖추어져야 한다. 또한 동시이행항변권이나 유치권이 부착되어 있는 청구권이라 하더라도 무방하다.

㉢ 통상의 강제집행에 적합할 것

계쟁물에 관한 가처분은 실체적 청구권의 장래의 집행을 위한 것이므로 피보전권리는 후에 강제집행이 가능한 것이어야 한다. 따라서 자연채무, 책임 없는 채무(부집행특약 있는 경우) 등은 피보전권리가 되지 못하고 나아가 경업금지청구권 등 작위, 부작위가 특정물을 대상으로 하지 아니한 경우(임시지위를 정하는 가처분은 별론) 등은 피보전권리가 되지 못한다.

㉣ 보전의 필요성

계쟁물에 관한 가처분의 보전의 필요성은 대상물의 현상이 바뀌면 장래에 집행불능 혹은 집행곤란의 염려가 있을 경우이다. 가압류와는 달리 재산관계의 변경이 아니라 계쟁물의 현상변경이 문제되므로 채무자가 충분한 재산을 가지고 있는가는 문제되지 아니한다. 다만 채권자가 즉시집행이 가능한 경우, 권리침해를 장기간 알고서도 방치한 경우, 가처분신청이 권리남용으로 인정될 경우 등에는 가처분의 필요성이 부정될 것이다.

② 임시지위를 정하기 위한 가처분
  ㉠ 권리관계가 현존할 것
    임시의 지위를 정하기 위한 가처분은 장래의 집행보전이 아니라 현존하는 위험방지를 위한 것이므로 엄격히 본다면 피보전권리가 없다고 할 수도 있으나 통상 다툼 있는 권리관계를 피보전권리라 한다. 권리관계의 내용에는 제한이 없어 재산적 권리, 신분상의 권리, 물권적 권리, 채권적 권리 등을 불문한다.
  ㉡ 권리관계에 다툼이 있을 것
    권리관계에 관하여 당사자의 주장이 대립되어 소송에 의한 권리보호가 요구되는 것을 말한다. 권리관계가 상대방에 의해 부인되거나, 의무를 인정하더라도 이행하지 않는 경우 등이 이에 해당한다. 그러나 반드시 소송계속 중일 필요는 없고 당사자가 적극적으로 분쟁을 벌이고 있을 필요도 없다.
  ㉢ 가처분의 필요성 있을 것
    현저한 손해를 피하거나 급박한 위험을 막기 위하여 또는 그 밖의 필요한 이유가 있을 경우에 하여야 한다(민사집행법 제300조 제2항). 즉, 현재의 위험방지가 주목적이다.
    ⓐ 현저한 손해는 본안확정판결까지 기다리게 하는 것이 가혹하다고 생각될 정도의 불이익 또는 고통 있는 경우를 말한다.
    ⓑ 급박한 위험은 현재의 권리관계를 곤란하게 하거나 무익하게 할 정도의 사정이 있는 경우를 말한다.
    ⓒ 급박한 위험은 현저한 손해와 병렬적인 개념이 아니라 현저한 손해를 생기게 하는 전형적인 예이다.

(2) 가처분의 신청

가처분의 신청에는 가압류신청에 관한 규정이 준용된다(민사집행법 제301조 및 제279조).

① 관 할

  가처분의 재판은 본안의 관할법원 또는 다툼의 대상이 있는 곳을 관할하는 지방법원이 관할한다(민사집행법 제303조). 권리이전에 등기 또는 등록이 필요한 재산권에 대한 가처분은 등기 또는 등록을 관할하는 지방법원이나 본안의 관할법원이 관할한다(민사집행규칙 제216조 및 제213조).

② 신청의 방식

  보전처분의 신청은 신청의 취지와 이유를 적은 서면으로 하여야 하는바(민사집행규칙 제203조) 이하에서는 실무상 가장 빈번히 작성되는 부동산처분금지가처분신청서의 서식을 통하여 기재사항 등에 대해 보기로 한다.

```
                    부동산처분금지가처분신청서
신청인 홍길동

피신청인 이사기

목적물의 가액 :
피보전권리의 요지 : 2019. 11. 25. 매매계약에 기한 소유권이전등기청구권

                         신청취지
피신청인은 별지 목록기재 부동산에 대하여 매매, 증여, 전세권, 저당권이나 임차권의 설정 기
타 일체의 처분 행위를 하여서는 아니 된다.

                         신청이유

                         첨부서류
1. 매매계약서 사본
2. 부동산등기부등본
                         2019. 12. 24.
                       위신청인 홍길동○
서울중앙지방법원 귀중
```

(3) 가처분의 심리와 재판

① 심 리

㉠ 다툼의 대상에 관한 가처분

가압류의 규정을 준용하여 서면심리를 원칙으로 하고 필요한 경우 변론을 열 수 있다.

㉡ 임시지위를 정하기 위한 가처분

임시지위를 정하는 가처분은 결과의 중대성을 고려하여 반드시 변론기일 또는 채무자가 참석할 수 있는 심문기일을 열도록 한다. 다만 그 기일을 열어 심리하면 가처분의 목적을 달성할 수 없는 사정이 있는 때에는 그러하지 아니하다(민사집행법 제304조).

② 재 판

변론을 거쳤는지 여부를 불문하고 모두 결정의 형식으로 재판한다.

(4) 가처분 방법

가압류와는 달리 법원은 직권으로 가처분신청의 목적을 달성하기에 필요한 처분을 명할 수 있다(민사집행법 제305조 제1항).

① 동산, 부동산, 기타 재산권의 보존과 관리를 위해서 보관인을 둘 수 있다(민사집행법 제305조 제2항).
② 채무자에게 부작위 또는 채권자의 행위에 대한 인용을 명한다(민사집행법 제305조 제2항).
③ 급여를 지급하도록 명한다(민사집행법 제305조 제2항).
④ 가처분으로 부동산의 양도나 저당권의 설정 등을 금지한 때에는 등기부에 그 사실을 기입하게 하여야 한다(민사집행법 제305조 제3항).

(5) 가처분의 집행절차 ☑기출

가처분권리자가 가처분 명령을 받은 것만으로 가처분의 목적을 달성한 것이 아니고 그 실효를 거두기 위해서는 집행절차에 의한 사실적 실현이 있어야 함은 가압류의 경우와 같다.

① 가처분의 집행

가처분 집행의 경우에도 가압류의 집행이 준용되는바 집행문은 원칙적으로 필요 없고 재판의 고지가 있은 날로부터 14일이 지나면 집행할 수 없다.

② 가처분 집행의 효력

㉠ 일반적 효력

처분금지가처분의 일반적 효력은 가처분목적물의 처분을 금지하거나 제한하는 데 있다. 따라서 가처분집행 후 제삼자가 채무자의 임의처분에 의하여 권리를 취득하더라도 그 취득을 가지고 가처분권자에게는 대항하지 못하기 때문에 본안소송에서 가처분권리자가 승소하면 목적물을 반환해야 한다.

㉡ 처분금지효의 상대성

채무자 소유의 부동산에 대하여 처분금지가처분결정이 된 경우에 가처분 채무자는 그 부동산을 처분할 수 없는 것이 아니고 다만 가처분에 저촉하는 범위 내에서 가처분권자에게 대항할 수 없음에 그친다.

(6) 가압류와 가처분의 비교 ☑기출

구 분	피보전권리	보전의 필요	본안소송	심리방법	해방공탁
가압류	금전채권	집행곤란	금전지급의 이행의 소	서면심리, 심문 또는 변론	있음
계쟁물에 대한 가처분	비금전청구권	집행곤란	그 밖의 이행의 소	서면심리, 심문 또는 변론	없음
임시지위를 정하는 가처분	다툼 있는 권리관계	현저한 손해, 급박한 위험	이행·확인·형성의 소	변론 또는 채무자의 필요적 심문	

CHAPTER 02 OX 마무리

PART 3 채권보전

01 밀행성, 신속성, 부수성, 확정성, 자유재량성은 보전처분의 특징이다. O|X

01 보전처분은 현상의 유지에 그 목적이 있지 법률관계의 존부를 확정적으로 판단하기 위한 절차가 아닌바 확정성은 특징이 아니다.

02 보전처분신청에 대한 재판은 일반적인 결정의 고지 방법에 의한다. O|X

02 민사소송법 제221조. 다만 실무례는 재판서의 송달방식에 의하고 있다.

03 보전처분의 신청을 기각, 각하하는 재판은 채무자에게 고지할 필요가 없다. O|X

03 민사집행법 제281조 제3항

04 보전처분의 효력은 결정의 선고 시에 발생한다. O|X

04 보전처분의 효력은 그 재판이 고지된 때에 발생한다.

05 보전처분의 재판은 기속력을 가지는바 그 재판을 한 법원은 다시 심리하여 스스로 취소, 변경할 수 없다. O|X

05 보전처분의 재판은 기속력이 제한되는바 그 재판을 한 법원은 다시 심리하여 스스로 취소, 변경할 수 있다.

정답 01 × 02 ○ 03 ○ 04 × 05 ×

06 보전처분의 집행력은 명령이 확정되어야 발생한다. O X

06 보전처분의 집행력은 그 명령의 성립과 동시에 발생한다.

07 보전처분의 집행력은 재판의 고지 후 2주일 내에 집행에 착수하지 않으면 상실된다. O X

07 민사집행법 제292조 제2항. 이와 같이 집행에 착수할 수 있는 기간을 집행기간이라 한다.

08 장래의 채권은 가압류의 피보전권리가 될 수 없다. O X

08 장래에 발생할 채권이라도 그 기초적 법률관계가 현재 존재하고 있으면 가압류를 신청할 수 있다.

09 가압류의 관할법원은 채무자의 주소지 지방법원이다. O X

09 가압류는 가압류할 물건이 있는 곳을 관할하는 지방법원이나 본안의 관할법원이 관할한다(민사집행법 제278조).

10 가처분은 원칙적으로 금전채권의 보전을 위한 사전 처분이다. O X

10 가처분은 특정물에 관한 이행청구권의 보전을 위한 사전 처분이다.

11 가처분을 신청함에는 청구채권과 가처분의 이유를 소명하여야 한다. O X

11 민사집행법 제279조 제2항

정답 06 × 07 ○ 08 × 09 × 10 × 11 ○

12 민사집행법 제305조. 이 점은 가압류에서는 볼 수 없는 특이한 점이다.

13 집행문은 원칙적으로 필요 없으나 재판의 고지가 있은 후 14일이 지나면 집행할 수 없다.

14 가처분의 목적물을 처분할 수 없는 것이 아니고 다만 그 처분을 가지고 가처분채권자에게 대항할 수 없을 뿐이다.

12 가처분을 함에는 보관인을 둘 수 있는 등 특별한 처분을 할 수 있다. O X

13 가압류와 가처분의 집행에는 집행문이 필요하다. O X

14 처분금지가처분이 집행되면 채무자는 목적물을 처분할 수 없다. O X

12 O 13 × 14 ×   정답

PART 03 적중예상문제

01 채무자의 책임재산의 보전을 위하여 채무자의 자유로운 재산관리행위에 채권자의 직접적인 간섭을 허용하는 우리 민법상의 제도는?

① 채권자대위권 및 채권자취소권
② 소유물반환청구권 및 방해제거청구권
③ 변제자의 임의대위와 법정대위
④ 손해배상자의 대위
⑤ 차순위 저당권자의 대위

해설
강제이행이나 금전채권이나 결국은 채무자의 일반재산을 통하여 실현되는 것이므로 모든 채권에 있어서 그 실질적 가치는 채무자의 책임재산 상태에 의하여 결정되게 된다. 따라서 채무자의 일반재산의 감소를 초래하는 경우에 채권자에게 이를 회복시키고 보전하는 제도가 필요한바 민법은 이러한 관점에서 채권자대위권(민법 제404조)과 채권자취소권(민법 제406조)을 규정하고 있다.

02 다음 중 채권자대위권의 피보전권리가 될 수 없는 것은?

① 공유물분할청구권
② 채무불이행으로 인한 손해배상채권
③ 혼인취소권
④ 매수인의 소유권이전등기청구권
⑤ 계약상의 금전채권

해설
혼인취소권을 포함해 인격권의 침해로 인한 위자료 청구권, 이혼 시의 재산분할 청구권, 피후견인 또는 후견감독인이 갖는 취소권 등은 채권자대위권 행사가 불가능한 권리에 해당한다.

정답 01 ① 02 ③

03 채권자대위권의 목적이 될 수 없는 권리는?

① 공동상속재산의 분할청구권
② 채권자대위권
③ 가압류신청권
④ 패소판결에 대한 항소권
⑤ 채권자취소권

해설
소송상의 권리도 대위행사 가능하나 이미 채무자가 소송을 제기하고 있는 경우에는 항소권을 대위행사할 수 없다.

04 채권자대위권에 관한 다음 설명 중 가장 적절한 것은?

① 보전하려는 채권이 금전채권인 경우에는 채무자의 무자력을 요건으로 한다.
② 채권자가 채무자의 이름으로 채무자의 권리를 행사한다.
③ 물권적 청구권은 채권자가 대위할 수 없다.
④ 채무자가 스스로 권리를 행사하고 있어도 그 행사의 방법이 부당하다고 인정되면 대위권행사가 가능하다.
⑤ 반드시 재판상 행사하여야 한다.

해설
② 채권자가 채무자의 이름으로 채무자의 권리를 행사한다(민법 제404조).
③ 채무자의 책임재산보전과 관련 있는 재산권은 그 종류를 묻지 아니하고 채권자대위권의 목적으로 할 수 있는바 채권적 청구권에 한하지 아니하며 등기청구권, 형성권(상계, 해제, 해지권 등), 물권적 청구권까지 포함된다.
④ 채권자는 원칙적으로 자기 채권의 보전 범위에서만 채무자의 권리를 대위행사할 수 있으나 채무자의 권리가 불가분인 경우에는 자기 채권액을 넘어서도 채무자의 권리를 대위행사할 수 있다.
⑤ 채권자대위권은 재판상, 재판 외에서의 행사가 모두 가능하다.

05 채권자대위권에 관한 다음의 기술 중 옳지 아니한 것은?

① 이혼으로 인한 재산분할청구권을 보전하기 위하여 채권자대위권을 원칙적으로 행사할 수 없다.
② 채무자가 스스로 권리를 불행사해야 하며 그 불행사에 채무자의 고의, 과실을 요하지 아니한다.
③ 채권자대위소송이 계속된 사실을 채무자가 알게 되었다면 당해 판결의 효력은 채무자에게 미친다.
④ 채권자가 대위권을 행사한 결과 그 효과는 직접 채권자에게 미친다.
⑤ 채권자대위소송의 계속 중 다른 채권자에 의하여 채권자대위소송이 제기된 경우 후소는 중복소송으로 각하될 수밖에 없다.

해설
채권자대위권의 행사의 효과는 직접 채무자에게 발생하는 것이지 채권자에게 발생하는 것이라 할 수는 없다.

정답 03 ④ 04 ① 05 ④

06 권리의 행사에 있어서 소에 의하지 아니하여도 되는 것은?

① 채권자대위권
② 이혼청구권
③ 혼인의 취소권
④ 채권자취소권
⑤ 파양청구권

해설
채권자대위권은 채권자취소권과 달리 반드시 재판상 소에 의할 필요는 없다. 나머지는 모두 소에 의해서만 행사가 가능하다.

07 채권자대위권에 관한 설명 중 옳지 않은 것은?

① 대위권 행사 결과 수령한 것은 채무자에게 귀속한다.
② 채권자대위권의 행사는 채권자 자신의 이름으로 채무자의 권리를 행사하는 것이다.
③ 채권자는 제삼채무자에 대하여 채무자에게 인도할 것을 청구할 수 있을 뿐 직접 자기에게 인도할 것을 청구할 수 없다.
④ 압류를 허용하지 않는 권리 또는 채무자의 일신에 전속한 권리는 대위권의 목적이 될 수 없다.
⑤ 채무자가 스스로 권리를 행사하고 있는 경우에는 채권자는 대위하지 못한다.

해설
금전 기타 물건의 급부를 목적으로 하는 채권과 같이 변제의 수령을 요하는 경우에 채권자는 채무자에게 인도할 것을 청구할 수 있고 나아가 직접 자기에게 인도할 것을 청구하는 것도 가능하다.

08 채권자대위권과 채권자취소권에 관한 다음 설명 중 가장 적절하지 않은 것은?

① 채권자취소권은 채권의 공동담보 보전을 목적으로 소송으로써만 행사할 수 있는 실체법상의 권리이다.
② 채권자대위권은 채권자가 그 대위원인을 안 날로부터 1년, 법률행위 있은 날로부터 5년 내에 행사하여야 한다.
③ 사해행위취소소송의 피고는 채무자가 아니라 수익자 또는 전득자이다.
④ 채권자취소권 행사의 효과는 모든 채권자의 이익을 위하여 그 효력이 있다.
⑤ 대위소송판결의 효력은 채무자가 그 소의 제기 사실을 안 경우 채무자에게도 미친다는 것이 판례이다.

해설
채권자가 취소원인을 안 날로부터 1년, 법률행위 있은 날로부터 5년 내에 제기하여야 하는 것은 채권자취소권이다(민법 제406조 제2항).

정답 06 ① 07 ③ 08 ②

09 다음 중 권리행사를 반드시 재판상 행사해야 하는 것은?

① 채권자취소권의 행사
② 채권자대위권의 행사
③ 착오에 기한 취소권의 행사
④ 채무불이행을 원인으로 한 계약의 해제권
⑤ 상계권의 행사

해설
채권자대위권과 달리 채권자취소권은 반드시 재판상 행사해야 한다.

10 채권자취소권에 대한 설명 중 옳지 아니한 것은?

① 채권자는 취소원인을 안 날로부터 1년 이내에 행사해야 한다.
② 특정 채권의 보전을 위한 채권자취소권의 행사는 허용되지 아니한다.
③ 통정허위표시도 채권자취소권의 대상이 될 수 있다.
④ 상당한 대가에 의한 부동산의 매각행위는 채권자취소권의 대상이 될 수 없다.
⑤ 채무자가 사해행위 당시에 채권자를 해함을 알고 있어야 한다.

해설
채무자가 자신의 유일한 부동산을 매각하여 소비하기 쉬운 금전으로 바꾸는 행위는 정당한 변제충당을 위한 것이라는 등의 특별한 사정이 없는 한 사해행위가 되고 채무자의 사해의사는 추정된다(대판 1994.6.14., 94다2961·2978).

11 채권자취소권에 대한 설명 중 옳지 아니한 것은?

① 채권자가 채권자취소권을 행사하려면 수익자 또는 전득자를 피고로 해야 하고 채무자를 피고로 할 수는 없다.
② 채권자취소권의 행사기간은 제척기간으로 이른바 출소기간이다.
③ 사해행위 당시 아직 성립되지 아니한 채권은 채권자취소권의 피보전채권이 될 수 없다.
④ 각 채권자가 동시 또는 이시에 중복하여 채권자취소소송을 제기한 경우 이는 중복소송에 해당하지 아니한다.
⑤ 상속재산의 분할협의는 재산권을 목적으로 하는 법률행위이므로 채권자취소권의 대상이 된다.

해설
사해행위 당시에 이미 채권 성립의 기초되는 법률관계가 형성되어 있고 가까운 장래에 그 법률관계에 기하여 채권이 성립하리라는 점에 대해 고도의 개연성이 있으며 실제로 가까운 장래에 그 개연성이 현실화된 경우에는 장래의 채권도 채권자취소권의 피보전채권이 될 수 있다.

12 채권자대위권에 관한 설명 중 옳지 아니한 것은?

① 채권자는 자기의 채권을 보전하기 위하여 채무자의 일신에 전속한 권리 이외의 권리를 행사할 수 있다.
② 채권자는 대위행사하는 채권의 변제기가 도래하기 전에는 보존행위인 경우라도 법원의 허가를 얻어 권리를 행사해야 한다.
③ 채권자가 대위권을 행사하는 경우에 채무자에게 이를 통지하여야 하나 변제기가 도래하기 전의 채권의 보존행위에 대해서는 통지할 필요가 없다.
④ 채무자는 채권자로부터 채권자대위권 행사의 통지를 받은 후에는 그 권리를 처분하더라도 이로써 채권자에게 대항하지 못한다.
⑤ 채권자대위권도 순차대위할 수 있다.

해설
② 채권자는 피보전채권의 변제기가 도래하기 전에는 채권자대위권을 행사하지 못함이 원칙이나 보존행위나 법원의 허가를 얻은 경우에는 변제기 도래 전이라도 그 권리를 행사할 수 있다(민법 제404조 제2항).
① 민법 제404조 제1항
③ 민법 제405조 제1항
④ 민법 제405조 제2항
⑤ 채권자대위권도 대위권의 객체가 된다.

13 채권자취소권에 대한 설명 중 옳지 아니한 것은?

① 반드시 재판상 행사해야 한다.
② 채무자의 무자력을 요건으로 한다.
③ 취소의 효력은 절대적이다.
④ 채권자취소권의 행사에 기한 효력은 모든 채권자를 위하여 효력이 있다.
⑤ 사해행위의 취소의 범위는 원칙적으로 취소채권자의 채권액을 넘지 못한다.

해설
채권자취소권의 효력은 당해 소송의 당사자인 채권자와 전득자 및 수익자 간에 미치고 채무자에게는 미치지 아니하는바 이를 취소의 상대효라 한다.

14 다음 중 채권자취소권의 대상이 되는 것은?

① 통정허위표시
② 증여의 거절
③ 혼인의 취소
④ 상속의 포기
⑤ 압류가 금지된 재산권

해설
허위표시에 의한 재산 처분행위도 채권자취소권의 대상이 된다(대판 1984.7.24., 84다카68).

15

채권자취소소송의 제기기간에 관한 설명으로 (　)에 들어갈 기간으로 가장 적절한 것은?

> 채권자가 취소원인을 안 날로부터 (　A　)년, 법률행위가 있는 날로부터 (　B　)년 내에 제기하여야 한다.

	A	B
①	1	3
②	1	5
③	1	10
④	3	5
⑤	3	10

해설

민법 제406조 제2항
채권자취소의 소는 채권자가 취소원인을 안 날로부터 1년, 법률행위 있는 날로부터 5년 내에 제기하여야 한다.

16

채권자취소권에 대한 설명 중 옳지 아니한 것은?

① 채권자취소권도 채권자가 대위행사하는 것이 가능하다.
② 사해행위 취소의 효력은 상대적이다.
③ 채권자가 민법 제406조 제1항에 따라 사해행위의 취소와 원상회복을 청구하는 경우 사해행위 취소청구가 민법 제406조 제2항의 기간 내에 제기되었다면 원상회복의 청구는 그 기간이 지난 뒤에도 가능하다.
④ 상속재산의 분할협의는 상속재산의 귀속을 확정시키는 행위에 불과하므로 사해행위 취소의 대상이 될 수 없다.
⑤ 채무자의 행위가 사해행위인 경우 수익자의 악의는 추정된다.

해설

상속재산의 분할협의는 그 성질상 재산권을 목적으로 하는 행위이므로 채권자취소권의 대상이 된다.

17 채권자취소권에 대한 설명 중 옳지 아니한 것은?

① 사해행위 당시 성립되지 아니한 채권은 어느 경우든 채권자취소권의 대상이 되지 아니한다.
② 채권자취소권은 특정 채권의 보전을 위해서 행사할 수 없다.
③ 채무자의 행위가 사해행위에 해당하는 경우 수익자의 악의는 추정된다.
④ 채무초과 상태에서 특정의 채무자에게 대물변제를 한 경우도 사해행위에 해당할 수 있다.
⑤ 사해행위 취소소송에 있어서 제소기간의 기준이 되는 법률행위 있는 날이란 사해행위에 해당하는 법률행위가 실제로 이루어진 날을 의미한다.

해설
장래의 채권이라 하더라도 사해행위 당시에 이미 채권 성립의 기초되는 법률관계가 형성되어 있고, 가까운 장래에 그 법률관계에 기하여 채권이 성립하리라는 점에 대해 고도의 개연성이 있으며, 실제로 가까운 장래에 그 개연성이 현실화된 경우에는 장래의 채권도 채권자취소권의 피보전채권이 될 수 있다(대판 2001.3.23., 2000다37821).

18 채권자취소권에 관한 설명 중 옳지 아니한 것은?

① 채권자취소권의 상대방은 악의의 수익자 또는 전득자이다.
② 금전 이외의 급부를 목적으로 하는 채권이라도 장래에 손해배상청구권으로 변할 가능성이 있는 채권은 피보전채권이 될 수 있다.
③ 채무자가 본래의 급부에 대신하여 다른 급부를 하였다면 그것이 상당한 가격으로 평가되었을 때에도 사해행위가 된다.
④ 채무자의 사해의사는 채권의 공동담보에 부족이 생기는 것을 인식하는 것으로 충분하다.
⑤ 채권자취소권의 행사는 반드시 소송의 방법으로 행사해야 한다.

해설
변제 및 대물변제는 적극재산의 감소를 가져오나 동시에 소극재산의 감소도 가져오는 것이어서 전체로서는 채무자의 자력에 증감이 없는 것이기 때문에, 특정의 채무자에 대하여 상당한 대가에 미달하는 처분이라는 등의 특별한 사정이 없는 한 사해행위가 되지 아니한다.

19 채권자취소권에 관한 설명 중 옳지 아니한 것은?

① 실체법상의 권리이다.
② 반드시 재판상 행사해야 한다.
③ 인적담보가 있는 채권의 경우에도 행사 가능하다.
④ 그 행사의 효과는 모든 채권자를 위하여 효력이 있다.
⑤ 취소의 효력은 절대적이다.

해설
사해행위 취소소송의 당사자는 악의의 수익자 또는 전득자인바, 당사자 아닌 채무자에게는 그 효력이 미치지 아니하므로 상대적 효력이 있을 뿐 절대적 효력은 없다.

20
다음은 유체동산 가압류 신청서에 원칙적으로 반드시 기재하거나 첨부할 사항이다. 가장 적절하지 않은 것은?

① 채권자와 채무자의 성명과 주소
② 피보전채권에 대한 집행권원
③ 청구채권과 피보전권리의 요지
④ 신청취지와 신청이유
⑤ 가압류 진술서

해설
신청서의 기재사항
당사자의 성명·주소·연락처, 목적물의 표시, 신청의 취지, 신청의 이유(피보전권리와 보전의 필요성), 소명방법, 작성일자, 신청인의 표시와 기명날인, 법원의 표시

21
다음 중 보전절차의 특징이 아닌 것은?

① 긴급성
② 밀행성
③ 확정성
④ 부수성
⑤ 자유재량성

해설
보전처분은 권리 내지 법률관계의 확정을 목적으로 하는 제도가 아니라 최종적인 판단이 설 때까지 현재의 권리관계 내지 법률관계에 대하여 잠정적으로 내리는 임시적인 처분이다.

22
다음 중 집행개시 전에 금전채권의 보전을 위하여 가장 적당한 방법은?

① 처분금지 가처분
② 압류
③ 가압류
④ 파산신청
⑤ 추심명령 신청

해설
장래에 집행이 개시되는 경우인바 보전처분인 가압류와 가처분을 생각해 볼 수 있으나 피보전채권이 금전채권이므로 가압류가 타당한 방법이라 할 수 있다.

23. 보전처분에 관한 다음 설명 중 가장 적절하지 않은 것은?

① 가압류 절차는 원칙적으로 상대방이 알 수 없는 상태에서 비밀리에 심리되고 발령되며 그 처분을 송달하기 전에 미리 집행에 착수하게 되는 것이 보통이다.
② 변론을 거칠 것인가, 서면심리에 의할 것인가, 소명만으로 발령할 것인가, 담보를 제공하게 할 것인가, 그 담보의 종류와 범위는 어떻게 할 것인가 등은 모두 법원의 자유재량에 속한다.
③ 가압류가 집행된 뒤에 3년간 본안의 소를 제기하지 아니한 때에는 가압류가 인가된 뒤에도 그 취소를 신청할 수 있는바 이 경우에는 이해관계인은 신청할 수 없다.
④ 가압류에 의하여 보전하고자 하는 청구권에 충분한 물적담보권이 붙어 있는 경우에는 원칙적으로 가압류 보전의 필요성이 없는 것으로 보아야 한다.
⑤ 피보전권리에 관하여 이미 확정판결을 가지고 있는 때에는 원칙적으로 보전의 필요성이 없다.

해설
채무자는 가압류 이유가 소멸되거나 그 밖에 사정이 바뀐 때, 법원이 정한 담보를 제공한 때, 가압류가 집행된 뒤에 3년간 본안의 소를 제기하지 아니한 때에는 가압류가 인가된 뒤에도 그 취소를 신청할 수 있다. 가압류가 집행된 뒤에 3년간 본안의 소를 제기하지 아니한 때에 해당하는 경우에는 이해관계인도 신청할 수 있다(민사집행법 제288조 제1항).

24. 다음 중 가압류의 피보전권리와 가장 거리가 먼 것은?

① 손해배상 청구권
② 대여금 청구권
③ 공사대금 청구권
④ 물품대금 청구권
⑤ 건물명도 청구권

해설
피보전권리는 강제집행할 수 있는 청구권이 아니면 안 된다. 따라서 자연채무, 부집행특약이 있는 채권, 신분법상의 권리, 체납처분에 의하여 징수될 조세채권(민사집행법상의 강제집행이 인정되지 아니하므로) 등은 피보전적격이 없다.

25. 가압류에 관한 다음의 설명 중 옳지 아니한 것은?

① 가압류의 신청은 구두로도 할 수 있다.
② 담보권이 충분한 채권의 집행을 위한 가압류는 허용될 수 없다.
③ 가압류의 신청을 기각한 재판은 채무자에게 통지하지 않아도 된다.
④ 가압류명령에는 반드시 가압류 해방금액을 기재해야 한다.
⑤ 채권자는 채무자를 대위하여 제삼채무자를 상대로 한 가압류신청을 대위하여 할 수 있다.

해설
보전처분의 신청은 신청의 취지와 이유 및 주장을 소명하기 위한 증거 방법을 적은 서면으로 하여야 한다(민사집행규칙 제203조).

정답 23 ③ 24 ⑤ 25 ①

26 가압류에 대한 설명 중 옳지 않은 것은?

① 가압류는 금전채권의 가압류집행을 보전하기 위한 것이므로 피보전권리는 금전채권 또는 금전으로 환산할 수 있는 채권이어야 한다.
② 1개의 금전채권을 보전하기 위하여 여러 개의 목적물에 대하여 각각 가압류를 신청할 수 있다.
③ 추징은 가압류의 피보전권리가 될 수 없다.
④ 채권의 양수인이 채권양도의 대항요건을 갖추지 못하고 있는 사정이라면 양도받은 채권을 피보전권리로 하여 가압류를 신청할 수 없다.
⑤ 가압류의 피보전권리는 가압류의 신청 당시에 확정적으로 발생할 것을 요하지 아니한다.

해설
보전될 청구권은 조건이 붙어 있는 것이거나 기한이 차지 않은 것이라도 무방하다(민사집행법 제276조). 조건은 해제부조건이든 정지조건부 채권이든 무방하다. 그밖에 동시이행항변권이나 유치권 등의 항변이 부착된 청구권이나 채권양도의 대항요건을 갖추지 아니한 청구권도 피보전권리로 될 수 있다.

27 갑은 갑의 채무자인 을과 건축업자인 병 사이에 맺어진 부동산 매매계약에 기한 소유권이전등기가 사해행위에 해당한다는 이유로 매수인 병을 상대로 사해행위취소소송을 제기하려 한다. 이 경우 갑이 취할 보전처분으로 가장 적절한 것은?

① 해당 부동산에 대한 처분금지 가처분
② 해당 부동산에 대한 가압류
③ 해당 부동산에 대한 점유이전금지 가처분
④ 해당 부동산에 대한 인도단행 가처분
⑤ 해당 부동산에 대한 공사금지 가처분

해설
사안에서 피보전권리는 사해행위취소에 기한 소유권이전등기말소청구권이므로 해당 부동산에 대한 처분금지 가처분이 적절하다.

28. 보전의 필요성에 관한 설명 중 옳지 않은 것은?

① 채권자의 금전채권에 대하여 충분한 물적 담보가 설정되어 있으면 가압류의 보전의 필요성은 인정되지 아니한다.
② 채무자에게 재산이 충분히 있음이 소명된 경우에는 다툼의 대상에 관한 가처분의 보전의 필요성은 인정되지 않는다.
③ 계속하는 권리관계에 끼칠 현저한 손해를 피하기 위한 것이라면 임시의 지위를 정하기 위한 가처분의 보전의 필요성이 인정된다.
④ 가압류를 하지 아니하면 집행권원을 집행할 수 없거나 집행이 매우 곤란해질 염려가 있을 경우에는 가압류의 보전의 필요성이 인정된다.
⑤ 채권자가 이미 확정판결을 받은 경우에는 보전의 필요성은 인정되지 아니한다.

해설
다툼의 대상이 되는 가처분은 가압류와 달리 채무자의 일반재산상태가 좋지 않다든가 자력이 감소한다든가 채무자의 다른 재산으로부터 만족을 얻을 수 있다든가 하는 등의 사유는 고려할 필요가 없다. 즉, 가처분은 현상변경을 방지하는 데 그 취지가 있는 것이다.

29. 보전처분의 집행에 관한 다음 설명 중 가장 적절하지 않은 것은?

① 부동산에 대한 가압류의 집행은 가압류재판에 관한 사항을 등기부에 기입하여야 한다.
② 제삼채무자가 가압류 집행된 금전채권액을 공탁한 경우에는 그 가압류의 효력은 그 청구채권액에 해당하는 공탁금액에 대한 채무자의 출급청구권에 대하여 존속한다.
③ 보전처분은 채권자에게 결정서를 고지한 날로부터 2주 내에 착수하여 그 기간 내에 집행을 종료하여야 한다.
④ 가압류명령에는 가압류의 집행을 정지시키거나 집행한 가압류를 취소시키기 위하여 채무자가 공탁할 금액을 적어야 한다.
⑤ 유체동산의 가압류는 집행관이 이를 집행한다.

해설
보전처분의 긴급성
보전처분은 민사소송절차를 거치기 위한 시일의 경과에서 오는 피해를 방지하기 위한 목적에서 행해지므로 이러한 요청에 부응하기 위하여 증거도 소명으로 족하고 집행문의 부여 없이도 곧바로 집행할 수 있으며 채무자에게 보전처분을 송달하기 전에도 집행할 수 있다.

30

보전소송의 관할에 관한 설명 중 옳지 아니한 것은?

① 가압류사건은 가압류할 물건이 있는 곳을 관할하는 지방법원이나 본안의 관할법원이 관할한다.
② 보전처분의 신청이 본안에 관하여 관할권 없는 법원에 제기된 경우에도 이송결정 전에 본안이 그 법원에 제기되면 관할의 하자는 치유된다.
③ 보전처분의 신청 후 본안사건이 각하되거나 관할위반으로 다른 법원에 이송된 경우 보전처분의 신청은 관할위반이 된다.
④ 가압류할 물건이 동산이나 부동산인 경우에는 그 동산이나 부동산이 있는 곳의 법원이 관할법원이 되고 채권인 경우에는 제삼채무자의 보통재판적이 있는 법원이 관할법원이 된다.
⑤ 급박한 경우에 재판장은 보전처분의 신청에 대한 재판을 할 수 있다.

해설
관할권의 유무를 결정함에 있어서는 보전처분 당시 본안의 계속 여부만을 심사하면 되고 본안에 대하여 관할권을 가지는지 여부까지 조사할 필요는 없다. 따라서 보전처분의 신청 후 본안사건이 각하되었다든가 관할위반으로 다른 법원에 이송되었어도 보전처분의 신청은 관할위반이 되지 아니한다.

31

다음의 설명 중 옳지 아니한 것은?

① 가압류 · 가처분에 있어서 본안이라 함은 반드시 소송절차이어야 한다.
② 보전처분의 피보전권리와 본안의 소송물인 권리는 반드시 일치할 필요는 없고 청구기초의 동일성이 인정되는 한 본안이라 할 수 있다.
③ 본안이 종료된 후에는 그것이 계속되었던 1심법원이 관할법원이 된다.
④ 가처분의 경우 다툼의 대상이 있는 곳을 관할하는 지방법원도 관할법원이 된다.
⑤ 가압류는 가압류할 물건이 있는 곳을 관할하는 지방법원도 관할법원이 된다.

해설
보전처분에 있어서 본안이라 함은 반드시 소송절차이어야 할 필요는 없고 독촉절차, 제소전화해절차, 조정절차, 중재판정절차 등도 모두 본안에 포함된다.

32

다음의 설명 중 옳지 못한 것은?

① 피보전권리는 반드시 금전채권이나 금전으로 환산할 수 있는 채권이어야 한다.
② 금전채권이라면 그 채권액의 전부의 보전을 위해서만 가압류가 가능하고 일부에 대한 가압류 신청은 부적법하다.
③ 동시이행항변권이나 유치권 등의 항변권이 부착된 채권도 가압류가 가능하다.
④ 피보전권리는 통상의 강제집행방법에 의하여 집행이 가능한 권리이어야 한다.
⑤ 조건이 부착된 권리도 피보전적격이 있다.

해설
피보전채권이 금전채권이기만 하면 그 채권액의 전부뿐만 아니라 일부의 보전을 위해서도 가압류를 할 수 있다.

정답 30 ③ 31 ① 32 ②

33

다음의 설명 중 옳지 아니한 것은?

① 보전소송에 있어 목적물이 채권인 경우에는 제삼채무자의 보통재판적이 있는 법원이 관할법원이 된다.
② 동산이나 부동산인 경우에는 그 동산이나 부동산의 소재지가 관할법원이 된다.
③ 소재지여부를 판단하는 기준시는 가압류신청시이다.
④ 압류 또는 가압류된 채권에 대해서도 이행청구가 가능하다.
⑤ 가처분의 피보전권리는 이행청구권으로 한정된다.

해설
다툼의 대상에 대한 가처분의 피보전권리는 반드시 이행을 청구하는 것이 아니고 확인을 구하는 권리관계라도 무방하다.

34

가처분에 관한 다음의 설명 중 옳지 아니한 것은?

① 가처분의 경우에도 가압류와 마찬가지로 청구권의 이행기가 현실적으로 도래할 필요는 없으므로 피보전채권이 기한부, 조건부 청구권이라도 무방하다.
② 법원의 형성판결에 의하여 비로소 발생하는 청구권도 피보전권리의 적격을 갖는다.
③ 민사집행법상 압류금지채권에 대해서는 가처분도 허용되지 아니한다.
④ 다툼의 대상이 되는 가처분은 계쟁물의 현상이 변경되는 불안을 제거하는 것을 목적으로 한다.
⑤ 가처분의 피보전채권은 공법상의 권리도 포함된다.

해설
민사집행법상의 압류금지규정은 금전채권의 집행에 관한 것이므로 가압류는 허용되지 않는다 하더라도 다툼의 대상에 관한 가처분을 함에는 지장이 없다.

35

다음의 설명 중 옳지 아니한 것은?

① 보전처분의 신청은 법원으로 하여금 그 신청에 대한 심리를 개시하여 재판을 하여야 할 의무를 부담시킨다.
② 채권자가 채무자의 제삼채무자에 대한 채권을 가압류한 경우 가압류된 채무자의 제삼채무자에 대한 채권에 관하여도 확정적인 시효중단의 효력이 생긴다.
③ 시효중단의 효력은 보전처분의 집행보전의 효력이 존속하는 동안 계속된다.
④ 보전명령이 발하여지는 경우에도 보전명령 자체가 취소되지 않는 한 그 집행여부와는 관계없이 어느 단계든 신청의 취하는 가능하다.
⑤ 가압류의 신청서에는 피보전권리인 청구채권을 표시하고 그 금액을 적는다.

해설
보전처분의 신청은 시효의 중단 등 실체법상의 효과가 있으나 채권자가 채무자의 제삼채무자에 대한 채권을 가압류한 경우에 채무자에 대한 채권자의 채권에 대해 시효중단의 효력이 생긴다고 할 것이나 가압류된 채무자의 제삼채무자에 대한 채권에 대하여는 시효중단의 효력이 생긴다고 할 수 없다.

정답 33 ⑤ 34 ③ 35 ②

36 보전처분에 관한 다음 설명 중 가장 적절하지 않은 것은?

① 채권자가 채무자에 대하여 대여금채권을 가지는 경우 채권자는 그 대여금채권의 보전을 위하여 채무자 소유의 부동산을 가처분(처분금지가처분)을 할 수 있다.
② 채권자가 채무자에 대하여 물품대금채권을 가지는 경우 채권자는 그 물품대금채권의 보전을 위하여 채무자의 은행예금채권을 가압류할 수 있다.
③ 부동산에 대한 가압류의 집행은 법원사무관 등이 관할 등기소에 촉탁하여 가압류명령을 부동산등기기록에 기입하는 방법을 이용하고 있다.
④ 채권에 대한 가압류의 효력발생시기는 가압류결정문이 제삼채무자에게 송달된 때이다.
⑤ 동일한 대상물에 대한 가압류 경합이 있는 경우 가압류채권자 상호 간에는 원칙적으로 우열이 없다.

해설
가처분이란 금전채권 이외의 권리 또는 법률관계에 관한 확정판결의 강제집행을 보전하기 위한 집행보전제도를 말하며, 이는 다툼의 대상에 관한 가처분과 임시의 지위를 정하기 위한 가처분으로 나뉜다. 금전채권이나 금전으로 환산할 수 있는 채권(매매대금, 대여금, 어음금, 수표금, 양수금, 공사대금, 임료, 손해배상청구권 등)의 집행을 보전하기 위해서는 가처분이 아닌 가압류를 신청해야 한다.

37 다음 중 보전처분의 특질로 가장 적절하지 않은 것은?

① 부수성
② 신속성
③ 확정성
④ 자유재량성
⑤ 밀행성

해설
보전처분의 특질에는 잠정성, 긴급성, 부수성, 밀행성, 재유재량성이 있다.

PART 4
소송실무

CHAPTER 01 민사소송 절차

CHAPTER 02 소송절차 일반

CHAPTER 03 판결 후의 조치

CHAPTER 04 소액사건과 독촉절차
(지급명령)

CHAPTER 05 민사조정 및 재판상화해

CHAPTER 01 민사소송 절차

PART 4 소송실무

1 총 설

(1) 민사소송제도

① **의 의**

민사소송이라 함은 사인 간의 생활관계에 대한 분쟁이나 이해의 충돌을 국가의 재판권에 의하여 법률에 따라 강제적으로 해결 조정하기 위한 절차를 말한다. 사법상의 분쟁을 대상으로 한다는 점에서 공법상의 형사소송이나 행정소송과 구별된다.

② **민사소송의 필요성**

개인 간의 분쟁이 당사자 간의 합의에 따라 해결된다면 민사소송은 필요 없을 것이나 분쟁이 항상 당사자의 자유의사에 기하여 자주적으로 해결되는 것은 아니며 자력구제가 허용되지 아니하는 현대 법제하에서 국가가 개입하여 당사자 간의 분쟁을 해결함으로써 사회 안정과 정의를 실현함에 목적이 있다.

③ **민사소송의 종류**

판결 및 민사집행절차 등을 포함하는 보통절차와 화해, 독촉, 파산 등의 특별절차, 이상의 절차를 진행, 집행하는 데 필요한 부수절차로 대별된다.

④ **민사소송제도의 이상**

민사소송제도는 사인의 권리보호와 사법질서의 유지를 목적으로 하여 국가가 마련한 제도인바 제도의 취지를 도모하고 이상적으로 운영되기 위해서는 적정, 공평, 신속, 소송경제, 신의칙의 이념이 지배하여야 한다(민사소송법 제1조 참조).

(2) 민사소송의 목적

① **분쟁의 해결**

민사소송은 사법상 권리, 의무의 존부, 범위 등에 대한 다툼이 있을 때 이를 법률적으로 해결하기 위하여 한다.

② **집행권원의 획득을 위한 소송**

채무자가 임의이행을 거부하는 경우 채권을 강제집행절차에 의해 종국적으로 실현하기 위해서는 그 전제로 집행권원이 필요한바 이러한 집행권원 중 확정판결이 대표적이며 이를 획득하는 절차가 민사소송 절차이다.

③ **소멸시효 중단 및 연장**

소의 제기로 소멸시효가 중단되고 확정판결을 받아두면 채권이 단기의 소멸시효에 해당하더라도 기간을 10년으로 연장할 수 있다(민법 제165조).

④ 공적신용조사

금전채무를 부담하는 채무자에 대하여 재산 명시신청을 통하여 은닉재산을 공개토록 하고 채무불이행자 명부에 등재가 가능하다. 이는 사실상 간접강제의 기능을 가진다.

⑤ 지연배상금의 부담

금전채무의 이행을 구하는 소장이 채무자에게 송달된 날로부터 완제일까지 소송촉진 등에 관한 특례법에 의하여 연 12%의 비율에 의한 지연손해금의 부담을 알려 심리적 부담을 채무자에게 줄 수 있다.

2 소의 제기

(1) 당사자 ☑ 기출

① 의 의

민사소송에서 당사자라 함은 자기의 이름으로 국가의 권리보호를 요구하는 사람과 그 상대방을 말한다. 당사자의 호칭은 각 절차에 따라 다른바 재판절차 중 1심 절차에서는 원고·피고, 항소심절차에서는 항소인·피항소인이라 부른다. 독촉절차, 강제집행절차, 가압류·가처분 절차에서는 채권자·채무자라 한다.

② 당사자능력

당사자능력이라 함은 소송의 주체가 될 수 있는 일반적인 능력을 말한다. 즉, 원고·피고가 될 수 있는 능력을 말하는바 자연인, 법인(비법인)사단·재단은 당사자능력이 있으나 민법상 조합은 당사자능력이 없다.

(2) 소송상의 대리

① 의 의

당사자를 위하여 당사자의 이름으로 소송행위를 하거나 소송행위를 받는 제삼자를 소송상 대리인이라 한다.

② 대리인의 종류

㉠ 임의대리인(소송대리인)

본인의 의사에 의하여 대리권이 수여됨으로써 대리인이 된 자를 의미하며 이에는 법률상 소송대리인과 소송위임에 의한 소송대리인이 있다.

㉡ 법정대리인

본인의 의사에 의하지 아니하고 대리인이 된 자를 의미하며 이에는 실체법상의 법정대리인(민사소송법 제51조)과 소송법상의 특별대리인(민사소송법 제62조 및 제378조), 법인 등 단체의 대표자(민사소송법 제64조)가 있다.

③ 민법상 대리와의 차이

소송상 대리는 절차의 명확성과 안정성을 위해 대리권의 서면 증명(민사소송법 제58조 및 제89조), 대리권소멸의 통지(민사소송법 제63조 및 제97조), 대리권범위의 법정(민사소송법 제56조 및 제90조) 등에 차이가 있다.

④ 임의대리인과 법정대리인의 유사점
  ㉠ 본인을 위한 대리인
    당사자가 아니고 본인의 이름으로 소송행위를 하며 그 효과도 본인에게 직접 귀속된다.
  ㉡ 대리인의 서면 증명과 소멸의 통지
  ㉢ 대리권의 조사와 흠
    대리권의 존재는 제소 시에는 소송요건이고 제소 후에는 소송행위의 유효요건이므로 법원은 이를 직권으로 조사하여야 한다.
⑤ 임의대리인과 법정대리인의 차이점
  ㉠ 임의대리인의 종류
    ⓐ 법률상 소송대리인
      지배인(상법 제11조), 선장(상법 제749조), 업무집행조합원(민법 제709조)이 이에 해당되며 이처럼 권한은 법률에 규정되어 있어도 본인의 의사에 의해 선임되므로 임의대리인이다.
    ⓑ 소송위임에 의한 소송대리인
      원칙적으로 법률상 소송대리인을 제외하고는 변호사가 아니면 소송대리인이 될 수 없다(민사소송법 제87조). 단, 예외적으로 단독사건 중 일정한 사건(민사소송법 제88조), 형사소송절차에 부대하여 신청하는 배상신청, 소액사건, 가사소송사건, 비송사건에서 일정한 경우에 변호사 외에도 소송대리인을 인정하고 있다.
  ㉡ 법정대리인의 종류
    ⓐ 실체법상 법정대리인
      법정대리인 자격은 민법 그 밖의 법률에 의하므로 민법상 법정대리인의 지위에 있는 자는 소송법상으로도 법정대리인이 된다. 친권자, 후견인 등이 이에 해당한다(민법 제911조 및 제928조).
    ⓑ 소송법상 특별대리인
      법정대리인이 없는 소송무능력자를 상대로 소송행위를 하는 사람이 소송의 지연을 피하기 위해 특별대리인을 신청하는 경우 등이 이에 해당한다.
    ⓒ 법인 등 단체의 대표자
      법인은 소송에서 소송무능력자이므로 그 대표자를 법정대리인에 준하여 취급하고 있다(민사소송법 제64조).
  ㉢ 임의대리인의 대리권의 범위
    ⓐ 법률상 소송대리인
      해당 실체법에서 정해지며 이러한 대리권의 범위를 제한했다 하더라도 소송법상으로 효력이 없다(민사소송법 제91조).
    ⓑ 소송위임에 의한 소송대리인
      위임받은 사건에 대하여 특별수권사항을 제외하고 소의 제기, 참가, 강제집행의 신청 등 일체의 소송행위와 변제의 영수를 받을 수 있다. 다만 소송법상 본인에게 중대한 영향을 미치는 사항에 대해서는 본인에게 특별수권을 받아야 하는바 이러한 특별수권사항에는 반소의 제기, 소의 취하, 화해, 청구의 포기·인낙 또는 탈퇴, 상소의 제기 또는 취하, 대리인의 선임이 있다(민사소송법 제90조 제2항).

ⓔ 법정대리인의 대리권의 범위
　　ⓐ 대리권의 범위
　　　민사소송법에 특별한 규정이 없으면 민법, 기타 법률의 규정에 의한다(민사소송법 제51조). 다만 후견인이 소송행위를 하려면 후견감독인이 있으면 그의 동의를 얻어야 하는데(민법 제950조), 상대방이 제기한 소는 상소에 관하여 소송행위를 함에는 동의를 요하지 아니한다.
　　ⓑ 특별수권사항
　　　법정대리인이라 하여도 소의 취하, 화해, 청구의 포기·인낙 또는 탈퇴를 하기 위해서는 특별수권을 받아야 한다(민사소송법 제56조 제2항).

⑥ 대리권의 소멸
　㉠ 임의대리인
　　대리인의 사망, 파산, 성년후견의 개시, 위임사무의 종료, 위임계약의 해지 등 기본관계 소멸과 동시에 대리권도 소멸하나 민법의 경우와는 달리 당사자의 사망, 소송능력 상실, 당사자인 법인의 합병에 의한 소멸, 당사자인 수탁자의 신탁임무 종료 등의 경우에는 소멸하지 아니한다(민사소송법 제95조 및 제96조 참조).
　㉡ 법정대리인
　　소멸원인도 민법 기타 법률에 의한다. 따라서 본인 또는 법정대리인의 사망, 파산, 성년후견의 개시의 경우에 소멸되며 본인이 소송능력을 취득하거나 법정대리인의 자격상실의 경우에도 소멸된다.

⑦ 대리인의 지위
　㉠ 임의대리인
　　ⓐ 임의대리인의 성명은 소장의 필요적 기재사항이 아니다.
　　ⓑ 본인은 소송수행권을 상실하지 않고 그대로 존속하므로 본인은 소송대리인과 함께 기일에 출석해서 변론할 수 있으며 이와 같은 경우 본인이 소송대리인의 사실상의 진술을 취소하거나 경정하면 그 진술은 효력을 잃는다.
　　ⓒ 송달 시 본인에게 송달되어도 위법이라 할 수 없다.
　　ⓓ 임의대리인은 당해 소송에 있어서 증인이나 감정인이 될 수 있다.
　　ⓔ 임의대리인의 사망 또는 대리권 소멸의 경우에 본인이 소송수행이 가능하므로 소송절차는 중단되지 아니한다.
　㉡ 법정대리인
　　ⓐ 법정대리인의 성명은 소장과 판결의 필요적 기재사항이다.
　　ⓑ 법정대리인은 본인의 간섭을 받지 않고 독자적으로 소송을 수행하므로 당사자 본인이 출석하여야 하는 경우에도 법정대리인은 본인에 갈음하여 출석한다.
　　ⓒ 법정대리인의 경우에 송달은 반드시 법정대리인에게 하여야 한다.
　　ⓓ 법정대리인은 증인능력이 없으므로 당사자 신문방식에 의한다.
　　ⓔ 법정대리인의 사망 또는 대리권의 소멸은 소송절차 중단사유가 된다.

3 소를 제기할 법원 ☑기출

관할이라 함은 재판권을 행사하는 여러 법원 사이에 재판권의 분담관계를 정해놓은 것을 말한다. 소송을 제기함에는 소장을 작성하여 관할권 있는 법원에 제기해야 하는바 이하에서는 여러 관할 중 빈번히 문제되는 토지관할 및 합의관할과 사물관할에 대해서 보기로 한다.

(1) 토지관할

① 의 의

토지관할이라 함은 소재지를 달리하는 같은 종류의 법원 사이에 재판권의 분담관계를 정해 놓은 것을 말한다. 예를 들어 1심 사건을 서울중앙지방법원이 맡느냐 수원지방법원이 담당하느냐의 문제이다.

② 보통재판적과 특별재판적

보통재판적은 모든 소송사건에 있어서 공통적으로 적용되는 재판적임에 반하여(민사소송법 제2조) 특별재판적은 특별한 종류의 사건에 대하여 한정적으로 인정되는 재판적이다(민사소송법 제7조 이하). 보통재판적과 특별재판적은 일반법과 특별법의 관계가 아닌바 양자 간의 경합이 발생할 수 있으며 이 경우 원고는 임의적으로 선택하여 소를 제기할 수 있다.

③ 보통재판적

모든 소송사건에 토지관할을 생기게 하는 보통재판적은 피고와 관계있는 곳을 기준으로 정해놓은바 이하 살펴보기로 한다.

㉠ 사람의 주소 등(민사소송법 제3조)

피고가 자연인인 경우에 1차적으로 그 주소에 의하고 만일 대한민국에 그 주소가 없거나 알 수 없을 때에는 거소에 따라, 거소가 일정하지 아니하거나 알 수 없을 때에는 마지막 주소에 따라 정한다.

㉡ 법인 그 밖의 사단, 재단 등(민사소송법 제5조)

피고가 법인 등인 때에는 그 주된 사무소 또는 영업소가 있는 곳, 보충적으로 주된 업무담당자의 주소에 의한다.

㉢ 국가(민사소송법 제6조)

피고가 국가일 때에는 보통재판적은 그 소송에서 국가를 대표하는 관청 또는 대법원 소재지에 의한다.

㉣ 보통재판적을 정할 수 없는 자는 대법원 소재지

보통재판적을 정할 수 없는 때에는 대법원 소재지를 보통재판적으로 한다.

④ 특별재판적

민사소송법 제7조 내지 24조까지는 예시적이다. 이하에서는 특별법상의 특별재판적을 제외하고 살펴보기로 한다.

㉠ 근무지(민사소송법 제7조)

피고가 사무소 또는 영업소에 계속하여 근무하는 사람인 경우에 그 사무소 또는 영업소가 있는 곳의 관할법원에 소를 제기할 수 있다.

㉡ 거소지 또는 의무이행지(민사소송법 제8조)

재산권에 관한 소를 제기하는 경우에는 거소지 또는 의무이행지의 법원에 소를 제기할 수 있다. 우리 민법은 지참채무를 원칙으로 하고 있는바 채권자의 주소지가 원칙적으로 의무이행지가 된다.

ⓒ 어음・수표의 지급지(민사소송법 제9조)

어음・수표에 관한 소를 제기하는 경우에 지급지의 법원에 제기할 수 있다.

ⓔ 사무소・영업소 소재지(민사소송법 제12조)

사무소 또는 영업소가 있는 사람에 대하여 그 사무소 또는 영업소의 업무와 관련된 소를 제기하는 경우에 그 사무소 또는 영업소가 있는 곳의 법원에 소를 제기할 수 있다.

ⓜ 불법행위지(민사소송법 제18조)

불법행위에 관한 소를 제기하는 경우에는 행위지의 법원에 소를 제기할 수 있다. 선박 또는 항공기의 충돌이나 그 밖의 사고로 말미암은 손해배상에 관한 소를 제기하는 경우에는 사고선박 또는 항공기가 맨 처음 도착한 곳의 법원에 소를 제기할 수 있다.

ⓗ 부동산이 있는 곳(민사소송법 제20조)

부동산에 관한 소를 제기하는 경우에는 부동산이 있는 곳의 법원에 소를 제기할 수 있다.

ⓢ 등기・등록에 관한 소(민사소송법 제21조)

등기・등록에 관한 소를 제기하는 경우에는 등기 또는 등록할 공공기관이 있는 곳의 법원에 소를 제기할 수 있다.

(2) 합의관할

① 의 의

당사자의 합의에 의해 정해지는 관할이다. 이것은 당사자의 편의를 위한 제도이다. 가령 매매계약을 체결하면서 당사자 사이에 '매매계약의 분쟁에 관한 소송은 수원지방법원으로 하기로 한다'고 약정한 경우이다.

② 요건(민사소송법 제29조)

㉠ 1심법원의 임의관할에 한할 것

1심법원에 한하므로 대법원이나 고등법원을 합의할 수는 없다. 또한 1심법원이라 하더라도 토지관할과 사물관할 등 임의관할에 대해서만 합의할 수 있다(예를 들어 소액사건을 대구지방법원 합의부로 한다는 합의는 허용될 수 없다).

㉡ 합의의 대상인 소송이 특정되었을 것

매매, 임대차에 관한 분쟁과 같이 어떠한 법률관계에 관한 것인지가 특정되어야 한다.

㉢ 합의의 방식이 서면일 것

관할의 합의는 서면으로 이루어져야 한다. 다만 반드시 별개의 서면일 필요는 없다.

㉣ 합의의 시기

시기에 관하여는 제한이 없는바 소송제기 후라도 가능하다. 다만 이는 소송이송의 신청에 준하여 처리될 것이다.

㉤ 관할법원이 특정되었을 것

반드시 1개의 법원으로 특정할 필요는 없다. 다만 원고가 지정하는 법원으로 합의한 경우에는 이는 법원이 특정되었다고 할 수 없으므로 무효이다.

③ 합의관할의 종류

합의관할의 종류에는 전속적 합의관할과 부가적 합의관할이 있는바, 전자는 특정의 법원에만 관할이 있도록 정한 것이고 후자는 법정의 관할법원 외에 재차 관할법원을 추가하는 것이다.

④ 합의관할의 효력

관할의 합의가 있으면 합의된 내용에 따라 새로운 법원의 관할권이 생겨나거나 기존 법원의 관할권이 소멸하게 된다. 관할의 합의는 제삼자를 구속하지 아니하나 당사자의 상속인 등 포괄승계인이나 소송물의 특정승계인에게는 그 효력이 미친다고 본다.

(3) 사물관할

① 의 의

사물관할이라 함은 제1심 소송사건을 다루는 지방법원단독판사와 지방법원합의부 사이에 사건의 경중을 표준으로 재판권의 분담관계를 정해놓은 것을 말한다.

② 합의부 관할사건

㉠ 소송목적의 값이 2억 원을 초과하는 민사사건

다만 수표금·어음금청구사건은 제외된다.

㉡ 비재산권상의 소

경제적 이익을 목적으로 하지 아니하는 성명권, 해고무효확인소송 등이 이에 해당한다.

㉢ 소가를 산정할 수 없는 경우

상호사용금지의 소, 주주의 대표소송이 이에 해당된다.

㉣ 관련 청구

본소가 합의부관할일 때 이에 병합하여 제기하는 반소, 중간확인의 소는 그 소가에 관계없이 합의부 관할에 속한다.

③ 단독판사 사건

㉠ 소송목적의 값이 2억 원 이하인 사건

미만이 아닌 이하이므로 소가 2억 원은 단독판사 사건이다.

㉡ 사안이 단순한 사건

소가를 막론하고 수표금·어음금청구사건, 금융기관이 원고가 된 대여금·구상금·보증금 청구사건은 단독사건이 된다.

㉢ 소액사건

ⓐ 소가 2,000만 원 이하 소액사건도 단독사건이나 시·군법원의 관할구역 내의 사건은 시·군법원만이 전속적 사물관할을 갖는다.

ⓑ 2,000만 원 초과 1억 원 이하 사건은 중액 단독이라 하는데 단독사건이나 2심이 지방법원 합의부이고 1억 원 초과 2억 원 이하는 고액 단독사건이라 하여 2심은 고등법원에서 관할한다.

④ 소 가

소가라 함은 원고가 소로써 달하려는 목적이 갖는 경제적 이익을 화폐단위로 평가한 금액인바 이는 사물관할을 정하는 기준이 됨과 동시에 인지액 산정의 기초가 된다. 이하에서는 소가의 산정방법과 인지대 및 송달료 산출에 대해 보기로 한다.

㉠ 일반적 산정방법

소가는 원고가 전부 승소할 경우에 직접 받는 경제적 이익을 객관적으로 평가 산정해야 하므로 심판의 난이도 등은 고려하지 아니하며 기판력이 생기는 소송물에 관한 이익이기 때문에 상환이행청구의 경우에 반대급부를 공제할 것이 아니다.

㉡ 구체적인 산정방법(민사소송 등 인지규칙)

소의 종류	소가의 산정방법
(통상의) 확인의 소	권리의 가액
증서진부확인의 소	유가증권 : 그 가액의 1/2, 기타증서 : 200,000원
금전지급청구의 소	청구금액(이자는 불산입)
기간미정의 정기금청구의 소	기발생분 및 장래 1년 발생분을 합산한 금액
소유권에 기한 물건인도 또는 방해배제	목적물건 가액의 1/2
지상권, 전세권, 임차권, 담보물권에 기한 경우	목적물건 가액의 1/2(그 계약의 해제, 해지, 기간만료를 원인으로 하는 경우도 동일)
점유권에 기한 경우	목적물건 가액의 1/3
상린관계상의 청구	부담을 받는 이웃 토지부분 가액의 1/3
공유물분할 청구의 소	목적물건 가액에 원고의 공유지분을 곱한 금액의 1/3
경계확정의 소	다툼 있는 범위의 토지부분의 가액
사해행위 취소의 소	취소되는 법률행위의 목적을 한도로 한 원고의 채권액
소유권이전등기청구	목적물건의 가액
지상권, 임차권설정	목적물건 가액의 1/2
담보물권, 전세권설정	목적물건 가액을 한도로 한 피담보채권(전세금)액
지역권	승역지 가액의 1/3
등기의 인수를 구하는 소송의 경우	목적물건 가액의 1/10
해고무효 확인의 소	비재산권을 목적으로 하는 소송으로 봄

ⓒ 인지대의 산정(민사소송 등 인지법) ☑ 기출

소장에는 소송목적의 가액에 따라 아래 금액상당의 인지를 첨부하여야 한다.

소송목적의 값	인지액 계산법
1,000만 원 미만	소가 × 50/10,000
1,000만 원 이상 1억 원 미만	소가 × 45/10,000 + 5,000원
1억 원 이상 10억 원 미만	소가 × 40/10,000 + 55,000원
10억 원 이상	소가 × 35/10,000 + 555,000원

산출된 인지액이 1,000원 미만인 때에는 이를 1,000원으로 하고 1,000원 이상인 경우에 100원 미만의 단수가 있는 때에 그 단수는 계산하지 아니한다. 항소장에는 위 규정액의 1.5배, 상고장에는 2배의 인지를 첨부하여야 한다.

ⓔ 송달료의 산정(송달료규칙의 시행에 따른 업무처리요령)

사물관할과는 직접적인 관련이 없으나 소장의 제출 시 인지의 첨부와 더불어 송달료도 함께 예납하고 있는바 함께 살펴보기로 한다. 소장을 제출할 때에는 당사자수에 따른 아래의 계산방식에 의하여 산출된 송달료를 수납은행에 예납하고 그 은행으로부터 교부받은 송달료 납부서를 소장에 첨부해야 한다.

사 건	송달료 계산법
민사 소액사건	당사자수 × 5,100원 × 10회분
민사 제1심 단독사건	당사자수 × 5,100원 × 15회분
민사 제1심 합의사건	당사자수 × 5,100원 × 15회분
민사 항소사건	당사자수 × 5,100원 × 12회분
민사 상고사건	당사자수 × 5,100원 × 8회분
민사 (재)항고사건	당사자수 × 5,100원 × 5회분
민사조정사건	당사자수 × 5,100원 × 5회분
부동산 등 경매사건	(신청서상의 이해관계인 수 + 3) × 10회분

당해 심급의 소송절차가 종결된 때에는 납부인이 송달료 잔액 계좌입금신청을 한 경우 신고한 계좌로 입금해 준다. 다만 계좌 입금신청을 하지 아니한 경우에는 송달료 관리은행에서 잔액 환급통지를 해 준다.

⑤ 단독판사사건과 소송대리의 허가

㉠ 단독판사가 심리·재판하는 사건 가운데 그 소송목적의 값이 일정한 금액 이하인 사건에서, 당사자와 밀접한 생활관계를 맺고 있고 일정한 범위 안의 친족관계에 있는 사람 또는 당사자와 고용계약 등으로 그 사건에 관한 통상사무를 처리·보조하여 오는 등 일정한 관계에 있는 사람이 법원의 허가를 받은 때에는 변호사대리의 원칙을 적용하지 아니한다(민사소송법 제88조). 다만 허가의 재판은 보통 정상적인 절차 없이 첫 변론기일에 판사가 소송대리를 불허하는 경우에만 특별히 출석한 소송대리인의 변론을 불허함으로써 한다. 이외의 경우는 허가된 경우이므로 변론 및 기타 증거의 제출을 할 수 있다.

㉡ 소송대리의 허가는 판사의 재량인바 언제든지 판사가 이를 취소할 수 있고 소송대리인이 소송절차를 고의로 지연시키는 경우 등에는 판사는 소송대리 허가를 취소하는 재판을 하고 본인이 출석할 것을 고지함으로써 소송대리인을 소송에서 배척한다.

4 소장의 작성과 제출

(1) 서 설
소를 제기함에는 원칙적으로 소장이라는 서면을 제1심법원에 제출할 것을 요한다. 독립의 소뿐만 아니라 소송 중의 소인 경우에도 소장에 준하는 서면의 제출을 필요로 한다. 소장은 지참제출이 바람직하지만 우편제출도 가능하다. 다만 소가 3,000만 원을 초과하지 않는 소액 사건에서는 구술에 의하여 소를 제기할 수 있다.

(2) 소장의 기재사항
소장은 간결한 문장으로 분명하게 작성하되 A4용지를 세워서 쓴다(민사소송규칙 제4조).

① 필요적 기재사항(민사소송법 제249조)

㉠ 당사자와 법정대리인

당사자의 표시는 누가 원고이며 누가 피고인가를 알아볼 수 있도록 특정하여 기재해야 하는바 자연인의 경우에는 이름과 주소, 법인 등의 경우에는 상호와 본점 소재지를 표시하는 것이 일반적이다. 그 밖에 전화번호, E-메일 등 연락처를 적는다. 당사자가 제한능력자일 때에는 법정대리인을 기재할 것을 요한다. 소송대리인은 필요적 기재사항은 아니지만 소송서류 송달의 편의상 기재하는 것이 실무이다.

㉡ 청구의 취지

청구취지는 원고가 어떠한 내용과 종류의 판결을 구하는지를 밝히는 소의 결론부분이다. 따라서 청구취지에는 원고가 바라는 판결주문을 적게 되어 있으며 이를 간단·명료하게 표시해야 한다. 소장의 청구취지란에는 이밖에 소송비용에 관한 재판과 가집행선고의 신청을 기재하는 경우가 대부분이다.

ⓐ 이행의 소

이행의 소에서는 [피고는 원고에게 금 100만 원을 지급하라]는 판결을 구한다는 것과 같이 이행의 대상, 내용과 함께 이행판결을 구하는 취지를 기재할 것을 요한다. 다만 금전청구의 경우에 금액의 명시는 필요하나 금전의 성질(대여금, 손해배상금)까지 기재할 필요는 없다. 특정물 청구에 있어서는 강제집행에 의문이 없도록 건물의 경우에는 소재, 지번구조, 면적을 기재해야 한다.

ⓑ 확인의 소

확인의 소에서는 [원고와 피고 간 00년 0월 0일자 소비대차계약에 기한 금전채무는 존재하지 아니함을 확인한다]라는 판결을 구하는 것과 같이 확인을 구하는 권리관계의 대상, 내용과 함께 확인판결을 구하는 취지를 기재해야 한다. 다만 특정물에 대한 권리확인의 소에서는 앞서 본 이행의 소에서처럼 집행에 의문이 없을 만큼 명확히 특정할 필요는 없고 법률관계의 동일성을 인식할 정도로 특정하면 족하다.

ⓒ 형성의 소

형성의 소에서는 [원고와 피고는 이혼한다]라는 판결과 같이 형성의 대상, 내용과 함께 형성판결을 구하는 취지를 명시하여야 함이 원칙이다.

ⓒ 청구의 원인

원고가 주장하는 권리 또는 법률관계의 성립원인인 사실로 청구취지를 보충하는 내용이다. 피고에게 청구금액의 지급을 구하는 권리의 근거를 밝혀 적는다. 이 부분의 기재는 준비서면의 기능도 가지고 있기 때문에 청구원인에 기재된 것은 원고의 소송상 주장으로 간주된다. 일반적으로 원고와 피고에 대한 기재, 채무자에 대한 채무이행 독촉사실, 채무자의 항변사유 및 그에 대한 부당성, 소송제기의 불가피성 등에 대하여 적는 것이 보통이다.

② 임의적 기재사항

기재하지 아니하여도 소장각하명령을 받지 아니하는 사항이다. 사건의 표시, 첨부서류의 표시, 청구원인에 대응하는 구체적 사실의 기재 등이 이에 해당한다. 실무상 입증방법이라 하는데 원고가 제출하는 증거방법은 "갑 제0호증"으로 기재한다. 이와 같은 입증서류의 번호부여는 반드시 하여야 하는 것은 아니지만 법원의 편의를 도모하기 위하여 가능하다면 기재하는 것이 좋다.

③ 제 출

작성한 서류는 인지대, 송달료를 앞서 본 기준에 따라 납부하고 그 인지 및 영수증은 첨부하여 해당 법원의 민사과에 제출하되 소장은 피고수만큼의 부본을, 입증서류는 피고수+1만큼의 통수를 제출한다.

[금전청구의 소장 기재례]

소 장

원고 김갑동
서울 서초구 서초동 100
(전화번호 :   )
피고 이을남
서울 서초구 서초동 200
(전화번호 :   )

대여금 청구의 소

청구취지

1. 원고는 피고에게 금 20,000,000원 및 이에 대하여 2012. 12. 30.부터 이 사건 소장부본 송달 시까지는 월 1%, 그 다음 날부터 다 갚는 날까지는 연 20%의 각 비율에 의한 금원을 지급하라.
2. 소송비용은 피고의 부담으로 한다.
3. 위 제1항은 가집행할 수 있다.
라는 판결을 구합니다.

청구원인

1. 원고는 2018. 2. 28. 피고에게 금 20,000,000원을 이자 월 1% 변제기 2019. 9. 28.로 하여 빌려준 바 있습니다(갑 제1호증 차용증).
2.
3.

입증방법

1. 갑 제1호증 차용증

첨부서류

1. 위입증방법 2통
2. 소장부본 1통
3. 송달료 납부서 1통

2019. 12. 24.
원고 김갑동○

서울중앙지방법원 귀중

CHAPTER 01 OX 마무리

PART 4 소송실무

01 개인이나 법인은 물론 비법인사단, 재단도 당사자가 될 수 있다(민사소송법 제52조).

01 종중, 교회 등 사실상의 단체는 민사소송의 당사자가 될 수 없다. O X

02 본인소송이 원칙이고 소송대리인인 변호사에게 위임할 수 있다(민사소송법 제87조). 즉, 변호사 대리의 원칙이지 변호사 강제주의까지 채택하고 있지는 않다.

02 현행 민사소송법은 변호사 강제주의를 택하고 있다. O X

03 법정대리인은 어디까지나 미성년자를 대리할 뿐이지 자기의 이름으로 판결을 받는 당사자가 아니다.

03 미성년자를 대리하는 법정대리인은 소송의 당사자이다. O X

04 민사소송법 제95조. 즉, 당사자의 사망은 소송대리권 소멸사유가 아니다.

04 소송대리권은 대리인의 사망으로 소멸한다. O X

05 대리권이 흠결되었다 하여 무효의 판결은 아니고 상고 또는 재심의 사유가 될 뿐이다(민사소송법 제424조 및 제451조 제1항 제3호).

05 대리권의 흠결을 간과한 판결은 무효의 판결이다. O X

정답 01 × 02 × 03 × 04 ○ 05 ×

06 소송물 가액이 1억 원인 경우에는 1심으로 지방법원 및 지원의 합의부가 관할함이 원칙이다. O X

06 소송물의 가액이 2억 원을 초과하는 경우에 합의부가 관할하므로 1억 원은 단독사건이다.

07 피고가 자연인일 때에는 원고의 주소지가 보통재판적이다. O X

07 피고가 자연인일 때의 보통재판적은 피고의 주소지이다(민사소송법 제2조 및 제3조).

08 부동산에 관한 소를 제기하는 경우에는 부동산의 소재지에 소를 제기할 수 있다. O X

08 민사소송법 제20조

09 법률상의 전속관할을 배제하는 당사자 간의 합의도 유효하다. O X

09 전속관할을 배제하기로 하는 당사자 간의 합의는 효력이 없다.

정답 06 × 07 × 08 ○ 09 ×

CHAPTER 02 소송절차 일반

PART 4 소송실무

1 소송절차 일반

(1) 소송절차 개설
소가 제기되면 제1회 변론기일을 열기에 앞서 법원은 다음과 같은 조치를 취한다. 즉, 재판장의 소장심사 → 소장부본 송달과 답변서 제출의무 고지 → 변론준비절차에의 회부(임의적) → 제1회 변론기일의 지정 → 판결의 선고의 순으로 민사소송 절차가 진행된다.

(2) 소장의 각하
① 재판장의 소장심사
  ㉠ 의 의
    소장이 접수되어 소송기록화된 뒤에 사법행정적 조치에 의하여 사건이 배당되면 우선 재판장은 소장의 적격여부를 심사한다(민사소송법 제254조). 합의부에서는 재판장이 단독사건에서는 단독판사가 이러한 권한을 행사한다.
  ㉡ 심사의 대상
    소장의 필요적 사항이 제대로 기재되어 있는지 여부 및 인지 부착 여부이다.
② 보정명령과 소장의 각하
  인지 미부착 등 소장의 흠이 있을 때에는 재판장은 원고에게 상당한 기간을 정하여 그 기간 내에 흠을 보정할 것을 명하여야 한다. 원고가 소장의 흠을 보정하지 아니한 때에는 재판장은 명령으로 소장을 각하하여야 한다.

2 송달과 주소보정 ☑ 기출

(1) 송달불능과 주소보정
① 송달불능
  송달이라 함은 당사자 그 밖의 소송관계인에게 소송상의 서류의 내용을 알 수 있는 기회를 주기 위하여 법정의 방식에 좇아 하는 통지행위를 말한다. 피고에게 이러한 송달을 실시한 결과 수취인부재, 폐문부재, 수취인불명, 주소불명, 이사불명 등의 사유로 송달불능이 된 경우에는 소송은 더 이상 진행되지 못한다. 법원은 원고가 제출한 주소지로 소장 부본을 등기우편으로 송달하는데 피고 또는 피고 대신 수령할 자가 수령하지 아니하면 송달불능이 된다.

② 주소보정

송달이 불가능한 경우 법원은 원고에게 송달될 주소 및 송달방법을 바꿔 제출할 것을 명하는데 이를 주소보정명령이라 한다. 여기에도 일정한 기간이 정해져 있으며 원고는 이 기간 내에 주소보정의 신청을 하여야 한다.

[주소보정서의 서식]

주 소 보 정 서

사건번호 20가 (차)   [담당재판부제 단독(부)]
원고(채권자)
피고(채무자)

위 사건에 관하여 아래와 같이 피고(채무자)의 주소를 보정합니다.

주소 변동 유무	변 동 있 음	☐ 주소변동 없음	종전에 적어 낸 주소에 그대로 거주하고 있음	
		☐ 주소 (주민등록상 주소가 변동)		
		☐ 송달장소 (주민등록상 주소는 변동 없음)		
송달 신청	송 달 료 필 요	☐ 재송달신청	종전에 적어 낸 주소로 송달	
		☐ 특별송달신청 (특별송달료는 지역에 따라 차이가 있을 수 있음)	☐ 통합송달(주간+야간+휴일) ☐ 야간송달	☐ 주간송달 ☐ 휴일송달
		☐ 특별송달신청 (특별송달료는 지역에 따라 차이가 있을 수 있음)	☐ 종전에 적어 낸 주소로 송달 ☐ 새로운 주소로 송달 ☐ 송달장소로 송달	
	☐ 공시송달신청		주소를 알 수 없으므로 공시송달을 신청함 (첨부서류 :)	

20○○. ○○. ○○. 원고

(2) 송달불능 사유와 이를 소명하는 서류

① 주소불명

소장에 기재한 주소의 기재가 잘못된 경우에는 주민등록등·초본을 첨부하여 주소보정서를 제출한다.

② 이사불명

㉠ 이사한 주소를 확인한 경우에는 새로운 주소지의 주민등록등·초본을 첨부하여 주소보정을 신청한다.

㉡ 이사한 주소지를 확인할 수 없을 때에는 통반장의 미거주확인서 또는 동사무소에 주민등록 말소를 신청하여 말소기재된 주민등록등·초본을 첨부하여 주소보정을 신청한다.

③ 수취인 불명
　㉠ 주소지에 피고가 살고 있는지를 확인할 수 없는 경우에는 피고가 살고 있는 주소를 파악하여 주소보정하는 외에 집행관에게 위임하여 동일 주소지에 송달을 의뢰하는 방법을 선택적으로 할 수 있다. 이 경우 별도의 증빙서류는 필요 없다.
　㉡ 동일 주소지에 수인이 거주하고 있고 채무자 거주지를 특정할 수 없는 경우에는 주소불명의 경우와 동일하게 처리한다.

④ 폐문부재
　집행관에게 야간, 휴일의 특별송달을 신청한다. 이 경우 별도의 증빙서류는 필요 없다.

⑤ 수취인부재
　확인결과 주소지에 피고가 살지 아니하고 주민등록만 된 경우에는 주소불명과 동일하게 처리한다.

⑥ 수취거절
　주간, 야간에 집행관이 유치송달하여 줄 것을 요청한다. 별도의 증빙서류는 필요 없다.

⑦ 집행관 야간, 휴일 특별송달 후 송달불능
　이 경우에는 판사에게 직권으로 공시송달하여 줄 것을 신청하거나 판사에게 직권으로 소장을 일반우편물로서 발송하여 줄 것을 신청할 수 있다(피고가 주소지에 주민등록만 되어 있고 거주하지 아니하며 주민등록말소나 미거주확인서도 징구하지 못한 경우).

(3) 집행관특별송달과 공시송달

송달사무는 원칙적으로 법원사무관 등이 하고 송달의 실시기관은 집행관과 우편집배원이다. 또한 송달은 교부송달을 원칙으로 하나 예외적으로 보충송달, 유치송달, 공시송달의 방법이 있다. 이하에서는 실무상 가장 빈번하게 이용되는 집행관송달과 공시송달에 대해 보기로 한다.

① 집행관특별송달의 신청절차
　㉠ 집행관특별송달은 집행관이 하는 송달이므로 법원에 대한 특별송달허가의 신청 후에 소장의 수수료를 납부하여야 한다. 집행관특별송달 신청서를 작성할 때에는 송달 가능 시간대를 참작하여 특별, 야간 및 공휴일 송달 중 어느 것을 선택하는지 명백하게 기재하여야 한다.
　㉡ 주소보정신청서에 집행관 송달의 취지를 기재하여 법원 민사과에 이를 제출한 후 담당재판부 사무실을 방문하여 법원주사 등에게 촉탁서를 수령하여 집행관사무실에 소정의 수수료와 함께 신청한다.

② 공시송달
　㉠ 의 의
　　당사자의 행방을 알기 어려워 송달 장소의 불명으로 통상의 송달방법에 의해서는 송달을 실시할 수 없게 되었을 때에 하는 송달이다. 즉, 다른 송달방법에 의하는 것이 불가능한 때에 하는 보충적인 송달방법이다.
　㉡ 요 건
　　당사자의 주소 또는 근무 장소를 알 수 없는 경우와 외국에서 하여야 할 송달에 관하여 촉탁송달을 하기가 어려운 경우를 요건으로 한다. 또한 공시송달을 신청하기 위해서는 원고가 피고의 주소를 알지 못하는 사정과 원고에게 이에 대한 과실이 없음을 소명하여야 한다.

ⓒ 절차
 ⓐ 공시송달은 직권 또는 당사자의 신청에 의하여 재판장의 명령으로 한다. 신청이 각하된 때에는 신청인은 항고할 수 있다.
 ⓑ 공시송달 명령이 있는 때에는 법원사무관 등은 송달할 서류를 보관하고 법원게시판에 게시, 관보·공보·신문에 게재, 전자정보 매체를 이용한 공시의 3가지 중 어느 하나의 방법으로 그 사유를 공시해야 한다.
ⓓ 효력
 최초의 공시 송달은 게시한 날로부터 2주가 지나야 효력이 생긴다. 그러나 같은 당사자에 대한 그 뒤의 공시송달은 게시한 날로부터 효력이 생긴다. 화해권고결정, 이행권고결정, 지급명령은 공시송달에 의할 수 없다.

3 변론기일 전의 절차

(1) 개 설
현행법은 공개법정에서 양쪽 당사자가 맞서는 변론을 열기 전에 변론준비의 방법으로 준비서면과 답변서 제출의 방법과 변론준비기일제도를 두고 있다. 이하에서는 준비서면과 답변서에 대해 알아보기로 한다.

(2) 준비서면
① 의 의
 준비서면은 당사자가 변론에서 하고자 하는 진술사항을 기일 전에 예고적으로 기재하여 법원에 제출하는 서면을 말한다.
② 종 류
 통상의 준비서면 외에 답변서와 요약준비서면 등 3가지가 있다. 답변서는 소장부본을 송달받은 피고의 답변서 제출의무(민사소송법 제256조 제1항)에 의해 피고가 처음 내는 것인데 이것도 준비서면의 일종이다(민사소송법 제256조 제4항 참조). 이것을 내지 아니하면 원고 무변론 승소판결이 나간다(민사소송법 제257조). 요약준비서면은 변론의 종결에 앞서 종래의 쟁점과 증거정리의 결과를 요약한 것으로 후에 내는 준비서면인데 재판장은 이의 제출을 명할 수 있다(민사소송법 제278조).
③ 준비서면의 기재사항
 준비서면에는 공격방어방법과 그에 대한 답변 및 이를 증명하기 위한 증거방법 등을 적게 된다(민사소송법 제274조).
④ 준비서면의 교환
 지방법원 합의부 이상의 절차에서는 준비서면의 제출이 반드시 필요하지만 단독판사의 사건에서는 준비서면을 제출하지 아니할 수 있다. 준비서면은 법원을 통하여 상대방에게 주고 받으며 교환한다. 따라서 상대방의 준비기간을 두고 미리 제출해야 하며 법원은 상대방에게 그 부본을 송달해 주어야 한다.

⑤ 준비서면 제출의 효과
　㉠ 자백간주의 이익
　　준비서면을 제출하였으면 상대방이 불출석한 경우라도 주장할 수 있으며 그 기재부분에 대해서는 상대방이 명백히 다투지 아니하는 것으로 되어 자백간주의 이익을 얻을 수 있다(민사소송법 제150조 제3항 및 제1항).
　㉡ 진술간주의 이익
　　준비서면을 제출하지 아니하였으면 그 제출자가 불출석하여도 그 사항에 관하여 진술간주의 이익을 얻을 수 있다.
　㉢ 실권효의 배제
　　변론준비절차가 열리기 전에 준비서면을 제출하였으면 준비절차에서 제출하지 아니하였다 하더라도 그 사항에 관하여 변론에서 주장할 수 있다(민사소송법 제285조 제3항).
　㉣ 소취하의 동의권
　　피고가 본안에 관한 사항을 기재한 준비서면을 제출하였으면 소취하에 있어서 피고의 동의를 얻어야 한다(민사소송법 제266조 제2항).

⑥ 준비서면 부제출의 효과
　㉠ 예고 없는 사실의 주장금지(민사소송법 제276조)
　　준비서면에 적지 아니한 사실은 상대방이 출석하지 아니한 때에는 변론에서 주장하지 못한다. 이 경우에 새로운 주장을 허용하면 출석하지 아니한 상대방은 예고 받지 아니한 사실에 관하여 반론을 펼 기회도 갖지 못한 채 자백간주되는 불공평이 생기기 때문이다.
　㉡ 무변론 패소판결의 위험(민사소송법 제257조 제1항)
　　법원은 피고가 민사소송법 제256조 제1항의 답변서를 제출하지 아니한 때에는 청구의 원인된 사실을 자백한 것으로 보고 변론 없이 판결할 수 있다.
　㉢ 변론준비 절차의 종결
　　변론준비 절차에서 재판장 등의 준비서면 제출명령에 반하여 이를 제출하지 아니한 경우 변론준비 절차가 종결할 수 있다.

(3) 답변서의 작성과 제출

① 피고의 답변 태도와 효과

피고가 출석하여 청구기각을 구하는 진술을 하거나 답변서에 청구기각을 구하는 기재를 한 경우 변론기일을 지정하여 당사자의 주장과 입증 및 항변, 이에 대한 증거조사의 단계로 나아가게 된다. 반면에 피고가 원고의 청구를 인정하는 진술을 하는 경우에는 그 성격에 따라 청구가 확정되거나 원고가 입증 없이 승소하여 소송이 종료하게 된다.

② 피고의 행위 유형과 효과

㉠ 의제자백

소장을 송달받은 피고가 제1회 변론기일에 출석하지 아니한 경우에는 변론이 종결되고 무변론 원고 승소판결이 선고된다.

㉡ 항 변

ⓐ 원고의 주장사실의 존재는 인정하나 권리의 발생을 저지하는 다른 사실을 들어 다투는 진술을 말한다(예 돈을 빌린 것은 맞으나 변제하였다).

ⓑ 이 경우 피고가 다투는 사실을 입증하면 원고의 청구가 기각된다(영수증의 제출).

㉢ 부 인

ⓐ 상대방이 입증책임을 지는 주장사실을 부정하는 진술(예 돈을 빌린 사실이 없다).

ⓑ 원고가 자신의 주장사실을 입증해야 한다(차용증의 제출).

㉣ 부 지

상대방이 주장사실을 알지 못한다는 진술로서 부인으로 추정된다(민사소송법 제150조 제2항).

㉤ 자 백

자기에게 불리한 상대방의 주장사실을 시인하는 진술로서 자백한 사실은 증거를 필요로 하지 아니하며 재판의 기초로 삼아야 한다(민사소송법 제288조).

㉥ 침 묵

상대방의 주장사실을 명백히 다투지 아니하는 것으로서 자백으로 간주된다(민사소송법 제150조 제1항).

[답변서 양식]

답변서

사건 2019가합1000 임차보증금 반환청구 　　　　　　　[담당재판부 제　단독(부)]
원고 홍길동
피고 이사기

위 사건에 대하여 피고는 아래와 같이 답변합니다.

청구취지에 대한 답변

1. 원고의 청구를 기각한다.
2. 소송비용은 피고의 부담으로 한다.
라는 판결을 구합니다.

청구원인에 대한 답변

1. 원고는 피고가 임대차 기간이 만료하였음에도 불구하고 이 사건 임대차보증금을 반환하지 아니하고 있다고 주장하나 피고는 원고와 이 사건 임대차계약을 체결한 사실이 없습니다.
2. (중략)

입증방법

1. 을 제1호증 인감증명서

첨부서류

1. 위 입증방법 1통

20○○. 11. 25.
위 피고 이사기○

서울중앙지방법원 귀중

[준비서면 양식 : 앞 답변서에 대한 준비서면임]

준비서면

사건 2019가합1000 임차보증금 반환청구 　　　　　　　　[담당재판부 제　단독(부)]

원고 홍길동

피고 이사기

위 사건에 관하여 원고는 다음과 같이 변론을 준비합니다.

다음

1. 피고 주장에 대한 답변

가. 피고는 원고가 이 사건 주택을 피고로부터 임차한 것이 아니라 이 사건 주택에 대해 아무런 권한이 없는 소외***와 사이에 임대차계약을 체결하였으므로 피고는 원고의 임차보증금 반환청구에 응할 수 없다고 합니다.

나. …(중략)

2. 표현대리

설사 소외***에게 피고를 대리하여 임대할 권한이 없다 하더라도 소외***는 피고의 표현대리인이라 할 것이므로 이 사건 임대차계약의 효력은 피고에게 미친다 할 것입니다.

(이하 중략)

20○○. 11. 25.

위 원고 홍길동○

○○중앙지방법원 귀중

4 변론의 실시

2008년 민사소송법은 변론준비절차를 임의적 절차로 개정하였는 바 이하에서는 변론의 실시에 대해 살펴본다.

(1) 변론기일의 지정과 변경

① 원 칙

변론은 미리 재판장이 지정하여 양쪽 당사자에게 통지한 기일에 공개된 법정에서 행한다. 사건과 당사자의 이름을 부름으로써 기일이 개시되며 재판장의 지휘하에 변론이 진행된다. 따라서 당사자의 변론기일 지정 및 변경 신청은 직권발동 촉구의 의미밖에 없다.

② 예 외

예외적으로 기일에 관련된 원고 또는 피고의 신청이 법원에 대한 소송절차 중의 재판의 신청이 되는 경우가 있다. 이 경우에 재판장은 반드시 신청에 대한 가부를 결정하고 이를 원·피고에게 고지하여야 한다. 여기에 해당하는 것으로 추정된 기일의 지정신청, 원고의 2회 불출석으로 취하간주, 종결된 변론기일의 재개에 대한 신청이 있다.

(2) 변론기일의 재개 · 변경 · 연기신청

구 분	신청요건	신청방법	신청효과
변론기일재개신청	변론종결 후 새로운 증거가 발견된 경우	신증거가 서증인 경우 이를 복사하고 그 밖의 경우에는 이를 소명하여 신청	증거제출의 시기가 늦은 것에 원고의 과실 유무 여부 및 소송에 영향을 미치는 경우 신 기일을 지정하고 당사자에게 고지
변론기일변경신청	변론기일에 출석하였으나 변론할 수 없는 경우	재판정에서 재판장에게 구술로 연기를 신청	이유 없는 경우에는 불출석의 경우와 동일하게 취급
변론기일연기신청	변론기일에 출석할 수 없는 경우	상대방의 동의를 받아 변론기일 연기신청서를 법원에 제출	쌍방불출석으로 취급할 수도 있으나 대부분의 경우 인용

(3) 변론기일지정신청서 양식(특별히 정해져 있지 아니함)

```
                        변론기일지정신청서
사건 2019가합1000 임차보증금 반환청구          [담당재판부 제   단독(부)]
원고 홍길동
피고 이사기


2. (중략)


위 사건에 관하여 원고는 20. ○○. ○. ○○시 변론에 출석하지 아니하여 2회째 양쪽 당사자가 출석
하지 아니한 경우가 되었는바 새로이 변론기일을 지정하여 주시기 바랍니다.

                        20○○. ○○. ○○.
                        위 원고 홍길동○

                                                    중앙지방법원 귀중
```

(4) 항변의 성질에 따른 원고의 대응방법

각각의 다툼 유형별 피고의 주장 및 원고의 대응방법을 유형화하면 다음과 같다.

구 분	피고의 주장	원고의 대응방법
피고적격의 부정	피고의 계약체결사실 부인	계약서상 인영에 대한 감정의 신청
	피고가 명의도용 항변하는 경우	인감증명서 등 표현대리성립 증거의 제출
	피고가 제한능력을 주장하는 경우	소를 부당이득반환청구권으로 변경하고 현존이익 반환청구
권리의 소멸	피고의 이행항변	피고에게 영수증을 제출할 것을 명령할 것을 촉구
	소멸시효의 주장	내용증명, 피고의 이행각서를 증거로 제출

(5) 청구취지의 변경

① 의 의

청구취지의 변경이라 함은 소송물의 변경을 말한다. 즉, 종전의 청구 대신에 새로운 청구로 변경하거나 종전의 청구에 새로운 청구를 추가시키는 방법으로 청구의 변경이 이루어진다.

② 금전이행청구에서의 청구취지의 변경

㉠ 피고가 소송계속 중 청구금액의 일부를 변제한 경우에는 채권자는 잔액으로 청구취지를 감축해야 하고 소송계속 중 동일 피고에 대한 다른 채무의 변제기가 도래한 사유 등의 발생 시에는 청구취지를 확장하여야 한다. 전자의 경우 이를 게을리하면 초과액은 부당이득이 되어 2차 소송을 제기당할 수 있고 후자의 경우에는 후에 별소를 제기해야 하는 불편이 있기 때문이다.

㉡ 원고가 청구취지를 변경하는 신청을 할 때에는 반드시 청구원인에 대한 변경신청이 동시에 이루어져야 한다. 다만 지연이자 발생으로 인한 청구금액의 증가는 청구취지변경신청의 사유가 되지 못한다. 이는 완제일까지의 이자를 포함하고 있기 때문이다.

5 증거신청

(1) 서 설

① 증거의 필요성

재판은 구체적 사실을 소전제로 하여 법규의 존부와 해석 작용을 통해서 권리관계가 있다·없다를 판단하는 것이므로 사실관계의 확정이 필요하다. 사실관계에 관하여 당사자 간에 다툼이 없거나 현저한 것인 때에는 그대로 판결의 기초로 할 수 있으나 다툼 있는 사실의 경우에 법원이 이를 확정해야 하는데 이는 자의적이 아니라 객관적·합리적으로 이루어져야 하기 때문이다.

② 증거의 의의

증거라는 말은 증거방법, 증거자료, 증거원인 등 여러 가지 뜻으로 쓰인다.

㉠ 증거방법

법관이 오관의 작용에 의해 조사할 수 있는 유형물을 말한다.

㉡ 증거자료

증거방법의 조사에 의하여 얻은 내용을 말한다. 증언, 감정결과, 문서의 기재 내용이 이에 해당한다.

㉢ 증거원인

법관의 심증형성의 원인이 된 자료나 성향을 말한다. 변론전체의 취지와 증거자료가 이에 해당한다.

(2) 증거의 신청
① 의 의

증거신청은 일정한 사실을 증명하기 위하여 일정한 증거방법을 지정하여 법원에 그 조사를 청구하는 소송행위이다.

② 방 식

증거신청은 서면 또는 말로 한다(민사소송법 제161조 제1항). 신청 시에는 증명할 사항, 증거방법, 입증취지를 명시하여야 한다. 신청서에는 인지를 붙일 필요는 없지만 비용을 요하는 경우에는 비용을 예납하여야 한다.

③ 신청의 시기

증거의 신청은 집중심리주의를 위하여 소송의 정도에 따라 적절한 시기에 하여야 한다. 예컨대 서증의 경우 소장의 제출 시 주장서면과 함께 제출되는 것이 일반적이며 이는 피고의 답변서 제출 시에도 마찬가지이다.

④ 신청의 철회

증거신청은 변론주의에 의해 증거조사의 개시가 있기 전까지는 언제든지 철회할 수 있다. 다만 증거조사 개시 후부터는 상대방의 동의가 있는 경우에 한하여 철회가 가능하다.

(3) 증거조사 기일
① 증거의 채부결정

증거신청에 대하여 결정으로 증거조사를 할 것인가의 여부를 정하는 것을 말한다. 여기에는 증거신청을 배척하는 각하결정과 증거신청을 채택하는 인용결정이 있다. 증거를 채택할 때에는 반드시 명시적인 인용결정을 요하는 것은 아니고 증거조사의 기일, 장소를 알려 당사자의 참여권을 보장해 주면 족하다. 다만 증거신청을 배척할 때에는 당사자가 별도의 증거를 준비하도록 하기 위하여 각하결정을 하는 것이 일반적이다.

② 증거조사 기일

증거조사 기일은 통상 변론기일과 구분하지 아니하고 같이 진행하는 것이 보통이나 감정기일과 검증기일은 별도로 정한다.

③ 각종 증거의 조사방법

각종 증거의 조사방법을 유형화하면 다음과 같다.

구 분	증거조사방법
서 증	재판장이 상대방에게 서증의 인부를 묻고 상대방이 이에 답변함으로써 한다.
증인신문	신청자가 증인에 대해 신문을 하고 상대방이 반대신문을 한다. 신청자는 반대신문에 재주신문을 할 수 있다. 재판장은 필요한 신문을 할 수 있다.
감 정	지정한 감정기일에 양 당사자가 출석한 상태에서 감정인이 전문적으로 감정하고 법원에 감정결과를 보고서로 작성하여 제출한다.
검 증	검증기일에 판사가 현장에 나가거나 당사자가 검증물을 법정에 가져와 판사가 이를 살펴본다.
당사자 신문	증인신문의 방식에 의한다.

6 서증과 증인신문

(1) 서증

① 의의

서증이라 함은 문서를 열람하여 그에 기재된 의미 내용을 증거자료로 하기 위한 증거조사를 말한다. 가장 확실한 증거이며 실무상 가장 많이 활용된다.

② 문서의 종류

㉠ 공문서와 사문서

공무원이 그 직무권한 내에서 작성한 문서를 공문서라 하며 공문서 이외의 문서를 사문서라 한다. 공문서와 사문서의 차이는 성립의 진정에 관한 추정규정이 적용되는지 여부이다.

㉡ 처분문서와 보고문서

처분문서는 증명하고자 하는 법률적 행위가 그 문서 자체에 의하여 이루어진 문서이며(근저당권설정계약서 등) 보고문서는 작성자가 듣고 보고 느끼고 판단한 바를 기재한 문서이다(감정서 등). 처분문서는 형식적 증거력이 인정되면 실질적 증거력이 추정되나 보고문서는 성립의 진정이 인정되더라도 기재내용의 진실성은 법관의 자유심증에 맡겨진다.

③ 문서의 증거력

㉠ 형식적 증거력(성립의 인부)

ⓐ 서증이 제출된 경우 법원은 상대방에게 그 진정성립을 인정하는지 여부를 물어보는데 이때 상대방의 답변을 성립의 인부라 한다.

ⓑ 진정성립의 추정

문서의 방식과 취지에 의하여 공문서로 인정되는 때에는 진정한 공문서로 추정된다(민사소송법 제356조 제1항). 사문서의 진정에 대해서는 거증자 측이 성립의 진정을 인정해야 하지만 그 문서에 있는 본인 또는 대리인의 서명, 날인, 무인이 진정한 것임을 증명한 때에 한하여 진정한 문서로 추정을 받는다(민사소송법 제358조). 다만 이와 관련하여 대법원은 문서의 서명날인이 틀림없다는 인정까지는 가지 않고 작성명의인의 인장임이 인정되면 그 날인이 그 사람의 의사에 의한 것이라고 사실상 추정된다는 것이고 일단 날인의 진정이 추정되면 그 문서 전체의 진정성립까지도 추정된다고 한다(이른바 이단의 추정). 이 경우 인장은 틀림없지만 도용 또는 강박에 의한 것이라는 증거항변을 한 경우에는 이에 대한 입증책임은 항변자에게 있으며 그가 입증하지 못하면 진정성립이 추정된다고 한다.

㉢ 실질적 증거력

처분문서의 진정성립이 인정되면 기재내용대로 법률행위의 존재를 인정해야 한다. 다만 보고문서의 경우에는 작성자의 신분, 직업 등을 고려하여 법관의 자유심증으로 결정할 문제이다.

④ **문서의 제출방법**

서증신청의 방법으로는 직접제출, 문서제출명령, 문서송부촉탁, 문서소재장소에서의 서증조사 등이 있는데 이하에서는 문서제출명령과 문서송부촉탁에 대해 살펴본다.

㉠ 문서제출명령

ⓐ 의 의

문서제출명령이란 상대방이나 제삼자가 가지고 있는 것으로서 제출의무 있는 문서에 대한 서증신청방법을 말한다(민사소송법 제343조).

ⓑ 제출의무 있는 문서

인용문서(자기를 위한 증거 또는 주장을 명백히 하기 위하여 끌어 쓴 인용문서라면 상대방에게도 이용시키는 것이 공평에 부합한다), 인도·열람문서(신청자가 소지자에 대하여 인도나 열람을 요구할 수 있는 문서), 이익문서와 법률관계문서

ⓒ 문서제출의무 위반의 효과

현행 민사소송법은 문서소지자에 대한 문서 제출의무를 확대하여 원칙적으로 증언거절사유와 같은 일정한 사유(형사소추, 치욕, 직무상비밀 등) 있는 경우를 제외하고는 모든 문서를 제출하도록 하는바 그 위반의 효과를 도식화하면 다음과 같다.

[문서제출의무 위반의 효과]

소송의 상대방이 문서제출명령에 응하지 아니한 때	법원은 그 문서에 관한 신청인의 주장을 진실한 것으로 인정할 수 있음
상대방이 신청인의 사용을 방해할 목적으로 문서를 훼기하거나 사용할 수 없게 한 때	법원은 그 문서에 관한 신청인의 주장을 진실한 것으로 인정할 수 있음
제삼자가 문서제출명령에 응하지 아니한 때	제삼자에게 500만 원 이하의 과태료 부과

㉡ 문서송부촉탁

문서의 송부촉탁이란 문서의 제출의무가 있는지의 여부를 불문하고 그 문서소지자를 상대로 그 문서를 법원에 송부하여 줄 것을 촉탁하는 절차이다. 국가기관, 법인, 학교, 병원 등이 보관하고 있는 문서를 서증으로 제출하고자 할 때 흔히 이용되는 방법이다. 다만 법령에 의하여 문서의 정본 또는 등본의 교부를 신청할 수 있는 자는 문서송부촉탁을 신청할 수 없고 직접 문서의 등본 등을 제출하는 방식으로 해야 한다(부동산등기부 등).

[관련 서식례]

문서제출명령신청서

사건번호 20○○가 　　　　　　　　　　　　　　　　　[담당재판부 제　단독(부)]

원 고

피 고

위 사건에 관하여 원(피)고는 주장사실을 입증하기 위하여 다음과 같이 문서제출명령을 신청합니다.

1. 문서의 표시
2. 문서의 취지(내용)
3. 문서를 가진 사람
4. 증명할 사실
5. 문서제출의무의 원인(해당란에 ∨표시)
    - ☐ 상대방이 소송에서 인용한 문서를 가지고 있음(인용문서)
    - ☐ 신청자가 문서를 가지고 있는 사람에게 그것을 넘겨 달라고 하거나 보겠다고 요구할 수 있는 사법상의 권리를 가지고 있음(인도·열람문서)
    - ☐ 문서가 신청자의 이익을 위하여 작성되었음(이익문서)
    - ☐ 문서가 신청자와 문서를 가지고 있는 사람 사이의 법률관계에 관하여 작성된 것임(법률관계문서)
    - ☐ 그 밖에 제출이 필요한 문서

사유 :

　　　　　　　　　　　20○○. ○○. ○○.

　　　　　　신청인 원(피)고　　　　　　(날인 또는 서명)
　　　　　　(연락처)

　　　　　　　　　　　　　　　　　　　　　　　　○○지방법원 귀중

```
                              문서송부촉탁신청서
    사건번호 20○○가                              [담당재판부 제   단독(부)]
    원 고
    피 고

    위 사건에 관하여 원(피)고는 주장사실을 입증하기 위하여 아래와 같이 문서송부촉탁을 신청합
    니다.


    1. 기록의 보관처
    2. 송부촉탁할 기록
    3. 증명하고자 하는 사실

                              20○○. ○○. ○○.
         신청인 원(피)고                  (날인 또는 서명)
         (연락처)

                                              ○○지방법원 귀중
```

(2) 증인신문

① 의 의

증인의 증언으로부터 증거자료를 얻는 증거조사를 증인신문이라 한다.

② 증인의 신청과 채부의 결정

증인신문은 당사자의 주장과 증거를 정리한 뒤에 집중적으로 실시해야 하며 당사자는 기일 전에 미리 소정의 양식에 따라 증인 신청서를 작성제출하여야 한다. 법원은 쟁점정리 기일에 신청된 증인에 대한 채부를 일괄하여 결정, 고지한다.

③ 증인조사 방식

㉠ 증인 진술서의 제출방식

법원이 증인으로 하여금 증인 진술서를 제출하게 하여 상대방에게 미리 송달하고 법정에서는 쟁점사항에 한정하여 주신문을 하고 나머지 입증사실에 관해서는 위 증인진술서가 사실대로 작성되었다는 취지의 증언을 한 다음 반대신문을 하는 증인조사 방식이다. 실무상 가족, 친지, 직원 등 증인을 신청한 당사자의 지배영역 내에 있는 증인에 대하여는 증인진술서의 제출을 명하는 것을 원칙으로 한다.

㉡ 증인신문 사항 제출방식

증인이 적대적 증인이거나 신청인의 지배영역 내에 있지 아니한 중립적 증인의 경우 등 증언내용을 미리 밝히는 것이 사건의 공평한 해결을 위하여 상당하지 아니한 경우에는 증인신문사항 제출방식에 의한다.

④ 증인에 대한 출석요구와 출석 불응
  ㉠ 채택된 증인에 대해서는 출석요구를 하여야 하는데 출석요구서는 부득이한 사정이 없는 한 출석할 날의 2일 전에 송달되어야 한다.
  ㉡ 증인이 정당한 사유 없이 출석하지 아니한 때에는 법원은 결정으로 증인에게 이로 말미암은 소송비용을 부담하도록 명하고 500만 원 이하의 과태료에 처할 수 있다. 나아가 증인이 과태료재판을 받고도 정당한 사유 없이 다시 출석하지 아니한 때에는 결정으로 증인을 7일 이내의 감치에 처할 수 있다.
  ㉢ 또한 법원은 정당한 사유 없이 출석하지 아니한 증인을 구인하도록 명할 수 있다. 증인의 출석방식을 도표화하면 다음과 같다.

신청인과의 동행	신청인이 신문기일에 증인을 데리고 법정에 출석하는 방법
소환장에 의한 출석	법원이 증인에게 출석을 명하는 소환장을 발송하여 증인이 기일에 자발적으로 출석하는 방법
구인에 의한 출석	법원의 소환에 응하지 않는 증인은 경찰관 등에 의해 강제로 법정에 구인하는 방법

⑤ 증인신문의 방법
  ㉠ 증인의 인적사항 확인
  ㉡ 선 서
   재판장은 증인신문을 개시하기 전에 선서의 취지를 밝히고 위증의 벌에 대해 경고한 후 증인으로 하여금 선서케 한다.
  ㉢ 주신문
   직접신문이라고도 하는데 증명할 사항과 이에 관련된 사항에 관하여 한다.
  ㉣ 반대신문
   반대신문은 주신문에 나타난 사항과 이에 관련된 사항에 관하여 한다. 반대신문권이 보장되지 아니한 증언은 증거자료로 삼을 수 없음이 원칙이다. 증인은 반대신문권자에게 호의를 갖지 아니한 경우가 대부분이므로 반대신문에서 필요한 때에는 유도신문을 할 수 있다(민사소송규칙 제92조 제2항).
  ㉤ 재주신문
   재주신문은 반대신문에 나타난 사항과 이와 관련된 사항에 관하여 한다. 재주신문은 주신문의 예를 따르므로 유도신문은 금지된다.
  ㉥ 탄핵신문
   주신문, 반대신문, 재주신문 과정에서 당사자는 증언의 증명력을 다투기 위해서 필요한 사항에 관하여 신문할 수 있는데 이 신문은 증인의 경험, 기억 등 증언의 신빙성에 관한 사항 및 증인의 이해관계, 편견 또는 예단 등 증인의 신용성에 관련된 사항에 관하여 한다.
  ㉦ 보충신문, 개입신문
   재판장은 당사자에 의한 신문이 끝난 다음에 신문함을 원칙으로 하는데 재판장이 예외적으로 당사자의 신문 도중이라도 스스로 증인을 신문하는 것을 개입신문이라 한다.

[증인신문신청서의 서식례]

증인신문신청

사건 20○○가단○○○ 대여금 청구
원고 홍길동
피고 이사기

위 사건에 관하여 피고는 그 주장사실을 입증하기 위해 별지 신문사항을 첨부하여 다음과 같이 증인신문을 신청합니다.

다음

1. 증인의 표시
성명 ***
주소 ○○시 ○○구 ○○동
주민등록번호 ○○○○○○-○○○○○○
전화번호, 휴대폰번호
직업 : 농업

2. 증인이 이 사건에 관여하거나 그 내용을 알게 된 경위
증인은 원고 및 피고와 이웃에 거주하고 있으며 평소에 원고 및 피고의 집에 자주 드나들며 가까이 지내는 사이였음. 그러던 중 20○○. ○○. ○○.경 원고의 집에서 피고가 금 ○○만 원을 차용할 때 같이 있었으며 또한 20○○. ○○. ○○.경 피고의 집에서 피고가 원고에게 위 차용금을 갚을 때에도 함께 있었음.

3. 증인신문사항(별첨)

20○○. 1. 30.
위 원고 홍길동○

서울중앙지방법원 귀중

(20○○가단○○○ 대여금 청구)

증인 ○○○에 대한 신문 사항

1. 증인은 원고들과 피고를 알고 있는지요?
2. 증인은 20○○년 ○월 ○일 피고의 집을 방문한 사실이 있지요?

(이하 중략)

CHAPTER 02 OX 마무리

PART 4 소송실무

01 소가 제기되면 제1회 변론기일을 열기에 앞서 재판장의 소장심사 → 소장부본의 송달과 답변서 제출의무 고지 → 변론준비절차에의 회부(임의적) → 제1회 변론기일의 지정 → 판결의 선고 순으로 민사소송 절차가 진행된다. O X

02 필수적 기재사항이나 인지액의 부족이 있는 소장이 접수된 때에 법원은 보정을 명한다. O X

03 공시송달은 당사자의 행방을 알기 어려운 경우 다른 송달방법과 병행하여 운영할 수 있는 송달방법에 해당한다. O X

04 공시송달을 하기 위해서는 원고가 피고의 주소를 알지 못하는 사정을 소명하여야 하나 그러한 사정이 원고에게 과실이 없이 발생했다는 것까지 소명할 필요는 없다. O X

05 최초의 공시송달은 게시한 날부터 2주가 지나야 효력이 생긴다. 같은 당사자에 대한 그 뒤의 공시송달은 게시한 다음 날부터 효력이 생긴다. O X

---

02 민사소송법 제254조. 즉 곧바로 각하하는 것이 아닙니다.

03 공시송달은 당사자의 행방을 알기 어려워 송달장소의 불명으로 통상의 송달방법에 의해서는 송달을 실시할 수 없게 되었을 때에 하는 송달을 말한다. 즉, 공시송달은 다른 송달에 의해서는 송달하는 것이 불가능한 때에 한해 허용되는 보충적인 송달방법이다.

04 공시송달을 신청하기 위해서는 원고가 피고의 주소를 알지 못하는 사정과 원고에게 이에 대한 과실이 없음을 소명하여야 한다.

05 최초의 공시송달은 게시한 날부터 2주가 지나야 효력이 생긴다. 그러나 같은 당사자에 대한 그 뒤의 공시송달은 게시한 날로부터 효력이 생긴다.

정답 01 O 02 O 03 × 04 × 05 ×

06 화해권고결정, 이행권고결정, 지급명령은 공시송달에 의할 수 없다.

06 화해권고결정, 이행권고결정, 지급명령도 보충성의 요건을 갖춘 경우라면 공시송달에 의해 송달할 수 있다. O X

07 준비서면을 제출한 경우 상대방이 불출석한 경우라도 주장할 수 있으며 제출자가 불출석한 경우에도 진술간주의 이익이 있다. 변론준비절차가 열리기 전에 준비서면을 제출했다면 준비절차에서 제출하지 않았다 해도 그 사항에 대해 변론에서 주장할 수 있으며 피고가 본안에 대한 사항을 기재한 준비서면을 제출하였으면 소취하에 있어 피고의 동의를 얻어야 한다.

07 준비서면제출의 효과로서 자백간주의 이익, 진술간주의 이익, 실권효의 배제, 소취하의 동의권을 들 수 있다. O X

08 피고가 답변서를 제출하고 변론에 출석하지 않더라도 자백간주가 되지 않는다. O X

09 민사소송법 제257조 제1항은 무변론 패소판결을 규정하고 있다. 즉, 법원은 피고가 민사소송법 제256조 제1항의 답변서를 제출하지 않은 경우 청구의 원인되는 사실을 자백한 것으로 보고 변론 없이 판결할 수 있다.

09 법원은 피고가 민사소송법 제256조 제1항의 답변서를 제출하지 않은 경우라 하더라도 함부로 청구의 원인된 사실을 자백한 것으로 보고 변론 없이 판결할 수는 없다. O X

10 소장을 송달받은 피고가 제1회 변론기일에 출석하지 않은 경우에는 의제자백이 인정되어 무변론 원고 승소판결이 선고된다.

10 소장을 송달받은 피고가 제1회 변론기일에 출석하지 않은 경우에는 변론이 종결되고 원고 승소판결이 선고된다. O X

06 X 07 O 08 O 09 X 10 O

11 증거자료란 법관이 오관의 작용에 의해 조사할 수 있는 유형물이며 증거원인은 법관의 심증형성의 원인이 된 자료나 성향을 말한다. O X

11 증거방법이란 법관이 오관의 작용에 의해 조사할 수 있는 유형물을 말하며 증거자료는 증거방법의 조사에 의하여 얻은 내용을 말한다. 증거원인이란 법관의 심증형성의 원인이 된 자료나 성향을 말한다. 변론전체의 취지와 증거자료가 증거원인에 해당한다.

12 판사는 입증을 촉구할 수 있음은 물론 구체적인 입증방법을 제시할 수도 있다. O X

12 이는 변론주의 위반으로 위법하다. 다만 입증의 촉구까지는 가능하다.

13 당사자신문을 증거방법으로 사용할 수는 없다. O X

13 당사자신문도 증거방법으로 사용할 수 있고 나아가 신법은 보충성의 요건도 폐지하였다(민사소송법 제367조 참조).

14 보고문서는 증명하고자 하는 법률적 행위가 그 문서 자체에 의하여 이루어진 문서이며 처분문서는 작성자가 보고 듣고 느끼고 판단한 바를 기재한 문서이다. O X

14 처분문서는 증명하고자 하는 법률적 행위가 그 문서 자체에 의하여 이루어진 문서이며 보고문서는 작성자가 보고 듣고 느끼고 판단한 바를 기재한 문서이다.

15 문서의 방식과 취지에 의하여 공무원이 직무상 작성한 것으로 인정되는 때에는 이를 진정한 공문서로 추정한다. O X

정답 11 × 12 × 13 × 14 × 15 O

| 16 | 공문서의 경우 형식적 증거력이 추정된다. | O X |

16 민사소송법 제356조. 따라서 이를 다투는 상대방이 반증을 세워야 한다.

| 17 | 차용증, 근저당권설정계약서는 보고문서의 일종이다. | O X |

17 차용증, 근저당권설정계약서는 문서 자체에 의하여 법률행위가 이루어진 처분문서의 일종이다.

| 18 | 처분문서를 배척하는 경우에는 합리적 이유의 설시를 요한다. | O X |

18 이를 처분문서의 실질적 증거력이라 한다.

| 19 | 현행 민사소송법은 당사자의 사생활 보호를 위하여 문서제출의무를 축소하였다. | O X |

19 현행 민사소송법은 문서소지자에 대한 문서제출의무를 확대하여 원칙적으로 증언거절사유와 같은 일정한 사유가 있는 경우를 제외하고는 모든 문서를 제출하도록 하였다(민사소송법 제344조 참조).

| 20 | 문서송부촉탁은 문서의 제출의무가 있는 자에 대하여 당해문서를 법원에 송부하여 줄 것을 촉탁하는 절차이다. | O X |

20 문서송부촉탁은 문서의 제출의무가 있든 없든 불문한다(민사소송법 제352조 참조).

정답 16 O 17 × 18 O 19 × 20 ×

21 증인이 불출석과 관련하여 과태료의 재판을 받고도 정당한 사유 없이 다시 출석하지 않은 때에는 결정으로 10일 이내의 감치에 처할 수 있다. O X

21 증인이 정당한 사유 없이 출석하지 아니한 때에는 법원은 결정으로 증인에게 이로 말미암은 소송비용을 부담하도록 명하고 500만 원 이하의 과태료에 처할 수 있다. 나아가 증인이 과태료재판을 받고도 정당한 사유 없이 다시 출석하지 아니한 때에는 결정으로 증인을 7일 이내의 감치에 처할 수 있다.

22 주신문, 반대신문, 재주신문 과정에서 당사자는 증언의 증명력을 다투기 위해서 필요한 사항에 관하여 신문할 수 있는데 이를 탄핵신문이라 한다. O X

22 탄핵신문이란 증언의 증명력을 다투기 위한 신문을 말한다. 탄핵신문은 증인의 경험, 기억 등 증언의 신빙성에 관한 사항 및 증인의 이해관계, 편견 또는 예단 등 증인의 신용성에 관련된 사항에 관하여 한다.

23 법원의 문서제출명령에 의해 제출의무가 있는 문서는 인용문서, 인도·열람문서, 이익문서, 법률관계문서가 있다. O X

23 문서제출명령이란 법원이 문서제출신청에 정당한 이유가 있다고 인정한 때 결정으로 문서를 가진 사람에게 그 제출을 명하는 것으로 제출의무가 있는 문서에는 인용문서, 인도·열람문서, 이익문서, 법률관계문서가 있다(민사소송법 제344조 참조).

정답 21 × 22 O 23 O

CHAPTER **03** PART 4 소송실무

판결 후의 조치

1 판결의 선고 ☑기출

(1) 절차 일반
① 판결의 선고
변론을 거쳐 증거조사를 마치면 판사는 변론을 종결하고 선고기일을 지정한다. 소액사건의 경우에는 변론종결과 동시에 판결을 선고하기도 한다. 선고기일이 정해진 때에는 그 기일 전까지 변론재개의 신청이 없거나 변론재개의 신청이 있더라도 판사가 변론을 재개하지 않기로 한 때에는 판결을 선고한다. 선고기일에는 당사자가 출석하지 않아도 된다.

② 판결의 송달
판결이 선고된 후 14일 이내에 재판부에 소속된 법원사무관 등이 판결문의 정본을 원고와 피고에게 송달한다.

③ 판결의 확정
원고와 피고 중 패소자가 송달을 받은 날을 포함하여 14일 이내에 판결을 선고한 법원에 항소를 제기하지 아니하면 판결이 확정되어 재심사유가 없는 한 더 이상 다툴 수 없게 된다.

④ 기 타
패소자가 적법한 기간 내에 항소를 제기하면 판결의 확정은 차단되고 소송은 항소심으로 이심된다. 판결문의 기재에 명백한 위산, 오기가 있는 경우에는 동일성을 해하지 아니하는 범위 내에서 판결의 경정을 통하여 오류를 시정할 수 있다.

(2) 판결의 종류 ☑기출
① 중간판결과 종국판결
중간판결이라 함은 종국판결을 하기에 앞서 소송의 진행 중 당사자 간에 쟁점으로 된 사항에 대하여 미리 정리 판단하여 종국판결을 용이하게 하고 이를 준비하는 판결이다. 이에 반하여 종국판결이라 함은 당해 심급으로 사건을 완결하는 판결을 말한다.

② 청구인용의 판결
원고의 청구를 인용하고 피고에게 의무의 이행을 명하거나 권리의 확인을 하거나 법률관계의 형성을 명령하는 판결이다.

③ 청구기각판결과 소각하판결
원고의 청구를 인정하지 아니하거나 원고의 청구 자체가 부적법하다는 판결이다.

④ **확인판결**

다툼 있는 권리관계의 존부확인을 하는 판결이다.

⑤ **형성판결**

법률관계의 형성을 명하는 판결이다.

⑥ **이행판결**

피고에게 원고에 대하여 의무의 이행을 명하는 판결이다.

[이행판결의 판결문]

서울중앙지방법원 제7민사부

판 결

사건 2019가합7924 임차보증금반환등
원고 박명월
피고 박상성
변론종결 2019. 7. 21.

주 문

1. 피고는 원고에게 금 230,000,000원 및 이에 대하여 2018. 11. 10.부터 완제일까지 연5푼의 비율에 의한 금원을 지급하라.
2. 원고의 나머지 청구는 기각한다.
3. 소송비용은 이를 4분하여 그 1은 원고의, 나머지는 피고의 각 부담으로 한다.
4. 제2항은 가집행할 수 있다.

청구취지

피고는 원고에게 금 300,000,000원 및 이에 대한 2018. 11. 10.부터 완제일까지 연5푼의 비율에 의한 금원을 지급하라는 판결

이 유

1.
2. … 이하 중략
3. 결 론

그렇다면 원고의 임대차보증금반환 청구는 위 범위 내에서 이유 있어 이를 인용하고 나머지 청구는 이유 없어 이를 기각하며 소송비용의 부담에 관하여는 민사소송법 제89조, 제92조를 가집행선고에 대해서는 같은 법 제199조를 각 적용하여 주문과 같이 판결한다.

2019. 8. 7.

재판장

(3) 판결의 효력 ☑기출

① 기속력

소송법상 성립된 재판이 한 번 외부에 선고되면 선고한 법원도 스스로 취소·변경할 수 없는 구속력

② 기판력

확정된 종국판결에 있어서 후에 동일한 사항이 문제되면 당사자는 그에 반하여 되풀이하여 다투는 것이 허용되지 않으며 어느 법원도 재심사하여 그와 모순·저촉되는 판단을 할 수 없는 효력

③ 집행력

판결을 집행권원으로 하여 피고의 책임재산에 대하여 강제집행을 신청할 수 있는 효력

④ 판결의 종류에 따른 효력

구 분	기속력, 기판력	집행력	형성력
이행판결	존 재	존 재	부존재
확인판결	존 재	부존재	부존재
형성판결	존 재	부존재	존 재

2 판결문의 송달

(1) 판결문을 송달받지 못한 경우

재판에서 승소하였음에도 선고일로부터 1개월 이상이 경과하고도 판결문을 송달받지 못한 경우에는 법원의 해당 재판부의 법원사무관 등에게 해당 소송기록의 열람을 신청하여 판결문을 원고에게 송달하였다는 보고서를 확인하여야 한다. 보고서에 송달되지 아니한 것으로 표시된 때 또는 공시송달된 경우에는 법원사무관 등에게 판결문의 정본의 교부를 신청하여 교부받을 수 있고 보고서에 송달된 것으로 나와 있는 때에는 법원의 민사과에 판결문 재도부여신청을 하여 판결문의 정본을 교부받아야 한다.

(2) 항소의 문제

채무자에 대한 소송에서 패소한 경우에 원고인 채권자는 판결문 송달일을 포함해서 2주 이내에 항소할 수 있다(민사소송법 제396조). 이 기간 내에 항소장이 판결을 선고한 법원에 접수되지 않으면 원고 패소의 판결은 확정되어 재심의 사유가 발생하지 아니하는 한 더 이상 다툴 수 없게 된다.

3 상소

(1) 상소의 의의와 종류
① 의 의

상소라 함은 재판확정 전에 당사자가 상급법원에 대하여 그 취소 변경을 구하는 불복신청방법을 말한다. 따라서 확정 후의 불복방법인 재심과 구별된다.

② 종 류

상소에는 항소, 상고, 항고 등 세 가지 종류가 있다. 항소와 상고는 모두 법원의 판결에 대한 상소이고 항고는 결정, 명령에 대한 상소이다. 항소는 1심의 종국판결에 대한 불복신청이고 상고는 원칙적으로 2심 항소법원의 종국판결에 대한 불복신청이나 예외적으로 제1심의 판결에 대하여 직접 상소심법원에 불복신청할 수 있는 경우가 있다(비약상고).

(2) 상소의 이익
① 의 의

상소의 이익은 무익한 상소권 행사를 견제하는 취지로 인정한 것으로 상소제도를 이용할 수 있는 자격, 요건을 말한다.

② 상소이익 유무의 판단

상소의 이익은 당사자의 신청과 그 신청에 대해서 행한 판결을 형식적으로 비교하여 판결주문의 신청보다 양적으로나 질적으로 불리한 경우에 불복의 이익을 긍정한다.

③ 구체적인 예

㉠ 전부승소한 당사자는 원칙적으로 상소의 이익이 없다. 나아가 판결이유 중의 판단에 불만이 있어도 상소의 이익이 없다.

㉡ 청구를 일부인용하고 일부기각한 판결에 있어서는 원·피고 모두 상소할 수 있다.

㉢ 소각하판결은 원고에게 불이익일 뿐만 아니라 만일 피고가 청구기각의 신청을 구한 때에는 본안판결을 받지 못한 점에서 피고에게도 불이익이 있기 때문에 원·피고 모두 상소할 수 있다.

(3) 항소의 구체적인 절차
① 항소기간

판결문을 송달받은 날을 포함하여 14일이 되는 날까지이며 이는 불변기간이다.

② 항소장

항소의 제기는 원심인 1심법원에 항소장을 제출함으로써 한다. 우편제출이라도 무방하다.

③ 항소비용

인지는 1심의 1.5배를 첨부하고 송달료는 당사자수 × 12회분을 납부한다.

[항소장 및 항소이유서의 기재례]

항소장

항소인(원고) ○○○
○○시 ○○구 ○○동 ○○(전화번호 : ○○○○-○○○○)
피항소인(피고) ○○○
○○시 ○○구 ○○동 ○○(전화번호 : ○○○○-○○○○)

대여금청구의 항소

위 당사자 간 ○○지방법원 20○○가단○○○ 대여금 청구사건에 관하여 항소인(원고)은 같은 법원의 20○○. ○○. ○○. 선고한 판결에 대하여 전부 불복이므로 이에 항소를 제기합니다.

원판결의 표시

1. 원고의 청구를 기각한다.
2. 소송비용은 원고의 부담으로 한다.
(항소인은 위 판결정본을 20○○. ○○. ○○.에 송달받았습니다)

항소취지

1. 원판결을 취소한다.
2. 피고는 원고에게 금 15,000,000원 및 이에 대한 20○○. ○○. ○○.부터 다 갚는 날까지 연 20%의 비율에 의한 금원을 지급하라.
3. 소송비용은 1, 2심 모두 피고의 부담으로 한다.
라는 판결을 구합니다.

항소이유

추후 제출하겠습니다.

첨부서류

1. 항소장 부본 1통
2. 송달료납부서 1통

20○○. 3. 10.
위 항소인(원고) 홍길동○

서울중앙지방법원 귀중

> 항소이유서
>
> 사건 20○○나○○○○ 임대차보증금
> 원고(항소인) ○○○
> 피고(피항소인) ○○○ 외 1인
>
> 위 사건에 관하여 원고(항소인)는 다음과 같이 항소이유서를 제출합니다.
>
> 다음
>
> …이하 중략
> 결국 원심 판결은 이러한 사실관계에 오인이 있어 판결을 그르친 위법이 있다고 하겠습니다.
>
> 첨부서류
>
> 1. 항소이유서 부본 1통
>
> 20○○. ○○. ○○.
> 위 항소인(원고) 홍길동○
>
> 서울중앙지방법원 귀중

(4) 항소의 제기 전 실무자의 고려사항

패소원인	항소여부의 결정
입증부족으로 패소한 경우	피고에게 권리가 있으나 입증에 실패한 경우이므로 항소를 하여 입증하면 충분히 승소할 수 있다. 증인의 활용을 도모하여야 한다.
불출석으로 증거제출을 다하지 못하여 패소한 경우	이때에는 반드시 항소하여야 한다. 1심의 불출석이라는 원고의 과실은 항소심에서 크게 문제되지 아니하며 증거를 다시 제출할 기회가 생기기 때문이다.
법적용에 있어 대법원의 판례가 분명하지 아니한 경우	이때에는 담당 판사의 경향에 따라 소송결과가 달라질 소지가 있으므로 항소를 제기한다.
오판이 분명한 경우	판결의 내용이 기존의 대법원 판례와 상충되는 경우에는 반드시 항소를 제기하여야 한다.

4 변제의 독촉

(1) 강제집행의 준비

채권자가 승소한 경우에는 채무자에게 판결문이 송달되고 채무자가 14일 이내에 항소를 제기하지 아니하면 판결이 확정되므로 강제집행을 위하여 집행문을 부여받고 판결문의 피고에 대한 송달증명 및 확정증명서를 교부받아 두는 것이 좋다.

(2) 채무자에 대한 강한 변제 독촉

① 금전채권의 지급을 구하는 소송에서 원고의 승소 판결은 피고인 채무자에게 일정 금액의 지급을 명하는 형식의 재판인바 채무자의 채무는 확정되고 채무자는 강제집행은 수인할 수밖에 없는 것이다.

② 소송에서 승소한 원고는 가급적 시간과 비용이 많이 드는 강제집행의 단계를 그치지 않고 채권회수를 완료할 수 있도록 하는 것이 좋다. 이를 위해서 채권자는 판결문이 채무자에게 송달되었음을 확인함과 동시에 채무자에게 임의이행을 촉구하고 집행단계로 나아갈 수 있음을 통고한다.

③ 소송촉진 등에 관한 특례법상 지연이자는 일종의 징벌적 성격을 가지는바 채무자에게 이를 경고하여 심리적 압박을 가하고 어느 정도 채무의 탕감을 요청받은 경우에는 집행비용 등과 시간을 비교형량하여 판단한다.

④ 채무자가 채무의 전액을 지급한 때에는 영수증과 함께 판결문의 정본을 채무자에게 교부한다.

CHAPTER 03 OX 마무리

PART 4 소송실무

01 원고와 피고 중 패소자가 판결문을 송달받은 날을 포함하여 7일 이내에 상소하지 않으면 판결은 확정된다. O X

01 판결문을 송달받은 날을 포함하여 14일이다.

02 모든 판결에는 집행력이 있다. O X

02 집행력은 이행판결에만 인정된다.

03 소송법상 성립된 재판이 외부에 선고되면 선고한 법원도 스스로 이를 취소, 변경할 수 없는 효력을 판결의 기판력이라 한다. O X

03 이는 기속력에 대한 설명이다.

04 항소장은 항소심법원에 제출해야 한다. O X

04 항소장은 원심법원에 제출해야 한다.

정답 01 × 02 × 03 × 04 ×

CHAPTER 04 소액사건과 독촉절차(지급명령)

PART 4 소송실무

1 총 설

(1) 서 설
현행법은 통상의 소송절차에 비하여 간이한 소송절차로서 소액사건 심판절차와 독촉절차 두 가지를 마련해 놓고 있다.

(2) 소액사건 심판절차와 독촉절차와의 차이점
두 가지 모두 금전 그 밖의 대체물의 지급을 목적으로 하는 채권을 대상으로 하는 점에서 양자는 공통적이나, 전자는 병합심문주의에 의하고 판결절차의 일종임에 비하여 후자는 일방심문주의(채권자)에 의하고 판결절차에 선행하는 대용절차라는 점에서 주요한 차이가 있다.

2 소액사건 심판절차 ☑기출

(1) 소액사건의 범위
① 소액사건 심판절차에서 소액사건이라 함은 소송목적의 값이 3,000만 원 미만의 금전 기타 대체물이나 유가증권의 일정 수량의 지급을 구하는 사건을 뜻한다(소액사건심판규칙 제1조의2).
② 소송물의 가액이 3,000만 원을 초과하는 금전 등의 지급을 목적으로 하는 청구에 있어서 채권자는 소액사건심판법의 적용을 받을 목적으로 청구를 분할하여 그 일부만을 청구할 수 없다. 이에 위반한 소는 판결로써 소를 각하하여야 한다(소액사건심판법 제5조의2).

(2) 소액사건의 관할
① 소액사건은 지방법원 또는 지방법원지원 관할 내에서는 단독판사가 관할하고 시·군법원에서는 시·군법원 판사의 전속관할에 속한다.
② 소액사건심판법은 원칙적으로 1심 절차에서만 적용되고 항소심, 상고심에서는 적용되지 아니한다.

(3) 소액사건 심판의 특칙 ☑기출
① 소제기의 특칙
서면 대신 구술에 의해서도 소를 제기할 수 있다. 구술로 소를 제기하는 때에는 법원서기관, 법원사무관, 법원주사 또는 법원주사보의 면전에서 진술해야 한다. 또한 당사자 쌍방은 임의로 출석하여 소송에 관한 변론을 행함으로써 소를 제기할 수 있다(소액사건심판법 제4조 및 제5조).

② 소송대리의 특칙

소액사건에서는 당사자의 배우자, 직계혈족, 형제자매이면 변호사가 아니더라도 법원의 허가를 받을 필요 없이 소송대리인이 될 수 있다(소액사건심판법 제8조). 이러한 소송대리인은 당사자의 신분관계 및 수권관계를 서면으로 증명해야 한다. 그러나 대리권의 존재에 대하여 당사자가 판사의 면전에서 구술로 소송대리인을 선임하고 법원사무관 등의 조서에 이를 기재한 때에는 그러하지 아니하다.

③ 이행권고제도

㉠ 제도적 취지

소액사건에 대하여 변론에 의한 소송절차의 회부에 앞서 행하는 전치절차이다. 소액사건에서 간이한 처리와 당사자의 법정출석의 불편을 덜어주고자 함이다.

㉡ 이행권고결정

법원은 소액사건이 제기되었을 때에 특별한 사정이 없으면 원고가 낸 소장부본을 첨부하여 피고에게 원고의 청구취지대로 이행할 것을 권고하는 취지의 결정을 한다. 이행권고결정에는 피고가 이의신청을 할 수 있다는 뜻을 기재해야 한다.

㉢ 피고에게 결정서 송달

법원사무관 등은 결정서 등본을 피고에게 송달하여야 한다. 다만 결정서등본을 송달함에 있어서는 우편송달 또는 공시송달의 방법으로는 할 수 없다.

㉣ 피고의 이의신청

결정서 등본을 송달받은 피고는 그 송달받은 날로부터 2주 내에 서면에 의한 이의신청을 할 수 있다. 2주의 기간은 불변기간이다. 피고의 이의신청이 있으면 법원은 소송절차에 붙이기 위하여 바로 변론기일을 지정해야 한다.

㉤ 이행권고결정의 효력

피고가 이행권고결정의 송달을 받고 이의기간 내에 이의신청을 하지 아니한 때, 이의신청각하결정이 확정된 때 또는 이의신청이 취하된 때에는 이행권고결정은 확정판결과 동일한 효력이 있다.

④ 1회 심리의 원칙(이행권고결정에서 판결절차로 나아간 경우)

판사는 절차의 신속을 위하여 되도록 1회의 변론기일로 심리를 종결하도록 해야 한다.

⑤ 공휴일, 야간의 개정

민사소송법 제166조의 특례로 판사는 필요한 경우 근무시간 외 또는 공휴일에도 개정할 수 있다. 특히 직장 근무자들의 재판편의를 위해 신설한 제도이다.

⑥ 무변론의 청구기각

법원은 소장, 준비서면 기타 소송기록에 의하여 청구가 이유 없음이 명백한 때에는 변론 없이 청구를 기각할 수 있게 하였다.

⑦ 상고 및 재항고의 제한

소액사건에 있어서는 통상의 소송사건과 달리 상고 및 재항고가 제한된다. 즉, 소액사건심판법에 의하면 소액사건에 대한 제2심 판결이나 결정명령에 대해서는 법률위반여부에 대한 판단이 부당한 때 또는 대법원 판례에 상반되는 판단을 한 때를 제외하고는 상고, 재항고가 제한된다.

⑧ 이행권고결정에 기한 강제집행의 특례
  ㉠ 원 칙
    이행권고결정에 기한 강제집행은 집행문을 부여받을 필요 없이 이행권고결정서 정본에 의하여 행한다(소액사건심판법 제5조의8). 강제집행에 있어 배당된 이후의 부기문은 이행권고결정서등본의 말지에 기재한다.
  ㉡ 예 외
    이행권고결정의 집행에 조건을 붙인 경우, 당사자의 승계인을 위하여 강제집행을 하는 경우, 당사자의 승계인에 대하여 강제집행을 하는 경우에는 집행문을 부여받아야 한다.
  ㉢ 이행권고결정서 정본의 재도 또는 수통부여
    원고가 여러 통의 이행권고결정서의 정본을 신청하거나 전에 내어준 이행권고결정서 정본을 돌려주지 아니하고 다시 이행권고결정서의 정본을 신청한 때에는 법원사무관 등이 이를 부여하고 그 사유를 원본과 정본에 적어야 한다(소액사건심판법 제5조의8). 다만 재판장의 허가를 받을 필요는 없고 집행문도 필요 없다는 점에서 민사집행법 제35조에 규정된 집행문의 수통 또는 재도부여와는 다르다고 할 수 있다.

3 독촉절차 ☑기출

(1) 의의 및 특징
① 의 의
  독촉절차라 함은 금전 그 밖의 대체물이나 유가증권의 일정수량의 목적으로 하는 청구권에 관하여 채무자가 다투지 않을 것으로 예상될 경우에 채권자로 하여금 통상의 판결절차보다 간이·신속·저렴하게 집행권원을 얻게 하는 절차이다.
② 특 징
  판결절차처럼 소의 제기, 변론, 판결 없는 절차임이 특색이다. 이 절차에 의하여 지급명령을 발할 때에는 채무자를 심문하지 않지만 지급명령을 발한 뒤에 이의신청을 할 수 있으며 이의신청이 있으면 통상소송으로 이행하는 점에서 그 선행절차이다. 즉, 당사자의 불소환, 소명방법의 불필요 그리고 저렴한 인지액 등 간이·신속한 절차임이 특징이다.

(2) 지급명령의 신청 ☑기출
① 관 할
  청구의 가액에 불구하고 지방법원 단독판사, 시·군법원판사 또는 사법보좌관의 직분관할에 전속된다.
② 요 건
  ㉠ 금전 그 밖의 대체물 또는 유가증권의 일정 수량의 지급을 목적으로 하는 청구권일 것
    청구금액 수량의 많고 적음은 불문하며 청구의 발생원인도 묻지 아니한다.
  ㉡ 채무자에 대한 지급명령을 공시송달에 의하지 않고 송달할 수 있는 경우일 것
    지급명령을 발하여도 송달불능이 되면 주소보정을 명할 수 있으나, 이때에 보정명령을 받은 채권자는 보정 대신에 소제기신청을 하여 소송절차로 이행시킬 수 있도록 하였다.

③ 신청절차

지급명령의 신청에도 그 성질에 반하지 아니하는 한 소에 관한 규정이 준용된다. 따라서 신청은 원칙적으로 서면에 의하여야 하며 신청서에는 청구의 취지와 원인을 기재할 것을 요한다. 권리의 존재나 관할에 관한 소명자료의 첨부도 필요 없다. 인지액은 소장에 첨부할 인지액의 1/10이다.

(3) 지급명령의 신청에 대한 재판

지급명령의 신청에 대해서는 채무자를 심문하지 아니하고 결정으로 재판한다.

① 신청각하

신청에 관할위반이 있거나 신청요건에 흠이 있는 경우 또는 신청의 취지에 의해 청구가 이유 없음이 명백한 경우에는 신청을 각하한다. 각하결정에 대해서는 채권자는 불복할 수 없다.

② 지급명령

위와 같은 각하사유가 없으면 청구가 이유 있는지 여부를 심리하지 아니하고 지급명령을 발하고 당사자 양쪽에 직권으로 송달하여야 한다. 지급명령에 대하여 이의신청기간 내에 이의신청이 없거나 이의신청의 취하·각하결정의 확정 시에는 지급명령은 확정판결과 동일한 효력이 있다. 즉, 이에 의하여 독촉절차는 종료되고 확정된 지급명령은 집행권원이 된다.

(4) 채무자의 이의신청

① 채무자는 지급명령이 송달된 날로부터 2주일 이내에 이의신청을 하여 불복할 수 있다. 이의신청은 서면 또는 말로 지급명령을 발한 법원에 신청한다. 단순히 지급명령에 불복이 있다는 취지이면 되고 그 이유를 밝힐 필요도 없다.

② 적법한 이의가 있는 때에는 이의신청된 청구목적의 값에 관하여 지급명령신청 시에 지방법원 단독판사 또는 지방법원합의부에 소의 제기가 있는 것으로 본다.

(5) 확정된 지급명령의 효력

지급명령이 확정되면 확정판결과 동일하게 집행력은 있으나 기판력은 없으므로 지급명령 전에 생긴 사유를 이유로 청구이의의 소를 제기할 수 있다.

(6) 지급명령과 소액사건심판사건과의 비교

구 분	소액사건	지급명령
근거규정	소액사건심판법	민사소송법
청구한도액	3,000만 원 이하	제한 없음
소의 제기	구두나 서면	서 면
변론의 유무	최소 1회 이상 필요	무변론
송 달	공시송달 가능	공시송달 불가
상 고	원칙적 상고 불허	이의 시 일반소송으로 이전
소멸시효의 중단, 연장	10년으로 연장	10년으로 연장
적 용	채무자의 이의 예상 시	이의가 예상되지 않을 때

[지급명령신청서 기재례]

지급명령신청

채권자 ○○○
○○시 ○○구 ○○동
채무자 ○○○
○○시 ○○구 ○○동

대여금청구의 독촉사건
청구금액 : 금 5,000,000원

신청취지

채무자는 채권자에게 금 5,000,000원 및 이에 대한 20○○. ○○. ○○.부터 이 사건 지급명령결정 정본을 송달받는 날까지 연 18%의, 그 다음 날부터 다 갚는 날까지는 연 20%의 각 비율에 의한 금원 및 아래 독촉절차 비용을 합한 금액을 지급하라 라는 지급명령을 구합니다.

독촉절차비용 : 26,180원
내역 : 1. 인지대 12,300원
　　　 2. 송달료 22,320원

신청이유

1. …(중략)…
2.

첨부서류

1. 지불각서 1통
2. 송달료납부서 1통

20○○. ○○. ○○.
위 채권자 홍길동○

서울중앙지방법원 귀중

CHAPTER 05 민사조정 및 재판상화해

PART 4 소송실무

1 민사조정

(1) 서 설

① 의 의
  ㉠ 조정이라 함은 법관이나 조정위원회가 분쟁관계인 사이에 개입하여 화해로 이끄는 절차를 말한다. 조정이 성립되어 조정조서가 작성되면 재판상화해와 동일한 효력을 가지며 그 효력은 준재심의 절차에 의해서만 다툴 수 있을 뿐이다.
  ㉡ 이러한 조정에는 현행법상 가사사건에 대하여 하는 가사조정과 민사조정법에 의하는 민사조정이 있다.
  ㉢ 우리나라에서는 법원에 의한 조정이 아니라 각종 행정위원회에 의한 조정이 활발하다. 소비자분쟁조정위원회, 한국의료분쟁조정중재원, 중앙환경분쟁조정위원회 등이 대표적이다. 이하에서는 법원의 조정 중 민사조정에 대해서 살펴보기로 한다.

② 특 징
  ㉠ 조정은 법률을 기준으로 하는 [그렇다], [아니다]의 일도양단식의 분쟁해결이 아니라 당사자가 서로 양보한 끝에 조리에 좇아 실정에 맞게 타협하는 분쟁해결이고 또 조정의 성립에 있어서는 당사자의 합의를 필요로 하는 점에서 소송과 본질을 달리한다.
  ㉡ 조정은 경우에 따라 조정위원회가 개입하는 분쟁해결절차인 점에서 법관만이 개입하는 재판상화해와는 다른 절차이다.
  ㉢ 조정위원회가 개입하고 당사자의 합의를 필요로 한다는 점에서 조정이 성립되지 않을 때 법관이 직권으로 행하는 [조정에 갈음하는 결정], 즉 강제조정과 구별된다.

③ 민사조정제도의 장점
  민사조정제도는 통상의 소송절차에 비하여 다음과 같은 장점을 가지고 있다.
  ㉠ 편이성
  민사조정절차는 그 절차를 진행함에 있어 통상의 소송절차와는 달리 엄격한 제한이 없으므로 절차를 탄력적으로 운영할 수 있고 따라서 법률적 지식이 없는 사람도 쉽게 이용할 수 있고 당해절차에서 자신의 의견도 충분히 개진할 수 있다.
  ㉡ 신속성
  조정을 신청하면 즉시 조정기일이 정해지고 단 한 번의 출석으로 절차가 끝나는 것이 보통일 뿐만 아니라 일단 이루어진 조정은 확정판결과 동일한 효력이 있어 상소, 이의신청 등으로 불복할 수 없으므로 분쟁이 단기간 내에 해결된다.

ⓒ 소송비용의 절감

조정신청의 수수료는 「민사소송 등 인지법」에 따라 산출한 금액의 10분의 1로, 비용이 절감된다.

ⓔ 비밀의 보장

재판은 공개된 법정에서 엄격한 제한 속에 이루어짐에 반하여 조정은 조정실 등에서 절차를 비공개로 진행할 수 있어 당사자의 분쟁이 널리 타인에게 알려지는 것을 방지할 수 있다.

ⓜ 전문지식의 활용

사회각계의 전문가가 조정위원으로 참석함으로써 그들의 경험과 지식을 분쟁해결에 널리 이용할 수 있다.

ⓗ 대립적 감정의 순화

판결은 아무리 공정하고 올바르게 되었다 하더라도 양 당사자 사이에 감정의 앙금을 남기게 마련이지만 조정절차는 상대방의 처지에 대한 이해와 타협으로 이루어지므로 당사자 사이의 대립적 감정을 순화시키는 역할을 한다.

(2) 민사조정의 신청

① 절차의 개시

민사조정은 분쟁의 당사자 일방 또는 쌍방이 조정신청을 하거나 소송사건을 심리하고 있는 재판부가 직권으로 그 사건을 조정에 회부함으로써 한다.

② 관할법원

조정은 피신청인의 보통재판적 소재지, 피신청인의 사무소 또는 영업소의 소재지·근무지, 분쟁의 목적물 소재지 또는 손해 발생지를 관할하는 지방법원, 지방법원지원, 시·군법원 등에 신청할 수 있다(민사조정법 제3조 제1항). 또한 양 당사자가 합의한 경우에는 어느 곳이든 편리한 법원에 조정을 신청할 수 있다.

③ 신청의 방법

조정신청은 조정신청서를 작성하여 법원에 제출하면 된다. 법원사무관 등에게 신청내용을 진술하고 그 직원이 내용을 조정신청조서에 기재해주는 방법인 구술신청도 할 수 있으나 조정신청서를 작성하여 제출하는 것이 바람직하다.

④ 신청 시 유의사항

㉠ 조정신청을 할 때에는 당사자의 성명, 신청의 취지 및 분쟁의 내용을 명확하게 해야 한다. 대체로 소장의 형식과 동일하다(즉, 소장에서의 청구취지와 청구원인에 해당한다). 나아가 분쟁에 관련된 증거서류도 조정신청 시 함께 제출하는 것이 절차를 신속히 진행하기 위하여 바람직하다.

㉡ 당사자의 성명, 주소는 정확히 기재해야 한다. 소환장이 송달되어 기일이 공전되는 것을 막기 위함이다. 전화번호와 이메일 주소를 함께 기재하는 것이 바람직하다.

㉢ 조정을 서면으로 신청할 때에는 상대방의 인원수만큼의 신청서 부본을 함께 제출한다.

㉣ 조정신청을 할 때에는 조정수수료를 인지로 납부하여야 하며 금액은 「민사소송 등 인지법」에 따라 산출한 금액의 10분의 1이며, 수수료가 1천 원 미만이면 1천 원으로 하고, 수수료 중 100원 미만은 계산하지 아니한다(민사조정법 제5조 제4항, 민사조정규칙 제3조 제1항).

(3) 조정 절차

① 조정기관

조정사건은 조정담당판사 또는 조정위원회에서 처리한다. 조정담당판사가 스스로 조정할 것인지 또는 조정위원회에 회부할 것인지는 조정담당판사가 이를 정한다. 다만 당사자가 특별히 조정위원회에 조정을 신청할 때에는 조정위원회에서 처리한다(민사조정법 제7조). 조정위원회는 판사 중에서 지정된 조정장 1인과 학식과 덕망이 있는 인사들 중에서 위촉된 2인 이상의 조정위원으로 구성된다. 이와 별도로 조정사건의 당사자는 서로 합의하여 당해 사건을 위한 조정위원을 선정할 수도 있다.

② 조정기일

조정신청이 있으면 즉시 조정기일이 정해지고 신청인과 상대방에게 그 일시, 장소가 통지된다. 당사자 쌍방이 법원에 출석하여 조정을 신청한 때에는 특별한 사정이 없는 한 그 신청당일이 조정기일이 되나 실무상 조정신청사건이 많을 때에는 따로 기일이 지정되는 경우도 있다.

③ 당사자 및 이해관계인의 출석과 대리

㉠ 당사자의 출석

당사자는 지정된 일시, 장소에 본인이 직접 출석하여야 한다. 다만 본인이 직접 출석하기 어려운 경우에는 그 친족이나 피용자 등을 대리인으로 출석시킬 수 있다. 분쟁관련자가 다수인 경우에는 이들 중에서 1인 또는 수인을 대표당사자로 선임하여 사건의 조정을 담당하게 할 수 있으며 조정담당판사도 이들 중에서 대표당사자를 선임할 것을 명할 수 있다(민사조정법 제18조). 조정의 결과에 이해관계가 있는 사람도 조정담당판사의 허가를 얻어 조정에 참석할 수 있다.

㉡ 대리인의 자격

대리인의 자격에는 특별한 제한이 없으므로 사리를 분별할 수 있고 조정사건의 내용을 잘 알고 있는 사람이면 누구나 대리인이 될 수 있다. 다만 변호사 아닌 자를 대리인으로 선임할 때에는 사전에 조정담당판사의 허가를 받아야 한다. 조정담당판사는 허가를 취소할 수 있으며 당사자는 취소결정에 불복할 수 없다.

㉢ 기일의 불출석

신청인이 조정기일에 두 번 출석하지 아니하면 조정신청은 취하된 것으로 본다(민사조정법 제31조). 반대로 피신청인이 출석하지 아니하면 조정담당판사는 상당하다고 인정하는 때에는 피신청인의 진술을 듣지 아니하고 직권으로 [조정을 갈음하는 결정]을 할 수 있다(민사조정법 제32조 및 제30조).

④ 진술청취와 사실조사

조정담당판사는 조정에 관하여 당사자 또는 이해관계인의 진술을 듣고 필요하다고 인정할 때에는 적당한 방법으로 사실조사를 할 수 있다(민사조정법 제22조).

㉠ 진술청취

당사자들은 조정기일에 출석하여 조정신청의 원인이 된 분쟁에 관하여 주장과 답변을 한다. 진술이나 답변은 자신들이 주장하고자 하는 바가 무엇인지를 명료하게 하여야 한다.

ⓒ 사실조사

조정기일에 출석할 때에는 자신의 주장이 정당하다는 점을 뒷받침할 수 있는 각종자료(계약서, 영수증 등)를 지참하고 가서 제출하는 것이 바람직하다. 조정담당판사나 조정위원회는 당사자의 진술, 답변을 듣고 당사자가 제시하는 자료를 검토하며 필요한 경우 적당한 방법으로 증거를 조사하여 쌍방이 받아들일 수 있는 적당한 조정안을 만들어 합의를 권고하는 등으로 절차를 진행한다.

⑤ **조정의 성립**

㉠ 조정기일에 조정담당판사 등의 조정안을 받아들여 당사자 사이에 합의가 이루어지면 법원은 그 내용을 조정조서에 기재한다. 이로써 조정은 성립된다.

㉡ 조정에 갈음하는 결정

ⓐ 조정기일에 피신청인이 출석하지 아니하거나 당사자 쌍방이 출석하였더라도 합의가 성립되지 아니한 경우에는 조정담당판사 또는 조정위원회는 상당한 이유가 없는 한 직권으로 조정에 갈음하는 결정을 한다. 또한 합의가 성립되었더라도 합의내용이 적당하지 아니한 경우에도 같다. 이는 당사자의 이익 기타 모든 사정을 참작하여 신청인의 신청취지에 반하지 아니하는 한도 내에서 사건의 공평한 해결을 위하여 강제조정을 신청할 수 있도록 한 것이다.

ⓑ 조정을 갈음하는 결정에 대하여 당사자는 그 조서의 정본이 송달된 날부터 2주일 이내에 이의를 신청할 수 있다(민사조정법 제34조). 이의신청이 있으면 그 결정은 효력을 상실하게 되고 사건을 소송절차로 이전한다. 조서나 결정서의 등본을 송달받고도 당사자 쌍방이 이의신청을 하지 아니하면 그 결정내용대로 조정이 성립한 것과 같은 효력이 생기게 된다.

⑥ **조정의 불성립**

㉠ 조정을 하지 아니하는 결정

사건의 성질상 조정을 함에 적당하지 아니하다고 인정되거나 당사자가 부당한 목적으로 조정신청을 하였다고 인정되는 경우에는 조정담당판사는 [조정을 하지 아니하는 결정]으로 사건을 종결시킬 수 있다. 이 결정에 대해서는 불복하지 못한다(민사조정법 제26조).

㉡ 조정의 불성립

조정담당판사는 당사자 사이에 합의가 성립되지 아니하거나 성립된 합의의 내용이 적당하지 아니하다고 인정되는 경우에는 [조정을 갈음하는 결정]을 하지 아니할 때에는 조정이 성립되지 아니한 것으로 사건을 종결시켜야 한다(민사조정법 제27조).

(4) 소송으로의 이행

① 조정신청을 하였으나 조정을 하지 아니하는 결정이 있거나, 조정불성립의 경우 또는 조정에 갈음하는 결정에 대하여 당사자가 이의신청을 한 경우에는 그 사건은 자동적으로 소송으로 이행되어 소송절차에 의하여 심리 판단된다(민사조정법 제36조).

② 조정이 소송으로 이행된 때에는 조정신청 시에 소가 제기된 것으로 처리되므로 그때를 기준으로 소멸시효 중단 등의 효력이 생기고 인지는 처음부터 소를 제기하였다면 소장에 첨부하였을 금액에서 조정신청 시 납부한 인지액만큼 공제한 차액만을 붙이면 된다.

(5) 조정의 효력과 집행

① 조정의 효력

조정이 성립한 경우 조정에 갈음하는 결정에 이의가 없거나 이의신청이 취하된 경우, 이의신청의 각하결정이 확정된 경우에는 그 조정 또는 결정은 모두 재판상화해와 동일한 효력이 있다. 따라서 당사자 사이의 분쟁은 판결이 확정된 경우와 마찬가지로 종결하게 된다.

② 강제집행

조정이 성립되었거나 조정에 갈음하는 결정이 확정되었음에도 상대방이 의무를 이행하지 아니하는 경우에는 확정판결과 마찬가지로 위 조정 또는 결정을 가지고 강제집행을 신청할 수 있다.

[민사조정절차의 개요도]

2 재판상화해

(1) 서 설

널리 재판상화해라 함은 소송계속 전에 지방법원 단독판사 앞에서 하는 제소전화해(민사소송법 제385조 제1항)와 소송계속 후 수소법원 앞에서 하는 소송상화해 두 가지를 가리킨다. 제소전화해도 법관의 면전에서 하는 화해이기 때문에 소송상화해와 동일한 효력이 인정된다. 이밖에 재판상화해가 성립된 것으로 보는 화해간주제도도 있다. 이하에서는 소송상화해와 제소전화해로 구분하여 살펴보기로 한다.

(2) 소송상화해
① 의의 및 제도적 취지

소송상화해라 함은 소송계속 중 양쪽 당사자가 소송물인 권리관계의 주장을 서로 양보하여 소송을 종료시키기로 하는 기일에 있어서의 합의이다. 화해는 법률과 정의에 의하여 분쟁이 해결된다는 법치주의적 의식을 마비시킨다는 문제점이 있으나 간이, 신속한 분쟁해결방법이라는 점에서 소송의 촉진 및 분쟁의 포괄적인 해결에 기여한다.

② 다른 제도와의 구별
㉠ 민법상 화해계약

소송상화해는 계속 중인 소송기일에서 할 것을 요하므로 기일 외, 즉 법정 외에서 하는 재판 외의 화해와는 구별된다.

㉡ 청구의 포기 · 인낙

화해는 소송물에 관한 주장을 서로 양보할 것을 요하기 때문에 양보가 한쪽만이고 한쪽이 다른 쪽의 주장을 전면적으로 인정하는 경우에는 청구의 포기 · 인낙에 해당한다.

㉢ 화해권고결정
ⓐ 구법상 화해권고만 할 수 있었던 것을 재판상화해의 활성화를 위해 이를 확대한 것이다.
ⓑ 결정에 의한 화해권고

법원 · 수명법관 또는 수탁판사는 소송에 계속 중인 사건에 대하여 직권으로 당사자의 이익, 그 밖의 모든 사정을 참작하여 청구취지에 어긋나지 아니하는 범위 내에서 사건의 공평한 해결을 위한 화해권고결정을 할 수 있다(민사소송법 제225조 제1항).

ⓒ 당사자에게 결정서 송달

법원사무관 등은 화해의 결정내용을 적은 조서 또는 결정서의 정본을 당사자에게 송달하여야 한다. 다만 그 송달은 우편송달, 공시송달로는 할 수 없다(민사소송법 제225조 제2항).

ⓓ 당사자의 이의신청

당사자는 화해권고결정에 대하여 그 조서 또는 결정서의 정본을 송달받은 날로부터 2주 이내에 이의를 신청할 수 있다(민사소송법 제226조 제1항).

ⓔ 화해권고결정의 효력

당사자는 화해권고결정을 받고 이의기간 내에 이의신청이 없는 때, 이의신청에 대한 각하결정이 확정된 때, 당사자가 이의신청권을 포기한 때에 화해권고결정은 재판상화해와 동일한 효력이 있다.

(3) 제소전화해 ☑ 기출
① 의 의

제소전화해라 함은 일반민사분쟁이 소송으로 발전하는 것을 방지하기 위하여 소제기 전에 지방법원 단독판사 앞에서 화해신청을 하여 해결하는 절차를 말한다. 즉, 제소전화해는 소송계속 전에 소송을 예방하기 위한 화해인 점에서 소송계속 후에 소송을 종료시키기 위한 화해인 소송상화해와 다르나 그 절차 및 효력은 동일하다.

② 제소전화해의 제도적 가치

화해가 성립하면 확정판결과 동일한 효력이 있기 때문에 채권자는 화해조서로 채무자에 대한 강제집행을 할 수 있고 채무자는 더 이상 다툴 수 없다. 이러한 효력은 결국 소송 없이 소송에서 승소한 효과를 얻는 것이므로 채권자의 입장에서는 시간과 비용을 절약하는 수단이 된다. 또한 법원이 법률의 적용에 의해 판단하는 것이 아니므로 채권자와 채무자의 의사합치만으로 화해는 성립한다. 채권자로서는 채무자가 채무를 이행하겠다고 약속하는 경우에 이행확보의 수단으로 제소전화해와 공증증서(집행인낙의 의사표시가 기재된)의 작성이 실무상 많이 이용되고 있다.

③ 소송절차와 제소전화해 절차의 비교

구 분	소송절차	제소전화해
관 할	소가에 따른 사물관할	단독판사의 사물관할
대 상	모든 민·형사사건	사적 이익에 관한 것으로 처분이 가능한 권리관계
절 차	처분권주의, 변론주의, 쌍방신문주의 등	비교적 자유로운 절차
비 용	인지대	인지대는 일반소송의 1/5
심 급	원칙적으로 3심	1회로 종결
소송대리	원칙적으로 변호사 강제주의	본인 이외에 직원 등의 대리 가능

④ 화해신청

㉠ 제소전화해를 신청할 법원은 상대방의 보통재판적 있는 곳의 지방법원이다(민사소송법 제385조 제1항). 따라서 화해신청은 상대방(피신청인)의 소재지관할의 지방법원에 하여야 하며 청구금액의 많고, 적음에 관계없이 지방법원단독판사의 관할에 속한다. 다만 시·군 관할구역 내의 사건은 시군법원판사의 배타적 사물관할에 속한다. 신청은 서면 또는 말로(민사소송법 제161조 제1항), 청구의 취지 및 원인 이외에 다투는 사정을 표시하여야 한다.

㉡ 신청서에는 소장의 1/5에 해당하는 인지대를 납부하여야 한다. 화해신청에는 그 성질에 반하지 아니하는 한 소에 관한 규정이 준용되므로 신청서제출 시에 시효중단의 효력이 생긴다. 다만 화해의 불성립으로 절차가 종료된 때에는 그 시효중단의 효력유지를 위해서는 1월 내에 소송을 제기하여야 한다.

⑤ 절 차

㉠ 화해신청의 요건 및 방식에 흠이 있을 때에는 결정으로 이를 각하한다. 이에 대해 신청인은 항고할 수 있다.

㉡ 화해신청이 적법하면 화해기일을 정하여 신청인 및 상대방을 출석 요구한다. 화해기일은 공개할 필요가 없다. 기일에 신청인 또는 상대방이 출석하지 아니한 때에는 법원은 화해가 성립하지 아니한 것으로 볼 수 있다. 화해불성립조서등본은 당사자에게 송달하여야 한다. 화해가 불성립된 경우에는 불성립조서등본이 송달된 날로부터 2주 내에 각 당사자는 소를 제기할 수 있고 적법한 소제기 신청이 있는 때에는 화해신청이 된 때에 소가 제기된 것으로 본다. 화해불성립 시의 화해비용은 신청인의 부담으로 되지만 소제기 신청이 있는 때에는 이를 소송비용의 일부로 본다. 화해가 성립한 때에는 조서를 작성한다. 이때 화해비용은 특별한 합의가 없으면 당사자의 각자부담으로 한다.

⑥ 제소전화해조서의 효력

제소전화해조서는 확정판결과 같은 효력을 가지며(민사소송법 제220조) 또 집행력을 가진다. 따라서 제소전화해의 하자는 준재심에 의해서만 다툴 수 있다.

⑦ 대물변제예약과 제소전화해

㉠ 대물변제예약

채무자가 채무를 이행하지 않을 때에는 채권자가 부동산의 소유권을 이전받기로 하는 약정을 하는 경우 이를 부동산의 대물변제예약이라 한다. 채권자는 이 약정을 원인으로 부동산에 대해 소유권이전등기청구권 보전의 가등기를 함으로써 가등기 이후에 가등기와 저촉되는 등기를 한 다른 사람에게 대항하여 등기의 순위를 보전하고 채무자가 채무불이행 시 소유권이전 본등기를 함으로써 그 부동산의 소유권을 취득할 수 있다.

㉡ 제소전화해 절차의 활용

대물변제예약 시 채무자가 채무불이행의 사유가 있음에도 소유권이전본등기청구에 응하지 아니한 때에는 채무자에 대하여 등기에 응하는 의사표시를 구하는 소송을 제기하여 승소확정판결을 집행권원으로 하여 소유권이전본등기를 할 수밖에 없다. 그러나 이러한 절차는 시간과 비용이 많이 소요되는 바 이를 방지하기 위하여 가등기를 함과 동시에 채권자와 채무자가 제소전화해를 하고 채무자의 채무불이행이 있으면 채권자가 제소전화해조서에 기해 소유권이전의 본등기를 단독으로 신청하는 방법이 많이 이용되고 있다.

⑧ 제소전화해 절차에서의 유의사항

구 분	유의할 사항	근거조문
신청요건	채권자가 임의적으로 법원에 신청할 수 있고 채무자의 동의는 필요 없다.	민사소송법 제385조 제1항
성립요건	신청인과 피신청인이 모두 법원에 출석하여 화해하여야 효력이 있다. 피신청인이 불출석하거나 화해하지 않으면 화해는 불성립한다.	민사소송법 제387조 제2항
대리인의 제한	피신청인의 대리인이 출석하는 경우에는 반드시 피신청인이 선임한 대리인이어야 하고, 법원은 대리인이 출석하더라도 대리권의 조사를 위하여 피신청인의 출석을 명할 수 있다.	민사소송법 제385조 제2항 및 동조 제3항
제소신청	신청인은 화해가 불성립하였다는 조서등본이 송달된 날로부터 2주일 이내에 제소신청을 할 수 있다.	민사소송법 제388조
화해비용	화해가 성립할 때에는 특별한 합의가 있으면 이에 따르고 합의가 없으면 각자가 부담한다. 화해의 불성립 시에는 신청인이 부담한다.	민사소송법 제389조

04~05 OX 마무리

01 조정신청의 수수료는 「민사소송 등 인지법」에 따라 산출한 금액의 5분의 1로 한다. O X

01 10분의 1로 한다.

02 민사조정은 당사자의 조정신청에 의해서만 개시된다. O X

02 민사조정은 당사자의 조정신청에 의해서뿐만 아니라 재판부가 직권으로 회부하는 경우에도 가능하다.

03 조정의 결과에 관하여 이해관계가 있는 자도 조정에 참가할 수 있다. O X

03 조정의 결과에 관하여 이해관계가 있는 자도 조정담당판사의 허가를 얻어 조정에 참가할 수 있다(민사조정법 제16조).

04 신청인이 조정기일에 한 번 불출석한 경우 조정신청은 취하간주된다. O X

04 신청인이 조정기일에 두 번 불출석한 경우 조정신청은 취하간주된다.

05 화해는 소송기일에 어느 일방만이 양보하여 분쟁을 해결하는 것을 말한다. O X

05 화해의 본질은 쌍방이 양보하는 데 있으므로 어느 일방만이 양보하는 것은 청구의 포기 내지 인낙이라 할 것이고 화해라 볼 수는 없다.

정답 01 × 02 × 03 ○ 04 × 05 ×

06 민사소송법 제385조 제1항	06 민사상 다툼에 관하여 당사자는 청구의 취지·원인과 다투는 사정을 밝혀 상대방의 보통재판적이 있는 곳의 지방법원에 화해를 신청할 수 있다. O X
07 화해신청을 각하한 결정에 대해서 즉시항고할 수 있다.	07 화해신청을 각하한 결정에 대해서는 불복할 수 없다. O X
08 화해가 성립되지 아니한 경우 비용은 신청자가 부담한다. 다만 소제기 신청이 있는 경우에는 화해비용을 소송비용의 일부로 한다(민사소송법 제389조).	08 화해가 성립되지 아니한 경우 비용은 각자가 부담한다. O X
09 경제적·사회적으로 강자의 지위에 있는 자가 제소전화해 절차를 탈법적으로 운영하는 것을 막기 위하여 대리인 선임권을 신청인에게 위임할 수 없도록 하였다(민사소송법 제385조 제2항).	09 제소전화해 절차에 있어서 대리인이 신청하는 경우에는 반드시 피신청인이 직접 선임한 대리인이어야 한다. O X
10 민사소송법 제388조	10 화해불성립 시 불성립조서의 등본의 송달일로부터 2주 내에 각 당사자가 제소신청을 하면 화해신청을 한 때에 소가 제기된 것으로 본다. O X
11 화해조서는 확정판결과 동일한 효력이 있으므로 준재심의 소에 의해 다투어야 한다(민사소송법 제461조 참조).	11 화해조서의 위법은 무효확인청구 또는 기일지정신청으로 다투어야 한다. O X

06 O 07 × 08 × 09 O 10 O 11 ×

PART 04 적중예상문제

01 민사소송에 관한 다음 설명 중 가장 적절하지 않은 것은?

① 판결선고기일에는 당사자가 출석하지 않아도 된다.
② 소송대리인의 권한은 서면으로 증명하여야 한다.
③ 소송대리인은 당해 소송에 있어서 제삼자에 불과하므로 소송 참가를 할 수 있고 증인능력이 있다.
④ 소송법상 성립된 재판이 한 번 외부에 선고되면 선고한 법원도 스스로 취소·변경할 수 없는 효력을 기속력이라 한다.
⑤ 어느 하나의 사건에 관하여 보통재판적과 특별재판적이 모두 있는 경우 특별재판적이 우선한다.

[해설]
보통재판적과 특별재판적이 공존하여 재판적의 경합이 있는 경우에는 원고가 임의로 한 곳을 택하여 소(訴)를 제기할 수 있다.

02 소송대리에 관한 다음의 설명 중 옳지 아니한 것은?

① 소액사건에서는 법원의 허가가 없더라도 당사자의 배우자는 소송대리인이 될 수 있다.
② 소송대리인이 한 사실상의 진술은 당사자가 이를 곧 취소하거나 경정한 때에는 그 효력을 잃는다.
③ 판례는 소송대리권의 수여는 심급마다 별개로 수여되어야 한다는 이른바 심급대리의 원칙을 취하고 있다.
④ 소송위임에 의한 소송대리인의 경우 반소의 제기, 소의 취하, 청구의 포기·인낙은 특별한 권한을 수여받아야 하지만 상소의 제기와 취하는 특별한 권한이 없어도 가능하다.
⑤ 소송대리인의 대리권의 존재와 범위는 서면으로 증명하여야 한다.

[해설]
상소의 제기 및 그 취하도 특별수권사항이다(민사소송법 제90조 제2항). 나아가 판례는 명문의 규정에는 상소의 제기라 하였지만 해석상 상대방이 제기한 상소에 응소하는 것 역시 특별수권사항으로 보고 있어 이른바 심급대리원칙을 채택하고 있다.

정답 01 ⑤ 02 ④

03 다음 중 소장의 필요적 기재사항이 아닌 것은?

① 원고의 표시
② 피고의 표시
③ 청구취지
④ 청구원인
⑤ 입증방법

해설
소장의 필요적 기재사항은 당사자, 법정대리인, 청구취지, 청구원인이다(민사소송법 제249조 제1항).

04 소의 제기와 관련한 다음의 설명 중 옳지 아니한 것은?

① 소를 제기함에는 원칙적으로 소장이라는 서면을 제1심법원에 제출할 것을 요한다.
② 소가 3,000만 원 이하의 소액사건에서는 구술에 의하여 소를 제기하는 것도 가능하다.
③ 소장의 필요적 기재사항을 누락한 경우에는 명령으로 소장을 각하한다.
④ 인지를 붙이지 아니한 경우에는 재판장은 곧바로 소장각하를 명하여야 한다.
⑤ 법원사무관 등은 정당한 이유 없이 소장의 접수를 거부할 수 없다.

해설
인지를 붙이지 아니한 경우에는 재판장은 원고에게 상당한 기간을 정하여 그 기간 내에 흠을 보정할 것을 명하여야 하고 보정명령에 불응한 경우에 명령으로 소장을 각하한다(민사소송법 제254조 제1항 및 제2항).

05 다음 중 관할에 관한 설명 중 옳지 아니한 것은?

① 토지관할이라 함은 소재지를 달리하는 같은 종류의 법원 사이에 재판권의 분담관계를 정해 놓은 것을 말한다.
② 토지관할의 발생 원인이 되는 관련지점을 재판적이라 하고, 재판적에는 보통재판적과 특별재판적이 있다.
③ 보통재판적과 특별재판적은 이른바 일반법과 특별법의 관계에 있으므로 특별재판적이 우선 적용되고 보통재판적은 보충적으로 적용된다.
④ 원칙적으로 사람의 보통재판적은 피고의 주소지이다.
⑤ 피고가 법인인 때에는 원칙적으로 주된 사무소·영업소가 있는 곳의 소재지가 보통재판적이 된다.

해설
보통재판적과 특별재판적은 이른바 특별법과 일반법과의 관계가 아니므로 양자는 공존하거나 경합할 수 있고 이 경우 원고는 경합하는 곳 중 어느 한 곳을 임의로 선택하여 소를 제기하면 된다.

정답 03 ⑤ 04 ④ 05 ③

06. 다음 재판적에 관한 설명 중 옳지 아니한 것은?

① 피고가 국가인 경우에는 소장을 그 소송에서 국가를 대표하는 관청 또는 대법원이 있는 곳을 관할하는 법원에 제출한다.
② 재산권에 관한 소를 제기하는 경우에는 거소지 또는 의무이행지의 법원에 소를 제기할 수도 있다.
③ 어음·수표에 관한 소를 제기하는 경우에는 발행지의 법원에 소를 제기할 수 있다.
④ 부동산에 관한 소는 부동산이 있는 곳의 법원에 제기할 수 있다.
⑤ 불법행위에 관한 소를 제기하는 경우에는 행위지의 법원에 제기할 수 있다.

해설
어음·수표에 관한 소를 제기하는 경우에는 지급지의 법원에 제기할 수 있다(민사소송법 제9조).

07. 합의 관할에 관한 다음의 설명 중 옳지 아니한 것은?

① 관할의 합의는 서면으로 이루어져야 한다.
② 관할합의의 종류에는 전속적 합의와 부가적 합의가 있다.
③ 법률상의 전속관할은 당사자의 합의로 이를 변경할 수 없다.
④ 관할의 합의 시에는 합의된 법원은 하나로 특정되어야 한다.
⑤ 관할합의의 시기에는 제한이 없다.

해설
이른바 사후의 관할합의도 가능하다. 다만 이때의 관할합의는 이송신청의 전제로서 의미가 있을 뿐이다. 나아가 합의의 대상인 법원이 특정되기만 한다면 수 개의 법원을 관할로 하는 관할의 합의도 가능하다. 가령 "본건계약에 관한 소송은 원고의 주소지 법원과 목적물의 소재지의 법원을 관할로 한다"라는 합의도 유효하다.

08. 다음은 소액사건심판법에서 정하고 있는 설명이다. 옳지 아니한 것은?

① 소송물 가액이 3천만 원을 초과하는 사건은 소액사건에서 제외된다.
② 공시송달이 허용된다.
③ 소액사건심판법의 적용을 받기 위해서 청구를 분할하여 그 일부만을 청구하는 것도 가능하다.
④ 법원은 소가 제기된 경우에 결정으로 소장부본 등을 첨부하여 피고에게 청구취지대로 이행할 것을 권고할 수 있다.
⑤ 피고는 이행권고결정서의 등본을 송달받은 날로부터 2주일 이내에 서면으로 이의신청을 할 수 있다.

해설
소액사건심판법의 적용을 받을 목적으로 청구를 분할하는 것을 명문으로 금지하고 있는바(소액사건심판법 제5조의2) 이에 위반한 소는 판결로서 각하한다.

09 송달에 관한 설명 중 옳지 아니한 것은?

① 소장, 상소장, 판결정본은 당사자에게 송달하여야 한다.
② 송달은 법에 정한 방식대로 하여야 하는 점에서 무방식의 통지와는 구별된다.
③ 송달사무는 원칙적으로 법원사무관 등이 한다.
④ 원칙적인 송달의 실시기관은 집행관과 우편집배원이다.
⑤ 소송서류의 명의인이 소송무능력자일 때에는 송달받을 사람은 무능력자 본인이다.

해설

소송서류의 명의인이 소송무능력자일 때에는 송달받을 사람은 법정대리인이다(민사소송법 제179조). 따라서 법인 그 밖의 단체에 대한 송달은 법정대리인에 준하는 그 대표자 또는 관리인에 대하여 한다(민사소송법 제64조).

10 민사소송의 제기에 관한 다음 설명 중 가장 적절하지 않은 것은?

① 통상의 소를 제기함에는 원칙적으로 소장이라는 서면을 제1심법원에 제출할 것을 요한다.
② 입증방법은 소장의 필요적 기재사항이다.
③ 소장에는 당사자와 법정대리인, 청구의 취지와 원인을 적어야 한다.
④ 당사자는 원고와 피고를 말한다.
⑤ 소장의 부본은 특별한 사정이 없으면 바로 피고에게 송달하여야 한다.

해설

소장에 기재해야 하는 필수 기재사항(민사소송법 제249조 및 제274조 제1항)
- 당사자의 성명·명칭 또는 상호와 주소
- 법정대리인의 성명과 주소
- 사건의 표시
- 청구취지
- 청구원인
- 덧붙인 서류의 표시
- 작성한 날짜
- 법원의 표시

09 ⑤ 10 ②

11. 소장에 관한 다음의 설명 중 옳지 아니한 것은?

① 소장에는 당사자와 법정대리인, 청구취지와 원인을 적어야 한다.
② 당사자라 함은 채권자와 채무자를 말한다.
③ 입증방법은 소장의 제출 시에 반드시 제출할 필요가 없다.
④ 청구취지는 청구가 인용되는 경우 이를 판결의 주문으로 될 수 있도록 정확하게 기술하여야 한다.
⑤ 청구원인은 원고가 주장하는 권리 또는 법률관계의 성립원인인 사실로 청구취지를 보충하는 내용이다.

해설

소송법상의 당사자라 함은 자신의 이름으로 판결을 요구하는 자로서 실체법상의 채권자와 채무자와는 다른 개념이다. 즉, 이른바 형식적 당사자 개념으로서 실제로 채권자인지 채무자인지 여부는 본안에서 가려져야 하는 문제이다. 소송법에서는 원고와 피고라는 개념으로 나타난다.

12. 지급명령에 관한 다음 설명 중 가장 적절하지 않은 것은?

① 지급명령의 신청을 각하하는 결정에 대하여는 불복할 수 있다.
② 금전, 그 밖에 대체물이나 유가증권의 일정한 수량의 지급을 목적으로 하는 청구에 대하여 법원은 채권자의 신청에 따라 지급명령을 할 수 있다.
③ 채무자가 지급명령에 대하여 적법한 이의신청을 한 경우에는 지급명령을 신청한 때에 이의 신청된 청구목적의 값에 관하여 소가 제기된 것으로 본다.
④ 채권자의 신청에 의해 채무자를 심문하지 않고 서면심리만으로 지급명령을 발하는 절차이다.
⑤ 지급명령을 신청할 수 있는 청구한도액에는 제한이 없다.

해설

지급명령의 신청을 각하하는 결정에 대하여는 불복할 수 없다(민사소송법 제465조 제2항).

13. 피고가 원고의 청구를 다투는 경우에는 「민사소송법」상 원칙적으로 소장의 부본을 송달받은 날부터 얼마의 기간 이내에 답변서를 제출하여야 하는가?

① 7일
② 10일
③ 14일
④ 21일
⑤ 30일

해설

피고가 원고의 청구를 다투는 경우에는 소장의 부본을 송달받은 날부터 30일 이내에 답변서를 제출하여야 한다. 다만, 피고가 공시송달의 방법에 따라 소장의 부본을 송달받은 경우에는 그러하지 아니하다(민사소송법 제256조 제1항).

14 다음 중 처분문서가 아닌 것은?

① 근저당권설정계약서
② 상업장부
③ 주택건설도급계약서
④ 해약통지서
⑤ 차용증

해설
법률행위가 문서 자체에 의해 이루어진 경우를 처분문서라 한다. 여기에는 각종의 계약서와 관념의 통지서, 어음 등이 이에 해당한다. 이에 반하여 작성자가 보고, 듣고, 느낀 것을 기록한 서면을 보고문서라 한다. 상업장부의 경우는 각종의 상업거래 내역을 그때그때 기계적으로 기록한 문서이지 이에 의해서 어떠한 법률관계가 이루어졌다고는 볼 수 없다.

15 다음 설명 중 옳지 않은 것은?

① 지급명령은 청구액이 3천만 원 이하인 사건의 경우에만 인정된다.
② 소액사건심판법은 제1심 절차에서만 적용되고 항소심·상고심에서는 적용되지 않는다.
③ 소액사건심판의 판결서에는 이유를 기재하지 아니할 수 있다.
④ 확정된 지급명령이나 이행권고결정은 집행권원이 된다.
⑤ 지급명령신청서에 붙이는 인지대는 민사소송의 소장에 붙이는 인지대의 10분의 1이다.

해설
지급명령은 청구금액 수량의 많고 적음은 불문하며 청구의 발생원인도 묻지 아니한다.

16 원고가 제기한 대여금 청구소송에서 피고는 원고에게 돈을 받은 사실은 있으나 이미 변제하였다고 답변하였다. 피고의 진술의 법적 성질은?

① 단순부인
② 간접부인
③ 항 변
④ 자 백
⑤ 침 묵

해설
간접부인이란 원고의 주장사실과 양립되지 아니한 사실을 적극적으로 진술하며 원고의 주장을 부정하는 것을 말하고 이에 반하여 항변이란 원고의 청구를 배척하기 위하여 원고의 주장사실과 양립 가능한 실체법상 또는 소송법상의 이유를 들어 적극적인 방어를 하는 것을 말한다. 설문의 경우 변제했다는 피고의 진술은 원고의 주장과 논리적으로 양립 가능하며 원고의 주장사실을 멸각하는 주장인바 항변이다. 다만 위 사안에서 원고의 돈을 받았으나 빌린 게 아니라 증여받았다고 피고가 주장한다면 이는 이유부 부인이 될 것이다.

14 ② 15 ① 16 ③

17 다음의 설명 중 옳지 아니한 것은?

① 판결(소)의 종류에는 이행판결, 확인판결, 형성판결이 있다.
② 위 세 가지 판결에는 모두 집행력이 있다.
③ 위 세 가지 판결에는 모두 기판력이 존재한다.
④ 판결의 기속력이란 판결이 외부에 선고되면 판결을 한 법원 스스로도 이를 바꿀 수 없는 자기구속력을 말한다.
⑤ 다만 판결에 명백한 위산, 오기가 있다면 판결의 경정을 통하여 이를 바로잡을 수 있다.

해설
판결의 효력 중 가장 중요한 것이 기판력, 집행력, 형성력, 기속력이다. 이 중 기판력과 기속력은 모든 판결에 공통적으로 존재하나 집행력은 이행판결에만 존재하는 효력이다.

18 다음의 설명 중 옳지 아니한 것은?

① 증인으로 소환받은 자는 그 지정된 일시, 장소에 출석할 의무가 있고 불응 시에는 500만 원 이하의 과태료에 처할 수 있다.
② 증인신문 절차에서 선서를 한 후에 허위의 진술을 한 경우 이는 형법상 위증죄의 처벌을 받는다.
③ 판사가 증인이 본인인지 확인하는 절차를 주신문이라 한다.
④ 증인신문을 신청한 신청인은 신문기일에 증인에게 신문할 내용을 서면에 기재하여 법원 및 상대방에게 제출하여야 한다.
⑤ 증인신문 사항은 증인이 "예" 또는 "아니오"로 답할 수 있도록 구성하여야 한다.

해설
주신문이란 신청한 신문 내용을 신청인이 증인에게 신문하고 증인이 대답하는 절차를 말하고 증인이 본인이 맞는지를 확인하는 절차는 인정신문이다.

19 소액사건에 관한 다음의 설명 중 옳지 아니한 것은?

① 소액사건이라 함은 소가 3,000만 원 이하의 금전 그 밖의 대체물 유가증권의 일정 수량의 지급을 구하는 사건을 말한다.
② 소액사건에 대해서는 민사소송법보다 소액사건심판법이 우선 적용된다.
③ 판결의 선고는 변론종결 후 즉시 할 수 있다.
④ 소액사건도 일종의 소송인바 소의 제기는 반드시 서면에 의하여야 한다.
⑤ 소액사건에 있어서는 통상의 소송사건과 달리 상고 및 재항고가 제한된다.

해설
소액사건심판법 제4조에서는 통상의 소송절차와 달리 구술에 의한 소제기가 가능하다고 규정하고 있다.

정답 17 ② 18 ③ 19 ④

20. 다음 중 소액사건심판법에 의하여 심판할 수 없는 사건은?

① 금 1,000만 원의 대여금청구사건
② 금 2,000만 원의 손해배상청구사건
③ 금 1,500만 원 상당의 부동산인도청구사건
④ 금 3,000만 원에 대한 주택임대차법상의 임대차보증금 반환청구사건
⑤ 금 1,000만 원의 어음금청구사건

해설
소액사건이라 함은 소가 3,000만 원 이하의 금전 그 밖의 대체물 유가증권의 일정 수량의 지급을 구하는 사건을 말한다. 따라서 부동산 등 특정물에 관한 청구는 소가의 다액을 불문하고 소액사건심판법에 의해 심판할 수 없다. 다만 참고로 주택임대차보호법상의 임대차보증금 반환청구사건은 소가의 다액을 불문하고 소액사건심판법의 일부조문을 준용하고 있다.

21. 소액사건심판법상의 특칙에 관한 설명 중 옳지 아니한 것은?

① 당사자의 배우자, 직계혈족, 형제자매 등은 법원의 허가를 얻어 소송대리인이 될 수 있다.
② 판결의 선고는 변론종결 후 즉시 할 수 있다.
③ 구술에 의해서도 소제기 할 수 있다.
④ 소의 제기가 있는 경우에 판사는 곧바로 변론기일을 지정할 수 있다.
⑤ 판사는 필요한 경우 근무시간 외 또는 공휴일에도 개정할 수 있다.

해설
소액사건에 있어서 당사자의 배우자, 직계혈족, 형제자매 등은 법원의 허가를 얻을 필요 없이 변호사가 아니더라도 소송대리인이 될 수 있다.

22. 다음 중 소액사건심판법상의 소액사건에만 적용되는 제도는?

① 화해권고결정
② 지급명령
③ 이행권고결정
④ 집행판결
⑤ 가압류

해설
이행권고결정이란 간이한 소액사건에 대하여 직권으로 이행권고결정을 한 후에 이에 대하여 피고가 이의하지 아니하면 곧바로 변론 없이 집행권원을 부여하는 소액사건의 특유한 제도이다.

정답 20 ③ 21 ① 22 ③

23 독촉절차(지급명령)에 대한 다음 설명 중 옳지 않은 것은?

① 독촉절차의 관할법원은 원칙적으로 채무자의 보통재판적이 있는 곳의 지방법원이다.
② 지급명령의 신청이 신청의 취지로 보아 청구에 정당한 이유가 없는 것이 명백한 때에는 그 신청을 각하하여야 한다.
③ 채권자는 법원으로부터 채무자의 주소를 보정하라는 명령을 받은 경우에 소제기신청을 할 수 있다.
④ 채무자가 지급명령에 대하여 적법한 이의신청을 한 경우에는 지급명령을 신청한 때에 이의신청된 청구목적의 값에 관하여 소가 제기된 것으로 본다.
⑤ 지급명령에는 당사자, 법정대리인, 청구의 취지와 원인을 적고 채무자가 지급명령이 송달된 날부터 2주 이내에 이의신청을 할 수 있다는 것을 덧붙일 필요가 없다.

해설
지급명령에는 당사자, 법정대리인, 청구의 취지와 원인을 적고 채무자가 지급명령이 송달된 날부터 2주 이내에 이의신청을 할 수 있다는 것을 덧붙여 적어야 한다(민사소송법 제468조).

24 지급명령에 관한 다음의 설명 중 옳지 아니한 것은?

① 지급명령은 대한민국 내에서 공시송달에 의해서도 가능하다.
② 지급명령에 대한 이의는 지급명령이 송달된 뒤 2주일 이내에 신청해야 한다.
③ 지급명령이 이유 있다고 인정되면 채무자를 심문하지 않고 지급명령을 발한다.
④ 채무자가 지급명령에 대하여 적법한 이의를 제기한 경우에는 지급명령을 신청한 때에 소가 제기된 것으로 본다.
⑤ 지급명령의 청구 한도액에는 제한이 없다.

해설
지급명령이 적법하기 위해서는 대한민국 내에서 공시송달 외의 방법으로 송달될 수 있어야 한다.

정답 23 ⑤ 24 ①

25. 조정에 관한 다음의 설명 중 옳지 아니한 것은?

① 조정이라 함은 법관이나 조정위원회가 분쟁관계인 사이에 개입하여 화해로 이끄는 절차를 말한다.
② 조정수수료는 통상 소송인지의 1/5이다.
③ 조정담당판사나 조정위원회는 당사자 쌍방이 합의에 이르지 아니한 경우에도 조정에 갈음하는 결정을 할 수 있다.
④ 조정담당판사나 조정위원회는 사건의 성질이 조정을 함에 적당하지 아니하다고 인정하는 경우에는 조정을 하지 아니하는 결정으로 사건을 종결시킬 수도 있다.
⑤ 조정에 갈음하는 결정에 불복이 있으면 당사자는 결정서 등본을 송달받은 날로부터 2주일 이내에 이의신청을 할 수 있다.

해설
조정수수료는 통상의 소송절차에서 첨부하는 소장인지의 1/10이다(민사조정규칙 제3조).

26. 제소전화해에 관한 다음의 설명 중 옳지 아니한 것은?

① 화해가 성립하면 확정판결과 동일한 효력이 있으므로 채권자는 화해조서로 채무자에 대한 강제집행을 할 수 있다.
② 제소전화해는 사건 가액의 여하에 관계없이 단독판사의 사물관할에 속한다.
③ 제소전화해가 불성립된 경우에 당사자가 제소신청을 하면 화해신청을 할 때에 소가 제기된 것으로 간주된다.
④ 채권자는 채무자의 사전동의를 구하여 채무자의 주소지를 관할하는 지방법원에 신청하여야 한다.
⑤ 화해비용은 당사자 간에 특별한 합의가 없으면 당사자의 각자 부담으로 한다.

해설
제소전화해신청은 채권자가 채무자의 주소지를 관할하는 법원에 서면으로 신청할 수 있고 채무자의 사전동의 등은 필요하지 아니하다.

정답 25 ② 26 ④

27 소송상화해에 관한 다음의 설명 중 옳지 아니한 것은?

① 소송상화해는 소송기일에 할 것을 요하기 때문에 민법상의 화해계약과 구별된다.
② 상호양보할 것을 요하기 때문에 한쪽이 다른 쪽의 주장을 전면적으로 인정하는 것은 청구의 포기 · 인낙이지 화해라 할 수 없다.
③ 소송상화해는 소송에 비하여 간이 신속한 분쟁해결절차이다.
④ 화해가 성립하면 확정판결과 동일한 효력이 있으므로 채권자는 화해조서로 채무자에 대한 강제집행을 할 수 있다.
⑤ 소송상화해는 지급명령과 마찬가지로 금전, 유가증권, 기타 대체물의 지급을 목적으로 하는 청구에 한해서만 인정된다.

해설
소송상화해는 지급명령과 달리 금전, 유가증권, 기타 대체물의 지급을 목적으로 하는 청구에 한해서만 인정되는 것이 아니라, 그 제한이 없는바 등기의 이행과 같은 의사진술을 명하는 판결의 대체적인 제도로도 활용이 가능하다. 실무상 대물변제에 부가하여 불이행 시 대상토지 등의 이전등기를 해 주기로 하는 제소전화해가 많이 이용되고 있다.

28 지급명령에 관한 다음 설명 중 적절한 것은?

① 채권자는 지급명령을 신청할 때에 통상 소송인지액의 1/5에 해당하는 금액을 납부해야 한다.
② 채무자가 지급명령에 대하여 적법한 이의신청을 한 경우에는 이의신청을 한 때에 이의신청된 청구목적의 값에 관하여 소가 제기된 것으로 본다.
③ 채무자의 보통재판적 있는 곳의 지방법원만 관할법원의 전속관할로 한다.
④ 지급명령은 채무자를 심문하고 한다.
⑤ 확정된 지급명령은 집행권원이 된다.

해설
① 인지액은 소장에 첨부할 인지액의 1/10이다.
② 채무자가 지급명령에 대하여 적법한 이의신청을 한 경우에는 지급명령신청일에 신청된 청구목적의 값에 대하여 소가 제기된 것으로 본다.
③ 채무자의 보통재판적이 있는 곳의 지방법원이나 제7조(근무지의 특별재판적) 내지 제9조(어음 · 수표 지급지의 특별재판적), 제12조(사무소 · 영업소가 있는 곳의 특별재판적) 또는 제18조(불법행위지의 특별재판적)의 규정에 의한 관할법원의 전속관할로 한다(민사소송법 제463조).
④ 지급명령은 채무자를 심문하지 아니하고 한다(민사소송법 제467조).

29

「소액사건심판법」에 관한 다음 설명 중 적절하지 않은 것은?

① 「소액사건심판법」은 제1심 절차뿐만 아니라 항소심, 상고심에서도 적용된다.
② 소는 구술로써 이를 제기할 수 있고 이때 법원사무관 등의 면전에서 진술하여야 한다.
③ 당사자의 배우자·직계혈족 또는 형제자매는 법원의 허가 없이 소송대리인이 될 수 있다.
④ 판결서에는 「민사소송법」 제208조의 규정에 불구하고 이유를 기재하지 아니할 수 있다.
⑤ 피고는 이행권고결정서의 등본을 송달받은 날부터 2주일 이내에 서면으로 이의신청을 할 수 있다.

해설
소액사건심판법은 원칙적으로 제1심 절차에서만 적용되고 항소심, 상고심에서는 적용되지 아니한다.

30

「소송촉진 등에 관한 특례법」에 관한 다음 설명 중 (   )에 들어갈 가장 적절한 이자율은?

> 금전채무의 전부 또는 일부의 이행을 명하는 판결을 선고할 경우, 금전채무 불이행으로 인한 손해배상액 산정의 기준이 되는 법정이율은 그 금전채무의 이행을 구하는 소장(訴狀) 또는 이에 준하는 서면(書面)이 채무자에게 송달된 날의 다음 날부터는 연 100분의 40 이내의 범위에서 「은행법」에 따른 은행이 적용하는 연체금리 등 경제 여건을 고려하여 대통령령으로 정하는 이율에 따른다. 여기서 대통령령(2019.5.21. 개정)으로 정하는 이율이란 연 (   )%를 말한다.

① 24　　　　　　　　　　② 20
③ 12　　　　　　　　　　④ 6
⑤ 5

해설
「소송촉진 등에 관한 특례법」 제3조 제1항 본문에서 "대통령령으로 정하는 이율"이란 연 100분의 12를 말한다.

PART 5
민사집행

CHAPTER 01 민사집행 일반

CHAPTER 02 강제집행 총론

CHAPTER 03 금전채권에 기초한 강제집행

CHAPTER 04 부동산에 대한 강제집행

CHAPTER 05 선박 등에 대한 강제집행

CHAPTER 06 동산에 대한 강제집행과 채권 및 그 밖의 재산권에 대한 강제집행

CHAPTER 07 담보권 실행 등을 위한 경매

CHAPTER 01 민사집행 일반

PART 5 민사집행

1 민사집행의 기본개념

(1) 민사집행의 의의와 이념

① 민사집행의 의의
  ㉠ 민사집행은 국가의 집행기관이 채권자를 위하여 사법상의 청구권을 국가권력을 가지고 강제적으로 실현하는 법적절차를 말한다.
  ㉡ 민사집행은 크게 그 집행에 집행권원이 필요한 강제집행과 집행권원을 요하지 아니하는 임의경매로 나눌 수 있고 임의경매에는 다시 저당권 등의 담보물권의 실행을 위한 실질적 경매와 민법, 상법 기타 법률의 규정에 따른 현금화를 위한 이른바 형식적 경매가 있다.
  ㉢ 보전처분 절차는 보전명령을 얻기 위한 보전소송절차와 그 보전명령을 위한 집행절차라는 양면을 가지고 있기 때문에 협의의 민사집행절차와 구분되지만 그중 집행절차는 강제집행절차를 준용하고 있어 민사집행법에서 함께 규정하고 있다.

② 민사집행의 이념
  민사집행을 함에 있어서는 채무자의 보호, 신속한 집행과 부당집행의 방지, 사익과 공익의 조화, 집행채권자 사이의 공평 등을 고려하여야 한다.

(2) 강제집행

① 강제집행의 의의
  강제집행이라 함은 채권자의 신청에 의하여 국가의 집행기관이 채권자를 위하여 집행권원에 표시된 사법상의 이행청구권을 국가권력을 통하여 강제적으로 실현하는 법적절차이다.

② 판결절차와 강제집행절차
  판결절차는 권리 또는 법률관계의 존부의 확정, 즉 청구권의 존부의 관념적 형성을 목적으로 하는 절차이고 강제집행절차는 청구권의 사실적 형성을 목적으로 하는 절차이다. 판결절차와 강제집행절차는 별개의 기관이 관장하는 독립된 절차이며 모든 강제집행에 있어서 반드시 판결절차가 선행되는 것은 아니다(공정증서, 조정조서 등). 또한 모든 소송이 강제집행을 수반하는 것도 아니다(확인판결이나 형성판결).

③ 강제집행의 종류
　㉠ 물적집행과 인적집행
　　물적집행은 채무자의 재산만을 대상으로 하고 인적집행은 재산뿐만 아니라 그 신체나 노동력도 대상으로 하는 것을 말한다. 민사집행법은 일반적으로 인적집행을 인정하지 아니하지만 예외적으로 재산명시명령을 위반하여 재산기일에 불출석하거나 재산목록제출을 거부하는 경우에 20일 이내의 감치에 처하도록 하고 있다.
　㉡ 개별집행과 일반집행
　　개별집행은 채무자의 개개의 재산에 대하여 집행이 개별적으로 실시되는 것이며 일반집행은 채무자의 전 재산에 대하여 포괄적으로 실시되는 집행이다. 전자는 민사집행법이 취하고 있는 절차이며 후자는 파산절차에서 행해진다.
　㉢ 직접강제, 대체집행, 간접강제(집행에 사용되는 강제수단에 의한 구별이다)
　　ⓐ 직접강제라 함은 집행권원의 내용을 집행기관의 행위에 의하여 직접적으로 채무자의 협력 없이 실현하는 방법을 말하는데, 금전채권기타 물적급부를 목적으로 하는 청구권의 집행에 적합하고 이 방법에 의할 수 있는 경우에는 다른 방법에 의한 강제집행은 허용되지 아니한다.
　　ⓑ 대체집행이라 함은 채무자로부터 비용을 추심하여 이로써 채권자 또는 제삼자로 하여금 채무자를 대신하여 의무내용을 대신 실현하게 하는 집행방법이다. 대체적 작위의무에 적합한 집행방법이다(건물의 철거의무 등).
　　ⓒ 간접강제라 함은 채무자에 대하여 배상금의 지급을 명하거나 벌금을 과하는 등 심리적 압박을 가하여 채무자로 하여금 채무를 이행케 하는 집행을 말한다. 비대체적 작위의무에 적합한 집행방법이다(배우로서 공연할 의무 등).
　㉣ 본래적 집행과 대상적 집행
　　본래적 집행은 원물집행을 그대로 실현하는 것을 말하고 대상적 집행은 원물집행이 불가능한 경우 그에 상응하는 가치만큼의 금전급부 형식으로 전환한 집행을 말한다. 민사집행법은 본래적 집행을 원칙으로 한다.
　㉤ 본집행과 가집행
　　본집행은 채권자에게 종국적 만족을 주는 집행이며 가집행은 채권자에게 잠정적인 만족을 주는 집행으로써 상급심에서 가집행선고 또는 본안판결을 취소하는 판결이 선고되면 그 한도에서 효력을 잃는다.

(3) 담보권 실행 등을 위한 경매(임의경매)

① 의 의

원래 경매라는 말은 광의로는 매도인이 매수 희망자에게 구두로 매수의 청약을 하게 하고 그중 최고가격으로 청약을 한 사람에게 승낙을 함으로써 성립하는 매매를 말한다. 경매에는 개인이 주체가 되는 사경매와 국가기관이 주체가 되어 행하는 공경매가 있고 공경매에는 집행권원에 의하여 강제집행으로써 행해지는 강제경매와 담보권의 실행 등으로 행해지는 것 및 국세체납처분으로 행해지는 것 등이 있는데 협의의 경매라고 할 때에는 담보권의 실행 등을 위한 경매만을 의미하고 이를 강제경매에 대응하여 임의경매라 칭한다.

② 임의경매의 종류

임의경매절차에 관해서는 민사집행법 제3편에서 규정하고 있으며 이에는 저당권, 전세권, 질권, 유치권, 담보가등기의 실행으로 행하여지는 것과 기타 민법, 상법에 의하여 가격보존, 정리 등의 목적으로 행하여지는 것이 있다.

민사집행법은 담보권 실행을 위한 경매를 목적물의 종류에 따라 부동산에 대한 경매, 선박에 대한 경매, 자동차에 대한 경매, 유체동산에 대한 경매, 채권, 그 밖의 재산권에 대한 경매로 구분하고 있다.

(4) 민사집행의 집행기관

① 의 의

집행기관은 강제집행의 실시를 직무로 하는 국가기관이다. 가족관계등록에 관한 공무원이나 등기관이 판결에 기하여 공부의 기입을 변경하는 것은 광의의 집행이라 볼 수 있으나 판결내용의 실현을 위하여 국민에게 직접 강제를 가하는 것이 아니므로 이러한 공무원은 집행기관이 아니다. 강제집행은 신속을 요하므로 공정·신중하게 권리관계를 판정하는 재판기관으로 하여금 절차를 담당하게 하는 것은 부적당하므로 민사집행법은 집행기관을 별도로 두고 있다.

② 집행기관의 관할

㉠ 직무관할

어떠한 종류의 집행행위를 어떠한 종류의 집행기관으로 하여금 관장하게 할 것인가를 정하는 것이 직무관할의 문제이다. 실력행사를 수반하는 사실적 행동을 요하고 비교적 간이한 유체동산에 관한 집행은 집행관이 담당하도록 하고 관념적인 재판으로서 족한 채권에 대한 집행이나 신중한 절차를 요하는 부동산에 대한 집행은 집행법원의 관할하에 일임하였으며 집행할 청구권과 집행방법 사이에 상당한 재량판단을 요하는 작위부작위에 관한 청구의 집행은 제1심 수소법원의 권한으로 한다. 직무관할은 절대적 강행성을 가지는 바 이에 위반한 집행행위는 절대무효가 된다.

㉡ 토지관할

동종의 집행기관 중에 어떤 곳의 집행기관으로 하여금 특정의 집행행위를 취급하도록 하느냐를 정하는 표준을 말한다. 토지관할에 위반이 있더라도 추상적으로 직무관할을 가지는 이상 당해 집행행위는 이해관계인의 불복신청에 의해 취소될 뿐이지 당연무효가 되는 것은 아니다.

(5) 집행관

① 의 의

집행관은 법률이 정하는 바에 따라 재판의 집행 서류의 송달 그 밖에 법정의 사무를 수행하는 독립적인 단독제의 사법기관이다. 집행관은 국가로부터 봉급을 받지는 아니하나 실질적 의미에서 국가공무원으로 직무상 타인에게 손해를 끼친 경우에 국가가 배상책임을 지게 된다.

② 임명 및 감독

집행관은 10년 이상 법원주사보, 등기주사보, 검찰주사보 또는 마약수사주사보 이상의 직급으로 근무하였던 사람 중에서 지방법원장이 임명한다. 집행관은 소속 지방법원장에 의하여 사법행정상의 감독을 받으며 지방법원지원의 관할구역 안에 있는 집행관은 지원장이 지방법원장의 명을 받아 감독한다.

③ 제 척

집행관은 다음의 경우에는 그 직무의 집행으로부터 제척되므로 사건을 취급할 수 없다. 제척사유를 간과한 집행의 경우에도 당연무효는 아니고 이의신청에 의하여 취소될 수 있을 뿐이다.

㉠ 자기 또는 배우자나 자기 또는 배우자의 4촌 이내 혈족 또는 인척이 당사자 또는 피해자이거나 당사자 또는 피해자와 공동권리자·공동의무자 또는 상환의무자의 관계가 있는 경우

㉡ 자기 또는 배우자나 자기 또는 배우자의 4촌 이내 혈족 또는 인척이 당사자, 피해자 또는 그 배우자의 친족인 경우. 인척의 경우에는 혼인이 해소되었을 때

㉢ 자기가 동일한 사건에 관하여 증인 또는 감정인이 되어 신문(訊問)을 받았던 경우 또는 법률상 대리인이 될 권리가 있거나 있었던 경우

④ 집행관의 직무관할

집행관은 강제집행의 원칙적인 집행기관이다(민사집행법 제2조). 그러나 여기에는 널리 예외가 인정되고 실제상 그 직무는 사실행위를 수반하는 집행처분에 한한다. 이하 몇 가지를 살펴본다.

㉠ 독립한 집행행위
ⓐ 유체동산에 대한 금전 집행
ⓑ 동산의 인도집행
ⓒ 유체동산에 대한 가압류의 집행
ⓓ 명도단행 가처분 등 일정한 내용의 가처분의 집행
ⓔ 담보권 실행 등을 위한 유체동산의 경매
ⓕ 부동산·선박 등의 인도 청구의 집행

㉡ 집행법원이 행하는 집행절차에 부수한 행위
ⓐ 지시증권상의 채권의 압류를 위한 증권의 점유
ⓑ 채권의 압류를 위한 채권증서의 취득
ⓒ 유체동산의 청구권에 대한 집행을 위한 목적물의 수령과 현금화
ⓓ 채권 그 밖의 재산권에 대한 매각명령의 집행

⑤ 집행관에 의한 집행실시에 관한 일반적 절차

㉠ 집행위임과 수수료의 예납

채권자는 관내의 집행관 중 누구에게라도 집행력 있는 정본을 교부하고 집행을 위임한다. 이 위임은 민법상의 위임과는 다르며 집행의 개시를 구하는 신청이라 볼 것이다. 채권자의 집행위임은 서면으로 하여야 하며(민사집행법 제4조) 신청서에는 집행력 있는 정본과 집행개시의 요건을 충족하였음을 증명하는 서면을 첨부하여야 하고 신청 시에는 집행관수수료규칙 제25조에 의하여 비용을 예납하여야 한다.

㉡ 집행현장에서의 절차

집행관은 명문의 규정은 없지만 집행현장에 임하여 집행 전에 임의변제를 최고한다. 집행관은 그 직무를 집행할 때에는 지방법원장이 교부한 신분증 및 집행력 있는 정본을 가지고 있어야 하고 관계인이 요청할 때에는 그 자격을 증명하기 위하여 이를 내보여야 한다.

ⓒ 야간과 휴일의 집행

공휴일과 야간에는 집행법원의 사전 허가가 있어야 집행행위를 할 수 있다(민사집행법 제8조 제1항). 야간이란 일몰 후부터 일출 전까지를 의미하고 집행행위라 함은 압류, 수색과 같은 실력행사 행위를 의미한다.

ⓔ 집행관의 강제력 사용

집행관은 집행을 하기 위하여 필요한 경우에는 채무자의 주거, 창고와 기타 장소를 수색하고 잠긴 문과 기구를 여는 등 필요한 조치를 할 수 있다. 위의 집행 시 저항을 받으면 경찰 또는 국군의 원조를 요청할 수 있다. 다만 국군의 원조는 법원에 신청하여야 한다(민사집행법 제5조).

ⓜ 증인의 참여

집행관은 집행하는 데 저항을 받거나 채무자의 주거에 집행을 실시하려는데 채무자나 사리를 분별할 능력이 있는 친족·고용인을 만나지 못한 때에는 성년 두 사람이나 특별시·광역시의 구 또는 동 직원, 시·읍·면 직원 또는 경찰공무원 중 한 사람을 증인으로 참여케 하여야 한다(민사집행법 제6조).

ⓗ 영수증, 집행력 있는 정본의 교부

집행관은 임의변제를 받거나 그 밖의 이행을 받은 때에는 영수증서를 작성하고 교부할 수 있으며 채무자가 그 의무를 완전히 이행한 때에는 집행력 있는 정본을 채무자에게 교부하여야 한다(민사집행법 제42조). 만약 여러 통의 집행정본이 교부된 때에는 그 모두를 교부하여야 한다. 채무자가 그 의무의 일부를 이행한 때에는 집행관은 집행력 있는 정본에 그 사유를 덧붙여 적고 영수증서를 채무자에게 교부하여야 한다.

ⓢ 집행조서의 작성

집행관은 집행한 날짜와 장소, 집행의 목적물, 집행참여자의 표시, 집행관의 서명날인이 기재된 집행조서를 작성하여야 한다.

ⓞ 집행행위에 속한 최고·통지·송달

집행행위에 속하는 최고, 기타의 통지는 집행관이 말로 하고 이를 조서에 적어야 한다. 말로 최고나 통지를 할 수 없는 경우에는 민사소송법의 규정을 준용하여 그 조서의 등본을 송달하고, 송달증서를 작성하지 아니한 때에는 조서에 송달할 사유를 적어야 한다.

ⓩ 기록열람 등본의 교부

집행관은 이해관계 있는 사람이 신청하면 집행기록을 볼 수 있도록 허가하고 기록에 있는 서류의 등본을 교부하여야 한다(민사집행법 제9조).

(6) 집행법원

① 의 의

집행법원은 일정한 집행행위를 담당하고 집행관의 집행행위에 협조하는 등 기관으로서 집행절차에 관여하는 법원이다(민사집행법 제3조). 집행법원은 원칙적으로 지방법원이 되며 구체적으로 단독판사가 담당한다. 그러나 예외적으로 채권, 부동산에 가압류·가처분명령의 집행은 발령법원이 집행법원이 된다. 이러한 집행법원의 업무 중 상당한 부분이 사법보좌관의 업무로 전환되었음을 유의해야 한다. 이하 민사집행과 관련한 사법보좌관의 주요업무는 다음과 같다.

㉠ 집행문부여 명령에 관한 법원의 사무
㉡ 채무불이행자명부 등재절차에서의 법원의 사무
㉢ 재산조회절차에서의 법원의 사무
㉣ 부동산에 대한 강제경매절차 및 자동차·건설기계·소형선박에 대한 강제경매절차에서의 법원의 사무
㉤ 압류물의 인도명령, 특별현금화명령 및 매각실시명령에 관한 법원의 사무
㉥ 채권과 그 밖의 재산권에 대한 강제집행절차에서의 법원의 사무
㉦ 배당절차에 관한 법원의 사무와 강제집행절차에서의 법원의 사무
㉧ 부동산을 목적으로 하는 담보권의 실행을 위한 경매절차 및 자동차·건설기계·소형선박을 목적으로 하는 담보권의 실행을 위한 경매절차에서의 법원의 사무
㉨ 유체동산, 채권과 그 밖의 재산권을 목적으로 하는 담보권의 실행절차에 관한 법원의 사무 가운데 민사집행법 규정이 준용되는 사무
㉩ 유치권 등에 의한 경매절차에서의 법원의 사무 가운데 민사집행법 규정이 준용되는 사무
㉪ 집행의 정지 및 제한, 집행처분의 취소 및 일시유지, 채무자 유산에 대한 강제집행을 위한 특별대리인의 선임 및 개임, 군인·군무원에 대한 강제집행의 촉탁, 경매절차의 정지 및 경매절차의 취소·일시유지
㉫ 본안의 제소명령, 가압류·가처분집행의 취소에 관한 법원의 사무 등

② **집행법원의 재판**

㉠ 재판의 형식

집행법원의 집행절차는 재판의 형식으로 행하여지며 그 재판은 결정의 형식을 취한다. 이 재판은 변론 없이 할 수 있다(민사집행법 제3조 제2항). 그러나 필요한 때에는 이해관계인 그 밖의 참고인을 심문할 수 있다.

구 분	특칙의 내용
필요적 심문	수소법원이 대체집행과 간접강제의 결정을 하기 전에는 반드시 채무자를 심문하여야 한다. 추심명령에서 채무자의 신청에 따라 압류액수를 제한할 때에는 반드시 압류채권자를 심문해야 한다.
원칙적 심문	임시지위를 정하기 위한 가처분의 재판에는 원칙적으로 변론기일 또는 채무자가 참석할 수 있는 심문기일을 열어야 한다. 다만 그 기일을 열어 심문하면 가처분의 목적을 달성할 수 없는 경우에는 그러하지 아니하다(민사집행법 제304조).
심문의 제한	배당표확정 절차에서는 절차의 신속성과 배당이의소송이 허용되는 점에 비추어 출석한 이해관계인과 배당을 요구한 채권자에 한하여 심문한다(민사집행법 제149조 제2항).
심문의 금지	채권 등에 대한 압류명령을 함에 있어서는 사전에 채무자나 제삼채무자를 심문하여서는 안 된다(민사집행법 제226조).

㉡ 재판의 고지

집행법원의 결정은 상당하다고 인정되는 방법으로 고지하면 효력이 발생하고 법원사무관 등은 고지의 방법, 장소와 날짜를 재판의 원본에 부기하고 날인하여야 한다. 집행에 관하여 법원에 신청이나 신고를 한 사람 또는 법원으로부터 서류를 송달받은 사람이 송달받을 장소를 바꾼 때에는 그 취지를 법원에 바로 신고하여야 한다(민사집행법 제14조 제1항). 그 신고를 하지 아니하고 달리 송달할 장소를 알 수 없는 경우에는 종전의 장소에 등기우편의 방법으로 발송할 수 있고 이 경우 발송한 때에 송달된 것으로 본다.

③ 최고와 통지, 공고의 방법
  ㉠ 최 고
    집행법원이 행하는 집행절차에서 이해관계인에 대하여 일정한 행위를 하도록 촉구하는 최고가 필요한 경우가 있는데 법은 이 경우에 집행법원의 이름 또는 법원사무관 등이 자신의 이름으로 최고하게 하고 있다. 최고는 특별한 규정이 없으면 상당하다고 인정되는 방법으로 할 수 있다.
  ㉡ 통 지
    민사집행절차에서 집행법원은 당사자 그 밖의 이해관계인에 대한 통지를 법원사무관 등 또는 집행관에게 그 이름으로 하게 할 수 있다. 다만 강제경매절차에서 남을 가망이 없을 때에 집행법원이 압류채권자에게 하는 통지는 반드시 집행법원의 이름으로 해야 한다.
  ㉢ 공 고
    민사집행절차에서 공고는 특별한 규정이 없으면 법원게시판 게시, 관보 또는 신문에 게재, 전자정보통신매체를 이용한 공고 중 어느 하나의 방법으로 한다.

(7) 수소법원
① 의 의
  수소법원은 집행에 따라 실현될 청구권의 존부를 확인하고 집행권원을 형성하는 절차에 관하여 관할이 있거나 또는 그러한 소송이 계속하여 있거나 전에 계속하였던 법원을 말한다.
② 직무관할
  대체집행, 간접강제(민사집행법 제260조 및 제261조), 그 밖에 집행공조 기관으로서 외국에서의 강제집행 촉탁이 있다(민사집행법 제55조).

2 집행절차에서의 불복 및 집행비용, 담보, 보증, 공탁

(1) 민사집행절차에서의 불복체계
민사집행법이 정하고 있는 불복방법은 다음과 같다.
① 집행권원인 확정판결상의 실체적 권리에 대한 불복절차로 청구이의의 소가 있고 원칙적으로 1심 판결법원이 관할한다(민사집행법 제44조).
② 집행개시 전 집행문부여단계에서의 불복절차로 집행문부여 등에 관한 이의신청(민사집행법 제34조), 집행문부여의 소(민사집행법 제33조), 집행문부여에 대한 이의의 소(민사집행법 제45조)가 있고, 관할법원으로는 집행문부여 등에 대한 이의신청은 집행문부여에 관여한 법원사무관 등이 소속된 법원이고 집행문부여에 대한 소나 집행문부여에 대한 이의의 소는 1심 수소법원이 원칙이다.
③ 집행절차단계에서의 다툼을 대상으로 하는 것이지만 실체적 관계에 대한 것이어서 소송절차로 처리되는 것으로는 제삼자이의의 소(민사집행법 제48조)와 배당이의의 소가 있고(민사집행법 제154조) 집행법원이 있는 곳을 관할하는 지방법원의 단독판사 또는 합의부가 관할한다.
④ 집행절차단계에서의 집행기관의 집행처분에 위법이 있을 경우 이에 대한 불복절차로서 집행절차 내에서 처리되는 것으로 즉시항고(민사집행법 제15조), 집행에 관한 이의신청(민사집행법 제16조) 각각 집행법원의 항고법원과 집행법원이 관할한다.

(2) 즉시항고

① 의 의

강제집행절차에 관한 집행법원의 재판에 대하여는 특별한 규정이 있어야만 즉시항고할 수 있다(민사집행법 제15조 제1항). 즉시항고의 대상이 되는 처분 중 판사가 처리한 경우에는 항고법원에 바로 즉시항고를 할 수 있지만 사법보좌관이 처리한 경우에는 그 전 단계로서 사법보좌관의 처분에 대한 이의신청절차를 거쳐야 한다.

② 즉시항고할 수 있는 재판

㉠ 집행법원의 재판일 것

㉡ 강제집행절차에 관한 재판일 것

강제집행 개시한 뒤에 그 절차에 관해서만 즉시항고를 할 수 있다. 따라서 집행준비를 위한 재판에 대해서는 즉시항고를 할 수 없다.

㉢ 즉시항고할 수 있다는 특별한 규정이 있을 것

이를 허용하는 개별적인 규정이 있어야 한다. 그러한 규정이 없는 경우에는 즉시항고가 허용되지 아니하고 집행에 관한 이의로만 다툴 수 있을 뿐이다. 다음은 즉시항고를 허용하는 규정의 예이다.

ⓐ 집행절차를 취소하는 결정

ⓑ 채무불이행자 명부 등재에 관한 결정

ⓒ 강제경매신청을 기각하거나 각하하는 재판

ⓓ 강제경매 개시결정에 대한 이의신청에 관한 재판

ⓔ 가압류, 가처분신청을 기각하거나 각하하는 결정

③ 집행정지

일반적으로 즉시항고는 집행을 정지시키는 효력이 있으나 강제집행절차에서의 즉시항고는 집행정지효를 가지지 아니한다. 따라서 확정되어야 효력이 발생하는 재판이 아닌 재판에 대해서는 즉시항고를 제기하더라도 당연히 집행이 정지되지 아니하고, 다만 항고법원은 담보를 제공하게 하거나 또는 담보의 제공 없이 원심재판의 집행을 정지하거나 계속하게 할 수 있다(민사집행법 제15조 제6항 참조). 확정되어야 효력이 발생하는 재판으로는 다음이 있다.

㉠ 강제집행절차를 취소하는 결정

㉡ 매각허부 여부의 결정

㉢ 선박운항허가 결정

㉣ 전부명령 등

(3) 집행에 관한 이의신청

① 이의의 대상

집행법원의 집행절차에 관한 재판으로서 즉시항고를 할 수 없는 것과 집행관의 집행처분 기타 집행관이 지킬 집행절차, 집행관의 집행위임거부나 집행행위의 지체 및 수수료에 대하여는 법원에 이의신청을 할 수 있다.

② 이의사유

집행에 관한 이의신청은 집행 또는 집행행위에 있어서의 형식적인 절차상의 하자가 있는 경우에 한하여 할 수 있으며 실체상의 사유는 집행에 관한 이의사유가 될 수 없다.

③ 잠정처분

민사집행은 이의신청에 의하여 정지되지 않는바 법원은 이의신청에 대한 재판에 앞서 채무자에 대한 담보를 제공하게 하거나 제공하게 하지 아니하고 집행을 일시정지하도록 명하거나 채권자에게 담보를 제공하게 하고 그 집행을 계속하도록 명하는 등의 잠정처분을 명할 수 있다. 이 잠정처분은 집행법원이 직권으로 명하는 것이고 명문의 규정은 없으나 잠정처분의 재판에 대해서는 불복할 수 없다고 할 것이다.

(4) 집행비용

① 의 의

집행비용이라 함은 민사집행에 필요한 비용, 즉 민사집행 준비비용 및 실시를 위하여 필요한 비용을 말한다. 집행비용은 집행준비 비용과 집행실시 비용으로 나눌 수 있다. 집행준비 비용은 집행의 준비를 위하여 필요한 비용, 즉 집행의 실시 이전에 집행 개시를 위하여 필요한 비용이며 집행실시 비용은 집행신청 후에 채권자 및 집행기관이 집행절차를 수행하기 위하여 필요한 비용이다.

② 집행비용의 예납

㉠ 집행비용은 종국적으로는 채무자의 부담으로 되지만 집행절차 내에서 회수할 수 없는 경우도 있기 때문에 신청인으로 하여금 일정한 소요경비를 미리 내게 한 후 배당 등의 절차 단계에서 이를 청산하도록 하고 있다.

㉡ 채권자가 예납하여야 할 비용을 미리 내지 않으면 집행관은 위임에 응하지 아니하거나 사무를 행하지 아니할 수 있고 집행법원은 결정으로 신청을 각하하거나 집행절차를 취소할 수 있다(민사집행법 제18조). 이 결정에 대해서는 즉시항고를 할 수 있다(동조 제3항). 다만 집행채권자가 소송구조를 받은 때 또는 대체집행에 있어서 채권자의 신청에 의하여 미리 채무자에게 집행비용을 지급할 것을 명한 때에는 예납할 필요가 없다.

(5) 집행에 관한 담보, 보증, 공탁

① 민사집행법상의 담보, 보증

㉠ 민사집행법상의 담보라 함은 당사자 또는 제삼자가 집행을 실시하고 또는 집행을 정지하거나 취소함으로 인하여 상대방에게 주는 손해를 담보하기 위하여 제공되는 것이다. 담보의 제공은 특별한 규정이 있는 경우를 제외하고는 금전 또는 유가증권을 공탁하거나 보증서를 제출하는 방법에 의함이 원칙이나 당사자의 특별한 약정이 있으면 그에 의한다(민사집행법 제19조 제3항).

㉡ 민사집행법상 일정한 보증의 제공을 요구하고 있는 경우
예컨대 부동산에 대한 강제경매에서 최저매각가격으로 남을 가망이 없다고 인정될 때 경매절차의 속행을 위하여 보증을 제공하도록 하거나 매수신청을 함에 있어서 매수신청인에게 보증을 제공하도록 한 것 등이 이에 속한다.

② 민사집행법상의 공탁

㉠ 집행에 관한 공탁제도는 채무자, 제삼채무자, 채권자 또는 집행관이 이행의 강제를 면하려고 하거나 손해를 피하려고 하는 경우 또는 절차의 완결을 짓기 위하여 집행의 목적물이나 이에 갈음하는 금전을 공탁하게 하는 제도이다. 이에 해당하는 것으로는 가압류의 집행을 정지시키거나 집행한 가압류를 취소시키기 위하여 채무자가 가압류 해방 금액을 공탁하는 경우(민사집행법 제282조), 채권의 제삼채무자가 채무를 면하기 위하여 채무액을 공탁하는 경우 등이 있다.

㉡ 집행에 관한 공탁의 방법도 담보제공의 경우와 같이 공탁서를 받아 이를 민사집행법 제19조 소정의 법원에 제출하여야 비로소 공탁이 된 것으로 본다. 담보를 제공하거나 공탁을 한 때에는 법원은 당사자의 신청에 따라 증명서를 주어야 한다(민사집행법 제19조 제2항).

CHAPTER 01 OX 마무리

PART 5 민사집행

01 강제집행, 담보권 실행을 위한 경매, 민법, 상법 그 밖의 법률규정에 의한 경매절차 및 보전처분절차를 합쳐서 광의의 민사집행이라 한다.

02 가집행은 채권자에게 잠정적 만족을 주는 집행에 불과하다.

03 현행법은 물적집행을 원칙으로 하고 있다. 다만 예외적으로 감치 등의 인적집행절차가 있다.

04 채무자의 전 재산에 대하여 포괄적으로 집행하는 일반집행은 파산절차의 원칙적 집행이고 민사집행은 개별집행을 그 원칙으로 한다.

05 대체적 작위채무의 강제집행은 대체집행을 함이 타당하다.

06 민사집행에 있어 원칙적인 집행기관은 집행관이다.

---

01 강제집행, 담보권 실행을 위한 경매, 민법, 상법 그 밖의 법률규정에 의한 경매절차를 광의의 민사집행이라 한다. O X

02 가집행은 채권의 종국적 만족을 주는 집행이다. O X

03 현행법은 인적집행을 원칙으로 하고 있다. O X

04 민사집행은 채무자의 전 재산에 대하여 포괄적으로 집행하는 일반집행의 원칙을 취하고 있다. O X

05 대체적 작위채무의 강제집행은 간접강제에 의함이 타당하다. O X

06 민사집행에 있어 원칙적인 집행기관은 수소법원이다. O X

정답 01 X 02 X 03 X 04 X 05 X 06 X

07 채권자의 집행관에 대한 집행위임은 구두로도 가능하다. O X

07 채권자의 집행관에 대한 집행위임은 집행신청의 성격이 강한바 서면으로 해야 한다(민사집행법 제4조).

08 공휴일과 야간에는 집행법원의 사전 허가를 얻어야 집행행위를 할 수 있다. O X

08 민사집행법 제8조 제1항

09 대체집행과 간접강제의 집행법원은 수소법원이다. O X

09 대체집행과 간접강제는 신중을 기해야 하는바 본안에 관하여 가장 잘 알고 있는 수소법원을 집행법원으로 한다.

10 청구이의의 소는 원칙적으로 1심 판결법원이 관할한다. O X

10 민사집행법 제44조 제1항

11 배당이의의 소는 배당을 실시한 집행법원이 속한 지방법원의 관할로 한다. O X

11 민사집행법 제156조 제1항

12 집행법원의 모든 재판에 대해서는 즉시항고로 불복할 수 있다. O X

12 즉시항고는 이를 인정하는 특별한 규정이 있는 경우에만 가능하다.

13 민사집행법상의 즉시항고는 집행정지의 효력을 가진다. O X

13 민사소송법의 즉시항고와 달리 민사집행법상의 즉시항고는 집행정지효력을 가지지 아니한다(민사집행법 제15조 제6항).

정답 07 × 08 ○ 09 ○ 10 ○ 11 ○ 12 × 13 ×

| 14 | 민사집행법 제126조 제3항 | 14 | 매각허가여부에 대한 결정은 확정되어야 효력이 있다. O X |

| 15 | 명문의 규정은 없으나 민사집행법 제15조 제9항을 유추적용하여 불복할 수 없다고 보는 것이 타당하다. | 15 | 민사집행법 제16조 제2항의 잠정처분의 재판에 대해서는 불복할 수 없다. O X |

| 16 | 이는 집행법상 담보에 관한 설명이며 집행법상의 보증은 배당 재단의 형성을 위하여 제공되는 것인 바 양자는 그 취지를 달리한다. | 16 | 집행법상 보증이라 함은 당사자 또는 제삼자가 집행을 실시하고 또는 집행을 정지하거나 취소함으로 인하여 상대방에게 주는 손해를 전보하기 위하여 제공되는 것이다. O X |

정답 14 O 15 O 16 X

CHAPTER 02 강제집행 총론

PART 5 민사집행

1 서 설

(1) 개 관

금전채권에 기한 강제집행은 채무자의 재산을 강제로 현금화해서 그 대금을 채권자에게 지급하는 방법으로 강제이행시킨다. 금전채권 이외의 채권에 대한 강제집행은 유체물의 인도청구권, 채무자의 행위를 요하는 채권, 채무자의 부작위를 목적으로 하는 채권을 강제이행시킨다. 후자의 경우 강제이행이 이루어지지 않으면 손해배상청구권으로 변하게 되는데 이 손해배상청구권은 금전채권에 해당하므로 그 강제이행은 금전채권의 강제집행방법으로 하게 된다.

(2) 강제집행의 요건

① 집행당사자의 확정

누가 집행의 채권자 또는 채무자가 되는가 하는 것은 집행력 있는 정본이 누구를 위하여 또는 누구에 대하여 부여되어 있는가에 따라 정하여진다. 즉, 집행당사자는 집행문의 부여로 확정된다. 다만, 집행문의 부여 없이도 집행력 있는 집행권원(가압류, 가처분명령)의 경우에는 그 집행권원에 표시된 당사자가 집행당사자로 된다.

② 집행권원의 존재

이는 집행청구권 발생의 전제가 된다. 나아가 집행청구권 행사를 위해서는 집행권원 외에 집행문이 존재해야 하는바 양자를 합쳐 집행력 있는 정본이라 한다.

③ 집행개시의 요건인 ㉠ 집행권원, 집행문 및 증명서 등의 송달, ㉡ 이행일시의 도래, ㉢ 담보제공 증명서의 제출과 그 등본의 송달(민사집행법 제40조 제2항), ㉣ 반대급부의 이행 또는 이행의 제공이 충족되어야 한다.

(3) 집행당사자의 적격

① 의 의

어느 특정한 집행 절차에서 누가 정당한 집행당사자인가, 즉 다시 말하면 누구를 위하여 또는 누구에 대하여 집행문을 내어주어야 하는가의 문제이다. 집행당사자 적격이 없는 자에 대한 강제집행은 실체법상 효력이 없다.

② 집행당사자 적격의 경우
　㉠ 판결의 경우
　　ⓐ 당사자(당해 판결의 원·피고)와 기판력이 미치는 제삼자이다.
　　ⓑ 기판력이 미치는 제삼자에는 변론종결 후의 승계인과 목적물의 소지자, 소송담당자, 소송탈퇴자가 이에 해당한다.
　㉡ 인낙조서, 화해조서, 조정조서, 지급명령
　㉢ 집행증서
　　집행증서의 집행력이 미치는 범위는 증서상의 채권자, 채무자, 증서작성 후의 포괄·특정승계인이다.
③ 집행당사자 적격의 변동
　㉠ 집행권원이 성립한 뒤 집행문을 받기 전에 집행당사자의 적격에 변동이 있으면 새로운 적격자를 위하여 또는 그 자에 대하여 승계집행문을 받아야 한다.
　㉡ 집행문이 부여된 후에 바뀐 경우에도 원칙적으로 승계집행문을 부여받아야 하나 채무자가 죽거나 법인 등이 합병된 경우 채무자의 지위에 포괄승계가 있는 경우에는 승계집행문이 없어도 계속 집행을 할 수 있다.
④ 집행당사자의 대리
　집행절차에서 당사자는 대리인을 시켜 소송행위를 할 수 있다. 집행관이 실시하는 집행절차에서는 대리인 자격에는 제한이 없으나 집행법원, 수소법원이 하는 집행절차에서는 변호사만이 대리인이 될 수 있고 다만 단독판사사건의 경우에는 법원의 허가가 있으면 변호사가 아닌 자도 대리인이 될 수 있다(민사소송법 제88조). 판결절차의 각 심급의 소송대리인은 그 판결에 따른 집행에 관하여 당연히 대리권을 가진다(민사소송법 제90조).

2 집행권원

(1) 의 의
집행권원(구법상 채무명의)은 사법상의 일정한 급부청구권의 존재와 범위를 표시함과 동시에 강제집행으로 그 청구권을 실현할 수 있는 집행력을 인정한 공정의 증서를 말한다. 집행권원은 강제집행의 전제가 되는 기본 요소이다.

(2) 집행권원의 내용
① 집행권원에 따라 집행당사자와 집행의 내용범위가 결정된다.
② 집행권원은 집행당사자 적격자의 범위를 결정한다.
③ 집행권원은 급부의무를 내용으로 하여야 하고 그 급부의 내용은 가능, 특정, 적법하며 강제이행을 할 수 있는 성질의 급부이어야 한다.
　당해요건을 충족하지 못하면 집행은 불능이 된다. 다만 급부의 내용 자체가 부적법한 것이 아니면(근육 1kg 인도집행) 그 원인이 불법이라 하더라도(도박채무에 기한 금 1,000,000 집행) 집행은 가능하다. 집행기관은 급부원인의 당부를 판단하는 기관이 아니기 때문이다.

④ 집행권원은 급부청구권의 범위와 최대한도를 정한다.
   실제상으로 집행권원에 표시된 액수 이상의 채권이 있다 하더라도 집행권원에 표시된 채권을 넘는 부분은 집행할 수 없다.
⑤ 집행권집행의 대상물의 범위도 집행권원에 표시된 금전채권의 집행에 있어서는 집행권원에 특단의 규정이 없는 한 채무자의 모든 재산이 집행의 대상으로 된다. 만약 채무자가 특정 재산 또는 일정 범위의 재산으로만 변제의 책임이 있는 경우(유한책임)에는 집행의 대상이 되는 재산의 한도가 집행권원에 명시되어야 한다. 유한책임의 예로는 상속의 한정승인의 경우가 대표적이다.

(3) 집행권원의 종류 ☑ 기출
대표적인 집행권원을 개관하면 다음과 같다.

민사집행법과 민사소송법에 규정된 집행권원	민사소송법과 민사집행법 외의 법률에 규정된 집행권원(법명 생략)
• 확정된 종국판결(민사집행법 제24조) • 가집행 있는 종국판결(민사집행법 제24조) • 외국법원의 확정재판 등(민사집행법 제26조) • 소송상화해조서(민사집행법 제56조) • 제소전화해조서(민사소송법 제386조) • 청구의 인낙조서(민사집행법 제56조) • 확정된 지급명령(민사집행법 제56조) • 항고로만 불복을 신청할 수 있는 재판(민사집행법 제56조) • 가압류·가처분명령(민사집행법 제291조 및 제301조), 과태료재판에 대한 검사의 집행명령(민사집행법 제60조) • 확정된 화해권고결정(민사소송법 제231조)	• 확정된 이행권고결정 • 중재판정에 대한 집행판결 • 파산채권표 • 회사정리채권자표 • 조정조서 • 조정에 갈음하는 결정 • 비송사건절차법의 비용에 대한 재판 • 벌금, 과료, 몰수, 추징 등에 대한 검사의 집행명령 • 확정된 배상명령 또는 가집행의 취지가 기재된 유죄 형사판결 • 언론중재위원회의 중재화해조서와 중재조서 • 중앙토지수용위원회의 보상금에 관한 재결

(4) 판 결
① 확정된 종국판결
   ㉠ 종국판결은 각 심급에서 소송의 전부 또는 일부를 종결시키는 판결로 전부판결, 일부판결, 추가판결을 말한다. 종국판결이 아닌 중간 판결은 집행권원이 되지 아니하며 이행판결만이 집행권원이 된다. 다만 이행판결이라 하더라도 강제실현이 허용되지 아니하거나 불가능한 것(부부의 동거를 명하거나, 소설을 쓸 의무를 명한 판결)은 집행권원이 되지 아니한다.
   ㉡ 판결의 확정
   상소로 취소할 수 없는 상태, 즉 형식적 확정력이 생긴 상태를 말한다. 이에 따라 기판력과 집행력도 생기게 된다. 판결의 확정은 확정증명서로 증명된다. 판결확정증명서는 집행의 요건은 아니나 확정되어야 효력이 있는 재판에 대한 집행문부여신청 또는 확정판결에 터 잡은 등기신청 등에 있어서 이를 제출하는 경우가 있다. 확정판결이 상소의 추후보완 또는 재심으로 취소되면 판결로서 효력을 잃게 되어 집행권원으로 되지 아니한다.

② **가집행의 선고가 있는 종국판결** ☑기출
   ㉠ 가집행의 선고를 할 수 있는 경우
   가집행의 선고는 재산권의 청구에 관한 판결에 있어서 상당한 이유가 없는 한 당사자의 신청 유무를 불문하고 직권으로 담보를 조건으로 또는 무담보로 붙여야 한다(민사소송법 제213조). 비재산권상의 청구나 의사표시를 하여야 할 의무에 관한 이행판결에 대하여는 가집행의 선고가 허용되지 아니한다.
   ㉡ 가집행선고의 효력과 효력 상실
   가집행선고로 종국판결은 확정을 기다리지 않고 즉시 집행력이 생기지만 이러한 가집행의 효력은 확정적인 것이 아니고 상소심에서 그 가집행의 선고 또는 본안 판결을 바꾸는 판결이 선고되면 그 바뀌는 한도에서 당연히 효력을 잃는다. 다만 담보의 제공을 조건으로 가집행선고를 한 경우에 담보의 제공은 집행력 발생의 조건이 아니고 집행개시의 요건이다. 따라서 담보를 제공하기 전이라도 집행문을 내어줄 수 있다. 또한 가집행선고 중에 채무자가 담보를 제공한 때에는 가집행을 면제받을 수 있다는 취지의 기재가 있어도 채무자의 담보제공은 집행문부여의 장애가 되지 못하고 집행행위의 정지·취소사유에 불과하다.

③ **집행판결**
   ㉠ 의 의
   집행판결이라 함은 외국법원의 확정재판 및 중재판정에 관하여 이를 근거로 강제집행을 할 수 있음을 선언하는 판결이다. 집행판결에는 가집행선고가 있거나 확정되어야 집행권원이 되며 집행문도 필요하다.
   ㉡ 외국법원의 확정재판 등의 효력
   ⓐ 대한민국의 법령 또는 조약에 따른 국제재판관할의 원칙상 그 외국법원의 국제재판관할권이 인정될 것, 패소한 피고가 소장 또는 이에 준하는 서면 및 기일통지서나 명령을 적법한 방식에 따라 방어에 필요한 시간여유를 두고 송달받았거나(공시송달이나 이와 비슷한 송달에 의한 경우를 제외) 송달받지 아니하였더라도 소송에 응하였을 것, 그 확정재판 등의 내용 및 소송절차에 비추어 그 확정재판 등의 승인이 대한민국의 선량한 풍속이나 그 밖의 사회질서에 어긋나지 아니할 것, 상호보증이 있거나 대한민국과 그 외국법원이 속하는 국가에 있어 확정재판 등의 승인요건이 현저히 균형을 상실하지 아니하고 중요한 점에서 실질적으로 차이가 없을 것이라는 요건을 모두 갖추어야 승인된다(민사소송법 제217조 제1항).
   ⓑ 외국법원의 확정재판 등이 이러한 요건을 갖추었는지의 심사를 집행기관에 맡기는 것은 적절치 아니하므로 미리 소송절차에서 위 요건을 갖추었는지를 심사한 후 그 판결의 집행을 허가할 것인지를 정하기 위하여 민사집행법 제26조는 '외국법원의 확정판결 또는 이와 동일한 효력이 인정되는 재판에 기초한 강제집행은 대한민국 법원에서 집행판결로 그 강제집행을 허가하여야 할 수 있다'라고 규정하고 있다.

(5) 항고로만 불복할 수 있는 재판
① 의의

판결 이외의 재판인 결정명령으로서 법률에 따라 항고로서 불복신청이 허용되는 것을 말한다. 이러한 재판이 집행권원이 되기 위해서는 그 내용이 이행을 명하는 것이며 집행이 가능한 것이어야 한다. 이러한 재판은 고지되면 즉시 효력을 발생하여 집행권원이 된다.

② 종류
  ㉠ 제삼자의 소송비용 상환 결정
  ㉡ 소송비용의 액수와 부담을 정하는 결정
  ㉢ 간접강제에서 금전배상을 명하는 결정
  ㉣ 부동산의 인도명령
  ㉤ 소송비용액의 확정 결정

(6) 확정된 지급명령
① 지급명령에 대하여 이의신청이 없거나 이의신청을 취하하거나 각하결정이 확정된 때에는 지급명령이 확정되고 확정된 지급명령은 확정판결과 동일한 효력이 있다. 따라서 확정된 지급명령은 집행권원이 된다.
② 확정된 지급명령에 기한 강제집행은 원칙적으로 집행문을 부여받을 필요 없이 지급명령의 정본에 의해 행한다.
③ 채권자가 여러 통의 집행문을 신청하거나 전에 내어준 집행문을 돌려주지 아니하고 다시 집행문을 신청한 경우에 확정판결인 때에는 재판장의 명령이 있는 때에 한하여 법원사무관 등이 내어주는 데 반하여 확정된 지급명령의 경우에는 재판장의 명령 없이 법원사무관 등이 부여하고 그 사유를 원본과 정본에 적어야 한다.

(7) 확정된 이행권고결정
① 소액사건에 관한 이행권고결정에 대하여 피고가 이의신청 기간 내에 이의신청을 하지 않거나 이의신청을 하였다가 이를 취하하거나 이의신청에 대한 각하결정이 확정되면 이행권고결정은 확정되고 이는 확정판결과 동일한 효력을 갖는바 집행권원이 된다.
② 수통부여와 재도부여의 경우에는 지급명령과 같다.

(8) 가압류·가처분 명령
가압류 및 가처분의 집행에도 강제집행에 관한 규정이 준용되므로 가압류·가처분 명령은 집행권원이 되고 이들 명령은 그 자체가 집행력 있는 집행권원과 동일한 효력이 있으므로 집행문의 부여를 요하지 아니하고 즉시 집행할 수 있다.

(9) 집행증서
공증인, 법무법인 또는 합동법률사무소가 일정한 금액의 지급이나 대체물 또는 유가증권의 일정한 수량의 급부를 목적으로 하는 청구에 관하여 작성한 공정증서로서 채무자가 강제집행을 승낙한 취지가 적혀있는 증서와 공증인, 법무법인 또는 합동법률사무소가 어음·수표에 부착하여 강제집행을 인낙한 취지를 적어 작성한 증서는 집행권원으로 되는데 이를 집행증서라 한다.

3 집행문

(1) 의 의
집행권원에 집행력이 현존하는 사실과 집행력이 미치는 주관적·객관적 범위를 공증하기 위하여 집행문의 부여기관이 집행권원의 정본의 끝에 덧붙여 적는 공증문언을 말한다.

(2) 집행문의 요부 ☑ 기출
① 집행문을 필요로 하는 경우

집행권원에는 원칙적으로 집행문이 필요하다. 가집행 있는 종국판결, 집행판결 등 집행권원 자체에 집행할 수 있다는 취지가 적혀 있는 경우에도 집행문이 필요하다.

② 집행문이 필요하지 아니하는 경우

예외적으로 집행문이 없어도 집행력 있는 정본이 되는 경우가 있는데 다만 이때에도 집행에 조건이 붙어 있거나 당사자의 승계가 있는 경우에는 집행문을 부여받아야 하고 이때에는 재판장의 명령이 필요하다. 구체적으로 살펴본다.
㉠ 확정된 지급명령, 이행권고결정, 가처분·가압류명령의 집행
㉡ 부동산관리를 위한 인도명령의 집행
㉢ 검사의 집행명령
㉣ 확정된 배상결정
㉤ 부동산등기절차의 이행을 명하는 경우와 같이 의사진술이 간주되는 경우 등

(3) 집행문의 부여 기관
원칙적으로 집행권원의 성립이 소송계속을 전제로 하는 경우 제1심법원의 법원서기관·법원사무관·법원주사 또는 법원주사보(통칭하여 '법원사무관 등'이라 한다)가 집행문을 내어준다. 소송기록이 상급심에 있는 때에는 그 법원의 법원사무관 등이 집행문을 내어준다. 집행권원의 성립이 소송계속을 전제로 하지 않는 경우도 이에 준한다. 그러나 예외적으로 집행증서의 경우에는 그 증서를 보존하는 공증인, 법무법인 또는 공증인가합동법률사무소가 집행문을 내어준다.

(4) 집행문의 부여 신청
① 집행문 신청방법은 구술 또는 서면으로 한다. 이 신청에는 일정액의 인지를 첨부하거나 수수료를 지급하여야 한다. 재판장의 명령이 필요한 사항에 관하여는 재판장이 그 명령 전에 서면 또는 구술로써 채무자를 심문할 수 있다(민사집행법 제32조).

② 집행문의 부여 요건 ☑ 기출

집행문 부여기관이 조사해야 할 요건 중 중요한 몇 가지를 열거하면 다음과 같다.
㉠ 확정 판결이나 집행증서가 형식적 유효요건을 구비하고 있을 것
㉡ 집행권원이 집행력을 유효하게 발생할 수 있을 것
㉢ 그 내용의 집행이 가능할 것
㉣ 집행권원의 내용상 이행의무가 조건에 걸려 있을 때에는 그 조건이 성취되었을 것
㉤ 집행문의 수통부여를 신청한 경우 그 필요성의 유무

(5) 집행문의 부여 방식 및 집행문부여의 효과

① 집행문의 부여 방식

집행문의 방식은 민사집행법 제29조가 정하고 있는바, 판결의 경우 정본의 말미에 기재하되 그 문구는 "이 정본은 피고 ○○○ 또는 원고 ○○○에 대한 강제집행을 실시하기 위하여 원고 ○○○ 또는 피고 ○○○에게 준다"라고 기재하고 법원사무관 등이 기명날인한다.

② 집행문부여의 효과

채권자는 집행력 있는 정본을 집행기관에게 제출하여 집행을 신청하고 집행기관은 그 제출된 집행력 있는 정본의 외형이 적법한 이상 그 내용을 검토함이 없이 곧 집행에 착수할 책임이 있다. 집행정본이 없이 이루어진 집행행위는 무효이며 하자가 치유되지 아니한다. 집행기관이 집행의 결과 집행권원에 표시된 청구와 집행비용을 추심하였을 때에는 집행정본을 채무자에게 교부하여야 한다(민사집행법 제42조).

(6) 구제수단

① 채권자의 구제절차

㉠ 집행문부여 거부처분에 대한 이의신청(민사집행법 제34조 제1항)

㉡ 집행문부여의 소(민사집행법 제33조)

② 채무자의 구제절차

㉠ 집행문부여에 대한 이의신청(민사집행법 제34조)

㉡ 집행문부여에 대한 이의의 소(민사집행법 제45조)

4 강제집행 개시의 요건

강제집행을 신청함에 있어서 구비할 필요는 없으나 집행기관이 현실로 집행을 개시함에 있어서는 그 존재 또는 부존재가 요구되는 각종의 요건을 집행개시의 요건이라 한다.

(1) 집행권원의 송달

집행을 개시하려면 집행할 집행권원이 집행개시 전 또는 동시에 채무자에게 송달될 것을 요한다(민사집행법 제39조). 따라서 집행권원은 미리 또는 집행과 동시에 송달하여도 무방하며 집행정본을 송달하는 것이 아니다.

(2) 집행문과 증명서의 송달

민사집행법 제30조 제2항의 집행문과 제31조 제1항의 승계집행문의 부여가 된 때에는 집행할 집행권원 외에 이에 부기한 집행문을 채무자에게 송달하여야 한다(민사집행법 제39조).

(3) 시일의 만료

집행을 받을 사람이 일정한 시일에 이르러야 그 채무를 이행하게 되어 있는 때에는 그 시일이 지나야 강제집행을 개시할 수 있다(민사집행법 제40조).

(4) 담보제공증명서의 제출과 그 등본의 송달

집행이 채권자의 담보제공에 매인 때에는 채권자는 담보를 제공한 증명서류를 제출해야 하고 또 그 증명서류의 등본을 집행 전에 또는 동시에 채무자에게 송달하여야 한다(민사집행법 제40조 제2항).

(5) 반대급부의 이행 또는 이행의 제공

반대의무의 이행과 상환으로 이행을 명하는 재판을 집행권원으로 하는 재판에 관하여는 집행문 부여 시에 채권자가 반대의무를 이행한 것을 증명하도록 하면 이는 채권자의 동시이행항변권을 부당하게 박탈하는 것이므로 집행문 부여 시에는 반대의무의 이행의 증명이 필요 없고 집행개시 전에 집행기관에 반대의무의 이행을 제공하였음을 증명하면 족하다. 즉, 이는 집행문부여요건이 아니라 집행개시요건이다. 한편 다른 의무의 집행이 불가능할 때의 대상 집행은 채권자가 집행불능을 증명하여야만 가능하다.

(6) 실무상 조건에 해당하는지가 문제되는 경우

해당하는 경우	해당하지 않는 경우
• 정지조건 • 불확정기간 • 채권자의 선급부 • 채권자의 최고 • 선택권의 행사 • 반대급부와 상환으로 권리관계의 인낙이나 의사를 진술할 의무(집행문부여요건)	• 해제조건 • 확정기한(집행개시요건) • 담보제공(집행개시요건) • 해태약관 • 대상적 급부(집행개시요건) • 동시이행(집행개시요건)

5 강제집행의 각종 구제방법

(1) 집행문의 부여 또는 부여신청에 대한 거부

① 집행문부여 거부처분에 대한 이의신청(민사집행법 제34조 제1항)

집행문부여기관이 집행문을 내어 달라는 신청을 거절한 때에는 채권자 등은 그 시정을 구하기 위하여 법원사무관 등이 속한 법원이나 공증인의 사무소가 있는 곳을 관할하는 지방법원 단독판사에 대하여 이의신청할 수 있다.

② 집행문부여의 소(민사집행법 제33조)

채권자가 집행문을 부여받기 위하여 조건의 성취·승계의 사실을 증명하여야 함에도 불구하고 이러한 증명을 할 수 없을 때에 채권자에게 부여된 구제수단이다.

③ 집행문부여에 대한 이의신청(민사집행법 제34조)

집행문의 부여가 부적법함을 주장하여 그 취소 기타의 시정을 구하는 채무자의 신청을 말한다. 채권자가 집행문부여의 소에 의하여 집행문을 받았다든지 채무자가 집행문부여에 대한 이의의 소를 제기하여 패소한 경우 외에는 모든 채무자는 이의를 신청할 수 있다.

④ 집행문부여에 대한 이의의 소(민사집행법 제45조)

채무자가 집행문부여에 관하여 증명된 사실에 의한 판결의 집행력을 다투거나 인정된 승계에 의한 판결의 집행력을 다투어 집행문부여의 위법함을 주장함으로써 강제집행을 저지하기 위한 소이다.

(2) 청구이의의 소

청구이의의 소라 함은 변론종결 이후에 생긴 사유 등으로 채무자가 집행권원에 표시된 청구권에 관하여 생긴 이의를 내세워 그 집행권원이 가지는 집행력의 배제를 구하는 소를 말한다(민사집행법 제44조). 청구이의의 소는 확정된 종국판결 기타 유효한 집행권원에 표시된 청구권에 대한 실체상의 사유를 주장하여 그 집행력의 배제를 목적으로 하는 것이므로 그 집행권원의 내용은 금전채권, 비금전채권을 불문한다.

(3) 제삼자이의의 소

제삼자이의의 소라 함은 집행의 목적물에 대하여 제삼자가 소유권을 가지거나 목적물의 양도나 인도를 막을 수 있는 권리를 가진 때에 그 제삼자가 채권자를 상대로 자신의 권리를 침해하는 강제집행에 대하여 이의를 주장하고 집행의 배제를 구하는 소이다(민사집행법 제48조). 본래 강제집행은 채무자의 소유에 속하는 책임 재산을 대상으로 하여야 할 것임에도 채무자의 책임재산 이외의 재산에 대하여 위법한 집행이 실행되어 당해 재산 소유자의 권리를 침해하는 경우에 진정한 소유자를 구제하기 위한 소송이다.

[청구이의의 소와 제삼자이의의 소]

구 분	원고적격	이의사유	효 력
청구이의의 소	채무자	청구권의 멸각, 저지사유 단 예외적으로 불발생 사유	집행력자체의 배제
제삼자이의의 소	제삼자	소유권 등 집행채권자에게 대항할 수 있는 사유	부당집행행위의 배제

6 강제집행의 개시와 종료 및 정지, 제한, 취소

(1) 집행의 개시와 종료

① 집행의 개시

집행권원의 내용을 실현하기 위하여 권한 있는 집행기관이 최초로 채무자에 대하여 강제적 행동을 취한 때에 집행이 개시된다. 집행의 개시요건은 집행의 개시 당시에 구비되어 있어야 하며 집행에 관한 이의신청도 집행개시 후에 허용되므로 이러한 점 등에 있어서 개시시점이 문제된다.

② 집행의 종료

집행권원에 표시된 청구권과 집행비용의 만족을 얻은 때에 또는 만족이 종국적, 전면적으로 불능으로 된 때에는 전체로서의 집행이 종료된다. 따라서 한 개의 청구권에 관한 집행방법으로서 여러 종류의 집행절차가 병용될 수 있는 경우에 그중 하나의 집행이 종료되어 청구권의 일부에 관하여 만족을 얻었다 하더라도 전체로서의 집행은 종료되지 아니한다. 청구이의의 소, 집행문 부여에 대한 이의신청 등은 집행의 종료 후에는 제기할 수 없다. 집행의 개시시점과 종료시점을 구체적으로 살펴본다.

집행의 개시시점	개개 집행절차의 종료시점
• 집행관이 유체동산의 압류를 위하여 수색을 시작한 때 • 부동산의 인도집행을 위하여 채무자의 점유를 푼 때 • 채권압류명령, 경매개시결정 등은 재판이 내려진 때(재판서인 결정문 원본이 법원사무관 등에게 교부된 때) • 채무자의 주거에 이르러 집행관이 임의변제를 최고한 것은 집행개시에 해당되지 아니함	• 유체동산, 부동산에 대한 금전집행은 압류금전, 매각대금을 채권자에게 교부(배당)한 때 • 채권에 대한 금전집행의 경우에는 추심신고 또는 전부명령이 확정된 때 • 동산·부동산의 인도집행의 경우에는 목적물을 채권자에게 인도하여 점유케 한 때 • 대체집행에서는 채권자가 이행의 결과를 향유하게 된 때 • 간접강제에서는 채권자가 이행을 받거나 손해배상을 받은 때

(2) 강제집행의 정지, 제한, 취소

① 집행의 정지

집행기관이 법률상 1개의 집행권원에 기한 전체로서의 강제집행의 개시, 속행 또는 이미 개시된 개개의 집행절차의 속행을 할 수 없는 상태를 말하며 그 원인은 민사집행법 제49조 소정의 법정서류의 제출과 법정사실의 발생 등이 있다.

② 집행의 제한

집행의 정지가 집행채권의 일부에 대해서나 또는 집행채권자에 대해서만 또는 집행목적물의 일부에 대해서만 집행정지의 효력이 발생하는 경우를 말한다. 즉, 집행정지의 범위의 감축을 말하는 것으로 집행정지의 원인은 대체로 집행제한이 원인이 된다.

③ 집행의 취소

집행절차진행 중에 이미 실시한 집행처분의 전부 또는 일부의 효력을 상실시키는 집행기관의 행위를 말한다. 이는 집행이 개시된 후 종료 전에만 할 수 있다. 민사집행법 제49조 제1호, 제3호, 제5호, 제6호의 경우에는 이미 실시한 집행처분을 취소하여야 하며 동조 제2호, 제4호의 경우에는 이미 실시한 집행처분을 일시적으로 유지하게 하여야 한다(민사집행법 제50조 제1항).

CHAPTER 02 OX 마무리

PART 5 민사집행

01 확정된 종국판결은 모두 집행권원이 된다. O X

> **01** 확정된 종국판결이라 하더라도 이행판결이 아닌 경우 또는 이행판결이라 하더라도 부부의 동거를 명하는 것과 같이 강제실현이 허용되지 아니하는 것은 집행권원이 되지 아니한다.

02 담보를 조건으로 하는 가집행의 선고판결에서 담보를 제공하지 아니한 경우라면 집행문을 부여받을 수 없다. O X

> **02** 담보의 제공은 집행개시의 요건에 지나지 아니하므로 담보를 제공하기 전이라도 집행문을 부여받을 수 있다.

03 외국법원의 확정재판 등은 그 자체로 곧바로 집행권원이 된다. O X

> **03** 외국법원의 확정재판 등은 민사소송법 제217조의 요건을 갖추어 그 적법함을 선고하는 집행판결이 있어야만 집행권원이 된다.

04 확정된 지급명령에 있어 집행문의 재도부여와 수통부여 신청 시 집행법원의 명령이 있어야만 법원사무관 등은 집행문을 부여할 수 있다. O X

> **04** 확정된 지급명령에 있어 집행문의 재도부여와 수통부여 신청 시 집행법원의 명령이 있어야만 법원사무관 등은 집행문을 부여할 수 있는 것이 아니라, 재판장의 명령 없이도 법원사무관 등이 독자적으로 부여할 수 있다.

정답 01 × 02 × 03 × 04 ×

05 공정증서는 일정한 금액의 지급이나 대체물 또는 유가증권 등의 지급을 그 내용으로 하는 경우에만 집행권원이 된다.

05 부동산등기절차의 이행을 해주기로 하는 내용의 집행증서에 기하여 강제집행을 할 수 있다. O X

06 이는 강제집행의 개시요건이지 집행문의 부여요건이 아니다.

06 상환이행판결에 기한 강제집행 시 반대급부의 이행은 집행문의 부여조건이다. O X

07 이는 청구이의의 소에 관한 설명이고 제삼자이의의 소는 집행의 목적물에 대하여 제삼자가 소유권을 가지거나 목적물의 양도나 인도를 막을 수 있는 권리를 가진 때에 그 제삼자가 채권자를 상대로 이의를 주장하고 집행의 배제를 구하는 소이다.

07 변론종결 이후에 생긴 사유를 이유로 집행권원의 집행력 배제를 목적으로 하는 소송을 제삼자이의의 소라 한다. O X

08 민사집행법 제49조 제2호(강제집행의 일시정지를 명한 취지를 적은 재판의 정본) 및 제4호(집행할 판결이 있은 뒤에 채권자가 변제를 받았거나, 의무이행을 미루도록 승낙한 취지를 적은 증서)의 서류를 제출한 경우에는 이미 실시한 집행처분을 일시적으로 유지하게 하여야 한다.

08 강제집행의 일시정지를 명한 취지를 적은 재판의 정본이 제출된 경우에는 집행절차를 취소하여야 한다. O X

05 × 06 × 07 × 08 ×

CHAPTER 03 금전채권에 기초한 강제집행

PART 5 민사집행

1 총 설

(1) 의 의 ☑기출

강제집행절차는 크게 금전채권에 기초한 강제집행과 금전채권 외의 채권에 기초한 강제집행으로 나누어진다. 금전채권에 기초한 강제집행, 즉 금전집행이라 함은 금전채권의 강제적 실현을 위한 절차로서 대부분이 금전집행에 속한다. 이에 대하여 금전 이외의 채권에 대한 강제집행, 즉 비금전집행이라 함은 금전채권 이외의 모든 청구권, 예를 들면 인도청구권, 작위·부작위청구권, 의사표시청구권 등의 강제적 실현을 위한 절차를 말한다.

(2) 금전집행의 대상

금전채권에 관한 강제집행의 대상은 법률적으로 채무자의 지배에 속하고 금전적 가치를 가지는 유체물의 소유권 등이나 또는 무체재산권 기타 재산권으로서 법률상 환가가 가능한 것이어야 한다. 현행 민사집행법은 이러한 재산을 부동산, 선박, 그 외의 동산으로 구분하며 다시 동산을 유체동산과 채권, 기타의 재산권으로 구별하여 각각 집행절차를 규정하고 있다.

(3) 금전집행의 단계

① 금전채권에 관한 강제집행방법

압류 → 현금화 → 배당의 3단계로 진행된다. 압류는 금전채권의 만족을 얻기 위하여 채무자의 특정재산에 대하여 사실상 또는 법률상의 처분을 금지하는 집행기관의 강제적인 행위인데 압류의 주체, 방식은 대상 목적물에 따라 달라진다.

② 압류의 주체

압류의 주체는 유체동산인 경우에는 집행관이고 그 밖의 경우는 집행법원이다. 압류의 방식은 유체물에 대한 금전집행에 있어서는 권리이전의 성립요건(등기, 등록, 점유)을 강제적으로 실현하는 형태로 이루어진다. 반면 채권 기타재산권에 대한 금전집행에 있어서 압류는 채무자에게 그 권리행사를 금지시키고 제삼채무자에 대하여 집행채무자에 대한 변제를 금지시키는 재판을 하여 압류의 목적을 달성시킨다.

③ 현금화

매각은 압류된 채무자의 재산을 현금화하는 것으로 현금화의 방법은 유체물인 경우 집행기관이 그 대상물을 처분하여 대금을 취득하는 형태로 현금화하고 채권 기타의 재산권은 추심권을 채권자에게 부여하는 방법, 매각, 전부명령 등의 방법으로 현금화한다.

④ 만 족

매각에 의하여 현금화한 것을 채권자에게 교부하여 채권자가 만족을 얻으면 금전집행은 목적을 달성하며 당해 집행절차에서 집행채권자와 경합하는 자가 없으면 그것으로 집행은 종료한다. 그러나 채권자가 경합하는 경우에는 매각대금을 집행채권자에게만 교부하는 것은 허용되지 않고 절차에 참가한 모든 채권자들 사이의 권리관계를 조정하고 그 순위에 따라 만족을 주는 배당절차가 필요하다.

2 집행보조절차

(1) 재산명시절차의 의의 ☑기출

재산명시절차는 일정한 집행권원에 따라 금전채무를 부담하는 채무자가 채무를 이행하지 아니하는 경우에 법원이 그 채무자로 하여금 강제집행의 대상이 되는 재산과 일정기간 내에 재산의 처분현황을 명시한 재산목록을 제출하게 하고 그 진실성에 관하여 선서하게 함으로써 재산상태를 공개하게 하는 절차이다(민사집행법 제61조 제1항).

(2) 재산명시명령 ☑기출

① 의 의

명시명령은 법원이 채무자에 대하여 명시기일에 출석하여 재산상태를 명시한 재산목록을 제출하고 그 진실성을 선서할 것을 명하는 결정이다.

② 요 건

㉠ 채무자가 집행권원에 따라 금전채무를 부담할 것

금전채권에 관한 모든 집행권원이 이에 해당되나 가집행선고 있는 판결은 취소의 가능성 때문에 이에 해당하지 아니한다.

㉡ 채무자가 채무를 이행하지 아니할 것

㉢ 채권자가 강제집행을 개시할 수 있을 것

따라서 채권자가 집행문을 부여받고 또 강제집행 개시요건을 갖추어야 한다.

㉣ 채무자의 재산을 쉽게 찾을 수 있다고 인정할 만한 사유가 없을 것

국가, 지방자치단체 그 밖의 공공단체 또는 공기업 등이 채무자인 경우에는 통상 그 재산을 쉽게 찾을 수 있다고 해야 할 것이다.

③ 명시명령의 신청

㉠ 명시명령은 채권자의 신청이 있어야 할 수 있고 신청은 서면으로 한다. 신청을 함에는 집행력 있는 정본과 강제집행을 개시하는 데 필요한 문서를 붙여야 한다.

㉡ 관 할

재산의 명시신청은 채무자의 보통재판적이 있는 곳을 관할하는 지방법원이 관할한다.

ⓒ 명시신청에 대한 재판(민사집행법 제62조)

명시신청에 대해서는 서면 심사하고 채무자를 심문하지 아니한다. 법원은 명시신청이 정당하다고 인정되는 때에는 채무자에게 재산목록의 제출을 명하고 명시명령의 요건을 갖추지 못하였다고 인정되면 결정으로 신청을 기각한다. 명시신청의 기각결정에 대해서는 채권자가 즉시항고를 할 수 있으나 명시명령에 대하여 채무자는 즉시항고할 수 없고 이의신청만을 할 수 있다.

④ 명시기일의 실시

㉠ 명시기일의 지정 및 출석 통지

명시명령에 대하여 채무자의 이의신청이 없거나 이의가 이유 없는 경우 법원은 명시기일의 지정 및 출석 통지를 채무자에게 하여야 한다. 명시기일은 채무자로 하여금 재산목록을 제출케 하고 그것이 진실함을 선서하게 하기 위하여 실시하는 것이다.

㉡ 명시기일의 절차

명시기일에는 채무자 본인이 출석하여야 하고 재산목록을 제출하여야 한다. 재산목록에는 다음의 사항을 적어야 한다(민사집행법 제64조 제2항).

ⓐ 강제집행의 대상이 되는 재산

채무자가 현재 소유하고 있는 유체동산, 부동산, 채권 등 강제집행의 대상이 되는 일체의 재산을 기재한다.

ⓑ 명시명령이 송달되기 전 1년 이내에 채무자가 한 부동산의 유상양도

ⓒ 명시명령이 송달되기 전 1년 이내에 채무자가 배우자, 직계혈족 및 4촌 이내의 방계혈족과 그 배우자, 배우자의 직계혈족과 형제자매에게 한 부동산 이외의 재산의 유상양도

ⓓ 명시명령이 송달되기 전 2년 이내에 채무자가 한 재산상의 무상처분

㉢ 선 서

채무자는 명시기일에 재산목록이 진실하다는 것을 선서하여야 한다(민사집행법 제65조 제1항).

㉣ 재산목록의 정정

채무자는 선서를 한 뒤라도 법원의 허가를 얻어 이미 제출한 재산목록을 제출할 수 있다.

⑤ 명시기일의 연기

명시기일에 출석한 채무자가 3월 내에 변제할 수 있음을 소명한 때에는 그 기일을 3월의 범위 내에서 연기할 수 있으며 채무자가 새 기일에 채무액의 2/3 이상을 변제하였음을 증명하는 서류를 제출한 때에는 다시 1월의 범위 내에서 연기할 수 있다. 다만 이와 같은 연기는 2회만 인정된다.

⑥ 재산목록의 열람, 복사

채무자에 대하여 강제집행을 개시할 수 있는 채권자는 재산목록을 보거나 복사할 것을 신청할 수 있다(민사집행법 제67조). 재산명시신청을 한 채권자는 언제든지 법원에 열람, 복사를 신청할 수 있지만 다른 채권자는 집행력 있는 정본 및 집행을 개시함에 필요한 문서를 첨부하여 열람, 복사를 신청할 수 있다.

⑦ 채무자의 감치 및 벌칙

㉠ 법원은 채무자가 정당한 사유 없이 명시기일에 불출석하거나 재산목록의 제출 또는 명시 선서를 거부한 경우 20일 이내의 감치에 처하고 거짓의 재산목록을 낸 경우 3년 이하의 징역 또는 500만 원 이하의 벌금에 처한다.

ⓒ 채무자가 소송무능력자인 경우 법정대리인이 재산명시 의무를 부담하므로 감치재판을 받을 당사자는 법정대리인이 된다.
ⓒ 감치재판은 재산명시 명령을 한 법원이 관할한다. 감치재판절차는 감치재판개시결정에 따라 개시된다. 결정의 시기는 법원의 재량이나 감치사유가 발생한 날로부터 20일이 지난 뒤에는 감치재판 개시 결정을 할 수 없다. 감치결정이 내려진 때에는 즉시항고로 불복할 수 있다.

(3) 채무불이행자명부 등재 ☑기출

① 의 의
채무불이행자명부란 금전채무를 일정한 기간 내에 이행하지 아니하거나 재산명시절차에서 감치 또는 벌칙의 대상이 되는 행위를 한 채무자에 관한 일정사항을 법원의 재판에 따라 등재한 후 일반인에게 열람권을 제공하는 명부를 말한다.

② 요 건
채무자가 금전의 지급을 명한 집행권원이 확정된 후 또는 집행권원을 작성한 후 6월 내에 채무를 이행하지 아니하거나 재산명시절차에서 감치 또는 벌칙의 대상이 되는 행위를 한 채무자에 대하여 강제집행이 용이하다고 인정할 만한 사유가 없는 경우에 등재신청을 할 수 있다(민사집행법 제70조).

③ 신 청
명부등재는 채권자가 신청하여야 할 수 있다. 신청은 서면으로 하여야 하고 신청의 요건을 증명하는 서면을 첨부해야 한다. 다만 명시신청과는 달리 집행문이나 집행개시요건의 소명자료는 제출할 필요가 없다.

④ 관 할
채무자가 금전의 지급을 명한 집행권원이 확정된 후 또는 집행권원을 작성한 후 6월 내에 채무를 이행하지 아니한 경우에는 채무자의 보통재판적이 있는 곳의 법원이 관할하고 재산명시절차에서 감치 또는 벌칙의 대상이 되는 행위를 한 채무자에 대하여는 명시절차를 실시한 법원이 관할한다.

⑤ 재 판
등재신청에 대한 재판을 위하여 반드시 심문을 거칠 필요는 없으나 법원은 필요한 경우에는 이해관계인 그 밖의 참고인을 심문할 수 있다. 등재결정 또는 신청기각 결정에 대해서는 즉시항고를 할 수 있다.

⑥ 명부의 비치, 열람, 복사
ⓐ 채무불이행자 명부등재결정이 내려지면 그 결정을 한 법원의 사무관 등은 바로 채무자별로 명부를 작성하여 이를 법원에 비치하여야 한다.
ⓑ 법원은 이 명부의 부본을 채무자의 주소지의 시·구·읍·면장에게 보내야 하고 금융기관의 장 등에게도 신용정보로 활용할 수 있도록 송부한다.
ⓒ 이 명부는 누구든지 보거나 복사할 것을 신청할 수 있으나 인쇄물 등으로 공표되어서는 안 된다.

⑦ 명부등재의 말소(민사집행법 제73조)
변제, 그 밖의 사유로 채무가 소멸되었다는 것이 증명된 때에는 법원은 채무자의 신청에 따라 채무자 명부에서 그 이름을 말소하는 결정을 하여야 하고, 채무불이행자 명부에 오른 다음 해부터 10년이 지난 때에는 법원은 직권으로 그 명부에 오른 이름을 말소하는 결정을 하여야 한다.

(4) 재산조회제도 ☑ 기출

① 의의 및 취지

재산조회제도는 개인의 재산 및 신용정보에 관한 전산망을 관리하는 공공기관, 금융기관 등에 대하여 채무자의 재산을 보다 쉽게 조회할 수 있게 함으로써 재산의 투명성을 확보하고 채권자의 권리를 찾아주기 위함을 그 목적으로 하고 있다.

② 요건 및 신청

㉠ 신청인 적격 및 관할법원

확정판결을 받은 채권자가 채무자의 주소지를 관할하는 법원에 재산명시신청을 거친 후에 재산명시를 실시한 법원에 재산조회를 신청할 수 있다.

㉡ 신청사유(민사집행법 제74조 제1항)

ⓐ 재산명시절차에서 채권자가 주소보정명령을 받고도 민사소송법상 공시송달의 요건에 해당하는 사유로 인하여 채권자가 이를 이행할 수 없었던 것으로 인정되는 경우

ⓑ 재산명시절차에서 채무자가 제출한 재산목록의 재산만으로는 집행채권의 만족을 얻기에 부족한 경우

ⓒ 재산명시절차에서 채무자가 재산명시기일에 불출석하거나 재산명시기일에 출석하더라도 목록의 제출 또는 선서를 거부한 경우

ⓓ 재산명시절차에서 채무자가 거짓의 재산목록을 낸 경우

㉢ 신청의 방식 ☑ 기출

재산조회신청은 서면으로 하여야 하고 그 서면에는 채권자와 채무자의 표시 및 집행권원의 표시, 채무액, 조회할 공공기관, 조회할 재산의 종류 등을 기재하여야 한다. 또한 조회비용을 예납하여야 한다. 채권자가 비용을 예납하지 아니한 경우에는 신청을 각하하거나 이미 행한 집행절차를 취소할 수 있으며 법원의 각하결정 및 취소결정에 대해서는 즉시항고를 할 수 있다.

③ 재 판

법원은 재산조회신청을 심리한 결과 재산조회신청이 정당하다고 인정되는 때에는 신청을 인용하는 별도의 결정 없이 결정내역 용지에 날인한 후 재산조회를 실시하면 된다. 재산조회결정에는 조회에 대한 회답의 기한을 명시하여야 하는데 이는 조회절차가 신속하게 진행되도록 하고 조회불응 여부를 절차상 분명히 하기 위한 것으로 통상 기한을 3주 내외로 하고 있다.

④ 조회대상기관의 회보

㉠ 법원으로부터 재산조회를 요구받은 공공기관, 금융기관, 단체 등은 정당한 사유 없이 조회를 거부하지 못하며 정당한 사유 없이 거짓자료를 제출하거나 이를 거부한 때에는 500만 원 이하의 과태료에 처한다.

㉡ 재산조회를 받은 기관, 단체의 장은 조회회보서와 제출을 요구받은 자료를 첨부하여 법원에 제출하여야 한다.

⑤ 재산조회결과의 열람, 복사 ☑ 기출

재산조회결과는 재산목록에 준하여 관리하여야 하므로(민사집행법 제75조) 재산목록과 마찬가지로 재산조회신청인이 아니라 하더라도 채무자에 대하여 강제집행을 개시할 수 있는 채권자는 이를 열람하거나 복사할 것을 신청할 수 있다.

CHAPTER 03 OX 마무리

PART 5 민사집행

01 민사집행법 제61조 제1항

01 재산명시신청의 관할법원은 채무자의 보통재판적이 있는 곳을 관할하는 지방법원이다. O X

02 금전의 지급을 명하는 집행권원이기만 하면 판결, 화해, 조정, 인낙조서와 확정된 지급명령으로도 재산조회가 가능하나 가집행선고판결은 이에 해당하지 아니한다.

02 가집행선고판결에 의해서도 재산명시절차를 청구할 수 있다. O X

03 재산명시신청에 대한 심리는 채무자의 심문 없이 서면심리만으로 가능하다.

03 재산명시신청의 심리는 채무자의 심문이 필수적이다. O X

04 민사집행법 제62조 제2항. 나아가 기각결정에 대해서는 즉시항고가 가능하다.

04 채무자의 재산을 쉽게 찾을 수 있다고 인정하는 때에는 법원은 결정으로 재산명시신청을 기각한다. O X

05 대리선서는 허용되지 아니하는바 대리인만이 출석할 수는 없다.

05 재산명시기일에는 채무자 또는 그 대리인이 출석하여야 한다. O X

정답 01 O 02 X 03 X 04 O 05 X

06 재산명시기일에 출석한 채무자가 3월 이내에 변제할 수 있음을 소명한 때에는 그 기일을 3월의 범위 내에서 연기할 수 있다. O X

06 민사집행법 제64조 제4항. 나아가 새 기일에 채무액의 2/3 이상을 변제하였음을 증명하는 서류를 제출한 경우에는 다시 1월의 범위 내에서 연기가 가능하다.

07 채무자가 거짓의 재산목록을 제출한 때에는 20일 이내의 감치에 처한다. O X

07 이 경우에는 3년 이하의 징역 또는 500만 원 이하의 벌금에 처하고 재산명시기일에 불출석하거나 재산목록의 제출 또는 선서를 거부하는 경우에 20일 이내의 감치에 처한다(민사집행법 제68조).

08 채무불이행자명부 등재신청은 재산명시신청을 한 채권자만이 신청 가능하다. O X

08 채무불이행자명부 등재신청은 집행권원 정본의 소지자이고 반드시 재산명시신청을 한 채권자에 한정되는 것이 아니다.

09 등재신청에 대한 재판에는 반드시 채무자의 심문을 거쳐야 한다. O X

09 등재신청에 대한 결정에는 반드시 채무자의 심문을 거칠 필요는 없지만 등재결정에 대한 즉시항고에 집행정지효가 없음을 감안할 때 채무자를 심문하여 이행여부를 확인하는 것이 바람직하다 할 것이다. 다만 현행 민사집행법에 따르면 채무자의 심문을 거치지 아니하더라도 위법은 아니다.

정답 06 O 07 × 08 × 09 ×

| 10 | 채무불이행자명부는 법원에 비치하는 것이지 채권자에게 송부하는 것이 아니다(민사집행법 제72조 제1항). | 10 | 채무불이행자명부 등재결정이 있는 때에는 그 등재결정을 한 법원의 사무관 등은 그 명부를 채권자에게 송부해야 한다. O X |
| 11 | 민사집행법 제72조 제4항. 다만 이를 외부에 공표하거나 신문 등에 게재하는 것은 허용되지 아니한다. | 11 | 채무불이행자명부나 그 부본은 누구나 제한 없이 일정수수료를 내고 열람 또는 복사할 수 있다. O X |

CHAPTER 04 부동산에 대한 강제집행

PART 5 민사집행

☑ 기출

1 총 설

(1) 의 의

부동산에 대한 강제집행이란 금전채권의 만족을 얻기 위하여 채무자 소유의 부동산에 대하여 하는 강제집행으로 부동산집행이라고도 한다. 채무자 소유의 부동산 자체를 대상으로 하는 점에서 부동산을 목적으로 하는 채권에 대한 집행(민사집행법 제244조)과 다르고 금전채권의 만족을 목적으로 하는 점에서 특정부동산의 인도를 목적으로 하는 집행(민사집행법 제258조)과 다르다.

(2) 집행방법

① 강제경매와 강제관리

부동산에 대한 강제집행의 방법에는 강제경매와 강제관리의 두 가지가 있다. 전자는 매각으로 채무자가 집행목적물의 소유권을 잃게 되나 매각 때까지는 사용·수익권을 가지고 있는 데 반하여 후자는 채무자가 그 소유권을 가지고 있는 대신에 그 사용·수익권을 잃는다.

② 강제경매의 매각방법

민사집행법은 강제경매의 구체적인 매각방법으로 호가경매, 기일입찰, 기간입찰의 3가지 중 하나를 정하도록 하였다.

(3) 집행의 대상 ☑ 기출

① 토 지

강제경매의 대상은 부동산이다. 여기서 부동산이라 함은 토지 및 그 정착물 및 이와 동일시되는 권리를 말하는 것으로서 토지도 당연히 포함되며 나아가 토지의 공유지분도 독립하여 강제경매의 대상이 된다.

② 건 물

건물도 당연히 대상이 된다. 다만 미등기의 건물(토지)인 경우에는 강제경매 신청 시 즉시 채무자 명의로 등기할 수 있음을 증명하는 서면, 즉 채무자 소유임을 증명하는 서면과 부동산의 표시를 증명하는 서면을 붙여야 한다.

③ 기 타

공장재단, 광업재단, 광업권, 어업권, 등기된 입목은 부동산에 준하는바 강제경매의 대상이 된다.

(4) 집행법원 ☑ 기출

부동산에 대한 강제집행은 그 부동산이 있는 곳의 지방법원이 관할한다(민사집행법 제79조 제1항). 법률 또는 동규칙에 따라 부동산으로 보거나 부동산에 관한 규정이 준용되는 것에 대한 강제집행은 그 등기 또는 등록을 하는 곳의 지방법원이 관할한다. 이는 전속관할인바 당사자의 합의에 의해 다른 법원으로 할 수 없다.

2 강제경매

(1) 절차일반 ☑ 기출

① 금전채권자의 경매신청에 의하여 법원은 경매개시결정을 하여 목적물을 압류하고 법원사무관 등은 관할 등기소에 경매개시결정의 기입등기를 촉탁하여 등기부에 기입등기하며 매각의 준비로서 부동산의 현황 등에 관하여 조사하도록 명하고 감정인에게 부동산을 평가하게 하여 이를 참작해서 최저매각가격을 정한다.

② 위 절차가 끝나면 법원은 매각기일 및 매각결정기일을 지정하여 이를 공고한 다음(민사집행법 제104조) 매각기일에 법원 안에서 입찰을 실시하여 최고가 매수인 및 차순위 매수신고인을 정한 후 매각결정기일에 이해관계인의 의견을 듣고 매각허부의 결정을 한다(민사집행법 제115조 및 제120조). 매각기일에 허가할 매수가격이 없어 매각기일이 최종적으로 마감되거나 허가할 매수가격의 신고가 없는 때에는 법원은 최저매각가격을 상당히 낮추고 새 매각기일을 정하여 다시 입찰을 실시한다(민사집행법 제119조). 이해관계인은 매각허부 결정에 따라 손해를 볼 경우에만 그 결정에 대하여 즉시항고할 수 있다(민사집행법 제129조).

③ 매각허가결정이 확정된 후에 법원은 대금의 지급기일을 정하여 매수인과 차순위 매수신고인에게 통지하고 매수인은 대금지급기한까지 매각대금을 지급하여야 한다(민사집행법 제142조). 매수인이 대금을 완납한 경우에 채권자의 경합이 없거나 그 대금으로써 각 채권자의 채권 및 비용을 변제하기에 충분한 때에는 각 채권자에게 이를 지급하고 채권자의 경합이 있거나 각 채권자의 채권 및 비용을 변제하기에 부족한 경우에는 법원은 민법 등의 법률에 의한 우선순위에 따라 배당절차를 실시한다(민사집행법 제145조).

④ 매수인이 대금지급기한까지 그 의무를 이행하지 아니한 때에는 차순위 매수신고인에게 매각을 허가할 것인지를 결정하여야 한다(민사집행법 제137조). 매수인은 대금 완납 후 6월 이내에 부동산의 점유자에게 부동산을 매수인에게 인도하도록 신청할 수 있고 매각허가가 결정된 뒤 인도할 때까지 부동산에 대한 관리명령을 신청할 수 있다(민사집행법 제136조).

(2) 경매절차 흐름도 ☑ 기출

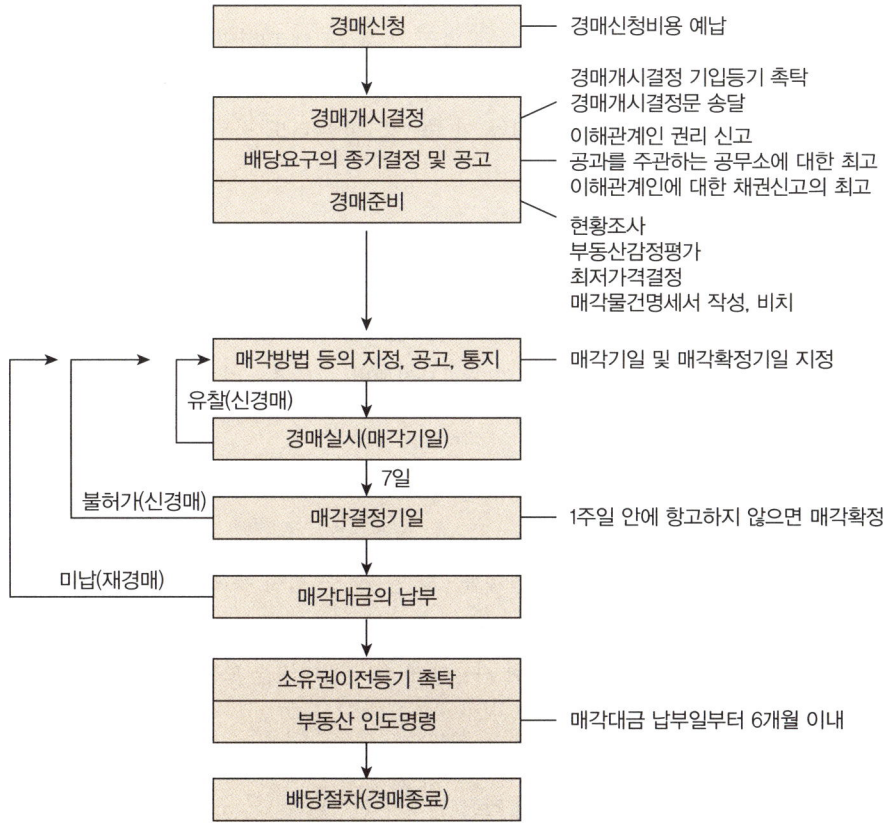

3 강제경매의 신청

(1) 강제경매 신청
① 서면에 의한 신청

부동산에 대한 강제집행은 채권자의 신청에 의하여 법원이 한다(민사집행법 제78조 제1항). 따라서 강제경매의 신청도 법정의 사항이 기재된 서면으로 하여야 한다.

② 신청서 기재사항(민사집행법 제80조)
  ㉠ 채권자, 채무자, 법원의 표시
  ㉡ 부동산의 표시
  ㉢ 경매의 이유가 된 일정한 채권과 집행할 수 있는 일정한 집행권원

(2) 첨부서류(민사집행법 제81조)

강제경매를 신청할 때에는 ① 집행력 있는 정본 외에 집행개시요건을 증명하는 서류도 당연히 첨부해야 한다. 이밖에 첨부할 서류로는 ② 채무자의 소유로 등기된 부동산에 대하여는 등기사항증명서 ③ 채무자의 소유로 등기되지 아니한 부동산에 대하여는 즉시 채무자 명의로 등기할 수 있다는 것을 증명할 서류 및 부동산의 표시를 증명하는 서면을 첨부한다. 만약 이 중 어느 하나라도 첨부하지 아니한 경우에는 경매신청은 부적법 각하된다.

(3) 비용의 예납

민사집행의 신청을 하는 때에는 채권자는 민사집행에 필요한 비용으로서 법원이 정하는 금액을 미리 내야 한다. 법원이 부족한 비용을 미리 내라고 명하는 때에도 같다. 이를 지키지 아니한 경우 법원은 결정으로 신청을 각하하거나 집행절차를 취소할 수 있다(민사집행법 제18조). 강제집행에 필요한 비용에는 감정료, 매각수수료, 현황조사료 등이 있다.

(4) 경매절차에 있어서의 이해관계인

① 의 의

이해관계인이라 함은 경매절차에 이해관계를 가지는 자 중 법이 특히 보호할 필요가 있는 것으로 보아 이해관계인으로 규정한 자를 말한다. 부동산 경매에 있어서는 집행당사자 이외에 매각에 의하여 영향을 받을 부동산의 권리자가 많으므로 이러한 자들에게 절차 관여권을 보장하여 그 이익을 옹호할 기회를 주기 위함이다.

② 이해관계인의 권리

이해관계인은 집행절차에 관하여 다음과 같은 권리가 인정된다.

㉠ 집행에 관한 이의신청권(민사집행법 제16조)
㉡ 부동산에 대한 침해방지 신청권(민사집행법 제83조 제3항)
㉢ 경매개시결정에 대한 이의신청권(민사집행법 제86조)
㉣ 압류의 경합 또는 배당요구가 있으면 그 통지를 받을 권리(민사집행법 제89조)
㉤ 합의로 매각조건을 바꿀 수 있는 권리(민사집행법 제110조)
㉥ 매각기일에 출석할 수 있는 권리(민사집행법 제116조 제2항)
㉦ 매각결정기일에 매각허가에 관한 의견진술권(민사집행법 제120조)
㉧ 매각허부의 결정에 대한 즉시항고권(민사집행법 제129조)
㉨ 배당기일에 출석하여 배당표에 대한 의견 진술할 수 있는 권리(민사집행법 제149조 제2항)

③ 이해관계인의 범위(민사집행법 제90조) ☑ 기출

법은 다음의 자만을 이해관계인으로 본다. 이는 제한적 열거인바 위 조항 외의 사람은 사실상 이해관계가 있더라도 앞서 기술한 이해관계인의 권리가 인정되지 아니한다.

㉠ 압류채권자와 집행력 있는 정본에 의하여 배당을 요구한 채권자

압류채권자란 경매신청을 한 채권자를 말한다. 경매개시결정 후에 다시 경매개시결정을 받은 제2채권자도 포함된다.

㉡ 채무자 및 소유자

채무자는 집행채무자를 말한다. 가압류등기 후 본압류 전에 소유권이전등기를 마친 자도 포함된다.

㉢ 등기부에 기입된 부동산 위의 권리자

경매개시결정 기입등기 당시에 이미 등기부에 나타난 용익권자를 말한다.

㉣ 부동산 위의 권리자로서 그 권리를 증명한 사람

등기부에 공시되지 아니한 이해관계인, 즉 점유권자, 유치권자 등을 말한다. 인도 및 주민등록을 마친 주택임차인도 포함된다.

4 압류절차

(1) 경매개시결정 및 압류의 등기

법원은 채권자의 경매신청에 대하여 집행요건에 관한 형식적 심사를 거쳐 타당하다고 인정되는 경우에는 경매절차를 개시한다는 것과 그 부동산의 압류를 명하는 결정을 한다(민사집행법 제83조 제1항). 법원이 경매개시결정을 하면 법원사무관 등은 즉시 그 사유를 등기부에 기입하도록 등기관에게 촉탁하여야 하고 등기관은 경매개시결정사유를 기입하여야 한다(민사집행법 제94조). 부동산집행절차에 있어서는 경매개시결정이 바로 압류명령이다.

(2) 경매개시결정의 송달

① 채무자에 대한 송달

㉠ 부동산의 압류는 채무자에게 강제경매개시결정이 송달된 때 또는 경매개시결정등기가 된 때에 그 효력이 생기므로 직권으로 그 결정정본을 채무자에게 송달하여야 한다. 다만 실무에서는 경매개시결정등기 이전에 채무자에게 송달되었음을 기회로 소유권을 타인에게 이전해 버리는 불합리를 방지하기 위하여 경매개시결정이 등기부에 기입된 이후에 채무자에 대한 송달을 하고 있다.

㉡ 경매개시결정은 비단 압류의 효력을 발생시키는 것일 뿐만 아니라 매각절차의 기초가 되는 재판이어서 그것이 채무자에게 고지되지 않으면 효력이 있다고 할 수 없는 것인 바 이는 매각절차 진행의 유효요건이다.

② 채권자에 대한 송달

경매개시결정은 일반의 결정, 명령의 경우와 마찬가지로 당사자에게 고지되어야 하므로 채권자에 대하여도 고지의 방법으로 그 정본을 송달한다. 그러나 송달에 의하지 아니하고 적당한 방법으로 고지하여도 무방하다. 다만 채권자에게 송달하지 않고 절차를 진행하여도 매각허가의 효력에는 아무런 영향을 미치지 아니한다.

(3) 압류의 효력 및 발생시기

① 처분제한적 효력

압류에 의하여 법원은 압류 당시의 상태로 현금화하는 권능을 취득하며 채무자는 그 부동산을 타인에게 양도하거나 담보권 또는 용익권의 설정 등 그 부동산을 처분하여도 압류채권자에게 대항하지 못한다. 이를 압류의 처분제한적 효력이라 하며 그 효력은 상대적이다. 즉, 압류 후의 채무자의 처분행위는 당사자 사이에서는 유효하며 압류채권자가 행하는 집행절차와의 관계에서만 그 효력이 없을 뿐이다. 따라서 강제집행신청이 취하되거나 경매절차가 취소되면 다른 압류채권자가 없는 한 처분제한의 효력을 소멸하고 채무자의 위 처분행위는 완전히 유효하게 된다.

② 채무자의 관리이용

압류는 부동산에 대한 채무자의 관리, 이용에 대하여는 아무런 효력을 미치지 아니한다(민사집행법 제83조 제2항). 그러나 채무자 또는 부동산의 점유자가 부동산에 대한 침해행위, 즉 부동산의 가격을 지나치게 감소시키거나 감소시킬 우려가 있는 행위를 하는 때에는 법원은 매각 허가결정이 있을 때까지 담보를 제공하게 하거나 담보를 제공하게 하지 아니하고 그 행위를 하는 사람에 대하여 이를 금지하는 명령 또는 일정한 행위를 할 것을 명하는 명령을 할 수 있고 나아가 이에 대한 의무 위반 시 집행관에게 보관하게 할 것을 명하는 명령을 할 수 있다.

③ 압류의 효력발생시기

강제경매시결정에 따른 압류의 효력은 그 결정이 채무자에게 송달된 때에 또는 경매개시결정의 기입등기가 발생한 때에 생긴다. 즉, 둘 중에서 먼저 행해진 때가 압류의 효력발생시기이다.

(4) 경매개시결정에 대한 이의

① 경매개시결정에 대한 이의를 할 수 있는 자는 경매절차의 이해관계인에 한한다. 매각대금이 모두 지급될 때까지는 경매개시결정에 대한 이의로 불복할 수 있다. 이의의 재판에 대해서는 다시 즉시항고할 수 있다(민사집행법 제86조).

② 임의경매개시결정에 대한 이의에도 강제경매개시결정에 대한 이의에 관한 민사집행법 제86조가 준용된다. 강제경매의 경우에는 경매신청 방식의 적부, 신청인 적격의 유무, 매각부동산의 표시 불일치 등 절차상의 하자만을 다툴 수 있음에 반하여 임의경매의 경우에는 절차상의 하자뿐만 아니라 피담보채권의 불성립, 무효 등 실체상의 하자도 다툴 수 있다.

(5) 경매신청의 취하

① 강제경매개시결정 후라도 소의 취하처럼 채권자는 강제경매신청을 임의로 취하할 수 있다. 다만 매수신고가 있은 뒤 경매신청을 취하하는 경우에는 최고가 매수신고인 또는 매수인과 차순위 매수신고인의 동의를 받아야 그 효력이 생긴다(민사집행법 제93조 제2항). 압류채권자의 신청취하에 의해 배당요구채권자 등은 배당을 받을 수 없게 되는데 채권자는 이중압류를 함으로써 이를 피할 수 있다.

② 취하의 시한에 관해서는 현행법의 해석상 매수인의 매각대금 완납 시, 즉 소유권 이전 시로밖에 볼 수가 없을 것이다.

③ 압류부동산이 후에 멸실되거나 제삼자가 압류채권자에게 대항할 수 있는 소유권을 취득하여 권리를 이전할 수 없게 된 것이 명백한 때에는 법원은 직원으로 강제경매절차를 취소하여야 한다.

5 매각절차

(1) 매각의 준비

① 경매준비단계

강제경매결정등기가 기입되고 채무자에게 경매개시결정정본이 송달되어 압류의 효력이 발생하면 매각부동산의 현황조사를 명하고 감정인으로 하여금 목적물을 평가하게 하여 최저매각가격을 정하게 된다. 법원은 최저매각가격으로 압류채권자의 채권에 우선하는 부동산의 모든 부담과 절차비용을 변제하면 남을 것이 없겠다고 인정한 때에는 압류채권자에게 이를 통지하여야 한다.

② 배당요구의 종기결정 공고 · 고지

㉠ 공고

배당요구의 종기를 첫 매각기일 이전으로 제한함으로 인하여 채권자들의 배당절차 참여가 실질적으로 봉쇄되는 결과에까지 이르러서는 안 될 것이므로 배당요구의 종기를 채권자들이 널리 알 수 있도록 하기 위하여 법원은 배당요구 종기가 정하여진 때에는 이를 공고해야 하고 그 공고는 경매개시결정에 따른 압류의 효력이 생긴 때로부터 1주 이내에 해야 한다.

㉡ 고지

저당권, 압류채권, 가압류채권에 대항할 수 있는 최선순위 전세권은 매각으로 소멸하지 아니하고 매수인이 인수하지만 전세권자가 배당 요구 시에는 매각으로 소멸하는 바 그 전세권자에게는 배당요구 종기를 고지하여 선택권의 행사를 보장해 주어야 한다. 또한 민사집행법 제88조 제1항의 채권자는 배당요구를 하여야만 배당받을 수 있으므로 이들에게 배당요구의 기회를 보장하기 위하여 배당요구의 종기를 고지해 주어야 한다.

③ 채권신고의 최고

법원사무관 등은 ㉠ 첫 경매개시결정등기 전에 등기된 가압류채권자 ㉡ 저당권 · 전세권, 그 밖의 우선변제청구권으로서 첫 경매개시결정등기 전에 등기되었고 매각으로 소멸하는 것을 가진 채권자 ㉢ 조세 기타 공과금을 주관하는 공공기관에 대하여 채권의 유무, 그 원인과 액수를 배당요구의 종기까지 법원에 신고하도록 최고하여야 한다(민사집행법 제84조 제4항).

(2) 현황조사

① 현황조사 명령

법원은 경매개시결정을 한 뒤에 바로 집행관에게 부동산의 현상, 점유관계, 차임 또는 보증금의 액수, 그 밖의 현황에 관하여 조사하도록 명하여야 한다(민사집행법 제85조 제1항).

② 현황조사보고서

집행관은 현황을 조사한 때에는 2주 안에 현황보고서를 작성하여 제출하여야 한다. 법원은 현황보고서의 사본을 누구든지 볼 수 있도록 하여야 한다. 비치시기는 매각기일마다 그 1주 전까지이다. 집행관의 현황조사 자체는 집행관이 집행기관으로서 행하는 직무집행이 아니라 집행법원의 보조기관으로서 행하는 직무이므로 집행에 관한 이의신청의 대상이 될 수 없다.

(3) 부동산의 평가 및 최저매각가격의 결정

① **최저매각가격의 의의**

최저매각가격이라 함은 부동산 경매사건의 매각기일에서 당해 부동산을 그 가격보다 저가로 매각할 수 없고 반드시 그 가격 이상으로 매각하여야 하는 기준가격을 말한다. 따라서 최저매각가격 이하의 매수신청에 대해서는 매각허가결정을 할 수 없다.

② **기능과 적용범위**

최저매각가격의 본래의 기능은 그 가격에 미달하는 매수신고에 대하여 매각을 허가하지 않는다는 데에 있는 것이지만 그 외에도 다음과 같은 기능이 있다.

㉠ 남을 가망이 없을 경우의 경매취소 규정(민사집행법 제102조)의 적용기준이 된다.
㉡ 과잉매각(민사집행법 제124조)인지 여부를 판단할 수 있는 기준이 된다.
㉢ 부동산의 일괄매각에 있어서 각 부동산의 대금액을 특정할 필요 있는 경우 최저매가가격의 비율이 그 기준이 된다.

③ **평가의 대상**

평가의 대상은 매각부동산 및 매수인이 그 부동산과 함께 취득할 모든 물건범위와 일치한다. 따라서 매각부동산의 구성부분, 천연과실, 종물 등도 평가의 대상이 된다. 매각부동산은 평가명령에 특정하여 표시되어야 한다.

④ **매각물건명세서의 작성과 비치**

법원은 매각물건명세서, 현황보고서 및 평가서의 사본을 법원에 비치하여 누구든지 볼 수 있도록 하여야 한다. 이는 매수희망자들에게 부동산에 관한 정보를 제공함으로써 불측의 손해를 막기 위함이다.

⑤ **남을 가망이 없는 경우의 경매 취소**

법원은 최저매각가격으로 압류채권자의 채권에 우선하는 부동산의 모든 부담과 절차비용을 변제하면 남을 것이 없다고 인정한 때에는 압류채권자에게 통지하여야 한다(민사집행법 제102조 제1항). 압류채권자가 위 통지를 받은 날로부터 1주일 이내에 제1항의 부담과 비용을 변제하고 남을 만한 가격을 정하여 그 가격에 맞는 매수신고가 없을 때에는 자기가 그 가격으로 매수하겠다고 신청하면서 충분한 보증을 제공하지 아니하면 법원은 경매절차를 취소하여야 한다(동조 제2항). 법원의 취소 결정에 대해서는 즉시항고할 수 있다(동조 제3항).

(4) 매각조건

① **의 의**

매각조건이란 법원이 압류부동산을 매각하여 그 소유권을 매수인에게 이전시키는 데 필요한 조건을 말하며 이에는 법정매각조건과 특별매각조건이 있다. 법정매각조건 중에서 공공의 이익이나 경매의 본질과 관계없는 조건들은 관련되는 이해관계인 전원의 합의가 있으면 이를 바꿀 수 있는데(민사집행법 제110조 참조) 이와 같이 바뀐 조건을 특별매각조건이라 한다. 특별매각조건이 있는 경우에는 집행관이 매각기일의 개시 시에 이를 알려야 하며 특별매각조건으로 매각한 때에는 매각허가결정에 이를 적어야 한다.

② 법정매각조건
　㉠ 최저매각가격 미만의 매각불허
　㉡ 부동산의 물적 부담의 소멸과 인수의 범위
　㉢ 매수인의 자격
　　농지를 매각하는 경우에는 자격제한이 있고 매각절차에 관여한 집행관과 감정인은 매수자격이 없다.
　㉣ 매수신청인의 의무
　　매수신청인은 매수신청을 할 때 대법원규칙이 정하는 바에 따라 집행법원이 정하는 금액과 방법에 맞는 보증을 제공해야 한다. 민사집행규칙은 매수신청 시의 보증금을 최저매각가격의 1/10로 하되 금전, 자기앞수표 또는 지급보증위탁문서 가운데 하나로 제출하게 하였다.
　㉤ 매각대금의 지급과 부동산의 소유권취득 및 인도의 시기, 방법
　㉥ 공유지분매각과 타 공유자의 권리
③ 특별매각조건
　㉠ 합의에 따른 매각조건의 변경
　　최저매각가격 외의 매각조건은 법원이 이해관계인의 합의에 따라 바꿀 수 있다(민사집행법 제110조 제1항). 합의할 이해관계인은 민사집행법 제90조가 정한 사람 가운데 매각조건의 변경에 따라 자기의 권리에 영향을 받는 경우이다.
　㉡ 법원이 직권으로 하는 매각조건의 변경
　　법원은 거래의 실상을 반영하거나 경매절차를 효율적으로 운영하기 위하여 필요한 경우 배당요구의 종기까지 직권으로 법정매각조건을 바꾸거나 새로운 매각조건을 설정할 수 있다. 이해관계인의 합의로 바꿀 수 없는 최저매각가격까지도 바꿀 수 있으나 여기에는 수긍할 만한 합리적인 이유가 있어야 할 것이다.

(5) 매각기일 및 매각결정기일의 지정, 공고, 통지
① 매각기일이라 함은 집행법원이 매각대상인 부동산에 대하여 매각을 실시하는 기일을 말한다. 매각결정기일이라 함은 매각이 실시되어 최고가 매수신고인이 있을 때 법원이 출석한 이해관계인의 진술을 듣고 경매절차의 적법여부를 조사하여 매각허가 또는 불허가의 결정을 선고하는 기일을 말한다.
② 법원은 최저매각가격으로 민사집행법 제102조 제1항의 부담과 비용을 변제하고도 남을 것이 있다고 인정하거나 압류채권자가 민사집행법 제102조 제2항의 신청을 하고 충분한 보증을 제공한 때에는 직권으로 매각기일과 매각결정기일을 정하여 대법원규칙이 정하는 방법으로 공고한다.
③ 법원은 매각기일과 매각결정기일을 이해관계인에게 통지하여야 한다. 이때 통지는 집행기록에 표시된 이해관계인의 주소에 등기우편으로 발송할 수 있다(민사집행법 제104조).

(6) 매각의 실시

① 매각의 개시

매각기일은 집행관의 개시선언, 즉 출석한 이해관계인과 일반 매수희망자에 대하여 적당한 방법으로 매각을 개시한다는 취지를 선언함에 따라 매각이 개시된다.

② 매각방법과 최고가 매수신고

부동산의 매각은 집행법원이 정한 매각방법에 따른다(민사집행법 제103조 제1항). 매각방법에는 호가경매, 기일입찰, 기간입찰 등의 세 가지 방법에 의한다.

㉠ 호가경매

호가경매는 호가경매기일에 남의 매수신청가액을 알면서 그 가액을 서로 올려가는 방법으로 하는데 집행관은 매수신청액 가운데 최고가격을 3회 부른 뒤에 그 신청한 사람을 최고가 매수인으로 정한다.

㉡ 기일입찰

기일입찰은 매각기일에 출석한 자에게 입찰표를 집행관에게 제출하게 하고 입찰을 한 사람의 참여하에 입찰표를 개봉하는 방법으로 한다.

㉢ 기간입찰

기간입찰은 1주 이상 1월 이하의 범위 안에서 정해지는 입찰기간 내에 전국 어디서나 입찰이 가능하도록 등기우편 등에 의한 입찰을 받고 일정한 기간이 지난 뒤에 개찰을 하는 방식이다.

③ 매각기일의 진행

매각기일은 법원 안에서 진행해야 하지만 집행관은 법원의 허가를 얻어 다른 장소에서 진행할 수 있다(민사집행법 제107조). 집행관은 기일입찰 또는 호가경매의 방법에 의한 매각기일에는 일반인들이 매각물건명세서, 현황조사보고서 및 평가서의 사본 등을 볼 수 있게 하고, 특별한 매각조건이 있는 때에는 이를 고지하며 법원이 정한 매각방법에 따라 매수가격을 신고하도록 최고하여야 한다(민사집행법 제112조).

④ 보 증

매수신청인은 원칙적으로 최저매각가격의 1/10에 해당하는 보증금액을 대법원규칙이 정하는 방법으로 집행관에게 보관해야 한다. 법원은 상당하다고 인정하는 때에는 보증금액을 달리 정할 수 있다.

⑤ 동시입찰의 원칙

같은 매각기일에 입찰에 부칠 사건이 두 건 이상이거나 매각할 부동산이 두 개 이상인 경우에는 각 부동산에 대한 입찰을 동시에 해야 한다. 다만 법원이 따로 정하는 경우에는 그러하지 아니하다. 이는 담합의 방지와 자유로운 입찰을 보장하기 위함이다.

⑥ 매각기일의 종결

㉠ 고 지

집행관은 최고가 매수인의 성명과 가격을 부르고 차순위 매수신고를 최고한 후 적법한 차순위 매수신고가 있으면 차순위 매수신고액을 정하여 그 성명과 가격을 부른 후 매각기일을 종결한다고 고지하여야 한다. 최고가 매수인과 차순위 매수신고인을 제외한 다른 매수신고인은 당해 고지에 의해 매수의 책임을 벗게 되고 즉시 매수신청의 보증금 등을 돌려 줄 것을 신청할 수 있다(민사집행법 제115조).

ⓒ 매각기일조서

　　　매각기일이 종료되면 집행관은 일정한 사항을 기재한 매각기일조서를 작성하여 법원에 제출하여야 한다. 그리고 매각기일조서에는 최고가 매수신고인, 차순위 매수신고인과 출석한 이해관계인이 기명날인하여야 하고 이들이 기명날인할 수 없을 때에는 집행관은 그 사유를 적어야 한다.

⑦ 1기일 2회 입찰제

　　기일입찰 또는 호가경매의 방법에 의한 매각기일에서 매각기일을 마감할 때까지 허가할 매수가격의 신고가 없는 때에는 집행관은 즉시 매각기일의 마감을 취소하고 같은 방법으로 매수가격을 신고하도록 최고할 수 있다(민사집행법 제115조 제4항). 즉, 매각기일에 유찰되는 부동산에 대하여는 최저매각가격의 저감 없이 즉시 제2회의 입찰을 실시할 수 있도록 하였다. 다만 2회 이상을 할 수 없으므로 두 번째로 매수가격의 신고를 최고한 후에도 매수가격의 신고가 매각기일을 마감할 때에는 매각기일의 마감을 다시 취소하지 못한다.

⑧ 새 매각기일의 실시

　　허가할 매수가격의 신고가 없이 매각일이 최종적으로 마감된 때에는 인수주의와 잉여주의가 적용되는 범위 안에서 법원은 최저매각가격을 상당히 낮추고 새 매각기일을 정하여야 한다. 그 기일에 허가할 매수가격의 신고가 없는 때에도 또한 같다. 그리고 매각허가에 대한 이의신청에 따라 집행법원이 매각불허가결정을 한 때 매각허가결정에 대한 취소결정을 한 때에도 새 매각기일을 실시해야 한다.

(7) 매각결정 절차

① 매각결정기일

　　㉠ 의 의

　　　매각결정기일이라 함은 집행법원이 매각기일의 종결 후에 법원 내에서 매각허부의 결정에 관계하는 이해관계인의 진술을 듣고 직권으로 법정의 이의사유가 있는지 여부를 조사한 후 매각의 허가 또는 불허가를 결정하는 기일이다. 여기서 이해관계인이란 민사집행법 제90조의 이해관계인, 최고가 매수인, 차순위 매수신고인 그 밖의 매수신고인으로서 자기가 매각허가를 받을 수 있다고 생각하는 자도 포함한다. 법원은 직권으로 매각결정기일을 변경할 수 있다. 이 경우 법원사무관 등은 변경된 기일을 앞서 살핀 이해관계인 등에게 통지해야 한다.

　　㉡ 매각결정기일의 진행

　　　매각결정절차는 법원 안에서 진행하여야 한다. 매각결정기일은 매각일로부터 1주 이내에 실시해야 하나 이는 훈시규정이다. 법원은 매각결정기일에 출석한 이해관계인에게 매각허가에 관한 의견을 진술하게 하여야 한다. 매각허가에 관한 이의는 매각허가가 있을 때까지 신청하여야 하며 이의에 대한 진술도 매각허가가 있을 때까지 하여야 한다(민사집행법 제120조).

② 매각허가에 대한 이의신청

매각허가에 관한 이의 사유는 민사집행법 제121조에 열거된 사유에 한정된다. 따라서 그 외의 사유로는 이의할 수 없다.

㉠ 강제집행을 허가할 수 없거나 집행을 계속 진행할 수 없을 때

강제집행을 허가할 수 없다는 것은 강제집행의 요건, 개시의 요건 등에 흠이 있는 경우를 말하고 집행을 계속할 수 없다는 것은 집행의 정지 또는 취소사유가 있을 때 또는 경매개시결정이 채무자에게 송달되지 아니하거나 이해관계인에게 매각기일의 통지가 누락된 때와 같이 집행절차 중에 집행법상 절차의 진행을 가로막는 사유가 생긴 경우를 말한다.

㉡ 최고가 매수신고인이 부동산을 매수할 능력이나 자격이 없는 때

미성년자, 피성년후견인과 같이 법률행위를 독립하여 할 수 없는 자이거나 채무자 농지의 경우 농지 취득허가를 받지 못한 자 등이 이에 해당한다.

㉢ 부동산을 매수할 자격이 없는 자가 최고가 매수신고인을 내세워 매수신고를 한 때

㉣ 최고가 매수신고인, 그 대리인 또는 최고가 매수신고인을 내세워 매수신고를 한 사람이 제108조(매각장소의 질서유지) 중 어느 하나에 해당되는 때

㉤ 최저매각가격의 결정, 일괄매각의 결정 또는 매각물건명세서의 작성에 중대한 흠이 있는 때

㉥ 천재지변, 그 밖에 자기가 책임을 질 수 없는 사유로 부동산이 현저하게 훼손된 사실 또는 부동산에 관한 중대한 권리관계가 변동된 사실이 경매절차의 진행 중에 밝혀진 때

㉦ 경매절차에 그 밖의 중대한 잘못이 있는 때

③ 매각허가여부에 관한 재판

집행법원은 매각결정기일에 출석한 이해관계인에게 매각허가에 관한 의견을 진술하게 하여 이를 참고로 하는 외에 직권으로 매각불허가사유의 유무를 기록에 의하여 조사한 다음에 매각허가여부에 관한 재판을 한다(민사집행법 제120조). 매각을 허가하거나 허가하지 아니하는 결정은 선고하여야 하며, 확정되어야 효력을 가진다(민사집행법 제126조).

㉠ 매각불허가 결정

매각결정기일에 법원은 이해관계인의 이의가 정당하다고 인정되는 경우나 직권조사의 결과 민사집행법 제121조의 사유가 있다고 인정한 때에는 직권으로 매각을 허가하지 아니한다. 나아가 여러 개의 부동산을 매각하는 경우에 한 개의 부동산의 매각대금으로 모든 채권자의 채권액과 집행비용을 변제하기에 충분하면 다른 부동산의 매각을 허가하지 아니한다(과잉매각의 금지). 다만 토지와 그 위의 건물을 일괄매각하는 경우나 재산을 분리하여 매각하면 그 경제적 효용이 현저하게 떨어지는 경우 또는 채무자의 동의가 있는 경우에는 그러하지 아니하다.

㉡ 매각허가 결정

ⓐ 의 의

집행법원은 이해관계인의 매각허가에 대한 이의신청이 이유 없다고 인정되고 직권으로 매각불허가를 할 사유가 없다고 인정된 때에는 최고가 매수인에게 매각을 허가한다는 취지의 결정을 한다.

ⓑ 매각허가 결정의 효력

매각허가 결정이 확정되면 매각절차는 종료하고 매각허가 결정이 취소되지 않는 한 최고가 매수인은 대금지급의무를 부담하게 된다. 매각허가 결정이 확정되면 지금까지의 절차상의 하자는 치유된다.

ⓒ 매각허가 결정의 기재사항

매각허가 결정에는 매각한 부동산 매수인과 매각가격을 적고 특별매각조건이 있는 경우에는 이를 기재한다.

ⓓ 매각허가 결정의 선고 및 공고

매각허가 결정은 매각결정기일에 법정에서 반드시 선고해야 하며 대법원규칙이 정하는 바에 의하여 공고하여야 한다. 공고는 법원게시판, 관보 또는 신문게재, 전자통신매체를 이용한 공고 중 어느 하나의 방법으로 한다.

6 대금의 지급

(1) 대금지급기한의 지정과 통지

매각허가 결정이 확정되면 법원은 대금의 지급기한을 정하고, 이를 매수인과 차순위 매수신고인에게 통지하여야 한다(민사집행법 제142조 제1항). 대금지급기한은 매각허가결정이 확정된 날로부터 1월 이내의 날로 정하여야 한다. 다만 경매사건기록이 상급법원에 있는 때에는 그 기록을 송부 받은 날로부터 1월 안의 날로 정해야 한다.

(2) 대금의 지급방법

① 매각허가 결정이 확정되면 매수인은 대금지급기한까지 매각대금을 지급할 의무가 발생한다. 이 의무는 매각허가 결정이라는 공법상의 처분으로 발생한 것이기 때문에 매수인이 이를 포기할 수 없다.

② 매각허가 결정에 기재된 금액은 현금으로 일시에 지급하는 것이 원칙이다. 이때 매수인이 보증으로 제공한 금액은 매각대금에 산입한다. 원칙적인 대금지급 방법 외에 다른 채권자의 이익을 해치지 아니하는 범위 안에서 채무를 인수하거나 상계를 통하여 지급할 수 있다. 즉, 매수인은 매각조건에 따라 부동산의 부담을 인수하는 외에 배당표 실시에 관하여 매각대금의 한도에서 다른 채권자의 승낙이 있으면 대금의 지급에 갈음하여 채무를 인수할 수 있다. 채권자가 매수인인 경우에는 매각결정기일이 끝날 때까지 법원에 신고하고 자신이 배당받아야 할 금액을 제외한 대금을 배당기일에 낼 수 있다(민사집행법 제143조).

(3) 대금지급의 효과

① 권리의 취득

매수인은 매각대금을 다 낸 때에 매각의 목적인 권리를 취득한다(민사집행법 제135조). 매수인이 취득하는 부동산의 소유권의 범위는 매각허가결정서에 적힌 부동산과 동일성이 인정되는 범위 내에서 그 소유권의 효력이 미치는 범위와 같다.

② 매각대금 지급 뒤의 조치

매각대금이 지급되면 법원사무관 등은 매각허가 결정서의 등본을 붙여 다음의 등기를 촉탁하여야 한다.
㉠ 매수인 앞으로 소유권을 이전하는 등기
㉡ 매수인이 인수하지 아니한 부동산의 부담에 관한 기입등기를 말소하는 등기(부동산등기부상의 가압류, 가처분, 전세권, 저당권 등의 등기)
㉢ 민사집행법 제94조 및 제139조 제1항의 규정에 따른 경매개시결정등기를 말소하는 등기

(4) 대금의 미납

매수인이 대금의 지급기한까지 대금을 납부하지 아니하는 경우 차순위 매수신고인이 있으면 그에게 매각을 허가할 것인지 여부를 결정한다(민사집행법 제137조). 차순위 매수신고인이 없는 경우에는 법원은 직권으로 재매각을 명하여야 한다. 재매각은 매각절차를 다시 실시한다는 점에서 새매각과 같으나 재매각은 매각허가 결정 후 매수인의 대금지급의무 불이행을 원인으로 함에 반하여 새매각은 매각허가결정에 이르지 아니한 경우에만 실시한다는 점에서 구분된다.

7 부동산의 인도명령과 관리명령

(1) 부동산의 인도명령

부동산인도명령은 매각대금을 모두 지급한 매수인이나 그 일반승계인 등이 채무자, 소유자 또는 부동산의 점유자가 임의로 부동산을 인도하지 아니한 경우 부동산을 강제로 매수인 등에게 인도하게 하는 명령을 집행법원에 신청하여 그 명령에 의하여 부동산을 인도받을 수 있게 하는 제도이다(민사집행법 제136조).

(2) 관리명령

매수인은 대금을 모두 다 낸 뒤에 비로소 부동산의 소유권을 취득하고 인도받을 수 있다. 따라서 매각허가 결정을 받은 매수인이 아직 대금의 완납 전에 채무자 등이 부동산을 훼손 또는 관리를 소홀히 하여 손해를 입을 우려가 있는 경우 이를 방지하기 위하여 법원은 매수인 또는 채권자가 낸 신청서에 의하여 매각허가가 결정된 후 인도 시까지 관리인에게 부동산을 관리할 것을 명할 수 있다(민사집행법 제136조 제2항). 관리에 드는 비용이나 보수 등은 매수인이 부담한다.

8 공유지분에 대한 경매

(1) 신 청

부동산의 공유지분에 대한 강제경매를 신청할 때에는 공유물인 부동산 전체와 강제집행할 공유지분을 함께 표시해야 한다. 그러기 위해서는 채무자의 성명, 주소, 공유지분의 비율 등을 기재해야 한다.

(2) 기입등기의 촉탁과 등기

공유지분을 경매하는 경우에는 채권자의 채권을 위하여 채무자의 지분에 대한 경매개시결정이 있음을 등기부에 기입하고 다른 공유자에게 그 경매개시결정이 있다는 것을 통지하여야 한다. 다만 상당한 이유가 있는 경우에는 통지하지 아니할 수 있다(민사집행법 제139조 제1항).

(3) 최저매각가격

최저매각가격은 공유물 전부의 평가액을 기본으로 채무자의 지분에 관하여 정하여야 한다. 다만 그와 같은 방법으로 정확한 가치를 평가하기 어렵거나 그 평가에 부당하게 비용이 많이 드는 등의 특별한 사정이 있는 경우에는 그러하지 아니하다(민사집행법 제139조 제2항). 최저매각가격을 정하는 방법을 명문으로 규정하고 있는 취지는 지분만으로 최저매각가격을 정한다고 하면 생길 수 있는 평가액의 감소를 막기 위함이다.

(4) 공유자의 우선매수권

공유자는 매각기일까지 매수신청의 보증을 제공하고 최고가 매수인과 같은 가격으로 채무자의 지분을 우선 매수하겠다는 신고를 할 수 있다. 이 경우 법원은 최고가 매수신고가 있더라도 그 공유자에게 매각을 허가하여야 한다. 공유자의 우선매수 시에 최고가 매수신고인은 차순위 매수신고인으로 본다.

9 배당절차

(1) 매각대금의 배당

① 의 의

매수인으로부터 대금이 지급되면 집행법원은 반드시 배당절차를 밟아야 한다(민사집행법 제145조 제1항). 매각대금으로 채권자가 1인이든 수인이든 각 채권자의 채권 및 집행비용의 변제를 받을 수 있으면 각 채권자에게 대금을 교부함으로써 배당절차는 간단히 끝이 난다. 그러나 매각대금으로 배당에 참가한 모든 채권자를 만족시킬 수 없다면 법에 의한 우선순위에 따라 배당절차가 개시된다.

② 배당에 충당될 금액

배당에 충당될 금액에 대해서는 민사집행법 제147조에 규정되어 있는데 부동산의 매각대금 외에 ㉠ 대금지급기한이 지난 뒤부터 대금의 지급·충당까지의 지연이자, ㉡ 매각허가결정에 대한 항고기각, 취하 시에 돌려받지 못하는 보증공탁금, ㉢ 재매각 시 종전매수인의 매수보증금 등이 포함된다.

(2) 배당실시절차

① 배당기일의 지정과 계산서제출의 최고

매수인이 매각대금을 지급하면 집행법원은 배당기일을 정하고 이해관계인과 배당요구채권자에게 통지하여야 한다.

② 배당표의 작성

집행법원은 배당기일의 3일 전에 배당표원안을 작성하여 법원에 비치하여 이해관계인이 열람할 수 있도록 하여야 한다(민사집행법 제149조 제1항). 집행법원은 배당기일에 출석한 이해관계인과 배당요구채권자를 심문하고 서증을 조사한 다음 추가 정정하여 배당표를 확정하여야 한다(민사집행법 제149조 제2항).

③ 배당표에 대한 이의신청 ☑ 기출
  ㉠ 배당표에 기재된 각 채권자의 채권액, 순위에 대하여 불복하는 채권자, 채무자는 배당기일에 출석하여 이의할 수 있다. 채권자가 미리 이의신청서를 제출하였다고 하더라도 채권자가 배당기일에 출석하지 아니하였다면 그 채권자의 이의는 없는 것으로 본다.
  ㉡ 이의신청이 정당하다고 인정되는 때 또는 다른 방법으로 배당에 합의한 때에는 그에 따라 배당표를 확정하여야 한다.

④ 배당의 실시와 공탁
  ㉠ 배당기일에 이의가 완결되지 아니한 때엔 이의가 없는 부분에 한하여 배당을 실시한다. 채권 전부를 배당받을 채권자에게는 배당액 지급증을 교부함과 동시에 그의 집행력 있는 정본 또는 채권증서를 받아 채무자에게 교부하고 채권 일부를 배당받을 채권자에게는 그의 집행력 있는 정본 또는 채권증서에다가 배당액을 적어주고 배당액 지급증을 교부함과 동시에 영수증을 받아 채무자에게 교부한다.
  ㉡ 다음의 경우에는 배당액을 공탁하여 배당절차를 완결한다.
    ⓐ 정지조건이나 불확정기한부 채권
    ⓑ 가압류채권
    ⓒ 일시집행정지 문서의 제출
    ⓓ 배당이의의 소를 받은 채권자의 채권
    ⓔ 저당권설정등기의 가등기
    ⓕ 배당기일에 불출석한 채권자의 채권

(3) 배당받을 수 있는 채권자의 범위(민사집행법 제148조) ☑ 기출
주의할 것은 ①, ②의 채권자는 배당요구의 종기까지 배당요구의 조치를 취하여야 하나 ③, ④의 채권자는 배당요구를 하였는지를 불문하고 당연히 배당권자가 된다.
① 배당요구의 종기까지 경매신청을 한 압류채권자 : 경매신청권자와 이중압류채권자를 말한다.
② 배당요구의 종기까지 배당요구를 한 채권자 : 민사집행법 제88조 제1항에 규정된 채권자이다.
③ 첫 경매개시결정등기 전에 등기된 가압류채권자
④ 저당권·전세권, 그 밖의 우선변제청구권으로서 첫 경매개시결정 전에 등기되었고 매각으로 소멸하는 것을 가진 채권자

(4) 배당의 순위 ☑기출

① 개 설

이하 배당의 순위를 본다. 다만 여기에서의 밝힌 순서는 개략적인 것이며 압류부동산에 담보권이 설정되어 있는가의 여부 또는 담보권이 일반조세보다 앞서는지의 여부에 따라 순위에 변동이 생길 수 있음을 유의해야 한다.

㉠ 1순위 : 집행비용(인지대, 신청서기료, 등록면허세, 수수료, 공고 등)
㉡ 2순위 : 제삼취득자의 비용상환청구권(필요비, 유익비)
㉢ 3순위 : 최종 3개월분 임금채권, 최종 3년간 퇴직금, 소액임차보증금
㉣ 4순위 : 조세 중 당해세(증여세, 상속세 등)
㉤ 5순위 : 조세채권 등 당해세를 제외한 국세 및 지방세, 근저당권 및 전세권 등에 의해 담보된 채권, 확정일자 임차인
㉥ 6순위 : 각종 조세채권
㉦ 7순위 : 의료보험채권, 연금보험료 채권, 산업재해보험료채권 등
㉧ 8순위 : 일반채권

② 배당사례연습

㉠ 단순채권 - 확정일자부 임차권 - 저당권(용도가 주택이고 배당액이 6,500만 원인 경우)

일 자	권리내용	권리자	배 당	비 고
02/05	임차권 5,000(확정일자 없음)	A	없 음	채 권
05/03	확정일자부 임차권 5,000	B	5,000	확정일자부 임차권
12/01	근저당 3,000	C	1,500	물 권

해설 : 성립 전후에 관계없이 언제나 물권이 채권에 우선한다. 1순위로 확정일자부 임차권자인 B에게 5,000만 원을 배당하고 2순위로 근저당권자 C에게 나머지 1,500만 원을 배당한다. 확정일자 없는 임차인 A는 배당에 참여할 수 없다(확정일자가 없으면 우선변제권이 없다. 확정일자가 없어도 소액임차인은 우선변제권이 있으나 사안의 경우 소액임차인도 아니다).

㉡ 가압류 - 가압류 - 근저당(배당액이 5,500만 원인 경우) ☑기출

일 자	권리내용	권리자	배 당	비 고
02/05	가압류 4,000	A	2,000	가압류
05/03	가압류 4,000	B	2,000	가압류
12/01	근저당 3,000	C	1,500	물 권

해설 : 채권 상호 간에는 시간의 선후에 관계없이 동등한 지위를 갖게 되므로 평등하게 안분배당한다. 따라서 가압류권자인 A, B에게는 각 2,000만 원, 근저당권자 C에게는 나머지 1,500만 원을 배당한다.

ⓒ 가압류 - 1번 근저당 - 2번 근저당(배당액이 6,000만 원일 경우)

일 자	권리내용	권리자	말소기준 (인수/소멸)	배 당
01/07	가압류 3,000	A	소멸(말소기준)	1,800
05/08	근저당 3,000	B	소 멸	3,000
07/25	근저당 4,000	C	소 멸	1,200
11/05	임의경매신청	C의 근저당으로		

해설 : 채권액별로 비례하여 안분배당한 후에 1번 근저당권은 자기의 채권이 모두 회수될 때까지 배당을 받는다. 먼저 안분배당을 하면 가압류권자 A에게 1,800만 원, 근저당권자 B에게 1,800만 원, 근저당권자 C에게 2,400만 원을 배당한다(1,800만 원이 법원에 공탁되며 채무자 상대로 소송을 제기하여 승소 후 가압류권자는 공탁금을 회수). 2순위로 근저당권자 B에게 3,000만 원을 배당(C에서 1,200만 원 흡수), 3순위로 근저당권자 C에게 1,200만 원(2,400 - 1,200)이 배당된다.

[권리신고 및 배당요구 신청]

권리신고 및 배당요구 신청

채권자 ○○○
채무자 ○○○
배당요구채권자 ○○○

위 당사자 간 귀원 2009타경○○○호 부동산 임의경매 사건에 관하여 배당요구채권자는 다음 집행권원의 집행력 있는 정본에 기한 채권을 가지고 있으므로 그 경매에 관해서 배당해 주시기 바랍니다.

다음

1. 집행권원의 표시
2. 청구금액

첨부서류

1. 집행력 있는 판결정본 1통

2015. 12. 30.

위 배당요구 채권자 홍길동○

서울중앙지방법원 귀중

(5) 배당이의의 소
① 의 의

배당이의의 소는 배당표에 대하여 이의를 진술한 채무자나 채권자가 이의를 관철하기 위하여 배당표에 기재된 채권의 존부, 금액, 순위 등을 다투면서 배당표의 변경을 구하는 소이다. 배당이의의 소는 실체상의 이유로만 제기할 수 있고 절차상의 이유로는 제기할 수 없다.

② 당사자적격 및 관할법원

배당기일에 배당표의 기재에 대하여 이의를 진술한 채무자 및 채권자는 그 이의의 내용대로 배당을 하면 불이익을 입게 되는 채권자로서 이의에 동의를 하지 않은 사람을 상대로 배당을 실시한 집행법원이 속한 지방법원에 배당이의의 소를 제기한다. 다만 소송물이 단독판사의 관할에 속하지 아니할 경우에는 지방법원의 합의부가 관할한다.

③ 심리 및 판결

별도의 규정이 있는 경우를 제외하고는 통상의 소송절차와 원칙적으로 다르지 않다. 따라서 변론을 열어야 한다. 이의한 사람이 배당이의의 소의 첫 변론기일에 출석하지 아니한 때에는 소를 취하한 것으로 본다(민사집행법 제158조). 배당이의의 소에 대한 판결에서는 배당액에 대한 다툼이 있는 부분에 한하여 배당을 받을 채권자와 그 액수를 정해야 한다. 이를 정하는 것이 적당하지 아니하다고 인정한 때에는 판결에서 배당표를 다시 만들고 다른 배당절차를 밟도록 명해야 한다(민사집행법 제157조).

10 강제관리

(1) 서 설
① 의 의

강제관리는 채무자 소유의 부동산으로부터 생기는 천연과실이나 법정과실 등의 수익을 총괄하여 집행의 목적물로 삼아 그 부동산을 압류하고 국가가 채무자의 관리·수익권을 박탈하여 관리인으로 하여금 그 부동산을 관리하게 하고 그 수익을 추심, 현금화하여 변제에 충당하는 강제집행절차이다.

② 강제관리의 활용

강제관리는 목적부동산의 가격이 오를 가능성이 있는 경우 강제경매를 하기보다는 강제관리를 하여 적절한 시기를 기다릴 필요가 있을 때, 임대용 빌딩이나 아파트와 같이 매각을 통한 현금화보다 임대료를 통한 고수익을 얻을 수 있을 때, 선순위 채권자들 때문에 부동산의 매각 대금으로는 집행의 실효성이 없을 때 등에 활용될 수 있다.

③ 절차의 특징

강제관리도 부동산에 대한 강제집행이므로 부동산 경매에 관한 규정이 상당부분 준용된다. 특히 부동산의 압류와 배당에 관한 절차는 강제경매 절차와 같다. 하지만 강제관리의 경우에는 매각절차는 필요하지 않으므로 이에 관한 규정은 준용되지 아니한다. 나아가 강제관리는 담보권 실행을 위한 경매절차에는 준용되지 아니한다.

(2) 강제관리의 대상

강제관리의 대상은 채무자 소유의 부동산으로 현재 수익을 발생할 수 있는 것이어야 한다. 강제관리의 대상으로서 부동산은 강제경매의 경우와 마찬가지로 집행법상의 부동산이다. 현재 수익을 발생시킬 수 있는 것이라 함은 부동산의 성질 상태로 보아 통상의 용법에 따르면 수익을 발생시킬 가능성이 있는 것이면 족하고 수익이라 함은 부동산 등으로부터 발생하는 천연과실과 법정과실이다.

(3) 배 당

① 관리인의 배당

관리인은 부동산 수익에서 그 부동산이 부담하는 조세, 기타 공과금을 뺀 뒤에 관리비용을 변제하고 그 나머지 금액을 채권자에게 지급한다(민사집행법 제169조 제1항). 모든 채권자를 만족하게 할 수 없을 때에는 관리인은 채권자 사이의 배당협의에 따라 배당을 실시하여야 한다(민사집행법 제169조 제2항).

② 법원의 배당

배당협의가 이루어지지 아니한 경우 관리인은 그 사유를 법원에 신고하여야 한다(민사집행법 제169조 제3항). 이 경우 법원은 강제경매 절차에 준하여 배당표를 작성하여 관리인에게 그 배당표에 의하여 각 채권자에게 배당하도록 한다.

③ 배당받을 채권자

배당받을 채권자는 강제관리 신청채권자, 강제관리개시결정등기 전의 가압류채권자, 배당요구채권자 및 조세 등의 교부청구자 등에 한한다. 강제관리개시결정 전에 의한 압류 전에 설정된 저당권자, 가등기담보권자, 전세권자 등은 당연히 배당받을 수 없을 뿐만 아니라 배당요구를 할 수 있는 우선변제청구권이 있는 채권자에도 해당하지 아니한다.

CHAPTER 04

PART 5 민사집행

OX 마무리

01 부동산에 대한 강제집행의 방법은 강제경매로 한정된다. O X

01 부동산에 대한 강제집행의 방법은 강제경매와 강제관리 두 가지의 방법으로 규정되어 있다(민사집행법 제78조).

02 미등기 부동산에 대한 경매신청은 허용되지 아니한다. O X

02 미등기 부동산에 대해서도 경매신청이 가능하다. 다만 즉시 채무자의 명의로 등기할 수 있음을 증명하는 서류를 첨부하여야 한다.

03 부동산에 대한 강제집행은 채무자의 주소지 지방법원에서 관할한다. O X

03 부동산에 대한 강제집행은 그 부동산이 있는 곳의 지방법원에서 관할한다(민사집행법 제79조 제1항).

04 가압류 채권자는 경매절차에 있어서의 이해관계인이 아니다. O X

04 민사집행법 제90조의 반대해석상 단순한 가압류 채권자는 경매절차에 있어서 이해관계인이라 할 수 없다(대판 1999.4.9., 98다53240).

05 유치권자는 신고와 증명이 없어도 당연히 이해관계인으로 취급된다. O X

05 등기 없이 부동산의 권리를 행사할 수 있는 유치권자 등은 스스로 신고와 증명을 하는 경우에만 이해관계인으로 취급된다(대결 1994.9.14., 94마1455).

정답 01 × 02 × 03 × 04 ○ 05 ×

06 부동산에 대한 압류는 강제경매개시결정의 등기가 기입된 때에 또는 강제경매개시결정문이 채무자에게 송달된 때 중 더 빠른 시일에 효력이 발생한다.

06 부동산에 대한 압류는 강제경매개시결정의 등기가 기입된 때에 효력이 발생한다. O X

07 압류로 인하여 채무자는 원칙적으로 처분권을 제한받는 것이지 사용관리권은 제한받지 아니한다.

07 강제경매개시결정에 의하여 채무자는 부동산을 사용할 수 없다. O X

08 강제경매개시결정에 대한 이의는 매각대금 완납 시까지 가능하다.

08 강제경매개시결정에 대한 이의의 종기는 매각허가 결정의 확정 시까지이다. O X

09 경매신청의 취하 시에 매수신고 후 최고가 매수인 또는 차순위 매수신고인이 있을 때에는 그 자들의 동의가 있어야 취하가 가능하다(민사집행법 제93조 제2항).

09 경매신청 후의 취하는 매수인의 동의를 얻을 필요 없이 언제나 신청인의 단독으로 가능하다. O X

10 경매신청 취하의 효력은 취하에 의하여 당연히 발생되고 별도로 집행법원에 의한 경매절차의 취소결정을 요하지 아니한다.

10 경매신청의 취하는 집행법원의 경매취소결정이 있어야 효력이 발생한다. O X

06 X   07 X   08 X   09 X   10 X   정답

11 최저매각가격은 이해관계인의 합의에 의하여 변경할 수 있다. O X

11 최저매각가격은 법정매각조건 중 여러 사람의 이해에 관계되는 사항인바 당사자의 합의만으로 이를 변경할 수는 없다.

12 부동산의 매각은 호가경매, 기일입찰, 기간입찰의 방식 중 어느 하나에 의한다. O X

12 민사집행법 제103조 제2항. 다만 실무상 부동산에 대한 호가경매는 거의 없다.

13 매수신청 시 매수보증금은 매수가격의 1/10이다. O X

13 매수신청 시의 매수보증금은 최저매각가격의 1/10이다.

14 매각허가에 대한 이의는 경매절차에 참가한 사람이면 누구나 가능하다. O X

14 매각허가 결정에 대한 이의는 이해관계인이 자기의 권리에 관한 이유로만 제기할 수 있다.

15 매각의 허부에 관한 결정은 선고한 때에 고지의 효력이 생기고 확정되어야 효력을 발생한다. O X

15 민사집행규칙 제74조 및 민사집행법 제126조 제3항

16 배당받을 채권자란 배당요구의 종기까지 경매신청을 한 압류채권자, 배당요구의 종기까지 배당요구를 한 채권자, 첫 경매개시결정등기 전에 등기된 가압류채권자 등을 말한다. O X

16 민사집행법 제148조

17 집행력 있는 정본을 가진 채권자 역시 배당요구가 없어도 당연히 배당에 참여할 수 있다. O X

17 집행력 있는 정본을 가진 채권자는 별도의 집행신청 또는 배당요구를 하여야만 배당절차에 참여할 수 있다.

정답 11 × 12 ○ 13 × 14 × 15 ○ 16 ○ 17 ×

18	구법의 태도이다. 이 경우 급조된 가장채권자가 생기는 등의 폐단이 많아 현행법은 배당요구의 종기를 첫 매각기일 이전으로 하였다(민사집행법 제84조 제1항).	18	배당요구의 종기는 매수인의 매각대금 완납 시까지이다. O X
		19	배당기일에 출석한 이해관계인과 배당을 요구한 채권자 사이에 합의한 때에는 이에 따라 배당표를 작성한다. O X
19	민사집행법 제150조 제2항		
20	채무자는 배당기일에 출석하여 이의하거나 배당기일에 출석하지 아니하더라도 서면으로 이의를 할 수 있으나 채권자는 반드시 배당기일에 출석하여 이의를 진술해야 한다.	20	채무자는 배당기일에 출석해야만 배당표에 대한 이의를 할 수 있다. O X
		21	이의한 사람이 배당이의의 소의 첫 변론기일에 출석하지 아니한 때에는 취하간주된다. O X
21	민사집행법 제158조		
22	배당의 1순위는 집행비용이다.	22	배당의 1순위 채권은 소액임차보증금이다. O X
23	채권에 정지조건이 있거나 가압류채권자의 채권은 그 배당액을 공탁하여야 한다(민사집행법 제160조 제1항).	23	채권에 정지조건이 있거나 가압류채권자의 채권이라도 배당을 실시하여 배당금을 교부하여야 한다. O X
24	강제관리는 담보권실행을 위한 경매절차에서는 인정되지 아니한다.	24	강제관리는 임의경매절차에서도 가능하다. O X

18 X 19 O 20 X 21 O 22 X 23 X 24 X

CHAPTER 05 선박 등에 대한 강제집행

PART 5 민사집행

1 선박에 대한 집행 ☑기출

(1) 서 설

선박은 원래 동산에 속하지만 통상의 동산에 비하여 값이 비싸기 때문에 등기제도까지 구비하고 있다. 권리관계도 복잡하여 특별한 경우를 제외하고는 부동산의 강제경매에 관한 규정을 준용하게 하고 있다(민사집행법 제172조). 그 강제집행은 강제경매의 방법에만 의하고 항공기, 건설기계, 자동차 역시 부동산에 준하여 그에 따르게 하고 있다.

(2) 대 상

선박집행의 대상은 등기할 수 있는 선박으로 총 톤수 20톤 이상의 기선과 범선 및 총 톤수 100톤 이상의 부선이다. 20톤 미만의 선박은 유체동산의 집행방법에 의한다. 나아가 선박지분에 대한 집행은 그 밖의 재산권에 관한 강제집행절차에 의한다.

(3) 관할법원

선박에 관한 강제집행의 집행법원은 압류 당시에 그 선박이 있는 곳의 지방법원으로 한다(민사집행법 제173조). 관할구역 내에 선박이 없을 때에는 압류는 집행이의신청으로 취소해야 하며 압류된 선박이 떠난 때에는 집행법원은 선박이 떠난 곳을 관할하는 지방법원으로 사건을 이송할 수 있다.

(4) 선박의 집행신청

① 선박경매 신청 시에는 부동산 경매신청 시의 기재사항 외에 선박의 정박항 및 선장의 이름과 현재지를 적어야 하며 선박등기부 등본도 제출하여야 한다. 항해의 준비를 완료한 선박과 그 속구는 압류하지 못하는 것이 원칙이나 항해를 준비하기 위하여 생긴 채무는 그러하지 아니하다(상법 제744조 제1항).
② 선박의 억류를 위해서 선박집행신청 전에 선박국적증서 등을 받지 아니하면 집행이 매우 곤란할 염려가 있는 때에는 선적이 있는 곳을 관할하는 지방법원은 우선 선박국적증서 등을 집행관에게 인도하도록 명할 수 있다. 이 경우 5일 이내에 선박집행을 신청하였음을 증명하는 서류를 제출하지 못하면 선박국적증서 등을 되돌려 주어야 한다.

(5) 압 류

선박압류는 목적선박의 처분금지에 그치지 아니하고 억류처분이 뒤따르는바 압류와 동시에 정박명령을 한다(민사집행법 제176조 제1항). 또 집행법원은 직권으로 집행관에게 선박국적증서 등을 선장으로부터 받아 법원에 제출하도록 명하여야 한다. 경매개시결정이 송달 또는 등기되기 전에 집행관이 선박국적증서 등을 받은 경우에는 그때에 압류의 효력이 생긴다(민사집행법 제174조 제2항).

(6) 압류선박의 감수와 해금

① 감수와 보전처분

집행법원은 선박국적증서 등을 받아두어 압류선박을 억류할 수도 있지만 채무자의 선박점유를 박탈하기 위하여 채권자의 신청에 의해 선박을 감수, 보존하기 위하여 필요한 처분을 할 수도 있다.

② 운행허가

집행법원은 영업상의 필요 그 밖에 상당한 이유가 인정되면 선박의 운행허가를 할 수 있는데 이는 채무자의 신청에 의한다. 이 경우에는 채권자, 최고가 매수인, 차순위 매수인 등의 동의를 받아야 한다.

(7) 현금화와 배당

현금화와 배당도 부동산 강제경매에 준하여 하게 되어 있지만 다음과 같은 특색이 있다.

① 매각기일의 공고에 선박의 표시와 정박지를 적어야 한다.
② 절차의 신속성을 위하여 배당요구의 종기까지의 기간을 부동산 경매보다 단축시켜야 한다.
③ 배당절차에서는 선박우선특권이 법정우선변제청구권으로 존중되어 먼저 차지하게 된다(상법 제777조).

2 항공기, 자동차, 건설기계에 대한 집행

(1) 항공기에 대한 집행

항공기에 대한 강제집행은 매각물건 명세서와 현황조사보고서를 작성하지 않고 매각절차가 행하여지는 점을 제외하고 위에서 본 선박집행의 예에 의한다.

(2) 자동차에 대한 집행 ☑ 기출

자동차에 대한 강제집행은 원칙적으로 부동산집행의 방법에 의한다(민사집행규칙 제108조). 이하에서는 특칙적인 내용에 관해서만 보기로 한다.

① 자동차의 공유지분에 대한 강제집행은 그 밖의 재산권에 관한 강제집행의 예에 의한다(민사집행규칙 제129조).
② 강제경매개시결정을 할 때에는 채무자에 대하여 집행관에게 자동차를 인도할 것을 명하여야 한다.
③ 절차의 간이신속을 위하여 입찰 또는 호가경매를 행하지 아니하고 집행관에게 그 이외의 방법으로 자동차의 매각을 실시할 것을 명할 수 있다.
④ 양도명령에 따라 압류채권자에게 직접 자동차의 매각을 실시할 수 있다. 최저매각가격의 산정 시 감정인의 감정에 의하지 아니하고 거래소의 시세를 기준으로 정할 수 있다.
⑤ 집행관이 그 관할구역 내에서 점유하기 전에는 집행관에게 매각을 실시하게 할 수 없다.
⑥ 강제경매개시결정이 있은 날로부터 2월이 지나기까지 집행관이 자동차를 인도받지 못한 때에는 법원은 집행절차를 취소하여야 한다.

(3) 건설기계에 대한 집행

건설기계에 대한 강제집행은 자동차에 관한 것을 전면 준용한다(민사집행규칙 제130조).

CHAPTER 05 OX 마무리

PART 5 민사집행

01 모든 선박은 선박에 대한 강제집행의 대상이 된다. O X

01 등기할 수 있는 선박만이 강제집행의 대상이 된다(민사집행법 제172조).

02 선박집행의 관할법원은 채무자의 주소지관할 지방법원이다. O X

02 압류 당시 그 선박이 있는 곳을 관할하는 지방법원이다(민사집행법 제173조).

03 압류 당시 관할구역 내에 선박이 없는 것이 판명된 때에는 강제집행절차를 잠정적으로 정지하여야 한다. O X

03 이 경우에는 집행절차를 취소하여야 한다.

04 선박집행의 절차를 행하는 동안 선박이 압류 장소에 머무르게 하는 정박명령을 하여야 한다. O X

04 민사집행법 제176조 제1항. 이는 집행의 실효성 보장을 위한 취지이다.

05 법원은 필요한 경우 선박의 운행을 허가할 수 있고 이때에는 채권자 등의 동의를 받아야 한다. O X

05 민사집행법 제176조 제2항 후단

06 자동차강제집행의 집행법원은 원칙적으로 자동차의 소재지이다. O X

06 자동차강제집행의 집행법원은 원칙적으로 자동차 등록원부에 기재된 사용본거지를 관할하는 지방법원이다.

정답 01 × 02 × 03 × 04 ○ 05 ○ 06 ×

CHAPTER **06** PART 5 민사집행

동산에 대한 강제집행과 채권 및 그 밖의 재산권에 대한 강제집행

1 서 설

(1) 민사집행법의 규정 형식
민사집행법은 제2편 제2장 제4절에서 유체동산, 채권과 그 밖의 재산권에 대한 강제집행을 한데 묶어 규정하고 있다. 즉, 동산에 대한 강제집행에 적용될 통칙적인 규정으로 제188조에서 집행방법과 압류의 범위에 대해 규정하고 제2관과 제3관에서 유체동산에 대한 강제집행 및 채권과 그 밖의 재산권에 대한 강제집행을 규정하고 있는바 이하에서는 법전의 순서에 따라 설명하기로 한다.

(2) 집행의 방법
동산에 대한 강제집행은 압류의 방법으로 한다. 유체동산에 대한 압류는 집행관이 채무자의 주거에 직접 출동하여 유체동산에 대한 점유를 사실적으로 확보하는 집행방법이다. 이에 비하여 채권이나 그 밖의 재산권에 대한 압류는 집행법원의 압류명령이라는 관념적인 처분으로 하고 추심명령, 전부명령 등 별도의 현금화 방법을 거쳐서 배당을 실시한다. 유체동산의 집행절차는 사실적인 처분이 주를 이루므로 집행관이 집행기관이 되는 데 비하여 채권이나 그 밖의 재산권에 대한 집행절차는 관념적인 처분이 주가 되므로 집행법원이 집행기관이 된다.

(3) 압류의 제한
① 초과압류의 제한
압류는 집행력 있는 정본에 적은 청구금액의 변제와 집행비용의 변상에 필요한 한도 내에서 해야 한다(민사집행법 제188조 제2항). 따라서 채권액과 집행비용을 감안하여 강제집행하기에 적당한 재산이 있음에도 불구하고 그보다 훨씬 고가의 재산에 대하여 압류를 신청하면 허용되지 아니한다.

② 무잉여 압류의 금지
압류물을 현금화하여도 집행비용 외에 남을 것이 없을 때에는 집행하지 못하고(민사집행법 제188조 제3항) 압류를 취소하여야 한다(민사집행규칙 제140조 제2항). 이 경우 무잉여의 판단은 집행관이 한다.

2 유체동산에 대한 강제집행

(1) 의의 및 장점
① 유체동산 강제집행은 채무자소유 또는 채무자와 그 배우자의 공동소유의 동산을 집행관이 압류한 후 점유를 직접 취득하거나 채무자에게 보관을 명하고, 일정기간 경과 후 이를 경매에 붙여 그 대금을 채권자에게 지급하는 방식의 강제집행절차를 말한다.

② 이 방식의 강제집행은 그 절차가 모두 채무자의 면전에서 행하여지므로 채무자에 심리적 강제를 가하여 채무자의 임의변제가 유도될 수 있고 유체동산의 공동소유자인 배우자의 대위변제 가능성이 높다는 점에 그 장점이 있다.

(2) 대상(민사집행법 제189조 제2항)

① 등기할 수 없는 토지의 정착물로서 독립하여 거래의 객체가 될 수 있는 것(제1호)
정원수, 미등기 입목 등이 그 예이다.

② 토지에서 분리하기 전의 과실로서 1월 이내에 수확할 수 있는 것(제2호)
여기서의 과실은 천연과실을 의미하지만 반드시 민법상의 그것과 범위가 일치하는 것은 아니다.

③ 유가증권으로서 배서가 금지되지 아니한 것(제3호)
어음·수표, 화물상환증, 상품권 등이 이에 해당한다. 유가증권이 배서가 금지된 것일 때에는 법원의 압류명령으로 집행관이 그 증권을 점유하여야 한다. 이러한 유가증권은 채권 그 밖의 재산권에 대한 집행의 대상이며 유체동산 집행의 대상이 아니다.

④ 부부공유의 유체동산
채무자와 그 배우자의 공유로서 채무자가 점유하거나 그 배우자와 공동으로 점유하고 있는 유체동산은 채무자에 대한 집행권원으로 압류할 수 있다(민사집행법 제190조).

(3) 압류절차

① 압류의 신청
유체동산의 압류는 유체동산 있는 곳의 집행관에게 신청해야 하고 반드시 서면으로 해야 한다. 채권자는 집행권원 정본과 집행문송달증명 등을 가지고 강제집행의 신청을 집행관에게 위임한다. 압류를 신청하는 채권자는 집행장소만 지정하면 되고 압류물까지 특정할 필요는 없다. 이는 집행관의 재량에 의해 결정된다.

② 압류의 방법
㉠ 집행관에 의한 목적물의 점유
압류는 원칙적으로 집행관이 유체동산을 점유함으로써 한다(민사집행법 제189조 제1항). 다만 실무상 직접 점유는 드물고 압류물이 있는 장소에 그 압류물에 압류물임을 표시하는 표식을 붙이는 것으로 한다. 채권자가 유치권이나 질권 등에 따라 채무자의 물건을 점유하고 있는 경우에는 채권자가 그 물건을 집행관에게 제출하여 압류를 신청할 수 있다(민사집행법 제191조). 또한 제삼자가 점유하고 있는 물건은 그 제삼자가 제출을 거부하지 아니하는 경우에 한하여 압류할 수 있다. 집행관에게는 실체적 법률관계를 심리할 권한이 없기 때문이다.

㉡ 압류물의 보관
압류물은 원칙적으로 집행관이 보관하여야 한다. 그러나 채권자의 승낙이 있거나 운반이 곤란할 때에는 봉인, 그 밖의 방법으로 채무자에게 보관시킬 수 있다(민사집행법 제189조 제1항). 채권자의 승낙은 묵시적이어도 무방하다. 민사집행법은 채무자에게 보관시키는 경우만을 규정하고 있으나 집행관이 상당하다고 인정하는 경우에는 채권자나 제삼자에게 보관시킬 수도 있다.

ⓒ 압류의 제한과 금지
ⓐ 국고금의 압류
국가에 대한 강제집행은 국고금을 압류함으로써 한다(민사집행법 제192조). 따라서 국가에 대한 강제집행이 유체동산에 관한 집행이라 하더라도 오직 국고금에 한하여 집행을 하여야 한다.
ⓑ 압류금지물
채무자에게 속한 유체동산이라 하더라도 인도적인 차원에서 채무자나 그 가족의 최저생활의 보장을 위해서 압류할 수 없는 물건을 민사집행법 제195조와 그 밖의 법령에서 정해놓고 있다.
ⓒ 압류금지물의 범위변경
압류금지물의 법정범위는 집행기관이 자의적으로 확대, 축소할 수 없다. 다만 법원은 당사자가 신청하면 채권자와 채무자의 생활형편, 그 밖의 사정을 고려하여 유체동산의 전부 또는 일부에 대한 압류를 취소하도록 명하거나 유체동산을 압류하도록 명할 수 있다. 이 잠정처분에 대해서는 불복할 수 없다(민사집행법 제196조).

③ 압류의 효력
㉠ 처분금지효
압류가 되면 채무자는 압류된 재산에 대한 처분권을 상실하게 되고 이에 위반한 처분행위의 효력은 무효이나 이는 상대적무효에 그친다. 당해 압류의 효력은 압류물에서 생기는 천연물에도 미친다(민사집행법 제194조).
㉡ 사용가능여부
압류로 채무자가 처분권을 상실하지만 유체동산의 경우 채무자가 압류물을 보관하는 경우 압류의 표시를 훼손하지 아니하고 사용하는 것은 무방하다고 본다.

(4) 매각절차 ☑기출
① 압류금전의 인도
금전을 압류한 경우에는 현금화할 필요가 없으므로 집행관은 압류한 금전을 채권자에게 인도하여야 한다(민사집행법 제201조 제1항). 그러나 이는 집행채권자가 1인이거나 또는 수인이라 하더라도 채권자전부를 만족시킬 수 있거나 배당협의가 성립된 경우에 한하며 그렇지 아니한 경우에는 금전을 공탁하여야 한다(민사집행법 제222조). 집행관이 금전을 추심한 때에는 채무자가 채권자에게 금전을 지급한 것으로 본다(민사집행법 제201조 제2항). 여기서의 추심은 집행관이 금전을 압류하여 점유하는 것을 의미한다.
② 금전이 아닌 압류물의 매각절차 일반
유체동산의 매각방법은 기일입찰, 호가경매, 적당한 방법에 의한 매각, 특별한 현금화 명령이 있는 경우로 규정되어 있다. 다만 민사집행법은 유체동산의 특성을 고려하여 호가경매를 원칙으로 하고 있다. 또한 유체동산에서는 간이하고 신속한 처분의 성질상 기간입찰제도는 취하지 않고 기일입찰제도만을 채택하고 있다.

③ 매각의 준비
　㉠ 매각기일과 매각장소의 지정
　　집행관은 유체동산을 매각하는 때에는 매각기일의 일시와 장소를 정해야 한다. 이 경우 매각기일은 특별한 사정이 없는 한 압류일로부터 1월 안의 날로 정해야 하고 매각기일과 압류일 사이에는 1주 이상의 기간을 두어야 한다. 다만 압류물의 보관에 많은 비용이 소요되거나 시일이 지나면 물건의 값이 하락할 염려가 있는 때에는 그러하지 아니하다(민사집행법 제202조). 매각장소는 압류한 유체동산이 있는 시·군·구·읍·면이다. 다만 압류채권자와 채무자가 합의하면 합의한 장소에서 진행한다.
　㉡ 값비싼 물건의 평가
　　매각할 물건 가운데 값이 비싼 물건이 있는 때에는 집행관은 적당한 감정인에게 이를 평가하게 하여야 한다(민사집행법 제200조). 감정인의 평가액은 법원의 특별한 현금화 명령에 의한 절차가 아닌 일반 현금화 절차에서는 단지 참고자료일 뿐이므로 지나치게 낮은 가격으로 매각하였다는 등의 특별한 사정이 없는 한 감정액에 달하지 아니하더라도 위법이 아니다.

④ 매각의 실시
　㉠ 원 칙
　　ⓐ 집행관은 입찰 또는 호가경매의 방법으로 압류물의 매각을 실시하여야 한다(민사집행법 제199조). 유체동산을 호가경매로 매각할 때에는 금·은붙이와 시장가격이 형성되어 있는 유가증권 등에 대한 것과 같은 경우를 제외하고는 최저매각가격을 정하지 아니한다. 호가경매에 있어서 경매신청은 그보다 더 높은 가격이 있으면 당연히 효력을 상실한다.
　　ⓑ 매각물은 대금과 서로 맞바꾸어 인도한다(민사집행법 제205조 제2항). 매수인이 이를 게을리한 때에는 재매각을 하여야 한다.
　　ⓒ 매각은 매각대금으로 채권자에게 변제하고 강제집행비용을 지급하기에 충분하게 되면 즉시 중지하여야 한다. 다만 일괄매각의 경우에는 예외이다(민사집행법 제207조). 이때 만약 압류물이 남아 있으면 이에 대하여는 압류를 취소하고 채무자나 이를 제출한 사람에게 돌려주어야 한다.
　㉡ 일괄매각
　　집행관은 여러 개의 유체동산의 형태, 이용관계 등을 고려하여 일괄매수하는 것이 알맞다고 인정하는 때에는 직권으로 또는 이해관계인의 신청에 의하여 일괄매각할 수 있다(민사집행법 제197조 제1항).
　㉢ 배우자의 우선매수권
　　부부공유 유체동산을 압류하여 이를 매각하는 경우에 배우자는 매각기일에 출석하여 우선매수할 것을 신고할 수 있다. 이때 우선 매수신고에는 부동산공유지분 매각에 있어서 공유자의 우선매수권에 관한 규정을 준용한다(민사집행법 제206조).

⑤ 법원의 명령에 의한 특별현금화
　법원은 필요하다고 인정하면 직권으로 또는 압류채권자, 배당을 요구한 채권자 또는 채무자의 신청에 따라 일반 현금화의 규정에 의하지 아니하고 다른 방법이나 다른 장소에서 압류물을 매각할 수 있다. 또한 집행관에게 위임하지 아니하고 다른 사람으로 하여금 매각하게 하도록 명할 수 있다. 법원의 이 결정에 대하여는 불복할 수 없다(민사집행법 제214조).

(5) 배당절차

① 원 칙

매각대금으로 모든 채권자를 만족시킬 수 있다든지 채권자 사이에 협의가 성립한 경우에는 집행관이 배당절차를 주도한다.

② 예 외

다만 채권자 모두를 만족시키지 못한다든지 채권자 간 협의가 성립되지 아니한 때에는 법원이 배당절차를 진행한다.

③ 배당요구

㉠ 배당요구채권자

민법, 상법, 그 밖의 법률의 규정에 의하여 우선변제청구권이 있는 채권자는 매각대금의 배당을 요구할 수 있다(민사집행법 제217조). 따라서 우선변제권 없는 일반 채권자는 집행력 있는 정본의 유무를 불문하고 배당요구를 할 수 없다. 다만 집행력 있는 정본을 가진 채권자는 이중압류를 함으로써 배당절차에 참가할 수 있다.

㉡ 배당요구의 방식과 절차

ⓐ 배당요구의 시기

배당요구를 할 수 있는 시기는 집행관이 금전을 압류한 때 또는 매각대금을 영수한 때, 집행관이 어음·수표, 그 밖의 금전의 지급을 목적으로 한 유가증권에 대하여 그 금전을 지급받은 때 등으로 그 시기를 제한하고 있다.

ⓑ 배당요구의 방식

배당요구는 이유를 밝혀 집행관에게 하여야 한다(민사집행법 제218조).

④ 배우자의 배당요구

부부공유 유체동산을 압류한 경우에 그 배우자는 그 목적물에 대한 우선매수권을 행사하거나 자기 공유지분에 대한 매각대금을 지급하여 줄 것을 요구할 수 있다(민사집행법 제221조 제1항). 이 지급요구는 자기 소유물의 매각대금의 반환을 구하는 것으로 배당요구와 그 성질을 달리하는 것이나 지급요구의 방식과 절차 및 시적한계에 관하여는 배당요구에 관한 규정을 준용한다(민사집행법 제221조 제2항).

(6) 배당(변제) 실시

① 전액변제가 가능한 경우

매각대금으로 배당에 참가한 모든 채권자를 만족시킬 수 있으면 집행관은 채권자들에게 변제금을 교부하고 나머지가 있으면 채무자에게 교부함으로써 배당절차는 종결된다.

② 채권자들 간의 배당협의가 성립된 경우

매각대금으로 채권자 모두를 만족시킬 수 없더라도 채권자들 사이에 협의가 성립된 경우에는 협의의 내용에 따라 집행관이 배당금을 교부함으로써 배당절차는 종료된다. 이 협의는 매각이 허가된 날부터 2주 내에 이루어져야 하며 이를 유도하기 위하여 집행관은 대금지급일로부터 2주 내에 배당협의 기일을 정하여 채권자에게 통지하여야 한다(민사집행규칙 제155조 제2항).

③ 배 당

매각대금으로 배당에 참가한 채권자 모두를 만족시킬 수 없고 채권자들 간 협의가 이루어지지 아니한 때에는 매각대금을 공탁하고 집행관은 이를 법원에 신고하여야 하고 이때부터 배당은 법원이 실시한다(민사집행법 제222조).

3 채권 및 그 밖의 재산권에 대한 집행

(1) 서 설

① 의 의

채권에 대한 집행은 크게 ㉠ 금전채권에 대한 집행과 ㉡ 유가증권 그 밖의 유체물의 권리이전, 인도청구권에 대한 집행으로 나누어지며 ㉢ 그 밖의 재산권에 대한 집행은 부동산, 유체동산, 채권 이외의 재산권에 대한 강제집행을 뜻하는데 이를 합하여 보통 채권집행이라 약칭한다.

② 채권집행의 대상적격

㉠ 채권자의 금전적 만족의 수단이 될 성질의 것이어야 하는 바 독립한 재산적 가치를 가져야 하고 집행채무자에 속하는 권리이어야 한다.

㉡ 법률상 압류금지되지 아니하는 채권이어야 하고 성질상 양도금지 또는 제삼자가 대신 행사할 수 없는 권리가 아니어야 한다.

㉢ 우리나라의 재판권에 복종을 받는 집행채무자에 속하는 권리이어야 한다.

③ 집행기관

채권집행은 집행법원이 집행기관이 되며 법원의 압류명령에 의하여 절차가 개시된다(민사집행법 제223조).

(2) 금전채권에 대한 집행 ☑ 기출

① 압류절차

㉠ 압류명령의 신청방식

금전채권에 대한 압류명령의 신청은 채권자의 서면에 의한다(민사집행법 제4조). 압류명령신청은 현금화를 위한 추심명령이나 전부명령과 병합하여 신청하는 것이 보통이다. 신청서에는 채권자, 채무자, 제삼채무자 및 집행권원을 표시하는 외에 압류할 채권의 특정을 위하여 압류할 채권의 종류와 액수를 밝혀야 한다(민사집행법 제225조).

㉡ 압류의 대상적격

금전채권이면 내·외화 채권을 불문하며 기한미도래의 채권이나 조건부채권과 같은 장래의 채권도 기초관계가 성립되어 있으면 대상적격이 있다.

㉢ 압류명령

신청의 방식이 적법하고 대상적격 있는 경우 사법보좌관은 압류명령을 발령한다. 피압류채권이 실제로 존재하는지, 채무자에게 채권이 귀속되는지 여부는 심사하지 아니하며 제삼채무자를 심문하지 아니한다(민사집행법 제226조). 압류명령이나 압류신청을 기각·각하하는 재판에 관해서는 즉시항고할 수 있다(민사집행법 제227조 제4항).

ⓔ 송달

압류명령은 그 즉시 채무자와 제삼채무자에게 송달되어야 하고 제삼채무자에게 송달된 때에 압류의 효력이 생긴다(민사집행법 제227조 제2항 및 제3항). 즉, 압류의 공시방법에 있어서 부동산은 압류등기이고 채권은 제삼채무자에 대한 송달이다. 다만 저당권부채권의 압류에는 피담보채권의 압류 사실을 등기부에 기재할 것을 신청할 수 있고 압류의 효력은 제삼채무자에게 송달된 때에 발생한다.

ⓜ 제삼채무자의 진술의무

압류채권자는 제삼채무자로 하여금 압류명령을 송달받은 날로부터 1주 이내에 서면으로 민사집행법 제237조(제삼채무자의 진술의무) 제1항의 사항을 진술하게 하도록 법원에 신청할 수 있다. 이는 압류채권자로 하여금 당해 압류채권의 집행으로 만족을 얻을 수 있을 것인지에 대한 판단자료를 얻도록 하기 위함이다.

ⓑ 압류의 효력

ⓐ 채무자에 대한 효력

처분과 영수가 금지된다(민사집행법 제227조 제1항). 따라서 채무자는 제삼채무자로부터 변제를 받을 권한이 없게 되고 또한 양도나 면제를 시킬 수 없다.

ⓑ 제삼채무자에 대한 효력

제삼채무자는 채무자에 대한 지급이 금지된다(민사집행법 제227조 제1항). 따라서 압류명령을 송달받은 뒤에는 채무자에 대해 변제하여도 채무는 소멸되지 않으며 이중변제의 위험을 안게 된다.

② 현금화 절차의 개설

금전채권의 압류만으로 압류채권자의 집행채권에 만족을 줄 수 없으므로 압류채권자는 자기채권의 만족을 위해 압류한 금전채권을 현금화할 필요가 있다. 현금화의 원칙적인 절차는 추심명령과 전부명령이나(민사집행법 제229조) 추심하기 곤란한 예외적인 사유가 있는 경우에는 특별현금화 방법에 따르는바 이에는 양도명령, 매각명령, 관리명령, 그 밖의 방법 등에 의한다(민사집행법 제241조 제1항). 추심명령과 전부명령을 동시에 신청할 수 없으나 압류된 채권일부에 대해서는 추심명령을 나머지 일부에 대해서는 전부명령을 신청할 수 있고 주위적으로 전부명령, 예비적으로 추심명령을 신청하는 것도 가능하다.

③ 추심명령

㉠ 의 의

추심명령은 압류채권자에게 직접 추심할 수 있는 권능을 부여하는 집행법원의 명령이다. 원래 채권자는 채권자대위권에 기하여 채무자의 권리를 행사할 수 있지만 추심명령에 의하여 대위절차를 밟지 않고 바로 피압류채권의 지급을 받을 수 있게 된다(민사집행법 제229조 제2항). 추심명령은 금전채권 뿐 아니라 비금전채권에 대하여도 인정되고 권면액이 없는 금전채권에 대해서도 인정된다(이 점은 전부명령과 다르다). 나아가 압류나 가압류가 경합되거나 배당요구가 있는 등 채권자가 경합한 때에도 인정된다.

㉡ 신청 및 심리

추심명령은 압류채권자의 서면신청에 의하여 발령한다. 그 신청은 압류와 동시에 또는 사후에 신청할 수도 있다. 집행법원은 신청에 대하여 관할권의 유무, 신청의 적격유무, 강제집행 개시요건의 구비여부 등을 심리하여 결정한다.

ⓒ 추심명령의 효과
  ⓐ 채권자의 지위
    추심명령을 받은 채권자는 채무자에 갈음하여 추심을 위한 일체의 권한을 자기의 이름으로 행사할 수 있다. 또한 경합하는 다른 채권자가 없으면 추심을 받고 추심신고를 한 때에 피압류채권은 소멸된다. 그러나 경합하는 다른 채권자가 집행에 참가한 때에는 추심한 금액을 공탁한 후에 배당을 받아야 한다. 또한 채권자는 추심명령에 의하여 추심의무도 부담하게 된다. 따라서 이를 게을리하면 손해배상의무가 생기고(민사집행법 제239조) 다른 배당요구채권자에게 추심할 최고를 받게 되기도 한다(민사집행법 제250조).
  ⓑ 채무자의 지위 ☑기출
    추심명령이 발령되면 채무자는 피압류채권에 대한 당사자적격을 잃게 된다. 다만 그 채권에 대한 위험부담은 여전히 채무자가 부담한다. 따라서 제삼채무자가 무자력인 경우에 집행채권자는 채무자의 다른 재산에 다시 집행할 수 있다.
  ⓒ 제삼채무자의 지위
    제삼채무자는 추심명령의 발령전후를 불문하고 그 지위가 종전에 비하여 불리해지지 아니한다. 따라서 채무자에 대한 항변으로 집행채권자에게 대항할 수 있다. 또한 추심명령이 경합된 경우에 제삼채무자는 그중 한 사람에게 변제해도 모든 채권자에게 효력이 미친다.

④ 전부명령 ☑기출
  ㉠ 의 의
    전부명령은 압류된 금전채권을 집행채권의 변제에 갈음하여 그 권면액으로 압류채권자에게 이전시키는 집행법원의 명령이다. 제삼채무자의 자력이 충분한 경우에는 다른 채권자를 배제하고 우선변제를 받을 수 있으므로 채권자평등주의에 대한 예외라 할 수 있다. 또한 채권의 평가, 현금화, 지급 등의 절차를 생략하고 전부명령이 제삼채무자에게 송달되면 채권변제의 효력이 생기게 되는 데에 특징이 있다(민사집행법 제231조).
  ㉡ 요 건
    ⓐ 압류된 금전채권이 권면액을 가지고 있을 것
      권면액이란 표시된 대로의 일정액을 말하고 채권의 실가를 말하는 것이 아니다. 따라서 금전채권이 아닌 채권은 전부명령의 대상이 되지 아니한다(민사집행법 제245조). 장래채권이 전부명령의 객체가 되는지와 관련하여 판례는 장래의 채권이라도 채권발생의 기초가 확정되어 있어 특정이 가능하고 가까운 장래에 채권발생의 고도의 개연성이 있는 경우에는 그 대상이 될 수 있다고 전제한 후 임대차보증금반환채권도 그 대상이 된다.
    ⓑ 양도성이 있을 것
      법률상 양도가 금지된 부양료청구권 등에 대해서는 전부명령을 발할 수 없다.
    ⓒ 압류의 경합 또는 배당요구가 없을 것 ☑기출
      전부명령은 채권자 1인에게 독점적 만족을 주는바 전부명령이 제삼채무자에게 송달될 때까지 그 채권에 관하여 다른 채권자가 압류·가압류 또는 배당요구를 한 때에는 전부명령은 무효이다(민사집행법 제229조 제5항).

ⓒ 전부명령의 송달

　　전부명령은 제삼채무자에게 송달되어야 하고 확정되어야 효력이 발생한다(민사집행법 제229조 제7항). 전부명령에 대해서는 제삼채무자뿐 아니라 채무자에게도 즉시항고권이 인정되므로 제삼채무자와 채무자 양자에게 모두 송달해야 한다.

ⓓ 전부명령의 효력

　ⓐ 소급효

　　전부명령의 기본적인 효력은 피전부채권의 권리 이전의 효과와 그로 인한 변제의 효과이다. 다만 이러한 효력은 전부명령의 확정 시, 즉 즉시항고가 제기되지 아니한 경우에는 즉시항고의 제기기간인 1주일 도과 시, 즉시항고가 제기된 경우에는 그 기각 또는 각하 결정이 확정된 때에 발생하지만(민사집행법 제229조 제7항) 확정에 의한 효력발생의 시기는 제삼채무자에게 송달된 때로 소급한다(민사집행법 제231조). 따라서 전부명령이 제삼채무자에게 송달될 때까지 그 금전채권에 관하여 압류 등이 경합하였다면 전부명령은 실효되나 압류의 경합이 전부명령의 송달 뒤에 발생했다면 비록 그 전부명령이 확정되기 전이었다 하더라도 이는 전부명령이 효력에 영향을 미치지 아니한다(민사집행법 제229조 제5항).

　ⓑ 피전부채권의 이전

　　전부명령에 의하여 피전부채권은 동일성을 유지한 채로 전부채권자에게 이전한다. 동일성을 유지하는바 이자채권, 보증채권 등도 존속한 채 이전된다.

　ⓒ 집행채권의 소멸

　　전부명령에 의하여 채무자는 피전부채권이 존재하는 한 권면액 상당의 집행채권은 집행채권자에게 변제된 것으로 보아 전부명령이 제삼채무자에게 송달된 때로 소급하여 소멸한다(민사집행법 제231조). 따라서 전부명령 발령 당시에 피전부채권이 부존재했다든가, 불성립했다는 등의 특별한 사정이 없는 한 제삼채무자의 무자력 등의 사유로 채권자가 변제받지 못했다 하더라도 그 변제의 효력에는 영향이 없다.

　ⓓ 제삼채무자에 대한 효력

　　제삼채무자는 피전부채권이 존재하는 한 종전의 채권자인 집행채무자에 대하여 부담하고 있던 채무를 채권자에게 부담하게 되며 채권자에게 이를 그대로 이행하면 된다. 따라서 제삼채무자는 전부명령의 송달 전에 생긴 사유로 인하여 채권자에게 대항할 수 있다.

ⓔ 저당권 있는 채권의 전부와 이전등기

　　저당권 있는 채권에 대하여 전부명령을 얻은 때에는 저당권이 압류채권자에게로 이전되므로 압류채권자가 저당권자로서 저당권을 실행할 수 있다. 저당권 있는 채권에 관하여 전부명령이 확정된 경우에는 민사집행법 제228조가 준용되므로 전부채권자의 신청에 의하여 법원사무관 등은 저당권이전등기를 촉탁하여야 한다(민사집행규칙 제167조).

ⓗ 추심명령과 전부명령의 비교 ☑기출

구 분	추심명령	전부명령
집행의 대상	금전 이외의 유체물의 인도나 권리 이전의 청구권도 가능	금전채권에 한함
효력의 범위	제한이 없으며 추심명령의 효력은 압류채권의 전부에 미침	압류채권자의 채권액 및 집행비용
압류채권에 대하여 선행(가)압류, 배당요구가 있을 때	추심명령 가능	전부명령 불능
채권의 이전여부	이전효 없음	이전됨
무자력의 위험부담 여부	추심권의 포기가 가능하고 채무자 다른 재산의 집행도 가능하며 집행채권 자체도 전액 회수 시까지는 소멸하지 않음	전부금액의 범위 내에서 채무자의 채무가 소멸되는바 그 이후 위험은 전부채권자가 부담
배당요구의 가부 및 시기	집행법원에 추심신고 전까지는 배당요구 가능	명령의 송달과 동시에 다른 채권자의 배당요구 불가
채권자의 추심의무 부담여부	채권자가 추심권의 행사를 게을리한 때에는 이로 인한 채무자의 손해를 부담해야 하고 일정한 경우에는 법원의 허가를 얻어 배당요구채권자가 직접 추심 가능	전부채권자는 완전한 채권자의 지위를 취득하게 되므로 추심소홀에 대한 책임을 부담하지 아니함
집행채권의 소멸시기	배당 또는 현실로 만족을 얻었을 때	전부명령의 효력발생 시
배당요구	추심신고 전까지는 배당요구가 허용되며 이 경우 안분배당	제삼자의 배당요구가 허용되지 아니하며 채권의 독점적 만족을 얻게 됨
신고의무	채권자가 채권을 추심한 때에는 그 사유를 법원에 신고해야 함	신고의무 없음
공탁의무	추심신고 전에 다른 (가)압류 또는 배당요구 있는 때에는 채권자가 추심한 금액을 공탁하고 법원에 그 사유를 신고해야 함	공탁의무 없음

⑤ 특별현금화명령

압류한 채권의 현금화의 원칙적인 절차는 추심명령과 전부명령이나(민사집행법 제229조) 추심하기 곤란한 예외적인 사유(조건부 또는 기한부채권, 반대의무의 이행과 관련된 경우 등)가 있는 경우에는 특별현금화방법에 따르는바 이에는 양도명령, 매각명령, 관리명령, 그 밖의 방법(수의 매각하는 방법 또는 전문가에 매각 의뢰하는 방법 등)에 의한다(민사집행법 제241조 제1항).

특별현금화명령은 예외적인 방법이고 당사들의 이해관계에 중요한 영향을 미치므로 신중하게 결정해야 하고 이를 위해서 법원은 특별현금화 신청을 허가하는 결정을 하기 전에 채무자를 심문하여야 한다. 다만 채무자가 외국에 있거나 있는 곳이 분명하지 아니한 때에는 그러하지 아니하다. 특별현금화명령신청에 대하여 이를 인용하는 결정이든 기각하는 결정이든 관계없이 즉시항고가 가능하고 확정되어야 효력이 생긴다(민사집행법 제241조).

4 유체물인도청구권 등에 대한 집행

(1) 서 설

① 절차의 개관

채무자가 제삼채무자에 대하여 유체물인도청구권이나 권리이전청구권을 가지고 있고 채권자가 이를 강제집행의 대상으로 삼기 위해서는 1단계로 채권집행의 방법으로 이들 권리에 대하여 압류명령을 받고 2단계로 그 물건의 내용에 따라 유체동산의 집행방법에 따라 이를 현금화하고 배당한다. 즉, 압류는 채권집행처럼 하고 현금화와 배당은 유체물집행처럼 하는 것이다.

② 관할 및 금전채권 집행의 규정 준용

유체물인도청구권의 집행은 그 물건이 있는 곳의 지방법원이 전속관할이 된다(민사집행법 제224조 제2항 단서). 유체물인도청구권의 강제집행에는 특별한 경우를 제외하고는 금전채권 집행에 관한 규정이 준용된다(민사집행법 제242조).

(2) 유체동산인도청구권에 대한 집행

① 압류명령과 인도명령

압류명령은 제삼채무자에게 채무자에 대한 인도를 금지하고 채무자에 대하여 그 청구권의 처분과 수령을 금지하면서 특히 제삼채무자에 대하여 그 동산을 채권자의 위임을 받은 집행관에게 인도하도록 명한다(민사집행법 제243조 제1항). 이 인도명령은 유체동산의 현금화를 위한 사전적 조치이다.

② 현금화

㉠ 추심절차

인도청구권에 대하여 압류 및 인도명령이 있음에도 불구하고 제삼채무자가 자발적으로 이행하지 아니하는 경우에는 추심명령을 통하여 추심의 소를 제기하여 이를 집행권원으로 하여 인도받을 수 있다.

㉡ 현금화

집행관에게 인도된 유체동산은 유체동산의 집행과 마찬가지로 집행관에 의한 매각의 절차로 현금화한다(민사집행법 제243조 제3항).

(3) 부동산인도청구권의 집행

① 절차의 개설

채무자가 제삼채무자에 대하여 부동산인도청구권이나 권리이전청구권을 가지고 있는 경우에 채권자가 이를 강제집행의 대상으로 삼기 위해서는 1단계로 채권집행의 방법으로 이들 권리에 대하여 압류명령을 받고 2단계로 그 청구권의 내용을 실현하여 그 부동산을 채무자의 책임재산으로 만든 후에 부동산의 집행방법에 따라 이를 현금화하고 배당한다. 즉, 압류는 채권집행처럼 하고 현금화와 배당은 부동산 집행처럼 하는 것이다.

② 압류명령

가령 부동산에 대한 소유권 이전등기 청구권에 대한 압류명령이 있는 경우 제삼채무자에게 채무자에 대한 소유권이전을 금지시키고 채권자 또는 제삼채무자의 신청에 의하여 보관인을 정하고 제삼채무자에 대하여 그 부동산에 대한 권리이전절차를 보관인에게 이행할 것을 명한다.

③ 현금화

보관인에게 인도되거나 채무자명의로 권리가 이전된 부동산은 부동산의 집행방법에 따라 매각하여 현금화한다.

CHAPTER 06

PART 5 민사집행

OX 마무리

01 민사집행법 제188조 제1항	**01** 동산에 대한 강제집행은 압류의 방법으로 한다. O X
02 유체동산의 압류의 집행기관은 집행관이다.	**02** 유체동산의 압류의 집행기관은 집행법원이다. O X
03 민사집행법 제190조	**03** 부부공유의 유체동산도 어느 일방에 대한 집행권원에 의하여 압류할 수 있다. O X
04 유가증권으로서 배서가 금지된 것은 그 밖의 재산권에 대한 집행의 방법에 의한다. 동산집행의 방법에 의하는 것은 배서가 금지되지 아니한 유가증권이다.	**04** 유가증권으로서 배서가 금지된 것은 동산집행의 방법에 의한다. O X
05 유체동산에 대한 압류는 유체동산 있는 곳의 집행관에게 신청해야 한다.	**05** 유체동산에 대한 압류는 유체동산 있는 곳의 지방법원에 신청하여야 한다. O X
06 유체동산의 매각에는 기간입찰의 방법은 채택하고 있지 아니하다.	**06** 유체동산의 매각은 호가경매, 기일입찰, 기간입찰의 방법으로 한다. O X

정답 01 O 02 X 03 O 04 X 05 X 06 X

07 부동산 강제경매에서 집행력 있는 정본을 가진 채권자는 배당을 요구할 수 있다. O X

07 집행력 있는 정본을 가진 채권자, 경매개시결정이 등기된 뒤에 가압류를 한 채권자, 민법·상법, 그 밖의 법률에 의하여 우선변제청구권이 있는 채권자는 배당요구를 할 수 있다(민사집행법 제88조 제1항).

08 채권자는 추심한 채권액을 법원에 신고하여야 한다. O X

08 민사집행법 제236조 제1항

09 추심명령을 받은 채권자는 면제, 기한의 유예, 채권양도 등의 행위를 할 수 있다. O X

09 추심권자는 추심권을 취득한 것뿐이지 채권자의 지위를 획득한 것이 아니므로 추심의 목적을 넘는 면제 등의 행위는 할 수 없다.

10 저당권 있는 채권을 압류한 때에 채권자는 채권압류사실을 등기부에 기재해 줄 것을 신청할 수 있다. O X

10 민사집행법 제228조 제1항

11 추심명령은 압류나 가압류가 경합된 경우에는 발령할 수 없다. O X

11 추심명령은 압류나 가압류가 경합된 경우에도 발령할 수 있고 이 점이 전부명령과 다르다.

정답 07 O 08 O 09 × 10 O 11 ×

12 권면액이란 채권의 목적으로 표시된 금액을 말하는 것이지 실가를 말하는 것이 아니다.	12 전부명령에 있어 채권의 권면액이란 채권의 실가를 말한다. O X
13 민사집행법 제231조	13 전부명령이 제삼자에게 송달되면 채권자에게 변제의 효력이 생긴다. O X
14 민사집행법 제229조 제7항	14 전부명령은 확정되어야 효력이 있다. O X
15 전부명령이 제삼채무자에게 송달될 때까지 그 채권에 관하여 압류 등이 경합되면 전부명령은 무효이다.	15 전부명령이 제삼채무자에게 송달될 때까지 다른 채권자는 배당요구를 할 수 있고 이 경우 채권액에 비례하여 안분배당한다. O X
16 전부명령에 있어 제삼채무자의 자력에 대한 위험부담은 채권자가 부담하는바 이 경우 채무자의 다른 재산에 대하여 집행할 수 없다. 이 점은 추심명령과 다르다.	16 전부명령의 확정 후에 제삼채무자의 무자력이 밝혀진 경우 채권자는 채무자의 다른 재산에 대하여 강제집행을 할 수 있다. O X

12 × 13 O 14 O 15 × 16 ×

CHAPTER 07 담보권 실행 등을 위한 경매

PART 5 민사집행

1 서 설

민사집행법 제3편에서 규정하고 있는 담보권 실행을 위한 경매라 함은 저당권, 질권, 전세권 등의 담보권 실행을 위한 경매와 민법, 상법, 그 밖의 법률에 의하여 현금화를 위한 형식적 경매가 있다. 담보권 실행을 위한 경매 중에서도 (근)저당권 실행을 위한 경매가 가장 많이 일어나고 있는바 이하에서는 부동산에 대한 임의경매 절차에 관해서만 설명하기로 한다. 또한 부동산에 대한 임의경매절차에는 부동산의 강제경매에 관한 규정이 거의 준용되는바(민사집행법 제268조) 이하에서는 강제경매와 구분되는 특칙적인 내용을 중심으로 보기로 한다.

2 임의경매와 강제경매의 차이 ☑ 기출

(1) 집행권원의 요부

임의경매는 피담보채권의 변제를 받기 위하여 경매신청권이 인정되므로 집행권원의 존재를 요하지 아니하며 그 신청서에도 집행력 있는 정본 대신에 담보권의 존재를 증명하는 서면 또는 담보권의 승계를 증명하는 서류를 내도록 되어 있다(민사집행법 제264조).

① 담보권의 존재를 증명하는 서류
  ㉠ 저당권 등 담보권의 등기부등본
  ㉡ 저당권 등 담보권의 존재를 증명하는 확정판결(인낙·화해조서)
  ㉢ 저당권 등의 존재를 증명하는 공정증서
  ㉣ 법정우선변제청구권의 존재를 증명하는 서면(근로자의 임금채권, 선박우선특권 등), 이는 사문서라도 상관없다.

② 담보권의 승계를 증명하는 서류
  임의경매에는 승계집행문제도가 없는 만큼 그 대용으로서 승계를 증명하는 서면을 첨부하도록 하고 있다. 이는 공문서이든 사문서이든 불문하며 가족관계등록부, 상속재산분할협의서 등이 그 예가 될 것이다.

(2) 공신적 효력

강제경매와 달리 임의경매는 담보권자의 담보권 실행을 국가기관이 대행하는 것에 불과하므로 공신적 효과는 부정된다.

(3) 경매개시결정에 대한 이의신청

경매개시결정에 대한 이의의 경우에도 강제경매와 달리 담보권의 부존재나 소멸, 변제 등의 담보권 실행의 실체적 요건에 흠이 있는 경우에도 가능하다(민사집행법 제265조).

(4) 경매절차의 정지·취소

① 의 의

담보권 실행이 간단하게 개시될 수 있는 것과의 균형상 간단하게 부동산 경매를 정지·취소시킬 수 있도록 하였다. 다음과 같은 문서를 제출하였을 때 담보권 실행이 정지된다(민사집행법 제266조 제1항).

② 정지·취소 문서

㉠ 담보권의 등기가 말소된 등기사항증명서

㉡ 담보권 등기를 말소하도록 명한 확정판결의 정본

㉢ 담보권이 없거나 소멸되었다는 취지의 확정판결의 정본

㉣ 채권자가 담보권을 실행하지 아니하기로 하거나 경매신청을 취하하겠다는 취지 또는 피담보채권을 변제받았거나 그 변제를 미루도록 승낙한다는 취지를 적은 서류

㉤ 담보권 실행을 일시정지하도록 명한 재판의 정본

(5) 매수인의 소유권 취득

매수인의 부동산 취득은 담보권의 소멸로 영향을 받지 아니한다(민사집행법 제267조). 그러나 담보권의 부존재, 원인무효 등의 사유가 있으면 매수인이 매각대금을 완납했다 하더라도 목적물의 소유권을 취득하지 못한다. 앞서 살핀 바와 같이 담보권 실행의 경매에는 부분적 공신력이 인정될 뿐이다.

(6) 배당절차

임의경매 중 담보권의 실행을 위한 경매에 있어서는 매각 그 자체가 경매의 목적이 아니고 피담보채권의 변제를 받으려는 것이 경매의 목적이라는 점에서 강제경매와 유사한 점이 많으므로 민사집행법 제268조와 민사집행규칙 제194조로 강제경매의 배당절차를 담보권 실행을 위한 경매에 모두 준용하고 있는바 양자 간 배당절차는 동일하다.

CHAPTER 07 OX 마무리

PART 5 민사집행

01 임의경매에는 집행권원이 필요치 아니하다. O X

01 담보권의 실행을 국가기관이 대행하는 것에 지나지 아니하므로 집행권원은 필요치 아니하다.

02 임의경매의 신청 시 담보권의 승계가 있을 시에는 승계집행문을 부여받아야 한다. O X

02 이 경우에는 담보권의 승계를 증명하는 서류를 제출하는 것으로 족하다.

03 임의경매개시결정에 대하여는 즉시항고할 수 있다. O X

03 이의신청만이 가능하다. 다만 경매신청의 기각, 각하결정에 대해서는 즉시항고가 가능하다(민사집행법 제265조 참조).

04 임의경매개시결정에 대해서 담보권의 부존재, 변제 등의 실체적 이유로 이의신청을 할 수 있다. O X

04 민사집행법 제265조. 다만 강제경매신청의 경우에는 절차적 하자 있음을 이유로만 이의할 수 있다.

05 매수인의 부동산 취득은 담보권의 소멸로 영향을 받지 아니한다. O X

05 민사집행법 제267조. 다만 이 경우에도 원시적으로 담보권이 부존재 또는 소멸한 경우에는 매수인은 소유권을 취득하지 못한다. 이는 임의경매에는 강제경매와 달리 제한적 공신력만 인정되기 때문이다.

정답 01 O 02 × 03 × 04 O 05 O

PART 05 적중예상문제

01 민사집행에 관한 설명 중 옳지 아니한 것은?

① 공휴일과 야간에는 법원의 허가가 있어야 집행행위를 할 수 있다.
② 민사집행의 신청은 구술로도 가능하다.
③ 민사집행은 민사집행법에 특별한 규정이 있는 경우 외에는 집행관이 실시한다.
④ 집행에 관하여 법원에 신청이나 신고를 한 사람이 송달받을 장소를 바꾼 때에는 그 취지를 법원에 바로 신고하여야 한다.
⑤ 채권자가 민사집행에 필요한 비용으로서 법원이 정하는 금액을 미리 내지 아니한 때에는 법원은 결정으로 신청을 각하하거나 집행절차를 취소할 수 있다.

해설
민사집행의 신청은 서면으로 하여야 한다(민사집행법 제4조).

02 다음 중 본래적 의미의 강제집행이라 할 수 있는 것은?

① 판결에 의하여 등기부 등 각종 공부에 등재, 말소, 변경 기재하는 것
② 질권, 저당권의 실현을 위하여 목적물을 경매하는 것
③ 벌금, 과료, 몰수 등의 재산형을 강제적으로 실현하는 것
④ 판결에 명시된 채무자의 이행의무를 채권자가 직접 실현하는 것
⑤ 집행증서에 기재된 금전채권의 내용을 법원의 관여 없이 집행관이 실시하는 것

해설
강제집행은 채무자에 대하여 강제력을 가하여 국가가 이행청구권의 내용을 실현함을 그 내용으로 한다. 따라서 민사집행에 필요한 적합한 판결은 이행판결이며 확인·형성판결은 그 자체에 의하여 목적이 달성되므로 별도의 집행절차가 필요 없다. 가령 이혼판결에 기하여 가족관계등록부에 그 사유가 기재된다 하더라도 이는 본래 의미의 강제집행이라 할 수 없고 판결의 반사적 절차에 불과하다. 또한 담보권의 실행은 국가권력에 의하지 아니하고도 이를 실행할 수 있으므로 임의경매라 하여 본래 의미의 강제집행과 구분하고 있다. 공법상 벌금, 과료 등의 집행에 대해서도 강제집행절차가 준용되나 이를 본래 의미의 강제집행이라 할 수 없다. 이는 개인의 사적청구권을 실현하는 것이 아니기 때문이다.

03 다음 중 민사집행법이 규정하고 있는 심문과 관련하여 옳지 아니한 것은?

① 채권 등에 대한 압류명령을 함에 있어서는 사전에 채무자나 제삼채무자를 심문하여서는 아니 된다.
② 임시의 지위를 정하기 위한 가처분의 재판에는 원칙적으로 변론기일 또는 채무자가 참석할 수 있는 심문기일을 열어야 한다.
③ 집행법원이 채권자의 신청에 따라 압류채권에 대한 특별 현금화 방법을 허가하는 경우에는 사전에 채무자나 제삼채무자를 심문하여서는 아니 된다.
④ 법원이 대체집행이나 간접강제의 결정을 하기 전에는 반드시 채무자를 심문하여야 한다.
⑤ 배당표의 확정절차에서는 절차의 신속성의 요청과 배당이의소송이 허용됨에 비추어 출석한 이해관계인과 배당을 요구한 채권자에 한하여 심문한다.

해설
집행법원이 채권자의 신청에 따라 압류채권에 대한 특별한 현금화 방법을 허가하는 결정을 할 때에는 반드시 채무자를 심문하여야 한다. 다만, 채무자가 외국에 있거나 있는 곳이 분명하지 아니한 때에는 심문할 필요가 없다(민사집행법 제241조 제2항).

04 다음의 설명 중 옳지 아니한 것은?

① 채무자의 개개의 재산에 대하여 행해지는 집행을 일반집행이라 하며 이는 현행 민사집행법이 채용하고 있는 방법이다.
② 본집행은 채권자에게 종국적으로 만족을 주는 집행을 말한다.
③ 가집행은 채권자에게 잠정적인 만족을 주는 집행에 불과하다.
④ 대체적 작위채무의 경우에는 대체집행의 방법이 적절하다.
⑤ 간접강제에 의한 집행은 비대체적 작위채무의 실현에 적당한 방법이다.

해설
채무자의 개개의 재산에 대하여 행해지는 집행을 개별집행이라 하며, 이에 반하여 채무자의 전 재산에 대하여 포괄적으로 실시되는 집행을 일반집행이라 한다. 전자는 민사집행법에서 채용한 방법이며 후자는 파산절차에서 행해지는 방법이다.

05. 민사집행의 집행기관에 대한 다음의 설명 중 옳지 아니한 것은?

① 민사집행법상 원칙적인 집행기관은 집행관이다.
② 대체집행과 간접강제의 결정에 대한 집행기관 역시 집행관이다.
③ 2005년 법원조직법의 개정으로 사법보좌관에게 민사집행에 관한 많은 부분의 직무가 이관되었다.
④ 직무관할은 절대적 강행성을 가지며 이에 위반한 집행행위는 절대무효가 된다.
⑤ 민사집행에서 예외적으로 제1심 수소법원이 집행기관이 되는 경우도 있다.

해설
대체집행이나 간접강제는 채무자에게 현저한 손해가 발생하는바 이를 신중히 결정하여야 하고 1심 수소법원이 사건의 내용을 가장 잘 알고 있을 뿐 아니라 밀접한 관련을 맺고 있으므로 집행기관이 된다.

06. 집행관에 대한 다음의 설명 중 옳지 아니한 것은?

① 민사집행법상 원칙적이고 독립적인 집행기관이다.
② 집행관은 10년 이상 법원주사보, 등기주사보, 검찰주사보 또는 마약수사주사보 이상의 직에 있던 자 중에서 소속 지방법원장이 임명하며 지방법원에 소속된다.
③ 집행관은 채권자로부터 특별한 수권을 받지 아니하더라도 임의변제의 수령권 외에 화해, 기한의 유예, 반대의무의 제공 등을 할 수 있다.
④ 채권자는 관내의 집행관 중 누구에게라도 집행력 있는 정본을 교부하고 집행을 위임할 수 있고 이는 집행의 개시를 구하는 신청이라 할 것이다.
⑤ 채권자의 집행위임은 서면으로 하여야 한다.

해설
집행관은 채권자로부터 특별한 수권을 받은 경우에 한하여 임의변제의 수령권 외에 화해, 기한의 유예, 반대의무의 제공 등을 할 수 있다.

07

민사집행에서의 불복방법에 관한 다음의 설명 중 옳지 아니한 것은?

① 집행절차에 관한 집행법원의 재판에 대하여는 특별한 규정이 있어야만 즉시항고를 할 수 있다.
② 경매개시결정에 관한 이의신청에 관한 재판과 매각허가 여부의 결정에 대하여는 즉시항고를 할 수 있다.
③ 즉시항고에 대한 항고법원의 재판에 대하여는 재판에 영향을 미친 헌법, 법률, 명령, 규칙위반을 이유로 드는 때에만 재항고할 수 있다.
④ 집행관이 집행행위를 지체하는 경우에는 집행관에게 집행에 관한 이의신청을 할 수 있다.
⑤ 민사집행법상의 즉시항고는 집행정지효를 가지지 아니한다.

해설
이의신청은 집행기관의 위법한 처분에 대하여 불복의 이익이 있는 집행채권자, 집행채무자 및 제삼자가 할 수 있는 것으로서 이의절차는 편면적인 것이므로 상대방이 없으나 실무에서는 그 재판에 관하여 대립하는 이해관계가 있는 자를 상대방으로 정하여 심리하고 결정문에도 상대방을 표시하여 주는 예가 많다. 그러나 집행관이 집행위임이나 실시를 거부하는 경우에는 집행관을 상대로 이의신청을 하는 것이 아니다.

08

민사집행에서의 불복방법에 관한 다음의 설명 중 옳지 아니한 것은?

① 즉시항고가 허용되는 집행법원의 재판에 대해서는 집행에 관한 이의를 신청할 수 없다.
② 즉시항고 제기기간의 준수여부는 항고장이 원심법원에 접수된 때를 기준으로 판단한다.
③ 즉시항고를 제기할 수 있는 자가 재판의 고지를 받아야 할 자가 아닌 경우의 즉시항고의 제기기간은 그 재판을 고지받아야 할 자 모두에게 고지된 날로부터 진행한다.
④ 즉시항고는 기일에 출석하는 경우에는 구두로 제기가 가능하나 그 외에는 반드시 서면으로 제기하여야 한다.
⑤ 민사집행법상의 즉시항고는 집행정지효를 가지지 아니한다.

해설
즉시항고는 항고권자가 항고장을 작성하여 원심법원에 제출하는 방법으로 제기한다(민사집행법 제15조 제2항). 반드시 서면으로 제출해야 하고 구두로는 제기할 수 없다. 이는 절차의 안정을 위해서이다.

정답 07 ④ 08 ④

09 민사집행법상의 즉시항고에 관한 설명으로 틀린 것은?

① 항고권자는 재판을 고지받은 날로부터 1주일의 불변기간 내에 항고장을 제출하여야 한다.
② 항고장에 항고이유를 적지 아니한 때에는 항고장을 제출한 날로부터 10일 이내에 항고이유서를 제출해야 한다.
③ 즉시항고장이나 항고이유서는 원심법원에 제출하여야 한다.
④ 즉시항고가 제기되면 별도의 집행정지 결정이 없어도 집행은 정지된다.
⑤ 즉시항고를 제기할 수 있는 자가 재판의 고지를 받아야 할 자가 아닌 경우의 즉시항고의 제기기간은 그 재판을 고지받아야 할 자 모두에게 고지된 날로부터 진행한다.

해설
민사집행법상의 즉시항고는 집행정지의 효력을 가지지 아니한다(민사집행법 제15조 제6항).

10 집행에 관한 이의신청에 대한 설명으로 옳지 아니한 것은?

① 집행법원의 집행절차에 관한 재판으로서 즉시항고를 제기할 수 없는 것에 대하여서는 법원에 이의신청을 할 수 있다.
② 실체권리관계사유는 이의사유가 될 수 없다.
③ 이의신청은 집행기관의 위법한 처분에 대하여 불복의 이익이 있는 집행채권자, 집행채무자 및 제삼자가 할 수 있다.
④ 집행문을 내어 달라는 신청이 거절된 때에는 집행에 관한 이의신청을 할 수 있다.
⑤ 즉시항고가 허용되는 집행법원의 재판에 대하여는 집행에 관한 이의를 신청할 수 없다.

해설
집행문을 내어 달라는 신청에 관한 법원사무관 등의 처분에 대하여 이의신청이 있는 경우에는 집행문부여 등에 관한 이의신청을 하여야 하는 것이지(민사집행법 제34조 제1항) 집행에 관한 이의신청을 할 것이 아니다.

11. 청구이의의 소에 관한 다음의 설명 중 옳지 아니한 것은?

① 이의의 대상인 집행권원의 내용은 금전채권이든 비금전채권이든 상관없다.
② 가압류·가처분명령에 대해서도 이의가 있다면 본소의 제기가 가능하다.
③ 집행법원이 변론 없이 한 판결인 경우에 이의의 사유는 판결선고 뒤에 생긴 것이어야 한다.
④ 청구이의의 소는 집행권원의 집행력의 배제를 구하기 위한 소이다.
⑤ 청구이의의 소의 사유는 절차상의 사유가 아니라 실체상의 사유를 들어 제기할 수 있다.

해설
가압류·가처분에 관해서는 사정변경에 의한 취소신청이라는 별도의 특칙규정이 있으므로(민사집행법 제288조 및 제301조) 이에 의할 것이고 청구이의의 소에 의할 것이 아니다.

12. 집행비용에 관한 다음의 설명 중 옳지 아니한 것은?

① 집행비용은 예납하는 것이 원칙이다.
② 집행비용에는 집행신청 이후에 채권자 및 집행기관이 집행절차를 수행하기 위하여 필요한 비용은 물론 집행의 준비비용도 포함된다.
③ 채권자가 비용을 예납하지 않은 경우 집행관은 위임에 응하지 아니할 수 있다.
④ 집행채권자가 소송구조를 받은 때에는 비용의 예납의무가 면제된다.
⑤ 채권자가 비용을 예납하지 않은 경우 집행법원은 집행절차를 잠정적으로 정지하여야 한다.

해설
채권자가 비용을 예납하지 않은 경우 집행법원은 결정으로 신청을 각하하거나 집행절차를 취소할 수 있고 이에 대해서는 즉시항고를 할 수 있다(민사집행법 제18조 제2항 및 제3항).

13. 즉시항고할 수 있는 재판 중에서 확정되어야 효력이 발생하는 것이 아닌 것은?

① 매각허가여부결정
② 선박운행허가결정
③ 전부명령
④ 채권의 특별현금화명령
⑤ 가압류결정

해설
① 민사집행법 제126조 제3항
② 민사집행법 제176조 제4항
③ 민사집행법 제229조 제7항
④ 민사집행법 제241조 제4항

정답 11 ② 12 ⑤ 13 ⑤

14

집행권원 또는 집행력 있는 정본에 관한 설명 중 옳지 아니한 것은?

① 집행권원이 채무자에 대하여 채권자의 채무자에 대한 반대급부와 동시에 일정한 급부를 할 것을 표시한 경우에는 채무자가 이를 근거로 채권자에 대하여 강제집행을 할 수는 없다.
② 채무자가 특정 재산 또는 일정한 범위의 재산으로써만 변제의 책임이 있는 경우에 집행권원에 그와 같은 한정의 표시가 없으면 집행기관이 그 외의 채무자의 다른 재산에 대하여 집행하여도 위법이 아니다.
③ 1심 판결을 유지한 항소심의 항소기각 판결이 있는 경우에는 1심 판결이 집행권원으로 된다.
④ 외국법원의 확정재판 등에 대한 집행판결은 가집행선고가 있거나 확정되면 그에 기하여 강제집행을 할 수 있고 별도로 집행문을 부여받을 필요는 없다.
⑤ 확정된 이행판결이라 하여도 모두 집행권원이 되는 것은 아니다.

[해설]
집행판결이라 함은 외국법원의 확정재판 등 및 중재판정에 관하여 이에 기한 강제집행을 할 수 있음을 선언하는 판결이다. 이러한 집행판결은 가집행선고가 있거나 확정되어야만 집행권원이 된다. 다만 일반판결과 같이 집행문의 부여가 있어야 한다.

15

다음은 집행문에 관한 설명이다. 가장 적절하지 않은 것은?

① 강제집행을 하려면 원칙적으로 집행문이 부기된 집행권원의 정본(집행력 있는 정본)이 있어야 한다.
② 가처분 명령을 집행하는 경우에도 반드시 집행문이 필요하다.
③ 확정된 지급명령이 집행권원인 경우에는 원칙적으로 집행문의 부여 없이도 집행할 수 있다.
④ 집행문은 판결정본의 끝에 덧붙여 적는다.
⑤ 집행권원이 집행증서일 경우 집행문의 부여기관은 그 증서를 보존하는 공증인이다.

[해설]
가처분 명령은 채권자에게 고지되면 즉시 집행력이 생기며(민사집행법 제292조 참조), 당사자의 승계가 없는 한 집행문을 부여받을 필요가 없다(법원행정처, 법원실무제요 민사집행Ⅳ).

16

다음 중 집행관이 집행기관이 되는 것은?

① 유체동산에 대한 금전집행
② 동산집행에 있어서 배당절차
③ 채권기타 재산권에 대한 집행
④ 부동산에 대한 집행
⑤ 등기선박에 대한 집행

[해설]
집행관의 직분관할에 속하는 것으로는 유체동산에 대한 금전집행(민사집행법 제189조 이하), 동산인도청구권에 대한 집행(민사집행법 제257조), 부동산의 인도집행(민사집행법 제258조) 등이 있다.

정답 14 ④ 15 ② 16 ①

17 가집행 있는 종국판결의 집행에 관한 설명 중 옳지 아니한 것은?

① 가집행선고의 실효는 기왕에 소급하지 아니한다.
② 가집행선고에 의하여 종국판결은 즉시 집행력을 발생한다.
③ 가집행선고부 종국판결에 기한 집행은 채권자에게 잠정적인 만족을 주는 것에 불과하다.
④ 담보제공을 조건으로 가집행선고를 한 경우 담보제공이 없으면 집행문을 부여할 수 없다.
⑤ 상소심판결에 의하여 효력이 소멸되기 전에 이미 가집행선고에 기한 집행이 완료된 경우에는 매수인은 확정적으로 소유권을 취득한다.

해설
담보의 제공은 단지 집행개시요건에 불과하므로 담보를 제공하기 전이라도 집행문을 부여할 수 있다.

18 다음 중 집행권원에 관한 설명 중 옳은 것은?

① 급부의 내용 자체가 부적법한 것이라 하더라도 법원이 판결로써 급부를 명한 때에는 적법한 것이 되어 집행할 수 있다.
② 집행권원에 표시된 액수 이상의 채권이 있는 경우에는 그 초과된 부분에 관하여도 집행할 수 있다.
③ 금전채권의 집행에 있어서는 집행권원에 특단의 규정이 있는 경우에만 전 재산에 대하여 집행할 수 있다.
④ 채무자가 일정 범위의 재산으로만 변제책임을 지는 경우에는 집행권원에 그 집행의 대상이 되는 재산의 한도를 명시하여야 한다.
⑤ 집행권원에 근거하여 실시하는 부동산 강제경매 절차에서는 채무자만이 이의신청을 할 수 있다.

해설
① 집행할 수 없다.
② 집행할 수 없다.
③ 집행권원에 특단의 규정이 없는 한 채무자의 전 재산이 집행 대상이다.
⑤ 집행권원에 근거하여 실시하는 부동산 강제경매 절차에서 채무자만이 이의신청을 할 수 있는 것은 아니다.

19 채권의 강제적 회수에 관한 다음의 설명 중 옳지 아니한 것은?

① 채무자가 채무를 자발적으로 이행하지 않더라도 채권자의 자력구제나 자력집행은 원칙적으로 금지된다.
② 집행권원이란 법원이 채권의 존재와 범위를 표시하고 채권의 집행력을 인정한 공정의 문서를 말한다.
③ 채권회수를 담보하기 위하여 설정했던 담보물권을 실행하기 위해서는 채권자에게 집행권원이 있어야 한다.
④ 강제집행의 목적물은 언제나 유효하게 존재하고 또한 압류할 수 있어야 한다.
⑤ 채권의 소멸시효가 완성되기 직전에 채권자가 소송을 제기하지 아니하고 채무자에게 임의이행을 촉구한 경우 시효완성을 중단시키는 효력이 있다.

해설
담보권 실행 등을 위한 경매를 강학상 임의경매라 부르며 이는 집행권원을 요하지 아니한다.

20 다음 중 강제집행 시 원칙적으로 집행문의 부여가 필요 없는 것을 모두 모은 것은?

ㄱ. 확정된 지급명령	ㄴ. 확정된 종국판결
ㄷ. 확정된 이행권고결정	ㄹ. 화해조서
ㅁ. 확정된 화해권고결정	

① ㄱ, ㄴ
② ㄱ, ㄷ
③ ㄱ, ㅁ
④ ㄴ, ㄹ
⑤ ㄷ, ㅁ

해설
확정된 지급명령
확정된 지급명령에 기한 강제집행은 원칙적으로 집행문을 부여받을 필요 없이 지급명령의 정본에 의해 행한다.
확정된 이행권고결정
소액사건에 관한 이행권고결정에 대하여 피고가 이의신청 기간 내에 이의신청을 하지 않거나 이의신청을 하였다가 이를 취하하거나 이의신청에 대한 각하결정이 확정되면 이행권고결정은 확정되고 이는 확정판결과 동일한 효력을 갖는바 집행권원이 된다.

21

갑은 을에 대하여 금 3천만 원 지급청구의 소를 제기하여 승소판결을 받았다. 을은 위 판결이 확정된 뒤 위 판결서상의 금액을 모두 갚았다. 그러나 갑은 위 승소판결에 기하여 강제집행을 신청하고 있다. 을을 위한 구제방법은?

① 재심의 소
② 청구이의의 소
③ 집행문부여에 대한 이의의 소
④ 집행문부여 등에 관한 이의신청
⑤ 즉시항고

해설
집행권원의 집행력을 배제하여야 한다는 점, 변제라는 실체적 사유에 기한다는 점, 변론종결 후의 사유라는 점에 비추어 청구이의의 소로 구제함이 타당하다.

22

甲은 乙에 대한 5,000만 원의 채권에 대하여 지급명령을 신청하여 인용 결정을 받고 확정되었다. 위와 같은 사례에 대한 다음 설명 중 가장 적절하지 않은 것은?

① 甲이 乙의 은행에 가지는 예금채권에 대하여 강제집행을 신청하려면 원칙적으로 乙의 주소지를 관할하는 법원에 채권압류 및 추심명령(또는 전부명령)을 신청하여야 한다.
② 甲이 乙의 부동산에 대하여 강제경매를 신청하려면 부동산 소재지를 관할하는 법원에 하여야 한다.
③ 甲의 재산명시신청에 대하여 乙이 거짓의 재산목록을 낸 때에는 3년 이하의 징역 또는 500만 원 이하의 벌금에 처할 수 있다.
④ 재산명시절차에서 乙이 제출한 재산목록의 재산만으로는 집행채권의 만족을 얻기에 부족한 경우, 甲은 재산명시신청을 한 법원에 재산조회를 신청할 수 있다.
⑤ 甲은 위 집행권원으로 채무자 재산에 강제집행을 하려면 집행문 부여와 송달증명원, 확정증명원을 발급받아 첨부하여야 한다.

해설
甲은 위 집행권원으로 채무자 재산에 강제집행을 하려면 집행문을 첨부하여 집행력을 부여받아야 한다.

23

법원사무관이 채권자의 집행문 부여신청에 대하여 집행문의 부여를 거절한 경우에 대한 가장 적절한 구제수단은?

① 집행에 관한 이의신청
② 청구이의의 소
③ 집행문부여에 대한 이의신청
④ 집행문부여 거절에 대한 이의신청
⑤ 즉시항고

해설
법원사무관 등이 집행문부여를 거절한 처분에 대하여는 채권자는 그 법원사무관이 속한 법원에 이의를 신청할 수 있다(민사집행법 제34조 참조).

정답 21 ② 22 ⑤ 23 ④

24

갑은 을에게 자신소유의 도자기를 이른바 소유권유보부매매로 판매(할부판매)하였고 을은 아직 할부금을 완납하지 못한 상태이다. 이때 을의 채권자 병이 을이 점유하고 있는 도자기에 대하여 강제집행을 개시하였다면 갑의 구제수단은?

① 집행에 관한 이의신청
② 청구이의의 소
③ 집행문부여에 대한 이의의 소
④ 제삼자이의의 소
⑤ 즉시항고

해설

제삼자이의의 소란 집행의 목적물에 대하여 제삼자가 소유권을 가지거나 목적물의 양도나 인도를 막을 수 있는 권리를 가진 때 그 제삼자가 채권자를 상대로 자신의 권리를 침해하는 강제집행에 대하여 이의를 주장하고 집행의 배제를 구하는 소이다(민사집행법 제48조). 위의 경우 할부금을 완납하기 전에는 도자기의 소유권은 갑에게 유보되어 있으므로 병의 도자기에 대한 집행은 위법한 집행이 된다. 따라서 갑은 병을 상대로 제삼자이의의 소를 제기하여 구제받을 수 있다.

25

다음은 재산명시절차에 대한 설명이다. 가장 적절하지 않은 것은?

① 채무자는 재산명시명령을 송달받은 날로부터 1주 이내에 이의신청을 할 수 있다.
② 채무자에게 하는 재산명시명령의 송달은 「민사소송법」에 의한 공시송달의 방법으로는 할 수 없다.
③ 재산명시명령을 송달받은 채무자가 정당한 사유 없이 재산명시기일에 불출석하는 경우에는 법원은 3년 이하의 징역 또는 500만 원 이하의 벌금에 처한다.
④ 채무자가 채무를 이행하지 않고 있어야 하며, 채무 전부의 불이행은 물론이고, 채무 일부의 불이행이 있는 경우에도 신청할 수 있다.
⑤ 인낙조서에 의해서도 재산명시절차를 신청할 수 있다.

해설

이의신청에 정당한 이유가 없거나 채무자가 정당한 사유 없이 기일에 출석하지 아니한 때에는 법원은 결정으로 이의신청을 기각하여야 한다(민사집행법 제63조 제4항).

26

재산명시신청에 관한 다음의 설명 중 옳지 아니한 것은?

① 재산명시신청에 대한 재판은 채무자의 보통재판적이 있는 곳을 관할하는 지방법원이 관할한다.
② 재산명시신청에 정당한 이유가 없거나 채무자의 재산을 쉽게 찾을 수 있다고 인정하는 때에는 이를 기각하여야 한다.
③ 재산명시목록을 제출하는 명령을 하기 전에는 반드시 채무자를 심문하여야 한다.
④ 재산명시신청을 기각하는 재판에 대해서는 즉시항고할 수 있다.
⑤ 시군법원은 재산명시신청을 처리할 수 없다.

해설

재산명시신청에 대한 재판은 채무자를 심문하지 아니한다.

27 다음 중 재산명시를 신청할 수 있는 채권자로 가장 적절하지 않은 자는?

① 금전청구의 조정조서 정본을 가진 자
② 금전소비대차계약공정증서를 가진 자
③ 금전청구의 화해조서 정본을 가진 자
④ 확정된 지급명령 정본을 가진 자
⑤ 근저당권자

해설

재산명시절차의 의의
재산명시절차는 일정한 집행권원에 따라 금전채무를 부담하는 채무자가 채무를 이행하지 아니하는 경우에 법원이 그 채무자로 하여금 강제집행의 대상이 되는 재산과 일정 기간 내에 재산의 처분현황을 명시한 재산목록을 제출하게 하고 그 진실성에 관하여 선서하게 함으로써 재산상태를 공개하게 하는 절차이다(민사집행법 제61조).

28 채무불이행자 명부등재에 관한 다음 설명 중 가장 적절하지 않은 것은?

① 금전의 지급을 명한 집행권원이 확정된 후 6월 이내에 채무를 이행하지 아니하는 때 채권자는 그 채무자를 채무불이행자명부에 올리도록 신청할 수 있다.
② 법원은 채무불이행자명부의 부본을 대법원규칙이 정하는 바에 따라 일정한 금융기관의 장이나 금융기관 관련단체의 장에게 보내어 채무자에 대한 신용정보로 활용하게 할 수 있다.
③ 채무불이행자명부 등재결정이 확정된 후라도 변제, 그 밖의 사유로 채무가 소멸되었다는 것이 증명된 때에는 법원은 채무자의 신청에 따라 채무불이행자명부에서 그 이름을 말소하는 결정을 한다.
④ 채무불이행자명부나 그 부본은 채권자와 그 대리인만 보거나 복사할 것을 신청할 수 있다.
⑤ 채무불이행자명부에 오른 다음 해부터 10년이 지난 때에는 법원은 직권으로 그 명부에 오른 이름을 말소하는 결정을 하여야 한다.

해설

④ 채무불이행자명부나 그 부본은 누구든지 보거나 복사할 것을 신청할 수 있다(민사집행법 제72조 제4항).
① 민사집행법 제70조 제1항 제1호
② 민사집행법 제72조 제3항
③ 민사집행법 제73조 제1항
⑤ 민사집행법 제73조 제3항

29 재산조회에 관한 설명 중 옳지 아니한 것은?

① 채무자가 제출한 재산목록의 재산만으로 집행채권의 만족을 얻기에 충분한 경우 재산조회신청을 할 수 있다.
② 채무자가 재산명시기일에 불출석한 경우에도 조회신청을 할 수 있다.
③ 채무자가 재산명시기일에 출석하더라도 재산목록의 제출을 거부하는 경우에는 재산조회를 신청할 수 있다.
④ 채무자가 재산명시기일에 출석하더라도 선서를 거부한 경우에는 재산조회를 신청할 수 있다.
⑤ 채무자가 거짓의 재산목록을 제출한 때에도 재산조회를 신청할 수 있다.

해설
재산명시절차에서 채무자가 제출한 재산목록의 재산만으로는 집행채권의 만족을 얻기에 부족한 경우 재산조회신청을 할 수 있다.

30 부동산 매각대금의 배당절차에 관한 다음 설명 중 가장 적절하지 않은 것은?

① 배당기일에 출석한 이해관계인과 배당을 요구한 채권자가 합의한 때에는 이에 따라 배당표를 작성하여야 한다.
② 법원은 채권자와 채무자에게 보여 주기 위하여 배당기일의 3일 전에 배당표원안을 작성하여 법원에 비치하여야 한다.
③ 집행력 있는 집행권원의 정본을 가진 채권자에 대하여 배당기일에 이의한 채무자는 배당이의의 소를 제기하여야 한다.
④ 배당이의한 채권자가 배당기일부터 1주 이내에 집행법원에 대하여 배당이의의 소를 제기한 사실을 증명하는 서류를 제출하지 아니한 때에는 이의가 취하된 것으로 본다.
⑤ 매수인이 매각대금을 지급하면 법원은 배당에 관한 진술 및 배당을 실시할 기일을 정하고 이해관계인과 배당을 요구한 채권자에게 이를 통지하여야 한다.

해설
집행력 있는 집행권원의 정본을 가진 채권자에 대하여 이의한 채무자는 청구이의의 소를 제기하여야 한다(민사집행법 제154조 제2항).

31 부동산 강제경매절차에 관한 다음의 설명 중 옳지 아니한 것은?

① 경매절차를 개시하는 결정 시에 그 부동산의 압류를 명하여야 한다.
② 압류가 되더라도 부동산에 대한 채무자의 관리, 이용이 제한되지 아니한다.
③ 압류 이후의 채무자의 소유권처분은 압류채권자뿐 아니라 처분 후의 배당요구한 채권자에 대하여도 무효이다.
④ 부동산에 대한 강제집행은 그 부동산이 있는 곳의 지방법원이 관할한다.
⑤ 강제경매 신청을 기각하거나 각하하는 재판에 대해서는 즉시항고할 수 있다.

해설
압류의 처분 제한의 효력은 상대적 효력만을 가지므로, 처분 이전에 가압류나 압류, 배당요구 등을 한 채권자들에게만 무효이다.

32 다음 중 민사집행법상 경매절차의 이해관계인으로 볼 수 없는 자는?

① 가압류권자로 이를 집행법원에 증명한 자
② 경매개시결정 등기 후 소유권이전등기를 마치고 그 사실을 집행법원에 증명한 자
③ 경매개시결정 등기 당시에 이미 등기된 전세권자
④ 주택임대차보호법에 따른 대항력을 갖춘 주택임차인으로 집행법원에 이를 증명한 자
⑤ 부동산의 공유지분에 대한 경매에서의 다른 공유자

해설
민사집행법 제90조 참조. 참고로 가압류권자, 가처분권자, 예고등기권리자, 재매각을 실시하는 경우 전매수인은 이해관계인이 아니다.

33 경매절차에 있어 이해관계인에 해당하는 사람은?

① 부동산의 공유지분의 강제경매에 있어서 다른 공유자
② 주택임대차보호법상 대항력을 갖추지 못한 주택임차인
③ 경매개시 전의 가압류권자
④ 예고등기권리자
⑤ 재매각을 실시하는 경우 전매수인

해설
경매절차의 이해관계인에는 압류채권자와 집행력 있는 정본에 의하여 배당을 요구한 채권자, 채무자 및 소유자, 등기부에 기입된 부동산 위의 권리자, 부동산 위의 권리자로서 그 권리를 증명한 사람이 해당된다(민사집행법 제90조).

34

강제집행에 대한 다음 설명 중 옳은 것은?

① 어업권은 부동산과 달리 강제경매의 대상이 되지 않는다.
② 무허가 건물에 대하여도 부동산 강제경매가 가능하다.
③ 관할권 없는 법원에 강제경매신청을 한 경우 법원은 직권으로 관할의 유무를 조사한 후 관할권이 없다고 인정되면 신청을 각하한다.
④ 등록된 자동차에 대한 강제집행은 민사집행규칙에 특별한 규정이 없으면 부동산에 대한 강제경매의 규정을 따른다.
⑤ 부동산에 대한 강제집행은 채무자 주소지를 관할하는 지방법원에서 한다.

해설
① 공장재단, 광업재단, 광업권, 어업권, 등기된 입목은 부동산에 준하는바 강제경매의 대상이 된다.
② 무허가 건물은 부동산 강제경매 대상이 되지 않는다.
③ 법원은 소송의 전부 또는 일부에 대하여 관할권이 없다고 인정하는 경우에는 결정으로 이를 관할법원에 이송한다(민사소송법 제34조 제1항).
⑤ 부동산에 대한 강제집행은 그 부동산이 있는 곳의 지방법원이 관할한다(민사집행법 제79조 제1항).

35

부동산경매에 있어서 배당요구를 하지 않아도 배당을 받을 수 있는 사람들만 모두 고른 것은?

> ㄱ. 첫 경매개시결정등기 전에 등기된 지상권자
> ㄴ. 선행사건의 배당요구 종기까지 이중경매신청을 한 채권자
> ㄷ. 첫 경매개시결정등기 전에 등기된 근저당권자
> ㄹ. 경매개시결정 등기 후에 가압류를 한 채권자

① ㄱ, ㄴ
② ㄴ, ㄹ
③ ㄷ, ㄹ
④ ㄱ, ㄷ
⑤ ㄴ, ㄷ

해설
ㄱ. 지상권자는 배당 대상에 해당하지 않는다.
ㄹ. 집행력 있는 정본을 가진 채권자, 경매개시결정이 등기된 뒤에 가압류를 한 채권자, 민법·상법, 그 밖의 법률에 의하여 우선변제청구권이 있는 채권자는 배당요구를 할 수 있다(민사집행법 제88조 제1항).

36. 부동산의 매각조건에 관한 설명 중 옳지 아니한 것은?

① 매각조건이란 법원이 압류부동산을 매각하여 그 소유권을 매수인에게 이전시키는 데 필요한 조건을 말하며 이에는 법정매각조건과 특별매각조건이 있다.
② 법정매각조건은 경매의 요건이나 효과를 정형화하여 법에서 정하는 것이다.
③ 특별매각조건은 이해관계인들이 합의를 하거나 법원이 직권으로 법정매각조건을 변경하거나 새로운 조건을 부가한 것이다.
④ 법정매각조건 중 최저매각가격은 이해관계인의 협의로써 변경할 수 있지만 법원의 직권으로는 변경할 수 없다.
⑤ 법원이 직권으로 정하는 특별매각조건은 배당요구의 종기까지 정할 수 있다.

해설

최저매각가격은 법정매각조건 중 여러 사람의 이해에 관계되는 사항인바 당사자의 합의만으로 이를 변경할 수는 없다.

37. 부동산 경매절차에 있어서 매수신청인이 매수신청의 보증으로 집행관에게 보관하여야 하는 원칙적인 금액으로 맞는 것은?

① 매수신청금액의 10분의 1
② 매수신청금액의 15분의 1
③ 매수신청금액의 20분의 1
④ 최저매각가격의 20분의 1
⑤ 최저매각가격의 10분의 1

해설

민사집행규칙 제63조

정답 36 ④ 37 ⑤

38 경매준비에 관한 다음의 설명 중 옳지 아니한 것은?

① 법원은 경매개시결정을 한 뒤에 바로 집행관에게 부동산의 현상, 점유관계 등을 조사하도록 명하여야 한다.
② 집행법원은 감정인에게 매각부동산을 평가하게 하고 그 평가액을 참작하여 최저매각가격을 정하여야 한다.
③ 최저매각가격은 법정의 매각조건이며 이해관계인의 전원의 합의에 의해서도 바꿀 수 없다.
④ 법원은 최저매각가격으로 압류채권자의 채권에 우선하는 부동산의 모든 부담과 절차비용을 변제하면 남을 것이 없다고 인정한 때에는 곧바로 경매를 취소하여야 한다.
⑤ 법원은 매각물건명세서, 현황조사보고서 및 평가서의 사본을 법원에 비치하여 누구나 볼 수 있도록 하여야 한다.

해설
법원은 최저매각가격으로 압류채권자의 채권에 우선하는 부동산의 모든 부담과 절차비용을 변제하면 남을 것이 없다고 인정한 때에는 곧바로 경매를 취소하여야 하는 것이 아니라 압류채권자에게 이를 통지해야 한다. 압류채권자가 위 통지를 받은 날로부터 1주일 이내에 부담과 비용을 변제하고 남을 만한 가격을 정하여 그 가격에 맞는 매수신고가 없을 때에는 자기가 그 가격으로 매수하겠다고 신청하면서 충분한 보증을 제공하지 아니하면 그때에 경매절차를 취소하여야 한다(민사집행법 제102조 제1항 및 제2항).

39 매각의 실시에 관한 다음의 설명 중 옳지 아니한 것은?

① 법원은 매각기일과 매각결정기일을 이해관계인에게 통지하여야 한다.
② 부동산의 매각은 매각기일에 하는 호가경매, 기일입찰, 기간입찰의 세 가지 방법에 의한다.
③ 부동산의 매각은 집행관이 정한 매각방법에 따른다.
④ 같은 매각기일에 입찰에 부칠 사건이 두 건 이상이거나 매각할 부동산이 두 개 이상인 경우에는 각 부동산에 대한 입찰을 동시에 실시하여야 한다.
⑤ 매수신청인은 원칙적으로 최저매각가격의 1/10에 해당하는 보증금을 집행관에게 보관하여야 한다.

해설
호가경매, 기일입찰, 기간입찰 중 어느 방법에 의해서 매각할지는 집행법원이 정한다(민사집행법 제103조 제1항).

40 매각허가에 대한 이의신청에 관한 설명 중 옳지 아니한 것은?

① 이의신청의 이유가 자기의 권리에 관한 것이 아니면 매각허가에 대해 이의할 수 없다.
② 최고가 매수인이 부동산을 매수할 능력이나 자격이 없는 경우 이는 매각허가에 대한 이의사유가 된다.
③ 집행법원은 매각결정기일에 출석한 이해관계인에게 매각허가에 관한 의견을 진술하게 할 수 있다.
④ 매각허가 여부에 대해서는 결정으로 재판하고 매각결정기일에 이를 선고하여야 한다.
⑤ 매각불허가 결정은 선고한 때에 효력이 생긴다.

해설
매각을 허가하거나 허가하지 아니하는 결정은 선고한 때에 고지의 효력이 생기고 확정되어야 효력이 발생한다(민사집행규칙 제74조 및 민사집행법 제126조).

41 다음의 설명 중 옳지 않은 것은?

① 매각허가결정이 확정되었다 하더라도 그 후에 절차상의 위법이 발견된 때에는 이를 다툴 수 있다.
② 매각허가결정에는 특별매각 조건이 있는 경우 이를 적어야 한다.
③ 매각허가결정은 결정기일에 이를 선고하여야 한다.
④ 매각허가결정은 대법원규칙이 정하는 바에 의하여 공고하여야 한다.
⑤ 현행 대법원규칙이 정하고 있는 공고방법으로는 법원게시판에 게시, 관보 · 공보 또는 신문게재, 전자통신매체를 이용한 공고 중 어느 하나의 방법에 의한다.

해설
매각허가결정이 확정되면 매수인은 대금지급의무를 부담하게 되고 절차상의 흠은 원칙적으로 치유되는바 절차상의 위법을 이유로 더 이상 결정의 효력을 다툴 수 없다.

42 부동산의 강제경매에 있어 매수인이 소유권을 취득하는 시기는?

① 매각허가결정 확정 시
② 매각대금의 완납 시
③ 목적부동산을 인도받은 때
④ 소유권이전등기 시
⑤ 목적부동산의 인도와 소유권이전 등기를 모두 갖추었을 때

해설
매수인은 매각대금을 다 낸 때에 매각의 목적인 권리를 취득한다(민사집행법 제135조). 이는 법률규정에 의한 소유권의 취득이므로 등기는 불요하다(민법 제187조).

정답 40 ⑤ 41 ① 42 ②

43. 부동산의 인도명령에 대한 설명 중 타당하지 아니한 것은?

① 매수인이 매각대금을 낸 뒤 6월 이내에 신청해야 한다.
② 인도명령을 신청할 수 있는 자는 매수인과 그의 일반 승계인에 한한다.
③ 매수인이 매각부동산을 제삼자에게 양도하면 매수인은 인도명령을 구할 수 있는 권리를 상실한다.
④ 인도명령의 상대방은 채무자, 소유자 또는 부동산의 점유자이다.
⑤ 인도명령에 대해서는 즉시항고로만 불복할 수 있다.

해설
인도명령신청권은 집행법상의 권리이므로 매수인이 매각부동산을 제삼자에게 양도하였다 하더라도 매수인이 인도명령을 구할 수 있는 권리를 상실하지 아니한다(대결 1970.9.30., 70마539).

44. 부동산 경매절차에서 배당요구가 필요한 자가 아닌 것은?

① 집행력 있는 정본을 가진 채권자
② 경매개시결정등기 후 가압류한 채권자
③ 민법, 상법 그 밖의 법률에 의하여 우선변제청구권이 있는 자
④ 대위변제자
⑤ 종전 등기부상의 권리자

해설
종전 등기부상의 권리자는 배당요구하지 않아도 당연히 배당에 참여할 수 있다.

45. 다음 중 배당요구 종기일로 가장 적절한 것은?

① 경매개시결정정본 송달일
② 매각기일
③ 매각결정기일
④ 법원이 정한 매수대금의 지급기한
⑤ 첫 매각기일 이전으로 법원이 정한 기일

해설
배당요구의 종기결정 공고
배당요구의 종기를 첫 매각기일 이전으로 제한함으로 인하여 채권자들의 배당절차 참여가 실질적으로 봉쇄되는 결과에까지 이르러서는 안 될 것이므로 배당요구의 종기를 채권자들이 널리 알 수 있도록 하기 위하여 법원은 배당요구 종기가 정하여진 때에는 이를 공고해야 하고 그 공고는 경매개시결정에 따른 압류의 효력이 생긴 때로부터 1주 이내에 해야 한다.

정답: 43 ③ 44 ⑤ 45 ⑤

46 배당할 금액이 5천만 원이고, 배당에 참가한 채권자로서 등기부에 기입된 날짜나 대항력 갖춘 날짜 등을 기준으로 1순위 甲의 근저당 2,000만 원, 2순위 乙의 당해세 2,000만 원, 3순위 丙의 소액주택임차보증금(서울) 3,000만 원이 있는 경우 배당액을 계산하면?

	甲	乙	丙
①	2,000만 원	2,000만 원	1,000만 원
②	2,000만 원	1,000만 원	2,000만 원
③	1,000만 원	1,000만 원	3,000만 원
④	1,000만 원	2,000만 원	2,000만 원
⑤	0 원	2,000만 원	3,000만 원

[해설]
배당의 순위
- 1순위 : 집행비용(인지대, 신청서기료, 등록면허세, 수수료, 공고 등)
- 2순위 : 제삼취득자의 비용상환청구권(필요비, 유익비)
- 3순위 : 최종 3개월분 임금채권, 최종 3년간 퇴직금, 소액임차보증금
- 4순위 : 조세 중 당해세(증여세, 상속세 등)
- 5순위 : 조세채권 등 당해세를 제외한 국세 및 지방세, 근저당권 및 전세권 등에 의해 담보된 채권, 확정일자 임차인
- 6순위 : 각종 조세채권
- 7순위 : 의료보험채권, 연금보험료 채권, 산업재해보험료채권 등
- 8순위 : 일반채권

47 자동차강제경매에 관한 설명으로 옳지 아니한 것은?
① 법원은 강제경매 개시결정을 하는 때에는 집행관이 이미 점유하고 있다는 신고가 없는 한 채무자에 대하여 자동차를 집행관에게 인도할 것을 명하여야 한다.
② 강제경매개시결정에 기초한 인도집행은 그 개시결정이 채무자에게 송달되기 전에는 할 수 없다.
③ 강제경매신청 전의 자동차 인도명령에 따라 집행관이 자동차를 인도받은 경우 집행관은 자동차를 인도받은 날로부터 10일 안에 채권자가 강제경매 신청을 하였음을 증명하는 문서를 제출하지 아니하는 때에는 자동차를 채무자에게 돌려주어야 한다.
④ 강제경매개시결정이 있은 날로부터 2월이 지나기까지 집행관이 자동차를 인도받지 못한 때에는 법원은 집행절차를 취소하여야 한다.
⑤ 자동차집행에서는 현황조사를 하지 않고 매각물건명세서도 작성하지 아니한다.

[해설]
자동차의 인도명령은 자동차집행절차에서 이루어지는 집행처분의 일종이므로 개시결정이 송달되기 전에도 집행할 수 있고 집행문을 부여받을 필요도 없다.

정답 46 ⑤ 47 ②

48 선박에 대한 강제집행과 관련하여 옳지 아니한 것은?

① 선박에 대한 강제집행은 강제경매의 방법에만 의하고 강제관리는 인정되지 아니한다.
② 선박에 대한 강제집행은 압류 당시에 그 선박이 있는 곳을 관할하는 지방법원을 집행법원으로 한다.
③ 건조 중인 선박에 대하여도 저당권의 설정이 허용된다.
④ 법원은 영업상의 필요, 그 밖의 상당한 이유가 있다고 인정한 때에는 직권 또는 채무자의 신청에 따라 선박의 운항을 허가할 수 있다.
⑤ 외국선박에 대하여 강제경매 개시결정을 한 경우에도 그 등기의 촉탁은 하지 아니한다.

해설
법원은 영업상의 필요, 그 밖의 상당한 이유가 있다고 인정한 때에는 채무자의 신청에 따라 선박의 운항을 허가할 수 있다 (민사집행법 제176조 제2항).

49 유체동산 및 자동차 강제집행절차에 대한 다음 설명 중 옳지 않은 것은?

① 유가증권으로서 배서가 금지되지 않은 것은 유체동산집행의 대상이다.
② 유체동산집행의 경우에는 원칙적으로 민법·상법, 그 밖의 법률에 따라 우선변제청구권이 있는 채권자에 한하여 배당요구를 할 수 있다.
③ 유체동산 강제집행에서 매각대금으로 채권자 모두를 만족시킬 수 없고 매각허가된 날부터 2주 이내에 채권자 사이에 배당협의가 이루어지지 아니한 때에는 집행관은 직접 배당을 하고 채권자들에게 배당금을 교부하여 종결시킨다.
④ 자동차에 대한 강제경매개시결정이 있은 날부터 2월이 지나기까지 집행관이 자동차를 인도받지 못한 때에는 법원은 집행절차를 취소하여야 한다.
⑤ 자동차관리법에 따라 등록을 하지 아니한 자동차에 대하여는 유체동산집행방법에 따라 집행한다.

해설
매각대금으로 배당에 참가한 모든 채권자를 만족하게 할 수 없고 매각허가된 날부터 2주 이내에 채권자 사이에 배당협의가 이루어지지 아니한 때에는 매각대금을 공탁하여야 한다(민사집행법 제222조 제1항).

50 유체동산에 대한 집행에 관한 설명 중 옳지 아니한 것은?

① 집행관이 공장저당의 목적인 동산을 유체동산집행의 대상이 되는 것으로 알고 착오로 압류한 때에도 스스로 압류를 해제할 수 없다.
② 집행관은 채무자 등의 생활에 필요한 1월간의 생계비는 압류할 수 없다.
③ 우선변제청구권이 있거나 집행력 있는 정본을 가진 채권자는 매각기일 개시 전까지 배당요구를 하여야 배당을 받을 수 있다.
④ 집행관이 금전을 추심하거나 매각대금을 영수하면 채무자에게 집행에서 벗어날 수 있도록 허가한 때 이외에는 채무자가 지급한 것으로 본다.
⑤ 채무자와 그 배우자의 공유로서 채무자가 점유하거나 그 배우자와 공동으로 점유하고 있는 유체동산은 채무자에 대한 집행권원으로 압류할 수 있다.

해설
유체동산집행에 있어서는 실체법상 우선변제청구권이 있는 자에 한하여 배당요구를 할 수 있도록 되어 있으므로 집행력 있는 정본을 가진 자라 하더라도 민사집행법 제215조에 따라 이를 압류하지 않은 이상 배당절차에 참가할 수 없다.

51 다음 중 유체동산에 대한 강제집행방법으로 집행되는 것은?

① 이륜자동차
② 선박등기법에 따라 등기된 선박
③ 자동차관리법에 따라 등록된 자동차
④ 지명채권
⑤ 건설공제조합의 출자증권

해설
이륜자동차는 자동차등록원부에 등록하는 대상이 아니므로 자동차 강제집행방법이 아닌 유체동산에 대한 강제집행방법에 의하여야 한다.

52 다음의 설명 중 옳지 아니한 것은?

① 유체동산의 압류는 원칙적으로 집행관이 채무자가 점유하고 있는 유체동산을 점유함으로써 한다.
② 국가에 대한 강제집행은 국고금을 압류함으로써 한다.
③ 유체동산이 압류가 되면 채무자는 처분권능을 상실한다.
④ 금전을 압류한 경우에는 집행관은 법원에 그 금원을 공탁해야 함이 원칙이다.
⑤ 유체동산의 집행에서는 부동산과 달리 기간입찰 제도는 채택하지 않고 있다.

해설
금전을 압류한 경우에는 현금화할 필요가 없으므로 집행관은 압류한 금전을 채권자에게 인도하여야 한다(민사집행법 제201조 제1항).

53 다음은 유체동산 강제집행 절차에 관한 설명이다. 가장 적절하지 않은 것은?

① 유체동산 소재지 집행관이 관할한다.
② 유체동산에 대한 강제집행신청서에는 집행력 있는 정본을 붙여야 한다.
③ 대리인에 의한 신청의 경우에는 대리권한을 증명하는 서면(위임장)을 붙여야 한다.
④ 대리인의 경우 변호사가 아니라면 소송의 경우처럼 소송대리 허가를 받아야 한다.
⑤ 유가증권으로서 배서가 금지되지 아니한 것은 압류의 대상이 된다.

해설
대리인의 경우 대리권한이 있는 사실 또는 소송행위를 위한 권한을 받은 사실은 서면으로 증명하여야 한다(민사소송법 제58조).

54 채권의 강제집행에 관한 다음의 설명 중 옳지 아니한 것은?

① 채권이 채무자의 책임 재산에 속하는가를 판단하는 시점은 압류명령을 발하는 때이다.
② 집행의 목적이 되는 채권은 독립하여 처분할 수 있는 것이어야 한다.
③ 압류될 채권은 제삼채무자에 대하여 송달이 가능하고 제삼채무자에게 대한민국의 재판권이 미치는 경우이어야 한다.
④ 압류할 채권은 양도 가능한 것이어야 한다.
⑤ 질권이나 저당권 같은 담보물권은 피담보채권과 독립하여 압류할 수 없다.

해설
채권이 채무자의 책임 재산에 속하는가를 판단하는 시점은 압류명령이 제삼채무자에게 송달된 때이다.

55

압류금지채권에 관한 다음 설명 중 가장 적절하지 않은 것은?

① 채권자가 채권압류 및 추심명령에 기하여 채무자의 제삼채무자에 대한 예금채권의 추심을 구하는 소를 제기한 경우 추심 대상 채권이 압류금지채권에 해당하지 않는다는 점은 채권자가 증명하여야 한다.
② 상계가 금지되는 채권이라면 설령 압류금지채권에 해당하지 않더라도 전부명령의 대상이 될 수 없다.
③ 원칙적으로 보험가입 당시 예정된 해당 보험의 만기환급금이 보험계약자의 납입보험료 총액을 초과하지 않으면「민사집행법」제246조 제1항 제7호에서 압류금지채권의 하나로 규정하는 '보장성보험'에 해당한다고 보아야 한다.
④ 주식회사의 이사, 대표이사의 보수청구권(퇴직금 등의 청구권을 포함한다)은 특별한 사정이 없는 이상「민사집행법」제246조 제1항 제4호 또는 제5호가 정하는 압류금지채권에 해당한다고 보아야 한다.
⑤ 법원은 당사자가 신청하면 채권자와 채무자의 생활 형편, 그 밖의 사정을 고려하여 압류명령의 전부 또는 일부를 취소하거나 압류금지채권에 대하여 압류명령을 할 수 있다.

해설
상계가 금지되는 채권이라고 하더라도 압류금지채권에 해당하지 않는 한 강제집행에 의한 전부명령의 대상이 될 수 있다(민법 제492조, 민사집행법 제229조 및 제246조 참조).

56

다음 중 금전청구채권의 강제집행 대상으로 가장 적절하지 않은 것은?

① 광업권
② 선 박
③ 개인택시 면허권
④ 어업권
⑤ 자동차

해설
민사집행법 제251조에 의하여 강제집행의 대상이 되는 재산권은 그 자체가 독립하여 재산적 가치를 가진 것으로서 양도 가능한 것이어야 하며 금전적 평가에 의하여 환가할 수 있는 것이어야 한다. 그러나 여객자동차운수사업법(구 자동차운수사업법)의 관계규정에 따르면 인가를 받아 자동차운수사업의 양도가 적법하게 이루어지면 그 면허는 당연히 양수인에게 이전되는 것일 뿐 여객자동차운수사업을 떠난 면허 자체는 여객자동차운수사업을 합법적으로 영위할 수 있는 자격에 불과하므로 여객자동차운수사업자의 여객자동차운수사업면허는 법원이 강제집행의 방법으로 이를 압류하여 환가하기에 적합하지 않은 것이라고 할 것이다(대결 1996.9.12., 96마1088, 1089).

정답 55 ② 56 ③

57 다음의 설명 중 옳지 못한 것은?

① 장래에 발생할 채권도 압류의 대상이 될 수 있다.
② 급여채권의 2분의 1에 해당하는 금액은 압류하지 못한다.
③ 금전채권이 압류되면 채무자는 압류된 채권과 처분의 영수를 하여서는 아니 되고 제삼채무자는 채무자에 대한 지급이 금지된다.
④ 압류의 효력은 채무자와 제삼채무자 모두에게 송달된 때에 발생한다.
⑤ 제삼채무자는 압류에 관련된 금전채권의 전액을 공탁할 수 있다.

해설
압류명령은 제삼채무자에게 송달되면 압류의 효력이 생긴다(민사집행법 제227조 제3항).

58 추심명령에 관한 다음 설명 중 가장 적절한 것은?

① 추심명령에 관한 재판에 대하여 즉시항고할 수 있다.
② 금전채권에 대한 추심명령은 확정되어야 그 효력이 생긴다.
③ 추심명령에 의한 추심권의 범위는 집행채권액과 집행비용에 한정되지만, 전부명령은 압류된 채권의 전액에 미친다.
④ 채권자는 추심명령의 대상인 채권의 일부만이 추심된 경우에는 법원에 추심신고를 할 의무가 없다.
⑤ 채권자는 추심명령에 따라 얻은 추심권리를 포기할 수 없다.

해설
② 제삼채무자에게 송달되었을 때 그 효력이 생긴다(민사집행법 제227조 제3항).
③ 전부명령에 의한 추심권의 범위는 집행채권액과 집행비용에 한정되지만, 추심명령은 압류된 채권의 전액에 미친다.
④ 채권자는 추심명령의 대상인 채권의 일부만이 추심된 경우에는 법원에 추심신고를 할 의무가 있다.
⑤ 채권자는 추심명령에 따라 얻은 권리를 포기할 수 있다(민사집행법 제240조 제1항).

59. 담보권 실행을 위한 경매에 관한 설명 중 옳지 아니한 것은?

① 담보권 실행을 위한 경매신청 시에는 집행력 있는 정본을 첨부하여야 한다.
② 담보권 실행을 위한 경매절차에는 강제경매에 관한 규정이 준용된다.
③ 담보권 실행을 위한 경매에서 매수인의 소유권 취득시기는 매각대금 완납 시이다.
④ 매수인의 부동산취득은 담보권의 소멸로 영향을 받지 아니한다.
⑤ 담보권 실행을 위한 경매절차에 대해서는 원칙적으로 공신적 효과가 부정된다.

해설
담보권의 실행을 위한 경매신청 시에는 강제경매와 달리 집행력 있는 정본을 요하지 아니하고 담보권의 존재를 증명하는 서류의 첨부로 족하다(민사집행법 제264조 제1항).

60. 아파트 경매 관련 다음의 배당 순위(우선순위 순) 중 가장 적절한 것은?

ㄱ. 일반채권자의 채권
ㄴ. 경매목적물의 재산세
ㄷ. 근저당권
ㄹ. 아파트 임차인의 소액보증금
ㅁ. 집행비용

① ㄴ, ㄹ, ㄷ, ㄱ, ㅁ
② ㅁ, ㄱ, ㄴ, ㄷ, ㄹ
③ ㄴ, ㅁ, ㄹ, ㄷ, ㄱ
④ ㅁ, ㄹ, ㄴ, ㄷ, ㄱ
⑤ ㅁ, ㄴ, ㄹ, ㄷ, ㄱ

해설
문제에서 'ㄹ. 아파트 임차인의 소액보증금'은 주택임대차보호법 시행령 제10조에 따른 우선변제를 받을 수 있는 '보증금 중 일정액'을 의미하는 것인지 제11조에 따른 우선변제를 받기 위한 보증금의 기준인지 명확하지 않다. 따라서 이 문제는 정답이 없는 것으로 하여 모두 정답 처리되었다.

정답 59 ① 60 ⑤ (모두 정답)

당신이 저지를 수 있는 가장 큰 실수는
실수를 할까 두려워하는 것이다.

-앨버트 하버드-

제3과목

신용관리실무

PART 1   신용정보 총설

PART 2   신용정보 관리

PART 3   채권상담 · 행불관리

PART 4   채무자 신용회복지원 관련 제도

PART 5   신용관리 관련 법규 및 제도

하고 싶은 일을 한다면 그 사람은 성공한 것이다.

– 밥 딜런 –

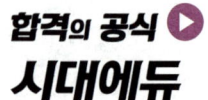

자격증·공무원·금융/보험·면허증·언어/외국어·검정고시/독학사·기업체/취업
이 시대의 모든 합격! 시대에듀에서 합격하세요!
www.youtube.com → 시대에듀 → 구독

PART 1
신용정보 총설

CHAPTER 01 신용정보의 의의

CHAPTER 02 신용정보업의 의의

CHAPTER 03 신용정보법

CHAPTER 04 신용정보의 활용

CHAPTER 05 신용정보주체의 보호

CHAPTER 01 신용정보의 의의

PART 1 신용정보 총설

1 신용정보법의 목적

이 법은 신용정보 관련 산업을 건전하게 육성하고 신용정보의 효율적 이용과 체계적 관리를 도모하며 신용정보의 오용·남용으로부터 사생활의 비밀 등을 적절히 보호함으로써 건전한 신용질서를 확립하고 국민경제의 발전에 이바지함을 목적으로 한다.

2 신용정보

신용정보란 금융거래 등 상거래에서 거래상대방의 신용을 판단할 때 필요한 정보로서 다음의 정보를 말한다.

(1) 특정 신용정보주체를 식별할 수 있는 정보

① 살아 있는 개인에 관한 정보로서 다음 각각의 정보
  ㉠ 성명, 주소, 전화번호 및 그 밖에 이와 유사한 정보로서 대통령령으로 정하는 정보
  ㉡ 법령에 따라 특정 개인을 고유하게 식별할 수 있도록 부여된 정보로서 대통령령으로 정하는 정보
  ㉢ 개인의 신체 일부의 특징을 컴퓨터 등 정보처리장치에서 처리할 수 있도록 변환한 문자, 번호, 기호 또는 그 밖에 이와 유사한 정보로서 특정 개인을 식별할 수 있는 정보
  ㉣ ㉠부터 ㉢까지와 유사한 정보로서 대통령령으로 정하는 정보
② 기업(사업을 경영하는 개인 및 법인과 이들의 단체) 및 법인의 정보로서 다음 각각의 정보
  ㉠ 상호 및 명칭
  ㉡ 본점·영업소 및 주된 사무소의 소재지
  ㉢ 업종 및 목적
  ㉣ 개인사업자(사업을 경영하는 개인)·대표자의 성명 및 개인식별번호
  ㉤ 법령에 따라 특정 기업 또는 법인을 고유하게 식별하기 위하여 부여된 번호로서 대통령령으로 정하는 정보
  ㉥ ㉠부터 ㉤까지와 유사한 정보로서 대통령령으로 정하는 정보

(2) 신용정보주체의 거래내용을 판단할 수 있는 정보

① 신용정보제공·이용자에게 신용위험이 따르는 거래로서 다음 각각의 거래의 종류, 기간, 금액, 금리, 한도 등에 관한 정보
  ㉠ 「은행법」 제2조 제7호에 따른 신용공여
  ㉡ 「여신전문금융업법」 제2조 제3호·제10호 및 제13호에 따른 신용카드, 시설대여 및 할부금융 거래

ⓒ 「자본시장과 금융투자업에 관한 법률」 제34조 제2항, 제72조, 제77조의3 제4항 및 제342조 제1항에 따른 신용공여

　　ⓔ ⓐ부터 ⓒ까지와 유사한 거래로서 대통령령으로 정하는 거래

② 「금융실명거래 및 비밀보장에 관한 법률」 제2조 제3호에 따른 금융거래의 종류, 기간, 금액, 금리 등에 관한 정보

③ 「보험업법」 제2조 제1호에 따른 보험상품의 종류, 기간, 보험료 등 보험계약에 관한 정보 및 보험금의 청구 및 지급에 관한 정보

④ 「자본시장과 금융투자업에 관한 법률」 제3조에 따른 금융투자상품의 종류, 발행·매매 명세, 수수료·보수 등에 관한 정보

⑤ 「상법」 제46조에 따른 상행위에 따른 상거래의 종류, 기간, 내용, 조건 등에 관한 정보

⑥ ①부터 ⑤까지의 정보와 유사한 정보로서 대통령령으로 정하는 정보

(3) 신용정보주체의 신용도를 판단할 수 있는 정보

① 금융거래 등 상거래와 관련하여 발생한 채무의 불이행, 대위변제, 그 밖에 약정한 사항을 이행하지 아니한 사실과 관련된 정보

② 금융거래 등 상거래와 관련하여 신용질서를 문란하게 하는 행위와 관련된 정보로서 다음 각각의 정보

　　ⓐ 금융거래 등 상거래에서 다른 사람의 명의를 도용한 사실에 관한 정보

　　ⓑ 보험사기, 전기통신금융사기를 비롯하여 사기 또는 부정한 방법으로 금융거래 등 상거래를 한 사실에 관한 정보

　　ⓒ 금융거래 등 상거래의 상대방에게 위조·변조하거나 허위인 자료를 제출한 사실에 관한 정보

　　ⓓ 대출금 등을 다른 목적에 유용(流用)하거나 부정한 방법으로 대출·보험계약 등을 체결한 사실에 관한 정보

　　ⓔ ⓐ부터 ⓓ까지의 정보와 유사한 정보로서 대통령령으로 정하는 정보

③ ① 또는 ②에 관한 신용정보주체가 법인인 경우 실제 법인의 경영에 참여하여 법인을 사실상 지배하는 자로서 대통령령으로 정하는 자에 관한 정보

④ ①부터 ③까지의 정보와 유사한 정보로서 대통령령으로 정하는 정보

(4) 신용정보주체의 신용거래능력을 판단할 수 있는 정보

① 개인의 직업·재산·채무·소득의 총액 및 납세실적

② 기업 및 법인의 연혁·목적·영업실태·주식 또는 지분보유 현황 등 기업 및 법인의 개황(槪況), 대표자 및 임원에 관한 사항, 판매명세·수주실적 또는 경영상의 주요 계약 등 사업의 내용, 재무제표(연결재무제표를 작성하는 기업의 경우에는 연결재무제표를 포함한다) 등 재무에 관한 사항과 감사인(「주식회사 등의 외부감사에 관한 법률」 제2조 제7호에 따른 감사인을 말한다)의 감사의견 및 납세실적

③ ① 및 ②의 정보와 유사한 정보로서 대통령령으로 정하는 정보

(5) 신용정보법 제2조 제1호 마목에 따른 정보로서 신용정보주체의 신용을 판단할 때 필요한 정보
  ① 신용정보주체가 받은 법원의 재판, 행정처분 등과 관련된 정보로서 대통령령으로 정하는 정보
  ② 신용정보주체의 조세, 국가채권 등과 관련된 정보로서 대통령령으로 정하는 정보
  ③ 신용정보주체의 채무조정에 관한 정보로서 대통령령으로 정하는 정보
  ④ 개인의 신용상태를 평가하기 위하여 정보를 처리함으로써 새로이 만들어지는 정보로서 기호, 숫자 등을 사용하여 점수나 등급 등으로 나타낸 정보
  ⑤ 기업 및 법인의 신용을 판단하기 위하여 정보를 처리함으로써 새로이 만들어지는 정보로서 기호, 숫자 등을 사용하여 점수나 등급 등으로 표시한 정보. 다만, 「자본시장과 금융투자업에 관한 법률」 제9조 제26항에 따른 신용등급은 제외한다.
  ⑥ 기술(「기술의 이전 및 사업화 촉진에 관한 법률」 제2조 제1호에 따른 기술을 말한다. 이하 같다)에 관한 정보
  ⑦ 기업 및 법인의 신용을 판단하기 위하여 정보(기업 및 법인의 기술과 관련된 기술성·시장성·사업성 등을 대통령령으로 정하는 바에 따라 평가한 결과를 포함한다)를 처리함으로써 새로이 만들어지는 정보로서 대통령령으로 정하는 정보. 다만, 「자본시장과 금융투자업에 관한 법률」 제9조 제26항에 따른 신용등급은 제외한다.
  ⑧ 그 밖에 (1)부터 (4)까지의 규정에 따른 정보 및 ①부터 ⑦까지의 규정에 따른 정보와 유사한 정보로서 대통령령으로 정하는 정보

(6) 개인신용정보
  기업 및 법인에 관한 정보를 제외한 살아 있는 개인에 관한 신용정보로서 다음의 어느 하나에 해당하는 정보
  ① 해당 정보의 성명, 주민등록번호 및 영상 등을 통하여 특정 개인을 알아볼 수 있는 정보
  ② 해당 정보만으로는 특정 개인을 알아볼 수 없더라도 다른 정보와 쉽게 결합하여 특정 개인을 알아볼 수 있는 정보

3 전국은행연합회 규약해설

비영리법인인 전국은행연합회는 사적 계약에 의해 신용정보를 공유하는 미국의 CB(Credit Bureau)와 달리 법률에 의해 금융기관으로부터 금융거래 등 상거래와 관련된 신용정보를 집중·관리하는 기관으로서, 특히 신용정보관리규약은 신용정보의 이용 및 보호에 관한 법률, 같은 법 시행령, 같은 법 시행규칙 및 신용정보업감독규정에서 정하는 바에 따라 종합신용정보집중기관과 금융기관 간 신용정보의 교환·활용에 필요한 사항을 정함을 목적으로 제정되었다.

(1) 식별정보
  식별정보는 특정 신용정보주체를 식별할 수 있는 정보로서 식별정보 자체로서의 활용 외에도 신용거래정보, 신용도판단정보, 신용능력정보, 공공정보 등과 결합되어 주로 이용되고 있다.

(2) 신용거래정보

신용거래정보는 금융거래 등 상거래와 관련하여 신용정보주체의 거래내용 및 신용도 등을 판단할 수 있는 정보로서 개인대출(카드론, 신용카드현금서비스 포함), 기업의 대출, 지급보증, 법인채무보증 및 채무인수약정 등 신용공여현황 등, 개인채무보증정보, 신용카드발급 및 해지사실, 당좌(가계당좌)예금 및 해지사실 등을 말한다.

(3) 신용도판단정보

신용도판단정보는 금융거래 등 상거래와 관련하여 신용정보주체의 거래내용 및 신용도 등을 판단할 수 있는 정보로서 연체정보, 대위변제·대지급정보, 부도정보, 관련인정보, 금융질서 문란정보를 말한다.

(4) 신용능력정보

신용능력정보는 회사의 개황, 사업의 내용 등 일반정보, 재무상태, 재무비율 등 재무에 관한 사항, 감사인의 감사의견 및 납세실적 등 비재무에 관한 사항으로 현재는 은행권 내에서 주로 집중 및 활용되고 있다.

(5) 공공정보 ☑ 기출

공공정보에는 국세·지방세·관세·과태료·고용·산재보험료·임금의 체납(불), 법원의 판결에 의해 채무불이행자로 등록된 사실, 개인회생절차가 진행 중인 거래처, 신용회복지원이 확정된 거래처, 파산으로 인한 면책결정을 받은 거래처, 조달청의 정부 납품 실적 정보, 사망자 정보, 국세청 모범납세자정보 등이 있다.

CHAPTER 01 OX 마무리

PART 1 신용정보 총설

01 신용정보법은 신용정보업을 건전하게 육성하는 것을 그 목적으로 한다.

01 신용정보법은 정보화 사회에 발맞추어 신용정보업을 최대한 발전시키는 것을 그 목적으로 한다. O X

02 대통령령으로 정한 정보이다.

02 특정 신용정보주체를 식별할 수 있는 정보란 성명, 주소, 전화번호 및 그 밖에 이와 유사한 정보로서 기획재정부령으로 정하는 정보를 말한다. O X

03 채권추심의 대상이 되는 채권이란 상법에 따른 상행위로 생긴 금전채권, 판결 등에 따라 권원이 인정된 민사채권으로 대통령령으로 정하는 채권 등을 말한다(신용정보법 제2조 11호).

03 채권추심의 대상이 되는 채권이란 민법에 따른 상행위로 생긴 금전채권, 판결 등에 따라 권원이 인정된 민사채권을 말한다. O X

04 특정 신용정보주체를 식별할 수 있는 정보에 해당한다.

04 신용정보보호법상 개인식별번호는 신용정보주체의 거래내용을 판단할 수 있는 정보에 해당한다. O X

05 개인의 경력사항은 해당되지 아니한다.

05 신용정보보호법상 신용정보의 개념에 해당하는 것은 개인의 직업·재산·채무·소득의 총액 및 납세실적 및 개인의 경력사항 등이다. O X

01 × 02 × 03 × 04 × 05 ×   정답

06 전국은행연합회 규약해설에 따르면 신용정보주체를 식별할 수 있는 성명 및 주민등록번호 등으로 독립된 경우에만 신용정보로 본다. O X

06 식별정보란 특정 신용정보를 식별할 수 있는 정보로서 신용거래정보, 신용도판단정보, 신용능력정보 등과 결합되어 주로 이용되고 있다(전국은행연합회 규약해설).

07 전국은행연합회 규약해설상 신용거래정보에는 대표적으로 연체정보, 부도정보, 관련인정보, 금융질서문란정보 등이 있다. O X

07 신용도판단정보에 관한 설명이다.

08 전국은행연합회 규약해설상 신용도판단정보에는 기업의 대출, 지급보증, 개인채무보증정보 등이 있다. O X

08 신용거래정보에 관한 설명이다.

09 전국은행연합회 규약해설상 공공정보에는 개인회생절차가 진행 중인 거래처, 사망자 정보, 국세청 모범납세자정보 등이 있다. O X

10 전국은행연합회 규약해설에 따르면 신용능력정보란 회사의 개황, 사업의 내용 등 일반정보, 재무상태, 재무비율 등 재무에 관한 사항, 감사인의 감사의견 및 납세실적 등 비재무에 관한 사항으로 현재는 은행권 내에서 주로 집중 및 활용되고 있다. O X

11 공공정보는 법원의 심판, 결정 정보, 조세 또는 공공요금 등의 체납정보 및 기타 공공기관이 보유하는 정보를 말하며, 원칙적으로 일정한 자격을 갖춘 국민만이 정보의 공개를 청구할 권리를 갖는다. O X

11 공공기관의 정보공개에 관한 법률에 따르면 원칙적으로 모든 국민은 정보의 공개를 청구할 권리가 있다.

정답 06 × 07 × 08 × 09 ○ 10 ○ 11 ×

12 공시·공개된 정보는 신용정보에 해당하지 아니한다.	12 공개된 공공기관 정보도 신용정보에 해당한다.	O X
13 개인정보의 보호에 관하여 신용정보법에 특별한 규정이 있는 경우를 제외하고는 「개인정보 보호법」에서 정하는 바에 따른다.	13 공공기관이 보유하는 개인신용정보는 신용정보법에 의하여 보호된다.	O X
	14 전국은행연합회 규약해설에 따르면 공공정보에는 국세·지방세·관세·과태료·고용·산재보험료·임금의 체납(불), 법원의 판결에 의해 채무불이행자로 등록된 사실 등이 있다.	O X
15 신용정보 중 개인이 신용정보주체인 정보 모두를 뜻하는 것은 아니다.	15 개인신용정보란 기업 및 법인에 관한 정보를 제외한 살아 있는 개인에 관한 신용정보로서 신용정보 중 개인이 신용정보주체가 되는 모든 정보를 말한다.	O X
16 신용정보법 제2조 제1호	16 신용정보란 금융거래 등 상거래에서 거래 상대방의 신용을 판단할 때 필요한 정보를 말한다.	O X
17 신용정보법 제2조 제2호	17 개인신용정보란 기업 및 법인에 관한 정보를 제외한 살아 있는 개인에 관한 신용정보를 말한다.	O X

정답 12 × 13 × 14 ○ 15 × 16 ○ 17 ○

18 '개인신용정보'란 해당 정보의 성명, 주민등록번호 및 영상 등을 통하여 특정 개인을 알아볼 수 있는 정보, 해당 정보만으로는 특정 개인을 알아볼 수 없더라도 다른 정보와 쉽게 결합하여 특정 개인을 알아볼 수 있는 정보 및 공공정보를 말한다. O X

18 공공정보는 신용판단의 자료가 될 수 있을 뿐 개인신용정보는 아니다.

19 신용정보주체의 거래내용을 판단할 수 있는 정보란 신용정보제공·이용자에게 신용위험이 따르는 거래로서 거래의 종류, 기간, 금액, 금리, 한도 등에 관한 정보를 말한다. O X

19 신용정보법 제2조 제1의3호

20 신용정보주체의 신용거래능력을 판단할 수 있는 정보에는 개인의 직업, 재산, 채무, 소득의 총액 및 납세실적, 신용도 등이 있다. O X

20 신용정보주체의 신용거래능력을 판단할 수 있는 정보에는 개인의 직업, 재산, 채무, 소득의 총액 및 납세실적 등을 말한다. 신용도를 판단할 수 있는 자료는 금융질서 문란정보이다.

정답 18 × 19 ○ 20 ×

CHAPTER 02 신용정보업의 의의

PART 1 신용정보 총설

1 신용정보업의 의의

'신용정보업'이란 개인신용평가업·개인사업자신용평가업·기업신용조회업·신용조사업을 의미한다.

2 신용정보업의 업무영역

(1) 개인신용평가업

개인신용평가업이란 개인의 신용을 판단하는 데 필요한 정보를 수집하고 개인의 신용상태를 평가하여 그 결과(개인신용평점을 포함)를 제삼자에게 제공하는 행위를 영업으로 하는 것을 말한다.

(2) 개인사업자신용평가업

개인사업자신용평가업이란 개인사업자의 신용을 판단하는 데 필요한 정보를 수집하고 개인사업자의 신용상태를 평가하여 그 결과를 제삼자에게 제공하는 행위를 영업으로 하는 것을 말한다. 다만, 「자본시장과 금융투자업에 관한 법률」 제9조 제26항에 따른 신용평가업은 제외한다.

(3) 기업신용조회업

기업신용조회업이란 다음에 따른 업무를 영업으로 하는 것을 말한다. 다만, 「자본시장과 금융투자업에 관한 법률」 제9조 제26항에 따른 신용평가업은 제외한다.

① 기업정보조회업무 : 기업 및 법인인 신용정보주체의 거래내용, 신용거래능력 등을 나타내기 위하여 대통령령으로 정하는 정보를 제외한 신용정보를 수집하고, 대통령령으로 정하는 방법으로 통합·분석 또는 가공하여 제공하는 행위

② 기업신용등급제공업무 : 기업 및 법인인 신용정보주체의 신용상태를 평가하여 기업신용등급을 생성하고, 해당 신용정보주체 및 그 신용정보주체의 거래상대방 등 이해관계를 가지는 자에게 제공하는 행위

③ 기술신용평가업무 : 기업 및 법인인 신용정보주체의 신용상태 및 기술에 관한 가치를 평가하여 기술신용정보를 생성한 다음 해당 신용정보주체 및 그 신용정보주체의 거래상대방 등 이해관계를 가지는 자에게 제공하는 행위

(4) 신용조사업

① 신용조사업의 정의

신용조사업이란 제삼자의 의뢰를 받아 신용정보를 조사하고, 그 신용정보를 그 의뢰인에게 제공하는 행위를 영업으로 하는 것을 말한다(신용정보법 제2조 제9호).

② 신용조사업의 주요내용
　㉠ 본인신용정보관리업이란 개인인 신용정보주체의 신용관리를 지원하기 위하여 다음의 전부 또는 일부의 신용정보를 대통령령으로 정하는 방식으로 통합하여 그 신용정보주체에게 제공하는 행위를 영업으로 하는 것을 말한다.
　　ⓐ 「은행법」 제2조 제7호에 따른 신용공여, 「여신전문금융업법」 제2조 제3호·제10호 및 제13호에 따른 신용카드, 시설대여 및 할부금융 거래 및 「금융실명거래 및 비밀보장에 관한 법률」 제2조 제3호에 따른 금융거래의 종류, 기간, 금액, 금리 등에 관한 정보의 신용정보로서 대통령령으로 정하는 정보
　　ⓑ 「보험업법」 제2조 제1호에 따른 보험상품의 종류, 기간, 보험료 등 보험계약에 관한 정보 및 보험금의 청구 및 지급에 관한 정보의 신용정보로서 대통령령으로 정하는 정보
　　ⓒ 「자본시장과 금융투자업에 관한 법률」 제3조에 따른 금융투자상품의 종류, 발행·매매 명세, 수수료·보수 등에 관한 정보의 신용정보로서 대통령령으로 정하는 정보
　　ⓓ 「상법」 제46조에 따른 상행위에 따른 상거래의 종류, 기간, 내용, 조건 등에 관한 정보의 신용정보로서 대통령령으로 정하는 정보
　　ⓔ 그 밖에 신용정보주체 본인의 신용관리를 위하여 필요한 정보로서 대통령령으로 정하는 정보
　㉡ 본인신용정보관리회사란 본인신용정보관리업에 대하여 금융위원회로부터 허가를 받은 자를 말한다.

3 채권추심업

(1) 채권추심업의 정의 ☑ 기출
채권추심업이란 채권자의 위임을 받아 변제하기로 약정한 날까지 채무를 변제하지 아니한 자에 대한 재산조사, 변제의 촉구 또는 채무자로부터의 변제금 수령을 통하여 채권자를 대신하여 추심채권을 행사하는 행위를 영업으로 하는 것을 말한다.

(2) 추심행위의 종류
추심행위로서 재산조사·변제의 촉구·채무자로부터의 변제금 수령이 가능하며, 변제금 수령의 부수행위로서 추심업자는 다음과 같은 행위가 가능하다.
① 제삼자로부터의 변제금 수령 : 민법 제469조에 따라 채무의 변제는 제삼자도 할 수 있으므로 채권추심회사에게는 제삼자로부터의 변제수령권이 있다.
② 영수증 작성 및 교부 : 영수증 작성 및 교부는 채권자의 의무이며 변제와 동시이행의 관계에 있으므로 영수증 작성 및 교부가 가능하다.
③ 채권증서의 반환 : 채무전액을 변제한 경우 채권자에게 채권증서의 반환을 청구할 수 있으므로(민법 제475조) 채권추심회사는 채권증서를 채권자에게 반환할 수 있다.
④ 어음의 반환 : 어음금을 수령했을 경우 반드시 어음을 지급인에게 반환해야 한다.

(3) 채권추심회사

채권추심회사란 채권추심업에 대하여 금융위원회로부터 허가를 받은 자를 말한다.

(4) 추심위임이 가능한 채권인지 여부 ☑기출

채권추심의 대상이 되는 채권이란「상법」에 따른 상행위로 생긴 금전채권, 판결 등에 따라 권원(權原)이 인정된 민사채권으로서 대통령령으로 정하는 채권, 특별법에 따라 설립된 조합·공제조합·금고 및 그 중앙회·연합회 등의 조합원·회원 등에 대한 대출·보증, 그 밖의 여신 및 보험 업무에 따른 금전채권 및 다른 법률에서 채권추심회사에 대한 채권추심의 위탁을 허용한 채권을 말한다. 여기서 대통령령으로 정하는 채권이란「민사집행법」제24조·제26조 또는 제56조에 따라 강제집행을 할 수 있는 금전채권을 말한다.

(5) 개별법률에서 허용한 채권

각종 법규에 의해 특정한 목적을 위하여 추심자를 정한 경우이다.
① 자산유동화에 관한 법률상의 자산관리자
② 주택저당채권유동화회사법의 채권관리자
③ 기업구조조정투자회사의 자산관리회사
④ 신탁업법상 신탁회사
⑤ 한국자산관리공사

4 신용정보업의 허가

(1) 신용정보업 허가의 요건(신용정보법 제6조)

① 신용정보업, 본인신용정보관리업 또는 채권추심업의 허가를 받으려는 자는 다음의 요건을 갖추어야 한다.
　㉠ 신용정보업, 본인신용정보관리업 또는 채권추심업을 하기에 충분한 인력(본인신용정보관리업은 제외한다)과 전산설비 등 물적 시설을 갖출 것
　　ⓐ 개인사업자신용평가업을 하려는 경우 : 50억 원 이상
　　ⓑ 기업신용조회업을 하려는 경우에는 업무 단위별로 다음의 구분에 따른 금액 이상
　　　• 기업정보조회업무 : 5억 원
　　　• 기업신용등급제공업무 : 20억 원
　　　• 기술신용평가업무: 20억 원
　　ⓒ 본인신용정보관리업을 하려는 경우 : 5억 원 이상
　㉡ 사업계획이 타당하고 건전할 것
　㉢ 대주주가 충분한 출자능력, 건전한 재무상태 및 사회적 신용을 갖출 것
　　ⓐ 임원이 제22조 제1항·제2항, 제22조의8 또는 제27조 제1항에 적합할 것
　㉣ 신용정보업, 본인신용정보관리업 또는 채권추심업을 하기에 충분한 전문성을 갖출 것

② 신용정보업, 본인신용정보관리업 또는 채권추심업의 허가를 받으려는 자는 다음의 구분에 따른 자본금 또는 기본재산을 갖추어야 한다.
  ㉠ 개인신용평가업을 하려는 경우 : 50억 원 이상. 다만, 전문개인신용평가업만 하려는 경우에는 다음의 구분에 따른 금액 이상으로 한다.
    ⓐ 다음 각각의 신용정보제공·이용자가 수집하거나 신용정보주체에 대한 상품 또는 서비스 제공의 대가로 생성한 거래내역에 관한 개인신용정보를 처리하는 개인신용평가업을 하려는 경우 : 20억 원
      • 「전기통신사업법」에 따른 전기통신사업자
      • 「한국전력공사법」에 따른 한국전력공사
      • 「한국수자원공사법」에 따른 한국수자원공사
      • 앞선 항목과 유사한 신용정보제공·이용자로서 대통령령으로 정하는 자
    ⓑ 각 개인신용정보 외의 정보를 처리하는 개인신용평가업을 하려는 경우 : 5억 원
  ㉡ 신용조사업 및 채권추심업을 각각 또는 함께 하려는 경우에는 50억 원 이내에서 대통령령으로 정하는 금액 이상
③ ①에 따른 허가의 세부요건에 관하여 필요한 사항은 대통령령으로 정한다.
④ 신용정보회사, 본인신용정보관리회사 및 채권추심회사는 해당 영업을 하는 동안에는 요건을 계속 유지하여야 한다.

(2) 신용정보업 등의 허가를 받을 수 있는 자(신용정보법 제5조)
① 개인신용평가업, 신용조사업 및 채권추심업 허가를 받을 수 있는 자는 다음의 자로 제한한다. 다만, 대통령령으로 정하는 금융거래에 관한 개인신용정보 및 종합신용정보집중기관이 집중관리·활용하는 개인신용정보를 제외한 정보만 처리하는 개인신용평가업에 대해서는 그러하지 아니하다.
  ㉠ 대통령령으로 정하는 금융기관 등이 100분의 50 이상을 출자한 법인
  ㉡ 「신용보증기금법」에 따른 신용보증기금
  ㉢ 「기술보증기금법」에 따른 기술보증기금
  ㉣ 「지역신용보증재단법」에 따라 설립된 신용보증재단
  ㉤ 「무역보험법」에 따라 설립된 한국무역보험공사
  ㉥ 신용정보업이나 채권추심업의 전부 또는 일부를 허가받은 자가 100분의 50 이상을 출자한 법인. 다만, 출자자가 출자를 받은 법인과 같은 종류의 업을 하는 경우는 제외한다.
② 개인사업자신용평가업 허가를 받을 수 있는 자는 다음의 어느 하나에 해당하는 자로 한다.
  ㉠ 개인신용평가회사(전문개인신용평가회사를 제외한다)
  ㉡ 기업신용등급제공업무를 하는 기업신용조회회사
  ㉢ 「여신전문금융업법」에 따른 신용카드업자
  ㉣ ①의 ㉠에 따른 자
  ㉤ ①의 ㉥에 따른 자

③ 기업신용조회업 허가를 받을 수 있는 자는 다음의 어느 하나에 해당하는 자로 한다. 다만, 기업신용등급 제공업무 또는 기술신용평가업무를 하려는 자는 ㉠·㉡ 및 ㉣의 자로 한정한다.

㉠ ①의 ㉠에 따른 자

㉡ ①의 ㉡~㉥의 규정에 따른 자

㉢ 「상법」에 따라 설립된 주식회사

㉣ 기술신용평가업무의 특성, 법인의 설립 목적 등을 고려하여 대통령령으로 정하는 법인

④ ③에도 불구하고 다음의 어느 하나에 해당하는 자는 기업 신용등급 제공업무 및 기술 신용평가 업무의 허가를 받을 수 없다.

㉠ 「독점규제 및 공정거래에 관한 법률」 제31조 제1항에 따른 공시대상기업집단 및 상호출자제한기업집단에 속하는 회사가 100분의 10을 초과하여 출자한 법인

㉡ 「자본시장과 금융투자업에 관한 법률」 제9조 제17항 제3호의2에 따른 자 또는 외국에서 신용평가회사와 유사한 업을 경영하는 회사가 100분의 10을 초과하여 출자한 법인

㉢ ㉠ 또는 ㉡의 회사가 최대주주인 법인

CHAPTER 02 OX 마무리

PART 1 신용정보 총설

01 신용정보업의 업무영역으로는 개인신용평가업, 개인사업자신용평가업, 기업신용조회업, 신용자산업이 있다. O X

> **01** 신용정보업에는 개인신용평가업, 개인사업자신용평가업, 기업신용조회업, 신용조사업이 있다.

02 신용조사업이란 제삼자의 의뢰를 받아 신용정보를 조사하고, 그 신용정보를 그 의뢰인에게 제공하는 행위를 영업으로 하는 것을 말한다. O X

03 개인신용평가업이란 개인의 신용을 판단하는 데 필요한 정보를 수집하고 개인의 신용상태를 평가하여 그 결과(개인신용평점을 포함한다)를 제삼자에게 제공하는 행위를 영업으로 하는 것을 말한다. O X

04 개인사업자신용평가업이란 개인사업자의 신용을 판단하는 데 필요한 정보를 수집하고 개인사업자의 신용상태를 평가하여 그 결과를 제삼자에게 제공하는 행위를 영업으로 하는 것을 말한다. O X

05 신용조사회사는 금융거래 등 상거래관계 외의 사생활 등을 조사하는 행위를 할 수 있다. O X

> **05** 의뢰인에게 허위 사실을 알리는 행위, 신용정보에 관한 조사 의뢰를 강요하는 행위, 신용정보 조사대상자에게 조사자료의 제공과 답변을 강요하는 행위, 금융거래 등 상거래관계 외의 사생활 등을 조사하는 행위는 금지된다.

정답 01 × 02 ○ 03 ○ 04 ○ 05 ×

06 허용된다.

06 채권추심업을 허가받은 신용정보회사가 그 업무를 하기 위하여 특정인의 소재 등을 알아내는 행위는 금지된다. O X

07 기업정보조회업무에 해당한다.

07 기업평가조회업무란 기업 및 법인인 신용정보주체의 거래내용, 신용거래능력 등을 나타내기 위하여 대통령령으로 정하는 정보를 제외한 신용정보를 수집하고, 대통령령으로 정하는 방법으로 통합·분석 또는 가공하여 제공하는 행위를 말한다. O X

08 이해관계가 있어야 한다.

08 기업신용등급제공업무는 기업 및 법인인 신용정보주체의 신용상태를 평가하여 기업신용등급을 생성하고, 해당 신용정보주체 및 그 신용정보주체의 거래상대방과 이해관계를 가지지 않는 자에게도 제공하는 행위를 말한다. O X

09 신용조사업이다.

09 신용조회업무란 제삼자의 의뢰를 받아 신용정보를 조사하고, 그 신용정보를 그 의뢰인에게 제공하는 행위를 영업으로 하는 것을 말한다. O X

10 신용정보회사 등의 종사자는 평가 업무에 관여하지 아니한다.

10 자동화평가란 신용정보회사 등의 종사자가 평가 업무에 관여하고 컴퓨터 등 정보처리장치로만 개인신용정보 및 그 밖의 정보를 처리하여 개인인 신용정보주체를 평가하는 행위를 말한다. O X

11 가명처리란 추가정보를 사용하고 특정 개인인 신용정보주체를 알아볼 수 있도록 개인신용정보를 처리하는 것을 말한다. O X

11 가명처리란 추가정보를 사용하지 아니하고는 특정 개인인 신용정보주체를 알아볼 수 없도록 개인신용정보를 처리하는 것을 말한다.

12 익명처리란 더 이상 특정 개인인 신용정보주체를 알아볼 수 없도록 개인신용정보를 처리하는 것을 말한다. O X

13 본인신용정보관리회사란 본인신용정보관리업에 대하여 기획재정부로부터 허가를 받은 자를 말한다. O X

13 금융위원회로부터 허가를 받아야 한다.

14 불법행위로 인한 추심채권과 근로관계로 인한 추심채권은 견해의 대립은 있으나 채권추심업의 대상이 아니다. O X

15 신용조회업무란 채권자의 위임을 받아 변제하기로 약정한 날까지 채무를 변제하지 아니한 자에 대한 재산조사, 변제의 촉구 또는 채무자로부터의 변제금 수령을 통하여 채권자를 대신하여 추심채권을 행사하는 행위를 영업으로 하는 것을 말한다. O X

15 채권추심업에 해당한다.

16 채권추심회사란 채권추심업에 대하여 금융감독원으로부터 허가를 받은 자를 말한다. O X

16 금융위원회로부터 허가를 받아야 한다.

정답 11 × 12 ○ 13 × 14 ○ 15 × 16 ×

17 추임행위에서 민법 제469조에 따라 채무의 변제는 제삼자는 할 수 없으므로 채권추심회사에게는 제삼자로부터의 변제수령권이 없다. O X

17 민법 제469조에 따라 채무의 변제는 제삼자도 할 수 있으므로 채권추심회사에게는 제삼자로부터의 변제수령권이 있다.

18 채권추심회사가 추심할 수 있는 채권은 상행위로 인하여 발생한 금전채권에 한정된다. O X

18 개정법은 채권자가 보유한 상행위로 인하여 발생한 금전채권에 한하지 않고 판결 등에 따라 권원이 인정된 민사채권 등을 포함하고 있다.

19 50억 원 이상이어야 한다.

19 개인사업자신용평가업을 하려는 경우에는 20억 원 이상의 자본금을 갖추고 있어야 한다. O X

20 개인신용평가업을 하려는 경우에는 50억 원 이상의 자본금을 갖추고 있어야 한다. O X

21 추심행위로서 재산조사·변제의 촉구·채무자로부터의 변제금 수령이 가능하며, 변제금 수령의 부수행위로서 제삼자로부터의 변제금 수령, 영수증 작성 및 교부, 채권증서의 반환, 어음의 반환이 가능하다.

21 채권추심행위의 종류에는 제삼자로부터의 변제금 수령, 영수증 작성 및 교부, 채권증서의 반환, 어음의 반환이 있다. O X

CHAPTER 03 신용정보법

PART 1 신용정보 총설

1 신용정보법의 개요

(1) 신용정보법의 적용주체

① 신용정보주체 : 처리된 신용정보로 식별되는 자로서 그 신용정보의 주체가 되는 자를 말한다.

② 신용정보회사 : 신용정보업에 대하여 금융위원회의 허가를 받은 자로서 개인신용평가업 허가를 받은 자, 개인사업자신용평가업 허가를 받은 자, 기업신용조회업 허가를 받은 자, 신용조사업 허가를 받은 자를 말한다.

③ 신용정보회사 등 : 신용정보회사 외에도 신용정보집중기관 및 신용정보 제공·이용자를 함께 일컫는 말이다.

④ 신용정보회사 임원의 자격요건 : 신용조사회사는 다음의 어느 하나에 해당하는 사람을 임직원으로 채용하거나 고용하여서는 아니 된다.

> **임직원으로 채용하거나 고용하여서는 아니 되는 사람(신용정보법 제22조 제2항)**
> ㉠ 미성년자. 다만, 금융위원회가 정하여 고시하는 업무에 채용하거나 고용하는 경우는 제외한다.
> ㉡ 피성년후견인 또는 피한정후견인
> ㉢ 파산선고를 받고 복권되지 아니한 사람
> ㉣ 금고 이상의 실형을 선고받고 그 집행이 끝나거나(집행이 끝난 것으로 보는 경우를 포함한다) 집행이 면제된 날부터 3년이 지나지 아니한 사람
> ㉤ 금고 이상의 형의 집행유예를 선고받고 그 유예기간 중에 있는 사람
> ㉥ 이 법 또는 그 밖의 법령에 따라 해임되거나 면직된 후 5년이 지나지 아니한 사람
> ㉦ 이 법 또는 그 밖의 법령에 따라 영업의 허가·인가 등이 취소된 법인이나 회사의 임직원이었던 사람(그 취소사유의 발생에 직접 또는 이에 상응하는 책임이 있는 사람으로서 대통령령으로 정하는 자만 해당한다)으로서 그 법인이나 회사에 대한 취소가 있었던 날부터 5년이 지나지 아니한 사람
> ㉧ 재임 또는 재직 중이었더라면 이 법 또는 그 밖의 법령에 따라 해임권고(해임요구를 포함한다) 또는 면직요구의 조치를 받았을 것으로 통보된 퇴임한 임원 또는 퇴직한 직원으로서 그 통보가 있었던 날부터 5년(통보가 있었던 날부터 5년이 퇴임 또는 퇴직한 날부터 7년을 초과한 경우에는 퇴임 또는 퇴직한 날부터 7년으로 한다)이 지나지 아니한 사람

⑤ 신용정보 제공·이용자

고객과의 금융거래 등 상거래를 위하여 본인의 영업과 관련하여 얻거나 만들어 낸 신용정보를 타인에게 제공하거나 타인으로부터 신용정보를 제공받아 본인의 영업에 이용하는 자와 그 밖에 이에 준하는 자로서 대통령령으로 정하는 자를 말한다. 여기의 "대통령령으로 정하는 자"란 다음 자를 말한다.

- ㉠ 「우체국예금·보험에 관한 법률」에 따른 체신관서
- ㉡ 「상호저축은행법」에 따른 상호저축은행중앙회
- ㉢ 「벤처투자 촉진에 관한 법률」에 따른 중소기업창업투자회사 및 벤처투자조합 및 개인투자조합
- ㉣ 「국채법」에 따른 국채등록기관
- ㉤ 특별법에 따라 설립된 조합·금고 및 그 중앙회·연합회
- ㉥ 특별법에 따라 설립된 공사·공단·은행·보증기금·보증재단 및 그 중앙회·연합회
- ㉦ 특별법에 따라 설립된 법인 또는 단체로서 다음의 어느 하나에 해당하는 자
    - ⓐ 공제조합
    - ⓑ 공제회
    - ⓒ 그 밖에 이와 비슷한 법인 또는 단체로서 같은 직장·직종에 종사하거나 같은 지역에 거주하는 구성원의 상호부조, 복리증진 등을 목적으로 구성되어 공제사업을 하는 법인 또는 단체
- ㉧ 감사인
- ㉨ 그 밖에 금융위원회가 정하여 고시하는 자

⑥ 신용정보업 관련자

신용정보종사자 또는 신용정보업 종사자였던 자와 신용정보의 처리를 위탁받은 자의 임직원이거나 임직원이었던 자를 말한다.

⑦ 일반국민, 법인 등

신용정보법 제12조(유사명칭의 사용 금지)는 신용정보의 유통과 직접적인 관련이 없는 모든 국민에게 적용되는 조항이다.

⑧ 신용정보집중기관 ☑ 기출

신용정보집중기관이란 신용정보를 집중하여 관리·활용하는 자로서 금융위원회로부터 신용정보집중기관으로 허가를 받은 자를 말하며 종합신용정보집중기관과 개별신용정보집중기관으로 구분하여 허가를 받아야 한다.

- ㉠ 종합신용정보집중기관 : 대통령령으로 정하는 금융기관 전체로부터의 신용정보를 집중관리·활용하는 신용정보집중기관(한국신용정보원)
- ㉡ 개별신용정보집중기관 : ㉠에 따른 금융기관 외의 같은 종류의 사업자가 설립한 협회 등의 협약 등에 따라 신용정보를 집중관리·활용하는 신용정보집중기관(생명보험협회, 여신금융협회, 손해보험협회, 한국정보통신진흥협회)

⑨ 위임직채권추심인 ☑ 기출
　㉠ 위임직채권추심인의 의의 : 위임직채권추심인이란 채권추심회사가 위임 또는 그에 준하는 방법으로 채권추심업무를 하도록 한 자를 말한다.
　㉡ 위임직채권추심인 제도의 도입 : 종전의 채권추심회사는 정규직 이외에 위임직추심인을 고용하여 업무를 수행하고 있으나 이에 대한 법적 근거가 불명확하여 위임직에 대한 채권추심의 합법성에 대한 논란이 있었다. 이에 개정법은 위임직채권추심인 제도를 도입하여, 이러한 위임직채권추심인에 대하여는 금융위원회 등록의무를 부과하고 소속채권추심회사 외의 자를 위하여 채권추심업무를 할 수 없도록 규정하는 등 관련사항에 대하여 규정하고 있다.
　㉢ 위임직추심인 관련규정(신용정보법 제27조)
　　ⓐ 금융위원회 등록의무(동법 동조 제3항)
　　ⓑ 소속 채권추심회사에 대한 전속의무(동법 동조 제4항)
　　ⓒ 등록취소 및 업무정지 사유의 열거(동법 동조 제6항 및 제7항)

⑩ 신용정보 관리·보호인
　㉠ 신용정보 관리·보호인 제도의 도입
　　신용정보는 복제와 전송이 용이하여 감독당국의 규제를 통한 보호에 한계가 있으므로 내부통제를 적극 활용할 필요가 있어 개정법에서는 신용정보회사 및 금융기관 등에 신용정보 관리 및 보호를 책임지는 신용정보 관리·보호인의 지정·운용을 의무화하도록 규정하였다. 이로 인하여 신용정보 관리·보호에 대한 신용정보회사 등의 내부통제를 강화하여 신용정보보호가 강화될 것으로 기대된다.
　㉡ 신용정보회사, 신용정보집중기관 및 대통령령으로 정하는 신용정보제공·이용자는 신용정보관리·보호인을 1명 이상 지정하여야 한다. 다만, 총자산, 종업원 수 등을 감안하여 대통령령으로 정하는 자는 신용정보 관리·보호인을 임원으로 하여야 한다.

⑪ 한국신용정보원 ☑ 기출
　㉠ 신용정보법에 따라 기존의 은행연합회 등 5개 금융협회의 신용정보집중기관이 통합되어 설립된 기관
　㉡ 은행, 증권, 보험, 저축은행, 여전, 대부업 등 모든 업권의 신용정보가 집중되는 세계 최초의 신용정보집중기관
　㉢ 신용정보법상 통합대상은 아니지만, 신용정보의 안전한 보호를 위하여 보험개발원의 일부 정보, 우체국 보험 등 4대 공제 정보도 통합되어 관리
　㉣ 각 협회 등에 분산 관리되던 신용정보가 한국신용정보원으로 통합되어 관리됨에 따라 신용정보의 보안 관리가 강화

(2) 신용정보업과 관련된 행정기관
① 금융위원회
　㉠ 신용정보업의 육성
　　금융위원회는 신용정보 제공능력의 향상과 신용정보의 원활한 이용에 필요하다고 인정하면 신용정보 관련 산업의 육성에 관한 계획을 세울 수 있다(신용정보법 제3조 제1항).
　㉡ 신용정보회사의 건전한 영업을 위하여 신용정보회사 등의 업무를 감독하고 그 업무 또는 재산에 관한 보고 등 필요한 명령을 할 수 있다.

② 금융감독원
　㉠ 신용정보회사 등의 업무와 재산상황을 검사하고 관련자료 제출, 관계자 출석 및 의견진술을 요구할 수 있는 기관이다.
　㉡ 검사결과에 따른 개선, 중지 또는 신용정보의 제공 중지 등의 기타 필요한 조치 명령은 금감위의 권한이다.
　㉢ 신용정보회사, 본인신용정보관리회사, 채권추심회사, 신용정보집중기관 및 데이터전문기관은 매 분기의 업무보고서를 매 분기 마지막 달의 다음 달 말일까지 금융감독원장이 정하는 서식에 따라 작성하여 금융감독원장에게 제출하여야 한다(신용정보법 제47조 제1항).

> **신용정보협회(신용정보법 제44조)**
> - 설립 : 신용정보회사, 본인신용정보관리회사 및 채권추심회사는 신용정보 관련 산업의 건전한 발전을 도모하고 신용정보회사, 본인신용정보관리회사 및 채권추심회사 사이의 업무질서를 유지하기 위하여 신용정보협회를 설립할 수 있다.
> - 업 무　☑기출
>   - 신용정보회사, 본인신용정보관리회사 및 채권추심회사 간의 건전한 업무질서를 유지하기 위한 업무
>   - 신용정보 관련 산업의 발전을 위한 조사 · 연구 업무
>   - 신용정보 관련 민원의 상담 · 처리
>   - 이 법 및 다른 법령에서 신용정보협회가 할 수 있도록 허용한 업무
>   - 그 밖에 대통령령으로 정하는 업무

(3) 신용정보업과 관련된 허가, 인가 및 승인사항

① 허가 및 인가 사항
　㉠ 신용정보업, 본인신용정보관리업 및 채권추심업을 하려는 자는 금융위원회로부터 허가를 받아야 한다(신용정보법 제4조 제2항).
　㉡ 신용정보회사, 본인신용정보관리회사 및 채권추심회사가 그 사업의 전부 또는 일부를 양도 · 양수 또는 분할하거나, 다른 법인과 합병(상법 제530조의2에 따른 분할합병을 포함)하려는 경우에는 대통령령으로 정하는 바에 따라 금융위원회의 인가를 받아야 한다(신용정보법 제10조 제1항).

② 신고 및 보고 사항
　허가받은 사항 중 대통령령으로 정하는 사항을 변경하려면 종전에는 금융위원회의 허가를 받아야 했으나 개정법에서는 이를 '미리 금융위원회에 신고' 하도록 규정하였다. 또한, 대통령령으로 정하는 경미한 사항을 변경하려는 경우 종전에는 허가나 신고의무가 없었으나, 개정법은 '그 사유가 발생한 날부터 7일 이내에 그 사실을 금융위원회에 보고하여야 한다.'고 규정하여 사후 보고의무를 두고 있다. 신용정보회사가 영업의 전부 또는 일부를 일시적으로 중단하거나 폐업하려면 미리 금융위원회에 신고하여야 한다.

③ 허가 또는 인가의 취소 유예
　금융위원회에 거짓이나 그 밖의 부정한 방법으로 신용정보업의 허가를 받거나 사업의 전부 또는 일부를 양도 · 양수 또는 분할 등의 인가를 받는 경우, 또는 그 허가 또는 인가의 내용이나 조건을 위반한 경우 등에는 허가 또는 인가를 취소할 수 있다. 다만 대통령령으로 정하는 사유에 해당하면 6개월 이내의 기간을 정하여 허가 또는 인가를 취소하기 전에 시정명령을 할 수 있다.

(4) 신용정보의 수집 및 처리

신용정보회사, 본인신용정보관리회사, 채권추심회사, 신용정보집중기관 및 신용정보제공·이용자는 신용정보를 수집하고 이를 처리할 수 있다. 이 경우 이 법 또는 정관으로 정한 업무 범위에서 수집 및 처리의 목적을 명확히 하여야 하며, 이 법 및 「개인정보 보호법」에 따라 그 목적 달성에 필요한 최소한의 범위에서 합리적이고 공정한 수단을 사용하여 신용정보를 수집 및 처리하여야 한다(신용정보법 제15조 제1항).

(5) 신용정보의 유통 및 관리

① 신용정보의 정확성 및 최신성의 유지(신용정보법 제18조)
  ㉠ 신용정보회사 등은 신용정보의 정확성과 최신성이 유지될 수 있도록 대통령령으로 정하는 바에 따라 신용정보의 등록·변경 및 관리 등을 하여야 한다. 신용정보회사 등은 신용정보주체에게 불이익을 줄 수 있는 신용정보를 그 불이익을 초래하게 된 사유가 해소된 날부터 최장 5년 이내에 등록·관리 대상에서 삭제하여야 한다. 다만, 다음의 어느 하나에 해당하는 경우에는 그러하지 아니하다.
    ⓐ 신용정보주체에게 채권자변동정보를 교부하거나 열람하게 하는 업무를 수행하기 위한 경우
    ⓑ 그 밖에 신용정보주체의 보호 및 건전한 신용질서를 저해할 우려가 없는 경우로서 대통령령으로 정하는 경우
  ㉡ ㉠에 따른 해당 신용정보의 구체적인 종류, 기록보존 및 활용기간 등은 대통령령으로 정한다.

② 신용정보전산시스템의 안전보호(신용정보법 제19조 제1항)
  신용정보회사 등은 신용정보전산시스템에 대한 제삼자의 불법적인 접근, 입력된 정보의 변경·훼손 및 파괴, 그 밖의 위험에 대하여 대통령령으로 정하는 바에 따라 기술적·물리적·관리적 보안대책을 수립·시행하여야 한다.

③ 신용정보 관리책임의 명확화 및 업무처리기록의 보존(신용정보법 제20조 제1항 및 제2항)
  신용정보회사 등은 신용정보의 수집·처리·이용 및 보호 등에 대하여 금융위원회가 정하는 신용정보관리기준을 준수하여야 한다. 또한 다음의 기록은 3년간 보존하여야 한다.
  ㉠ 개인신용정보를 수집·이용한 경우
    ⓐ 수집·이용한 날짜
    ⓑ 수집·이용한 정보의 항목
    ⓒ 수집·이용한 사유와 근거
  ㉡ 개인신용정보를 제공하거나 제공받은 경우
    ⓐ 제공하거나 제공받은 날짜
    ⓑ 제공하거나 제공받은 정보의 항목
    ⓒ 제공하거나 제공받은 사유와 근거
  ㉢ 개인신용정보를 폐기한 경우
    ⓐ 폐기한 날짜
    ⓑ 폐기한 정보의 항목
    ⓒ 폐기한 사유와 근거
  ㉣ 그 밖에 대통령령으로 정하는 사항

④ 폐업 시 보유정보의 처리(신용정보법 제21조)

신용정보회사 등이 폐업하려는 경우에는 금융위원회가 정하여 고시하는 바에 따라 보유정보를 처분하거나 폐기하여야 한다.

(6) 벌 칙

① 신용정보의 처리를 위탁받은 자의 임직원이거나 임직원이었던 자가 업무상 알게 된 타인의 신용정보 및 사생활 등 개인적 비밀을 업무 목적 외에 누설하거나 누설된 개인 비밀을 취득한 자가 그 개인 비밀이 누설된 것임을 알게 되어 그 개인 비밀을 타인에게 제공하거나 이용한 경우 10년 이하의 징역 또는 1억 원 이하의 벌금에 처한다(신용정보법 제50조).

② 5년 이하의 징역 또는 5천만 원 이하의 벌금

㉠ 제4조(신용정보업 등의 허가) 제1항을 위반하여 신용정보업, 본인신용정보관리업 또는 채권추심업 허가를 받지 아니하고 신용정보업, 본인신용정보관리업 또는 채권추심업을 한 자

㉡ 거짓이나 그 밖의 부정한 방법으로 제4조 제2항 또는 제10조(양도·양수 등의 인가 등) 제1항에 따른 허가 또는 인가를 받은 자

㉢ 제17조(처리의 위탁) 제6항을 위반한 자

ⓐ 제17조의2(정보집합물의 결합 등) 제1항을 위반하여 정보집합물을 결합한 자

㉣ 권한 없이 제19조(신용정보전산시스템의 안전보호) 제1항에 따른 신용정보전산시스템의 정보를 변경·삭제하거나 그 밖의 방법으로 이용할 수 없게 한 자 또는 권한 없이 신용정보를 검색·복제하거나 그 밖의 방법으로 이용한 자

ⓐ 제25조(신용정보집중기관) 제1항을 위반하여 신용정보집중기관 허가를 받지 아니하고 신용정보집중기관 업무를 한 자

ⓑ 제27조의2(무허가 채권추심업자에 대한 업무위탁의 금지)를 위반하여 채권추심회사 외의 자에게 채권추심업무를 위탁한 자

㉤ 제32조(개인신용정보의 제공·활용에 대한 동의) 제1항 또는 제2항(제34조에 따라 준용하는 경우를 포함한다)을 위반한 자 및 그 사정을 알고 개인신용정보를 제공받거나 이용한 자

㉥ 제33조(개인신용정보의 이용)(제34조에 따라 준용하는 경우를 포함)를 위반한 자

ⓐ 제40조의2(가명처리·익명처리에 관한 행위규칙) 제6항을 위반하여 영리 또는 부정한 목적으로 특정 개인을 알아볼 수 있게 가명정보를 처리한 자

㉦ 제42조(업무 목적 외 누설금지 등) 제4항을 위반한 자

③ 3년 이하의 징역 또는 3천만 원 이하의 벌금
  ㉠ 제14조(허가 등의 취소와 업무의 정지) 제2항에 따른 업무정지 기간에 업무를 한 자
    ⓐ 제22조의7(신용조사회사의 행위규칙) 제1항 제1호를 위반하여 의뢰인에게 허위 사실을 알린 자
    ⓑ 제22조의7 제1항 제2호를 위반하여 신용정보에 관한 조사 의뢰를 강요한 자
    ⓒ 제22조의7 제1항 제3호를 위반하여 신용정보 조사 대상자에게 조사자료 제공과 답변을 강요한 자
    ⓓ 제22조의7 제1항 제4호를 위반하여 금융거래 등 상거래관계 외의 사생활 등을 조사한 자
  ㉡ 신용정보집중기관이 아니면서 제25조(신용정보집중기관) 제6항에 따른 공동전산망을 구축한 자
  ㉢ 제40조(신용정보회사등의 금지사항) 제1항 제4호 본문을 위반하여 특정인의 소재 등을 알아낸 자
    ⓐ 제40조 제1항 제5호를 위반하여 정보원, 탐정, 그 밖에 이와 비슷한 명칭을 사용한 자
  ㉣ 제41조(채권추심회사의 금지 사항) 제1항을 위반한 자
  ㉤ 제41조의2(모집업무수탁자의 모집경로 확인 등) 제1항을 위반하여 모집업무수탁자가 불법취득신용정보를 모집업무에 이용하였는지 등을 확인하지 아니한 자

④ 1년 이하의 징역 또는 1천만 원 이하의 벌금
  ㉠ 제9조(대주주의 변경승인 등) 제1항을 위반하여 금융위원회의 승인 없이 신용정보회사, 본인신용정보관리회사 및 채권추심회사의 주식에 대하여 취득 등을 하여 대주주가 된 자
    ⓐ 제9조 제2항을 위반하여 승인 신청을 하지 아니한 자
  ㉡ 제9조 제3항에 따른 명령을 위반하여 승인 없이 취득한 주식을 처분하지 아니한 자
  ㉢ 제18조(신용정보의 정확성 및 최신성의 유지) 제2항을 위반한 자
  ㉣ 제20조(신용정보 관리책임의 명확화 및 업무처리기록의 보존) 제2항을 위반한 자
  ㉤ 제27조(채권추심업 종사자 및 위임직채권추심인 등) 제3항을 위반하여 위임직채권추심인으로 금융위원회에 등록하지 아니하고 채권추심업무를 한 자
  ㉥ 제27조 제4항을 위반한 자
  ㉦ 제27조 제5항을 위반하여 추심채권이 아닌 채권을 추심하거나 등록되지 아니한 위임직채권추심인, 다른 채권추심회사의 소속으로 등록된 위임직채권추심인 또는 업무정지 중인 위임직채권추심인을 통하여 채권추심업무를 한 자
  ㉧ 제27조 제7항에 따른 업무정지 중에 채권추심업무를 한 자

(7) 과태료
① 1억 원 이하의 과태료
  ㉠ 제9조의2(최대주주의 자격심사 등) 제2항을 위반하여 보고를 하지 아니하거나 거짓으로 보고한 자
  ㉡ 제9조의2 제3항에 따른 금융위원회의 자료 또는 정보의 제공 요구에 따르지 아니하거나 거짓 자료 또는 정보를 제공한 자

② 5천만 원 이하의 과태료
　㉠ 제12조(유사명칭의 사용 금지)를 위반하여 허가받은 신용정보회사, 본인신용정보관리회사, 채권추심회사 또는 신용정보집중기관이 아님에도 불구하고 상호 또는 명칭 중에 신용정보·신용조사·개인신용평가·신용관리·마이데이터(MyData)·채권추심 또는 이와 비슷한 명칭을 사용한 자
　㉡ 제15조(수집 및 처리의 원칙) 제2항을 위반한 자
　　ⓐ 제17조의2(정보집합물의 결합 등) 제2항을 위반하여 가명처리 또는 익명처리가 되지 아니한 상태로 전달한 자
　㉢ 제19조(신용정보전산시스템의 안전보호)를 위반한 자
　㉣ 제20조(신용정보 관리책임의 명확화 및 업무처리기록의 보존) 제6항을 위반한 자
　　ⓐ 제22조의9(본인신용정보관리회사의 행위규칙) 제3항을 위반하여 신용정보를 수집한 자
　　ⓑ 제22조의9 제4항 및 제5항을 위반하여 개인신용정보를 전송한 자
　　ⓒ 채권추심회사 소속 위임직채권추심인이 제27조(채권추심업 종사자 및 위임직채권추심인 등) 제9항 제1호의 위반행위를 한 경우 해당 채권추심회사. 다만, 채권추심회사가 그 위반행위를 방지하기 위하여 해당 업무에 관한 관리에 상당한 주의를 게을리하지 아니한 경우는 제외한다.
　㉤ 제32조(개인신용정보의 제공·활용에 대한 동의) 제4항 또는 제5항(제34조에 따라 준용하는 경우를 포함한다)을 위반한 자
　　ⓐ 제39조의2(채권자변동정보의 열람 등) 제3항을 위반하여 분리하여 보관하지 아니한 자
　㉥ 제41조의2(모집업무수탁자의 모집경로 확인 등) 제2항을 위반하여 모집업무수탁업자와 위탁계약을 해지하지 아니한 자
　㉦ 제45조(감독·검사 등) 제2항부터 제4항까지의 규정에 따른 명령에 따르지 아니하거나 검사 및 요구를 거부·방해 또는 기피한 자
　㉧ 제47조(업무보고서의 제출)를 위반하여 보고서를 제출하지 아니하거나 사실과 다른 내용의 보고서를 제출한 자
③ 3천만 원 이하의 과태료
　㉠ 제17조(처리의 위탁) 제4항을 위반한 자
　㉡ 제20조(신용정보 관리책임의 명확화 및 업무처리기록의 보존) 제1항 또는 제3항을 위반한 자
　　ⓐ 제20조 제3항 및 제4항을 위반하여 신용정보관리·보호인을 지정하지 아니한 자
　㉢ 제20조의2(개인신용정보의 보유기간 등) 제2항을 위반한 자
　㉣ 제21조(폐업 시 보유정보의 처리)를 위반한 자
　　ⓐ 제22조의4(개인신용평가회사의 행위규칙) 제1항 및 제2항을 위반하여 신용상태를 평가한 자
　　ⓑ 제3항을 위반하여 불공정행위를 한 자
　　ⓒ 제22조의5(개인사업자신용평가회사의 행위규칙) 제1항 및 제22조의6(기업신용조회회사의 행위규칙) 제1항을 위반하여 신용상태를 평가한 자
　　ⓓ 제22조의5 제2항, 제3항을 위반한 자
　　ⓔ 제22조의6(기업신용조회회사의 행위규칙) 제2항, 제3항을 위반한 자
　　ⓕ 제22조의9(본인신용정보관리회사의 행위규칙) 제1항, 제2항을 위반한 자

- ⑩ 제23조(공공기관에 대한 신용정보의 제공 요청 등) 제5항을 위반한 자
    - ⓐ 채권추심회사 소속 위임직채권추심인이 제27조(채권추심업 종사자 및 위임직채권추심인 등) 제9항 제2호의 위반행위를 한 경우 해당 채권추심회사. 다만, 채권추심회사가 그 위반행위를 방지하기 위하여 해당 업무에 관한 관리에 상당한 주의를 게을리하지 아니한 경우는 제외한다.
- ⑪ 제32조(개인신용정보의 제공·활용에 대한 동의) 제8항 또는 제9항(제34조에 따라 준용하는 경우를 포함한다)을 위반한 자
    - ⓐ 제33조의2(개인신용정보의 전송요구) 제3항 또는 제4항을 위반하여 개인신용정보를 전송하지 아니한 자
    - ⓑ 제34조의2(개인신용정보 등의 활용에 관한 동의의 원칙) 제1항을 위반하여 신용정보주체에게 알려야 할 사항을 알리지 아니한 자
    - ⓒ 제34조의2 제3항 단서를 위반하여 신용정보주체가 요청하였음에도 불구하고 이에 따르지 아니한 자
    - ⓓ 제34조의2 제4항을 위반하여 별도로 요청할 수 있음을 알리지 아니한 자
    - ⓔ 제35조의3(신용정보제공·이용자의 사전통지) 제1항을 위반하여 통지하지 아니한 자
- ⑫ 제36조(상거래 거절 근거 신용정보의 고지 등) 제1항 또는 제3항을 위반한 자
    - ⓐ 제36조의2(자동화평가 결과에 대한 설명 및 이의제기 등) 제1항을 위반하여 설명을 하지 아니한 자
- ⑬ 제37조(개인신용정보 제공 동의의 철회권 등) 제3항을 위반한 자
- ⑭ 제38조(신용정보의 열람 및 정정청구 등) 제3항부터 제6항까지 또는 제8항을 위반한 자
- ⑮ 제38조의2(신용조회사실의 통지 요청)를 위반한 자
- ⑯ 제38조의3(개인신용정보의 삭제 요구)을 위반한 자
- ⑰ 제39조(무료 열람권)를 위반한 자
- ⑱ 제39조의4(개인신용정보 누설통지 등) 제1항을 위반하여 신용정보주체에게 같은 항 각 호의 사실을 알리지 아니한 자
- ⑲ 제39조의4 제3항을 위반하여 조치결과를 신고하지 아니한 자
- ㉠ 제40조(신용정보회사 등의 금지사항) 제2항을 위반하여 영리목적의 광고성 정보를 전송하는 행위에 이용한 자
- ㉡ 제40조의2(가명처리·익명처리에 관한 행위규칙) 제1항을 위반하여 가명처리에 사용한 추가정보를 분리하여 보관하거나 삭제하지 아니한 자, 제2항을 위반하여 가명처리한 개인신용정보에 대하여 기술적·물리적·관리적 보안대책을 수립·시행하지 아니한 자, 제7항을 위반하여 처리를 중지하거나 정보를 즉시 삭제하지 아니한 자

④ 2천만 원 이하의 과태료

제10조(양도·양수 등의 인가 등) 제4항 또는 제17조(처리의 위탁) 제7항을 위반한 자

⑤ 1천만 원 이하의 과태료
  ㉠ 제8조(신고 및 보고 사항) 제1항을 위반한 자
  ㉡ 제11조(겸영업무) 제1항을 위반하여 금융위원회에 신고하지 아니하고 겸영업무를 한 자
    ⓐ 제11조의2(부수업무) 제1항을 위반하여 금융위원회에 신고하지 아니하고 부수업무를 한 자
    ⓑ 제11조의2 제8항에 따른 금융위원회의 제한명령 또는 시정명령에 따르지 아니한 자
    ⓒ 제13조(임원의 겸직 금지)를 위반하여 금융위원회의 승인 없이 다른 영리법인의 상무에 종사한 자
  ㉢ 제17조(처리의 위탁) 제5항을 위반한 자
  ㉣ 제18조(신용정보의 정확성 및 최신성의 유지) 제1항을 위반한 자
  ㉤ 제20조의2(개인신용정보의 보유기간 등) 제1항·제3항 또는 제4항을 위반한 자
  ㉥ 제22조의2(신용정보 등의 보고)를 위반하여 금융위원회에 보고를 하지 아니한 자
    ⓐ 제22조의6(기업신용조회회사의 행위규칙) 제4항을 위반하여 이용자관리규정을 정하지 아니한 자
  ㉦ 제27조(채권추심업 종사자 및 위임직채권추심인 등) 제8항을 위반하여 채권추심업무를 할 때 증표를 내보이지 아니한 자
  ㉧ 제31조(신용정보활용체제의 공시)를 위반한 자
  ㉨ 제32조(개인신용정보의 제공·활용에 대한 동의) 제3항·제7항 또는 제10항(제34조에 따라 준용하는 경우를 포함한다)을 위반한 자
  ㉩ 제35조(신용정보 이용 및 제공사실의 조회)를 위반한 자
    ⓐ 제35조의2(개인신용평점 하락 가능성 등에 대한 설명의무)를 위반하여 해당 신용정보주체에게 설명하지 아니한 자
    ⓑ 제40조의2(가명처리·익명처리에 관한 행위규칙) 제8항을 위반하여 개인신용정보를 가명처리하거나 익명처리한 기록을 보존하지 아니한 자
  ㉪ 제41조의2(모집업무수탁자의 모집경로 확인 등) 제3항을 위반하여 위탁계약 해지에 관한 사항을 알리지 아니한 자
⑥ ①부터 ⑤까지의 규정에 따른 과태료는 대통령령으로 정하는 바에 따라 금융위원회가 부과·징수한다. 다만, 상거래기업 및 법인의 상거래정보보호규정 위반과 관련된 ②부터 ⑤까지의 규정에 따른 과태료 부과는 대통령령으로 정하는 바에 따라 보호위원회가 부과·징수한다.
⑦ ②의 ㉣의 ⓐ 본문에 해당하는 채권추심회사가 「채권의 공정한 추심에 관한 법률」에 따라 형사처벌을 받은 경우에는 과태료를 부과하지 아니하며, 과태료를 부과한 후 형사처벌을 받은 경우에는 그 과태료 부과를 취소한다.

CHAPTER 03 OX 마무리

PART 1 신용정보 총설

01 신용정보주체란 처리된 신용정보로 식별되는 자로서 그 신용정보의 주체가 되는 자로 기업, 법인을 제외한 개인을 의미한다. O X

01 신용정보주체란 처리된 신용정보로 식별되는 자로서 그 신용정보의 주체가 되는 자를 말하며 개인이나 기업, 법인을 불문한다.

02 신용정보회사란 신용정보업에 대하여 금융감독원의 허가를 받은 자이다. O X

02 금융위원회의 허가를 받은 자이다.

03 신용정보집중기관이란 신용정보를 집중하여 관리, 활용하는 자로서 금융감독위원회와 금융감독원을 말한다. O X

03 신용정보를 집중하여 관리·활용하는 자로서 금융위원회로부터 허가받은 자를 말하며 종합신용정보집중기관으로는 전국은행연합회가 있고, 개별신용정보집중기관으로는 생명보험협회, 여신금융협회, 손해보험협회, 한국정보통신진흥협회 등이 있다.

04 신용정보회사에는 개인신용평가회사, 개인사업자신용평가회사, 기업신용조회회사, 본인신용정보관리회사가 있다. O X

04 신용정보회사에는 개인신용평가회사, 개인사업자신용평가회사, 기업신용조회회사, 신용조사회사가 있다.

05 위임직채권추심인이란 채권추심회사가 위임 또는 그에 준하는 방법으로 채권추심업무를 하도록 한 자를 말한다. O X

정답 01 × 02 × 03 × 04 × 05 ○

06	금융위원회에 등록의무를 부과하고 있다.	06	신용정보법은 위임직채권추심인에 대하여 금융감독원에 등록의무를 부과하고 있다. O|X

07	소속채권추심회사의 전속의무이다.	07	채권추심회사는 다른 채권추심회사의 소속으로 등록된 위임직채권추심인을 통하여 추심업무를 할 수 있다. O|X

08	금융위원회가 취소할 수 있다.	08	위임직채권추심인이 채권추심과 관련하여 채무자 또는 관계인을 폭행·협박·체포 또는 감금하거나 그에게 위계나 위력을 사용하는 행위를 한 경우 금융감독원은 그 등록을 취소할 수 있다. O|X

09	그 허가를 취소할 수 있다.	09	거짓이나 그 밖의 부정한 방법으로 신용정보업 허가를 받은 경우 금융위원회는 6개월의 범위에서 기간을 정하여 그 업무의 전부 또는 일부의 정지를 명할 수 있다. O|X

		10	신용정보회사 등은 신용정보관리·보호인을 1명 이상 지정하여야 한다. O|X

11	신용정보법은 '금고 이상의 실형을 선고받고 그 집행이 끝나거나 집행이 면제된 날부터 3년이 지나지 아니한 자'에 대한 고용을 금지하고 있다.	11	신용조회회사는 금고 이상의 실형을 선고받고 그 집행이 종료되거나 집행이 면제된 후 3년이 경과한 자를 임원으로 채용 또는 고용할 수 없다. O|X

정답   06 ×   07 ×   08 ×   09 ×   10 ○   11 ×

12 신용조회회사는 파산선고를 받고 복권되지 아니한 자를 임원으로 채용하거나 고용하여서는 아니 된다. O X

13 신용정보의 이용 및 보호에 관한 법률상 신용조사회사는 금융위원회가 정하여 고시하는 업무에 대하여는 미성년자를 채용 또는 고용할 수 있다. O X

14 신용조사회사는 파산선고를 받고 복권된 지 3년이 지나지 아니한 자는 채용 또는 고용할 수 없다. O X

14 파산선고를 받고서 복권되지 아니한 자를 채용 또는 고용할 수 없다.

15 신용정보법상의 금융채무 불이행자란 채무에 대하여 약정된 기일 내에 상환하지 아니하여 은행연합회에 등록된 자를 말한다. O X

15 신용정보법상의 채권추심업무의 대상은 정당한 사유 없이 약정된 기일 내에 변제를 이행하지 아니한 자이다(신용불량자 등록제도의 폐지로 인하여 더 이상 신용불량자라는 용어는 사용하지 아니한다).

16 신용정보의 '집중관리 · 활용'이란 신용정보를 집중하여 수집 · 보관함으로써 체계적 · 종합적으로 관리하고, 신용정보회사 등 상호 간에 신용정보를 교환 · 활용하는 것을 말한다. O X

16 신용정보법 제25조 제1항

17 금융감독원은 감독에 필요하면 신용정보회사 등에 대하여 그 업무 및 재산상황에 관한 보고 등 필요한 명령을 할 수 있다. O X

17 금융위원회의 권한이다.

정답 12 O 13 O 14 × 15 × 16 O 17 ×

18 신용정보업에는 개인신용평가업, 개인사업자신용평가업, 기업신용조회업, 신용조사업이 해당된다.

18 신용정보업에는 개인신용평가업, 개인사업자신용평가업, 개인신용조회업, 개인신용조사업이 해당된다. O X

19 금융감독원장에게 분기별로 업무보고서를 제출한다.

19 신용정보회사, 본인신용정보관리회사, 채권추심회사, 신용정보집중기관 및 데이터전문기관은 매 분기의 업무보고서를 매 분기 마지막 달의 다음 달 말일까지 금융위원회가 정하는 서식에 따라 작성하여 금융위원회에 제출하여야 한다. O X

20 사업의 전부 또는 일부를 양도·양수 또는 분할하거나, 다른 법인과 합병하려는 경우 금융위원회의 인가를 받아야 한다.

20 신용정보회사가 사업의 일부를 양도·양수하고자 할 경우 금융감독원의 허가를 받아야 한다. O X

21 개정법에서는 이를 '미리 금융위원회에 신고'하도록 규정하였다.

21 신용정보회사가 허가받은 사항 중 대통령령으로 정하는 사항을 변경하려면 금융위원회의 허가를 받아야 한다. O X

22 개정법은 '그 사유가 발생한 날부터 7일 이내에 그 사실을 금융위원회에 보고하여야 한다.'고 규정하였다.

22 대통령령으로 정하는 경미한 사항을 변경하려는 경우에는 허가나 신고의무가 없다. O X

23 금융위원회는 신용정보회사가 거짓이나 그 밖의 부정한 방법으로 허가를 받거나 인가를 받은 경우 허가 또는 인가를 취소할 수 있다. O X

정답 18 X 19 X 20 X 21 X 22 X 23 O

24 지역신용보증재단법에 따라 설립된 신용보증재단은 개인신용평가업, 신용조사업 및 채권추심업 허가를 받을 수 없다. O X

24 지역신용보증재단법에 따라 설립된 신용보증재단은 개인신용평가업, 신용조사업 및 채권추심업 허가를 받을 수 있다.

25 채권추심회사는 그 업무를 하기 위하여 특정인의 소재 등을 파악하는 행위를 할 수 없다. O X

25 채권추심회사가 채권추심업무를 하기 위하여 채무자의 소재를 알아내는 행위는 금지사항이 아니다.

26 신용정보회사 등은 신용정보주체에게 불이익을 줄 수 있는 신용정보를 그 불이익을 초래하게 된 사유가 해소된 즉시 등록·관리 대상에서 삭제하여야 한다. O X

26 신용정보회사 등은 신용정보주체에게 불이익을 줄 수 있는 신용정보를 그 불이익을 초래하게 된 사유가 해소된 날부터 최장 5년 이내에 등록·관리 대상에서 삭제하여야 한다.

27 신용정보회사 등은 개인신용정보를 수집·이용한 경우, 개인신용정보를 제공하거나 제공받은 경우, 개인신용정보를 폐기한 경우에는 개인신용정보의 처리에 대한 기록을 3년간 보존하여야 하는데 이를 신용정보 관리책임의 명확화 의무라 한다. O X

27 업무처리기록의 보존의무이다.

28 신용정보회사 등은 신용정보의 수집, 처리 이용 및 보호 등에 대하여 금융위원회가 정하는 바에 의하여 신용정보 관리기준을 준수하여야 한다. O X

29 신용정보회사 등은 신용정보 전산시스템의 안전보호, 신용정보관리책임의 명확화, 업무처리기록의 보존, 업무목적 외 누설금지, 위반 시 손해배상의 책임 등이 있다. O X

정답 24 × 25 × 26 × 27 × 28 ○ 29 ○

30 신용정보전산시스템의 안전보호의무 위반 시 300만 원 이하의 과태료를 부담해야 한다. O X

30 5천만 원 이하의 과태료에 해당한다.

31 신용정보법 규정에 의한 조사료, 조회료, 채권추심료 또는 수수료 등의 최고 한도보다 많은 금품을 요구하거나 받는 일은 신용정보회사 등의 금지사항이다. O X

31 삭제된 규정으로 현재 신용정보법상으로는 수수료 등의 한도에 관한 제한은 없다.

32 신용정보회사가 사업의 전부를 양도·양수하고자 할 경우 금융위원회의 인가를 받지 아니하면 2천만 원 이하의 과태료가 부가될 수 있다. O X

33 신용정보업, 본인신용정보관리업 또는 채권추심업 허가를 받지 아니하고 신용정보업, 본인신용정보관리업 또는 채권추심업을 한 자는 3년 이하의 징역 또는 3천만 원 이하의 벌금에 처할 수 있다. O X

33 5년 이하의 징역 또는 5천만 원 이하의 벌금에 해당한다.

34 금융위원회의 제한명령 또는 시정명령에 따르지 아니한 자는 2천만 원의 과태료가 부과된다. O X

34 1천만 원 이하의 과태료에 해당한다.

35 무허가 채권추심업자에 대한 업무위탁의 금지를 위반하여 채권추심회사 외의 자에게 채권추심업무를 위탁한 자는 5년 이하의 징역 또는 5천만 원 이하의 벌금에 처할 수 있다. O X

정답 30 X 31 X 32 O 33 X 34 X 35 O

36 영리 또는 부정한 목적으로 특정 개인을 알아볼 수 있게 가명정보를 처리한 자는 3년 이하의 징역 또는 3천만 원 이하의 벌금에 처할 수 있다. O X

36 5년 이하의 징역 또는 5천만 원 이하의 벌금에 해당한다.

37 임원의 겸직 금지를 위반하여 금융위원회의 승인 없이 다른 영리법인의 상무에 종사한 자는 2천만 원의 과태료가 부과된다. O X

37 1천만 원 이하의 과태료에 해당한다.

38 신용정보 관리책임의 명확화 및 업무처리기록의 보존의무를 위반하여 신용정보관리·보호인을 지정하지 아니한 자는 3천만 원의 과태료가 부과된다. O X

39 신용조사회사의 행위규칙을 위반하여 의뢰인에게 허위사실을 알린 자는 3년 이하의 징역 또는 3천만 원 이하의 벌금에 처할 수 있다. O X

40 신용정보집중기관이 아니면서 공동전산망을 구축한 자는 3년 이하의 징역 또는 3천만 원 이하의 벌금에 처할 수 있다. O X

41 모집업무수탁자가 불법취득신용정보를 모집업무에 이용하였는지 등을 확인하지 아니한 자는 1년 이하의 징역 또는 1천만 원 이하의 벌금에 처할 수 있다. O X

41 3년 이하의 징역 또는 3천만 원 이하의 벌금에 처할 수 있다.

정답 36 X 37 X 38 O 39 O 40 O 41 X

42 위임직채권추심인으로 금융위원회에 등록하지 아니하고 채권추심업무를 한 자는 1년 이하의 징역 또는 1천만 원 이하의 벌금에 처할 수 있다. O X

43 추심채권이 아닌 채권을 추심하거나 등록되지 아니한 위임직채권추심인, 다른 채권추심회사의 소속으로 등록된 위임직채권추심인 또는 업무정지 중인 위임직채권추심인을 통하여 채권추심업무를 한 자는 1년 이하의 징역 또는 1천만 원 이하의 벌금에 처할 수 있다. O X

CHAPTER 04 신용정보의 활용

PART 1 신용정보 총설

1 신용정보의 수집 · 조사 및 처리

(1) 수집 및 처리의 원칙

신용정보회사, 본인신용정보관리회사, 채권추심회사, 신용정보집중기관 및 신용정보제공 · 이용자는 신용정보를 수집하고 이를 처리할 수 있다. 이 경우 이 법 또는 정관으로 정한 업무 범위에서 수집 및 처리의 목적을 명확히 하여야 하며, 이 법 및 「개인정보 보호법」 제3조 제1항 및 제2항에 따라 그 목적 달성에 필요한 최소한의 범위에서 합리적이고 공정한 수단을 사용하여 신용정보를 수집 및 처리하여야 한다(신용정보법 제15조 제1항).

또한 신용정보집중기관이 국가 · 지방자치단체 또는 대통령령으로 정하는 공공단체의 장에게 신용정보주체의 신용도 · 신용거래능력 등의 판단에 필요한 신용정보로서 대통령령으로 정하는 신용정보의 제공을 요청하면 그 요청을 받은 공공기관의 장은 「공공기관의 정보공개에 관한 법률」, 「개인정보 보호법」, 「국민건강보험법」, 「국민연금법」, 「한국전력공사법」, 「주민등록법」에도 불구하고 해당 신용정보집중기관에 정보를 제공할 수 있다. 이 경우 정보를 제공하는 기준과 절차 등은 대통령령으로 정한다(신용정보법 제23조 제2항).

(2) 신용정보의 유통 및 관리

① 신용정보의 정확성 및 최신성의 유지

신용정보회사 등은 신용정보의 정확성과 최신성이 유지될 수 있도록 대통령령으로 정하는 바에 따라 신용정보의 등록 · 변경 및 관리 등을 하여야 한다(신용정보법 제18조 제1항). 신용정보회사 등은 신용정보주체에게 불이익을 줄 수 있는 신용정보를 그 불이익을 초래하게 된 사유가 해소된 날부터 최장 5년 이내에 등록 · 관리 대상에서 삭제하여야 한다. 다만, 신용정보주체에게 채권자변동정보를 교부하거나 열람하게 하는 업무를 수행하기 어려운 경우, 그 밖에 신용정보주체의 보호 및 건전한 신용질서를 저해할 우려가 없는 경우로서 대통령령으로 정하는 경우에는 그러하지 아니하다.

② 신용정보전산시스템의 안전보호(신용정보법 제19조)

신용정보회사 등은 신용정보전산시스템에 대한 제삼자의 불법적인 접근, 입력된 정보의 변경 · 훼손 및 파괴, 그 밖의 위험에 대하여 대통령령으로 정하는 바에 따라 기술적 · 물리적 · 관리적 보안대책을 수립 · 시행하여야 한다. 신용정보제공 · 이용자가 다른 신용정보제공 · 이용자 또는 개인신용평가회사, 개인사업자신용평가회사, 기업신용조회회사와 서로 이 법에 따라 신용정보를 제공하는 경우에는 금융위원회가 정하여 고시하는 바에 따라 신용정보 보안관리 대책을 포함한 계약을 체결하여야 한다.

③ 신용정보 관리책임의 명확화 및 업무처리기록의 보존

신용정보회사 등은 신용정보의 수집·처리·이용 및 보호 등에 대하여 금융위원회가 정하는 신용정보 관리기준을 준수하여야 한다. 신용정보회사 등은 다음의 구분에 따라 개인신용정보의 처리에 대한 기록을 3년간 보존하여야 한다(신용정보법 제20조 제1항 및 제2항).

㉠ 개인신용정보를 수집·이용한 경우
  ⓐ 수집·이용한 날짜
  ⓑ 수집·이용한 정보의 항목
  ⓒ 수집·이용한 사유와 근거

㉡ 개인신용정보를 제공하거나 제공받은 경우
  ⓐ 제공하거나 제공받은 날짜
  ⓑ 제공하거나 제공받은 정보의 항목
  ⓒ 제공하거나 제공받은 사유와 근거

㉢ 개인신용정보를 폐기한 경우
  ⓐ 폐기한 날짜
  ⓑ 폐기한 정보의 항목
  ⓒ 폐기한 사유와 근거

㉣ 그 밖에 대통령령으로 정하는 사항

④ 폐업 시 보유정보의 처리

신용정보회사 등(신용정보제공·이용자는 제외한다)이 폐업하려는 경우에는 금융위원회가 정하여 고시하는 바에 따라 보유정보를 처분하거나 폐기하여야 한다.

2 신용정보의 등록·집중관리

(1) 신용정보의 등록

① 신용정보제공·이용자는 신용정보를 신용정보집중기관 또는 개인신용평가회사, 개인사업자신용평가회사 또는 기업신용조회회사에 제공하려는 경우에는 그 정보의 정확성을 확인하여 사실과 다른 정보를 등록해서는 아니 된다.

② 신용정보의 활용기간 및 보존기간은 3년 이상 5년 이내의 범위에서 금융위원회가 정하여 고시한다. 다만, 금융위원회는 신용정보의 특성, 활용용도 및 활용빈도 등을 고려하여 그 활용기간 및 보존기간을 단축할 수 있다.

③ 신용정보의 삭제 방법, 기준 및 절차 등에 관하여 필요한 세부사항은 금융위원회가 정하여 고시한다.

(2) 종합신용정보집중기관을 통하여 집중관리·활용되는 신용정보의 범위(개인)[신용정보법 시행령 별표2]

구 분	집중관리·활용 대상 정보
식별정보	성명 및 개인식별번호
신용거래정보	1) 대출·당좌거래 등에 관한 거래정보로서 다음 가)부터 다)까지의 정보 　가) 대출 현황(신청, 심사 사실 및 대출 약정의 이행 현황을 포함한다) 　나) 당좌예금·가계당좌예금의 개설 및 해지 사실 　다) 담보 및 채무보증 현황 2) 신용카드에 관한 거래정보로서 다음 가)부터 다)까지의 정보 　가) 신용카드의 발급·해지 사실 및 이용·결제·미결제 금액 　나) 2개 이상의 신용카드를 소지한 신용정보주체의 신용카드 이용금액, 이용한도, 신용카드에 의한 현금융통한도 　다) 신용카드의 분실·도난 등 사고 발생, 그 발생한 사고 종결에 따른 보상, 그 밖의 사고 종결의 처리 사실 3) 보험상품에 관한 거래정보로서 다음 가) 및 나)의 구분에 따른 정보. 이 경우 보험계약자가 기업, 법인 및 단체인 경우에도 피보험자 또는 보험금청구권자(보험수익자, 피보험자 또는 손해보험계약의 제삼자 등으로서 보험금을 청구할 권리가 있는 자를 말한다. 이하 같다)가 개인인 경우에는 그 보험상품을 포함한다. 　가) 보험계약의 체결에 관한 정보 : 보험계약 현황, 보험계약의 피보험자 또는 보험금청구권자에 관한 정보(성명, 개인식별번호, 직업 및 보험계약자와의 관계에 관한 정보를 말한다) 및 해당 보험계약을 모집한 모집업무수탁자에 관한 정보 　나) 보험금의 청구 및 지급에 관한 정보 : 보험금의 청구·지급 현황, 보험금의 지급 사유(질병에 관한 정보, 손해보험계약에 따른 보험목적에 생긴 손해 사실, 그 밖의 보험사고에 관한 정보를 포함한다), 보험금청구권자(책임보험계약에 따라 손해를 보상받는 피해자를 포함한다)에 관한 정보(성명, 개인식별번호, 피보험자와의 관계에 관한 정보를 말한다)
신용도 판단정보 등	1) 대출금, 신용카드 대금, 시설대여 이용료 등의 연체 사실 2) 대위변제·대지급 발생 사실 3) 어음·수표의 거래정지처분을 받은 사실 및 그 부도 사실 4) 증권의 투자매매업·투자중개업에 관한 정보로서 다음 가) 및 나)의 정보 　가) 증권시장에 상장된 증권의 매매와 관련하여 투자중개업자에게 매수대금 또는 매도증권을 결제일까지 납입하지 아니한 사실 　나) 증권시장에 상장된 증권의 매매를 위하여 투자자에게 제공하는 매대금의 융자 또는 매도증권의 대여 거래에 관한 정보로서 상환 또는 납입기일까지 그 거래에 따른 채무를 이행하지 아니한 사실 5) 금융질서 문란 정보로서 다음 가)부터 라)까지의 정보 　가) 대출금 등을 용도 외로 유용한 사실 및 부정한 방법으로 대출을 받는 등 신용질서를 문란하게 한 사실 　나) 거짓이나 그 밖의 부정한 방법으로 신용카드를 발급받거나 사용한 사실 　다) 보험사기 사실 　라) 그 밖에 가)부터 다)까지의 사실과 비슷한 것으로서 금융질서를 문란하게 한 사실 6) 공공기관이 만들어 낸 정보로서 다음 가)부터 마)까지의 정보 　가) 법원의 회생·간이회생·개인회생과 관련된 결정, 파산선고·면책·복권과 관련된 결정, 채무불이행자명부의 등재·말소 결정, 성년후견·한정후견·특정후견과 관련된 심판을 받은 사실 　나) 국세·지방세·관세 또는 국가채권과 벌금·과태료·과징금·추징금 등의 체납 관련 정보 및 임금 체불 정보 　다) 사회보험료·공공요금 또는 수수료 등 관련 정보 　라) 주민등록 관련 정보로서 출생·사망·이민·부재에 관한 정보, 주민등록번호·성명의 변경 등에 관한 정보 　마) 다른 법령에 따라 국가, 지방자치단체 또는 공공기관으로부터 받은 행정처분에 관한 정보 중에서 금융거래 등 상거래와 관련된 정보
신용거래능력 판단정보	개인의 소득 총액과 관련된 정보(직장·직업 정보, 연소득정보, 연소득추정정보 및 주거 형태 등에 관한 정보를 말한다)

3 공공기관에 대한 신용정보의 제공 요청(신용정보법 제23조) ☑ 기출

① 신용정보집중기관이 국가·지방자치단체 또는 대통령령으로 정하는 공공단체의 장에게 신용정보주체의 신용도·신용거래능력 등의 판단에 필요한 신용정보로서 대통령령으로 정하는 신용정보의 제공을 요청하면 그 요청을 받은 공공기관의 장은 아래 각각의 법률 등에도 불구하고 해당 신용정보집중기관에 정보를 제공할 수 있다. 이 경우 정보를 제공하는 기준과 절차 등은 대통령령으로 정한다.
  ㉠ 공공기관의 정보공개에 관한 법률
  ㉡ 개인정보 보호법
  ㉢ 국민건강보험법
  ㉣ 국민연금법
  ㉤ 한국전력공사법
  ㉥ 주민등록법

② 신용정보집중기관은 ①에 따라 공공기관으로부터 제공받은 신용정보를 대통령령으로 정하는 신용정보의 이용자에게 제공할 수 있다.

③ 신용정보집중기관 또는 신용정보의 이용자가 공공기관으로부터 제공받은 개인신용정보를 제공하는 경우에는 제공받으려는 자가 해당 개인으로부터 신용정보 제공·이용에 대한 동의를 받았는지를 확인하여야 한다. 다만, 제32조(개인신용정보의 제공·활용에 대한 동의) 제6항 각 호의 어느 하나에 해당하는 경우에는 그러하지 아니하다.

④ 개인신용정보를 제공받은 자는 그 정보를 제삼자에게 제공하여서는 아니 된다.

⑤ 신용정보의 제공을 요청하는 자는 관계 법령에 따라 열람료 또는 수수료 등을 내야 한다.

⑥ 신용정보회사 등은 공공기관의 장이 관계 법령에서 정하는 공무상 목적으로 이용하기 위하여 신용정보의 제공을 문서로 요청한 경우에는 그 신용정보를 제공할 수 있다.

CHAPTER 04 OX 마무리

PART 1 신용정보 총설

01 신용정보집중기관이 국가·지방자치단체에 신용정보주체의 신용도·신용거래능력 등의 판단에 필요한 신용정보로서 대통령령으로 정하는 신용정보의 제공을 요청하면 그 요청을 받은 공공기관의 장은 해당 신용정보집중기관에 정보를 제공할 수 있다. O X

02 신용정보를 수집·조사함에 있어서는 모든 수단을 동원하여 갖가지 정보를 수집·조사하되 목적 달성에 필요한 범위 안에서 활용하여야 한다. O X

02 이 법 또는 정관으로 정한 업무 범위에서 수집·조사 및 처리의 목적을 명확하게 하고 그 목적 달성에 필요한 최소한의 범위에서 합리적이고 공정한 수단을 사용하여야 한다(신용정보법 제15조 제1항).

03 신용정보회사 등은 신용정보주체에게 불이익을 줄 수 있는 오래된 신용정보를 그 불이익을 주게 된 사유가 없어진 즉시 이용 대상 또는 집중관리 대상에서 삭제하여야 한다. O X

03 그 불이익을 초래하게 된 사유가 해소된 날부터 최장 5년 이내에 삭제하여야 한다.

04 신용정보법은 중요정보의 보호 및 유출 방지를 위하여 국가의 안보 및 기밀에 관한 정보에 대해서는 수집·조사를 금지하고 있다. O X

정답 01 O 02 × 03 × 04 O

05 신용정보회사 등은 신용정보의 정확성과 최신성이 유지될 수 있도록 대통령령으로 정하는 바에 따라 신용정보의 등록·변경 및 관리 등을 하여야 한다. O X

06 금융위원회가 정하여 고시한다.

06 신용정보회사 등이 폐업하려는 경우에는 금융감독원장이 정하여 고시하는 바에 따라 보유정보를 처분하거나 폐기하여야 한다. O X

07 개인에 대한 종합신용정보집중기관을 통하여 집중관리·활용되는 신용정보의 범위 중 식별정보에는 성명 및 개인식별번호가 있다. O X

05 O 06 X 07 O

CHAPTER 05 신용정보주체의 보호

PART 1 신용정보 총설

1 신용정보법의 신용정보주체의 권리

(1) 신용정보활용체제의 공시(신용정보법 제31조)

개인신용평가회사, 개인사업자신용평가회사, 기업신용조회회사, 신용정보집중기관 및 대통령령으로 정하는 신용정보제공·이용자는 다음의 사항을 대통령령으로 정하는 바에 따라 공시하여야 한다.

① 개인신용정보 보호 및 관리에 관한 기본계획(총자산, 종업원 수 등을 고려하여 대통령령으로 정하는 자로 한정한다)
② 관리하는 신용정보의 종류 및 이용 목적
③ 신용정보를 제공받는 자
④ 신용정보주체의 권리의 종류 및 행사 방법
⑤ 신용평가에 반영되는 신용정보의 종류, 반영비중 및 반영기간(개인신용평가회사, 개인사업자신용평가회사 및 기업신용등급제공업무·기술신용평가업무를 하는 기업신용조회회사로 한정한다)
⑥ 「개인정보 보호법」 제30조(개인정보 처리방침의 수립 및 공개) 제1항 제6호 및 제7호의 사항
⑦ 그 밖에 신용정보의 처리에 관한 사항으로서 대통령령으로 정하는 사항

위 사항을 변경하는 경우에는 「개인정보 보호법」 제30조 제2항에 따른 방법을 준용한다.

(2) 개인신용정보의 제공·활용에 대한 동의·철회 등

① 개인신용정보의 제공·활용에 대한 동의

신용정보제공·이용자가 개인신용정보를 타인에게 제공하려는 경우에는 대통령령으로 정하는 바에 따라 해당 신용정보주체로부터 서면 등의 방식으로 미리 동의를 받아야 한다(신용정보법 제32조).

㉠ 개인신용정보의 제공·활용에 대한 동의 방식으로 유·무선 통신으로 동의 내용을 해당 개인에게 알리고 동의를 얻는 방법을 규정하고 이 경우 녹취의무와 사후고지절차를 규정함

㉡ 개인신용정보를 제공 받으려는 자로 하여금 해당 신용정보주체에게 개인신용정보 조회 시 개인신용평점이 하락할 수 있음을 고지하도록 함

㉢ 서면 등에 대한 동의의 예외(신용정보법 제32조 제6항)

ⓐ 신용정보회사 및 채권추심회사가 다른 신용정보회사 및 채권추심회사 또는 신용정보집중기관과 서로 집중관리·활용하기 위하여 제공하는 경우
ⓑ 신용정보의 처리를 위탁하기 위하여 제공하는 경우

ⓒ 영업양도·분할·합병 등의 이유로 권리·의무의 전부 또는 일부를 이전하면서 그와 관련된 개인신용정보를 제공하는 경우

ⓓ 채권추심(추심채권을 추심하는 경우만 해당한다), 인가·허가의 목적, 기업의 신용도 판단, 유가증권의 양수 등 대통령령으로 정하는 목적으로 사용하는 자에게 제공하는 경우

ⓔ 법원의 제출명령 또는 법관이 발부한 영장에 따라 제공하는 경우 등

ⓕ 범죄 때문에 피해자의 생명이나 신체에 심각한 위험 발생이 예상되는 등 긴급한 상황에서 위 ⓔ에 따른 법관의 영장을 발부받을 시간적 여유가 없는 경우로서 검사 또는 사법경찰관의 요구에 따라 제공하는 경우. 이 경우 개인신용정보를 제공받은 검사는 지체 없이 법관에게 영장을 청구하여야 하고, 사법경찰관은 검사에게 신청하여 검사의 청구로 영장을 청구하여야 하며, 개인신용정보를 제공받은 때부터 36시간 이내에 영장을 발부받지 못하면 지체 없이 제공받은 개인신용정보를 폐기하여야 한다.

ⓖ 조세에 관한 법률에 따른 질문·검사 또는 조사를 위하여 관할 관서의 장이 서면으로 요구하거나 조세에 관한 법률에 따라 제출의무가 있는 과세자료의 제공을 요구함에 따라 제공하는 경우

ⓗ 국제협약 등에 따라 외국의 금융감독기구에 금융회사가 가지고 있는 개인신용정보를 제공하는 경우

ⓘ 신용정보주체의 신용도를 판단할 수 있는 정보를 개인신용평가회사, 개인사업자신용평가회사, 기업신용등급제공업무·기술신용평가업무를 하는 기업신용조회회사 및 신용정보집중기관에 제공하거나 그로부터 제공받는 경우

ⓙ 통계작성, 연구, 공익적 기록보존 등을 위하여 가명정보를 제공하는 경우. 이 경우 통계작성에는 시장조사 등 상업적 목적의 통계작성을 포함하며, 연구에는 산업적 연구를 포함한다.

ⓚ 정보집합물의 결합 목적으로 데이터전문기관에 개인신용정보를 제공하는 경우

ⓛ 다음의 요소를 고려하여 당초 수집한 목적과 상충되지 아니하는 목적으로 개인신용정보를 제공하는 경우
  • 양 목적 간의 관련성
  • 신용정보회사 등이 신용정보주체로부터 개인신용정보를 수집한 경위
  • 해당 개인신용정보의 제공이 신용정보주체에게 미치는 영향
  • 해당 개인신용정보에 대하여 가명처리를 하는 등 신용정보의 보안대책을 적절히 시행하였는지 여부

ⓜ 이 법 및 다른 법률에 따라 제공하는 경우

ⓝ ⓐ부터 ⓜ까지의 규정에 준하는 경우로서 대통령령으로 정하는 경우

② 개인신용정보 제공 동의의 철회권 등(신용정보법 제37조 제1항 내지 제3항)

㉠ 개인인 신용정보주체는 동의를 받은 신용정보제공·이용자에게 개인신용평가회사, 개인사업자신용평가회사 또는 신용정보집중기관에 제공하여 개인의 신용도 등을 평가하기 위한 목적 외의 목적으로 행한 개인신용정보 제공 동의를 대통령령으로 정하는 바에 따라 철회할 수 있다.

㉡ 동의를 받은 신용정보제공·이용자 외의 신용정보제공·이용자에게 해당 개인신용정보를 제공하지 아니하면 해당 신용정보주체와 약정한 용역의 제공을 하지 못하게 되는 등 계약 이행이 어려워지거나 상거래관계의 설정 및 유지 여부 등을 판단하기 위한 목적을 달성할 수 없는 경우에는 고객이 동의를 철회하려면 그 용역의 제공을 받지 아니할 의사를 명확하게 밝혀야 한다.

ⓒ 개인인 신용정보주체는 대통령령으로 정하는 바에 따라 신용정보제공·이용자에 대하여 상품이나 용역을 소개하거나 구매를 권유할 목적으로 본인에게 연락하는 것을 중지하도록 청구할 수 있다.

ⓔ 신용정보제공·이용자는 서면, 전자문서 또는 구두에 의한 방법으로 권리의 내용, 행사방법 등을 거래 상대방인 개인에게 고지하고, 거래 상대방이 요구를 하면 즉시 이에 따라야 한다. 이때 구두에 의한 방법으로 이를 고지한 경우 대통령령으로 정하는 바에 따른 추가적인 사후 고지절차를 거쳐야 한다.

③ 신용정보 이용 및 제공사실의 조회 등(신용정보법 제35조) ☑ 기출

㉠ 신용정보회사 등은 개인신용정보를 이용하거나 제공한 경우 대통령령으로 정하는 바에 따라 다음의 구분에 따른 사항을 신용정보주체가 조회할 수 있도록 하여야 한다. 다만, 내부 경영관리의 목적으로 이용하거나 반복적인 업무위탁을 위하여 제공하는 경우 등 대통령령으로 정하는 경우에는 그러하지 아니하다.

ⓐ 개인신용정보를 이용한 경우 : 이용 주체, 이용 목적, 이용 날짜, 이용한 신용정보의 내용, 그 밖에 대통령령으로 정하는 사항

ⓑ 개인신용정보를 제공한 경우 : 제공 주체, 제공받은 자, 제공 목적, 제공한 날짜, 제공한 신용정보의 내용, 그 밖에 대통령령으로 정하는 사항

㉡ 신용정보회사 등은 ㉠에 따라 조회를 한 신용정보주체의 요청이 있는 경우 개인신용정보를 이용하거나 제공하는 때에 ㉠의 구분에 따른 사항을 대통령령으로 정하는 바에 따라 신용정보주체에게 통지하여야 한다.

㉢ 신용정보회사 등은 신용정보주체에게 ㉡에 따른 통지를 요청할 수 있음을 알려주어야 한다.

(3) 신용정보의 열람 및 정정청구 등(신용정보법 제38조) ☑ 기출

① 신용정보주체는 신용정보회사 등에 본인의 신분을 나타내는 증표를 내보이거나 전화, 인터넷 홈페이지의 이용 등 대통령령으로 정하는 방법으로 본인임을 확인받아 신용정보회사 등이 가지고 있는 신용정보주체 본인에 관한 신용정보로서 대통령령으로 정하는 신용정보의 교부 또는 열람을 청구할 수 있다.

② 자신의 신용정보를 열람한 신용정보주체는 본인 신용정보가 사실과 다른 경우에는 금융위원회가 정하여 고시하는 바에 따라 정정을 청구할 수 있다.

③ 정정청구를 받은 신용정보회사 등은 정정청구에 정당한 사유가 있다고 인정하면 지체 없이 문제가 된 신용정보에 대하여 정정청구 중 또는 사실조회 중임을 기입하고, 지체 없이 해당 신용정보의 제공·이용을 중단한 후 사실인지를 조사하여 사실과 다르거나 확인할 수 없는 신용정보는 삭제하거나 정정하여야 한다.

④ 신용정보를 삭제하거나 정정한 신용정보회사 등은 해당 신용정보를 최근 6개월 이내에 제공받은 자와 해당 신용정보주체가 요구하는 자에게 해당 신용정보에서 삭제하거나 정정한 내용을 알려야 한다.

⑤ 신용정보회사 등은 처리결과를 7일 이내에 해당 신용정보주체에게 알려야 하며, 해당 신용정보주체는 처리결과에 이의가 있으면 대통령령으로 정하는 바에 따라 금융위원회에 그 시정을 요청할 수 있다. 다만, 개인신용정보에 대한 상거래기업 및 법인의 처리에 대하여 이의가 있으면 대통령령으로 정하는 바에 따라 「개인정보 보호법」에 따른 개인정보 보호위원회에 그 시정을 요청할 수 있다.

⑥ 금융위원회 또는 보호위원회는 시정을 요청받으면 「금융위원회의 설치 등에 관한 법률」에 따라 설립된 금융감독원의 원장 또는 보호위원회가 지정한 자로 하여금 그 사실 여부를 조사하게 하고, 조사결과에 따라 신용정보회사 등에 대하여 시정을 명하거나 그 밖에 필요한 조치를 할 수 있다. 다만, 필요한 경우 보호위원회는 해당 업무를 직접 수행할 수 있다.
⑦ 조사를 하는 자는 그 권한을 표시하는 증표를 지니고 이를 관계인에게 내보여야 한다.
⑧ 신용정보회사 등이 금융위원회 또는 보호위원회의 시정명령에 따라 시정조치를 한 경우에는 그 결과를 금융위원회 또는 보호위원회에 보고하여야 한다.

(4) 신용정보회사 등의 금지사항(신용정보법 제40조) ☑ 기출
① 특정인의 소재 및 연락처(이하 '소재 등'이라 한다)를 알아내는 행위. 다만, 채권추심회사가 그 업무를 하기 위하여 특정인의 소재 등을 알아내는 경우 또는 다른 법령에 따라 특정인의 소재 등을 알아내는 것이 허용되는 경우에는 그러하지 아니하다.
② 정보원, 탐정, 그 밖에 이와 비슷한 명칭을 사용하는 일
③ 신용정보회사 등이 개인신용정보 또는 개인을 식별하기 위하여 필요한 정보를 이용하여 영리목적의 광고성 정보를 전송하는 경우에 대하여는 「정보통신망 이용촉진 및 정보보호 등에 관한 법률」 제50조(영리목적의 광고성 정보 전송 제한)를 준용한다.

(5) 채권추심회사의 금지사항(신용정보법 제41조)
① 채권추심회사는 자기의 명의를 빌려주어 타인으로 하여금 채권추심업을 하게 하여서는 아니 된다.
② 채권추심회사는 다른 법령에서 허용된 경우 외에는 상호 중에 '신용정보'라는 표현이 포함된 명칭 이외의 명칭을 사용하여서는 아니 된다. 다만, 채권추심회사가 신용조회업 또는 「자본시장과 금융투자업에 관한 법률」에 따라 신용평가업 인가를 받아 신용평가업을 함께 하는 경우에는 그러하지 아니하다.

(6) 업무 목적 외 누설금지 등(신용정보법 제42조)
① 신용정보회사 등과 신용정보업관련자는 업무상 알게 된 타인의 신용정보 및 사생활 등 개인적 비밀을 업무 목적 외에 누설하거나 이용하여서는 아니 된다.
② 신용정보회사 등과 신용정보업관련자가 이 법에 따라 신용정보회사 등에 신용정보를 제공하는 행위는 업무 목적 외의 누설이나 이용으로 보지 아니한다.
③ 누설된 개인비밀을 취득한 자(그로부터 누설된 개인비밀을 다시 취득한 자를 포함한다)는 그 개인비밀이 위 ①을 위반하여 누설된 것임을 알게 된 경우 그 개인비밀을 타인에게 제공하거나 이용하여서는 아니 된다.
④ 신용정보회사 등과 신용정보업관련자로부터 개인신용정보를 제공받은 자는 그 개인신용정보를 타인에게 제공하여서는 아니 된다. 다만, 이 법 또는 다른 법률에 따라 제공이 허용되는 경우에는 그러하지 아니하다.

(7) 손해배상의 책임(신용정보법 제43조) ☑ 기출

① 신용정보회사 등과 그로부터 신용정보를 제공받은 자가 이 법을 위반하여 신용정보주체에게 손해를 가한 경우에는 해당 신용정보주체에 대하여 그 손해를 배상할 책임이 있다. 다만, 신용정보회사 등과 그로부터 신용정보를 제공받은 자가 고의 또는 과실이 없음을 증명한 경우에는 그러하지 아니하다.

② 신용정보회사 등이나 그 밖의 신용정보 이용자(수탁자를 포함)가 고의 또는 중대한 과실로 이 법을 위반하여 개인신용정보가 누설되거나 분실·도난·누출·변조 또는 훼손되어 신용정보주체에게 피해를 입힌 경우에는 해당 신용정보주체에 대하여 그 손해의 5배를 넘지 아니하는 범위에서 배상할 책임이 있다. 다만, 신용정보회사 등이나 그 밖의 신용정보 이용자가 고의 또는 중대한 과실이 없음을 증명한 경우에는 그러하지 아니하다.

③ 법원은 배상액을 정할 때에는 다음의 사항을 고려하여야 한다.
　㉠ 고의 또는 손해 발생의 우려를 인식한 정도
　㉡ 위반행위로 인하여 입은 피해 규모
　㉢ 위반행위로 인하여 신용정보회사 등이나 그 밖의 신용정보 이용자가 취득한 경제적 이익
　㉣ 위반행위에 따른 벌금 및 과징금
　㉤ 위반행위의 기간·횟수 등
　㉥ 신용정보회사 등이나 그 밖의 신용정보 이용자의 재산상태
　㉦ 신용정보회사 등이나 그 밖의 신용정보 이용자의 개인신용정보 분실·도난·누출 후 해당 개인신용정보 회수 노력의 정도
　㉧ 신용정보회사 등이나 그 밖의 신용정보 이용자의 피해구제 노력의 정도

④ 채권추심회사 또는 위임직채권추심인이 이 법을 위반하여 「채권의 공정한 추심에 관한 법률」에 따른 채무자 또는 관계인에게 손해를 가한 경우에는 그 손해를 배상할 책임이 있다. 다만, 채권추심회사 또는 위임직채권추심인이 자신에게 고의 또는 과실이 없음을 증명한 경우에는 그러하지 아니하다.

⑤ 신용정보회사가 자신에게 책임 있는 사유로 의뢰인에게 손해를 가한 경우에는 그 손해를 배상할 책임이 있다.

⑥ 신용정보의 처리를 위탁받은 자가 이 법을 위반하여 신용정보주체에게 손해를 가한 경우에는 위탁자는 수탁자와 연대하여 그 손해를 배상할 책임이 있다.

⑦ 위임직채권추심인이 이 법 또는 「채권의 공정한 추심에 관한 법률」을 위반하여 「채권의 공정한 추심에 관한 법률」에 따른 채무자 또는 관계인에게 손해를 가한 경우 채권추심회사는 위임직채권추심인과 연대하여 그 손해를 배상할 책임이 있다. 다만, 채권추심회사가 위임직채권추심인 선임 및 관리에 있어서 자신에게 고의 또는 과실이 없음을 증명한 경우에는 그러하지 아니하다.

CHAPTER 05

PART 1 신용정보 총설

OX 마무리

01 신용정보법은 개인신용정보의 제공·활용에 대한 동의방식으로 유·무선 통신으로 동의 내용을 해당 개인에게 알리고 동의를 얻는 방법을 규정하고 이 경우 녹취의무와 사후고지절차를 규정하고 있다. O X

02 계약의 이행에 필요한 경우로서 신용정보의 처리를 위탁하기 위하여 일정한 요건을 갖춘 자에게 제공하는 경우에는 해당 개인으로부터의 미리 서면 등에 의한 동의를 받아야 한다. O X

02 서면 등에 의한 동의 규정을 적용하지 아니한다.

03 개인신용정보를 제공하는 경우 해당 개인신용정보를 제공받으려는 자는 서면 등에 따른 동의를 받았는지에 대한 확인의무가 없다. O X

03 신용조회회사 또는 신용정보집중기관이 개인신용정보를 제공하는 경우에는 해당 개인신용정보를 제공받으려는 자가 해당 신용정보주체로부터 서면 등에 따른 동의를 받았는지를 확인하여야 한다.

04 신용정보주체는 신용정보회사 등이 가지고 있는 본인정보의 제공 또는 열람을 청구하려면 신용정보회사 등에 본인의 신분을 나타내는 증표를 내보이거나 전화, 인터넷 홈페이지의 이용 등 대통령령으로 정하는 방법으로 본인임을 확인받아야 한다. O X

정답 01 O 02 × 03 × 04 O

05 신용정보주체는 신용정보회사 등이 가지고 있는 본인정보의 제공 또는 열람을 청구할 수 있으며, 본인정보가 사실과 다른 경우에는 금융감독원이 정하여 고시하는 바에 따라 정정을 청구할 수 있다. O X

05 금융위원회가 정하여 고시한다.

06 신용정보를 삭제하거나 정정한 신용정보회사 등은 해당 신용정보를 최근 1년 이내에 제공받은 자와 해당 신용정보주체가 요구하는 자에게 해당 신용정보에서 삭제하거나 정정한 내용을 알려야 한다. O X

06 6개월 이내에 해당한다.

07 금융위원회 또는 보호위원회는 시정을 요청받으면 금융위원회의 설치 등에 관한 법률 제24조에 따라 설립된 금융위원회 또는 보호위원회가 지정한 자로 하여금 그 사실 여부를 조사하게 하고, 조사결과에 따라 신용정보회사 등에 대하여 시정을 명하거나 그 밖에 필요한 조치를 할 수 있다. O X

07 금융감독원의 원장 또는 보호위원회가 지정한 자로 한다(신용정보법 제38조 제6항).

08 신용정보회사 등이 금융위원회 또는 보호위원회의 시정명령에 따라 시정조치를 한 경우에는 그 결과를 금융감독원장 또는 보호위원회에 보고하여야 한다. O X

08 금융위원회 또는 보호위원회에 보고하여야 한다.

09 채권추심회사가 신용조회업 또는 자본시장과 금융투자업에 관한 법률 제335조의3 제1항에 따라 신용평가업 인가를 받아 신용평가업을 함께하는 경우에는 상호 중에 "신용정보"라는 표현이 포함된 명칭 이외의 명칭을 사용할 수 있다. O X

09 신용정보법 제41조 제2항

정답 05 × 06 × 07 × 08 × 09 ○

10 채권추심업을 허가받은 신용정보회사가 그 업무를 하기 위하여 특정인의 소재 등을 알아내는 행위는 허용된다.

10 채권추심업을 허가받은 신용정보회사가 그 업무를 하기 위하여 특정인의 소재 및 연락처를 알아내거나 금융거래 등 상거래관계 외의 사생활 등을 조사하는 일은 금지된다. ☐O ☐X

11 신용정보회사 등과 그로부터 신용정보를 제공받은 자가 고의 또는 과실이 없음을 증명한 경우에는 그러하지 아니하다.

11 신용정보회사 등과 그로부터 신용정보를 제공받은 자가 이 법을 위반하여 신용정보주체에게 손해를 가한 경우에는 언제나 해당 신용정보주체에 대하여 그 손해를 배상할 책임이 있다. ☐O ☐X

10 × 11 ×

PART 01 적중예상문제

CHAPTER 01 신용정보의 의의

01 신용정보법상 신용정보의 목적으로 가장 옳지 않은 것은?

① 신용정보업의 건전한 육성
② 신용정보의 효율적 이용
③ 신용정보의 체계적 관리
④ 건전한 신용질서의 확립
⑤ 신용정보업의 확장

해설
신용정보법은 신용정보 관련 산업을 건전하게 육성하고 신용정보의 효율적 이용과 체계적 관리를 도모하며 신용정보의 오용·남용으로부터 사생활의 비밀 등을 적절히 보호함으로써 건전한 신용질서를 확립하고 국민경제의 발전에 이바지함을 목적으로 한다(신용정보법 제1조).

02 다음 중 신용정보법상의 신용정보에 대한 설명으로 맞는 것은?

① 특정 신용정보주체를 식별할 수 있는 정보에서 살아 있는 개인에 관한 정보란 성명, 주소, 전화번호 및 그 밖에 이와 유사한 정보로서 기획재정부령으로 정하는 정보가 해당된다.
② 신용정보주체의 신용도를 판단할 수 있는 정보란 금융거래 등 상거래와 관련하여 발생한 채무의 불이행, 대위변제, 그 밖에 약정한 사항을 이행한 사실과 관련된 정보를 말한다.
③ 신용정보주체의 신용거래능력을 판단할 수 있는 정보란 개인의 소득과 재산만을 말한다.
④ 개인신용정보란 기업 및 법인에 관한 정보를 제외한 살아 있는 개인에 관한 신용정보로서 해당 정보의 성명, 주민등록번호 및 영상 등을 통하여 특정 개인을 알아볼 수 있는 정보를 말한다.
⑤ 신용정보주체란 처리된 신용정보로 알아볼 수 없는 자로서 그 신용정보의 주체가 되는 자를 말한다.

해설
① 특정 신용정보주체를 식별할 수 있는 정보에서 살아 있는 개인에 관한 정보란 성명, 주소, 전화번호 및 그 밖에 이와 유사한 정보로서 대통령령으로 정하는 정보가 해당된다.
② 그 밖에 약정한 사항을 이행하지 아니한 사실과 관련된 정보를 말한다.
③ 신용정보주체의 신용거래능력을 판단할 수 있는 정보란 개인의 직업·재산·채무·소득의 총액 및 납세실적을 말한다.
⑤ 신용정보주체란 처리된 신용정보로 알아볼 수 있는 자로서 그 신용정보의 주체가 되는 자를 말한다.

정답 01 ⑤ 02 ④

03 다음 중 ( )에 들어갈 법률로 가장 적절한 것은?

> 「신용정보법」 제3조의2(다른 법률과의 관계)
> ① 신용정보의 이용 및 보호에 관하여 다른 법률에 특별한 규정이 있는 경우를 제외하고는 (A)에서 정하는 바에 따른다.
> ② 개인정보의 보호에 관하여 이 법에 특별한 규정이 있는 경우를 제외하고는 (B)에서 정하는 바에 따른다.

	A	B
①	「개인정보 보호법」	「신용정보법」
②	「신용정보법」	「신용정보법」
③	「신용정보법」	「개인정보 보호법」
④	「개인정보 보호법」	「개인정보 보호법」
⑤	「신용정보법」	「정보통신망 이용촉진 및 정보보호 등에 관한 법률」

해설

다른 법률과의 관계(신용정보법 제3조의2)
- 신용정보의 이용 및 보호에 관하여 다른 법률에 특별한 규정이 있는 경우를 제외하고는 신용정보법에서 정하는 바에 따른다.
- 개인정보의 보호에 관하여 이 법에 특별한 규정이 있는 경우를 제외하고는 개인정보 보호법에서 정하는 바에 따른다.

04 다음 중 '신용정보주체의 신용거래능력을 판단할 수 있는 정보'로 가장 적절하지 않은 것은?

① 개인의 직업
② 개인의 채무
③ 개인의 납세실적
④ 개인의 전자우편주소
⑤ 개인의 재산

해설

'신용정보주체의 신용거래능력을 판단할 수 있는 정보'란 개인의 직업 · 재산 · 채무 · 소득의 총액 및 납세실적을 말한다 (신용정보법 제2조 제1의5호).

05 전국은행연합회 규약해설상 신용능력정보에 대한 설명으로 옳은 것은?

① 특정 신용정보주체를 식별할 수 있는 정보를 말한다.
② 신용정보주체의 거래내용 및 신용도 등을 판단할 수 있는 정보로서 기업의 대출, 지급보증, 법인채무보증 정보 등을 말한다.
③ 신용정보주체의 거래내용 및 신용도 등을 판단할 수 있는 정보로서 연체정보, 부도정보, 관련인 정보 등을 말한다.
④ 현재는 은행권 내에서 주로 집중 및 활용되고 있다.
⑤ 다른 정보 등과 결합되어 주로 이용된다.

해설
① · ⑤ 식별정보
② 신용거래정보
③ 신용도판단정보

06 전국은행연합회 규약해설상 금융질서 문란정보는 어떤 정보에 해당하는가?

① 식별정보
② 신용거래정보
③ 신용도판단정보
④ 신용능력정보
⑤ 공공정보

해설
신용도판단정보란 금융거래 등 상거래와 관련하여 신용정보주체의 거래내용 및 신용도 등을 판단할 수 있는 정보로서 연체정보, 대위변제 · 대지급정보, 부도정보, 관련인정보, 금융질서 문란정보를 말한다.

07 신용정보법상 개인신용정보가 될 수 없는 것은?

① 살아 있는 개인에 관한 성명
② 살아 있는 개인에 관한 주민등록번호
③ 영상 등을 통하여 특정 개인을 알아볼 수 있는 정보
④ 해당 정보만으로는 특정 개인을 알아볼 수 없더라도 다른 정보와 쉽게 결합하여 특정 개인을 알아볼 수 있는 정보
⑤ 기업 및 법인에 관한 정보

해설
개인신용정보란 기업 및 법인에 관한 정보를 제외한 살아 있는 개인에 관한 신용정보를 의미한다.

정답 05 ④ 06 ③ 07 ⑤

08 신용정보법상 신용정보주체의 신용도를 판단할 수 있는 정보에서 금융거래 등 상거래와 관련하여 신용질서를 문란하게 하는 행위와 관련된 정보에 해당하지 않는 것은?

① 금융거래 등 상거래에서 다른 사람의 명의를 도용한 사실에 관한 정보
② 법령에 따라 특정 개인을 고유하게 식별할 수 있도록 부여된 정보로서 대통령령으로 정하는 정보
③ 보험사기, 전기통신금융사기를 비롯하여 사기 또는 부정한 방법으로 금융거래 등 상거래를 한 사실에 관한 정보
④ 금융거래 등 상거래의 상대방에게 위조·변조하거나 허위인 자료를 제출한 사실에 관한 정보
⑤ 대출금 등을 다른 목적에 유용(流用)하거나 부정한 방법으로 대출·보험계약 등을 체결한 사실에 관한 정보

해설
특정 신용정보주체를 식별할 수 있는 정보에 해당한다.

CHAPTER 02 신용정보업의 의의

01 다음 중 「신용정보법」에서 정한 '신용정보업'으로 가장 적절하지 않은 것은?

① 개인신용평가업
② 본인신용정보관리업
③ 개인사업자신용평가업
④ 기업신용조회업
⑤ 신용조사업

해설
'신용정보업'이란 개인신용평가업, 개인사업자신용평가업, 기업신용조회업, 신용조사업 중 하나에 해당하는 업(業)을 말한다(신용정보법 제2조 제4호).

02 다음 중 신용정보법상 기업신용조회업에 대한 설명으로 옳지 않은 것은?

① 기업정보조회업무란 기업 및 법인인 신용정보주체의 거래내용, 신용거래능력 등을 나타내기 위하여 대통령령으로 정하는 정보를 제외한 신용정보를 수집하고, 대통령령으로 정하는 방법으로 통합·분석 또는 가공하여 제공하는 행위를 말한다.
② 기업정보조회업을 하기 위해서는 20억 원 이상의 자본금이 있어야 한다.
③ 기업신용등급제공업무란 기업 및 법인인 신용정보주체의 신용상태를 평가하여 기업신용등급을 생성하고, 해당 신용정보주체 및 그 신용정보주체의 거래상대방 등 이해관계를 가지는 자에게 제공하는 행위를 말한다.
④ 기술신용평가업무란 기업 및 법인인 신용정보주체의 신용상태 및 기술에 관한 가치를 평가하여 기술신용정보를 생성한 다음 해당 신용정보주체 및 그 신용정보주체의 거래상대방 등 이해관계를 가지는 자에게 제공하는 행위를 말한다.
⑤ 기업신용등급제공업을 하기 위해서는 20억 원 이상의 자본금이 있어야 한다.

해설
5억 원 이상의 자본금이 있어야 한다(신용정보법 제6조 제1항 제1의3호 가목).

03 채권추심업에 관한 다음 설명 중 가장 적절하지 않은 것은?

① 채권추심업이란 채권자의 위임을 받아 '변제하기로 약정한 날짜까지 채무를 변제하지 아니한 자'에 대한 재산조사, 변제의 촉구 또는 채무자로부터의 변제금 수령을 통하여 채권자를 대신하여 추심채권을 행사하는 행위를 말한다.
② 채권추심업을 영위하기 위해서는 금융위원회로부터 허가를 받아야 한다.
③ 채권추심업은 '타인'인 '채권자'의 채권을 위임받아 추심하는 것을 '영업으로' 하여야 한다.
④ 채권추심회사가 채권추심을 수임할 수 있는 대상채권에는 제한이 없다.
⑤ 일반적으로 채권추심업을 영위할 수 있는 자는 「신용정보법」상의 채권추심회사에 한하지만 「자산유동화에 관한 법률」의 자산관리자와 같이 각종 법규에서 특정한 목적을 위하여 추심을 할 수 있는 자를 정한 경우도 있다.

해설
채권추심 대상채권(신용정보법 제2조 제11호)
- 「상법」에 따른 상행위로 생긴 금전채권
- 판결 등에 따라 권원(權原)이 인정된 민사채권으로서 대통령령으로 정하는 채권
- 특별법에 따라 설립된 조합·공제조합·금고 및 그 중앙회·연합회 등의 조합원·회원 등에 대한 대출·보증, 그 밖의 여신 및 보험 업무에 따른 금전채권
- 다른 법률에서 채권추심회사에 대한 채권추심의 위탁을 허용한 채권

04

다음 중 채권추심회사가 채권자로부터 채권추심을 위임받을 수 있는 채권이 아닌 것은?

① 보험 업무에 따른 금전채권
② 특별법에 따라 설립된 조합의 조합원에 대한 보증채권
③ 판결 등에 따라 권원이 인정된 민사채권으로서 대통령령으로 정하는 채권
④ 「상법」에 따른 상행위로 생긴 금전채권
⑤ 고용인에 대한 임금채권

해설

3번 해설 참고

05

채권추심과 관련하여 채권추심자의 금지행위와 가장 거리가 먼 것은?

① 채권추심을 위하여 다른 사람이나 단체의 명칭을 무단으로 사용하는 행위
② 무효이거나 존재하지 아니한 채권을 추심하는 의사를 표시하는 행위
③ 채권추심에 관한 법률적 권한이나 지위를 표시하는 행위
④ 법원 또는 검찰청에 의한 행위로 오인할 수 있는 말·글 등을 사용하는 행위
⑤ 채권추심에 관한 민사상 법적절차가 진행되고 있지 아니함에도 그러한 절차가 진행되고 있다고 거짓으로 표시하는 행위

해설

거짓 표시의 금지 등(채권추심법 제11조)
채권추심자는 채권추심과 관련하여 채무자 또는 관계인에게 다음의 어느 하나에 해당하는 행위를 하여서는 아니 된다.
- 무효이거나 존재하지 아니한 채권을 추심하는 의사를 표시하는 행위
- 법원, 검찰청, 그 밖의 국가기관에 의한 행위로 오인할 수 있는 말·글·음향·영상·물건, 그 밖의 표지를 사용하는 행위
- 채권추심에 관한 법률적 권한이나 지위를 거짓으로 표시하는 행위
- 채권추심에 관한 민사상 또는 형사상 법적인 절차가 진행되고 있지 아니함에도 그러한 절차가 진행되고 있다고 거짓으로 표시하는 행위
- 채권추심을 위하여 다른 사람이나 단체의 명칭을 무단으로 사용하는 행위

06

다음 중 신용정보법상 금융위원회가 지체 없이 내용을 관보에 공고하고 인터넷 홈페이지 등을 통해 일반인에게 알려야 할 경우가 아닌 것은?

① 신용정보업, 본인신용정보관리업 및 채권추심업 허가를 한 경우
② 양도·양수 등을 인가한 경우
③ 부수업무에 대하여 제한명령 또는 시정명령을 한 경우
④ 부수업무의 신고를 수리한 경우
⑤ 폐업신고를 반려한 경우

해설

허가 등의 공고(신용정보법 제7조)
금융위원회는 다음의 어느 하나에 해당하는 경우 지체 없이 그 내용을 관보에 공고하고 인터넷 홈페이지 등을 이용하여 일반인에게 알려야 한다.
- 신용정보업, 본인신용정보관리업 및 채권추심업 허가를 한 경우
- 양도·양수 등을 인가한 경우
- 폐업신고를 수리한 경우
- 부수업무의 신고를 수리한 경우
- 부수업무에 대하여 제한명령 또는 시정명령을 한 경우
- 신용정보업, 본인신용정보관리업 및 채권추심업 허가 또는 양도·양수 등의 인가를 취소한 경우
- 데이터전문기관을 지정한 경우

07

다음 중 신용정보법상 신용정보업의 허가를 받을 수 있는 자로 옳지 않은 것은?

① 대통령령으로 정하는 금융기관 등이 100분의 30 이상을 출자한 법인
② 「신용보증기금법」에 따른 신용보증기금
③ 「기술보증기금법」에 따른 기술보증기금
④ 「지역신용보증재단법」에 따라 설립된 신용보증재단
⑤ 「무역보험법」에 따라 설립된 한국무역보험공사

해설

대통령령으로 정하는 금융기관 등이 100분의 50 이상을 출자한 법인이다(신용정보법 제5조 제1항 제1호).

CHAPTER 03 신용정보법

01 다음 중 신용정보법상 양도·양수 등의 인가에 대한 내용으로 옳지 않은 것은?

① 신용정보회사, 본인신용정보관리회사 및 채권추심회사가 그 사업의 전부 또는 일부를 양도·양수 또는 분할하거나, 다른 법인과 합병하려는 경우에는 대통령령으로 정하는 바에 따라 금융감독원의 인가를 받아야 한다.
② 신용정보회사, 본인신용정보관리회사 및 채권추심회사가 인가를 받아 그 사업을 양도 또는 분할하거나 다른 법인과 합병한 경우에는 양수인, 분할 후 설립되는 법인 또는 합병 후 존속하는 법인이나 합병에 따라 설립되는 법인은 양도인, 분할 전의 법인 또는 합병 전의 법인의 신용정보회사, 본인신용정보관리회사 및 채권추심회사로서의 지위를 승계한다.
③ ②의 경우 종전의 신용정보회사, 본인신용정보관리회사 및 채권추심회사에 대한 허가는 그 효력을 잃는다.
④ 신용정보회사, 본인신용정보관리회사 및 채권추심회사가 영업의 전부 또는 일부를 일시적으로 중단하거나 폐업하려면 총리령으로 정하는 바에 따라 미리 금융위원회에 신고하여야 한다.
⑤ 금융위원회는 ④에 따른 신고를 받은 경우 그 내용을 검토하여 이 법에 적합하면 신고를 수리하여야 한다.

해설
신용정보회사, 본인신용정보관리회사 및 채권추심회사가 그 사업의 전부 또는 일부를 양도·양수 또는 분할하거나, 다른 법인과 합병하려는 경우에는 대통령령으로 정하는 바에 따라 금융위원회의 인가를 받아야 한다.

02 채권추심회사에서 채권추심업무를 할 수 없는 자는?

① 만 19세 이상인 자
② 파산선고를 받고 복권된 자
③ 금고 이상의 실형을 선고받고 집행이 면제된 날부터 3년이 경과된 자
④ 500만 원의 벌금형을 선고받은 자
⑤ 금고 이상의 형의 집행유예를 선고받고 그 유예기간이 경과되지 않은 자

해설
채권추심회사는 금고 이상의 형의 집행유예를 선고받고 그 유예기간 중에 있는 자를 임직원으로 채용하거나 고용하여서는 아니 되며, 위임 또는 그에 준하는 방법으로 채권추심업무를 하여서는 아니 된다(신용정보법 제27조 제1항 제5호).

정답 01 ① 02 ⑤

03

다음은 「신용정보의 이용 및 보호에 관한 법률」 제2조 제7호에 대한 내용이다. (   ) 안에 들어갈 용어의 바른 조합은?

> (   )란 고객과의 금융거래 등 상거래를 위하여 본인의 영업과 관련하여 얻거나 만들어 낸 신용정보를 (   )에게 제공하거나 (   )으로부터 신용정보를 제공받아 본인의 영업에 이용하는 자와 그 밖에 이에 준하는 자로서 (   )으로 정하는 자를 말한다.

① 신용정보제공·이용자 / 타인 / 타인 / 기획재정부
② 신용정보회사 / 신용정보 주체 / 타인 / 기획재정부
③ 신용정보제공·이용자 / 신용정보 주체 / 신용정보 집중기관 / 대통령령
④ 신용정보회사 / 타인 / 신용정보 집중기관 / 대통령령
⑤ 신용정보제공·이용자 / 타인 / 타인 / 대통령령

해설
"신용정보제공·이용자"란 고객과의 금융거래 등 상거래를 위하여 본인의 영업과 관련하여 얻거나 만들어 낸 신용정보를 타인에게 제공하거나 타인으로부터 신용정보를 제공받아 본인의 영업에 이용하는 자와 그 밖에 이에 준하는 자로서 대통령령으로 정하는 자를 말한다(신용정보법 제2조 제7호).

04

다음 중 신용정보법상 겸영업무에 대한 내용으로 옳지 않은 것은?

① 신용정보회사, 본인신용정보관리회사 및 채권추심회사는 총리령으로 정하는 바에 따라 금융위원회에 미리 신고하고 신용정보주체 보호 및 건전한 신용질서를 저해할 우려가 없는 업무를 겸영할 수 있다.
② ①의 경우 이 법 및 다른 법률에 따라 행정관청의 인가·허가·등록 및 승인 등의 조치가 필요한 겸영업무는 해당 개별 법률에 따라 인가·허가·등록 및 승인 등을 미리 받아야 할 수 있다.
③ 채권추심회사의 겸영업무에는 신용정보업, 유동화자산 관리 업무, 그 밖에 신용정보주체 보호 및 거래질서를 저해할 우려가 없는 업무로서 대통령령으로 정하는 업무가 있다.
④ 개인신용평가회사의 겸영업무는 개인신용평가업 외의 신용정보업만 가능하다.
⑤ 금융위원회는 부분 전단에 따른 신고를 받은 경우 그 내용을 검토하여 이 법에 적합하면 신고를 수리하여야 한다.

해설
개인신용평가회사의 겸영업무에는 개인신용평가업 외의 신용정보업, 채권추심업, 「정보통신망 이용촉진 및 정보보호 등에 관한 법률」 제23조의3에 따른 본인확인기관의 업무 등이 있다(신용정보법 제11조 제2항).

정답 03 ⑤ 04 ④

05 위임직채권추심인에 관한 다음 설명 중 가장 적절하지 않은 것은?

① 채권추심회사가 위임 또는 그에 준하는 방법으로 채권추심업무를 하도록 한 자를 위임직채권추심인이라 한다.
② 채권추심회사는 그 소속 위임직채권추심인이 되려는 자를 금융위원회에 등록하여야 한다.
③ 위임직채권추심인이 정당한 사유 없이 1년 이상 계속하여 등록한 영업을 하지 아니한 경우 금융위원회는 업무의 전부 또는 일부의 정지를 명할 수 있다.
④ 채권추심회사는 그 소속 위임직채권추심인이 채권추심업무를 함에 있어 법령을 준수하고 건전한 거래질서를 해하는 일이 없도록 성실히 관리하여야 한다.
⑤ 위임직채권추심인은 소속 채권추심회사 외의 자를 위하여 채권추심업무를 할 수 없다.

해설
금융위원회는 위임직채권추심인이 정당한 사유 없이 1년 이상 계속하여 등록한 영업을 하지 아니한 경우 그 등록을 취소할 수 있다(신용정보법 제27조 제6항 제6호).

06 다음 중 금융위원회가 위임직채권추심인의 등록을 취소할 수 있는 사유로서 틀린 것은?

① 거짓이나 그 밖의 부정한 방법으로 위임직채권추심인이 되려는 자를 금융위원회에 등록한 경우
② 업무정지명령을 위반하거나 업무정지에 해당하는 행위를 한 자가 그 사유발생일 전 1년 이내에 업무정지처분을 받은 사실이 있는 경우
③ 등록의 내용이나 조건을 위반한 경우
④ 정당한 사유 없이 1년 이상 계속하여 등록한 영업을 하지 아니한 경우
⑤ 법령 또는 소속 채권추심회사의 정관을 위반하여 공익을 심각하게 해치거나 해칠 우려가 있는 경우

해설
6개월의 범위에서 기간을 정하여 그 업무의 전부 또는 일부의 정지를 명할 수 있다(신용정보법 제14조 제2항 제11호).

07 다음의 신용정보업과 관련된 행정기관에 관한 설명 중 틀린 것은?

① 금융위원회는 신용정보 제공능력의 향상과 신용정보의 원활한 이용에 필요하다고 인정하면 신용정보 관련 산업의 육성에 관한 계획을 세울 수 있다.
② 신용정보업을 하고자 하는 자는 개인신용평가업, 개인사업자신용평가업, 기업신용조회업, 신용조사업의 종류별로 금융위원회의 허가를 받아야 한다.
③ 금융감독원장은 그 소속 직원으로 하여금 이 법에 따른 신용정보회사 등의 업무와 재산상황을 검사하도록 할 수 있다.
④ 신용정보회사, 본인신용정보관리회사 및 채권추심회사가 그 사업의 전부 또는 일부를 양도·양수 또는 분할하거나, 다른 법인과 합병하려는 경우에는 대통령령으로 정하는 바에 따라 금융감독원의 인가를 받아야 한다.
⑤ 금융위원회는 신용정보주체를 보호하고 건전한 신용질서를 확립하기 위하여 신용정보회사 등에 자료제출, 처리중단, 시정조치, 공시 등 필요한 조치를 명할 수 있다.

해설
사업의 전부 또는 일부를 양도·양수 또는 분할하거나, 다른 법인과 합병하려는 경우 금융위원회의 인가를 받아야 한다(신용정보법 제10조 제1항).

08 금융위원회가 신용정보법에 따른 명령의 준수 여부를 감독하는 신용정보회사 등으로 옳지 않은 것은?

① 신용정보회사 및 채권추심회사
② 본인신용정보관리회사
③ 데이터전문기관
④ 신용정보집중기관
⑤ 신용정보제공·이용자로서 금융감독원에 검사를 받는 보험회사

해설
데이터전문기관은 해당하지 않는다(신용정보법 제45조 제1항 참조).

09 다음 중 신용정보법상 금융위원회가 신용정보주체를 보호하고 건전한 신용질서를 확립하기 위하여 신용정보회사 등에 필요한 조치를 취할 수 있는 사항이 아닌 것은?

① 자료제출
② 처리중단
③ 인가취소
④ 공시
⑤ 시정조치

해설
금융위원회는 신용정보주체를 보호하고 건전한 신용질서를 확립하기 위하여 신용정보회사 등에 자료제출, 처리중단, 시정조치, 공시 등 필요한 조치를 명할 수 있다(신용정보법 제45조의2).

10 신용정보법상 신용정보회사 등이 거짓이나 그 밖의 부정한 방법으로 신용정보업 등의 허가 또는 인가를 받았을 경우의 벌칙은?

① 10년 이하의 징역 또는 1억 원 이하의 벌금
② 5년 이하의 징역 또는 5천만 원 이하의 벌금
③ 3년 이하의 징역 또는 3천만 원 이하의 벌금
④ 1년 이하의 징역 또는 1천만 원 이하의 벌금
⑤ 6개월 이하의 징역

해설
신용정보법상 신용정보회사 등이 거짓이나 그 밖의 부정한 방법으로 신용정보업 등의 허가 또는 인가를 받았을 경우 5년 이하의 징역 또는 5천만 원 이하의 벌금에 처한다(신용정보법 제50조 제2항 제2호).

11 신용정보법상 신용정보업관련자가 개인비밀을 업무 목적 외로 누설하거나 이용한 경우의 벌칙은?

① 10년 이하의 징역 또는 1억 원 이하의 벌금
② 5년 이하의 징역 또는 5천만 원 이하의 벌금
③ 3년 이하의 징역 또는 3천만 원 이하의 벌금
④ 1년 이하의 징역 또는 1천만 원 이하의 벌금
⑤ 6개월 이하의 징역

해설
신용정보업관련자가 개인비밀을 업무 목적 외로 누설하거나 이용한 경우 10년 이하의 징역 또는 1억 원 이하의 벌금에 처한다(신용정보법 제50조 제1항).

CHAPTER 04 신용정보의 활용

01 다음 중 신용정보법상 신용정보의 유통·이용 및 관리에 관한 규정 중 옳지 않은 것은?

① 신용정보회사 등은 신용정보의 정확성과 최신성이 유지될 수 있도록 대통령령으로 정하는 바에 따라 신용정보의 등록·변경 및 관리 등을 하여야 한다.
② 신용정보회사 등은 신용정보주체에게 불이익을 줄 수 있는 신용정보를 그 불이익을 초래하게 된 사유가 해소된 날부터 즉시 등록·관리 대상에서 삭제하여야 한다.
③ 신용정보회사 등은 신용정보전산시스템에 대한 제삼자의 불법적인 접근, 입력된 정보의 변경·훼손 및 파괴, 그 밖의 위험에 대하여 대통령령으로 정하는 바에 따라 기술적·물리적·관리적 보안대책을 수립·시행하여야 한다.
④ 신용정보회사 등은 의뢰인의 주소와 성명, 의뢰받은 업무 내용 및 의뢰받은 날짜 등에 대한 기록을 3년간 보존하여야 한다.
⑤ 신용정보회사 등은 신용정보의 수집·처리·이용 및 보호 등에 대하여 금융위원회가 정하는 신용정보 관리기준을 준수하여야 한다.

해설
최장 5년 내에 삭제하여야 한다.
신용정보 관리의 4대 원칙
- 신용정보의 정확성 및 최신성의 유지
- 신용정보전산시스템의 안전보호
- 신용정보 관리책임의 명확화 및 업무처리기록의 보존
- 폐업 시 보유정보의 처리

02 다음 중 신용정보법상 개인신용평가회사, 개인사업자신용평가회사, 기업신용조회회사, 신용정보집중기관 및 대통령령으로 정하는 신용정보제공·이용자가 대통령령으로 정하는 바에 따라 공시하여야 하는 사항이 아닌 것은?

① 개인신용정보 보호 및 관리에 관한 기본계획
② 관리하는 신용정보의 종류 및 이용 목적
③ 신용평가에 반영되는 신용정보의 종류, 반영비중 및 반영기간
④ 신용정보주체의 권리의 종류 및 행사 방법
⑤ 신용정보를 제공하는 자

해설
신용정보를 제공받는 자이다(신용정보법 제31조 제1항 제3호).

정답 01 ② 02 ⑤

03 다음 중 신용정보법령상 신용조사업 종사자의 결격요건이 아닌 것은?

① 감사 또는 감사위원회의 위원
② 허가·인가 등의 취소 원인이 되는 사유의 발생과 관련하여 위법 또는 부당한 행위로 금융위원회 또는 금융감독원의 원장으로부터 주의, 경고, 문책, 직무정지, 해임요구 또는 그 밖의 조치를 받은 임원
③ 허가·인가 등의 취소 원인이 되는 사유의 발생과 관련하여 위법 또는 부당한 행위로 금융위원회 또는 금융감독원의 원장으로부터 정직요구 이상에 해당하는 조치를 받은 직원
④ ② 또는 ③에 따른 제재 대상자로서 그 제재를 받기 전에 사임하거나 사직한 사람
⑤ 금융위원회에서 경고를 받은 사람

해설

신용조사업 종사자의 결격요건(신용정보법 시행령 제18조)
- 감사 또는 감사위원회의 위원
- 허가·인가 등의 취소 원인이 되는 사유의 발생과 관련하여 위법 또는 부당한 행위로 금융위원회 또는 금융감독원장으로부터 주의, 경고, 문책, 직무정지, 해임요구 또는 그 밖의 조치를 받은 임원
- 허가·인가 등의 취소 원인이 되는 사유의 발생과 관련하여 위법 또는 부당한 행위로 금융위원회 또는 금융감독원장으로부터 정직요구 이상에 해당하는 조치를 받은 직원
- 앞선 사항에서 금융감독원장의 제재 대상자로서 그 제재를 받기 전에 사임하거나 사직한 사람

04 다음 중 신용정보법상 신용정보집중기관에 대한 설명으로 옳지 않은 것은?

① 신용정보를 집중하여 수집·보관함으로써 체계적·종합적으로 관리하고, 신용정보회사 등 상호 간에 신용정보를 교환·활용하려는 자는 금융위원회로부터 신용정보집중기관으로 허가를 받아야 한다.
② 종합신용정보집중기관이란 대통령령으로 정하는 금융기관 전체로부터의 신용정보를 집중관리·활용하는 신용정보집중기관으로서 금융위원회로부터 허가를 받아야 한다.
③ 신용정보집중기관의 허가 요건은 비영리법인일 것, 신용정보를 집중관리·활용하는 데 있어서 대통령령으로 정하는 바에 따라 공공성과 중립성을 갖출 것, 대통령령으로 정하는 시설·설비 및 인력을 갖출 것 등이 있다.
④ 종합신용정보집중기관은 집중되는 신용정보의 정확성·신속성을 확보하기 위하여 신용정보집중관리위원회가 정하는 바에 따라 신용정보를 제공하는 금융기관의 신용정보 제공의무 이행 실태를 조사할 수 있다.
⑤ 신용정보집중기관은 총리령으로 정하는 바에 따라 신용정보공동전산망을 구축할 수 있으며, 공동전산망에 참여하는 자는 그 유지·관리 등에 필요한 협조를 하여야 한다.

해설

신용정보집중기관은 대통령령으로 정하는 바에 따라 신용정보공동전산망을 구축할 수 있으며, 공동전산망에 참여하는 자는 그 유지·관리 등에 필요한 협조를 하여야 한다(신용정보법 제25조 제6항).

CHAPTER 05 신용정보주체의 보호

01 다음 중 신용정보법령상 신용정보제공·이용자가 신용정보주체로부터 동의를 받기 위해 미리 알려야 할 사항으로 옳지 않은 것은?

① 개인신용정보를 제공받는 자
② 개인신용정보를 제공받는 자의 이용 목적
③ 제공하는 개인신용정보의 내용
④ 개인신용정보를 제공받는 자(개인신용평가회사, 개인사업자신용평가회사, 기업신용조회회사 및 신용정보집중기관은 제외)의 정보 보유 기간 및 이용 기간
⑤ 동의를 거부할 권리가 없다는 사실 및 동의 거부에 따른 불이익의 내용

해설
동의를 거부할 권리가 있다는 사실 및 동의 거부에 따른 불이익이 있는 경우에는 그 불이익의 내용을 미리 알려야 한다(신용정보법 시행령 제28조 제2항 제5호).

02 신용정보법상 개인신용정보의 제공·활용에 대한 동의에 관한 설명으로 옳지 않은 것은?

① 신용정보제공·이용자가 개인신용정보를 타인에게 제공하려는 경우에는 신용정보주체로부터 개인신용정보를 제공할 때마다 미리 개별적으로 동의를 받아야 한다.
② 기존에 동의한 목적 또는 이용 범위에서 개인신용정보의 정확성·최신성을 유지하기 위한 경우에도 개인신용정보를 제공할 때마다 미리 개별적으로 동의를 받아야 한다.
③ 개인신용평가회사, 개인사업자신용평가회사, 기업신용조회회사 또는 신용정보집중기관으로부터 개인신용정보를 제공받으려는 자는 대통령령으로 정하는 바에 따라 해당 신용정보주체로부터 개인신용정보를 제공받을 때마다 개별적으로 동의를 받아야 한다.
④ 개인신용정보를 제공받으려는 자는 개인신용정보의 조회 시 개인신용평점이 하락할 수 있는 때에는 해당 신용정보주체에게 이를 고지하여야 한다.
⑤ 개인신용평가회사, 개인사업자신용평가회사, 기업신용조회회사 또는 신용정보집중기관이 개인신용정보를 제공하는 경우에는 해당 개인신용정보를 제공받으려는 자가 동의를 받았는지를 대통령령으로 정하는 바에 따라 확인하여야 한다.

해설
기존에 동의한 목적 또는 이용 범위에서 개인신용정보의 정확성·최신성을 유지하기 위한 경우에는 그러하지 아니하다(신용정보법 제32조 제1항 단서).

03 개인정보와 가장 거리가 먼 것은?

① 사망했거나 관계 법령(실종선고 등)에 따라 사망한 것으로 보는 자에 관한 정보
② 아이디와 비밀번호 등 식별부호
③ 휴대전화번호 뒤의 4자리
④ 이메일 주소
⑤ 주민등록번호

해설

정의(개인정보 보호법 제2조 제1호)
개인정보란 살아 있는 개인에 관한 정보로서 다음의 어느 하나에 해당하는 정보를 말한다.
- 성명, 주민등록번호 및 영상 등을 통하여 개인을 알아볼 수 있는 정보
- 해당 정보만으로는 특정 개인을 알아볼 수 없더라도 다른 정보와 쉽게 결합하여 알아볼 수 있는 정보. 이 경우 쉽게 결합할 수 있는지 여부는 다른 정보의 입수 가능성 등 개인을 알아보는 데 소요되는 시간, 비용, 기술 등을 합리적으로 고려하여야 한다.
- 가명정보를 원래의 상태로 복원하기 위한 추가 정보의 사용·결합 없이는 특정 개인을 알아볼 수 없는 정보

04 다음 중 신용정보법상 개인신용정보를 이용할 수 있는 경우가 아닌 것은?

① 해당 신용정보주체가 신청한 금융거래 등 상거래관계의 설정 및 유지 여부 등을 판단하기 위한 목적으로 이용하는 경우
② ①의 목적 외의 다른 목적으로 이용하는 것에 대하여 신용정보주체로부터 동의를 받은 경우
③ 개인이 직접 제공한 개인신용정보를 제공받은 목적으로 이용하는 경우
④ 개인신용정보의 제공·활용에 대한 동의에 따라 신용정보회사 등이 개인신용정보를 제공하는 경우
⑤ 그 밖에 신용정보법상 개인신용정보 이용 규정에 준하는 경우로서 총리령으로 정하는 경우

해설

그 밖에 신용정보법상 개인신용정보 이용 규정에 준하는 경우로서 대통령령으로 정하는 경우에 이용할 수 있다(신용정보법 제33조 제1항 제5호).

05 다음 중 신용정보법상 신용정보의 열람 및 정정청구 등에 관한 설명으로 옳지 않은 것은?

① 신용정보주체는 신용정보회사 등에 본인의 신분을 나타내는 증표를 내보이거나 전화, 인터넷 홈페이지의 이용 등 대통령령으로 정하는 방법으로 본인임을 확인받아 신용정보회사 등이 가지고 있는 신용정보주체 본인에 관한 신용정보로서 대통령령으로 정하는 신용정보의 교부 또는 열람을 청구할 수 있다.
② 자신의 신용정보를 열람한 신용정보주체는 본인 신용정보가 사실과 다른 경우에는 금융위원회가 정하여 고시하는 바에 따라 정정을 청구할 수 있다.
③ 정정청구를 받은 신용정보회사 등은 정정청구에 정당한 사유가 있다고 인정하면 지체 없이 해당 신용정보의 제공·이용을 중단한 후 사실인지를 조사하여 사실과 다르거나 확인할 수 없는 신용정보는 삭제하거나 정정하여야 한다.
④ 신용정보를 삭제하거나 정정한 신용정보회사 등은 해당 신용정보를 최근 6개월 이내에 제공받은 자와 해당 신용정보주체가 요구하는 자에게 해당 신용정보에서 삭제하거나 정정한 내용을 알려야 한다.
⑤ 신용정보회사 등은 ③ 및 ④에 따른 처리결과를 7일 이내에 해당 신용정보주체에게 알려야 하며, 해당 신용정보주체는 처리결과에 이의가 있으면 대통령령으로 정하는 바에 따라 금융감독원에 그 시정을 요청할 수 있다.

해설
금융위원회에 그 시정을 요청할 수 있다(신용정보법 제38조 제5항 본문).

06 신용정보주체는 고지받은 본인정보의 내용에 이의가 있으면 고지를 받은 날부터 며칠 이내에 해당 신용정보를 수집·제공한 개인신용평가회사, 개인사업자신용평가회사, 기업신용조회회사 및 신용정보집중기관에게 그 신용정보의 정확성을 확인하도록 요청할 수 있는가?

① 7일
② 14일
③ 30일
④ 60일
⑤ 90일

해설
신용정보주체는 고지받은 본인정보의 내용에 이의가 있으면 고지를 받은 날부터 60일 이내에 해당 신용정보를 수집·제공한 개인신용평가회사, 개인사업자신용평가회사, 기업신용조회회사 및 신용정보집중기관에게 그 신용정보의 정확성을 확인하도록 요청할 수 있다(신용정보법 제36조 제2항).

07
신용정보법상 손해배상의 책임에 관한 설명으로 옳지 않은 것은?

① 신용정보회사 등과 그로부터 신용정보를 제공받은 자가 고의 또는 과실이 없음을 증명한 경우에도 신용정보주체에게 손해를 배상할 책임이 있다.
② 신용정보회사 등이나 그 밖의 신용정보 이용자가 고의 또는 중대한 과실로 이 법을 위반하여 개인신용정보가 누설되거나 분실·도난·누출·변조 또는 훼손되어 신용정보주체에게 피해를 입힌 경우에는 해당 신용정보주체에 대하여 그 손해의 5배를 넘지 아니하는 범위에서 배상할 책임이 있다.
③ 채권추심회사 또는 위임직채권추심인이 이 법을 위반하여 채권의 공정한 추심에 관한 법률에 따른 채무자 또는 관계인에게 손해를 가한 경우에는 그 손해를 배상할 책임이 있다.
④ 신용정보회사가 자신에게 책임 있는 사유로 의뢰인에게 손해를 가한 경우에는 그 손해를 배상할 책임이 있다.
⑤ 신용정보의 처리를 위탁받은 자가 이 법을 위반하여 신용정보주체에게 손해를 가한 경우에는 위탁자는 수탁자와 연대하여 그 손해를 배상할 책임이 있다.

해설
신용정보회사 등과 그로부터 신용정보를 제공받은 자가 고의 또는 과실이 없음을 증명한 경우에는 그러하지 아니하다(신용정보법 제43조 제1항).

08
다음은 「신용정보법」 제43조의2(법정손해배상의 청구)에 관한 내용이다. ( ) 안에 들어갈 금액으로 가장 적절한 것은?

> 신용정보주체는 신용정보회사 등이나 그로부터 신용정보를 제공받은 자가 이 법의 규정을 위반한 경우에는 신용정보회사 등이나 그로부터 신용정보를 제공받은 자에게 제43조(손해배상의 책임)에 따른 손해배상을 청구하는 대신 ( ) 이하의 범위에서 상당한 금액을 손해액으로 하여 배상을 청구할 수 있다. 이 경우 해당 신용정보회사 등이나 그로부터 신용정보를 제공받은 자는 고의 또는 과실이 없음을 입증하지 아니하면 책임을 면할 수 없다.

① 1,000만 원　　② 500만 원
③ 300만 원　　　④ 200만 원
⑤ 100만 원

해설
법정손해배상의 청구(신용정보법 제43조의2)
신용정보주체는 신용정보회사 등이나 그로부터 신용정보를 제공받은 자가 이 법의 규정을 위반한 경우에는 신용정보회사 등이나 그로부터 신용정보를 제공받은 자에게 제43조에 따른 손해배상을 청구하는 대신 300만 원 이하의 범위에서 상당한 금액을 손해액으로 하여 배상을 청구할 수 있다. 이 경우 해당 신용정보회사 등이나 그로부터 신용정보를 제공받은 자는 고의 또는 과실이 없음을 입증하지 아니하면 책임을 면할 수 없다.

PART 2
신용정보 관리

CHAPTER 01 부실채권과 정보의 관리

CHAPTER 02 추심정보

01 부실채권과 정보의 관리

PART 2 신용정보 관리

1 부실채권 관리

채권의 관리는 사전채권관리와 사후채권관리로 구분된다.

사전채권관리	사후채권관리
거래의 안정성 및 수익성을 확보하기 위하여 신용도, 발전가능성, 회수가능성 등에 대한 철저한 신용조사	채무관련 정보의 수집 및 분석을 통한 회수전략 수립
분쟁예방을 위한 계약조건의 명확화	임의회수를 유도하기 위해 변제의지 강화를 위한 설득·압박·타협
부실예방·대응책 확보를 위한 어음수취	행방불명된 채무자의 소재 파악
채권의 안전성 강화를 위한 담보확보	법적 절차의 실익분석과 적절한 실행

2 부실채권 정보의 관리

(1) 채권관리 정보의 수집

단계별 정보수집 목적	정보수집 목표	정보수집 방법
1단계 연락 가능성 파악	• 연락 불가 사유의 분석, 정보변경내역 확인 • 연락가능정보의 수집	원인서류, 신용분석정보, 정보변경내역
2단계 변제의사 파악	• 변제약속과 위약 여부, 빈도 확인 • 최근 변제사실 및 변제금액의 확인	• 최근 변제내역서 및 거래내역서 • 관리이력의 관리내역
3단계 변제능력 파악	• 부동산소유 여부 확인 • 직장재직 여부·임대차 보증금 여부의 확인 • 다른 금융기관에 대한 채무액 확인	• 등기부등본 • 고용보험 가입 여부
4단계 변제의사 고취	변제약속 및 변제 여부의 확인	상담을 통한 원인분석
5단계 이해관계인 파악	• 이해관계인을 통한 소재파악 • 이해관계인의 대위변제 여부 확인	주민등록 등재상태로 세대주, 동거인 여부 확인

(2) 정보의 분류

① **채권원인정보** : 채권원인정보는 채권이 발생하게 된 근거를 제공해 주는 정보를 말한다[계약서(대출원장), 어음, 수표 등].

② **신용분석정보** : 신용분석정보란 채무자의 신용도를 판단·확인하는 데 도움을 주는 정보를 말한다(부동산등기부등본, 사업자등록증, 가족관계등록부, 납세증명서, 임차계약서, 자동차등록 원부, 기타 민원 및 증명서류).

③ **채무자환경분석 정보** : 채무자의 채무환경을 확인·분석하는 데 도움을 주는 정보를 말한다(신용거래정보, 주민등록등·초본, 제삼자 면담을 통한 취득정보, 채권관리시스템을 활용한 정보 등).

> **+ Plus one**
>
> 2011년 부동산등기법 개정으로 과거 등기부등본·초본이라 불렀던 등기기록사항 증명 서면이 등기사항전부증명서와 등기사항일부증명서로 각각 그 용어가 교체되었다. 그러나 본 교재는 부동산 관련 전문 수험서적이 아니므로 수험생들에게 익숙하고 아직 실무상 많이 활용되는 용어인 등기부등본 및 등기부초본이란 용어를 그대로 사용하고자 한다.

CHAPTER 01 OX 마무리

PART 2 신용정보 관리

01 채권관리 단계별 정보수집 목적은 연락 가능성 파악 → 변제의사 파악 → 변제능력 파악 → 변제의사 고취 → 이해관계인 파악이다. O X

02 채권관리 단계별 정보수집 목표 중 연락 가능성 파악은 주민등록 등 재상태로 세대주, 동거인 여부를 확인하는 방법으로 한다. O X

02 원인서류, 신용분석정보, 정보변경내역을 확인하는 방법으로 한다.

03 채권관리 단계별 정보수집 목표 중 변제능력 파악은 최근 변제내역서 및 거래내역서를 확인하는 방법으로 한다. O X

03 등기부등본, 고용보험 가입 여부를 확인하는 방법으로 한다.

정답 01 O 02 × 03 ×

04 채무자환경분석 정보에는 신용거래정보, 제삼자 면담을 통한 취득정보, 채권관리시스템을 활용한 정보, 계약서나 대출원장을 통한 취득정보가 있다. O X

04 계약서, 대출원장은 채권원인정보이다.

05 채무자의 채무환경을 확인·분석하는 데 도움을 주는 정보를 신용분석정보라 한다. O X

05 채무자환경분석 정보이다.

06 정보의 분석 단계는 정보의 조합과 분석을 통하여 회수의 가능성을 높이는 대안을 창출하는 과정이다. O X

정답 04 × 05 × 06 ○

CHAPTER 02 추심정보

PART 2 신용정보 관리

1 추심정보의 수집·분석·활용

(1) 계약서(대출원장) ☑ 기출
① 의의 : 계약이란 사법상의 일정한 법률적 효과의 발생을 목적으로 하는 두 사람 이상의 의사의 합의에 따라 성립하는 법률행위를 말한다. 계약서란 이러한 계약의 조항과 내용을 작성해 놓은 서류를 말한다.
② 계약서의 작성목적 : 계약서는 미래에 있을 분쟁을 예방하고, 만일 분쟁 발생 시 책임의 한계를 명확히 하고, 계약의 내용을 증명하기 위한 목적으로 작성한다. 즉, 금융기관과 개인(기업) 간의 대출 약정 시 대출금액 등의 계약조건과 당사자의 권리의무관계 등을 명시한 서류의 작성을 통해 채권·채무관계의 성립을 증명하기 위해 작성한다.
③ 계약서의 종류 : 대출거래약정서, 신용카드사 회원가입신청서, 임대차계약서, 차용증서, 매매계약서 등
④ 계약서의 중요성 : 채권 발생의 계약내용을 파악하고 재산(부동산, 동산)의 유무, 소득의 유무 파악하며 채무자를 상대로 한 집행권원의 획득 및 강제집행 시 제출되는 중요한 원인서류가 된다.

(2) 어음과 수표
① 약속어음의 개요
  ㉠ 개인어음 : 어음발행인이 어음금액을 직접 영업소나 주소지에서 지급하는 어음으로, 개인어음은 은행에서 지급업무를 취급하지 않으므로 부도처분 또는 은행거래정지처분 제도를 적용받지 않는다.
  ㉡ 은행도어음 : 은행에 당좌예금을 개설하고 어음용지를 은행으로부터 교부받아 발행한 어음으로 은행도어음은 지급장소가 당좌예금계좌를 개설한 거래은행이며 은행을 통하여 어음금액을 지급한다.
② 발행목적에 따른 약속어음의 종류
  ㉠ 진성어음 : 진성어음은 실제의 상거래를 원인으로 하여 매매대금의 지급을 위하여 발행된 어음을 말한다.
  ㉡ 융통어음 : 일시적인 자금의 융통을 도모하기 위하여 발행되는 어음을 말한다.

③ **약속어음의 형식** : 어음, 수표를 발행할 때에는 일정한 형식 요건을 갖추어야 한다. 이를 어음과 수표의 요식 증권성이라고 한다.

```
                        약속어음                    ⓗ 지시금지

           ⓕ ○○○ 귀하
              ⓐ 금 천만 원정              ⓑ ₩10,000,000
    위의 금액을 귀하 또는 귀하의 지시인에게 이 약속어음과 상환하여 지급하겠습니다.
              ⓔ                        ⓒ
    지급기일   ○○○○년 ○○월 ○○일    발행일    ○○○○년 ○○월 ○○일
    지급지    서울시 신림동              발행지    서울시 봉천동
    지급장소   주식회사 국민은행 신림지점   주소      발행인 주식회사 봉천갈비
                                                 대표이사 봉갈비(인)

    ⓖ (주)봉천갈비를 보증함. 비데상사 대표이사 변기통
    ⓓ 물품을 납품하면 지급하겠습니다.
```

ⓐ, ⓑ : 채권 금액   ⓒ : 발행인(채무자) 인적 사항
ⓓ : 조건부 지급사항   ⓔ : 지급기일과 지급방법 지급지
ⓕ : 수취인(채권자)   ⓖ : 어음 보증인

㉠ ⓐ와 ⓑ의 금액이 차이가 있을 경우 문자로 기재한 금액이 우선한다.
㉡ ⓐ와 ⓑ의 금액을 둘 다 숫자로 기재하거나 둘 다 문자로 기재한 경우 적은 금액을 우선하여 적용한다.
㉢ ⓓ를 조건부지급이라 하며 조건부 어음 수표는 무효지만 소지인이 발행인의 직접 상대방일 때는 청구가 가능하다.
㉣ ⓔ는 지급일 전에는 소구청구가 불가하다.
㉤ ⓖ는 어음에 대한 보증인인 경우로 어음발행인에 대한 연대보증인의 개념이다.
㉥ ⓗ는 지시금지·배서금지라고도 하며 지시금지된 어음은 배서로서 양도할 수 없다.

④ **약속어음의 수취 시 필수기재사항 확인** ☑ 기출

㉠ 약속어음문구 : 증권의 본문 중에 국어로 약속어음이라는 문자를 기재하여야 한다.
㉡ 어음금액의 지급약속 : 약속어음에는 조건 없이 일정한 금액을 지급할 것을 약속하는 뜻을 기재하여야 한다(어음법 제75조 제2호). 이 기재는 단순하여야 한다. 그러므로 조건부 지급약속이나 지급방법을 제한하는 것은 허용되지 않는다. 또한 이자를 지급해야 할 채권인 경우 만기까지 기간이자를 계산하여 원금에 더한 금액을 확정적으로 기재하여야 한다. 조건을 기재하거나 이자를 기재하면 이는 유익적 기재사항으로서 그것을 기재하지 않은 것으로 본다.

ⓒ 수취인 : 어음에 지급을 받을 자 또는 지급을 받을 자를 지시할 자로 기재된 자를 말한다. 수취인은 1인인 경우가 일반적이나, 2인 이상의 상대방에게 어음을 발행하는 것도 유효하며, 선택적으로 기재하는 것도 유효하다.

② 발행인의 기명날인 또는 서명

ⓐ 발행인란의 유·무효한 날인
- 기명 + 서명 = 유효 / 기명 + 무인 = 무효 / 기명 + 직인 = 유효
- 서명 + 무인 = 무효 / 서명 + 직인 = 유효

ⓑ 발행인의 기명날인 또는 서명은 반드시 어음 자체에 하여야 하고 부전(보전·보충지)이나 등본에 기재하여서는 아니 된다.

ⓒ 발행인을 중첩적으로 기재할 수는 있으나, 선택적으로 기재할 수는 없다.

◎ 발행지와 발행일 : 발행지의 기재가 없는 때에는 발행인의 명칭에 부기한 지를 발행지로 본다. 어음에 발행지의 기재가 없고 발행인의 명칭에 부기한 지가 없더라도 국내어음의 경우에는 그 어음면상 발행지의 기재가 없는 경우라고 할지라도 이를 무효의 어음으로 볼 수는 없다. 발행일이라 함은 어음이 발행된 날로서 어음상에 기재된 일자를 의미하며, 사실상 어음이 발행된 일자를 의미하는 것이 아니다. 그러므로 선일자어음이나 후일자어음도 유효하다. 다만 발행일이 만기보다 후일자인 경우에는 무효인 어음이 된다.

◉ 만기 : 만기의 종류에는 네 가지만이 인정되며 만기기재가 없으면 어음법의 구제규정에 의하여 일람출급의 어음으로 본다.

[만기기재례]

확정일출급	발행일자 후 정기출급	일람출급	일람 후 정기출급	미기재
2025.5.26.에 지급함	발행일로부터 3개월 후에 지급함	지급제시 즉시 지급	일람 후(제시 후) 7일에 지급함	일람출급으로 봄

ⓢ 지급지 : 지급지라 함은 어음금액이 만기에 지급될 일정한 지역을 말한다. 지급지의 기재가 없는 경우 발행지를 지급지로 보며, 발행지가 없는 때에는 발행인의 명칭에 부기한 지를 지급지로 본다. 지급지는 중첩적으로 기재하거나 선택적으로 기재하면 무효가 된다.

⑤ **배서의 연속 확인** ☑기출

㉠ 배서의 의의 : 배서란 어음·수표의 소지인이 어음의 이면에 일정사항을 기재 후 어음을 교부함으로써 어음상의 권리를 이전하는 것을 말하며, 수표는 지급만을 목적으로 하는 특성 때문에 지급인에 대한 배서는 영수증의 효과만 있다는 점이 어음의 배서와는 다른 점이다.

㉡ 배서의 방식

ⓐ 정식 배서 : 배서인이 어음이나 수표에 피배서인의 이름과 배서한다는 말을 적고 기명 날인이나 서명하여 피배서인에게 양도하는 배서방식

ⓑ 약식 배서(백지식 배서) : 어음이나 수표에 피배서인의 이름은 적지 않은 채 배서한다는 말만을 적고 기명날인하여 피배서인에게 양도하는 방식

ⓒ 간략약식배서 : 배서인이 어음이나 수표에 피배서인 이름이나 배서한다는 말도 적지 않은 채 단순히 기명날인 또는 서명하여 그 어음이나 수표를 피배서인에게 양도하는 배서 방식
ⓒ 배서의 연속 : 어음(수표) 수령인에서부터 차례로 마지막 소지인에게 이르기까지 배서가 형식상으로 연속되는 상태를 말하며 배서가 단절된 경우 어음소지인은 배서 단절 전의 자에 대해서는 어음금을 청구할 수 없다.
ⓔ 배서의 선의취득 : 배서가 형식상 연속하는 소지인에게서 어음, 수표를 취득했을 때는 배서양도인이 진정한 권리자가 아니었다는 사실을 몰랐다고 하더라도 어음, 수표 채권의 취득을 유효하게 보는 것을 말한다. 배서의 선의취득 요건으로는 아래와 같다.
ⓐ 배서가 형식상 연속해야 한다.
ⓑ 어음을 배서로 양수해야 한다.
ⓒ 기한 전에 취득해야 한다.
ⓓ 배서양도인이 진정한 권리자가 아니었다는 사실을 모르거나 모르는 데 중과실이 없어야 한다.

⑥ 어음·수표의 지급제시
㉠ 어음의 지급제시 기간 : 주채무자에 대한 지급제시 기간은 만기의 날로부터 3년간이다. 소구권 보전을 위한 지급제시 기간은 일람출급의 어음은 발행일자로부터 1년 내에 지급을 위하여 지급제시하여야 하며, 발행인은 일정한 기일 전에는 일람출급의 어음의 지급을 위한 제시를 금지하는 뜻을 기재할 수 있다. 이 경우에는 제시기간은 그 기일로부터 개시한다. 확정일출급·발행일자 후 정기출급 또는 일람 후 정기출급 환어음의 소지인은 지급을 할 날 또는 이에 이은 2거래일 내에 지급을 위한 제시를 하여야 한다. 만기가 법정휴일인 때에는 이에 이은 제1의 거래일에 지급을 청구할 수 있다.
㉡ 수표의 지급제시 기간 : 국내에서 발행하고 지급할 수표는 발행일로부터 10일 내에 지급을 위한 제시를 하여야 한다.
㉢ 적법한 기간 내에 지급제시를 하지 않으면 지급은행은 '제시기간경과'를 이유로 지급거절하고 부도반환한다. 또한 어음소지인은 배서인에 대한 소구권을 상실하고 발행인 및 보증인에 대해서만 청구가 가능하다. 또한 발행인은 부도로 인한 거래정지 처분을 받지 않는다.
㉣ 적법한 기간 내에 지급제시했으나 지급거절된 경우 그 어음·수표의 소지인은 소구의무자인 발행인, 보증인, 배서인 모두에게 또는 그중 한 사람에게 상환청구가 가능하며, 각 소구의무자는 주채무자와 함께 어음소지인에 대하여 합동책임을 부담한다.

⑦ 어음·수표의 소멸시효 ☑기출

구 분	권리의 종류	시 효
약속어음	주채무자에 대한 청구권	만기의 날로부터 3년
	소지인의 배서인에 대한 소구권	거절증서 작성 면제 시 만기의 날로부터 1년
	어음배서인이 자기보다 앞선 배서인에 대한 소구권	어음을 회수한 날 또는 제소된 날로부터 6월
수 표	지급보증인에 대한 청구권	제시기간 경과 후 1년
	상환의무자에 대한 소구권	제시기간 경과 후 6월
	상환자의 그 전자에 대한 소구권	수표를 환수한 날 또는 제소된 날로부터 6월
공증어음	지급기일이 있는 경우	지급일의 다음 날로부터 3년
	지급기일이 일람출급 또는 일람지급인 경우	발행일로부터 1년 이내 제시되지 않은 경우 제시일로부터 4년
		발행일로부터 1년 이내 제시된 경우 제시일로부터 3년
기 타	이득상환청구권(어음, 수표)	어음(수표)상의 권리가 절차의 흠결이나 시효의 완성으로 소멸된 다음 날로부터 10년

⑧ 이득상환청구

  ㉠ 이득상환청구의 의의 : 어음소지인이 소구 요건을 충족하지 못하거나 또는 소구권 행사의 소멸시효가 완성되어 소구권을 상실하고, 어음채무자에 대한 어음채권도 소멸시효로 소멸한 경우에는 더 이상 어음상의 권리는 행사할 수 없다. 그러나 어음채무자, 소구의무자 중에 그 어음의 권리가 소멸됨으로써 실질적인 이득이 있는 자에게 그 이득의 상환을 청구할 수가 있다. 이득상환을 청구하기 위해서는 청구권자가 이득상환청구권에 대한 성립요건과 대항요건을 모두 주장, 증명해야 한다.

  ㉡ 이득상환청구권의 발생요건

    ⓐ 어음상의 권리가 유효하게 존속하고 있었을 것
    ⓑ 어음상의 권리가 절차의 흠결 또는 시효로 인하여 소멸하였을 것
    ⓒ 어음소지인은 다른 구제수단을 갖지 아니할 것
    ⓓ 어음채무자가 실질상 이득하였을 것

⑨ 부정수표의 종류 ☑기출

  ㉠ 가설명의 수표 : 개인발행수표일 경우 주민등록번호와 이름이, 법인발행수표일 경우 법인등기번호와 상호가 일치하지 않는 수표

  ㉡ 무거래수표 : 지급은행과 수표계약 없이 발행한 수표

  ㉢ 서명 또는 기명날인 상이수표 : 지급은행에 미리 신고한 서명감, 명판, 인감과 일치하지 않는 서명이나 기명날인으로 발행한 수표

  ㉣ 지급자금부족 지급거절수표 : 수표계약은 했으나 지급자금을 예치하지 않았거나 부족하여 제시기일에 제시한 수표를 지급은행이 지급거절한 수표

  ㉤ 제시기간안 제시, 무거래 지급거절수표 : 발행할 때는 수표계약이 있었으나, 뒤에 수표계약 해지로 지급거절된 수표

⑩ 발행인에 대한 처벌(부정수표를 발행하거나 작성한 자)
　㉠ 고의일 경우 : 5년 이하의 징역이나 수표금 10배 이하의 벌금책임
　㉡ 과실인 경우 : 3년 이하의 금고나 수표금 5배 이하의 벌금책임
　㉢ 발행인이 법인 등 단체일 때는 수표상 대표자나 작성자 말고도 그 법인도 벌금책임을 짐
　㉣ 발행인이 본인이 아니고 대리인인 때에는 본인 말고도 그 대리인도 형사책임을 짐(양벌책임)
　㉤ 부정수표의 발행의 주체는 부정수표를 발행하거나 작성한 자로 배서인과 보증인은 포함되지 않음

2 신용분석정보 수집·분석·활용

(1) 부동산등기부등본 ☑ 기출

① 개요 : 부동산등기부는 토지등기부와 건물등기부의 두 가지가 있으며 1필의 토지 혹은 1동의 건물을 기준으로 작성된다. 단독주택의 경우에는 토지와 건물의 등기부가 따로 있으나 아파트 등의 집합건물은 하나다.

② 등기권리의 순위 : 각 등기는 등기한 순서대로 순위번호를 기재한다. 이 순위번호에 의하여 등기의 우열이 가려지며 부기등기의 순위는 주등기의 순위에 의한다. 그러나 가등기의 경우 본등기를 하면 그 본등기의 순위는 가등기의 순위에 의한다. 갑구와 을구 사이의 등기순위는 접수일자와 접수번호에 의하여 그 우열을 가리게 된다.

③ 부동산등기부등본의 구성

등기부등본은 표제부, 갑구 및 을구로 구성되어 있다. 토지등기부와 건물등기부로 나눠지며, 1필의 토지, 혹은 1동의 건물을 기준으로 작성한다. 단독주택의 경우에는 토지등기부, 건물등기부를 별도 구성하며 집합건물(아파트 포함)의 경우에는 하나의 등기부에 건물부분과 대지부분을 함께 기재한다.

　• 건물에 관한 사항 : 건물의 표시(지번, 구조, 동수, 층별), 전유부분의 건물표시(구조, 층수, 호수) 공시
　• 토지에 관한 사항 : 대지권의 목적인 토지의 표시란(지번 및 각 토지의 총면적), 대지권 표시란(아파트 전속된 지분의 표시) 사항을 확인할 수 있다.

　㉠ 표제부 : 부동산의 표시와 구조에 관한 사항 확인
　　ⓐ 토지 : 소재지, 지번, 지목, 면적
　　ⓑ 건물 : 소재지, 지번, 건평, 층수, 구조, 용도 등
　　ⓒ 기타 : 접수일자, 해당건물의 소재, 지번 및 건물번호, 건물의 내역, 등기원인, 토지분할이나 지목의 변경, 건물구조의 변경이나 증축 등에 의한 면적변경
　㉡ 갑구 : 소유권에 관한 사항 기재[현재 소유자와 과거의 소유자, 가압류, 가처분, 압류(경매), 가등기, 예고등기 등, 권리의 변경등기, 말소 및 회복등기]
　㉢ 을구 : 소유권 이외의 권리인 저당권, 전세권, 지역권, 지상권, 임차권 등 기재

④ 부동산등기부등본의 분석
  ㉠ 갑구에서 유의사항
    ⓐ 처분금지가처분 : 소유권 이전등기 청구권 확보를 위한 처분금지가처분의 등기가 되어 있는 경우 소송의 원고가 승소판결을 받았다면 가처분 이후의 등기는 말소될 가능성이 높으므로 유의해야 한다.
    ⓑ 예고등기 : 등기원이 전혀 없는데도 인감증명 등을 위조하여 소유권을 이전했거나 저당권을 설정 또는 말소한 경우에 그 등기를 말소 또는 회복해 줄 것을 소송으로 청구하는 때에 그러한 소송이 제기되었음을 제삼자에게 알려서 불의의 피해를 입지 않도록 법원이 촉탁하여 등기가 된 경고적 의미의 등기를 말한다. 해당 부동산과 관련하여 소송이 진행 중이라는 것을 알리기 위해 법원에서 등재한다.
    ⓒ 가등기 : 본등기를 하면 그 순위는 가등기의 순위에 따르는 것이므로 이 본등기에 저촉되는 가등기 이후 제삼자의 등기는 가등기에 터 잡은 본등기가 이루어질 때 등기기관이 직권으로 말소한다.
  ㉡ 을구에서 유의사항
    ⓐ 임차권은 그 자체로는 채권적 성격을 지니나 등기됨으로써 물권적 성질로 전환이 이루어져 우선변제받을 수 있다.
    ⓑ 지상권, 지역권 등은 그 토지의 이용관계를 목적으로 설정되어 있으므로 이에 따른 존속기간과 이해관계 확인이 가능하다.

(2) 법인등기부등본 ☑기출

등기번호, 등록번호, 상호, 본점, 공고방법, 1주의 금액, 발행할 주식의 총수, 발행주식의 수·종류 등, 목적, 임원, 지점, 지배인에 관한 사항 등이 기재된다. 수인이 공동대표로 등재되어 있는 경우 별도의 규정이 없으면 각자 회사를 대표하는 것이 원칙이나, 공동대표행위를 하도록 규정되어 있다면 공동대표 전원의 동의와 서명을 받아야 계약이 유효하게 성립된다. 또한, 법인의 대표자는 특별한 경우를 제외하고는 법인의 채무에 대해 연대책임을 부담하지 않는 것이 원칙이다.

(3) 자동차 등록원부

소유자 변동사항 등 기본사항을 포함하는 갑구와 세부적인 소유자 및 권리관계를 나타낸 을구로 구성되며 차량에 대한 연식, 소유자 인적사항 등을 파악할 수 있다.

3 채무환경분석정보 수집 · 분석 · 활용

(1) 주민등록초본의 열람
본인이나 본인의 위임을 받은 대리인, 정당한 이해관계 있는 자 등에 한해서 발급받을 수 있다. 채권자는 신청사항을 증명할 수 있는 자료를 제출하여야 하며 불가피한 경우 등의 특별한 사정이 없으면 현재의 주소지에 관한 자료에 한하여만 열람할 수 있고, 주민등록표 자체의 복제 또는 제공을 신청할 수 없다.

(2) 주민등록초본 ☑기출
① 주민등록초본 기재 정보
  ㉠ 개인 인적사항 및 변경내역, 병역사항
  ㉡ 주소 이동사항
  ㉢ 주민등록 등재지의 세대주 및 관계
  ㉣ 주민등록 등재 여부 및 말소, 사망, 국외이주 여부 등
  ㉤ 상기의 객관적인 정보 외에 조합과 유추의 과정을 파악
② 주민등록번호의 의미
  ㉠ 앞의 6자리 : 생년월일 의미
  ㉡ 뒤 7자리 숫자 중 첫 번째 자리 : 남, 여 구분(1, 2), 2000년 이후 남, 여(3, 4)
  ㉢ 두 번째부터 다섯 번째 자리 4자리 숫자 : 주민등록을 신청하는 관할관청 지역번호
  ㉣ 여섯 번째 숫자 : 주민등록 기재하는 순서대로 번호 매김
  ㉤ 맨 마지막 숫자 : 검증번호(앞의 번호들이 정상적으로 조합됐는지를 확인하는 일종의 암호)

(3) 주민등록등 · 초본의 분석 · 활용
① 말소자의 경우 말소사실을 확인하고 재등록 여부를 주기적으로 확인한다.
  ㉠ 직권말소 : 관공서에서 주민등록등재자가 더 이상 그곳에 거주하지 않음을 알았을 경우 직권으로 말소하는 것
  ㉡ 신고말소 : 세대주가 세대원이 살고 있지 않음을 신고하여 말소하는 것
② 세대주 확인이 필요한 경우 이해관계인확인서(공정증서 · 판결문 등), 신분증, 사원증 제출 후 해당주소지의 전입세대 열람이 가능하다.

CHAPTER 02

PART 2 신용정보 관리

OX 마무리

01 채권채무의 성립을 증명하는 원인서류는 계약서이다. 　O X

02 진성어음이란 실제의 상거래를 원인으로 하여 매매대금의 지급을 위하여 발행된 어음을 말한다. 　O X

03 개인어음이란 개인인 어음발행인이 은행에 당좌예금을 개설하고 어음용지를 은행으로부터 교부받아 발행한 어음을 말한다. 　O X

03 은행도어음에 관한 설명이다. 개인어음이란 어음용지를 주로 문방구에서 구입하여 사용하는 것으로 일명 문방구어음이라고도 한다.

04 개인어음이란 어음발행인이 어음금액을 직접 영업소나 주소지에서 지급하는 어음을 말한다. 　O X

05 개인어음은 은행에서 지급업무를 취급하지는 않으므로 부도처분 또는 은행거래정지처분 제도를 적용받지 않는다. 　O X

01 O　02 O　03 ×　04 O　05 O　　정답

06 은행도어음이란 은행에 당좌예금을 개설하고 어음용지를 은행으로부터 교부받아 발행한 어음으로 지급장소가 당좌예금계좌를 개설한 거래은행이며 은행을 통하여 어음금액을 지급한다. O X

07 약속어음에 있어서 문자로 기재한 금액과 숫자로 기재한 금액이 상이한 경우 금액이 큰 기재가 우선한다. O X

07 문자로 기재한 금액이 우선한다.

08 금액을 둘 다 문자로 기재한 경우 둘 중 큰 금액을 적용한다. O X

08 적은 금액을 우선하여 적용한다.

09 조건부 어음 수표는 무효지만 소지인이 발행인의 직접 상대방일 때는 청구가 가능하다. O X

10 어음의 지급일 전에도 소구청구는 가능하다. O X

10 지급일 전에 소구청구는 불가하다.

11 배서란 어음·수표의 소지인이 어음의 이면에 배서인이 어음금액을 피배서인에 대하여 지급할 것을 의뢰하는 뜻의 기재를 하여 어음을 교부함으로써 어음상의 권리를 이전하는 것을 말한다. O X

정답 06 O 07 X 08 X 09 O 10 X 11 O

12 영수증의 효과는 있다.

12 수표는 지급만을 목적으로 하는 특성 때문에 지급인에 대한 배서는 무익적 기재로서 그 효력이 없다는 점이 어음의 배서와는 다른 점이다. O X

13 배서 단절 전의 자에 대해서는 어음금을 청구할 수 없다.

13 어음의 배서가 단절된 경우 어음소지인은 자신의 전 배서인에 대해서는 어음금을 청구할 수 있다. O X

14 선의취득 인정. 진정한 권리자가 아니었다는 사실을 모르거나 모르는 데 중과실이 없는 경우에는 어음, 수표 채권을 유효하게 취득한다.

14 배서가 형식상 연속하는 소지인에게서 어음, 수표를 취득했을 때 배서양도인이 진정한 권리자가 아니었다는 사실을 몰랐다면 어음수표 채권의 취득을 무효로 본다. O X

15 모르거나 모르는 데 중과실이 없어야 한다.

15 배서의 선의취득을 인정받기 위해서는 배서가 형식상 연속해야 하고 배서로 양수해야 하며, 기한 전에 취득해야 한다. 또한 모르거나 모르는 데 과실이 없어야 한다. O X

16 소구란 어음·수표가 부도가 되거나 기타 만기 전일지라도 지급이 위태로운 상태가 된 경우 채권자가 책임자에게 상환을 청구하는 제도를 말한다. O X

17 재소구란 소구의무자가 어음소지인 또는 자기의 후자에 대하여 소구의무를 이행하고 어음을 환수하여 다시 자기의 전자에 대하여 소구하는 것을 말한다. O X

12 × 13 × 14 × 15 × 16 O 17 O

18 약속어음의 경우 발행인란의 '기명 + 무인 = 유효'이다. O X

18 기명 + 무인 = 무효

19 주채무자에 대한 지급제시 기간은 발행일자로부터 1년간이다. O X

19 만기의 날로부터 3년간이다.

20 일람출급어음에 지급을 위한 제시를 금지하는 뜻을 기재한 경우 제시기간은 그 기일로부터 개시한다. O X

21 어음·수표 취득 시에는 필요한 기재사항과 자신의 전 배서를 확인한다. O X

21 배서의 연속을 확인한다.

22 어음·수표 취득 시 배서의 연속을 확인하면 어음·수표에 대한 사고계가 나와 있는지는 확인하지 않아도 된다. O X

22 해당 은행의 사고계 여부도 확인한다.

23 어음에 미리 공증을 받아두면 쉽게 집행문을 부여받아 강제집행할 수 있다. O X

24 적법한 기간 내에 지급제시가 없어 '제시기간경과'를 이유로 지급거절하고 부도 반환된 어음의 경우 어음소지인은 자신의 전 배서인에 대하여만 소구가 가능하다. O X

24 배서인에 대한 소구권을 상실하고 발행인 및 보증인에 대해서만 청구가 가능하다.

정답 18 × 19 × 20 ○ 21 × 22 × 23 ○ 24 ×

25 각 소구의무자는 주채무자와 함께 어음소지인에 대하여 합동책임을 부담한다.

25 적법한 기간 내에 지급제시했으나 지급거절된 경우 각 소구의무자와 주채무자는 각각 어음소지인에 대하여 연대책임을 부담한다. O X

26 수표의 상환의무자에 대한 소구권의 소멸시효는 제시기간 경과 후 6월이다.

26 수표의 소멸시효는 지급보증인에 대하여는 1년, 소구권은 1년, 재소구권은 6월이다. O X

27 일람출급어음에 공증받은 경우 발행인에 대한 어음상의 청구권 소멸시효기간은 발행일로부터 1년 이내에 지급제시되지 않았다면 제시일로부터 4년이다. O X

28 3년이다. 공증된 것이라 하여 약속어음을 '판결 등과 동일한 효력이 있는 것에 의하여 확정된 채권'이라 할 수 없고 민법 제165조 제2항의 채권으로서 10년의 소멸시효에 걸린다 할 수 없다.

28 지급기일이 있는 약속어음에 공증을 받는 경우, 이 어음소지인의 발행인에 대한 어음상의 청구권 소멸시효기간은 지급기일로부터 10년이다. O X

29 시효나 권리보전절차를 밟지 않아 권리가 소멸되었어야 한다.

29 이득상환을 청구하기 위한 요건으로는 시효나 권리보전절차를 밟음으로써 권리가 소멸되었어야 한다. O X

30 어음수수의 원인관계 등 실질관계(기본관계)에 있어서 현실로 받은 재산상의 이익을 말하는 것이다.

30 상환할 이득이란 어음상의 권리가 소멸함으로써 그 지급의 필요가 없게 된 것 그 자체, 즉 어음상의 채무를 면한 것을 말한다. O X

31 이득상환 청구권의 소멸시효는 어음·수표상의 절차의 흠결이나 시효의 완성으로 소멸된 다음 날로부터 10년이다. O X

32 수표계약은 했으나 지급자금을 예치하지 않았거나 부족하여 제시기일에 제시한 수표를 지급은행이 지급거절한 지급자금부족 지급거절수표는 부정수표 단속법의 처벌대상이다. O X

33 부정수표 단속법상의 부정수표의 종류 중 가설명의 수표란 지급은행에 미리 신고한 서명감, 명판, 인감과 일치하지 않는 서명이나 기명날인으로 발행한 수표를 말한다. O X

33 서명 또는 기명날인 상이수표에 대한 설명이다. 가설명의 수표란 주민등록번호와 이름, 법인등기번호와 상호가 일치하지 않는 수표를 말한다.

34 부정수표를 발행하거나 작성한 자가 과실일 경우에는 5년 이하의 징역이나 수표금의 10배 이하의 벌금에 처한다. O X

34 고의일 경우이다. 과실인 경우에는 3년 이하의 금고나 수표금 5배 이하의 벌금에 처한다.

35 배서인과 보증인은 부정수표 단속법에 의한 처벌을 받지 않는다. O X

36 부정수표 단속법에 의한 부정수표의 종류에는 가설명의 수표, 무거래수표, 배서가 지워진 수표, 서명 또는 기명날인 상이수표, 지급자금부족 지급거절수표, 제시기간안 제시, 무거래 지급거절수표, 지급지의 기재가 없는 수표 등이 있다. O X

36 배서가 지워진 수표와 지급지의 기재가 없는 수표는 부정수표의 종류가 아니다.

정답 31 O 32 O 33 × 34 × 35 O 36 ×

| 37 | 부기등기의 순위는 주등기의 순위에 의한다. | 37 | 부기등기의 순위, 갑구와 을구 사이의 등기순위는 접수일자와 접수번호에 의하여 그 우열을 가리게 된다. O X |

| 38 | 갑구이다. | 38 | 처분금지가처분 등 소유권에 관한 사항이 기재되어 있는 것이 을구이다. O X |

| 39 | 근저당권, 저당권 설정이 있는지 여부는 을구에서 확인 가능하다. | 39 | 부동산등기부등본 갑구 조회 시 유의사항으로는 소유권에 대한 압류사항, 근저당권/저당권 설정이 있는지 여부, 예고등기에 관련한 사항, 순위 보존능력이 있는 가등기에 관한 사항, 등기부등본의 사건번호와 취급부서 등이 있다. O X |

| 40 | 법원의 촉탁으로 갑구에 등재한다. | 40 | 예고등기는 해당 부동산과 관련하여 소송이 진행 중이라는 것을 알리기 위해 당사자의 신청으로 을구에 등재한다. O X |

| 41 | 부동산등기부등본에 의한 신용분석정보 확인 시 담보권설정 당시에는 담보가치가 있었더라도 실제 경매 시에 부동산 경기가 하락하였거나 유찰 횟수가 많아짐에 따라 경매실익이 없을 수도 있으므로 경매실익 여부를 점검한다. O X |

| 42 | 소유권 이전등기 청구권 확보를 위한 처분금지가처분의 등기가 되어 있는 경우 원고가 승소판결을 받았다면 가처분 이후의 등기는 말소될 가능성이 높으므로 유의해야 한다. O X |

정답 37 × 38 × 39 × 40 × 41 O 42 O

43 본등기를 하면 그 순위는 가등기의 순위에 따르는 것이므로 이 본등기에 저촉되는 가등기 이후 제삼자의 등기는 본등기 시에 신청하여 동시 말소한다. O X

43 본등기 시 등기관이 직권 말소한다.

44 주민등록번호의 두 번째부터 다섯 번째까지의 4자리 숫자는 등록기준지 관할관청 지역번호이다. O X

44 주민등록을 신청하는 관할관청 지역번호이다.

45 주민등록번호의 맨 마지막 숫자는 검증번호라고 하는데 이는 앞의 번호들이 정상적으로 조합됐는지를 확인하는 오류검증 번호이다. O X

45 일종의 암호이다.

46 가족관계등록부상 등록기준지 변경내역은 주민등록표(초본)에 기재되어 있는 정보이다. O X

46 주민등록등본에 기재되어 있다.

47 남자의 주민등록번호는 뒤의 일곱 자리 숫자가 1로 시작하고 여자는 2로 시작한다. 2000년 이후도 동일하다. O X

47 2000년 이후의 남자는 3, 여자는 4로 시작한다.

48 주민등록등(초)본은 원인서류 등과 함께 채권관리 및 신용조사 업무에 가장 기본적으로 검토해야 할 서류 중 하나이다. O X

정답 43 X 44 X 45 O 46 X 47 X 48 O

49 정당한 이해관계가 있는 자는 사실확인서를 제출하고 주민등록초본을 발급받을 수 있다.

49 정당한 이해관계가 있는 자는 주민등록초본은 발급 가능하나, 주민등록등본은 발급이 불가능하다. O X

50 세대주는 주민등록등본의 기재사항이다.

50 주민등록초본에는 채무자와 세대를 같이하는 세대주의 성명 및 주민등록번호가 기재되어 있어 이를 유용하게 활용할 수 있다. O X

51 과거의 주소이동 사항 기재가 필수요소는 아니다.

51 주민등록초본에는 과거의 주소이동 사항이 필수적으로 기재되어 있기 때문에 채무자의 이력 및 거주상황을 판단하는 자료로 활용할 수 있다. O X

52 주민등록 재등록 신고란 주민등록이 말소된 자가 다시 주민등록을 신고하는 제도를 말한다. O X

49 O 50 X 51 X 52 O

PART 02 적중예상문제

CHAPTER 01 부실채권과 정보의 관리

01 다음 채권관리의 내용 중 그 성격이 다른 하나는?

① 임의회수를 유도하기 위해 변제의지 강화를 위한 설득·압박·타협
② 채무 관련 정보의 수집 및 분석을 통한 회수전략 수립
③ 부실예방·대응책 확보를 위한 어음수취
④ 법적 절차의 실익분석과 적절한 실행
⑤ 행방불명된 채무자의 소재 파악

해설

[부실채권 관리]

사전채권관리	사후채권관리
거래의 안정성 및 수익성을 확보하기 위하여 신용도, 발전가능성, 회수가능성 등에 대한 철저한 신용조사	채무관련 정보의 수집 및 분석을 통한 회수전략 수립
분쟁예방을 위한 계약조건의 명확화	임의회수를 유도하기 위해 변제의지 강화를 위한 설득·압박·타협
부실예방·대응책 확보를 위한 어음수취	행방불명된 채무자의 소재 파악
채권의 안전성 강화를 위한 담보확보	법적 절차의 실익분석과 적절한 실행

02 다음 중 사전채권관리의 내용이 아닌 것은?

① 거래의 안정성 및 수익성을 확보하기 위하여 신용도, 발전가능성, 회수가능성 등에 대한 철저한 신용조사
② 분쟁예방을 위한 계약조건의 명확화
③ 채권의 안전성 강화를 위한 담보확보
④ 법적 절차의 실익분석
⑤ 부실예방·대응책 확보를 위한 어음수취

해설
1번 해설 참고

정답 01 ③ 02 ④

03 다음 중 정보수집 목적과 방법이 틀린 것은?

① 연락가능성 파악 – 원인서류, 신용분석정보, 정보변경내역
② 변제의사 파악 – 최근 변제내역서 및 거래내역서
③ 변제능력 파악 – 등기부등본, 고용보험 가입 여부
④ 변제의사 고취 – 관리이력의 관리내역을 통한 원인 분석
⑤ 이해관계인 파악 – 주민등록 등재상태로 세대주, 동거인 여부 확인

해설
4단계(변제의사 고취) : 상담을 통한 원인 분석

04 다음의 설명 중 틀린 것은?

① 채무자 환경분석정보에는 신용거래정보, 제삼자 면담을 통한 취득정보, 채권관리시스템을 활용한 정보를 통한 취득정보가 있다.
② 채무자의 채무환경을 확인·분석하는 데 도움을 주는 정보를 환경분석정보라 한다.
③ 신용분석정보란 안정적인 채권확보를 도모하고 부실채권 발생 시 채권관리를 위한 각종 정보를 취득하기 위한 정보로 채무자의 신용도를 판단·확인하는 데 도움을 주는 정보를 말한다.
④ 정보의 분석 단계는 정보의 조합과 분석을 통하여 회수의 가능성을 높이는 대안을 창출하는 과정이다.
⑤ 상담과정이나 채무자의 소재파악을 위한 결정적인 단서를 제공해 주는 정보는 채권원인정보이다.

해설
채무자 환경분석정보이다.

CHAPTER 02 추심정보

01 다음 어음의 분류에 대한 설명 중 옳은 것은?

① 융통어음이란 실제의 상거래를 원인으로 하나 일시적인 자금의 융통을 도모하기 위하여 발행되는 어음이다.
② 개인어음은 지급장소가 당좌예금계좌를 개설한 거래은행이며 은행을 통하여 어음금액을 지급한다.
③ 은행도어음은 어음발행인이 어음금액을 직접 영업소나 주소지에서 지급하는 어음을 말한다.
④ 개인어음은 은행에서 지급업무를 취급하기 때문에 부도처분 또는 은행거래정지처분 제도를 적용받지 않는다.
⑤ 은행도어음이란 은행에 당좌예금을 개설하고 어음용지를 은행으로부터 교부받아 발행한 어음으로 지급장소가 당좌예금계좌를 개설한 거래은행이며 은행을 통하여 어음금액을 지급한다.

해설
① 융통어음이란 정상적인 상거래 없이 발행되는 어음을 말한다.
② 은행도어음이다.
③ 개인어음이다.
④ 은행에서 지급업무를 취급하지 않으므로 부도처분 또는 은행거래정지처분 제도를 적용받지 않는다.

02 약속어음에 관한 다음 설명 중 가장 적절하지 않은 것은?

① 만기가 적혀 있지 아니한 경우는 일람출급의 약속어음으로 본다.
② 지급지가 적혀 있지 아니한 경우는 발행지를 지급지 및 발행인의 주소지로 본다.
③ 약속어음에는 발행인의 기명날인 또는 서명을 적어야 한다.
④ 발행지가 적혀 있지 아니한 경우는 발행인의 명칭에 부기한 지(地)를 발행지로 본다.
⑤ 배서에는 조건을 붙일 수 있고, 일부의 배서도 유효하다.

해설
배서에는 조건을 붙여서는 아니 되며, 배서에 붙인 조건은 적지 아니한 것으로 본다. 또한, 일부의 배서는 무효로 한다(어음법 제12조 제1항 및 제2항).

03

다음의 어음의 기재사항에 관한 설명 중 맞는 것은?

① 어음의 발행일은 실제 발행한 날과 일치하여야 한다.
② 국내어음에는 반드시 기명날인을 하여야 하고 서명이나 무인을 한 경우에는 효력이 없다.
③ 어음에 만기의 기재가 없어도 그 어음은 유효하다.
④ 수취인을 2인 이상을 기재한 경우 무효가 된다.
⑤ 발행인을 선택적으로 기재할 수 있다.

해설
③ 만기의 기재가 없는 경우 일람출급의 어음으로 본다.
① 선일자어음이나 후일자어음도 유효하다.
② 어음수표행위는 서명만으로도 가능하다.
④ 수취인은 1인인 경우가 일반적이나, 2인 이상의 상대방에게 어음을 발행하는 것도 유효하며 선택적으로 기재하는 것도 유효하다.
⑤ 발행인을 중첩적으로 기재할 수는 있으나, 선택적으로 기재할 수는 없다.

04

「어음법」 및 「수표법」상 환어음, 약속어음, 수표에 관한 다음 설명 중 가장 적절하지 않은 것은?

① 환어음은 조건 없이 일정 금액을 지급할 것을 위탁하는 뜻을 적고, 약속어음은 조건 없이 일정 금액을 지급할 것을 약속하는 뜻을 적는다.
② 약속어음은 지급인이 없고 따라서 지급지도 기재하지 않는다.
③ 수표에는 만기와 수취인을 기재할 필요가 없다.
④ 수표는 발행인이 처분할 수 있는 자금이 있는 은행을 지급인으로 한다.
⑤ 환어음과 달리 수표는 인수하지 못한다.

해설
어음의 요건(어음법 제75조)
약속어음에는 다음의 사항을 적어야 한다.
- 증권의 본문 중에 그 증권을 작성할 때 사용하는 국어로 약속어음임을 표시하는 글자
- 조건 없이 일정한 금액을 지급할 것을 약속하는 뜻
- 만 기
- 지급지
- 지급받을 자 또는 지급받을 자를 지시할 자의 명칭
- 발행일과 발행지
- 발행인의 기명날인 또는 서명

05 수표에 관한 다음 설명 중 가장 적절하지 않은 것은?

① 자기앞수표는 은행이 발행인과 지급인을 겸하고 있어서 수표의 명칭과 같이 '자기(은행)' 앞으로 지급을 위탁하는 수표다.
② 수표의 금액을 글자와 숫자로 적은 경우에 그 금액에 차이가 있으면 큰 금액을 수표금액으로 한다.
③ 미완성으로 발행한 수표에 미리 합의한 사항과 다른 내용을 보충한 경우에는 그 합의의 위반을 이유로 소지인에게 대항하지 못한다.
④ 수표는 보증에 의하여 그 금액의 전부 또는 일부의 지급을 담보할 수 있다.
⑤ 국내에서 발행하고 지급할 수표는 10일 내에 지급을 받기 위한 제시를 하여야 한다.

해설
수표의 금액을 글자와 숫자로 적은 경우에 그 금액에 차이가 있으면 글자로 적은 금액을 수표금액으로 한다(수표법 제9조 제1항).

06 다음의 어음의 형식적 요건에 관한 설명 중 틀린 것은?

① 약속어음에 있어서 문자로 기재한 금액과 숫자로 기재한 금액이 상이한 경우 문자로 기재한 금액이 우선한다.
② 조건부 어음 수표는 무효지만 소지인이 발행인의 직접 상대방일 때는 청구가 가능하다.
③ 어음의 지급일 전에 소구청구는 불가능하다.
④ 수표는 지급만을 목적으로 하는 특성 때문에 지급인에 대한 배서는 무익적 기재로서 그 효력이 없다는 점이 어음의 배서와는 다른 점이다.
⑤ 어음의 배서가 단절된 경우 어음소지인은 배서 단절 전의 자에 대해서는 어음금을 청구할 수 없다.

해설
지급인에 대한 배서는 영수증의 효과만 있다.

07 배서에 관한 설명 중 틀린 것은?

① 배서는 어음으로부터 생기는 모든 권리를 이전한다.
② 배서는 무조건으로 하여야 한다.
③ 배서에 조건을 붙인 경우 조건은 기재하지 아니한 것으로 본다.
④ 말소한 배서는 배서의 연속에 관하여는 배서의 기재가 없는 것으로 본다.
⑤ 배서가 연속되면 그 어음소지인은 권리자로 간주된다.

해설
어음의 점유자가 배서의 연속에 의하여 그 권리를 증명하는 때에는 이를 적법한 소지인으로 추정한다.

08 다음의 어음·수표의 선의취득에 관한 설명 중 옳지 않은 것은?

① 선의취득이 인정되기 위해서는 배서가 연속되어야 한다.
② 선의취득은 지시금지어음이나 기한 후 배서에도 인정된다.
③ 양수인이 양도행위에 존재한 하자를 알지 못한 데에 중과실이 있으면 선의취득이 인정되지 않는다.
④ 어음이 도품이나 유실물일 경우에도 선의취득이 인정된다.
⑤ 선의취득자는 무권리자로부터 어음을 취득하였음에도 어음상의 권리를 취득한다.

해설
② 지시금지어음의 양도나 기한 후 배서에는 지명채권양도의 효력밖에 없으므로 선의취득은 인정되지 아니한다.
⑤ 어음의 선의취득으로 인정되는 하자의 범위 즉, 양도인의 범위는 양도인이 무권리자인 경우뿐만 아니라 대리권의 흠결이나 하자 등의 경우도 포함한다.

09 어음이나 수표의 배서에 대한 다음 설명 중 옳지 않은 것은?

① 수표도 어음에서와 같은 배서가 인정되고 있으나 수표는 지급만을 목적으로 하는 특성 때문에 어음의 배서와는 다른 점이 있다.
② 어음을 제삼자에게 양도하는 방법으로 배서에 의한 양도방법이 있다.
③ 배서는 배서인이 기명날인하거나 서명하여야 한다.
④ 배서의 연속이라 함은 어음수령인으로부터 차례로 마지막 소지인에 이르기까지 배서가 형식상으로 연속되는 상태를 말한다.
⑤ 배서인이 어음에 피배서인 이름이나 배서한다는 문언도 적지 않은 채 단순히 기명날인이나 서명하여 피배서인에게 양도하는 배서는 무효이다.

해설
배서는 피배서인을 지명하지 않고 하거나 배서인의 기명날인 또는 서명만으로도 할 수 있다. 피배서인의 기재 유무에 따라 기명식 배서와 백지식 배서로 나뉘며, 특히 배서문언 및 피배서인의 기재가 없고 배서인의 기명날인 또는 서명만이 있는 경우를 약식배서라 한다.

10 甲은 乙에게 1,000만 원을 빌려주면서 乙로부터 어음금액이 기재되지 않은 丙 발행의 약속어음을 배서·교부받으면서 이자를 포함한 1,100만 원으로 어음금액을 보충하여 발행인에게 청구하기로 약정하였다. 위 사례에 관한 다음 설명 중 가장 적절하지 않은 것은? (다툼이 있는 경우에는 판례에 의함)

① 甲이 乙로부터 받은 어음은 백지어음으로 '미완성어음'이라고도 한다.
② 백지어음은 기명날인 또는 서명은 되어 있어야 하고, 어음의 필수기재사항 중 전부나 일부가 적혀 있지 않아야 하며, 어음소지인에게 백지부분을 보충시키려는 의사가 있어야 한다.
③ 甲이 백지부분을 보충하지 않고 그냥 백지어음인 채로 발행인 丙에게 돈을 달라고 지급제시하는 것은 적법하지 않아 지급거절을 당하더라도 발행인 丙에게 지체책임을 물을 수 없다.
④ 甲이 백지어음으로 법원에 발행인 丙을 상대로 어음금 청구의 소를 제기하였다면 사실심(1, 2심) 변론종결 시까지 백지부분을 보충해야지 그렇지 않을 경우에는 기각된다.
⑤ 만기가 기재된 백지어음의 경우 어음의 주채무자에 대한 권리는 만기로부터 3년의 소멸시효에 걸리지 않으므로 백지의 보충도 이 기간 내에 이루어질 필요가 없다.

해설
어음법 제77조 제1항 제8호, 제70조 제1항, 제78조 제1항은 약속어음의 발행인에 대한 어음상의 청구권은 만기의 날로부터 3년간 행사하지 아니하면 소멸시효가 완성된다고 규정하고 있으므로, 만기가 기재된 백지어음은 일반적인 조건부 권리와는 달리 그 백지 부분이 보충되지 않은 미완성어음인 상태에서도 만기의 날로부터 어음상의 청구권에 대하여 소멸시효가 진행한다(대판 전합 2010.5.20., 2009다48312). 따라서, 백지의 보충도 기간 내에 이루어질 필요가 있다.

11 어음·수표의 부도에 관한 다음 내용 중 가장 적절하지 않은 것은?

① '어음·수표의 부도'란 어음·수표의 지급기일에 어음·수표금이 지급되지 아니하는 것을 말한다.
② 어음·수표의 분실·도난·피사취도 부도사유에 해당된다.
③ 어음·수표가 부도처리되고 그 어음에 보증인이나 배서인이 있는 경우, 소지인은 발행인·보증인·배서인을 상대로 순서에 관계없이 그중 가장 재력이 있는 한 사람에게 청구할 수도 있고, 또는 모두에 대하여 동시에 전액을 청구할 수도 있다.
④ 수표발행 후 예금부족, 거래정지처분 등의 사유로 부도가 난 경우에는 제1심 판결 선고 전까지 그 수표를 회수하거나 수표 소지인과 합의를 하여도 형사처벌을 면할 수 없다.
⑤ 어음은 부도가 나더라도 사기죄가 되지 않는 한 발행인 등이 형사책임을 지지 않으나, 수표는 부도가 나면 발행인은 부정수표 단속법에 의하여 형사처벌을 받게 된다.

해설
수표를 발행하거나 작성한 자가 그 수표를 회수한 경우 또는 회수하지 못하였더라도 수표 소지인의 명시적 의사에 반하는 경우 공소를 제기할 수 없다.

12 다음 중 이득상환청구권에 대한 설명으로서 가장 틀린 것은?

① 어음상의 권리가 보전절차의 흠결 및 소멸시효의 두 가지 사유로 소멸한 경우에만 인정된다.
② 이득상환청구권자는 상환의무자가 받은 이득의 한도 내에서 이득상환을 청구할 수 있다.
③ 미보충의 백지어음의 소지인도 이득상환청구권을 취득한다.
④ 상속이나 합병 등의 방법에 의하여 어음상의 권리를 취득한 자도 이득상환청구권을 행사할 수 있다.
⑤ 어음상의 권리가 소멸할 당시의 정당한 어음소지인으로부터 이득상환청구권을 양수한 자도 위 권리를 행사할 수 있다.

해설
백지어음을 보충기간까지 보충하지 아니하는 경우에는 어음상의 권리가 발생하지 않으므로 어음상의 권리가 소멸한 경우에 인정되는 이득상환청구권도 취득하지 못한다.

13 다음의 부정수표의 종류에 대한 설명 중 옳지 않은 것은?

① 가설명의 수표 - 개인발행수표일 경우 주민등록번호와 이름이, 법인발행수표일 경우 법인등기번호와 상호가 일치하지 않는 수표
② 무거래수표 - 지급은행과 수표계약 없이 발행한 수표
③ 서명 또는 기명날인 상이수표 - 지급은행에 미리 신고한 서명감, 명판, 인감과 일치하지 않는 서명이나 기명날인으로 발행한 수표
④ 지급자금부족 지급거절수표 - 처음부터 수표계약 없이 발행하여 지급자금을 예치하지 않아 제시기일에 제시한 수표를 은행이 지급거절한 수표
⑤ 제시기간안 제시, 무거래 지급거절수표 - 발행할 때는 수표계약이 있었으나 뒤에 수표계약 해지로 지급거절된 수표

해설
지급자금부족 지급거절수표란 수표계약은 했으나 지급자금을 예치하지 않았거나 부족하여 제시기일에 제시한 수표를 지급은행이 지급거절한 수표를 말한다.

14 다음 부정수표에 대한 설명 중 옳은 것은?

① 부정수표 단속법상의 부정수표의 종류 중 무거래수표란 발행할 때는 수표계약이 있었으나, 뒤에 수표계약 해지로 지급거절된 수표를 말한다.
② 부정수표의 발행인이 본인이 아니고 대리인일 때는 그 대리인만 형사책임을 진다.
③ 부정수표의 배서인과 보증인은 부정수표 단속법에 의한 처벌을 받지 않는다.
④ 부정수표의 발행인이 법인 등 단체일 때는 수표상 대표자나 작성자만이 책임을 진다.
⑤ 부정수표 단속법상의 부정수표의 종류 중 가설명의 수표란 지급은행에 미리 신고한 서명감, 명판, 인감과 일치하지 않는 서명이나 기명날인으로 발행한 수표를 말한다.

해설
① 무거래 지급거절수표에 대한 설명이다. 무거래수표란 처음부터 지급은행과 수표계약 없이 발행한 수표를 말한다.
② 본인과 대리인 모두 형사책임을 진다(양벌책임).
④ 그 법인도 벌금 책임을 진다.
⑤ 서명 또는 기명날인 상이수표에 대한 설명이다. 가설명의 수표란 주민등록번호와 이름, 법인등기번호와 상호가 일치하지 않는 수표를 말한다.

15 다음의 부동산등기부등본에 관한 설명 중 옳지 않은 것은?

① 표제부에서는 부동산의 표시와 구조에 관한 사항을 확인할 수 있다.
② 표제부의 토지에 관하여는 소재지, 지번, 지목, 면적을 확인할 수 있다.
③ 표제부의 건물에 관하여는 건평, 층수, 구조, 용도 등에 관한 사항이 확인 가능하며 소재지, 지번에 관하여는 토지에 관한 사항에 기재되어 있으므로 생략되어 있다.
④ 갑구에서는 소유권에 관한 사항인 현재 소유자와 과거의 소유자, 가압류, 가처분, 압류 등을 확인할 수 있다.
⑤ 을구에는 소유권 이외의 권리인 저당권, 전세권, 지역권, 지상권 등을 확인할 수 있다.

해설
건물에 관하여 소재지, 지번, 건평, 층수, 구조, 용도 등의 확인이 가능하다.

16
다음 중 부동산등기사항증명서(부동산등기부등본)의 '을'구에 등기할 수 있는 권리가 아닌 것은?

① 저당권
② 지상권
③ 전세권
④ 환매권
⑤ 임차권

해설
등기기록에는 부동산의 표시에 관한 사항을 기록하는 표제부와 소유권에 관한 사항을 기록하는 갑구(甲區) 및 소유권 외의 권리에 관한 사항을 기록하는 을구(乙區)를 둔다(부동산등기법 제15조 제2항). 을구에 등기할 수 있는 권리로는 저당권, 전세권, 지역권, 지상권, 임차권 등이 있으며, 환매권은 해당하지 않는다.

17
주식회사의 법인등기사항전부증명서(법인등기부등본)에 대한 다음 설명 중 옳지 않은 것은?

① 1주의 금액과 자본금이 등기된다.
② 법인등록번호는 본점과 지점이 다르게 부여되며 법인의 본점이 다른 등기소의 관할구역 내로 이전하는 경우 법인등록번호는 변경된다.
③ 본점 소재지가 등기된다.
④ 주주는 등기하지 않는다.
⑤ 사내이사, 사외이사, 대표이사, 감사 등 임원은 그 성명과 주민등록번호를 등기하며, 주소지는 대표권이 있는 임원의 경우에만 등기를 한다.

해설
법인등록번호는 법인이 설립될 당시 부여되며 해당 법인이 다수의 지점을 가지더라도 법인등록번호는 동일하다. 또한 법인의 본점이 다른 등기소의 관할구역 내로 이전하는 경우에도 법인등록번호는 변경되지 않는다.

18 채권원인 서류 및 채권관련 서류에 관한 다음 설명 중 가장 적절하지 않은 것은?

① 액면금액과 만기가 기재되지 않은 약속어음도 백지에 대한 보충권과 백지보충을 조건으로 한 어음상의 청구권을 표창하는 유가증권이다.
② 차용증에 서명이나 날인 대신 무인이 있는 경우 그 문서 전체에 관한 진정성립이 추정되지 않는다.
③ 부동산매매계약을 체결할 때에 부동산의 개황, 소유주 관계, 용익물권, 담보물권 현황 등을 알 수 있는 자료는 부동산등기사항전부증명서(부동산등기부등본)이다.
④ 법인의 형태 및 대표자 적격여부, 단독대표인지 공동대표인지, 주소의 일치여부 등을 알 수 있는 자료는 등기사항전부증명서(법인등기부등본)이다.
⑤ 자동차등록원부는 차량의 기종과 연식, 제원, 소유주관계, 담보물권 현황 및 보전처분 관계정보를 담고 있어 채무자가 보유한 차량의 재산적 가치를 파악할 수 있는 자료로 활용된다.

해설
사문서는 본인 또는 대리인의 서명이나 날인 또는 무인(拇印)이 있는 때에는 진정한 것으로 추정한다(민사소송법 제358조).

19 신용분석정보 추적단서 중 등기사항전부증명서(법인등기부등본)를 통하여 획득할 수 있는 정보가 아닌 것은?

① 법인의 본점 · 지점 소재지
② 대표이사의 주소지
③ 법인의 해산 또는 청산
④ 지배인
⑤ 법인의 사업자등록번호

해설
법인의 사업자등록번호가 기재되어 있는 것은 사업자등록증이다.

우리가 반복적으로 하는 것은 우리를 만든다.
훌륭함은 하나의 행동이 아니라 하나의 습관이다.

-아리스토텔레스-

PART 3
채권상담·행불관리

CHAPTER 01　채권상담

CHAPTER 02　상담관리

CHAPTER 03　행불관리

CHAPTER 01 채권상담

PART 3 채권상담·행불관리

1 채권상담의 의의

채권관리 업무수행을 위하여 이루어지는 채무자 및 이해관계인, 주변인들과의 일체의 접촉을 의미하며, 추가적인 정보의 수집과 상담을 통하여 변제의지를 고취시키고 변제를 유도하는 채권상담관리업무이다.

2 채권상담의 목적

상담관리를 통하여 채무자에 대한 추가적인 필요정보를 수집하여 채무자의 변제의사 및 변제력 유무를 판단하여 합리적인 변제방안을 제시하고 변제의지 고취 및 변제유도를 통한 회수력을 극대화하여 채권의 장기화 및 채무자의 행방불명을 방지하고자 한다.

(1) 채무자에 대한 정보 취득목적

(2) 채권을 빠른 시간 안에, 효율적으로 회수목적

3 채무자 분석

(1) 변제의사와 변제능력 ☑ 기출

채권회수를 위해서는 채무자를 이해하는 것이 우선이라 할 수 있으며 채무자에 대한 이해는 현재의 거주상태, 직업, 수입 등 현재 상황에 대한 것과 과거의 변제정보, 보유재산, 생활수준 등의 정보가 중요하다. 채권의 회수는 채무자의 변제의사와 변제능력에 의해 결정된다.

① '변제의사도 높고 변제능력도 있는 채무자'의 현재의 연체 상태는 잠시 동안의 유동성 부족에서 오는 현상인 경우가 많다.

② '변제능력은 있지만 변제의사가 없는 채무자'에 대하여는 신속히 소송을 제기하여 권리를 확정하는 것이 효과적인 해결책이 될 수 있다(물상보증인, 연대보증인 또는 권리관계 미확정인 사유).

③ '변제의사는 있지만 변제능력이 부족한 채무자'는 변제능력이 회복될 때까지 변제를 유예하거나 채무감면을 통하여 회수하는 방안이 효과적이다.

④ '변제능력도 없고 변제의사도 없는 채무자'는 채권회수의 가능성이 희박하므로 회수기간을 장기간으로 설정하고 관리하여야 한다(장기연체 중인 대부분의 채무자).

4 채권의 회수원리

채무의 회수원리에는 재원의 배분(분납), 능력의 보충(감면), 능력의 회복(기다림), 강압(형사고발) 등이 작용한다.

5 대 환

(1) 대환의 의의
대환이란 채권회수의 한 방법으로서 구채무를 소멸시키고 새로운 채무를 성립시키는 것으로 그 법률적 성격은 경개에 해당한다.

(2) 대환의 종류
① 연체대출금을 지금까지 발생한 이자를 모두 면제하거나 유예하기로 하고 새로이 약정을 체결하는 경우
② 연체대출금을 지금까지 발생한 이자를 모두 원금에 가산하여 대출원금으로 하고 약정서 등을 새로 작성하게 하고 새로운 대출을 기재하여 구채무를 소멸시키는 방법
③ 지급보증대지급금이 발생하였을 경우 정상적인 대출금을 기재하여 지급보증대지급금을 소멸시키는 방법
④ 미납 할부원리금을 장차 상환기가 도래하는 할부원금과 모두 합산 후 그 합산된 금액을 새로운 할부납입 방식으로 바꾸어 주는 방법
⑤ 신용카드 사용대금 결제 조건을 변경하여 익월 결제할 카드 사용대금을 3~100% 범위에서 자유롭게 선택하여 변제할 수 있도록 매월의 결제조건을 바꿔주는 방법

CHAPTER 01 OX 마무리

PART 3 채권상담·행불관리

01 채권상담 관리행위이다.

01 채권관리 업무수행을 위하여 이루어지는 채무자 및 이해관계인, 주변인들과의 일체의 접촉을 통하여 추가적인 정보의 수집과 상담을 하는 관리행위를 '신용관리'라 한다. O X

02 채무자에 대한 추가적인 필요정보를 수집하여 활용한다.

02 상담관리는 채무자에 대한 기존의 정보를 활용하여 채무자의 채권의 장기화나 행불을 방지하는 데 목적이 있다. O X

03 상담관리의 목적은 변제의사 및 변제력 유무를 판단하고 합리적인 변제방안을 제시하여 채무자의 변제의지 고취 및 변제를 유도하는 것이다.

03 상담관리의 목적 중 하나는 '이해관계인의 설득을 통한 도움변제 유도'이다. O X

04 현재의 정보와 더불어 과거의 정보도 중요하다.

04 채권회수를 위해서는 채무자를 이해하는 것이 우선이라 할 수 있으며 채무자에 대한 이해는 현재의 거주상태, 직업, 수입 등 현재 상황에 대한 것이 주요 정보가 되며 과거의 변제정보, 보유재산, 생활수준 등의 정보는 그 활용 가치가 없다. O X

01 × 02 × 03 × 04 × 　정답

05 '변제의사도 높고 변제능력도 있는 채무자'의 현재의 연체 상태는 잠시 동안의 유동성 부족에서 오는 현상인 경우가 많다. O X

06 '변제의사는 있지만 변제능력이 부족한 채무자'는 변제능력이 회복될 때까지 회수기간을 장기간으로 설정하고 관리하여야 한다. O X

06 변제를 유예하거나 채무 감면을 통하여 회수하는 방안이 효과적이다.

07 '변제능력도 없고 변제의사도 없는 채무자'는 채권회수의 가능성이 희박하므로 회수기간을 장기간으로 설정하고 관리하여야 한다. O X

08 '변제능력은 있지만 변제의사가 없는 채무자'에 대하여는 소송을 제기하여 권리를 확정하더라도 채권회수의 가능성이 희박하므로 효과적인 해결책이 될 수 없다. O X

08 신속히 소송을 제기하여 권리를 확정하는 것이 효과적인 해결책이 될 수 있다.

09 물상보증인 또는 연대보증인은 일반적으로 '변제능력도 없고 변제의사도 없는 채무자'의 영역에 해당된다. O X

09 변제능력은 있지만 변제의사가 없는 채무자이다.

10 대환이란 채권회수의 한 방법으로서 구채무를 소멸시키고 새로운 채무를 성립시키는 것으로 그 법률적 성격은 준소비대차에 해당한다. O X

10 경개에 해당한다.

정답 05 O 06 X 07 O 08 X 09 X 10 X

11 대환으로 본다.

11 연체대출금을 지금까지 발생한 이자를 모두 원금에 가산하여 대출원금으로 하고 약정서 등을 새로 작성하게 하여 새로운 대출을 기재하여 구채무를 소멸시키는 방법으로 하는 것은 상환방식의 변경처리이다. O X

12 대환은 금융기관의 연체율 또는 부실률 지표를 개선하기 위한 목적이 있지만 변제기를 유예하기 위한 것이 실질적인 목적이라고 할 수 있다. O X

11 X 12 O

CHAPTER 02 상담관리

PART 3 채권상담·행불관리

1 상담관리의 분류

상담관리는 그 방법에 따라 전화상담관리 · 방문상담관리 · 서면상담관리로 분류할 수 있다.

(1) 전화상담관리

① 전화를 통한 채권회수관리는 유선, 서면, 방문 등 여러 방법 중에서 가장 많이 사용되는 방법으로서 관련법규에 제한이 없는 한 연령, 직위, 성별 및 시간과 장소에 크게 구애됨이 없어 채권회수관리 업무에 있어 매우 중요한 수단으로 이용되고 있다. 그러나 전화상담은 상대방의 얼굴을 접하지 않기 때문에 상담방법과 요령에 있어 세심한 주의를 요한다.

② 전화상담요령

  ㉠ 명확하고 정확하게 구체적으로 상담
    ⓐ 요구하는 답변에 원칙적인 대답을 짧고 명확하게 한다.
    ⓑ 채무자의 질문에는 이해하기 쉬운 말로 조치사항을 명확히 한다.
    ⓒ 전문용어나 직원 간에 사용하는 용어는 의사전달이 저해되므로 피한다.
    ⓓ 원금, 이자 등에 관하여는 정확한 숫자를 고지하는 것이 좋다.
  ㉡ 최초의 전화상담은 안내, 협조의 개념으로 정중하고 부드럽게 해야 한다. 채무자의 자존심을 세워주는 호칭을 사용하는 것이 좋고 안내와 협조의 개념으로 정중하고 부드럽게 대한다.
  ㉢ 심리요인을 고려한 전화상담
    ⓐ 욕을 하는 채무자 : 욕이 최선의 방법이 아님을 설득하고 상대방의 말을 경청하고 격한 감정을 풀어 주고 칭찬화법을 사용하여 채무자가 마음을 열 수 있도록 하는 것이 좋다.
    ⓑ 전화를 걸어오는 채무자 : 변제의사는 있으나 변제시기를 지연시키는 자로 연체 계속 시 원칙적으로 처리한다는 것을 강조한다. 또한 이 경우의 상담은 긍정적으로 진행될 확률이 높은 반면 사전준비가 되어 있지 못한 경우, 채무자의 의도대로 끌려갈 수 있다는 단점도 있다.
    ⓒ 장기연체 채무자 : 채무 연체가 지속될 때에는 불이익이 발생하여 채무자 자신에게 손해가 된다는 점을 주지시켜 주어야 한다.
    ⓓ 소심, 심약한 채무자 : 연락을 두절시키는 행위를 할 우려가 있으므로 도와주겠다고 하며 내사 상담하도록 설득하여 해결 방법을 상세히 설명해 주어야 한다.
    ⓔ 상습위약자 : 일방적으로 변제 일정을 정하고 진행 상태를 점검한다.

(2) 방문상담관리 ☑ 기출

① 방문상담관리는 채무자의 거주지, 소재지를 방문하여 상담관리하는 것으로 시간적 소요의 문제는 있지만 위약자와 연락두절인 채무자를 상대로 독촉하는 데 효율적인 방법으로 가장 많이 사용되는 방법이며 장기, 상각 채권관리에서 주로 이루어지는 상담방법이다. 방문상담관리는 채무자 관찰과 심리파악이 용이하고 장시간, 진지한 상담이 가능하다는 장점이 있다. 또한 방문상담은 변제의 독촉, 행불추적, 재산조사 등이 동시에 이루어질 수 있는 특징 때문에 채무자가 상속인이거나 재산소유자인 경우에는 방문효과가 높다.

② **방문상담 진행 절차** : 방문상담은 일반적으로 '인식 → 탐색 → 설득·타협 → 촉구 → 변제' 단계를 거쳐 진행하는 것이 효과적이다.

　㉠ 인식 단계 : 채무변제에 대한 독촉의 강도를 높이며 채무자에게 심리적 부담을 느끼게 하는 단계로 상황에 맞는 접근법을 선택하여야 한다. 정중한 자세로 채권관리담당자의 방문목적을 설명하고 채권회수에 대한 담당자의 강한 의지를 피력하는 단계이다.

　㉡ 탐색 단계 : 채무자의 성격이나 성향, 채무자의 주장의 진실성 및 신빙성을 판단한다. 채무자의 변제의사 및 변제능력, 불만, 요구사항 등을 면밀히 파악한다.

　㉢ 설득·타협 단계 : 채무변제의 당위성을 인식할 수 있도록 하고 변제의지를 고취하는 단계이다. 채권담당자 요구사항과 채무자 요구사항을 조율한 적정한 변제방안을 제시하고 변제조건에 대한 설득과 타협을 한다.

　㉣ 촉구 단계 : 약속 불이행 사유를 명확히 파악하여 변제를 촉구함으로써 약속의 이행률을 높일 수 있도록 지속적으로 변제의사 고취 및 변제를 독촉하는 단계이다.

　㉤ 변제 단계 : 변제이행을 확인하고 사후관리하는 단계이다.

(3) 서면상담관리 ☑ 기출

① 서면상담관리는 신규 수관 건에 대해서는 일괄 발송하고 1회 이상 위약자, 법적 조치 대상자, 보증인, 잦은 전·출입자에 대하여 안내장, 통보서, 통고서, 독촉장, 민원서류 및 내용증명 등을 이용하여 서면을 통해 독촉하는 추심행위이다. 서면추적(통지서 발송 등)은 보통 방문추적하기 전에 일괄적으로 발송하는 경우가 많다.

② **서면독촉 진행요령**

　㉠ 규정된 양식을 사용하고 수신자를 명확히 기재하여 우편투입의 정확성을 기한다.

　㉡ 봉투겉면에 '연체안내문 재중', '최후통보'라고 기재해서는 아니 되며 봉투를 밀봉하여 '본인전달 요망'이라고 표기한다.

　㉢ 반송우편물의 반송사유를 확인하여야 한다. 이는 행불추적의 귀중한 단서가 되기 때문이다.

2 채무자의 유형에 따른 상담 ☑ 기출

(1) 채무자의 행동유형

① **의의** : 자신이 처해 있는 환경에 따라 외부로 표출되는 행동에도 일정한 특성과 패턴을 지니는데 이를 행동유형이라 한다. 이러한 정보를 활용하여 채무변제에 활용한다면 합리적인 결과를 얻을 수 있을 것이다.

② **행동유형 이해의 중요성** : 행동유형을 채무자에 대한 이해와 상담전략 수립의 측면에서 이해하기 위한 진행과정은 다음과 같다.
  ㉠ 설명 : 개인의 성격과 환경적 특성에 따른 공통적이고 보편화된 행동양식을 객관적, 체계적, 효율적으로 설명한다.
  ㉡ 예측 : 채무자 개인의 행동특성을 객관적으로 설명하고 행동유형을 이해함으로써 상담 시 어떠한 행동을 보일 것인가에 대해 예측이 가능하다.
  ㉢ 활용 : 채무자의 객관적 행동유형을 분석하고 예상되는 행동을 예측하고 그에 대한 대응책과 전략을 수립함으로서 접근 및 상담, 설득과 협상 등 채권관리업무에 활용하여 나아가는 단계이다.

③ **행동유형의 분류** : 채무자의 행동유형을 파악하기 위한 분류기준은 연령, 직업, 환경, 성격 등이다.

(2) 연령별 특성과 상담요령 ☑ 기출

① **20대 초반**
  ㉠ 자존심이 강하고 쉽게 흥분하며 신용 개념이 없고 주변에 의존하는 성향이 있다.
  ㉡ 실행 가능한 약속을 유도하고 신용에 대한 개념을 이해시킨다.

② **20대 중반에서 30대 초반**
  ㉠ 과시용 소비가 많고 가족에게 연체사실이 통보되는 것을 우려하며 대부분 경제 활동을 하고 있다.
  ㉡ 기혼자의 경우 가족 중 실질적인 경제력을 가진 자를 파악하고 경제권을 갖고 있는 자를 집중적으로 상담하며, 스스로 해결의사를 가지도록 유도한다.

③ **30대 중반에서 40대 초반**
  ㉠ 채무자는 주로 생계형 소비자인 경우가 많고 실직이나 사업실패가 많으며 타 연령대에 비해 변제의지가 강한 편에 속한다.
  ㉡ 대부분이 가장이므로 적절한 예의를 갖추며 가족과 동시에 상담하여 집안의 문제로 확대하고 법적 조치로 심리적 부담을 느끼게 한다.

④ **50대 이상**
  ㉠ 법적 조치에 민감하고 자녀에 대한 체면을 중시하며 도덕적 책임의식과 재산에 대한 애착이 강하다.
  ㉡ 인간적 공감대를 형성하고 도의적 책임을 강조하며 법적 조치로 심리적 부담감을 느끼게 한다.

(3) 채무자 환경별 특성과 상담요령 ☑ 기출
① 다중채무자
- ㉠ 주민등록지와 실제 거주지가 다른 경우가 많고 법적 처리에 별 반응을 보이지 않으며 무성의하거나 책임감이 없는 경우가 많다.
- ㉡ 인간적인 접근이 필요하고 고객 상담자라는 인식을 심어주면 상담에 도움이 된다.

② 이혼이나 별거 등으로 가정불화 중인 채무자
- ㉠ 가정 얘기에 민감하고 신경질적이며 극히 예민하다.
- ㉡ 가정 상황과 직접 관련된 이야기는 가급적 피하고 상대 입장에 동조하고 친절한 사람이라는 인식을 심어 주는 것이 좋다.

③ 행방불명인 경우
- ㉠ 가족이 채무관계를 모르는 경우가 대부분이며 대화를 회피한다.
- ㉡ 가족 등의 채무사실을 미리 알고 면담 및 해결방안 문의 시에만 접속한다. 채무자에 대한 정보파악을 위해 진지한 면담이 필요하며 채무자를 도와주려 한다는 점을 부각시킨다.

④ 책임회피
- ㉠ 법적 조치를 담당자가 연기해 주고 있음을 느끼게 해주는 것이 좋다.
- ㉡ 직접 방문하여 면담을 시도하되 채무자에 대한 성격유형을 알고 접근하는 것이 좋다.

(4) 채무자 언어·행동별 특성과 상담요령
① 표출형
- ㉠ 생각나는 대로 말하고 급하며 행동이 신속·과감하고 다음 날 언제 그랬냐는 식이다.
- ㉡ 체면과 자존심을 세워 주고 설명은 빠르며 간단·명료하게 하는 것이 좋다.

② 신중형
- ㉠ 온화하고 침착한 편이어서 담당자의 이야기를 잘 들어 주나 세부사항까지 납득되어야 하기 때문에 경험이 부족한 담당자에게는 어려운 상대이다.
- ㉡ 여유를 가지고 접근하여 차분하게 상담하며 철저히 준비하여 세부사항까지 설명한다.

③ 우유부단형
- ㉠ 생각과 행동에 일관성이 없고 자기 스스로 결정하는 것을 두려워한다.
- ㉡ 적극적으로 방안을 제시하여 빠른 결정을 내릴 수 있도록 유도한다.

④ 결정형
- ㉠ 자신이 결정하기를 좋아하고 타인의 간섭을 싫어한다.
- ㉡ 체면을 세워 주며 상대방의 이야기를 잘 들어 주는 것이 좋다.

⑤ 사교형
- ㉠ 담당자를 잘 이해해 주고 친절하여 담당자가 채권추심을 위한 노력을 소홀하게 만든다.
- ㉡ 상대방의 페이스에 말려들지 않게 조심하고 인간적으로 친해짐과 동시에 책임이 있음을 분명히 주지시킨다.

⑥ 배타형
　㉠ 불친절하며 담당자의 말에 별 반응이 없다.
　㉡ 답하기 쉬운 질문으로 말을 하도록 유도하며 마지막까지 친절과 예의바른 태도로 일관한다.
⑦ 독설형
　㉠ 대개의 경우 열등감이 원인이다.
　㉡ 처음부터 끝까지 냉정한 태도를 유지하며 상대방의 독설에 반말을 삼가도록 한다.

CHAPTER 02 OX 마무리

PART 3 채권상담·행불관리

01 상담관리는 그 방법에 따라 전화상담관리·방문상담관리·서면상담관리로 분류할 수 있다. 추적상담은 상담목적에 따른 분류이다.

01 상담관리는 그 방법에 따라 전화상담관리·추적상담관리·서면상담관리로 분류할 수 있다. O | X

02 심야의 전화상담은 금지된다.

02 관련법규에 제한이 없는 한 전화상담관리는 연령·직위·성별 및 시간과 장소에 크게 구애됨이 없이 가능하다는 장점이 있다. O | X

03 세심한 주의를 요한다.

03 전화상담은 상대방의 얼굴을 접하지 않고 상담방법과 요령에 있어 세심한 주의를 요하지 않기 때문에 채권회수관리 업무에 있어 주요 수단으로 이용되고 있다. O | X

04 의사전달이 저하되므로 피한다.

04 전화상담 시에는 전문적이거나 법적 용어를 사용함으로써 채무자의 위기의식을 높이는 것이 채권회수에 도움이 된다. O | X

05 원금, 이자 등에 관하여는 정확한 숫자를 고지하여 채무자의 신뢰를 얻는다.

05 채무자와 마찰을 고려하여 원금, 이자 등에 관하여는 대략의 내용만을 고지하고 정확한 숫자에 관하여는 후에 고지하는 것이 좋다. O | X

정답 01 × 02 × 03 × 04 × 05 ×

06 전화상담과 방문상담은 채무자의 유형이나 채권관리의 진행상황에 따라 적절하게 선택하여 활용하여야 한다. O X

07 장기연체 채무자는 도와주겠다고 하며 내사 상담하도록 설득하여 해결방법을 상세히 설명해 주는 것이 좋다. O X

07 소심, 심약한 채무자에 대한 상담방법이다.

08 방문상담관리는 위약자와 연락두절인 채무자를 상대로 독촉하는 데 효율적인 방법으로 가장 많이 사용되며, 채무자 관찰과 심리파악이 용이하고 장시간 진지한 상담이 가능하다는 장점이 있다. O X

09 방문상담은 일반적으로 '탐색 → 인식 → 설득·타협 → 촉구 → 변제' 단계를 거쳐 진행하는 것이 효과적이다. O X

09 '인식 → 탐색 → 설득·타협 → 촉구 → 변제'

10 '탐색 단계'는 정중한 자세로 채권관리담당자의 방문목적을 설명하고 채권회수에 대한 담당자의 강한 의지를 피력하는 단계이다. O X

10 인식 단계에 관한 상담요령이다.

11 '설득·타협 단계'는 약속의 이행률을 높일 수 있도록 지속적으로 변제의사 고취 및 변제를 독촉하는 단계이다. O X

11 촉구 단계에 관한 상담요령이다.

정답   06 O   07 X   08 O   09 X   10 X   11 X

12 '변제 단계'는 변제이행을 확인하고 사후관리하는 단계이다. O X

13 서면상담관리는 신규 수관 건에 대해서는 일괄 발송하고 위약자, 법적조치 대상자, 보증인, 잦은 전·출입자에 대하여 안내장, 통보서, 독촉장, 내용증명 등을 이용하여 서면을 통해 독촉하는 추심행위이다. O X

14 봉투를 밀봉하여 '본인전달 요망'이라고 표기한다.

14 서면독촉의 요령으로 봉투 겉면에 '연체안내문 재중', '최후통보'라고 명확히 기재하여 내용전달의 정확성을 기한다. O X

15 반송사유가 수취인 장기폐문부재인 경우는 채무자가 거주하지 않는다는 것이다. O X

16 행불추적의 귀중한 단서가 되기 때문에 반송사유를 확인하여야 한다.

16 반송우편물은 행불추적의 단서가 될 수 없다. O X

17 수취거부는 채무자가 주소지에 거주는 하나 실제 우편물을 거부했다는 단서이기 때문에 추적을 해봐야 한다. O X

12 O 13 O 14 × 15 O 16 × 17 O   **정답**

18 내용증명이란 등기취급을 전제로 우체국창구 또는 정보통신망을 통하여 발송인이 수취인에게 어떤 내용의 문서를 언제 발송하였다는 사실을 우체국이 증명하는 특수취급제도이다. O X

19 채무자의 행동유형을 파악하기 위한 분류기준은 연령, 직업, 환경, 성격 등이다. O X

20 행동유형의 이해 중 예측이란 채무자의 주관적 행동유형을 분석하고 예측하는 것이다. O X

20 채무자의 객관적 행동유형을 분석하고 예측한다.

21 행동유형 이해의 진행은 '설명 → 예측 → 활용'의 과정으로 진행한다. O X

22 20대 초반 채무자의 경우 가족 중 실질적인 경제력을 가진 자를 파악하고 경제권을 갖고 있는 자를 집중적으로 상담하며, 스스로 해결 의사를 가지도록 유도한다. O X

22 20대 중반에서 30대 초반 채무자에 대한 상담요령이다.

23 30대 중반에서 40대 초반 채무자는 주로 과시용 소비가 많고 타 연령대에 비해 변제의지가 강한 편에 속한다. O X

23 20대 중반에서 30대 초반 채무자는 주로 과시용 소비가 많다.

정답 18 O 19 O 20 × 21 O 22 × 23 ×

24 30대 중반에서 40대 초반 채무자에 대하여는 상담 시 가족과 동시에 상담하여 집안의 문제로 확대하고 법적 조치로 심리적 부담을 느끼게 한다. O X

25 50대 이상 채무자에 대한 특성과 상담요령이다.

25 30대 중반에서 40대 초반 채무자는 법적 조치에 민감하고 재산에 대한 애착이 강하므로 법적 조치로 심리적 부담감을 느끼게 한다. O X

26 인간적인 접근이 필요하고 고객상담자라는 인식을 심어 주면 상담에 도움이 된다.

26 '다중채무자'는 법적 처리에 별 반응을 보이지 않으며 무성의하거나 책임감이 없는 경우가 많으므로 법적 조치를 담당자가 연기해 주고 있음을 느끼게 해 주는 것이 좋다. O X

27 행방불명인 경우의 상담 요령이다.

27 책임회피형 채무자는 채무자에 대한 정보파악을 위해 진지한 면담이 필요하며 채무자를 도와주려 한다는 점을 부각시킨다. O X

28 이혼이나 별거 등으로 가정불화 중인 채무자는 가정 얘기에 민감하고 극히 예민하므로 가정 상황과 직접 관련된 이야기는 가급적 피하고 상대 입장에 동조하고 친절한 사람이라는 인식을 심어 주는 것이 좋다. O X

24 O 25 × 26 × 27 × 28 O   **정답**

29 채무자가 '신중형'인 경우, 생각과 행동에 일관성이 없고 자기 스스로 결정하는 것을 두려워하므로 적극적으로 방안을 제시하여 빠른 결정을 내릴 수 있도록 유도한다. O X

29 채무자가 우유부단형인 경우이다.

30 채무자가 '사교형'인 경우 담당자를 잘 이해해 주고 친절하여 담당자가 채권추심을 위한 노력을 소홀하게 하므로 책임이 있음을 분명히 주지시킨다. O X

31 채무자가 '표출형'인 경우 자신이 결정하기를 좋아하고 타인의 간섭을 싫어하므로 체면을 세워 주며 상대방의 이야기를 잘 들어 주는 것이 좋다. O X

31 채무자가 결단형인 경우이다.

32 채무자가 '배타형'인 경우 불친절하며 담당자의 말에 별 반응이 없으므로 답하기 쉬운 질문으로 말을 하도록 유도하며 마지막까지 친절과 예의 바른 태도로 일관한다. O X

정답 29 × 30 ○ 31 × 32 ○

CHAPTER 03 행불관리

PART 3 채권상담·행불관리

1 행불의 의의

채무자가 주민등록지, 기타 실거주지 및 소재지가 불분명하여 유선 및 서면, 방문 등 기타의 방법으로도 연락이 되지 않는 행방불명된 상태를 말한다. 행불자는 연락수단을 단절시켜 일시적 또는 장기적으로 채무독촉을 회피하려는 특성이 있다.

(1) 개 념
행불관리란 행불자의 행불원인, 고의성 여부 등의 정보를 수집, 분석하여 관리함으로써 연락가능한 상태로 변화시켜 회수가능성을 높여주는 지속적인 일련의 관리 활동이다.

(2) 목 적
행불관리의 활동을 통하여 연락 가능한 상태로 변화시키고, 적극적인 상담을 통하여 회수가능성을 높이며, 합리적인 상담을 통해 채무자의 연체구조 개선 등 해결방안을 모색한다. 또한 상담을 통한 새로운 추가정보를 획득하여 재행불되는 것도 방지하여야 한다.

2 행불추적의 방법

(1) 상황별 행불추적 ☑ 기출
① 위장 전입
  ㉠ 특징 : 자력에 의한 변제능력이 상실되거나 변제의사가 결여된 채무자가 의도적으로 채무독촉회피를 목적으로 주민등록 주소지를 위장 전입하는 것이며 대체로 집주인과 채무자는 이해관계인일 가능성이 높다.
  ㉡ 추적방법 : 주소지, 부동산등기부등본상의 소유주와 면담하여 채무자가 거주하지 않는 이유 및 전입 배경을 파악한다. 장기 행불자의 경우는 주민등록 직권말소를 관할 동사무소에 의뢰하여 채무자의 새로운 주소이전 여부를 파악한다.
② 직권말소 및 미퇴거 이사
  ㉠ 특징 : 집주인이나 주변인과의 관계가 단절되어 있는 경우가 많으며 의도적으로 제삼의 장소로 이사하여 채무독촉을 회피하려는 특징이 있다.
  ㉡ 추적방법 : 수시로 주민등록초본을 발급하여 새로운 주소이전 여부를 확인한다. 직권말소자는 소유주가 직권말소했는지, 타 채권자가 직권말소했는지 여부를 파악하는 것도 중요하다.

③ 해외 도피(국외 이주, 이민)
  ㉠ 특징 : 고액 다중채무자나 현금 융통 등 불법사용 채무자가 많으며 대부분 장기적인 행불자가 많다.
  ㉡ 추적방법 : 해외도피자의 추적을 위하여 외교부에 정식공문을 발송하여 협조를 요청할 수도 있다. 이민 말소자는 국외로 이주한 상태로 국내 잔류 가능성은 없으나 이주신고자는 신고상태로 국내 잔류 가능성이 있다. 채무회피가 목적인지 다른 사유인지를 정확히 파악하는 것이 중요하다. 시간이 다소 소요되지만 영사관, 한인회 등을 통하여 주소지 및 연락처에 관하여 협조를 요청할 수 있다.

④ 구속 및 수감
  ㉠ 특징 : 가족과는 연락이 용이한 편이며 채무자는 심리적으로 위축이 되어 있을 경우가 많다.
  ㉡ 추적방법 : 강한 독촉보다는 감정에 의한 설득이 효과적이다.

⑤ 사망자
  ㉠ 특징 : 상속자들은 채무자 사망으로 채무가 종결된 것으로 인식하고 무조건 채무상속을 부인하거나 상속포기했다고 일관하는 경우가 많다. 상속인은 상속개시 있음을 안 날로부터 3개월 안에 한정승인이나 단순승인 또는 포기를 할 수 있다. 이 기간 내에 한정승인 신청을 하지 아니한 경우 단순승인한 것으로 본다. 상속채무가 상속재산을 초과하는 사실을 중대한 과실 없이 이 기간 내에 알지 못하고 단순승인한 경우 그 사실을 안 날로부터 3월 내에 한정승인할 수 있다.
  ㉡ 추적방법 : 채무자 사망 전에 집행권원을 획득한 경우에는 승계집행문을 부여받은 후 상속인 재산에 대한 강제집행을 위해 상속인 재산 파악도 필요하다. 병원이나 경찰서 등을 방문하여 사망원인을 분석하고 상속인에게 내용증명 등을 발송하여 채무관계를 알린다. 선의적으로 미해결 시 채권보전조치 및 채무승계소송 준비를 한다.

⑥ 사업장 부도
  ㉠ 특징 : 사업실패로 인해 부도가 발생한 채무자의 특징은 고액 다중채무자가 많으며 사업부도 전에 채무 회피 목적으로 사해행위를 할 가능성도 배제할 수 없다. 또한 가족들에게 피해를 주지 않기 위해 주민등록을 별개 지역으로 위장 전입하는 경우도 많으며 사업장을 제삼자의 명의로 이전 또는 폐업하는 경우도 많다.
  ㉡ 추적방법 : 사업부도 전에 채무회피 목적의 사해행위가 있었는지 여부 또는 폐업한 후 사업장을 제삼자 명의로 이전하였는지 여부를 점검한다. 사업장 방문 또는 주변인 면담을 통해 부도원인 및 거래처를 파악한다. 사업자등록증 명의로 세금관계를 조사한다. 사업자등록 주소지의 부동산등기부등본을 발급하여 소유 여부를 확인한다. 채무자의 주민등록초본을 발급하여 주소지의 부동산 소유관계를 확인한다. 채무자의 주민등록초본을 발급하여 주소지를 방문하여 가족관계 및 연락처를 파악한다.

⑦ 부정사용자 및 법률위반자
  ㉠ 특징 : 부정사용자 및 법률위반자는 나이가 어리고 법률위반에 대한 책임의식 등이 부족한 채무자 부류와 법률조항의 오점을 악용하여 전문적으로 사기를 치는 채무자 부류로 나눌 수 있다. 채무자 단독보다는 주변인과 연계하여 부정 사용하는 경우가 많으며 채무자 및 실수익자 모두 변제의사가 결여되어 있다.
  ㉡ 추적방법 : 신용카드 부정사용 이후 행불된 자는 원인서류를 재검토하여 채무자와 실수익자 간의 법률적 책임소재부터 파악하는 것이 우선적인 일이다. 즉, 채무자와 실수익자 중 그 책임이 모두에게 있는지, 채무자(명의대여) 또는 실수익자(명의도용)에게 있는지 검토한다. 내용증명을 발송하고 수취인이 누구인지 영수증으로 확인한다.

(2) 직업별 추적방법

① 유흥업 종사자 : 소비성향이 강하고 주변에 연체 중인 동료들이 많다. 행불 추적 후에 또다시 재행불될 가능성이 높으며 행불 추적 시 영업장 이외의 거주지를 파악해 두어야 한다. 이들과의 면담 시 직업적인 편견을 배제하고 존칭을 사용하며 예우하여야 믿을 수 있는 정보를 얻을 수 있다.

② 전문직 종사자 : 직업에 대한 자존심이 강하고 이직한 후에도 같은 업종에 다시 종사하는 사례가 많다. 관련 협회 등을 통해 근무처나 사업장 주소지를 파악하는 것이 효과적일 수 있다. 일시적으로 자금회전이 좋지 않아 행불이 되는 경우가 많으며 고액 다중 채무자들의 비율이 상대적으로 높다.

③ 영업직 종사자 : 언변이 좋고 상대방의 약점을 잘 찾아내 이를 이용하려는 경향이 있다. 이들은 이직률이 높기 때문에 서면, 유선상 추적보다는 직접 방문하여 주변인을 대상으로 면담하면서 행불추적을 하는 것이 효과적이다. 고용보험은 의무가입 사항이므로 현재 동업종근무사실 확인을 위해 고용보험 조회는 필수적이며 채무자의 전 직장 급여 담당자와 연락하여 연락처, 퇴직금정산관계 등을 문의한다.

④ 자영업 종사자 : 개인사업자인 경우가 많고 수치개념이 뛰어나며 계절, 지역, 환경별로 소득격차가 심한 편이다. 대부분 사업 자금으로 채무 발생 후 일시 및 장기 경영악화에 따라 부도를 내면서 연체가 시작되는 경우가 많다. 연체 원인을 분석하여 경기가 호전될 때 재기가능성을 파악한다. 사업장을 방문하여 경영악화 원인을 파악하고 경기호전 시 채권회수가능 여부를 파악한다.

⑤ 공공기관 종사자 : 안정적 직장에 근무하는 관계로 사기성이 있는 대출보다는 가족 또는 본인의 발전이나 재테크 목적의 대출이 연체가 된 사례가 많다. 직장을 찾아오는 것을 매우 꺼리는 경향이 있어 방문 추적활동이 효과적이다.

(3) 서류분석을 통한 추적방법 ☑기출

① 원인서류
  ㉠ 원인서류에는 채무자의 인감이 날인되거나 자필로 기재되어 있으며 향후 대출 발생의 적법성에 대해 중요한 단서가 되는 가장 기본적인 서류로서 원인정보 추적은 행불추적의 시작점이라 생각하면 된다.
  ㉡ 원인서류상 모든 연락처에 연락하여 변경 여부를 확인한다.
  ㉢ 원인서류상 모든 주소지와 주민등록초본상의 주소지 변경 여부를 확인한다.

② **주민등록등본** : 이해관계사실확인서로는 주민등록초본만 열람가능하다. 그러므로 주민등록등본은 채무자가 대출 당시에 제출한 것으로 주민등록등본상의 가족관계 세대주 여부를 조사하여 채무자의 연락처를 탐색한다.

③ **주민등록초본** : 행불채무자의 소재를 파악하는 첫 번째 단서는 주민등록초본이라 할 수 있다. 이는 채무자의 주민등록 형태에 따라 채권자의 첫 번째 행동이 결정된다는 의미이며, 등재형태에 따라 채권자가 취할 수 있는 추적활동이 정형화될 수 있는 것이다. 이해관계사실확인서로 주민등록초본을 열람하여 다음과 같은 사항에 대하여 확인이 가능하다.
   ㉠ 주소지의 변동사항을 조회하여 추적한다.
   ㉡ 전, 현 주소지를 확인하고 해당 주소지 및 부동산등기부등본을 열람하여 소유 여부와 소유권 변경내역을 조사한다.
   ㉢ 직권말소 여부 및 사망자 초본인지를 구분한다. 직권말소된 경우는 채무자가 거주하지 않고 있는 경우이므로 집주인 면담을 고려한다.

④ **부동산등기부등본**
   ㉠ 채권발생 당시의 권리변경 여부를 확인하고 갑구에서 채무자 가족이나 친척에게 소유권을 이전하거나 가압류·압류·가처분·가등기 등이 있는 경우 사해행위 해당 여부를 조사한다.
   ㉡ 채권발생 시 설정된 담보권의 채권최고액은 연체 후 변동사유가 있을 수 있으니 최종의 채권최고액을 재확인한다.
   ㉢ 갑구의 최종소유자와 을구의 근저당권 채무자가 일치하는 경우 대출은 채무자가 받고 소유자가 담보제공을 한 것이 대부분이므로 채무자와 집주인이 이해관계가 있을 확률이 크다.
   ㉣ 부동산등기부등본은 일정시점 단위로 발급하여 선순위 말소 여부 등을 계속 주시해야 한다.

⑤ **사업자등록증** ☑ 기출
   ㉠ 실질적인 휴·폐업 여부를 먼저 확인하고 방문 전에 활용한다.
   ㉡ 사업장의 주소지와 주민등록상의 주소지의 일치 여부를 확인하여 방문추적 시 사전정보로 활용한다.

⑥ **법인등기부등본**
   ㉠ 법인등기부등본과 사업자등록증상의 명의, 본점의 주소 등의 일치 여부를 확인하여 주소정보로 활용한다.
   ㉡ 법인채권인 경우 법정관리 여부, 대표권제한, 공동대표가 있는지 여부도 확인한다.

⑦ **납세증명서** : 대출 당시 징구한 납세증명서상의 모든 세금을 종류별로 구분하여 개인의 소득세 및 법인세 납부증명서를 확인하고 각 목적물에 대한 현행 소득 여부 확인을 통해 행불추적의 정보로 활용한다.

⑧ **자동차등록원부** : 자동차등록원부를 발급받아 소유권변경내역 및 주소지를 확인한다.

⑨ **전국은행연합회 정보** : 연체건수와 금액 등의 연체정보와 최근 변제로 인하여 해제된 기록이 있다면 수입의 출처 등을 확인한다.

3 전략적 행불추적 기법 ☑기출

(1) 효율적인 행불추적활동
효율적인 행불추적활동이란 회수가능성이 높은 채무자를 분류하여 우선적으로 선정하여 이에 따른 행불추적 업무를 수행하는 것을 말한다. 채권관리담당자가 효율성에 근거한 집중추적대상 채무자를 선정하는 데에는 대체로 회수가능성과 추적성공 가능성을 고려한다. 회수가능성이란 행불채무자를 추적하여 성공하였을 때 채무자로부터 혹은 도움변제로 채권회수가 가능한가 여부를 말하며, 추적성공 가능성이란 행불채무자를 추적하는 데 시간과 노력을 얼마나 투자해야 하는지와 이에 의하여 추적성공 가능성의 정도를 말한다.

(2) 행불추적활동의 우선순위
① 1순위
　　회수가능성도 높고 추적성공 가능성도 높은 채무자
② 2순위
　　㉠ 회수가능성은 높지만 추적성공 가능성은 낮은 채무자
　　㉡ 추적만 성공한다면 회수의 가능성이 높으므로 행불추적의 필수대상이 된다. 채권담당자는 추적성공 가능성보다는 회수가능성이 높은 채무자를 우선적으로 관리하는 것이 가장 효율적이다.
③ 3순위
　　㉠ 회수가능성은 낮지만 추적성공 가능성은 높은 채무자
　　㉡ 추적성공 시에 면담 등을 통하여 회수가능성을 높일 수 있다.
④ 4순위
　　㉠ 회수가능성도 낮고 추적성공 가능성도 낮은 채무자
　　㉡ 환경변화에 따라 높아질 가능성은 항상 존재하므로 지속적인 추적활동은 필요하다.

(3) 재행불방지를 위한 관리기법
① 채무자와의 감정싸움을 피한다.
② 채무자가 실행 가능한 변제방법을 제시해 준다.
③ 채무자에 대한 추가정보를 수집하여 둔다.

(4) 행불관리 시 유의사항
① 유·무선 추적 시 채무자 이외의 가족 및 제삼자의 신용조회를 하여서는 아니 되며 이에 따른 무리한 제삼자 독촉행위도 금지된다.
② 방문 추적 시 채무자의 연체내역 등을 제삼자에게 알려 주어서는 아니 된다.
③ 서면 추적 시 부모, 형제, 친·인척에게 채무자의 거주가 확인되지 않은 상태에서 통지서를 발송하여서는 아니 된다.
④ 심야방문 및 통화는 금지된다.
⑤ 채무자의 가족에게 대위변제를 요구하는 것은 금지된다.

CHAPTER 03 OX 마무리

PART 3 채권상담·행불관리

01 행불관리는 그 관리 활동을 통하여 연락 가능한 상태로 변화시켜 강력한 법적 조치의 계획을 전달하는 것을 목적으로 한다. O X

01 적극적인 상담을 통하여 회수가능성을 높이며, 합리적인 상담을 통해 채무자의 연체구조 개선 등 해결방안 모색을 목적으로 한다.

02 행불자는 연락수단을 단절시켜 일시적 또는 장기적으로 채무독촉을 회피하려는 특성이 있다. O X

03 행불관리란 행불자의 행불원인, 고의성 여부 등의 정보를 수집, 분석하여 관리함으로써 연락 가능한 상태로 변화시켜 회수가능성을 높여주는 관리 활동이다. O X

04 행불관리는 그 관리 상담을 통하여 기존의 정보를 분석하여 재행불 되는 것도 방지하여야 한다. O X

04 상담을 통한 새로운 추가 정보를 획득하여 재행불 되는 것을 방지하여야 한다.

05 대체로 집주인과 채무자는 위장 전입 행불자의 이해관계인일 가능성이 없으므로 주택 소유주와의 면담은 불필요하다. O X

05 대체로 집주인과 채무자는 이해관계인일 가능성이 높으므로 주소지 및 부동산등기부등본상의 소유주와 면담하여 채무자가 거주하지 않는 이유 및 전입배경을 파악한다.

정답 01 X 02 O 03 O 04 X 05 X

06 위장 전입 행불자 중 장기 행불자의 경우는 주민등록 직권말소를 관할 동사무소에 의뢰하여 채무자의 새로운 주소이전 여부를 파악한다. O X

07 직권말소 및 미퇴거 이사한 행불자는 제삼의 장소로 이사하여 채무독촉을 회피하려는 특징이 있으므로 수시로 주민등록초본을 발급하여 새로운 주소이전 여부를 확인한다. O X

08 이민 말소자는 국외로 이주한 상태로 국내 잔류 가능성이 거의 없으나 이주신고자는 신고상태로 국내 잔류 가능성이 있다.

08 해외도피자의 경우 '이주신고'가 완료된 경우에는 국내 잔류 가능성이 거의 없는 상태이다. O X

09 구속 및 수감자에 대하여는 가족을 통해 사유를 파악하고 강한 독촉보다는 감정에 호소하는 설득이 효과적이다. O X

10 채무자 사망 전에 집행권원을 획득한 경우 승계집행문 부여가 가능하다.

10 채무자 사망 후 집행권원을 획득한 경우 승계집행문을 부여받아 상속재산에 대한 강제집행을 할 수 있다. O X

11 사망원인을 분석하고 상속인에게 내용증명 등을 발송하여 채무관계를 알린다. O X

06 O 07 O 08 X 09 O 10 X 11 O

12 상속인은 상속개시 있음을 안 날로부터 6개월 안에 상속포기 또는 한정승인을 할 수 있으므로 6개월 경과 시부터 재산조사에 착수한다. O X

> **12** 상속인은 상속개시 있음을 안 날로부터 3개월 안에 한정승인이나 단순승인 또는 포기를 할 수 있다.

13 채무자 사망 시 채무에 대하여 선의적으로 미해결 시 채권보전조치 및 채무승계소송도 준비한다. O X

14 사업장 부도로 인해 부도가 발생한 채무자는 사업부도 전에 채무회피 목적의 사해행위가 있었는지 여부 또는 폐업한 후 사업장을 제삼자 명의로 이전하였는지 여부를 점검한다. O X

15 사업장 부도로 인해 부도가 발생한 채무자는 사업자등록 주소지의 부동산등기부등본을 발급하여 소유 여부를 확인하여 채무자 소유일 경우에는 타 채권자보다 먼저 채권보전 조치를 하여야 하나, 채무자 소유가 아닌 경우에는 소유주를 확인할 필요가 없다. O X

> **15** 제삼자 소유인 경우 소유주를 면담하여 임대차 존재 여부를 확인한다.

16 사업장 부도로 인해 부도가 발생한 채무자는 채무자의 주민등록초본을 발급하여 주소지의 부동산 소유관계를 확인하고 방문하여 가족관계 및 연락처를 파악한다. O X

정답 12 × 13 ○ 14 ○ 15 × 16 ○

17 그 책임이 모두에게 있는지 채무자 또는 실수익자에게 있는지 파악하여야 하므로 양자에게 내용증명을 발송하고 수취인이 누구인지 확인한다.	**17** 신용카드 부정사용 이후 행불된 자는 그 책임이 실수익자(명의도용)에게 있으므로 실수익자에게만 내용증명을 발송한다. O X
18 연체 중인 동료들도 연체에 대한 경험이 풍부해 유선 연락 시 채무자 거주 유무에 대하여 회피하는 경우가 많다.	**18** 유흥업 종사자는 소비성향이 강하고 주변에 연체 중인 동료들이 많으므로 동료를 통하여 유선 연락으로도 어렵지 않게 행불추적이 가능하다. O X
	19 유흥업 종사자 면담 시 직업적인 편견을 배제하고 존칭을 사용하며 예우하여야 믿을 수 있는 정보를 얻을 수 있다. O X
20 사업장을 방문하여 경영악화 원인을 파악하고 경기호전 시 채권회수 가능 여부를 파악한다.	**20** 자영업 종사자는 대부분 사업자금으로 채무발생 후 경영악화로 부도를 내면서 연체가 시작되므로 사업장 방문 등의 과정은 생략하고 곧바로 본안소송을 제기하는 것이 좋다. O X
21 영업직 종사자에 대한 특징이다.	**21** 전문직 종사자들은 이직률이 높기 때문에 서면, 유선상 추적보다는 직접 방문하여 주변인을 대상으로 면담하면서 행불추적을 하는 것이 효과적이다. O X
	22 전문직 종사자는 직업에 대한 자존심이 강하고 이직한 후에도 같은 업종에 다시 종사하는 사례가 많으므로 관련 협회 등을 통해 근무처나 사업장 주소지를 파악하는 것이 효과적일 수 있다. O X

정답 17 X 18 X 19 O 20 X 21 X 22 O

23 전문직 종사자는 안정적인 직장에 근무하는 관계로 개인의 발전을 위하거나 재테크의 목적 등으로 대출을 받은 후 연체가 되는 경우가 많고 이들은 직장에 찾아오는 것을 꺼리므로 방문추적활동이 효과적이다. O X

23 공공기관 종사자에 대한 특징이다.

24 원인정보 추적은 행불추적의 시작점이라 볼 수 있으므로 원인서류상 모든 주소지와 주민등록초본상의 주소지변경 여부를 확인한다. O X

25 이해관계사실확인서로 주민등록등본을 열람하여 주민등록등본상의 가족관계세대주 여부를 조사하여 채무자의 연락처를 탐색한다. O X

25 이해관계사실확인서로는 주민등록초본만 열람 가능하다.

26 이해관계사실확인서로 주민등록초본을 열람하여 주소지의 변동사항을 조회하여 추적한다. O X

27 이해관계사실확인서로 주민등록초본을 열람하여 신청말소 여부 및 사망자 초본인지를 구분하여 신청말소된 경우는 채무자가 거주하지 않고 있는 경우이므로 집주인 면담은 불필요하다. O X

27 직권말소된 경우 채무자가 거주하지 않고 있는 경우이므로 집주인 면담을 고려한다.

정답 23 × 24 ○ 25 × 26 ○ 27 ×

28. 주민등록초본을 열람하여 전, 현 주소지를 확인하고 해당 주소지 및 부동산등기부등본을 열람하여 소유 여부와 소유권 변경내역을 조사한다. O X

29. 채권발생 시 설정된 담보권의 채권최고액은 연체 후 변동사유가 있을 수 있으니 최종의 채권최고액을 재확인한다.

29. 부동산등기부등본상 을구의 근저당권을 확인할 때는 채권최고액이 파악되므로 근저당권자에게 채권액을 확인할 필요는 없다. O X

30. 부동산등기부등본을 열람하여 채권발생 당시의 권리변경 여부를 확인하고 사해행위 해당 여부를 조사한다. O X

31. 부동산등기부등본은 일정 시점 단위로 발급하여 선순위말소 여부 등을 계속 주시해야 한다. O X

32. 사업자등록증에 대한 설명이다.

32. 법인등기부등본은 사업장의 주소지와 주민등록상의 주소지의 일치 여부를 확인하여 방문추적 시 사전정보로 활용한다. O X

33. 법인등기부등본에 대한 설명이다.

33. 사업자등록증으로 사업자등록증상의 명의, 본점의 주소, 지점의 주소 등의 일치 여부를 확인하여 주소정보로 활용한다. O X

정답: 28 O 29 X 30 O 31 O 32 X 33 X

34 법인등기부등본으로 개인의 소득세 및 법인세 납부증명서를 확인하고 각 목적물에 대한 현행 소득 여부 확인을 통해 행불추적의 정보로 활용한다. O X

34 납세증명서에 대한 설명이다.

35 전국은행연합회 정보로 연체건수와 금액 등의 연체정보와 최근 변제로 인하여 해제된 기록이 있다면 수입의 출처 등을 확인한다. O X

36 효율적인 행불추적활동이란 회수가능성이 높은 채무자를 분류하고 우선적으로 선정하여 이에 따른 행불추적업무를 수행하는 것을 말한다. O X

37 추적가능성이란 행불채무자를 추적하여 성공하였을 때 채무자로부터 혹은 도움변제로 채권회수가 가능한가 여부를 말한다. O X

37 회수가능성에 대한 설명이다.

38 회수가능성은 낮지만 추적성공 가능성은 높은 채무자는 추적만 성공한다면 회수의 가능성이 높으므로 행불추적의 필수대상이 된다. O X

38 회수가능성도 높고 추적성공 가능성도 높은 채무자에 대한 설명이다.

39 회수가능성은 낮지만 추적성공 가능성은 높은 채무자는 추적성공 시에 면담 등을 통하여 회수가능성을 높일 수 있다. O X

정답 34 × 35 ○ 36 ○ 37 × 38 × 39 ○

40 환경변화에 따라 높아질 가능성은 항상 존재하므로 지속적인 추적활동은 필요하다.

40 회수가능성도 낮고 추적성공 가능성도 낮은 채무자는 효율성이 떨어지므로 추적활동이 불필요하다. O X

41 채권담당자는 추적성공 가능성보다는 회수가능성이 높은 채무자를 우선적으로 관리하는 것이 가장 효율적이다.

41 회수가능성은 낮지만 추적성공 가능성은 높은 채무자보다 회수가능성은 높지만 추적성공 가능성은 낮은 채무자가 행불추적활동에 있어서 우선순위이다. O X

42 서면추적 시 부모, 형제, 친·인척에게 채무자의 거주가 확인되지 않은 상태에서 통지서를 발송하여서는 아니 된다. O X

43 유·무선 추적 시 채무자 이외의 가족 및 제삼자의 신용조회를 하여서는 아니 되며 이에 따른 무리한 제삼자 독촉행위도 금지된다. O X

44 방문추적 시 채무자의 연체내역 등을 제삼자에게 알려 주어서는 아니 되며 채무자의 가족에게 대위변제를 요구하는 것은 금지된다.

44 방문추적 시 채무자의 연체내역 등은 가족·친지 등에게 알려 대위변제를 요구한다. O X

45 채무자에 대한 추가정보를 수집하여 둔다.

45 재행불 방지를 위하여는 채무자가 실행 가능한 변제방법을 제시해 주고 채무자에 대한 기존의 정보를 분석·정리하여 둔다. O X

정답: 40 X 41 O 42 O 43 O 44 X 45 X

PART 03 적중예상문제

01 신용관리담당자의 채권추심활동에 관한 다음 설명 중 가장 적절하지 않은 것은?

① 채무자의 재산 및 소득능력 기타 채무자와 관계되는 정보를 정확히 파악한 후 상담한다.
② 채무자에게 채무변제를 설득하고 최적의 변제방안을 제시한다.
③ 회수가능성에 대한 점검은 입금약속 이행 여부, 보증인 입보 여부, 법적조치 완료 여부, 최근 주소지 변동 유무 등을 판단자료로 활용한다.
④ 채무자의 불만사항에 대한 대응방법을 수립한다.
⑤ 채무자가 변제의사는 있지만 변제능력이 부족한 경우에는 채권회수의 가능성이 희박하므로 채권상담을 보류하는 것이 효과적이다.

> **해설**
> 변제의사는 있지만 변제능력이 부족한 채무자는 변제능력이 회복될 때까지 변제를 유예하거나 채무감면을 통하여 회수하는 방안이 효과적이다.

02 채권관리상담 업무에 관한 다음 설명 중 가장 적절하지 않은 것은?

① 전화상담은 우선 통화가능 시간을 고려하여 접근단계, 공감단계, 상담단계, 확인단계로 나누어 진행하는 것이 효과적이다.
② 방문상담은 관련법규에 제한이 없는 한 학력, 연령 또는 직위, 성별 및 시간과 장소에 크게 구애됨이 없이, 채권자의 목적과 의사를 충분히 전달할 수 있는 수단이다.
③ 서면관리실무는 안내장, 통고서, 독촉장 등을 이용하여 서면을 통해 독촉하는 추심행위이다.
④ 방문상담은 채무자와 서로 대면하여 상담이 이루어지기 때문에 진지한 상담이 가능하고 채무자의 심리나 사고, 행동의 변화를 즉시 파악할 수 있다는 장점을 가지고 있다.
⑤ 방문상담은 변제의 독촉은 물론이고 행불추적 및 재산조사, 법적 집행, 추심행위 등이 동시에 이루어질 수 있는 특징이 있다.

> **해설**
> 방문상담은 채무자의 거주지, 소재지를 방문하여 상담관리하는 것으로 시간과 장소에 영향을 받는다.

정답 01 ⑤ 02 ②

03 다음의 상담관리방법에 대한 설명 중 옳지 않은 것은?

① 상담관리는 그 방법에 따라 전화상담관리 · 방문상담관리 · 서면상담관리로 분류할 수 있다.
② 전화상담 시 욕을 하는 채무자에게는 상대방의 말을 경청하고 격한 감정을 풀어 주고 칭찬화법을 사용하여 채무자가 마음을 열 수 있도록 하는 것이 좋다.
③ 전화를 걸어오는 채무자에게는 연체상태가 지속될 경우 채무자에게 여러 가지 불이익이 발생한다는 점을 주지시켜 주어야 한다.
④ 전화상담 시 소심, 심약한 채무자에게는 연락을 두절시키는 행위를 할 우려가 있으므로 도와 주겠다고 하며 내사 상담하도록 설득하여 해결방법을 상세히 설명해 주어야 한다.
⑤ 전화상담 시 상습위약자에게는 일방적으로 변제일정을 정하고 진행상태를 점검한다.

해설
장기연체 채무자에 대한 상담방법이다. 전화를 걸어오는 채무자에게는 연체 계속 시 원칙적으로 처리한다는 것을 강조한다.

04 채권상담의 방법에 관한 다음 설명 중 가장 적절하지 않은 것은?

① 독촉은 채무를 변제할 것을 최고하는 것으로 주로 변제의지가 전혀 없거나 의도적으로 회피하거나 채무에 대해 무감각한 채무자의 감정을 자극하는 수단으로 많이 사용되는 방법이다.
② 타협은 주로 일정 부분 변제의사 및 변제능력이 있는 채무자와의 상담에서 변제조건(기일, 금액, 방법 등)을 조정함으로써 채무자의 채무변제 의지가 행동으로 이어질 수 있도록 유도하는 방법이다.
③ 양보는 신용관리담당자의 주장이나 요구사항을 조정하여 채무자의 의견을 좇는 것으로 주로 도전적이고 융통적이지 못한 채무자와의 상담에서 많이 사용된다.
④ 보류는 변제의사 및 변제능력이 전무한 채무자의 객관적 상황이 변동될 때까지 일정 기간 채권관리를 미루어 두는 것을 말한다.
⑤ 부담은 채무자에게 객관적인 사실들을 잘 설명하고 이해시켜 채무변제의 당위성을 납득시키고 이를 행동에 옮기도록 독려하는 방법이다.

해설
설득에 관한 설명이다.

05 다음 중 채무자에 대한 서면상담관리의 설명으로 틀린 것은?

① 서면추적(통지서 발송 등)은 보통 방문추적하기 전에 일괄적으로 발송하는 경우가 많다.
② 규정된 양식을 사용하여 수신자를 명확히 기재하여 우편투입의 정확성을 기한다.
③ 반송우편물의 반송사유를 확인하여야 한다.
④ 봉투 겉면에 '연체안내문 재중', '최후통보'라고 명확히 기재하여 내용전달의 정확성을 기한다.
⑤ 수취거부는 채무자가 주소지에 거주는 하나 실제 우편물을 거부했다는 단서이기 때문에 추적을 해봐야 한다.

해설
봉투를 밀봉하여 '본인전달 요망'이라고 표기한다.

06 다음의 연령별 특성과 상담요령에 관한 설명 중 틀린 것은?

① 20대 초반 채무자의 일반적인 유형은 자존심이 강하고 쉽게 흥분하며, 돈의 소중함을 모르고 생계형 소비가 주를 이루며 사후처리를 주변인에 의존하는 사례가 많다.
② 20대 초반의 채무자에 대한 상담요령은 실행 가능한 약속을 유도하고 신용에 대한 개념을 이해시키는 것이다.
③ 20대 중반에서 30대 초반의 채무자는 주로 과시용 소비가 주를 이루며 기혼자의 경우 가족 중 실질적인 경제력을 가진 자를 파악하고 경제권을 갖고 있는 자를 집중적으로 상담한다.
④ 30대 중반에서 40대 초반의 채무자는 대부분이 가장이므로 적절한 예의를 갖추며 가족과 동시에 상담하여 집안의 문제로 확대하고 법적 조치로 심리적 부담을 느끼게 한다.
⑤ 50대 이상의 채무자는 법적 조치에 민감하고 도덕적 책임의식이 강하므로 도의적 책임을 강조하며 법적 조치로 심리적 부담감을 느끼게 한다.

해설
30대 중반에서 40대 초반 채무자가 주로 생계형 소비자인 경우가 많다.

07 다음 설명 중 옳지 않은 것은?

① 다중채무자는 주민등록지와 실제 거주지가 다른 경우가 많고 법적 처리에 별 반응을 보이지 않으며 무성의하거나 책임감이 없는 경우가 많다.
② '책임회피형' 채무자는 성향이 극히 예민한 경우가 많으므로 동조해 주는 자세로 친절한 사람이라는 인식을 심어 주면 대화가 쉬워진다.
③ 이혼이나 별거 등으로 가정불화 중인 채무자는 가정 얘기에 민감하고 신경질적이므로 가정 상황과 직접 관련된 이야기는 가급적 피하는 것이 좋다.
④ 행방불명인 채무자의 경우 가족이 채무관계를 모르는 경우가 대부분이므로 가족 등이 채무사실을 미리 알고 면담 및 해결방안 문의 시에만 접속한다.
⑤ 행방불명인 채무자의 경우 가족과 면담 시 채무자에 대한 정보파악을 위해 진지한 면담이 필요하며 채무자를 도와주려 한다는 점을 부각시킨다.

해설
이혼이나 별거 등으로 가정불화 중인 채무자에 대한 설명이다. 책임회피형 채무자의 경우 법적 조치를 담당자가 연기해 주고 있음을 느끼게 해 주는 것이 좋다.

08 다음 채무자 언어·행동별 특성과 상담요령에 관한 설명 중 옳지 않은 것은?

① 표출형 – 생각나는 대로 말하고 급하며 행동이 신속·과감하다. 설명은 빠르며 간단, 명료하게 하는 것이 좋다.
② 신중형 – 자기 스스로 결정하는 것을 두려워하므로 적극적으로 방안을 제시하여 빠른 결정을 내릴 수 있도록 유도한다.
③ 사교형 – 담당자를 잘 이해해 주고 친절하므로 상대방의 페이스에 말려들지 않게 조심한다.
④ 배타형 – 담당자의 말에 별 반응이 없으므로 답하기 쉬운 질문으로 말을 하도록 유도한다.
⑤ 독설형 – 열등감이 원인으로 냉정한 태도를 유지하며 상대방의 독설에 반말을 삼가도록 한다.

해설
'우유부단형'에 대한 설명이다. '신중형'의 채무자는 세부사항까지 납득되어야 하기 때문에 철저히 준비하여 설명한다.

09 다음 행불관리의 목적으로 옳지 않은 것은?

① 연락 가능한 상태로 변화시킨다.
② 적극적인 상담을 통하여 회수가능성을 높인다.
③ 상담을 통해 채무자의 연체구조 개선 등 해결방안을 모색한다.
④ 새로운 추가정보를 획득하여 재행불되는 것을 방지한다.
⑤ 행불자에 대한 법적 조치를 한다.

해설
행불관리의 목적은 행불관리 활동을 통하여 연락 가능한 상태로 변화시키고 회수가능성을 높이는 것에 있으며, 상담을 통해 채무자의 연체구조 개선 등 해결방안을 모색 및 재행불 예방에 있다.

10 다음 위장 전입자에 대한 행불추적으로 옳지 않은 것은?

① 위장 전입은 의도적으로 채무독촉회피를 목적으로 하는 경우가 많다.
② 집주인과 채무자는 대체로 단절되어 있는 경우가 많다.
③ 자력에 의한 변제능력이 상실되거나 변제의사가 결여된 채무자일 경우가 대부분이다.
④ 주소지 및 부동산등기부등본상의 소유주와 면담하여 채무자가 거주하지 않는 이유 및 전입배경을 파악한다.
⑤ 장기 행불자의 경우는 주민등록 직권말소를 관할 동사무소에 의뢰하여 채무자의 새로운 주소이전 여부를 파악한다.

해설
집주인과 채무자는 대체로 이해관계인일 가능성이 높다.

11 채무자가 사망한 채권에 대한 채권추심 시 다음 설명 중 가장 적절하지 않은 것은?

① 상속인이 상속포기를 하였다면 채권추심 제한대상이므로 추심을 하여서는 안 된다.
② 상속인이 기한 내(상속개시 있음을 안 날로부터 3월) 상속포기나 한정승인하지 않고 포괄승계(단순승인)한 경우 상속인에게 채권추심을 할 수 있다.
③ 상속인이 기간 내에 상속포기 등을 하지 않았다면 상속인의 고유재산에 대해서도 강제집행을 할 수 있으므로 재산조사가 필요하다.
④ 상속인이 기간 내에 상속포기 등을 하지 않았고 채무자 사망 전에 집행권원을 획득한 경우 승계집행문을 부여받을 필요 없이 상속인의 재산에 대한 강제집행을 할 수 있다.
⑤ 상속인이 기간 내에 상속포기 등을 하지 않았고 채무자 사망 전에 집행권원을 획득하지 못한 경우 상속인 재산에 먼저 가압류를 신청하고 소를 제기하여 집행권원을 획득할 수 있다.

해설
채무자 사망 시 사망 전에 채무자를 상대로 집행권원을 획득한 경우에는 승계집행문을 부여받은 후 상속인의 재산에 대한 강제집행을 해야 한다.

12 다음 중 사업장 부도로 인한 행불자의 추적에 대한 설명으로 옳지 않은 것은?

① 사업실패로 인해 부도가 발생한 채무자는 사해행위 가능성이 있으므로 사업장을 제삼자 명의로 이전하였는지 여부를 점검한다.
② 사업자등록 주소지의 부동산등기부등본을 발급하여 소유 여부를 확인한다.
③ 채무자의 주민등록초본을 발급하여 주소지의 부동산 소유관계를 확인한다.
④ 사업장 방문 또는 주변인 면담을 통해 부도원인 및 거래처를 파악한다.
⑤ 채무자의 주민등록초본을 발급하여 주소지를 방문하여 가족관계 및 연락처를 파악한 후 가족들에게 대위변제를 유도한다.

해설
가족 등이 채무사실을 미리 알고 면담 및 해결방안 문의 시에만 접속한다. 채무자에 대한 정보파악을 위해 진지한 면담이 필요하며 채무자를 도와주려 한다는 점을 부각한다.

13 다음 중 부정사용자 및 법률위반자에 대한 행불추적에 대한 설명으로 틀린 것은?

① 부정사용자 및 법률위반자는 전문적으로 사기를 치는 채무자 부류가 많다.
② 부정사용자 및 법률위반자는 나이가 어린 채무자가 많아 주로 단독으로 부정사용하는 경우가 많다.
③ 부정사용자 및 법률위반자는 채무자 및 실수익자 모두 변제의사가 결여되어 있다.
④ 신용카드 부정사용자의 경우 채무자와 실수익자 간의 법률적 책임소재부터 파악하여야 한다.
⑤ 신용카드 부정사용자의 경우 내용증명을 발송하고 수취인이 누구인지 영수증으로 확인한다.

해설
채무자 단독보다는 주변인과 연계하여 부정사용하는 경우가 많다.

14 직업별 행불추적에 대한 설명으로 옳지 않은 것은?

① 일반직 종사자는 일시적으로 자금회전이 좋지 않아 행불이 되는 경우가 많으며 고액 다중채무자들의 비율이 상대적으로 높다.
② 유흥업 종사자는 행불 추적 후에 또다시 재행불될 가능성이 높다.
③ 영업직 종사자는 이직률이 높기 때문에 서면, 유선상 추적보다는 직접 방문하여 주변인을 대상으로 면담하면서 행불추적을 하는 것이 효과적이다.
④ 공공기관 종사자는 직장을 찾아오는 것을 매우 꺼리는 경향이 있어 방문추적활동이 효과적이다.
⑤ 유흥업 종사자와의 면담 시 직업적인 편견을 배제하고 존칭을 사용하며 예우하여야 믿을 수 있는 정보를 얻을 수 있다.

해설
전문직 종사자에 대한 특징이다.

15 다음 중 개인사업자의 사업자등록에 기재되어 있는 사항이 아닌 것은?

① 대표자
② 개업 연월일
③ 사업장 소재지
④ 사업의 종류
⑤ 대표자의 주민등록번호

해설

사업자등록증 기재사항
- 법인명
- 대표자
- 개업 연월일
- 법인등록번호
- 사업장 소재지
- 본점 소재지
- 사업의 종류

16 채무환경분석정보 및 그와 관련된 서류들에 관한 다음 설명 중 가장 적절하지 않은 것은?

① 채무자 사망 시 상속인 관련 정보는 제적등본·가족관계증명서 등을 통하여 확인할 수 있다.
② 부동산등기사항증명서는 부동산 소재지만 알고 있다면 누구나 발급받을 수 있다.
③ 채권·채무관계 등 대통령령으로 정하는 정당한 이해관계가 있는 사람은 주민등록표 등본을 발급받을 수 있다.
④ 부가가치세 납세의무자는 원칙적으로 사업장별로 세무서에 신청하여 사업자등록증을 발급받을 수 있다.
⑤ 주민등록번호 뒤의 7자리 숫자 중 첫 번째 숫자는 남녀를 구분한다.

해설

채권·채무관계 등 대통령령으로 정하는 정당한 이해관계가 있는 사람이 신청하는 경우 주민등록표 초본을 발급받을 수 있다(주민등록법 제29조 제2항 제6호).

17 효율적인 행불추적의 기법에 대한 다음 설명 중 옳은 것은?

① 회수가능성이란 행불채무자를 추적하는 데 시간과 노력을 얼마나 투자해야 하는지의 정도를 의미한다.
② 행불추적활동의 1순위 채무자는 회수가능성도 높고 추적성공 가능성도 높은 채무자이다.
③ 회수가능성은 낮지만 추적성공 가능성은 높은 채무자는 회수가능성은 높지만 추적성공 가능성은 낮은 채무자보다 행불추적활동에 있어서 우선순위이다.
④ 회수가능성은 낮지만 추적성공 가능성은 높은 채무자는 추적만 성공한다면 회수의 가능성이 높아지므로 행불추적의 필수대상이 된다.
⑤ 행불추적활동의 5순위 채무자는 회수가능성은 높지만 추적가능성은 낮은 채무자를 말한다.

해설

① 회수가능성이란 행불채무자를 추적하여 성공하였을 때 채무자로부터 혹은 도움변제로 채권회수가 가능한지 여부를 의미한다.
③ 채권담당자는 추적성공 가능성보다는 회수가능성이 높은 채무자를 우선적으로 관리하는 것이 가장 효율적이다.
④ 회수가능성도 높고 추적성공 가능성도 높은 채무자에 대한 설명이다.
⑤ 회수가능성은 높지만 추적가능성은 낮은 채무자는 행불추적활동의 2순위 채무자이다.

18 행불자 추적 및 회수방법에 대한 다음 설명 중 가장 적절하지 않은 것은?

① 위장 전입한 채무자는 대체로 집주인과 이해관계인일 가능성이 높다.
② 주민등록초본상 주소지를 자주 옮기는 행불자는 주민등록초본을 자주 열람하여 주소 변동의 가능성에 대비한다.
③ 위장 전입자의 경우 주소지 부동산등기사항전부증명서(부동산등기부등본)상의 소유주와 면담하여 채무자가 거주하지 않는 이유 및 전입배경을 파악한다.
④ 주민등록초본상 직권말소된 경우는 채무자가 거주하지 않고 있는 사실이 인정되므로 집주인 면담은 고려하지 아니하여도 무방하다.
⑤ 계약서 등 채권원인서류상의 주소지와 주민등록초본상의 주소지를 대조하여 변경여부를 점검한다.

[해설]
주민등록초본을 통한 행불자 추적방법
- 주소지의 변동사항을 조회하여 추적한다.
- 전·현 주소지를 확인하고 해당 주소지 및 부동산등기부등본을 열람하여 소유 여부와 소유권 변경내역을 조사한다.
- 직권말소 여부 및 사망자 초본인지를 구분한다. 직권말소된 경우는 채무자가 거주하지 않고 있는 경우이므로 집주인 면담을 고려한다.

19 다음 중 채무자에 대한 행불관리의 목적을 설명한 것으로 가장 적절하지 않은 것은?

① 적극적인 상담을 통한 회수가능성을 증대시킨다.
② 행불 추적은 채권회수율 향상과는 관계없다.
③ 합리적인 상담을 통한 연체구조를 개선하여 해결방안을 모색할 수 있다.
④ 상담을 통한 새로운 정보를 획득할 수 있다.
⑤ 재행불되는 것을 방지할 수 있다.

[해설]
행불 추적은 채권회수율을 향상시키는 관리 활동이다.

PART 4
채무자 신용회복지원 관련 제도

CHAPTER 01 국민행복기금

CHAPTER 02 한국자산관리공사

CHAPTER 03 개인회생절차

CHAPTER 04 개인(소비자)파산제도

CHAPTER 05 신용회복위원회 채무조정제도

PART 4 채무자 신용회복지원 관련 제도

CHAPTER 01 국민행복기금

1 의 의

제도권 금융에서 소외된 자들이 경제적 회생을 할 수 있도록 연체채권 채무조정, 자활프로그램 제공 및 복지지원을 위한 종합 신용회복 지원기관을 말한다.

2 설립배경

① 소득 양극화와 신용격차의 확대, 금융혜택의 편중에 따른 금융소외자 문제의 심화
② 취업은 물론 정상적인 경제 주체로서의 사회활동이 어렵고, 경제 주체의 감소로 인해 우리 경제 전반에 큰 손실이 초래되고 있음
③ 금융소외자의 과도한 채무 부담을 줄여 회생의 기회를 제공하고 새로운 자활지원프로그램을 통해 정상적인 경제활동의 주체로 복귀할 수 있도록 지원하는 통합 신용회복지원 프로그램의 필요성 대두

3 소액대출

(1) 의 의

국민행복기금으로 신용회복지원 프로그램(채무조정, 개인회생절차)을 통하여 일정 기간 채무를 성실하게 상환한 이들에게 긴급생활안정자금을 연 3~4% 이자율로 빌려주는 서민금융지원제도

(2) 대출대상자

① 한국자산관리공사, 국민행복기금, 한마음금융, 희망모아, 상록수제일차유동화전문유한회사, 그리고 사단법인신용회복위원회에서 신용회복지원을 받아 6개월 이상 성실히 상환하고 있거나 완제(3년 이내)한 자
② 바꿔드림론 및 안전망 대출을 지원받고 6개월 이상 성실상환 중이거나 완제(3년 이내)한 자
③ 개인회생절차에 따라 인가된 변제계획을 24개월 이상 이행 중인 자 또는 이행을 완료한 후 3년 이내인 자

(3) 대출상품

구 분	국민행복기금
자금용도	의료비, 임차자금, 결혼자금, 출산자금, 장례비, 학자금, 사금융피해예방자금, 자영업자지원자금, 기타생활안정자금
대출금액	최대 1,500만 원(성실상환 기간에 따라 차등적용). 단, 개인회생 성실상환자는 최대 500만 원 ※ 개인별 대출가능금액은 대출심사를 통해 결정
대출금리	연 3.0~4.0%(성실상환 기간에 따라 차등적용). 단, 개인회생 성실상환자는 연 4.0% ※ 취약계층 만 70세 이상, 기초생활수급자, 중증장애인(1~3급)은 결정금리에서 30% 금리 인하(결정금리의 70%) 혜택 지원
대출기간	최장 5년
상환방법	원리금균등분할방식

4 학자금대출 채무조정

(1) 대상자

13년 2월 말 기준 6개월 이상 연체된 한국장학재단 및 주택금융공사의 학자금대출 채무 중 14년 9월 말 국민행복기금이 인수하여 동 기금이 관리 중인 채무를 보유한 자

(2) 지원내용

신청자의 상환능력이 부족한 경우, 채무자 연령, 연체기간, 소득 등을 고려하여 20~70%(기초수급자, 만 70세 이상 고령자 등의 특수채무자는 60~90%)까지 채무감면 및 최장 10년까지 분할상환하도록 상환기간을 조정

(3) 채무조정 약정무효

채무상환 계획을 성실히 이행하지 않거나 신고하지 않은 재산 발견 시에는 채무조정 및 채무감면 혜택이 무효

(4) 신청 창구

① 캠코 창구 : 한국자산관리공사 지역본부
② 공인인증서 소지자는 인터넷(www.happyfund.or.kr)을 통해서도 신청 가능

(5) 신청절차

① 접수창구 신청

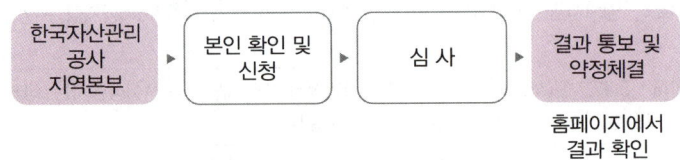

② 인터넷 신청

5 국민행복기금 채무조정

(1) 대상자
① 국민행복기금이 금융기관 등으로부터 인수한 연체채권 관련 고객
② 학자금 대출은 2014년 9월 말 한국장학재단 및 주택금융공사에서 국민행복기금으로 양도된 연체채권의 고객

(2) 지원내용
상환능력이 부족한 경우 채무 일부감면 및 고객별 신청 내용 등을 고려하여 최장 10년까지 매월 분할상환할 수 있게 상환기간 조정
① 일반감면 : 고객의 연령, 연체기간, 소득 등을 고려하여 20~70% 감면율 산정
② 특수채무관계자감면 : 고객이 특수채무관계자에 해당할 경우 감면율표에 의해 70, 80, 90% 감면율 산정
③ 장기연체채무자 추가감면 : 15년 이상 장기 연체채무자인 경우 소득증빙 제출, 채무조정심의위원회 심의·의결을 통해 추가(10, 20, 30%) 감면 가능

(3) 채무조정 약정취소
채무상환 계획을 성실히 이행하지 않거나 신고하지 않은 재산 발견 시에는 채무조정 및 감면혜택 취소

(4) 신청창구
① 접수창구 신청 : 한국자산관리공사 지역본부, 업무 위임을 받은 신용정보사 등에서 신청 가능
② 인터넷 채무조정 신청 : 범용 공인인증서 소지자는 국민행복기금 홈페이지를 통해 신청 가능

(5) 신청절차

① 접수창구 신청

② 인터넷 채무조정 신청

6 햇살론15

대부업·불법사금융 등에서 고금리 대출 이용이 불가피한 최저신용자를 위해 출시한 국민행복기금 보증 정책 서민금융상품

(1) 대상자

① **신용평점** : 개인신용평점 하위 20% 이하(연소득 3천5백만 원 이하는 신용등급 제한 없음)
② **연소득** : 4천5백만 원 이하
※ 제외대상 : 직업 및 소득이 없는 자, 현재 연체중인 자, 소득에 비해 채무액이 과다한 자, 기타 보증심사 결과 부적격자로 분류된 자

(2) 지원내용

구 분	대출한도	대출금리	대출기간	우대금리	상환방법
일반보증	700만 원 (단일한도)	연 15.9% (단일금리)	3년 또는 5년	성실 상환 시 1년마다 금리 인하 (3년 선택 시 3.0%p씩, 5년 선택 시 1.5%p씩)	원리금균등 분할 상환
특례보증	최대 1,400만 원				

※ 일반보증은 시중은행에서 심사부터 대출실행까지 가능하며, 특례보증은 은행이용이 어렵거나, 정형화된 서류 구비가 어려운 경우 서민금융통합지원센터에서 추가심사를 거쳐 보증을 승인

(3) 반복·추가 이용

① 반복 이용 : 햇살론15 상환 완료 후 횟수 제한 없이 여러 번 반복 이용 가능
② 추가 이용 : 대출 이용 중 추가 자금이 필요한 경우 1회 추가 대출 가능
　※ 추가 이용 시 대출한도 범위 내 신청 가능
　※ 반복·추가 이용 시 직전대출 당시보다 부채상황이 개선된 경우 최초 적용금리를 0.5%p 우대(15.9
　　→ 15.4%)

(4) 취급처

① 전국 14개 시중은행 창구 및 인터넷전문은행 : 경남, 광주, 국민, 기업, 농협, 부산, 수협, 신한, 아이엠뱅크(舊 대구은행), 우리, 전북, 제주, 카카오뱅크, 하나은행
② 모바일 이용 가능 은행 : 전북, 카카오뱅크, 케이뱅크, 광주, 하나은행
③ 특례보증 : 전국 47개 서민금융통합지원센터

[참고] 국민행복기금(http://www.happyfund.or.kr)

CHAPTER 01 OX 마무리

PART 4 채무자 신용회복지원 관련 제도

01 국민행복기금이란 제도권 금융에서 소외된 자들이 경제적 회생을 할 수 있도록 연체채권 채무조정, 자활프로그램 제공 및 복지지원을 위한 종합 신용회복 지원기관을 말한다. O X

02 국민행복기금 소액대출이란 국민행복기금으로 신용회복지원 프로그램을 통하여 일정 기간 채무를 성실하게 상환한 이들에게 긴급생활안정자금을 연 6% 이자율로 빌려주는 서민금융 지원제도를 말한다. O X

02 연 3~4% 이자율이다.

03 햇살론15를 지원받고 성실 상환 시 2년마다 금리가 인하된다. O X

03 1년마다 금리가 인하된다.

04 국민행복기금 소액대출의 대출기간은 최장 10년이고, 상환방법은 원리금균등분할방식에 의한다. O X

04 최장 5년이다.

05 공인인증서가 있으면 인터넷(www.happyfund.or.kr)을 통해서도 학자금대출 채무조정을 신청할 수 있다. O X

정답 01 O 02 × 03 × 04 × 05 O

06 의료비, 임차자금, 결혼자금 등의 자금용도로 사용되어야 한다.

06 국민행복기금을 활용한 소액대출 시 자금용도에는 아무런 제한이 없다. O X

07 개인별 대출가능금액은 대출심사를 통해 결정된다.

07 국민행복기금을 활용한 소액대출 시 개인별 대출가능금액은 신청액에 따라 결정된다. O X

08 햇살론15는 대부업·불법사금융 등에서 고금리 대출 이용이 불가피한 최저신용자를 위해 출시한 국민행복기금 보증정책 서민금융상품이다. O X

CHAPTER 02 한국자산관리공사

PART 4 채무자 신용회복지원 관련 제도

1 개 요

「한국자산관리공사의 설립 등에 관한 법률」에 따라 설립되어 금융회사 부실채권 인수, 정리 및 기업구조조정업무, 금융취약계층의 재기지원, 국유재산관리 및 체납조세정리 업무를 수행하고 있는 준정부기관이다.

2 역 할

상시 구조조정기구로서 국가경제와 금융산업발전에 이바지하고 있으며, 국유재산관리 등 정부위탁업무의 효율적 추진을 통한 국가재정 수입극대화를 도모함은 물론 외환위기 및 글로벌금융위기 등 위기극복의 최일선에서 가계·기업·공공부문을 포괄하여 지원하는 국가경제안전판으로서 '공적자산관리전문기관'의 역할을 수행하고 있다.

3 주요 기능

① 금융회사 부실채권의 인수, 정리
② 가계부실채권 인수 및 취약가계 신용회복 지원
③ 기업자산 인수, 취약기업 구조조정 지원
④ 국·공유재산 관리, 개발 업무
⑤ 체납조세정리 업무
⑥ 전자자산처분시스템 '온비드' 관리운용

[참고] 한국자산관리공사(http://www.kamco.or.kr/)

CHAPTER 02 OX 마무리

PART 4 채무자 신용회복지원 관련 제도

01 한국자산관리공사는 「한국자산관리공사의 설립 등에 관한 법률」에 따라 설립된 준정부기관이다. O X

02 한국자산관리공사는 금융회사 부실채권의 인수 및 정리, 가계부실채권 인수 및 취약가계 신용회복 지원, 기업자산 인수, 취약기업 구조조정 지원, 국·공유재산 관리 및 개발 업무, 체납조세정리 업무, 전자자산처분시스템 '온비드' 관리운용을 수행한다. O X

03 한국자산관리공사는 임시 구조조정기구로서 가계경제와 금융산업 발전에 이바지하고 있으며, 개인재산관리 등 위탁업무의 효율적 추진을 통한 국가재정 수입극대화를 도모한다. O X

03 한국자산관리공사는 상시 구조조정기구로서 국가경제와 금융산업발전에 이바지하고 있으며, 국유재산관리 등 정부위탁업무의 효율적 추진을 통한 국가재정 수입극대화를 도모한다.

정답 01 O 02 O 03 ×

CHAPTER 03 개인회생절차

PART 4 채무자 신용회복지원 관련 제도

☑ 기출

1 개 요

(1) 제도의 목적(채무자 회생 및 파산에 관한 법률 제1조)

재정적 어려움으로 인하여 파탄에 직면해 있는 채무자에 대하여 채권자·주주·지분권자 등 이해관계인의 법률관계를 조정하여 채무자 또는 그 사업의 효율적인 회생을 도모하거나, 회생이 어려운 채무자의 재산을 공정하게 환가·배당하는 것을 목적으로 한다.

(2) 관할(채무자 회생 및 파산에 관한 법률 제3조 제1항)

개인회생사건은 채무자의 보통재판적이 있는 곳 등을 관할하는 회생법원의 관할에 전속한다.

(3) 개인채무자(채무자 회생 및 파산에 관한 법률 제579조 제1호) ☑ 기출

파산의 원인인 사실이 있거나 그러한 사실이 생길 염려가 있는 자로서 개인회생절차개시의 신청 당시 다음 금액 이하의 채무를 부담하는 급여소득자 또는 영업소득자를 말한다.

① 유치권·질권·저당권·양도담보권·가등기담보권·「동산·채권 등의 담보에 관한 법률」에 따른 담보권·전세권 또는 우선특권으로 담보된 개인회생채권은 15억 원
② ① 외의 개인회생채권은 10억 원

(4) 개인회생채권, 개인회생재단, 개인회생재단채권

① **개인회생채권** : 개인회생채권이라 함은 채무자에 대하여 개인회생절차개시결정 전의 원인으로 생긴 재산상의 청구권을 말한다(채무자 회생 및 파산에 관한 법률 제581조 제1항). 개인회생채권자목록에 기재된 개인회생 채권에 관하여는 변제계획에 의하지 아니하고는 변제하거나 변제받는 등 이를 소멸하게 하는 행위(면제를 제외한다)를 하지 못한다(채무자 회생 및 파산에 관한 법률 제582조).
② **개인회생재단** : 개인회생절차개시결정 당시 채무자가 가진 모든 재산과 채무자가 개인회생절차개시결정 전에 생긴 원인으로 장래에 행사할 청구권, 개인회생절차진행 중에 채무자가 취득한 재산 및 소득은 개인회생재단에 속한다(채무자 회생 및 파산에 관한 법률 제580조 제1항).

③ 개인회생재단채권 : 개인회생절차에 의하지 않고 일반 개인회생채권자보다 우선하여 변제받을 수 있는 채권(채무자 회생 및 파산에 관한 법률 제583조)
  ㉠ 회생위원의 보수 및 비용의 청구권
  ㉡ 「국세징수법」 또는 「지방세징수법」에 의하여 징수할 수 있는 청구권(단, 개인회생절차개시 당시 아직 납부기한이 도래하지 아니한 것에 한함)
  ㉢ 채무자의 근로자의 임금·퇴직금 및 재해보상금
  ㉣ 개인회생절차개시결정 전의 원인으로 생긴 채무자의 근로자의 임치금 및 신원보증금의 반환청구권
  ㉤ 채무자가 개인회생절차개시신청 후 개시결정 전에 법원의 허가를 받아 행한 자금의 차입, 자재의 구입 그 밖에 채무자의 사업을 계속하는 데 불가결한 행위로 인하여 생긴 청구권
  ㉥ 위의 ㉠~㉤ 외의 것으로 채무자를 위하여 지출하여야 하는 부득이한 비용

(5) 회생위원·개인회생채권자집회

① 회생위원(채무자 회생 및 파산에 관한 법률 제601조 제1항)
  법원은 이해관계인의 신청에 의하거나 직권으로 다음에 해당하는 자를 회생위원으로 선임할 수 있다.
  ㉠ 관리위원회의 관리위원
  ㉡ 법원사무관 등
  ㉢ 변호사·공인회계사 또는 법무사의 자격이 있는 자
  ㉣ 법원주사보·검찰주사보 이상의 직에 근무한 경력이 있는 자
  ㉤ 「은행법」에 의한 은행에서 근무한 경력이 있는 사람으로서 회생위원의 직무수행에 적합한 자
  ㉥ 채무자를 상대로 신용관리교육·상담 및 신용회복을 위한 채무조정업무 등을 수행하는 기관 또는 단체에 근무 중이거나 근무한 경력이 있는 사람으로서 회생위원의 직무수행에 적합한 자
  ㉦ ㉠ 내지 ㉥에 규정된 자에 준하는 자로서 회생위원의 직무수행에 적합한 자

② 개인회생채권자집회(채무자 회생 및 파산에 관한 법률 제613조)
  ㉠ 법원은 개인회생채권자집회의 기일과 변제계획의 요지를 채무자·개인회생채권자 및 회생위원에게 통지하여야 한다.
  ㉡ 채무자는 개인회생채권자집회에 출석하여 개인회생채권자의 요구가 있는 경우 변제계획에 관하여 필요한 설명을 하여야 한다.
  ㉢ 개인회생채권자집회는 법원이 지휘한다.
  ㉣ 회생위원이 선임되어 있는 때에는 법원은 회생위원으로 하여금 개인회생채권자집회를 진행하게 할 수 있다.
  ㉤ 개인회생채권자는 개인회생채권자집회에서 변제계획에 관하여 이의를 진술할 수 있다.

2 절차의 개시 ☑기출

(1) 신청서(채무자 회생 및 파산에 관한 법률 제589조 제1항 및 제2항)
① 개인회생절차개시의 신청은 다음의 사항을 기재한 서면으로 하여야 한다.
  ㉠ 채무자의 성명·주민등록번호 및 주소
  ㉡ 신청의 취지 및 원인
  ㉢ 채무자의 재산 및 채무
② 위 사항을 적은 서면에는 아래의 서류를 첨부하여야 한다.
  ㉠ 개인회생채권자목록(채권자의 성명 및 주소와 채권의 원인 및 금액이 기재된 것)
  ㉡ 재산목록
  ㉢ 채무자의 수입 및 지출에 관한 목록
  ㉣ 급여소득자 또는 영업소득자임을 증명하는 자료
  ㉤ 진술서
  ㉥ 신청일 전 10년 이내에 회생사건·화의사건·파산사건 또는 개인회생사건을 신청한 사실이 있는 때에는 그 관련 서류
  ㉦ 그 밖에 대법원규칙이 정하는 서류

(2) 비용의 예납 및 계산의 보고 등
개인회생절차개시의 신청을 하는 때에는 절차의 비용으로 대법원규칙이 정하는 금액을 미리 납부하여야 한다(채무자 회생 및 파산에 관한 법률 제590조). 법원 또는 회생위원은 언제든지 채무자에게 금전의 수입과 지출 그 밖에 채무자의 재산상의 업무에 관하여 보고를 요구할 수 있고, 필요하다고 인정하는 경우에는 재산상황의 조사, 시정의 요구 그 밖의 적절한 조치를 취할 수 있다(채무자 회생 및 파산에 관한 법률 제591조).

(3) 보전처분(채무자 회생 및 파산에 관한 법률 제592조 제1항)
채무자의 재산이 분산되는 것을 방지하기 위하여 법원은 개인회생절차개시결정 전에 이해관계인의 신청에 의하거나 직권으로 채무자의 재산에 관하여 가압류·가처분 그 밖의 필요한 보전처분을 할 수 있다.

(4) 중지명령(채무자 회생 및 파산에 관한 법률 제593조 제1항)
법원은 개인회생절차개시의 신청이 있는 경우 필요하다고 인정하는 때에는 이해관계인의 신청에 의하거나 직권으로 개인회생절차의 개시신청에 대한 결정 시까지 다음의 절차 또는 행위의 중지 또는 금지를 명할 수 있다.
① 채무자에 대한 회생절차 또는 파산절차
② 개인회생채권에 기하여 채무자의 업무 및 재산에 대하여 한 강제집행·가압류 또는 가처분
③ 채무자의 업무 및 재산에 대한 담보권의 설정 또는 담보권의 실행 등을 위한 경매
④ 개인회생채권을 변제받거나 변제를 요구하는 일체의 행위. 다만, 소송행위를 제외한다.
⑤ 「국세징수법」 또는 「지방세징수법」에 의한 체납처분, 국세징수의 예(국세 또는 지방세 체납처분의 예를 포함한다. 이하 같다)에 의한 체납처분 또는 조세채무담보를 위하여 제공된 물건의 처분. 이 경우 징수의 권한을 가진 자의 의견을 들어야 한다.

3 개인회생절차의 개시결정

(1) 개시결정(채무자 회생 및 파산에 관한 법률 제596조)
① 법원은 신청일부터 1월 이내에 개인회생절차의 개시 여부를 결정하여야 한다.
② 법원은 개인회생절차개시결정과 동시에 다음의 사항을 정하여야 한다.
  ㉠ 개인회생채권에 관한 이의기간. 이 경우 그 기간은 개인회생절차개시결정일부터 2주 이상 2월 이하이어야 한다.
  ㉡ 개인회생채권자집회의 기일. 이 경우 그 기일과 이의기간의 말일 사이에는 2주 이상 1월 이하의 기간이 있어야 한다.
③ 법원은 특별한 사정이 있는 때에는 ②의 ㉠, ㉡의 기일을 늦추거나 기간을 늘릴 수 있다.
④ ①에 의하여 결정을 하는 때에는 결정서에 결정의 연·월·일·시를 기재하여야 한다.
⑤ ①에 의한 결정은 그 결정 시부터 효력이 발생한다.

(2) 개시신청의 기각사유(채무자 회생 및 파산에 관한 법률 제595조) ☑ 기출
법원은 다음의 어느 하나에 해당하는 때에는 개인회생절차개시의 신청을 기각할 수 있다.
① 채무자가 신청권자의 자격을 갖추지 아니한 때
② 채무자가 제589조 제2항(개인회생절차 개시에 필요한 서류)의 어느 하나에 해당하는 서류를 제출하지 아니하거나, 허위로 작성하여 제출하거나 또는 법원이 정한 제출기한을 준수하지 아니한 때
③ 채무자가 절차의 비용을 납부하지 아니한 때
④ 채무자가 변제계획안의 제출기한을 준수하지 아니한 때
⑤ 채무자가 신청일 전 5년 이내에 면책(파산절차에 의한 면책을 포함)을 받은 사실이 있는 때
⑥ 개인회생절차에 의함이 채권자 일반의 이익에 적합하지 아니한 때
⑦ 그 밖에 신청이 성실하지 아니하거나 상당한 이유 없이 절차를 지연시키는 때

(3) 개시결정의 효과(채무자 회생 및 파산에 관한 법률 제600조)
① 개인회생절차개시의 결정이 있는 때에는 다음의 절차 또는 행위는 중지 또는 금지된다. 다만, ㉡ 내지 ㉣의 절차 또는 행위는 채권자목록에 기재된 채권에 의한 경우에 한한다.
  ㉠ 채무자에 대한 회생절차 또는 파산절차
  ㉡ 개인회생채권에 기하여 개인회생재단에 속하는 재산에 대하여 한 강제집행·가압류 또는 가처분
  ㉢ 개인회생채권을 변제받거나 변제를 요구하는 일체의 행위. 다만, 소송행위를 제외한다.
  ㉣ 「국세징수법」 또는 「지방세징수법」에 의한 체납처분, 국세징수의 예(국세 또는 지방세체납처분의 예를 포함한다. 이하 같다)에 의한 체납처분 또는 조세채무담보를 위하여 제공된 물건의 처분
② 개인회생절차개시의 결정이 있는 때에는 변제계획의 인가결정일 또는 개인회생절차 폐지결정의 확정일 중 먼저 도래하는 날까지 개인회생재단에 속하는 재산에 대한 담보권의 설정 또는 담보권의 실행 등을 위한 경매는 중지 또는 금지된다.

③ 법원은 상당한 이유가 있는 때에는 이해관계인의 신청에 의하거나 직권으로 ① 또는 ②의 규정에 의하여 중지된 절차 또는 처분의 속행 또는 취소를 명할 수 있다. 다만, 처분의 취소의 경우에는 담보를 제공하게 할 수 있다.

④ ① 또는 ②의 규정에 의하여 처분을 할 수 없거나 중지된 기간 중에 시효는 진행하지 아니한다.

4 개인회생채권의 확정

(1) 개인회생채권자목록에 의한 채권의 확정(채무자 회생 및 파산에 관한 법률 제603조)

① 다음의 어느 하나에 해당하는 경우에는 개인회생채권자목록의 기재대로 채권이 확정된다.
  ㉠ 개인회생채권자목록에 기재된 채권자가 이의기간 안에 개인회생채권조사확정재판을 신청하지 아니한 경우
  ㉡ 개인회생채권조사확정재판신청이 각하된 경우

② 법원사무관 등은 ①의 규정에 의하여 채권이 확정된 때에는 다음의 사항을 기재한 개인회생채권자표를 작성하여야 한다.
  ㉠ 채권자의 성명 및 주소
  ㉡ 채권의 내용 및 원인

③ 확정된 개인회생채권을 개인회생채권자표에 기재한 경우 그 기재는 개인회생채권자 전원에 대하여 확정판결과 동일한 효력이 있다.

④ 개인회생채권자는 개인회생절차폐지결정이 확정된 때에는 채무자에 대하여 개인회생채권자표에 기하여 강제집행을 할 수 있다.

⑤ 제255조 제3항의 규정은 ④의 경우에 준용한다.

(2) 개인회생채권조사확정재판에 의한 확정

① 개인회생채권자목록의 내용에 관하여 이의가 있는 개인회생채권자는 이의기간 안에 서면으로 이의를 신청할 수 있다. 채무자가 이의내용을 인정하는 때에는 법원의 허가를 받아 개인회생채권자목록을 변경할 수 있다(채무자 회생 및 파산에 관한 법률 제604조 제1항).

② 개인회생채권조사확정재판에 불복하는 자는 결정서의 송달을 받은 날부터 1월 이내에 이의의 소를 제기할 수 있다(채무자 회생 및 파산에 관한 법률 제605조 제1항).

③ 개인회생채권의 확정에 관한 소송에 대한 판결은 개인회생채권자 전원에 대하여 그 효력이 있고 개인회생채권조사확정재판에 대한 이의의 소가 소정기간 안에 제기되지 아니하거나 각하된 때에는 그 재판은 개인회생채권자 전원에 대하여 확정판결과 동일한 효력이 있다(채무자 회생 및 파산에 관한 법률 제607조).

5 변제계획

(1) 변제계획안 제출
① 채무자는 개인회생절차개시의 신청일부터 14일 이내에 변제계획안을 제출하여야 한다. 다만, 법원은 상당한 이유가 있다고 인정하는 때에는 그 기간을 늘릴 수 있다. 채무자는 변제계획안이 인가되기 전에는 변제계획안을 수정할 수 있다. 법원은 이해관계인의 신청에 의하거나 직권으로 채무자에 대하여 변제계획안을 수정할 것을 명할 수 있다(채무자 회생 및 파산에 관한 법률 제610조 제1항 내지 제3항).

② 채무자가 자신 또는 제삼자의 명의로 변제계획에 의하지 아니하고 일부 개인회생채권자에게 특별한 이익을 주는 행위는 무효로 한다(채무자 회생 및 파산에 관한 법률 제612조).

(2) 변제계획의 내용(채무자 회생 및 파산에 관한 법률 제611조) ☑ 기출
① 변제계획에는 다음의 사항을 정하여야 한다.
  ㉠ 채무변제에 제공되는 재산 및 소득에 관한 사항
  ㉡ 개인회생재단채권 및 일반의 우선권 있는 개인회생채권의 전액의 변제에 관한 사항
  ㉢ 개인회생채권자목록에 기재된 개인회생채권의 전부 또는 일부의 변제에 관한 사항

② 변제계획에는 다음의 사항을 정할 수 있다.
  ㉠ 개인회생채권의 조의 분류
  ㉡ 변제계획에서 예상한 액을 넘는 재산의 용도
  ㉢ 변제계획인가 후의 개인회생재단에 속하는 재산의 관리 및 처분권의 제한에 관한 사항
  ㉣ 그 밖에 채무자의 채무조정을 위하여 필요한 사항

③ 변제계획에서 채권의 조를 분류하는 때에는 같은 조로 분류된 채권을 평등하게 취급하여야 한다. 다만, 불이익을 받는 개인회생채권자의 동의가 있거나 소액의 개인회생채권의 경우에는 그러하지 아니하다.

④ 변제계획은 변제계획인가일부터 1월 이내에 변제를 개시하여 정기적으로 변제하는 내용을 포함하여야 한다. 다만, 법원의 허가를 받은 경우에는 그러하지 아니하다.

⑤ 변제계획에서 정하는 변제기간은 변제개시일부터 3년을 초과하여서는 아니 된다. 다만, 제614조 제1항 제4호의 요건을 충족하기 위하여 필요한 경우 등 특별한 사정이 있는 때에는 변제개시일부터 5년을 초과하지 아니하는 범위에서 변제기간을 정할 수 있다.

⑥ 법원은 필요한 경우 변제계획의 이행을 위하여 인적·물적 담보를 제공하게 할 수 있다.

(3) 변제계획의 인부(채무자 회생 및 파산에 관한 법률 제614조)
① 법원은 개인회생채권자 또는 회생위원이 이의를 진술하지 아니하고 다음의 요건이 모두 충족된 때에는 변제계획인가결정을 하여야 한다. 다만, 변제계획안 수정명령에 불응한 경우에는 그러하지 아니하다.
  ㉠ 변제계획이 법률의 규정에 적합할 것
  ㉡ 변제계획이 공정하고 형평에 맞으며 수행 가능할 것
  ㉢ 변제계획인가 전에 납부되어야 할 비용·수수료 그 밖의 금액이 납부되었을 것
  ㉣ 변제계획의 인가결정일을 기준일로 하여 평가한 개인회생채권에 대한 총변제액이 채무자가 파산하는 때에 배당받을 총액보다 적지 아니할 것. 다만, 채권자가 동의한 경우에는 그러하지 아니하다.

② 법원은 개인회생채권자 또는 회생위원이 이의를 진술하는 때에는 ①의 요건 외에 다음의 요건을 구비하고 있는 때에 한하여 변제계획인가결정을 할 수 있다.
  ㉠ 변제계획의 인가결정일을 기준일로 하여 평가한 이의를 진술하는 개인회생채권자에 대한 총변제액이 채무자가 파산하는 때에 배당받을 총액보다 적지 아니할 것
  ㉡ 채무자가 최초의 변제일부터 변제계획에서 정한 변제기간 동안 수령할 수 있는 가용소득의 전부가 변제계획에 따른 변제에 제공될 것
  ㉢ 변제계획의 인가결정일을 기준일로 하여 평가한 개인회생채권에 대한 총변제액이 3천만 원을 초과하지 아니하는 범위 안에서 다음의 금액보다 적지 아니할 것
    ⓐ 변제계획의 인가결정일을 기준일로 하여 평가한 개인회생채권의 총금액이 5천만 원 미만인 경우에는 위 총금액에 100분의 5를 곱한 금액
    ⓑ 변제계획의 인가결정일을 기준일로 하여 평가한 개인회생채권의 총금액이 5천만 원 이상인 경우에는 위 총금액에 100분의 3을 곱한 금액에 1백만 원을 더한 금액
③ 법원은 변제계획인부결정을 선고하고 그 주문, 이유의 요지와 변제계획의 요지를 공고하여야 한다. 이 경우 송달은 하지 아니할 수 있다.

(4) 변제계획인가의 효력(채무자 회생 및 파산에 관한 법률 제615조)
① 변제계획은 인가의 결정이 있은 때부터 효력이 생긴다. 다만, 변제계획에 의한 권리의 변경은 면책결정이 확정되기까지는 생기지 아니한다.
② 변제계획인가결정이 있는 때에는 개인회생재단에 속하는 모든 재산은 채무자에게 귀속된다. 다만, 변제계획 또는 변제계획인가결정에서 다르게 정한 때에는 그러하지 아니하다.
③ 변제계획인가결정이 있는 때에는 제600조의 규정에 의하여 중지한 회생절차 및 파산절차와 개인회생채권에 기한 강제집행·가압류 또는 가처분은 그 효력을 잃는다. 다만, 변제계획 또는 변제계획인가결정에서 다르게 정한 때에는 그러하지 아니하다.

(5) 전부명령에 대한 특칙(채무자 회생 및 파산에 관한 법률 제616조)
① 변제계획인가결정이 있는 때에는 채무자의 급료·연금·봉급·상여금, 그 밖에 이와 비슷한 성질을 가진 급여채권에 관하여 개인회생절차개시 전에 확정된 전부명령은 변제계획인가결정 후에 제공한 노무로 인한 부분에 대하여는 그 효력이 상실된다.
② 변제계획인가결정으로 인하여 전부채권자가 변제받지 못하게 되는 채권액은 개인회생채권으로 한다.

(6) 변제의 수행(채무자 회생 및 파산에 관한 법률 제617조)
① 채무자는 인가된 변제계획에 따라 개인회생채권자에게 변제할 금원을 회생위원에게 임치하여야 한다.
② 개인회생채권자는 ①의 규정에 따라 임치된 금원을 변제계획에 따라 회생위원으로부터 지급받아야 한다. 개인회생채권자가 지급받지 않는 경우에는 회생위원은 채권자를 위하여 공탁할 수 있다.
③ ① 및 ②의 규정은 회생위원이 선임되지 아니한 경우 또는 변제계획이나 변제계획인가결정에서 다르게 정한 경우에는 적용하지 아니한다.

6 개인회생절차의 폐지

(1) 변제계획인가 전 폐지(채무자 회생 및 파산에 관한 법률 제620조)
① 법원은 다음의 어느 하나에 해당하는 때에는 이해관계인의 신청에 의하거나 직권으로 개인회생절차폐지의 결정을 하여야 한다.
　㉠ 채무자가 신청권자의 자격을 갖추지 아니한 때
　㉡ 채무자가 신청일 전 5년 이내에 면책(파산절차에 의한 면책을 포함)을 받은 사실이 명백히 밝혀진 때
　㉢ 채무자가 제출한 변제계획안을 인가할 수 없는 때
② 법원은 다음의 어느 하나에 해당하는 때에는 직권으로 개인회생절차폐지의 결정을 할 수 있다.
　㉠ 채무자가 제595조(개인회생절차개시신청의 기각사유) 제2호의 어느 하나에 해당하는 서류를 제출하지 아니하거나, 허위로 작성하여 제출하거나 또는 법원이 정한 제출기한을 준수하지 아니한 때
　㉡ 채무자가 정당한 사유 없이 제613조(개인회생채권자집회) 제2항의 규정에 의한 출석 또는 설명을 하지 아니하거나 허위의 설명을 한 때

(2) 변제계획인가 후 폐지(채무자 회생 및 파산에 관한 법률 제621조)
① 법원은 다음의 어느 하나에 해당하는 때에는 이해관계인의 신청에 의하거나 직권으로 개인회생절차폐지의 결정을 하여야 한다.
　㉠ 면책불허가결정이 확정된 때
　㉡ 채무자가 인가된 변제계획을 이행할 수 없음이 명백할 때. 다만, 채무자가 제624조 제2항의 규정에 의한 면책결정을 받은 때에는 그러하지 아니하다.
　㉢ 채무자가 재산 및 소득의 은닉 그 밖의 부정한 방법으로 인가된 변제계획을 수행하지 아니하는 때
② ①의 규정에 의한 개인회생절차의 폐지는 이미 행한 변제와 이 법의 규정에 의하여 생긴 효력에 영향을 미치지 아니한다.

7 면책결정

(1) 면책결정의 요건(채무자 회생 및 파산에 관한 법률 제624조)
① 법원은 채무자가 변제계획에 따른 변제를 완료한 때에는 당사자의 신청에 의하거나 직권으로 면책의 결정을 하여야 한다.
② 법원은 채무자가 변제계획에 따른 변제를 완료하지 못한 경우에도 다음의 요건이 모두 충족되는 때에는 이해관계인의 의견을 들은 후 면책의 결정을 할 수 있다.
　㉠ 채무자가 책임질 수 없는 사유로 인하여 변제를 완료하지 못하였을 것
　㉡ 개인회생채권자가 면책결정일까지 변제받은 금액이 채무자가 파산절차를 신청한 경우 파산절차에서 배당받을 금액보다 적지 아니할 것
　㉢ 변제계획의 변경이 불가능할 것

③ ① 및 ②의 규정에 불구하고 법원은 다음의 어느 하나에 해당하는 경우에는 면책을 불허하는 결정을 할 수 있다.
  ㉠ 면책결정 당시까지 채무자에 의하여 악의로 개인회생채권자목록에 기재되지 아니한 개인회생채권이 있는 경우
  ㉡ 채무자가 이 법에 정한 채무자의 의무를 이행하지 아니한 경우
④ 법원은 면책의 결정을 한 때에는 그 주문과 이유의 요지를 공고하여야 한다. 이 경우 송달은 하지 아니할 수 있다.

(2) 면책결정의 효력(채무자 회생 및 파산에 관한 법률 제625조) ☑ 기출
① 면책의 결정은 확정된 후가 아니면 그 효력이 생기지 아니한다.
② 면책을 받은 채무자는 변제계획에 따라 변제한 것을 제외하고 개인회생채권자에 대한 채무에 관하여 그 책임이 면제된다. 다만, 다음의 청구권에 관하여는 책임이 면제되지 아니한다.
  ㉠ 개인회생채권자목록에 기재되지 아니한 청구권
  ㉡ 제583조(개인회생재단채권) 제1항 제2호의 규정에 의한 조세 등의 청구권
  ㉢ 벌금·과료·형사소송비용·추징금 및 과태료
  ㉣ 채무자가 고의로 가한 불법행위로 인한 손해배상
  ㉤ 채무자가 중대한 과실로 타인의 생명 또는 신체를 침해한 불법행위로 인하여 발생한 손해배상
  ㉥ 채무자의 근로자의 임금·퇴직금 및 재해보상금
  ㉦ 채무자의 근로자의 임치금 및 신원보증금
  ㉧ 채무자가 양육자 또는 부양의무자로서 부담하여야 할 비용
③ 면책은 개인회생채권자가 채무자의 보증인 그 밖에 채무자와 더불어 채무를 부담하는 자에 대하여 가지는 권리와 개인회생채권자를 위하여 제공한 담보에 영향을 미치지 아니한다.

(3) 면책의 취소(채무자 회생 및 파산에 관한 법률 제626조)
① 법원은 채무자가 기망 그 밖의 부정한 방법으로 면책을 받은 때에는 이해관계인의 신청에 의하거나 직권으로 면책을 취소할 수 있다. 이 경우 법원은 이해관계인을 심문하여야 한다.
② ①의 규정에 의한 신청은 면책결정의 확정일부터 1년 이내에 제기하여야 한다.

CHAPTER 03 OX 마무리

PART 4 채무자 신용회복지원 관련 제도

01 '채무자 회생 및 파산에 관한 법률(약칭 채무자회생법)'은 기존의 도산관련 법제인 회사정리법, 화의법, 파산법, 개인채무자회생법의 4가지를 단일 법률로 일원화하여 개인과 기업의 효율적인 회생·퇴출시스템을 구축함으로써 도산법 체계를 간소화하고 회생·파산절차의 신속한 진행을 도모하고자 하는 목적으로 제정되었다. O X

02 '채무자 회생 및 파산에 관한 법률(약칭 채무자회생법)'에 의한 개인회생절차는 2006년부터 시행되었다. O X

03 채무자회생법상 급여소득자라 함은 급여·연금, 그 밖에 이와 유사한 정기적이고 확실한 수입을 얻을 가능성이 없는 개인을 말한다. O X

> **03** 채무자회생법상 급여소득자라 함은 급여·연금, 그 밖에 이와 유사한 정기적이고 확실한 수입을 얻을 가능성이 있는 개인을 말한다.

04 총 채무액이 무담보채무의 경우에는 5억 원, 담보부채무의 경우에는 10억 원 이상인 개인채무자로서 장래 계속적으로 또는 반복하여 수입을 얻을 가능성이 있는 자가 신청할 수 있다. O X

> **04** 무담보채무의 경우에는 10억 원, 담보부채무의 경우에는 15억 원 이하여야 한다.

정답 01 O 02 O 03 X 04 X

05 신용회복위원회 지원제도를 이용 중인 채무자는 개인회생절차를 이용할 수 없다. O X

05 이용할 수 있다.

06 파산절차나 화의절차가 진행 중인 채무자는 개인회생절차를 이용할 수 없다. O X

06 이용할 수 있다.

07 일정한 수입이 있는 급여소득자 또는 영업소득자로서 현재 과다한 채무로 인하여 지급불능의 상태에 빠져 있거나 지급불능의 상태가 발생할 염려가 있는 개인이 신청할 수 있다. O X

08 채무자가 개인회생절차 신청일 전 8년 이내에 면책을 받은 사실이 있는 때 법원은 개인회생절차개시신청을 기각할 수 있다. O X

08 5년

09 채무자의 보통재판적이 있는 곳 등을 관할하는 회생법원의 관할에 전속한다. O X

09 채무자회생법 제3조 제1항

10 개인회생절차의 개시신청이 있는 경우 법원은 채무자의 재산에 관하여 가압류, 가처분 등의 보전처분을 할 수 있다. 그러나 이 경우의 보전처분은 채권자의 이익을 보호하고자 하는 조치이므로 채권자 등 이해관계인의 신청에 의해서 할 수 있고 법원의 직권으로 할 수는 없다. O X

10 이해관계인의 신청에 의하거나 직권으로 할 수 있다.

정답 05 × 06 × 07 ○ 08 × 09 ○ 10 ×

| 11 | 채무자회생법 제610조 제1항 | 11 | 채무자는 개인회생절차개시의 신청일부터 14일 이내에 변제계획안을 제출하여야 한다. O X |

| 12 | 3년. 다만, 법(제614조 제1항 제4호)의 요건을 충족하기 위하여 필요한 경우 등 특별한 사정이 있는 때에는 변제개시일부터 5년을 초과하지 아니하는 범위에서 변제기간을 정할 수 있다. | 12 | 채무자가 변제계획에서 정하는 변제기간은 변제개시일부터 8년을 초과하여서는 안 된다. O X |

| 13 | 시효는 진행하지 아니한다. | 13 | 개시결정이 있는 경우 채무자에 대한 회생절차 또는 파산절차, 개인회생채권에 기하여 개인회생재단에 속하는 재산에 대하여 한 강제집행·가압류 또는 가처분, 개인회생채권을 변제받거나 변제를 요구하는 일체의 행위 등은 중지 또는 금지되지만 시효에는 영향이 없다. O X |

| 14 | 별제권의 행사에 의하여 변제를 받을 수 없는 경우에 행사할 수 있다. | 14 | 별제권자는 그 별제권의 행사에 의하여 변제를 받을 수 있는 채권액에 관하여만 파산채권자로서 그 권리를 행사할 수 있다. O X |

| 15 | 개인회생채권자집회는 법원이 지휘한다. | 15 | 법원은 개인회생채권자집회의 기일과 변제계획의 요지를 채무자·개인회생채권자 및 회생위원에게 통지하여야 하며 개인회생채권자집회는 금융위원회가 지휘한다. O X |

| 16 | 채무자회생법 제615조 제1항 | 16 | 변제계획은 인가의 결정이 있은 때부터 효력이 생긴다. O X |

정답 11 O 12 X 13 X 14 O 15 X 16 O

17 변제계획인가결정이 있는 때에는 개인회생재단에 속하는 모든 재산은 법원에 귀속된다. O X

17 채무자에게 귀속된다(채무자회생법 제615조 제2항).

18 개인회생절차개시결정으로 중지한 회생절차 및 파산절차와 개인회생채권에 기한 강제집행, 가압류 또는 가처분은 변제계획 또는 변제계획 인가결정에서 다르게 정하지 않는 한 그 효력을 잃는다. O X

18 동법 제615조 제3항

19 채무자의 급료 등 급여채권에 관하여 개인회생절차개시 전에 확정된 전부명령은 변제계획인가결정 후에 제공한 노무로 인한 부분에 대하여는 그 효력이 상실된다. O X

19 동법 제616조 제1항

20 변제계획인가결정이 있는 경우 채무자는 인가된 변제계획에 따라 개인회생채권자에게 변제할 금원을 회생위원에게 임치하여야 한다. O X

20 동법 제617조 제1항

21 면책은 개인회생채권자가 채무자의 보증인 그 밖에 채무자와 더불어 채무를 부담하는 자에 대하여 가지는 권리와 개인회생채권자를 위하여 제공한 담보에 영향을 미치지 않는다. O X

21 동법 제625조 제3항

정답 17 × 18 ○ 19 ○ 20 ○ 21 ○

22 법원은 채무자가 변제계획에 따른 변제를 완료한 때에는 당사자의 신청에 의하거나 직권으로 면책의 결정을 하여야 한다(채무자회생법 제624조 제1항).

23 10년 이하의 징역 또는 1억 원 이하의 벌금에 처한다(동법 제643조 제1항).

22 법원은 채무자가 변제계획에 따른 변제를 완료한 때에는 당사자의 신청에 의하여 면책의 결정을 할 수 있고 직권으로 면책결정은 할 수 없다. O X

23 채무자가 자기 또는 타인의 이익을 도모하거나 채권자를 해할 목적으로 재산을 은닉 또는 손괴하거나 채권자에게 불이익하게 처분하는 행위 또는 허위로 부담을 증가시키는 행위를 하고, 채무자에 대하여 회생절차개시결정이 확정된 때에는 사기회생죄로서 3년 이하의 징역 또는 3천만 원 이하의 벌금에 처한다. O X

CHAPTER 04 개인(소비자)파산제도

PART 4 채무자 신용회복지원 관련 제도

1 의의

개인(소비자)파산은 채무자 스스로 자신을 파산자로 선고해 달라고 법원에 신청하는 것이다. 소비생활에서의 과다한 신용카드 사용이나 신용대출, 혹은 지나친 빚보증으로 자신의 능력으로 감당할 수 없는 빚을 진 개인에 대하여 법적으로 구제해 주는 제도이다.

2 개인(소비자)파산절차

(1) 파산신청권자(채무자 회생 및 파산에 관한 법률 제294조)

① 채권자 또는 채무자는 파산신청을 할 수 있다.
② 채권자가 파산신청을 하는 때에는 그 채권의 존재 및 파산의 원인인 사실을 소명하여야 한다.

(2) 관할법원(채무자 회생 및 파산에 관한 법률 제3조 제1항)

개인(소비자)파산사건은 채무자의 보통재판적이 있는 곳 등을 관할하는 회생법원의 관할에 전속한다.

(3) 신청서(채무자 회생 및 파산에 관한 법률 제302조)

① 파산신청은 다음의 사항을 기재한 서면으로 하여야 한다.
  ㉠ 신청인 및 그 법정대리인의 성명 및 주소
  ㉡ 채무자가 개인인 경우에는 채무자의 성명·주민등록번호 및 주소
  ㉢ 채무자가 개인이 아닌 경우에는 채무자의 상호, 주된 사무소 또는 영업소의 소재지, 대표자의 성명
  ㉣ 신청의 취지
  ㉤ 신청의 원인
  ㉥ 채무자의 사업목적과 업무의 상황
  ㉦ 채무자의 발행주식 또는 출자지분의 총수, 자본의 액과 자산, 부채 그 밖의 재산상태
  ㉧ 채무자의 재산에 관한 다른 절차 또는 처분으로서 신청인이 알고 있는 것
  ㉨ 채권자가 파산신청을 하는 때에는 그가 가진 채권의 액과 원인
  ㉩ 주주·지분권자가 파산신청을 하는 때에는 그가 가진 주식 또는 출자지분의 수 또는 액

② ①의 규정에 의한 서면에는 다음의 서류를 첨부하여야 한다. 다만, 신청과 동시에 첨부할 수 없는 때에는 그 사유를 소명하고 그 후에 지체 없이 제출하여야 한다.
　㉠ 채권자목록
　㉡ 재산목록
　㉢ 채무자의 수입 및 지출에 관한 목록
　㉣ 그 밖에 대법원규칙에서 정하는 서류

(4) 파산선고

채무자가 지급할 수 없는 때에는 법원은 신청에 의하여 결정으로 파산을 선고한다(채무자 회생 및 파산에 관한 법률 제305조 제1항). 법원은 파산재단으로 파산절차의 비용을 충당하기에 부족하다고 인정되는 때에는 파산선고와 동시에 파산폐지의 결정을 하여야 한다(채무자 회생 및 파산에 관한 법률 제317조 제1항). 파산선고의 효력은 파산선고 시에 즉시 발생하기 때문에 파산결정서에는 파산선고의 연·월·일·시를 기재하여야 한다(채무자 회생 및 파산에 관한 법률 제310조 및 제311조).

3 파산자의 지위 ☑기출

① 파산선고를 받더라도 선거권과 피선거권을 상실하지 않는다.
② 파산자는 후견인, 유언집행자, 공무원, 변호사, 변리사, 공인회계사, 공증인이 되지 못한다.
③ 합명회사, 합자회사의 사원인 경우에는 퇴사원인이 된다.
④ 법원은 체신관서·운송인 그 밖의 자에 대하여 채무자에게 보내는 우편물·전보 그 밖의 운송물을 파산관재인에게 배달할 것을 촉탁할 수 있다(채무자 회생 및 파산에 관한 법률 제484조 제1항).
⑤ 파산에 관하여 필요한 설명을 할 의무를 부담하고 법원의 허가 없이는 거주지를 떠날 수 없다.
⑥ 개인의 신원증명 업무를 관장하는 시·구·읍·면장에게 통지되고 신원증명서에 파산자로 등재되어 금융기관의 거래와 취직 등 일상생활에 큰 불편을 초래하게 된다.
⑦ 파산선고를 받더라도 채권자가 배당받지 못한 잔존채권에 대해서 변제할 책임을 면하는 것이 아니다.

4 면책절차

(1) 의 의
파산절차에서 면책이란 파산선고를 받은 개인에 대하여 파산절차에 의하여 배당·변제되지 아니한 잔여채무에 관한 변제를 면제하는 것을 말한다.

(2) 면책신청(채무자 회생 및 파산에 관한 법률 제556조)
① 개인인 채무자는 파산신청일부터 파산선고가 확정된 날 이후 1월 이내에 법원에 면책신청을 할 수 있다.
② 채무자가 그 책임 없는 사유로 인하여 ①의 규정에 의한 면책신청을 하지 못한 때에는 그 사유가 종료된 후 30일 이내에 한하여 면책신청을 할 수 있다.
③ 채무자가 파산신청을 한 경우에는 채무자가 반대의 의사표시를 한 경우를 제외하고, 당해 신청과 동시에 면책신청을 한 것으로 본다.
④ 면책신청을 하는 때에는 제538조(동의에 의한 파산폐지의 신청)의 규정에 의한 파산폐지의 신청을 할 수 없다.
⑤ 제538조의 규정에 의한 파산폐지의 신청을 한 때에는 그 기각의 결정이 확정된 후가 아니면 면책신청을 할 수 없다.
⑥ 면책의 신청에는 채권자목록을 첨부하여야 한다. 다만, 신청과 동시에 제출할 수 없는 때에는 그 사유를 소명하고 그 후에 지체 없이 이를 제출하여야 한다.
⑦ ③의 규정에 의하여 면책신청을 한 것으로 보는 경우에는 제302조 제2항 제1호의 규정에 의하여 제출한 채권자목록은 ⑥의 채권자목록으로 본다.

(3) 면책신청의 기각사유(채무자 회생 및 파산에 관한 법률 제559조)
① 법원은 다음의 어느 하나에 해당하는 때에는 면책신청을 기각할 수 있다.
　㉠ 채무자가 신청권자의 자격을 갖추지 아니한 때
　㉡ 채무자에 대한 파산절차의 신청이 기각된 때
　㉢ 채무자가 절차의 비용을 예납하지 아니한 때
　㉣ 그 밖에 신청이 성실하지 아니한 때
② ①의 규정에 의하여 면책신청이 기각된 채무자는 동일한 파산에 관하여 다시 면책신청을 할 수 없다.
③ ①의 결정에 대하여는 즉시항고를 할 수 있다.

(4) 면책허가(채무자 회생 및 파산에 관한 법률 제564조) ☑ 기출

① 법원은 다음의 어느 하나에 해당하는 때를 제외하고는 면책을 허가하여야 한다.
　㉠ 채무자가 제650조(사기파산죄)·제651조(과태파산죄)·제656조(파산증뢰죄) 또는 제658조(설명의 무위반죄)의 죄에 해당하는 행위가 있다고 인정하는 때
　㉡ 채무자가 파산선고 전 1년 이내에 파산의 원인인 사실이 있음에도 불구하고 그 사실이 없는 것으로 믿게 하기 위하여 그 사실을 속이거나 감추고 신용거래로 재산을 취득한 사실이 있는 때
　㉢ 채무자가 허위의 채권자목록 그 밖의 신청서류를 제출하거나 법원에 대하여 그 재산상태에 관하여 허위의 진술을 한 때
　㉣ 채무자가 면책의 신청 전에 이 조에 의하여 면책을 받은 경우에는 면책허가결정의 확정일부터 7년이 경과되지 아니한 때, 제624조에 의하여 면책을 받은 경우에는 면책확정일부터 5년이 경과되지 아니한 때
　㉤ 채무자가 이 법에 정하는 채무자의 의무를 위반한 때
　㉥ 채무자가 과다한 낭비·도박 그 밖의 사행행위를 하여 현저히 재산을 감소시키거나 과대한 채무를 부담한 사실이 있는 때
② 법원은 ①의 면책불허가사유가 있는 경우라도 파산에 이르게 된 경위, 그 밖의 사정을 고려하여 상당하다고 인정되는 경우에는 면책을 허가할 수 있다.
③ 법원은 면책허가결정을 한 때에는 그 주문과 이유의 요지를 공고하여야 한다. 이 경우 송달은 하지 아니할 수 있다.
④ 면책 여부에 관한 결정에 대하여는 즉시항고를 할 수 있다.

(5) 면책의 효력(채무자 회생 및 파산에 관한 법률 제566조) ☑ 기출

면책을 받은 채무자는 파산절차에 의한 배당을 제외하고는 파산채권자에 대한 채무의 전부에 관하여 그 책임이 면제된다. 다만, 다음의 청구권에 대하여는 책임이 면제되지 아니한다.
① 조 세
② 벌금·과료·형사소송비용·추징금 및 과태료
③ 채무자가 고의로 가한 불법행위로 인한 손해배상
④ 채무자가 중대한 과실로 타인의 생명 또는 신체를 침해한 불법행위로 인하여 발생한 손해배상
⑤ 채무자의 근로자의 임금·퇴직금 및 재해보상금
⑥ 채무자의 근로자의 임치금 및 신원보증금
⑦ 채무자가 악의로 채권자목록에 기재하지 아니한 청구권. 다만, 채권자가 파산선고가 있음을 안 때에는 그러하지 아니하다.
⑧ 채무자가 양육자 또는 부양의무자로서 부담하여야 하는 비용

(6) 보증인 등에 대한 효과(채무자 회생 및 파산에 관한 법률 제567조)

면책은 파산채권자가 채무자의 보증인 그 밖에 채무자와 더불어 채무를 부담하는 자에 대하여 가지는 권리와 파산채권자를 위하여 제공한 담보에 영향을 미치지 아니한다.

CHAPTER 04 OX 마무리

PART 4 채무자 신용회복지원 관련 제도

01 파산신청이 있으면 즉시 모든 채권에 관하여 그 책임을 면한다. O X

> **01** 면책을 받은 채무자는 파산절차에 의한 배당을 제외하고는 파산채권자에 대한 채무의 전부에 관하여 그 책임이 면제된다(채무자회생법 제566조).

02 소비자파산제도에서 주채무자가 파산 시 보증인의 책임은 소멸하지 않고 그대로 남아 있다. O X

03 파산자는 선거권과 피선거권도 상실한다. O X

> **03** 선거권과 피선거권을 상실하는 것은 아니다.

04 면책불허가사유가 있는 경우라도 파산에 이르게 된 경위, 그 밖의 사정을 고려하여 상당하다고 인정되는 경우에는 면책을 허가할 수 있고, 법원은 면책허가결정을 한 때에는 그 주문과 이유의 요지를 공고하여야 하며 이 경우 송달해야 한다. O X

> **04** 이 경우 송달은 하지 아니할 수 있다.

05 파산재단으로 파산절차비용을 충당하기에 부족하다고 인정되면 법원은 파산선고와 동시에 '파산폐지결정'을 하여야 한다. O X

정답 01 × 02 ○ 03 × 04 × 05 ○

06 채무자가 파산신청을 한 경우에는 채무자가 반대의 의사표시를 한 경우를 제외하고, 당해 신청과 동시에 면책신청을 한 것으로 본다(채무자회생법 제556조 제3항).

06 파산자가 채무면책을 받기 위해서는 특별히 정해진 기간 내에 반드시 채무면책신청을 하고 법원으로부터 면책허가결정이 내려져야 한다. O X

07 면책허가결정이 확정되어 그 효력이 발생하면 파산자는 비면책채권을 제외하고 파산절차를 통하여 변제(배당)되지 아니한 모든 잔존 채무에 대하여 그 변제책임을 면한다. O X

08 조세채권, 벌금, 과료, 형사소송비용, 추징금 및 과태료 등은 비면책채권으로서 면책에서 제외하고 있는 채권의 종류이다. O X

09 7년 이내이다.

09 면책신청 전 과거 10년 이내에 파산하여 면책허가를 받은 사실이 있는 경우는 면책불허가사유에 해당된다. O X

10 채무 없음을 알고 이를 변제한 때에는 그 반환을 청구하지 못한다(민법 제742조).

10 면책된 채무에 대하여 채무자가 임의변제한 경우 채무자는 반환을 청구할 수 없다. O X

11 면책을 받은 채무자는 파산절차에 의한 배당을 제외하고는 파산채권자에 대한 채무의 전부에 관하여 그 책임이 면제된다. 따라서 보증인은 파산자를 상대로 구상권을 행사할 수 없다.

11 채무자의 면책결정이 확정된 이후에 보증인이 채무를 변제한 경우, 보증인은 파산자를 상대로 구상권을 행사할 수 있다. O X

06 × 07 O 08 O 09 × 10 O 11 ×

12 면책은 개인회생채권자가 채무자의 보증인 그 밖에 채무자와 더불어 채무를 부담하는 자에 대하여 가지는 권리와 개인회생채권자를 위하여 제공한 담보에 영향을 미치지 아니한다. O X

12 채무자회생법 제625조 제3항

13 금융실명거래 및 비밀보장에 관한 법률 제4조에 의하여 채권추심을 수임한 신용정보회사가 요청하는 경우에는 언제든지 금융기관종사자가 명의인의 요구나 동의 없이 금융거래정보를 제공할 수 있다. O X

13 금융회사 등에 종사하는 자는 명의인의 서면상의 요구나 동의를 받지 아니하고는 그 금융거래의 내용에 대한 정보 또는 자료를 타인에게 제공하거나 누설하여서는 아니 되며, 누구든지 금융회사 등에 종사하는 자에게 거래정보 등의 제공을 요구하여서는 아니 된다(금융실명거래 및 비밀보장에 관한 법률 제4조 제1항).

14 법원은 채무자가 파산선고 전 1년 이내에 파산의 원인인 사실이 있음에도 불구하고 그 사실이 없는 것으로 믿게 하기 위하여 그 사실을 속이거나 감추고 신용거래로 재산을 취득한 사실이 있는 때에는 면책을 허가하여야 한다. O X

14 채무자가 파산선고 전 1년 이내에 파산의 원인인 사실이 있음에도 불구하고 그 사실이 없는 것으로 믿게 하기 위하여 그 사실을 속이거나 감추고 신용거래로 재산을 취득한 사실이 있는 경우는 면책불허가사유에 해당한다.

CHAPTER 05

PART 4 채무자 신용회복지원 관련 제도

신용회복위원회 채무조정제도

1 의 의

채무조정제도란 빚이 너무 많아 정상적으로 상환하기 어려운 자들을 대상으로 상환기간 연장, 분할상환, 이자율 조정, 상환유예, 채무감면 등의 방법으로 상환조건을 변경하여 경제적으로 재기할 수 있도록 지원하는 제도이다.

2 개인워크아웃

(1) 개 요
3개월 이상 장기 연체 채무자에 대한 채무조정 프로그램으로 신용회복과 경제적 회생을 지원한다.

(2) 지원대상
다음 요건을 모두 충족하는 과중 채무자
① 연체기간이 3개월(90일) 이상인 자
② 1개 이상의 금융회사에 채무가 있고 총 채무액이 15억 원 이하인 자. 이때 담보채무는 10억 원 이하, 무담보채무는 5억 원 이하이어야 한다.
③ 최근 6개월 내에 신규 발생 채무원금이 총 채무원금의 30% 미만인 자
④ 최저생계비 이상의 수입이 있거나 채무상환이 가능하다고 위원회 정관에 의해 설치된 심의위원회가 인정하는 자

(3) 지원내용
① 이자감면
   이자와 연체이자 전액 감면한다.
② 분할상환
   대출의 종류, 총 채무액, 변제가능성, 담보, 채무자의 신용, 이행현황 등을 고려하여 무담보채무는 최장 10년, 담보채무는 최장 35년 이내 분할상환한다.
③ 채무감면
   채무자의 상환능력에 따라 미상각채권 원금은 0~30% 범위 내에서 감면하고 상각채권 원금은 20~70%(사회취약계층은 최대 90%) 범위 내에서 감면한다.

3 프리워크아웃

(1) 개 요

1~3개월 미만 단기 연체채무자에 대한 선제적 채무조정을 통해 연체 장기화를 방지

(2) 지원대상

다음 요건을 모두 충족하는 과중 채무자
① 연체기간이 30일 초과 90일 미만인 자
② 1개 이상의 금융회사에 채무가 있고 총 채무액이 15억 원 이하인 자. 이때 담보채무는 10억 원 이하, 무담보채무는 5억 원 이하이어야 한다.
③ 최근 6개월 내 신규 발생 채무원금이 총 채무원금의 30% 미만인 자

(3) 지원내용

① 이자율 인하
　채무과중도에 따라 약정이자율의 30~70% 이자율 인하(최저이자율 3.25%, 최고이자율 8%)
② 분할상환
　대출금의 종류, 총 채무액, 변제가능성, 담보, 채무자의 신용, 이행현황 등을 고려하여 무담보채무는 최장 10년, 담보채무는 최장 35년 이내 분할상환한다.
③ 채무감면
　연체이자에 한하여 감면한다.

4 신속채무조정

(1) 개 요

채무를 정상적으로 상환하기 어려운 사람들에게 일정 기간 채무상환을 유예하거나 상환기간을 연장하는 등의 채무조정 지원

(2) 지원대상

다음 요건을 모두 충족하는 과중 채무자
① 연체기간이 30일 이하인 자(정상이행자 포함)
② 1개 이상의 금융회사에 채무가 있고 총 채무액이 15억 원 이하인 자. 이때 담보채무는 10억 원 이하, 무담보채무는 5억 원 이하이어야 한다.
③ 최근 6개월 내 신규 발생 채무원금이 총 채무원금의 30% 미만인 자

④ 연체상태가 아닌 경우에도 다음 중 어느 하나에 해당하는 채무자
  ㉠ 신청일 현재 최근 6개월 이내 실업자, 무급휴직자, 폐업자
  ㉡ 신청 전 1개월 이내에 3개월 이상 입원치료가 필요한 질병을 진단받은 채무자
  ㉢ 신청일 현재 개인신용평점 하위 10%인 채무자
  ㉣ 신청일 현재 최근 6개월 이내 채권금융회사에 5일 이상 연체한 횟수가 3회 이상인 채무자
  ㉤ 「재난 및 안전관리 기본법」 제3조에서 정한 '재난' 또는 이에 준하는 긴급상황으로 신속하게 지원할 필요가 있다고 위원장이 인정하는 채무자

(3) 지원내용

① 상환기간 연장 및 분할 상환

대출의 종류, 총 채무액, 변제가능성, 담보, 채무자의 신용, 이행현황 등을 고려하여 최장 10년 이내에서 상환기간을 연장하고, 연장된 상환기간 범위 내에서 원리금 분할상환한다.

② 상환유예

원리금 분할 상환 전 또는 상환 중 6개월 단위로 최장 3년 범위 내에서 상환유예 가능(단, 최고 이자율 연 15%)

③ 채무감면

연체이자에 한하여 감면한다.

CHAPTER 05 OX 마무리

PART 4 채무자 신용회복지원 관련 제도

01 개인워크아웃제도의 대상자는 총 채무액 15억 원(무담보 5억 원, 담보 10억 원) 이하인 자이어야 한다. O X

02 프리워크아웃제도는 3곳 이상의 금융회사에 채무가 있을 것을 요한다. O X

> 02 프리워크아웃제도는 1곳 이상의 금융회사에 채무가 있을 것을 요한다.

03 채무조정제도란 빚이 너무 많아 정상적으로 상환하기 어려운 자들을 대상으로 상환기간 연장, 분할상환, 이자율 조정, 상환유예, 채무감면 등의 방법으로 상환조건을 변경하여 경제적으로 재기할 수 있도록 지원하는 제도를 말한다. O X

04 개인워크아웃제도의 지원내용에 따르면 이자와 연체이자가 전액 감면된다. O X

05 프리워크아웃제도의 지원내용에 따르면 무담보채무는 최장 10년 이내 분할상환한다. O X

정답 01 O 02 × 03 O 04 O 05 O

06 개인워크아웃제도의 대상자는 채권금융회사에 대한 채무 중 어느 하나라도 약정된 기일 내에 변제되지 아니하고 경과된 기간이 3개월 이상인 자이어야 한다. O X

07 프리워크아웃제도의 지원내용에 따르면 연체이자에 한하여 감면받을 수 있다. O X

PART 5
신용관리 관련 법규 및 제도

CHAPTER 01 대부업 등의 등록 및 금융이용자 보호에 관한 법률

CHAPTER 02 자산유동화에 관한 법률

CHAPTER 03 기타 관련제도

CHAPTER 01 대부업 등의 등록 및 금융이용자 보호에 관한 법률

PART 5 신용관리 관련 법규 및 제도

1 법률

(1) 목적

제1조(목적) 이 법은 대부업·대부중개업의 등록 및 감독에 필요한 사항을 정하고 대부업자와 여신금융기관의 불법적 채권추심행위 및 이자율 등을 규제함으로써 대부업의 건전한 발전을 도모하는 한편, 금융이용자를 보호하고 국민의 경제생활 안정에 이바지함을 목적으로 한다.

(2) 용어의 정의

제2조(정의) 이 법에서 사용하는 용어의 뜻은 다음과 같다.

① '대부업'이란 이익을 얻을 목적으로 계속적이거나 반복적으로 금전을 대부(어음할인·양도담보, 그 밖에 이와 비슷한 방법을 통한 금전의 교부를 포함한다. 이하 '대부'라 한다)하는 것을 업(業)으로 하거나, 이익을 얻을 목적으로 계속적이거나 반복적으로 다음 각 목의 어느 하나에 해당하는 자로부터 대부계약에 따른 채권을 양도받아 이를 추심(이하 '대부채권매입추심'이라 한다)하는 것을 업으로 하는 것을 말한다. 다만, 대부의 성격 등을 고려하여 대통령령으로 정하는 경우는 제외한다.
  ㉠ 제3조에 따라 대부업의 등록을 한 자(이하 '대부업자'라 한다)
  ㉡ 여신금융기관
② '대부중개업'이란 이익을 얻을 목적으로 계속적이거나 반복적으로 금전의 대부를 실질적으로 알선하거나 중개하는 것을 업으로 하는 것을 말한다.
③ '대부중개업자'란 제3조에 따라 대부중개업의 등록을 한 자를 말한다.
④ '여신금융기관'이란 대통령령으로 정하는 법령에 따라 인가 또는 허가 등을 받아 대부업을 하는 금융기관을 말한다.
⑤ '대주주'란 다음의 어느 하나에 해당하는 주주를 말한다.
  ㉠ 최대주주 : 대부업자 또는 대부중개업자(이하 '대부업자 등'이라 한다)의 의결권 있는 발행주식 총수 또는 출자지분을 기준으로 본인 및 그와 대통령령으로 정하는 특수한 관계에 있는 자(이하 '특수관계인'이라 한다)가 누구의 명의로 하든지 자기의 계산으로 소유하는 주식 또는 출자지분을 합하여 그 수가 가장 많은 경우의 그 본인
  ㉡ 주요주주 : 다음의 어느 하나에 해당하는 자
    ⓐ 누구의 명의로 하든지 자기의 계산으로 대부업자 등의 의결권 있는 발행주식 총수 또는 출자지분의 100분의 10 이상의 주식 또는 출자지분을 소유하는 자
    ⓑ 임원의 임면 등의 방법으로 대부업자 등의 주요 경영사항에 대하여 사실상의 영향력을 행사하는 주주 또는 출자자로서 대통령령으로 정하는 자

⑥ '자기자본'이란 납입자본금·자본잉여금 및 이익잉여금 등의 합계액으로서 대통령령으로 정하는 금액을 말한다.
⑦ '불법사금융업자'란 제3조에 따른 대부업의 등록 또는 제3조의2에 따른 등록갱신을 하지 아니하고 사실상 대부업을 영위하는 자를 말한다.
⑧ '불법사금융중개업자'란 제3조에 따른 대부중개업의 등록 또는 제3조의2에 따른 등록갱신을 하지 아니하고 사실상 대부중개업을 영위하는 자를 말한다.

(3) 등록

제3조(등록 등) ① 대부업 또는 대부중개업(이하 '대부업 등')을 하려는 자(여신금융기관은 제외한다)는 영업소별로 해당 영업소를 관할하는 특별시장·광역시장·특별자치시장·도지사 또는 특별자치도지사(이하 '시·도지사')에게 등록하여야 한다. 다만, 여신금융기관과 위탁계약 등을 맺고 대부중개업을 하는 자(그 대부중개업을 하는 자가 법인인 경우 그 법인과 직접위탁계약 등을 맺고 대부를 받으려는 자를 모집하는 개인을 포함하며, 이하 '대출모집인')는 해당 위탁계약 범위에서는 그러하지 아니하다.

② ①에도 불구하고 대부업 등을 하려는 자(여신금융기관은 제외한다)로서 다음의 어느 하나에 해당하는 자는 금융위원회에 등록하여야 한다. 다만, 대출모집인은 해당 위탁계약 범위에서는 그러하지 아니하다.
   ㉠ 둘 이상의 특별시·광역시·특별자치시·도·특별자치도(이하 '시·도'라 한다)에서 영업소를 설치하려는 자
   ㉡ 대부채권매입추심을 업으로 하려는 자
   ㉢ 「독점규제 및 공정거래에 관한 법률」 제31조에 따라 지정된 상호출자제한기업집단에 속하는 자
   ㉣ 최대주주가 여신금융기관인 자
   ㉤ 법인으로서 자산규모 100억 원을 초과하는 범위에서 대통령령으로 정하는 기준에 해당하는 자
   ㉥ 전자적 장치·시스템 등을 통한 대통령령으로 정하는 방식(이하 '대부중개시스템'이라 한다)을 활용하여 대부중개업을 하려는 자
   ㉦ 그 밖에 ㉠부터 ㉥까지의 규정에 준하는 등 대통령령으로 정하는 자

③ ① 또는 ②에 따른 등록을 하려는 자는 다음의 사항을 적은 신청서와 대통령령으로 정하는 서류를 첨부하여 시·도지사 또는 금융위원회(이하 '시·도지사' 등이라 한다)에 제출하여야 한다.
   ㉠ 명칭 또는 성명과 주소
   ㉡ 등록신청인이 법인인 경우에는 주주 또는 출자자(대통령령으로 정하는 기준 이하의 주식 또는 출자지분을 소유하는 자는 제외)의 명칭 또는 성명, 주소와 그 지분율 및 임원의 성명과 주소
   ㉢ 등록신청인이 영업소의 업무를 총괄하는 사용인(이하 '업무총괄 사용인'이라 한다)을 두는 경우에는 업무총괄 사용인의 성명과 주소
   ㉣ 영업소의 명칭 및 소재지
   ㉤ 경영하려는 대부업 등의 구체적 내용 및 방법
   ㉥ 제9조(대부조건의 게시와 광고) 제2항 또는 제3항에 따른 표시 또는 광고에 사용되는 전화번호(홈페이지가 있으면 그 주소를 포함)
   ㉦ 자기자본(법인이 아닌 경우에는 순자산액)
   ㉧ 제11조의4(거래상대방에 대한 배상책임) 제2항에 따른 보증금, 보험 또는 공제

④ ③에 따라 등록신청을 받은 시 · 도지사 등은 신청인이 제3조의5(등록요건 등)의 요건을 갖춘 경우에는 다음의 사항을 확인한 후 등록부에 ③에 규정된 사항과 등록일자 · 등록번호를 적고 지체 없이 신청인에게 등록증을 교부하여야 한다.
  ㉠ 신청서에 적힌 사항이 사실과 부합하는지 여부. 이 경우 신청서에 적힌 사항이 사실과 다르면 30일 이내의 기한을 정하여 등록증 교부 전에 신청인에게 신청서의 수정 · 보완을 요청할 수 있으며, 그 수정 · 보완 기간은 처리기간에 산입하지 아니한다.
  ㉡ 사용하려는 상호가 해당 시 · 도 또는 금융위원회에 이미 등록된 상호인지 여부. 이 경우 이미 등록된 상호이면 다른 상호를 사용할 것을 요청할 수 있다.
⑤ 시 · 도지사 등은 ④에 따른 등록부를 일반인이 열람할 수 있도록 하여야 한다. 다만, 등록부 중 개인에 관한 사항으로서 공개될 경우 개인의 사생활을 침해할 우려가 있는 것으로 대통령령으로 정하는 사항은 제외한다.
⑥ ① 또는 ②에 따른 등록의 유효기간은 등록일부터 3년으로 한다.
⑦ 대부업자 등이 ④ 및 제3조의2(등록갱신)에 따라 교부받은 등록증을 분실한 경우에는 시 · 도지사 등에게 분실신고를 하고 등록증을 다시 교부받아야 한다.
⑧ ①부터 ⑦까지의 규정에 따른 등록 등의 구체적 절차는 대통령령으로 정한다.

(4) 이자율의 제한 ☑ 기출

제8조(대부업자의 이자율의 제한) ① 대부업자가 개인이나 「중소기업기본법」에 따른 소기업에 해당하는 법인에 대부를 하는 경우 그 이자율은 연 100분의 27.9 이하의 범위에서 대통령령으로 정하는 율을 초과할 수 없다.
② ①에 따른 이자율을 산정할 때 사례금, 할인금, 수수료, 공제금, 연체이자, 체당금(替當金) 등 그 명칭이 무엇이든 대부와 관련하여 대부업자가 받는 것은 모두 이자로 본다. 다만, 해당 거래의 체결과 변제에 관한 부대비용으로서 대통령령으로 정한 사항은 그러하지 아니하다.
③ 대부업자가 개인이나 「중소기업기본법」에 따른 소기업에 해당하는 법인에 대부를 하는 경우 대통령령으로 정하는 율을 초과하여 대부금에 대한 연체이자를 받을 수 없다.
④ 대부업자가 ①을 위반하여 대부계약을 체결한 경우 ①에 따른 이자율을 초과하는 부분에 대한 이자계약은 무효로 한다.
⑤ 채무자가 대부업자에게 ①과 ③에 따른 이자율을 초과하는 이자를 지급한 경우 그 초과 지급된 이자 상당금액은 원본(元本)에 충당되고, 원본에 충당되고 남은 금액이 있으면 그 반환을 청구할 수 있다.
⑥ 대부업자가 선이자를 사전에 공제하는 경우에는 그 공제액을 제외하고 채무자가 실제로 받은 금액을 원본으로 하여 ①에 따른 이자율을 산정한다.

(5) 분쟁의 조정

제18조(분쟁 조정) ① 시 · 도지사에게 등록된 대부업자 등과 거래상대방 간의 분쟁을 해결하기 위하여 해당 영업소를 관할하는 시 · 도지사 소속으로 분쟁조정위원회를 둔다.
② 시 · 도지사에게 등록된 대부업자 등과 거래상대방은 ①에 따른 분쟁조정위원회에서 분쟁이 해결되지 아니하는 경우에는 「소비자기본법」에 따른 소비자분쟁조정위원회에 분쟁 조정을 신청할 수 있다.

③ ①에 따른 분쟁조정위원회의 구성·운영과 분쟁 조정의 절차·방법 등 분쟁 조정에 관하여 필요한 사항은 대통령령으로 정한다.
④ 금융위원회에 등록된 대부업자 등과 거래상대방 간의 분쟁 조정에 관하여는 「금융소비자 보호에 관한 법률」 제33조부터 제43조(분쟁조정기구~조정위원회의 운영 등)까지의 규정을 준용한다.

2 시행령

(1) 대부업에서 제외되는 범위

영 제2조(대부업에서 제외되는 범위) 「대부업 등의 등록 및 금융이용자 보호에 관한 법률」(이하 '법'이라 한다) 제2조 제1호 각 목 외의 부분 단서에서 '대통령령으로 정하는 경우'란 다음의 어느 하나에 해당하는 경우를 말한다.
① 사업자가 그 종업원에게 대부하는 경우
② 「노동조합 및 노동관계조정법」에 따라 설립된 노동조합이 그 구성원에게 대부하는 경우
③ 국가 또는 지방자치단체가 대부하는 경우
④ 「민법」이나 그 밖의 법률에 따라 설립된 비영리법인이 정관에서 정한 목적의 범위에서 대부하는 경우
⑤ 여신금융기관이 「외국환거래법」 제3조 제1항 제15호에 따른 비거주자 중 외국 국적을 가진 사람이나 외국 법령에 따라 설립된 법인에 외화로 대부하는 경우

(2) 대부계약서 등의 기재사항(영 제4조 제1항)

① 대부업 등 등록번호
② 기한의 이익 상실에 관한 약정이 있는 경우에는 그 내용
③ 대부원리금의 변제 순서에 관한 약정이 있는 경우에는 그 내용
④ 채무 및 보증채무와 관련된 증명서의 발급비용과 발급기한

(3) 대부업자 등의 광고 표시기준

경고문구 표기기준(영 별표1 참조)
① 과도한 채무의 위험성을 알리는 경고문구는 ㉠부터 ㉢까지의 어느 하나로 하고, 대부계약과 관련된 신용등급 또는 개인신용평점의 하락 가능성을 알리는 경고문구는 ㉣ 또는 ㉤로 한다.
 ㉠ "과도한 빚, 고통의 시작입니다."
 ㉡ "과도한 빚은 당신에게 큰 불행을 안겨 줄 수 있습니다."
 ㉢ "과도한 빚, 파산으로 가는 지름길입니다."
 ㉣ "대출 시 귀하의 신용등급 또는 개인신용평점이 하락할 수 있습니다."
 ㉤ "대출 시 신용등급 또는 개인신용평점 하락으로 다른 금융거래가 제약받을 수 있습니다."
② 경고문구는 광고에 사용된 배경과 명확하게 구분되어 소비자가 쉽게 알아볼 수 있어야 한다.
③ 경고문구는 지면 및 방송 광고의 경우에 표기한다. 다만, 광고면적이 150제곱센티미터 미만인 지면광고에 대해서는 경고문구를 생략할 수 있다.

CHAPTER 01 OX 마무리

PART 5 신용관리 관련 법규 및 제도

01 영업소별로 해당 영업소를 관할하는 특별시장·광역시장·특별자치시장·도지사 또는 특별자치도지사에게 등록해야 한다.

01 대부업을 영위하고자 하는 자는 금융위원회에 등록하여야 한다. O X

02 대부업법 제8조 제1항

02 대부업자가 개인이나 중소기업기본법에 따른 소기업에 해당하는 법인에 대부를 하는 경우 그 이자율은 연 100분의 27.9 이하의 범위에서 대통령령으로 정하는 율을 초과할 수 없다. O X

03 대부업법 제8조 제2항

03 이자율을 산정함에 있어 사례금, 할인금, 수수료, 공제금, 연체이자, 체당금 등 그 명칭이 무엇이든 대부와 관련하여 대부업자가 받는 것은 모두 이자로 본다. O X

04 대부업법 제8조 제4항

04 대부업자가 규정에 정한 이자율을 초과하여 대부계약을 체결한 경우 초과하는 부분에 대한 이자계약은 무효로 한다. O X

05 대부업자는 개인이나 중소기업기본법에 따른 소기업에 해당하는 법인에 대부를 하는 경우 대통령령으로 정하는 율을 초과하여 대부금에 대한 연체이자를 받을 수 없다.

05 대부업자가 중소기업기본법에 따른 소기업에 해당하는 법인에 대부를 한 경우에만 대통령령으로 정하는 율을 초과하여 대부금에 대한 연체이자를 받을 수 있다. O X

정답 01 × 02 ○ 03 ○ 04 ○ 05 ×

06 대부업자와 거래상대방의 분쟁을 해결하기 위하여 금융위원회에 분쟁조정위원회를 둔다. O X

06 해당 영업소를 관할하는 시·도지사 소속으로 분쟁조정위원회를 둔다(대부업법 제18조 제1항).

07 계약서와 계약관계서류의 보관의무를 이행하지 아니한 자에게는 1천만 원 이하의 과태료를 부과한다. O X

07 대부업법 제21조 제2항

08 이자율을 초과하여 이자를 받은 자는 1년 이하의 징역 또는 1천만 원 이하의 벌금에 처한다. O X

08 5년 이하의 징역 또는 2억 원 이하의 벌금에 처한다(대부업법 제19조 제2항).

정답 06 × 07 ○ 08 ×

CHAPTER 02 자산유동화에 관한 법률

PART 5 신용관리 관련 법규 및 제도

1 목 적

이 법은 금융기관과 일반기업 등의 자금조달을 원활하게 하여 재무구조의 건전성을 높이고, 장기적인 주택자금의 안정적인 공급을 통한 주택금융기반 확충을 위하여 자산유동화에 관한 제도를 확립하며, 자산유동화에 따라 발행되는 유동화증권에 투자한 투자자를 보호함으로써 국민경제의 건전한 발전에 기여함을 목적으로 한다.

2 용어의 정의

(1) 자산유동화(자산유동화에 관한 법률 제2조 제1호)

'자산유동화'란 다음의 행위를 말한다.

① 유동화전문회사(자산유동화업무를 전업으로 하는 외국법인을 포함한다)가 자산보유자로부터 양도받은 유동화자산을 기초로 유동화증권을 발행하고, 해당 유동화자산의 관리·운용·처분에 따른 수익이나 차입금 등으로 유동화증권의 원리금 또는 배당금을 지급하는 일련의 행위

② 「자본시장과 금융투자업에 관한 법률」에 따른 신탁업자(이하 '신탁업자'라 한다)가 자산보유자로부터 신탁받은 유동화자산을 기초로 유동화증권을 발행하고, 해당 유동화자산의 관리·운용·처분에 의한 수익이나 차입금 등으로 유동화증권의 수익금을 지급하는 일련의 행위

③ 신탁업자가 유동화증권을 발행하여 신탁받은 금전으로 자산보유자로부터 유동화자산을 양도받아 해당 유동화자산의 관리·운용·처분에 따른 수익이나 차입금 등으로 유동화증권의 수익금을 지급하는 일련의 행위

④ 유동화전문회사 또는 신탁업자가 다른 유동화전문회사 또는 신탁업자로부터 양도받거나 신탁받은 유동화자산 또는 유동화증권을 기초로 하여 유동화증권을 발행하고 당초에 양도 또는 신탁받은 유동화자산 또는 유동화증권의 관리·운용·처분에 따른 수익이나 차입금 등으로 자기가 발행한 유동화증권의 원리금·배당금 또는 수익금을 지급하는 일련의 행위

(2) 자산보유자(자산유동화에 관한 법률 제2조 제2호)

'자산보유자'란 유동화자산을 보유하고 있는 다음의 자를 말한다.

① 국 가
② 지방자치단체
③ 「한국산업은행법」에 따른 한국산업은행
④ 「한국수출입은행법」에 따른 한국수출입은행
⑤ 「중소기업은행법」에 따른 중소기업은행
⑥ 「은행법」에 따른 인가를 받아 설립된 은행(같은 법 제59조, 「새마을금고법」 제6조 및 「신용협동조합법」 제6조에 따라 은행으로 보는 자를 포함)
⑦ 「자본시장과 금융투자업에 관한 법률」에 따른 투자매매업자ㆍ투자중개업자ㆍ집합투자업자 또는 종합금융회사
⑧ 「보험업법」에 의한 보험회사
⑨ 「상호저축은행법」에 따른 상호저축은행
⑩ 「여신전문금융업법」에 의한 여신전문금융회사
⑪ 「한국자산관리공사의 설립에 관한 법률」에 따른 한국자산관리공사(이하 '한국자산관리공사'라 한다)
⑫ 「한국토지주택공사법」에 따른 한국토지주택공사(이하 '한국토지주택공사'라 한다)
⑬ 「주택도시기금법」에 따른 주택도시기금을 운용ㆍ관리하는 자
⑭ 「주식회사 등의 외부감사에 관한 법률」 제4조 제1항 제1호 또는 제3호에 따라 외부감사를 받는 회사(해당 회사에 준하는 외국법인 중 자국의 법령에 따라 회계감사를 받는 외국법인을 포함한다) 중 자산규모 및 재무상태 등을 고려하여 금융위원회가 정하여 고시하는 기준을 충족하는 회사
⑮ 「기업구조조정투자회사법」에 따른 기업구조조정투자회사
⑯ 「농업협동조합법」에 따른 농협은행
⑰ 「수산업협동조합법」에 따른 수협은행
⑱ 그 밖에 ①부터 ⑰까지에 준하는 자로서 대통령령으로 정하는 자

(3) 자산유동화 관련 제도(자산유동화에 관한 법률 제2조 제3호 내지 제5호)

① '유동화자산'이란 자산유동화의 대상이 되는 채권(채무자의 특정 여부에 관계없이 장래에 발생할 채권을 포함한다), 부동산, 지식재산권 및 그 밖의 재산권을 말한다.
② '유동화증권'이라 함은 유동화자산을 기초로 하여 제3조에 따른 자산유동화계획에 따라 발행되는 주권, 출자증권, 사채(社債), 수익증권, 그 밖의 증권이나 증서를 말한다.
③ '유동화전문회사'란 제17조 및 제20조에 따라 설립되어 자산유동화업무를 하는 회사를 말한다.

3 유동화전문회사(SPC) ☑ 기출

1998년 9월 16일 공포된 '자산유동화에 관한 법률'에 따르면, 금융기관·성업공사(지금의 한국자산관리공사) 등이 보유하고 있는 채권·토지 등의 자산을 조기에 현금화해 자금조달을 원활하게 함으로써 금융기관의 재무구조를 튼튼히 하는 한편, 주택저당채권을 증권화해 주택금융기반을 확충할 목적으로 금융기관 등으로부터 자산을 양도받아 이를 기초로 증권을 발행·판매할 수 있도록 하는 일시적인 특수목적회사의 설립을 규정하고 있는데, 이 회사가 바로 유동화전문회사이다.

즉, 금융기관에서 발생한 부실채권을 매각하기 위해 설립된 회사로, 자산유동화업무를 행하기 위해서는 미리 금융위원회에 등록해야 하고, 자산유동화계획에 따라 금융기관 등으로부터 자산을 양도받았을 경우에도 지체 없이 그 사실을 금융위원회에 등록해야 한다. 유동화자산의 양수·양도·관리·운용·처분, 유동화증권의 발행·상환, 자산유동화계획의 수행에 필요한 계약의 체결, 여유자금 투자 등의 업무를 수행한다.

그러나 상법상 유한회사이기 때문에 영업소를 설치할 수 없고, 또 직원을 고용할 수 없는 서류상의 회사이기 때문에 유동화자산의 관리·운용·처분에 관한 업무는 자산 관리자에게, 그 밖의 업무는 자산 보유자 또는 제삼자에게 위탁해야 한다. 이들은 금융기관 등의 부실채권을 매각하기 위해 자산담보부채권(ABS)을 발행하는 등 다양한 방법을 동원해 기관 및 일반투자자들에게 판매하고, 투자자들은 만기 때까지 채권에 표시된 금리만큼의 이자를 받고, 만기가 되면 원금을 돌려받는다. 유동화전문회사는 이 과정에서 자산 관리나 매각 등을 통해 투자 원리금을 상환하기 위한 자금을 마련하고, 이 작업이 끝나면 자동 해산된다.

CHAPTER 02 OX 마무리

PART 5 신용관리 관련 법규 및 제도

01 금융기관에서 발생한 부실채권을 매각하기 위해 일시적으로 설립된 특수목적회사로 채권매각과 원리금상환이 끝나면 자동으로 없어지는 일종의 페이퍼 컴퍼니는 자산관리회사(AMC)이다. O X

01 유동화전문회사(SPC)이다.

02 유동화전문회사는 금융기관에서 발생한 부실채권을 매각하기 위해 설립된 회사로서 채권매각과 원리금상환이 이루어진 후에도 영속하는 특수목적회사(Special Purpose Company)이다. O X

02 채권매각과 원리금상환 등이 이루어진 후에는 자동 해산된다.

03 유동화전문회사는 ABS(Asset Backed Security : 자산담보부증권) 발행 시 설립된 서류상 회사(Paper Company)로, 자산보유자로부터 대상 자산을 양수하여 ABS를 발행하는 주체는 SPC이다. O X

04 자산유동화란 유동화전문회사가 자산보유자로부터 유동화자산을 양도받아 이를 기초로 유동화증권을 발행하고, 해당 유동화자산의 관리·운용·처분에 따른 수익이나 차입금 등으로 유동화증권의 원리금 또는 배당금을 지급하는 일련의 행위를 말한다. O X

정답 01 × 02 × 03 ○ 04 ○

05 자산유동화증권을 발행하기 위해서는 거래처와의 금융 및 상품거래 등에 따라 발생한 채권을 보유한 자산보유자(Originator)가 보유자산 중 일부(Underlying Asset : 기초자산)를 유동화자산으로 조합(Pooling)하고, 유동화자산증권 발행을 목적으로 설립한 유동화전문회사(SPC)에 완전 매각(True Sale)하여야 한다. O X

06 자산유동화증권의 발행효과는 발행자 측면에서 볼 때 새로운 자금조달원 확보를 통해 자금조달수단을 다양화할 수 있고, 투자자의 저변 확대를 기대할 수 있는 장점이 있다. O X

07 자산유동화증권은 발행기관의 신용도와 독립적으로 자산의 특성과 현금흐름 및 신용보강 절차에 따라 높은 신용도를 지니는 증권의 발행이 가능하기 때문에 금융기관의 유동성을 제고시키고, 조달비용을 낮추는 방안으로서의 장점을 가지고 있다. O X

08 SPC에 대한 설명이다.

08 AMC는 ABS 발행 시 설립된 서류상 회사로 자산보유자로부터 대상자산을 양수하여 ABS를 발행하는 주체이다. O X

09 주식회사 또는 유한회사로 한다.

09 유동화전문회사는 무한회사로 한다. O X

10 자산유동화법 제22조 제2항

10 유동화전문회사는 금융위원회가 정하여 고시하는 회계처리기준에 따라 그 회계를 처리하여야 한다. O X

05 O 06 O 07 O 08 X 09 X 10 O

11 유동화전문회사는 본점 외의 영업소 설치가 가능하다. O X

11 본점 외의 영업소를 설치할 수 없으며, 직원을 고용할 수 없다.

12 자산유동화증권은 발행기관(무보증채) 또는 보증기관(보증채)의 원리금 상환능력을 기초로 하여 발행된다. O X

12 자산보유자로부터 완전 매각된 유동화자산의 현금흐름이 발행증권의 원리금을 상환할 수 있는 능력을 바탕으로 발행된다.

13 자산관리자는 유동화전문회사 등이 양도받거나 신탁받은 유동화자산에 대하여 신용정보의 이용 및 보호에 관한 법률에 따른 채권추심업무를 수행할 수 있다. O X

13 자산유동화법 제10조 제2항

14 유동화전문회사는 직원을 고용할 수 없으므로 자산관리계약에 의하여 유동화자산의 관리를 위탁하여야 하는데, 자산관리를 위탁받을 수 있는 자는 채권추심과 신용조사를 허가받은 신용정보회사에 한한다. O X

14 유동화전문회사 등(신탁업자는 제외한다)은 자산관리위탁계약에 의하여 다음에 해당하는 자에게 유동화자산의 관리를 위탁하여야 한다(자산유동화법 제10조 제1항).
1. 자산보유자
2. 「신용정보의 이용 및 보호에 관한 법률」 제2조 제5호에 따른 신용정보회사 중 같은 조 제10호의 채권추심업 허가를 받은 자
3. 「신용정보의 이용 및 보호에 관한 법률」 제2조 제10호의2에 따른 채권추심회사
4. 그 밖에 자산관리업무를 전문적으로 수행하는 자로서 대통령령으로 정하는 요건을 갖춘 자

정답 11 × 12 × 13 ○ 14 ×

03 기타 관련제도

PART 5 신용관리 관련 법규 및 제도

1 크레딧뷰로(Credit Bureau)

(1) CB의 개념과 역할

① 개념 : 개인신용평가기관(Credit Bureau)라는 명칭은 1860년 미국 뉴욕의 신용공여기관들이 고객에 대한 신용정보를 교환하기 위해 브루클린(Brooklyn)에 설립한 신용조사국(Credit Bureau)에서 유래되어 오늘에 이르고 있다. 이것은 미국의 소비자신용보고회사(Consumer Creditreporting Agency)를 일컫는 개념으로 Bureau는 수많은 신용공여자와의 정보공유 네트워크를 통해 최신의 정확한 소비자 신용정보 DB를 구축하고 있다.

② 역 할
  ㉠ 가공, 분석 후 다시 제공
  ㉡ 신원 확인 등에 사용
  ㉢ 금융 인프라로서 경제주체의 상호이익을 증진
  ㉣ 신용 리스크 관리비용의 절감과 금융질서 문란행위의 축소

(2) CB의 도입 효과

① 여신심사의 정확성 제고
② 비용 감소
③ 신용공여기관의 차별화된 고객관리 가능

(3) CB의 서비스

① 서비스 대상 소비자 신용정보
  ㉠ 개인 식별 정보
  ㉡ 신용 거래 정보
  ㉢ 공공 기록 정보
  ㉣ 조회 기록 정보

② 소비자 대상 서비스
  ㉠ Credit Reporting(본인 신용정보조회) : 이의제기하여 정정 가능
  ㉡ Credit Scoring(본인 신용평점서비스) : 참고용으로 사용
  ㉢ Credit Watch : 신용변동 시나 비정상 정보의 접수 시는 통보
  ㉣ Credit Fraud Victim Assistance : 자기식별정보의 도용으로 인한 신용피해 복구
  ㉤ Credit Management Counseling
    ⓐ 소비자 신용관리 상담
    ⓑ 신용거래의 회복을 위한 프로그램 지원

③ 기업 대상 서비스
  ㉠ Consumer Credit Reporting : 소비자신용정보 제공 및 이를 분석한 신용평점 제공
  ㉡ Screening : 사전 점검 리스트 및 인사 업무 대상자 리스트 제공
  ㉢ ID Verification : 본인 인증 및 DB 기반의 인증 서비스 제공
  ㉣ Collection : 채무자, 행불자에 대한 거주정보 및 연락가능 정보 추출과 과학적인 채권추심 수행
  ㉤ Account Management : 신용거래 계좌 관리 서비스 및 이에 대한 모니터링 서비스
  ㉥ Data Analysis & Modeling : 신용위험 관리 모델 제공 및 분석을 통해 통계적 도구를 이용한 정보가공 서비스
  ㉦ Credit Fraud Detection : 불법 신용거래에 의한 기업피해 최소화 및 이상 징후의 사전감지
  ㉧ Credit Decision Supporting : 의사결정지원시스템 및 소비자에 대한 신용평가 및 고객관리에 따른 신용거래 의사결정지원
  ㉨ Strategy Management Solution : Scoring 전문기술과 의사결정을 위한 IT기술의 결합 및 개인 계정뿐만 아니라 전체 고객관계에 대한 통합전략 제공

④ 기업 대상 Marketing Service
  ㉠ Data Base Marketing
  ㉡ Target Marketing
  ㉢ Information Solution
  ㉣ List Processing
  ㉤ Marketing Strategy Consulting
  ㉥ CRM Solution
  ㉦ Global Marketing
  ㉧ e-Commerce Solution
  ㉨ Marketing Outsourcing

2 자산관리회사(AMC)

(1) 개 요
① 개 념

자산관리회사(AMC ; Asset Management Company)란 부실기업의 채권이나 자산을 넘겨받아 관리하는 회사이다. 법정관리나 화의절차를 밟고 있는 회사의 부실채권이나 부동산을 맡아 관리하면서 출자전환, 신규자금 지원 등으로 살려낸 뒤 매각하는 일을 전문으로 한다. 동시에 부동산개발, 채권추심, 신용조사 등의 업무도 하게 된다.

② 종 류

현행법상 각 사업영역별로 별도 법률에 의거하여 자산관리회사를 규정하고 있다(증권투자회사법상의 AMC는 제외).
　㉠ 자산유동화에 관한 법률에 의한 AMC
　㉡ 기업구조조정투자회사법(CRV)에 의한 AMC
　㉢ 부동산투자회사법(REITs)에 의한 AMC

(2) 설립요건
자산유동화에 관한 법률에 의한 AMC의 자격요건은 다음과 같다.
① 자산보유자
②「신용정보의 이용 및 보호에 관한 법률」제2조 제8호, 제8호의2, 제8호의3, 제9호 및 제10호의 업무를 허가받은 신용정보회사 및 채권추심회사
③ 기타 자산관리업무를 전문적으로 수행하는 자로서 대통령령이 정하는 요건을 갖춘 자
　㉠ 자본금이 10억 원 이상일 것 ☑기출
　㉡ 다음의 전문인력이 5인 이상 포함된 20인 이상의 관리인력을 갖출 것
　　ⓐ 변호사, 공인회계사 또는 감정평가사 2인 이상
　　ⓑ 채권관리, 유가증권발행 등 금융위원회가 정하는 업무를 수행한 경력이 있는 자 1인 이상
　　ⓒ 임직원이「신용정보의 이용 및 보호에 관한 법률」제27조 제1항 각 호의 사유에 해당하지 아니할 것
　　ⓓ 최대출자자가 외국인인 경우 그 외국인이 자산관리업무를 전문적으로 영위하거나 겸영하는 자일 것. 다만, 당해 외국인(법인에 한한다)이 최대출자자로 되어 있는 법인이 자산관리업무를 영위하는 경우에는 그러하지 아니하다.

(3) 주요 업무 내용
① 자산관리회사는 주로 업무수탁자로서의 역할과 자산관리자로서의 역할을 동시에 수행하는 경우가 많다.
② 자산관리회사는 자산유동화전문회사의 업무를 위탁계약하여 자산의 추심, 자산 현황 파악 등을 한다.
③ 기타의 자산관리 전반적인 사항을 수행한다.

3 기업구조개선 기관전용 사모집합투자기구

(1) 기관전용 사모집합투자기구
① 사모집합투자기구란 집합투자증권을 사모로만 발행하는 집합투자기구로서 대통령령으로 정하는 투자자의 총수가 대통령령으로 정하는 방법에 따라 산출한 100인 이하인 것을 말한다.
② 기관전용 사모집합투자기구란 경영권 참여, 사업구조 또는 지배구조의 개선 등을 위하여 지분증권 등에 투자·운용하는 투자합자회사인 사모집합투자기구를 말한다.

(2) 등록 등(산업발전법 제20조 제1항)
기관전용 사모집합투자기구로서 다음의 요건에 해당하는 기관전용 사모집합투자기구를 설립하려는 자는 금융위원회에 기업구조개선 기관전용 사모집합투자기구로 등록할 수 있다.
① 제21조에 따른 구조조정 대상기업에 기관전용 사모집합투자기구 재산의 100분의 50 이상을 투자하는 것을 목적으로 할 것
② 「자본시장과 금융투자업에 관한 법률」 제249조의11 제6항에도 불구하고 100억 원 이내에서 대통령령으로 정하는 금액(개인 5억 원, 법인 등 10억 원) 이상을 각각의 유한책임사원이 출자할 것
③ 최저 출자금액으로 100억 원 이내에서 대통령령으로 정하는 금액(15억 원) 이상을 갖출 것

4 기업구조조정투자회사(CRV)

기존의 CRF, CRC 제도의 약점인 경영권 인수와 자금조달의 한계성을 보완하는 새로운 금융수단의 필요성이 대두되면서 2000.10.23. 「기업구조조정투자회사법」을 제정하여 재무상태가 악화되었으나 회생가능성이 있는 기업의 경영을 정상화하고 이들 기업에 대한 금융기관의 채권을 효율적으로 정리하기 위하여 기업구조조정투자회사(CRV ; Corporate Restructuring Vehicle)의 설립 및 운영 등에 관하여 필요한 사항을 정함으로써 기업구조조정이 원활하게 추진될 수 있도록 하였다.

5 부동산투자회사(REITs)

(1) REITs의 개관
① 도입 배경
  ㉠ 기업구조조정이 부진한 이유 중의 하나는 매물에 대한 매수 세력이 부족하기 때문이다.
  ㉡ REITs는 자체가 하나의 회사로 주식시장에 상장되며 언제든지 주식의 매매가 가능하여 환금성에 문제가 없으며 CR-REITs는 투자대상이 기업구조조정 부동산에 특화된 뮤추얼펀드 형식의 Paper Company로서 자산운용과 세제 면에서 혜택이 많아 기업구조조정을 촉진하는 수단이 될 수 있다.

(2) REITs의 종류

분류기준	종류	특징
투자대상	지분형	총 투자자산의 75% 이상이 부동산 소유지분으로 구성되고 주로 임대료가 주수입원임
	모기지형	총 투자자산의 75% 이상이 부동산 관련 대출이나 저당담보증권으로 구성
	혼합형	총 투자자산이 부동산 소유 지분, 부동산 관련 대출과 저당담보증권 등에 고르게 분산
투자대상 사전 지정 여부	대상특정	구입할 자산의 일부 또는 전부를 사업설명서에 특정하여 지정
	대상불특정	구입할 자산을 수탁자가 판단하여 결정하고 사업설명서에는 광범위하게 지정
차입효과 여부	금융차입	자산 구입 시 부채 이용
	무차입	자산 구입 시 차입을 일으키지 않음
설립 시 모집금액 확정 여부	개방형	당초 모집한 금액에 더하여 추가로 주식을 발행하여 자산을 매입하여 규모를 확대해 갈 수 있는 형태로 일반적으로 투자자에게 환매권을 부여
	폐쇄형	최초 주식발행 금액을 일정액으로 한정시켜 존속기간이 만료될 때까지 추가로 주식을 발행하지 않으며 투자자는 리츠 회사에 환매를 요구할 수 없고 증권기관에 매각하여 투자금을 회수하는 형태
기한한정 여부	무기한	존속기한이 정해져 있지 않은 리츠
	기한부	일정 기한 후에 보유자산을 매각하여 매각대금을 투자자에게 배분하고 해산되는 리츠
법적 조직 측면	신탁형	영업신탁의 형태로 설립된 리츠이며 수탁자와 투자자가 존재하며 투자지분은 한국거래소에 상장
	회사형	주식회사 형태로 설립된 리츠이며 이사와 주주가 존재하고, 증권뮤추얼펀드와 유사한 형태
경영관리형태	자기경영	리츠 내부에서 일반회사업무를 하는 형태
	외부관리	리츠 외부에서 일반업무를 맡는 형태로서 외부 협력자와 자문계약을 체결하고 업무를 위탁함

(3) 구축목표 및 기대효과

① 구축목표
  ㉠ 리츠정보시스템 구축을 통해 리츠의 투명성 제고 및 경쟁력 강화 도모
  ㉡ 리츠정보의 정보화 기반 조성을 통한 행정의 효율성 제고
  ㉢ 투자 자산 운용을 투명하게 공시하여 자산 운용에 따른 불법행위 방지
  ㉣ 리츠정보의 상호 연계 기반 조성을 통해 정보 공동 활용 체계 구축
  ㉤ 투자자에게 정보를 공개함으로써 투자판단을 위한 자료 제공

② 기대효과
  ㉠ 신뢰 높은 다양한 리츠 정보를 일반인에게 제공함으로써, 투자자와 부동산투자회사 간의 정보 비대칭을 해소하고 다양한 정보제공 요구를 충족
  ㉡ 리츠 정보에 대한 접근성 증대 및 다양한 정보를 제공함으로써 리츠 산업 시장의 활성화에 기여
  ㉢ 일반국민이 부동산 간접상품에 투자할 수 있는 기회를 확대하여 건전한 부동산투자 활성화에 기여

CHAPTER 03 OX 마무리

PART 5 신용관리 관련 법규 및 제도

01 크레딧뷰로(CB)의 주요 사업영역은 신용보고서 제공, 의사결정지원, 조기경보시스템지원, 신용평점제공, 마케팅지원이다. O X

02 크레딧뷰로(CB) 서비스 초기에는 단순 보고서 형태에서 출발하였으나, 최근에는 IT기술의 발전에 힘입어 통계기반의 정보 분석 및 신용거래 의사결정을 지원하는 솔루션 서비스로 발전하고 있다. O X

03 축적된 정보를 기관 및 개인에게 신용보고서(Credit Report) 및 신용점수(Credit Score) 등의 형태로 제공한다. O X

04 CB는 개인정보 DB를 이용한 예상 소비자명단, 입사지원자에 대한 신원확인서비스는 할 수 없다. O X

04 CB의 제공 서비스 중 기업 대상 서비스에 대한 내용이다.

05 CB의 신용보고서는 의뢰대상에 대한 대출, 보증, 신용불량, 채권관리, 공공정보(고용, 판결, 체납)뿐만 아니라 사생활정보까지도 포함된 모든 정보를 망라하여 위탁자에게 제공한다. O X

05 사생활정보는 제공하지 않는다.

정답 01 ○ 02 ○ 03 ○ 04 × 05 ×

06 CB의 역할로 신용사회화의 진전 및 자율적인 시장규율의 정착 등을 촉진시킬 수 있다. O X

07 개인의 신용상태를 파악할 수 있는 정보가 다양화되어 여신 심사의 정확성이 크게 제고될 수 있다. O X

08 심사에 따르는 비용을 크게 감소시킨다.

08 CB스코어나 사기거래방지 서비스는 개인의 신용도나 사기거래자일 가능성을 신속히 파악할 수 있는 근거를 제공하지만 심사에 따르는 비용은 크게 증가되는 단점도 있다. O X

09 CB는 신용공여기관 및 공공기관 등으로부터 개인 신용정보를 수집/축적하여 분석/가공한 후 이들 기관에게 제공하는 역할을 수행한다. O X

10 AMC는 부실기업의 채권이나 자산을 넘겨받아 관리하는 회사이다. O X

11 현행법상 AMC는 자산유동화에 관한 법률, 기업구조조정투자회사법(CRV), 부동산투자회사법(REITs)에 의해 규정되고 있다. O X

06 O 07 O 08 × 09 O 10 O 11 O

12 자산관리회사는 주로 업무수탁자로서의 역할과 자산관리자로서의 역할을 동시에 수행하는 경우가 많다. O X

13 자산관리회사로서 자금을 공모하여 리츠를 설립 후 모집된 자금을 수탁 운용하는 것은 AMC업무이다. O X

> **13** AMC(Asset Management Company)는 부동산투자회사법에 의한 위탁관리리츠, 기업구조조정리츠를 운영하는 회사로 리츠자산을 수탁받아 운용한다.

14 자산관리회사의 역할 중 하나는 회사정리·화의·파산절차의 대행이다. O X

> **14** 자산관리회사의 역할 : 리츠부동산 발굴·매각, 부동산매입, 투자유치, 임차인유치·시설관리

15 사모집합투자기구란 집합투자증권을 사모로만 발행하는 집합투자기구로서 대통령령으로 정하는 투자자의 총수가 50인 이상인 것을 말한다. O X

> **15** 사모집합투자기구란 집합투자증권을 사모로만 발행하는 집합투자기구로서 대통령령으로 정하는 투자자의 총수가 대통령령으로 정하는 방법에 따라 산출한 100인 이하인 것을 말한다.

16 기업구조조정투자회사(CRV)는 펀드형태의 Paper Company이므로 자산의 운용은 AMC에 위탁해야 하며, AMC가 기업구조조정 주체의 역할을 담당한다. O X

17 REITs의 도입으로 부동산 지분의 소액화를 통해 소액투자가에게도 부동산투자 기회를 부여할 수 있다. O X

정답 12 O 13 O 14 × 15 × 16 O 17 O

18 REITs란 투자자들로부터 금전을 위탁받아 부동산 또는 부동산 관련 대출에 투자한 뒤 수익을 투자자들에게 배당하는 회사 또는 투자신탁회사를 말한다.

18 REITs는 금전을 위탁하는 점에서 부동산을 위탁하는 부동산 신탁과는 다르다. O X

19 REITs는 지분을 상장하기 때문에 기존의 신탁이나 조합형태의 부동산펀드에 비해 유동성과 환급성이 높은 투자수단이다. O X

20
- 부동산의 소액화를 통하여 소액투자가에게도 부동산투자 기회를 부여한다.
- 금융위기해소와 구조조정을 앞당기기 위한 방편으로 도입한다.

21 회사형 REITs가 일반적이다.

20 REITs를 금융위기해소나 구조조정의 원활한 진행 대책으로 활용할 수 있다. O X

21 운용형태에 따라 신탁형 REITs와 회사형 REITs로 구분할 수 있는데 이 중 신탁형 REITs가 더 일반적이다. O X

정답: 18 O 19 O 20 O 21 X

PART 4/5 적중예상문제

01 「채무자 회생 및 파산에 관한 법률」상 파산절차에 있어 면책허가 제외 사항으로 옳지 않은 것은?

① 채무자가 파산선고 전 1년 이내에 파산의 원인인 사실이 있음에도 불구하고 그 사실이 없는 것으로 믿게 하기 위하여 그 사실을 속이거나 감추고 신용거래로 재산을 취득한 사실이 있는 때
② 채무자가 허위의 채권자목록 그 밖의 신청서류를 제출하거나 법원에 대하여 그 재산상태에 관하여 허위의 진술을 한 때
③ 채무자가 이 법에 정하는 채무자의 의무를 위반한 때
④ 채무자가 면책의 신청 전에 면책을 받은 경우로서 면책허가결정의 확정일부터 10년이 경과되지 아니한 때
⑤ 채무자가 과다한 낭비·도박 그 밖의 사행행위를 하여 현저히 재산을 감소시키거나 과대한 채무를 부담한 사실이 있는 때

해설

면책허가 제외 사유(채무자회생법 제564조 제1항)
- 채무자가 제650조(사기파산죄)·제651조(과태파산죄)·제656조(파산증뢰죄) 또는 제658조(설명의무위반죄)의 죄에 해당하는 행위가 있다고 인정하는 때
- 채무자가 파산선고 전 1년 이내에 파산의 원인인 사실이 있음에도 불구하고 그 사실이 없는 것으로 믿게 하기 위하여 그 사실을 속이거나 감추고 신용거래로 재산을 취득한 사실이 있는 때
- 채무자가 허위의 채권자목록 그 밖의 신청서류를 제출하거나 법원에 대하여 그 재산상태에 관하여 허위의 진술을 한 때
- 채무자가 면책의 신청 전에 이 조에 의하여 면책을 받은 경우에는 면책허가결정의 확정일부터 7년이 경과되지 아니한 때, 제624조(면책결정)에 의하여 면책을 받은 경우에는 면책확정일부터 5년이 경과되지 아니한 때
- 채무자가 이 법에 정하는 채무자의 의무를 위반한 때
- 채무자가 과다한 낭비·도박 그 밖의 사행행위를 하여 현저히 재산을 감소시키거나 과대한 채무를 부담한 사실이 있는 때

정답 01 ④

02 「채무자 회생 및 파산에 관한 법률」상 간이파산에 관한 다음 설명 중 가장 적절하지 않은 것은?

① 파산재단에 속하는 재산액이 5억 원 미만이라고 인정되는 때에는 법원은 파산선고와 동시에 간이파산의 결정을 한다.
② 파산절차 중 파산재단에 속하는 재산액이 5억 원 미만임이 발견된 때에는 법원은 이해관계인의 신청에 의하거나 직권으로 간이파산의 결정을 할 수 있다.
③ 간이파산절차의 경우 제1회 채권자집회의 기일과 채권조사의 기일은 원칙적으로 병합할 수 없다.
④ 간이파산절차의 경우 제1회 채권자집회의 결의와 채권조사 및 계산보고를 위한 채권자집회의 결의를 제외하고는 법원의 결정으로 채권자집회의 결의에 갈음한다.
⑤ 간이파산의 경우에는 감사위원을 두지 아니한다.

해설
간이파산절차의 경우 제1회 채권자집회의 기일과 채권조사의 기일은 부득이한 사유가 있는 때를 제외하고는 이를 병합하여야 한다(채무자회생법 제552조).

03 「채무자 회생 및 파산에 관한 법률」상 '개인회생'에 관한 다음 설명 중 가장 적절하지 않은 것은?

① 채무자에 대하여 개인회생절차개시결정 후의 원인으로 생긴 재산상의 청구권은 개인회생채권으로 한다.
② 채무자는 개인회생절차개시결정이 있을 때까지 개인회생채권자목록에 기재된 사항을 수정할 수 있다.
③ 법원은 개인회생절차개시결정 전에 이해관계인의 신청에 의하거나 직권으로 채무자의 재산에 관하여 가압류·가처분 그 밖의 필요한 보전처분을 할 수 있다.
④ 채무자는 개인회생절차의 개시결정이 있기 전에는 개인회생절차개시신청을 취하할 수 있다.
⑤ 채무자가 보전처분 또는 중지명령을 받은 후에는 법원의 허가를 받아야 개인회생절차개시 신청을 취하할 수 있다.

해설
채무자에 대하여 개인회생절차개시결정 전의 원인으로 생긴 재산상의 청구권은 개인회생채권으로 한다(채무자회생법 제581조 제1항).

04 한국자산관리공사에 대한 설명으로 옳지 않은 것은?

① 금융회사의 부실채권관리, 개인신용회복지원, 정부위탁재산관리·매각, 온비드 등의 기능을 수행한다.
② 한국자산관리공사는 임시 구조조정기구로서 가계경제와 금융산업발전에 이바지하고 있으며, 개인재산관리 등 위탁업무의 효율적 추진을 통한 국가재정 수입극대화를 도모한다.
③ 개인신용회복지원에는 개인신용회복지원, 채무조정지원, 서민금융지원, 취업지원 등이 있다.
④ 부실채권 인수·정리, 기업 경영정상화 지원, 해운업 재무구조 개선지원, 글로벌 협력사업 및 해외 컨설팅 등의 금융회사 부실채권정리를 한다.
⑤ 국유재산관리·개발, 공유재산관리·개발, 체납조세정리 등의 정부위탁재산관리·매각기능을 수행한다.

[해설]
한국자산관리공사는 상시 구조조정기구로서 국가경제와 금융산업발전에 이바지하고 있으며, 국유재산관리 등 정부위탁업무의 효율적 추진을 통한 국가재정 수입극대화를 도모한다.

05 채무자 A는 채권자 B, C, D로부터 금 3억 원의 채무를 부담하고 있었는데, 2022.9.27.경 서울회생법원에 개인회생신청을 하여 2022.10.25. 개인회생절차개시의 결정을 받았다. 위와 같은 사례에 관한 다음 설명 중 가장 적절하지 않은 것은?

① 채권자 B가 개인회생절차개시의 결정 전에 A 소유 부동산에 강제경매를 신청하였다면, 위 강제경매는 중지된다.
② 채권자 C는 채무자 A를 상대로 대여금 7,000만 원을 달라는 소송을 할 수 없다.
③ 채권자 D는 개인회생채권자목록상 채권액이 다르면 이의기간 안에 서면으로 이의를 신청할 수 있다.
④ 변제계획인가 후 채무자 A가 인가된 변제계획을 이행할 수 없음이 명백할 때 원칙적으로 서울회생법원은 개인회생절차폐지의 결정을 한다.
⑤ 면책을 받은 채무자 A는 변제계획에 따라 변제한 것을 제외하고 개인회생채권자에 대한 채무에 관하여 그 책임이 면제되지만, 불법추심으로 벌금형을 선고받고 아직 벌금을 납부하지 않았다면 위 벌금은 면책되지 않는다.

[해설]
채권자 C는 채무자 A를 상대로 대여금 7,000만 원을 달라는 소송을 할 수 있다(채무자회생법 제600조 제1항 제3호 참조).

06 다음은 「채무자 회생 및 파산에 관한 법률」에 의한 개인파산절차와 관련된 설명이다. 틀린 것은?

① 파산절차는 채무자뿐만 아니라 채권자도 신청할 수 있다.
② 파산신청은 관할법원에 일정사항을 기재한 서면으로 한다.
③ 파산선고를 받은 자는 법률상 여러 가지 자격제한을 받게 된다.
④ 면책을 받은 채무자는 파산절차에 의한 배당을 제외하고는 원칙적으로 파산채권자에 대한 채무의 전부에 관하여 그 책임이 면제된다.
⑤ 면책은 파산채권자가 채무자의 보증인에 대하여 가지는 권리를 소멸시킨다.

> **해설**
> 면책은 파산채권자가 채무자의 보증인 그 밖에 채무자와 더불어 채무를 부담하는 자에 대하여 가지는 권리와 파산채권자를 위하여 제공한 담보에 영향을 미치지 아니한다(채무자회생법 제567조).

07 「자산유동화에 관한 법률」에서 규정하고 있는 유동화전문회사에 대한 설명 중 틀린 것은?

① 유동화전문회사는 무한회사로 설립한다.
② 유동화전문회사는 유동화자산의 관리·운용 및 처분업무를 담당한다.
③ 유동화전문회사는 본점 외 영업소를 설치할 수 없다.
④ 유동화전문회사라 함은 자산유동화업무를 영위하는 회사를 말한다.
⑤ 유동화전문회사는 유동화증권의 발행 및 상환업무를 담당한다.

> **해설**
> 유동화전문회사는 주식회사 또는 유한회사로 한다(자산유동화법 제17조 제1항).

08 파산채권자보다 우선하여 채권을 변제받을 수 있는 권리로서 파산재단에 속하는 재산상에 존재하는 유치권·질권·저당권, '동산·채권 등의 담보에 관한 법률'에 따른 담보권 또는 전세권을 가진 자가 행사하는 권리는?

① 별제권
② 환취권
③ 부인권
④ 상계권
⑤ 재단채권

> **해설**
> 파산재단에 속하는 재산상에 존재하는 유치권·질권·저당권·「동산·채권 등의 담보에 관한 법률」에 따른 담보권 또는 전세권을 가진 자는 그 목적인 재산에 관하여 별제권을 가진다(채무자회생법 제411조).

09 신용회복위원회의 개인채무조정제도에 관한 다음 설명 중 가장 적절하지 않은 것은?

① 신용회복위원회 채무조정제도는 「서민의 금융생활 지원에 관한 법률」에 근거하여 신용회복지원협약을 체결한 금융회사 채무를 조정하는 사적 채무조정제도이다.
② 연체 전 채무조정(신속채무조정)은 채무를 정상 이행 중이거나 1개월 미만 단기 연체 중인 채무자에 대한 신속한 채무조정 지원으로 연체 장기화를 방지한다.
③ 이자율 채무조정(프리워크아웃)은 1~3개월 미만 단기 연체채무자에 대한 선제적 채무조정을 통해 연체 장기화를 방지한다.
④ 채무조정(개인워크아웃)은 6개월 이상 장기 연체채무자에 대한 채무조정 프로그램으로 신용회복과 경제적 회생을 지원한다.
⑤ 채무조정제도는 상환기간 연장, 분할상환, 이자율 조정, 상환유예, 채무감면 등의 방법으로 하고, 신청 다음 날부터 채권금융회사의 추심활동이 중단된다.

> **해설**
> 채무조정(개인워크아웃)은 3개월 이상 장기 연체채무자에 대한 채무조정 프로그램으로 신용회복과 경제적 회생을 지원한다.

10 다음 설명 중 ( )에 들어갈 가장 적절한 이자율은?

- 상행위로 인한 채무의 법정이율은 연 (A)분(푼)으로 한다(「상법」 제54조).
- 대부업자가 개인이나 「중소기업기본법」 제2조 제2항에 따른 소기업에 해당하는 법인에 대부를 하는 경우 그 이자율은 연 100분의 27.9 이하의 범위에서 대통령령으로 정하는 연 (B)을 초과할 수 없다(「대부업법」 제8조 제1항, 같은 법 시행령 제5조 제2항).
- 이자 있는 채권의 이율은 다른 법률의 규정이나 당사자의 약정이 없으면 연 (C)푼으로 한다 (「민법」 제379조).

	A	B	C
①	6	100분의 20	5
②	5	100분의 10	5
③	4	100분의 25	3
④	3	100분의 30	2
⑤	2	100분의 35	1

해설
- 상행위로 인한 채무의 법정이율은 연 6분(푼)으로 한다(상법 제54조).
- 대부업법 제8조 제1항에서 "대통령령으로 정하는 율"이란 연 100분의 20을 말한다(대부업법 시행령 제5조 제2항).
- 이자 있는 채권의 이율은 다른 법률의 규정이나 당사자의 약정이 없으면 연 5푼으로 한다(민법 제379조).

11 「채무자 회생 및 파산에 관한 법률」상 후순위파산채권으로 가장 적절하지 않은 것은?

① 파산선고 후의 이자
② 파산선고 후의 불이행으로 인한 손해배상액 및 위약금
③ 파산절차 참가비용
④ 벌금 · 과료 · 형사소송비용 · 추징금 및 과태료
⑤ 「주택임대차보호법」상 최우선변제금

해설
① · ② · ③ · ④ 채무자회생법 제446조 제1항

12

「채무자회생 및 파산에 관한 법률」상 면책을 받은 채무자는 파산절차에 의한 배당을 제외하고는 파산채권자에 대한 채무 전부에 관하여 그 책임이 면제된다. 다음 중 책임이 면제되는 청구권만을 고른 것은?

> ㄱ. 고의로 가한 불법행위로 인한 손해배상
> ㄴ. 중대한 과실로 타인의 생명 또는 신체를 침해한 불법행위로 인하여 발생한 손해배상
> ㄷ. 근로자의 임금·퇴직금 및 재해보상금
> ㄹ. 근로자의 임치금 및 신원보증금
> ㅁ. 양육자 또는 부양의무자로서 부담하여야 하는 비용

① ㄱ, ㄴ
② ㄷ, ㄹ
③ ㄹ, ㅁ
④ ㄴ, ㄹ, ㅁ
⑤ 없음

해설

책임이 면제되지 않는 청구권(채무자회생법 제566조)
- 조세
- 벌금·과료·형사소송비용·추징금 및 과태료
- 채무자가 고의로 가한 불법행위로 인한 손해배상
- 채무자가 중대한 과실로 타인의 생명 또는 신체를 침해한 불법행위로 인하여 발생한 손해배상
- 채무자의 근로자의 임금·퇴직금 및 재해보상금
- 채무자의 근로자의 임치금 및 신원보증금
- 채무자가 악의로 채권자목록에 기재하지 아니한 청구권(채권자가 파산선고가 있음을 안 때에는 그러하지 아니함)
- 채무자가 양육자 또는 부양의무자로서 부담하여야 하는 비율

정답 12 ⑤

우리가 해야 할 일은 끊임없이 호기심을 갖고
새로운 생각을 시험해 보고
새로운 인상을 받는 것이다.
-월터 페이터-

제4과목

고객관리 및 민원예방

PART 1 고객관리 및 민원예방

PART 2 금융·경제상식

희망은 성공으로 이끄는 신앙이다.

– 헬렌 켈러 –

PART 1
고객관리 및 민원예방

CHAPTER 01　신용관리사의 업무와 자세

CHAPTER 02　신용정보업의 현황과 발전

CHAPTER 03　고객만족(CS)과 민원예방

CHAPTER 01 신용관리사의 업무와 자세

PART 1 고객관리 및 민원예방

01 기본업무의 이해

1 개요

(1) 채권관리

① 의의
  ㉠ 채권관리는 사전적 채권관리와 사후적 채권관리가 있는데 신용관리사가 당면하게 되는 채권관리는 주로 사후적 채권관리에 해당한다.
  ㉡ 일단 성립한 채권이 부실해지면 부실채권의 정리절차에 따라 적절하게 회수하기 위한 일체의 행위이다.

② 채권의 구성요건 : 채권은 채권자가 채무자에게 급부를 청구할 수 있는 권리를 말한다.
  ㉠ 적법성
  ㉡ 실현가능성
  ㉢ 사회적 타당성
  ㉣ 확정성

> **채권관리 업무 FLOW**
> 부실채권 발생 → 채권관리 → 원인분석 및 대책수립 → 효과적 방안모색 후 실행 → 채권회수

(2) 신용관리사의 역할 ☑기출

① **재정조언자** : 채무자의 경제적 상황과 능력을 고려하여 채무자에게 유리하고 합리적인 상환계획을 제시한다.
② **법률전문가** : 채권추심 등과 관련된 제반 법적 절차나 관련 실무에 대한 적절한 지식을 보유하고 있어야 한다.
③ **심리전문가** : 채무자의 성향이나 특성 등을 객관적으로 분석하여 합리적인 대응방법을 강구할 수 있어야 한다.
④ **협상전문가** : 양측의 이익과 목표를 최대한 이끌어 낼 수 있도록 전략을 수립하고 협상을 수행할 수 있어야 한다.
⑤ **정보관리자** : 합법적이고 효율적인 수단에 의한 정보의 수집과 분석 및 활용에 능숙하여야 한다.

신용관리사의 자세
- 사명감
- 자부심
- 애사심
- 책임감
- 혁신감

(3) 신용관리사의 마음가짐 ☑ 기출

① 늘 감사하는 마음으로 응대한다.
② 연체자도 최초에는 중요한 고객이었음을 염두에 둔다.
③ 채무변제를 못 하는 사유를 정확히 파악하는 능력을 갖추도록 노력한다.
④ 역지사지, 고객 배려의 따뜻한 마음으로 응대한다.
⑤ 회수를 위한 노력과 추후 정상고객으로 회복하게 되리라는 것을 염두에 둔다.
⑥ 채무자에게 관행이나 약관 등에 대하여 충분히 설명하고 자진 변제하도록 유도한다.
⑦ 채무자에게 변제를 하기 위해 어떠한 도움을 줄 수 있는가를 생각한다.
⑧ 성의를 가지고 응대한다.
⑨ 채무자의 인권보호를 위하여 노력하는 것도 중요하다.

2 신용조사업

① 타인의 의뢰를 받아 신용정보를 조사하고, 그 신용정보를 그 의뢰인에게 제공하는 행위를 말한다.
② 신용정보법의 취지상 의뢰인이 될 수 있는 자는 '타인'일 뿐이며, 여기서의 타인이란 '신용정보회사 자신이 아닌 모든 자'라고 해석된다.
③ 신용조사를 의뢰할 수 있는 자에 대하여는 제한이 없으며 개인이든, 법인이든, 국민이든, 외국인이든 누구나 신용조사를 의뢰할 수 있다.
④ 신용정보법 제20조 제2항에서는 개인신용정보를 수집·이용한 경우, 개인신용정보를 제공하거나 제공받은 경우, 개인신용정보를 폐기한 경우 그 날짜와 정보의 항목, 사유와 근거를 3년간 보존하여야 한다고 규정하고 있다.
⑤ 신용정보법은 신용조사의 방법에 대하여 자세한 규정을 두고 있지 아니하다. 단지 의뢰인에게 허위 사실을 알리는 행위, 신용정보에 관한 조사 의뢰를 강요하는 행위, 조사대상자에게 조사자료의 제공과 답변을 강요하는 행위, 금융거래 등 상거래관계 이외의 사생활 등을 조사하는 행위 등의 금지사항만을 열거하고 있다.

3 신용조회업

① 신용정보를 수집·처리하는 행위, 신용정보주체의 신용도·신용거래능력 등을 나타내는 신용정보를 만들어 내는 행위 및 의뢰인의 조회에 따라 신용정보를 제공하는 행위를 말한다.
② '처리'란 신용정보의 수집(조사를 포함), 생성, 연계, 연동, 기록, 저장, 보유, 가공, 편집, 검색, 출력, 정정, 복구, 이용, 결합, 제공, 공개, 파기, 그 밖에 이와 유사한 행위를 말한다.
③ 신용조회업은 특정한 의뢰와 관계없이 신용정보회사나 신용정보제공·이용자로부터 1차적으로 수집되는 정보를 Data Base화하고 있다가 의뢰인이 의뢰를 한 경우에 이미 축적된 Data Base에서 관련 정보를 검색, 제공하는 업무이다.
④ 신용조회업무는 신용조회회사만이 영위할 수 있는 것이 원칙이나 신용정보집중기관도 신용조회업무를 영위하고 있는 기관으로 볼 수 있다.
⑤ 신용정보회사는 신용정보의 '처리'만을 제삼자에게 위탁할 수 있는데, 이 경우 당해 제삼자는 제한된 범위 내에서 신용조회업을 영위하고 있는 셈이 된다.

4 채권추심업

(1) 개 요

채권자의 위임을 받아 변제하기로 약정한 날까지 채무를 변제하지 아니한 자에 대한 재산조사, 변제의 촉구 또는 채무자로부터의 변제금 수령을 통하여 채권자를 대신하여 추심채권을 행사하는 행위를 말한다.

(2) 채권자

① 채권추심업은 '타인'인 '신용정보제공·이용자'의 채권을 추심하는 것을 '영업으로' 하는 것을 의미한다.
② 개인이든 법인이든 자신이 채권자로서 채권을 추심하는 것에는 전혀 문제가 없다.
③ 채권추심회사가 아닌 자가 채권추심을 수임하여도 그것을 영업으로 하는 것이 아닌 한 금지될 성질의 행위가 아니다.
④ 채권추심회사가 신용정보제공·이용자가 아닌 자로부터 채권추심을 위임받는 것은 금지된다.
⑤ '타인'의 개념에서 계열사나 이해관계인이 배제되었다고 볼 여지도 없기 때문에 타인은 말 그대로 자신 외의 모든 자를 말하는 것이라 볼 수밖에 없다.
⑥ '영업으로' 채권추심을 대행하여야 채권추심업이 되므로 '무상으로' 채권추심행위를 하는 것은 당연히 채권추심업에 해당하지 아니할 것이나, 계열사 간에 무상으로 채권추심을 지원하는 것은 공정거래법에 따른 부당지원행위에 해당될 가능성이 있다.

(3) 채무자
① 과거 채권추심회사가 재산조사 및 변제촉구를 할 수 있는 자를 신용불량자로 불렀으나 현재는 그 용어가 공식적으로 폐지되었다.
② 현행 신용정보법은 채권자의 위임을 받아 변제하기로 약정한 날까지 채무를 변제하지 아니한 자에 대하여 재산조사, 변제의 촉구 또는 채무자로부터의 변제금 수령을 통하여 채권자를 대신하여 추심채권을 행사하는 행위를 채권추심업무로 정의하고 있다.

(4) 추심행위
채권추심회사가 채무자에 대하여 할 수 있는 행위는 '변제금 수령을 통하여 채권자의 채권을 행사하는 행위'에 한한다.
① 제삼자로부터의 변제수령 : 채무의 변제는 제삼자도 할 수 있으므로(민법 제469조 제1항), 채권추심회사도 제삼자로부터 변제를 수령할 수 있다고 하여야 한다.
② 영수증의 작성·교부 : 변제의 수령 시, 영수증을 작성하여 교부하는 것은 채권자의 의무이며 변제와 동시이행의 관계에 있으므로 채권추심회사도 영수증을 작성하여 교부할 수 있다고 보인다. 단, 영수증에 영수사실 이외의 내용을 포함하는 것은 채권추심의 범위를 넘어설 것이다.
③ 채권증서의 반환 : 변제자는 채무의 전부를 이행한 경우 채권자에게 채권증서의 반환을 청구할 수 있는데, 채권추심회사가 채권증서를 소지하고 있다면 채권자를 대신하여 채권증서를 반환할 수 있다.
④ 어음의 반환
  ⊙ 어음의 경우에는 어음금을 수령한 후 반드시 어음을 지급인에게 반환하여야 하므로 당연히 어음을 반환하여야 채권추심이 가능하다.
  ⓒ 채무자의 입장에서는 배서가 연속된 어음의 어음소지자에게 지급하여야 지급에 따른 책임을 면할 수 있으므로, 채권추심회사가 원활히 어음채권을 추심하기 위하여 채권추심회사가 어음상의 배서인일 필요가 있을 수 있다.
  ⓒ 배서는 '추심위임배서'에 한하여야 할 것이나, 추심위임배서를 하였다 하여 채권추심회사가 추심위임배서에 따른 모든 권리를 향유할 수는 없고 사실적인 추심을 위한 범위 내에서만 추심위임배서인으로서 권한을 행사할 수 있다.

(5) 추심채권
채권추심의 대상이 되는 '채권'이란 「상법」에 따른 상행위로 생긴 금전채권, 판결 등에 따라 권원이 인정된 민사채권으로서 대통령령으로 정하는 채권, 특별법에 따라 설립된 조합·공제조합·금고 및 그 중앙회·연합회 등의 조합원·회원 등에 대한 대출·보증, 그 밖의 여신 및 보험 업무에 따른 금전채권 및 다른 법률에서 채권추심회사에 대한 채권추심의 위탁을 허용한 채권을 말한다.
① 보증인에 대한 채권추심이 허용되는가?
  ⊙ 상법상 보증은 당연히 상행위가 되는 행위가 아니므로, 보증 자체가 상행위가 되기 위해서는 주채무자나 보증인 중 적어도 1인이 상인이고, 동 상인이 자신의 영업을 위하여 보증을 하거나, 보증을 받는 경우여야 한다.

ⓒ 신용정보법의 입법취지가 상거래관계가 아닌 일반 민사관계에는 동법의 적용을 배제하겠다는 것이 분명한 이상 상거래와 관계없이 보증을 제공한 보증인에 대하여는 채권추심을 대행할 수 없다고 보아야 할 것이다.
　② 근로관계로 인한 채권추심이 허용되는가?
　　고용인에 대한 임금채권 내지는 퇴직금청구채권, 선급한 임금의 반환채권 등은 당연히 상거래와 무관하기 때문에 채권추심업의 대상이 될 수 없다.
　③ 불법행위로 인한 채권의 추심이 허용되는가?
　　㉠ 불법행위로 인한 채권은 채권추심업의 범위에서 제외되는 것이 원칙이다.
　　ⓒ 상거래와 관련된 불법행위채권 중에는 상거래로 인한 채무불이행채권과 동시에 발생하는 것이 많아서 실무상 그 구별이 어려운 경우가 많다.

5 자산관리업

① 신용조사업, 신용조회업, 채권추심업의 업무를 허가받은 신용정보회사는 자산유동화에 관한 법률상 유동화전문회사 등(신탁업자를 제외)으로부터 자산관리위탁계약에 의하여 유동화자산의 관리를 위탁받아 자산관리업무를 수행할 수 있다.
② 자산관리업무에는 자산의 유지를 위한 활동(자산의 조사·보관·수선 및 자산의 가치유지를 위한 각종 업무, 채권추심 등) 외에도 소유자의 지시에 따른 처분행위(자산의 매각, 교환, 임대 및 자산에 대한 담보권설정) 등이 포함된다.

02 신용관리담당자의 업무예절 ☑기출

1 업무예절의 의의

① 업무예절의 목적은 상대방을 편안하고 즐겁게, 또 진실한 태도로 대하여 개인의 발전은 물론 회사의 발전, 더 나아가 사회의 발전을 이루는 것이다.
② 직장인으로서의 예절 바른 행동은 조직의 구성원으로서 그 조직을 대외적으로 대표하기도 하지만 구성원들 사이에서 바람직한 동료관계를 형성하는 주요 요인이다.
③ 세련되고 경쟁력 있는 직장인이 되려면 자신의 일상생활을 통해 교양 있는 예절을 몸소 실천해야 한다.

2 인사매너 ☑기출

(1) 상사나 동료들과 만날 때마다 인사를 해야 하는가?

같은 회사 내에서 근무하다 보면 상사나 동료들을 자주 만나게 된다. 자주 본다고 해서 서로 쳐다만 보고 지나쳐 버리면 어색해지고 분위기조차 딱딱해질 염려가 있다. 그러므로 처음 만났을 때는 정중하면서도 밝고 명랑하게 인사를 하고, 다시 만나게 될 때는 밝은 표정과 함께 목례를 하는 것이 좋다.

(2) 작업 중일 때의 인사 ☑기출

회사에서는 일을 하는 도중에 상사나 손님들을 대면하게 되는 경우가 흔히 생긴다. 이때에는 일 자체가 인사를 할 정도의 여유가 있는 것이라면 상황에 맞게 가볍게 목례 정도를 한다. 그러나 도저히 인사를 할 수 없는 경우에는 하지 않아도 좋다. 오히려 인사를 하느라 작업의 안정성을 잃는 것보다는 열심히 작업에 몰두하는 것이 상대방을 편하게 할 수 있기 때문이다.

(3) 모르는 타 부서 사람이 인사를 하는 경우

예의 바른 인사는 아무리 해도 밑지거나 손해 보는 일이 없다. 그러므로 잘 모르는 타 부서 사람이 먼저 인사를 하는 경우에도 같이 인사로 답례를 갖추는 것이 좋다. 잘 알지 못한다고 해서 그냥 쳐다보기만 한다면 상대방이 민망해 할 것이다. 우선 인사를 한 후에 주위 동료에게 누구인지 물어보고 다음에 마주쳤을 때 가벼운 인사말을 먼저 건네면 더욱 좋을 것이다.

(4) 출·퇴근 시의 인사

인사는 습관화되어야 한다. 아침에 출근해서 하는 밝고 명랑한 인사는 일하는 데 있어 활력소가 된다. 먼저 퇴근할 때에도 동료들에게 인사를 하고 가는 정도의 예의는 지켜야 한다. 출·퇴근 시 인사를 할 때에는 가벼운 목례보다는 인사말을 곁들여 하는 것이 좋다. 아무런 언어 표현 없이 고개만 꾸벅 하기보다는 밝고 명랑한 미소를 지으며 간단한 인사말을 곁들일 때 상대방에게 더욱 좋은 이미지를 전달할 수 있을 것이다.

3 악수매너

(1) 악수의 기본 동작

오른쪽 팔꿈치를 직각으로 굽혀 손을 자기 몸의 중앙이 되게 수평으로 올리며, 네 손가락은 가지런히 펴고 엄지는 벌려서 상대의 오른쪽 손을 살며시 쥐었다가 놓는다. 가볍게 아래위로 몇 번 흔들어 정을 두텁게 하기도 한다. 상대가 아프게 느낄 정도로 힘을 주고 쥐어도 안 되고 지나치게 흔들어 몸이 흔들려도 안 된다.

(2) 악수하는 방법

① 상급자가 먼저 청해야 아랫사람이 악수할 수 있다.
② 악수는 여성이 남성에게, 선배가 후배에게, 기혼자가 미혼자에게, 상급자가 하급자에게, 연장자가 연소자에게 청한다.
③ 남·녀 간의 악수도 상하의 구별이 있을 때에는 상급자가 먼저 청해야 한다.
④ 같은 또래의 남·녀 간에는 여자가 먼저 청해야 한다.

⑤ 동성 간 또는 또래의 악수도 선배, 연장자가 먼저 청해야 한다.
⑥ 아랫사람은 악수하면서 허리를 약간(15° 이내) 굽혀 경의를 표해도 좋다.
⑦ 악수를 하면서 왼손으로 상대의 손등을 덮어 쥐면 실례이다.
⑧ 남성은 일어서고 여성은 남성이 윗사람이 아닐 경우 앉아서 해도 상관없다.
⑨ 남성은 반드시 장갑을 벗되, 여성은 낀 채로 해도 괜찮다.

4 명함수수

명함은 한 장의 종이에 불과하지만 중요한 커뮤니케이션의 도구다. 명함은 자기의 얼굴이기 때문에 반드시 명함지갑을 준비하여 넣도록 하며, 구겨지지 않도록 보관한다. 보통 명함을 줄 때는 한 손, 받을 때는 두 손으로 한다.

(1) 명함을 줄 때 ☑ 기출

① 일반적으로 아랫사람이 먼저 건네는 것이 기본이다.
② 방문했을 경우에는 방문한 사람이 먼저 건네는 것이 예의이다.
③ 일어서서 오른손으로 준다. 자신의 명함을 두 손으로 건네는 것은 실례이다.
④ 상대방의 위치에서 자기의 성명이 바르게 보이도록 건넨다.
⑤ 일본·중국·싱가포르에서는 양손으로 명함을 전달한다.
⑥ 2개 국어로 제작된 명함은 상대방 국가의 언어가 위로 가게 하여 전달한다.
⑦ 식사 중에는 명함을 전달하지 않으며, 식사가 끝날 때까지 기다리도록 한다.
⑧ 상대가 다수인 경우, 상대방 중 가장 지위가 높은 사람부터 명함을 교환한다.

(2) 명함을 받을 때

① 일어서서 두 손으로 받고 감사인사를 한다.
② 이때 손가락이 상대방의 이름을 가리지 않도록 주의한다.
③ 받은 명함을 곧바로 주머니 속에 넣지 말고 그 자리에서 읽어보는 것이 예의다. 이것은 이름을 잊지 않기 위해서도 필요하며 상대방에 대한 존중의 표현이다.
④ 명함의 내용 중 궁금한 것은 그 자리에서 물어본다. 발음하기 어려운 이름일 경우는 확실히 알고 넘어가며 모르는 한자일 경우도 물어본다.
⑤ 받은 명함은 명함 지갑에 잘 보관하며, 아무렇게나 주머니 속에 넣지 않도록 한다.
⑥ 상대방의 명함을 손에 쥔 채 만지작거리거나 타자를 치는 등의 산만한 행동을 보여서는 안 된다. 또한 상대방이 보는 앞에서 명함에 만난 날짜를 적는다든지 하는 행동도 보기에 좋지 않다. 낙서처럼 보일 수 있기 때문이다.

(3) 명함을 동시에 교환할 경우

명함을 주면서 동시에 받는 경우가 의외로 많다. 이런 경우에는 한 손으로 받는 편이 낫다. 자신의 명함을 오른손으로 내밀면서 상대방의 명함은 왼손으로 들고 오른손으로 거들어 받는다.

5 남성의 복장매너

(1) 양 복
① 직장인이 지나치게 유행에 집착하는 것은 좋지 않다.
② 검정색이나 감색을 기본으로 하여 자신의 체형과 피부색에 어울리는 것을 선택해 입는다.
③ 바지는 줄이 잘 서 있어야 한다.
④ 바지의 길이는 서 있을 때 단이 구두 등에 가볍게 닿는 정도가 좋으며, 소매 길이는 손등 위로 알맞게 얹힐 정도로 한다.

(2) 와이셔츠
① 비즈니스 정장에는 흰색이 기본이다.
② 와이셔츠의 사이즈는 목둘레와 소매길이로 측정하는데, 목 부분과 손목 부분이 1~1.5cm 정도 보이도록 하여 재는 것이 올바른 방법이다.
③ 상의 뒤쪽 깃으로부터 1cm 정도 나오게 한다. 단정하게 보일 뿐만 아니라 상의의 깃을 더럽히지 않기 위해서다.
④ 넥타이로 목 언저리를 꼭 매고, 깃을 V자형으로 만들고 있으면 늠름함이 강조된다.

(3) 넥타이
① 넥타이를 맨 길이는 벨트의 버클을 약간 덮을 정도가 적당하다.
② 넥타이의 폭은 상의의 깃과 폭이 같은 것으로 선택하는 것이 좋다.
③ 넥타이의 색깔은 양복과 동일 색이 무난하며, 보색 계통으로 조화를 이룬다면 화려한 매치가 된다.
④ 조끼를 입을 때는 넥타이가 조끼 밑으로 나와서는 안 된다.
⑤ 넥타이핀은 장식용인 경우 검은색이나 흰색 진주가 좋다.

(4) 구 두
① 구두는 발에 부담을 주지 않는 것을 우선적으로 선택한다.
② 구두의 색깔은 양복 색깔과 맞추는 것이 좋다. 검정색이나 짙은 갈색이 일반적이다.
③ 직장에서 캐주얼화는 가능하면 피한다.

(5) 양 말
① 양말은 색상에 특히 신경을 써야 한다.
② 목이 짧은 양말은 품위를 떨어뜨리게 된다.

(6) 벨 트
① 양복과 어울리지 않는 색상의 벨트는 피하며, 특정 회사의 로고가 두드러진 것은 품위를 손상시킨다.
② 지나치게 폭이 넓거나 버클 모양이 요란한 것은 피한다.

6 여성의 복장매너

(1) 유니폼과 양장
① 유니폼은 항상 청결히 하며 단정하게 입는다.
② 옷을 잘 입는 여성은 색상의 조화를 통해 자신의 개성을 표현한다.
③ 양장을 할 경우 사무실이나 공식석상에서는 지나치게 짧은 스커트를 입는 것은 피해야 한다.

(2) 블라우스
① 속이 들여다보이지 않게 한다.
② 속옷이 밖으로 나오지 않게 한다.

(3) 스타킹
① 피부색에 가까운 것으로 한다.
② 원색이나 무늬가 있는 것은 피한다.
③ 올이 빠지거나 늘어지는 것에 주의한다.

(4) 구 두
① 구두는 여성의 또 다른 얼굴이다. 자신의 걸음걸이를 균형 있게 유지해 주는 것으로 선택한다.
② 출근 후 사무실에서 슬리퍼나 샌들로 바꿔 신는 것은 자칫 남의 눈에 단정치 못하게 보이기 쉽다.

(5) 액세서리
① 요란하게 액세서리를 달고 다니는 것은 자칫 천박하게 보인다.
② 액세서리는 간결하면서도 옷차림을 돋보이게 하는 것을 선택하는 것이 바람직하다.

(6) 화 장
① 화장은 밝고 청결한 느낌을 주도록 한다.
② 눈 화장은 엷게 하고, 아이섀도와 속눈썹은 하지 않는다.
③ 너무 짙게 하지 않는 것이 바람직하다. 얼굴색을 밝고 건강하게 보이도록 하여 자연미를 살린다.

7 대인관계

(1) 상급자와의 관계
① 호칭은 직책명에 '님'을 붙인다.
② 말씨는 높임말을 쓰고 존대어휘를 선택해 사용한다.
③ 상급자가 자기를 알아보지 못하더라도 자기가 알면 인사한다.
④ 상급자보다 편한 자세를 취하지 않는다.
⑤ 상급자의 앞을 가로막지 말고 남자는 상급자의 좌측 앞, 여자는 우측 앞으로 비켜선다.
⑥ 상급자에게 뒷모습을 보이지 않고 부득이한 경우 2~3보 뒷걸음 후 돌아선다.
⑦ 상급자를 인도할 때 우측 2~3보 앞에서 하고, 수행할 때는 우측 뒤에서 한다.

⑧ 어떤 경우라도 상급자보다 상위의 자리에 위치하지 않는다.
⑨ 상급자가 호명하거나 용무가 있어 가까이 다가오면 일어나서 맞이한다.

(2) 동급자 · 동료와의 관계
① 호칭은 나이에 따라 달리한다.
② 말씨는 연장자나 친숙하지 않은 상대에게는 높임말을, 친숙해 친구로 지내는 사이에는 반높임말(하오)과 보통 말씨(하게)를 쓴다.
③ 이성 동급자 간에는 높임말을 쓰고 호칭도 깍듯이 높이도록 한다.
④ 동급자 간에는 먼저 본 사람이 인사한다.
⑤ 편안하고 상위의 좌석은 상대에게 양보하고 권한다.
⑥ 부득이하게 상대에게 불편이나 불이익을 주게 될 때는 양해를 구하고 사과한다.
⑦ 동료와 동행 시 앞을 다투지 말고 상대에게 앞서기를 권한다.
⑧ 칭찬이나 공훈을 가로채지 말고 질책이나 수고를 미루지 않는다.
⑨ 어려움이나 수고는 나누고 즐거움이나 편안함은 함께 한다.

(3) 하급자와의 관계
① 직책 있는 하급자는 직책명을, 직책이 없는 하급자는 ㅇㅇㅇ 씨로 부른다.
② 하급자라도 자기보다 연장자는 나이에 대한 대접을 한다.
③ 말씨는 상대의 연령에 따라 '하시오', '하오'를 적절히 쓴다.
④ 하급자라도 자기가 아는 사람이면 인사하기를 기다리지 말고 먼저 인사한다.
⑤ 하급자가 인사하면 아무리 바쁘더라도 친절 · 명쾌하게 답례한다.
⑥ 하급자가 지나치게 불편하거나 경색되어 있으면 빨리 편한 자세와 편안한 마음가짐을 권한다.
⑦ 자기의 상급자에 대한 책임을 하급자에게 미루지 말고 자기 책임하에 처리한다.
⑧ 책임은 자기가 지고 공훈과 칭찬은 하급자에게 돌린다.
⑨ 하급자 대하기를 자녀 사랑하듯 하고 동기간에 우애하듯 한다.

(4) 고객 등과의 관계
① 직장을 찾아오는 고객이나 거래선에 대한 말씨는 높임 말씨로 하고, 존대어휘를 선택해서 쓴다.
② 모르는 고객은 일단 손님, 선생님이라 호칭하고 아는 고객은 최대한의 존칭을 쓴다.
③ 고객이나 거래선의 직함을 알면 그 직함을 쓰고 자기보다 상위적이면 그에 상응한 대우를 한다.
④ 고객이나 거래선에 대한 예우는 직장의 상급자에게 하듯이 한다.
⑤ 직장이나 사무실에 찾아온 손님은 불편이나 주저함이 없도록 인도 · 응대하고 최대한 편의를 제공한다.
⑥ 손님보다 자기가 더 편하거나 편리한 위치, 자세는 좋지 않다.
⑦ 어떤 경우라도 손님을 기다리게 해 자신에게 무관심하다고 의심하게 해서는 아니 된다.
⑧ 직장에 사적인 손님이 왔을 때는 공무에 지장이 없도록 접대하고 공용집기나 소모품 또는 음식류를 이용하거나 대접해서는 안 된다.
⑨ 자기에게 용무가 있는 손님으로 인해 상급자나 동료 또는 하급자에게 불편이나 수고를 끼치지 않도록 세심한 배려를 한다.

8 전화매너

(1) 전화 받을 때의 예절
① 전화벨이 2번 정도 울린 후 받는 것이 예의이다.
② 전화 받는 사람의 목소리가 그 회사에 대한 첫인상임을 항상 명심한다.
③ 메모를 위해 펜과 종이를 준비한다.
④ 전화를 받을 사람이 통화 중일 때는 그 사실을 정중하게 말하고, 급한 일이면 메모를 써서 보여줌으로써 통화 중인 전화를 잠깐 보류하고 긴급한 전화를 받도록 한다.
⑤ 전화를 받을 사람이 자리에 없을 경우 "○○○는 지금 자리에 없습니다. 용건을 알려주시겠습니까?"라고 말하든가, "들어오는 대로 전화를 걸겠습니다." 또는 "3시쯤 돌아올 것이라 생각됩니다."라고 구체적으로 대답하는 것이 좋다.
⑥ 용건은 간단명료하게 메모한다.

(2) 전화 걸 때의 예절
① 받는 쪽의 TPO[Time(시간), Place(장소), Occasion(용건)]를 생각하고, 전화번호를 확인한 후 정확히 Dialing한다.
② 자기의 소속과 이름을 먼저 밝힌다.
③ 용건의 명제를 먼저 상대방에게 알린다.
④ 전화가 잘 안 들리는 때에는 주저하지 말고 그 사정을 알린다.
⑤ 업무 전화를 건 쪽에서 먼저 끊는다.
⑥ 전화를 끊을 때는 작별 인사를 잊지 말아야 한다.

9 근무 시 비즈니스 매너
① 회사의 규정을 준수하며 단정하고 예의 바른 업무태도를 갖는다.
② 개인적인 전화나 잡담을 삼간다.
③ 사적 방문객으로 회사의 업무에 지장을 가져와서는 안 된다.
④ 근무시간 중에는 업무와 관련이 없는 책을 읽는다든지 개인적인 일을 하지 않는다.
⑤ 점심시간은 정해진 시간 이상으로 보내지 않는다.
⑥ 매일 업무에 관련된 모든 문서의 정리, 분류, 보관이 밀리지 않도록 한다.
⑦ 30분 이상 지각 시 도중에 연락을 취한다.
⑧ 조퇴는 사유를 보고하고 허가를 받는다.
⑨ 외출 시에는 상사의 허가를 받는다.
⑩ 갑자기 결근할 경우 속히 연락을 취한다.

10 출장 시 매너

① 출장을 갈 때는 출장 목적을 정확히 파악하고 사전에 치밀한 출장 계획을 세워야 한다.
② 출장 명령을 받았을 때는 출발 전에 반드시 언제부터 언제까지 며칠 동안 출장을 가게 되었다는 사실을 상사나 동료에게 알리는 것이 예의이다. 상사로부터 빠뜨린 사항이나 추가지시가 있을 수 있으며, 동료들에게는 자신의 출장 기간 동안 업무에 지장이 없도록 해야 하기 때문이다.
③ 목적지에서의 일정표를 작성하고, 업무 수행에 필요한 서류나 지식을 준비한다. 일정표를 짤 때는 상사나 선배, 동료의 의견이나 도움을 청하는 것이 바람직하다.
④ 여행을 떠나기 전에 반드시 휴대품을 점검한다. 여행 중에 필요한 것은 빠짐없이 준비하되 가급적이면 부피가 나가지 않도록 요령 있게 준비한다.
⑤ 복장은 되도록 간편하고 활동적인 것이 좋다.
⑥ 며칠 동안 목적지에서 체류해야 할 경우에는 미리 숙소를 예약하지만, 그렇지 못한 경우에는 도착하는 즉시 숙소를 정하는 것이 회사와의 연락 등에 여러모로 좋다.
⑦ 차표나 비행기표 등은 가급적이면 왕복표를 미리 구입하는 것이 훨씬 경제적이며 안전하다. 만약 도중에 계획이 변경된 경우에는 지체 없이 회사에 연락해야 한다.
⑧ 정해진 출장 기간 안에 목적을 완수하였을 때는 남은 시간을 유익하게 활용하도록 한다.
⑨ 출장에서 돌아오면 우선 상사에게 구두나 전화로 보고하고 차후에 공식 보고서를 제출해야 한다.

03 신용관리담당자의 직업윤리

1 직업의 개요

(1) 직업의 의의

'직업'은 부여받은 '직분'과 스스로 축적한 '업적'의 결합어로서, 맡은 일을 계속하는 활동을 의미한다. 영어로는 'Vocation, Calling(신의 부름을 받음), Business, Job(맡은 일), Profession(전문분야), Occupation(일자리를 받음)' 등의 표현이 있다.

(2) 직업의 특성
① 경제적 보상을 받는다. 그러나 주부의 가사 활동이나 자원봉사자의 활동은 직업의 범주에 넣지 않는다.
② 계속 수행한다. 고정된 직장에서 정해진 시간에 일하지 않는 작가나 예술가, 프리랜서 등 자유업도 있다. 하지만 군인의 의무 복무나 학생의 아르바이트는 직업이 아니다.
③ 사회적 효용성을 지닌다. 구걸·절도·밀수·사채놀이는 직업이 아니다. 매춘의 경우 직업으로 간주하는 나라도 있다.
④ 성인이 한다. '근로기준법'에 의하면 일반적으로 15세 미만은 작업을 가질 수 없다. 따라서 아역배우나 소년 구두닦이는 직업이 아니다.
⑤ 자신의 의사에 따라야 한다. 법률에 의한 강제 노동으로 수입을 올리더라도 직업이 아니다.
⑥ 노력을 기울여야 한다. 이자·주식배당·임대료 등의 경제활동이나 연금·보상으로 수입을 얻는 것은 직업이 아니다.

(3) 직업 형태의 요건
① 생업으로서의 직업 : 생계유지를 목적으로 한다.
② 천직으로서의 직업 : 사회적 역할의 분담을 목적으로 한다.
③ 자아실현으로서의 직업 : 개성신장을 목적으로 한다.

2 직업윤리의 개념

(1) 직업별 윤리와 직업일반의 윤리
① 직업별 윤리(전문직 윤리) : 다양한 각 직종에 종사하는 사람들에게 요구되는 행동기준과 또 그 사람들이 직장생활에서 지키기를 기대하는 사회적 규범을 말한다.
② 직업일반의 윤리(근로의 윤리) : 각 직업에 의한 구별을 초월한 직업인의 일반윤리이며, 모든 사람들이 그 직업 활동에 있어서 그것을 지키는 것이 사회적으로 기대되고 있는 마음가짐을 뜻한다. 한 사회의 지배적인 가치체계에 근거하여 직업일반의 활동에 적용되는 가치체계가 창출될 때, 이것이 직업일반의 윤리가 된다.

(2) 직업일반의 윤리가 직업별 윤리와 구분되는 점
① 직업일반 윤리는 직업별 윤리보다는 근본적인 인간의 생활태도를 다루어 직업에 대한 포괄적이고 기본적인 자세와 인식 방법에 초점을 맞춘다.
② 직업별 윤리가 보통 외적인 규제력으로 나타나는 데 반해서 직업일반의 윤리는 주로 내면적인 가치체계로서 존재한다.

(3) 직업일반의 윤리와 직업별 윤리가 구분되는 이유
① 현대사회에서 직업의 다변화 현상은 각 직업별 특징과 그에 따른 가치 또는 태도의 차이를 극대화시켰기 때문에, 일률적인 직업윤리 일반으로는 각 직업의 윤리적 정향을 모두 표현한다는 것은 직업생활에서 제기되는 문제들이 많다. 따라서 해결 기능을 가지고 있어야 할 직업윤리의 성격을 충족시키지 못한다.
② 직업윤리의 특수성은 직업의 다양성과 전문성에 따라 직업윤리를 일반화할 수 없는 한계성을 가지므로, 각 직업의 성격에 따라 그 내용이 달라질 수 있는 직업별 윤리로 표현할 수밖에 없다.

신용관리사의 부정
- 광의의 부정
  - 기업의 목적인 이윤동기에 배치되는 행위
  - 맡은 바 임무에 최선을 다하지 않는 불성실한 행위
- 협의의 부정
  - 규범에 위배되며 사심을 가지고 부당하게 처리하는 행위
  - 사적 이익을 추구하거나 거래선 폐해 등의 행위
  - 횡령, 유용, 회사물품의 절도 및 무단반출, 사내정보의 유출
  - 업무태만, 업무해태 행위

3 직업윤리의 형태와 특징

(1) 분한(分限)의 윤리와 전문(專門)의 윤리
① 분한의 윤리 : 종적인 관계에 있어서의 자기희생에 의해서 부여된 직분, 즉 계급적 신분의 한계를 지키면서 전체 사회에 공헌하기 위하여 주어진 직업에 임하는 자세를 말하며, 또한 이것이 바른 삶의 방향이라고 보는 견해이다. 신분의 구별이 제도화되어 있었던 봉건사회에 있어서 지배적이었던 사상이다.
② 전문의 윤리 : 횡적인 관계에서 선택된 직업의 전문분야에 전력을 집중하는 것이 자기 확충의 최선의 방법이고 또 전체 사회에 공헌하는 길이라는 생각이다. 직업선택의 자유가 공인되었던 근대사회에서 시작된 지배적 사상이다.

(2) 유기적 직업윤리
① 유기적 직업윤리는 직업을 생물 유기체의 모든 기관에 비유하여 파악하고, 이 모든 기관, 모든 부분을 구성하는 세포로서의 기능을 다하는 것이 각 개인의 일상의 임무라고 하는 사상이다.
② 이 윤리의 목표는 사람들의 직업에 대한 헌신을 통해 집단의 존속과 전체 사회의 안녕, 질서유지를 요구하고 있다.
③ 직업 수행의 방법은 그 집단이나 사회에서 미리 정해진 전통적인 방법이다. 창의력, 능력의 발전보다도 상사에 대한 복종과 집단에 충성하는 것이 중시된다.
④ 각 개인과 집단이나 조직은 거의 숙명적으로 연결되어 있다. 집단이나 직업을 미리 선택할 수는 있어도 집단을 바꾸는 것은 충성심과 지구력의 부족이라고 하여 장려되지 않는다.

(3) 금욕적 직업윤리

① 개성의 신장을 도모한다든가 적성이나 능력에 맞는 일을 선택하는 것을 중시하며 직업 자체에 대한 금욕적 헌신이 계속적으로 자기를 실현하는 길이라고 가르친다.

② 금욕적 직업윤리의 목표는 직업의 단위인 개개의 일과 그것에 종사하는 개개의 자아이다. 금욕적 직업윤리에서도 직업에의 몰두와 헌신이 요구되지만 이 헌신은 일의 질서에의 헌신이며 각각의 일에 있어서 최선의 성과를 얻는 데 필요한 일의 규칙에 따라서 조금도 쉴 새 없이 움직이는 것을 의미한다. 즉, 끊임없이 공부하고 연구하며 창조적으로 개척적인 노력을 계속하는 것이 요구된다.

③ 일에 헌신하기 위하여 필요한 것이 금욕이다. 인간적인 약점이나 부정에의 일탈을 극복하여 여러 가지 욕망을 근절하는 것이 여기서 말하는 금욕이다. 여기서는 일에 정력의 집중, 엄숙한 태도, 보다 완벽한 일, 보다 창조적인 일을 향하여 나아갈 것을 기대한다.

④ 금욕적 직업윤리에서 개인은 자유롭게 직업이나 집단을 선택할 수 있고 자유롭게 바꿀 수 있다.

⑤ 직업헌신을 위한 금욕은 그 직업에 적응하고 있는 경우에도 결코 즐거운 일만은 아니다. 그럼에도 불구하고 어떤 일을 이룩할 때의 즐거움, 특히 새로운 독창적인 일, 전인미답(前人未踏)의 경지를 개척할 때의 기쁨은 이제까지의 긴 고생을 보상하고도 남음이 있는 셈이라고 말한다.

(4) 신용관리사의 직업윤리

신용관리사와 같은 전문직은 전문성과 독점성 두 가지 특성을 지니고 있으므로 다른 어떤 직업보다도 더 높은 수준의 윤리의식과 기준이 적용되어야 한다. 신용관리사와 같은 전문직이 직업윤리를 등한시할 경우 일어날 수 있는 사회적 결과와 해독이 크기 때문이다.

> **신용정보협회 윤리강령**
> - 우리는 관련 법령을 준수하고 공정하고 합리적인 기준에 따라 투명하게 직무를 수행한다.
> - 우리는 채권추심과 관련한 일체의 불법·부당 채권추심행위를 하지 않으며 채무자의 인격을 존중하고 사생활이 침해받지 않도록 배려하며 채무자의 경제적인 갱생노력을 최대한 지원한다.
> - 우리는 수주활동을 함에 있어 덤핑행위를 하거나, 직원을 채용함에 있어 과도한 스카우트 행위를 함으로써 타사에 피해를 주지 않는다.
> - 우리는 업무와 관련하여 일체의 금품이나 향응을 제공받지 않으며 업무상 취득한 정보를 외부에 누설하거나 사적인 이익을 위하여 사용하지 않는다.
> - 우리는 지속적인 자기개발과 교육참가 및 심신단련 등을 통하여 전문성을 확충하고 윤리의식의 제고를 위하여 노력한다.

4 채권추심 및 대출채권 매각 가이드라인 ☑기출

> **+ Plus one**
> 2025년도 신용관리사 시험에서는 2024년 10월 17일부터 새롭게 시행된 「개인금융채권의 관리 및 개인금융채무자의 보호에 관한 법률(약칭 : 개인채무자보호법)」의 문제가 다수 출제되었으며, 기존의 「채권추심 및 대출채권 매각 가이드라인」의 내용을 묻는 문제는 출제되지 않았습니다. 다만, 「개인채무자보호법」의 내용만으로는 세부적으로 파악하기 어려운 내용이 있음에 따라 이전의 「채권추심 및 대출채권 매각 가이드라인」(2024.2.29. 개정)의 내용을 수록하였으니 참고하시기 바랍니다.

(1) 제정 목적 ☑기출
금융회사 등이 채권추심 과정에서 준수하여야 하는 내부통제기준을 업무단계별로 제시하고 금융회사 등의 채권 매각 프로세스를 규율함으로써 불법·불공정한 채권추심행위를 사전에 예방함을 목적으로 한다.

(2) 성 격 ☑기출
① 강제성이나 법적 구속력을 가지지 않는다.
② 이 가이드라인에서는 사회통념상 문제가 될 소지가 있는 불법·부당한 채권추심 행위에 대한 사례를 나열하고 있으나, 이러한 사례가 반드시 관련법규에 위반된다고 단정할 수 없다.
③ 이 가이드라인을 준수하는 것만으로 감독당국 및 사법당국의 제재대상이 되지 아니함을 보장하지는 아니하며, 채권추심 과정에서 발생하는 개별적 행위의 법 위반 여부는 최종적으로 사법당국에서 판단하는 사항이다.
④ 금융회사는 채권을 매각하더라도 채권매각 이전에 발생하는 불법·부당행위에 대하여 책임이 있으며, 채권추심회사는 채권자와 채권추심위임계약이 종결되더라도 종결 이전에 발생하는 불법·부당행위에 대하여 책임이 있음을 유의하여야 한다.

(3) 리스크 관리 ☑기출
금융회사 등은 채권의 추심 및 매각과 관련하여 다음의 리스크에 노출될 수 있음을 인지하고, 내부통제 기준을 마련하는 등 리스크를 관리하여야 한다.
① 운영리스크는 내부통제 실패 등에 따라 금융회사 등의 수익 및 자본이 감소하는 위험을 말한다.
② 평판리스크는 부정적인 여론 등에 따라 금융회사 등의 수익 및 자본이 감소하는 위험을 말한다.
③ 컴플라이언스리스크는 법규 및 규정 등을 위반함에 따라 금융회사 등의 수익 및 자본이 감소하는 위험을 말한다.
④ 전략리스크는 금융회사의 전략 수립 및 실행 실패 등에 따라 금융회사 등의 수익 및 자본이 감소하는 위험을 말한다.

(4) 추심 관련 내부통제 ☑ 기출

① 금융회사 등은 이 가이드라인에서 정하는 채권추심업무 관련 불법·부당행위 금지내용 등의 준수 여부에 대하여 내부통제를 실시하여야 한다.
② 금융회사 등은 금융회사 등 임직원이 관련법규 및 내규를 준수하도록 지도하여야 한다.
③ 금융회사 등은 금융회사 등 임직원에 대한 내부통제 및 지속적인 모니터링 체계를 갖추어야 하며, 금융회사 등 임직원이 채권추심 과정에서 관련법규 또는 내규를 위반하는 경우 제재 등 신속하고 적절한 조치를 취하여야 한다.
④ 금융회사 등은 채권관련 원인서류, 채권추심 위임계약 서류, 채무자 관련 개인신용정보 등을 철저히 보관·관리하여 정보의 오·남용에 따른 피해를 방지하여야 한다.
⑤ 금융회사 등 상호 간 또는 금융회사 등과 금융회사 등 임직원 양 당사자 간 해결하여야 하는 사항을 채무자의 책임으로 전가하여서는 아니 된다.
⑥ 채권추심회사는 채권자와 채권추심 위임계약기간 종료 후 채권추심업 종사자가 채무감면을 약속하거나 채무변제금액을 수령하여 분쟁이 발생하는 경우 채무자에게 책임을 전가하여서는 아니 된다.
⑦ 채권추심회사는 채권추심업 종사자와 계약 체결 시 준법서약서를 작성하도록 하고, 채권추심업 종사자가 이 서약서에 기재된 사항을 위반하는 경우 필요한 조치를 즉시 취하여야 한다.
⑧ 금융회사 등은 금융회사 등 임직원을 대상으로 유인물 배포, 사내 집합교육 등의 방법을 통하여 불법적인 재산조회방법을 전파하거나 종용하여서는 아니 된다.
⑨ 채권추심회사 및 대부업법 제3조 제2항 제2호에 해당하는 대부업자는 변제촉구 등 추심업무에 착수하는 경우, 착수 3영업일 전(1일에 통지하는 경우 4일부터 착수 가능)에 착수 사실 및 안내사항을 채무자의 이메일, 우편, 또는 이동전화번호(LMS 등)로 통지하여야 하며, 이 안내사항이 홈페이지에도 공시되어 있음을 알려야 한다. 다만, 기한의 이익 상실 또는 계약의 해지 이전에는 통지 없이 연체사실에 대하여 안내할 수 있다.
⑩ ⑨에 해당하지 아니하는 금융회사는 기한의 이익 상실 이후 추심하고자 하는 경우 ⑨에 따른 통지를 하고 추심에 착수하여야 한다. 다만, 「민사집행법」 제276조 및 제300조에 따라 보전처분을 위하여 가압류 및 가처분을 하는 경우에는 통지를 생략할 수 있다.
⑪ 금융회사가 ⑩에 따라 통지하는 경우, 해당 채권을 위임받은 채권추심회사는 통지를 생략하고 추심에 착수할 수 있다.
⑫ 금융회사 등은 각사의 상황에 따라 양식을 변경하여 사용할 수 있다.
⑬ 채무자가 「변호사법」에 따른 변호사·법무법인·법무법인(유한) 또는 법무조합을 채권추심에 응하기 위한 대리인으로 선임하고 이를 서면으로 통지하는 경우, 대부업자는 채권추심법 제8조의2에 따라 채무와 관련하여 채무자를 방문하거나 채무자에게 말·글·음향·영상 또는 물건을 도달하게 하여서는 아니 된다.
⑭ 채권추심회사 및 위임직채권추심인은 채권추심법 제8조의4에 따라 채권추심과 관련한 소송행위를 하여서는 아니 된다.
⑮ 채권추심회사는 채무자가 복수의 연체계좌 보유 시 연체계좌별로 달리 관리할 필요성이 없는 한 복수의 채권추심업 종사자에게 연체계좌별로 분리 배정하여서는 아니 된다.

⑯ 금융회사 등은 다음의 어느 하나의 사유가 발생하는 경우 채권추심을 중지하여야 한다.
  ㉠ 채무자의 국민행복기금 채무조정 신청 접수 사실을 확인하는 경우(국민행복기금 신용지원협약 및 운영세칙에 따라 채무자의 신용지원 여부 확정 시까지)
  ㉡ 채무자가 채무존재사실을 부인하여 소송을 제기하는 경우
  ㉢ 채무자로부터 신용회복위원회의 신용회복지원 신청 사실을 통지받고 전산상으로 사실관계가 확인되는 경우(신용회복지원협약 제7조)
  ㉣ 채무자에 관한 개인회생절차 개시결정 또는 중지명령 사실을 확인하는 경우(채무자 회생 및 파산에 관한 법률 제600조 제1항 및 제593조 제1항)
  ㉤ 채무자가 사망하여 그 상속인의 상속포기나 한정승인 사실을 확인하는 경우
  ㉥ 채무자가 중증환자 등으로 사회적 생활부조를 필요로 하는 경우
  ㉦ 채무자가 소멸시효 완성에 따라 추심중단을 요청하는 경우
  ㉧ 채무자가 원금, 이자, 비용, 변제기, 채권의 발생연월일, 소멸시효 기간(단, 금융회사의 대출채권인 경우 해당 채권의 소멸시효 완성 여부) 등 채무의 상세내역이 포함된 채무확인서를 요청하였음에도 제시하지 못하는 경우
  ㉨ 「신용정보의 이용 및 보호에 관한 법률」 제39조의2 제1항을 위반하여 채권자변동정보가 종합신용정보집중기관에 제공되지 아니한 경우
⑰ 채권추심회사는 신용정보법 제41조 제1항에 따라 소속 사업장 또는 지점이 아닌 프랜차이즈 형태로 제삼자와 계약을 맺어 채권추심회사 명의로 채권추심업을 하게 하여서는 아니 된다.

(5) 신용정보 등의 보호
① 금융회사 등은 채권추심법 제10조 제1항 및 신용정보법 제42조 제1항에 따라 신용정보 등을 누설하거나 채권추심의 목적 외로 이용하여서는 아니 된다.
② 채권자는 채권추심회사에 채권추심 목적상 필요한 신용정보 등만을 제공하여야 하며, 채무자 관계인의 신용정보 등을 본인의 동의 없이 제공하여서는 아니 된다.
③ 채권추심회사는 채무자의 신용정보 등을 수집하는 경우 채권추심 목적으로만 사용하여야 하며, 추심완료 시 불필요한 정보를 파기하여야 한다.
④ 금융회사 등은 채권추심을 위하여 채무자의 관계인에 대한 개인신용정보를 수집하거나, 기업의 영업비밀 또는 독창적인 연구개발 정보, 개인의 정치적 사상, 종교적 신념, 그 밖에 신용정보와 관계없는 사생활에 관한 정보, 확실하지 아니한 개인신용정보 등을 수집·조사하여서는 아니 된다.
⑤ 금융회사 등은 불법적으로 채무자의 신용정보나 개인정보를 취득할 수 있는 인터넷 사이트를 차단하여야 한다.
⑥ 채권추심회사는 신용조회회사를 통하여 채무자 정보를 조회하는 경우 채권추심업 종사자가 로그인 및 책임자 승인을 거쳐 채권추심을 위하여 필요한 최소한의 범위와 횟수 내에서 조회하도록 관련 시스템을 구축하여야 한다.
⑦ 채권추심회사는 채권추심업무를 직접 수행하는 채권추심업 종사자가 자신의 담당 채권에 한하여 관련 정보에 접근할 수 있도록 시스템을 갖추어야 하며, 관련정보를 PC로 다운로드하거나 화면 캡처 또는 출력하는 등의 방법으로 이용할 수 없도록 하여야 한다.

(6) 매각계약서 ☑기출

① 금융회사는 채권의 매각과 관련되는 모든 중요한 사항에 대하여 명확한 용어를 사용하여 채권매각계약서를 작성하여야 한다.

② ①의 중요한 사항은 다음을 포함한다.
  ㉠ 채무자 신용정보의 보호 관련 의무와 책임
  ㉡ 채권 추심 관련 매입기관의 법규 및 규정 준수의무
  ㉢ 원리금 산정 및 채무액 확인에 필요한 제반 채권원인서류 제공시기

③ 금융회사는 채권의 재매각으로 인하여 발생하는 리스크를 관리하기 위하여 재매각이 불가한 기관 및 기간(예 3개월)을 매각계약서에 명확히 기재하여야 한다.

④ 금융회사는 채권 매각 시 매입기관이 재매입 기관에 대하여 실사(Due Diligence)하도록 의무화하는 내용을 매각계약서에 명시하여야 한다.

⑤ 금융회사는 매입기관이 매입채권을 추심하는 경우 불법행위가 발생하지 아니하도록 하는 내용을 매각계약서에 포함하고, 불법추심행위가 적발되는 경우 향후 매각계약 시 부정적인 영향을 미칠 수 있다는 사실을 명시하여야 한다.

⑥ 금융회사는 채권의 특징(예 담보/무담보 등)에 따라 표준 계약서 양식을 사용하는 등 일관성 있는 계약서가 작성되도록 하여야 한다.

(7) 채권추심 수임계약 포함사항

① 채권추심행위와 관련된 일체의 위임업무 내용
② 채권추심회사의 추심업무 수행을 위하여 채권자가 통지할 필요가 있다고 판단하는 사항
③ 추심하는 채권이 금융회사의 대출채권인 경우 해당 대출채권의 소멸시효 완성여부
④ 변제금 수령 간주 사유 등의 추심실적 인정범위
⑤ 채권추심활동 및 법적절차 진행 소요비용 부담
⑥ 수수료 등의 지급기준, 시기, 청구 및 지급방법
⑦ 추심대금 입금방법, 입금계좌, 추심대금 인도방법(입금 기한)
⑧ 수임채권 해지 및 반환 등에 관한 사항
⑨ 성실의무, 신용정보의 누설금지, 손해배상, 중복추심의 위임금지에 관한 사항
⑩ 계약 효력발생일 및 약정기간, 계약변경·해지에 관한 사항
⑪ 채권자와 채권추심회사 간에 분쟁이 발생하는 경우 소송관할법원 등

(8) 채무자 소재 파악 ☑기출

① 채무자에 대한 소재파악은 채무자와 연락이 장기간 이루어지지 아니하거나 채무자가 행방불명 상태인 경우에 한하여 실시한다.

② 금융회사 등 임직원은 채권추심법 제12조 제2호에 따라 채무자의 소재나 연락처를 알고 있음에도 불구하고 소재파악을 가장하여 채무자의 관계인이나 주변사람에게 연락하는 행위를 하여서는 아니 된다.

③ 금융회사 등은 신용정보법 제15조 제1항에 따라 채권추심 목적 달성을 위하여 필요한 최소한의 범위에서 합리적이고 공정한 수단을 사용하여 채무자에 대한 소재파악을 실시하여야 한다.

④ 금융회사 등 임직원은 채권추심법 제8조의3 제1항에 따라 채권추심을 위하여 채무자의 소재, 연락처 또는 소재를 알 수 있는 방법 등을 문의하는 경우를 제외하고는 채무와 관련하여 관계인을 방문하거나 관계인에게 말·글·음향·영상 또는 물건을 도달하게 하여서는 아니 된다.

⑤ 금융회사 임직원은 소재를 알 수 있는 방법 등을 문의하기 위하여 관계인을 방문하거나 관계인에게 말·글·음향·영상 또는 물건을 도달하게 하는 경우, 채권추심법 제8조의3 제2항에 따라 다음의 사항을 관계인에게 밝혀야 하며, 관계인이 채무자의 채무 내용 또는 신용에 관한 사실을 알게 하여서는 아니 된다.
  ㉠ 금융회사 등 및 해당 금융회사 등 임직원의 성명·명칭·연락처
  ㉡ 채권자의 성명·명칭
  ㉢ 방문 또는 말·글·음향·영상·물건을 도달하게 하는 목적

⑥ 채권추심업 종사자는 채무자에 대한 신용정보를 수집·조사하는 경우, 신용정보법 제27조 제8항에 따라 신용정보업 종사원증(신용정보업에 종사함을 나타내는 증표)을 제시하여야 한다. 또한, 신용정보법 제40조 제5호에 따라 정보원, 탐정, 그 밖에 이와 비슷한 명칭을 사용하여서는 아니 된다.

⑦ 금융회사 등이 채무자의 소재파악을 위하여 주민등록정보를 이용하고자 하는 경우에는 「주민등록법」 등 관련법규에서 정하는 절차에 따라야 한다. 주민등록초본 교부를 위한 이해관계사실확인서는 금융회사 등에서 발급하여야 하며, 금융회사 등 임직원이 개인적으로 작성하여서는 아니 된다. 아울러, 금융회사 등은 이해관계사실확인서를 발급하는 경우에 그 발급내역을 이해관계사실확인서 발급대장에 기록·유지하여야 하며, 주민등록초본 교부와 관련하여 부당한 업무처리 등으로 인한 민원이 발생하지 아니하도록 유의하여야 한다.

⑧ 금융회사 등은 「주민등록법」 제30조 제5항에 따라 채권추심을 위하여 신청·취득하는 주민등록초본이나 주민등록전산정보자료를 신청한 목적 외의 용도로 이용하여서는 아니 된다. 또한, 채무자의 소재파악을 위하여 신용정보법 또는 기타 법령에서 허용하는 범위 이외의 방법으로 채무자의 개인신용정보를 이용하거나 제삼자에게 제공하여서는 아니 된다.

(9) 채권추심업무의 중단
① 채무면제, 원인무효, 패소확정, 소멸시효의 완성 등으로 채권이 소멸되는 경우
② 채무자가 채무를 부인하고 채권의 존재 여부를 입증하지 못하는 경우
③ 채무자가 사망하고 추심 실익이 있는 상속재산이 없는 경우
④ 법원의 금지·중지명령, 개인회생절차 개시결정, 파산면책결정 등 관련 법규에서 정하는 제한 사유로 인하여 더 이상 추심을 진행할 수 없는 경우
⑤ 채무자의 주민등록이 말소되거나 소재불명 등으로 사실상 추심이 불가능한 경우
⑥ 법인 채무자의 폐업, 파산 또는 청산 상태로 인하여 사실상 추심 실익이 없는 경우
⑦ 기타 채권추심업무 수행 결과 채무자가 변제 능력이 없고 변제의지가 희박하여 추심 실익이 없다고 판단되는 경우

(10) 불법채권추심 대응요령 ☑ 기출

① 채권추심자의 신분이 의심스러운 경우
  ㉠ 채권추심자가 방문, 전화 등으로 최초 접촉 시 신분 확인이 가능한 증표(사원증 또는 신용정보업종사원증)를 제시하여 줄 것을 요구하고, 이를 제시하지 못하거나 사진이 미부착 또는 훼손되어 있는 등 신원이 의심스러운 경우
  ㉡ 채권추심자는 검찰·법원 등 사법당국을 사칭하거나 법무사, 법원집행관, 법원집행관대리 등 사실과 다른 직함을 사용할 수 없다.
    예 채권추심자가 법률담당관, 법원집행관, 소송대리인 등으로 허위 기재한 명함을 사용하거나 그 명의로 독촉장을 발송

② 추심채권이 추심제한 요건에 해당하는 경우
  본인의 채무가 추심제한 요건에 해당하는지 확인하고 추심제한 대상인 경우 채권추심자에게 서면으로 추심중단을 요청(전화요청 시 통화내용 녹음)하고 이를 확인할 수 있는 증빙자료를 제시한다. 채권자가 채무확인서를 발급하여 줄 것을 채권추심자에게 요청하면 소멸시효 완성여부에 대하여 확인이 가능하다. 채권추심자가 채무확인서를 제시하지 못하는 경우 채권추심을 즉시 중단할 것을 요청한다.

③ 가족 등 제삼자에게 채무사실을 알리는 경우
  채권추심자는 정당한 사유 없이 가족을 포함한 제삼자에게 채무사실을 직접 알리거나 확인시켜주는 행위를 할 수 없다.

④ 가족에게 연락하여 채무변제를 요구하는 경우
  채권추심자는 채무자의 가족·친지에게 연락하여 대위변제하여 줄 것을 요구할 수 없다. 또한, 가족 등 제삼자가 대위변제 의사를 표시하였다고 하여 제삼자의 의사에 반하여 변제를 요구할 수 없다.
    예 아들을 평생 빚쟁이로 살지 아니하도록 하기 위하여 부모가 대신 상환하도록 대위변제를 강요하는 행위

⑤ 채권추심회사 명의로 압류·경매 등 법적조치를 하겠다고 하는 경우
  채권추심회사는 압류·경매 또는 채무불이행정보 등록 등의 조치를 직접 취할 수 없으며 법적절차를 직접 진행하겠다고 채무자에게 안내할 수 없다. 다만, 채권자 또는 채권자협의회에 의하여 법적조치가 진행될 수 있다고 안내하는 행위는 가능하다.

⑥ 채권추심자가 채무대납 등을 제의하는 경우
  채권추심자는 채무를 대납하겠다고 제안하거나 대부업자, 사채업자 등을 통하여 자금을 마련하도록 권유할 수 없다.
    예 채권추심자가 자신의 자금으로 채무를 변제한 후 채무자에게 이자를 요구하는 행위

⑦ 채권자 또는 채권추심회사 명의의 계좌 이외의 계좌로 입금을 요구하는 경우
  채권추심자가 현금을 수령하거나 본인의 계좌로 입금을 요구하는 것은 금지되어 있다.

채권추심 제한대상
- 판결 등에 따라 권원이 인정되지 아니한 민사채권
- 채무자가 소멸시효 완성에 따라 추심중단을 요청하는 경우
- 소멸시효가 완성된 대출채권
- 채무부존재 소송을 제기하는 경우
- 채무자가 신용회복위원회의 신용회복지원 신청사실을 통지받은 경우
- 개인회생절차개시 또는 파산·회생에 따라 면책된 채권
- 중증환자 등으로 사회적 생활부조를 필요로 하는 경우
- 채무자 사망 후 상속인이 상속포기하거나 한정승인하는 경우

(11) 소멸시효 완성채권 추심 관련 금융소비자 유의사항 ☑기출

① 채권매각통지서 또는 수임사실통보서 등에 기재된 채권 매입기관, 채권추심인 및 채무사실 등이 정확한지 확인하여야 한다. 필요시 채무확인서 등 관련자료를 요청하여 기초 채무사실을 꼼꼼히 확인하여야 한다.

② 소멸시효는 「민법」 제162조 및 「상법」 제64조 등에 따라 채권자가 권리를 행사할 수 있음에도 불구하고 권리를 행사하지 아니한 사실상태가 일정기간 계속되는 경우 그 권리의 소멸을 인정하는 제도이다. 3년(통신채권 등) 또는 5년(대출채권 등) 이상 채권자로부터 연락(유선, 우편, 소제기 등)을 받지 못하였다면, 소멸시효가 완성되었을 가능성이 크므로 소멸시효 완성 여부를 확인할 필요가 있다.

③ 소멸시효 완성 사실이 확인되는 경우, 변제할 의사가 없다면 채권자 등에게 구두 또는 서면으로 소멸시효 완성사실을 주장하고 채무상환을 거절할 수 있다. 채무자가 채무를 일부 변제하거나, 변제하겠다는 각서 및 확인서 등을 작성하는 경우, 작성일로부터 소멸시효 기간이 재산정될 수 있으므로 유의하여야 한다.

④ 법원으로부터 지급명령을 받은 경우에도 변제할 의사가 없다면 채권매각통지서를 받은 경우와 마찬가지로 채권자, 채무액은 물론 소멸시효 완성 여부를 꼼꼼히 따져볼 필요가 있다. 소멸시효 완성 사실이 확인되는 경우, 변제할 의사가 없다면 지급명령을 받은 날로부터 2주 이내에 지급명령을 한 법원에 이의신청을 하여야 한다.

⑤ 채권자, 채권 매입기관 또는 채권추심인 등이 일부만 갚으면 원금을 감면하여 주겠다고 회유하는 경우 완성된 소멸시효를 부활시키고자 하는 의도가 있을 수 있으므로, 변제할 의사가 없다면 채권자, 채무금액 및 소멸시효 완성여부 등을 신중히 확인할 필요가 있다. 소액이라도 변제하는 경우 소멸시효가 부활할 수 있으므로 소멸시효 완성 사실이 확인되는 경우, 소멸시효 완성을 주장하고 상환하지 아니할 수 있다.

(12) 압류 관련 가이드라인 ☑ 기출

① (소액채무자 압류 제한) 채무원금이 월 생계비 이하인 경우 유체동산(TV, 냉장고, 휴대폰 등 가전제품 포함) 압류를 제한한다.

② (취약계층 압류 금지) 채무원금이 「국민기초생활 보장법」에 따라 보건복지부장관이 정하는 4인 가구 최저생계비 이상인 경우에도 연체 채무자가 영구 임대주택에 거주하거나, 기초수급자, 중증환자·장애인, 65세 이상 고령자 등 취약계층에 해당되는 경우에는 원칙적으로 유체동산의 압류를 제한한다.

③ (집행 시 유의사항) 유체동산을 압류하는 과정에서 집행 장소에 임산부, 중증환자, 장애인, 70세 이상 고령자, 어린이, 심신박약자 등의 노약자가 채무자와 함께 살고 있는 경우 노약자가 압류과정에서 심리적 쇼크를 받지 아니하도록 업무처리에 주의한다.

④ (예금에 대한 압류 제한) 채무자의 1개월간 생계유지에 필요한 예금(적금·부금·예탁금과 우편대체를 포함한다)은 압류를 제한한다.

⑤ (보험에 대한 압류 제한) 생명, 상해, 질병, 사고 등을 원인으로 채무자가 지급받는 보장성보험의 보험금(해약환급 및 만기환급금을 포함한다)은 압류를 제한한다.

⑥ (생계급여 입금계좌 압류금지) 「국민기초생활 보장법」 제27의2조 제1항에 따라 지정된 급여수급계좌의 예금에 대한 압류를 금지한다.

5 개인금융채권의 관리 및 개인금융채무자의 보호에 관한 법률(개인채무자보호법)

> **+ Plus one**
>
> 「개인금융채권의 관리 및 개인금융채무자의 보호에 관한 법률」은 2025년도 신용관리사 시험에 처음으로 출제되었습니다. 아직 시행된 지 얼마 되지 않은 법령으로써 앞으로 신용관리사 시험에 어떻게 출제될지 지켜볼 필요가 있습니다. 따라서 책에 요약 수록된 내용뿐만 아니라 추가적인 법령의 파악이 필요하니 참고하여 학습하시기 바랍니다.

(1) 제정 목적

채권금융회사 등과 개인금융채무자 사이의 개인금융채권·채무 내용의 변동에 따른 개인금융채권의 관리 및 추심·조정(調停)에 필요한 채권금융회사 등의 준수사항을 규정함으로써 개인금융채무자의 권익을 보호하고 개인금융채권·채무와 관련된 금융업의 건전한 발전에 이바지함을 목적으로 한다.

(2) 적용범위

① 다음의 권리로 담보된 개인금융채권에 대하여는 제6조 제5항, 제9조 및 제10조 제1항을 적용하지 아니한다.

㉠ 유치권

㉡ 질권

㉢ 저당권

㉣ 그 밖에 양도담보권 등 대통령령으로 정하는 권리

② 개인금융채권의 원금이 5천만 원 이상의 범위에서 대통령령으로 정하는 금액 이상인 경우에는 제7조를 적용하지 아니한다.

③ 개인금융채권의 원금이 3천만 원 이상의 범위에서 대통령령으로 정하는 금액 이상인 경우에는 제6조, 제9조부터 제13조까지 및 제31조부터 제40조까지를 적용하지 아니한다.

(3) 연체이자의 제한 등

① 채권금융회사 등은 개인금융채권에 연체가 발생하여 기한의 이익이 상실된 경우에도 개인금융채무자와의 기존 약정에 따를 때 기한의 이익이 상실되지 아니하였다면 채무이행의 기한이 도래하지 아니한 부분에 대하여는 기한의 이익이 상실되어 변제기가 도래하더라도 이에 대한 연체이자를 받을 수 없다.

② ①을 위반하는 내용의 약정을 체결한 경우 채무이행의 기한이 도래하지 아니한 부분에 대하여 연체이자를 받도록 하는 약정 부분은 무효로 한다.

③ 채권금융회사 등은 연체된 개인금융채권의 관리 또는 회수 과정에서 실제로 발생한 비용으로서 대통령령으로 정하는 비용은 별도로 받을 수 있다.

(4) 장래 이자채권의 면제

① 채권금융회사 등은 「법인세법」 제19조의2 제1항에 따라 손금에 산입한 개인금융채권 등 회수할 수 없거나 회수할 가능성이 현저히 낮은 개인금융채권으로서 대통령령으로 정하는 개인금융채권을 양도하려는 경우에는 해당 개인금융채권을 양도하기 전에 장래에 발생할 이자채권을 면제하여야 하고, 양도계약을 체결할 때 그 면제 사실을 양도계약서에 포함시켜야 한다.

② ①에 따라 개인금융채권의 양도계약을 체결한 채권금융회사 등은 장래에 발생할 이자채권의 면제 사실을 개인금융채무자에게 지체 없이 통지하여야 한다.

(5) 추심의 제한

채권추심자는 다음의 개인금융채권을 추심하여서는 아니 된다.

① 제10조 제1항 제1호부터 제5호까지에 따른 개인금융채권. 다만, 같은 항 제1호의 경우 개인금융채무자가 같은 채무에 대한 채무조정을 2회 이상 요청한 경우는 제외한다.

② 개인금융채무자가 「채권의 공정한 추심에 관한 법률」 제5조에 따른 채무확인서의 교부를 요청하였음에도 불구하고 그 교부가 이루어지지 아니한 개인금융채권

③ 「신용정보의 이용 및 보호에 관한 법률」 제39조의2 제1항을 위반하여 채권자변동정보가 종합신용정보집중기관에 제공되지 아니한 개인금융채권

④ 그 밖에 추심을 허용할 경우 개인금융채무자의 보호 및 건전한 신용질서를 해칠 우려가 있다고 인정되는 개인금융채권으로서 대통령령으로 정하는 개인금융채권

(6) 추심연락의 횟수 제한

① 채권추심자는 각 채권별로 7일에 7회를 초과하여 개인금융채권의 추심을 위한 연락(개인금융채무자를 방문하거나 개인금융채무자에게 말·글·음향·영상 또는 물건 등을 도달하게 하는 행위를 말한다. 이하 '추심연락'이라 한다)을 하여서는 아니 된다.

② 추심연락의 구체적인 기준과 그 횟수의 계산방법 등에 관하여 필요한 사항은 대통령령으로 정한다.

04 신용정보업 영위와 관련한 준수사항 ☑기출

1 신용정보회사, 본인신용정보관리회사 및 채권추심회사의 준수사항

① 신용정보회사, 본인신용정보관리회사 및 채권추심회사는 총리령으로 정하는 바에 따라 금융위원회에 미리 신고하고 신용정보주체 보호 및 건전한 신용질서를 저해할 우려가 없는 업무를 겸영할 수 있다. 이 경우 이 법 및 다른 법률에 따라 행정관청의 인가·허가·등록 및 승인 등의 조치가 필요한 겸영업무는 해당 개별 법률에 따라 인가·허가·등록 및 승인 등을 미리 받아야 할 수 있다.

② 신용정보회사, 본인신용정보관리회사 및 채권추심회사는 해당 허가를 받은 영업에 부수하는 업무를 할 수 있다. 이 경우 신용정보회사, 본인신용정보관리회사 및 채권추심회사는 그 부수업무를 하려는 날의 7일 전까지 이를 금융위원회에 신고하여야 한다.

③ 이 법에 따라 허가받은 신용정보회사, 본인신용정보관리회사, 채권추심회사 또는 신용정보집중기관이 아닌 자는 상호 또는 명칭 중에 신용정보·신용조사·개인신용평가·신용관리·마이데이터(MyData)·채권추심 또는 이와 비슷한 문자를 사용하지 못한다. 다만, 신용정보회사, 본인신용정보관리회사, 채권추심회사 또는 신용정보집중기관과 유사한 업무를 수행할 수 있도록 다른 법령에서 허용한 경우 등 대통령령으로 정하는 경우는 제외한다.

④ 신용정보회사, 본인신용정보관리회사 및 채권추심회사의 상임 임원은 금융위원회의 승인 없이 다른 영리법인의 상무(常務)에 종사할 수 없다.

2 신용정보업의 자격요건 ☑기출

(1) 신용정보회사 임원의 자격요건 등(신용정보법 제22조)

① 개인신용평가회사, 개인사업자신용평가회사 및 기업신용조회회사의 임원에 관하여는 「금융회사의 지배구조에 관한 법률」 제5조를 준용한다.

② 신용조사회사는 다음의 어느 하나에 해당하는 사람을 임직원으로 채용하거나 고용하여서는 아니 된다.
   ㉠ 미성년자. 다만, 금융위원회가 정하여 고시하는 업무에 채용하거나 고용하는 경우는 제외한다.
   ㉡ 피성년후견인 또는 피한정후견인
   ㉢ 파산선고를 받고 복권되지 아니한 사람
   ㉣ 금고 이상의 실형을 선고받고 그 집행이 끝나거나(집행이 끝난 것으로 보는 경우를 포함한다) 집행이 면제된 날부터 3년이 지나지 아니한 사람
   ㉤ 금고 이상의 형의 집행유예를 선고받고 그 유예기간 중에 있는 사람

ⓑ 이 법 또는 그 밖의 법령에 따라 해임되거나 면직된 후 5년이 지나지 아니한 사람
ⓒ 이 법 또는 그 밖의 법령에 따라 영업의 허가·인가 등이 취소된 법인이나 회사의 임직원이었던 사람으로서 그 법인 또는 회사에 대한 취소가 있는 날부터 5년이 지나지 아니한 사람
ⓞ 재임 또는 재직 중이었더라면 이 법 또는 그 밖의 법령에 따라 해임권고(해임요구를 포함한다) 또는 면직요구의 조치를 받았을 것으로 통보된 퇴임한 임원 또는 퇴직한 직원으로서 그 통보가 있었던 날부터 5년(통보가 있었던 날부터 5년이 퇴임 또는 퇴직한 날부터 7년을 초과한 경우에는 퇴임 또는 퇴직한 날부터 7년으로 한다)이 지나지 아니한 사람

(2) 신용조사회사, 채권추심회사 종사자의 결격사유(신용정보법 제27조 제1항)

채권추심회사는 다음의 어느 하나에 해당하는 자를 임직원으로 채용하거나 고용하여서는 아니 되며, 위임 또는 그에 준하는 방법으로 채권추심업무를 하여서는 아니 된다.

① 미성년자. 다만, 금융위원회가 정하여 고시하는 업무에 채용하거나 고용하는 경우는 제외한다.
② 피성년후견인 또는 피한정후견인
③ 파산선고를 받고 복권되지 아니한 자
④ 금고 이상의 실형을 선고받고 그 집행이 끝나거나(집행이 끝난 것으로 보는 경우를 포함한다) 집행이 면제된 날부터 3년이 지나지 아니한 자
⑤ 금고 이상의 형의 집행유예를 선고받고 그 유예기간 중에 있는 자
⑥ 이 법 또는 그 밖의 법령에 따라 해임되거나 면직된 후 5년이 지나지 아니한 자
⑦ 이 법 또는 그 밖의 법령에 따라 영업의 허가·인가 등이 취소된 법인이나 회사의 임직원이었던 자(그 취소사유의 발생에 직접 또는 이에 상응하는 책임이 있는 자로서 대통령령으로 정하는 자만 해당한다)로서 그 법인 또는 회사에 대한 취소가 있는 날부터 5년이 지나지 아니한 자
⑧ 위임직채권추심인이었던 자로서 등록이 취소된 지 5년이 지나지 아니한 자
⑨ 재임 또는 재직 중이었더라면 이 법 또는 그 밖의 법령에 따라 해임권고(해임요구를 포함한다) 또는 면직요구의 조치를 받았을 것으로 통보된 퇴임한 임원 또는 퇴직한 직원으로서 그 통보가 있었던 날부터 5년(통보가 있었던 날부터 5년이 퇴임 또는 퇴직한 날부터 7년을 초과한 경우에는 퇴임 또는 퇴직한 날부터 7년으로 한다)이 지나지 아니한 사람

01 OX 마무리

PART 1 고객관리 및 민원예방

01 신용관리사가 당면하게 되는 채권관리는 주로 사후적 채권관리에 해당한다.

01 채권관리는 사전적 채권관리와 사후적 채권관리가 있는데 신용관리사가 당면하게 되는 채권관리는 주로 사전적 채권관리에 해당한다. O X

02 채권관리 업무 FLOW : 부실채권 발생 → 채권관리 → 원인분석 및 대책수립 → 효과적 방안모색 후 실행 → 채권회수

02 채권관리 업무는 부실채권 발생 → 원인분석 및 대책수립 → 채권관리 → 효과적 방안모색 후 실행 → 채권회수의 순으로 이루어진다. O X

03 • 재정조언자 : 채무자의 경제적 상황과 능력을 고려하여 채무자에게 유리하고 합리적인 상환계획을 제시한다.
• 법률전문가 : 채권추심 등과 관련된 제반 법적 절차나 관련 실무에 대한 적절한 지식을 보유하고 있어야 한다.

03 신용관리사의 재정조언자로서의 역할은 채권추심 등과 관련된 제반 법적 절차나 관련 실무에 대한 적절한 지식을 보유하고 있어야 한다는 것이다. O X

04 신용정보법 제2조 제13호

04 '처리'란 신용정보의 수집(조사를 포함), 생성, 연계, 연동, 기록, 저장, 보유, 가공, 편집, 검색, 출력, 정정, 복구, 이용, 결합, 제공, 공개, 파기, 그 밖에 이와 유사한 행위를 말한다. O X

정답 01 × 02 × 03 × 04 O

05 채권추심회사는 채권추심회사의 임직원 등을 통하여 추심업무를 하여야 한다. O X

06 채권자 본인은 제삼자로부터의 변제수령을 언제나 거부할 수 있다. O X

06 민법상 채무의 변제는 제삼자도 할 수 있다.

07 신용정보회사는 자산유동화에 관한 법률상 유동화전문회사 등(신탁업자를 제외)으로부터 자산관리위탁계약에 의하여 유동화자산의 관리를 위탁받아 자산관리업무를 수행할 수 있다. O X

08 악수는 여성이 남성에게, 선배가 후배에게, 기혼자가 미혼자에게, 상급자가 하급자에게, 연장자가 연소자에게 청한다. O X

08 남·녀 간의 악수도 상하의 구별이 있을 때에는 상급자가 먼저 청해야 한다.

09 직업별 윤리가 보통 내면적인 가치체계로 나타나는 데 반해서 직업일반의 윤리는 주로 외적인 규제력으로서 존재한다. O X

09 직업별 윤리가 보통 외적인 규제력으로 나타나는 데 반해서 직업일반의 윤리는 주로 내면적인 가치체계로서 존재한다.

10 채권추심업무 가이드라인은 금융회사 등이 채권추심 과정에서 준수하여야 하는 내부통제기준을 업무단계별로 제시하고 금융회사 등의 채권 매각 프로세스를 규율함으로써 불법·불공정한 채권추심행위를 사전에 예방함을 목적으로 하며, 법적인 효력이 있다. O X

10 채권추심업무 가이드라인은 법적인 효력을 가지지 않는다.

정답 05 O 06 × 07 O 08 O 09 × 10 ×

11
- 협박 : 해악을 고지하여 채무자 및 제삼자에게 공포심을 일으키는 것을 말한다.
- 위계 : 목적이나 수단을 채무자에게 알리지 아니하고 그의 부지나 착오를 이용하여 추심목적을 달성하는 것으로 기망뿐만 아니라 유혹도 포함한다.
- 위력 : 채무자의 의사를 제압함에 족한 유형적·무형적인 힘을 말한다.

13 총리령으로 정한다.

14 3년이 지나지 아니한 사람이다.

11 협박은 해악을 고지하여 채무자 및 제삼자에게 공포심을 일으키는 것을 말하고, 위력은 목적이나 수단을 채무자에게 알리지 아니하고 그의 부지나 착오를 이용하여 추심목적을 달성하는 것으로 기망뿐만 아니라 유혹도 포함한다. 위계는 채무자의 의사를 제압함에 족한 유형적·무형적인 힘을 말한다. O X

12 채무자가 채무부담과 관련하여 이의를 제기하는 경우에는 채권추심행위를 즉각 중단하고 채권추심의뢰인에게 채권추심의 정당성 여부를 확인하여야 한다. O X

13 신용정보회사, 본인신용정보관리회사 및 채권추심회사는 대통령령으로 정하는 바에 따라 금융위원회에 미리 신고하고 신용정보주체 보호 및 건전한 신용질서를 저해할 우려가 없는 업무를 겸영할 수 있다. O X

14 금고 이상의 실형을 선고받고 그 집행이 끝나거나 집행이 면제된 날부터 5년이 지나지 아니한 사람은 신용정보회사 임원이 될 수 없다. O X

정답 11 ✕ 12 ○ 13 ✕ 14 ✕

CHAPTER 02 신용정보업의 현황과 발전

PART 1 고객관리 및 민원예방

01 국내의 신용정보체계

1 개 요

(1) 정보의 비대칭성과 신용정보업의 필요성
① 본래 윤리적 관점에서 인식되던 신용의 개념은 경제적으로는 금융거래의 미래상환 능력이라는 제한적인 의미로도 사용되고 있다.
② 신용정보가 의미를 가지기 시작한 근본적인 이유는 불확실성이 존재하는 상황에서 거래와 결제의 불일치가 발생하기 때문이다.
③ 특정인의 신용능력에 대해서는 이해당사자 간 정보의 비대칭성(Information Asymmetry)이 존재하며, 정보의 비대칭성이 심하면 신용거래가 위축되어 시장의 실패 및 비효율적인 자원배분을 초래할 수 있다.
④ 정보의 비대칭성에 의하여 발생하는 대표적인 문제는 역선택(Adverse Selection)이며, 이 경우 신용의 공급자는 신용의 가격을 적정수준 이상으로 높이는 경향이 있는데, 이 경우에도 사회적 비효율이 발생한다.
⑤ 따라서, 이론적으로 볼 때 신용정보업은 정보의 비대칭성을 완화함으로써 자원의 효율적 배분에 기여하는 순기능을 발휘할 수 있다.

> **정보**
> 정보란 그 처리단계에 따라 1차 정보, 2차 정보 및 3차 정보의 구분이 가능하다.
> - 1차 정보(Data) : 단순한 사실의 집합으로서 평가되지 않은 메시지, 즉 특정 용도를 위하여 평가되지 않은 것으로서 보통 자료라 할 수 있는 것
> - 2차 정보(Information) : 이러한 자료를 일반적인 의사결정에 유용하게 가공 · 처리하여 불확실성의 정도를 감소시킨 것
> - 3차 정보(Intelligence) : 고도로 가공 · 처리되어 특정 목적을 달성하는 데 직접적으로 유용하도록 체계화된 것

(2) 신용정보업의 발생
① 정보의 비대칭성 문제를 완화하기 위해 등장한 사회적 제도가 신용정보기구(Credit Reporting Agency)이다.
② 신용정보를 공개적으로 다루는 데 있어서 초기 미국의 시각은 긍정적이지 않았으나, 신용정보의 이용이 증가함에 따라 기업들이 신용정보기구의 유용성을 인정하고 법원도 신용정보기구에 유리한 판결을 함에 따라 신용정보업이 발전하게 되었다.

③ 신용정보의 유통은 경제적 효율성을 제고시키는 순기능이 있으나 이에 따른 불량신용정보의 유통 가능성, 신용정보의 오·남용, 소비자보호문제 등이 발생할 수 있다.

[업계의 SWOT]

Strength(강점)	Weakness(약점)
• 회수전문조직 보유 • 업종의 영속성/보편성 • 부실시장 내 핵심업무영역 영위	• 업무에 대한 부정적 이미지 • 제한된 시장 내 다수의 경쟁자 • 노동집약적 산업
Opportunity(기회요인)	Threat(위기요인)
• 성장산업 • 타 높은 관련성(파생산업) • 규모의 경제 지배	• 경기에 따른 변동성 확대 • 법률적인 제한 가능성이 큼 • 금융채무 불이행자, 파산자의 증가

(3) 독립된 산업으로서의 신용정보업

① 신용정보업이 독자적인 산업으로 형성될 필요가 있는지에 대해서는 비용·편익적 측면에서 살펴보아야 할 것이다.

② 신용정보업 중 채권추심의 경우 노동집약적 산업의 특성으로 인하여 아웃소싱이 더뎠던 분야이나, 최근 IT 및 계량적 기법을 이용한 전문적인 부실채권관리의 효율성이 인정되면서 부실채권추심도 아웃소싱에 적합한 분야로 인정되고 있는 추세이다.

③ 아웃소싱의 장점은 목표의 명확화, 목표와 행동의 일치, 전문성 제고를 통하여 부실채권 회수율의 극대화를 도모할 수 있다는 점을 들 수 있다.

④ 아웃소싱의 단점은 제삼자에 의한 공격적인 채권추심으로 인하여 원채권자인 금융기관의 평판(Reputation) 손상 가능성, 경쟁중심의 조직문화 정착에 따른 직원의 심리적 불안정, 양 조직 간 정보교류상 마찰(Friction) 발생, 차등급여로 인한 직원 간 위화감 표출 등을 들 수 있다.

(4) 금융위기와 신용정보업

① 채권추심업을 비롯하여 신용정보산업이 주목을 받기 시작한 계기는 1980년대 이후 빈발한 각국의 금융위기 이후이다.

② 우리나라도 1997년 외환위기 이후 부실채권시장이 형성되면서 제반 자문서비스와 신용평가, 채권추심, 신용위험관리 등 신용정보산업이 비약적으로 발전하는 계기를 맞게 되었다.

(5) 신용정보체계

① 신용정보도 일반 재화와 같이 신용공급자 및 신용수요자 사이에서 유통되며, 주로 신용공급자와 신용수요자 사이에 형성되는 재화와 용역의 거래관계의 이면에서, 동 거래관계와는 역방향으로 생성·전달·이용된다.

② 신용정보체계란 경제활동과 관련하여 발생하는 다양한 신용정보를 체계적이고 전문적으로 수집·조사·가공하여 이를 필요로 하는 경제주체에게 전달, 제공하기 위하여 형성되는 구조를 의미한다.

③ 신용정보법은 이러한 신용정보체계의 전반에 대한 규율을 목적으로 하고 있다. 그런 의미에서 우리나라의 신용정보법은 다른 나라의 신용정보에 관한 입법례에 비하여 그 규율범위가 포괄적이다.

2 신용정보업의 기능

(1) 기업경제와 관련된 기능
① 금융기관이 부실채권의 회수에 이용할 수 있도록 함으로써 소비자신용과 관련된 금융기관업무의 효율성을 높임으로써 건전한 금융기관의 확립에 기여하는 기능
② 부실채권을 운영자금으로 환원함으로써 우량기업 유지기능

(2) 국민경제와 관련된 기능
① 금융채무 불이행자의 신용회복기능
② 채무자의 도덕적 해이 해소기능 등을 함으로써 선진신용사회 정착유도

3 신용정보업의 현황

(1) 신용정보업계의 형성
우리나라의 신용정보업은 1995년 '신용정보의 이용 및 보호에 관한 법률' 제정과 1997년 IMF 외환위기에 따라 급증한 부실채권의 처리를 위해 금융기관들이 신용정보회사를 분사형식으로 설립하면서 양적으로 급격한 성장을 이루어 왔다.

(2) 신용정보업계의 현황
① 금융감독원 보도자료에 따르면 2025년 3월 말 기준 채권추심회사 22개사, 신용정보회사 12개사, 겸영신용정보회사 5개사, 본인신용정보관리회사 64개사가 영업 중이다.
② 전업신용정보회사와 별도로 영업하는 겸영신용정보회사로는 농협자산관리회사, 신용보증기금, 한국무역보험공사, 한국자산관리공사, 기술보증기금이 있다.
③ 최근의 매출구조를 보면 신용정보회사는 신용조회업, 신용평가업의 매출 증가 등으로 종전 채권추심업에 편중된 매출구조가 변화되고 있다.

4 현안 과제

(1) 추심대상채권의 확대

① 공공채권의 추심
  ㉠ 공공채권은 국가행정기관, 지방자치단체, 정부유관기관 등이 보유한 채권을 말한다.
  ㉡ 공공채권은 법적으로 상거래 채권이 아니기 때문에 신용정보회사가 추심할 수 있는 채권이 아니다.
  ㉢ 공공채권과 관련이 있는 개인의 정보는 신용정보법상 신용정보가 아니라 「공공기관의 개인정보보호에 관한 법률」(타법폐지)에 의한 공공기관 보유 개인정보라고 보는 것이 타당하다.
  ㉣ 법적인 한계를 넘어서 경제적인 측면만 고려할 경우, 공공채권의 민간추심은 경제의 효율성을 증대시키는 긍정적인 효과를 기대할 수 있다.
  ㉤ 공공채권의 회수율 저하는 일차적으로 세수의 결손에 따른 국가재정의 어려움을 초래하고 우량채무자와 불량채무자 간 불형평성도 야기하지만 공공기관이 공공채권을 효과적으로 회수하는 데는 한계가 있다.
  ㉥ 우리나라의 조세채권 체납문제는 선진국에 비하여 심각한 수준으로 평가되고 있으며, 지방자치단체에서 징수하고 있는 자동차 관련 과태료 등은 더욱 심각하다.
  ㉦ 따라서 공공채권 추심업무의 민간위탁을 고려할 수 있는데, 이로써 부족한 행정력 보완, 조세수입의 확충, 전문성 이용극대화, 조세의 형평성 실현 등의 효과를 기대할 수 있다.

② 민사채권의 추심
  ㉠ 신용정보회사의 민사채권 추심행위가 배제됨에 따라 합법적인 민사채권 추심서비스가 공급되지 못하고 있다.
  ㉡ 현재 거래의 당사자가 일반인인 민사채권은 신용정보회사의 추심대상채권이 아니며, 이에 따라 민사채권자들은 무허가·불법업체에게 추심을 위탁하고 있는 실정이다.
  ㉢ 과도한 추심행위 및 사생활 침해로부터 개인을 보호하기 위해서는 공신력이 있는 기관이 민사채권의 추심을 담당하는 것이 바람직하다.
  ㉣ 민사채권 추심서비스에 대한 사회적 수요가 존재하고 있는 상황에서 이에 대한 공급수단이 미비할 경우 이는 경제 전체의 후생 감소 또는 불법 및 탈법에 의한 사회적 불안을 초래하기 때문이다.
  ㉤ 그러나 채권채무관계의 불명확성에 따른 사생활 침해를 최소화하기 위하여 추심대상 민사채권의 범위를 법원으로부터 확정판결이 난 채권으로 한정할 필요가 있다.

(2) 부실채권의 매입

① 현재 「자산유동화에 관한 법률」에 의하면 신용정보회사는 유동화자산에 대한 자산보유자가 될 수 없고 신용조회업의 허가를 획득한 신용정보회사만이 자산관리자의 역할을 수행할 수 있다.
② 자산유동화법 제10조는 유동화전문회사가 자산관리자에게 자산관리를 위탁하도록 규정하고 있다.
③ 우리나라에서 자산유동화가 발전하게 된 계기는 외환위기 이후 급격히 증가한 부실채권을 자산유동화의 방식으로 처리한 데 기인한다.
④ 실물 및 금융경제가 불안한 상황에서 자산유동화기법은 불확실성을 적절히 제어함으로써 민간의 투자자금을 금융구조조정에 유치하는 데 기여하였다.

⑤ 최근 가계부실의 심화에 따른 부실채권의 정리도 자산유동화기법에 의하여 처리되고 있으나 부실채권의 정리과정에서 주도적인 역할을 수행하는 신용정보회사에게 자산관리자의 지위가 부여되지 못하여 부실정리의 비용이 높아질 우려가 제기되었다.
⑥ 신용정보회사가 경제적 후생을 증가시킬 수 있다고 판단되는 분야에 있어서 유동화자산에 대한 자산보유자 지위를 허용하는 것을 검토할 필요가 있다.
⑦ 신용정보회사의 역할이 두드러질 것으로 판단되는 분야는 소액가계여신, 중소기업의 상거래채권 등이다.

(3) 부실징후채권 관리업무

① 현재 신용정보법에서는 채권추심의 대상이 되는 채권을 정의하고 있고 채권추심업무를 이들과 연관지음으로써 신용정보회사가 부실 이전의 채권과 관련된 업무를 수행하는 것을 배제하고 있다.
② 금융기관 등 채권자가 부실 및 부실처리에 따른 비용을 최소화하기 위해서는 적기 및 신속한 대응과 연체 이전과 이후의 관련성을 고려한 포괄적인 관리가 관건이다.
③ 부실이 현실화되지 않았더라도 부실의 징후가 포착되면 최대한 빠른 시일 이내에 채무자와 처리방법을 협의하고 사후조치를 마련하는 것이 중요하다.
④ 또한 연체 이후 회수와 관련된 정보 및 경험이 미연체 부실징후채권의 관리에 활용될 경우 효과가 극대화될 수 있다.
⑤ 그런데 부실징후채권에까지 업무영역을 확대하는 것이 업계의 입장에서는 현안일 수 있으나 향후 신용정보업이 '종합신용위험관리지원서비스업'을 지향한다는 중장기 비전의 관점에서 추진하는 것이 바람직하다.

5 신용정보업의 발전과제

(1) 업무영역의 확대

① 현행법상 신용정보회사는 법에 열거된 업무만을 취급할 수 있어 일부 겸업자를 제외하고는 대부분의 업체가 채권추심업무에 주력하고 있다.
② 매출의 80~90% 이상이 채권추심에 집중되어 있는 상황에서 영업위험을 분산시키고 안정적 영업기반을 갖추기 위해서는 신규업무의 허용과 채권추심 대상채권의 확대 등을 통해 업무다각화가 이루어져야 한다.
③ 부실채권 매입업무·자산관리업무·비연체채권 관리업무·위탁받은 재위탁 등을 단계적으로 확대·허용하여야 한다.
④ 금융기관 등의 입장에서도 고비용 저효율의 연체채권 사후관리업무를 보다 전문적인 신용정보회사에 일괄 아웃소싱하는 것이 업무 효율을 높이고 생산성을 향상시키는 데 도움이 될 것이다.
⑤ 채무자들의 도덕적 해이를 방지하고 채권추심 효율성을 높이기 위해서는 신용정보회사가 위탁사로부터 위임을 받아 최소한의 법적 조치 행위를 대리할 수 있는 권한을 부여하고 금융거래정보, 공공정보 등 신용정보이용에 대한 제약도 필요한 범위 내에서 해소해 주어야 한다.

(2) 신용정보업계를 선도해 나갈 리딩회사의 출현
① 현재와 같은 신용정보회사의 규모로는 다양한 수익원천 확보, 조사분석의 공신력 확보, 전문인력 확보, 대규모 전산투자 등에 어려움이 있고 한정된 시장 내에서 소규모 다수 업체 간의 무리한 경쟁으로 수익성 악화는 물론 장기적인 발전을 저해할 수 있다.
② 신용정보회사의 난립을 방지하고 대형화를 유도하기 위해서는 최소자본금 규모를 상향 조정하고 금융기관의 출자지분 비중을 낮추어야 한다.
③ 세계적인 수준의 신용정보회사와 당당히 경쟁할 수 있는 수준의 대형 신용정보회사가 앞장서서 업계를 리드해 나가야 국내에서도 신용정보업이 미래산업으로서 정당한 평가와 인정을 받을 수 있을 것이다.

(3) 개별업체의 경쟁력 강화 노력
① 채권추심 프로세스를 합리적으로 개선하여 채권추심 전체 과정에 대한 기본적인 처리방법을 구체적으로 명시하고 통계자료 등에 의한 과학적인 관리체계를 갖추어야 한다.
② 다양한 회수기법을 개발하여 강제나 압박에 의한 회수보다도 신용회복이나 감면제도 등에 대한 설명을 통한 회유나 설득과 같은 합리적인 추심방법을 더욱 확대해 나가야 한다.
③ 채권추심전문인력의 높은 이직률을 줄이는 것도 경쟁력 강화에 필수적이다. 업체 간의 상호노력으로 타사의 추심전문인력에 대한 무리한 스카우트를 자제하고 추심전문인력이 최소 기본생활은 할 수 있도록 소득을 보장하면서 자체적으로 우수한 인력을 양성하는 노력을 기울여야 한다.
④ 신용정보를 다루는 CB업무의 중요성이 커질 수밖에 없기 때문에 이에 대한 준비를 하여야 한다.
⑤ 채권추심활동 정보를 잘 가공하게 되면 대출의 부실원인, 대출심사기준, 신용도 파악, 채무자의 유형별 속성, 효율적인 추심패턴 등에 관한 중요한 정보를 얻을 수 있다. 이 정보는 CB업체, 금융기관, 대형유통회사, 기업체 등에 유료로 제공할 수 있고 채권추심회사의 업무에 적용하여 생산성 향상에도 활용할 수 있다.

(4) 신용정보협회의 기능과 역할의 제고
① 신용정보업이 미래 유망산업으로 도약하기 위해서는 신용정보협회를 중심으로 업계가 단결하여 당면과제를 적극적으로 해결해 나가기 위한 공동노력을 해야 한다.
② 신용관리사 자격시험제도를 더욱 활성화하여 국가공인자격증제도로 유지·발전시키고 신용정보업계 종사자는 모두 이 자격증을 취득하게 하여야 한다. 그렇게 함으로써 추심전문인력을 전문성과 도덕성을 지닌 수준 높은 요원으로 양성하고 고용관계도 일원화하여 인력을 안정적으로 운용할 수 있을 것이다.
③ 신용정보업은 금융의 하부구조로서 그 기능과 역할이 매우 중요하다. 그럼에도 각종 신용회복지원제도 등 정책의 입안이나 시행과정에서 신용정보회사는 참여하지 못하고 있으며 채권추심업에 대한 부정적 이미지가 여전히 남아 있는 것도 해결해야 할 과제이다.

02 각국의 신용정보체계

1 미국

(1) 개요

① 미국에서 신용정보 및 채권추심을 규율하는 법률은 연방법인 소비자신용보호법(CCPA ; Consumer Credit Protection Act)이다.

② 1977년에 부당하고 지나친 채권추심행위로부터 소비자를 보호하기 위하여 공정채권추심법(FDCPA ; Fair Debt Collection Practices Act)이 제정되었다.

> **FDCPA**
> - FDCPA에는 추심업자의 허가에 대한 규정이 부재한다.
> - 자본금이나 수수료에 대한 규제는 없다.
> - 규제기관은 Fair Trade Commission으로서 연방수준에서 부당한 채권추심행위에 대하여 FDCPA를 적용한다.
> - FDCPA는 채권추심회사의 경영을 지도·규율하지는 않는다.
> - 타인의 채무를 추심하는 것을 업으로 하는 자를 추심업자로 정의한다.
> - 전문적인 제삼의 추심사업자, 대리인 및 변호사들이 규제대상이다. 그러나 In-house 추심업자, 즉 자체 채권을 추심하는 채권자들은 규제하지 않는다.

③ 채권추심업의 인허가는 기본적으로 주정부의 결정사항이지만 인허가제도 자체가 없는 주(예 캘리포니아, 조지아)도 있다.

④ 각 주마다 매출채권 관리와 추심업무에 대한 독자적인 규제와 허가제도(License)가 있다.

(2) 공정채권추심법(FDCPA)의 내용

① 금지된 학대(Harassment) 또는 남용(Abuse)
  ㉠ 신체, 명예, 재산에 해를 끼치는 폭력 또는 다른 범법 수단의 사용 혹은 사용의 위협
  ㉡ 외설스럽거나 불경스러운 언어 사용 혹은 듣는 사람 또는 읽는 사람을 욕되게 하는 언어의 사용
  ㉢ 채무변제를 거부하는 채무자 명부의 공개 발간(Publication)
  ㉣ 채무변제를 강요하기 위해 채권매각을 광고하는 행위
  ㉤ 채무자를 화나게 하거나, 욕설을 하거나, 괴롭힐 의도로 반복적, 지속적으로 전화를 울리게 하거나 전화 통화를 하게 하는 행위
  ㉥ 발신자의 신원을 노출하지 않고 전화를 하는 행위

② 잘못된 표현(False or Misleading Representations)의 금지
  ㉠ 휘장이나 제복 또는 팩시밀리의 사용을 포함하여 미연방정부 또는 주정부로부터 보증을 받았다거나, 공채에 의해 보증을 받았다거나, 제휴되었다거나 하는 등의 허위 표현이나 암시
  ㉡ 채무의 성격, 금액 또는 법적 상태에 대한 허위 표현이나 암시
  ㉢ 채권추심회사가 제공한 서비스 또는 채권추심회사가 채권회수 대가로 적법하게 제공받은 보상에 대한 허위 표현이나 암시

② 만약 소송이 적법하지 않고 채권추심회사 또는 채권자가 적법하지 않은 소송제기를 의도하지 않는데도 불구하고 채무불이행으로 인해 사람이 체포나 구금될 수 있거나 혹은 재산 또는 임금의 매각, 압류, 압류통고가 될 수 있다는 표시나 암시
⑩ 합법적으로 제기할 수 없거나 의도하지 않는 소송을 제기하겠다는 협박
⑪ 채무자가 자신의 명예를 실추시키기 위해 어떤 범죄나 다른 행동을 저질렀다는 거짓 표현이나 암시
⑫ 채무자 관련 정보를 얻기 위하거나 채권회수를 시도 또는 회수하기 위해 거짓 표현이나 속임수를 사용하는 경우
⑬ 채권이 선의의 구매자들에게 대가를 받고 양도되었다는 거짓 표현 또는 암시

③ 금지된 추심행위
㉠ 반복적이거나 빈번한 전화로 채무자를 괴롭히는 행위
㉡ 채무자의 고용주가 직장으로 전화하는 것을 금지한다는 사실을 알거나 알 만한 충분한 근거가 있을 경우 추심업자가 채무자의 직장에 전화하는 행위
㉢ 추심자의 신원을 부정확하게 밝히는 행위
㉣ 채무의 법적인 상태에 대해 허위로 설명하고, 거짓으로 채무자가 범죄활동을 저질렀다고 고발하거나, 법적 절차에 있지 않은 서류도 법적인 절차에 있다고 말하는 행위
㉤ 불법소송 또는 채권추심회사가 실제로 의도하지 않은 소송을 제기하겠다고 협박하는 행위

④ 허용된 추심행위
㉠ 오전 8시에서 오후 9시 사이(이외는 비정상적인 시간으로 규정)에 전화로 접촉이 가능하다.
㉡ 채무에 관한 어떠한 사실이 봉투에 기재되지 않는 한 우편으로 접촉할 수 있다.
㉢ 채무에 대한 언급이 없는 한 채무자가 소재지와 근무지에 대한 정보를 구하기 위해서 채무자의 부채와 직접 관련이 없는 사람에게 연락할 수 있다.
㉣ 상대방이 구체적으로 추심회사에 대해 물을 경우 대답해 주어야 한다.
㉤ 만약 상대방이 부정확하거나 불완전한 정보를 주었다고 생각되거나, 지금 현재 완전하거나 최신의 정보를 갖고 있다고 판단되는 경우를 제외하고는 상대방에게 단 한 번만 연락해야 한다.
㉥ 변호사가 채무자를 대표한다는 것에 대해 연락을 받은 적이 없다면 채무자에게 직접 연락할 수 있다.
㉦ 일단 채무자가 채권추심회사와의 커뮤니케이션을 더 이상 하지 않을 경우, 추심회사는 부채의 종류, 상황, 금액, 채권자와의 정책, 채무자가 적용받는 주법에 따라 법적인 조치를 취할 수 있다.
㉧ 만일 법원이 채무자에 불리한 판단을 내릴 경우, 채권자는 재소유, 담보권 또는 임금압류와 같은 채권보전조치를 취할 수 있다.

⑤ 채무자의 권리와 관련된 내용
㉠ 채권추심회사로부터 연락받은 후 30일 이내에, 채무자는 전체 혹은 일부 부채에 대해 이의를 제기할 수 있다. 이 경우 채권추심회사는 부채에 대한 증거를 확보해야 하며 증거가 채무자에게 우송될 때까지 모든 채권추심의 노력을 멈추어야 한다.
㉡ 채무자는 추심업자에게 접촉하는 것을 멈추도록 요구하는 내용을 서면으로 보낼 수 있다. 단, 채권추심회사는 추심업자 또는 채권자가 어떠한 법적인 조치를 취할 것인지 또는 채무자는 더 이상 연락을 받지 않을 것이라는 것을 알리기 위해 추가로 한 번 더 연락할 수 있다.

(3) 시장현황

① 채권추심행위에 대해서 소비자 보호차원에서 규제가 존재할 뿐, 채권추심업을 수행하는 자의 업무에 대한 별도의 제한은 없다.
② 부실채권에 대한 제삼자 추심, 부실채권의 매매, 아웃소싱 등 추심관련업무뿐만 아니라 연체가 발생하기 전 청구업무(Pre-collection), 청구업무 대행서비스(Early-out) 등도 실시한다.
③ 추심서비스를 비롯하여 Servicer가 제공하는 각종 서비스의 시장규모는 약 150억 달러 수준이며, 소수의 대형사와 다수의 소형사가 지역적으로 분업체계를 구축하고 있다.
④ 업무영역과 관련하여 미국에서 특징적인 현상은 공공채권의 추심이 잘 발달되었다는 점이다.
⑤ 1980년대부터 주정부 및 자치단체는 조세체납액 회수에 민간추심업체를 이용하였으며, 2003년부터 국세청(IRS)도 조세체납액 추심을 민간추심업체에 위임하기로 하였다(H. R. 1169).
⑥ 미국추심협회(ACA)는 GSP(Government Services Program)를 운영하고 있으며 주차위반범칙금부터 연방대출금, 소득세 체납액까지 회수하였다.

2 영 국

(1) 법 규

① 영국은 포괄적 규제방식을 택하고 있으며 1974년의 소비자신용정보법(The Consumer Credit Act)에 의해 소비자 신용정보 업무에 관한 내용을 규정하고 있다.
② 감독기관은 공정거래국(The Office of Fair Trading)으로 추심회사의 자격증관리와 채무회수 지침(Debt Collection Guidence)을 규정하여 관리하고 있다.

(2) 업무 영역

① 소비자신용법 내에 채무정산업, 채무상환상담업, 채무회수업에 대해 규정하고 있으나 업무영역에 대해서는 제한하고 있지 않다.
② 대부분(73%) 채권추심회사들이 소비자채권과 상거래채권을 모두 취급하고 있으며, 여타 다양한 업무를 담당하고 있다.
③ 추심업무 이외에 일반적인 채권관리위탁업무, 채권매입업무, 컨설팅 등 다양한 업무를 수행하고 있다.
④ 일정 분야의 채권만을 담당하는 업체가 다수 존재하고 있으며, 특히, 유틸리티(82%), 텔레콤(60%), 신용카드(60%) 등의 부실채권 추심의 경우 특화가 강하게 나타나고 있다.
⑤ 기업채권을 다루는 추심회사의 경우 주로 전화, 우편추심, 법정소송 등 서비스를 제공하며 직접방문을 통한 추심은 거의 이용되지 않는다.
⑥ 다중채무자 채권회수 전문회사인 Debt Management Company가 설립되어 금융채무 불이행자에 대한 채권추심을 대행하고 있다.

3 일본

(1) 법 규
① 일본에서 채권의 회수와 관련하여 가장 기초적이고 오래된 법적인 근거는 1898년에 제정된 민법이다.
② 1998년 10월 변호사법의 특례로서「채권관리회수업에 관한 특별조치법(일명 '서비사법')」이 제정되면서 본격적인 전업 부실채권회수시대가 열렸다.
③ 서비사법은 변호사법의 특례로 제정되었기 때문에 영리적 목적의 채권회수업을 변호사에게 배타적으로 부여하는 변호사법 제72조는 여전히 유효하다.
④ 법의 주요 내용은 민간업자에 대한 추심업무의 개방(허가제), 폭력조직의 배제, 채무자의 보호 등이다.

(2) 서비사회사의 구조
① 통상 주식회사의 자본금 한도는 1천만 엔이지만 서비사의 자본금은 5억 엔 이상이다.
② 서비사업을 수행하기 위해서는 법무성, 재무성, 경시청으로부터 모두 인가를 받아야 한다. 경시청에서는 임직원의 폭력과의 연루 여부를 확인·심사한다.

(3) 업무 영역
① 주업무는 특정금전채권의 관리 및 회수이다.
② 특정금전채권이란 금융기관 등의 대출채권, 리스·크레디트채권, 증표 등을 이용한 채권, 금융기관계열의 대금업자가 보유한 부동산 담보부 사업자용 대부채권, 유동화자산 중 금전채권 등 서비사법이 허용하고 있는 22개의 채권을 말한다.
③ 서비사는 위탁자를 대신하여 자신의 이름으로 해당채권의 회수에 있어서 일체의 재판상 또는 재판 외 행위를 할 수 있다.
④ 특정금전채권에는 상거래채권을 포함하지 않는다. 예를 들어, 신용카드회사의 현금서비스에 대한 연체채권은 특정금전채권에는 포함되지만, 신용판매에 대한 연체채권은 특정금전채권이 아니어서 서비사가 회수할 수 없다.
⑤ 서비사는 업무의 다각화 측면에서 부수업무를 취급하기도 하는데 승인을 받는 경우에 한하여 부수업무의 겸업을 수행할 수 있다.
⑥ 서비사가 수행하는 겸업의 종류로는 대출업무, 부동산 감정업무, 특정금전채권 외 금전채권의 수금대행 및 팩토링업무, 특정금전채권과 관련된 담보부동산 외의 부동산매매, 채무증서 등 서류의 보관업무, 채무자의 소재확인업무 등으로, 업무의 제한은 없는 상황이다.

03 부실채권시장

1 부실채권시장의 역사

(1) 고 대
① 전통적으로 채무자의 채무불이행에 대하여 채권자는 청산을 통하여 채권을 회수하였다.
② 파산을 의미하는 Bankrupt의 어원을 살펴보면 가구를 의미하는 Bank와 파괴를 의미하는 Rupt의 합성어이다.
③ 로마시대에 채무자의 채무불이행 시 채권자가 가구를 부수면서 채무자에게 채무를 변제하도록 협박했음을 의미한다.

(2) 근 대
① 채무재조정을 통하여 채권회수의 극대화를 도모하기 시작한 것은 19세기 후반 미국에서 도산법(The Bankruptcy Act of 1898)이 제정된 이후이다.
② 기업갱생제도는 채무자의 재산 및 경영상태에 대한 정보의 비대칭성 문제가 심각하지 않은 영·미 문화의 산물이다.
③ 미국의 도산법은 1938년(The Chandler Act of 1938)과 1978년(The Bankruptcy Reform Act of 1978) 등 2차에 걸쳐 개정되어 현재와 같은 체제를 구비하게 되었다.
④ 일시적으로 채무를 불이행한다고 해서 채무자를 청산하기보다 적절한 채무재조정을 취하는 것이 채무자뿐만 아니라 채권자에게도 유리하다는 것이 법의 취지이다.
⑤ 반면 유럽의 대륙에서는 기업갱생제도가 상대적으로 미발달하였다.
⑥ 회계 및 공시제도의 발달이 미약하여 정보의 비대칭성 문제가 심각해 채권자가 채무자를 통제하기 어렵기 때문이다.
⑦ 채권자에게 갱생의 기회를 주기보다 청산하는 것이 채권자의 이익을 극대화한다는 인식이 팽배하다.
⑧ 현재 유럽의 대륙을 포함한 대부분의 국가는 영·미식 기업갱생을 허용하는 도산제도로 이행 중이다.

(3) 현 대
① 유동성을 갖춘 부실채권시장이 형성되기 시장한 것은 1980년대 후반부터이다.
② 1980년대에는 부채를 통한 기업의 인수·합병(LBO)이 보편화되고 투기등급채권(Junk Bond)시장이 확대되었다.
③ 1980년대 후반 미국의 저축대부조합위기(S&L Crisis)로 인한 부실채권의 양산은 투자은행의 부실채권에 대한 인식을 바꾸는 결정적인 계기가 되었다.
④ 부실채권시장의 불완전 경쟁체제에 따른 부실채권투자의 초과이윤을 취득하려는 대규모 투자자들이 출현하기 시작한다.
⑤ 벌처펀드라고 불리는 부실채권 전문투자자로는 Lone Star, JE Roberts 등의 사모펀드(Private Equity Fund)들이 있는데 저축대부조합위기의 발원지인 텍사스를 중심으로 형성되었다.
⑥ 아울러 부실채권의 신속한 정리가 경제의 효율성 제고에 필요조건으로 인식되었다.

⑦ 부실채권시장의 발달은 생존가능기업의 회생과 생존불가능기업의 조기 퇴출을 유도함으로써 경제 내 자원배분의 효율성을 증진시킨다.

2 부실채권시장의 특성

(1) 상품적 특성
① 부실채권시장 규모는 경기변동에 후행
  ㉠ 경기가 확장국면에 들어서고 투기등급의 채권발행 규모가 증가한 후 약 2~3년의 시차를 두고 부실채권의 공급이 급증한다.
  ㉡ 미국의 경우 B와 Caa등급 채권발행기업의 3년 이내 부실확률은 각각 20.0%와 57.0%이고 우리나라의 경우 동 확률은 각각 54.4%와 61.8%에 달한다.
② 부실채권의 투자수익률은 투자적격등급채권의 수익률을 상회
  ㉠ 부실채권 전용펀드의 기대수익률은 연 20~30%이다.
  ㉡ 87년 이후 미국에서 부실채권의 투자 시 초과이윤이 거의 없는 것으로 보이지만 이는 시장 전체에 대한 수익률이고 실제 시장화된 상품만으로 수익률을 한정하면 위험대비 초과수익이 큰 것으로 알려졌다.
  ㉢ 그러나 부실채권 투자수익률의 변동성은 주식투자 수익률과 거의 비슷할 정도로 매우 높다.
③ 부실기업의 기업가치 제고는 시장위험(Market Risk)보다는 개별위험(Idiosyncratic Risk)에 의해 달라짐
  ㉠ 정상기업의 부실화 과정에서는 거시경제적 요인이 중요하게 작용한다.
  ㉡ 반면, 부실기업의 정상화 과정에서는 거시경제적 호전보다는 당해산업의 여건과 당해기업의 구조조정 노력이 보다 중요하다.
④ 부실채권의 투자 시 분산화 원칙을 준수할 경우 투자의 위험성은 높지 않음
  ㉠ 부실채권의 가격은 이미 채무자의 부실화 정도 및 부실채권 회수에 필요한 경제적 인프라를 반영하고 있다.
  ㉡ 부실채권이 충분히 할인된 가격으로 거래되므로 부실채권 가격변동위험의 하방경직성(Limited Downside Risk)이 존재한다.

(2) 산업적 특성
① 금융산업 내에서 상대적으로 신규사업이면서 성장산업(Young and Growing Business)
  ㉠ 미국을 제외하고는 대부분의 국가에서 시장의 인프라가 충분히 구비되지 않아서 시장의 비효율성이 존재한다.
  ㉡ 시장의 비효율이 존재한다는 것은 초과이윤의 기회가 존재한다고 해석될 수 있으므로 향후 시장에 진입하려는 기업이 증가할 전망이다.
② 최첨단 금융기법을 요구하는 전문분야이면서 세분화된 맞춤서비스산업(Tailored Service Industry)
  ㉠ 부실채권의 적정 가격산정을 위해서는 최첨단 금융공학(Financial Engineering) 및 자료처리(Data Processing) 지식이 필요하다.
  ㉡ 부실채권은 유동성이 낮은 자산이므로 표준화가 불가능하여 개별자산별로 투자자의 수요에 맞게 자산을 재설계해야 하는데 이를 위해서도 최첨단 금융기법이 사용되었다.

③ 협상능력, 네트워크, 공신력 등이 필수조건
　㉠ 부실채권의 실제거래가격은 협상의 결과이다.
　㉡ 산출된 이론적 적정가격에 거래당사자의 제약요건, 시장상황, 경쟁기업의 유무 등을 감안하여 최종 거래가격을 도출할 수 있는 협상력이 가장 중요한 전문성이다.
　㉢ 공신력 및 네트워크는 자금조달과 밀접한 관련이 있다.
　㉣ 부실채권의 중개 및 관리 등에 있어서 전문성 및 도덕성에 대한 공신력을 바탕으로 전 세계적인 네트워크를 구축해야 적절한 펀딩과 수익창출이 가능하다.

3 선진국 부실채권시장

(1) 개 요

① 부실채권시장은 미국을 중심으로 발달되어 있고 유럽의 경우 부실채권시장의 형성 초기단계에 있다고 볼 수 있다.
② 미국은 국가설립 초기부터 채무불이행자에 대한 구조조정으로 채권회수를 극대화하려는 실용주의적 사고를 법·제도에 반영하였다.
③ 1930년대 대공황을 경험하면서 부실기업 및 부실채권을 처리하는 기법이 발달되었고 실무적인 어려움을 법적인 방법으로 해소하려는 일환으로 1978년 도산법을 정비하는 등 부실채권시장이 발전하는 데 필요한 인프라가 잘 구비되었다.
④ 유럽, 특히 대륙국가들은 채권에 대한 보수적인 문화 때문에 채무자의 부채비율이 높지 않다.
⑤ 이에 따라 부실채권의 발생확률이 높지 않아서 부실채권시장의 규모는 미약한 편이지만, 부실채권처리와 관련된 지식 및 네트워크 인프라는 잘 구비되어 있다.

(2) 부실채권시장의 형성단계

① 1단계 : 금융위기로 인한 대규모 부실채권의 양산시기
　㉠ 일반적으로 금융위기는 부실자산이 누적되어 자산의 건전성 및 유동성이 훼손된 금융기관에 대하여 예금자 또는 채권자가 집단적으로 예금 또는 채권을 회수하면서 발생한다.
　㉡ 1980년대 후반 미국의 저축대부조합위기(S&L Crisis), 1990년대 초반 스웨덴, 노르웨이, 핀란드 등 북구 3국의 금융위기는 이전의 금융위기와 달리 부실채권이 시장화되는 계기가 되었다.
② 2단계 : 공적 자산관리공사(Public AMC)를 통한 부실채권 정리 시기
　㉠ 금융위기 상황하에서는 시장의 기능이 마비되어 정부의 개입이 불가피한데 부실채권을 정리하기 위한 수단으로 공적 자산관리공사가 설립되는 것이 최근의 추세이다.
　㉡ 미국의 RTC, 스웨덴의 Securum, 핀란드의 Arsenal 등이 공적 자산관리공사의 대표사례이다.
　㉢ 부실채권을 정리하기 위한 인프라가 잘 형성되어 있는 선진국에서 공적 자산관리공사는 주로 부실채권의 신속한 매각을 일차적인 목표로 한다.
　㉣ 부실채권정리 인프라로는 투자자금, 가격산정에 필요한 데이터 및 전문성, 투명한 회계제도, 효율적인 중개기관, 채권자 중심의 법체계 등을 들 수 있다.
　㉤ 반면, 부실채권정리 인프라가 미비된 개발도상국 및 후진국에서는 공적 자산관리공사가 신속한 매각보다는 부실채무자에 대한 구조조정에 치중하는 경향이 있다.

③ 3단계 : 부실채권 정리를 위한 다양한 기법의 도입 시기
  ㉠ 부실채권은 불확실성이 높은 금융상품이므로 위험성을 감안한 첨단 금융기법을 동원하여 투자자의 위험을 흡수함으로써 신규시장을 창출할 수 있다.
  ㉡ 자산유동화증권(ABS) 발행, 지분참여(Equity Partnership) 투자 및 자산관리회사(AMC) 설립방식 등 증권화(Securitization) 기법이 도입된다.
  ㉢ 투자자별로 허용 위험수준이 상이하므로 투자자별 수요에 맞는 금융상품으로 재생산하는 공정은 시장심화(Market Deeping)를 위한 핵심과정이다.

④ 4단계 : 유동성이 높은 민간부실채권시장의 정착 시기
  ㉠ 금융위기 상황이 해소되면서 공적 자산관리공사의 역할이 축소되고 민간기구가 시장의 주요 플레이어로서 역할을 대체하기 시작한다.
  ㉡ 금융기관에 대한 건전성 감독이 강화되어 감독당국은 금융기관의 부실채권 발생 즉시 부실채권을 정리하도록 유도한다.
  ㉢ 금융기관도 건전성 및 수익성 관리를 위하여 부실채권의 조기 상각제도를 도입한다.
  ㉣ 금융위기 시 설립되어 경험이 축적된 민간구조조정기구, 투자은행, 컨설팅회사의 적극적인 참여 등으로 상시 구조조정체제가 구축되었다.

(3) 부실채권시장의 구조

① 거래상품의 종류
  ㉠ 부실기업 : 주식, 전환사채 등
  ㉡ 부실채권 : 회사채, 여신 등
  ㉢ 부실부동산 : 부실채무자가 신용조달을 위해 제공한 담보물

② 공급자
  ㉠ 상업은행, 보험회사, 투자신탁, 연기금 등 최초의 여신제공자 또는 발행채권의 인수자이다.
  ㉡ 유통시장에서는 부실채권을 인수하였던 투자자가 부실채권의 가치제고 후 또는 가치제고 실패 후 다시 부실채권의 공급자 역할을 하기도 한다.

③ 중개기관
  ㉠ 브로커는 브로커의 부실채권의 중개만을 담당하는 기관으로 투자은행과 금융, 법률, 회계, 부동산 등 자문회사 등이다.
  ㉡ 딜러는 부실채권의 중개뿐만 아니라 재매각을 전제로 한 인수도 포함하는 기관으로서 주로 투자은행에서 담당한다.

④ 수요자 : 부실채권에 투자하여 고수익을 올리려는 투자은행, 사모펀드(벌처펀드, 엔젤펀드 등), 자산관리회사, 신용추심회사, 세계적인 부호 등이다.

(4) 유형별 투자자 및 중개기관

① 종합투자자 : 대부분의 대규모 투자은행은 기업구조조정 또는 부동산 투자부서에서 부실채권의 투자를 담당하는 데 필요한 모든 종류의 서비스를 제공

② **분산투자자** : 대규모 펀드를 운영하기 때문에 부실채권을 전체 포트폴리오의 일부분으로 편입하거나 개별 부실채권간의 상관관계를 고려하여 안정적인 수익을 목표로 하는 투자자
③ **집중투자자** : 특정산업에 대한 전문성 및 네트워크를 바탕으로 소수의 개별채권 및 기업에 집중적으로 투자하는 기관
④ **구조조정전문 투자자** : 부실채권 관련 부동산보다는 기업구조조정을 통한 기업의 가치제고 후 전략적 투자자에게 재매각을 목표로 하는 투자자

4 아시아 부실채권시장

① 아시아의 부실채권 규모는 약 2조 달러에 이를 정도로 방대하지만 실제 거래되는 규모는 전체규모에 비하여 미미한 수준이다.
② 버블경제 붕괴에 따른 금융기관의 담보부동산 가치 하락으로 금융위기가 본격화되면서 대규모 부실채권이 발생한다.
③ 일본의 부실채권시장은 1990년대 중반 금융기관의 부실채권을 정리하기 위하여 공적기구들이 설립되면서 형성되었다.
④ 중국정부의 공식적인 발표에 의한 부실채권 규모는 97년 말 금융기관 총대출의 25%로 약 2조 위안(2,300억 달러)이나 실제 규모는 공식발표의 두 배인 약 5,000억 달러에 달할 것으로 추정된다.
⑤ 중국의 부실채권 정리방향은 중앙집중형 자체 구조조정이다.
⑥ 중국에서 부실채권시장이 발달하기 위해서는 법·제도적 개혁이 선결되어야 한다.

5 우리나라 부실채권시장

(1) 개요

① 외환위기 이전 부실채권의 정리가 정책적으로 결정되고 채권자와 채무자 혹은 채권자 간에 직접 실시되었으므로 부실채권이 거래되는 시장이 공식화되지 못하였다.
② 본격적으로 부실채권시장이 형성되기 시작한 것은 1997년 외환위기 이후이다.
③ 위기 이후 지금까지 한국자산관리공사(KAMCO)가 위탁·관리하는 부실채권정리기금은 우리나라 부실채권시장에서 핵심적인 역할을 수행하였다.
④ 국내 부실채권의 최종 수요자는 투자은행, 벌처펀드, 사모펀드 등을 포함한 외국인 투자자와 부실채권의 원소유자인 금융기관, 기업구조조정 전문기관 등이다.
⑤ 부실여신의 책임문제에서 자유롭지 못한 금융기관의 임직원이 적극적으로 부실채권을 공급하기에는 유인구조가 적합하지 않았고 제도상으로도 부실채권이 용이하지 못하였다.
⑥ 2001년 하반기 이후 국내 부실채권시장은 민간중심으로 재편되기 시작하였다. 매각가능 부실채권의 정리가 마무리되면서 부실채권정리기금의 역할이 급속히 감소한다.
⑦ 상시구조조정을 지향하는 금융정책 아래 부실채권의 조기 현실화 및 시장화를 지원하는 법·제도가 구축되고 부실채권에 대한 자료가 계량화되는 등 기초 인프라가 확충되고 있다.
⑧ KAMCO를 제외한 국내 부실채권시장의 주요 플레이어는 CRC, CRF, CRV 등 기업구조조정기구이다.

(2) 부실채권시장 현황

① 금융기관의 지속적인 부실채권 감축노력에도 불구하고 부실채권이 대량 잔존하고 있고 불확실성에 취약한 국내경제의 특성상 잠재부실채권의 현실화 가능성이 높다.

② 국내 은행의 부실채권 규모는 2024년 3분기 말 기준 14조 5,000억 원(신용카드 제외)으로 2022년 말(10조 1,000억 원) 이후 꾸준히 증가하고 있다.

③ 세계적인 경기침체가 지속되고 유가상승 등 경제의 공급측면에서 충격이 발생할 경우 경제의 구조적 위험이 발생하면서 부실채권이 양산될 가능성이 존재한다.

④ 1999년 이후 급속히 팽창하고 있는 가계대출은 새로운 위험요인으로 인식되었다.

⑤ 부동산 등 자산의 디플레이션이 발생하면 가계대출의 부실화가 시스템의 위협요인으로 작용할 것이고 단기금리가 폭등할 경우 재무적 안정성이 떨어지는 기업을 중심으로 부실이 현재화될 가능성이 있다.

(3) 부실채권시장의 성과

① 부실채권시장이 충분히 발달하기 이전에 부실채권의 가격은 수요자 위주로 결정되었다.

② 부실채권이 풍부하게 공급되는 반면 부실채권에 투자하려는 수요자는 소수이므로 시장화가 가능한 부실채권의 양은 지극히 제한적이다. 이 경우 수요자가 가격을 형성하는 데 있어서 주도권을 보유하게 되었다.

③ 부실채권시장의 비효율성을 해소하기 위해서는 투자자의 회수방법에 대한 불확실성을 제거해야 할 것이다.

④ 수요가 제한적인 근본적인 요인은 부실채권을 매입한 이후 이를 정리하여 수익을 창출할 수 있는 수단이 확보되지 않기 때문이다.

⑤ 외환위기 이후 대규모 부실기업이 상당히 해소된 현재 중소기업 및 소비자 부실에 대한 대응방안에 중점을 둘 필요가 있다.

(4) 신용정보회사의 역할

① 신용정보회사는 금융산업의 주요 하부구조이자 부실채권시장의 핵심 인프라 중 하나이다.

② 금융산업이 발전하기 위해서는 신용정보에 대한 인프라가 확충되어 이를 생산적으로 활용할 필요가 있다.

③ 부실채권에 대한 최종처리 정보는 금융상품의 가치평가 시 사용되는 위험 및 회수율에 대한 기본자료로 활용될 수 있다.

④ 개별 기업 및 금융기관이 보유하고 있는 연체채권을 신용정보회사가 효율적으로 관리·회수함으로써 채권관리비용절감을 통한 기업의 경쟁력 강화를 도모할 수 있다.

⑤ 효율적인 신용정보회사의 존재로 개별적인 신용공여자는 채권회수비용의 절감이 가능하다.

⑥ 신용정보회사는 신용공여자들의 경비를 절감하는 정도만큼 금융기관의 여신금리 혹은 기업 간 거래비용이 낮아질 수 있다.

CHAPTER 02 OX 마무리

PART 1 고객관리 및 민원예방

01 특정인의 신용능력에 대해서는 이해당사자 간 정보의 비대칭성(Information Asymmetry)이 존재하며, 정보의 비대칭성에 의하여 발생하는 대표적인 문제는 역선택(Adverse Selection)이다. `O X`

01 정보의 비대칭성 문제를 완화하기 위해 등장한 사회적 제도가 신용정보기구(Credit Reporting Agency)이다.

02 우리나라는 1997년 외환위기 이후 부실채권시장이 형성되면서 제반 자문서비스와 신용평가, 채권추심, 신용위험관리 등 신용정보산업이 비약적으로 발전하는 계기를 맞게 되었다. `O X`

02 채권추심업을 비롯하여 신용정보산업이 주목을 받기 시작한 계기는 1980년대 이후 빈발한 각국의 금융위기 이후이다.

03 겸영신용정보회사에는 농협자산관리회사, 신용보증기금, 한국무역보험공사, 한국자산관리공사, 기술보증기금이 있다. `O X`

04 공공채권은 법적으로 상거래 채권이 아니기 때문에 신용정보회사가 추심할 수 있는 채권이 아니다. `O X`

04 공공채권은 국가행정기관, 지방자치단체, 정부유관기관 등이 보유한 채권을 말한다.

정답 01 ○ 02 ○ 03 ○ 04 ○

05 신용정보업이 발전하기 위해서는 부실채권 매입업무·자산관리업무·비연체채권 관리업무·위탁받은 재위탁 등을 단계적으로 확대·허용하여야 한다. ☐O ☐X

06 오전 8시에서 오후 9시 사이(이외는 비정상적인 시간으로 규정)에 전화로 접촉 가능하다.

06 FDCPA상 오전 8시에서 오후 9시 사이에 전화로 접촉하는 것은 허용된 추심행위이다. ☐O ☐X

07 채권추심회사로부터 연락받은 후 30일 이내에, 채무자는 전체 혹은 일부 부채에 대해 이의를 제기할 수 있다. 이 경우 채권추심회사는 부채에 대한 증거를 확보해야 하며 증거가 채무자에게 우송될 때까지 모든 채권추심의 노력을 멈추어야 한다.

07 FDCPA상 채권추심회사로부터 연락받은 후 50일 이내에, 채무자는 전체 혹은 일부 부채에 대해 이의를 제기할 수 있다. ☐O ☐X

08 부실기업의 기업가치 제고는 시장위험(Market Risk)보다는 개별위험(Idiosyncratic Risk)에 의해 달라진다. ☐O ☐X

09 정상기업의 부실화 과정에서는 거시경제적 요인이 중요하게 작용한다. 반면, 부실기업의 정상화 과정에서는 거시경제적 호전보다는 당해산업의 여건과 당해기업의 구조조정 노력이 보다 중요하다.

09 부실기업의 정상화 과정에서는 거시경제적 요인이 중요하게 작용한다. ☐O ☐X

정답 05 O 06 O 07 × 08 O 09 ×

10 부실채권의 투자 시 분산화 원칙을 준수할 경우 투자의 위험성은 높지 않다. O X

10 부실채권이 충분히 할인된 가격으로 거래되므로 부실채권 가격변동위험의 하방경직성(Limited Downside Risk)이 존재한다.

11 시장의 효율이 존재한다는 것은 초과이윤의 기회가 존재한다고 해석될 수 있으므로 향후 시장에 진입하려는 기업이 증가할 전망이다. O X

11 시장의 비효율이 존재한다는 것은 초과이윤의 기회가 존재한다고 해석될 수 있으므로 향후 시장에 진입하려는 기업이 증가할 전망이다.

12 유동성이 높은 민간부실채권시장의 정착 시기에는 금융위기 상황이 해소되면서 공적자산관리공사의 역할이 축소되고 민간기구가 시장의 주요 플레이어로서 역할을 대체하기 시작한다. O X

13 구조조정전문 투자자는 부실채권 관련 부동산보다는 기업구조조정을 통한 기업의 가치제고 후 전략적 투자자에게 재매각을 목표로 하는 투자자를 말한다. O X

14 부실채권시장이 충분히 발달하기 이전에 부실채권의 가격은 공급자 위주로 결정되었다. O X

14 부실채권시장이 충분히 발달하기 이전에 부실채권의 가격은 수요자 위주로 결정되었다.

정답 10 O 11 X 12 O 13 O 14 X

CHAPTER **PART 1** 고객관리 및 민원예방

03 고객만족(CS)과 민원예방

01 고객의 이해

1 개 요

(1) 고객의 정의 ☑기출

고객은 기업의 사업과 관련된 이해관계자이며 자기중심적이다.

(2) 고객의 구분
① 내부고객 : 내부고객이란 우리와 함께 일하면서 만나는 기업 내부의 사람들이다. 즉, 나를 중심으로 상사, 부하, 동료 등을 말하며 고객서비스를 실천하는 주체를 의미한다.
② 외부고객 : 내부고객의 상품이나 서비스를 제공받는 고객을 말한다.
③ 협력(매개)고객 : 기업 활동과 관련해서 간접적으로 영향을 미치는 고객을 지칭한다.

2 고객의 욕구와 기대 ☑기출

(1) 고객의 욕구

모든 고객은 서로 다른 욕구를 가지고 있다. 고객의 욕구는 알아내기도 어렵고 때로는 비현실적이다.

고객의 기본적 욕구	고객의 실제적 욕구
• 기억되기를 바람 • 중요한 사람으로 인식되고 싶어 함 • 관심을 끌고 싶어 함 • 기대와 욕구를 수용해 주기를 바람 • 편안한 느낌을 받고자 함 • 모방하고 싶어 함 • 손해를 보기 싫어함	• 유능하고 책임 있는 일처리 • 제품에 대한 해박한 지식 • 업무처리의 전문성 • 즉각성과 완벽성 • 효과적인 추가 서비스 제공

(2) 고객의 기대
① 고객은 어떤 문제가 있거나 문의 사항이 있을 때 신속하고 정확한 응대를 원한다.
② 고객은 친절해 주기를 원하며 동시에 칭찬을 좋아한다.
③ 고객은 자신을 알아주기를 원한다.
④ 고객이 선택한 구매수준에 적정하다고 생각하는 서비스를 기대한다.
⑤ 고객은 우리가 고객에게 감사하고 있는지 알고 싶어 한다.

3 고객만족

(1) 의 의 ☑ 기출
① 고객만족이란 고객과 기업 상호작용에서 고객이 느끼는 총체적인 기쁨을 말한다.
② 고객만족은 고객이 기대하는 바와 고객이 지각한 것의 차이를 반영한다.
③ 고객만족은 언제나 변화하며, 기대했던 것보다 만족하면 서비스가 좋다고 생각한다.

(2) 고객만족의 요소
① 서비스의 질을 궁극적으로 고객이 결정한다.
② 고품질의 서비스는 개인의 노력보다는 조직 내에서 다양한 직원들의 협력적인 활동이 가능할 때 그 결과로 나타난다.
③ 고객서비스는 제공과정보다는 계획에서 최종 제공까지 변이 가능성을 차단하는 것이 고품질의 서비스를 창출할 수 있다.
④ 고객서비스에서 무엇보다 중요한 것은 활동적인 고객과 열정을 가진 직원들의 적극적인 참여인데, 이로 인해 투입과 산출과정에 대한 지속적인 관리와 개선노력이 형성될 때 고객 감동적 서비스가 가능하다.

[서비스 평가에 대한 고객의 기준]

신뢰성	약속된 서비스를 정확하게 수행하는 능력
정확성	상품 및 서비스에 대한 지식이 충분하고 정확
태 도	직원의 친절과 배려
신용도	서비스 제공자의 진실성 · 정직성
고객 이해도	고객의 욕구를 알려는 노력
신속한 대응	신속히 대응하여 기다리지 않게 함
접근성	고객의 의견과 정보에 쉽게 접근할 수 있는 환경
커뮤니케이션	고객의 질문을 잘 듣고 알기 쉽게 설명
안정성	신체적, 정신적 안정감
편의성	• 서비스 평가를 위한 외형적 단서 • 쾌적한 환경, 시설 · 장비 정상 작동, 직원 용모 및 복장

02 고객서비스

1 고객서비스 개념

① 고객서비스란 무형의 상품으로서 고객이 원하는 것을 만족시키기 위해 고객에게 지속적으로 제공하는 일련의 모든 활동을 말한다.
② 고객서비스는 제공과 동시에 반응이 나타나는 무형의 상품으로 유형의 생산품과는 달리 사전에 이를 전시하여 검증의 절차를 거치거나 부족한 곳으로의 이송 또는 저장이 불가능하다.
③ 고객서비스의 평가는 고객의 감성과 경험 및 주변 사람들의 간접적인 경험에 의해 이루어진다.
④ 고객서비스는 제공 후 불량 서비스가 나와도 반품하거나 수리할 수 없으며 품질을 측정하기 어렵기 때문에 구체적인 개선활동을 펼치기가 쉽지 않다.
⑤ 고객서비스의 만족 여부는 단순히 물질적 욕구충족보다는 정서적, 감성적 측면의 욕구충족에 보다 큰 의미를 부여한다.
⑥ 고객서비스는 아무리 많이 제공하여도 재고가 줄어들지 않으며, 가격에 변화가 없다.

> **서비스 산업이 급성장하는 요인**
> - 고객의 질적 서비스에 대한 기대 상승
> - 인터넷 보급에 따른 E-service
> - 차별화된 서비스에 대한 투자 확대
> - 정부 주도 산업의 민영화 추세

2 고객서비스의 특성

(1) 무형성
① 서비스는 형태가 없는 무형의 상품이기 때문에 만질 수 없다.
② 사전에 평가가 곤란하며 오직 자신의 체험과 주변 사람들의 간접적인 경험에 의존할 수밖에 없다.

(2) 동시성 ☑ 기출
① 생산과 소비가 동시에 일어나며 서비스를 제공하는 사람이나 받는 사람이 동시에 같은 장소에 있어야 한다.
② 서비스는 재고가 없고 불량 서비스가 나와도 제품처럼 반품하거나 수리할 수 없다. 한 번 불량 서비스를 팔게 되면 영원히 고객을 잃게 된다.
③ 직원에 대한 지속적인 교육과 재훈련을 통해서 서비스 질을 향상시켜야 한다.

(3) 인간주체

① 대부분 서비스는 사람에 의해서 생산되어 고객에게 제공된다.
② 인테리어나 매장 분위기와 같은 물리적인 시설도 중요하지만 서비스를 전달하는 것은 결국 사람이기 때문에 현장 직원의 자질이 곧 서비스의 품질을 결정짓게 된다.

3 고객서비스 품질

(1) 고객만족도 향상을 위한 품질의 3요인

고객만족도 향상을 위해서는 3가지 품질이 서로 유기적인 관계로 연결되어 총체적으로 달성되어야 한다.

① **상품품질** : 상품품질은 성능 및 사용방법을 구현한 하드웨어 품질이다. 고객의 필요와 욕구 등을 각종 시장조사나 정보를 통해 정확하게 파악하여 상품에 반영시킴으로써 고객만족도를 향상시킨다.
② **영업품질** : 영업품질이란 고객이 현장사원 등과 접하는 환경과 분위기를 고객만족 쪽으로 실현하기 위한 소프트웨어 품질이다. 고객에게 상품과 서비스를 제공하기까지의 모든 영업활동을 고객 지향적으로 전개하여 고객만족도 향상에 기여하도록 한다.
③ **서비스품질** : 서비스품질은 고객으로부터 신뢰를 획득하기 위한 휴먼웨어 품질이다. 고객을 대하는 모든 사원이 고객의 입장에서 고객욕구를 충족시키고자 노력하는 모습을 보여주어 고객에게 만족과 감동을 줌으로써 고객만족도를 향상시킨다.

(2) 서비스품질을 평가하는 고객의 기준

① 서비스품질에 대한 평가는 오로지 고객에 의해서만 이루어진다. 즉, 서비스가 좋냐 나쁘냐 하는 판단은 고객의 기대치가 실제로 어느 정도 충족되었느냐에 달려 있다.
② 서비스품질이란 '고객의 서비스에 대한 기대와 실제 느끼는 것과의 차이'에 의해 결정되는 것이라 할 수 있다.
③ 고객의 기대에 영향을 미치는 요인들로는 구전(Word of Mouth)에 의한 의사소통, 개인적 성격이나 환경적인 요인, 과거의 경험, 서비스 제공자들의 커뮤니케이션 등을 들 수 있다.

4 고객만족을 위한 서비스 조건

(1) 서비스 기본자세

① 남자 직원

구 분	몸가짐 내용
제 복	• 자주 세탁하여 청결하고 단정히 입는다. • 바지 길이는 구두 위에 닿을 정도로 한다. • 명찰은 정위치에 바르게 부착한다. • 단추가 떨어졌거나 채워지지 않은 것이 없는지 확인한다. • 필기구, 수첩, 매뉴얼 등 휴대품은 가급적 안쪽 주머니에 넣는다. • 휴대폰으로 인해 옷매무새가 망가지지 않도록 한다.

구 분	몸가짐 내용
머 리	• 앞머리가 이마를 가리지 않도록 한다. • 옆머리는 귀를 덮지 않도록 하고 뒷머리는 와이셔츠 깃을 덮지 않도록 한다. • 머리는 청결하고 단정한 머리모양을 유지한다.
넥타이	• 때, 얼룩, 구겨짐이 없도록 한다. • 넥타이는 끝 부분이 허리띠를 덮을 정도로 느슨하지 않도록 바로 맨다.
와이셔츠	• 흰색 계열의 옷을 입고 가급적 화려한 색깔은 피한다. • 매일 세탁하여 깨끗하게 입어야 한다.
구 두	흑색이나 짙은 갈색이 좋으며 자주 닦아 윤기가 나도록 한다.
양 말	• 근무복 색상과 유사한 색으로 한다. • 흰 양말은 가급적 착용하지 않는다.
손 톱	짧고 청결하게 손질하여 항상 깨끗하게 한다.
얼 굴	수염이 길지 않도록 매일 면도한다.
치 아	식사 후 입 안의 음식물과 입냄새 제거를 위하여 가능한 한 즉시 양치질을 한다.

② 여자 직원

구 분	몸가짐 내용
제 복	• 자주 세탁하여 청결하고 단정히 입는다. • 명찰은 정위치에 바르게 부착한다. • 소매를 걷어 붙이는 것은 피한다.
블라우스	속옷이 비치지 않도록 하며 속옷이 밖으로 나오지 않도록 한다.
스타킹	• 피부색에 가까운 색으로 한다. • 원색이나 무늬가 있는 것은 피한다. • 올이 빠지거나 늘어지는 것에 주의한다.
구 두	• 흑색이나 갈색이 좋다. • 굽이 낮고 활동하기 편한 것으로 한다.
머 리	• 앞머리는 눈을 가리지 않도록 한다. • 자주 관리하여 항상 윤기가 나는 아름다운 머리를 유지한다. • 지나친 펌(Perm), 요란한 머리모양은 피한다.
얼 굴	• 화장은 밝고 청결한 느낌을 주도록 한다. • 눈 화장은 엷게 한다. • 립스틱은 붉은색 계통의 밝은 색상이 좋다.
액세서리	• 요란스러운 것을 피한다. • 귀고리는 귀에 붙는 간결한 것으로 한다. • 근무 중에는 가급적 하지 않는 것이 좋다.
손 톱	• 항상 짧고 청결하게 한다. • 매니큐어는 투명하거나 엷은 것으로 하고 벗겨지지 않도록 한다.

③ 불쾌감을 주는 남·녀 외모

구 분	몸가짐 내용
제 복	• 심하게 구겨지고 지저분하다. • 명찰을 비딱하게 부착한다. • 소매를 걷어 붙인다.

블라우스	속옷이 비치거나 밖으로 삐져나오는 옷차림
스타킹	• 피부색에 대비되는 색 • 원색이나 무늬가 있는 것 • 올이 빠지거나 늘어지는 것
구두	• 흑색이나 갈색이 아닌 요란한 색 • 굽이 높아 업무에 지장을 주는 것

(2) 내형적 준비자세

① 인사
 ㉠ 일상의 인간관계에서 말이나 태도로 존경·친애·우정을 표시하는 행동양식이다.
 ㉡ 고객에게 먼저 다가가는 최초의 수단으로 정성의 마음으로 하는 친절과 협조의 표시이다.

② 인사방법
 ㉠ 가벼운 인사 : 상체를 15° 정도 앞으로 기울여 잠깐 멈추었다가 원래대로 바로 선다. 목이 아닌 허리부터 굽힌다. 시선은 인사 전후 상대의 목쯤에 두고 손은 다소 옆으로 이동하는 정도에서 그친다.
 ㉡ 보통 인사 : 상체를 30° 정도 앞으로 기울인다. 가벼운 인사보다 길게 상체를 기울이고 원래대로 되돌아오는 동작의 구분을 분명히 한다. 손은 앞으로 모아 양 손가락을 붙이듯이 가지런히 하며, 상체를 일으키면서 다시 옆으로 한다.
 ㉢ 정중한 인사 : 상체를 45° 앞으로 길게 숙여 보다 정중함을 표한다. 동작의 요령은 보통 인사와 같다. 다만 그 인사 시간을 좀 더 길게 한다. 특히 정중히 할 필요가 있을 때, 그리고 배웅할 때 한다.

③ 인사의 5대 요점
 ㉠ 인사는 내가 먼저
 ㉡ 인사는 상대방의 눈을 보면서
 ㉢ 표정은 밝게
 ㉣ 인사말은 명랑하고 분명하게
 ㉤ 인사는 때·장소·상황에 맞추어 인사

④ 인사말과 자세

순 서	인사말, 자세
인사말	• 어서 오십시오. • 안녕하십니까? • 죄송합니다. • 감사합니다. 고맙습니다. • 안녕히 가십시오.
인사동작	• 남자는 손을 가볍게 주먹을 쥐어 재봉선에 대고 여자는 오른손으로 왼손을 감싸 앞으로 모은다. • 자세를 바르게 하고 고객을 바라본다. • 인사말은 고객을 보면서 하고 인사말 끝 부분에서 인사를 시작한다. • 상체를 일직선으로 정중히 숙인다(1박자). • 숙인 상태에서 경의를 표하는 마음으로 잠시 동작을 멈춘다(2박자). • 다시 고객을 바라본다.

⑤ 바람직하지 못한 인사

자 세	느 낌
시선을 마주치지 않는 인사	무관심, 의욕 결여
무표정하고 말 없는 인사	귀찮음, 근심, 우울감 등을 나타냄
고개만 까닥하는 인사	가볍게 보임
억지로 하는 듯한 인사	형식적인 느낌
생략, 흐트러진 인사	우물쭈물, 경시하는 인상을 줌
가식적인 인사	무례하거나 경솔하게 보임
턱을 쳐들고 하는 인사	교만, 자만, 오만을 느끼게 함
고개를 옆으로 숙이는 인사	답답함과 짜증을 느끼게 함
계단 위에서 하는 인사	무례, 상식결여 행위
목덜미가 보이는 인사	자세불량, 불쾌감을 줌

(3) 대화방법

① 밝고 긍정적이며 예의바른 말씨

구 분	대화방법
좋은 말씨 (Speaking)	• 밝고 명료하게 한다. • 정확한 발음, 적당한 빠르기, 밝은 소리로 말한다. • 부정형은 긍정형으로, 명령형은 의뢰형으로 한다. • 직원들만이 아는 용어는 피하고 쉽게 말한다. • 말은 공손하고 아름답게 한다.
대화방법 (Communication Skill)	• 대화목적을 의식하고 상대방 입장을 생각한다. • 정확한 발음 · 밝은 목소리 · 적당한 속도로 말한다. • 상대방의 눈을 보고 좋은 태도로 말한다. • 시간 · 장소 · 상황에 맞게 말한다.
듣기방법 (Listening)	• 선입견 등을 버리고 상대방 입장에서 듣는다. • 상대방을 바라보며 개방적이고 편안한 자세를 취한다. • 말을 정리하여 들으며 맞장구(말 · 표정 · 제스처) 등으로 관심을 표명한다.
좋은 대화 포인트	• Cushion 표현을 사용한다. • 상대방에게 의뢰할 때 또는 상대방의 뜻에 반할 경우 앞에 덧붙인다. • 긍정문으로 표현한다. • 밝고 긍정적인 문장으로 표현하는 것이 포인트다. • 의뢰문으로 표현한다.
비즈니스 대화의 포인트	• 5W 2H를 의식한다. • 사실과 의견을 구별한다. • 결론부터 말한다. • 복창, 확인한다. • 필요시 상대방의 의견을 되물어 본다. • 핵심을 구체적으로 간결하게 말한다.

② 권장 용어

고쳐야 할 용어	권장용어
나, 우리	저희
저 사람, 저 남자	저분, 저기 계신 분
그래요.	그렇습니다.
안 돼요.	죄송하지만 어렵습니다.
잠시만요.	잠시만 기다려 주시겠습니까?
알았어요.	알겠습니다.
몰라요.	잘 모르겠습니다.
다시 얘기하세요.	잘 못 들었습니다. 죄송하지만, 다시 말씀해 주시겠습니까?

(4) 올바른 전화 응대 ☑ 기출

① 전화 받는 요령

순 서	통화요령
받을 때	• 상대방의 입장을 생각하여 말한다. • 벨이 2~3회 이내 울렸을 때 받도록 한다. - 즉시 받으면 상대방이 미처 준비되지 않을 수 있다.

자신을 밝힘	• 인사 및 자신의 신분을 밝힌다.
	  - 안녕하십니까. ○○○회사 ○○○입니다. 또는 감사합니다. ○○○회사 ○○○입니다.
	• 벨이 3회 이상 울리고 받을 때
	  - 늦게 받아 죄송합니다. ○○○회사 ○○○입니다.
	• 전화를 바꿔서 받을 때
	  - 전화 바꿨습니다. ○○○입니다.
	  - 안녕하십니까? ○○○입니다.
	  - 오래 기다리셨습니다. ○○○입니다.

상대방 확인	• 상대방을 아는 경우
	  - ○○○과 ○○○ 씨이시죠?
	• 상대방을 모르는 경우
	  - 죄송합니다만, 누구십니까?

간단한 인사	안녕하십니까?
듣 기	메모를 하며 복창한다.
끝맺음 인사말	• 안녕히 계십시오. • 감사합니다.
사후처리(종료)	상대방이 먼저 끊고 나서 조용히 내려놓는다.

② 전화 거는 요령

순서	통화요령
T·P·O 생각	상대방의 입장을 생각한다. - T·P·O : Time · Place · Occasion
전화할 준비	• 상대방의 전화번호와 신분 등을 확인한다. • 용건과 말할 순서를 메모(5W 2H)한다. • 필요한 서류를 준비한다.
전화를 걺	다이얼은 정확하게
자기 신분을 밝히고 상대방 확인	• ○○○회사 ○○○입니다. • 상대방보다 먼저 수화기를 들고 대기한다. - 본인이 잘 아는 회사라서 또는 선배라고 해서 본인을 밝히지 않는 전화통화는 좋은 매너가 아니다.
간단한 인사와 용건	안녕하십니까? ○○○건입니다만, 지금 괜찮으시겠습니까?
내용확인과 끝맺음 인사말	• 결론, 약속사항을 확인한다. • 감사합니다. 안녕히 계십시오.
사후처리(종료)	끝맺음 인사 후 조용히 끊는다.

③ 상황별 전화응대 방법

구분	통화요령

전화를
바꿔 줄 때
	• 전화 받을 사람을 확인한다.
	  - 지사 : 예, 저희 지사 ○○○ 씨 말씀이시군요.
	  - 본사 : 예, 저희 팀 ○○○ 씨 말씀이시군요.
	• 옆 사람을 바꿀 때는 반드시 송화구를 막거나 보류 버튼을 누르고 지명인을 연결한다.
	  - ○○○ 씨, ○○○ 씨 전화입니다.
	• 전화받을 사람이 즉시 받을 수 없을 때는 중간 상황을 알려주어 다른 방법을 선택할 수 있게 한다.
	  - 통화가 길어지는데 괜찮으시겠습니까?
	  - 통화가 길어지는데, 잠시만 더 기다려 주시겠습니까?
	• 연결해 받았을 때 인사를 한다.
	  - 안녕하십니까? ○○○입니다.
	  - 오래 기다리셨습니다. ○○○입니다.
	  - 전화 바꿨습니다. ○○○입니다.
	• 다른 자리로 연결할 때는 첫 수화자가 책임감을 가지고 전화번호 안내와 함께 연결한다.
	  - ○○○과 전화번호는 ○○○입니다. 제가 연결해 드리지만, 혹시 연결이 끊어지면 ○○○로 전화해 주십시오.

전화 받을 사람이
없을 때
	• 부재 사유와 통화 가능 시간을 알려드린다.
	  - 죄송합니다만, ○○○ 씨는 외출 중입니다. 3시 전에는 돌아올 예정입니다.
	  - 특별한 사정이 없는 한 목적지까지는 말하지 않는다.
	• 용건을 묻는다.
	  - 괜찮으시다면, 제가 메모를 남겨드릴까요?
	  - 돌아오시면 전화 드리도록 하겠습니다.
	  - 저는 ○○○입니다. 말씀하신 내용 잘 전해 드리겠습니다.
	• 마지막 인사는 정중하게 한다.
	  - 상대방이 먼저 끊은 뒤 천천히 조용하게 내려놓는다.

구분	내용
통화 중 고객이 기다릴 때	• 눈인사나 제스처로 전화를 곧 끝낼 것임을 알린다. – 되도록 빨리 통화를 끝낸다. – 통화가 길어질 것 같으면 전화고객에게 양해를 구한다. – 죄송합니다만, 지금 손님이 기다리고 계셔서 그러는데, 제가 잠시 후에 다시 전화 드리면 어떻겠습니까?
잘못 걸려온 전화를 받을 때	• 잘못 걸려온 전화도 친절히 응대한다. – 여기는 ○○○번입니다. 전화가 잘못 연결된 것 같습니다. • 회사 내 다른 부서를 찾는 전화일 경우 수화자가 책임감을 가지고 전화번호 안내와 함께 연결한다. – ○○○ 전화번호는 ○○○입니다. 제가 돌려 드리겠습니다. 혹시 연결이 끊어지면 ○○○-○○○○로 전화해 주십시오. – 지금 말씀하신 부서는 전화 연결이 되지 않아 돌려드릴 수가 없습니다. 번거로우셔도 전화번호 ○○○-○○○○로 다시 해주시기 바랍니다.
잘 들리지 않을 때	• 내 목소리를 낮추어 상대방에게 크게 말하도록 유도하여 한 번 더 이야기하도록 요청한다. – 손님(선생님) 죄송합니다만, 다시 한 번 말씀해 주시겠습니까? – 제가 한 번 더 확인하겠습니다. – 계속해서 전화 상태가 좋지 않을 때에는 전화번호를 알아서 걸도록 한다. – 손님, 죄송합니다만, 전화상태가 좋지 않아 목소리가 잘 들리지 않습니다. 전화번호를 알려 주시면 제가 바로 전화 드리겠습니다. 저는 ○○○입니다. 감사합니다. • 다시 걸어 주도록 정중하게 요청한다. – 손님, 죄송합니다만, 전화상태가 좋지 않아 목소리가 잘 들리지 않습니다. 다시 한 번 걸어 주시겠습니까?

④ 잘못된 전화예절

㉠ 자기 앞에 있는 전화만 잘 받는 직원

㉡ 전화 받는 태도가 불손한 직원

㉢ 성의 없이 전화 받는 직원

㉣ 고객 앞에서 개인적인 일로 전화를 길게 하는 직원

㉤ 메모 대신 말로 전하는 직원

㉥ 상대방보다 먼저 수화기를 내려놓는 직원

03 고객유형별 응대요령

1 고객접점별 응대요령

(1) 방문고객
- ① 맞이 : 고객을 따뜻하게 맞이하고 기분 좋게 돌아가도록 하기 위해서는 직원의 태도·동작·말씨·마음가짐이 중요하다. "정성을 다하겠습니다. ○○팀 ○○○입니다.", "어서 오세요, 이쪽으로 앉으시겠습니까?"
- ② 문의 : "무엇을 도와드릴까요?", "실례지만 성함이 어떻게 되십니까?", "신분증 가지고 오셨습니까? 네, 고맙습니다."
- ③ 해결 : "잠시만 기다려 주시겠습니까?", "바로 처리해 드리겠습니다.", "기다려 주셔서 고맙습니다."
- ④ 확인 : "고객님, 요청하신 ○○건은 ○○게 처리되었습니다. 더 도와드릴 사항은 없으십니까?"
- ⑤ 배웅 : "필요한(궁금한) 사항 있으시면 ○○팀 ○○○에게 연락주세요.", "고맙습니다. 즐거운 하루(주말) 보내십시오."

(2) 고객유도 자세
- ① 시선은 정면으로, 턱은 당기고, 등은 곧게 하고 가슴을 편다.
- ② 남자는 양발을 어깨 넓이로 벌리고 11자로 선다.
- ③ 여자는 무릎과 양발을 붙이고 발끝의 각도를 30° 정도 유지한다.
- ④ 고객과 동행 시 고객보다 2보 정도 앞서서 비스듬한 각도에서 걸어가며 안내한다.
- ⑤ 계단에서는 앞에서 안내하는 것이 원칙이나 계단을 내려올 때는 뒤따르며 안내한다.
- ⑥ 당겨서 여는 문의 경우에는 문을 열고 서서 고객을 문 안으로 모신다.
- ⑦ 밀어서 여는 문은 안내자가 먼저 들어가서 문을 잡고 고객을 모신다.
- ⑧ 고객이 먼저 출입하거나 타고 내리도록 한다.
- ⑨ 에스컬레이터에서 조작하는 사람이 있으면 고객이 먼저 타고 내리도록 하고, 조작하는 사람이 없으면 안내자가 먼저 타고 뒤에 내린다.

(3) 고객에게 말을 할 때
- ① 맑고 명랑한 표정
- ② 정확한 발음, 맑은 목소리, 적당한 속도
- ③ 언어는 문어체가 아닌 자연스러운 구어체의 표현
- ④ 어휘는 고객의 기준에서 알아듣기 쉽게 할 것
- ⑤ 고객의 관심과 흥미에 초점을 맞추고 모르는 것은 정중히 물어볼 것
- ⑥ 설명은 자신이 알고 있는 내용이라고 생략하거나 사정을 잘 아는 사람에게 장황하게 하지 않을 것
- ⑦ 대화는 한 번 말하고 두 번 이상 들어 주고 세 번 이상 맞장구치는 1, 2, 3 화법

(4) 고객의 말을 들을 때

① 침묵을 지키고 귀를 기울인다.

② 고객의 속마음까지 이해하려는 경청의 자세를 취한다.

③ 반응을 보인다.

④ 고객이 한 말을 반복한다.

⑤ 성급한 판단이나 조언을 하지 않는다.

⑥ 상담 중 부득이 하게 전화를 받을 때에는 양해를 구한다.

⑦ 모니터를 이용할 때에도 수시로 고객과 시선을 마주치도록 한다.

고객응대 중에 삼가야 할 행동
- 음식물을 섭취하는 행동
- 하품을 한다거나 뒤로 기지개를 켜는 행동
- 동료 직원과 농담을 하거나 웃고 떠드는 행동
- 너무 큰소리로 잡담을 하거나 사적인 전화로 고객을 기다리게 하는 행동
- 고객이 창구로 다가와도 자기 일만 하는 행동
- 고객을 앞에 두고 뒷사람과 잡담을 하거나 고객의 흉을 보는 행동

(5) 고객 배웅하기

① 고객의 배웅은 업무 처리가 끝난 고객을 보내는 단계가 아니라 다음 기회에 또 뵙겠다는 의미이다.

② 고객이 돌아갈 때는 신분증, 휴대전화 등 놓고 가는 물건이 없는지 확인하고 정중히 배웅한다.

③ 노약자, 불만고객 등은 상황에 따라 출입문이나 엘리베이터까지 배웅한다.

④ 인사 : "고맙습니다. 안녕히 가세요.", "감사합니다. 좋은 하루 보내십시오."

2 유형별 고객분석 ☑ 기출

(1) 저돌적인 경솔한 유형(The Tanks)

① 특성 : 뻔뻔하고 무자비하고 시끄러우며 자기 방법만 옳다고 주장하는 고객

② 대처 : 침착하게, 대꾸하지 말고 고객의 말이 끝날 때까지 기다려야 한다. 고객의 말이 끝날 때까지 기다리며 부드러운 분위기를 유지하고 정성스럽게 응대하되 음성에 웃음이 들어가지 않도록 주의하면서 고객 스스로 감정을 조절할 수 있도록 유도하는 우회화법을 활용한다.

(2) 물고 늘어지는 저격수형(The Snipers)

① 특성 : 특정 상대의 약점을 잡아서 집중적으로 공격하는 사람

② 대처 : 고객이 물고 늘어지는 약점에 대해 관심을 중지하도록 화제를 바꾸고 고객에게 불만이 무엇인지 물어본다. 특정 사항에서 벗어나기 위해 고객이 생소해 할 최신의 정보 및 뉴스에 대해 안내할 것. 말투 및 용어는 표준어를 사용하고 종결어미로 합쇼체 어미(~니다)를 사용하는 것이 친절하지 못하다는 꼬투리를 잡히지 않는다.

(3) 많은 것을 아는 형(The Know-it-alls)
① 특성 : 자신이 특정 분야에 종사하면서 고차원의 전문지식을 알고 전문가적 입장을 피력하며 잘잘못을 따지기 좋아하는 유형
② 대처 : "훌륭하신 의견을 들려 주셔서 감사합니다. 해당 부서에 의견을 전달해서 정책 수립에 참고하도록 조치하겠습니다."를 사용할 것. 무식하게 그렇게밖에 정책을 수립하지 못하냐고 시비를 걸 때에는 전문가 집단의 의견을 반영해 정책을 추진하는 정책 입안 과정 및 시스템과 의견 개진의 기회를 잘 활용하도록 안내하고, "자세한 말씀은 해당 부서에 직접 말씀해 주시기 바랍니다."를 사용할 것

(4) 따발총형(The Grenades)
① 특성 : 한 번 내뱉기 시작하면 멈출 수가 없으며 또한 가라앉을 때쯤 다시 시작하는 유형
② 대처 : 고객이 폭발하기 시작하면 주의를 집중하기 위해서 단호하게 고객의 이름 또는 "고객님!" 등의 호칭을 적절히 수시로 사용해 말이 쉬엄쉬엄 이루어지도록 조절해 줄 것. 고객이 말한 문장의 처음 몇 문구를 조용히 반복해 말할 것. 분위기를 가라앉히는 데 주력하고 더 생각할 시간을 갖기를 제안하고 고객의 문제를 들을 것

(5) 큰 소리로 말하는 유형
① 특성 : 타인에게 자신의 우월을 나타내려는 유형
② 대처 : 목소리를 작게 하여 고객으로 하여금 목소리가 지나치게 크다는 사실을 깨닫게 하고, 대면 상황이라면 장소를 바꾸어 줌으로써 기분 전환 및 목소리를 낮추게 하는 효과 유도, 뜨거운 차를 주어 천천히 마시게 하여 흥분이 가라앉게 유도하고 정면보다 대각선이나 약간 비스듬한 방향에 앉아 정면이 주는 도전적 인상을 완화한다.

(6) 빈정거리거나 무엇이든 반대하는 유형
① 특성 : 문제 자체보다 특정인이나 심지어 대화 중 사용 단어의 의미를 꼬투리 잡아 항의하는 등 국소적 문제에 집착하는 유형
② 대처 : 대화의 초점을 주제 방향으로 유도하여 해결에 접근할 수 있도록 자존심을 존중해 주면서 응대하고 빈정거림을 적당히 인정하고 요령껏 받아 줌으로써 고객의 만족감을 유도하도록 한다.

(7) 같은 말을 장시간 되풀이하는 유형
① 특성 : 자아가 강하고 끈질긴 성격을 지닌 유형
② 대처 : 고객의 말에 지나치게 동조하지 말고 내용의 요점을 확인한 후 신속한 판단으로 문제해결의 방법을 제시하여 고객에게 믿음을 주도록 하는 것이 필요하다.

(8) 과장하거나 가정하여 말하는 유형
① 특성 : 콤플렉스를 지닌 유형
② 대처 : 진의를 파악해 말로 설득하기보다 객관적 자료로 응대하고, 정면으로 부정하거나 확인하기보다는 우회화법으로 고객이 말한 내용을 기록하여 변동사항이 발생했을 때 대처한다.

(9) 따지고 들거나 불평하는 유형

즉각 반론보다는 "말씀에 일리가 있습니다만…" 하는 식으로 먼저 고객의 입장을 인정한 후 차근차근 설명하고, 고객의 요구가 정당하고 잘못이 우리에게 있다면 즉각 용서를 구하고 성의를 다해 더 큰 언쟁으로 발전되지 않도록 주의한다. 담당 직원 및 종전 통화자의 불친절에 항의하는 경우 등에 적절하다.

(10) 의심이 많은 유형

① 특성 : 이것저것 캐묻는 유형
② 대처 : 자신감 있는 태도와 명확하고 간결한 응대가 중요하며, 너무 자세한 설명이나 친절도 의심의 대상이 되므로 증거나 근거를 제시해 확신을 갖도록 유도한다. 어물어물 넘기거나 틀린 대답을 해주었다간 나중에 곤란해지기 쉬우며 담당자나 책임자로 하여금 응대하도록 하는 것도 효과적이다.

(11) 성급한 유형

① 특성 : 조금만 늦어도 재촉이 심한 유형으로 창구나 책상 앞에 달라붙어 직원에게 "이렇게 해라, 저렇게 해라" 지시하는 유형
② 대처 : 처리가 늦어질 것 같을 때에는 이에 대해 사과하면서 상대를 다독여야 하며, 또한 고객의 독촉에 동요하지 말고 차분하게 응대하여 안정감을 준다. 폭발하기 쉬운 고객이므로 감정을 건드리지 않도록 조심하는 것이 상책이다.

3 불만고객 응대요령 ☑ 기출

(1) 불만고객 응대 9 Steps

① 사과 : 일단 사과
② 경청 : 불만 요소 경청
③ 공감 : 불만 사항 공감
④ 원인분석 : 문제점 파악
⑤ 해결책 제시 : 불만 사항 해결점 찾기
⑥ 의견 청취 : 해결점 의견 청취
⑦ 대안 제시 : 불만 미해결 시 재 대안 제시
⑧ 거듭 사과 : 일단 사과
⑨ 감사표시 : 이해해 주심에 감사

(2) 불만고객 응대원칙

① 역지사지(易地思之)의 원칙 : 고객의 입장에서 문제를 봐야 한다. 고객은 회사의 규정은 물론 업무처리절차는 더더욱 알지 못한다. 우리는 고객이 우리의 업무 프로세스나 규정을 모두 알고 있다는 것을 전제로 상담하고 있는 오류를 범할 수도 있다.
② 언어 절제의 원칙 : 말을 많이 한다고 해서 고객에게 올바로 의사가 전달되는 것은 아니다. 우리가 말을 많이 하고 표현할 때 스트레스가 풀리는지 아니면 상대방의 이야기를 계속 듣고만 있을 때 스트레스가 풀리는지를 생각해보면 그 해답을 금방 찾을 수 있다.

③ **피뢰침의 원칙** : 피뢰침은 번개를 직접 맞지만 자신은 물론 자동차나 건물까지도 상처가 없도록 땅으로 흘려보낸다. 불만고객의 상담자도 고객의 불만을 업무나 제도에 반영한 후 흘려보냄으로써 자신은 물론 회사와 조직이 상처를 입지 않고 고객을 만족시킬 수 있을 것이다.

④ **책임 공감의 원칙** : 고객의 불만이 나를 향한 것이 아니라고 책임이 전혀 없다는 말은 아니다. 조직 구성원의 일원으로서 고객의 불만족에 대한 책임을 져야만 한다. 고객에게는 누가 담당자인지가 중요한 것이 아니라 누가 나의 문제를 해결해 줄 것인지가 중요한 것이다.

⑤ **감정 통제의 원칙** : 사람을 만나고 의사소통을 하고 결정하고 집행하는 것이 직업이라면 사람과의 만남에서 오는 부담감을 극복하고 자신의 감정을 통제할 수도 있어야 한다. 프로와 아마추어의 차이는 감정을 통제할 수 있느냐 없느냐의 차이다.

(3) 불만고객 응대 3변주의

① **장소의 변화** : 불만고객을 고객이 많은 곳에 세워 둔다면 다른 고객의 불만까지 터져 나오게 된다. 이럴 때는 불만고객을 고객이 없는 곳으로 안내하여 자리에 앉혀 주는 것이 좋다. 화가 난 것도 모자라 서 있게 한다면 더 화가 나기 때문이다.

② **시간의 변화** : 여유를 가지고 시간을 벌어 보기 위해 불만고객에게는 따뜻한 차를 대접한다. 단, 고객을 너무 오랜 시간 기다리게 하면 오히려 더 화나게 할 수 있으므로 적정한 시간을 조정한다.

③ **사람의 교체** : 한 직원이 계속 응대할 경우 감정이 격해질 수 있으므로 다른 직원이 응대하도록 한다. 우리나라 사람은 대체로 화가 나면 직위가 높은 사람과 대화하려 하므로 다소 연륜이 있는 직원이나 상사가 응대하는 것이 좋다.

(4) 불만고객 응대 시 금기사항

① 기다리게 한다.
② 쓴웃음을 짓는다.
③ 농담한다.
④ 하찮게 여긴다.
⑤ 책임을 전가/회피한다.
⑥ 목소리를 같이 높인다.
⑦ 얘기에 끼어든다.
⑧ 계속 서 있게 한다.
⑨ 대중 앞에서 떠들도록 허용한다.

※ 불만고객의 응대는 불만이 전달되는 방식이 아니라, 불만의 내용에 초점을 맞출 수 있어야 한다.

(5) 고객의 불만 유형
① 법과 규정만을 앞세우거나 전문용어를 사용하면서 딱딱하고 권위적으로 대할 때
② 담당자가 아니라고 이리저리 전화를 돌려 같은 얘기를 반복해서 해야 할 때
③ 모니터만 보며 성의 없이 대꾸하는 등 경청하려는 자세가 안 되어 있을 때
④ 전화를 받지 않아 직원과 통화하기가 어려울 때
⑤ 담당자가 없어 민원이 신속하게 처리되지 못하고 지연될 때
⑥ 방문했는데 누구 하나 쳐다보지 않고 안내도 하지 않을 때
⑦ 업무를 제대로 몰라 머뭇거리거나 답변을 못할 때
⑧ 교통이 불편하고 청결하지 못할 때
⑨ 상담 중인 고객의 양해 없이 그 직원이 다른 전화를 받을 때
⑩ 반말, 부적절한 호칭, 핀잔, 훈계로 고객을 무시하는 언행을 할 때
⑪ 고객이 수긍하지 않거나 화를 낸다고 같이 짜증을 부리거나 언성을 높일 때
⑫ 확인할 수 있는 서류를 해당 기관에 가서 발급받아 오라고 할 때
⑬ 담당자 인계 또는 업무 확인 후 연락을 주기로 하고 연락이 없을 때
⑭ 착오를 인정하지 않고 책임을 회피할 때
⑮ 내방 고객의 원스톱 서비스가 안 되어 이곳저곳을 찾아 다녀야 할 때
⑯ 내방 고객이 서 있는데 자리를 권하지 않고 세워 둔 상태에서 상담할 때
⑰ 업무가 다르다고 하루에 여러 번 전화를 하거나 우편물을 보낼 때

(6) 고객관리의 오류
① **고객 앞에서만 친절을 베푸는 유형** : 고객에게 친절하던 직원이 고객과 헤어짐과 동시에 흐트러진 태도를 보인다. 이는 보이지 않는 고객이 주위 여러 경로를 통해 지켜보고 있다는 사실을 망각하고 있기 때문이다.
② **서비스를 자기 편의적으로 활용** : 당장 자신의 업무만 처리해 주고 고객에게는 연관된 모든 업무가 종결된 것처럼 현혹에 빠지게 하는 행위로 이는 사후 관리가 부실하고 문제 발생 시 변명으로 모면하거나 표면적 문제만을 해결하려는 태도이다.
③ **고객을 인격체로 취급하지 아니하고 업무의 일부분으로 취급하는 행위** : 이는 고객이 원하는 것을 자기 기준으로 생각하여 고객을 표준화하려는 태도이다.

04 MOT(Moment Of Truth)와 CS 평가

1 MOT(Moment Of Truth)

(1) 개 요 ☑기출

① MOT(Moment Of Truth)란 스페인의 투우 용어인 'Moment De La Verdad'를 영어로 옮긴 것으로서, '투우사가 소의 급소를 찌르는 순간'을 의미한다.

② 서비스 품질관리에서 MOT 또는 결정적 순간이란 '고객이 조직의 어떤 일면과 접촉하는 접점으로서, 서비스를 제공하는 조직과 그 품질에 대해 어떤 인상을 받는 순간이나 사상(事象)'을 말한다.

③ MOT는 고객이 종업원과 접촉하는 순간에 발생하지만, '광고를 보는 순간'이나 '대금청구서를 받아 보는 순간' 등과 같이 조직의 여러 자원과 직접 또는 간접적으로 접하는 순간이 될 수도 있다.

④ 고객과의 접점에서 발생하는 MOT가 특히 중요한 이유 중 하나는 고객이 경험하는 서비스 품질이나 만족도에는 소위 '곱셈의 법칙'이 적용된다는 점이다.

⑤ 여러 번의 MOT 중 어느 하나만 나빠도 한순간에 고객을 잃어버릴 수 있다. 흔히 무시되고 있는 안내원, 경비원, 주차관리원, 전화교환원, 상담접수원 등과 같은 일선 서비스요원들의 접객태도가 회사의 운명을 좌우할 수 있다. 사실 MOT 하나하나가 그 자체로서 상품인 것이다.

⑥ MOT 차트는 세 개의 세로 난(欄)으로 이루어진 간단한 차트이다. 중앙에 MOT에 대한 고객의 표준적인 기대를 기록한다. 또한 오른쪽 난에는 MOT를 불만족스럽게 만드는 마이너스 요인을, 왼쪽 난에는 고객의 마음에 가치를 부가할 수 있는 플러스 요인을 적는다.

⑦ 현대사회에서는 I/T 기술의 발달로 MOT는 더욱 확대되고 다양해지고 있다.

(2) 배 경 ☑기출

① 스웨덴의 마케팅 학자 리차드 노먼(R. Norman)이 서비스 품질관리에 처음으로 사용하여 '고객이 조직의 어떤 일면과 접촉하는 접점에서, 서비스를 제공하는 조직 및 품질에 대해 어떤 인상을 받는 순간이나 사상(事象)'을 의미하게 되었다.

② 스칸디나비아항공의 사장에 취임한 얀 칼슨(Jan Carlzon)이 1987년 『Moments of Truth』란 책을 펴낸 이후 MOT란 말이 급속히 보급되었다.

③ 스칸디나비아항공에서는 대략 한 해에 천만 명의 고객이 각각 5명의 직원들과 접촉했으며, 1회 응대시간은 평균 15초였다. 칼슨은 15초 동안의 짧은 순간순간이 결국 스칸디나비아항공의 전체 이미지, 나아가 사업의 성공을 좌우한다고 강조하였다.

④ 칼슨은 MOT의 개념을 소개하기 위해 불결한 트레이(접시 또는 쟁반)를 자주 예로 들었다. 만약 승객들이 자신의 트레이가 지저분하다는 것을 발견하게 된다면, 같은 순간에 그들은 탑승하고 있는 비행기가 불결하다고 느끼게 된다는 것이다.

(3) 표준적인 기준치

① 1번의 전화로 해결된다.
② 전화로 쉽게 이야기할 수 있다.
③ 공정하게 대해 준다.
④ 담당자가 분명하게 말해 준다.
⑤ 전화가 불통이 아니다.
⑥ 담당자가 오래 기다리게 하지 않고 대답해 준다.
⑦ 제대로 대응해 준다.
⑧ 담당자가 기분 좋게 말해 준다.
⑨ 담당자가 내 문제를 이해할 수 있다.
⑩ 담당자가 일정기한 내에 문제를 해결하겠다고 약속한다.
⑪ 담당자가 다음에 일어날 일을 설명해 준다.

이러한 차트는 종업원들이 각각의 중요한 MOT들을 성공적으로 수행하기 위한 방법을 찾는 데 도움이 된다.

(4) 플러스 요인

① 담당자가 이야기를 잘 들어 준다.
② 담당자가 책임감을 갖고 대해 준다.
③ 담당자가 이전에 이야기한 나의 상황을 올바르게 이해하고, 무엇을 해야 할지 알고 있다.
④ 담당자가 정중히 사과한다.
⑤ 담당자가 급히 해결해야 하는지 묻는다.
⑥ 담당자가 나를 알아보고 친근감을 표시한다.
⑦ 담당자가 내가 편할 때 수리해 주겠다고 한다.
⑧ 담당자가 어떻게 하면 문제를 예방할 수 있는지 설명해 준다.

(5) 마이너스 요인

① 담당자의 설명이 난해하다.
② 전화가 잘 연결되지 않는다.
③ 녹음된 기계음을 듣게 되어 인간적인 기분을 느낄 수 없다.
④ 상대방의 전화 목소리가 잘 들리지 않는다.
⑤ 담당자가 정형화된 질문목록을 로봇처럼 읽는 것 같다.
⑥ 담당자가 서두르면서 제대로 들어 주지 않는다.
⑦ 서비스에 돈이 들어가기 때문에 들어주지 않는 것 같다.
⑧ 영업소에 들어갈 수 없고, 누구를 상대해야 할지도 모르겠다.

2 CS 평가시스템

(1) 개 요 ☑ 기출
① 고객만족에 기여한 내부 경영활동의 과정과 결과를 고객관점에서 평가하는 기법이다.
② 고객이 만족한 정도를 측정함은 물론이며, 평소 업무 속에서 고객만족을 위해 노력한 내부활동에 대해서도 평가할 수 있는 균형 잡힌 평가 방식이다.
③ 효과 : 자발적인 CS 활동 참여, 고객지향적 기업문화 조성, 공정한 평가

(2) CS 평가시스템 순서도
① **고객 요구 파악** : VOC 자료에 대한 수집 및 분석과 고객접점 및 서비스현상에 대한 진단을 통해 데이터를 수집하고 고객요구품질을 추출한다.
② **고객조사** : 설문지의 개발 조사를 통해 기대와 만족도를 파악한다.
③ **CS 평가 자료개발** : 고객요구와 핵심관리요소를 도출하고 대표성 및 전략적 중요성 등을 고려하여 평가지표를 도출한다.
④ **CS 평가 실행체제 구축** : 평가안을 구체적으로 마련하여 테스트를 통해 문제점을 보완하여 완성한다. 사내공유를 위한 Presentation을 실시한다.
⑤ **실행** : 목표를 설정하고 실행계획을 수립하여 활동을 전개한다. 성과에 따라 평가 및 보상한다.

3 VOC(Voice Of Customer)시스템 ☑ 기출

고객의 소리를 통합하여 기업활동에 활용할 수 있도록 설계해 주는 시스템이다.

05 민원예방

1 개 요

(1) 기본 용어
① 민원 : 고객이 회사에 대하여 원하는 것을 요구하는 일
② 빈발 민원 : 특정 시기에 집중적으로 발생하는 민원으로 정책 반대 및 불만 제기, 사이버 시위 등
③ 반복 민원 : 동일한 내용의 진정·이의신청·시정요구 등에 관한 서류를 정당한 사유 없이 동일한 기관에 3회 이상 반복하여 제출하는 민원
④ 다수인 민원 : 공동 이해와 관련되어 5인 이상이 연명으로 제출하는 민원
⑤ 고충 민원 : 위법·부당하거나 소극적인 행위 및 불합리한 절차로 인하여 고객의 권리를 침해하거나 불편·부담을 주는 사항에 대하여 권리의 구제를 요청하는 민원
⑥ 중복 민원 : 동일한 내용의 민원을 2개 이상의 기관 또는 다른 부서에 제출한 민원
⑦ 복합 민원 : 하나의 민원 목적을 실현하기 위하여 다수기관 또는 부서의 승인·확인 등을 거쳐 처리되는 민원

(2) 채무자 특징
① 다중채무자가 많다.
② 지능화되어 있다.
③ 사회 여론이 채무자에게 유리하다.
④ 연체자, 특히 금융채무 불이행자끼리의 공유가 활발하다(인터넷 등).
⑤ 법이나 각종 제도를 잘 알고 있다(신용 관련 사항, 대부업법, 금감원 등).
⑥ 도덕적 불감증이 팽배하다.
⑦ 무분별한 채무자가 증가하고 있다.

2 민원의 변화 추세

(1) 단순 민원에서 지능적 민원으로 변화
① 직원의 과실을 유도하는 민원
② 외부 감독기관을 통하여 목적을 달성하고자 하는 민원

(2) 규정 미준수 및 초기 대처 잘못으로 인한 민원 증가
① 신용정보의 제삼자 유출에 의한 민원
② 만기 연장 규정 등의 미준수로 인한 민원
③ 자체 민원이 외부기관 민원으로 전이
④ 규정의 임의 해석으로 인한 민원

3 민원이 미치는 영향 ☑기출

(1) 위임사
① 감독기관의 위임사 평가 및 위임사 내부 평가에 반영된다.
② 위임사의 이미지가 훼손된다.

(2) 수임사
① 수임 관계의 존속을 위협한다.
② 수임사의 이미지가 훼손된다.
③ 업무 수임 범위의 축소 등 재량권이 축소된다(업무 통제).

(3) 추심 담당자
① 민원 처리에 시일이 소요된다.
② 과실에 의한 민원 발생 시 불이익이 초래된다.

(4) 채무자
반대급부의 충족에 따른 도덕적 해이가 초래된다.

4 민원 대처 방안

(1) 민원 처리 4단계
① 문제를 정확히 파악
② 고객의 입장을 이해하고 동감
③ 핑계를 대거나 회피 금지
④ 즉각적인 해결 방안을 모색

(2) 민원 예방 과제 ☑기출
① 고객에 대한 인식의 전환
② 고객응대의 기본자세
③ 전문지식 함양
④ 신용관리업은 '서비스업'이라는 의식 공유

5 민원 예방 방법

(1) 연체 독촉 시 유의사항

독촉 시 일시적으로 감정이 폭발하거나 채무자로부터 여러 가지 형태의 유혹을 받을 수 있으므로 신용관리사의 품위를 잃지 않도록 항상 유의하여야 한다.

① 채무자도 한때 중요한 고객이었다는 사실을 염두에 둔다.
② 채무자를 모독하는 말이나 극히 자극적인 언행을 가급적 삼가야 한다.
③ 침착성과 자제심을 가져야 한다.
④ 어린 자녀나 노약자에게는 구체적인 연체 내용을 알려서는 안 된다.
⑤ 실태 조사를 위한 방문 시 우발적인 사고의 예방을 위하여 2인 1조도 좋다.

(2) 민원 예방 준수사항

① 신용정보의 수집, 조사, 채권추심 시 증표(직원 신분증)를 패용한다.
② 고함/거짓소식을 전해 경악케 하는 행위/폭언을 반복하는 행위를 하지 않는다.
③ 협박/비밀폭로/강압적인 문언을 사용하지 않는다.
④ 보전처분이 안 된 상태에서 권한이 있는 것처럼 가장하여 집행착수 예정일을 직시한 안내문을 발송하거나 채무금액을 속이지 않는다.
⑤ 채무자의 사업장 출입 방해행위/사전동의 없이 근무처를 방문하거나 장시간 머물면서 불안감 조성행위/다중이 몰려가 공포심 조성행위/채무자의 채무내역을 불특정 다수에게 알리는 행위를 하지 않는다.
⑥ 채무자의 채무에 관한 사항을 정당한 사유 없이 그의 관계인(보증인, 채무자의 친족, 직장상사 및 동료 등)에게 알리어 부담을 주는 행위를 하지 않는다.
⑦ 심야 방문 등과 같이 채무자 및 업무의 평온을 해치는 행위를 하지 않는다.
⑧ 정보원, 탐정 기타 이와 유사한 명칭을 사용하는 행위를 하지 않는다.
⑨ 정보 누설을 하지 않는다.
⑩ 신용정보업 관련자가 업무상 알게 된 타인의 정보 및 사생활 등 개인적 비밀을 업무적 목적 외로 누설 또는 이용하는 행위를 하지 않는다.
⑪ 채권의 시효가 소멸된 채권을 시효 중단의 조치 없이 추심하지 않는다.

CHAPTER 03 OX 마무리

PART 1 고객관리 및 민원예방

01 서비스는 형태가 없는 무형의 상품이기 때문에 만질 수 없다(무형성).

02 상품품질은 성능 및 사용방법을 구현한 하드웨어 품질이고, 영업품질이란 고객이 현장사원 등과 접하는 환경과 분위기를 고객만족 쪽으로 실현하기 위한 소프트웨어 품질이다. 또한 서비스품질은 고객으로부터 신뢰를 획득하기 위한 휴먼웨어 품질이다.

03 곱셈의 법칙이 적용된다.

---

01 고객서비스의 특성으로는 유형성, 동시성, 인간주체가 있다. O X

02 영업품질이란 고객이 현장사원 등과 접하는 환경과 분위기를 고객만족 쪽으로 실현하기 위한 하드웨어 품질이다. 고객에게 상품과 서비스를 제공하기까지의 모든 영업활동을 고객 지향적으로 전개하여 고객만족도 향상에 기여하도록 한다. O X

03 고객과의 접점에서 발생하는 MOT가 특히 중요한 이유 중 하나는 고객이 경험하는 서비스 품질이나 만족도에는 소위 '덧셈의 법칙'이 적용된다는 점이다. O X

04 고객만족도를 결정하는 요소에는 신뢰성, 접근성, 신용도, 기본자질, 안전성, 태도, 대화방법, 편의성, 고객 이해도, 신속한 대응 등이 있다. O X

정답 01 × 02 × 03 × 04 ○

05 고객은 회사의 가장 중요한 자산이며, 상대 중심적인 특성을 가지고 있다. 또한 불만을 항상 회사에 말할 뿐 아니라 보이지 않는 보고카드를 보유하고 있다. O X

05 고객은 자기 중심적이며, 불만을 회사에 말하지 않는다.

06 불만을 처리할 때는 가장 먼저 내용을 파악해야 한다. O X

06 효과적인 불만처리 단계 : 마음을 진정시킴 → 사과 → 내용파악 → 사실 · 감정을 요약 → 조치에 대한 동의를 구함

정답 05 ✕ 06 ✕

PART 01 적중예상문제

CHAPTER 01 신용관리사의 업무와 자세

01 채권관리 업무 FLOW로 맞는 것은?

① 부실채권 발생 → 채권관리 → 원인분석 및 대책수립 → 효과적 방안모색 후 실행 → 채권회수
② 부실채권 발생 → 원인분석 및 대책수립 → 채권관리 → 효과적 방안모색 후 실행 → 채권회수
③ 부실채권 발생 → 원인분석 및 대책수립 → 효과적 방안모색 후 실행 → 채권관리 → 채권회수
④ 부실채권 발생 → 채권관리 → 효과적 방안모색 후 실행 → 원인분석 및 대책수립 → 채권회수
⑤ 부실채권 발생 → 효과적 방안모색 후 실행 → 채권관리 → 원인분석 및 대책수립 → 채권회수

해설
채권관리의 업무 흐름은 부실채권 발생 → 채권관리 → 원인분석 및 대책수립 → 효과적 방안모색 후 실행 → 채권회수의 순이다.

02 신용관리담당자가 갖추어야 할 직업윤리 및 태도에 관한 다음 설명 중 가장 적절하지 않은 것은?

① 신용관리담당자는 합리적이고 공정한 수단에 의한 정보수집 및 분석, 정보의 활용 및 축적이 채권회수를 위한 첩경임을 인식하여야 한다.
② 신용관리담당자의 주관적 판단보다는 객관적인 입장에서 고객의 상황을 관찰하고 냉정하게 판단해야 한다.
③ 채무자에게 겸양의 태도로 대하고 그가 처한 상황에 관심을 나타내어 자발적인 변제의사를 이끌어 낸다.
④ 일관성 있는 채권관리를 위해 동일한 방법을 반복적으로 사용한다.
⑤ 정중한 언어사용과 적절한 행동으로 채무자와의 우호적인 관계를 지속적으로 유지한다.

해설
채권의 현황, 회수자원 및 방법 등 제반사항을 고려하여 다양한 방법을 사용한다.

03 다음 중 사후관리에서 채무자를 상대하는 자세 중 기본적인 마인드와 가장 거리가 먼 것은?

① 연체자라 하여 미래의 고객이 될 수 있는 가능성을 저버리는 것은 어리석은 행동이다.
② 채무자의 제반사항(나이, 성별, 가족사항, 경제상황 등)을 면밀히 검토하여 상환기간과 방법 등을 적절하게 제시하여야 한다.
③ 채무자가 납득하도록 충분하게 설명할 수 있는 능력과 자세를 가져야 하며, 적합한 방법을 제시하였음에도 불구하고 약속 불이행 시에는 구체적인 법적 조치를 통한 회수 방법을 강구하여야 한다.
④ 채무자 입장에서 생각하고 이야기를 경청하여 상대방을 이해하려는 마음을 가지고 업무를 처리해야 하며 결코 언쟁을 야기하여서는 안 된다.
⑤ 채무자는 약속 불이행자라는 선입견을 버리지 않고 소중한 고객이라는 인식의 전환이 필요하다.

해설
채무자는 잦은 약속 불이행자라는 선입견을 버리고 소중한 고객이라는 인식의 전환이 필요하며, 고도의 업무 지식과 전문성을 갖춰 법률에 근거한 추심활동을 진행해야 한다.

04 업무유형에 대한 설명으로 적절하지 않은 것은?

① A형(적극형)은 의욕적이고 열심히 일하여 회수실적이 우수하다.
② A형(적극형)은 주인의식을 가지고 창의적으로 일한다.
③ B형(요행형)은 악성연체가 적지만 채권회수 방법이 비합리적이다.
④ C형(고생형)은 의욕적으로 열심히 일하나 회수실적이 부진하다.
⑤ D형(소극형)은 업무에 신경을 쓰지 않고 회수 방법도 주먹구구식이다.

해설
B형(요행형)은 담당 채권의 전화불통고객과 악성연체가 적고 채권회수 방법이 합리적이다.

[업무유형의 분류]

A형 (적극형)	특징	• 가장 이상적인 유형 • 주인의식을 가지고 창의적으로 일함
	대책	항상 우위를 사수할 수 있도록 끊임없이 자기계발
B형 (요행형)	특징	• 담당 채권의 전화불통고객과 악성연체가 적음 • 채권회수 방법이 합리적
	대책	• 일에 대한 의욕을 가지면 실적이 좋아지면서 적극형으로 발전할 가능성이 높음 • 계속적인 의욕 결여 시 실적이 부진해지고 소극형으로 전락할 위험이 높음
C형 (고생형)	특징	• 채권회수 방법이 합리적이지 못함 • 담당 채권의 전화불통고객이 많거나 악성연체가 많은 편
	대책	• 사례연구 등을 통한 합리적이고 효율적인 채권회수 방법을 모색 • 연체고객을 세분화하고 소재파악 및 연락처 확보 방법을 철저히 함 • 악성연체에 대한 재산조사, 법적 절차 등의 강도 있는 회수 방법을 적용
D형 (소극형)	특징	• 업무에 전혀 신경을 쓰지 않음 • 채권회수 방법이 주먹구구식
	대책	• 합리적이고 효율적인 회수 방법을 모색 • 자기 자신에 대하여 위기의식을 느끼고 부진한 원인을 찾아 일에 대한 의욕을 갖도록 노력

05 채권관리담당자가 지녀야 할 직업정신 중 연결이 잘못된 것은?

① 부실채권 회수에 관해서 최고이다. - 자부심
② 채권회수의 마지막 보루이며, 회사를 대표하고 있다. - 의무감
③ 신용사회 정착을 위해 일한다. - 사명감
④ 차별화된 회수 기법을 개발하겠다. - 혁신감
⑤ 나와 회사의 발전을 통하여 프로가 된다. - 애사심

해설
채권관리담당자가 지녀야 할 직업정신
- 사명감 : 우리나라 신용사회 정착을 위하여 일한다.
- 책임감 : 우리 회사 채권회수의 마지막 보루이며 회사를 대표하고 있다.
- 자부심 : 내가 부실채권 회수에 관해서 최고이다.
- 혁신감 : 나는 차별화된 회수 기법을 개발하겠다.
- 애사심 : 나와 회사의 발전을 통하여 프로가 된다.

06 채권추심회사가 할 수 있는 채권추심행위에 해당되지 않는 것은?

① 채권자를 대리한 소송행위
② 채권증서의 반환
③ 제삼자로부터의 변제금 수령
④ 어음의 반환
⑤ 영수증 작성 및 교부

해설
타인을 위한 소송대리를 할 수 있는 자는 변호사뿐이다.

07 채권추심에 대한 설명으로 적절하지 않은 것은?

① 개인이든 법인이든 자신이 채권자로서 채권을 추심하는 것은 가능하다.
② 채권추심회사가 아닌 자가 채권추심을 수임하는 것은 금지된다.
③ 채권추심회사가 신용정보제공·이용자가 아닌 자로부터 채권추심을 위임받는 것은 금지된다.
④ 채권추심업무란 채권자의 위임을 받아 변제하기로 약정한 날까지 채무를 변제하지 아니한 자에 대한 재산조사, 변제의 촉구 등을 말한다.
⑤ 채권추심의 대상이 되는 채권에는 판결 등에 따라 권원(權原)이 인정된 민사채권이 포함된다.

해설
채권추심회사가 아닌 자가 채권추심을 수임하여도 그것을 영업으로 하는 것이 아닌 한 금지될 성질의 행위가 아니다.

08 다음 중 채권상담관리와 관련하여 적절하다고 보기 어려운 것은?

① 채무자에 대한 변제력 유·무를 정확히 판단하여 합리적인 변제방법을 제시한다.
② 채무자의 변제의지를 고취시킬 수 있도록 채무불이행에 따른 불이익을 설명한다.
③ 채무자 가족 중 실질적인 경제권자를 파악하여 가족으로서의 도의적 책임감을 자극함으로써 변제를 유도한다.
④ 채무변제에 도움을 줄 수 있는 이해관계인의 유·무를 파악한다.
⑤ 채권상담관리업무를 진행하면서 채무자에 대한 추가적인 정보를 획득한다.

해설
채무자의 가족 중 실질적인 경제권자를 파악하는 것은 제삼자 변제에 대비한 업무라고 할 수 있으나, 실질적 경제권을 가진 부모 및 가족들의 도의적인 책임감을 자극하여 대위변제를 유도해 내는 것은 상담관리의 궁극적인 목적이 아니다.

09 신용관리담당자의 업무능력 향상 방법에 관한 다음 설명 중 가장 적절하지 않은 것은?

① 역할연기 학습을 통하여 습득한 지식을 실무에 적용할 수 있는 능력을 향상시킨다.
② 고객과의 대화를 원활히 진행하기 위해 사전에 작성한 대화대본은 질문할 내용과 순서를 충분히 생각한 후에 작성하고, 상대방과의 상담 포인트를 명확히 한다.
③ 스크립트(Script)를 작성하여 채권추심 관련 상담업무에 활용함으로써 상담의 목적과 방향성을 명확히 하고 응대의 수준을 일정하게 유지하며 일관성 있게 업무를 수행한다.
④ 고객과의 상담에서 훌륭한 스토리를 사용하여 깊은 공감을 일으키고 유익한 정보를 제공하도록 노력한다.
⑤ 실수 또는 실패에 대한 사례들은 스토리의 자원으로 활용도가 낮기 때문에 활용하지 않는 것이 바람직하다.

해설
실수 또는 실패에 대한 사례들은 스토리의 자원으로 활용도가 높기 때문에 활용하는 것이 바람직하다.

10

채권추심 관련 금지행위에 관한 다음 행위 중 ( )에 들어갈 숫자로 가장 적절한 것은?

> 「채권의 공정한 추심에 관한 법률」 제9조 제2호에 따라 정당한 사유 없이 반복적으로 또는 야간[오후 (A)시 이후부터 다음 날 오전 (B)시까지]에 방문하는 행위

	A	B
①	9	10
②	8	10
③	7	8
④	9	8
⑤	8	9

해설

채권추심자는 채권추심과 관련하여 정당한 사유 없이 반복적으로 또는 야간(오후 9시 이후부터 다음 날 오전 8시까지를 말한다)에 채무자나 관계인을 방문함으로써 공포심이나 불안감을 유발하여 사생활 또는 업무의 평온을 심하게 해치는 행위를 하여서는 아니 된다(채권추심법 제9조 제2호).

11

신용정보와 관련된 개념을 잘못 이해하고 있는 것은?

① 신용정보 - 상거래에서 신용도 등의 판단을 하기 위하여 필요로 하는 식별정보, 신용불량정보, 신용거래정보, 신용능력정보, 공공정보
② 연체 - 원금 또는 이자를 상환하기로 약정한 기일에 상환하지 아니한 경우 1일만 지나도 연체
③ 해제 - 금융채무 불이행의 사유발생(대출금 연체 등)을 정리하는 것을 의미함
④ 삭제 - 해제사유 발생일로부터 일정 보존기간 경과 후 신용정보조회표상에서 삭제되는 것
⑤ 기록보존기간 - 연체기간 동안 연체사실을 기록하는 기간

해설

기록보존기간이란 연체금 상환 후 발생사유 및 변제일 등에 대한 기록을 관리하는 기간을 말한다.

12 자산건전성 분류에 있어서 위험도가 낮은 것부터 차례로 나열된 것은?

① 정상 – 고정 – 요주의 – 회수의문 – 추정손실
② 정상 – 고정 – 회수의문 – 요주의 – 추정손실
③ 정상 – 회수의문 – 고정 – 요주의 – 추정손실
④ 정상 – 요주의 – 회수의문 – 고정 – 추정손실
⑤ 정상 – 요주의 – 고정 – 회수의문 – 추정손실

해설
자산건전성 분류에 있어서 위험도는 정상, 요주의, 고정, 회수의문, 추정손실의 5단계로 분류한다.

13 다음 T/M의 내용 중 거리가 먼 것은?

① 우편발송 및 방문에 비해 저비용으로 고객관리 업무에 고효율(경제성)을 가진다.
② 상담자의 대화 기술에 회수율이 좌우되기 때문에 사전에 정비된 리스트, 스크립트 그리고 통화훈련이 필요하다.
③ 판매촉진, 대금회수, 계약갱신 등의 다소 소극적인 업무에 운영된다.
④ 아웃바운드는 내부에서 외부로 전화를 걸어서 상담하는 것을 말하며, 전화를 거는 주체가 된다.
⑤ 인바운드는 외부로부터 걸려오는 전화를 받아서 상담하는 것을 말하며, 상대방이 전화를 걸어 전화를 받는 주체가 된다.

해설
판매촉진, 대금회수, 계약갱신 등의 다소 적극적인 업무에 운영된다.

14
다음은 신용관리담당자의 상담기법에 관한 설명이다. 이에 대한 설명 중 가장 적절한 것은?

> 채무자의 거주지 및 소재지를 방문하여 변제 독촉을 하는 방법으로서, 고객과의 만남을 통해 인간적으로 서로의 입장을 이해할 수 있어 효율성 면에서 시간의 소요는 있지만 회수의 효과가 가장 크다.

① 전화상담
② 방문상담
③ 서면관리(최고서 등)
④ 스토리텔링
⑤ 스크립트(Script)

해설
방문상담관리
방문상담관리는 채무자의 거주지, 소재지를 방문하여 상담관리하는 것으로, 시간적 소요의 문제는 있지만 위약자와 연락두절인 채무자를 상대로 독촉하는 데 효율적인 방법으로 가장 많이 사용되는 방법이며 장기, 상각 채권관리에서 주로 이루어지는 상담방법이다. 방문상담관리는 채무자 관찰과 심리파악이 용이하고 장시간, 진지한 상담이 가능하다는 장점이 있다. 또한 방문상담은 변제의 독촉, 행불추적, 재산조사 등이 동시에 이루어질 수 있는 특징 때문에 채무자가 상속인이거나 재산소유자인 경우에는 방문효과가 높다.

15
금융거래 시 유의사항에 관한 다음 설명 중 가장 적절하지 않은 것은?

① 통장을 개설할 경우, 「금융실명거래 및 비밀보장에 관한 법률」에 의하여 예금 거래는 반드시 본인의 실명으로 하여야 한다.
② 대출금을 승계(근저당권이 설정된 채무)하는 조건으로 부동산을 매수할 경우, 소유권이전등기 전에 근저당권이 설정된 금융기관을 방문하여 채무자 명의를 변경하거나 채무자의 잔존 채무금액이 확인된 부채증명서를 받아두는 것이 안전하다.
③ 신용카드업자는 분실·도난 등의 통지 전에 생긴 신용카드의 사용에 대하여 기간과 상관없이 모두 책임을 진다.
④ 연대보증은 보통의 보증과 달리 최고·검색의 항변권 및 분별의 이익이 없으며 또한, 채권자는 어느 연대보증인에 대해서도 주채무의 전액을 청구할 수 있는 제도이기 때문에 이를 정확하게 알고 연대보증을 하여야 한다.
⑤ 전화 또는 문자를 통한 대출광고는 대출빙자형 보이스피싱일 수 있으므로 이러한 연락을 받은 경우 반드시 금융회사의 실제 존재여부를 우선 확인한 후, 대출을 권유하는 자가 금융회사 직원인지 또는 정식 등록된 대출모집인인지 여부를 확인하여야 한다.

해설
신용카드업자는 카드의 분실·도난 등의 통지를 받은 때부터 그 카드의 사용에 따른 책임을 진다(여신전문금융업법 제16조 제1항).

16. 「채권추심 및 대출채권 매각 가이드라인」에 관한 다음 설명 중 가장 적절하지 않은 것은?

① 「채권추심 및 대출채권 매각 가이드라인」을 준수하는 것만으로 감독당국 및 사법당국의 제재 대상이 되지 아니함을 보장하지 않는다.
② 금융회사 등은 채권의 추심 및 매각과 관련하여 리스크에 노출될 수 있음을 인지하고, 내부통제 기준을 마련하는 등 리스크를 관리하여야 한다.
③ 채권추심행위는 채무자(보증인 제외)가 채권자로부터 경제적 이익을 향유하였음에도 불구하고 약정한 기일 내에 채무를 변제하지 아니함에 따라 이루어지는 것이므로 채무자는 본인의 채무를 변제하여야 하는 법적인 책임이 있다.
④ 금융회사 등이 적법하게 채권을 추심하는 경우 채무자는 이에 대하여 신의에 좇아 성실하게 응하여야 한다.
⑤ 채권추심회사는 채권자와 채권추심위임계약이 종결되면 종결 이전에 발생한 불법·부당행위가 확인되어도 책임이 없다.

해설
금융회사는 채권을 매각하더라도 채권매각 이전에 발생하는 불법·부당행위에 대하여 책임이 있으며, 채권추심회사는 채권자와 채권추심위임계약이 종결되더라도 종결 이전에 발생하는 불법·부당행위에 대하여 책임이 있음을 유의하여야 한다(채권추심 및 대출채권 매각 가이드라인 제5조 제4항).

CHAPTER 02 신용정보업의 현황과 발전

01. 신용정보업 현황에 대한 설명으로 적절하지 않은 것은?

① 신용정보업계는 태동 단계에서 성장 단계로 전환되는 과도기 상태로 향후 발전 가능성은 상당히 크다.
② 부실채권시장 내 타 참여자들은 특정 부문에 특화되어 있는 반면, 신용정보회사는 전 영역에 대해 업무수행이 가능하다.
③ 과당경쟁 등에 따른 업계 내부의 문제점 및 정책감독당국의 상대적 관심 부족 등이 발전의 걸림돌로 작용하고 있다.
④ 신용정보업에 대한 부정적 이미지는 선진국에서는 찾아보기 힘든 후진적 상황이다.
⑤ 전체적인 시장 확대를 위한 업계의 공동 노력이 병행되어야 하는 상황이다.

해설
신용정보업에 대한 부정적 이미지는 선진국(미국 등)에서도 일반적으로 찾아볼 수 있는 현상으로, 점진적으로 개선시켜야 할 과제이나 업체 간 출혈 경쟁, 일부의 부당 추심행위 등의 문제점은 즉시 시정되어야 할 사항이다.

정답 16 ⑤ / 01 ④

02 부실채권시장의 발전 단계 중 가장 마지막 단계에 해당하는 것은?

① 금융외환 위기로 인한 대규모 부실채권 발생
② 전문화 및 특화된 부실채권시장 형성 단계
③ 부실채권 정리의 소홀과 도덕적 해이 현상의 보편화
④ 공적부실정리기구를 통한 대규모 부실채권 인수
⑤ 자산유동화 및 CRV 등을 통한 부실채권 매각

해설
부실채권시장의 발전 단계
- 1단계 : 금융외환 위기로 인한 대규모 부실채권 발생
- 2단계 : 공적부실정리기구를 통한 대규모 부실채권 인수
- 3단계 : 자산유동화 및 CRV 등을 통한 부실채권 매각
- 4단계 : 전문화 및 특화된 부실채권시장 형성 단계

03 신용정보업계의 경쟁력 강화 방안과 거리가 먼 것은?

① 현 단계에서 추심전문인력의 자질향상을 위한 시스템과 자격제도 등에 관한 업계차원의 공동 대응이 필요하다.
② 파생산업에 대한 접근 등 업무영역의 확대를 위해 전문인력을 양성하거나 확보하는 데 적극적인 투자가 필요하다.
③ 업계 내 과다경쟁을 방지하고 외부에 대한 영향력을 높이기 위해서는 협회의 역할이 강화되어야 한다.
④ 추심전문인력의 이직률이 적고 충성도가 강해 조직 내 전문지식 및 D/B의 축적이 타 업종에 비해 강한 것이 일반적인 상황이다.
⑤ Valuation 기법의 체계화를 통해 주먹구구식 과당경쟁을 방지하고 업계 전체의 수익성을 확보할 수 있는 인프라 조성이 필요하다.

해설
추심전문인력의 이직률이 높다.

04. 신용정보업계의 SWOT에 대한 설명으로 적절하지 않은 것은?

① 부실시장 내 핵심 업무 영역을 영위하고 있다는 것은 업계의 강점이다.
② 제한된 시장 내 다수의 경쟁자가 있다는 것은 업계의 약점이다.
③ 노동집약적 산업이라는 것은 업계의 약점이다.
④ 금융 및 기업의 파생산업이라는 것은 기회요인이 될 수 있다.
⑤ 경기에 따른 변동이 작은 것도 업계의 기회요인이 될 수 있다.

해설
경기에 따른 변동성이 확대되는 것은 업계의 위기요인이 될 수 있다.

05. 신용정보업의 기능과 가장 거리가 먼 것은?

① 국가 신인도 제고
② 우량기업 유지기능
③ 금융채무 불이행자의 신용회복기능
④ 채무자의 도덕적 해이 해소
⑤ 선진신용사회 정착유도

해설
신용정보업은 신용정보의 수집과 관리, 가공, 유통을 원활히 해 금융기관의 자금배분과 사후관리가 효율적으로 이루어지게 하며, 사회적으로 채무자의 도덕적 해이를 방지하여 신용질서를 확립하고, 금융소비자에게 신용의 중요성을 인식시켜 선진 신용사회에서 없어서는 안 될 중요한 인프라 기능을 수행하는 산업이다.

06. 채권추심을 아웃소싱할 경우의 단점으로 적절하지 않은 것은?

① 원채권자인 금융기관의 평판 손상
② 경쟁중심의 조직문화 정착에 따른 직원의 심리적 불안정
③ 양 조직 간 정보교류상 마찰 발생
④ 차등급여로 인한 직원 간 위화감 표출
⑤ 전문성 미비로 인한 회수율 저하

해설
아웃소싱의 장점은 목표의 명확화, 목표와 행동의 일치, 전문성 제고를 통하여 부실채권 회수율의 극대화를 도모할 수 있다는 점을 들 수 있다.

정답 04 ⑤ 05 ① 06 ⑤

07. 우리나라의 신용정보산업이 비약적으로 발전한 계기는?

① 3차 오일 발생 이후
② 문민정부 성립 이후
③ 외환위기 발생 이후
④ WTO 출범 이후
⑤ 한미 FTA 체결 이후

해설
우리나라에 있어서도 1997년 외환위기 이후 부실채권시장이 형성되면서 제반 자문서비스와 신용평가, 채권추심, 신용위험 관리 등 신용정보산업이 비약적으로 발전하는 계기를 맞게 되었다.

08. 겸영신용정보회사에 해당하지 않는 것은?

① 한국무역보험공사
② 신용보증기금
③ 한국자산관리공사
④ 한국관광공사
⑤ 농협자산관리회사

해설
전업신용정보회사와 별도로 겸영신용정보회사 5개사(한국무역보험공사, 한국자산관리공사, 신용보증기금, 농협자산관리회사, 기술보증기금)가 영업을 하고 있다.

09. 각국의 신용정보업 현황에 대한 설명으로 적절하지 않은 것은?

① 일본은 채권관리회수업만을 규제하는 단일법으로 규정하고 있다.
② 영국은 포괄적 규제방식을 택하고 있으며 소비자신용정보법에 의해 소비자신용정보업무에 관한 내용을 규정하고 있다.
③ 미국은 채권추심과 관련된 원칙적인 사항 및 추심업체의 허가절차 등에 관해 연방법에서 규정하고 있다.
④ 호주는 관련 법률 없이 통상업무규정에 채권추심과 관련된 지침 정도를 규정하고 있는 국가이다.
⑤ 한국은 신용정보와 관련된 사항을 종합적으로 규제하는 단일법률에서 채권추심업체의 허가·관리 등에 대한 사항을 규정하는 체계이다.

해설
미국은 채권추심과 관련된 원칙적인 사항은 연방법, 추심업체의 허가절차 등은 주법에서 규정하고 있다.

10. 미국의 공정채권추심법(FDCPA)에 대한 설명으로 적절하지 않은 것은?

① FDCPA에는 추심업자의 허가에 대한 규정이 부재한다.
② 자본금이나 수수료에 대한 규제는 없다.
③ 자체 채권을 추심하는 채권자들을 규제대상으로 한다.
④ FDCPA는 채권추심회사의 경영을 지도·규율하지는 않는다.
⑤ 규제기관은 Fair Trade Commission이다.

해설

전문적인 제삼의 추심사업자, 대리인 및 변호사들이 규제대상이다. 그러나 In-house 추심업자, 즉 자체 채권을 추심하는 채권자들은 규제하지 않는다.

11. 공정채권추심법(FDCPA)의 내용 중 금지된 내용이 아닌 것은?

① 채무변제를 거부하는 채무자 명부의 공개 발간
② 채무변제를 강요하기 위해 채권매각을 광고하는 행위
③ 발신자의 신원을 노출하지 않고 전화를 하는 행위
④ 퇴근시간 이전에 전화하는 행위
⑤ 채무자의 고용주가 직장으로 전화하는 것을 금지한다는 사실을 알았는데도 채무자의 직장에 전화하는 행위

해설

오전 8시에서 오후 9시 사이(이외는 비정상적인 시간으로 규정)에 전화로 접촉하는 것은 가능하다.

12. 한국자산관리공사(KAMCO)에 대한 설명으로 틀린 것은?

① 은행의 부실자산 정리기관으로 설립되었다.
② 부실채권 정리기금을 관리·운용하였다.
③ 부동산의 매입, 개발, 부동산컨설팅 업무도 수행한다.
④ 국가 자산의 관리 및 처분을 대행한다.
⑤ 금융감독원으로부터 지휘, 감독을 받고 있다.

해설

한국자산관리공사(KAMCO)는 금융위원회로부터 전반적인 경영에 관하여 지휘, 감독을 받고 있다.

정답 10 ③ 11 ④ 12 ⑤

13 부실채권시장에 대한 설명으로 적절하지 않은 것은?

① 부실채권시장 규모는 경기변동에 후행한다.
② 부실채권의 투자수익률은 투자적격등급채권의 수익률을 상회한다.
③ 부실기업의 기업가치 제고는 시장위험에 의해 달라진다.
④ 부실채권의 투자 시 분산화 원칙을 준수할 경우 투자의 위험성은 낮아진다.
⑤ 부실채권은 충분히 할인된 가격으로 거래되므로 부실채권 가격변동위험의 하방경직성이 존재한다.

|해설|
부실기업의 기업가치 제고는 시장위험보다는 개별위험에 의해 달라진다.

CHAPTER 03 고객만족(CS)과 민원예방

01 고객관리란 담당자가 원하는 목표를 달성할 수 있도록 고객의 입장을 설득하여 효율적으로 목적을 달성시키는 것이라 할 수 있다. 다음 중 고객반대에 임하는 기본정신과 거리가 먼 것은?

① 감정을 갖지 않고 토론에 임한다.
② 고객과 대화 시 자신감을 갖는다.
③ 고객이 반대하는 말을 잘 경청한다.
④ 불쾌한 내색을 하지 않는다.
⑤ 말을 많이 하여 고객의 스트레스가 풀리도록 한다.

|해설|
신용관리담당자는 고객의 입장이 되어서 생각해야 한다.

02 고객만족(CS)에 관한 다음 설명 중 가장 적절하지 않은 것은?

① 고객만족은 상품이나 서비스에 대한 고객의 사전기대보다 사용실감이 크거나 높은 것을 말한다.
② CS(고객만족)경영은 시장 내에서 공급이 수요를 초과(공급 > 수요)할 때 더욱 중요해진다.
③ 내부고객의 만족과 외부고객의 만족은 상호 반비례 관계이다.
④ 고객만족도를 결정하는 10가지 요소는 신뢰성, 접근성, 신용도, 기본자질, 안전성, 태도, 대화방법, 편의성, 고객 이해도, 신속한 대응이다.
⑤ 고객을 만족시키기 위해서는 기본적으로 고객을 충분히 이해하는 것이 선행되어야 한다.

해설
내부고객의 만족과 외부고객의 만족은 상호 비례 관계이다.

03 역피라미드형 조직과 피라미드형 조직의 가장 상위 단계에 해당하는 것으로 가장 적절한 것은?

	역피라미드형 조직	피라미드형 조직
①	최고경영자	고 객
②	고 객	제1선 사원
③	고 객	최고경영자
④	제1선 사원	고 객
⑤	고 객	고 객

해설
역피라미드형 조직
고객주도형 조직이라고도 하며 경영조직이 경영자에 의한 명령보다 고객의 요구에 따라 설계되고 운영되는 조직을 말한다.
피라미드형 조직
경영진 주도형 조직이라고도 하며 경영조직이 경영자에 의한 명령으로 설계되고 운영되는 조직을 말한다.

04. 다음 설명은 고객만족도를 결정하는 요소 중 무엇과 가장 가까운가?

"정확하고 틀림없으며 납기기한이 확실하다."

① 기본자질
② 고객 이해도
③ 신뢰성
④ 태도
⑤ 신속한 대응

해설
고객만족도를 결정하는 10가지 요소로는 신뢰성, 접근성, 신용도, 기본자질, 안전성, 태도, 대화방법, 편의성, 고객 이해도, 신속한 대응이 있다.

05. 고객의 성향 및 욕구에 관한 다음 설명 중 가장 적절하지 않은 것은?

① 고객은 언제나 환영받기를 원하는 환영기대심리가 있으므로 밝은 미소로 맞이해야 한다.
② 고객은 불만족한 사실보다는 만족한 사실을 훨씬 크게 기억하는 경우가 많다.
③ 고객은 서비스 직원보다 우월하다는 심리를 갖고 있기 때문에 서비스직원은 직업의식을 가지고 고객의 자존심을 인정하고 자신을 낮추는 겸손한 자세가 필요하다.
④ 고객은 각자 자신의 가치 기준을 가지고 자기 위주로 모든 상황을 판단하는 심리(자기 본위적 심리)를 가지고 있다.
⑤ 고객은 중요한 사람으로 인식되고 기억해 주기를 바라는 존중 기대심리가 있다.

해설
고객은 만족한 사실보다는 불만족한 사실을 훨씬 크게 기억하는 경우가 많다.

06. MOT에 대한 설명으로 적절하지 않은 것은?

① MOT서비스는 더하기의 개념이다.
② 제방(둑)의 원리가 적용된다.
③ 확산의 원칙이 적용된다.
④ 고객이 조직의 어떤 일면과 접촉하는 접점을 말한다.
⑤ 고객접점서비스는 고객과 많이 접하는 금융이나 서비스업 회사일수록 더 중요하다.

해설
MOT서비스는 더하기가 아니라 곱셈의 개념이다.

07 고객만족관리에 관한 다음 설명 중 가장 적절하지 않은 것은?

① CS평가시스템은 고객만족에 기여한 외부 경영활동의 과정과 결과를 회사 관점에서 평가하는 기법이다.
② CS평가시스템은 고객이 만족한 정도를 측정함은 물론이며 평소 업무 과정에서 고객만족을 위해 노력한 내부활동에 대해서도 평가할 수 있다.
③ VOC(Voice Of Customer)시스템은 고객의 소리를 통합 기업활동에 활용할 수 있도록 설계해 주는 시스템이다.
④ CRM(Customer Relationship Management)이란 고객관리에 필수적인 요소들을 고객중심으로 정리·통합하여 고객활동을 개선함으로써 고객과의 장기적인 관계를 구축하고 기업의 경영 성과를 개선하기 위한 새로운 경영방식이다.
⑤ CRM(Customer Relationship Management)의 궁극적인 목적은 고객 개개인에게 지속적으로 최적의 상품 솔루션을 제공함으로써 고객과 기업 모두에게 윈윈관계를 달성하는 데 있다.

해설
CS평가시스템이란 고객만족에 기여한 내부 경영활동의 과정과 결과를 고객 관점에서 평가하는 기법이다.

08 예절에 관한 다음 설명 중 가장 적절하지 않은 것은?

① 인사는 상대방을 위한 것이 아닌 나 자신을 위한 것임을 명심하고 내가 먼저 한다는 자세가 중요하다.
② 엘리베이터 안이나 복도 또는 계단에서 인사하는 경우나 자주 대할 때에는 가벼운 인사, 즉 목례를 하는 것이 일반적이다.
③ 명함을 받으면 그 자리에서 상대방의 근무처, 직위, 성명 등을 확인하여 대화 중 실수가 없도록 한다.
④ 인사는 시선을 상대방의 눈에 맞춘 다음 인사말을 밝고 분명하게 하는 것이 바람직하다.
⑤ 교육이나 회의 진행 중에 누군가 들어오면 반드시 일어서서 눈을 맞추며 인사한다.

해설
일 자체가 인사를 할 정도의 여유가 있는 것이라면 상황에 맞게 가볍게 목례 정도를 한다.

09. 성숙기의 경영환경에 대한 설명으로 적절하지 않은 것은?

① 수요공급 측면 – 수요 < 공급
② 경영사고 방식 – 상품의 품질
③ 경영의 실천 – 고객이익우선
④ 시장의 주도권 – 고객
⑤ 기업과 고객의 관계 – 고객이 기업을 선택

해설

[도입기와 성숙기의 경영환경]

구 분	도입기	성숙기
수요공급 측면	수요 > 공급	수요 < 공급
경영사고 방식	상품의 품질	고객만족
경영의 실천	기업이익우선	고객이익우선
시장의 주도권	기 업	고 객
기업과 고객의 관계	기업이 고객을 선택	고객이 기업을 선택

10. 고객과 생산적인 대화를 위한 방법으로 다음 설명 중 가장 적절하지 않은 것은?

① 대화자 간에 대화가 서로 기대했던 자극과 반응으로 이어지면 원만한 대화가 이루어지며 이를 '상보대화'라 한다.
② '나' 전달법은 고객의 행동에 대한 나의 생각이나 감정을 표현하는 방법으로서 고객으로 하여금 내가 고객을 위하고 있다는 생각이 들게 하는 것이 바람직하다.
③ '너' 전달법은 상대방에게 책임을 추궁하듯이 말하는 화법으로 자칫하면 듣는 이에게 적대감을 일으키거나 감정적으로 격앙될 소지가 있는 화법이다.
④ '너' 전달법에서 고객은 나의 느낌을 수용하고 자발적으로 자신의 문제를 해결하고자 하는 의도를 지니게 된다.
⑤ 신용관리담당자는 연체 중인 채무자의 감정반응을 잘 포착하여 대응할 수 있도록 자신의 감성지수(EQ ; Emotional Quotients)를 향상시키는 노력이 필요하다.

해설

'너' 전달법은 상대방의 잘못을 지적하는 것으로 '나' 전달법보다 위협적이고 공격적인 표현방법이다. 이에 상대방은 거부심리, 반항, 공격성 등을 보이게 된다.

11. 연체 독촉 시 유의사항으로 적절하지 않은 것은?

① 성별, 연령 및 직위, 시간과 장소에 구애됨이 없다는 것은 서면관리의 특징이다.
② 내용증명이나 휴대폰의 문자·음성메시지도 서면관리에 포함된다.
③ 방문관리는 시간소요가 많지만 회수의 효과가 가장 크다.
④ 어린 자녀나 노약자에게는 구체적인 연체내용을 알려서는 안 된다.
⑤ 실태 조사를 위한 방문 시 우발적인 사고의 예방을 위하여 2인 1조도 좋다.

해설
시간과 장소에 구애됨이 크게 없는 것은 전화관리로 가장 많이 사용되는 방법이다.

12. 서면독촉에 대한 설명으로 적절하지 않은 것은?

① 연체사실을 통보하고 교육한다.
② 채무자에게 변제의지를 고취시킨다.
③ 증빙자료를 활용할 수 있다.
④ 채권의 소멸시효를 중단시키는 효력이 있다.
⑤ 독촉장의 발송으로 매회 6개월간 시효가 중단된다.

해설
연체 후 5년이 경과하면 소멸시효의 완성으로 채권자가 해당 채권에 대하여 권리행사를 할 수 없다. 따라서 채권자의 계속적인 권리행사를 위해서는 시효중단 및 시효연장의 조치를 취해야 한다. 독촉장의 발송은 최고에 의한 시효중단으로 1회에 한하여 6개월간 중단된다.

13. 전화응대에 관한 다음 설명 중 가장 적절하지 않은 것은?

① 전화는 고객과 회사를 연결시켜 주는 중요한 의사소통 수단이다.
② 전화통화 시에는 고객과 직접 대면하지 못함에 따라 예절에 어긋날 수 있는 소지가 많음에 유의하여야 한다.
③ 전화응대 태도는 회사의 인상을 결정짓는 요소이다.
④ 고객의 변명이나 하소연은 끝까지 듣지 말고 중도에 차단한다.
⑤ 마무리 인사를 하고 전화통화가 끝나면 상대방이 수화기를 내려놓는 것을 확인한 후에 조용히 수화기를 내려놓는다.

해설
민원인이 전화로 변명을 하거나 구체적 요구사항 없이 하소연을 하는 경우 민원인의 말을 끊지 말고 성실하게 경청하며, 예의 바르게 응대해야 한다.

정답 11 ① 12 ⑤ 13 ④

14. 고객의 불만을 고객의 신뢰로 바꾸기 위한 노력으로 가장 적절하지 않은 것은?

① 고객의 타당한 불만에 대하여 자사의 실수나 잘못을 인정하고 진실한 사과와 보상을 위한 행동 등으로 투명하게 불만을 처리한다.
② 고객의 불만에 대하여 사실과 감정을 구분하여 듣되, 고객이 잘못 알고 있는 부분은 이야기 도중이라도 끼어들어 상세히 설명한다.
③ 고객 불만 처리 시 고객이 원한다면 무엇이든 응한다는 마음의 자세를 갖는 것은 중요하나, 처리에 있어서는 내용을 파악 후 그에 맞는 조치를 내어 고객의 동의를 얻어 처리한다.
④ 고객의 불만을 검토하여 새로운 제품 및 서비스 아이디어를 발굴하는 기회로 삼는다.
⑤ 고객의 불만이 무엇인지 적극적으로 경청한다.

해설
긍정적인 대화와 고객의 존중을 위해 고객이 잘못 알고 있는 부분은 이야기를 다 듣고 난 후 정정하거나 설명해야 한다.

15. 불만고객에 관한 다음 설명 중 가장 적절하지 않은 것은?

① 고객의 불만요인을 찾아 시정하면 회사의 서비스가 개선되어 고객만족 요인으로 전환될 수 있다.
② 고객은 만족한 사실보다는 불만족한 사실을 오래 기억하는 경향이 있다.
③ 고객의 불만을 잘 해결하는 경우 고객의 충성도를 높이는 기회가 될 수 있다.
④ 사소한 아이디어 하나, 경쟁사가 제공하지 않는 서비스 하나가 고객에게 큰 감동을 줄 수 있다.
⑤ 일반적으로 고객은 불만을 자기 마음속에만 품고 있어 고객의 불만사항은 제삼자에게 잘 알려지지 않는다.

해설
불만이 있는 고객은 대개 제삼자에게 그 내용을 전달하기 때문에 나쁜 소문이 돌도록 만들 수 있다.

16. 금융분쟁조정제도와 관련한 설명 중 올바르지 않은 것은?

① 민원신청인은 신청인의 성명, 주소, 전화번호 및 신청내용을 기재한 신청서를 우편 또는 인터넷 민원접수를 이용하여 신청한다.
② 금융분쟁조정제도는 소비자보호제도의 일환이다.
③ 금융분쟁조정위원회의 조정안을 당사자가 수락하는 경우 재판상화해와 같은 효력이 인정된다.
④ 분쟁의 사실관계를 조사하여 신속·공정하게 해결함으로써 소송절차에 의할 경우 드는 비용과 시간을 절약할 수 있다.
⑤ 분쟁조정신청의 민원일 경우 50일 이내에 처리하고 있으나, 사실조회 등에 소요되는 기간을 감안할 때 민원처리 기간이 다소 변경될 수 있다.

해설
분쟁조정신청의 민원일 경우 30일 이내에 처리하고 있으나, 사실조회 등에 소요되는 기간을 감안할 때 민원처리 기간이 다소 변경될 수 있다.

17. CS 평가시스템에 대한 설명으로 적절하지 않은 것은?

① 고객이 만족한 정도를 측정한다.
② 평소 업무 속에서 고객만족을 위해 노력한 내부 활동에 대해서도 평가할 수 있다.
③ 자발적인 CS 활동의 참여를 유도할 수 있다.
④ 고객 지향적 기업문화를 조성할 수 있다.
⑤ 고객만족에 기여한 내부 경영활동의 과정과 결과를 회사 내부의 관점에서 평가하는 기법이다.

해설
고객만족에 기여한 내부 경영활동의 과정과 결과를 고객 관점에서 평가하는 기법이다.

18 민원에 관한 다음 설명 중 가장 적절하지 않은 것은?

① 소비자의 의식수준이 지속적으로 높아지고 있으므로 민원의 예방을 위해서는 업무수행과정에서 법률과 규정을 준수하고 정확한 업무지식을 보유해야 할 필요성이 증대되고 있다.
② 민원인에 대하여 즉각적이고 구체적인 해결방안을 제시하여 문제 해결의 의지를 보이고 감사의 표시도 잊지 않는다.
③ 채권추심회사의 채권추심과 관련된 민원이 발생될 경우 수임사(채권추심회사)와 채권관리담당자가 전담하여 민원을 해결하게 되므로 위임사(채권자)는 별다른 불이익을 받지 않는다.
④ 적절한 응대어를 구사하고, 요약·정리하고 확인하면서 민원내용을 적극적으로 청취한다.
⑤ 채무자는 고객이라는 생각으로 채무자가 회사와 나의 수익의 원천이라는 인식의 전환이 필요하다.

해설
위임사(채권자)는 감독기관의 위임사 평가 및 위임사 내부 평가에 반영되거나, 이미지가 훼손되는 등의 영향을 받는다.

19 채권추심업무 수행 시 민원예방을 위한 노력으로 가장 적절하지 않은 것은?

① 신용정보의 수집·조사 및 채권추심 시에는 신용정보업에 종사함을 나타내는 증표를 지니고 관계인에게 이를 내보여야 한다.
② 관련 법규 및 내규를 준수하고 사회규범과 윤리에 따라 행동하여야 하며 추심대상자의 인격과 권리를 존중하여야 한다.
③ 업무상 알게 된 타인의 신용정보 및 사생활 등 개인적 비밀을 업무목적 외에 누설하거나 이용하여서는 아니 된다.
④ 채무자에게 변제를 촉구하는 행위를 서면으로 할 경우에는 회사에서 공식적으로 제작한 서식, 문구 등을 사용하여야 한다.
⑤ 채무자의 주소지를 방문할 때에는 우발적 사고 예방을 위해 2명 이상이 한 조를 구성하여 행동하여야 한다.

해설
채무자의 주소지를 방문할 때에는 우발적 사고 예방을 위해 2명 이상이 한 조를 구성하여 행동할 수도 있으나, 반드시 2명 이상이 한 조를 구성해야 하는 것은 아니다.

20 TA(Transactional Analysis : 교류분석)에 관한 다음 설명 중 가장 적절하지 않은 것은?

① TA 대화 분석은 긍정 심리 이론이다.
② TA 대화 분석의 기본적 사상은 자기 이해이다.
③ TA 대화 분석을 통해 여러 가지 '감정'들에 대한 이해를 높일 수 있다.
④ TA 대화 분석에서 대화란 어떤 사람의 한 가지 자아상태에서 보내지는 자극에 대해 그 자극을 받은 사람의 한 가지 자아상태에서 반응이 되돌아오는 것이다.
⑤ 에릭 번(Eric Berne)이 개발한 TA이론에 의하면 사람의 자아상태의 특성에 따라 그 유형을 부모(P), 성인(A), 어린이(C)의 자아상태로 분류하였다.

해설
TA 교류 분석의 기본적 사상은 자기 이해와 타인 이해를 바탕으로 하는 조직 관계 이해이다.

배우기만 하고 생각하지 않으면 얻는 것이 없고,
생각만 하고 배우지 않으면 위태롭다.

-공자-

PART 2
금융·경제상식

CHAPTER 01　금융·경제상식

CHAPTER 01 금융·경제상식

PART 2 금융·경제상식

THEME01 금융일반이론

제1장 주식·펀드

001 핫머니(Hot Money : 국제투기자본) ★★
국제 금융시장을 이동하는 단기성 자금

국제 정세의 급변, 사회적 정치적 불안, 환율 변동 등이 예상되는 경우 단기간의 금리차익을 노리는 국제 금융시장의 유동성 단기자금을 말한다. 이러한 자금은 단기간에 대량으로 이루어지는 특징이 있다. 따라서 대량의 자금이 단기간에 유·출입됨에 따라 자금 유출국에는 국제수지의 악화, 환율의 하락, 통화 불안 증대 등의 영향을, 자금 유입국에는 과잉 유동성으로 인한 인플레이션 압력 등의 영향을 미친다.

002 모라토리엄(Moratorium) ★★★★
한 국가가 외국에서 빌려 온 채무의 이행을 연기 또는 유예하는 일

라틴어로 '지체하다'란 뜻의 'Morari'에서 파생된 말로 대외 채무에 대한 지불유예를 의미한다. 전쟁·지진·경제공황·화폐개혁 등 한 국가 전체 또는 어느 특정 지역에서 긴급사태가 생겼을 때 국가권력을 발동해 일정 기간 동안 금전적인 채무이행을 연장하는 것이다. 채무국은 여러 협상을 통해 외채 상환을 유예받지만, 국제적으로 신용이 하락하여 대외 거래에 많은 어려움이 뒤따르게 된다.

> **상식 더하기** 디폴트(Default)
> 채무불이행으로서 한 정부가 외국에서 빌려 온 차관을 정해진 기간 안에 갚지 못하는 경우를 말한다.

003 레드칩(Red Chip) ★★
최초 홍콩증시에 상장된 중국본토의 국영기업 주식을 이야기하는 용어

1990년대를 전후해 홍콩 주식투자가들이 만들어 낸 용어이다. 처음에는 홍콩 증권시장에 상장된 중국 기업 내의 주식들 모두를 말하였으나, 현재는 중국 정부와 국영기업이 최대주주로 참여해 홍콩에 설립한 기업들 가운데 우량기업들의 주식만을 가리킨다.

상식 더하기
- 블랙칩 : 탄광이나 석유 등과 관련된 종목
- 옐로우칩 : 골든칩까지는 이르지 못한 중저가 우량주
- 블루칩 : 주식시장에서 대형 우량주를 통틀어 가리키는 용어

004 그림자금융 ★★
은행과 유사하지만 규제받지 않는 유동성 있는 금융회사

섀도뱅킹시스템(Shadow Banking System)이라고도 하는데, 주식딜러, 헤지펀드, 머니마켓펀드와 같은 비은행 금융기관들이 은행과 비슷한 역할을 하면서도 고수익·고위험 채권을 사고팔면서 새로운 유동성을 만들어내고 중앙은행의 규제와 감독을 받지 않는 금융회사를 말한다. '그림자'라는 명칭이 붙은 이유는 보편화된 금융시장과는 다르게 투자대상의 구조가 복잡하여 투명하게 그 시스템이 드러나지 않기 때문이다.

005 금융자산 ★★★
개인이나 기업 또는 국민경제가 보유하는 자산 중 화폐 및 광의의 채권

토지, 건물, 기계, 설비, 원료, 제품 등의 실물자산에 대한 현금이나 유가증권, 보험, 기업 간의 신용 등을 말한다.

> **실물자산**
> 부동산, 골동품, 금, 기념주화처럼 형체가 있는 자산

배당소득
주식회사의 이익배당금, 합자·합명회사의 이익분배금 등 기업투자에 대한 이익을 주주에게 돌려주는 금액

006 금융소득종합과세 ★★★★
개인 연간 금융소득이 연 2천만 원을 초과하는 경우 누진소득세율로 종합과세하는 것

금융소득이 2천만 원 이하인 경우는 원천과세로 납세의무가 종결되며, 금융소득이 2천만 원을 초과할 경우 초과금액에 대해서는 다른 종합소득과 합산해 누진세율로 종합과세한다. 금융소득이란 이자 및 **배당소득**을 의미한다.

저당(抵當)
부동산이나 동산을 채무의 담보로 잡거나 잡히는 것

007 근저당 ★★★
불특정 채권을 미래 결산기에서 일정한 한도까지 담보하려는 저당권

계속적인 거래관계로부터 발생하는 다수의 채권을 담보하기 위하여 담보물이 부담해야 할 최고액을 정하여 두고 장래 결산기에 확정하는 채권을 그 범위 안에서 담보하는 **저당**권이다. 미래 채권의 담보이지만 특정 채권을 담보하는 것이 아니라, 변동성이 있는 불특정 채권을 최고한도 내에서 담보하는 것이다.

008 개인워크아웃(Workout) ★★★★
금융기관의 채무재조정 작업을 통해 신용불량자들의 경제적 회생을 돕는 제도

원래 부실기업 회생제도를 가리키는 말이지만 개인도 기업처럼 워크아웃제도가 도입되어 일정 자격자에게 대출 원리금을 감면해 주고 상환기간을 연장하는 등의 방법으로 시행된다. 개인워크아웃을 신청하면 채권행사 중지나 부채탕감 등 금융지원을 받게 된다.

> **상식 더하기** 개인워크아웃 신청대상
> - 연체기간이 3개월(90일) 이상인 자
> - 총 채무액이 15억 원(담보채무 10억 원, 무담보채무 5억 원) 이하인 자
> - 최근 6개월 내에 신규 발생 채무원금이 총 채무금의 30% 미만인 자
> - 채무상환 가능성을 심의위원회에서 인정하는 자

009 기업연금 ★★★

기업에서 부담하고 있는 퇴직금 재원을 사외의 금융기관에 적립하고 퇴직한 근로자가 해당 금융기관으로부터 보험금을 지급받게 하는 제도

퇴직보험제도라고도 한다. 기업은 직원들의 퇴직금에 대한 자금부담을 덜 수 있으며 근로자는 회사가 도산하더라도 제3의 금융기관으로부터 안전하게 퇴직금을 지급받을 수 있다. 기업은 근로자의 퇴직 시 지불해야 할 퇴직금을 일시에 적립하는 대신 평균적으로 분할해 납입해야 한다.

010 기금(Fund) ★★★★

국가의 특정 목적사업을 위한 특정 자금

출연금, 부담금 등을 주요 재원으로 하고, 특정 수입과 지출의 연계가 강하며, 합목적성 차원에서 상대적으로 자율성과 탄력성이 강한 특징이 있다. 국가재정 운영의 일부분으로 국회의 심의, 의결을 거쳐 기금설치와 운영 계획 수립, 결산 등이 이루어진다.

| 출연금
국가사업이지만 여건상 정부가 직접 수행하기 어렵거나 또는 민간이 이를 대행하는 것이 효과적이라고 판단될 경우, 국가가 재정상 원조를 하여 민간에게 반대급부 없이 행해지는 금전

011 대주(貸株) ★★★★

증권사로부터 주식을 빌리는 것

융자의 경우 일정 기간이 지나 만기가 도래하면 자금상환을 위해서 주식을 팔아야 하는 반면, 대주는 주식을 되사서 증권사에 돌려주어야 하므로 미래에 주식의 가수요를 불러 주가상승요인으로 작용하게 된다.

| 융자(融資)
자금을 융통하는 일로 자금대출과 동일한 뜻이나 대출보다 넓은 개념으로 사용

012 머니론더링(Money Laundering) ★★★★

자금세탁의 일종

마약, 탈세, 뇌물, 비자금 등을 통해 모아진 부정자금을 여러 구좌를 거쳐 자금의 출처를 감추고 수익자를 알 수 없게 하는 행위를 말한다.

013 랩어카운트(Wrap Account) ★★

고객이 예탁한 재산에 대해 자산구성, 운용, 투자자문까지 통합적으로 제공하는 자산 종합관리계좌

증권사에서 여러 종류의 자산운용 관련 서비스를 하나로 구성하여 관리하는 종합자산관리 방식이다. 고객의 자산구성에서부터 운용 및 투자자문까지 통합적으로 관리해주는 것으로 선진국에서는 보편적인 형태이다. 고객이 돈을 맡기면 증권사에서는 고객의 자산규모와 기호에 맞춰 적절한 운용배분과 투자종목을 추천하고 일정한 수수료를 받는다.

> **상식 더하기** 방카슈랑스
> 프랑스어로 은행(Banque)과 보험(Assurance)의 합성어로, 은행 등 금융기관이 보험상품을 판매하는 것이다. 은행과 보험사가 상호 제휴와 업무협력을 통해 종합금융서비스를 제공하는 새로운 형태의 금융서비스로 볼 수 있다.

> **구상권**
> 타인을 위해 채무를 변제한 사람이 그 타인에 대하여 가지는 반환청구의 권리. 즉, 타인을 위하여 손실을 받은 사람이 그 타인에 대하여 가지는 손해배상청구권을 의미함

014 보험대위 ★★

고객이 예탁한 재산에 대해 자산구성, 운용, 투자자문까지 통합적으로 제공하는 자산 종합관리계보험자가 피보험자에게 보험금을 지급하였을 때 피보험자가 소유하는 권리가 보험자에게 이전되는 것

보험에 의해 이득을 거두어서는 안 된다는 원칙에 입각한 제도로 보험의 목적에 관한 권리의 이전과 제삼자에 대한 **구상권**의 이전의 경우가 있다. 대위란 보험자가 보험목적물에 관련되는 일체의 권리를 피보험자로부터 승계받는 것을 말한다.

015 뱅크 런 도미노(Bank Run Domino) ★

은행예금의 대규모 인출사태가 인접국으로 확산되는 현상

뱅크 런(Bank Run)이란 예금주들이 은행을 신뢰하지 못하게 되어 예금을 인출하러 은행에 뛰어가는 현상을 말한다. 유로존의 여러 나라들과 같이 경제적으로 매우 밀접한 관계에 있는 경우 뱅크 런 현상이 인접국으로 확산될 가능성이 훨씬 높은데, 이를 뱅크 런 도미노라고 한다.

016 법정관리 ★★★

재정적 궁핍으로 파탄에 직면하였으나 회생가능성이 있는 주식회사에 대해 이해관계인들의 이해를 조정하여 그 사업의 정리재건을 도모하는 제도

기업이 자력으로 회사를 유지하기 불가능할 정도로 부채가 많을 때 법원에서 지정한 제삼자가 자금을 비롯하여 기업활동 전반을 관리하는 것을 말한다. 즉, 부도 위기에 몰린 기업을 파산시키는 것보다는 살려내는 것이 기업과 채권자에게는 물론 국민경제 전반에 이롭다는 것이 이 제도의 취지이다. 일반적으로 법정관리라고 부르지만 회사정리절차가 더 정확한 표현이다.

017 배드뱅크(Bad Bank) ★★★

금융기관의 부실자산을 인수하여 전문적으로 처리하는 기구

신용불량자에게는 채권추심에 대한 부담을 덜어주면서 신용회복의 기회를 제공해 주고, 금융기관 입장에서는 채권추심 일원화에 따라 채권추심비용을 절약하고 채권 회수가능성도 제고하는 등 부실채권을 효율적으로 정리할 수 있게 한다.

> **채권추심**
> 채무자가 갚지 않은 빚을 채권자의 위임을 받은 업체가 일정 비율의 수수료를 받고 대신 받아내는 것

018 실업급여 ★★★★

피보험자인 근로자가 실직한 경우 재취업할 수 있도록 지원하는 제도

실직자에게 일정 기간 동안 급여의 일부를 지급하여 실직자 및 그 가족의 생활안정을 도모하고 새로운 직업을 찾을 수 있도록 지원하는 급여이다. 실업급여를 받기 위해서는 실직 전 18개월 동안에 180일 이상 고용보험에 가입되어 있어야 하고, 개인사정이나 중대한 자기 잘못으로 해고되지 않아야 하며, 근로 의사와 능력을 가지고 적극적으로 구직활동을 해야 한다.

세계 3대 신용평가사
- 피치(Fitch)
- 무디스(Moody's)
- 스탠더드 앤드 푸어스(S&P)

019 신용평가 ★★★

증권을 발행하는 기업, 금융기관에 대하여 재무상황, 경제적 환경 등을 고려하여 발행자의 신용도를 등급으로서 나타내는 것

일반 투자가들은 주식·채권이 어떠한 위험도를 가지고 얼마만큼의 수익률을 제공하는지 증권발행사에 비해 정확한 정보를 가지기 어렵기 때문에 **신용평가사**들이 투자가들을 대신하여 여러 증권발행사들의 신용을 모니터링하는 서비스를 제공하고 있다. 이들은 증권발행기관을 직접 실사하면서 이들에 대한 신용을 지수로서 평가한다.

020 신용불량자 ★★★

금융기관에서 50만 원 초과의 금액을 3개월 이상 연체한 자

50만 원 이하의 금액을 연체하였다 하더라도 연체건수가 2건 이상이면 신용불량자에 해당한다. 신용불량자가 되면 금융권으로부터 신규대출이 불가능하고 사용하고 있던 모든 카드의 사용이 정지되며 모든 금융권의 대출금을 일시에 반환할 것이 요구되는 등의 불이익이 따른다.

보험료 산정의 근거
예정위험률, 예정이율, 예정사업비율

021 수지상등의 원칙 ★★★★★

보험회사의 수입과 지출이 같아지도록 보험료를 결정하게 되는 것

보험료 계산원리 중 하나로 보험회사가 얻게 되는 장래의 전(全) 보험기간의 수입인 보험료 총액의 현가와 보험회사의 지출, 즉 보험사고 발생으로 보험회사가 지급해야 하는 보험금 및 보험회사 사업비 총액의 현가가 같게 되도록 한다는 원칙이다.

022 비트코인(Bitcoin) ★★★★★

각국의 중앙은행이 화폐 발행을 독점하고 자의적인 통화정책을 펴는 것에 대한 반발로 탄생한 사이버머니

2009년 나카모토 사토시가 만든 디지털 통화로, 통화를 발행하고 관리하는 중앙장치가 존재하지 않는 구조이다. 비트코인은 지갑 파일의 형태로 저장되며, 이 지갑에는 각각의 고유 주소가 부여되고, 그 주소를 기반으로 비트코인의 거래가 이루어진다.

023 카르텔(Cartel) ★★★★

사업자가 다른 사업자와 공동으로 상품 또는 서비스의 가격, 거래조건 등을 결정하거나 제한하는 행위

공정거래법상 부당한 공동행위에 해당하며 담합으로도 불린다. 시장에서 자율적으로 결정되어야 할 가격이나 거래조건을 사업자들이 인위적으로 조절함으로써 시장경제질서를 왜곡시켜 기업 간 경쟁으로 인한 이익을 소비자들로부터 박탈하고, 기업에게는 경쟁 유인을 줄여 경쟁력 제고 노력을 약화시킨다.

024 콘체른(Konzern) ★★

법률적으로 독립된 기업들이 하나의 기업처럼 결합하는 형태

여러 개의 기업이 주식교환이나 출자 등 금융적 결합에 의해 하나의 기업처럼 수직적으로 결합하는 기업집단을 의미한다. 일반적으로 하나의 거대한 기업이 계통이 다른 다수의 기업을 지배하기 위해 형성하며, 법률적으로 독립되어 있지만 실질적으로는 결합되어 있는 형태이다. 개개의 기업의 독립성을 보장하는 카르텔, 동일산업 내의 기업합동으로 이루어진 트러스트와 구별되며 각종 산업에 걸쳐 독점력을 발휘한다.

| 트러스트
각각의 기업이 법률적·실제적으로 완전히 결합한 형태의 기업 합병으로, 카르텔보다 강력한 합동형태이며 각 기업체가 독립성을 상실함

> **상식 더하기** 　**지주회사**
> 콘체른형 복합기업의 대표적인 형태로서 모자회사 간의 지배관계를 형성할 목적으로 자회사의 주식총수에서 과반수 또는 지배에 필요한 비율을 소유·취득하여 해당 자회사의 지배권을 갖고 자본적으로나 관리기술적인 차원에서 지배관계를 형성하는 기업을 말한다.

025 트리거 조항(Trigger Clause) ★★★

자동개입조항

상대방이 어떤 행동을 하면 그에 해당하는 제재가 자동적으로 가해지는 일종의 자동개입조항을 말한다. 금융기관의 경우 채권자가 이자를 내지 못하는 채무자로부터 빌려준 대출금을 만기 전에 회수할 수 있는 권리이다. 법인의 신용등급이 몇 등급 이상 떨어지면 자동으로 회사채 발행에 제한이 가해지기도 한다.

| 매출채권
기업의 영업활동과정에서 재화나 용역을 판매하는 것과 같은 수익창출활동으로부터 발생한 채권

026 팩토링(Factoring) ★★★★

금융기관들이 기업으로부터 매출채권을 매입, 이를 바탕으로 자금을 빌려주는 제도

기업들이 상거래대가로 현금 대신 받은 **매출채권**을 신속히 현금화하여 기업활동을 돕자는 취지로 지난 1920년대 미국에서 처음 도입되었다. 산업은행, 수출입은행을 제외한 모든 금융기관이 활발하게 취급하고 있다.

| 지분율
공유자 각자가 소유하는 몫의 비율

027 프로젝트 파이낸싱(PF ; Project Financing) ★★★★★

신용도나 담보 대신 사업계획, 수익성 등을 보고 자금을 제공하는 금융기법

특수목적회사가 프로젝트의 사업성을 담보로 일반은행, 자본주의로부터 사업자금을 모집하고 사업 종료 후 일정 기간에 발생하는 수익을 **지분율**에 따라 투자자들에게 나눠주는 금융기법이다. 일반적으로 토지, 건물 등을 담보로 돈을 빌리는 기업금융과 달리 사업의 미래 수익성이나 사업주체의 신뢰도만을 믿고 대규모 자금을 금융기관인 협조융자 형태로 모을 수 있는 것이 특징이다.

028 화의제도 ★★★

기업이 파산위기에 처했을 때 법원의 중재·감독하에 채권자들과 채무변제협정을 체결하여 파산을 피하는 제도

법원은 화의신청이 타당하다고 판단되면 법정관리와 같이 회사재산 보전처분을 내려 기업도산을 막아주지만, 법원이 법정관리인을 선정하고 기업경영까지 책임지는 법정관리와는 달리 기업경영에 전혀 개입하지 않고 기존 경영주가 기업경영을 계속 맡는다. 또 화의개시 결정기업에는 부채를 5년 이상 분할상환할 수 있는 혜택이 주어진다.

상식 더하기 　**법정관리인**

법정관리란 부도를 내고 파산위기에 처한 기업이 회생가능성이 보이는 경우에 법원의 결정에 따라 법원에서 지정한 제삼자가 기업활동 전반을 대신 관리하는 제도를 말한다. 이때 법원에 의하여 선임되는 법정관리기업의 최고경영자를 법정관리인이라고 한다.

029 테이퍼링(Tapering)

경제 회복세가 보이면 시중에 푼 돈을 줄이는 것

중앙은행이 국채 매입 등으로 통화량을 늘리는 정책인 양적완화를 점진적으로 축소하는 것을 말한다. 즉, 경제가 침체되면 돈을 풀고 회복세를 보이면 시중에 푼 돈을 점차 줄여 나가는 것이다. 테이퍼링(Tapering)은 '점점 가늘어지는'이라는 뜻의 영단어다. 원래는 마라톤 용어로 사용되었으나 2013년 당시 미국 중앙은행인 연방준비제도(FED, 연준) 의장이었던 벤 버냉키(Ben Bernanke)가 처음 언급한 이후 경제용어로 쓰이고 있다. 미국이 테이퍼링을 시행하면 시장에 도는 돈이 줄어들기 때문에 금리와 환율이 상승한다. 또한 주가가 하락하는 모습을 보이기도 한다.

| 콜(Call)시장
금융기관 상호 간에 일시적인 자금 과부족을 조절하기 위하여 초단기로 자금을 차입하거나 대여하는 시장

030 콜금리(Call Rate) ★★★★

자금이 부족한 금융기관이 자금이 남는 다른 기관에 자금을 빌려달라고 요청할 때 적용되는 금리

금융기관 간에는 일시적으로 자금이 남는 곳과 부족한 곳이 생기는데 이러한 자금을 거래하는 시장이 **콜(Call)시장**이다. 여유자금이 있는 금융기관이 콜론(1~2일짜리 초단기 자금거래)을 내놓으면 자금이 부족한 금융기관이 이 콜머니를 빌리게 되는데 이때 형성되는 금리가 콜금리이다.

> **상식 더하기 CD금리와 기준금리**
> - CD금리 : 시장에서 양도가 가능한 정기예금증서로, 은행은 자금조달을 위해 CD를 발행하고 투자자는 투자를 위해 CD를 매입한다. CD의 가격이 하락한다는 것은 만기에 동일한 액면 금액을 받기 위해 이전보다 더 낮은 가격으로 살 수 있다는 것을 의미한다.
> - 기준금리 : 중앙은행에서 일반은행 또는 민간금융기관과 거래할 때 적용하는 금리로서 안정된 금융정책을 위한 기준이 되는 금리이다. 우리나라의 기준금리는 한국은행에서 결정한다.

031 블랙스완(Black Swan) ★★★

통념상 전혀 예측할 수 없었던 불가능한 일이 일어나는 사건

모든 백조는 희다고 믿었지만 17세기 말 네덜란드의 한 탐험가가 검은 백조를 발견하면서 통념이 부서지는 충격을 받았다는 데서 유래했다. 2007년 미국의 금융분석가 나심 니콜라스 탈레브가 자신의 저서 '블랙스완'에서 증시의 대폭락 가능성과 글로벌 금융위기를 예측하면서 유명해졌다.

> **상식 더하기 화이트스완(White Swan)**
> 반복적으로 일어나는 금융위기 속에서 마땅한 해결책을 제시하지 못하는 상황으로, 역사적으로 되풀이돼 온 금융위기를 가리킨다. 누리엘 루비니 미국 뉴욕대 교수가 이름 붙인 용어로, 그가 제시한 금융위기의 공통적인 징후는 완화된 통화정책, 금융시스템에 대한 느슨한 감독과 규제, 금융권의 과도한 부채, 민간과 공공부문의 과도한 차입과 부채 등이 있다. 이는 금융위기를 충분히 예측·예방할 수 있다고 보는 것으로, 블랙스완과 대조된다.

THEME02 주식·펀드·채권

제1장 주식·펀드

001 감자(減資) ★★★
주식회사가 자본금의 정리, 회사분할, 합병 등의 목적으로 자본금을 줄이는 것

감자는 주주의 이해관계에 변화를 초래하고 회사 채권자의 담보를 감소시키게 되므로 주주총회의 특별결의를 거쳐야 하고 채권자 보호절차를 밟아야 한다. 감자의 방법으로는 주식금액의 감소, 주식수의 감소 그리고 이 둘을 혼합한 형태로 구분된다.

002 헤지펀드 ★★★★★
투자 위험 대비 고수익을 추구하는 투기성 자본

소수의 고액투자자를 대상으로 하는 사모펀드이다. 주가의 장·단기 실적을 두루 고려해 장·단기 모두에 투자하는 식으로 포트폴리오를 구성하여 위험은 분산시키고 수익률은 극대화한다. 또한, 헤지펀드는 원래 조세회피 지역에 위장거점을 설치하고 자금을 운영하는 투자신탁으로 자금은 투자 위험을 회피하기 위해 펀드로 사용된다.

> **사모펀드**
> 소수의 투자자들로부터 자금을 모아 주식이나 채권 등에 운용하는 펀드

003 인덱스펀드 ★★★★
특정 지수들을 따라가도록 설계되고 운용되는 펀드

인덱스펀드는 주가지표의 변동과 동일한 투자성과를 내기 위해 구성된 포트폴리오로 증권시장의 장기적 성장추세를 전제로 한다. 그러므로 인덱스펀드의 목표수익률은 시장수익률 자체가 주된 목적이 되며 지수추종형 펀드 또는 패시브형 펀드라고도 한다.

상식 더하기 　인덱스펀드의 장점
- 객관적 운용
- 거래비용 저렴
- 분산투자
- 운용결과 예측 용이

한국예탁결제원
국내 유일의 유가증권 중앙 예탁결제기관으로 1974년 12월 6일에 설립됨

004 섀도보팅(Shadow Voting)제도 ★★

회사가 주주총회를 소집할 때 주주들의 참석률이 낮을 경우 한국예탁결제원이 의결권을 대리행사해서 총회 안건 의결을 돕는 제도

100명의 주주가 동일한 지분을 보유하고 있고 주주총회에 10명만 참석해 찬성과 반대의견이 5대 5의 비율로 나왔다면, 전체 주주의 의견 역시 5대 5의 비율로 표결됐다고 간주하는 것이다. 일반 주주들이 이사나 감사 선임, 배당정책 등 중요한 사항을 결정하는 총회에 적극적으로 참여하지 않아 정족수가 미달하는 상황이 발생하자 정부가 대안으로 1991년 섀도보팅제도를 도입했다.

005 김치본드 ★★★

외국 또는 국내 기업이 우리나라에서 발행하는 외화표시채권

김치와 본드(Bond)의 합성어로, 외국기업이 자금을 조달하기 위해 우리나라에서 달러나 유로화 등 외화로 발행하는 채권이다. 우리나라에 외화 유동성이 풍부할 때 외국기업이 그 외화를 빌려 쓰기 위해 발행하며 달러 유동성이 풍부해 조달금리가 원화보다 낮을 경우 발행수요가 많아진다. 외국 기업이 국내에서 원화로 발행하는 아리랑본드와 대비된다.

> **상식 더하기** | **아리랑본드**
> 미국의 양키본드, 영국의 불독본드, 일본의 사무라이본드 등과 같이 외국인이 특정 국가의 채권시장에서 해당국의 통화로 발행하는 채권의 일종으로, 정부는 1999년 외환자유화 조치의 하나로 국내 기업 해외현지법인의 아리랑본드 발행을 허용하였다.

006 내부자거래 ★★★

특정 기업의 직무 또는 지위를 맡은 사람이 기업 내부 정보를 이용하여 자기 회사의 주식을 거래하는 행위

내부자거래는 행위자가 부당이익을 취할 수 있을 뿐만 아니라 일반투자자들에게까지 피해를 미치기 때문에 대부분 국가에서는 이를 범죄로 규정하고 처벌한다. 우리나라에서는 금융감독원이 이에 대한 감사기능을 한다.

> **상식 더하기** 　내부 고발자(Whistle-blower)
>
> 영어로 딥 스로트(Deep Throat)라고도 한다. 조직 내부 혹은 외부의 부정 거래나 불법 행위 등에 대한 정보를 신고하고 공개하는 사람이다. 보통 불법에 관한 내용이거나 사기, 부패 등의 규정 위반, 공익에 대한 직접적 침해에 대한 내용 등 알려지지 않은 정보들이 내부 고발자를 통해 공개된다. 내부 고발자는 조직 내에서 불이익을 당할 수 있기 때문에 법률을 통해 보호받는다.

007 네 마녀의 날　★★

주식시장의 4가지 파생상품의 만기가 겹치는 날

쿼드러플 위칭 데이(Quadruple Witching Day)라고도 하며, 매년 3, 6, 9, 12월 둘째 주 목요일은 주가지수 선물·옵션과 주식 선물·옵션 만기일이 겹쳐 '네 마녀의 날'로 불린다. 해당 일에는 막판에 주가가 요동칠 때가 많아서 '마녀(파생상품)가 심술을 부린다.'는 의미로 이 용어가 만들어졌다. 쿼드러플 위칭 데이에는 파생상품과 관련된 숨어 있었던 현물주식 매매가 정리매물로 시장에 쏟아져 나오며 예상하기 어려운 주가의 움직임을 보인다.

008 리베이트(Rebate)　★★

판매자가 지불받은 대금이나 이자 중 상당액을 구매자에게 돌려주는 행위 또는 그 금액

환급액 또는 감액이라고도 하며 제조업체가 거래처에 영업이윤을 배분함으로써 판로를 유지하기 위한 목적에서 발생한 것으로, 리베이트는 상거래에서 오랫동안 인정되어 온 일종의 거래관행이다. 그 정도가 지나치지 않고 적당할 경우에는 일종의 적법한 경품 제공의 성격을 지니고 있다.

> **상식 더하기** 　쌍벌제
>
> 리베이트로 인한 비용이 약값에 반영돼 국민들이 부담을 안게 되자 도입한 제도로, 리베이트를 제공한 사람은 물론 받은 의료인도 처벌받는다. 판매 촉진을 목적으로 금전, 물품 등의 리베이트를 제공한 사람은 경제적 이득을 전액 몰수당하며 2년 이하의 징역이나 3,000만 원 이하의 벌금 또는 과징금 없이 1년 이내의 자격정지 처벌을 받게 된다.

009 불완전판매

금융기관이 상품의 내용이나 손실가능성 등을 제대로 알리지 않고 판매하는 것

자본시장법에 따라 금융투자업자는 투자자가 일반투자자인지 전문투자자인지의 여부를 확인하고, 일반투자자에게 적합하지 아니하다고 인정되는 투자권유를 하여서는 안 된다. 또한 일반투자자를 상대로 투자권유를 하는 경우 금융투자상품의 내용, 투자에 따르는 위험 등을 이해할 수 있도록 설명하여야 한다. 거짓의 내용을 알리는 행위, 불확실한 사항에 대하여 단정적 판단을 제공하거나 확실하다고 오인하게 할 소지가 있는 내용을 알리는 행위 등도 금지된다.

010 사이드 카(Side Car)

선물시장이 급변할 경우 현물시장에 대한 영향을 최소화함으로써 현물시장을 안정적으로 운용하기 위한 관리제도

프로그램 매매호가 관리제도의 일종으로 선물가격이 기준가 대비 5% 이상(코스닥은 6% 이상)인 상황이 1분간 지속하는 경우 선물에 대한 프로그램 매매만 5분간 중단한다. 5분이 지나면 자동으로 해제되며 1일 1회만 발동될 수 있다.

상식 더하기 — 사이드 카 명칭의 유래

금융시장에서는 프로그램 관리기법으로 사용되지만 원래는 보조좌석이 있는 오토바이를 일컫는 말이다. 선물시장에서 시장과열 방지를 위한 보조적인 역할을 하기 때문에 이러한 명칭이 붙게 되었다.

011 상장(Listing) ★★★★★

거래소가 정한 일정 요건을 충족하는 증권에 대해 증권시장에서 거래될 수 있도록 가격을 부여한 것

증권이 거래소에서 매매되면 발행회사의 사회적 평가가 높아져 증자 등이 쉬워지는 등 여러 장점이 있기 때문에 많은 기업들이 상장의 효과를 누리려 한다. 하지만 한국거래소는 공신력을 높이기 위하여 자본금, 재무건전성 등 일정한 **상장**심사 기준을 정해서 선별하고 있다.

상식 더하기 　상장의 효과
- 상장회사의 측면 : 소유주식의 분산 촉진, 유상증자를 통해 자금조달 용이, 당해 기업 및 생산 제품의 홍보효과 개선, 기업의 공신력 제도, 종업원의 사기진작 및 경영권 안정
- 투자자 측면 : 주식의 유동성과 환금성 제고, 기업 내용의 공개로 투자판단에 도움, 다수의 투자자에 의한 거래로 공정한 가격 형성

> **상장 절차**
> 상장예비심사청구서 제출 → 상장예비심사 → 유가증권시장상장위원회 심의 → 상장예비심사결과 통지 → 공모(증권신고서 제출) → 신규상장신청서 제출 → 상장승인 통지 → 매매거래 개시

012 상한가(上限價)/하한가(下限價) ★★★

증권시장의 하루 거래에 있어 가격제한폭까지 주가가 변동하는 경우

전일종가 기준으로 30%가 오르면 상한가, 반대로 30%가 떨어지면 하한가로 설정된다. 가격제한폭은 한국거래소에서 주관하고 있으며 ±30% 초과나 미만으로 변동하지 않는다.

상식 더하기 　주식거래 시 주요 단어
- 5일선, 10일선, 20일선, 60일선, 120일선 등 : 5~120일 동안의 평균 가격
- 예수금 : 금융기관이 일반이나 기업으로부터 이자지급 등의 조건으로 위탁을 받아 운용할 수 있는 자금으로 주식계좌에 남아 있는 현금
- 증거금 : 매수 주문 시 필요한 최소한의 현금
- 미수금 : 증거금이 있다면 현금이 부족해도 일정 금액을 빌려 주식매수가 가능한 금액
- 보통가 : 주문 단가를 주문자가 지정하는 방법
- 시장가 : 주식시장에서 형성되는 가격으로 즉시 체결을 원할 때 이용하는 방법
- 종가 : 당일 주식장이 종료될 때 마무리된 가격
- 전일대비 : 그 전날에 비해서 주가가 오르고 내린 폭
- 거래량 : 당일 거래된 주식의 수량
- 거래대금 : 당일 거래된 주식의 금액, 즉 당일 거래된 주식 수량에 곱한 금액

| 동시호가
시간에 관계없이 주문을 모아 한꺼번에 체결시킴. 수량이 많은 주문이 가장 먼저 체결되고 이후 시간우선의 원칙이 적용됨

013 서킷브레이커(CB ; Circuit Breaker) ★★★★★
주식시장에서 주가가 급등 또는 급락하는 경우 주식매매를 일시 정지하는 제도

코스피나 코스닥지수가 전일 대비 10% 이상 폭락한 상태가 1분간 지속하는 경우 시장 모든 종목의 매매거래를 중단한다. 20분간의 매매정지가 풀리면 10분간 **동시호가**로 접수해서 매매를 재개한다. 1일 1회만 발동할 수 있다.

014 선물(Future) ★★★★★
계약은 현재 시점에서 하고 결제는 미래의 일정 시점에 이행하는 거래

선물거래는 불확실한 미래를 확실한 것으로 만들고 싶은 인간의 욕구에서 발생된 일종의 예약거래로 계약과 동시에 결제하는 현물거래와는 차이가 있다. 선물거래에는 주식, 주가지수, 금리 등을 거래하는 금융선물뿐만이 아니라 금, 은, 구리, 아연 등을 교환하는 상품선물까지 다양하다.

015 수쿠크(Sukuk) ★★
이슬람국가들이 발행하는 채권

투자자들에게 이자를 주는 대신에 그 투자금으로 벌인 사업에서 나온 수익을 배당금의 형식으로 지급한다. 코란의 '샤리아'는 이자를 받는 것을 금지한다. 그러나 자산, 부동산투자, 리스 등 실체가 있는 경우는 거래에서 나오는 이익을 취하는 것을 막지 않을 것이라는 점을 이용하여 무슬림에게 채권투자 길을 개방한 것이다.

016 코넥스(Konex) ★★
자본시장을 통한 초기 중소기업 지원을 강화하여 창조경제 생태계 기반을 조성하기 위해 새로이 개설되는 중소기업 전용 주식시장

2013년 코스닥 시장 상장 요건을 충족시키지 못하는 벤처기업과 중소기업이 상장할 수 있도록 개설된 중소기업 전용 주식시장이다. 코넥스 시장은 유가·코스닥 시장과 마찬가지로 거래소가 개설하는 증권시장이므로 코넥스 시장에 상장된 기업은 주권상장법인으로서 유가증권시장 상장법인이나 코스닥 시장 상장법인과 동일한 취급을 받게 된다.

017 임대형 민간투자사업(BTL) ★★
민간 투자자가 공공시설 등을 건설하여 정부에 빌려준 뒤 임대료를 받는 민자유치 방식

민간이 돈을 투자해 학교, 군막사 등 공공시설을 건설한 뒤 국가나 지자체에 소유권을 이전하고, 리스료 명목으로 20여 년간 공사비와 일정 이익(국채수익률+α)을 분할상환 받는 건설 사업방식이다. 한꺼번에 많은 목돈의 예산을 들이지 않고 예산을 효율적으로 사용할 수 있다는 장점이 있다.

| 리스료
기계, 설비, 기구 따위를 빌려 쓴 대가로 주는 돈

018 출자총액제한제 ★★
한 기업이 회사자금으로 다른 회사의 주식을 매입해 보유할 수 있는 주식의 총액을 제한하는 제도

대기업들의 무분별한 문어발식 확장을 방지하기 위한 것으로 30대 대규모기업집단 소속의 계열사들이 순자산의 일정 비율을 초과하여 국내회사에 출자할 수 없도록 제한한다.

| 출자
사업을 위해 자금을 내는 행위로서, 금전 기타 재산·노무 또는 신용을 제공하는 것

019 증자(增資) ★★★★
주식회사나 유한회사가 사업 확장과 운전 자금의 보충을 위하여 자본금을 늘리는 일

회사가 자본금을 늘리는 것으로서 납입금을 받아 신주를 발행하는 유상증자와 잉여금을 자본전입하여 무상으로 신주를 발행하는 무상증자가 있다. 한편 합병이나 주식배당 등으로 인하여 자본금이 증액되는 경우도 있으나 이와 같은 경우는 증자라고 하지 않는다.

▎**사모(私募)**
보험회사, 은행, 투자신탁회사 등의 기관투자가나 특정 개인에 대한 개별적 접촉을 통해 증권을 매각하는 방식

020 집합투자기구 ★★★
집합투자를 수행하기 위한 기구

신탁업자가 집합투자업자로부터 위탁받아 운용하는 투자신탁, 상법상 주식회사 형태의 집합투자기구인 투자회사, 상법상 유한회사 형태의 집합투자기구인 투자유한회사, 상법상 합자회사 형태의 투자합자회사, 민법상 조합형태의 투자조합, 상법상 익명조합 형태인 투자익명조합, 투자합자회사로서 지분증권을 **사모**로만 발행하는 사모투자전문회사를 말한다.

상식 더하기

구 분	투자신탁	투자회사
설립형태	신탁계약	주식회사
투자자의 법적 지위	수익자	주 주
운용 규정	투자신탁 약관	회사 정관
간접투자증권	수익증권	주 식

▎**코스닥 시장의 호가단위**
- 2천 원 미만 : 1원
- 2천 원 이상 5천 원 미만 : 5원
- 5천 원 이상 2만 원 미만 : 10원
- 2만 원 이상 5만 원 미만 : 50원
- 5만 원 이상 20만 원 미만 : 100원
- 20만 원 이상 50만 원 미만 : 500원
- 50만 원 이상 : 1,000원

021 코스닥 시장 ★★★★★
벤처·유망중소기업 등이 중심이 된 성장기업 중심의 시장

유가증권시장과 함께 독립된 경쟁시장이다. 유가증권시장에 비해 완화된 상장기준이므로, 금융투자자의 역할과 책임이 중요시되며 고위험·고수익 시장으로 투자자의 자기책임원칙이 강조되는 시장으로 자금의 조달 및 운용, 벤처산업의 육성 기능을 한다.

022 코스피200(KOSPI200) ★★★★★
한국거래소의 유가증권시장 상장종목 중 업종 대표성과 시가총액 유동성을 고려해 200개의 종목을 산출한 지수

1990년 1월 3일을 기준으로 시작되었으며, 코스피200 내에 있는 종목은 항상 그대로 유지되는 것이 아니고, 일정 기간마다 시가총액, 혹은 거래량 등을 고려하여 새로운 종목이 편입되기도 하고 제외되기도 한다. 일반적으로 이 지수에 포함되어 있는 종목이라면 우량종목으로 간주된다.

023 코스피지수 ★★★
한국거래소의 유가증권시장에 상장된 회사들의 주식 추이를 나타낸 지표

원래 명칭은 종합주가지수였으나, 2005년 11월 1일부터 현재 이름으로 바꾸어 사용되고 있다. 1980년 1월 4일의 시가총액을 분모로, 비교시점인 현재를 분자로 하여 지수화한 것이다.

$$\text{코스피지수} = \frac{\text{비교시점의 시가총액}}{\text{기준시점의 시가총액}} \times 100$$

024 투자펀드 ★★
다수의 투자자로부터 자금을 모아 증권 등의 자산에 투자하여 그 수익을 배분하는 제도

투자매개를 통해 투자자와 투자대상 간의 현금흐름을 결합시키는 매개금융이다. 펀드는 다수가 모여야 진행될 수 있는 집단성과 투자자가 직접 운용을 하는 것이 아니기 때문에 간접성의 성격을 지니고 있다. 따라서 간접투자라는 용어가 사용되었으나 2009년 **자통법**이 시행되면서 집합투자라는 용어로 사용되고 있다.

| 자본시장과 금융투자업에 관한 법률(자통법)
자본시장에서의 금융혁신과 공정한 경쟁을 촉진하고 투자자를 보호하며 금융투자업을 건전하게 육성함으로써 자본시장의 공정성·신뢰성 및 효율성을 높여 국민경제의 발전에 이바지함을 목적으로 함

| 한국거래소의 경제적 기능
- 자본전환
- 공정가격형성
- 가격안정화 · 평준화
- 레버리지효과

025 한국거래소(KRX) ★★★

증권의 공정한 가격 형성과 거래의 안정성 및 효율성을 도모하기 위한 기관

유가증권시장, 코스닥, 파생상품시장 등 국내 증권 관련 거래를 총괄하는 거래소이다. 기존 증권거래소, 선물거래소, 코스닥위원회, (주)코스닥증권시장 등 기존 4개 기관이 통합되어 설립되었다. 대한민국에서 증권거래소는 부산에 있는 **한국거래소** 1개소만을 인정하며, 거래소가 아닌 자는 이와 유사한 시설을 이용하여 매매거래를 할 수 없다.

상식 더하기 　한국거래소의 주요 기능 및 역할

- 유가증권시장 · 코스닥 시장 · 코넥스 시장 및 파생상품시장의 개설 · 운영에 관한 업무
- 증권 및 장내파생상품의 매매에 관한 업무
- 증권의 매매거래 및 파생상품거래에 따른 청산 및 결제에 관한 업무
- 증권의 상장에 관한 업무
- 장내파생상품 매매의 유형 및 품목의 결정에 관한 업무
- 상장법인의 신고 · 공시에 관한 업무
- 시장감시, 이상거래의 심리 및 회원에 대한 감리에 관한 업무
- 증권의 경매업무
- 유가증권 · 코스닥 · 코넥스 · 파생상품시장 등에서 매매거래와 관련된 분쟁의 자율조정에 관한 업무
- 시장정보의 제공 및 판매에 관한 업무
- 시장과 관련된 전산시스템의 개발 및 운영에 관한 업무
- 부동산 및 전산장비 임대업무
- 외국거래소 및 증권 · 파생상품 관련기관과의 제휴 · 연계 · 협력 등에 관한 업무
- 외국거래소 및 증권 · 파생상품 관련기관 등에 대한 시스템 수출 · 업무자문 등에 관한 업무 등

| 유동성 위기
기업이 자체적으로 현금화할 수 있는 자산이 부족하거나 금융기관으로부터 돈을 빌리기 어려운 상황에 놓이는 것

026 통화스와프(Currency Swaps) ★★

다양한 계약 조건에 따라 일정 시점에 통화, 금리 등의 교환을 통해 이뤄지는 금융기법

외국환을 거래하는 외환스와프, 통화를 교환하는 통화스와프, 동일한 통화의 이자를 서로 교환하는 금리스와프 등이 있다. 결국 서로의 부채를 교환하여 위험을 회피하려는 것이 목적이다. 국가 간의 통화스와프 협정은 두 나라가 자국통화를 상대국통화와 맞교환하는 방식으로 이뤄지며 한 나라에 외환위기가 발생하면 상대국이 즉각 외화를 융통해 줌으로써 **유동성 위기**에서 벗어나고 환시세의 안정을 꾀할 수 있다.

027 투자매매업 ★★★
자기의 계산으로 금융투자상품의 매도·매수, 증권의 발행·인수 또는 그 청약의 권유, 청약, 청약의 승낙을 영업으로 하는 것

자기 책임으로 주식 채권 등 금융투자상품을 사고파는 업무로 주식과 채권 인수 발행과 관련된 업무를 말한다. 일반적으로 증권회사나 은행 등 금융회사의 자기 돈을 이용한 유가증권에 대한 투자업무가 포함된다.

028 투자중개업 ★★★
금융회사가 타인의 계산으로 금융상품에 투자하거나 증권의 발행·인수에 대한 청약의 권유, 청약, 청약의 승낙을 업으로 하는 것

투자중개업은 증권사 등이 개인이나 기관투자자가 유가증권 등을 거래하도록 하여 주고 이 과정에서 중개수수료 수입을 챙긴다. 개인이 집에서 HTS를 통해 개인투자가가 거래를 하면 발생하는 매매수수료는 바로 투자중개업자(증권사)의 수입이 된다.

| HTS(Home Trading System)
개인투자자가 집이나 사무실에서 인터넷을 통해 주식 거래를 할 수 있는 프로그램

제2장 채권시장

029 공모발행 ★★★
불특정 다수를 상대로 채권을 발행하는 방법

발행회사가 직접 행하는 직접발행과 증권회사 등의 인수 등에 의해 행하여지는 간접모집, 증권회사가 일단 총액을 인수하고 그 이후에 일반대중에게 전매하는 총액인수방식이 있다.

030 국 채 ★★★
국회의 동의를 받고 정부가 발행하는 채권

정부가 지급보증을 하기 때문에 여러 채권들 중 신용도가 가장 높은 채권이다. 국민주택채권 1종, 2종, 3종과 재정증권, 국고채권 등이 있다.

031 만기수익률 ★★★
채권의 최종수익률을 의미

채권의 만기까지 기간별 원리금액에 의한 현금흐름의 현재가치의 합으로, 채권을 만기까지 보유할 경우 받게 되는 모든 수익이 투자원금에 대하여 1년당 어느 정도의 수익을 가져오는가를 나타내는 예상수익률이다.

통화안정증권
국가가 채권을 발행할 때 통화를 안정시키기 위한 목적으로 발행하는 것으로 통화량을 조절하기 위해 일반인과 금융기관을 대상으로 발행

032 만기기간에 따른 채권의 종류 ★★★

- 단기채 : 만기기간 1년 이내의 채권으로 **통화안정증권**, 금융채의 일부가 해당
- 중기채 : 만기기간 1년 초과 5년 이하의 채권으로 회사채, 특수채, 국고채 일부가 해당
- 장기채 : 만기기간 5년을 초과하는 채권으로 국민주택채권 2종, 국고채권 등이 해당

033 발행가격에 따른 채권의 종류 ★★★

- 액면발행 : 액면가로 발행하는 방법(액면이자율 = 시장이자율인 경우)
- 할인발행 : 액면가 이하로 발행하는 방법(액면이자율 < 시장이자율인 경우)
- 할증발행 : 액면가 이상으로 발행하는 방법(액면이자율 > 시장이자율인 경우)

034 이자지급에 따른 채권의 종류 ★★★

- 복리채 : 가장 일반적인 이자지급방식으로 이자가 복리로 재투자되는 채권
- 단리채 : 발생된 이자가 재투자되는 과정을 거치지 않는 채권
- 복·단리채 : 일정 기간 복리로 분리되다가 나머지 기간은 단리로 분리되는 채권
- 할인채 : 매출 시에 미리 공제하는 방식으로 이자를 선지급하는 형태의 채권
- 이표채 : 채권의 권면에 이표(쿠폰)가 붙어 있고 이자지급일에 이표를 떼어내어 이자를 지급받는 형태로, 우리나라 대부분의 회사채는 이표채의 형태를 취하고 있다.

035 사모발행 ★★★
채권발행자가 직접 소수의 투자자와 교섭하여 채권을 매각하는 방법

공모채권보다 발행이율이 높고 만기가 상대적으로 짧은 것이 특징이며, 경우에 따라 발행자와 투자자의 특별한 요구를 충족시키는 규정을 두기도 한다.

036 보증사채 ★★
제삼자가 보증하는 채권

제삼자에 의해서 이자지불과 원금상환이 보증되어 있는 사채이다. 일반적으로 은행, 신용보증기금 등의 금융기관이 보증한다.

| 신용보증기금
담보력이 낮은 중소기업의 채무를 보증하여 기업의 자금융통을 원활히 하고, 신용정보의 효율적 관리를 통해 건전한 신용질서를 확립하여 균형 있는 국민경제발전에 이바지함을 목적으로 함

037 인수회사 ★★
인수채권을 일반투자자 및 청약기관에 매도하는 역할을 하는 기관

인수회사는 발행기관의 기능 중 가장 중요한 기능을 하는 기관이다. 인수업무는 주관회사들로 구성된 금융기관들에 의해 수행되며, 인수기능 때문에 발행주체는 자기의 책임과 계산하에 일시에 거액의 자금조달이 가능하다.

038 주관회사 ★★
증권발행에 따른 사무처리, 발행자에 대한 조언 및 사무절차를 대행하는 기관

주관회사는 증권의 발행자와 투자자 사이에서 증권이 원활하게 이동·배분될 수 있도록 인수단을 구성한다. 이러한 주관회사의 자격을 가지는 회사는 산업은행, 투자매매업자, 투자중개업자, 종합금융회사만이 해당한다.

039 지방채 ★★★
지방자치단체가 자금을 조달하기 위해 발행하는 채권

지방자치단체가 지방재정의 건전한 운영과 공공의 목적을 위해 재정상의 필요에 따라 발행하는 공채(公債)이다. 서울도시철도공채, 도시철도공채, 지역개발공채 등이 있다.

040 채 권 ★★★★
정부, 공공단체와 주식회사 등이 일반인으로부터 비교적 거액의 자금을 일시에 조달받기 위하여 발행하는 차용증서이자 유가증권

채권은 차입기간 동안 확정이자 및 원금의 지급을 약속하는 하나의 금융상품으로 상환기한이 정해져 있는 기한부증권이자, 상환 시 받을 이자가 결정되어 있는 확정이자부증권이다. 채권은 투자자보호조치 차원에서 발행할 수 있는 기관이나 회사를 법률로써 정한다.

> **상식 더하기** 채권 관련 용어
> - 액면 : 채권 1장마다 권면에 표시되어 있는 1만 원, 10만 원, 100만 원 등의 금액
> - 단가 : 액면 10,000원당 단가
> - 표면이율 : 액면에 대한 1년당 이자율을 의미하며, 할인채의 경우는 할인율로 표시
> - 잔존기간 : 기존에 발행된 채권의 중도매매 시 매매일로부터 원금상환까지의 기간
> - 수익률 : 이율은 액면에 대한 이자율, 수익률은 투자원본에 대한 수익의 비율
> - 경과이자 : 발행일로부터 매매일까지의 기간 동안 표면이율에 의해 발생한 이자
> - 발행일과 매출일 : 발행일은 채권의 신규창출 기준일, 매출일은 채권이 실제로 신규창출된 날짜

041 채권과 주식의 비교 ★★★★

구 분	채 권	주 식
발행주체	정부, 지방자치단체, 특수법인, 주식회사	상장법인의 주식회사
자본성격	타인자본	자기자본
경영참가권 여부	의결권 없음	의결권 있음
원금상환	만기 시 상환	상환의무 없음
유동성	낮 음	높 음
위험도	낮 음	높 음
존속기간	기한부증권	영구증권
배당 및 이자	원금과 이자를 받음	경영성과에 따른 배당금을 지급받음
소유자의 권리	확정부 이자의 수취, 회사 해산 시 주식에 우선하여 원리금 우선 지급받음	배당금 수취, 잔여재산분배청구권

> **잔여재산분배청구권**
> 기업이 파산한 경우 부채를 갚고 남은 재산에 대하여 기업의 이해관계자들이 분배를 청구할 수 있는 권리

042 특수채 ★★★
특별법에 의해 설립된 법인들이 발행한 채권

- (비금융)특수채 : 한국전력, 토지개발공사, 한국전기통신공사채권, 한국도로공사채권 등
- 금융채 : 한국산업은행법에 의한 산업금융채권, 중소기업은행법에 의한 중소기업금융채권이 있으며, 한국은행이 발행하는 통화안정증권도 포함

043 회사채 ★★★
상법상 주식회사가 발행하는 채권

기업이 자금조달을 위해 직접 발행하는 채권으로 주식과는 달리 회사의 수익에 관계없이 일정한 이자가 지급된 채권이다. 국채나 지방채에 비해 상환능력이 약하기 때문에 회사채는 발행총액의 제한을 받는다. 이때 제한을 받는 발행총액은 상법상 순자산액의 4배를 초과하지 못한다.

제3장 금융상품

> **주택저당증권(MBS)**
> 금융기관이 주택을 담보로 만기 20~30년짜리 장기대출을 해준 주택저당채권을 대상자산으로 하여 발행한 증권

044 모기지론(Mortgage Loan) ★★★

부동산을 담보로 주택저당증권을 발행하여 장기주택자금을 대출해주는 제도

주택자금 수요자가 은행을 비롯한 금융기관에서 장기주택자금을 빌리면 은행은 주택을 담보로 **주택저당증권**을 발행하여 이를 중개기관에 팔아 대출자금을 회수한다. 이때 중개기관은 주택저당증권을 다시 투자자에게 판매하고 그 대금을 금융기관에 지급한다.

> **요구불예금**
> 예금주의 요구가 있는 경우 언제든지 지급할 수 있는 예금

045 보통예금 ★★★

예금자의 요구에 따라 언제든지 예금하고 자유롭게 인출할 수 있는 **요구불예금**

입출이 자유롭고 예치한도가 없다. 따라서 입출금의 거래가 빈번해 은행의 지급준비율이 높아 금리가 비교적 낮은 편이다.

상식 더하기 ─ 지급준비금
은행이 언제나 현금화할 수 있는 보유금액으로, 은행은 고객이 가입한 예금 등을 예금기간에 따라 보통예금 3%, 정기예금 8%, 장기저축예금 11.5%로 한국은행에 맡기는 비율을 말한다.

046 미소(美少)금융사업 ★★★
대기업과 금융회사들의 기부금으로 서민들에게 무담보 신용대출을 해주는 사업

무담보 소액대출을 뜻하는 '마이크로 크레디트(Micro Credit)'를 우리말로 순화하면서 아름다운 사회적 책임의 이행이라는 뜻을 덧붙여 '작을 미(微)' 대신 '아름다울 미(美)'를 썼다. 창업 시 사업 타당성 분석 및 경영컨설팅 지원, 채무불이행자에 대한 부채상담 및 채무조정 연계지원, 취업정보 연계제공 등 금융사각지대를 해소하고 금융소외계층이 사회ㆍ경제적으로 자립할 수 있는 기반을 마련해 주기 위한 자활 지원사업이다.

상식 더하기
- 햇살론 : 대부업 등에서 30~40%대 고금리를 부담해야 하는 저신용ㆍ저소득 서민에게 10%대의 저금리로 대출해주는 서민대출 공동브랜드
- 새희망홀씨 : 은행권이 사회적 책임을 다하고 서민경제 회복을 뒷받침하기 위해 기존 서민대출상품인 '희망홀씨'를 발전적으로 개편하여 출시한 서민대출상품

047 비과세종합저축 ★★★★
세금우대종합저축과 생계형저축의 중복되는 세제혜택상품을 한 가지 유형으로 통합ㆍ관리하고자 재탄생한 상품

세금우대종합저축과 생계형저축의 비과세 한도가 5,000만 원으로 확대되었고, 이자소득세(15.4%)를 내지 않아도 되는 저축액이 5,000만 원인 금융상품이다. 만 65세 이상 거주자, 기초생활수급자, 장애인, 독립유공자, 고엽제후유증환자, 5ㆍ18 민주화 운동 부상자 등으로 가입요건이 제한된다. 또한 서민들의 재산 형성을 돕는 재형저축의 의무가입 기간이 일부 가입자에 한해 7년에서 3년으로 단축되었다. 단축대상은 총급여 2,500만 원 이하 근로자와 종합소득금액 1,600만 원 이하인 사업자, 15~29세 고졸 중소기업 재직청년 등이다.

상식 더하기 거주자와 비거주자
거주자와 비거주자의 개념은 소득세법과 외국환거래법에서 구분된다. 소득세법상 거주자는 소득세를 납부할 의무가 있는 자로 국내에 주소를 두거나 1년 이상 거소를 둔 개인을 말한다. 비거주자는 거주자가 아닌 자로서 국내에 원천소득이 있는 개인이다. 거주자에 대하여는 모든 소득에 소득세가 부과되는 것을 원칙으로 한다(외국환거래법상 거주자는 한국 내에 주소 또는 거소를 둔 개인과 한국 내에 주된 사무소를 둔 법인으로 규정하고 있다).

048 예금자보호제도 ★★★★★
금융회사가 예금을 지급할 수 없을 때 예금보험공사가 대신 지급해주는 공적보험제도

금융회사가 도산하더라도 예금자는 보호된다는 인식을 높여 대량 예금인출사태를 방지함으로써 금융시스템의 안정을 도모하고, 소액 예금자를 보호하기 위해 도입되었다. 원금과 정해진 이자를 합해 예금자 1인당 최고 5,000만 원까지 보호된다.

상식 더하기 주요 예금자보호대상 상품
보통예금, CMA, 연금신탁, 정기적금, 주택청약예금 등

049 연금저축 ★★★
개인이 노후생활을 안정적으로 준비하기 위해 자발적으로 가입하는 제도

18세 이상 국내 거주자는 누구나 가입가능하다. 연간 최대 400만 원 한도 내에서 소득공제하며 소득세법 제20조의3에 근거한다.

050 장기주택마련저축 ★★★
서민과 중산층의 주택 마련을 지원하기 위해 비과세 혜택을 주는 저축상품

18세 이상 세대주로서 무주택자이거나 국민주택규모($85m^2$) 이하의 1주택을 소유한 세대의 세대주로서 해당 주택공시가격이 3억 원 이하일 경우 가입대상이 된다. 저축한도는 분기별 300만 원이다. 7년 이상 불입하면 비과세대상이 된다.

051 주택청약종합저축 ★★★
국민주택 등과 민영주택을 분양받기 위하여 가입하는 저축

2015년 변경된 제도에 따르면 85m² 이하 주택을 청약조건으로 하는 무주택자 누구나 가입가능하다. 수도권 1순위 자격은 기존 2년 가입에서 1년 가입으로 완화됐다. 1개 주택을 보유하더라도 청약이 가능하다. 또, 과세연도 중 주택을 소유하지 않은 세대의 세대주인 근로자가 주택마련저축에 납입한 금액의 40%를 연 240만 원 한도로 연말정산 시 소득공제를 받을 수 있다. 연간 납입액의 40%인 연 96만 원까지 소득공제가 가능하며 저축한도는 월 2만 원 이상 50만 원을 한도로 5천 원 단위로 자유롭게 가능하다. 2년 이상 유지할 경우 1.8%의 금리를 적용받을 수 있다. 총액이 1,500만 원 도달 시까지는 50만 원을 초과해도 된다.

052 개인종합자산관리계좌(ISA) ★★★
다양한 금융상품을 한 계좌에서 운용할 수 있는 통장

개인종합자산관리계좌(ISA ; Individual Savings Account)란, 2016년부터 판매되는 금융상품이다. 가입 시 3년간 의무적으로 유지해야 하고, 원금 손실 위험이 있어 주의하여야 한다. 하나의 계좌에 예금·펀드·주가연계증권(ELS) 등 다양한 금융상품을 담을 수 있으며, 계좌별 합산 손익을 따져 200만 원의 수익은 비과세이다. 매년 2,000만 원씩 5년간 1억 원까지 납입 가능하다. 이익과 손실을 합산해 200만 원(급여 5,000만 원 이하 가입자는 400만 원)까지 비과세 혜택을 받을 수 있다. 세제 혜택을 받을 수 있는 의무 납입 기간은 3년이며, 중도 해지하면 수익의 15.4%를 세금으로 내야 한다. 모든 금융사를 통틀어 개인당 1계좌만 가입이 가능하다.

053 정기적금 ★★★

일정 기간 매월 일정액을 불입하여 기간 만료 후에 계약금액을 환불받는 예금

일반적인 적금에 해당하며 예금자보호대상이다. 가입대상 및 만기금액에는 제한이 없으며 통상 1년에서 5년 이내의 기간에서 계약한다. 만기일까지 자금의 증가가 보장되는 안정적인 운용자원의 확보가 가능하여 금융기관이나 개인 측면에서도 안정적인 상품이다.

> **양도성 예금증서(CD ; Certificate of Deposit)**
> 은행의 정기예금에 양도성을 부여한 것으로, 제삼자에게 양도가 가능한 무기명 증권

054 코픽스 금리(COFIX 금리) ★★★

은행이 조달한 자금의 평균금리

9개 시중은행의 정기예금, 정기적금, 상호부금, 주택부금, **양도성 예금증서**, 금융채, 환매조건부채권 매도, 표지어음 매출 등 8개 자금조달금리를 가중 평균해 전국은행연합회 홈페이지에 매월 15일 오후 3시에 공시된다. 매달 1회 가중 평균해 '잔액기준 코픽스 금리'와 '신규취급액기준 코픽스 금리' 2종류의 코픽스 금리를 발표하며 주택담보대출금리의 기준이 된다.

055 주가지수연동형 상품(ELD, ELS, ELF) ★★★★

수익증권의 한 종류로 고객들이 예탁한 돈을 주가지수의 움직임에 맞춰 이익을 내도록 운용하는 것

주가지수연동형 상품의 비교

구 분	ELD(주가지수연동예금)	ELS(주가지수연동증권)	ELF(주가지수연동펀드)
판매기관	은 행	증권사(투자매매·중개업자)	집합투자업자
상품성격	예 금	증 권	증권펀드
만기수익	지수에 따라 사전에 제시한 수익 확정지급	지수에 따라 사전에 제시한 수익 확정지급	운용성과에 따라 실적배당
예금보호	보 호	비보호(발행사 신용 중요)	비보호(실적배당상품)
중도해지	가능(원금손실 가능)	제한적(유가증권시장에서 매도, 원금손실발생 가능)	가능(원금손실 가능)
장 점	은행이 제시한 수익보장	증권사가 제시수익을 달성할 수 있도록 상품을 구성	추가수익발생 가능
단 점	추가수익 없음	추가수익 없음	제시수익 보장 없음

056 주택담보대출비율(LTV ; Loan To Value ratio) ★★★★
집을 담보로 은행에서 돈을 빌릴 때 집의 자산가치를 얼마로 보는가의 비율

주택의 종류 및 주택의 소재 지역에 따라 담보자산의 시가 대비 처분가액 비율이 달라질 수 있다. 이는 과도한 부동산 담보대출을 억제하고 부동산 투기를 막는 데 효과가 있다. 보통 기준시가가 아닌 시가의 일정 비율로 정한다.

$$LTV = \frac{주택담보대출금액 + 선순위채권 + 임차보증금 및 최우선변제 소액임차보증금}{담보가치}$$

057 총부채상환비율(DTI ; Debt To Income ratio) ★★★★★
총소득에서 부채(빚)의 연간 원리금 상환액이 차지하는 비율

금융부채 상환능력을 소득으로 따져 대출한도를 정하는 방식이다. 은행 등 금융기관이 대출금액을 정할 때 대출자의 상환능력을 검증하기 위해 활용하는 **개인신용평가시스템**과 비슷한 개념이다. 수치가 낮을수록 빚 상환능력이 양호하거나 소득에 비해 대출규모가 작다는 의미이다.

$$DTI = \frac{해당 주택담보대출 연간 원리금 상환액 + 기타부채의 연간 이자 상환액}{연소득}$$

> **개인신용평가시스템(CSS)**
> 고객의 신상정보, 거래실적, 신용도 등을 통계적으로 분석해 신용상태를 계량화한 시스템

058 CMA(Cash Management Account : 어음관리계좌) ★★★★
고객이 맡긴 예금을 어음이나 채권에 투자하여 그 수익을 고객에게 돌려주는 금융상품

실적배당형 금융상품으로, 예금액의 제한 없이 수시로 입출금이 허용되면서도 실세금리수준의 수익이 가능하다. 종합금융회사 CMA는 예금자보호대상이지만 증권사 CMA는 예금자보호대상이 아니다.

> **실적배당형**
> 운용의 실적에 따라 배당하겠다는 것으로 CMA, MMF가 대표적인 예

059 MMF(Money Market Funds) ★★★
단기금융상품에 집중투자하여 얻는 수익률을 되돌려주는 초단기형 실적배당상품

투자신탁회사가 고객들의 자금으로 펀드를 구성한 다음 금리가 높은 1년 미만의 기업어음(CP), 양도성예금증서(CD), 콜 등 단기금융상품에 집중투자를 하여 얻은 수익을 고객에게 돌려주는 만기 30일 이내의 초단기 금융상품이다. 익일 입출금제도이며 하루만 돈을 예치해도 이익금을 받을 수 있다.

> **상식 더하기**
>
> **기업어음(CP)**
> 신용상태가 양호한 기업이 상거래와 관계없이 단기자금을 조달하기 위하여 자기신용을 바탕으로 발행하는 만기가 1년 이내인 융통어음이다.
>
> **양도성예금증서(CD)**
> 은행의 정기예금에 양도성을 부여한 것으로, 은행이 발행하고 증권회사와 종합금융회사의 중개를 통해 매매된다. 예금통장과는 달리 통장에 이름이 없는 무기명이며, 중도해지는 불가능하나 양도가 자유로워 현금화가 용이한 유동성이 높은 상품이기 때문에 만기일 이전이라도 금융시장에서 자유롭게 매매할 수 있다.

060 MMDA(Money Market Deposit Account) ★★★
입출금이 자유로우면서도 높은 금리를 받을 수 있는 저축상품

저축예금과 동일하지만 시장실세금리 및 거래금액에 따라 차등금리가 적용되기 때문에 붙여진 이름이다. 금액이 많을수록 더 높은 금리를 제공한다.

> **상식 더하기** **저축예금**
> 가계저축 증대를 도모하기 위하여 수시입출금이 가능하면서도 비교적 높은 금리가 지급되는 가계우대예금의 하나이다. 저축예금의 가입대상은 실명의 개인으로서 1인 1계좌에 한한다.

061 10%룰 ★★

특정 기업의 지분을 10% 이상 보유할 경우 지분변동이 있으면 공시해야 하는 제도

특정 기업의 지분을 10% 이상 보유할 경우 단 1주라도 지분변동이 있으면 해당 내용을 5일 안에 공시해야 하는 제도를 말한다. 10%룰은 투기적 펀드에 의한 기업 사냥이나 기업 간의 적대적 인수합병(M&A ; Mergers and Acquisitions)이 늘어나고 있는 현실에서, 기업 경영권이 외부의 특정세력에 침해되는 것을 방어할 수 있도록 대비하게 하고, 펀드의 포트폴리오가 특정 기업에 과도하게 쏠리는 것을 방지하기 위한 것이다. 한편 2013년 8월 자본시장법이 개정되면서 해당 규정이 일부 완화되었다. 국민연금 등 공익성을 띤 투자자는 지분율이 10%를 넘어서는 최초의 경우에만 지분 공시를 하고, 이후에는 매매한 날 다음 분기의 첫째 달 10일까지만 공시를 하면 된다.

THEME03 신용카드·환율

제1장 신용카드

> **수기특약(수기결제)**
> 카드사와 가맹점 간에 특약을 맺는다고 해서 붙여진 이름

001 가맹점 ★★

신용카드업자의 계약에 따라 카드회원들의 신용카드 등의 거래를 대행하는 자

가맹점의 종류

가맹점	특 징	비 고
일반가맹점	• 신용카드회사와 가맹점 계약을 체결 • 신용카드거래 시 물품판매, 용역 제공	–
결제대행업체	• 신용카드회사와 가맹점 계약을 체결 • 하위 가입점을 대신하여 신용카드결제 대행	금융위원회 등록
수기특약 가맹점	회원 서명 없는 전표가 인정되는 가맹점 계약을 체결	담보설정

002 리볼빙(Revolving) 결제 ★★★

이용금액을 일정 비율로 상환하여 잔여 이용한도 범위 내에서 계속 카드사용을 하도록 하는 방법

일시불과 현금서비스 이용금액을 사용자가 원하는 비율로 우선상환하면 잔여 이용금액이 다음 달로 이월되어 상환이 연장되는 결제방식이다. 사용자 입장에서는 자신의 재무구조의 유동성을 늘릴 수 있지만 이자부담 증가 등의 단점도 있다.

상식 더하기 리볼빙 결제의 장단점

구 분	장 점	단 점
카드사	• 안정적인 이자 수입확보로 수익성 제고 • 카드자산 증가 및 수익성 개선 • 회원의 일시적인 유동성 부족 시 상환을 연장할 수 있어 연체율 개선	• 한도관리 등 리스크관리 미흡 시 저신용 회원의 역선택 발생 • 리볼빙자산이 급증할 경우 유동성 위험 증가 • 가계채무상환능력 악화에도 부실이 이연되어 추후 일시 부실화될 소지
고 객	일시적인 유동성 부족에도 연체 없이 상환 연장이 가능	• 대금결제 장기화로 이자부담 증가 • 단기 상환부담 완화로 카드부채 증가 가능성

003 법인(기업)회원 ★★★

기업회원약관의 적용을 승인하고 은행에 카드를 신청하여 은행으로부터 가입승인을 받은 기업, 기관, 협회, 기타 사업자 등

기업회원카드의 종류와 특징

공용카드	• 카드를 발급받은 기업 또는 법인의 임직원이면 누구나 사용할 수 있는 카드 • 공용카드의 카드서명란에는 법인명(기업명) 기재 • 법인명의의 카드 사용 시 매출전표에는 사용자의 서명을 기재
지정카드	• 카드를 발급받은 기업 또는 법인의 임직원 중 특별히 지정된 자에 한하여 사용할 수 있는 권리를 부여한 카드 • 카드의 앞면에 사용자의 영문명이 기재 • 카드의 서명이 기재된 임직원만 그 카드를 사용할 권한을 가짐
개인형 기업카드	• 해당 기업 임직원의 신용으로 발급하고 해당 기업이 연대보증하는 형태로 발급하는 카드 • 해당 임직원의 개인계좌를 결제계좌로 함 • 지정된 자에 한해 사용 가능

| 연대보증
보증인이 채무자와 공동으로 그의 빚을 맡는 보증

004 신용카드(Credit Card) ★★★

상품이나 서비스 대금 회수를 일정 기간 유예하는 증명으로서 발행되는 카드

고객의 신용에 의해 만들어진 카드이다. 고객이 상품이나 서비스를 먼저 받고, 나중에 그 값을 고객의 예금계좌에서 자동적으로 갚게 하는 신용거래에서, 고객의 신분과 계좌를 확인해 주는 작은 플라스틱 조각을 말한다.

> **상식 더하기** 　**신용카드 발급요건**
> • 본인이 신청할 것
> • 한도액이 신용카드업자가 정하는 산정 기준에 따른 개인신용한도를 넘지 아니할 것
> • 발급신청일 현재 19세 이상인 자

공여
물건이나 이익이 상대에게 돌아가도록 함

005 신용판매 ★★
상품 또는 서비스의 신용을 공여하고, 대금후불로 판매하는 일

- 일시불 : 회원이 이용금액을 지정한 결제일에 전액 지불하는 방식
- 할부 : 해당 이용금액을 매월 일정액씩 할부기간 중 분할하여 납부하는 방식
- 리볼빙 : 고객과 카드사의 사전 약정에 따라 결제금액을 매달 일정액 또는 잔고에 대한 일정 비율의 금액을 지불하는 방식. 최소금액결제, 회전결제라고도 한다.

006 신용공여기간 ★★★
회원이 카드로 물건을 사거나 현금서비스를 받은 날로부터 대금을 결제하거나 돈을 갚은 날까지의 기간

신용공여기간은 카드사별로 차이가 있지만 보통 12~45일 정도이다. 즉, 결제일로부터 45일 전에서 12일 전까지 사용한 금액을 결제하는 것이다.

007 신용카드 소득공제 ★★★
과세대상이 되는 소득액 결정을 위해 총소득에서 법으로 정하여진 금액을 빼내는 일

카드 사용금액은 신용카드, 직불카드, 선불카드, 현금영수증 사용금액 등이 있다. 신용카드의 경우 사용금액이 당해 연도 총급여액의 25%를 초과하는 경우 그 초과사용금액의 15%(체크·직불카드는 30%)와 총급여액의 20% 중 적은 금액을 연간 300만 원 한도 내에서 공제한다.

008 ISP(인터넷 안전결제서비스) ★★★★
인터넷 전용 신용카드 인증 및 결제서비스

전자상거래 이용 시 회원의 신용카드번호, 비밀번호 등을 입력함으로써 발생될 수 있는 개인정보유출의 문제점을 원천적으로 차단할 수 있는 인터넷 전용 신용카드 인증 및 결제서비스를 말한다.

인터넷 안전결제서비스와 기존 전자상거래방식 비교

구 분	인터넷 안전결제서비스	전자상거래방식 비교
고객인증	전자서명에 의한 제공	일부제공 (카드번호+주민번호+비밀번호)
기밀성	쇼핑몰 등에 금융정보 미제공	쇼핑몰 등에 금융정보 노출
무결성	SEED 알고리즘 제공	SEED 알고리즘 지원 불가능
부인봉쇄	가 능	불가능

| SEED
한국인터넷진흥원에서 개발한 128비트 블록 암호화 알고리즘으로, 별도의 저작권이나 사용료 없이 무료로 사용할 수 있음

제2장 환 율

009 기준환율 ★★★
자국의 환율결정 시 그 기준으로 삼기 위해 먼저 결정되는 특정국 통화와의 환율

미달러화에 대한 원화의 매매기준율이 우리나라의 기준환율이 된다. 우리나라 기준환율은 매일 금융결제원에서 고시하고 있다.

상식 더하기 매매기준율
그날 거래된 거래량과 환율을 가중평균한 것으로 다음 날 거래의 기준이 되는 환율이다.

| 가중평균
개별 값들에 각각의 중요도에 해당하는 가중치를 곱하여 구한 평균값

금본위제도
금이 화폐의 기능을 수행하는 것으로 1816년 당시 세계 강국이었던 영국이 이를 채택함으로써 전 세계가 금을 화폐수단으로 사용

010 기축통화 ★★★
국제결제나 금융거래의 기축이 되는 특정국의 통화

국제통화라고도 하며 보통 미국 달러를 가리키기 때문에 미국을 기축통화국이라고도 부른다. 기축통화가 정해지기 전까지 영국의 파운드화가 오랫동안 기축통화로서의 자격을 확보해 왔으나 제2차대전 후, 미국이 각국 중앙은행에 달러의 금태환을 약속함에 따라 달러가 기축통화로서 중심적 지위를 차지하게 되었다.

> **상식 더하기** 금태환(金兌換)
> 금본위제도하에서 해당국 화폐 소유자가 해당국 정부(중앙은행)에 화폐를 제시하며 금과의 교환을 요구했을 때 해당국 정부(중앙은행)가 화폐와의 교환으로 금을 제공하는 것이다.

011 고시환율 ★★
은행으로부터 외환을 매입·매도하려는 고객들을 위한 기준금리

환율은 시시각각으로 변동하기 때문에 어느 한 수치로 결정짓기 어렵다. 따라서 은행에서는 거래를 위해 일정 수준의 환율을 고시해 주는데 이 환율이 고시환율이다.

012 대고객환율 ★★
외국환은행의 대고객거래에 적용되는 환율

은행 간 환율을 기준으로 일정한 마진을 붙여 은행이 일반고객을 상대로 외환거래를 할 때 적용되는 환율이다. 매입률이 매도율보다 높은 경우 이 차이를 마진(Margin)이라고 한다.

013 매입환율 ★★
고객의 입장에서 외환을 매도할 때 적용받는 환율

외환딜러나 은행이 일반고객으로부터 외화를 살 때 적용되는 환율로 가격제시자(외국환은행)의 경우 외환을 고객으로부터 싸게 사서 비싸게 팔아야 하기 때문에 항상 매입환율은 매도환율보다 낮게 책정된다.

014 외화표시예금 ★★
외국환 시세의 구별을 위한 표시방법

자국통화를 기준으로 자국통화 1단위에 대해 외국통화의 환율을 표시하는 것은 외화표시, 외국통화 1단위에 대해 자국통화의 환율을 표시하는 방법을 내화표시라고 한다.

015 와타나베부인 ★★★
일본에서의 흔한 성을 딴 국제 금융가의 신조어

일반 샐러리맨 남편의 수입으로 가정의 재정을 담당하는 일본 가정주부를 의미한다. 일본의 장기불황과 낮은 금리 등을 배경으로 등장하게 된 이들은 저금리의 엔화로 고금리국가의 금융상품에 투자하여 고수익의 투자 기회들을 노리는 소액투자자의 특징을 갖는다. 이후 와타나베부인은 일본의 개인 외환투자자들을 의미하는 용어로 사용되었다.

016 환율 ★★★★★
자국과 외국통화 간의 교환 비율

한 나라의 통화가치는 대내가치(구매력인 물가로 표시)와 대외가치(외국통화를 대가로 매매할 수 있는 환율)가 있으며, 표시 방법으로는 다국통화표시방법(US$1=1,200)과 외국통화표시방법(1=US$0.00125)이 있다.

- 환율하락(평가절상) : 한 국가의 통화가치가 상대적으로 상승하는 것으로 수입증대, 수출감소, 외채부담감소, 국제적인 영향력 강화 제고현상이 나타난다.
- 환율상승(평가절하) : 한 국가의 통화가치가 상대적으로 하락하는 것으로 수출증대, 수입감소, 외채부담증가, 국내 인플레이션현상이 나타난다.

상식 더하기 　대한민국 환율 변천사
- 고정환율제도(1945~1964년)
- 단일변동환율제도(1964~1980년)
- 복수통화바스켓제도(1980~1990년)
- 시장평균환율제도(1990~1997년)
- 자유변동환율제도(1997년~현재)

017 환율표시방법 ★★★

- 자국통화표시환율 : 외국 돈을 기준으로 하여 환율을 나타내는 방법으로 우리나라 원화와 미국 달러화의 환율을 1$=1,000원 또는 ₩/$=1,000으로 표시하는 방법이다.
- 외국통화표시환율 : 우리 돈을 기준으로 하여 우리 돈 1단위로 외국 돈을 얼마나 받을 수 있는가를 표시하는 방법이다.
- American Terms : 외국통화 1단위에 대한 미달러화의 교환비율을 나타내는 방법으로 ¥1=$1,200 또는 $/¥=1,200으로 표시하는 방법이다.
- European Terms : 미달러 1단위에 대한 외국통화의 교환비율인 $1=¥150 또는 ¥/$=150으로 표시하는 방법이다.

상식 더하기 　표시방법
- 직접표시법 : 외국통화 한 단위 가치를 국내 통화로 표시하는 방법
- 간접표시법 : 자국통화 한 단위 가치를 외국 통화로 표시하는 방법
- 유럽식 : 미달러 한 단위 가치를 다른 통화의 가치로 표시하는 방법
- 미국식 : 다른 통화 한 단위 가치를 미달러화의 가치로 표시하는 방법

THEME 04 경제일반

제1장 경제 기초 용어

001 경제민주화 ★★★
대기업에 쏠린 부의 편중현상을 법적으로 완화해야 한다는 주장을 통칭하는 말

노동자, 소비자, 공급, 하청업체 등 폭넓은 대중을 포함해 공공 이해관계자와 기업의 관계자들과의 합리적인 의사결정 능력을 실행하기 위해 제안된 사회·경제적 철학이다. 이 주장의 근거는 헌법으로, 우리나라 헌법 제119조 제2항에 '국가는 균형있는 국민경제의 성장과 적정한 소득 분배, 시장지배와 경제력 남용 방지, 경제주체 간의 조화를 통한 경제민주화를 위해 경제에 관한 규제와 조정을 할 수 있다'는 조항을 적시해, 자유시장경제 원칙을 기본적으로 존중하지만 부(富)의 편중 같은 부작용을 막고자 국가가 개입할 수 있는 여지를 남겨 놓고 있다. 정치권에서는 이 제119조 제2항을 근거로 대기업에 쏠린 부의 편중현상을 법으로 완화시켜야 한다고 주장하고 있으며 이를 통칭해서 '경제민주화'라고 부르고 있다.

002 자본주의 4.0 ★★
다수의 성장을 추구하는 따뜻한 자본주의

소프트웨어의 버전처럼 진화단계에 따라 숫자를 붙일 때 네 번째 단계에 해당하는 자본주의를 의미한다. 자본주의 4.0은 정부와 시장의 역할 가운데 하나만 강조했던 기존의 경제인식과 달리 정부와 시장이 모두 잘못될 수 있다는 사실에 기초하여 정치와 경제를 협력하는 관계로 보고, 나눔과 사회적 책임을 다하는 기업의 자세를 요구한다.

> **상식 더하기**
> - 자본주의 1.0 : 자유방임을 강조하는 고전자본주의
> - 자본주의 2.0 : 정부의 역할과 책임을 강조하는 수정자본주의
> - 자본주의 3.0 : 시장의 자율성과 기능을 강조하는 신자유주의

003 콜라보노믹스(Collabonomics) ★★★
불투명한 경제 상황에서 혁신적인 아이디어를 찾아내기 위한 상생의 윈-윈 파트너십

'Collaboration'과 'Economics'의 합성어로, 협력의 경제학을 의미한다. 기업 간, 노사 간, 기업과 시민단체 간의 협력을 통해 난제를 해결하고, 1+1=2가 아닌 3 이상의 시너지 효과를 만들어 내는 21세기형 부의 창출방식이다.

004 금 융 ★★
돈을 융통하는 일

일반적으로 금융거래는 금리가 붙어 자금을 대차하는 일과 그 수급 관계를 의미한다. 자금을 제공하는 자는 자금의 공급자, 자금이 필요한 자를 수요자라고 하며, 자금은 공급자로부터 수요자에게로 흐른다.

금융시장의 기능
- 자금중개
- 위험관리
- 후생증대
- 높은 유동성 제공
- 금융자산 가격 결정
- 거래비용 및 시간 절감

005 금융시장 ★★★
자금의 수요자와 공급자 간의 금융거래가 이루어지는 시장

금융시장이 일반상품시장과 다른 점은 금융시장에서 매매 대상이 되는 것은 질적으로 무차별한 화폐이고, 그 화폐는 이자를 낳는 자산이며, 기한부의 대출이라는 형식으로 매매된다는 점 등이다.

006 기업공개(IPO ; Initial Public Offering) ★★★★
회사가 발행한 주식을 대중에게 분산하고 재무내용을 공시하여 주식회사 체제를 갖추는 것

형식적으로 주식회사가 일반대중에게 주식을 분산시킴으로써 기업공개 요건을 갖추는 것을 의미하며, 실질적으로 소수의 대주주가 소유한 주식을 일반대중에게 분산시켜 증권시장을 통해 자유롭게 거래될 수 있게 함으로써 자금조달의 원활화를 기하고 자본과 경영을 분리하여 경영합리화를 도모하는 것을 말한다. 법률에서 말하는 기업공개는 상장을 목적으로 50인 이상의 여러 사람들을 대상으로 주식을 파는 행위이다.

상식 더하기
월스트리트저널(WSJ)에 따르면 메시지를 전송하면 수신 확인 후 10초가 지난 뒤 사라지는 휘발성 SNS 앱인 스냅챗의 모회사 스냅이 2017년 3월 30억 달러(3조 5000억 원) 규모의 IPO를 했다. 이 IPO를 통해 40억 달러를 조달하여 기업 가치가 최대 330억 달러에 이르렀다. 이는 기업공개 당시 화제를 모았던 페이스북(2012년, 160억 달러)과 알리바바(2014년, 220억 달러)에 비견된다.

| 상장
주식이나 어떤 물건을 매매 대상으로 하기 위해 해당 거래소에 일정한 자격이나 조건을 갖추어 등록하는 일

007 기회비용 ★★★★★
하나의 재화를 선택했을 때, 그로 인해 포기한 다른 재화의 가치

포기된 재화의 대체 기회 평가량을 의미하는 것으로, 어떤 생산물의 비용을 그 생산으로 단념한 다른 생산기회의 희생으로 보는 개념이다. 즉, 하나의 선택에 따라 포기하게 된 선택의 가치로, 대안이 여러 가지인 경우에는 포기한 대안들 중 가장 큰 가치를 의미한다. 여기서 중요한 것은 선택에 영향을 주지 않는 비용인 매몰비용은 기회비용에 포함되지 않는다는 것이다.

| 매몰비용(Sunk Cost)
의사 결정을 하고 실행한 이후에 발생하는 비용으로 어떤 선택을 하든지 회수할 수 없는 비용. 함몰비용이라고도 함

| GDP(Gross Domestic Product)
외국인과 우리나라 사람의 관계없이 우리나라 국경 안에서 이루어진 생산활동을 모두 포함하는 개념(국내총생산)

008 경기변동 ★★★

경제활동이 경제의 장기 성장추세를 중심으로 상승과 하강을 반복하며 성장하는 현상

경기변동과정에서 나타나는 경기회복·호황·후퇴·불황을 경기변동의 4국면이라고 하며, 회복과 호황을 확장국면, 후퇴와 불황을 수축국면이라고 한다. 경기변동은 특정 경제변수에만 변동하는 것이 아니라 거의 모든 부문 및 변수가 GDP와 같은 방향으로 움직이며, 반복적이고 비주기적이며 지속적이다.

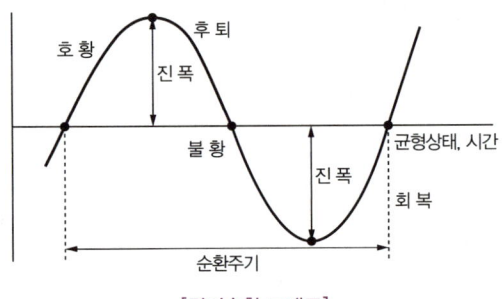

[경기순환 그래프]

상식 더하기
- 순환주기 : 정점에서 다음 정점까지의 기간 또는 저점에서 다음 저점까지의 기간
- 순환진폭(심도) : 저점에서 다음 정점까지의 거리(진폭이 클수록 경기변동이 심함)
- 기준순환일 : 경기의 정점과 저점이 발생한 구체적인 시점으로 통계청에서 발표

009 더블딥(Double Dip) ★★

경기가 침체 국면에서 회복될 조짐을 보이다가 다시 침체 국면으로 빠져드는 현상

'이중하강', '이중침체' 등의 의미로 사용되며 더블딥에 빠지면 이전보다 상황이 더욱 악화된다. 예를 들어 경기침체기에 기업들이 생산량을 늘리면 일시적으로 경기가 반등하는 것처럼 보이지만 실제로는 국민경제 악화로 인해 수요 침체가 다시 강화됨으로써 거듭하여 경기 하락 국면으로 접어들게 되는데, 이러한 현상이 바로 더블딥이다.

상식 더하기 트리플딥
경기가 일시적으로 회복되었다가 다시 침체되는 현상이 반복적으로 일어나는 일

010 베블런효과(Veblen Effect) ★★★★
가격이 오르는데도 수요가 줄어들지 않고, 오히려 증가하는 현상

가격이 오르는데도 일부 계층의 과시욕이나 허영심 등으로 인해 수요가 줄어들지 않는 현상으로 상류층 소비자들의 소비 행태를 표현한 말이다. 미국의 경제학자이자 사회학자인 소스타인 베블런(Thorstein Bunde Veblen)이 자신의 저서 '유한계급론(1899)'에서 "상류층계급의 소비는 사회적 지위를 과시하기 위하여 자각 없이 행해진다"고 지적한 데서 유래했다.

011 소프트패치(Soft Patch) ★★
경기 회복 국면에서 일시적인 어려움을 겪는 상황

경기가 상승하는 국면에서 본격적인 침체국면에 접어들거나 후퇴하는 것은 아니지만 일시적으로 성장세가 주춤해지며 어려움을 겪는 현상을 의미한다. 2002년 앨런 그린스펀 미 연방준비이사회 의장이 당시 경제가 라지패치(골프장에서 공을 치기 어려운 지점)에 빠질 정도로 위험하지는 않다고 언급한 데서 유래했으며 경기가 아주 나쁜 상황은 아니라는 의미에서 소프트패치라는 이름이 붙었다.

> **상식 더하기**   러프패치(Rough Patch)
> 소프트패치 국면이 상당기간 길어질 수 있다는 뜻으로, 소프트패치보다 더 나쁜 경제상황을 의미한다.

> **국제수지표의 작성**
> 국제수지는 현재 IMF의 국제수지 매뉴얼에 따라 한국은행이 작성함

012 거시경제지표 ★★★

국민소득이나 물가수준 등 국민경제 전체를 대상으로 분석한 경제

국제수지표(BOP ; Balance Of Payment)

경상수지	상품수지	수출, 수입
	서비스수지	운송, 여행, 통신서비스, 건설서비스, 보험서비스, 금융서비스, 컴퓨터 및 정보서비스, 유지보수서비스, 개인·문화·오락서비스, 사업서비스, 지적재산권 등 사용료
	본원소득수지	급료 및 임금, 투자소득
	이전소득수지	개인송금 등
자본·금융계정	자본계정	
	금융계정	직접투자, 증권투자, 파생금융상품, 기타투자, 준비자산 증감
오차 및 누락		

013 경제성장률 ★★★★

한 나라 경제가 일정 기간 동안 실질적으로 성장하는 비율을 나타낸 것으로 통상 1년 단위로 측정한다.

국가의 실질액의 증가율을 나타내고 있기 때문에 실질성장률이라고도 한다.

$$경제성장률(\%) = \frac{이번 연도 실질 GDP - 전년도 실질 GDP}{전년도 실질 GDP} \times 100$$

014 경제활동인구 ★★★★
15세 이상의 인구 중 취업자와 실업자를 합한 인구

15세 이상 인구 중 노동 능력이나 노동 의사가 있어 경제활동에 기여할 수 있는 인구로, 경제활동참가율은 만 15세 이상 인구 중 경제활동인구(취업자+실업자)가 차지하는 비율을 말한다.

$$경제활동참가율(\%) = \frac{경제활동인구\ 수}{15세\ 이상\ 인구\ 수} \times 100$$

> **실업자**
> 15세 이상 인구 중 조사대상기간에 수입이 있는 일을 하지 않았고, 지난 4주간 적극적으로 구직활동을 하였으며, 조사대상기간에 일이 주어지면 즉시 취업이 가능한 사람

015 인구 오너스(Demographic Onus) ★★★★
전체 인구에서 생산연령 인구의 비중이 하락하여 경제성장이 지체되는 것

생산 가능한 인구(15~64세)의 비중이 줄어들면서 이들이 부양해야 할 인구가 늘어 경제성장이 지체되는 현상으로, 인구 보너스와 반대 개념이다. 우리나라는 2017년 1월부터 인구 오너스 시기에 진입했다.

016 골디락스(Goldilocks) ★★★★
높은 성장률을 기록하면서도 물가상승 압력이 거의 없는 이상적인 경제상황

영국 동화 '골디락스와 곰 세 마리'에 등장하는 소녀 이름에서 유래한 용어이다. 동화에서 여주인공 골디락스는 곰이 끓이고 나간 세 가지의 수프인 뜨거운 것과 차가운 것, 적당한 것 중에서 적당한 것을 먹고, 딱딱한 침대, 너무 물렁한 침대, 적당한 침대 중 적당한 침대에 누워 쉬는데 이러한 골디락스를 경제에 비유하여 뜨겁지도 차갑지도 않은 경제 호황을 의미한다. 일상생활에서는 가격이 아주 비싼 상품과 싼 상품, 중간 가격의 상품을 함께 진열하여 중간 가격의 상품을 선택하게 유도하는 판촉기법을 골디락스 가격이라고도 한다.

017 규모의 경제 ★★★

생산규모의 확대에 따른 생산비 절약 또는 수익향상의 이익

제조업 등 대량생산이 이루어지는 상황에서 생산규모가 증가함에 따라 생산비에 비해 생산량이 크게 증가하면서 발생하는 경제적 이익을 말하며 규모에 대한 수익이라고도 한다. 규모의 경제는 생산규모와 관련된 것으로 경제규모가 커진다고 해서 반드시 규모의 경제가 발생하는 것은 아니며, 규모의 경제가 독점으로 변할 경우 공급자가 가격을 마음대로 조정할 수 있다는 위험성도 있다.

> **상식 더하기** **범위의 경제**
> 어떤 기업이 2가지 이상의 제품을 생산할 때, 각각 다른 기업들이 제품을 생산하는 것보다 산업연관성이 있는 기업이 생산하게 될 경우 나타나는 비용 절감효과

018 구축효과 ★★

정부지출 증가 때문에 발생하는 민간 부문의 소비 및 투자 감소

국공채 발행을 통한 정부지출 증가는 화폐시장에서 화폐의 수요 증가로 인해 이자율을 상승시키므로 기업으로 하여금 자본의 차입을 어렵게 한다. 이는 결국 투자를 위축시키고 가계로 하여금 소비의 기회비용을 상승시켜 소비를 줄이게 한다는 주장이다.

> **상식 더하기** **가게와 가계의 차이점**
> 가게는 작은 규모로 물건을 파는 집 또는 길거리에 임시로 물건을 벌여 놓고 파는 곳을 의미하고, 경제이론에서 쓰이는 가계(家計)는 한 집안 살림의 수입과 지출의 상태 · 집안 살림을 꾸려 나가는 방도나 형편 · 소비의 주체인 가정을 의미한다.

| 상호저축은행
서민과 소규모 기업의 금융 편의를 도모하고 저축을 증대하기 위하여 설립된 금융기관

019 금융중개기관 ★★★

저축자로부터 자금을 차입받아 그 자금을 차용인에게 대부하는 금융기관

넓은 의미에서 모든 금융기관에 적용되지만 보통 **상호저축은행**, 보험회사, 증권회사 등을 말하며, 가장 대표적인 금융중개기관으로는 은행이 있다.

020 BIS비율(자기자본비율) ★★★
국제결제은행(BIS)에서 일반은행에게 권고하는 자기자본비율 수치

은행의 건전성과 안정성을 확보할 목적으로 은행의 위험자산에 대해 일정 비율 이상의 자기자본을 보유하도록 하는 것으로, 은행의 신용위험과 시장위험에 대비해 최소한 8% 이상이 되도록 권고하고 있으며, 10% 이상이면 우량은행으로 평가받는다.

> **국제결제은행(Bank for International Settlements)**
> 중앙은행과 다른 기관 사이의 협력을 위한 역할을 하는 국제기구로, 국제금융 안정을 추구함

상식 더하기
- 예대율 : 은행이 보유하고 있는 예금 잔액에 대해 은행이 빌려준 대출금 잔액의 비율을 의미한다. 은행의 예대율은 80% 정도의 선에서 억제하는 것이 건전한 경영방침이다.
- 지급준비율 : 은행이 고객에게 받은 예금 중에서 중앙은행에 의무적으로 예치해야 하는 비율을 의미한다. 고객 보호 차원에서 도입됐으며 통화량을 조절하는 금융정책 수단으로도 활용된다.

021 버블경제 ★★★★
경제가 실물부문의 움직임과 괴리되어 성장하면서 실제보다 과대 팽창되는 경기 상태

특정 상황이나 투자자산 또는 기업의 가치 등에 있어서 그것이 갖고 있는 내재적 가치에 비해 시장에서 형성되어 있는 가격이 과대평가된 상황이다. 흔히 시장이 과열되었다고 말하며 비이성적인 투기행위로 본다. 가장 최초의 버블경제로 여겨지는 것은 17세기 네덜란드의 튤립파동이며 가장 파장이 컸던 사례는 1980년대 일본으로, 당시 일본에서는 주가가 상승하면서 집값이 실제 자산가치에 비해 폭등하였으나 주가나 지가가 하락하면서(거품이 빠지면서) 1990년대 초부터 침체로 접어들었다.

상식 더하기 네덜란드 튤립파동
17세기 네덜란드에서는 귀족과 신흥 부자를 비롯해 일반인 사이에서도 튤립에 대한 투기 수요가 크게 증가하면서 튤립가격이 1달 만에 50배나 뛰는 일이 발생했다. 그러나 법원에서 튤립의 재산적 가치를 인정할 수 없다는 판결과 함께 버블이 순식간에 꺼지면서 튤립가격은 최고치 대비 수천분의 1 수준으로 폭락하였다.

022 스태그플레이션(Stagflation) ★★
경기침체기에 발생하는 인플레이션으로, 저성장·고물가의 상태

경기침체를 의미하는 '스태그네이션(Stagnation)'과 물가상승을 의미하는 '인플레이션(Inflation)'을 합성한 용어로, 경제활동이 침체되고 있는 상황에서도 물가는 지속적으로 상승하고 있는 현상이다. 이러한 스태그플레이션이 발생할 경우 경제성장과 물가안정 어느 쪽도 달성하기가 힘들어진다.

> **상식 더하기**
> - 초인플레이션(하이퍼인플레이션) : 인플레이션의 범위를 초과하여 경제학적 통제를 벗어난 인플레이션이다.
> - 디스인플레이션 : 인플레이션이 발생해 통화가 팽창하여 물가가 상승할 때, 그 시점의 통화량-물가수준은 유지한 채 안정을 도모하며 서서히 인플레이션을 수습하는 경제정책을 의미한다.
> - 애그플레이션 : 농산물 상품의 가격 급등으로 일반 물가도 덩달아 상승하는 현상이다.
> - 자산 디플레이션 : 부동산과 같은 실물자산의 가치와 주식과 같은 금융자산의 가치가 동반 하락하는 현상이다.

023 자물쇠 효과(Lock-in Effect) ★★
계속 같은 메이커의 상품을 구입하는 현상

기존의 제품 및 서비스보다 더 뛰어난 것이 나와도 이미 투자된 비용이나 기회비용, 혹은 복잡함이나 귀찮음으로 인해 타 제품 및 서비스로 옮겨 가지 못하게 되는 것을 말한다. 상품을 무상이나 저가로 제공하여 고객을 확보한 후 유료로 전환하게 되더라도 고객이 기존 상품에 비용을 지불하고 사용하는 경우가 이에 해당한다.

024 자이낸스 ★★
디지털 활용 및 모바일 플랫폼 사용에 익숙한 Z세대와 금융을 합한 신조어

디지털 활용 및 모바일 플랫폼 사용에 익숙한 'Z세대'와 '금융(Finance)'을 합한 신조어를 말한다. Z세대는 아직 자산과 소득이 적지만 과감한 레버리지(대출)로 소비와 투자에 적극적인 모습을 보인다. '영끌(영혼을 끌어 모은)대출'로 주식과 암호화폐 상승장을 주도하고 메타버스와 같은 새로운 플랫폼에서 종횡무진하는 등 금융시장에서 매우 큰 영향력을 행사하고 있다. MZ세대를 고객으로 끌어 모은 카카오뱅크, 토스, 카카오페이, 네이버파이낸셜 등은 앱의 편리성과 친숙함을 앞세워 순식간에 '데카콘 기업(기업가치 100억 달러 이상 신생기업)'으로 성장했다.

025 유동성(Liquidity) ★★
자산을 현금화할 수 있는 정도

경제학 용어로, 쉽게 현금화할 수 있는 재산을 갖고 있는 능력을 말한다. 본인이 필요로 하는 시기에 현금으로 단기간에 바꿀 수 있는 재산이 많으면 유동성이 풍부하다고 한다. 일반적으로 유동성은 가계, 기업, 정부 등 각 경제주체가 채무를 충당할 수 있는 능력을 말하며, 그 수준에 따라 소비와 투자 등 경제활동이 달라진다.

026 유동성함정(Liquidity Trap) ★★★
금리인하와 같은 통화정책이나 재정지출 확대와 같은 재정정책으로도 경기가 부양되지 않는 상태

경제주체들이 돈을 움켜쥐고 시장에 내놓지 않는 상황으로, 기업의 생산·투자와 가계의 소비가 늘지 않아 경기가 나아지지 않고 함정에 빠진 것처럼 보이는 현상이다. 경제학자 케인스가 처음 고안한 개념으로, 통화당국이 금리를 인하하고 자금을 공급해도 시중금리가 떨어지지 않고, 투자나 수요가 증가하지도 않는 상황을 가리킨다.

027 인플레이션(Inflation) ★★★★★
개별상품 및 서비스 가격들의 평균값이 지속적으로 상승하는 현상

화폐가치가 하락하는 것으로, 예를 들어 100원짜리 사과가 인플레이션으로 인해 300원, 500원 등 가격이 높아지는 현상을 말한다. 이는 화폐가 시중에 많이 풀려 화폐가치가 하락하면서 나타나는 현상이다.

대표적인 사례로는 아프리카의 짐바브웨가 국제통화기금(IMF)으로부터 받은 구제자금을 상환하기 위해 약 80조 5,000억 규모의 화폐를 찍었고, 화폐가 넘쳐나면서 물가가 하루에 2배씩 올라 연간 물가상승률이 2억 3,100만%에 달했다. 짐바브웨 정부는 이러한 초인플레이션을 디노미네이션으로 대응했지만 통화 유통량은 그대로인 상태에서 실업률이 80%에 이르면서 경제는 침몰했다.

> **실질임금**
> 물가상승을 고려한 돈의 실질적인 가치로 나타낸 것으로 명목임금과 대비되는 개념. 노동자의 생활수준은 실질임금에 의하여 좌우됨
> 실질임금＝(명목임금/물가지수)×100

028 스크루플레이션(Screwflation) ★★
쥐어짤 만큼 어려운 경제상황에서 체감물가가 올라가는 상태

'돌려 조인다', '쥐어짜다'라는 의미의 스크루(Screw)와 인플레이션(Inflation)의 합성어이며, 물가상승과 **실질임금** 감소, 주택가격 하락과 임시직의 증가 및 주가 정체 등으로 중산층의 가처분 소득이 줄어들었을 때 발생한다. 중산층의 소비가 살아나야 생산과 고용이 늘어나게 되고 궁극적으로 경제가 성장하기 마련이지만, 물가상승과 실질임금 감소 등의 원인으로 중산층이 더 이상 활발한 소비를 하지 않게 되면서 스크루플레이션이 발생하는 것이다.

029 잠재성장률(Potential Growth Rate) ★★★
물가상승 등의 부작용 없이 달성할 수 있는 성장률

한 나라의 경제가 보유하고 있는 자본이나 노동력 등의 모든 생산요소를 사용해 물가상승을 유발하지 않고 달성할 수 있는 성장률을 말한다. 한 나라의 경제 성장이 얼마나 가능한가를 가늠하는 성장 잠재력의 지표로 활용되기도 한다. 정부와 한국은행은 통상 5~10년간 성장률을 감안해 산출하고 있다. 만약 잠재성장률이 5%라면 물가상승 없이는 5%를 초과해 성장하기 힘들다는 의미다.

030 재화 ★★★★

인간에게 도움이 되는 효용을 가지고 있는 모든 물체와 물질

- 정상재 : 소득이 증가(감소)했을 때 수요가 증가(감소)하는 재화
- 열등재 : 소득이 증가(감소)했을 때 수요가 감소(증가)하는 재화
- 경제재 : 희소성이 있어 대가를 지불하지 않고는 얻을 수 없는 경제적 가치가 있는 것
- 자유재 : 사용가치는 있으나 무한하여 교환가치가 없는 비경제재
  예) 공기, 물
- 대체재 : 한 재화에 대한 수요와 다른 재화의 가격이 같은 방향으로 움직이는 관계에 있는 재화
  예) 커피-홍차, 소고기-돼지고기
- 보완재 : 하나의 소비활동을 위해 함께 소요되는 경향이 있는 재화
  예) 커피-설탕, 만년필-잉크
- 기펜재 : 열등재의 한 종류로, 재화가격이 하락할 때 수요량이 오히려 감소하는 재화를 말한다. 기펜재가 되기 위해서 재화는 반드시 열등재이어야 하지만 열등재라고 해서 모두 기펜재가 되는 것은 아니다.

031 토빈세(Tobin Tax, 통화거래세) ★★★★

국제투기자본의 무분별한 자본시장 왜곡을 막기 위해 모든 단기외환거래에 부과하는 세금

1981년 노벨 경제학상 수상자인 경제학자 제임스 토빈이 1972년에 제안한 것으로, 통화거래세가 거래비용을 높여 변동이 심한 금융시장을 안정화하고 국가의 통화정책에 대한 자율성을 향상시키는 효과가 있음을 주장했다.

> **상식 더하기** 슈판세(Spahn Tax)
> 슈판세는 외환 거래에 매기는 세금으로 토빈세와 유사하지만 더 유연한 과세율을 매기는 것이 특징이다. 1996년 파울 베른트 슈판 독일 괴테대 교수는 평상시와 환율 변동이 심한 시기에 세율을 다르게 하는 방안을 제안하여, 2006년 벨기에에 처음 적용되었다. 시장 상황이 지나치게 과열되었다면 좀 더 높은 과세율을, 아니라면 그보다는 낮은 세율을 적용하는 슈판세의 개념이다.

사용가치
물건이 가진 유용성 또는 효용

교환가치
한 상품과 다른 상품과의 교환비율

032 희소성 ★★★★
한정된 자원을 어떻게 활용할 것인가에 대한 선택의 문제

인간의 욕구는 무한하지만 이를 충족시켜 줄 수 있는 경제적 자원은 제한되어 있기 때문에 인간의 욕구는 **사용가치**를 결정하고, 희소성은 **교환가치**를 결정하게 된다.

상식 더하기 희소성과 경제 간의 관계를 가장 잘 보여주는 희토류

자연계에 매우 드물게 존재하는 금속 원소라는 의미를 지닌 희토류는 화학적으로 매우 안정되어 있고, 열을 잘 전도하는 특징이 있으며, 전기적·자성적·발광적 성질을 갖는다. 최근 희토류는 전기 및 하이브리드 자동차, 풍력발전, 태양열 발전 등 21세기 저탄소 녹색성장산업에 꼭 필요한 물질이다. 전 세계에서 이 희토류를 가장 많이 생산하고 있는 국가인 중국은 자국 내 희토류 생산량을 제한하고 수출량을 감축하며, 희토류에 부과하는 세금을 대폭 인상하는 등 희토류를 정부 통제하에 자원무기화하려는 모습을 보여주고 있다.

제2장 수요와 공급

불변자본
가치가 변하지 않고 그대로 생산물에 이전되는 자본(기계, 원료 등)

033 가변자본 ★★★★
상품 생산에 투하된 자본 중 인적 생산수단으로부터 전환된 것(임금)

상품 생산에 투하되는 자본은 **불변자본**과 가변자본으로 나눌 수 있는데, 가변자본은 생산과정에서 가변자본 이상의 초과분인 잉여 가치를 발생시킨다. 반면 상품 생산에서 기계나 원료 등 물적 생산수단으로 전환된 자본은 그 가치가 변화하지 않고 그대로 생산물에 이전하므로 불변자본이라고 부른다.

034 공급량 ★★★★★
일정 기간에 주어진 가격에서 공급 능력을 갖추고 공급하려는 최대 수량

공급이란 어떤 상품을 판매하고자 하는 욕구를 말한다. 수요량이 일정한 상태에서 공급량이 증가할 경우 가격은 내려가고, 공급량이 감소하면 가격은 상승한다.

035 공급의 가격탄력성 ★★★★★
가격의 변화 정도에 따른 공급량의 변화 정도

어느 재화 가격이 변할 때 그 재화 공급량이 얼마나 변하는지를 나타내는 지표로, 이는 공급자들이 생산량을 얼마나 신축적으로 조절할 수 있는가에 좌우된다.

$$공급의\ 가격탄력성 = \frac{공급량의\ 변화율}{가격의\ 변화율}$$

036 수요량 ★★★★★
일정 기간에 주어진 가격에서 소비자가 구매력을 갖추고 구입하려는 최대 수량

수요란 특정 기간 동안 어떤 가격하에서 소비자가 상품을 구매하고자 하는 의도를 말한다(구매능력을 벗어난 부분은 제외). 공급량이 일정하고 수요량이 증가하면 가격은 올라가고, 수요량이 감소하면 가격은 내려간다.

| 수요의 법칙 성립 이유
- 가격변화 시 구입 가능한 상품의 양이 변화하기 때문(소득효과)
- 가격변화 시 다른 상품으로 대체하여 소비하기 때문(대체효과)
- 소비량이 증가할수록 추가적인 만족의 크기가 줄어듦(한계효용 체감)

037 수요의 가격탄력성 ★★★★
가격의 변화 정도에 따른 수요량의 변화 정도

어느 재화의 가격이 변할 때 그 재화의 수요량이 얼마나 변하는지를 나타내는 지표로, 수요량의 변화율을 가격의 변화율로 나눈 수치이다.

$$수요의\ 가격탄력성 = \frac{수요량의\ 변화율}{가격의\ 변화율}$$

038 수요공급곡선 ★★★★

상품의 가격과 수요·공급량의 관계를 나타내는 곡선

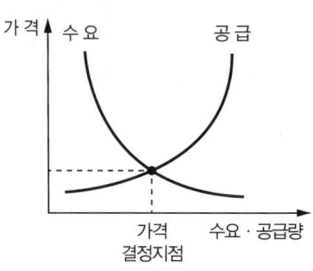

가격은 수요곡선과 공급곡선의 교차점에서 결정된다. 예를 들어 하나에 100원인 바나나 1,000원어치를 구매하려던 사람은 바나나 가격이 200원으로 오른다면 10개 사려던 것을 5개밖에 살 수 없게 된다. 즉, 가격과 수요량은 반비례한다고 볼 수 있다. 반면 바나나를 파는 공급자 입장에서는 100원인 바나나가 200원에 팔려 나갈 경우 돈을 더 벌기 위해 더 많은 양의 바나나를 시장에 내놓게 된다. 즉, 가격과 공급량이 비례하는 그래프가 만들어지는 것이다. 이 수요와 공급의 곡선이 교차하는 점이 바로 가격의 결정지점이다.

039 시장의 종류 ★★★★

완전경쟁시장·독점시장·과점시장·독과점시장 등

- 완전경쟁시장 : 수많은 판매자와 구매자가 주어진 조건에서 동일한 재화를 사고파는 시장
- 독점적 경쟁시장 : 기업들이 독점적 입장의 강화를 꾀하면서도 서로 경쟁하는 시장
- 독점시장 : 특정 기업이 생산과 시장을 지배하고 있는 시장
- 과점시장 : 소수의 몇몇 대기업들이 시장의 대부분을 지배하는 형태
- 독과점시장 : 독점과 과점시장을 합친 형태

| 피치마켓(Peach Market)
가격에 비해 고품질의 상품이나 서비스가 거래되는 시장

040 레몬마켓(Lemon Market) ★★

쓸모없는 재화나 서비스 등 저급품만 거래되는 시장

레몬은 미국에서 '시큼하고 맛없는 과일'로 통용되며 속어로 불량품을 뜻하는데, 이에 빗대어 경제 분야에서는 쓸모없는 재화나 서비스가 거래되는 시장을 레몬시장이라 일컫는다. 정보의 비대칭성으로 인해 소비자들은 판매자보다 제품에 대한 정보가 적을 수밖에 없는데, 소비자들은 자신들이 속아서 구매할 것을 우려해 싼값만 지불하려 하고, 이로 인해 저급품만 유통되는 시장을 의미한다. 레몬마켓의 반대 용어로는 **피치마켓**이 있다.

041 역선택 ★

의사결정에 필요한 정보가 충분하지 않아서 불리한 선택을 하게 되는 것

정보를 갖지 못한 쪽이 많은 정보를 갖고 있는 상대방과 거래를 하는 현상으로, 도덕적 해이와 함께 정보비대칭의 일종이다. 어느 한쪽만이 완전한 정보를 가지고 있기 때문에 불완전한 정보에 기초한 선택은 비정상적인 선택이 된다. 이러한 역선택은 주로 한쪽이 많은 정보를 갖고 있는 보험시장, 노동시장에서 자주 발생한다.

> **도덕적 해이**
> 거래 당사자 중 많은 정보를 갖고 있는 쪽이 부정직하거나 바람직하지 못한 방법으로 거래하는 것

042 일물일가의 법칙 ★★★

동일한 상품은 어떤 시장에서든지 그 가격이 같아야 한다는 법칙

무차별의 원칙이라고도 한다. 예를 들어 서울에서 딸기가 100원에, 부산에서는 150원에 판매된다고 하자. 일물일가의 법칙이 성립하지 않을 경우, 무역업자들은 상품가격이 상대적으로 저렴한 서울에서 딸기를 매입해 상품가격이 상대적으로 높은 부산에서 상품을 매도하면 이익을 얻을 수 있게 되며, 이러한 과정이 계속되면 모든 시장에서 상품가격은 일치하게 된다. 현실적으로 운송비, 관세, 제품차별화 정도가 높은 경우 일물일가의 법칙으로부터 크게 이탈하기 때문에 법칙은 성립하기 어렵지만, 환율과 두 나라의 상품가격 간에 존재해야 하는 기본적인 상호관계를 설명해 주는 중요한 법칙이다.

> **관 세**
> 국세의 종류 중 하나로 관세영역을 통과하는 화물에 대하여 부과되는 세금. 수출세, 수입세, 통과세의 3종류가 있으나 현재 우리나라에는 수입세만 있음

043 피구효과(Pigou Effect) ★★★★

물가 하락 시 화폐의 실질가치는 증대해 결국 완전고용이 실현된다는 이론

경기불황이 심해짐에 따라 물가가 급속히 하락하고 경제주체들이 보유한 화폐량의 실질가치가 증가하게 되어 민간의 자산이 증가하면서 소비 및 총 수요가 증대되는 효과를 말한다. 피구효과는 케인즈 학파의 유동성 함정 논리에 대항하기 위해 고전학파들이 사용하는 논리로, 유동성 함정이 존재한다고 해도 물가가 신축적이라면 극심한 불황에서 자동적으로 탈출하여 완전고용을 이룰 수 있다고 본다.

> **완전고용**
> 노동에 대한 의지와 능력을 갖춘 모든 사람이 고용되는 상태

제3장 경제분석

044 경제분석일반 ★★★★★

거시적 관점에서 경기, 금리, 통화량, 물가, 환율, 주가의 관계를 분석하는 것

주가는 경기변동의 선행지표이며 경제성장률은 주가와 양(+)의 상관관계를 갖는다.

① 통화량과 주가
- 통화량 증가 → 유동성 풍부 → 명목소득 상승 → 주식수요 증가 → 주가상승
- 통화량 감소 → 인플레이션 압박 → 주가하락

② 금리와 주가
- 금리하락 → 자금조달 확대 → 설비투자 확대 → 수익성 상승 → 주가상승
- 금리상승 → 자금조달 축소 → 설비투자 축소 → 수익성 하락 → 주가하락

③ 물가와 주가
- 완만한 물가상승 → 기업판매이윤 증가 → 주가상승
- 급격한 물가상승 → 제조비용 증가 → 실질구매력 감소 → 기업수지악화 → 주가하락

④ 환율과 주가
- 환율인하 → 수입증가, 수출감소 → 기업의 수익성 하락 → 주가하락
- 환율상승 → 수입감소, 수출증가 → 기업의 수익성 증가 → 주가상승

⑤ 원자재가격과 주가
- 원자재가격 상승 → 제조비용 상승 → 국내제품가격 상승 → 판매하락 → 주가하락
- 원자재가격 하락 → 제조비용 하락 → 국내제품가격 하락 → 판매상승 → 주가상승

> **상식 더하기**
> - 평가절상(환율인하) : 자국통화 가치 상승(1,000원/1$ → 900원/1$)
> - 평가절하(환율인상) : 자국통화 가치 하락(1,000원/1$ → 1,100원/1$)

045 레버리지 분석 ★★★

기업의 총비용 중 고정비가 매출액 변동에 따라 순이익에 미치는 영향을 분석하는 것

| 고정비
매출액 변동에 상관없이 발생하는 비용(차입금, 사채, 기계, 설비 등)

고정비가 기업경영에서 지렛대와 같은 중심점 작용을 하는 것으로, 레버리지가 커지면 그만큼 위험도 커지게 된다.

상식 더하기 레버리지의 이해

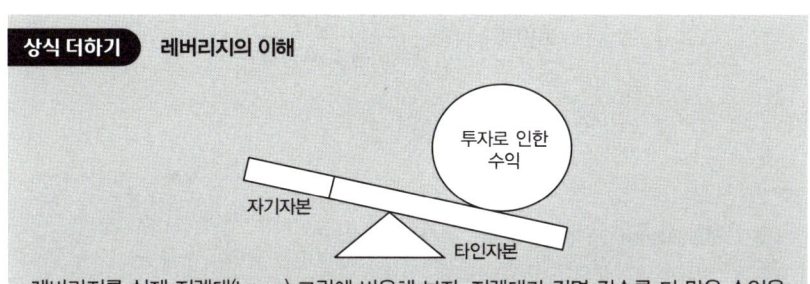

레버리지를 실제 지렛대(Lever) 그림에 비유해 보자. 지렛대가 길면 길수록 더 많은 수익을 내게 된다. 또, 자기자본이 적으면 적을수록 더 많은 수익률을 내게 된다.
※ 레버리지 수익률 = 투자수익률 + (투자수익률 - 차입금금리) × 부채비율

046 제품수명주기이론(PLC ; Product Life Cycle) ★★

제품도 생명체와 마찬가지로 생성, 성장, 쇠퇴, 소멸해 간다는 제품수명주기이론을 산업분석에 응용한 것

도입기	• 신제품이 시장에 소개되어 주목받기 시작하는 단계이다. • 고정비 부담으로 아직 이익이 발생하기 힘들다.
성장기	• 매출이 급성장하여 이익이 지속적으로 발생한다. • 이익률은 정점을 기록하는 시기이다.
성숙기	• 안정적인 시장점유율을 확보하고 성장기에 차입한 자금을 상환한다. • 가격경쟁의 심화로 단위당 이익이 줄어들게 된다(매출액은 정점).
쇠퇴기	• 기존제품의 매출이 감소하게 되어 수익성이 악화된다. • 산업에서의 철수 또는 업종다각화를 고려해야 하는 단계이다.

대체비용
현재 기업을 새롭게 설립한다는 가정하에 어느 정도의 비용이 필요한지 추정한 것

047 토빈의 q비율 ★★★

주식시장에서 평가된 기업의 시장가치를 기업 실물자본의 대체비용으로 나눈 것

설비투자의 동향을 설명하거나 기업의 가치평가에 사용되는 비율로 q비율이 1보다 클 경우 자산 시장가치가 대체비용보다 큼을 의미한다. 이는 q비율이 올라갈수록 투자수익성이 양호하고 경영이 효율적이라는 말이다.

$$토빈의\ q = \frac{자산의\ 시장가치}{대체비용의\ 추정치}$$

당기순이익
＝배당금＋사내유보

048 ROI(Return On Investment : 총자본이익률) ★★★★

생산활동에 투입된 총자본이 얼마나 효율적으로 운용되었는지 측정하는 지표

$$총자본이익률(\%) = \frac{당기순이익}{총자본} \times 100$$

049 ROE(Return On Equity : 자기자본이익률) ★★★★

타인자본을 제외한 순수한 자기자본의 효율적 운영 측면을 알 수 있는 지표

$$자기자본이익률(\%) = \frac{당기순이익}{자기자본} \times 100$$

주당순이익(EPS)
1주당 순이익을 내는 데 공헌한 정도 측정(당기순이익/발행주식수)

050 PER(Price Earnings Ratio : 주가수익비율) ★★★★

기업의 수익성에 비해 주가가 고평가 혹은 저평가되었는지를 측정하는 지표

$$주가수익비율(\%) = \frac{주가}{주당순이익(EPS)} \times 100$$

> **상식 더하기** 　**주식의 고평가와 저평가**
> 시장에서 거래되는 주식의 가격이 기업을 분석한 주식의 가격보다 낮게 평가되어 있다고 주장하는 경우 저평가되었다고 하고, 주식의 가격이 기업을 분석한 주식의 가격보다 높게 평가되어 있는 경우 고평가되었다고 한다.

제4장 주요 경제법칙과 이론

051 경기변동이론 ★★★

구 분	케인시안	통화주의학파	신고전학파		새케인시안
			화폐적 변동	실물적 변동	
시 기	1930년대	1970년대	1980년대		
경제학자	케인시, 사무엘슨	프리드만, 슈워츠	루카스	키들랜드, 프레스컷	맨 큐
경기변동 원인	독립투자와 내구소비재 지출의 변화	불안정한 통화공급	예상치 못한 통화량 변동	기술충격 등 실물요인의 변화	총수요 충격
핵심개념	재정정책	통화준칙	합리적 기대	기간 간 노동대체	메뉴비용

상식 더하기 — 고전학파와 케인시안의 입장 차이

구 분	고전학파	케인시안
자본주의	안정적(균형)	불안정(불균형)
시 장	효율적/완전경쟁	비효율적/불완전경쟁
정책개입	×	○
안정화 정책	통화정책(준칙)	재정정책(재량)

052 경기확산지수(DI ; Diffusion Index) ★★★★

경기동향요인이 다른 부문으로 점차 확산·파급되어 가는 과정을 파악하기 위한 지표

경기의 변화방향만을 지수화한 것으로 경기동향지수라고도 한다. 즉, 경기국면의 판단 및 예측, 경기전환점을 식별하기 위한 지표이다.

상식 더하기 — 경기동향지수

- 0 < DI < 50 ☞ 경기수축국면
- DI=50 ☞ 경기전환점
- 50 < DI < 100 ☞ 경기확장국면

경기종합지수
경기종합지수는 매월 통계청에서 작성하여 발표함

053 경기종합지수(CI ; Composite Index) ★★★★

경기에 민감하게 반영하는 주요 경제지표들의 전월대비 증감률을 합성하여 작성

경기종합지수는 각 지표의 전월대비 변화율을 통계적으로 종합·가공하여 산출한 지수로 CI가 전월대비 증가율이 (+)면 경기상승, (-)면 경기하강을 나타내며 그 증감률에 따라 경기변동의 진폭까지 알 수 있다. 경기확산지수와 달리 경기순환의 방향·국면 및 변동속도까지 동시에 파악할 수 있고, 현재 경기상태를 정확하게 반영하여 국민경제 전체의 동향을 쉽게 파악할 수 있어 정책수립의 기초자료로도 제공된다.

054 그레샴의 법칙 ★★★

악화와 양화가 동일한 액면 가치를 갖고 함께 유통될 경우, 악화만이 그 명목 가치로 유통되고 양화는 유통되지 않고 사라지는 현상

16세기 영국의 그레샴이 제창한 '화폐 유통에 관한 법칙'으로 당시 영국에서는 귀금속인 금화나 은화가 화폐로 유통되었는데 비양심적인 사람들이 이 화폐의 귀금속 함량을 낮춰서 유통시켰고(악화), 귀금속 함량이 양호한 화폐(양화)를 보유한 사람들은 이를 시장에 풀지 않아 결국 시장에는 귀금속 함량이 낮은 악화만 유통되었다. 이를 가리켜 그레샴은 '악화가 양화를 구축한다'라고 말했고 이러한 현상을 그레샴의 법칙이라 한다.

BSI
- 0 < BSI < 100
  ☞ 경기수축국면
- BSI=100
  ☞ 경기전환점
- 100 < BSI < 200
  ☞ 경기확장국면

055 기업경기실사지수(BSI ; Business Survey Index) ★★★★

기업을 통해 전반적인 경기동향을 파악하고자 하는 단기경기예측수단

기업의 활동 및 경기동향 등에 대한 기업가의 판단·전망 및 이에 대비한 계획을 설문지를 통해 조사·분석함으로써 경기동향을 파악하는 방법이다. 한국은행, 산업은행, 한국무역협회, 전국경제인연합회 등에서 분기 또는 월마다 작성한다.

$$BSI = \frac{(긍정적\ 응답업체\ 수 - 부정적\ 응답업체\ 수)}{전체\ 응답업체\ 수} \times 100 + 100$$

056 가치의 역설(스미스의 역설) ★★
가격과 효용의 괴리 현상

사람이 살아감에 있어 매우 중요하고 반드시 필요한 물이 헐값에 팔리는 데 반해 일상생활에서 거의 쓸모가 없는 다이아몬드는 매우 비싼 가격에 팔린다. 이러한 모순의 이유는 다이아몬드의 총효용은 작지만, 존재량이 매우 적어 한계효용이 매우 높기 때문이다. 반면, 물은 총효용은 크지만 존재량과 소비량이 매우 많아 한계효용이 0에 가깝기 때문에 가격이 매우 낮게 되는 것이다. 즉, 가치의 역설이 나타나는 이유는 상품가격이 총효용에 의해 결정되는 것이 아니라 한계효용에 의해 결정되기 때문이며 따라서 물의 총효용이 다이아몬드의 총효용보다 훨씬 클지라도 값은 정반대가 되는 것이다.

057 다우이론 ★★
미국의 통신사 다우존스사의 창설자들에 의해 고안·발전된 주가분석 이론

과거 일정 기간 동안의 주가변동을 주추세, 중기추세, 소추세로 구분하고 이중 중기추세를 중점적으로 분석함으로써 장기추세를 예측하려는 방법이다. 실제로 다우이론은 주추세와 중기추세를 명확히 구별하기 어렵고, 추세 반전을 확인할 수 있더라도 너무 늦게 확인되기 때문에 시세판단이 상당히 늦어진다는 단점이 있으나, 1929년의 뉴욕주가의 대폭락을 예견했다고 해서 유명해졌다.

상식 더하기 그랜빌의 투자심리와 투자행위

시장국면	강 세			약 세		
투자자	매 집	상 승	과 열	분 산	공 포	침 체
대 중	공포심	공포심	확 신	확 신	확 신	공포심
전문가	확 신	확 신	공포심	공포심	공포심	확 신
투자전략	–	점차매도	매 도	–	점차매수	매 수

058 무차별곡선 ★★★★

x와 y축에 두 가지 상품을 놓고 소비자에게 동일한 만족을 주는 재화묶음을 연결한 곡선

무차별곡선은 일반적으로 원점에 대해 볼록한 모양을 갖는데, 이는 두 재화가 완전보완재가 아니고 완전대체재도 아닌 경우에 해당한다. 치킨집에서 후라이드 치킨 2마리를 사면 콜라 1병을 무료로 주는 세트와 후라이드 치킨 1마리를 사면 콜라 2병을 무료로 주는 세트에 따른 사람의 만족도를 비교하는 경우 등 다양한 조합으로부터 얻는 만족도가 같다면 이들 조합들은 동일한 무차별곡선 상에 위치하게 되는 것이다.

상식 더하기 여러 가지 무차별곡선

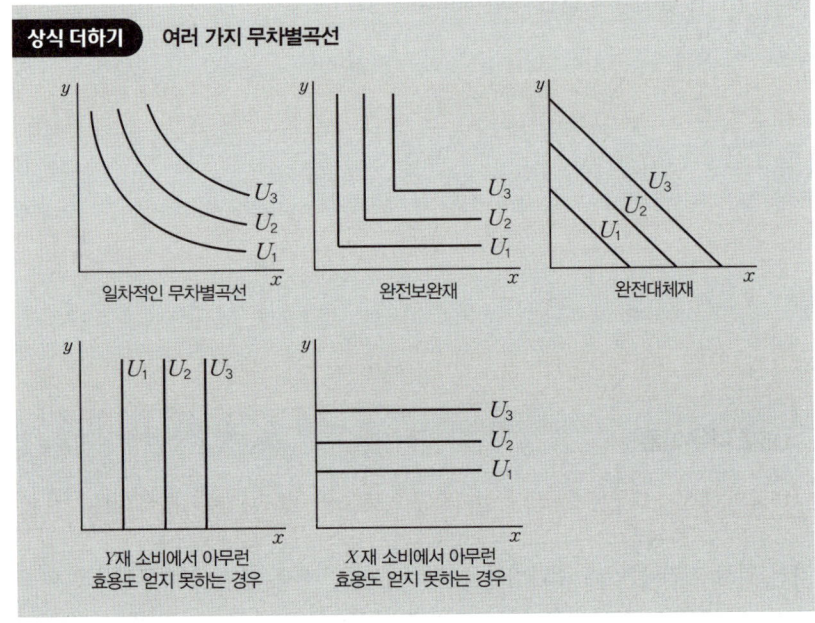

059 빅맥지수 ★★★★

맥도널드의 빅맥 햄버거 값을 비교해 각국의 통화가치와 통화의 실질 구매력을 평가하는 지수

영국 이코노미스트지는 전 세계적으로 팔리고 있는 맥도널드 햄버거인 빅맥지수를 분기별로 발표하는데 이것은 "환율은 두 나라에서 동일한 상품과 서비스의 가격이 비슷해질 때까지 움직인다"는 구매력 평가설을 근거로 적정 환율을 산출하는 데 활용된다.

| 빅맥지수
영국의 경제 전문지 이코노미스트가 맥도널드 햄버거인 빅맥(Big Mac) 가격에 기초해 120여 개국의 물가수준과 통화가치를 비교하여 매분기 작성·발표

상식 더하기

- **신라면지수** : 농심이 세계 주요 10개국에 수출한 신라면 가격을 비교한 지수이다. 빅맥지수와 마찬가지로 각국의 구매력을 평가하는 것이 목적이며, 신라면지수가 가장 높은 나라는 호주로 가장 낮은 홍콩에 비해 3.3배가 높다. 신라면은 1987년부터 수출되기 시작하여 현재 전 세계 80여 개국에서 판매되고 있다.
- **김치지수** : 김치찌개의 가격으로 각국의 통화가치와 물가를 견주어 볼 수 있는 지수이다. 영국에서 발행하는 국제경제 전문 신문인 파이낸셜타임즈(FT)는 독자 기고란을 통해 전 세계 맥도널드 햄버거 가격을 비교함으로써 각국 통화의 가치 평가를 측정하는 '빅맥지수'를 대신해 세계인의 입맛을 사로잡고 있는 김치찌개 가격 지수인 '김치지수'가 새로운 지표로 부상하고 있다고 소개한 바 있다.

060 엔젤(Angel)계수 ★★★

가계총지출에서 취학 전후의 어린이들을 위해 지출한 비용의 비율

엔젤은 보통 미국 등에서 유아부터 초등학교까지의 어린이를 지칭하는 용어로, 가계총지출에서 이들을 위해 지출한 교육비, 장난감, 옷값, 용돈 등이 모두 엔젤계수에 포함된다. 엔젤계수가 높아진다는 것은 그만큼 그 나라가 선진화되었다는 것을 의미한다. 비록 저소득층 가정일수록 교육비나 옷값 등의 비용이 전체 소득에서 차지하는 비율은 높지만, 소득이 높아질수록 어린이들의 과외비나 옷값 등으로 지출하는 비용의 비율도 상대적으로 높아진다. 따라서 엔젤계수가 높은 나라일수록 어린이들을 수요층으로 하는 신종 산업이 발달하게 된다.

| 엔젤계수
$= \dfrac{교육비}{총지출액} \times 100$

엥겔의 법칙
1857년 독일 통계학자 엥겔(Ernst Engel)의 조사에서 조사자 이름을 차용

엥겔계수
= 식료품비(음식물비) / 총가계지출액(총생계비) × 100

061 엥겔(Engel)계수 ★★★★

총가계지출액 중에서 식료품비가 차지하는 비율

저소득 가계일수록 가계지출 중 식료품비가 차지하는 비율이 높고, 고소득 가계일수록 식료품비가 차지하는 비율이 낮음을 **엥겔의 법칙**이라고 한다. 식료품은 필수품이기 때문에 소득수준과 관계없이 반드시 일정한 비율을 소비해야 하며 동시에 어느 수준 이상은 소비할 필요가 없는 재화이다. 따라서 **엥겔계수**는 소득수준이 높아짐에 따라 점차 감소하는 경향이 있다. 일반적으로 엥겔계수가 0.5 이상이면 후진국, 0.3~0.5면 개발도상국, 0.3 이하일 경우 선진국으로 분류한다.

실질금리
물가상승을 감안한 이자율을 말함. 향후 인플레이션이 예상되면 투자자는 실질금리에 예상 인플레이션율을 더한 만큼의 이자율을 받으려는 경향을 보임. 이때 금리를 명목금리라고 함
실질금리 = 명목금리 − 예상 인플레이션율

062 피셔효과 ★★★

시중금리와 인플레이션 기대심리와의 관계를 말해주는 이론

시중의 명목금리는 **실질금리**와 예상 인플레이션율의 합계와 같다는 것을 말한다. 예를 들어 시중의 명목금리가 15%라고 할 때 예상되는 인플레이션율이 연 8%라면 실질금리는 7%가 된다. 즉, 시중의 명목금리가 상승할 때 그 이유는 실질금리의 상승 때문일 수도 있고 앞으로 인플레이션율이 높아질 것이라는 예상 때문일 수도 있다. 따라서 인플레이션 기대심리를 자극하지 않는 범위 내에서 통화를 신축적으로 운용하면 실질금리의 하락을 통한 시중 명목금리의 하락을 가져올 수 있다.

> **상식 더하기** 금리의 종류
>
> - 콜금리 : 금융기관 간에는 일시적으로 자금이 남는 곳과 부족한 곳이 생기는데, 이러한 자금을 거래하는 시장이 콜(Call)시장이다. 여유자금이 있는 금융기관이 콜론(1~2일짜리 초단기 자금거래)을 내놓으면 자금이 부족한 금융기관이 이 콜머니를 빌리게 되는데, 이때 형성되는 금리가 콜금리이다.
> - CD금리 : 시장에서 양도가 가능한 정기예금증서로, 은행은 자금조달을 위해 CD를 발행하고 투자자는 투자를 위해 CD를 매입한다. CD의 가격이 하락한다는 것은 만기에 동일한 액면 금액을 받기 위해 이전보다 더 낮은 가격으로 살 수 있다는 것을 의미한다.
> - 기준금리(RP금리) : 중앙은행에서 일반은행 또는 민간금융기관과 거래할 때 적용하는 금리로서 안정된 금융정책을 위한 기준이 되는 금리이다. 우리나라의 기준금리는 한국은행에서 결정한다.
> - 시중금리 : 은행 또는 민간 금융기관이 개인에게 여수신 업무를 할 때 적용되는 금리로 현재 국내에서는 모든 은행금리가 자금의 수급에 의한 자율적인 신축성이 없기 때문에 시중금리라고 표현한다. 일반은행의 표준 예금금리와 대출금리 등이 시중금리에 해당한다.

063 필립스 곡선　★★★★

임금상승률과 실업률과의 관계를 나타낸 그래프

실업률이 낮으면 임금상승률이 높고 실업률이 높으면 임금상승률이 낮다는 관계를 나타낸 곡선이다. 영국 경제학자 필립스가 실제 영국의 사례를 토대로 분석한 결과에서 x=실업률, y=임금상승률로 하여 $\log(y+0.9)=0.984-1.394x$라는 관계를 도출하였다. 이 경우 실업률이 5.5%일 때 임금상승률은 0이 된다. 최근에는 임금상승률과 실업률의 관계보다는 물가상승률과 실업률의 관계를 보는 것이 일반적이다.

> **상식 더하기** 　필립스 곡선

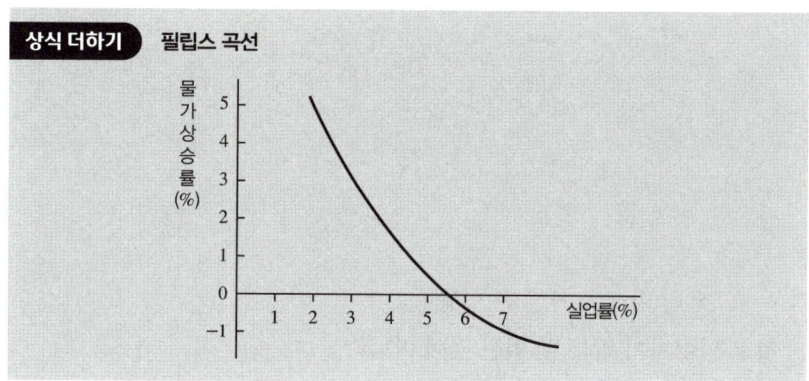

064 한계효용체감의 법칙　★★★★

한 재화의 소비량이 일정 단위를 넘어서면, 소비량이 증가할수록 그 재화의 한계효용이 지속적으로 감소하는 것

어떠한 재화를 소비함에 있어 추가적으로 얻는 효용을 한계효용이라고 한다. 즉, 어떤 상품을 한 단위 더 추가적으로 소비함으로써 소비자가 얼마만큼 더 만족을 느낄 수 있는가를 말하는 것이다. 예를 들어 입으면 20도의 온도를 보장하는 점퍼가 있다고 하자. 추운 겨울에 반팔을 입고 있는 사람이 이 점퍼 1벌을 구입하면 만족도가 크지만 이후에는 굳이 필요하지 않기 때문에 추가 구매 시 만족도가 떨어지게 된다. 이것이 한계효용체감의 법칙이다.

> **상식 더하기** 　한계효용균등의 법칙
>
> 소비자나 기업 등 경제주체가 한정된 자본이나 소득으로 재화를 구입할 때 얻어지는 효용을 최대로 하고자 한다면, 그 재화에 의해 얻어지는 한계효용은 같아야 한다는 법칙이다. 극대만족의 법칙 또는 현명한 소비의 법칙이라고도 한다.

| 한 계
일반적으로 경제학에서 '한계'의 뜻은 '한 단위 추가'라는 의미

우리 인생의 가장 큰 영광은
결코 넘어지지 않는 데 있는 것이 아니라
넘어질 때마다 일어서는 데 있다.

-넬슨 만델라-

부록

최신기출문제

2025년 신용관리사 기출문제

책 없는 방은 영혼 없는 육체와도 같다.

- 키케로 -

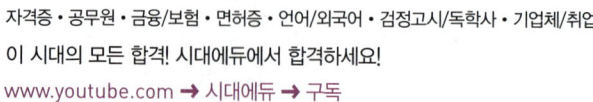

부록 2025년 신용관리사 기출문제

제1과목 채권일반(25문제)

01 다음 중 '종(從)된 권리(다른 권리에 대하여 종속관계에 있는 권리)'는?

① 점유권
② 계약의 해지권
③ 소유권
④ 이자채권
⑤ 사해행위 취소권

해설

다른 권리에 의존하는 권리를 종된 권리라 하고, 그 다른 권리를 주된 권리라고 한다. 원본채권은 주된 권리이며, 이자채권은 원본채권에 종된 권리이다.

[권리의 분류]

내용에 따른 분류		작용에 따른 분류		기타에 따른 분류	
재산권	• 소유권, 전세권, 저당권 등의 물권 • 매도인의 대금청구권 등의 채권 • 특허권, 실용신안권, 저작권, 상표권 등의 지식재산권	지배권	물권, 준물권, 지식재산권, 친권, 인격권 등	절대권과 상대권	• 절대권 : 물권 • 상대권 : 채권
		청구권	채권, 소유물반환청구권, 상속회복청구권 등	일신전속권과 비전속권	• 일신전속권 : 부양청구권 등 • 비전속권 : 대부분의 재산권
비재산권	상속권, 부양청구권, 인격권, 가족권	형성권	취소권, 추인권, 상계권, 계약의 해지·해제권, 예약완결권, 약혼해제권, 상속포기권, 채권자취소권, 재판상 이혼권, 재판상 파양권 등	주된 권리와 종된 권리	• 주된 권리 : 원본채권, 피담보채권 • 종된 권리 : 이자채권, 저당권, 질권, 유치권, 보증인에 대한 권리
		항변권	보증인의 최고·검색항변권, 동시이행의 항변권, 상속인의 한정승인의 항변권 등	기대권	조건부권리, 기한부권리

정답 01 ④

02 다음 중 권리의 원시취득인 것은?

① 재산의 상속
② 건물의 신축
③ 저당권의 설정
④ 무허가 건물의 매수
⑤ 경매로 인한 소유권의 취득

해설
권리의 원시취득으로는, 건물의 신축, 취득시효(민법 제245조 이하), 선의취득(민법 제249조), 무주물 귀속(민법 제252조), 유실물습득(민법 제253조), 매장물발견(민법 제254조), 첨부(민법 제256조) 등이 있다.

03 능력에 관한 다음 설명 중 가장 적절하지 않은 것은?

① 사람은 19세로 성년에 이르게 된다.
② 미성년자가 법정대리인으로부터 허락을 얻은 특정한 영업에 관하여는 성년자와 동일한 행위능력이 있다.
③ 사람은 생존한 동안 권리와 의무의 주체가 된다.
④ 법정대리인이 범위를 정하여 처분을 허락한 재산은 미성년자가 임의로 처분할 수 있다.
⑤ 미성년자가 법률행위를 함에는 법정대리인의 동의를 얻어야 하나 권리만을 얻거나 의무만을 면하는 행위는 그러하지 아니하다. 이에 위반한 행위는 무효이다.

해설
미성년자가 법률행위를 함에는 법정대리인의 동의를 얻어야 한다. 그러나 권리만을 얻거나 의무만을 면하는 행위는 그러하지 아니하다. 이에 위반한 행위는 취소할 수 있다(민법 제5조).

04 매매계약에 관한 다음 설명 중 가장 적절하지 않은 것은?

① 매매의 일방예약은 상대방이 매매를 완결할 의사를 표시하는 때에 매매의 효력이 생긴다.
② 매매의 당사자 일방이 계약 당시에 금전 기타 물건을 계약금, 보증금 등의 명목으로 상대방에게 교부한 때에는 당사자 간에 다른 약정이 없는 한 당사자의 일방이 이행에 착수할 때까지 교부자는 이를 포기하고 수령자는 그 배액을 상환하여 매매계약을 해제할 수 있다.
③ 매매의 목적물의 인도와 동시에 대금을 지급할 경우에는 매매대금의 수령권자인 매도인의 주소지에서 이를 지급하여야 한다.
④ 매매의 목적이 된 권리가 타인에게 속한 경우에는 매도인은 그 권리를 취득하여 매수인에게 이전하여야 한다.
⑤ 매매계약에 관한 비용은 당사자 쌍방이 균분하여 부담한다.

해설
매매의 목적물의 인도와 동시에 대금을 지급할 경우에는 그 인도장소에서 이를 지급하여야 한다(민법 제586조).

05 다음 중 무효에 해당하는 것은?

ㄱ. 착오로 인한 의사표시
ㄴ. 사기에 의한 의사표시
ㄷ. 통정한 허위의 의사표시
ㄹ. 불공정한 법률행위
ㅁ. 강박에 의한 의사표시

① 1개
② 2개
③ 3개
④ 4개
⑤ 5개

해설
ㄷ. 통정한 허위의 의사표시란, 예를 들어 강제집행을 면하기 위하여 친구와 짜고 자기 소유의 부동산에 대한 소유권을 그 친구에게 넘긴 경우에서와 같이 상대방과 통정하여 하는, 자기의 진의와 다른 의사표시를 말한다. 허위표시를 한 표의자뿐만 아니라 처음부터 그 의사표시가 진의 아님을 알고 통정한 상대방 역시 보호가치가 없으므로 원칙으로 돌아가 진의와 일치하지 않은 표시에 따른 효과가 발생하지 않는다. 즉, 법률행위는 무효가 된다.
ㄹ. 상대방의 궁박, 경솔 또는 무경험을 이용하여 자기의 급부에 비하여 현저하게 균형을 잃은 반대급부를 하게 함으로써 부당한 재산적 이익을 얻는 행위를 불공정한 법률행위라고 한다(민법 제104조). 이는 절대적 무효가 되며, 선의의 제삼자도 보호받을 수 없고 추인할 수도 없다.
ㄱ. 표의자가 의사와 표시가 불일치함을 알지 못하고 의사표시를 하는 경우 표의자에게 중과실이 없는 한 이를 취소할 수 있다(민법 제109조).
ㄴ·ㅁ. 사기나 강박이란 남을 속이거나 위협하여 그로 하여금 의사표시를 하게 하는 것을 말한다. 이와 같이 불법한 수단에 기하여 행하여진 의사표시는 표의자의 자기결정에 기한 것으로 볼 수 없으므로, 의사표시를 한 자가 이를 취소할 수 있다(민법 제110조 제1항).

06 다음 설명 중 ( ) 안에 들어갈 가장 적절한 것은?

법률행위의 취소권은 추인할 수 있는 날로부터 ( ) 내에 법률행위를 한 날로부터 10년 내에 행사하여야 한다.

① 1년
② 2년
③ 3년
④ 4년
⑤ 5년

해설
취소권의 소멸(민법 제146조)
취소권은 추인할 수 있는 날로부터 3년 내에 법률행위를 한 날로부터 10년 내에 행사하여야 한다.

07 조건과 기한에 관한 다음 설명 중 가장 적절하지 않은 것은?

① 정지조건 있는 법률행위는 조건이 성취한 때로부터 그 효력이 생긴다.
② 해제조건 있는 법률행위는 조건이 성취한 때로부터 그 효력을 잃는다.
③ 당사자가 조건성취의 효력을 그 성취 전에 소급하게 할 의사를 표시한 때에는 그 의사에 의한다.
④ 종기 있는 법률행위는 기한이 도래한 때로부터 그 효력이 생긴다.
⑤ 기한의 이익은 이를 포기할 수 있다. 그러나 상대방의 이익을 해하지 못한다.

> 해설
> 종기 있는 법률행위는 기한이 도래한 때로부터 그 효력을 잃는다(민법 제152조 제2항).

08 기간에 관한 다음 설명 중 가장 적절하지 않은 것은?

① 월 또는 연으로 정한 경우에 최종의 월에 해당일이 없는 때에는 그 월의 말일로 기간이 만료한다.
② 나이는 출생일을 산입하지 아니하고 만(滿) 나이로 계산하고, 연수(年數)로 표시한다. 다만, 1세에 이르지 아니한 경우에는 월수(月數)로 표시할 수 있다.
③ 기간을 일, 주, 월 또는 연으로 정한 때에는 기간 말일의 종료로 기간이 만료한다.
④ 기간의 말일이 토요일 또는 공휴일에 해당한 때에는 기간은 그 익일로 만료한다.
⑤ 기간을 시, 분, 초로 정한 때에는 즉시로부터 기산한다.

> 해설
> 나이는 출생일을 산입하여 만(滿) 나이로 계산하고, 연수(年數)로 표시한다. 다만, 1세에 이르지 아니한 경우에는 월수(月數)로 표시할 수 있다(민법 제158조).

09 저당권에 관한 다음 설명 중 가장 적절하지 않은 것은?

① 저당권자는 채무자 또는 제삼자가 점유를 이전하지 아니하고 채무의 담보로 제공한 부동산에 대하여 다른 채권자보다 자기채권의 우선변제를 받을 권리가 있다.
② 저당권은 그 담보한 채권과 분리하여 타인에게 양도하거나 다른 채권의 담보로 할 수 있다.
③ 저당권의 효력은 저당부동산에 대한 압류가 있은 후에 저당권설정자가 그 부동산으로부터 수취한 과실 또는 수취할 수 있는 과실에 미친다. 그러나 저당권자가 그 부동산에 대한 소유권, 지상권 또는 전세권을 취득한 제삼자에 대하여는 압류한 사실을 통지한 후가 아니면 이로써 대항하지 못한다.
④ 저당권은 원본, 이자, 위약금, 채무불이행으로 인한 손해배상 및 저당권의 실행비용을 담보한다. 그러나 지연배상에 대하여는 원본의 이행기일을 경과한 후의 1년분에 한하여 저당권을 행사할 수 있다.
⑤ 저당권은 그 담보할 채무의 최고액만을 정하고 채무의 확정을 장래에 보류하여 이를 설정할 수 있다. 이 경우에는 그 확정될 때까지의 채무의 소멸 또는 이전은 저당권에 영향을 미치지 아니한다.

해설
저당권은 그 담보한 채권과 분리하여 타인에게 양도하거나 다른 채권의 담보로 하지 못한다(민법 제362조).

10 채권의 목적에 관한 다음 설명 중 가장 적절하지 않은 것은?

① 채권의 목적을 종류로만 지정한 경우에 법률행위의 성질이나 당사자의 의사에 의하여 품질을 정할 수 없는 때에는 채무자는 중등품질의 물건으로 이행하여야 한다.
② 채권의 목적이 다른 나라 통화로 지급할 것인 경우에는 채무자는 자기가 선택한 그 나라의 각 종류의 통화로 변제할 수 있다.
③ 채권의 목적이 어느 종류의 다른 나라 통화로 지급할 것인 경우에 그 통화가 변제기에 강제통용력을 잃은 때에는 그 나라의 다른 통화로 변제하여야 한다.
④ 채권의 목적이 수 개의 행위 중에서 선택에 좇아 확정될 경우에 다른 법률의 규정이나 당사자의 약정이 없으면 선택권은 채권자에게 있다.
⑤ 채권액이 다른 나라 통화로 지정된 때에는 채무자는 지급할 때에 있어서의 이행지의 환금시가에 의하여 우리나라 통화로 변제할 수 있다.

해설
채권의 목적이 수 개의 급부 중 선택에 의하여 확정되는 채권은 선택채권이다. 이 경우에 다른 법률의 규정이나 당사자의 약정이 없으면 선택권은 채무자에게 있다(민법 제380조 참조).

11 다음 중 1년의 단기소멸시효에 해당하는 채권인 것은?

① 상인의 대여금채권
② 상인의 물품대금채권
③ 건축업자의 공사대금채권
④ 판결에 의하여 확정된 채권
⑤ 학생의 교육에 관한 교사의 채권

해설

①·② 상행위로 인한 채권은 본법에 다른 규정이 없는 때에는 5년간 행사하지 아니하면 소멸시효가 완성한다(상법 제64조). 당사자 일방에 대하여만 상행위에 해당하는 행위로 인한 채권에도 적용되고, 상인이 영업을 위하여 하는 보조적 상행위도 포함한다.
③ 도급받은 자, 기사 기타 공사의 설계 또는 감독에 종사하는 자의 공사에 관한 채권은 3년의 단기소멸시효에 해당한다(민법 제163조 참조).
④ 판결에 의하여 확정된 채권은 단기의 소멸시효에 해당하는 것이라도 그 소멸시효는 10년으로 한다(민법 제165조 제1항).

1년의 단기소멸시효(민법 제164조)
다음의 채권은 1년간 행사하지 아니하면 소멸시효가 완성한다.
- 여관, 음식점, 대석, 오락장의 숙박료, 음식료, 대석료, 입장료, 소비물의 대가 및 체당금의 채권
- 의복, 침구, 장구 기타 동산의 사용료의 채권
- 노역인, 연예인의 임금 및 그에 공급한 물건의 대금채권
- 학생 및 수업자의 교육, 의식 및 유숙에 관한 교주, 숙주, 교사의 채권

12 채권의 효력에 관한 다음 설명 중 가장 적절하지 않은 것은?

① 채무이행의 확정한 기한이 있는 경우에는 채무자는 기한이 도래한 때로부터 지체책임이 있다.
② 채무이행의 불확정한 기한이 있는 경우에는 채무자는 기한이 도래함을 안 때로부터 지체책임이 있다.
③ 채무이행의 기한이 없는 경우에는 채무자는 이행청구를 받은 때로부터 지체책임이 있다.
④ 채무자의 법정대리인이 채무자를 위하여 이행하거나 채무자가 타인을 사용하여 이행하는 경우에는 법정대리인 또는 피용자의 고의나 과실은 채무자의 고의나 과실로 본다.
⑤ 다른 의사표시가 없으면 손해는 원칙적으로 금전으로 배상하는 것이 아니라 원상회복의 방법으로 하여야 한다.

해설
다른 의사표시가 없으면 손해는 금전으로 배상한다(민법 제394조).

13

손해배상액의 예정에 관한 다음 설명 중 가장 적절하지 않은 것은?

① 당사자는 채무불이행에 관한 손해배상액을 예정할 수 있다.
② 손해배상의 예정액이 부당히 과다한 경우에는 법원은 적당히 감액할 수 있다.
③ 손해배상액의 예정은 이행의 청구나 계약의 해제에 영향을 미친다.
④ 위약금의 약정은 손해배상액의 예정으로 추정한다.
⑤ 반대의 특약이 없는 한 실제의 손해액이 예정된 배상액보다 많더라도 채권자는 예정된 배상액을 청구할 수 있을 뿐이다.

해설
손해배상액의 예정은 이행의 청구나 계약의 해제에 영향을 미치지 아니한다(민법 제398조 제3항).

14

계약에 관한 다음 설명 중 가장 적절하지 않은 것은?

① 계약의 청약은 이를 철회하지 못한다.
② 승낙의 기간을 정한 계약의 청약은 청약자가 그 기간 내에 승낙의 통지를 받지 못한 때에는 그 효력을 잃는다.
③ 승낙자가 청약에 대하여 조건을 붙이거나 변경을 가하여 승낙한 때에는 그 청약의 거절과 동시에 새로 청약한 것으로 본다.
④ 격지자 간의 계약은 승낙의 통지가 도달한 때에 성립한다.
⑤ 당사자 간에 동일한 내용의 청약이 상호교차된 경우에는 양 청약이 상대방에게 도달한 때에 계약이 성립한다.

해설
격지자 간의 계약은 승낙의 통지를 발송한 때에 성립한다(민법 제531조).

15

법률행위의 대리에 관한 다음 설명 중 가장 적절하지 않은 것은?

① 대리인은 행위능력자임을 요한다.
② 대리인이 수인인 때에는 각자가 본인을 대리한다. 그러나 법률 또는 수권행위에 다른 정한 바가 있는 때에는 그러하지 아니하다.
③ 복대리인은 그 권한 내에서 본인을 대리한다.
④ 대리권의 소멸은 선의의 제삼자에게 대항하지 못한다. 그러나 제삼자가 과실로 인하여 그 사실을 알지 못한 때에는 그러하지 아니하다.
⑤ 대리권 없는 자가 타인의 대리인으로 한 계약은 본인이 이를 추인하지 아니하면 본인에 대하여 효력이 없다.

해설
대리인은 행위능력자임을 요하지 아니한다(민법 제117조).

16 계약의 해제, 해지에 관한 다음 설명 중 가장 적절하지 않은 것은?

① 당사자의 일방 또는 쌍방이 수인인 경우에는 계약의 해지나 해제는 그 전원으로부터 또는 전원에 대하여 하여야 한다.
② 당사자 일방이 계약을 해제한 때에는 각 당사자는 그 상대방에 대하여 원상회복의 의무가 있다. 그러나 제삼자의 권리를 해하지 못한다.
③ 당사자 일방이 계약을 해제하여 금전을 반환할 때에는 계약이 해제된 날로부터 이자를 가하여야 한다.
④ 당사자 일방이 계약을 해지한 때에는 계약은 장래에 대하여 그 효력을 잃는다.
⑤ 계약의 해지 또는 해제는 손해배상의 청구에 영향을 미치지 아니한다.

해설
당사자 일방이 계약을 해제하여 금전을 반환할 때에는 그 받은 날로부터 이자를 가하여야 한다(민법 제548조 참조).

17 다음 중 요물계약인 것은?

① 금전소비대차계약
② 증여계약
③ 교환계약
④ 현상광고계약
⑤ 고용계약

해설
요물계약이란 물건의 인도 기타 급부를 하여야 성립하는 계약으로, 현상광고, 대물변제, 해약금계약, 임대보증계약 등이 이에 해당한다.

18 「약관의 규제에 관한 법률」상 약관에 관한 다음 설명 중 가장 적절하지 않은 것은?

① 상당한 이유 없이 고객에게 입증책임을 부담시키는 부당한 조항은 무효이다.
② 신의성실의 원칙에 반하여 공정을 잃은 약관조항은 무효이다.
③ 약관의 뜻이 명백하지 아니한 경우에는 고객에게 유리하게 해석되어야 한다.
④ 고객에게 부당하게 과중한 지연손해금을 부담시키는 조항은 무효이다.
⑤ 약관은 고객에 따라 다르게 해석되어야 한다.

해설

약관은 신의성실의 원칙에 따라 공정하게 해석되어야 하며 고객에 따라 다르게 해석되어서는 아니 된다(약관법 제5조 제1항).

19 「상법」상 상인에 관한 다음 설명 중 가장 적절한 것은?

① 채권자의 지점에서의 거래로 인한 채무이행의 장소가 그 행위의 성질 또는 당사자의 의사표시에 의하여 특정되지 아니한 경우 특정물 인도 외의 채무이행은 그 지점을 이행장소로 본다.
② 수인이 그 1인 또는 전원에게 상행위가 되는 행위로 인하여 채무를 부담한 때에는 수인이 각자 분할하여 변제할 책임이 있다.
③ 상인 간의 상행위로 인한 채권이 변제기에 있는 때에는 채권자는 변제를 받을 때까지 그 채무자에 대한 상행위로 인하여 자기가 점유하고 있는 타인 소유의 물건 또는 유가증권을 유치할 수 있다.
④ 상행위로 인한 채권은 본법에 다른 규정이 없는 때에는 10년간 행사하지 아니하면 소멸시효가 완성한다.
⑤ 상인이 상시 거래관계에 있는 자로부터 그 영업부류에 속한 계약의 청약을 받은 때에는 지체 없이 낙부의 통지를 발송하여야 한다. 이를 해태한 때에는 거절한 것으로 본다.

해설

① 상법 제56조
② 수인이 그 1인 또는 전원에게 상행위가 되는 행위로 인하여 채무를 부담한 때에는 연대하여 변제할 책임이 있다(동법 제57조 제1항).
③ 상인 간의 상행위로 인한 채권이 변제기에 있는 때에는 채권자는 변제를 받을 때까지 그 채무자에 대한 상행위로 인하여 자기가 점유하고 있는 채무자 소유의 물건 또는 유가증권을 유치할 수 있다. 그러나 당사자 간에 다른 약정이 있으면 그러하지 아니하다(동법 제58조).
④ 상행위로 인한 채권은 본법에 다른 규정이 없는 때에는 5년간 행사하지 아니하면 소멸시효가 완성한다. 그러나 다른 법령에 이보다 단기의 시효의 규정이 있는 때에는 그 규정에 의한다(동법 제64조).
⑤ 상인이 상시 거래관계에 있는 자로부터 그 영업부류에 속한 계약의 청약을 받은 때에는 지체 없이 낙부의 통지를 발송하여야 한다. 이를 해태한 때에는 승낙한 것으로 본다(동법 제53조).

20. 다음 중 대출채권을 담보에 따른 기준으로 분류한 것은?

	대출채권
①	증서대출, 어음대출
②	일시상환대출, 분할상환대출
③	개별거래대출(일반대출), 한도거래대출
④	담보대출, 보증서대출, 신용대출
⑤	운전자금대출, 시설자금대출, 가계자금대출

해설

[대출채권의 분류]

담보유무에 따른 분류	담보대출	자금용도에 의한 분류	운전자금대출
	보증서대출		시설자금대출
	신용대출		가계자금대출
거래방식에 의한 분류	개별거래대출	약정형식에 의한 분류	증서대출
	한도거래대출		어음대출
거래상대방에 의한 분류	기업자금대출	사무처리방식에 의한 분류	일시상환대출
	가계자금대출		분할상환대출
	공공 및 기타자금대출		

21. 금융기관 증서대출계약의 법적 성질로서 가장 적절하지 않은 것은?

① 금전소비대차계약
② 낙성계약
③ 편무계약
④ 불요식계약
⑤ 유상계약

해설

증서대출계약은 쌍무계약으로서 대주(금융기관)는 약정일에 계약의 목적물인 금전의 지급의무를 지게 되고, 차주는 자금을 지급받은 후에는 계약의 내용에 따라 월정 이자의 지급의무와 만기상환의무를 지게 된다.

20 ④ 21 ③

22 어음의 배서에 관한 다음 설명 중 가장 적절하지 않은 것은?

① 배서에는 조건을 붙여서는 아니 된다. 배서에 붙인 조건은 적지 아니한 것으로 본다.
② 일부의 배서는 무효로 한다.
③ 소지인에게 지급하라는 소지인출급의 배서는 백지식(白地式) 배서와 같은 효력이 있다.
④ 배서인은 자기의 배서 이후에 새로 하는 배서를 금지할 수 있다. 이 경우 그 배서인은 어음의 그 후의 피배서인에 대하여 담보의 책임을 지지 아니한다.
⑤ 날짜를 적지 아니한 배서는 지급거절증서 작성기간이 지난 후에 한 것으로 추정한다.

해설
날짜를 적지 아니한 배서는 지급거절증서 작성기간이 지나기 전에 한 것으로 추정한다(어음법 제20조 제2항).

23 사고신고서 접수를 이유로 부도 반환되는 어음부도의 사유가 아닌 것은?

① 어음의 변조
② 어음의 도난
③ 계약불이행
④ 피사취
⑤ 어음의 분실

해설
어음의 분실·도난, 피사취, 계약불이행의 경우 어음발행인은 지급위탁사무 처리자인 은행에 사고신고서를 접수하여 사전에 지급위탁의 취소를 할 수 있다. 정상적으로 어음을 발행 인수하였으나 후일 상대방이 계약상의 의무를 이행하지 않는 경우 계약불이행이 되고, 처음부터 기망을 당하여 계약을 체결하거나 어음을 발행한 경우는 사취가 된다.

24 보증채무에 관한 다음 설명 중 가장 적절하지 않은 것은?

① 보증은 그 의사가 서면이 아닌 구두상으로만 표시되어도 효력이 발생한다.
② 보증인은 그 보증채무에 관한 위약금 기타 손해배상액을 예정할 수 있다.
③ 보증인의 부담이 주채무의 목적이나 형태보다 중한 때에는 주채무의 한도로 감축한다.
④ 채무자가 보증인을 세울 의무가 있는 경우에는 그 보증인은 행위능력 및 변제자력이 있는 자로 하여야 한다.
⑤ 보증인이 변제자력이 없게 된 때에는 채권자는 보증인의 변경을 청구할 수 있다.

해설
보증은 그 의사가 보증인의 기명날인 또는 서명이 있는 서면으로 표시되어야 효력이 발생한다. 다만, 보증의 의사가 전자적 형태로 표시된 경우에는 효력이 없다(민법 제428조의2 제1항).

정답 22 ⑤ 23 ① 24 ①

25 질권에 관한 다음 설명 중 가장 적절하지 않은 것은?

① 무기명채권을 목적으로 한 질권의 설정은 증서를 질권자에게 교부함으로써 그 효력이 생긴다.
② 채권을 질권의 목적으로 하는 경우에 채권증서가 있는 때에는 질권의 설정은 그 증서를 질권자에게 교부함으로써 그 효력이 생긴다.
③ 저당권으로 담보한 채권을 질권의 목적으로 한 때에는 그 저당권등기에 질권의 부기등기를 하여야 그 효력이 저당권에 미친다.
④ 질권은 재산권을 그 목적으로 할 수 있으며 부동산의 사용·수익을 목적으로 하는 권리도 그 목적으로 할 수 있다.
⑤ 지시채권을 질권의 목적으로 한 질권의 설정은 증서에 배서하여 질권자에게 교부함으로써 그 효력이 생긴다.

해설
질권은 재산권을 그 목적으로 할 수 있다. 그러나 부동산의 사용, 수익을 목적으로 하는 권리는 그러하지 아니하다(민법 제345조).

제2과목 채권관리방법(25문제)

26 다음 채권회수 방법 중에서 채무자 또는 제삼자의 협력을 요하는 것은?

① 가압류
② 상 계
③ 선일자당좌수표의 지급제시
④ 대물변제
⑤ 강제경매

해설
채무자 등의 협력을 요하는 채권회수로는 채권양도(민법 제499조), 채무인수(민법 제453조 이하), 담보의 추가, 임의변제, 대물변제, 약속어음공정증서 또는 집행증서의 작성(민사집행법 제56조 제4호), 제소전화해가 있다.

27 다음 중 변제수령권한이 없는 자는?

① 채권자대위권자
② 파산관재인
③ 채권자의 대리인
④ 대항요건을 갖춘 채권질권자
⑤ 압류를 당한 채권의 채권자

해설
변제자는 원칙적으로 채권자에게 급부하여야 한다. 다만, 예외적으로 채권이 압류 또는 가압류된 경우, 채권이 질권의 목적이 된 경우, 채권자가 파산신청을 한 경우에는 채권자에게 급부수령권이 없다.

28 채권을 대위변제한 자에게 부여되는 법률상의 권리로서 그 변제자가 다른 채무자에 대하여 상환을 요구할 수 있는 권리는?

① 해지권
② 취소권
③ 구상권
④ 형성권
⑤ 항변권

해설
채권자를 대위한 자는 자기의 권리에 의하여 구상할 수 있는 범위 내에서 채권 및 그 담보의 권리를 행사할 수 있는바, 변제자가 대위변제의 이익을 받는 경우에도 채무자에 대하여 가지는 구상권의 행사에 영향을 받지 아니한다.

29 변제자대위에 관한 다음 설명 중 가장 적절하지 않은 것은?

① 채권의 일부에 대하여 대위변제가 있는 때에는 대위자는 그 변제한 가액에 비례하여 채권자와 함께 그 권리를 행사한다.
② 제삼취득자는 보증인에 대하여 채권자를 대위할 수 있다.
③ 채권전부의 대위변제를 받은 채권자는 그 채권에 관한 증서 및 점유한 담보물을 대위자에게 교부하여야 한다.
④ 채권의 일부에 대한 대위변제가 있는 때에는 채권자는 채권증서에 그 대위를 기입하고 본인이 점유한 담보물의 보존에 관하여 대위자의 감독을 받아야 한다.
⑤ 보증인은 미리 전세권이나 저당권의 등기에 그 대위를 부기하지 아니하면 전세물이나 저당물에 권리를 취득한 제삼자에 대하여 채권자를 대위하지 못한다.

해설
보증인은 제삼취득자에 대하여 대위할 수 있지만 반대로 제삼취득자는 보증인에 대하여 대위할 수 없다. 제삼취득자는 담보권의 존재를 알고 이를 취득한 자이므로 보호할 필요가 없기 때문이다.

정답 27 ⑤ 28 ③ 29 ②

30

"채무자가 채권자의 승낙을 얻어 본래의 채무이행에 갈음하여 다른 급여를 한 때에는 변제와 같은 효력이 있다(「민법」 제466조)"에 해당하는 용어는?

① 변제의 공탁
② 대물변제
③ 비채변제
④ 변제의 충당
⑤ 대위변제

해설

① 변제의 공탁이란 금전 기타 재산의 급부를 목적으로 하는 채무를 부담하는 자가 채권자 측에 존재하는 일정한 사유(채권자의 수령거절, 수령불능)로 인하여 변제를 할 수 없거나 채무자의 과실 없이 채권자가 누구인지 알 수 없어 변제를 할 수 없는 사정이 있는 경우에 채무의 목적물을 공탁함으로써 채무를 면할 수 있도록 하는 제도이다(민법 제487조 이하).
③ 비채변제란, '채무 없음을 알고 이를 변제한 때에는 그 반환을 청구하지 못한다(민법 제742조)'에 해당하는 용어이다.
④ 채무자가 동일한 채권자에 대하여 같은 종류의 목적으로 하는 수 개의 채무를 지는 경우, 변제의 제공이 그 채무 전부를 소멸하게 하지 못하는 때에는 그중 어느 채무의 변제에 충당할 것인가를 정할 필요가 있는데, 이것이 바로 변제충당의 제도이다.
⑤ 대위변제란 제삼자 또는 이해관계자가 채무자 대신 채무를 갚고 채무자에 대한 채권자의 채권을 갖는 것을 말한다. 기존에 채권자가 가지고 있던 채권의 권리(채권·담보권 등)가 변제자에게 이전되는 것이며, 변제자대위 또는 변제에 의한 대위라고도 한다.

31

유체동산 강제집행에 관한 다음 설명 중 가장 적절하지 않은 것은?

① 집행관은 압류를 실시한 뒤 입찰 또는 호가경매의 방법으로 압류물을 매각하여야 한다.
② 우선권은 없으나 집행력 있는 정본을 가진 채권자는 매각대금의 배당을 요구할 수 있다.
③ 압류일과 매각일 사이에는 1주 이상 기간을 두어야 한다. 다만, 압류물을 보관하는 데 지나치게 많은 비용이 들거나, 시일이 지나면 그 물건의 값이 크게 내릴 염려가 있는 때에는 그러하지 아니하다.
④ 매각대금으로 배당에 참가한 모든 채권자를 만족하게 할 수 없고 매각허가된 날부터 2주 이내에 채권자 사이에 배당협의가 이루어지지 아니한 때에는 매각대금을 공탁하여야 한다.
⑤ 집행관이 금전을 추심한 때에는 채무자가 지급한 것으로 본다. 다만, 담보를 제공하거나 공탁을 하여 집행에서 벗어날 수 있도록 채무자에게 허가한 때에는 그러하지 아니하다.

해설

민법, 상법, 그 밖의 법률의 규정에 의하여 우선변제청구권이 있는 채권자는 매각대금의 배당을 요구할 수 있다(민사집행법 제217조). 따라서 우선변제권이 없는 일반 채권자는 집행력 있는 정본의 유무를 불문하고 배당요구를 할 수 없다. 다만, 집행력 있는 정본을 가진 채권자는 이중압류를 함으로써 배당절차에 참가할 수 있다.

32

상계에 관한 다음 설명 중 가장 적절하지 않은 것은?

① 소멸시효가 완성된 채권의 채권자는 어느 경우에도 상계할 수 없다.
② 각 채무의 이행지가 다른 경우에도 상계할 수 있다.
③ 상계는 상대방에 대한 의사표시로 한다. 이 의사표시에는 조건 또는 기한을 붙이지 못한다.
④ 채무가 고의의 불법행위로 인한 것인 때에는 그 채무자는 상계로 채권자에게 대항하지 못한다.
⑤ 지급을 금지하는 명령을 받은 제삼채무자는 그 후에 취득한 채권에 의한 상계로 그 명령을 신청한 채권자에게 대항하지 못한다.

해설

소멸시효가 완성된 채권이 그 완성 전에 상계할 수 있었던 것이면 그 채권자는 상계할 수 있다(민법 제495조).

33

다음 중 채권양도를 할 수 없는 것은?

① 물품대금 채권
② 국민연금 급여청구권
③ 공사대금 채권
④ 대여금 채권
⑤ 신용카드대금 채권

해설

국민연금 급여청구권은 법률이 특별히 양도를 금하는 채권으로써, 법률에 의해 제한을 받는다(국민연금법 제58조 참조). 이 외에도 민법상 부양청구권(민법 제979조), 사용자에 대한 보상청구권(근로기준법 제86조) 등이 있다.

34

채무인수에 관한 다음 설명 중 가장 적절하지 않은 것은?

① 인수인은 전채무자의 항변할 수 있는 사유로 채권자에게 대항할 수 있다.
② 채권자의 채무인수에 대한 승낙은 다른 의사표시가 없으면 채무를 인수한 때로 소급하지 않는다.
③ 전채무자의 채무에 대한 보증이나 제삼자가 제공한 담보는 채무인수로 인하여 소멸한다. 그러나 보증인이나 제삼자가 채무인수에 동의한 경우에는 그러하지 아니하다.
④ 제삼자는 채권자와의 계약으로 채무를 인수하여 채무자의 채무를 면하게 할 수 있다. 그러나 채무의 성질이 인수를 허용하지 아니하는 때에는 그러하지 아니하다.
⑤ 이해관계 없는 제삼자는 채무자의 의사에 반하여 채무를 인수하지 못한다.

해설

채권자의 채무인수에 대한 승낙은 다른 의사표시가 없으면 채무를 인수한 때에 소급하여 그 효력이 생긴다(민법 제457조).

35. 상속에 관한 다음 설명 중 가장 적절하지 않은 것은?

① 상속은 피상속인의 주소지에서 개시한다.
② 상속에 관한 비용은 상속재산 중에서 지급한다.
③ 태아는 상속순위에 관하여는 이미 출생한 것으로 본다.
④ 상속인이 한정승인을 한 때에는 피상속인에 대한 상속인의 재산상 권리의무는 소멸한다.
⑤ 상속의 포기는 상속개시된 때에 소급하여 그 효력이 있다.

해설
한정승인자의 상속재산은 자기고유재산과 구분되므로 한정승인자가 피상속인에 대하여 갖는 재산상의 권리의무는 소멸하지 아니한다(민법 제1031조 참조).

36. 가압류에 관한 다음 설명 중 가장 적절하지 않은 것은?

① 채권가압류는 채권가압류결정이 제삼채무자에게 송달 시 효력을 발생한다.
② 가압류 신청 시에 소멸시효 중단의 효력이 발생한다.
③ 가압류가 집행된 뒤에 3년간 본안의 소를 제기하지 아니한 때에는 채무자는 그 가압류의 취소를 신청할 수 있지만 이해관계인은 그 취소를 신청할 수 없다.
④ 가압류신청에 대한 재판은 결정으로 한다.
⑤ 제삼채무자가 가압류 집행된 금전채권액을 공탁한 경우에는 그 가압류의 효력은 그 청구채권액에 해당하는 공탁금액에 대한 채무자의 출급청구권에 대하여 존속한다.

해설
채무자는 가압류 이유가 소멸되거나 그 밖에 사정이 바뀐 때, 법원이 정한 담보를 제공한 때, 가압류가 집행된 뒤에 3년간 본안의 소를 제기하지 아니한 때에는 가압류가 인가된 뒤에도 그 취소를 신청할 수 있다. 가압류가 집행된 뒤에 3년간 본안의 소를 제기하지 아니한 때에 해당하는 경우에는 이해관계인도 신청할 수 있다(민사집행법 제288조 제1항).

37. 다음 설명 중 ( ) 안에 들어갈 내용으로 가장 적절한 것은?

> 채권자 취소소송을 제기하는 경우 채권자가 취소원인을 안 날로부터 1년, 법률행위가 있는 날로부터 ( ) 내에 제기하여야 한다.

① 2년
② 3년
③ 4년
④ 5년
⑤ 10년

해설
채권자 취소소송을 제기하는 경우 채권자가 취소원인을 안 날로부터 1년, 법률행위가 있는 날로부터 5년 내에 제기하여야 한다(민법 제406조 제2항 참조).

정답 35 ④ 36 ③ 37 ④

38 甲이 乙을 상대로 대여금 청구 소송을 준비 중이다(다른 집행권원 없음). 그 전에 대여금 청구와 관련해서 乙 소유의 유일한 재산인 부동산에 대하여 법적 조치를 하려고 하는 경우 가장 적절한 것은?

① 부동산 공매
② 부동산 가압류
③ 부동산 강제경매
④ 부동산 지상권설정
⑤ 부동산 처분금지가처분

해설
금전채권이나 금전으로 환산할 수 있는 채권(매매대금, 대여금, 어음금, 수표금, 양수금, 공사대금, 임료, 손해배상청구권 등)의 집행을 보전하기 위해서는 가압류를 신청하는 것이 적절하다. 상대방이 재산을 은닉하고 처분하지 못하도록 해야 하며, 추후 승소하더라도 상대방이 변제할 돈이 없다면 반환을 받을 수 없기 때문에 재산에 대한 처분권을 임시로 제한하는 것이 중요하다.

39 민사소송의 관할에 관한 다음 설명 중 가장 적절하지 않은 것은?

① 당사자는 합의로 제1심 관할법원을 정할 수 있다.
② 사람의 보통재판적은 그의 주소에 따라 정한다.
③ 법원의 관할은 소를 제기한 때를 표준으로 정한다.
④ 소송을 이송받은 법원은 사건을 다시 다른 법원에 이송하지 못한다.
⑤ 법원은 소송의 전부에 대하여 관할권이 없다고 인정하는 경우에는 그 소송을 각하한다.

해설
법원은 소송의 전부 또는 일부에 대하여 관할권이 없다고 인정하는 경우에는 결정으로 이를 관할법원에 이송한다(민사소송법 제34조 제1항).

40 다음 설명 중 (   ) 안에 들어갈 용어로 가장 적절한 것은?

> 피고가 소장부본을 송달받고 원고의 청구를 다투는 경우 원칙적으로 피고는 소장의 부본을 송달받은 날부터 (   ) 이내에 답변서를 제출하여야 한다.

① 7일
② 10일
③ 14일
④ 30일
⑤ 60일

해설
피고가 원고의 청구를 다투는 경우에는 소장의 부본을 송달받은 날부터 30일 이내에 답변서를 제출하여야 한다(민사소송법 제256조 제1항).

41

지급명령에 관한 다음 설명 중 가장 적절하지 않은 것은?

① 지급명령의 신청에는 그 성질에 어긋나지 아니하면 소에 관한 규정을 준용한다.
② 지급명령 신청이 관할을 위반한 때에는 그 신청을 각하하여야 한다. 이 각하 결정에 대하여는 불복할 수 있다.
③ 지급명령은 채무자를 심문하지 아니하고 한다.
④ 채무자가 지급명령을 송달받은 날부터 2주 이내에 이의신청을 한 때에는 지급명령은 그 범위 안에서 효력을 잃는다.
⑤ 채무자가 지급명령에 대하여 적법한 이의신청을 한 경우에는 지급명령을 신청한 때에 이의신청된 청구목적의 값에 관하여 소가 제기된 것으로 본다.

> **해설**
> 지급명령의 신청이 관할을 위반한 때에는 그 신청을 각하하여야 한다. 이 신청을 각하하는 결정에 대하여는 불복할 수 없다(민사소송법 제465조 참조).

42

소액사건의 이행권고결정에 관한 다음 설명 중 가장 적절하지 않은 것은?

① 피고는 이행권고결정서의 등본을 송달받은 날부터 2주일 이내에 서면으로 이의신청을 할 수 있다. 다만, 그 등본이 송달되기 전에는 이의신청을 할 수 없다.
② 법원사무관 등은 이행권고결정서의 등본을 피고에게 송달하여야 한다.
③ 독촉절차 또는 조정절차에서 소송절차로 이행된 경우에는 법원은 이행권고를 할 수 없다.
④ 이의신청을 한 피고는 제1심 판결이 선고되기 전까지 이의신청을 취하(取下)할 수 있다.
⑤ 피고가 이의신청을 하였을 때에는 원고가 주장한 사실을 다툰 것으로 본다.

> **해설**
> 피고는 이행권고결정서의 등본을 송달받은 날부터 2주일 이내에 서면으로 이의신청을 할 수 있다. 다만, 그 등본이 송달되기 전에도 이의신청을 할 수 있다(소액사건심판법 제5조의4 제1항).

43 다음 설명 중 부동산경매의 배당절차에서 배당을 받을 수 없는 사람은?

① 배당요구의 종기까지 경매신청을 한 압류채권자
② 배당요구의 종기까지 배당요구를 한 집행력 있는 정본을 가진 채권자
③ 첫 경매개시결정등기 전에 등기된 가압류채권자
④ 저당권·전세권, 그 밖의 우선변제청구권으로서 첫 경매개시결정등기 전에 등기되었고 매각으로 소멸하는 것을 가진 채권자
⑤ 첫 경매개시결정등기 전에 등기된 가처분권자

해설

배당받을 채권자의 범위(민사집행법 제148조)
배당받을 채권자는 다음에 규정된 사람으로 한다.
- 배당요구의 종기까지 경매신청을 한 압류채권자
- 배당요구의 종기까지 배당요구를 한 채권자
- 첫 경매개시결정등기 전에 등기된 가압류채권자
- 저당권·전세권, 그 밖의 우선변제청구권으로서 첫 경매개시결정등기 전에 등기되었고 매각으로 소멸하는 것을 가진 채권자

44 집행문에 관한 다음 설명 중 가장 적절하지 않은 것은?

① 집행문은 판결이 확정되거나 가집행의 선고가 있는 때에만 내어 준다.
② 판결을 집행하는 데에 조건이 붙어 있어 그 조건이 성취되었음을 채권자가 증명하여야 하는 때에는 이를 증명하는 서류를 제출하여야만 집행문을 내어 준다. 다만, 판결의 집행이 담보의 제공을 조건으로 하는 때에는 그러하지 아니하다.
③ 집행문은 판결에 표시된 채권자의 승계인을 위하여 내어 주거나 판결에 표시된 채무자의 승계인에 대한 집행을 위하여 내어 줄 수 있다. 다만, 그 승계가 법원에 명백한 사실이거나, 증명서로 승계를 증명한 때에 한한다.
④ 집행력 있는 정본의 효력은 전국 법원의 관할구역에 미친다.
⑤ 채권자가 여러 통의 지급명령 정본을 신청하거나, 전에 내어준 지급명령 정본을 돌려주지 아니하고 다시 지급명령 정본을 신청한 때에는 재판장의 명령이 있어야만 이를 내어 준다.

해설

채권자가 여러 통의 집행문을 신청하거나 전에 내어준 집행문을 돌려주지 아니하고 다시 집행문을 신청한 경우에 확정판결인 때에는 재판장의 명령이 있는 때에 한하여 법원사무관 등이 내어주는 데 반하여 확정된 지급명령의 경우에는 재판장의 명령 없이 법원사무관 등이 부여하고 그 사유를 원본과 정본에 적어야 한다.

45. 재산명시 또는 채무불이행자명부 등재 절차에 관한 다음 설명 중 가장 적절하지 않은 것은?

① 가집행의 선고가 붙은 판결의 경우에는 법원에 채무자의 재산명시를 요구하는 신청을 할 수 없다.
② 재산명시신청에 정당한 이유가 없거나, 채무자의 재산을 쉽게 찾을 수 있다고 인정한 때에는 법원은 결정으로 이를 기각하여야 한다.
③ 채무불이행자명부나 그 부본은 누구든지 보거나 복사할 것을 신청할 수 있다.
④ 재산명시신청이 기각·각하된 경우에는 그 명시신청을 한 채권자는 기각·각하사유를 보완하지 아니하고서는 같은 집행권원으로 다시 재산명시신청을 할 수 없다.
⑤ 재산명시명령에 대하여 채무자의 이의신청이 없거나 이를 기각한 때에는 법원은 재산명시를 위한 기일을 정하여 채무자에게 출석하도록 요구하여야 한다. 이 기일은 채권자에게는 통지하지 않는다.

해설
재산명시명령에 대하여 채무자의 이의신청이 없거나 이를 기각한 때에는 법원은 재산명시를 위한 기일을 정하여 채무자에게 출석하도록 요구하여야 한다. 이 기일은 채권자에게도 통지하여야 한다(민사집행법 제64조 제1항).

46. 부동산 강제경매 절차에 관한 다음 설명 중 가장 적절하지 않은 것은?

① 경매절차를 개시하는 결정에는 동시에 그 부동산의 압류를 명하여야 한다.
② 강제경매신청을 기각하거나 각하하는 재판에 대하여는 즉시항고를 할 수 있다.
③ 경매개시결정에 따른 압류의 효력이 생긴 때에는 집행법원은 절차에 필요한 기간을 고려하여 배당요구를 할 수 있는 종기(終期)를 첫 매각기일 이후로 정한다.
④ 이해관계인은 매각대금이 모두 지급될 때까지 법원에 경매개시결정에 대한 이의신청을 할 수 있다.
⑤ 압류채권자의 채권에 우선하는 채권에 관한 부동산의 부담을 매수인에게 인수하게 하거나, 매각대금으로 그 부담을 변제하는 데 부족하지 아니하다는 것이 인정된 경우가 아니면 그 부동산을 매각하지 못한다.

해설
경매개시결정에 따른 압류의 효력이 생긴 때(그 경매개시결정 전에 다른 경매개시결정이 있는 경우를 제외)에는 집행법원은 절차에 필요한 기간을 고려하여 배당요구를 할 수 있는 종기(終期)를 첫 매각기일 이전으로 정한다(민사집행법 제84조 제1항).

47

채권자대위권과 채권자취소권에 관한 다음 설명 중 가장 적절하지 않은 것은?

① 채권자는 그 채권의 기한이 도래하기 전에는 법원의 허가 없이 채권자대위권을 행사하지 못한다. 그러나 보전행위는 그러하지 아니하다.
② 채권자가 보전행위 이외의 권리를 대위행사한 때에는 채무자에게 통지하여야 한다.
③ 채권자취소권을 행사하려는 채권자의 채권은 원칙적으로 사해행위가 있기 이전에 발생한 것이어야 한다.
④ 채권자취소권을 행사한 채권자는 취소된 법률행위의 목적물로부터 우선변제를 받는 권리를 취득한다.
⑤ 채무자가 채권자를 해함을 알고 재산권을 목적으로 한 법률행위를 한 때에는 채권자는 그 취소 및 원상회복을 법원에 청구할 수 있다. 그러나 그 행위로 인하여 이익을 받은 자나 전득한 자가 그 행위 또는 전득 당시에 채권자를 해함을 알지 못한 경우에는 그러하지 아니하다.

해설
채권자취소권행사의 효과는 모든 채권자의 이익을 위하여 효력이 있는바 수익자 또는 전득자로부터 반환받은 재산 또는 재산에 갈음하는 손해배상은 채무자의 일반재산으로서 회복되고 총채권자를 위하여 공동담보가 되는 것이며 취소채권자가 그로부터 우선변제를 받는 권리를 취득하지는 아니한다(상계권을 행사하는 것은 별론).

48

채권압류 및 추심명령(또는 전부명령)에 관한 다음 설명 중 가장 적절하지 않은 것은?

① 압류명령은 제삼채무자와 채무자를 심문하지 아니하고 한다.
② 추심명령이 있는 때에는 압류채권자는 대위절차(代位節次) 없이 압류채권을 추심할 수 있다.
③ 전부명령이 있는 때에는 압류된 채권은 지급에 갈음하여 압류채권자에게 이전된다.
④ 전부명령이 확정된 경우에는 전부명령이 확정된 때에 채무자가 채무를 변제한 것으로 본다. 다만, 이전된 채권이 존재하지 아니한 때에는 그러하지 아니하다.
⑤ 추심명령은 그 채권전액에 미친다. 다만, 법원은 채무자의 신청에 따라 압류채권자를 심문하여 압류액수를 그 채권자의 요구액수로 제한하고 채무자에게 그 초과된 액수의 처분과 영수를 허가할 수 있다.

해설
전부명령이 확정된 경우에는 전부명령이 제삼채무자에게 송달된 때에 채무자가 채무를 변제한 것으로 본다. 다만, 이전된 채권이 존재하지 아니한 때에는 그러하지 아니하다(민사집행법 제231조).

49 다음 중 부동산 강제경매의 대상이 될 수 있는 것은?

① 채무자의 제삼채무자에 대한 공사대금채권
② 채무자 소유의 사무실 집기
③ 채무자 소유의 무허가 건물
④ 채무자의 부동산 공유지분
⑤ 채무자 소유의 특허권

해설
토지의 공유지분도 독립하여 강제경매의 대상이 된다. 공유물지분을 경매하는 경우에는 채권자의 채권을 위하여 채무자의 지분에 대한 경매개시결정이 있음을 등기부에 기입하고 다른 공유자에게 그 경매개시결정이 있다는 것을 통지하여야 한다. 다만, 상당한 이유가 있는 때에는 통지하지 아니할 수 있다(민사집행법 제139조).

50 다음 설명 중 가장 적절하지 않은 것은?

① 전부명령은 확정되어야 효력을 가진다.
② 채권 일부가 압류된 뒤에 그 나머지 부분을 초과하여 다시 압류명령이 내려진 때에는 각 압류의 효력은 그 채권 전부에 미친다.
③ 채권자는 추심한 채권액을 법원에 신고하여야 한다.
④ 추심신고 전에 다른 압류·가압류 또는 배당요구가 있었을 때에는 채권자는 추심한 금액을 바로 공탁하고 그 사유를 신고하여야 한다.
⑤ 채권자는 추심명령에 따라 얻은 권리를 포기할 수 있으며, 추심권을 포기하면 기본채권도 소멸한다.

해설
채권자는 추심명령에 따라 얻은 권리를 포기할 수 있다. 다만, 기본채권에는 영향이 없다(민사집행법 제240조 제1항).

정답 49 ④ 50 ⑤

제3과목 신용관리실무(25문제)

51 다음 설명 중 ( ) 안에 들어갈 내용으로 가장 적절한 것은?

> ( )이란 제삼자의 의뢰를 받아 신용정보를 조사하고, 그 신용정보를 그 의뢰인에게 제공하는 행위를 영업으로 하는 것을 말한다.

① 채권추심업
② 개인신용평가업
③ 신용조사업
④ 기업신용조회업
⑤ 본인신용정보관리업

[해설]
"신용조사업"이란 제삼자의 의뢰를 받아 신용정보를 조사하고, 그 신용정보를 그 의뢰인에게 제공하는 행위를 영업으로 하는 것을 말한다(신용정보법 제2조 제9호).

52 채권추심회사에 관한 다음 설명 중 가장 적절하지 않은 것은?

① 채권추심회사란 채권추심업에 대하여 금융위원회로부터 허가를 받은 회사를 말한다.
② 채권추심회사는 자기의 명의를 빌려주어 타인으로 하여금 채권추심업을 하게 하여서는 아니 된다.
③ 원칙적으로 채권추심회사는 다른 법령에서 허용된 경우 외에는 상호 중에 '신용정보'라는 표현이 포함된 명칭 이외의 명칭을 사용하여서는 아니 된다.
④ 채권추심회사는 위임직채권추심인을 통해서만 추심업무를 할 수 있다.
⑤ 채권추심회사는 그 소속 위임직채권추심인이 채권추심업무를 함에 있어 법령을 준수하고 건전한 거래질서를 해하는 일이 없도록 성실히 관리하여야 한다.

[해설]
채권추심회사는 채권추심회사의 임직원, 채권추심회사가 위임 또는 그에 준하는 방법으로 채권추심업무를 하도록 한 자(위임직채권추심인)를 통하여 추심업무를 하여야 한다(신용정보법 제27조 제2항).

정답 51 ③ 52 ④

53. 다음 설명 중 개인신용정보가 아닌 것은?

① 해당 정보만으로는 특정 개인을 알아볼 수 없더라도 다른 정보와 쉽게 결합하여 특정 개인을 알아볼 수 있는 정보
② 해당 정보의 성명을 통하여 특정 개인을 알아볼 수 있는 정보
③ 해당 정보의 영상을 통하여 특정 개인을 알아볼 수 있는 정보
④ 해당 정보의 주민등록번호를 통하여 특정 개인을 알아볼 수 있는 정보
⑤ 기업 및 법인에 관한 정보

해설

개인신용정보(신용정보법 제2조 제2호)
기업 및 법인에 관한 정보를 제외한 살아 있는 개인에 관한 신용정보로서 다음의 어느 하나에 해당하는 정보를 말한다.
- 해당 정보의 성명, 주민등록번호 및 영상 등을 통하여 특정 개인을 알아볼 수 있는 정보
- 해당 정보만으로는 특정 개인을 알아볼 수 없더라도 다른 정보와 쉽게 결합하여 특정 개인을 알아볼 수 있는 정보

54. 채권추심회사가 할 수 있는 채권추심행위에 해당되지 않는 것들만 모두 고르면 몇 개인가?

ㄱ. 재산조사	ㄴ. 제삼자로부터의 변제금 수령
ㄷ. 채무면제결정	ㄹ. 채권추심과 관련한 소송행위
ㅁ. 채무자의 소재파악	

① 1개
② 2개
③ 3개
④ 4개
⑤ 5개

해설

채권추심회사란 신용정보법 제4조에 의해 채권추심업무를 영위할 목적으로 금융위원회로부터 허가를 받은 신용정보회사로, '채권추심'에 해당하는 채무자에 대한 소재파악 및 재산조사, 채권에 대한 변제 요구, 채무자로부터 변제 수령 등 채권의 만족을 얻기 위한 일체의 행위를 수행할 수 있다.

정답 53 ⑤ 54 ②

55

「신용정보법」에 관한 다음 설명 중 (   ) 안에 들어갈 내용으로 가장 적절한 것은?

(A)은/는 위임직채권추심인이 소속 채권추심회사 외의 자를 위하여 채권추심업무를 하는 경우 (B)의 범위에서 기간을 정하여 그 업무의 전부 또는 일부의 정지를 명할 수 있다.

	A	B
①	금융위원회	1년
②	금융감독원	1년
③	신용정보협회	1년
④	금융위원회	6개월
⑤	금융감독원	6개월

해설

금융위원회는 위임직채권추심인이 소속 채권추심회사 외의 자를 위하여 채권추심업무를 하는 경우 6개월의 범위에서 기간을 정하여 그 업무의 전부 또는 일부의 정지를 명할 수 있다(신용정보법 제27조 제7항 참조).

56

다음 중 「신용정보법」 제44조에 따라 설립된 신용정보협회의 업무와 가장 거리가 먼 것은?

① 신용정보업, 본인신용정보관리업, 채권추심업에 대한 광고의 자율심의에 관한 업무
② 신용정보업의 발전을 위한 조사・연구 업무
③ 신용정보업 이용자 민원의 상담・처리 업무
④ 신용정보업 관련 교육・출판 업무
⑤ 채무불이행자에 대한 채무불이행정보 등록 업무

해설

신용정보협회의 업무(신용정보법 제44조 제3항)
- 신용정보회사, 본인신용정보관리회사 및 채권추심회사 간의 건전한 업무질서를 유지하기 위한 업무
- 신용정보 관련 산업의 발전을 위한 조사・연구 업무
- 신용정보 관련 민원의 상담・처리
- 「신용정보법」 및 다른 법령에서 신용정보협회가 할 수 있도록 허용한 업무
- 그 밖에 대통령령으로 정하는 업무

신용정보협회의 업무(신용정보법 시행령 제36조)
신용정보법 제44조 제3항 제4호에서 "대통령령으로 정하는 업무"란 다음의 업무를 말한다.
- 신용정보회사, 본인신용정보관리회사 및 채권추심회사의 경영과 관련된 정보의 수집 및 통계의 작성 업무
- 신용정보업, 본인신용정보관리업 및 채권추심업에 대한 광고의 자율심의에 관한 업무
- 신용정보 관련 산업에 관한 교육(제4호에 따른 교육은 제외) 및 출판 업무(관련 시설의 운영을 포함)
- 법 또는 다른 법령에서 신용정보협회에 위임・위탁한 업무
- 신용정보 관련 산업 임직원 등에 대한 교육 및 표준 교재 제작 업무
- 그 밖에 금융위원회가 정하여 고시하는 업무

57 「채권추심법」상 채권추심업무에 관한 다음 설명 중 가장 적절하지 않은 것은?

① 채권추심자는 채무자로부터 원금, 이자, 비용, 변제기 등 채무를 증명할 수 있는 서류의 교부를 요청받은 때에는 정당한 사유가 없는 한 이에 응하여야 한다.
② 채권추심자는 엽서에 의한 채무변제 요구 등 채무자 외의 자가 채무사실을 알 수 있게 하는 행위는 하여서는 안 된다.
③ 채권추심자는 동일한 채권에 대하여 동시에 2인 이상의 자에게 채권추심을 위임하여서는 아니 된다.
④ 채무불이행자로 이미 등록된 때에는 채권추심자는 채무의 존재를 다투는 소가 제기되어 소송이 진행 중임을 안 날부터 즉시 채무불이행자 등록을 삭제하여야 한다.
⑤ 채권추심회사는 채권추심과 관련한 소송행위를 하여서는 아니 된다.

해설
채무불이행자로 이미 등록된 때에는 채권추심자는 채무의 존재를 다투는 소가 제기되어 소송이 진행 중임을 안 날부터 30일 이내에 채무불이행자 등록을 삭제하여야 한다(채권추심법 제8조).

58 다음 설명 중 ( ) 안에 들어갈 내용으로 가장 적절한 것은?

> 위임직채권추심인이 「신용정보법」 또는 「채권추심법」을 위반하여 「채권추심법」에 따른 채무자 또는 관계인에게 손해를 가한 경우 채권추심회사는 위임직채권추심인과 (A)하여 그 손해를 배상할 책임이 있다. 다만, 채권추심회사가 위임직채권추심인 선임 및 관리에 있어서 자신에게 (B) 또는 (C)이 없음을 증명한 경우에는 그러하지 아니하다(「신용정보법」 제43조 제7항).

	A	B	C
①	보증	고의	중과실
②	연대	고의	과실
③	연대	고의	중과실
④	보증	선의	과실
⑤	연대	선의	경과실

해설
위임직채권추심인이 「신용정보법」 또는 「채권추심법」을 위반하여 「채권추심법」에 따른 채무자 또는 관계인에게 손해를 가한 경우 채권추심회사는 위임직채권추심인과 연대하여 그 손해를 배상할 책임이 있다. 다만, 채권추심회사가 위임직채권추심인 선임 및 관리에 있어서 자신에게 고의 또는 과실이 없음을 증명한 경우에는 그러하지 아니하다(신용정보법 제43조 제7항).

59. 다음 설명 중 ( ) 안에 들어갈 내용으로 가장 적절한 것은?

> 채권추심자는 채권추심과 관련하여 다음 어느 하나에 해당하는 행위를 하여서는 아니 된다.
> - 채무자 또는 관계인을 폭행·협박·체포 또는 감금하거나 그에게 위계나 (A)을 사용하는 행위
> - 정당한 사유 없이 반복적으로 또는 야간에 채무자나 관계인을 방문함으로써 공포심이나 불안감을 유발하여 사생활 또는 업무의 평온을 심하게 해치는 행위. 여기서 야간은 오후 (B)시 이후부터 다음 날 오전 (C)시까지를 말한다.

	A	B	C
①	강박	10	8
②	기망	9	10
③	위력	9	8
④	위력	8	9
⑤	강박	10	9

해설

폭행·협박 등의 금지(채권추심법 제9조 제1호 및 제2호)

채권추심자는 채권추심과 관련하여 다음 어느 하나에 해당하는 행위를 하여서는 아니 된다.
- 채무자 또는 관계인을 폭행·협박·체포 또는 감금하거나 그에게 위계나 위력을 사용하는 행위
- 정당한 사유 없이 반복적으로 또는 야간(오후 9시 이후부터 다음 날 오전 8시까지)에 채무자나 관계인을 방문함으로써 공포심이나 불안감을 유발하여 사생활 또는 업무의 평온을 심하게 해치는 행위

정답 59 ③

60

「개인채무자보호법」상 기한의 이익 상실 예정의 통지에 관한 다음 설명 중 가장 적절하지 않은 것은?

① 채권금융회사 등은 개인금융채권의 연체 등 사유로 개인금융채무자의 기한의 이익이 상실되는 경우에는 기한의 이익 상실 예정일의 10영업일 전까지 개인금융채무자에게 통지하여야 한다.
② 채권금융회사 등은 통지가 2회 이상 반송되는 등의 불가피한 사유로 통지할 수 없는 경우에는 채권금융회사 등의 인터넷 홈페이지에 게재하는 등의 방법으로 그 통지를 갈음할 수 있다.
③ 채권금융회사 등의 인터넷 홈페이지에 게재하는 방법으로 그 통지를 갈음한 경우 채권금융회사 등의 인터넷 홈페이지에 게재한 날부터 10영업일이 지난 날을 기한의 이익 상실일로 본다.
④ 개인금융채무자가 채무조정을 요청한 경우에도 그 채무조정의 절차와 상관없이 기한의 이익이 상실된 것으로 본다.
⑤ 다른 채권자가 해당 개인금융채무자에 대하여 「민사집행법」에 따른 강제집행을 진행하는 등 대통령령으로 정하는 사유가 발생한 경우에는 그 사유가 발생한 날에 기한의 이익이 상실된 것으로 본다.

해설
개인금융채무자가 채무조정을 요청한 경우에는 그 채무조정의 절차가 끝나기 전까지 기한의 이익이 상실되지 아니한 것으로 본다(개인채무자보호법 제6조 제5항).

61

「개인채무자보호법」의 적용대상인 개인금융채권의 범위에 관한 다음 내용 중 ( ) 안에 들어갈 내용으로 가장 적절한 것은?

> 개인금융채권의 원금이 ( ) 이상의 범위에서 대통령령으로 정하는 금액 이상인 경우에는 제6조, 제9조부터 제13조까지 및 제31조부터 제40조까지를 적용하지 아니한다(「개인채무자보호법」 제3조 제3항).

① 2천만 원
② 3천만 원
③ 4천만 원
④ 5천만 원
⑤ 6천만 원

해설
개인금융채권의 원금이 3천만 원 이상의 범위에서 대통령령으로 정하는 금액 이상인 경우에는 제6조, 제9조부터 제13조까지 및 제31조부터 제40조까지를 적용하지 아니한다(개인채무자보호법 제3조 제3항).

62 「개인정보 보호법」에 따른 개인정보 처리제한에 관한 다음 설명 중 가장 적절하지 않은 것은?

① 인종이나 민족에 관한 정보는 민감정보에 해당되지 않는다.
② 외국인등록번호는 고유식별정보에 해당된다.
③ 개인의 신체적, 생리적, 행동적 특징에 관한 정보로서 특정 개인을 알아볼 목적으로 일정한 기술적 수단을 통해 생성한 정보는 민감정보에 해당된다.
④ 여권번호는 고유식별정보에 해당된다.
⑤ 범죄경력자료에 해당하는 정보는 민감정보에 해당된다.

해설
인종이나 민족에 관한 정보는 민감정보에 해당된다(개인정보 보호법 시행령 제18조 제4호).

63 신용관리담당자의 채권추심활동에 관한 다음 설명 중 가장 적절하지 않은 것은?

① 채무자에게 채무변제를 설득하고 최적의 변제방안을 제시한다.
② 채무자가 스스로 변제목표액을 제시하도록 유도하는 방안을 마련한다.
③ 변제방법을 제시하고 변제조건에 대하여 합의점을 찾는다.
④ 회수가능성에 대한 점검은 입금약속 이행 여부, 보증인 입보 여부, 법적 조치 완료 여부, 최근 주소지 변동 유무 등을 판단자료로 활용한다.
⑤ 채무자의 불만사항에 대한 대응방법을 수립한다.

해설
채무자가 스스로 변제목표액을 제시하도록 유도하기보다는 상황이나 조건에 적합한 변제목표액을 제시하여 채무를 변제하도록 하는 것이 좋다.

64 수표에 관한 다음 설명 중 가장 적절하지 않은 것은?

① 발행지가 적혀 있지 아니한 경우 발행인의 명칭에 부기한 지(地)를 발행지로 본다.
② 수표는 인수하지 못한다.
③ 자기앞수표는 발행인 자신을 지급받을 자로 하여 발행할 수 있는 수표를 말한다.
④ 미완성으로 발행한 수표에 미리 합의한 사항과 다른 내용을 보충한 경우에는 원칙적으로 그 합의의 위반을 이유로 소지인에게 대항하지 못한다.
⑤ 국내에서 발행하고 지급할 수표는 10일 내에 지급을 받기 위한 제시를 하여야 한다.

해설
자기앞수표는 은행이 발행인과 지급인을 겸하고 있어서 수표의 명칭과 같이 '자기(은행)' 앞으로 지급을 위탁하는 수표를 말한다.

정답 62 ① 63 ② 64 ③

65

어음 · 수표의 부도에 관한 다음 설명 중 가장 적절하지 않은 것은?

① 어음 · 수표가 부도처리되고 그 어음에 보증인이나 배서인이 있는 경우, 소지인은 발행인 · 보증인 · 배서인을 상대로 순서에 관계없이 그중 가장 재력이 있는 사람에게 청구할 수도 있고, 또는 모두에 대하여 동시에 전액을 청구할 수도 있다.
② 예금부족으로 부도반환된 경우에는 발행인을 포함하여 보증인, 배서인 등 어음상 채무자에 대해 재산조사 실시 후 발견재산을 보전조치한다.
③ 발행인 및 보증인, 배서인들을 피고로 하여 '약속어음금 · 수표금 청구의 소'를 제기한다.
④ 발행인이 피사취신고 시 지급은행에 예치하는 사고신고담보금은 선의의 어음소지인을 보호하기 위한 담보금이다.
⑤ 수표는 부도가 나더라도 사기죄가 되지 않는 한 발행인 등이 형사책임을 지지 않으나, 어음은 부도가 나면 발행인은 「부정수표 단속법」에 의하여 형사처벌을 받게 된다.

해설
어음은 부도가 나더라도 사기죄가 되지 않는 한 발행인 등이 형사책임을 지지 않으나, 수표는 부도가 나면 발행인은 「부정수표 단속법」에 의하여 형사처벌을 받게 된다.

66

다음 중 「일반신용정보관리규약」에 따른 신용도판단정보 등록사유로 가장 적절한 것은?

① 5만 원 이상의 신용카드대금을 1개월 이상 연체한 자
② 5만 원 이상의 카드론대금을 1개월 이상 연체한 자
③ 5만 원 이상의 할부금융대금을 1개월 이상 연체한 자
④ 대출원금, 이자 등을 3개월 이상 연체한 자
⑤ 분할상환방식의 개인주택자금대출금을 5개월 이상 연체한 자

해설
① 5만 원 이상의 신용카드대금을 3개월 이상 연체한 자
② 5만 원 이상의 카드론대금을 3개월 이상 연체한 자
③ 5만 원 이상의 할부금융대금을 3개월 이상 연체한 자
⑤ 분할상환방식의 개인주택자금대출금을 9개월 이상 연체한 자

67 신용분석정보 수집 · 분석 · 활용에 관한 다음 설명 중 가장 적절하지 않은 것은?

① 담보가등기는 경매에 있어서 저당권으로 취급하므로 부동산등기부상 을구란에 기입된다.
② 임차권등기는 부동산등기부상 을구란에 기입된다.
③ 법인의 대표자는 특별한 경우를 제외하고는 법인의 채무에 대해 연대책임을 부담하지 않는다.
④ 지상권, 지역권 등은 그 토지의 이용관계를 목적으로 설정되어 있으므로 이에 따른 존속기간과 이해관계를 철저히 확인할 필요성이 있다.
⑤ 자동차 등록원부는 차량의 기종과 연식, 재원, 소유주관계, 담보물권 현황 및 보전처분 관계 정보를 담고 있어 채무자가 보유한 차량의 재산적 가치를 파악할 수 있는 자료로 활용된다.

해설

부동산등기부등본의 갑구 및 을구
- 갑구 : 소유권에 관한 사항 기재, 현재 소유자와 과거의 소유자(소유권 변동사항), 가압류, 가처분, 압류(경매), 가등기, 예고등기 등, 권리의 변경등기, 말소 및 회복등기 등
- 을구 : 소유권 이외의 권리 기재, 저당권, 전세권, 지역권, 지상권, 임차권 등

정답 67 ①

68. 「채무자 회생 및 파산에 관한 법률」상 개인회생제도에 관한 다음 설명 중 ( ) 안에 들어갈 내용으로 가장 적절한 것은?

> 개인회생제도란 채무자에게 일정한 수입이 있는 것을 전제로 채무자가 원칙적으로 (A)년간(단서의 경우 생략함) 원금의 일부를 변제하면 나머지를 면책받을 수 있는 제도이다. 개인회생을 신청할 수 있는 개인채무자는 다음의 금액 이하의 채무를 부담하는 급여소득자 또는 영업소득자를 말한다.
> - 유치권 · 질권 · 저당권 · 양도담보권 · 가등기담보권 · 「동산 · 채권 등의 담보에 관한 법률」에 따른 담보권 · 전세권 또는 우선특권으로 담보된 개인회생채권 : (B)억 원
> - 위 담보채권 외의 개인회생채권 : (C)억 원

	A	B	C
①	5	10	5
②	3	5	5
③	3	15	10
④	5	10	10
⑤	3	15	15

해설

개인회생제도(채무자회생법 제579조 제1호)

개인회생제도란 채무자에게 일정한 수입이 있는 것을 전제로 채무자가 원칙적으로 3년간(단서의 경우 생략함) 원금의 일부를 변제하면 나머지를 면책받을 수 있는 제도이다. 개인회생을 신청할 수 있는 개인채무자는 다음의 금액 이하의 채무를 부담하는 급여소득자 또는 영업소득자를 말한다.
- 유치권 · 질권 · 저당권 · 양도담보권 · 가등기담보권 · 「동산 · 채권 등의 담보에 관한 법률」에 따른 담보권 · 전세권 또는 우선특권으로 담보된 개인회생채권은 15억 원
- 위 담보채권 외의 개인회생채권은 10억 원

69 「채무자 회생 및 파산에 관한 법률」상 개인파산면책에 관한 다음 설명 중 가장 적절하지 않은 것은?

① 채무자가 과다한 낭비·도박 그 밖의 사행행위를 하여 현저히 재산을 감소시키거나 과대한 채무를 부담한 사실이 있는 때는 면책을 허가하지 않는다.
② 면책불허가사유가 있는 경우라도 파산에 이르게 된 경위, 그 밖의 사정을 고려하여 상당하다고 인정되는 경우에는 면책을 허가할 수 있다.
③ 채무자가 허위의 채권자 목록 그 밖의 신청서류를 제출하거나 법원에 대하여 그 재산상태에 관하여 허위의 진술을 한 때는 면책을 허가하지 않는다.
④ 법원은 면책허가결정을 한 때에는 그 주문과 이유의 요지를 공고하여야 한다. 이 경우 송달은 필요적으로 하여야 한다.
⑤ 면책 여부에 관한 결정에 대하여는 즉시항고를 할 수 있다.

해설
법원은 면책허가결정을 한 때에는 그 주문과 이유의 요지를 공고하여야 한다. 이 경우 송달은 하지 아니할 수 있다(채무자회생법 제564조 제3항).

70 다음 중 채권자(원고)의 주소지 관할법원에 소장이나 신청서 등을 제출할 수 있고, 채무자(피고)의 주소지 관할법원에도 소장이나 신청서 등을 제출할 수 있는 경우를 모두 고른 것은? (단, 어느 한 곳에만 제출할 수 있는 경우를 제외함)

ㄱ. 공사대금청구의 소
ㄴ. 채무자 소유 부동산에 대한 강제경매신청(단, 채무자 주소지와 부동산 소재지 관할이 다름)
ㄷ. 채무자 소유 채권에 대한 가압류신청
ㄹ. 재산명시신청
ㅁ. 채권압류 및 추심명령(또는 전부명령)신청

① ㄱ, ㄷ
② ㄴ
③ ㄹ, ㅁ
④ ㄷ, ㄹ
⑤ ㄱ, ㄷ, ㅁ

해설
공사대금청구의 소나 채무자 소유 채권에 대한 가압류신청 등과 같은 금전 관련 소송의 경우 채권자(원고)의 주소지 관할법원과 채무자(피고)의 주소지 관할법원 모두에 소장이나 신청서 등을 제출할 수 있다.

71

가압류신청 절차에 관한 다음 설명 중 가장 적절하지 않은 것은?

① 가압류신청에는 청구채권의 표시, 그 청구채권이 일정한 금액이 아닌 때에는 금전으로 환산한 금액을 적어야 한다.
② 청구채권과 가압류의 이유는 소명하여야 한다.
③ 청구채권과 가압류의 이유를 소명하면 법원은 담보를 제공하지 않고 가압류를 명한다.
④ 가압류신청에 대한 재판은 변론 없이 할 수 있다.
⑤ 가압류신청에 대한 재판은 결정으로 한다.

해설
청구채권과 가압류의 이유를 소명한 때에도 법원은 담보를 제공하게 하고 가압류를 명할 수 있다(민사집행법 제280조 제3항).

72

소장작성 방법에 관한 다음 설명 중 가장 적절하지 않은 것은?

① 소장의 청구원인에는 청구를 뒷받침하는 구체적 사실, 입증이 필요한 사실에 대한 증거방법 등을 기재한다.
② 소장에는 증거로 될 문서 가운데 중요한 것의 사본을 붙여야 한다.
③ 소장에는 원고의 법정대리인이 있는 경우 그 법정대리인을 적지 않아도 된다.
④ 부동산에 관한 사건은 그 부동산의 등기사항증명서를 소장에 붙여야 한다.
⑤ 판사가 5,000만 원을 지급해야 할 의무가 있다고 판단되어도 원고가 청구취지에서 1,000만 원의 지급을 구하고 있다면 판결은 1,000만 원을 지급하라고 결정되기 때문에 청구취지는 정확하게 기재해야 한다.

해설
소장에는 당사자와 법정대리인, 청구의 취지와 원인을 적어야 한다(민사소송법 제249조 제1항).

73 A는 B에게 금 1억 원을 대여하고 그 금원을 지급받지 못해 B에 대하여 법적 조치를 준비하고 있던 중 B는 2025. 1. 25. 사망하였다. 이에 따라 A가 B의 상속인에 대하여 채권추심을 하려고 한다. 이와 관련하여 가장 적절하지 않은 것은?

① B의 사망으로 B의 상속인들이 상속개시 있음을 안 날로부터 3개월 이내에 한정승인의 신고를 하게 되면 피상속인의 채무에 대한 한정승인자의 책임은 상속재산으로 한정되므로 상속채권자는 특별한 사정이 없는 한 상속재산으로부터만 채권의 만족을 받을 수 있다.
② 상속인들이 상속개시 있음을 안 날로부터 3개월 이내에 한정승인의 신고를 하였다면 상속채권자는 특별한 사정이 없는 한 상속인의 고유재산에 대하여 강제집행을 할 수 없다.
③ B의 상속인은 상속개시 있음을 안 날로부터 3개월 안에 상속포기를 신청할 수 있으며 3개월 안에 미신청 시 단순승인(포괄승계)한 것으로 보아 A는 B 상속인의 재산조사에 착수할 수 있다.
④ 만약 상속인들이 일정한 기간 내에 상속포기와 한정승인을 하지 않은 경우 A가 B의 사망 전에 집행권원을 획득하였다면 B의 상속인을 대상으로 별도의 소를 제기하여 집행권원을 획득해야만 상속인 재산에 강제집행을 할 수 있다.
⑤ B가 소유하였던 부동산에 대하여 상속인이 상속등기를 하지 않은 경우 대위원인을 증명하는 금전소비대차계약서 등을 첨부한 후 상속인을 대위하여 상속등기를 신청할 수 있다.

해설
채무자 사망 시 사망 전에 채무자를 상대로 집행권원을 획득한 경우에는 승계집행문을 부여받은 후 상속인의 재산에 대한 강제집행을 해야 한다.

74 강제집행 전 각종 신청에 관한 다음 설명 중 가장 적절하지 않은 것은?

① 재산명시신청서에는 집행력 있는 정본과 강제집행을 개시하는 데 필요한 문서를 붙여야 한다.
② 재산조회를 신청을 할 경우에는 조회할 기관·단체를 특정하여야 하며 조회에 드는 비용을 미리 내야 한다.
③ 집행문을 내어 달라는 신청은 말로 할 수 없다.
④ 채무자가 금전의 지급을 명한 집행권원이 확정된 후 또는 집행권원을 작성한 후 6월 이내에 채무를 이행하지 아니하는 때 채권자는 그 채무자를 채무불이행자명부에 올리도록 신청할 수 있다.
⑤ 채무자는 재산명시명령을 송달받은 날부터 1주 이내에 이의신청을 할 수 있다.

해설
집행문을 내어 달라는 신청은 말로 할 수 있다(민사집행법 제28조 제3항).

정답 73 ④ 74 ③

75 A는 B에게 금 5,000만 원을 대여하고 그 금원을 지급받지 못해 B에 대하여 법적 조치를 하려고 한다. 다음 설명 중 가장 적절하지 않은 것은?

① B가 C에게 받을 공사대금채권이 존재하면 A는 B를 채무자, C를 제삼채무자로 하는 채권가압류를 신청할 수 있다.
② A가 B를 상대로 지급명령을 신청하여 법원은 B에게 지급명령을 하였고 B가 2주 이내에 이의신청을 하지 않으면 A는 집행권원을 획득할 수 있다.
③ A가 채권가압류를 신청하고 집행권원을 획득했다면 A는 채무자 주소지를 관할하는 법원에 가압류로부터 본압류로 이전하는 채권압류 및 추심명령(또는 전부명령)을 신청하여 채권을 회수할 수 있다.
④ A가 B에 대하여 집행권원을 획득하고 6개월이 경과되어도 채무자 B가 채무를 변제하지 않는 경우 A는 재산명시신청을 할 필요 없이 바로 채무자 주소지 관할법원에 채무불이행자명부 등재신청을 할 수 있다.
⑤ A가 B에 대하여 집행권원을 획득하고 B의 재산을 조사한바, B의 부동산에 저당권자 D가 경매신청을 하여 경매개시결정이 부동산등기부등본(등기사항증명서)상에 기입되었다면 A는 배당요구종기일까지 위 집행권원을 가지고 배당요구를 할 수 있다.

해설
가압류에서 이전되는 채권압류의 경우에 「민사집행법」 제223조의 집행법원은 가압류를 명한 법원이 있는 곳을 관할하는 지방법원으로 한다(민사집행법 제224조 제3항).

제4과목 고객관리 및 민원예방(25문제)

76 「개인채무자보호법」에 따라 채권추심회사가 채무변제를 촉구할 경우 준수사항으로 가장 적절하지 않은 것은?

① 채권추심회사는 채무자와 접촉하기 전에 채권의 부실 발생 시점, 추심대상 금액, 부실발생 이후 일부 상환금액 및 시점 등 추심대상 채권에 대한 충분한 입증자료를 갖추어야 하며, 충분한 입증자료를 확보하지 못하는 경우에는 채권추심에 착수할 수 없다.
② 수신거부 등 채무자와 연락이 닿지 아니하거나 채무자가 고의적으로 2회 이상 방문을 거부하는 경우에는 협의 없이 방문할 수 있다.
③ 채권추심회사의 임직원이 전화를 이용하여 변제촉구를 하는 경우 전화 상대방에 대한 본인 확인을 철저히 하여야 하며, 채무자의 정보유출 등으로 인한 민원이 발생하지 아니하도록 주의하여야 한다.
④ 채무자 외의 자가 그 내용을 알지 못하도록 밀봉하여 발송하여야 하며 봉투 겉면에 발신인과 수신인에 관한 표시 외에 혐오감을 주는 지나친 원색(예 붉은색)을 사용하거나 그 내용을 짐작할 수 있는 표시를 하여서는 아니 된다.
⑤ 채권추심회사는 변제촉구 등을 위한 서면통지서가 반송되는 경우 그 사유를 파악할 필요가 없고 또한 명백히 거주하는지 여부와 관계없이 반복적으로 발송한다.

해설
채권추심회사 등은 변제촉구 등을 위한 서면통지서가 반송된 경우에는 그 사유를 파악하여 필요한 조치를 취하여야 하며, 채무자가 명백히 거주하지 않음에도 불구하고 반복적으로 발송하여 실거주자에게 불편을 초래하지 않아야 한다.

77 예절에 관한 다음 설명 중 가장 적절하지 않은 것은?

① 중요한 상담을 하고 있을 경우나 위험한 작업을 하고 있는 경우 인사할 정도의 여유가 있다면 상황에 맞게 가볍게 목례를 한다.
② 화장실에서는 인사하지 않는다. 다만 눈이 마주칠 경우에는 목례를 하는 것이 좋다.
③ 목소리는 자신의 인격과 지식, 성품, 자세를 반영하는 의사표현의 중요한 도구임과 동시에 상대방이 대화에 임하는 자세와 태도를 상상할 수 있도록 만드는 요소이기도 하다.
④ 상대를 향해 오른손으로 명함을 내밀고 왼손은 오른손을 살짝 받치듯이 하며 목례보다 좀 더 깊게 인사를 하고, 이때 자신의 이름이 본인 쪽에서 바르게 보이게끔 하는 것이 좋다.
⑤ 용모나 옷차림은 개성을 표현하는 것 이상으로 중요하지만 직장 생활에서는 주위나 상대를 고려해야 하며 누구에게나 호감을 주는 용모나 옷차림이 되도록 신경을 쓰도록 한다.

해설
명함을 건넬 시 본인의 이름이 상대방이 읽기 편하도록 상대방 쪽에서 바르게 보이게끔 하는 것이 좋다.

정답 76 ⑤ 77 ④

78 다음 설명 중 항의전화에 대한 응대 요령으로 가장 적절하지 않은 것은?

① 우선 사실을 확인하고 변명보다는 정중히 사과한다.
② "아...", "그러세요" 등의 긍정적인 언어를 사용하면 오히려 고객의 입장을 존중하지 않는 것으로 받아들여지기 때문에 주의한다.
③ 상대의 말을 잘 경청하고 상대가 원하는 내용을 잘 이해하여야 상대가 원하는 말로 응대할 수 있다.
④ 항의의 원인을 즉시 알 수 없을 때는 혼자서 적당히 판단하지 말고, 책임자나 담당자와 의논한다.
⑤ 항의전화를 받을 때 큰 소리로 다투지 않는다.

해설
"아..." 혹은 "그러세요" 등의 표현은 고객의 말에 공감·동조하고 있음을 드러내거나 고객의 불만을 이해하고 있음을 나타내므로 적절히 활용하도록 한다.

79 고객응대(상담) 시에 활용할 수 있는 다음의 화법과 가장 관련 있는 대화방법은?

> 연체금을 변제하지 않았을 때 연체자가 받게 되는 불이익의 사례를 들어 설명하는 방법
> • 고객 : 다음 달까지 시간을 주면 안 되겠습니까?
> • 담당자 : 비슷한 경우의 고객분도 몇 번씩 입금 약속을 어겨 결국 급여를 가압류당했습니다.

① 질문법
② 실례법
③ 간접부정법
④ 묵살법
⑤ 직접부정법

해설
실례법
인간의 비교심리를 자극하는 방법이다. 적절한 비교 상대를 골라 그 사례를 강조한다.

80. 대화방법과 관련하여 다음 설명 중 (　) 안에 들어갈 내용으로 가장 적절한 것은?

> 상대방이 이야기를 하면 듣는 쪽은 그것을 인정하고 공감하며 언어적 메시지와 비언어적 메시지가 일치되게 표현해 주는 것이다. 대화가 서로 기대했던 자극과 반응으로 이어진다면 원만한 대화가 이루어지며 이를 (　)라 할 수 있다. 그 사례는 다음과 같다.
> - 담당자 : 언제쯤 연체 해결이 가능하십니까?
> - 고객 : 내일 오후쯤 가능하겠네요.

① 상보대화
② 교차대화
③ 이면대화
④ 일방대화
⑤ 쌍방대화

해설

상보대화
상대방이 이야기를 하면 듣는 쪽은 그것을 인정하고 공감하며 언어적 메시지와 비언어적 메시지가 일치되게 표현해 주는 것이다. 대화가 서로 기대했던 자극과 반응으로 이어진다면 원만한 대화가 이루어지며, 이를 상보대화라 할 수 있다.

81. 고객의 성향 및 욕구에 관한 다음 설명 중 가장 적절한 것은?

① 고객의 욕구는 개인적 특성에 따라 다양하게 표출되므로 이에 대한 대응도 응대하는 직원의 성향에 따라 다양하게 전개되어야 한다.
② 고객은 지극히 합리적이고 객관적이다.
③ 고객은 상대적으로 중요도가 높은 업무를 수행하는 관리자와 접촉한다.
④ 고객서비스도 제품과 마찬가지로 하나의 상품이다.
⑤ 고객은 불만족한 사실을 기억하기보다는 만족한 사실을 훨씬 크게 기억하는 경우가 많다.

해설

① 고객 대응은 고객의 성향에 따라 다양하게 전개되어야 한다.
② 고객은 자기가 안고 있는 문제해결에만 관심이 있으므로 자기중심적이라는 특성을 가진다.
③ 고객은 상대적으로 중요도가 낮은 업무를 수행하는 제1선 종사자와 접촉한다.
⑤ 고객은 만족한 사실을 기억하기보다는 불만족한 사실을 훨씬 크게 기억하는 경우가 많다.

82 신용관리담당자의 업무능력 향상방법에 대한 다음 설명 중 가장 적절하지 않은 것은?

① 역할연기를 통해 말의 속도, 억양의 조절, 적절한 용어의 구사, 질문 시기의 선택 등 상담능력을 향상시킬 수 있다.
② 스토리텔링(Story Telling) 기법에서 하나의 스토리에는 가급적 하나의 메시지만을 담도록 한다.
③ 스크립트(Script)를 작성할 때에는 질문할 내용과 순서를 충분히 생각한 후에 작성한다.
④ 스토리텔링(Story Telling) 기법은 고객이 염려하거나 부담스러워하는 사안에 직면하여 고객의 마음을 읽고 쉬운 이야기를 통해 부드럽게 해결책을 제시하는 방법이다.
⑤ 스크립트(Script)는 구체적인 내용을 담을 수 있도록 길고 상세하게 작성한다.

해설
스크립트(Script)에는 질문할 내용과 순서 등 기본적인 사항만 간단하게 작성한다.

83 고객에 대한 다음 설명 중 가장 적절하지 않은 것은?

① 고객에 대한 개념은 일반적으로 '고객지향 → 고객제일 → 고객만족 → 고객감동'의 시대적 변화과정을 거치고 있다.
② '나' 전달법은 '너' 전달법보다는 위협감이나 방어적인 태도를 덜 일으키지만 고객 때문에 자신에게 좋지 않은 감정이 생겼다는 이야기를 반복하게 되면 고객을 공격하는 셈이 된다. 그러므로 고객의 감정을 존중하는 적극적 경청의 자세로 돌아와야 한다.
③ MOT(Moment Of Truth)의 대부분은 상대적으로 중요도가 낮은 업무로 여겨지는 제1선 종사자의 태도에서 나온다.
④ 불만을 표출하는 고객보다 불만이 있더라도 이를 표출하지 않는 고객이 많을수록 회사의 서비스 향상과 영업활동에 좋다.
⑤ 기업 경영의 주요 요소도 상품의 품질에서 고객의 만족으로 변화하는 추세다.

해설
고객의 불만은 새로운 제품 및 서비스 아이디어를 발굴하는 기회를 제공하기도 한다. 따라서 고객이 타당한 불만을 표출하고, 회사가 이에 대하여 실수나 잘못을 인정하고 진실한 사과 및 보상을 제공하기 위해 노력할 때 회사의 서비스 향상과 영업활동에 도움이 된다.

84

불만고객에 관한 응대(상담)방법 중 가장 적절하지 않은 것은?

① 불만을 제기하는 고객은 그만큼 우리 사에 관심이 있다는 뜻이므로 정중하게 응대하고 고객에게 감사하는 마음을 갖는다.
② 대충 말로만 사과하는 것이 아니라 고객이 진심으로 느낄 수 있도록 적극적으로 사과한다.
③ 구체적이고 겉으로 드러난 클레임이나 불만이건, 잠재된 불만이건 모두 중요하며 신속히 해결해야 한다.
④ 분노한 사람의 특성은 부당한 의견, 단언, 설명과 비난을 위해 '사실적인 정보'와 '감정적인 정보'를 함께 섞어서 사용하므로 사실과 감정을 요약하고, 이야기 도중에는 끼어들지 말아야 한다.
⑤ 고객이 원하면 무엇이든 그에 맞추어 행동하고 처리하여 불만이 전혀 없도록 한다.

해설
고객 불만 처리 시 고객이 원한다면 무엇이든 응한다는 마음의 자세를 갖는 것은 중요하나, 처리에 있어서는 내용을 파악 후 그에 맞는 조치를 하여 고객의 동의를 얻어 처리해야 한다.

85

「개인채무자보호법」에 따라 채권추심회사가 준수해야 할 신용정보 보호에 관한 다음 설명 중 가장 적절하지 않은 것은?

① 채권추심회사는 채무자 관계인의 동의 없이 금융회사로부터 채무자 관계인의 신용정보를 수집할 수 있다.
② 채권추심회사는 「채권추심법」 및 「신용정보법」에 따라 신용정보 등을 누설하거나 채권추심의 목적 외로 이용하여서는 아니 된다.
③ 채권추심회사는 불법적으로 채무자의 신용정보나 개인정보를 취득할 수 있는 인터넷사이트를 차단하여야 한다.
④ 채권추심회사는 채무자를 가장하여 인터넷사이트에 회원으로 가입하여 채무자의 개인정보를 취득하는 행위를 하여서는 아니 된다.
⑤ 채권추심회사가 신용조회회사를 통하여 채무자 정보를 조회하는 경우 채권추심업 종사자가 로그인 및 책임자 승인을 거쳐 채권추심을 위하여 필요한 최소한의 범위와 횟수 내에서 조회하도록 관련 시스템을 구축하여야 한다.

해설
채권자는 채권추심회사에 채권추심 목적상 필요한 신용정보 등만을 제공하여야 하며, 채권추심회사는 채무자 관계인의 신용정보 등을 본인의 동의 없이 제공하여서는 아니 된다.

86. 채권관리방법에 관한 다음 설명 중 가장 적절하지 않은 것은?

① 금융회사 등의 임직원이 변제독촉 서류를 임의로 작성하여 사용하거나 공포심 또는 불안감을 유발하는 문구(예 법적 절차 진행 중 등)는 사용금지한다.
② 채무자로부터 전화가 걸려 온 경우의 상담은 긍정적으로 진행될 확률이 높은 반면 사전준비가 되어 있지 못한 경우 채무자의 의도대로 끌려갈 수 있다는 단점도 있다.
③ '서면통지서 발송'은 채무자를 직접 방문하는 활동이 아니므로 채무자에게 폭행, 협박, 위계 등을 행사할 가능성이 없다.
④ '내용증명'은 등기취급을 전제로 우체국창구 또는 정보통신망을 통하여 발송인이 수취인에게 어떤 내용의 문서를 언제 발송하였다는 사실을 우체국이 증명하는 특수취급제도를 말한다.
⑤ '전화'는 고객접점의 제1선이며 보이지 않는 고객과의 만남임을 명심하고 목소리 하나로 의사가 전달되기 때문에 더욱 세심하고 친절하게 받아야 한다.

[해설]
채무자를 직접 방문하지 않고도 서면통지서에 관련 내용을 기재하는 방식으로 폭행, 협박, 위계 등을 행사할 수 있다.

87. 「개인채무자보호법」상 추심제한 사유에 관한 다음 설명 중 ( ) 안에 들어갈 내용으로 가장 적절한 것은?

> 채권추심자는 「채권추심법」에 따른 채무확인서의 교부를 요청하였음에도 불구하고 그 교부가 이루어지지 아니한 (A)채권, 「신용정보법」을 위반하여 채권자변동정보가 (B)에 제공되지 아니한 (A)채권을 추심하여서는 아니 된다.

	A	B
①	법인금융	개별신용정보집중기관
②	개인금융	종합신용정보집중기관
③	개인금융	개별신용정보집중기관
④	법인금융	종합신용정보집중기관
⑤	개인일반	종합신용정보집중기관

[해설]
추심제한 사유
- 채권추심자는 개인금융채무자가 「채권의 공정한 추심에 관한 법률」(약칭 : 「채권추심법」) 제5조에 따른 채무확인서의 교부를 요청하였음에도 불구하고 그 교부가 이루어지지 아니한 개인금융채권을 추심하여서는 아니 된다(개인채무자보호법 제14조 제2호).
- 채권추심자는 「신용정보의 이용 및 보호에 관한 법률」(약칭 : 「신용정보법」) 제39조의2 제1항을 위반하여 채권자변동정보가 종합신용정보집중기관에 제공되지 아니한 개인금융채권을 추심하여서는 아니 된다(개인채무자보호법 제14조 제3호).

88

「개인채무자보호법」상 채권추심회사가 압류집행 시 준수해야 할 유의사항에 관한 다음 설명 중 (   ) 안에 들어갈 금액으로 가장 적절한 것은?

> - 채무원금이 월 생계비가 (A)만 원 이하인 경우 유체동산(TV, 냉장고, 휴대폰 등 가전제품 포함)은 압류를 제한한다.
> - 채무자의 1개월간 생계유지에 필요한 예금 (B)만 원 이하는 압류할 수 없다. 여기서 예금은 적금·부금·예탁금과 우편대체를 포함한다.
> - 생명, 상해, 질병, 사고 등을 원인으로 채무자가 지급받는 보장성보험의 보험금(해약환급 및 만기환급금을 포함)은 압류할 수 없다. 여기서 만기환급금은 (C)만 원 이하인 금액을 말한다.

	A	B	C
①	150	185	185
②	150	150	150
③	185	185	185
④	185	185	150
⑤	185	150	150

해설

채권추심회사가 압류집행 시 준수해야 할 유의사항
- 채무원금이 월 생계비가 185만 원 이하인 경우 유체동산(TV, 냉장고, 휴대폰 등 가전제품 포함)은 압류를 제한한다.
- 채무자의 1개월간 생계유지에 필요한 예금 185만 원 이하는 압류할 수 없다. 여기서 예금은 적금·부금·예탁금과 우편대체를 포함한다.
- 생명, 상해, 질병, 사고 등을 원인으로 채무자가 지급받는 보장성보험의 보험금(해약환급 및 만기환급금을 포함)은 압류할 수 없다. 여기서 만기환급금은 150원 이하인 금액을 말한다.

정답 88 ④

89

「개인채무자보호법」상 추심연락에 관한 다음 설명 중 ( ) 안에 들어갈 내용으로 가장 적절한 것은?

> 채권추심자는 각 채권별로 (A)일에 (B)회를 초과하여 채권의 추심을 위한 연락을 해서는 아니 된다.

	A	B
①	5	5
②	6	6
③	7	7
④	3	3
⑤	7	5

해설
채권추심자는 각 채권별로 7일에 7회를 초과하여 개인금융채권의 추심을 위한 연락(개인금융채무자를 방문하거나 개인금융채무자에게 말·글·음향·영상 또는 물건 등을 도달하게 하는 행위)을 하여서는 아니 된다(개인채무자보호법 제16조 제1항).

90

다음 설명 중 ( ) 안에 들어갈 용어로 가장 적절한 것은?

> 「민법」은 의사(판단)능력이 모자라는 자를 일정한 기준에 의하여 획일적으로 결정하고, 의사능력의 유무를 불문하고 법률행위의 취소를 인정하고 있다(「민법」 제3조 이하). 이것이 행위능력 제도이다. 우리 「민법」상 인정되고 있는 ( )은/는 미성년자·피한정후견인(한정치산자)·피성년후견인(금치산자)이다.

① 의사무능력자
② 제한능력자
③ 소송능력자
④ 당사자적격자
⑤ 특정후견인

해설
「민법」은 의사(판단)능력이 모자라는 자를 일정한 기준에 의하여 획일적으로 결정하고, 의사능력의 유무를 불문하고 법률행위의 취소를 인정하고 있다(민법 제3조 이하). 이것이 행위능력 제도이다. 우리 「민법」상 인정되고 있는 제한능력자(무능력자)는 미성년자·피한정후견인(한정치산자)·피성년후견인(금치산자)이다.

89 ③ 90 ②

91

「개인채무자보호법」상 채권추심회사가 준수해야 할 채무변제 수령 및 사후관리에 관한 다음 설명 중 ( ) 안에 들어갈 내용으로 가장 적절한 것은?

> - 채권추심회사가 채무 변제금을 직접 수령하는 경우에는 동 변제금을 채권추심 위임계약 등에서 정하는 (A)영업일 이내에 채권자에게 전달하여야 한다.
> - 채권추심회사는 의뢰인의 주소와 성명 또는 정보제공·교환기관의 주소와 이름 등의 기록을 (B)년간 보존하여야 한다.

	A	B
①	2	3
②	3	3
③	5	3
④	3	2
⑤	2	2

해설

채권추심회사가 준수해야 할 채무변제 수령 및 사후관리 내용
- 채권추심회사가 채무 변제금을 직접 수령하는 경우에는 동 변제금을 채권추심 위임계약 등에서 정하는 기한 내에 채권자에게 전달하여야 한다. 다만, 기한을 별도로 정하지 아니하는 경우에는 채무 변제금을 수령하는 날로부터 3영업일 이내에 채권자에게 전달하여야 한다.
- 금융회사 등은 「신용정보법」 제20조 제2항에 따라 의뢰인의 주소와 성명 또는 정보제공·교환기관의 주소와 이름 등의 기록을 3년간 보존하여야 한다.

92

다음 중 채권추심업무 관련 민원예방의 과제로서 가장 적절한 것은?

① 채무자에 대한 회수기법은 언제나 누구에게나 일관되게 적용한다.
② 고객의 불만과 문제제기로 인한 피해를 최소화하기 위해 고객과의 소통은 진정성보다는 형식적인 관계를 유지한다.
③ 고객의 사회적 지위나 경제적 수준에 따라 대응의 수준을 달리할 필요는 없다.
④ 채무자와 상담 시 신용관리담당자 개인의 생각이나 의견은 일체 배제하고 회사의 입장만 이야기한다.
⑤ 채무자는 고객이라는 생각으로 채무자가 회사와 나의 수익의 원천이라는 인식의 전환이 필요하다.

해설

① 채무자에 대한 회수기법은 채무자별로 차별화하여 적용한다.
② 고객과의 진정성 있는 소통으로 유기적인 관계를 유지하는 것이 좋다.
③ 고객의 사회적 지위나 경제적 수준에 따라 대응의 수준을 달리해야 한다.
④ 채무자와 상담 시 신용관리담당자 개인의 생각이나 의견을 전달할 수 있다.

93

「개인채무자보호법」에 따라 채권추심회사가 채권추심 민원을 처리할 경우의 준수사항으로 가장 적절하지 않은 것은?

① 채권추심회사는 민원이 발생하는 경우 임직원 등의 추심행위를 즉각 중단하는 등 신속하게 민원이 해결되도록 노력하여야 한다.
② 채권추심회사는 민원처리 과정에서 민원인의 인격과 권리를 존중하여야 한다.
③ 채권추심회사는 민원을 제기하였다는 이유만으로 민원인에게 불이익을 부여하거나 부여할 것이라는 의사표시를 하여서는 아니 된다.
④ 채권추심회사는 민원 관련 교육자료 작성 및 교육일정 수립, 민원예방 교육 및 민원발생 사례연수 실시 등의 역할을 수행하는 민원처리 담당자를 지정하여야 한다.
⑤ 채권추심회사는 민원에 대한 조사·점검, 민원발생 행위자에 대한 제재조치 등의 권한이 없으므로 민원처리 담당자를 지정할 필요가 없다.

해설
채권추심회사는 민원 관련 교육자료 작성 및 교육일정 수립, 민원예방 교육 및 민원발생 사례연수 실시 등의 역할을 수행하는 민원처리 담당자를 지정하여야 한다.

94

다음 설명 중 ( ) 안에 공통적으로 들어갈 용어로 가장 적절한 것은?

- 2020년 8월, 빅데이터 시대 신성장 동력인 '데이터' 활용에 대한 시대적 요구를 반영하여 「개인정보보호법」이 개정되면서 개인정보처리자가 통계작성, 과학적 연구, 공익적 기록보존 등을 위한 목적으로 개인정보를 (   )처리하여 정보주체의 동의 없이도 데이터를 안전하고 유용하게 활용할 수 있는 (   )정보 제도가 도입되었다.
- 한편, 「신용정보법」도 신용정보회사 등은 (   )처리에 사용한 추가정보를 대통령령으로 정하는 방법으로 분리하여 보관하거나 삭제하도록 하였다.

① 익 명
② 가 명
③ 오 명
④ 가 상
⑤ 오 류

해설
개인정보 보호법상 가명처리의 정의(개인정보 보호법 제2조 제1의2호)
"가명처리"란 개인정보의 일부를 삭제하거나 일부 또는 전부를 대체하는 등의 방법으로 추가 정보가 없이는 특정 개인을 알아볼 수 없도록 처리하는 것을 말한다.
신용정보법상 가명처리의 정의(신용정보법 제2조 제15호)
"가명처리"란 추가정보를 사용하지 아니하고는 특정 개인인 신용정보주체를 알아볼 수 없도록 개인신용정보를 처리(그 처리 결과가 그 추가정보를 분리하여 보관하는 등 특정 개인인 신용정보주체를 알아볼 수 없도록 개인신용정보를 처리한 경우를 포함한다)하는 것을 말한다.

95

「개인채무자보호법」에 따라 채권추심회사가 채권추심 사후관리를 할 경우의 준수사항으로 가장 적절하지 않은 것은?

① 채권추심회사는 채권추심과정에서 발생하는 일체의 추심활동이 기록·관리될 수 있도록 전산시스템을 구축하여야 한다.
② 채권추심회사는 임직원 등이 불법·부당한 추심행위를 하는지 여부를 수시로 확인하여야 한다.
③ 채권추심회사는 적법한 추심활동이 이루어지도록 관리·감독하여야 한다.
④ 채권추심회사는 전산시스템을 구축한 이상 전화 녹음시스템을 구축하여 채권추심업 종사자의 채권추심 내역을 녹음할 필요까지는 없다.
⑤ 채권추심회사는 추심기록부의 세부적인 작성 기준을 마련하고 채권추심업 종사자가 추심활동 내역을 동 기록부에 작성하도록 하여야 한다.

해설
채권추심회사는 전화 녹음시스템을 구축하여 채권추심업 종사자의 채권추심 내역을 녹음하고, 녹음기록을 일정 기간 보존하여야 한다.

96

다음 설명 중 ( ) 안에 들어갈 법률로 가장 적절한 것은?

> ( )은 채권금융회사 등과 개인금융채무자 사이의 개인금융채권·채무 내용의 변동에 따른 개인금융채권의 관리 및 추심·조정(調停)에 필요한 채권금융회사 등의 준수사항을 규정함으로써 개인금융채무자의 권익을 보호하고 개인금융채권·채무와 관련된 금융업의 건전한 발전에 이바지함을 목적으로 한다.

① 「금융실명거래 및 비밀보장에 관한 법률」
② 「개인채무자보호법」
③ 「예금자보호법」
④ 「특정 금융거래정보의 보고 및 이용 등에 관한 법률」
⑤ 「유사수신행위의 규제에 관한 법률」

해설
문제에서 설명하는 것은 「개인채무자보호법」 제1조에 해당하는 내용이다.

정답 95 ④ 96 ②

97

「개인채무자보호법」에 따라 채권추심회사가 채무자의 소재를 파악할 경우 준수해야 할 사항으로 가장 적절하지 않은 것은?

① 채무자에 대한 소재파악은 채무자의 연락 두절 기간과 상관없이 언제든지 실시할 수 있다.
② 채무자의 소재나 연락처를 알고 있음에도 불구하고 소재파악을 가장하여 채무자의 관계인이나 주변사람에게 연락하는 행위를 하여서는 아니 된다.
③ 채무자 관계인이 채무자의 채무 내용 또는 신용에 관한 사실을 알게 하여서는 아니 된다.
④ 채무자의 소재파악을 위하여 「신용정보법」 또는 기타 법령에서 허용하는 범위 이외의 방법으로 채무자의 개인신용정보를 이용하거나 제삼자에게 제공하여서는 아니 된다.
⑤ 채권추심 목적 달성을 위하여 필요한 최소한의 범위에서 합리적이고 공정한 수단을 사용하여 채무자에 대한 소재파악을 실시하여야 한다.

해설
채무자에 대한 소재파악은 채무자와 연락이 장기간 이루어지지 아니하거나 채무자가 행방불명 상태인 경우에 한하여 실시한다.

98

「국토의 계획 및 이용에 관한 법률」에 관한 다음 설명 중 (   ) 안에 공통적으로 들어갈 용어로 가장 적절한 것은?

> 국토의 이용 및 관리에 관한 계획의 원활한 수립과 진행, 합리적인 토지 이용 등을 위하여 토지의 투기적 거래가 성행하거나 지가가 급격히 상승하는 지역과 그러한 우려가 있는 지역에 대하여 (   )계약에 관한 허가구역으로 지정하고, 허가구역 내에서 (   )계약을 하고자 하는 경우에 허가를 받아야 한다.

① 지구단위계획
② 개발제한구역
③ 토지거래
④ 담보인정비율
⑤ 용도지구

해설
토지거래계약 허가제도
국토의 이용 및 관리에 관한 계획의 원활한 수립과 진행, 합리적인 토지 이용 등을 위하여 토지의 투기적 거래가 성행하거나 지가가 급격히 상승하는 지역과 그러한 우려가 있는 지역에 대하여 토지거래계약에 관한 허가구역으로 지정하고, 허가구역 내에서 토지거래계약을 하고자 하는 경우에 허가를 받는 제도이다.

99

「개인채무자보호법」상 범죄피해에 의한 채무에 대하여 채권추심회사가 준수해야 할 사항에 관한 다음 설명 중 ( ) 안에 들어갈 내용으로 가장 적절한 것은?

> 채권추심회사는 개인금융채무자의 대출이 강압, 폭행 등 범죄피해에 의한 것임을 객관적으로 확인(예 사건사고 확인원, 확정판결문 등)하는 등 기타 채무자 보호가 필요한 경우 추심을 (A) 또는 (B)할 수 있다.

	A	B
①	중지	면제
②	중지	완화
③	면제	중지
④	중지	강화
⑤	면제	강화

해설
채권추심회사는 개인금융채무자의 대출이 강압, 폭행 등 범죄피해에 의한 것임을 객관적으로 확인(예 사건사고 확인원, 확정판결문 등)하는 등 기타 채무자 보호가 필요한 경우 추심을 중지 또는 완화할 수 있다.

100

「주택임대차보호법」에 관한 다음 설명 중 ( ) 안에 공통적으로 들어갈 용어로 가장 적절한 것은?

> - ( )이란 임차인이 제삼자, 즉 임차주택의 양수인, 임대할 권리를 승계한 사람, 그 밖에 임차주택에 관해 이해관계를 가지고 있는 사람에게 임대차의 내용을 주장할 수 있는 법률상의 힘을 말한다 (「주택임대차보호법」 제3조 제1항).
> - 임대차는 그 등기가 없더라도, 임차인이 ㉠ 주택의 인도와 ㉡ 주민등록을 마친 때에는 그다음 날부터 ( )이 생긴다(「주택임대차보호법」 제3조 제1항).

① 권리능력
② 최우선변제권
③ 우선변제권
④ 형성권
⑤ 대항력

해설
대항력이란 임차인이 제삼자, 즉 임차주택의 양수인, 임대할 권리를 승계한 사람, 그 밖에 임차주택에 관해 이해관계를 가지고 있는 사람에게 임대차의 내용을 주장할 수 있는 법률상의 힘을 말한다. 임대차는 그 등기가 없더라도, 임차인이 주택의 인도와 주민등록을 마친 때에는 그다음 날부터 제삼자에 대하여 효력이 생긴다(주택임대차보호법 제3조 제1항 참조).

좋은 책을 만드는 길, 독자님과 함께하겠습니다.

2026 시대에듀 신용관리사 한권으로 끝내기

개정16판1쇄 발행	2025년 10월 15일 (인쇄 2025년 08월 22일)
초 판 발 행	2010년 04월 14일 (인쇄 2010년 04월 14일)
발 행 인	박영일
책 임 편 집	이해욱
편 저	시대시험출제위원회
편 집 진 행	노윤재 · 최은서
표지디자인	김지수
편집디자인	장성복 · 조성아
발 행 처	(주)시대고시기획
출 판 등 록	제10-1521호
주 소	서울시 마포구 큰우물로 75 [도화동 538 성지 B/D] 9F
전 화	1600-3600
팩 스	02-701-8823
홈 페 이 지	www.sdedu.co.kr
I S B N	979-11-383-9765-0 (13320)
정 가	45,000원

※ 이 책은 저작권법의 보호를 받는 저작물이므로 동영상 제작 및 무단전재와 배포를 금합니다.
※ 잘못된 책은 구입하신 서점에서 바꾸어 드립니다.

나는 이렇게 합격했다

자격명: 위험물산업기사
구분: 합격수기
작성자: 배*상

나는 할 수 있다 69년생 50중반 직장인 입니다. 요즘 자격증을 2개 정도는 가지고 입사하는 젊은 친구들에게 일을 시키고 지시하는 역할이지만 정작 제자신에게 부족한 점이 많다는 것을 느꼈기 때문에 자격증을 따야겠다고 결심했습니다. 처음 시작할 때는 과연 되겠냐? 하는 의문과 걱정이 한가득이었지만 시대에듀 인강을 우연히 접하게 되었고 잘 차려진 밥상과 같은 커리큘럼은 뒤늦게 시작한 늦깎이 수험생이었던 저를 합격의 길로 인도해주었습니다. 직장생활을 하면서 취득했기에 더욱 기뻤습니다.

합격은 시대에듀

감사합니다! ♥

당신의 합격 스토리를 들려주세요.
추첨을 통해 선물을 드립니다.

QR코드 스캔하고 ▷▷▷▶
이벤트 참여해 푸짐한 경품받자!

베스트 리뷰	상/하반기 추천 리뷰	인터뷰 참여
갤럭시탭/ 버즈 2	상품권/ 스벅커피	백화점 상품권

합격의 공식
시대에듀

퀄리티 높은 강의, 합리적인 가격
선택은 **토마토패스**입니다.

82회~90회 9회 연속 AFPK 합격률 1위
21년~23년 1차 한국FP협회 ARPS 합격률 1위
39회 신용분석사 대학생 수석합격자 배출
39회, 42회, 45회 은행텔러 수석합격자 배출
53회~54회 자산관리사 수석합격자 배출

2024 수강생 만족도 99.8점
(2024.01.01.~12.31. 수강후기 별점기준)
2023 수강생 만족도 99.7점
(2023.01.01.~12.31. 수강후기 별점기준)
2022 수강생 만족도 99.2점
(2022.01.01.~12.31. 수강후기 별점기준)

2023.01. 투자자산운용사 교재 예스24 월별베스트 1위
2022. 변액보험판매관리사 교재 예스24·교보문고 인기도 1위
2022. 투자자산운용사 교재 예스24·교보문고 인기도 1위
2021.09. 보험심사역 교재 알라딘·예스24·교보문고 인기도 및 판매량 1위
2021.09. 투자자산운용사 교재 알라딘 인기도 1위
2021.02. 은행텔러 교재 예스24·교보문고 인기도 1위
2019.06. 신용분석사 교재 교보문고 판매량 1위
2019.05. 자산관리사 교재 온라인서점 판매량 1위
2019.03. 신용분석사 교재 인터파크 판매량 1위

한국 FPSB 지정교육기관   국가보훈부 지정교육기관   고용노동부 직업능력개발 훈련기관   한국FP협회 지정교육기관

www.tomatopass.com

신용관리사 합격을 설계하는 전문가

NCS·금융 실전 전문가
조성 강사

금융·경제 전문가
송범용 강사

최신 출제경향 완벽 반영, 시험대비 최적화된 기출문제풀이 강의!
핵심만 압축한 커리큘럼으로 합격까지 All-in-One

시대에듀와 함께

신용관리사
자격시험 합격에 도전하세요!

신용정보협회 주관 및 시행·국가공인 자격시험

신용관리사
한권으로 끝내기

- 2025년도 기출문제 수록
- '기출' 표시가 짚어주는 출제 포인트
- 이해력과 실무적응력 향상을 돕는 사례 제시
- 학습을 돕는 'OX 마무리', '적중예상문제' 수록

신용관리사
기출문제해설 한권으로 끝내기

- 최근 4개년(2022년~2025년) 기출문제 수록
- 최신 법령과 판례를 반영한 명쾌한 해설
- 체계적인 복습을 돕는 기출문제 OX마무리

※ 도서의 명칭 및 세부구성은 변경될 수 있습니다.